中共中央党校年鉴

2012

《中共中央党校年鉴》编辑委员会

中共中央党校出版社
The Central Party School Publishing House

ISBN 978-7-5035-5146-8

图书在版编目（CIP）数据

中共中央党校年鉴 . 2012/《中共中央党校年鉴》编辑委员会 . —北京：中共中央党校出版社，2013. 6
ISBN 978-7-5035-5146-8

Ⅰ. 中… Ⅱ. 中… Ⅲ. 中国共产党—党校—2012—年鉴 Ⅳ. D261. 41-54

中国版本图书馆 CIP 数据核字（2013）第 230591 号

中共中央党校年鉴（2012）

责任编辑 蔡锐华
版式设计 尉红民
责任校对 马 晶
责任印制 宋二顺

出版发行 中共中央党校出版社
（北京市海淀区大有庄 100 号）
邮　　编 100091
网　　址 www. dxcbs. net
电　　话 （010）62805800（办公室）　（010）62805824（发行部）
经　　销 新华书店
印　　刷 北京天时彩色印刷有限公司
字　　数 1176 千字
版　　次 2013 年 6 月第 1 版　2013 年 6 月第 1 次印刷
开　　本 787 毫米 × 1092 毫米　1/16
印　　张 52. 25
定　　价 298. 00 元

2011年2月19日，中共中央总书记、国家主席、中央军委主席胡锦涛在省部级主要领导干部社会管理及其创新专题研讨班开班式上发表重要讲话

（新华社记者 李涛 摄）

2011年2月23日，中共中央政治局常委、中央书记处书记、中央党校校长习近平出席省部级主要领导干部社会管理及其创新专题研讨班结业式并讲话

（新华社记者 刘卫兵 摄）

2011年2月19日至23日，中共中央在中央党校举办省部级主要领导干部社会管理及其创新专题研讨班

（新华社记者 张铎 摄）

（学习时报社记者 张永 摄）

2011年11月2日，中共中央政治局常委李长春在中央党校作学习贯彻党的十七届六中全会精神报告

（新华社记者 姚大伟 摄）

2011年11月2日，中央党校召开学习贯彻党的十七届六中全会精神报告会

（学习时报社记者 张永 摄）

2011年3月1日，中共中央政治局常委、中央书记处书记、中央党校校长习近平出席中央党校2011年春季学期开学典礼并讲话

2011年3月1日，中央党校举行2011年春季学期开学典礼

（学习时报社记者 张永 摄）

2011年4月29日，中共中央政治局常委、中央书记处书记、中央党校校长习近平出席中央党校2011年春季学期第一批进修班毕业典礼并为学员颁发毕业证书

2011年11月3日，中共中央政治局常委、中央书记处书记、中央党校校长习近平出席中央党校2011年秋季学期第一批进修班毕业典礼时会见毕业学员

（学习时报社记者 张永 摄）

2011年11月23日，中共中央政治局常委、中央书记处书记、中央党校校长习近平与中央党校进修班学员座谈

习近平接见参加座谈会的学员

（学习时报社记者 张永 摄）

2011年4月1日，中共中央政治局常委、中央纪委书记贺国强在中央党校作反腐倡廉专题报告

2011年5月25日，中共中央政治局委员、中央书记处书记、中央组织部部长李源潮出席在中央党校举办的国家特聘专家专题培训班开班式暨证书颁发仪式并讲话

（学习时报社记者 张永 摄）

2011年4月14日，工业和信息化部部长苗圩在中央党校作报告

2011年5月16日，农业部部长韩长赋在中央党校作报告

2011年6月10日，人口和计划生育委员会主任李斌在中央党校作报告

2011年6月17日，中国人民银行行长周小川在中央党校作报告

（学习时报社记者 张永 摄）

2011年6月24日，国防部部长梁光烈在中央党校作报告

2011年11月18日，中共中央对外联络部部长王家瑞在中央党校作报告

2011年12月2日，中共中央统战部副部长朱维群（正部长级）在中央党校作报告

2011年12月30日，财政部部长谢旭人在中央党校作报告

（学习时报社记者 张永 摄）

2011年6月16日至17日，全国党校系统纪念中国共产党成立90周年理论研讨会在大连市委党校召开

常务副校长李景田作主报告

（照片选自中央党校网）

2011年7月1日至2日，中央组织部、中央宣传部、中央党校、中央文献研究室、中央党史研究室、教育部、中国社会科学院、解放军总政治部联合召开纪念中国共产党成立90周年理论研讨会

（新华社记者 谢环驰 摄）

2011年6月21日，中央党校工会举办庆祝中国共产党成立90周年文艺汇演

常务副校长李景田接见演员

节目之一

节目之二

（学习时报社记者 张永 摄）

2011年6月21日，中共中央对外宣传办公室举行新闻发布会，中央党校副校长陈宝生应邀向中外媒体介绍中国共产党的干部教育和培训工作等方面的情况

陈宝生答记者问

（学习时报社记者 张永 摄）

2011年6月14日，中央党校新闻发言人、校委委员、办公厅主任罗宗毅接受中国网访谈

（中国网 杨楠 摄）

2011年6月24日，由中央党校、中央档案馆、国家档案局主办，中共北京市西城区委员会协办的“纪念中国共产党成立90周年档案资料展”在中央党校展出。常务副校长李景田，副校长陈宝生、张伯里，教育长兼培训部主任徐伟新，校委委员贾高建、黄宪起、赵长茂等出席开展仪式

常务副校长李景田，副校长陈宝生、张伯里等领导同志观看展览

（学习时报社记者 张永 摄）

2011年6月29日，中央党校召开纪念中国共产党成立90周年暨先进基层党组织、优秀共产党员、优秀党务工作者表彰大会

常务副校长李景田讲话

副校长陈宝生主持会议

副校长、机关党委书记孙庆聚宣读表彰决定

（学习时报社记者 张永 摄）

2011年7月6日，中央党校召开校委理论学习中心组扩大会议，认真学习贯彻胡锦涛总书记“七一”重要讲话精神和习近平同志关于党校要抓好学习贯彻的重要批示精神

2011年7月4日，中央党校召开机关党委扩大会议，学习贯彻胡锦涛总书记“七一”重要讲话精神

（学习时报社记者 张永 摄）

2011年1月18日至19日，全国党校校长会议在中央党校召开

常务副校长李景田讲话

分组讨论

大会交流

（学习时报社记者 张永 摄）

2011年12月1日至2日，中央党校与中央组织部在广西南宁联合召开全国县级党校工作座谈会

常务副校长李景田讲话

副校长陈宝生作会议总结

广西壮族自治区党委书记郭声琨陪同中央党校常务副校长李景田视察

与会同志实地考察南宁市武鸣县委和武鸣县双桥镇下渌村培训基地

（照片选自中共广西区委党校、广西行政学院网）

2011年7月16日至20日，全国党校系统首届精品课评选活动在中央党校举行

常务副校长李景田、副校长李书磊出席评选动员会并讲话

评审专家团队

（学习时报社记者 张永 摄）

2011年9月7日，中央党校通过远程教学网召开全国党校系统远程教学电视会议。教育长兼培训部主任徐伟新出席会议并讲话

（学习时报社记者 张永 摄）

2011年9月9日，中央党校召开2011年教师节庆祝表彰大会

常务副校长李景田讲话

获奖代表发言

副校长陈宝生主持会议

副校长孙庆聚宣读表彰决定

副校长李书磊宣读表彰决定

副校长张伯里颁发证书

教育长徐伟新颁发证书

（学习时报社记者 张永 摄）

2011年4月26日，中央党校工会举办庆“五一”乒乓球比赛。常务副校长李景田为比赛开球

（学习时报社记者 张永 摄）

2011年4月8日，中央党校工会在体育馆前广场及运动场开展“走进春天”校园广场健身宣传活动。副校长、机关党委书记孙庆聚，校委委员贾高建、黄宪起、赵长茂等领导同志参加活动

（学习时报社记者 张永 摄）

2011年6月21日，进修部厅局级干部“党的执政经验和执政能力建设”专题研讨班的学员以“新媒体时代的执政能力建设”为题，与人民网网友在线交流

（人民网记者 赵健 摄）

2011年12月13日，进修部厅局级干部“新形势下党的群众工作”专题研讨班的学员以“新媒体时代党的群众工作”为题，与人民网网友在线交流

（照片选自人民网）

2011年6月10日，培训部举办主题为“开创‘十二五’科学发展新局面”的学员论坛

2011年6月2日，培训部举办中青年干部培训二班马克思主义经典著作读书交流会

（学习时报社记者 张永 摄）

2011年12月24日，“中国马克思主义研究基金会换届大会暨三届一次理事会议”在中央党校召开

会议听取第二届理事会工作报告，选举产生第三届理事会

第三届理事会召开第一次理事会议

（学习时报社记者 张永 摄）

2011年9月28日，中央党校举行干部教育学院揭牌仪式。常务副校长李景田，副校长陈宝生、李书磊、张伯里，校委委员贾高建、罗宗毅、黄宪起、赵长茂出席

常务副校长李景田为“中共中央党校干部教育学院”揭牌

（学习时报社记者 张永 摄）

2011年5月5日，常务副校长李景田、副校长陈宝生，深入中央党校社区调研，了解社区超市经营情况、社区餐厅装修情况；为新装开业的教职工食堂“丰益楼”揭牌，并同教职工共进午餐

（学习时报社记者 张永 摄）

2011年12月20日，中央党校召开部署出席党的十八大代表选举工作会议。副校长、机关党委书记孙庆聚出席会议并讲话。校委委员、组织部部长赵长茂主持会议

2011年11月8日，中央党校副校长陈宝生、孙庆聚和教职工投票选举北京市海淀区第十五届人民代表大会代表

（学习时报社记者 张永 摄）

2011年12月11日，“巧实力与中美关系”研讨会在中央党校举行。副校长张伯里在开幕式上致辞

（学习时报社记者 张永 摄）

2011年5月17日，校领导会见来中央党校访问的欧洲理事会主席范龙佩一行

欧洲理事会主席范龙佩向中央党校教职工和学员发表演讲

（学习时报社记者 张永 摄）

《中共中央党校年鉴》编辑委员会

《中共中央党校年鉴》编辑部

主　任　冯秋婷

副主任　刘能杰（常务）　刘为群　王超英

编　辑　刘能杰　刘为群　王超英　王文创　闫景明　苏　丹

供　稿　人

中央党校：

李作钦　金　晶　彭公璞　王彦民　朱辉宇　焦佩锋
陈慧君　白平浩　王治华　高中华　吕　品　李媛媛
高祖贵　郝全洪　辛向前　杨　靖　刘魁明　任尊严
丛　静　栾　岚　李　红　仲　平　林晓风　王永清
赵若玉　宿　华　张　琳　周炳成

中央党校分校（部）：

潘凤东　高　峰　张亚红　钟铁军　刘力维

地方党校：

赵金枝　杨晓清　张小虎　张大庆　韩　宝　金　钊
高　建　孙思明　唐江平　费伟民　周秀国　罗　高
宜洪亮　冀倩茹　孟　雷　王艺涵　朱玉涛　吴永孝
潘向阳　马维廷　郭晓帆　廖　欣　陶　阳　谢　芳
张礼平　刘治运　张　雄　康继尧　马建光　王立平
张阅军　黄银萍　刘凤新　杨　丽　林　云　李永亮
周永铭　张杰君　王　兵　李　涛　吴志华　李永生
朱志国　刘　鹏　朱群岭　胡昌云　潘永明　王增良

编 辑 说 明

一、《中共中央党校年鉴》是在中共中央党校年鉴编委会领导下编纂的资料性工具书，逐年记载中央党校重大事件、重要工作、重要文献和重要信息，主要反映中央党校及分校（部）各方面工作的发展情况，适当反映全国各省区市（含副省级城市）党校的发展概况。

二、《中共中央党校年鉴》创刊于1984年，时任中共中央政治局委员、中央军委常委、中央党校校长的王震同志为本刊题名。2009年12月3日，中央党校校务委员会会议研究决定，恢复出版《中共中央党校年鉴》。目前已编纂出版1984、1985、1990、1992、1994、1995、1996、2001、2010、2011卷（前三卷反映当年内容）。

三、《中共中央党校年鉴》实行编委会领导下的主编负责制。编委会主任由中央党校常务副校长李景田担任，副主任由其他校委成员担任，编委由中央党校各直属单位主要负责人和全国各省区市（含副省级城市）党委党校及中央党校各分校（部）常务副校长组成。编委会下设主编、副主编和编辑部。中央党校研究室负责《中共中央党校年鉴》的具体工作。

四、《中共中央党校年鉴（2012）》采用分类编辑法，主要栏目包括：中央领导在中央党校的重要活动和重要讲话，习近平校长重要活动和重要讲话，校领导职务任免及分工调整，工作概况，全校重要工作和重大活动，教学教务，学科建设，科研工作，学员管理，研究生教育·博士后工作，干部短期培训和在职研究生教育，图书工作，报刊工作，出版工作，信息化建设，组织人事，离退休干部工作，机关党的工作，财务行政管理，后勤服务，行政办公·新闻报道·安全保卫保密，对外交流与合作，中国马克思主义研究基金会，分校工作，地方党校工作，大事记，附录。

五、本卷年鉴收编和反映的是从2011年1月15日至2012年1月18日的相关资料和数据，中央党校各直属单位和全国各省区市（含副省级城市）党委党校及中央党校各分校（部）供稿。

六、本卷年鉴由中共中央党校年鉴编辑部具体组织编纂。中央党校各直属单位、各分校（部）和全国各省区市（含副省级城市）党校给予了大力支持，我们谨表衷心感谢。

在年鉴编纂过程中，我们虽力求做到内容全面系统、资料准确无误、文字简明精练，但因水平所限，仍有需要改进之处，欢迎读者批评指正。

《中共中央党校年鉴》编辑部

2013年6月

目　录

中央领导在中央党校的重要活动和重要讲话

习近平校长重要活动和重要讲话

校领导职务任免及分工调整

工 作 概 况

全校重要工作和重大活动

教学教务

学 科 建 设

科研工作

学员管理

研究生教育·博士后工作

干部短期培训和在职研究生教育

图 书 工 作

报 刊 工 作

出版工作

信息化建设

组织人事

离退休干部工作

机关党的工作

财务行政管理

后 勤 服 务

行政办公·新闻报道·安全保卫保密

对外交流与合作

中国马克思主义研究基金会

分校工作

地方党校工作

大　事　记

附　　录

中央领导在中央党校的重要活动和重要讲话

胡锦涛在省部级主要领导干部专题研讨班上发表重要讲话

2 月 19 日，省部级主要领导干部社会管理及其创新专题研讨班开班式在中共中央党校举行。中共中央总书记、国家主席、中央军委主席胡锦涛发表重要讲话。他强调，加强和创新社会管理，要高举中国特色社会主义伟大旗帜，全面贯彻党的十七大和十七届三中、四中、五中全会精神，以邓小平理论和“三个代表”重要思想为指导，深入贯彻落实科学发展观，紧紧围绕全面建设小康社会的总目标，牢牢把握最大限度激发社会活力、最大限度增加和谐因素、最大限度减少不和谐因素的总要求，以解决影响社会和谐稳定突出问题为突破口，提高社会管理科学化水平，完善党委领导、政府负责、社会协同、公众参与的社会管理格局，加强社会管理法律、体制、能力建设，维护人民群众权益，促进社会公平正义，保持社会良好秩序，建设中国特色社会主义社会管理体系，确保社会既充满活力又和谐稳定。

胡锦涛在讲话中指出，中央举办这次省部级主要领导干部专题研讨班，目的是正确把握国内外形势新变化新特点，针对当前社会管理中的突出问题，着重研究加强和创新社会管理、做好新形势下群众工作的思路和举措，为促进社会和谐、实现“十二五”时期经济社会发展目标任务凝聚强大力量。加强和创新社会管理，是继续抓住和用好我国发展重要战略机遇期、推进党和国家事业的必然要求，是构建社会主义和谐社会的必然要求，是维护最广大人民根本利益的必然要求，是提高党的执政能力和巩固党的执政地位的必然要求，对实现全面建设小康社会宏伟目标、实现党和国家长治久安具有重大战略意义。

胡锦涛强调，社会管理是人类社会必不可少的一项管理活动。在我们这样一个有 13 亿人口、经济社会快速发展的国家，社会管理任务更为艰巨繁重。我们加强和创新社会管理，根本目的是维护社会秩序、促进社会和谐、保障人民安居乐业，为党和国家事业发展营造良好社会环境。社会管理的基本任务包括协调社会关系、规范社会行为、解决社会问题、化解社会矛盾、促进社会公正、应对社会风险、保持社会稳定等方面。做好社会管理工作，促进社会和谐，是全面建设小康社会、坚持和发展中国特色社会主义的基本条件。

胡锦涛强调，新中国成立以来，党和国家始终高度重视社会管理，为形成和发展适应我国国情的社会管理制度进行了长期探索和实践，取得了重大成绩，积累了宝贵经验。特别是改革开放以来，根据国内外形势发展变化，我们不断就加强和改进社会管理制定方针政策、作出工作部署，有力推进了社会管理改革创新。经过长期探索和实践，我国建立了社会管理工作领导体系，构建了社会管理组织网络，制定了社会管理基本法律法规，初步形成了党委领导、政府负责、社会协同、公众参与的社会管理格局，我国社会管理与我国国情和社会主义制度总体上是适应的，我国社会大局稳定，社会形势总的是好的。

胡锦涛指出，当前我国既处于发展的重要战略机遇期，又处于社会矛盾凸显期，社会管理领域存在的问题还不少。从总体上看，我国社会管理领域存在的问题，是我国经济社会发展水平和阶段性特征的集中反映。经过新中国成立 60 多年特别是改革开放 30 多年来的建设和发展，我国经济实力和综合国力显著增强，这为我们不断满足人民日益增长的物质文化需要、解决社会管理领域存在的问题打下了重要物质基础。同时，我国仍处于并将长期处于社会主义初级阶段的基本国情没有变，人民日益增长的物质文化需要同落后的社会生产之间的矛盾这一社会主要矛盾没有变，发展中不平衡、不协调、不可持续问题依然突出，我们解决各种社会问题的物质基础还比较薄弱。解决社会管理领域存在的问题既要增强紧迫感、又要长期努力，加强实践探索和工作落实，深化认识，总结经验，把握规律，开拓创新，全面提高社会管理科学化水平。

胡锦涛强调，社会管理，说到底是对人的管理和服务，涉及广大人民群众切身利益，必须始终坚持以人为本、执政为民，切实贯彻党的全心全意为人民服务的根本宗旨，不断实现好、维护好、发展好最广大人民根本利益。要坚持贯彻党的群众路线，坚持人民主体地位，发挥人民首创精神，紧紧依靠人民群众开创新形势下社会管理新局面。要坚持思想上尊重群众、感情上贴近群众、工作上依靠群众，把群众满意不满意作为加强和创新社会管理的出发点和落脚点。要以人民群众利益为重、以人民群众期盼为念，着力解决好人民最关心最直接最现实的利益问题，始终保持党同人民群众的血肉联系。

胡锦涛就当前要重点抓好的工作提出八点意见。第一，进一步加强和完善社会管理格局，切实加强党的领导，强化政府社会管理职能，强化各类企事业单位社会管理和服务职责，引导各类社会组织加强自身建设、增强服务社会能力，支持人民团体参与社会管理和公共服务，发挥群众参与社会管理的基础作用。第二，进一步加强和完善党和政府主导的维护群众权益机制，形成科学有效的利益协调机制、诉求表达机制、矛盾调处机制、权益保障机制，统筹协调各方面利益关系，加强社会矛盾源头治理，妥善处理人民内部矛盾，坚决纠正损害群众利益的不正之风，切实维护群众合法权益。第三，进一步加强和完善流动人口和特殊人群管理和服务，建立覆盖全国人口的国家人口基础信息库，建立健全实有人口动态管理机制，完善特殊人群管理和服务政策。第四，进一步加强和完善基层社会管理和服务体系，把人力、财力、物力更多投到基层，努力夯实基层组织、壮大基层力量、整合基层资源、强化基础工作，强化城乡社区自治和服务功能，健全新型社区管理和服务体制。第五，进一步加强和完善公共安全体系，健全食品药品安全监管机制，建立健全安全生产监管体制，完善社会治安防控体系，完善应急管理体制。第六，进一步加强和完善非公有制经济组织、社会组织管理，明确非公有制经济组织管理和服务员工的社会责任，推动社会组织健康有序发展。第七，进一步加强和完善信息网络管理，提高对虚拟社会的管理水平，健全网上舆论引导机制。第八，进一步加强和完善思想道德建设，持之以恒加强社会主义精神文明建设，加强社会主义核心价值体系建设，增强全社会的法制意识，深入开展精神文明创建活动，增强社会诚信。

胡锦涛指出，社会管理要搞好，必须加快推进以保障和改善民生为重点的社会建设。要把保障和改善民生作为加快转变经济发展方式的根本出发点和落脚点，坚定不移走共同富裕道路，完善保障和改善民生的制度安排，加快发展各项社会事业，坚持优先发展教育，着力抓好就业这个民生之本，合理调整收入分配关系，加快推进覆盖城乡居民的社会保障体系建设，加快医疗卫生事业改革发展，加快推进住房保障体系建设，继续推进扶贫开发，发展妇女儿童事业，培育壮大老龄服务事业和产业，健全残疾人服务体系，使发展成果更好惠及全体人民。

胡锦涛强调，各级党委和政府要充分认识新形势下加强和创新社会管理的重大意义，统筹经济建设、政治建设、文化建设、社会建设以及生态文明建设，把社会管理工作摆在更加突出的位置，深刻认识和准确把握社会管理规律，加强调查研究，加强政策制定，加强工作部署，加强任务落实，不断提高社会管理科学化水平，不断促进社会和谐稳定，努力为“十二五”时期经济社会发展、为实现全面建设小康社会宏伟目标创造更加良好的社会条件。

习近平在主持开班式时指出，胡锦涛总书记的重要讲话深刻阐述了加强和创新社会管理的重要性和紧迫性，明确提出了新形势下加强和创新社会管理、做好群众工作的总体思路和重点任务。讲话高屋建瓴、内涵丰富，具有很强的思想性、针对性、指导性，对进一步统一全党思想，深入贯彻落实科学发展观，构建社会主义和谐社会，不断完善中国特色社会主义社会管理体系、实现“十二五”时期经济社会发展目标任务，具有十分重要的意义。我们要认真学习、深刻领会，用讲话精神指导办好研讨班，推动加强和创新社会管理、做好群众工作的实践。

（摘自《党校信息》2011 年第 3 期，办公厅供稿）

李长春在中央党校作学习贯彻党的十七届六中全会精神报告

11月2日，中共中央政治局常委李长春在中央党校作学习贯彻党的十七届六中全会精神的报告。他强调，在新的历史起点上深化文化体制改革、推动社会主义文化大发展大繁荣，关系实现全面建设小康社会奋斗目标，关系坚持和发展中国特色社会主义，关系实现中华民族伟大复兴。我们必须抓住和用好我国发展的重要战略机遇期，在坚持以经济建设为中心的同时，自觉把文化繁荣发展作为坚持发展是硬道理、发展是党执政兴国第一要务的重要内容，作为深入贯彻落实科学发展观的一个基本要求，进一步增强责任感和紧迫感，解放思想，转变观念，抓住机遇，乘势而上，在全面建设小康社会进程中、在科学发展道路上奋力开创社会主义文化建设新局面。

李长春指出，党的十七届六中全会专题研究文化改革发展问题并作出决定，是新世纪新阶段我们党不断推进各领域改革作出的又一重大决策部署，鲜明地昭示我们党坚持改革开放不动摇的坚定决心；是我们党不断推进理论创新和实践创新的又一重要成果，标志着我们党在文化建设理论和实践上更加成熟、更加自信。全会在深刻总结近年来文化改革发展实践探索和成功经验的基础上，提出了深化文化体制改革、推动社会主义文化大发展大繁荣的指导思想、重要方针、目标任务、重大举措，深入回答了我国文化改革发展中一系列带有方向性、根本性、战略性的重大问题，为兴起社会主义文化建设新高潮、推动社会主义文化大发展大繁荣提供了强大思想保证、科学行动指南和坚强政策保障。以这次全会为标志，我国文化改革发展必将进入新的阶段。

李长春介绍了党的十七届六中全会研究文化改革发展问题的基本考虑。他指出，改革开放特别是党的十六大以来，我们党始终高度重视社会主义文化建设，将其放在党和国家全局工作重要战略地位，坚持物质文明和精神文明两手抓，实行依法治国和以德治国相结合，促进文化事业和文化产业同发展，推动文化建设不断取得新成就，走出了中国特色社会主义文化发展道路。同时也要看到，我国文化发展同人民日益增长的精神文化需求还不完全适应，同推动科学发展、促进社会和谐的要求还不完全适应，同扩大对外开放的新形势还不完全适应，同科学技术迅猛发展的新形势还不完全适应，面临不少新情况新问题新挑战，迫切需要进一步从战略上研究部署文化改革发展问题，在新的历史起点上推动文化改革发展全面上水平上台阶。

李长春强调，学习领会党的十七届六中全会精神，要在全面深入、突出重点、掌握实质上下功夫。要牢牢把握坚持中国特色社会主义文化发展道路、建设社会主义文化强国这一主线，牢牢把握建设社会主义核心价值体系这一根本任务，牢牢把握创作生产更好更多精神文化产品这一中心环节，牢牢把握文化事业文化产业“两手抓”这一基本思路，牢牢把握改革创新这一根本动力，牢牢把握人才队伍建设这一基础性工程，牢牢把握加强和改进党的领导这一根本保证，不断加深对全会提出的新思想新观点新论断新举措的理解，切实把思想和行动统一到全会决策部署上来。

李长春强调，学习贯彻落实党的十七届六中全会精神，是当前全党全国的一项重大政治任务。要把学习全会精神列入党委全会重要议程，列入中心组学习计划，与加强学习型党组织建设结合起来，切实组织好宣讲活动，引导学习宣传热潮向广度和深度拓展。各级党委政府要把文化建设纳入经济社会发展总体规划，纳入科学发展考核评价体系，加强组织领导，切实把全会决策部署落到实处，推动文化改革发展迈出新步伐。

（摘自《党校信息》2011 年第 14 期，办公厅供稿）

习近平在省部级主要领导干部专题研讨班结业式上发表重要讲话

2 月 23 日，中共中央政治局常委、中央书记处书记、中央党校校长习近平在省部级主要领导干部社会管理及其创新专题研讨班结业式上作总结讲话。他强调，加强和创新社会管理，要同做好群众工作紧密结合起来，深入研究形势和任务的发展变化对群众工作提出的新要求，积极探索加强和改进群众工作的新途径新办法，把群众工作贯穿到社会管理各个方面、各个环节，从源头上化解社会矛盾、维护社会稳定、促进社会和谐。

这次省部级主要领导干部专题研讨班于 2 月 19 日至 23 日在中央党校举办。习近平指出，几天来研讨班学员认真学习领会胡锦涛总书记等中央领导同志重要讲话精神，围绕新形势下加强和创新社会管理这个重大课题，联系本地区本部门本单位实际进行了深入的讨论交流，开阔了视野，统一了思想，深化了对加强和创新社会管理重要性和紧迫性的认识，深化了对建设中国特色社会主义社会管理体系的认识，深化了对加强和创新社会管理重点任务的认识，深化了对加强社会管理必须创新体制机制和方法手段的认识，取得了丰硕的学习研讨成果。

习近平强调，党和国家事业的发展进步，离不开人民的创造力量；党的全部执政活动，离不开强有力的群众工作。社会管理主要是对人的服务和管理，说到底是做群众的工作。一切社会管理部门都是为群众服务的部门，一切社会管理工作都是为群众谋利益的工作，一切社会管理过程都是做群众工作的过程。从这个意义上说，群众工作是社会管理的基础性、经常性、根本性工作。

习近平强调，在不同历史时期和不同发展阶段，群众工作会有不同的具体特点。随着改革开放的深入和社会主义市场经济的发展，群众工作对象更加多样化，群众工作内容更加丰富，群众工作环境越来越复杂，群众工作组织网络需要进一步健全。这就要求我们把做好新形势下群众工作摆在更加突出的位置，不断增强群众工作的针对性和有效性。

习近平指出，做好群众工作必须贯彻全心全意为人民服务的根本宗旨，从人民群众最关心最直接最现实的利益问题入手，努力解决学有所教、劳有所得、病有所医、老有所养、住有所居的问题，真心实意为群众谋利益，扎扎实实为群众办实事、办好事。时时处处、切切实实关心群众生活，紧抓民生之本、解决民生之急、排除民生之忧，这是密切党群关系的治本之策，也是最根本的群众工作。

习近平强调，党的基层组织和基层干部是加强和创新社会管理、做好群众工作最基本、最直接、最有效的力量，是我们党执政为民最为重要的组织基础。各级党委要切实加强基层组织建设，推动基层组织把知民情、解民忧、化民怨、暖民心作为经常性工作，按照情况掌握在基层、问题解决在基层、矛盾化解在基层、工作推动在基层、感情融洽在基层的要求做好群众工作。要进一步突出重视基层的用人导向，通过多种方式使那些适合基层工作、作风好能力强的干部留在基层，让那些在基层工作有经验、有实绩的优秀干部得到更好的培养和使用。要在继承和运用以往群众工作有效做法的基础上不断创新方式方法，帮助基层干部不断提高新形势下群众工作能力。

习近平强调，做好群众工作是领导干部的重要职责。是否重视做群众工作，是否善于做群众工作，是衡量领导干部政治上是否合格、工作上是否称职、领导能力强不强的一个基本标准。各级领导干部要以身作则，从树立群众观点、坚定群众立场、坚持群众路线、增进同群众的感情和创新群众工作方式方法等方面加强修养和锻炼，以正确的世界观立身，以正确的权力观用权，以正确的事业观做事，在做好群众工作中充分发挥示范引领作用。

（摘自《党校信息》2011 年第 3 期，办公厅供稿）

贺国强在中央党校作反腐倡廉专题报告

4 月 1 日，中共中央政治局常委、中央纪委书记贺国强在中央党校作反腐倡廉专题报告。他强调，要认清形势、明确任务，坚定信心、扎实工作，深入推进党风廉政建设和反腐败斗争，为党和国家事业顺利发展提供有力保证。

贺国强全面介绍了当前的反腐倡廉形势。他指出，坚决反对腐败、建设廉洁政治，是我们党始终不渝的奋斗目标之一。在领导中国革命、建设和改革90年的伟大实践中，以毛泽东、邓小平、江泽民同志为核心的党的三代中央领导集体和以胡锦涛同志为总书记的党中央始终高度重视和大力加强党风廉政建设和反腐败工作，进行了艰辛探索，取得了重大成就。特别是党的十六大以来，党中央坚持把党风廉政建设和反腐败斗争纳入党和国家工作大局中来谋划和部署，坚持标本兼治、综合治理、惩防并举、注重预防的方针，从教育、制度、监督、改革、纠风、惩治等方面扎实推进惩治和预防腐败体系建设，在坚决惩治腐败的同时，更加注重治本，更加注重预防，更加注重制度建设，拓展从源头上防治腐败工作领域，党风廉政建设和反腐败斗争方向更加明确、思路更加清晰、措施更加有力、成效更加显著，为党和国家事业发展提供了有力保证。同时，我们必须清醒地看到，党风廉政建设和反腐败斗争面临不少新情况新问题，当前反腐败斗争形势依然严峻、任务依然艰巨。主要表现在，腐败行为在一些领域仍然易发多发，党员领导干部违纪违法现象依然严重，腐败案件类型、性质和作案手段等出现新变化，党员干部作风和廉洁自律方面仍然存在不少问题，损害群众利益的突出问题和不正之风仍然比较严重。出现这种状况的原因是多方面的，主要是各方面体制机制还不完善，腐朽思想文化侵蚀着党员干部的思想，不法分子拉拢腐蚀公职人员，一些党员干部理想信念发生动摇、不少中青年干部缺乏严格党内生活锻炼和重大政治风浪考验，反腐倡廉建设仍然存在薄弱环节等。我们既要看到反腐倡廉建设取得的成绩，又要看到所存在问题的严峻性，更要坚定做好这项工作的信心和决心。有党中央的坚强领导，有社会主义制度的独特政治优势，有一支优秀的党员干部队伍，有人民群众的大力支持和积极参与，有长期以来反腐倡廉建设实践积累的宝贵经验，只要我们坚定不移地走中国特色反腐倡廉道路，坚持不懈地推进党风廉政建设和反腐败斗争，就一定能够坚决惩治腐败、有效预防腐败，不断开创党风廉政建设和反腐败工作新局面。

贺国强深刻阐述了深入推进党风廉政建设和反腐败斗争需要着重把握的几个问题。他指出，党的十七大以来，在党中央、国务院坚强领导下，全国各级纪检监察机关在充分运用和发扬以往成功经验的基础上，坚持以改革创新精神和求真务实作风推进反腐倡廉建设，进行了一系列探索和实践，取得了新的成效，积累了新的经验，需要我们在今后工作中长期坚持并不断丰富发展。一是坚持围绕中心、服务大局，严明政治纪律，加强对中央重大决策部署贯彻落实情况的监督检查；二是坚持以保持党同人民群众的血肉联系为重点，加强和改进党的作风建设；三是坚持以完善惩治和预防腐败体系为重点，整体推进反腐倡廉建设；四是坚持以人为本、执政为民，着力解决反腐倡廉建设中人民群众反映强烈的突出问题；五是坚持以改革创新精神推进反腐倡廉建设，不断提高反腐倡廉建设科学化水平；六是坚持不断完善反腐败领导体制和工作格局，切实形成推进反腐倡廉建设的强大合力；七是坚持严格要求、严格教育、严格管理、严格监督，大力加强纪检监察机关自身建设。

贺国强要求各级领导干部切实把思想和行动统一到中央关于反腐倡廉的形势判断和决策

部署上来，在抓好本地区本部门本单位经济社会发展工作的同时，认真抓好党风廉政建设和反腐败工作，特别是要坚持以身作则、率先垂范，自觉加强理论学习、提高思想认识，注重党性修养、切实改进作风，正确行使权力、保持清正廉洁。他希望中央党校进一步加强反腐倡廉理论研究，为深入推进党风廉政建设和反腐败斗争提供智力支持和理论支撑。

（摘自《党校信息》2011 年第 3 期，办公厅供稿）

李源潮出席国家特聘专家专题培训班开班式暨证书颁发仪式

5 月 25 日，国家特聘专家专题培训班开班式暨证书颁发仪式在中共中央党校举行。中共中央政治局委员、中央书记处书记、中央组织部部长李源潮出席并讲话。他勉励国家特聘专家珍惜荣誉、艰苦创业、勇攀高峰，以科技创新创业的优异成绩，回报祖国和人民的期望与信任。

“千人计划”实施两年半来，国家层面已引进 1143 名海外高层次人才。为方便他们回国后工作和生活，中央决定建立国家特聘专家制度。首批有 600 多名全职回国的“千人计划”专家被授予国家特聘专家称号。李源潮为参加这次培训班的 248 名国家特聘专家颁发了证书。

李源潮指出，国家特聘专家不只是一个荣誉称号，更是国家的期望和社会的责任。希望国家特聘专家认真学习党和国家的方针政策，深入了解国情，把握国家发展的方向和需要，以主人翁的态度做国家建设的积极参与者，做科技创新创业和人才发展体制机制的改革创新者，为国家发展作出特殊贡献，使国家特聘专家成为社会公认、同行尊敬、人民称赞的人才品牌。

李源潮指出，海外高层次人才是我国现代化建设的特需资源。国家特聘专家要弘扬钱学森等老一辈留学归国人才的爱国奉献、艰苦创业精神，充分发挥科技创新创业领军人才作用。要瞄准科学技术发展前沿潜心研究，努力出世界一流的科研成果。要围绕“十二五”时期调整经济结构、加快产业升级需要，突破关键技术、核心技术，取得自主创新成果。要努力创办一流的高科技企业，把科技成果转化为现实生产力。要注意培养青年人才，培育高水平创新创业团队，形成出成果与出人才相互促进的良性循环。

（摘自《党校信息》2011 年第 6 期，办公厅供稿）

习近平校长重要活动和重要讲话

习近平出席春季学期开学典礼并作重要讲话

3月1日，中共中央政治局常委、中央书记处书记、中央党校校长习近平出席中央党校春季学期开学典礼，并作了题为《关键在于落实》的重要讲话。

中共中央政治局委员、中央书记处书记、中央组织部部长李源潮，中共中央书记处书记、中央纪委副书记何勇，中共中央书记处书记、中央办公厅主任令计划出席开学典礼。

中央党校常务副校长李景田主持开学典礼。中央有关部门负责人、中央党校负责人以及2011年春季学期全体学员、分校学员代表和党校教职工，共1800多人参加开学典礼。

（摘自《党校信息》2011年第4期，办公厅供稿）

关键在于落实*

（2011 年 3 月 1 日）

习 近 平

胡锦涛同志在党的十七届五中全会上强调，全党同志特别是各级领导干部要发扬真抓实干精神，改进工作作风，建立健全抓工作、抓落实的责任制，切实把各项工作抓出成效。各级领导干部要认真贯彻胡锦涛同志关于狠抓落实的要求，进一步做好领导工作。

一、充分认识抓落实在党的领导工作中的重要意义

抓落实，从各级党委、政府和领导干部工作方面讲，就是抓党和国家各项方针政策、工作部署和措施要求的落实。落实到哪里去？就是落实到实践中去，落实到基层中去，落实到群众中去，使之成为广大党员、干部、群众的自觉行动，以确保党和国家确定的目标任务顺利实现。

我们党坚持以马克思主义为指导，善于把远大目标、奋斗纲领同脚踏实地、埋头苦干紧密结合起来。我们党建立已 90 年、新中国成立已 60 多年，在革命、建设、改革各个历史时期党和人民的事业之所以能够不断取得伟大的成就，在全国各族人民中我们党之所以能够享有崇高的威望，靠的就是把马克思主义基本原理同中国具体实际结合起来形成的正确的理论和路线方针政策，靠的就是全党同志团结带领人民群众一步一个脚印地把党的路线方针政策变成认识世界和改造世界的巨大精神力量与物质力量。我们的所有成就，都是干出来的。这里的关键，就是始终注重抓落实。如果落实工作抓得不好，再好的方针、政策、措施也会落空，再伟大的目标任务也实现不了。因此，抓落实是领导工作中一个极为重要的环节，是党的思想路线和群众路线的根本要求，也是衡量党员领导干部世界观正确与否和党性强不强的一个重要标志。

“空谈误国，实干兴邦”。这是千百年来人们从历史经验教训中总结出来的治国理政的一个重要结论。古人曰：“道虽迩，不行不至；事虽小，不为不成”，“为政贵在行”，“以实则治，以文则不治”。历史上有许多空谈误国的教训，比如战国时期的赵括，只会“纸上谈

---

* 此文是习近平同志 2011 年 3 月 1 日在中央党校春季学期开学典礼上的讲话，载《学习时报》2011 年 3 月 14 日第 1 版，发表时有删节。

兵”，以致40万赵军全军覆没，赵国从此一蹶不振直至灭亡。此类误国之鉴，发人深省。

反对空谈、强调实干、注重落实，是我们党的一个优良传统。对于抓落实的极端重要性，我们党和党的主要领导同志先后都有过很多精辟的阐述。毛泽东同志要求共产党员一定要有“认真实干”的精神，强调“一件事不做则已，做则必做到底，做到最后胜利”，“什么东西只有抓得很紧，毫不放松，才能抓住。抓而不紧，等于不抓”。邓小平同志强调“少说空话、多干实事”，凡事都“要落在实处”，“开会、讲话都要解决问题”。江泽民同志强调“落实，落实，再落实，因为这是做好一切工作的关键环节”，“不要在层层表态、层层开会、层层造声势上做文章，而要在层层抓落实、层层抓解决问题上下功夫”。胡锦涛同志强调“要坚持发扬共产党人的革命精神和坚持科学求实态度的统一，脚踏实地，埋头苦干，坚决反对形式主义和官僚主义”。这些论述，把抓落实的重要意义和基本要求讲得很清楚很深刻，我们在领导工作中要始终遵循和认真贯彻。

抓落实，是我们党执政能力的重要展现，也是对各级领导干部工作能力的重要检验。当前，我国处于发展的重要战略机遇期，但社会矛盾也日益凸显，前进中遇到不少需要克服的困难和风险。只有攻坚克难，乘势而上，我们才能抓住和用好机遇，赢得未来发展的主动权；如果自满懈怠，心浮气躁，就不可能开创改革和发展的新局面，已经取得的成果也有可能丧失。党的十七届五中全会审议通过了关于制定国民经济和社会发展第十二个五年规划的建议，十一届全国人大四次会议将审议批准“十二五”规划纲要，中央部门和地方相继出台了一系列推进改革发展的具体思路、政策和措施。现在的关键就在于落实。

近年来，从中央到地方都加大了抓落实的工作力度，并已取得明显成效。特别是中央对重大决策、重大部署、重大举措，采取任务分解、明确责任、加强督查等措施，保证和促进了改革发展稳定各项任务的落实。但是也要看到，在有些地方、部门和单位，中央的一些方针政策和重大部署，口头上讲了、文件上也写了，而贯彻落实得却不好；一些中央三令五申、明令禁止的事情，依然我行我素、屡禁不止。不重视抓落实、不善于抓落实的问题仍然存在。认真贯彻胡锦涛同志关于狠抓落实的要求，切实解决好领导工作中存在的抓落实不够有力、不够有效的问题，对于推动“十二五”时期经济社会发展目标任务的实现，对于巩固党的执政地位、确保国家长治久安，具有十分重要的意义。

二、抓落实必须牢固树立党的宗旨意识和正确政绩观

抓落实，是把决策变为人们的实践行动、由认识世界到改造世界的过程，无疑需要克服主观和客观上的诸多障碍，需要付出艰辛的努力。只有深入贯彻落实科学发展观，牢固树立党的宗旨意识和正确政绩观，抓落实才能始终坚持正确的方向，才能始终弘扬脚踏实地、埋头苦干的精神，也才能使各项落实工作保持不竭的动力。

全心全意为人民服务是党的根本宗旨，党的各项工作都必须坚持以最广大人民的根本利益为出发点和落脚点。从这个意义上讲，是否抓落实直接反映着领导干部的宗旨意识和党性。各级领导干部不论职务高低，不论在什么岗位工作，都要身体力行党的宗旨，把以人为

本、执政为民贯穿到各项工作的落实中去，努力为群众办实事办好事，切实做到权为民所用、情为民所系、利为民所谋。把握住这一点，就把握住了抓落实的根本，就能把全部心思和精力用到抓落实上。在其位，谋其政。我们党是为人民执政的，每个领导干部都要有执政为民的高度使命感和责任感。抓落实，也是对各级领导干部这种使命感和责任感的重要检验。现在有的领导干部工作不求进取，满足现状，只求过得去，不求过得硬，这样的精神状态怎么能抓好落实呢？每个领导干部都要懂得，党和人民把为人民服务的重担放在我们肩上，这是一种多大的信任和责任。要把这种信任和责任看得比泰山还重，始终以饱满的热情投身工作，永葆蓬勃朝气、昂扬锐气和浩然正气，自觉地盯着榜样找差距，对照先进学经验，努力争创一流业绩，不断开创各项工作新局面，真正做到“为官一任、造福一方”。

在抓落实过程中，不同的政绩观会有不同的抓法、不同的结果。什么叫政绩？顾名思义，就是为政之绩，即为政的成绩、功绩、实绩。我们做事情、干工作，如果做到了上有利于国家、下有利于人民；既符合国家和人民眼前利益的要求，又符合国家和人民长远利益的要求；既能促进经济社会发展，又能促进国家富强和人民幸福，那就做出了党和人民所需要的真正的政绩。一些领导干部落实工作抓得不好，很重要的是政绩观出了问题，个人主义思想在作祟。各级领导干部要牢固树立正确政绩观，把抓落实的出发点放到为党尽责、为民造福上，而不是树立自身形象、为自己升迁铺路；把抓落实的落脚点放到办实事、求实效上，而不是追求表面政绩，搞华而不实、劳民伤财的“形象工程”；把抓落实的重点放到立足现实、着眼长远、打好基础上，而不是盲目攀比、竭泽而渔。

领导干部在抓落实过程中，还要有“功成不必在我任期”的理念和境界，注意防止和纠正各种急功近利的行为，不贪一时之功、不图一时之名，多干打基础、利长远的事。说到这里，我想起了山西右玉县植树造林、改造山河的感人事迹。右玉地处毛乌素沙漠的天然风口地带，是一片风沙成患、山川贫瘠的不毛之地。解放之初，第一任县委书记带领全县人民开始治沙造林。60 多年来，一张蓝图、一个目标，18 任县委书记和县委、县政府一班人，一任接着一任、一届接着一届，率领全县干部群众坚持不懈，用心血和汗水绿化了沙丘和荒山，现在树木成荫、生态良好，年降雨量较之解放初期已显著增加。老百姓记着他们、感激他们，自发地为他们立碑纪念。正可谓“金杯银杯不如老百姓的口碑”。右玉的可贵之处，就在于始终发扬自力更生、艰苦创业、功在长远的实干精神，在于始终坚持为人民谋利益的政绩观。我们抓任何工作的落实，都应该这样去做。

三、抓落实必须具有知难而进、锲而不舍的奋斗精神

抓落实的过程，必然会遇到许多矛盾和问题，只有努力解决好各种矛盾和问题，才能把落实工作真正抓好、抓出成效。矛盾和问题是普遍存在的，问题也是矛盾。没有矛盾，就没有世界、没有发展。因此，我们在各项工作包括抓落实工作中，不要怕遇到矛盾和问题，而要敢于正视矛盾和问题。不要绕开矛盾和问题走，而要同群众一道千方百计地去求得矛盾和问题的及时正确解决。这是各级领导干部在抓落实及其全部工作中应该具有的根本态度。

当前，我们在改革和发展中遇到很多这样那样的矛盾和问题，有的还比较突出。比如，经济发展方式粗放、资源约束加剧、环境压力增大、自主创新能力不强、保障和改善民生任务繁重等矛盾和问题，正在日益显现出来。又比如，在对外开放中涉及的贸易摩擦、贸易保护主义、技术封锁问题，以及涉及国家主权、安全和长远发展的种种矛盾和斗争，也越来越多。再比如，随着世情、国情、党情的发展变化，对党员队伍教育和管理的难度增大，保持党的先进性面临许多新情况新问题。所有这些矛盾和问题，都要求各级领导干部以对党、对人民高度负责的精神，迎难而上，敢于面对并认真探索解决之策。如果眼中只有成绩和经验，看不到问题和困难；如果回避矛盾，遇到困难绕道走，见到难题就躲避；如果报喜不报忧，有了矛盾推责任，出了问题捂着拖着，那么抓落实就有落空的危险。有些地方、部门和单位积累的问题长期得不到解决，有多种原因，但很大程度上与这些地方、部门和单位领导班子和领导干部遇到矛盾畏难情绪占上风、解决问题不得力有直接关系。抓落实，还要求领导干部增强预见性，及时发现并尽早解决矛盾和问题，努力使简单矛盾不演化成复杂矛盾，小问题不延误成大问题。领导干部要多到矛盾突出的基层去，多到困难较多的一线去，多到难点焦点问题聚集的地方去，在克服困难、化解矛盾、解决问题中抓落实、促发展、出实绩。

抓落实，贵在持之以恒，也难在持之以恒。有些地方、部门和单位抓落实之所以成效不佳，往往与缺乏经常抓、反复抓、持久抓有关。如果抓一阵子松一阵子，热一阵子冷一阵子，不能一抓到底，那怎么能把工作落实好呢？抓落实，一定要防止虎头蛇尾。目标确定了，任务明确了，就要咬定青山不放松，不达目的不罢休。

抓落实能不能知难而进、锲而不舍，对领导干部的原则立场是一个现实的考验。坚持党的原则，怀着诚心诚意为人民谋利益的公心办事，这两条对抓好落实工作十分重要。如果不讲原则而讲关系，不讲纪律而讲人情，落实工作就必定做不好或者走样。各级领导干部要始终保持共产党人的高尚情怀和政治本色，正确看待个人的进退得失，正确对待金钱名利。唯有这样，才能做到“心底无私天地宽”，“岂因祸福避趋之”。

四、抓落实必须发扬求真务实、真抓实干的优良作风

求真务实、真抓实干的对立面，就是弄虚作假，搞形式主义。现在，大多数领导干部是能够做到求真务实、真抓实干的，但在有些领导干部中也确实存在着比较严重的形式主义，这必须引起高度重视。比如，在一些地方、部门和单位，规章制度应有尽有，却高高挂起、形同虚设；“文山会海”屡禁不止，习惯于靠会议落实会议、靠文件落实工作；各种检查评比考核过多过滥，催生“形象工程”、“政绩工程”；热衷于看风向、赶时髦，喊不着边际的空口号，提不切实际的高指标，求大轰大嗡的所谓“规模效应”；下基层走马观花、蜻蜓点水，不去深入了解群众真实的情况和要求，等等。这些形式主义的东西有一个共同特征，就是重形式轻内容，重口号轻行动，重数量轻质量，重眼前轻长远。搞形式主义，势必造成人力、物力、财力和时间的浪费，助长弄虚作假、投机取巧的心理和好大

喜功的浮夸作风，严重损害党和政府的威信。

有一副对联，上联是“你开会我开会大家都开会”，下联是“你发文我发文大家都发文”，横批是“谁来落实”，这是对“文山会海”的讽刺。开会是为了了解情况、倾听意见、集思广益，发现矛盾、分析矛盾、解决矛盾；制定文件，是为开展和落实各项工作提供遵循和依据。因此，开会和发文件是必要的，也是工作的重要环节。但是会议精神和文件再好，如果不落实，仍会劳而无功。各级领导机关和领导干部都要下个决心，坚决砍掉那些不必要的会议和文件，从“文山会海”中解脱出来，把精力投到抓落实中。

基层是一切工作的落脚点。我们的各项政策措施落实了没有，落实得好不好，基层群众最有实际感受。落实得好、落实得快，群众就拥护；落实得不好、落实得慢，群众就会有反映。因此，抓落实的重心一定要放在基层一线，解决落实不到位问题的思路和办法也要到基层和群众中去寻找。各级领导干部都要坚持眼睛向下看、身子往下沉，深入基层、深入群众开展调查研究，及时了解在上面难以听到、不易看到和意想不到的新情况新问题，掌握第一手资料，向群众问计问策。调查研究要善于总结群众的经验和创造，也要善于发现问题和触及矛盾，以利于不断推进和深化各项工作的落实。

抓落实的工作必须抓得很具体很细致很扎实，这也是发扬求真务实、真抓实干优良作风的必然要求。在一些地方、部门和单位，许多问题客观地存在着，之所以看不到、想不到、抓不到，解决不了，一个重要原因就在于失之于“粗”，失之于“虚”，工作抓得不具体不细致不扎实。古人说，天下大事必作于细。抓落实的过程，也是一个积小胜为大胜、积跬步致千里的过程。从细处入手，落实才会日见成效。有些领导干部总认为自己的任务只是抓大事、管宏观，习惯于坐机关、发指示，而不习惯深入实际、深入群众解决具体问题，不愿意去抓所谓“小事”。这种认识和做法是不全面、不恰当的。领导干部在重大决策和部署作出之后，还要研究具体办法，明确具体责任，一环扣一环地去抓，这样才能实现各项决策和部署的全面落实。

五、抓落实必须树立正确的用人导向和形成完善的工作机制

抓好落实，具有良好的精神状态和优良的作风很重要，建立科学管用的制度和机制同样很重要。要制定强有力的组织措施、考核措施、激励措施，健全抓落实的工作机制。特别是要健全人人负责、层层负责、环环相扣、科学合理、行之有效的工作责任制。有些地方、部门和单位存在工作推诿扯皮现象，与目标责任不明确、工作任务没细化有很大关系。要科学进行责任分解，把目标任务分解到部门、具体到项目、落实到岗位、量化到个人，以责任制促落实、以责任制保成效，形成一级抓一级、层层抓落实的工作局面。要进一步完善巡视督查制度、信息反馈制度、情况通报制度、重大责任追究制度，及时掌握工作进展情况，及时发现带有苗头性、倾向性的问题，及时找出薄弱环节，及时采取有针对性的措施，及时排除工作中的障碍和困难。

抓落实的工作实践，检验着每个干部的思想品质、工作作风和实际能力，也是考察和

选用干部的重要依据。用好一个干部，就是树立一面旗帜，就会在一个地方、一个部门、一个单位形成良好的工作氛围。一些地方、部门和单位之所以出现形式主义、官僚主义问题，往往同用人导向有关。评价一个干部，重要的不是看他说什么，而是看他做什么，看他做得怎么样。要抓好工作落实，必须完善领导干部考核评价机制，对干部干与不干、干好干坏、干多干少要有明确的区分，褒奖那些埋头苦干、狠抓落实的干部，教育和调整那些只尚空谈、不干实事的干部，问责和惩处那些因弄虚作假、失职渎职造成重大损失和严重后果的干部，努力营造崇尚实干、恪尽职守、勇于奉献的工作氛围。优良的工作作风是一级一级带出来的，要注重发挥一把手的表率作用和督促作用。有了重视抓落实、善于抓落实的一把手，才能带出抓落实的好班子、好团队。

习近平出席春季学期第一批进修班毕业典礼并为学员颁发毕业证书

4 月 29 日，中共中央党校举行 2011 年春季学期第一批进修班毕业典礼。中共中央政治局常委、中央书记处书记、中央党校校长习近平出席毕业典礼，并为学员颁发毕业证书。

中共中央政治局委员、中央书记处书记、中央组织部部长李源潮，中共中央书记处书记、中央纪委副书记何勇，中共中央书记处书记、中央办公厅主任令计划出席毕业典礼。

学员们反映，通过学习进一步夯实了理论基础，提高了政治素养；进一步培养了战略思维，开阔了世界眼光；进一步深化了解决现实问题的思路，拓宽了分析研究问题的办法；进一步丰富了执政经验，提升了执政能力；进一步养成了读书习惯，提高了知识水平；进一步锤炼了党性，塑造了从政风范。

中央党校常务副校长李景田在毕业典礼上讲话，他希望学员们继续加强学习，不断深化学习，努力做学习的表率；真抓实干，抓好落实，确保“十二五”规划的顺利实施；学习杨善洲精神，不断增强党性修养，做人民满意的好党员好干部；关心党校事业，支持党校建设，为进一步提高干部队伍素质作出新贡献。

中央有关部门负责同志何毅亭、王尔乘、申维辰，副校长陈宝生、孙庆聚、李书磊、张伯里，教育长兼培训部主任徐伟新，校委委员贾高建、罗宗毅、黄宪起、赵长茂出席毕业典礼。

校各直属单位主要负责人和全体毕业学员 260 多人参加毕业典礼。

（摘自《党校信息》2011 年第 6 期，研究室供稿）

习近平出席春季学期第二批学员开学典礼并作重要讲话

5月13日，中共中央党校举行春季学期第二批入学学员开学典礼。中共中央政治局常委、中央书记处书记、中央党校校长习近平出席开学典礼，并作了题为《领导干部要重视学习马克思主义经典著作》的重要讲话。

习近平围绕领导干部要重视学习马克思主义经典著作进行了阐述。他指出，马克思主义理论素养是领导干部的必备素质，是保持政治上坚定的思想基础。领导干部要提高自己的理论素养，必须坚持学习马克思主义理论，重点是学习包括邓小平理论、“三个代表”重要思想以及科学发展观等重大战略思想在内的中国特色社会主义理论体系。马克思主义经典著作蕴含和集中体现着马克思主义基本原理，是马克思主义理论的本源和基础。只有认真学习马克思主义经典著作，系统掌握马克思主义基本原理，才能完整准确地理解中国特色社会主义理论体系，才能创造性地运用马克思主义立场观点方法去分析和解决我们面临的实际问题，不断把中国特色社会主义事业推向前进。

习近平指出，马克思主义经典著作包含着经典作家所汲取的人类探索真理的丰富思想成果，体现着经典作家攀登科学理论高峰的不懈追求和艰辛历程。阅读经典著作，本身就是增长知识、开阔眼界、增加思想深度和训练思维方式的过程，就是培养高瞻远瞩的战略洞察力和脚踏实地的工作作风的过程，会使我们在潜移默化中受到他们崇高风范和人格力量的熏陶，从而实现自己思想境界和道德情操的升华。

习近平指出，马克思主义经典著作卷帙浩繁，领导干部都集中较长一段时间进行脱产学习是有困难的，主要是靠自己挤时间学习，因此要突出重点，精选精学。10卷本《马克思恩格斯文集》和5卷本《列宁专题文集》已经出版发行，这两部文集是学习马克思主义经典著作的权威性教材，领导干部可以精读其中的代表性篇目。毛泽东思想是马克思列宁主义基本原理同中国具体实际相结合的产物，是中国特色社会主义理论体系的重要思想来源，学习马克思主义经典著作要认真学习毛泽东同志的重要著作。

习近平强调，领导干部学习马克思主义经典著作，尤其要注意学习马克思主义哲学。哲学是人类的智慧之学。在马克思主义三个组成部分中，哲学是基础。掌握马克思主义哲学，是掌握马克思主义完整科学体系的重要前提。今天，我们的领导干部要正确判断形势，在错综复杂的形势变化面前保持头脑清醒，坚定理想信念，科学分析我国发展面临的机遇和挑战，全面看待前进道路上的主流和支流、出现的矛盾和问题，都离不开马克思主义哲学的指导，离不开辩证唯物主义和历史唯物主义的思想方法。学好马克思主义哲学，把思想方法搞正确，增强工作中的科学性和全面性，才能不断开创各项工作的新局面。

习近平指出，马克思主义经典著作思想深刻，要深入理解马克思主义的精神实质和思想精髓，必须专心致志地读、原原本本地读，努力掌握贯穿经典著作中的马克思主义立场观点方法，学懂学通马克思主义基本原理。他强调，领导干部要把学习马克思、恩格斯、列宁和毛泽东同志的重要著作与学习《邓小平文选》、《江泽民文选》和党的十六大以来以胡锦涛同志为总书记的党中央提出的科学发展观等重大战略思想紧密结合起来，深刻理解中国特色社会主义理论体系的重大理论意义和实践意义，深刻认识科学发展观是马克思主义关于发展的世界观和方法论的集中体现，着力转变不适应不符合科学发展要求的思想观念，着力解决影响和制约科学发展的突出问题，进一步形成贯彻落实科学发展观的正确政策导向、舆论导向、用人导向和体制机制，进一步形成促进科学发展的强大合力。

中共中央政治局委员、中央书记处书记、中央组织部部长李源潮，中共中央书记处书记、中央纪委副书记何勇出席开学典礼。

中央党校副校长陈宝生主持开学典礼。中央有关部门负责人、中央党校负责人以及2011 年春季学期第二批入学学员和在校学员，共 1100 多人参加开学典礼。

（摘自《党校信息》2011 年第 6 期，研究室供稿）

习近平出席春季学期毕业典礼并为学员颁发毕业证书

7 月 15 日，中共中央党校举行 2011 年春季学期毕业典礼。中共中央政治局常委、中央书记处书记、中央党校校长习近平出席毕业典礼，并为学员颁发毕业证书。

本期毕业学员 840 人。另有中央直属机关分校、中央国家机关分校、部队分部和国资委分校的 3400 多名学员同期毕业。学员们普遍反映，通过参加培训，进一步夯实了理论基础，坚定了理想信念，增强了政治责任感和使命感；进一步开阔了眼界，丰富了知识，分享了从政经验和体会；进一步深化了对现实问题的思考，培养了战略思维，提高了认识、分析和解决问题的能力；进一步锤炼了党性，塑造了从政风范，强化了正确的世界观、权力观和事业观。

毕业典礼结束后，习近平等参观了由中央档案馆、国家档案局和中央党校联合举办的“纪念中国共产党成立90周年档案资料展”，对中央党校运用档案史料开展党史教育的做法给予充分肯定。

中共中央政治局委员、中央书记处书记、中央组织部部长李源潮，中共中央书记处书记、中央纪委副书记何勇出席毕业典礼并参观展览。

中央党校常务副校长李景田在毕业典礼上讲话，希望学员们继续深入领会、扎实贯彻胡锦涛总书记“七一”重要讲话精神，为全面推进党的建设新的伟大工程和中国特色社会主义伟大事业贡献更大力量；继续加强学习、带头学习，争做学习型领导干部；继续真抓实干、狠抓落实，确保“十二五”规划顺利实施；继续关心党校事业、支持党校建设，为进一步提高干部队伍素质作出新贡献。

中央有关部门负责同志何毅亭、赵胜轩、王尔乘、翟卫华，中央党校副校长孙庆聚、李书磊、张伯里，教育长兼培训部主任徐伟新，校委委员贾高建、罗宗毅、黄宪起、赵长茂等出席毕业典礼并陪同参观。毕业典礼由副校长陈宝生主持。

（摘自《党校信息》2011年第8期，研究室供稿）

习近平出席秋季学期开学典礼并作重要讲话

9月1日，中共中央政治局常委、中央书记处书记、中央党校校长习近平出席中央党校2011年秋季学期开学典礼，并作了题为《领导干部要读点历史》的重要讲话。

中共中央政治局委员、中央书记处书记、中央组织部部长李源潮，中共中央书记处书记、中央纪委副书记何勇，中共中央书记处书记、中央办公厅主任令计划出席开学典礼。

中央党校常务副校长李景田主持开学典礼。中央有关部门负责人、中央党校负责人以及2011年秋季学期全体在校学员、党校教职工，共2200多人参加开学典礼。

（摘自《党校信息》2011年第8期，办公厅供稿）

领导干部要读点历史*

（2011 年 9 月 1 日）

习 近 平

中央党校 2011 年秋季学期今天正式开学了。我代表中央党校校委，向全体学员表示热烈欢迎。

同志们放下繁忙的工作来到中央党校，主要任务是学习。重点是学习马克思主义理论，同时还要学习做好工作需要的其他知识，包括历史知识。今天，我主要就领导干部要读点历史谈一些体会和认识，和大家交流。

一、学习和总结历史，借鉴和运用历史经验，是我们党一贯重视并倡导的做好领导工作一个重要的思想和方法

历史是一个民族、一个国家形成、发展及其盛衰兴亡的真实记录，是前人的“百科全书”，即前人各种知识、经验和智慧的总汇。毛泽东同志在青年求学时期就曾说过：读史，是智慧的事。就是说：你要增加智慧吗？史书是不可不读的。历史是从昨天走到今天再走向明天，历史的联系是不可能割断的，人们总是在继承前人的基础上向前发展的。古今中外，概莫能外。

我们党在领导革命、建设、改革的进程中，一贯重视历史经验的借鉴和运用，一贯倡导领导干部要读点历史，要善于运用历史知识。1938 年 10 月，毛泽东同志在党的六届六中全会上指出：“今天的中国是历史的中国的一个发展；我们是马克思主义的历史主义者，我们不应当割断历史。从孔夫子到孙中山，我们应当给以总结，承继这一份珍贵的遗产。这对于指导当前的伟大的运动，是有重要的帮助的。”1944 年，在中国革命迅速发展、抗日战争胜利在望的时候，他高度评价郭沫若撰写的《甲申三百年祭》，要求在解放区重印这篇文章，目的是“叫同志们引为鉴戒，不要重犯胜利时骄傲的错误”。新中国建立以后，毛泽东同志多次向全党特别是领导干部发出学习历史的号召，强调要了解中国历史和世界

---

* 此文是习近平同志 2011 年 9 月 1 日在中央党校 2011 年秋季学期开学典礼上的讲话。载《学习时报》2011 年 9 月 5 日第 1 版，发表时有删节。

历史，特别要了解和懂得鸦片战争以来的中国近代历史和中国共产党的历史。

邓小平同志也十分重视学习历史和借鉴历史经验。他把了解和懂得历史看作是“中国发展的一个精神动力”，明确指出“总结历史是为了开辟未来”，反复强调“要用历史教育青年，教育人民”。党的十一届三中全会以后，邓小平同志和中央领导集体一起，领导全党总结我国建设社会主义正反两方面经验，借鉴其他社会主义国家兴衰成败的历史经验，制定了党在社会主义初级阶段“一个中心、两个基本点”的基本路线和一整套方针政策，开辟了建设中国特色社会主义新道路，为党和国家事业顺利发展指明了正确方向。

江泽民同志同样高度重视历史和历史经验的学习与运用，多次强调党和国家各级领导干部要注意读史，高级干部尤其要带头这样做。他指出：“今天的中国是历史的中国的发展，作为当代中国的领导干部，如果不了解中国的历史，特别是中国的近代史、现代史和我们党的历史，就不可能认识和把握中国社会发展的客观规律，继承和发扬我们党在长期斗争中形成的光荣传统，也就不能胜任领导建设有中国特色社会主义的职责。”

党的十六大以后，胡锦涛同志对重视学习历史、借鉴和运用历史经验有一系列重要论述。他指出：“在新形势下，我们要更加重视学习历史知识，更加注重用中国历史特别是中国革命史来教育党员干部和人民。不仅要学习中国历史、还要学习世界历史，不仅要有深远的历史眼光、而且要有宽广的世界眼光。”他强调：“只有铭记历史，特别是铭记我们党领导人民创造的中国革命史，才能深刻了解过去、全面把握现在、正确创造未来。”

回顾党的历史可以清楚地看到，重视对历史的学习和对历史经验的总结与运用，善于从不断认识和把握历史规律中找到前进的正确方向和正确道路，这是我们党 90 年来之所以能够领导中国革命、建设、改革不断取得胜利的一个重要原因。

领导干部读点历史，有助于提高文化素养和思想政治修养，有助于提高工作能力和领导水平。历史记述了前人积累的各种科学文化知识，记述了他们治理国家和社会的思想与智慧，记述了他们经历的成功和失败的经验与教训，学习和了解这些历史上的文化知识、思想智慧、经验教训，本着“择其善者而从之，其不善者而去之”的科学态度，结合领导干部的思想和工作实际，或者吸取应用，或者作为借鉴，或者引为警戒，这对于提高我们的思想政治水平、改进我们的工作，是会大有助益的。我们的领导工作综合性、系统性强，要求领导干部学习多方面知识，其中历史知识是一个非常重要的方面。我们不少领导干部，基本的自然科学、技术科学、管理科学知识和基本的文化知识、工作经验都是具备的，而对马克思主义哲学知识和中外历史知识还缺乏深入的学习和了解。哲学是人类的智慧之学，历史是前人的实践和智慧之书。所以，各级领导干部要注重加强对马克思主义哲学的学习和对历史的学习。领导干部不管处在哪个层次和岗位，都应该读点历史，通过学习历史不断深化对人类社会发展规律、社会主义建设规律和共产党执政规律的认识，不断丰富自己的历史知识，这样才能使自己的眼界和胸襟大为开阔，认识能力和精神境界大为提高，使自己的领导工作水平不断得以提升。

二、领导干部学习历史，要学习中国历史，了解和懂得自古以来中国人民创造的灿烂历史文化，从中汲取有益于加强修养、做好工作的智慧和营养

古老的中华文明早已闻名于世，它与古代埃及文明、两河文明、印度文明并称为历史最悠久的世界四大文明。但埃及、两河、印度三个地方的古代文明后来都中断了，唯有中华文明五千年来一脉相承、从未中断，一直延续到今天。几千年来，我国流传下来的各种历史文化典籍浩如烟海，其丰富和完备的程度，没有任何一个国家可以相比。这是中华文明特有的重要标志，是中华民族的宝贵财富。我们的各级领导干部所处的岗位职责不同，对中国历史的学习会有不同的具体需求，但读史可以明智、知古方能鉴今的道理都应该懂得，都应该结合自己的工作实际自觉地学习历史。

我们要学习和发扬中华民族的优良传统。在漫长的历史发展进程中，中华民族曾受过无数来自内部的矛盾与冲突和来自外部的挑战与威胁，如自然灾害、社会动荡、王朝更替、外部入侵等等，但中华民族却一次次战胜灾难，一次次渡过难关，使统一的多民族国家得以不断巩固和发展。究其内在原因，就在于中华民族产生和形成了为整个民族共同认可、普遍接受而富有强大生命力的优良传统。比如崇尚民族团结的优良传统。自古以来，中国先贤在对待民族、邦国的关系上，倡导以“协和万邦”即和平共处为邦交原则，以“天下大同”即共同社会理想为追求目标。在中华民族大家庭的形成过程中，各民族之间有矛盾冲突更有交流融合，在冲突和融合中关系越来越密切，成为民族关系的主流。从先秦到秦汉，经魏晋南北朝、隋唐五代到宋元明清，千百年的交流融合，使得各民族难分难解，终于形成56个民族共同组成的血脉相连、休戚与共、团结进步的中华民族大家庭。又比如维护国家统一的优良传统。历代中国人民维护国家统一的思想源远流长、根深蒂固。春秋时期，孔子修订《春秋》，包含“大一统”思想。到了秦汉时期，“大一统”已成为当时政治思想领域中的主流。基于这种认识，各族人民都把维护国家统一看作天经地义、义不容辞的神圣使命与责任。尽管在一些历史时期也曾出现过分裂局面，但统一始终是主流。而且不论分裂的时间有多长、分裂的局面有多严重，最终都会重新走向统一。再比如自强不息的优良传统。我们的先哲很早就提出“天行健，君子以自强不息”的思想，这是中华民族积极进取、刚健有为、勇往直前的内在动力。古代神话中流传的“精卫填海”、“女娲补天”、“愚公移山”，孔子倡导的“学道不倦、诲人不厌”，“发愤忘食、乐以忘忧”，越王勾践的卧薪尝胆，汉使苏武的饮雪吞毡，以及文王拘而演《周易》、屈原逐而赋《离骚》、司马迁忍辱而作《史记》等等，无不体现出中华民族刚强坚毅、自强不息的优良传统和积极进取的人生态度。我们学习中国历史，就要继承中华民族的优良传统，从中汲取思想精华，结合新的实践不断发扬光大。

我们要学习和借鉴中国历史上治国理政的丰富经验。中国历史是中国人民、中华民族坚持不懈的创业史和发展史。其中既有升平之世社会发展进步的丰富经验，也有衰乱之世的深刻教训以及由乱到治的经验智慧；既有当事者对时势的分析陈述，也有后人对前人得失的评

论总结。可以说，在中国的史籍书林之中，蕴涵着十分丰富的治国理政的历史经验。其中包含着许多涉及对国家、社会、民族及个人的成与败、兴与衰、安与危、正与邪、荣与辱、义与利、廉与贪等等方面的经验与教训。我们学习历史，要结合我们正在干的事业和正在做的事情，善于借鉴历史上治理国家和社会的各种有益经验。比如，中国历史上，很多人主张“儒法并用”、“德刑相辅”，用现在的话来说，也就是主张思想教育手段要和法制处治手段并用。法是他律，德是自律。治理国家和社会是复杂的系统工程，必须统筹兼顾，全面规划。我们党提出依法治国和以德治国相结合，在一定程度上吸收了古人这方面的治理思想与经验。又比如，中国历史上凡是有作为的政治家都非常重视人才问题。他们深深懂得“为政之道，任人为先”的道理，在选人用人方面留下了很多可取的思想和经验，诸如知人善任、选贤任能，才兼文武、德才兼备，敬贤敬能、礼贤下士，访求俊彦、唯贤是举，人尽其才、才尽其用，避其所短、用其所长，勤于教养、百年树人等等。还有孟子说的“故天将降大任于斯人也，必先苦其心志，劳其筋骨，饿其体肤，空乏其身，行拂乱其所为，所以动心忍性，增益其所不能”；韩非子说的“宰相必起于州部，猛将必发于卒伍”，其意是说优秀的治国理政人才，必须经过艰苦条件的磨炼，必须具有起于社会基层的实际经验，这些认识都说明了人才成长的一般规律。我们强调在干部选拔任用上要树立重视基层的导向，把基层一线作为培养锻炼干部的基础阵地，注重选拔长期在条件艰苦、情况复杂、工作困难地方努力工作的优秀干部，这既是实践经验的总结，也有历史经验的借鉴。再比如，我国历史上经过科举制等途径，探索出了把人才的培养与任用分为两类：通才与专才。在治国理政中，通才任用于政务工作方面，专才则任用于事务工作方面。人才的培养任用应该分为政务、事务两大类，并且应有不同的标准、要求和职责，培养、选拔的途径和任用、考核的办法也应不同。这个选人用人的历史经验，今天仍值得我们深入研究。

我们要学习中华民族优秀的传统文化和高尚的精神追求。历经磨难而不衰的中华文明，蕴涵着丰富而宝贵的思想文化遗产。诸如筚路蓝缕、以启山林的开拓精神，艰难困苦、玉汝于成的顽强意志，舍生取义、视死如归的英雄气概，海纳百川、虚怀若谷的博大胸怀，修齐治平、治国安民的政治理想，“载舟”“覆舟”、居安思危的忧患意识，革故鼎新、自强不息的执着追求，等等。在我国历史长河中，许许多多先贤和仁人志士都对高尚的精神追求作出了阐释。诸如孔子的“朝闻道，夕死可矣”；孟子的“富贵不能淫，贫贱不能移，威武不能屈”；贾谊的“国而忘家，公而忘私”；诸葛亮的“鞠躬尽瘁，死而后已”；杜甫的“安得广厦千万间，大庇天下寒士俱欢颜……吾庐独破受冻死亦足”；范仲淹的“先天下之忧而忧，后天下之乐而乐”；文天祥的“人生自古谁无死，留取丹心照汗青”；顾炎武的“天下兴亡，匹夫有责”；林则徐的“苟利国家生死以，岂因祸福避趋之”；秋瑾的“他年成败利钝不计较，但恃铁血主义报祖国”，等等。鲁迅先生在《中国人失掉自信力了吗》一文中指出：“我们从古以来，就有埋头苦干的人，有拼命硬干的人，有为民请命的人，有舍身求法的人……这就是中国的脊梁。”从一代一代众多仁人志士的人生实践中，从中华民族传诵千古的诗文里，我们可以清楚地看到伟大的民族精神、高尚的社会风尚以及那些治国理政的思想精华。我们学习历史，就要学习和吸取中华民族传承下来的宝贵思想财富，从中获得精神鼓舞，升华思想境界，陶冶道德情操，完善优良品格，培养浩然正气，做到自重、自省、自警、自励，认真践行全心全意为人民服务的根本宗旨，经受住执政考验、改革开放考验、市场经济考验、外部环境考验，防止精神懈怠的危险、能力不足的危险、脱离群众的危险、消极腐败的危险，为党和人民事业不断作出自己的贡献。

三、领导干部学习历史，要注重学习鸦片战争以来我国近现代历史和中共党史，加深对近现代中国国情和中国社会发展规律的认识

1840年鸦片战争以来的中国近现代历史，是一部中国人民为实现中华民族独立、解放和伟大复兴而不懈奋斗的历史。胡锦涛同志在“七一”重要讲话中，用“我们伟大的祖国经历了刻骨铭心的磨难，我们伟大的民族进行了感天动地的奋斗，我们伟大的人民创造了彪炳史册的伟业”这三句话，高度概括和科学总结了近现代中国170多年的历史，高屋建瓴、要言不烦，为我们学习和把握中国近现代史提供了基本线索。

鸦片战争以后，中国逐步成为半殖民地半封建社会的历史，是中华民族遭受帝国主义侵略和压迫的屈辱史、苦难史。世界上的帝国主义国家，几乎都侵略和欺凌过中国。他们凭借坚船利炮，对中国发动一系列军事侵略，制造众多惨案，屠杀中国人民；他们迫使中国签订一系列不平等条约，破坏中国的领土、司法、关税、贸易、交通运输等主权；他们在中国领土上设立租界，强行驻军，扶植和收买代理人，培植亲帝国主义势力，控制中国政府；他们勒索赔款，抢劫财富，盗窃文物，控制交通口岸，对华进行商品倾销和资本输出，进而控制中国的经济命脉。帝国主义列强对中国的军事侵略、政治控制、经济掠夺、文化渗透，给中华民族和中国人民带来深重灾难，使中国的经济社会发展受到严重破坏。中国遭受如此欺凌，陷入如此境况，其根本原因就是毛泽东同志所深刻指出的：“一是社会制度腐败，二是经济技术落后”。学习中国近现代史，就要了解近代中国所经历的屈辱历史，深刻汲取落后就要挨打、就要受欺负的教训，增强励精图治、奋发图强的历史使命感和责任感，为在2020年全面建成小康社会，进而在本世纪中叶把我国建设成为富强民主文明和谐的社会主义现代化强国而努力奋斗。

帝国主义列强在中国土地上制造的民族危机激发了中华民族和中国人民的觉醒，增强了全民族的凝聚力。为改变中华民族屈辱的命运，中国人民以及他们的先进分子和仁人志士进行了千辛万苦的探索和不屈不挠的斗争。太平天国运动、戊戌变法、义和团运动、辛亥革命，国家和民族不断燃起新的希望。中国共产党的诞生开启了中国人民救亡图存斗争的崭新阶段。一代又一代中国共产党人为实现民族独立、人民解放，为实现国家富强、人民富裕奋起革命，前仆后继，竭尽全力，不愧为国家和民族的脊梁。中国共产党领导人民经过蓬蓬勃勃的工人运动和农民运动、轰轰烈烈的北伐战争、艰苦卓绝的土地革命战争、浴血奋斗的抗日战争和气势磅礴的人民解放战争，终于建立了人民当家作主的新中国并适时地确立了崭新的社会主义制度，党的十一届三中全会以后又领导人民进入了实行改革开

放为标志的社会主义发展新时期。我们学习中国近现代史和中共党史，目的是为了更好地继承和发扬近代以来中国人民的爱国主义精神，继承和发扬前辈共产党人建树的优良革命传统，为实现社会主义现代化和中华民族伟大复兴持续奋斗。

近代以来，救亡图存成为中华民族和中国人民迫在眉睫的历史使命。争取民族独立、人民解放，实现国家富强、人民富裕，成为中国人民必须完成的两大历史任务。这两个历史任务相互衔接，前者是后者的基础。那么，必须走什么样的道路、必须以什么样的思想理论为指导、必须由哪个阶级哪个政党来领导人民进行斗争才能实现这两大历史任务，就成为中国近现代历史的核心问题。近代以来中国社会各种政治力量和政治主张争论和较量的实质，是不同的历史道路、社会发展方向之争。实践证明，封建官僚们进行的所谓自强运动和资产阶级改良派进行的改良运动，旧式的农民反抗斗争，以及资产阶级革命派领导的民主革命想在中国实行西方资本主义的政治经济方案，都先后在近代中国一一试过了，结果都行不通，都没有也不可能实现中华民族救亡图存的民族使命和反帝反封建的历史任务。从近代中国波澜起伏的历史进程中可以清楚地看到：因为不触动帝国主义、封建主义统治根基的改良主义失败了，中国人民才选择了革命的道路；因为走资本主义道路的各种方案尝试全部失败了，中国人民才选择了经过新民主主义走向社会主义的道路；因为其他各种政治力量都无力领导中国人民实现救亡图存和民族独立、解放与复兴，唯有中国无产阶级及其政党中国共产党肩负起了这一历史使命，才使受尽屈辱、濒临危亡边缘的中国进入了历史的新纪元，才向世人彰显和证明了“没有共产党就没有新中国”、“只有社会主义才能救中国和发展中国”的历史真理。学习中国近现代史，就要深刻认识历史和人民选择中国共产党、选择马克思主义、选择社会主义道路、选择改革开放的历史必然性，增强建设中国特色社会主义事业的信心。

这里我要强调的是，中国共产党的历史是中国近现代以来历史最为可歌可泣的篇章，学习中国近现代史要特别注意学习中国共产党的历史。历史在人民的探索和奋斗中造就了中国共产党，中国共产党领导人民又造就了新的历史辉煌。90 年来，我们党紧紧依靠人民完成了新民主主义革命，实现了民族独立和人民解放；完成了社会主义革命，确立了社会主义根本制度并取得了社会主义建设的巨大成就；进行了改革开放新的伟大革命，完善和发展了中国特色社会主义。这三件大事，从根本上改变了中国人民和中华民族的前途命运，不可逆转地结束了近代以后中国内忧外患、积贫积弱的悲惨境遇，不可逆转地开启了当代中国沿着社会主义道路走向现代化、走向伟大复兴的历史进军。我们要牢牢把握党的历史发展的主题和主线、主流和本质，从党的光辉历程和伟大业绩中获得继往开来的强大动力，始终坚定中国特色社会主义信念和共产主义远大理想，永葆共产党人的政治本色。

中国共产党的历史，总起来说是党团结带领人民不断把中国革命、建设、改革事业推向前进的历史，其所取得的成就与进步伟大辉煌，其所经历的困难与风险也世所罕见。90 年来，我们党经历并一一有效应对的困难、风险很多。比如：有效应对了 1927 年大革命失败后面临的极大危险，开创了土地革命战争的大好局面；有效应对了 1934 年中央根据地第五次反“围剿”失败后的严重困难，经过长征北上推动了全民族的团结抗日；有效应对了1959年至1961年这三年的严重经济困难，迅速恢复和发展了国民经济；有效应对了“文化大革命”造成的内乱局面，开创了改革开放和社会主义现代化建设的新时期；有效应对了四川汶川特大地震、青海玉树强烈地震、甘肃舟曲特大山洪泥石流等重大自然灾害，夺取了抗灾救灾和灾后恢复重建工作的重大胜利；有效应对了国际金融危机的冲击所造成的困难，继续保持经济和社会发展的良好态势，等等。遇到困难和风险，勇敢正视、正确应对，攻坚克难、夺取胜利，这充分反映了我们党在革命、建设、改革各个历史时期遇变不惊、知难而进、化险为夷、百折不回的奋斗历程，这也是我们党坚持一切为了人民、一切依靠人民所以能够不为一切困难所吓倒、不为一切风险所征服，而终能不断地开创出一个又一个胜利局面、不断地推动事业向前发展的历史逻辑。我们党90年来团结带领人民所做的三件大事、所取得的各项伟大成就之所以震古烁今，正是因为它们来之不易。其中有危难之际的绝处逢生，有挫折之后的毅然奋起，有失误之后的拨乱反正，有磨难面前的百折不挠，既充满艰险又充满神奇，既历尽苦难又辉煌迭出。有困难、有风险、有危机、有曲折，都不可怕，关键在于要勇于面对，善于克服和战胜它们。一旦战胜了，就会峰回路转，光明在前。真正的马克思主义者、真正的共产党人，正是从经历和战胜各种困难与风险中来历练自己的勇气、智慧和力量的。所以，我们学习党的历史，认识党的光荣伟大，不仅要充分认识她带领人民取得了光荣伟大的业绩，而且要充分认识她带领人民在应对各种困难和风险的考验中披荆斩棘、不断开辟胜利道路所展示出来的巨大勇气、巨大智慧和巨大力量。

领导干部在学习我国历史的同时，还应该学习一些世界历史知识。中国历史是世界历史的重要组成部分，中国自古以来就同世界上许多国家和地区发生着各种各样的联系。明朝末年，中国开始落后于西方国家的发展，近代更是陷入了列强欺凌、被动挨打的境地。其中一个重要原因，就是封建社会统治者闭关自守、夜郎自大，看不到文艺复兴以来特别是工业革命以后世界发生的巨大变化，拒绝学习国外先进的科学技术和其他先进的东西。封闭必然落后，落后就要挨打，教训是深刻的。当今世界是一个开放的世界，当代中国的发展同世界的发展紧密地联系在一起。无论是处理国内改革发展稳定的问题，还是处理对外开放中的问题，我们都应该放眼世界，具有宽阔的眼光。只有既从现实又从历史两个方面更好地了解外部世界，才能把我们的各项工作包括对外工作做得更好。

最后，我还要指出一点，就是领导干部学习历史，要落实在提高历史文化素养上，落实在提高领导工作水平上。而具有历史文化素养，最重要的是要具有历史意识和文化自觉，即想问题、作决策要有历史眼光，能够从以往的历史中汲取经验和智慧，自觉按照历史规律和历史发展的辩证法办事。在学习历史知识的时候，要坚持马克思主义的历史观和方法论，不能读死书，要同工作实际结合起来，对所读之书要取其精华、去其糟粕，做到“博学之，审问之，慎思之，明辨之，笃行之”，知古鉴今、古为今用，这样才能在我们认识和处理现实问题中发挥历史知识应有的积极作用。

今天我就讲这些。祝同志们在党校学习取得丰硕成果。

习近平出席秋季学期第一批进修班毕业典礼并为学员颁发毕业证书

11 月 3 日，中共中央党校举行 2011 年秋季学期第一批进修班毕业典礼。中共中央政治局常委、中央书记处书记、中央党校校长习近平出席毕业典礼，并为学员颁发毕业证书。

中共中央政治局委员、中央书记处书记、中央组织部部长李源潮，中共中央书记处书记、中央纪委副书记何勇出席毕业典礼。

本期毕业学员共 222 人。学员们反映，通过学习和课题研究，汲取了丰富营养，夯实了理论基础，坚定了理想信念；培养了战略思维，提高了理论联系实际、解决现实问题的能力；开阔了视野，交流了经验，培养了多方面的素养；增强了党性，陶冶了情操，锤炼了优良的党风和学风。

中央党校常务副校长李景田在毕业典礼上讲话，他希望学员们能够继续加强学习，不断深化学习，争当学习的表率；继续深入领会、扎实贯彻党的十七届六中全会的战略决策和重大部署，进一步开创中国特色社会主义事业新局面；继续勤奋努力，扎实做好本职工作，以优异成绩迎接党的十八大召开；继续关心党校事业，支持党校建设，为进一步提高干部队伍素质作出新贡献。

中共中央办公厅副主任赵胜轩、中央组织部副部长王尔乘、中央宣传部副部长申维辰、中央政策研究室副主任施芝鸿，中央党校副校长张伯里，校委委员贾高建、罗宗毅、赵长茂及校各直属单位主要负责人等出席毕业典礼。

（摘自《党校信息》2011 年第 14 期，研究室供稿）

习近平出席秋季学期第二批学员开学典礼并作重要讲话

11 月 16 日，中共中央党校举行秋季学期第二批入学学员开学典礼。中共中央政治局常委、中央书记处书记、中央党校校长习近平出席典礼，并作了题为《谈谈调查研究》的重要讲话。

中共中央政治局委员、中央书记处书记、中央组织部部长李源潮，中共中央书记处书记、中央纪委副书记何勇，中共中央书记处书记、中央办公厅主任令计划出席开学典礼。

中央有关部门负责人、中央党校负责人，以及中央党校新入学学员、在校全体学员、教职工等共1500多人参加开学典礼。

（摘自《党校信息》2011年第15期，研究室供稿）

谈谈调查研究*

（2011年11月16日）

习　近　平

调查研究是做好领导工作的一项基本功，调查研究能力是领导干部整体素质和能力的一个组成部分。到中央党校学习培训的都是县以上党员领导干部，党校不少班次都有专题调查研究的教学安排。现在到了年终岁末，各地各部门都要总结今年的工作，谋划明年的工作，加强调查研究很有必要。

一、调查研究不仅是一种工作方法，而且是关系党和人民事业得失成败的大问题

重视调查研究，是我们党在革命、建设、改革各个历史时期做好领导工作的重要传家宝。马克思主义的辩证唯物主义、历史唯物主义世界观和方法论，党的实事求是的思想路线，党的从群众中来、到群众中去的根本工作路线，都要求我们的领导工作和领导干部必须始终坚持和不断加强调查研究。只有这样，才能真正做到一切从实际出发、理论联系实际、实事求是，真正保持党同人民群众的密切联系，也才能从根本上保证党的路线方针政策和各项决策的正确制定与贯彻执行，保证我们在工作中尽可能防止和减少失误，即使发生了失误也能迅速得到纠正而又继续胜利前进。回顾我们党的发展历程可以清楚地看到，什么时候全党从上到下重视并坚持和加强调查研究，党的工作决策和指导方针符合客观实

* 此文是习近平同志2011年11月16日在中央党校秋季学期第二批入学学员开学典礼上的讲话，载《学习时报》2011年11月21日第1版，发表时有删节。

际，党的事业就顺利发展；而忽视调查研究或者调查研究不够，往往导致主观认识脱离客观实际、领导意志脱离群众愿望，从而造成决策失误，使党的事业蒙受损失。

调查研究的过程，是领导干部提高认识能力、判断能力和工作能力的过程。经常走出领导机关，深入实际、深入基层、深入群众，进行各种形式和类型的调查研究，非常有益于促进领导干部正确认识客观世界、改造主观世界、转变工作作风、增进同人民群众的感情，有益于深切了解群众的需求、愿望和创造精神、实践经验。现在的交通通信手段越来越发达，获取信息的渠道越来越多，但都不能代替领导干部亲力亲为的调查研究。因为直接与基层干部群众接触，面对面地了解情况和商讨问题，对领导干部在认识上和感受上所起的作用和间接听汇报、看材料是不同的。通过深入实际调查研究，把大量和零碎的材料经过去粗取精、去伪存真、由此及彼、由表及里的思考、分析、综合，加以系统化、条理化，透过纷繁复杂的现象抓住事物的本质，找出它的内在规律，由感性认识上升为理性认识，在此基础上作出正确的决策，这本身就是领导干部分析和解决问题本领的重要反映，也是领导干部思想理论水平和工作水平的重要反映。领导干部不论阅历多么丰富，不论从事哪一方面工作，都应始终坚持和不断加强调查研究。

为什么对领导干部的调查研究，要强调“始终坚持”和“不断加强”呢？一是因为我们所肩负的任务是不断变化的，原有的任务完成了，新的任务又摆到了面前，又需要重新学习和调查研究。二是因为我们党的领导干部是要不断地进行新老交替和不断地调换工作岗位的，老干部离开了领导岗位，新一批干部上来了，老干部学习和调查研究的经验可以供新上来的干部学习借鉴，但代替不了新上来干部的学习和调查研究。领导干部从一个地区和部门到另一个地区和部门，都必须进行调查研究。即便是回到曾经熟悉的工作岗位和工作环境，也不能刻舟求剑，还需要重新调查了解新情况。三是客观事物总在不断变化，新矛盾新问题每日每时都在出现，在当代中国社会主义现代化事业蓬勃发展的形势下，在当今世界多极化、经济全球化深入发展和科学技术突飞猛进的条件下更是如此。这也要求领导干部必须坚持不懈地进行和加强调查研究。

应该看到，当前在领导干部中，不重视调查研究、不善于调查研究的问题还是存在的。有的走不出“文山会海”，强调工作忙，很少下去调查研究。有的满足于看材料、听汇报、上网络，不深入实际生活，坐在办公室关起门来作决策。有的自认为熟悉本地区本部门情况，对层出不穷的新情况新问题反映不敏锐，对形势发展变化提出的新课题新挑战应对不得力，看不到事物的发展变化是一个由量变到质变的过程，凭经验办事，拍脑袋决策。有的调研走过场，只看“盆景式”典型，满足于听听、转转、看看，蜻蜓点水、浅尝辄止。凡此种种，严重影响决策的科学性，妨碍党的路线方针政策的贯彻执行，也损害领导机关、领导干部的形象。

胡锦涛同志在党的十七届六中全会上再次明确要求，各级党委要立足我国社会主义初级阶段基本国情，以宽广的眼界观察世界，组织力量开展调查研究，努力回答对我国经济社会发展带有全局性、战略性的重大问题。各级领导干部要充分认识调查研究的重要性，按照胡锦涛同志提出的要求加强和做好调查研究工作。

二、学习和掌握正确方法，努力提高调查研究水平和成效

做好新形势下的调查研究工作，要坚持以中国特色社会主义理论体系为指导，紧紧围绕党的路线方针政策和中央重大决策部署的贯彻执行，坚持解放思想、实事求是、与时俱进，深入研究影响和制约科学发展的突出问题，深入研究人民群众反映强烈的热点难点问题，深入研究党的建设面临的重大理论和实际问题，深入研究事关改革发展稳定大局的重点问题，深入研究当今世界政治经济等领域的重大问题，全面了解各种新情况，认真总结群众创造的新经验，努力探索各行各业带规律性的东西，积极提供相应的对策，使调查研究工作同中心工作和决策需要紧密结合起来，更好地为各级党委和政府科学决策服务，为提高党的领导水平和执政水平服务。

调查研究，是对客观实际情况的调查了解和分析研究，目的是把事情的真相和全貌调查清楚，把问题的本质和规律把握准确，把解决问题的思路和对策研究透彻。这就必须深入实际、深入基层、深入群众，多层次、多方位、多渠道地调查了解情况。既要调查机关，又要调查基层；既要调查干部，又要调查群众；既要解剖典型，又要了解全局；既要到工作局面好和先进的地方去总结经验，又要到困难较多、情况复杂、矛盾尖锐的地方去研究问题。基层、群众、重要典型和困难的地方，应成为调研重点，要花更多时间去了解和研究。只有这样去调查研究，才能获得在办公室难以听到、不易看到和意想不到的新情况，找出解决问题的新视角、新思路和新对策。领导干部搞调研，要有明确的目的，带着问题下去，尽力掌握调研活动的主动权，调研中可以有“规定路线”，但还应有“自选动作”，看一些没有准备的地方，搞一些不打招呼、不作安排的随机性调研，力求准确、全面、深透地了解情况，避免出现“被调研”现象，防止调查研究走过场。党的十七届四中全会《决定》明确规定：“领导干部下基层调查研究，要轻车简从，不扰民，不搞层层陪同，不组织群众迎送”。这个要求，各级领导干部要认真贯彻落实。

搞好调查研究，一定要从群众中来、到群众中去，广泛听取群众意见。人民群众的社会实践，是获得正确认识的源泉，也是检验和深化我们认识的根本所在。调查研究成果的质量如何，形成的意见正确与否，最终都要由人民群众的实践来检验。毛泽东同志 1930 年在寻乌县调查时，直接与各界群众开调查会，掌握了大量第一手材料，诸如该县各类物产的产量、价格，县城各业人员数量、比例，各商铺经营品种、收入，各地农民分了多少土地、收入怎样，各类人群的政治态度，等等，都弄得一清二楚。这种深入、唯实的作风值得我们学习。领导干部进行调查研究，要放下架子、扑下身子，深入田间地头和厂矿车间，同群众一起讨论问题，倾听他们的呼声，体察他们的情绪，感受他们的疾苦，总结他们的经验，吸取他们的智慧。既要听群众的顺耳话，也要听群众的逆耳言；既要让群众反映情况，也要请群众提出意见。尤其对群众最盼、最急、最忧、最怨的问题更要主动调研，抓住不放。这样才能真正听到实话、察到实情、获得真知、收到实效。

调查研究必须坚持实事求是的原则，树立求真务实的作风，具有追求真理、修正错误的勇气。现在有的干部善于察言观色，准备了几个口袋，揣摩上面或领导的意图来提供材料。很显然，这样的调查是看不到实情、得不到真知、做不出正确结论的。调查研究一定要从客观实际出发，不能带着事先定的调子下去，而要坚持结论产生在调查研究之后，建立在科学论证的基础上。对调查了解到的真实情况和各种问题，要坚持有一是一、有二是二，既报喜又报忧，不唯书、不唯上、只唯实。有些干部，不是不了解情况，也不是看不到问题，而是不愿正视现实，不敢讲真话，报喜不报忧。这些现象都是违背实事求是原则的。在调查研究中能不能、敢不敢实事求是，不只是认识水平问题，而且是党性问题。只有公而忘私，把党和人民利益放在第一位，才能真正做到实事求是。在领导机关、领导干部中，要进一步营造和保持讲真话、讲实话、讲心里话的良好氛围，鼓励如实反映情况和提出不同意见，积极开展批评与自我批评，坚决反对上下级和干部之间逢迎讨好、相互吹捧，坚决反对把党内生活庸俗化。

调查研究，包括调查与研究两个环节。衡量调查研究搞得好不好，不是看调查研究的规模有多大、时间有多长，也不是光看调研报告写得怎么样，关键要看调查研究的实效，看调研成果的运用，看能不能把问题解决好。从目前领导干部开展调查研究的实际情况看，有调查不够的问题，也有研究不够的问题，而后一个问题可能更突出。有的同志下去，只调查不研究，装了一兜子材料，回来汇报一下写个报告就了事；有的领导干部连调研汇报也不听，调查材料也不看。这种调查多、研究少，情况多、分析少，不解决什么问题的调查研究，是事倍功半的。我们要充分认识到，调查研究的根本目的是解决问题，调查结束后一定要进行深入细致的思考，进行一番交换、比较、反复的工作，把零散的认识系统化，把粗浅的认识深刻化，直至找到事物的本质规律，找到解决问题的正确办法。

调查研究方法也要与时俱进。在运用我们党在长期实践中积累的有效方法的同时，要适应新形势新情况特别是当今社会信息网络化的特点，进一步拓展调研渠道、丰富调研手段、创新调研方式，学习、掌握和运用现代科学技术的调研方法，如问卷调查、统计调查、抽样调查、专家调查、网络调查等，并逐步把现代信息技术引入调研领域，提高调研的效率和科学性。

三、建立和完善制度，保证调查研究经常化

我们党有重视调查研究的优良传统，在新的形势下要大力弘扬。在坚持和加强调查研究方面，我们党相继制定了一系列行之有效的制度，要在实践中不断健全完善，切实抓好贯彻落实，使调查研究真正成为各级领导干部自觉的经常性活动。

坚持和完善先调研后决策的重要决策调研论证制度。陈云同志说：“领导机关制定政策，要用百分之九十以上的时间作调查研究工作，最后讨论作决定用不到百分之十的时间就够了。”这是很有道理的。决策是一个提出问题、分析问题、解决问题的过程。为了防止和克服决策中的随意性及其造成的失误，提高决策的科学化水平，必须把调查研究贯穿

于决策的全过程，真正成为决策的必经程序。该通过什么调研程序决策的事项，就要严格执行相关调研程序，不能嫌麻烦、图省事。对本地区、本部门事关改革发展稳定全局的问题，应坚持做到不调研不决策、先调研后决策。提交讨论的重要决策方案，应该是经过深入调查研究形成的，有的要有不同决策方案作比较。特别是涉及群众切身利益的重要政策措施出台，要采取听证会、论证会等形式，广泛听取群众意见。要在建立、完善落实重大项目、重大决策风险评估机制上取得实质性进展，使我们的各项工作真正赢得群众的理解和支持，从源头上预防矛盾纠纷的发生。

坚持和完善领导机关、领导干部的调研工作制度。领导干部要带头调查研究，拿出一定时间深入基层，特别是主要负责人要亲自主持重大课题的调研，拿出对工作全局有重要指导作用的调研报告。为什么要强调各级领导机关的主要负责人亲自下去做调查，亲自主持重大课题的调研呢？因为对各种问题特别是重大问题的决策，最后都需要主要负责人去集中各方面的意见由领导集体决断，而主要负责人亲自做了调查研究，同大家有着共同的深切感受和体验，就更容易在领导集体中形成统一认识和一致意见，更容易做出决定。上世纪 60 年代初，为了度过当时国民经济的严重困难，全党同志就当时一些重大问题同时开展调研，尤其是各级领导机关的主要负责人都参与了调研，结果很快就形成了解决一系列重大经济社会问题的正确决策，使困难局面迅速得到扭转。那次全党大调研给我们留下了宝贵经验。中共中央办公厅去年印发的《关于推进学习型党组织建设的意见》明确要求："建立健全调查研究制度，省部级领导干部到基层调研每年不少于 30 天，市、县级领导干部不少于 60 天，领导干部要每年撰写 1 至 2 篇调研报告"。对这些要求，各级领导干部要认真执行，各级领导机关要经常督促落实。

坚持和完善领导干部的联系点制度。建立领导干部联系点，是防止领导干部脱离群众的一种重要手段，也是发现和解决问题的有效途径。各级领导干部要坚持这一制度，并注意总结经验，不断加以完善。党政主要领导干部要以身作则，率先垂范。不仅要"身入"基层，更要"心到"基层，始终关心基层联系点，关心联系点的群众。到联系点调查研究，要真心实意地交朋友、拉家常，通过面对面交流，直接了解基层干部群众的所想、所急、所盼。同时，还可有选择地开展蹲点调研。蹲点调研、解剖"麻雀"是过去常用的一种调研方式，在信息化时代依然是管用的。要注意选择问题多、困难大、矛盾集中，与本职工作密切相关的农村、社区、企业等基层单位，开展蹲点调研，倾听群众心声，找准问题的症结所在。近年来，有些领导干部包括有的省部级干部不打招呼、不要陪同，一竿子插到底，直接深入基层和群众之中进行调查研究。一些省区市和中央部委开展"领导干部下基层"、"进千村入万户"等活动，每年安排一批干部到村镇、社区和其他基层单位蹲点。中央组织部近两年组织开展万名组织部长下基层活动，推动各级组织部长深入基层、深入一线，与群众零距离接触、与干部面对面交流，实地考察基层经济社会发展和党的建设情况，解决了一批影响和制约地方科学发展的突出问题，发现和总结了许多基层党建新经验，结交了普通百姓朋友，密切了党群、干群关系，同时也发现了一批优秀人才。今年

8月以来，中央宣传部、中央外宣办、国家广电总局、新闻出版总署、中国记协等五部门在新闻战线开展“走基层、转作风、改文风”活动，大批编辑记者深入基层蹲点调研、采访写作，采写的新闻报道令人耳目一新，在了解基层实际、反映群众意愿、树立良好形象、推动具体工作上取得了积极进展，受到广大干部群众的普遍好评。浙江省嘉善县从2008年起，每年分批选派近200名部门中层干部到基层单位开展为期3个月的蹲点调研，采取“菜单式点题”、“承诺式蹲点”和“全程式联挂”等形式，组织机关干部集中下基层开展服务、调研活动。3年来，参与调研的干部每年都提出了一批好的工作建议，并为基层和群众解决了一批突出问题，办了不少实事，群众赞誉“党的好传统、好作风又回来了”。像这样的例子在中央机关和地方还有不少。以上这些做法，都有助于了解实际情况、听取群众意见、发现和解决问题、密切党群关系，值得学习和借鉴。

习近平与进修班学员座谈并作重要讲话

11月23日，中共中央政治局常委、中央书记处书记、中央党校校长习近平与中央党校进修班学员座谈。他强调，党的十七届六中全会提出推进社会主义核心价值体系建设、建设宏大文化人才队伍、加强和改进党对文化工作的领导等，这对党的建设提出了新的任务和要求。各级党组织要把贯彻落实六中全会精神作为一项重要政治任务，结合选干部、配班子、建队伍、聚人才、抓基层、打基础等工作，把全会提出的各项任务贯彻落实好。

参加座谈会的有来自进修部不同班次的60多位学员代表，大家围绕如何做好明年党的建设和组织工作提出了意见和建议。听取学员们的发言后，习近平作了讲话。他指出，今年以来，随着地方各级领导班子换届，一大批干部走上新的领导岗位，在注重提高领导科学发展能力的同时，加强领导班子的思想政治建设很有必要。要通过对新任领导干部的集中培训、健全党内生活、严格日常管理和监督等多种途径，推动新任领导班子成员加强党性修养，增强政治意识、大局意识、责任意识、创业意识，提高坚持和贯彻民主集中制的自觉性，加强团结协作，树立讲党性、重品行、作表率的良好形象。

习近平强调，民主集中制是民主基础上的集中和集中指导下的民主相结合的制度。领导干部特别是主要负责同志要在坚持和健全民主集中制上起表率作用，关键是“一把手”要带头发扬民主作风，在充分发扬民主的基础上实行正确的集中。每个班子成员都要以对党和人民事业高度负责的精神，恪尽职守、各负其责，积极建言献策。要充分发扬党内民主和社会民主，决策前深入群众调查研究，对各种方案进行比较、鉴别，使决策具有广泛深厚的群众基础。

习近平指出，坚持原则，敢于负责，勇于担当，体现着共产党人的蓬勃朝气、浩然正气、昂扬锐气，反映着领导干部强烈的事业心和责任感。当前我国正处于全面建设小康社会的关键时期和深化改革开放、加快转变经济发展方式的攻坚时期，各级领导干部尤其要牢固树立责任重于泰山的意识，直面难题、敢抓善管、敢担责任，不辜负党和人民的重托。要坚持德才兼备、以德为先的用人标准，注重选用那些坚持原则、敢于负责的干部。

习近平指出，推进干部人事制度改革目的是优化干部人事资源配置，最广泛、最充分地调动广大干部的积极性，把干部选准用好。干部人事制度改革的各项措施，包括民主推荐、民主测评、竞争性选拔等都要用这个标准来衡量、来检验。要正确处理发扬民主与正确集中的关系，把党管干部与扩大民主有机统一起来，坚持把工作实绩作为选拔干部的主要依据，全面、历史、辩证地评价干部。

习近平强调，中央党校学员要通过在党校的学习培训，在党性修养、能力提高等方面取得新的进步，并把在党校的学习收获带回去，把在党校得到提高的学习研究能力带回去，在实际工作中更好地发挥作用。

中共中央政策研究室常务副主任何毅亭、中央组织部副部长王尔乘，中央党校副校长陈宝生、孙庆聚，校委委员罗宗毅、黄宪起出席座谈会。

（摘自《党校信息》2011 年第 16 期，办公厅供稿）

习近平出席秋季学期毕业典礼并为学员颁发毕业证书

2012 年 1 月 13 日，中共中央党校举行 2011 年秋季学期毕业典礼。中共中央政治局常委、中央书记处书记、中央党校校长习近平出席毕业典礼，并为学员颁发毕业证书。

本期毕业学员共 524 人。另有中央直属机关分校、中央国家机关分校、部队分部和国资委分校的 2900 多名学员同期毕业。学员们普遍反映，通过培训，进一步提升了理论素养，进一步提高了调查研究、分析解决实际问题的能力，进一步提高了领导能力、增强了党性。

毕业典礼结束后，习近平审看了中央党校校史展。他指出，要充分发挥校史展的重要阵地作用，对学员与教职工进一步加强党性和党的优良传统教育。

中共中央书记处书记、中央纪委副书记何勇，中共中央书记处书记、中央办公厅主任令计划出席毕业典礼。

中央党校常务副校长李景田在毕业典礼上讲话，希望学员们坚持终身学习，不断提高素质和能力；坚持真抓实干，确保中央经济工作会议部署顺利实施；坚持恪尽职守，以优异成绩迎接党的十八大胜利召开。

中央有关部门负责人何毅亭、王尔乘、申维辰，中央党校副校长陈宝生、孙庆聚、李书磊、张伯里，教育长兼培训部主任徐伟新，校委委员贾高建、罗宗毅、黄宪起、赵长茂出席毕业典礼。

校各直属单位主要负责人、在校全体学员、分校学员代表共600多人参加毕业典礼。

（摘自《党校信息》2012年第1期，研究室供稿）

校领导职务任免及分工调整

张伯里任副校长

1 月 17 日中校通〔2011〕3 号转发中共中央 1 月 13 日《关于张伯里同志任职的通知》（中委〔2011〕49 号）："中央批准，张伯里同志任中央党校副校长"。

徐伟新任教育长

1 月 10 日中校通〔2011〕2 号：经校委会议研究，决定徐伟新同志任教育长，免去张伯里同志教育长职务。另 1 月 17 日中校通〔2011〕4 号转发中共中央组织部 1 月 12 日《关于徐伟新同志职级的通知》（干任字〔2011〕7 号）："中央批准：明确徐伟新同志（女）为副部长级干部"。

校领导工作分工调整

1 月 20 日中校字〔2011〕7 号：经校委研究并报习近平同志批准，对校领导工作分工进行了局部调整，调整后的校领导工作分工如下：

李景田主持全面工作，分管组织部。

陈宝生主管行政后勤、报刊宣传工作，分管办公厅、哲学教研部、经济学教研部、研究室、财务行政管理局、报刊社、后勤服务部。

孙庆聚主管机关党的工作和思想政治工作，分管进修部、培训部、机关党委、离退休干部局。

李书磊主管教学工作，分管教务部、中共党史教研部、党的建设教研部、文史教研部、研究生院、函授学院。

张伯里主管科研工作，分管科研部、马克思主义理论教研部、科学社会主义教研部、政法教研部、国际战略研究所。

徐伟新分管图书馆、信息中心、出版社，兼培训部主任。

工 作 概 况

工作概述

2011 年，中央党校按照中央要求和《中共中央党校 2011 年工作要点》的具体安排，以建设“一流学府”为总抓手，同心协力，努力工作，集中力量抓了“三件大事”，做了“六项主要工作”。

三 件 大 事

*学习贯彻党的十七届五中、六中全会精神。*2011 年，中央党校积极推动五中全会精神进课堂，围绕经济社会发展的难点、热点问题开展科研，努力为“十二五”经济社会发展服务。六中全会召开后，按照习近平同志指示要求，校委立即对全校党员干部学习、宣传、贯彻全会精神作出具体安排，各直属单位认真抓好学习贯彻。邀请中共中央政治局常委李长春为全校党员干部和学员作学习贯彻全会精神的报告，及时将全会精神纳入干部教育培训内容，在一些专题班增设相关讲题，举办中央党校理论工作者学习贯彻六中全会精神座谈会，组织一批专门文章，对全会精神进行广泛深入宣传。

*纪念中国共产党成立 90 周年。*除参加中央统一组织的活动外，中央党校与中央组织部、中央宣传部等八部委在京联合召开“纪念中国共产党成立 90 周年理论研讨会”，与中央档案馆、国家档案局联合举办“纪念中国共产党成立 90 周年档案资料展”，召开“全国党校系统纪念中国共产党成立 90 周年理论研讨会”。配合中央对外宣传办公室，参加纪念建党 90 周年系列新闻发布会活动，介绍党的干部教育和培训工作。把纪念建党 90 周年与学员党性教育有机结合，增强教育效果。各直属单位举办各种纪念活动，营造热烈隆重的氛围。胡锦涛总书记“七一”重要讲话发表后，全校上下认真学习，并把讲话精神作为中

国特色社会主义理论体系最新成果纳入教学内容。

继续抓好全国党校工作会议精神、《中国共产党党校工作条例》和《2010—2010 年干部教育培训改革纲要》的贯彻落实。开展全国县级党校建设情况调研，按照习近平同志的批示精神，与中央组织部联合召开全国县级党校工作座谈会，进一步明确县级党校的地位作用、县级党校改革发展面临的形势任务、推进县级党校改革发展的思路举措等问题。举办全国市地州盟党委党校常务副校长培训班、“党校系统学员管理工作”专题研讨班，召开全国党校系统第二次教务工作恳谈会、全国党校系统远程教学电视会议、全国党校系统后勤工作会议，进一步推动全国党校系统数字图书馆和信息资源共建共享工作。各地反映，2011 年中央党校对地方党校工作的指导力度明显加大。

六项主要工作

（一）以打造“一流教学”为目标，办好各类主体班次，教学质量有新提高

2011 年，中央党校共举办各类主体班次 50 个，培训学员 3511 名。承办中央举办的省部级主要领导干部社会管理及其创新专题研讨班。落实习近平同志关于“干部教育培训工作要突出抓好马克思主义理论教育”、“要重视学习马克思主义经典著作”、“领导干部要读点历史”等指示精神，从春季学期开始，恢复举办系统学习马克思主义理论的进修类班次，设置学制为 3 个月的省部级领导干部“中国特色社会主义理论体系”高级研修班和厅局级领导干部“中国特色社会主义理论体系”专题研究班。在各班次中加大马克思主义经典著作的教学分量，进修班各个研究专题分别增设两讲马克思主义原著导读课，中青年干部培训一班“马列原著专题研究”的学时由 1 周增加至 2 周。在中央组织部、中央宣传部的大力支持下，设立马克思主义经典著作导读课资助奖励项目，选定 10 名中青年骨干教师进行专门资助。在全校范围内开设“中共党史专题讲座”。

加大教学的学科支持力度，出台《中央党校 2011—2015 年学科建设规划》。同时，加大教材建设力度，重点资助一批学科经典教材和学科经典著作导读教材的编写。举办首届全国党校系统精品课评选活动，评选出 16 堂“全国党校系统精品课”，对提高教学质量有很大的推动作用。很多学员特别是一些老学员反映，与以前相比，党校的教学质量明显提升。

此外，在中央和国家机关司局级干部选学中，中央党校承担全部必修课程的教学任务，101 家中央和国家机关的 3609 名司局级干部分批参加学习；开设“当前中国经济发展中的热点难点问题”等 4 个选修专题班和 8 个讲座，共 901 名学员参加学习。短期培训方面，经中央编制办公室批准，函授学院正式更名为干部教育学院。扎实做好函授学历教育转型收尾工作，立足党校教育定位，充分利用中央党校优质教学资源，开展干部短期培训，全年举办各类班次 93 个，培训局处级领导干部 5281 名，受到地方党委、中央部委和央企的欢迎。

开放办学取得新成绩。全年共接待外国政要、知名学者和国外研究机构、跨国公司负

责人等各类代表团165个；举办演讲、研讨会、座谈会等学术交流活动近50场，特别是成功举办2011中欧美学术论坛；安排出访团组90多个、540余人，进一步开阔教员和学员的眼界。由部分省区市、中央和国家机关有关部委的省部级副职和正司局级领导干部共25人参加的“公共政策与治理”专题培训班，赴美国耶鲁大学进行为期2周的学习，取得较好效果。

（二）以打造“一流科研”为目标，推进基本理论、重大现实问题与学科基础理论研究，科研水平有新提升

举办多个高层次理论研讨会。除举办纪念中国共产党成立90周年一系列理论研讨会外，还与中央宣传部、中国社会科学院、四川省委联合召开“抗震救灾和恢复重建与社会主义核心价值体系理论研讨会”，与全国党建研究会、重庆市委联合举办“纪念中国共产党成立90周年党建理论与实践重庆研讨会”，与中央创先争优活动领导小组办公室、光明日报社联合召开“创先争优理论研讨交流会”等。各教研部门也组织召开相关学科的理论研讨会。

课题研究方面，加强对马克思主义基本理论特别是中国特色社会主义理论体系的研究，强化重大现实问题研究，支持学科基础理论研究，发挥思想库作用。设立中央党校2011年度重大课题3项、重点课题15项、一般课题23项、青年课题10项、全国党校系统调研课题200项。2010年的重大课题已经结项。2011年的重大课题进展顺利。在国家社会科学基金项目立项上取得了历史性突破，立项24项，比中央党校历史上最高纪录增长了85%。加上自筹经费课题，全年在研和已结项的课题总经费近4000万元。

理论宣传方面，以“中国特色社会主义理论体系研究中心”名义在《人民日报》、《光明日报》、《经济日报》、《求是》杂志等国家重点报刊发表理论文章37篇，连续三年在全国七大中心排名第一。其中，16篇获得中央宣传部评选资助，居全国七大中心之首。

加强科研工作的制度建设。制定《中央党校2011—2015年科研发展规划》，制定《中央党校支持国家社科基金项目研究的实施意见（试行）》、《中央党校一般、青年科研项目结项要求（试行）》。开展“思想库建设”专题调研，为制定《中央党校思想库建设方案》和召开中央党校思想库建设动员大会做准备。

（三）以培养“一流人才和队伍”为目标，推进人才强校战略和人才队伍建设

制定《中央党校人才强校战略实施纲要（2011—2015年）》、《中央党校2011—2015年教师队伍建设规划》和《中央党校2011—2015年行政干部队伍教育培训规划》，对今后五年各类人才队伍建设提出明确的思路和措施。

进一步充实人才队伍。2011年补充各类人才57名，是自20世纪90年代以来，进人最多的一年。教师队伍建设成效显著。开展《中央党校权威期刊目录》修订工作，根据教研机构增设情况，报经人力资源与社会保障部批准，增加专业技术岗位；完成2011年度“四个一批”人选的选拔推荐工作，按照中央组织部部署，启动青年拔尖人才支持计划首批申报工作；举办中青年教师学习马克思主义经典著作培训班。在竞争性选拔干部方面作了新的探索，首次面向社会公开选拔副处级领导干部，首次以竞争方式面向全校选拔教研

部副巡视员，首次开展正处级组织员竞争上岗工作，在全校更大范围内形成干部竞争上岗的良好氛围。加大干部培训和挂职锻炼工作力度。首次举办全校组织员培训班。在习近平同志的关心和指导下，与浙江、福建两省组织部门进行沟通协商，达成在两省建立干部挂职锻炼基地的协议。11 月选派第一批教师和干部赴浙江挂职锻炼。赴福建挂职人员也在 12 月成行。

（四）以形成“一流的风气和人文环境”为目标，加强学员管理和学位研究生工作，校风学风建设有新气象

细化学员管理制度。出台《中央党校进一步加强学员管理的规定》、《中央党校加强工作人员管理的规定》。完善学员考核，突出党性锻炼和纪律考核分量；创新考核方法，在中青年干部培训一班、二班实施论文答辩式考试。采取多种措施，推动学员读书、读经典、读历史，搭建交流平台，读书活动进一步常态化。进修部、培训部下大力气抓好学员社会调研，强化全过程管理，调研工作取得明显效果。中青年干部培训一班（第 30 期）二支部调研小组撰写的 2 篇调研报告、1 篇刊登在 2011 年第 3 期《中共中央党校研究报告》上，得到李克强等中央领导批示；另 1 篇刊登在 2011 年第 5 期《中共中央党校研究报告》上，得到李克强、陈竺、张茅等中央和部委领导批示。

学位研究生工作方面，更新学位研究生培养方案及课程设置，强化基础理论教学，增设经典著作导读、学术方法论等课程。举办全国研究生社会科学学术论坛、博士后高端论坛，建立博导、硕导信息数据库，首次对博士生毕业论文全部实行匿名评审。报考生源不断扩大，就业状况良好。

（五）以打造“一流的硬件和基础设施”为目标，加强基础设施和信息化建设，保障能力进一步增强

落实中央党校校园建设“十二五”规划，学工食堂审批立项工作进展顺利；旧住宅楼加装电梯工作及合建工程住房配售工作稳步推进；校史馆改造工程已进入全面试展阶段；数字图书馆土建施工基本完成，具备数据库安装条件；社区服务楼已经竣工并投入使用；老干部活动楼加层工程已经完成。财务行政管理局工程处被人力资源与社会保障部、中央直属机关事务管理局、国务院机关事务管理局授予“中共中央直属机关和中央国家机关事务工作先进集体”荣誉称号。

加强信息化建设。对综合楼电教设备进行改造，完善校内网络服务系统，建设“一卡通”智能综合服务平台。在校内安装新华频媒传播平台，还在综合楼、礼堂两侧安装显示大屏幕，加强党校信息的宣传报道。

（六）以创建“一流的管理和服务”为目标，服务教学科研的能力和水平跃上新台阶

推动后勤队伍专业化建设和“学习型后勤”建设。举行全员技能比武活动。创办《党校后勤专刊》。完成职工食堂的整体改造、家属区商业楼的整体招租、10 号楼地下室理发馆的改造工程、正蒙斋餐厅的修缮改造工作、社区文化广场新建公厕工作、社区文化广场西侧绿地铺设林间人行道工程，受到教职工和学员的好评。

财务管理方面，积极与财政部沟通，初步核定中央党校2012年财政拨款为26891.29万元。其中，基本支出拨款比上一年增加922万元；项目支出方面，除“培训轮训”等5个已固定多年的专项外，还安排9个其他专项，包括科研专项、“三大文库”建设、天然气调压箱更换、礼堂舞台灯光改造、一食堂操作间改造、图书馆珍贵文献修复、校北门及路面改造、东西直燃机房及配电室维修、社区地下停车场维修等。通过加强支出管理，解决未列入年度预算的职工食堂维修购置经费400多万元。完成全校2010年“三公经费”和年度部门决算向社会公开工作，“小金库”治理工作的复查和总结工作。配合审计署完成相关工作。相关单位合作完成中央党校“参公管理”单位规范津补贴第三步工作、事业单位清理规范津补贴统计工作和正版办公软件的采购安装工作。

离退休干部工作方面，召开校离退休干部工作领导小组会议，继续落实好离退休干部政治和生活待遇。设立“中央党校离退休人员应急救助基金”。进一步完善老年大学教学内容和方式，开展丰富多彩的文体活动。建立“离退休干部局工作月报”制度，编辑完成《中央党校离退休干部工作手册》。

报刊出版方面，报刊社以改革转换机制，以创新促进发展，以规范提高质量，以重大宣传活动为契机，围绕党的中心工作，联系重大理论和现实问题，深入进行宣传报道，营造了良好的宣传氛围。加强对报刊工作的发展战略研究，进一步做大做强理论网，实现报网一体、报网互动。改制后的出版社焕发出更大的活力，打造一批有影响力的图书，获得良好的社会效益和经济效益，多种图书被列为国家“十二五”重点图书。同时，加强宣传力度，党校版图书的知名度进一步提升。

图书资料工作方面，大力推进特色数字资源的建设工作，初步搭建起“三大文库”的基本框架。制订并实施资源建设标准规范，推动全国党校系统数字资源建设。增设“文化展览处”，加强图书馆的校园文化建设功能。数字图书馆系统和资源建设方面也取得重要进展，确定总集成和总监理并进入工作状态。

机关党的工作方面，认真贯彻落实《中国共产党党和国家机关基层组织工作条例》和中央直属机关《实施办法》，机关党建工作进一步科学化、制度化和规范化。突出抓好创先争优活动和学习型党组织建设工作，通过深入开展创先争优活动，团结凝聚各级基层党组织和广大党员干部围绕中心工作创先进、立足本职争优秀；通过学习型党组织建设，突出加强理论教育和党性教育，提高党员干部的思想理论素养。

分校管理方面，进一步强化对分校办学、教学组织和安排、教学方式方法创新、学员管理、教学服务和保障等环节的规范管理。各分校加大系统进行马克思主义理论教育和党性教育的教学力度，加强马克思主义经典著作导读课的教学，强化对学员的理论武装和党性教育，取得了较好的教学效果。

（摘自《校内通报》2012年第2期，依据常务副校长李景田在全校局以上干部大会上的述职报告整理，研究室供稿）

工作要点

2011年是中国共产党成立90周年，是“十二五”时期的开局之年。中央党校工作的总思路是：高举中国特色社会主义伟大旗帜，全面贯彻党的十七大和十七届三中、四中、五中全会精神，以邓小平理论和“三个代表”重要思想为指导，深入贯彻落实科学发展观，抓住党校事业发展机遇，进一步认真贯彻全国党校工作会议精神、《中国共产党党校工作条例》和《2010—2020年干部教育培训改革纲要》，按照建设马克思主义学习型政党的要求，把理论教育和党性教育作为党校教育的首要任务，坚持解放思想、实事求是、与时俱进、开拓创新，坚持党校姓党、从严治校，深化教学、科研等方面的改革，扎实推进“一流学府”建设，开创党校工作新局面。

一、深入学习贯彻党的十七大和十七届三中、四中、五中全会精神，进一步统一思想、提高认识

1. 继续推动学习型党组织建设，重点抓好校委理论学习中心组和各直属单位的学习。深入学习贯彻党的十七届五中全会精神，突出对全会部署中重大问题研究，明确中央党校根据自身职能在服务“十二五”时期经济社会发展中应当承担的任务，提高全校教职工贯彻中央精神的自觉性和坚定性，进一步做好中央党校各项工作，积极推进党校事业更好更快发展。(机关党委、校各直属单位)

2. 认真学习贯彻习近平同志关于干部教育培训和党校工作的一系列重要讲话精神，进一步明确中央党校定位，充分发挥中央党校的优势和作用，突出抓好理论教育和党性教育，着力提高领导干部思想政治素质和道德品质。（教务部、“八部一所”、进修部、培训部）

3. 抓好《中国共产党党校工作条例》和《2010—2020年干部教育培训改革纲要》、全国党校工作会议精神的贯彻落实。协调有关部门推动解决中央财政转移支付支持西部地区和经济困难地区党校发展问题，推动各地加大对党校的投入。适时召开全国党校校长会议。(办公厅、研究室、教务部、科研部、财务行政管理局、后勤服务部、信息中心)

二、以打造“一流教学”为目标，以学科建设为抓手，推进教学改革，提高教学质量

4. 做好中央在中央党校举办的省部级主要领导干部专题研讨班的相关工作。继续办

好进修班、培训班、专题研讨班和师资培训班等主体班次。重点组织实施好“一把手”和战略后备干部等培训工程。加强马克思主义理论骨干队伍特别是青年理论人才队伍建设，继续办好哲学社会科学教学科研骨干培训班。（教务部、“八部一所”、进修部、培训部、研究生院、办公厅、研究室、后勤服务部、信息中心）

5. 坚持把理论教育作为各主体班次教学的首要任务。指导学员把学习中国特色社会主义理论体系与学习马克思主义经典著作结合起来，更好掌握马克思主义立场观点方法。继续推进中国特色社会主义理论体系特别是科学发展观进教材、进课堂、进头脑工作，进一步完善中国特色社会主义理论体系教学框架，不断提高中国特色社会主义理论体系特别是科学发展观教学的质量和学术水平。（教务部、“八部一所”）

6. 坚持完善教学布局，狠抓教学质量提高。进一步细化深化“一个中心、四个方面”的教学布局，在突出抓好理论教育的同时，注重从世界观、方法论和世界眼光、战略思维层面设计和形成具有中央党校特色的能力训练课程框架。改进进修班教学讲题生成机制，充分发挥多学科综合优势，提高教学讲题设计的学术性和针对性。完善培训班教学设计，重点提高中国特色社会主义理论体系课程教学设计的学术含量，提高马克思主义原著导读课的教学水平。继续做好中青年干部培训一班的个性化定制培训工作。加大对新疆民族干部班、西藏民族干部班学员培训需求的调研访谈力度，突出民族班教学的系统性和针对性。积极参与中央国家机关干部自主选学工作，增强党校教育的吸引力和竞争力。（教务部、“八部一所”、进修部、培训部）

7. 坚持把党性锻炼贯穿于党校教育的各个环节，丰富和创新党性教育的形式和内容，体现党校培训的优势和特点。抓好党的优良传统和中华民族传统美德教育，继续在各主体班次开设党史系列专题课，加大在进修类班次开设党史、党建和党的优良传统相结合的系列专题课力度，探索在培训类班次开设中华民族传统美德教育讲座。（教务部、“八部一所”、进修部、培训部）

8. 强化教学管理，创新教学方法。在教学管理中进一步加大竞争力度，全面推开进修班的教学组织项目制和培训班的竞争上岗、末位调整。坚持和完善集体备课制度、讲稿审核制度，加大教师备课的学术深度和调研力度，加强和改进教学质量评估工作。大力推进研究式教学，积极开展案例式教学，逐步规范体验式教学和现场教学，积极推进模拟式教学，充分发挥“领导干部应对突发事件模拟教学实验室”的作用。（教务部、“八部一所”、进修部、培训部）

9. 建设充分反映马克思主义中国化最新成果的教材体系。加强和改善教材编写工作，出台新的教材编写办法，制订《2011—2015 年中央党校教材建设规划》。做好《中国特色社会主义理论体系研究》、《马克思主义经典著作选读》、《中共党史高级干部内部读本》和《社会主义市场经济研究》、《社会主义民主政治研究》、《有中国特色社会主义文化建设研究》等重点教材编写出版工作，启动一批学科经典著作导读教材编写工作。（教务部、“八部一所”、出版社）

10. 把加强学科建设作为提高教学质量的基础工作抓紧抓好，加大教学的学科支持力度。认真研究党校学科建设规律，制定《中央党校2011—2015年学科建设规划》，实施好《中国马克思主义研究基金会“学科建设专项基金”资助奖励实施办法》。（教务部、科研部、研究生院、“八部一所”、研究室、办公厅）

三、以打造“一流科研”为目标，推进思想库建设和基本理论、重大现实问题与学科基础理论研究

11. 制定《中央党校2011—2015年科研发展规划》、《中央党校2011年度课题指南》，加强对马克思主义基本理论特别是中国特色社会主义理论体系的研究，强化重大现实问题研究，支持学科基础理论研究，更好发挥思想库作用。制定《中央党校思想库建设实施方案》，加强与国外著名思想库的交流，积极探索思想库建设规律。继续抓好“提高党的建设科学化水平的研究”、“民族理论与宗教理论研究”、“国际金融危机后中国经济面临的挑战与对策研究”等课题研究，增设“指导思想的与时俱进对党的事业发展的重大意义”、“中国共产党90年来成功应对危局和化解困境的历史经验研究”、“开发性金融研究”等三项校级重大委托课题及一批重点课题，设置全国党校系统2011年度重点调研课题。围绕纪念建党90周年，与中央有关部门联合召开理论研讨会，同时召开全国党校系统理论研讨会。举办中国马克思主义论坛，继续鼓励支持开展学科层面的理论研讨交流活动。（科研部、“八部一所”、办公厅、研究室）

12. 深入实施马克思主义理论研究和建设工程，完成中央党校承担的“毛泽东思想、邓小平理论和‘三个代表’重要思想对党的建设特别是执政党建设的理论贡献”课题研究任务，继续做好马克思主义理论研究和建设工程第二批高等学校哲学社会科学重点编写教材的中标教材编写工作。（科研部、党的建设教研部、中共党史教研部、国际战略研究所）

13. 发挥“中国特色社会主义理论体系研究中心”作用，组织重大课题研究宣传。利用党校报刊和出版社优势，围绕学习、研究、宣传中国特色社会主义理论体系、建设学习型政党、“十二五”规划等主题，在出版和发表精品力作上下功夫，切实承担理论宣传阵地的职责。（科研部、研究室、“八部一所”、报刊社、出版社）

14. 深化科研管理体制改革。研究探索推进教学科研一体化的具体办法。加强调研基地建设。认真贯彻执行《中央党校重大、重点课题管理办法》，加强课题管理，引入竞争机制，吸引各学科领军人物，为优秀科研人才脱颖而出创造条件。（科研部、教务部、“八部一所”）

四、以培养一流人才为目标，推进人才强校战略，构筑人才高地

15. 大力加强以教师为重点的队伍建设。进一步修改和完善《中央党校2011—2015年人才强校战略实施纲要》，加强有利于培养名师大家的体制机制建设。制定《中央党校2011—2015年教师队伍建设规划》，全面加强教师培训工作，注重提高教师的政治素质和

业务水平，有针对性地安排有关学科教学人员挂职锻炼。研究制定《中央党校2011—2015年行政干部队伍教育培训规划》，有针对性地安排局处级领导干部到基层挂职锻炼。（组织部、教务部、“八部一所”）

16. 按照《2010—2020年深化干部人事制度改革规划纲要》的要求，进一步改进干部选拔任用工作。完善竞争性选拔干部办法，扩大竞争性选拔干部范围。研究制定组织干部工作信息公开制度。（组织部）

17. 以坚持从严治校和改进校风为重点，加强组织员队伍建设，提高组织员工作水平。（进修部、培训部、研究生院）

五、以加强和改进学风校风为重点，加大学员教育和管理力度

18. 认真贯彻习近平同志关于进一步加强党校学风校风建设的批示精神，贯彻从严治校方针。对学员到党校学习提出更加严格的要求，不断完善学员学习考核方式，将学习考核情况记入干部表现档案。改进学员管理方式，提高管理效果。采取多种措施，推动学员读书，活跃学员业余文化生活，培养健康情趣。（进修部、培训部、教务部、“八部一所”、图书馆）

19. 进一步完善制度、加强管理，提高学位研究生培养质量。加大毕业研究生就业指导工作力度。召开全国党校系统学位研究生工作会议，继续举办全国研究生和博士后学术论坛。（研究生院、“八部一所”）

20. 整合党校办学资源，积极做好短期培训工作。确保函授学历教育收尾工作顺利进行。按照“控制规模、严格管理、保证质量”的要求，认真做好在职研究生教育工作。（研究生院、函授学院）

六、以打造“一流管理和服务”为目标，建设“一流校园”

21. 按照“办事高效、运转协调、行为规范、服务优良”的要求，推进管理和服务创新，提高行政管理科学化水平。建立健全新闻发言人制度，做好新闻发布工作。以批办件和交办工作为重点内容，加强和改进督办工作。切实加强会议管理，进一步改进会风和文风。以计算机和网络信息安全为重点，突出抓好安全保密工作。（办公厅、研究室、校保密办、信息中心）

22. 加强对地方党校的业务指导。启动全国党校系统教学精品课和名师评比活动。举办市地州盟党委党校常务副校长班。进一步推动全国党校系统数字图书馆和信息资源共建共享工作。加强分校办学质量评估。（办公厅、教务部、图书馆、信息中心）

23. 加强外事工作科学化、规范化、制度化建设，提高外事工作水平，在推进“党的信息传播工程”中发挥应有作用。按照均衡布点的要求，深化对外项目合作，加强对外学术交流。（办公厅、教务部、科研部、培训部）

24. 抓好基建工程。完成数字图书馆、校史馆、老年服务楼等工程并投入使用。完成

学工食堂前期报批手续，争取数字化校园工程立项。开始旧住宅楼加装电梯试点施工，完成新建职工住宅配售工作。（财务行政管理局、校史展筹备工作领导小组）

25. 加强与财政部门沟通，在学校创收逐年减少的情况下，积极争取国家财政经费支持。继续加强预算管理，做好成本管理、政府采购管理、收支管理和内部审计工作，推进财务工作制度化建设。（财务行政管理局）

26. 以落实离退休干部政治待遇、生活待遇为重点，加大离退休干部思想政治建设和党支部建设力度，着力解决好老同志关注的重点难点问题，探索利用社区资源做好离退休干部服务管理工作的新路子，引导老同志继续为党和国家事业发展作出力所能及的新贡献。（离退休干部局、后勤服务部）

27. 按照“服务社会化、管理企业化、保障规范化、队伍专业化”的要求，大力加强干部队伍建设和体制改革，积极推进后勤管理和服务水平达到新高度。做好资源节约和校园、社区绿化美化工作。召开全国党校系统后勤工作会议。（后勤服务部、财务行政管理局）

28. 加强信息化建设。制定《中央党校信息化发展规划（2011—2015）》。加强校园网资源和数字校园建设，做好党校系统远程教学工作，协助中央组织部等单位做好全国农村党员干部现代远程教育工作。以中国共产党党史文库、马克思主义理论文库、中国国情与地方志文库等“三大文库”建设为中心，加快数字图书馆资源建设。（信息中心、图书馆）

七、以庆祝建党90周年为契机，加强机关党建工作

29. 深入开展“我为建设‘一流学府’作贡献”创先争优主题实践活动。组织动员机关各级党组织和广大党员，围绕单位工作创先进、立足本职争优秀，创建“五好支部”，争做优秀共产党员，进一步把创先争优活动落实到建设“一流学府”各项工作上来。（机关党委）

30. 围绕庆祝建党90周年，开展党员干部学党史、召开理论研讨会、举办征文比赛等系列活动，宣传党的光荣历史和丰功伟绩，激发党员干部立足岗位为党的干部教育事业作贡献的信心和决心。（机关党委）

31. 加强机关党的建设。深入研究机关党建工作规律，认真贯彻落实《中国共产党党和国家机关基层组织工作条例》，建立健全机关党建工作制度规范。加强党风廉政建设，落实党风廉政建设责任制。强化领导班子和领导干部抓反腐倡廉建设的政治责任。坚持党校姓党原则和从严治校方针，以端正学风、校风、文风为重点，加强作风建设。建立健全惩治和预防腐败体系相关制度，发挥基层党组织监督功能。（机关党委）

32. 加强精神文明建设，培育良好的校园文化。充分发挥工会、共青团、妇委会、青年联合会等人民团体的作用。继续组织好“健康体态、和谐心态”和“1+1”健身活动，积极创造条件开展寓教于乐的文体活动，促进身心健康，活跃校园文化生活。（机关党委、图书馆、财务行政管理局、后勤服务部）

（摘自中校发〔2011〕1号文件，经2011年1月13日校委会议讨论通过，办公厅供稿）

校委会议议事情况

序次	时间	讨论和议定事项
1	1月6日	一、讨论并原则同意组织部关于文史教研部和信息中心下设机构更名等问题的意见。 二、讨论并原则同意组织部关于推荐全国党建研究会第五届理事会副会长等人选的意见。 三、讨论有关人事问题。
2	1月10日	讨论有关人事问题。
3	1月13日	一、讨论并原则同意教务部关于中央党校2011年春季学期“形势与任务”报告的计划安排。 二、讨论并原则同意办公厅拟定的《中共中央党校2011年工作要点》。 三、讨论并原则同意研究室拟定的李景田同志代表校委在述职大会和全国党校校长会议上的讲话稿。 四、讨论并原则同意办公厅拟定的《中央党校2011年外事出访计划》。 五、讨论有关人事问题。 六、讨论研究离退休干部局转来的几位老同志的建议。
4	1月20日	一、听取校史展筹备小组以多媒体演示方式对展览内容的汇报。 二、通报了关于校领导工作分工调整的意见。 三、讨论有关人事问题。
5	2月24日	一、学习讨论中央领导同志在省部级主要领导干部社会管理及其创新专题研讨班的重要讲话精神。 二、听取李景田同志一行赴吉林省对加强县级党校建设问题调研的情况汇报。 三、讨论有关人事问题。 四、常务副校长李景田提出在新的学期里要着重做好的几项工作。

续 表

序次	时间	讨论和议定事项
6	3月3日	一、听取校财务部关于中央党校2011年预算方案和2010年收支情况的汇报，并原则同意《中央党校2011年预算方案》。 二、讨论并原则同意组织部关于规范中央党校津贴补贴工作的意见。 三、讨论并原则同意组织部关于后勤服务部交通服务中心工人提前退休有关问题的意见。 四、讨论并原则同意中央党校与美国耶鲁大学正式签署关于开展“中国高级公务员培训项目”合作谅解备忘录。 五、讨论并原则同意组织部关于在全校选拔局级非领导职务干部的实施方案。 六、讨论其他人事问题。 七、通报中央党校与在中央档案馆、国家档案局合办《纪念中国共产党成立90周年档案资料展览》事宜。
7	3月16日	一、讨论并原则同意科研部制定的《中央党校2011—2015年科研发展规划》。 二、讨论并原则同意科研部关于召开全国党校系统纪念中国共产党成立90周年理论研讨会筹备方案的意见。 三、讨论并原则同意组织部和函授学院关于函授学院更名为干部教育学院等问题的意见。 四、讨论并原则同意组织部关于选拔教研部（所）副巡视员的意见。 五、讨论其他人事问题。
8	3月31日	一、深刻领会胡锦涛总书记重要批示精神，学习杨善洲同志先进事迹。 二、讨论并原则同意科研部制定的《中央党校校级科研项目2011年年度课题指南》。 三、讨论并原则同意组织部关于规范津贴补贴工作若干特殊问题的意见。 四、讨论并同意组织部关于对部分局级干部职务任免的建议意见。 五、讨论其他人事问题。
9	4月28日	一、学习贯彻中央关于整顿公车和规范庆典等活动有关精神。 二、听取教务部关于《中央党校2011—2015年学科建设规划（送审稿）》的汇报。 三、讨论并原则同意组织部关于在浙江、福建两省建立教师和行政干部挂职锻炼基地的意见。 五、讨论并原则同意组织部关于函授学院两个下设机构编制调整问题的意见。 六、讨论有关人事问题。

续表

序次	时间	讨论和议定事项
10	5月19日	一、学习讨论习近平同志5月13日在开学典礼上的重要讲话及近期有关重要指示。 二、同意图书馆关于调整数字图书馆系统和资源建设工作小组、中央党校文库征集委员会、《中国思想理论年鉴》编辑委员会有关成员的意见。 三、同意离退休干部局推荐张立春同志为全国先进老干部工作者人选的意见。 四、讨论通过组织部《关于在部分单位内部差额选拔副局级干部人选工作的实施方案》。 五、讨论其他人事问题。
11	5月31日	一、讨论并原则同意教务部修改后的《中央党校2011—2015年学科建设规划》。 二、讨论并原则同意科研部制定的《中央党校关于清理和规范庆典、研讨会、论坛活动工作的实施方案》。 三、同意报刊社关于调整《中共中央党校学报》编辑委员会成员的意见。 四、讨论并原则同意中央党校与英国培生集团、西班牙桑坦德银行正式签署合作备忘录。 五、审议组织部关于钟绍强、王金龙同志职务任免的建议意见。
12	6月14日	一、听取校委关于县级党校建设的调研情况汇报。 二、研究确定组织部提出的部分单位副局级岗位差额考察人选。 三、讨论并原则同意组织部关于开展民主推荐政法教研部副主任考察人选工作的意见。 四、讨论并原则同意组织部制定的《关于在全校选拔中共党史教研部副巡视员的实施方案》。 五、讨论并原则同意组织部制定的《关于公开选拔部分副处级领导职务干部的实施方案》。 六、同意组织部关于免去朱满良同志副巡视员职务的意见。 七、听取组织部关于确定中央党校局级干部2010年年度考核等次情况的汇报。 八、讨论并原则同意组织部关于开展第七批援疆干部选派工作的意见。

续 表

序次	时间	讨论和议定事项
13	6月23日	一、学习贯彻习近平同志6月20日在纪念中国共产党成立90周年党建研讨会上的重要讲话。 二、讨论并原则同意组织部制定的《中央党校人才强校战略实施纲要(2011—2015)》、《中央党校2011—2015年教师队伍建设规划》、《中央党校2011—2015年行政干部教育培训规划》。 三、讨论通过组织部关于部分单位副局级岗位拟任职人选的意见。 四、讨论其他人事问题。
14	7月5日	一、学习贯彻胡锦涛总书记7月1日《在庆祝中国共产党成立90周年大会上的讲话》和习近平同志的有关重要批示。 二、讨论并原则同意教务部制定的《中央党校2011年秋季学期教学安排的意见》。 三、讨论并原则同意组织部提出的《关于中央党校2011年评奖工作的意见》、教务部制定的《关于评选2010—2011学年教学优秀奖、教学组织优秀集体奖的实施意见》和科研部制定的《关于评选2010年度科研优秀成果奖、科研组织优秀集体奖的实施意见》。 四、研究确定组织部提出的中央党校第七批援疆干部人选。 五、讨论通过组织部提出的有关单位副局级岗位任职人选及考察人选的建议意见。
15	7月6日	召开校委扩大会议，围绕学习贯彻胡锦涛总书记《在庆祝中国共产党90周年大会上的讲话》重要精神和习近平同志重要批示，交流认识、体会和打算。常务副校长李景田在听取发言后代表校委作总结讲话。
16	7月14日	一、会议同意研究生院关于调整博士后工作领导小组成员的意见。 二、会议批准科研部关于中央党校2011年度重点科研项目立项名单。 三、讨论并原则同意教务部制定的《中央党校2011年秋季学期“形势与任务”报告计划安排》。 四、听取了办公厅关于“校园一卡通”工程的情况汇报。 五、讨论有关人事问题。 六、陈宝生同志通报学校旧住宅楼加装电梯试点工程的有关情况。
17	7月21日	讨论组织部关于中央党校第七批援疆干部任职的建议意见。

续表

序次	时间	讨论和议定事项
18	8月31日	一、讨论通过校学位评定委员会关于2011年遴选牛先锋等19名同志担任博士生指导教师评选结果的报告。 二、讨论通过教务部关于全国党校系统精品课评选结果的报告。 三、听取了函授学院关于收尾转型工作的情况汇报。 四、讨论有关人事问题。 五、常务副校长李景田部署秋季学期的主要工作。
19	9月22日	一、讨论并同意办公厅提出的中央党校近年来在老挝干部来华培训工作中有突出贡献人员名单。 二、讨论并原则同意财务行政管理局提出的调整校职工住房委员会成员和成立职工住宅配售工作监督委员会名单。 三、讨论并原则同意后勤服务部制定的《中央党校后勤管理服务办法（试行）》。 四、讨论并同意校组织部提出的中央党校2012年度参照《中华人民共和国公务员法》管理单位录用计划。 五、讨论并同意校组织部提出的谢春涛等4名同志赴浙江、福建两省挂职锻炼的请示。 六、讨论并原则同意校组织部拟定的《关于部分副局级领导职位竞争上岗的实施方案》及《关于民主推荐国际战略研究所副所长人选工作的请示》。 七、讨论并同意校组织部关于部分局级干部职务任免的意见建议。 八、讨论并原则同意中国马克思主义研究基金会理事会换届工作有关安排。
20	10月13日	一、讨论并原则同意办公厅外事办公室呈报的关于中央党校拟与英国驻华大使馆签署的合作谅解备忘录。 二、讨论并原则同意组织部提出的关于开展全面清理核查事业单位津贴补贴工作的意见。 三、讨论并原则同意组织部提出的关于学校部分单位机构编制调整的意见。 四、讨论并原则同意组织部制定的《2011年度我校专业技术职务任职资格评审意见》。 五、讨论有关人事问题。
21	11月5日	一、研究确定学校部分单位副局级领导干部的考察人选。 二、讨论其他人事问题。

续 表

序次	时间	讨论和议定事项
22	11 月 10 日	一、讨论并原则同意办公厅外事办公室提交的关于中央党校与西班牙对外贸易发展局续签合作备忘录、与英国渣打银行签署合作备忘录的意见。 二、讨论通过组织部关于部分单位局级领导干部岗位任职人选的意见。
23	11 月 17 日	一、学习讨论习近平同志 11 月 16 日在中央党校开学典礼上的重要讲话。 二、讨论通过组织部对有关单位局级领导干部职务任免的建议意见。 三、讨论其他人事问题。
24	12 月 8 日	一、讨论并原则通过中国马克思主义研究基金会第三届理事会候选人建议名单。 二、听取科研部关于 2010 年度校级重大科研项目《国际金融危机后中国经济面临的挑战与对策研究》结项的有关情况汇报。 三、讨论并原则同意图书馆提出的关于对数字图书馆工程系统与资源建设部分授权委托的请示。 四、讨论并原则同意组织部提出的关于中央党校 2012 年进人计划的意见。 五、讨论同意推荐中央党校 10 名同志为青年拔尖人才支持计划人选。 六、讨论并原则同意组织部制定的《中央党校 2011 年度考核工作安排》。 七、讨论通过组织部关于部分单位副局级领导职位任职人选的意见。
25	12 月 15 日	一、讨论并原则通过《关于 2011 年工作情况和 2012 年工作打算的汇报提纲》。 二、听取科研部关于 2010 年度校级重大科研项目《新形势下的民族、宗教理论与实践研究》结项工作情况汇报。 三、讨论并同意教务部关于将中国测绘科技馆列为中央党校教学基地的意见。 四、讨论并原则同意组织部制定的《关于中央党校副局级组织员选拔办法（暂行）》。 五、讨论同意组织部关于报刊社常务副总编辑拟任职人选的建议意见。 六、讨论其他人事问题。

续 表

序次	时间	讨论和议定事项
26	12 月 23 日	一、讨论并原则同意教务部制定的《中央党校 2012 年招生计划》。 二、讨论并原则同意教务部制定的《中央党校 2012 年春季学期教学安排意见》。 三、讨论并原则同意科研部制定的《中央党校校级科研项目 2012 年年度课题指南》。 四、讨论并原则通过办公厅制定的《关于认真贯彻落实校委关于进一步严肃有关政治、工作纪律的规定和要求的通知》。
27	12 月 29 日	一、讨论并原则同意办公厅制定的《中央党校 2012 年外事出访计划》。 二、讨论并原则同意教务部关于中央党校 2012 年春季学期“形势与任务”报告的计划安排。 三、讨论并原则同意图书馆制定的《中共中央党校文化作品展览和文艺演出管理办法（试行）》。 四、会议讨论并原则通过中央党校专业技术职务高级评审委员会提交的关于 2011 年度中央党校高级专业技术职务任职资格评审名单。

（依据 2011 年第 1 至 27 期《校委会议纪要》整理）

全校重要工作和重大活动

学习贯彻党的十七届六中全会精神

传达党的十七届六中全会精神会议

10月19日，中央党校召开副局级以上领导干部会议。中央委员、常务副校长李景田，中央候补委员、副校长陈宝生传达党的十七届六中全会精神。在校校委委员及近期退出领导岗位的原校领导出席会议。

李景田传达习近平同志就中央党校传达学习贯彻六中全会精神所作的重要批示，并按照习近平同志的批示精神，代表校委对中央党校传达学习六中全会精神提出四点要求：第一，要抓好机关党组织和党员的学习，把学习六中全会精神与学习胡锦涛总书记“七一”重要讲话精神结合起来，作为2011年下半年的重要政治任务；第二，要认真抓好党校教员的学习，务求对六中全会《决定》精神有较为深刻的理解，并将《决定》精神贯彻到中国特色社会主义理论体系的教学中去；第三，科研工作要抓住贯彻《决定》的实践过程中提出来的难点热点问题进行调查研究，按照习近平同志批示的要求，组织开展科研攻关，力求取得高质量的成果，尤其要深化对社会主义核心价值观的研究、提炼和概括；第四，《学习时报》和有关刊物，要组织一批重点文章，做好《决定》的宣传工作。

李景田强调，此次全会，是我们党进入全面建设小康社会关键时期和深化改革开放、加快转变经济发展方式的攻坚时期召开的一次十分重要的会议，是全国各族人民政治生活中的一件大事。我们要响应全会和党中央的号召，解放思想，努力工作，以优异的成绩迎接党的十八大胜利召开。他还要求，全校教职工一定要严格政治纪律，时刻同党中央保持高度一致。

校各直属单位班子成员和党组织负责人、离退休干部局党委成员参加会议。

（摘自《党校信息》2011 年第 13 期，办公厅供稿）

理论工作者学习贯彻党的十七届六中全会精神座谈会

10 月 25 日，中央党校召开理论工作者学习贯彻党的十七届六中全会精神座谈会。副校长张伯里出席并讲话。

张伯里在讲话中提出四点要求：一要进一步深入学习领会六中全会精神，提高对六中全会重要意义的认识；二要深化对六中全会精神的宣传，组织广大教研人员充分利用中国特色社会主义理论体系研究中心这个平台，在大报大刊上以及《学习时报》和校内刊物上发表学习研究成果，全面准确地宣传六中全会精神；三要围绕六中全会提出的重点难点问题，积极进行科研攻关，争取产生更多有深度、有分量、有说服力的理论研究成果，为中央决策和十八大召开提供参考咨询；四是希望大家在科研工作中坚持正确的政治方向和党校姓党原则，恪守学术规范和政治纪律。

中央党校 9 名教员分别从各自的专业角度就深化文化体制改革，加强社会主义文化建设的重要意义、基本内涵、根本目标、基本路径等方面畅谈了学习六中全会精神的收获和体会。

此次座谈会由中央党校科研部举办，全校理论工作者代表和直属单位负责人共 50 余人参加。

（摘自《党校信息》2011 年第 13 期，科研部供稿）

纪念中国共产党成立90周年

学习贯彻“七一”重要讲话精神

校委学习讨论胡锦涛总书记“七一”重要讲话和习近平同志的有关重要批示精神

7月5日，常务副校长李景田主持召开校委会议，学习讨论胡锦涛总书记7月1日在庆祝中国共产党成立90周年大会上的重要讲话和习近平同志的有关重要批示精神。

习近平同志在中央党校关于学习贯彻胡锦涛总书记“七一”讲话情况报告的批示中指出：“‘七一’讲话是一篇总结过去、开创未来的马克思主义纲领性文献。中央党校作为学习研究宣传马克思主义理论的重要阵地，要努力学得更深一些、更好一些，发挥表率作用。对讲话的学习，既要落实到全校各级党组织和广大党员、干部，又要落实和体现在全校的教学科研工作中；既要抓好中央党校的学习贯彻，又要抓好对全国党校系统学习贯彻的指导。”

会议指出，习近平同志的重要批示对中央党校的学习贯彻活动具有很强的指导性，既寄予殷切的期望，又提出了明确的要求。我们要切实按照习近平同志的重要批示精神，把学习贯彻胡锦涛总书记“七一”讲话精神作为党校当前和今后一个时期的政治任务和中心工作，与创先争优、建设“一流学府”的工作实际相结合，进一步做好党的干部教育培训工作，促进党校事业科学发展。

会议讨论通过了以校委名义下发的《关于认真学习贯彻胡锦涛总书记〈在庆祝中国共产党成立90周年大会上的讲话〉的通知》，对全校如何深入学习贯彻“七一”重要讲话精神提出具体要求，对近期须着力抓好的几项工作做出安排部署，并决定将此《通知》抄送各省级党校和副省级党校，把全国党校系统的学习贯彻活动进一步引向深入。

（摘自《校委会议纪要》2011年第14期，办公厅供稿）

校委明确提出学习贯彻胡锦涛总书记《在庆祝中国共产党成立90周年大会上的讲话》的要求

7月1日，胡锦涛总书记在庆祝中国共产党成立90周年大会上发表了重要讲话。讲话以马克思列宁主义、毛泽东思想、邓小平理论和“三个代表”重要思想为指导，深入贯彻落实科学发展观，坚持解放思想、实事求是、与时俱进，回顾了我们党90年的光辉历程和取得的伟大成就，总结了党和人民创造的宝贵经验，提出了新的历史条件下提高党的建设科学化水平的目标任务，阐述了在新的历史起点上把中国特色社会主义伟大事业全面推向前进的大政方针，是一篇马克思主义的纲领性文献。讲话全面分析国内外形势新变化，深入阐释党和国家事业发展新要求，思想深刻，内容丰富，对我们做好新形势下的党的干部教育工作，促进党校事业全面发展具有重大而深远的意义。

为把全校学习贯彻活动进一步引向深入，经校委研究，7月5日下发中校字〔2011〕43号文件，提出如下要求：

一、提高思想认识，加强组织领导

学习贯彻胡锦涛总书记重要讲话，是中央党校和全国党校系统今后一个时期的重要政治任务和中心工作。校各直属单位和机关各级党组织，要立即行动起来，从政治和全局的高度深刻认识学习贯彻胡锦涛总书记重要讲话的重要意义，采取有效措施，把学习贯彻活动领导好、组织好、落实好。党校学员和工作人员要自觉学习，深入研讨，真正使讲话精神入脑、入心，把思想和行动统一到讲话精神上来，把讲话精神贯彻到理论创新、理论武装、理论宣传和党性修养的全过程，贯彻到各自的本职工作中。

二、领会精神实质，把握学习重点

学习贯彻胡锦涛总书记重要讲话，要把重点放在领会讲话精神实质、理解讲话提出的重大理论观点、把握讲话提出的各项工作要求上。要深刻认识我们党完成的“三件大事”的辉煌成就，科学把握中国人民选择中国共产党、选择马克思主义、选择社会主义道路、选择改革开放的历史必然性。进一步增强党员的自豪感和使命感；深刻认识我们党坚持和拓展中国特色社会主义道路、坚持和丰富中国特色社会主义理论体系、坚持和完善中国特色社会主义制度的历史经验和理论成果，增强对中国特色社会主义道路、理论体系和制度的坚定信念；深刻认识党保持和发展先进性的“四个坚持”和新形势下提高党建工作科学化水平的“五个必须”，增强做好党建工作的必胜信念；深刻认识新的历史起点上全面推进中国特色社会主义伟大事业“五个坚定不移”的目标任务，增强为全面建设小康社会、实现中华民族伟大复兴作贡献的自觉性；深刻认识理论创新和理论武装的历史任务，认真践行“学以立德、学以增智、学以创业”的要求，提高马克思主义基本理论、基本立场的坚定性，提高理论研究和理论创新的责任感和使命感。

三、弘扬优良学风，突出学习针对性

学习胡锦涛总书记重要讲话，要坚持和弘扬理论联系实际的优良学风，做到学以致用，用以促学。要从党校事业科学发展的实际出发，坚持党校姓党和从严治校方针，按照讲话精神研究规划安排教学、科研、学员管理、机关党建和其他各方面工作。要立足本职、立足自身，把学习成效落实到深钻业务、苦练本领上，落实到做好每一件具体工作上，落实到为党的干部教育事业和党校事业多作贡献上。各级党组织要联系创先争优、建设“一流学府”的工作实际，做好全校党员、教职工和离退休老同志的学习组织工作。党校教学要把讲话作为今后一个时期中国特色社会主义理论体系的最新教材，充实各学科和各班次教学，体现在党校教学过程中。党校科研要围绕国家大政方针、社会热点难点和党校教学实际，组织精干力量，对讲话进行深层研究，编辑、出版和发行一批高质量的书籍、文章，加强理论创新，提高决策咨询水平。学员管理部门要结合“三从严”要求，认真组织好学员的学习和研讨，引导学员加强党性修养，提高综合素质。校各直属单位和部门，也都要联系各自实际，把学习贯彻活动落到实处，取得实效。

四、近期须着力抓好的几项工作

一是校委带头先学，在率先精读讲话、深入研讨的基础上，领导好、推动好、引导好全校学习贯彻活动；二是机关党委召集各级党组织负责人集体学习，对全校学习活动进行具体部署；三是召开教学工作会，对党校教学贯彻落实讲话精神进行具体部署；四是调整既定课程安排，抽出一个半天时间，组织全体学员以支部为单位集中学习研讨；五是召开一次校委扩大会议，在初步学习领会的基础上，对党校各方面工作如何贯彻落实讲话精神，进一步作出部署。

（摘自中校字〔2011〕43 号文件，办公厅供稿）

校委理论学习中心组扩大会议

7 月 6 日，中央党校召开校委理论学习中心组扩大会议，学习贯彻胡锦涛总书记“七

一”重要讲话精神和习近平同志关于党校要抓好学习贯彻的重要批示精神。常务副校长李景田出席会议并讲话，副校长陈宝生主持会议并宣读习近平同志的重要批示。

李景田在讲话中强调，要从“三个层面”充分认识学习贯彻好胡锦涛总书记“七一”重要讲话精神的重大意义。一是对全面推进中国特色社会主义伟大事业和党的建设新的伟大工程具有重大意义；二是对做好新形势下党的干部教育工作，促进党校事业科学发展具有重大意义；三是对我们每个共产党员增强先进性、做好党校人具有重大意义。

李景田提出四个方面要求。第一，要把学习贯彻胡锦涛总书记重要讲话精神体现到党校教学的各个环节中去，为推进党的理论武装服务；第二，着力研究我国前进征程上面临的重点、难点、热点问题，为推进党的理论创新服务；第三，在提高党的建设科学化水平上下功夫，为坚持和发展党的先进性服务；第四，进一步强化党性教育和党性锻炼，为提高党员干部的思想政治素养服务。

副校长孙庆聚，校委委员贾高建、罗宗毅、黄宪起、赵长茂出席会议。教务部、科研部、哲学教研部、中共党史教研部、党的建设教研部主要负责人作了会议发言。各直属单位主要负责人列席会议。

（摘自《党校信息》2011 年第 8 期，研究室供稿）

在校委理论学习中心组扩大会议上的讲话

（2011 年 7 月 6 日）

李 景 田

同志们：

今天召开这个校委扩大会议，主要任务是学习近平同志的重要批示，研究部署进一步学习贯彻锦涛同志在庆祝中国共产党成立 90 周年大会上的重要讲话的工作。刚才，部分校直属单位的负责同志发了言，介绍了一些体会和想法，讲得都很好。下面，结合大家的讨论，我讲三点意见。

一、充分认识学习贯彻好锦涛同志“七一”重要讲话的重大意义

概括刚才同志们的认识，学习贯彻好锦涛同志“七一”重要讲话的重大意义，是不是

可以从三个层面上来理解：

第一，学习贯彻好锦涛同志的重要讲话，对全面推进中国特色社会主义伟大事业和党的建设新的伟大工程具有重大意义。锦涛同志的重要讲话，站在历史和全局的高度，认真回顾了我们党90年波澜壮阔的光辉历程和奋斗业绩，系统总结了90年来党领导革命、建设和改革的宝贵经验，明确提出了新形势下提高党的建设科学化水平的主要任务，深刻阐述了在新的历史起点上把中国特色社会主义伟大事业全面推向前进的大政方针、目标任务。讲话高屋建瓴、内涵丰富、思想深刻，是继续推进中国特色社会主义伟大事业和党的建设新的伟大工程的纲领性文献，对做好党和国家各项工作具有重大而深远的指导意义。

第二，学习贯彻好锦涛同志的重要讲话，对做好新形势下党的干部教育工作，促进党校事业科学发展具有重大意义。当前，党校事业发展正处于一个重要战略机遇期。我们推进"一流学府"建设的各项工作也在有序向前推进。锦涛同志的重要讲话，全面分析了国内外形势新变化，深入阐释了党和国家事业发展新要求，对我们做好新形势下党校工作提出了新任务、新期待，为进一步提高党校工作科学化水平提供了新指导、新契机。用锦涛同志的重要讲话精神推进我们的教学、科研等各项工作，必将促进党校事业更好地实现科学发展，也必将促进"一流学府"建设取得新的成绩。

第三，学习贯彻好锦涛同志的重要讲话，对我们每一名共产党员增强先进性、做好党校人具有重大意义。锦涛同志的重要讲话，充满着辩证唯物主义和历史唯物主义的思想光辉，充分体现着中国共产党人与时俱进的马克思主义理论品质，显示着中国共产党人清醒、务实、自信的风格，渗透着中国共产党人执政为民的根本理念和矢志不移为人民谋幸福的价值逻辑。学习好、领会好讲话精神，对于每个共产党员来说，是一次把握规律、把握未来的理论学习，是一次坚定信仰、坚定方向的党性教育，是一次提高理论水平、坚定理想信念、保持良好精神状态、为做好党校工作奠定更加坚实基础的"加油"和"充电"。

二、认真组织好近期学习贯彻"七一"重要讲话活动

学习贯彻锦涛同志重要讲话，是中央党校和全国党校系统当前和今后一个时期的重要政治任务和中心工作。

早在年初下发的工作要点中，校委就对充分利用党校阵地，纪念建党90周年，及时传达学习总书记在庆祝中国共产党成立90周年大会上的重要讲话等工作，进行了部署。7月1日上午，中央召开庆祝中国共产党成立90周年大会，锦涛同志作重要讲话。我们组织全体学员、工作人员和离退休老同志观看了电视直播。大会结束后，校委及时召开会议，对学习贯彻活动作了初步安排和部署。3日，校委就两天来我校学习重要讲话的情况和近期的学习安排向近平同志作了书面报告。4日以来，我们集中精力抓了五项工作：

一是校委带头先学，在率先精读讲话、深入研讨的基础上，领导好、推动好、引导好全校学习贯彻活动。昨天上午校委又专门召开会议，学习近平同志的重要批示，讨论中央

办公厅关于认真学习贯彻锦涛同志“七一”重要讲话精神的通知，讨论并通过了校委关于学习贯彻锦涛同志“七一”重要讲话精神的通知，下发校各直属单位，同时抄送各省级党校和副省级城市党校。

二是机关党委召集党组织负责人对讲话进行集体学习研讨，对全校各级党组织和党员的学习活动进行具体部署。

三是召开教学工作会，对下学期党校教学如何贯彻落实讲话精神作了安排。

四是调整既定课程安排，抽出一个半天时间，组织全体学员以支部为单位集中学习研讨。

五是召开今天这个校委扩大会议，在初步学习领会的基础上，对党校各方面工作如何贯彻落实锦涛同志重要讲话，进一步作出部署。

近期，我们要把重点放在领会讲话精神实质、理解讲话提出的重大理论观点、把握讲话提出的各项工作要求上。要深刻认识我们党完成的“三件大事”的辉煌成就，科学把握中国人民选择中国共产党、选择马克思主义、选择社会主义道路、选择改革开放的历史必然性，进一步增强党员自豪感和使命感。要深刻认识我们党坚持和拓展中国特色社会主义道路、坚持和丰富中国特色社会主义理论体系、坚持和完善中国特色社会主义制度的历史经验和理论成果，增强对中国特色社会主义道路、理论体系和制度的坚定信念。要深刻认识党保持和发展先进性的“四个坚持”和新形势下提高党建工作科学化水平的“五个必须”，增强做好党建工作的信心。要深刻认识新的历史起点上全面推进中国特色社会主义伟大事业“五个坚定不移”的目标任务，增强为全面建设小康社会、实现中华民族伟大复兴作贡献的自觉性。要深刻认识理论创新和理论武装的历史任务，认真践行“学以立德、学以增智、学以创业”的要求，提高马克思主义基本理论、基本立场的坚定性，提高理论研究和理论创新的责任感和使命感。

三、着力从四个方面把学习贯彻锦涛同志重要讲话精神引向深入

学习贯彻锦涛同志重要讲话，非一日之功，也不可能一蹴而就。我们要在近期初步学习领会的基础上，把学习贯彻活动不断引向深入。要坚持和弘扬理论联系实际的优良学风，做到学以致用，用以促学，切实将讲话精神贯彻落实到理论武装、理论创新、理论宣传和党性锻炼的全过程，贯彻落实到党校教学科研、队伍建设、报刊出版、管理服务和机关党建等各项工作中。尤其要着力做好四个方面的工作。

*第一，要把学习贯彻锦涛同志重要讲话精神体现到党校教学的各个环节中去，为推进党的理论武装服务。*通过这几天对锦涛同志重要讲话的学习，刚才又听了几位同志的发言，我们是不是可以作出这样一个判断：锦涛同志的重要讲话通篇闪耀着马克思主义真理的光辉，进一步丰富了中国特色社会主义理论体系，是体现中国特色社会主义理论体系最新成果的重要篇章、重要著作。

理论创新每前进一步，理论武装就跟进一步，这是我们党加强自身建设的一条重要经

验。党校是党的理论武装工作的重要阵地。当前和今后加强党的理论武装和理论教学，一定要把锦涛同志这一重要讲话，作为中国特色社会主义理论体系的最新成果和最新教材，充实到党校各学科和各班次的教学中。要组织精干力量，对讲话进行深层研究，编辑、出版和发行一批高质量的书籍、文章。通过努力，真正把广大党员、干部的思想和行动统一到讲话精神上来，做到入耳、入脑、入心。

第二，着力研究我国前进征程上面临的重点、难点、热点问题，为推进党的理论创新服务。90年来，我们已经取得了举世瞩目的伟大成就。但是，历史和现实都告诉我们，在成绩面前丝毫不能飘飘然，丝毫骄傲不得。小骄傲，小失败；大骄傲，大失败；谁骄傲，谁失败。谁违背这个规律，都要受到惩罚。锦涛同志在重要讲话中，提出“四个考验”、“四个危险”，显示了中国共产党人的高度清醒和自信。我们要深刻认识到，在不断推进党的事业和党的建设新的伟大实践中，仍然会面临大量的能够预见和难以预见的风险，会出现大量的热点、难点问题，理论创新的任务比以往任何时候都更为繁重、更为紧迫。

我们要进一步认识党校作为党的思想理论阵地和哲学社会科学研究机构具有的独特优势，充分发挥推进党的理论创新的生力军作用，充分调动学员和教员两支力量、两种资源的积极性，加大重点、热点、难点问题的研究力度，及时回答实践提出的新课题，及时总结党领导人民创造的新鲜经验，不断作出新的理论概括，提高决策咨询水平，为永葆科学理论的旺盛生命力，推进党的理论创新，作出新的贡献。

第三，在提高党的建设科学化水平上下功夫，为坚持和发展党的先进性服务。办好中国的事情，关键在党。这是锦涛同志在“七一”重要讲话中，回顾90年中国发展进步历史，得出的一个基本结论。近二三十年，世界上一些大党老党丧失执政地位的教训，警示我们，任何政党，无论曾经为国家和人民作出过多么大的牺牲和贡献，一旦丧失民心，都逃脱不了被人民抛弃的命运。这是一条铁律。为了避免脱离群众危险，更好地承担起领导责任和执政使命，锦涛同志在“七一”重要讲话中，明确向全党提出了一系列更严更高的要求，归结起来，就是要保持和发展党的先进性，不断提高党的建设科学化水平。

中央党校在国家级干部教育培训机构中是唯一以党命名的，我们在以改革创新精神加强党的建设上，责任重大，使命光荣。一方面，我们要深入研究党建亟待解决的新课题，多出精品力作。同时，要积极将党建科学化研究的最新成果转化到教学中来，增强学员不断推进党建科学化的自觉性，提高学员科学执政、民主执政、依法执政的理论水平和能力。另一方面，要按照党建科学化的要求，加强和改进我们中央党校机关党的建设，紧密联系创先争优、建设“一流学府”的工作实际，将机关党组织的优势和作用充分发挥出来。

第四，进一步强化党性教育和党性锻炼，为提高党员干部的思想政治素养服务。锦涛同志“七一”重要讲话，既是中国特色社会主义理论体系最新成果教育的好教材，也是党性教育的好教材。比如，讲话中概括和提炼的“三件大事”、“三大成就”，讲话中反复强调的党始终紧紧依靠人民的党的建设的本质要求，强调每一个共产党员都要把人民放在心中最高位置，提出要把政治智慧的增长、执政本领的增强深深扎根于人民的创造性实践之中等方面的论述和观点，可以有效地促进共产党员和领导干部坚定对中国共产党，对马克思主义，对社会主义、共产主义的信心、信念和信仰，牢记全心全意为人民服务的宗旨，更好地继承和发扬密切联系群众等优良传统和作风。

我们要根据讲话精神，结合“三从严”要求，引导学员加强党性修养，提高综合素质，努力使党校走出去的领导干部成为坚定理想信念、矢志不渝为中国特色社会主义事业不懈奋斗的先锋模范，成为牢记党的根本宗旨、诚心诚意为人民谋利益的先锋模范，成为实践社会主义核心价值体系、结合新的实际大力发扬党的优良传统和作风的先锋模范，成为追求卓越、勇于进取、努力创造一流业绩的先锋模范。同时，我们每一位党校人，也要以身作则，把学习成效落实到深钻业务、苦练本领上，落实到做好每一项具体工作上，落实到为党的干部教育事业和党校事业多作贡献上。要自觉强化党性修养，以自身的优良品格和高尚情操，做出表率，为建设风清气正的校园创造良好的人文环境。

希望同志们按照近平同志的重要批示和上述要求，采取有效措施，把学习贯彻活动领导好、组织好，切实取得实效。

（摘自《校内通报》2011 年第 9 期，研究室供稿）

理论研讨会

中央党校与中央有关部委联合召开纪念中国共产党成立 90 周年理论研讨会

7 月 1 日至 2 日，中央组织部、中央宣传部、中央党校、中央党史研究室、中央文献研究室、教育部、中国社会科学院、解放军总政治部在京联合召开纪念中国共产党成立 90 周年理论研讨会。2 日下午，中共中央政治局常委李长春出席会议并作重要讲话。他强调，胡锦涛总书记在庆祝中国共产党成立 90 周年大会上的重要讲话，全面回顾了我们党 90 年来紧紧依靠人民完成和推进“三件大事”的奋斗历程，高度评价了 90 年来我们党团结带领全国人民创造的举世瞩目的辉煌成就，系统总结了 90 年来党领导革命、建设和改革的历史经验，明确提出了新的历史条件下提高党的建设科学化水平的目标任务，深刻阐述了在新的历史起点上把中国特色社会主义伟大事业全面推向前进的大政方针。讲话通篇闪耀着马克思主义真理的光辉，是继续推进中国特色社会主义伟大事业的纲领性文献。我们一定要认真学习、深刻领会，把思想和行动统一到讲话精神上来。

这次研讨会是中央确定的庆祝中国共产党成立90周年活动的一项重要内容，是新形势下加强理论建设的一次集中动员。与会同志参加了中央召开的庆祝大会，聆听了胡锦涛总书记的重要讲话，并进行了学习讨论。16名同志在研讨会上进行了论文交流，6名同志作了大会发言。

李长春在讲话中指出，90年来我们党始终高度重视理论建设，重视发挥科学理论对事业发展的强有力指导作用。我们党的90年，是在风云激荡中高举马克思主义伟大旗帜，在风险考验中坚定马克思主义政治信仰，始终坚持和不断巩固马克思主义指导地位的90年；是把马克思主义基本原理与中国实际相结合，创造性地解决中国革命、建设和改革的一系列重大问题，推动党和国家事业不断胜利前进的90年；是坚持用科学理论武装全党，以思想建设引领推动党的建设，始终保持和发展党的先进性的90年；是尊重人民首创精神，在人民的历史创造中进行理论创造，不断赋予马克思主义以勃勃生机和活力的90年；是高度重视理论人才队伍建设，团结凝聚一大批理论工作者，不断发展壮大马克思主义理论队伍的90年。90年来，党的理论工作积累了很多成功经验，要很好地坚持，并结合新的实践不断发扬光大。

李长春强调，当今世界正处于大发展大变革大调整时期，我国改革开放和社会主义现代化建设进入新的关键时期。世情国情党情的发展变化，对理论工作提出新的更高要求。广大理论工作者要进一步增强责任感使命感，始终围绕党和国家工作大局，着力推进马克思主义中国化时代化大众化，在新的历史起点上开创党的理论建设新局面。为此，要牢牢把握理论武装这个首要任务，坚持不懈地抓好中国特色社会主义理论体系的学习教育，用当代中国马克思主义凝聚起团结奋斗的强大力量；牢牢把握党和国家事业发展的主题，进一步发挥思想库和智囊团的作用，为推动科学发展提供有力理论支撑；牢牢把握服务人民这个宗旨，深入回答广大群众普遍关注的热点问题，用党的理论创新成果引导和动员群众；牢牢把握坚持改革创新的要求，立足中国特色社会主义伟大实践进行新的理论创造，深化对中国特色社会主义道路的研究和阐释，努力形成具有中国特色、中国风格、中国气派的学术话语体系，不断增强当代中国马克思主义的说服力、吸引力和凝聚力；牢牢把握人才培养这个根本，大力推进理论人才队伍建设，着力造就一支宏大的、高素质的马克思主义理论队伍。要在加强对深化改革开放的研究上取得重要成果，在加强对加快转变经济发展方式、贯彻落实“十二五”规划的研究上取得重要成果，在加强对中国特色社会主义政治发展道路的研究上取得重要成果，在加强对深化文化体制改革、推动社会主义文化大发展大繁荣的研究上取得重要成果，在加强对创新社会建设和管理的研究上取得重要成果，在加强对党的建设的研究上取得重要成果，为夺取全面建设小康社会新胜利、开创中国特色社会主义事业新局面作出新的贡献。

中共中央政治局委员、中央书记处书记、中央宣传部部长刘云山主持会议，中共中央政治局委员、国务委员刘延东，中共中央政治局委员、中央书记处书记、中央组织部部长李源潮，中共中央政治局委员、中央军委副主席徐才厚，全国政协副主席、中国社会科学院院长陈奎元出席。

中央党校常务副校长李景田代表中央党校作了题为《高举中国特色社会主义伟大旗帜不动摇》的大会发言。他说，我们党90年奋斗积累的经验十分丰富，集中到一点，就是要坚持用中国化的马克思主义伟大旗帜引领中国社会发展和进步，高举中国特色社会主义伟大旗帜不动摇，坚持中国特色社会主义道路和理论体系不动摇。副校长张伯里代表中央党校中国特色社会主义理论体系研究中心作了题为《深化对社会主义核心价值体系的整体理解》的大会发言，原副校长邢贲思作了题为《牢牢把握中国共产党历史的主线》的大会发言。

原常务副校长郑必坚、虞云耀，原副校长刘海藩、杨春贵、李君如，科学社会主义教研部原主任赵曜、严书翰，中共党史教研部原主任郭德宏，哲学教研部原主任庞元正，马克思主义理论教研部副主任秦刚，科研部副巡视员张喜德，党的建设教研部教授张晓燕参加会议。科研部主任梁言顺、副主任郝永平等列席会议。

研讨会主办单位主要负责同志，中央宣传思想工作领导小组成员，入选论文作者，理论界特邀代表，各省区市和新疆生产建设兵团党委宣传部主要负责同志，中央直属机关工委、中央国家机关工委和解放军总政治部宣传部负责同志，约230人参加会议。

（摘自《党校信息》2011年第9期，科研部供稿）

高举中国特色社会主义伟大旗帜不动摇

——在纪念中国共产党成立90周年理论研讨会上的发言

（2011年7月2日）

李景田

中国共产党90年奋斗积累的经验很多，集中到一点，就是要坚持用中国化的马克思主义伟大旗帜引领中国社会发展和进步，就是要高举中国特色社会主义伟大旗帜，坚持中国特色社会主义道路和理论体系不动摇。

一、高举中国特色社会主义伟大旗帜不动摇关键是要巩固党的执政地位

前些天，我去委内瑞拉访问。委内瑞拉历史上是西班牙的殖民地，独立后是典型的资本主义国家，搞多党制。查韦斯竞选上台后，先宣布要走第三条道路，没走通，决定要搞社会主义。我们和他们探讨，你们为什么要选择社会主义。他们说，统社党的不少领导人在年轻的时候就接受了马克思列宁主义、毛泽东思想的熏陶，接受了社会主义的理念。查韦斯对马列经典著作、毛泽东著作的一些主要观点，耳熟能详。这是委内瑞拉能够走上社会主义的第一个原因。

第二个原因是为了消除委内瑞拉极端的不平等。查韦斯上台以后，面临着治理这个国家的诸多困难。他们说，这个国家在资本主义制度下积累了许多矛盾。要把这个国家治理好，用什么办法？比来比去，觉得还是社会主义最能化解社会矛盾。我们参加米兰达州的党代表大会，看到了党代表们对社会主义的那种信仰、那种真诚、那种激情，实在令人感动。在委内瑞拉的影响下，加勒比地区的几个国家，左翼倾向也日益明显。

联系到中国特色社会主义的兴旺发达，我们应该更加坚信《共产党宣言》提出的“两个必然”。尽管现在资本主义还在发展，但它的内在矛盾和历史规律决定，它必然灭亡；尽管社会主义还处于低潮，但人类社会最终会通过社会主义实现共产主义目标，这个目标是历史的必然。我们相信，世界上搞社会主义的国家会越来越多。

搞社会主义，就一定要坚持共产党领导。搞多党制，社会主义就要夭折。这绝不是我们的一厢情愿，而是冷酷的客观存在。查韦斯是在西方资本主义的多党制情况下上台的，他搞社会主义，搞土地改革，推进国有化，但并没有触动多党制的社会架构。明年面临大选，代表资产阶级的反对党很强大，又有美国的支持。从现在看，查韦斯的统社党获胜的可能性很大，但也有丧失议会多数的可能。这个党如果下台，查韦斯如果下台，那委内瑞拉的社会主义事业马上就会终结。中国共产党的执政地位来之不易，但我们的执政地位也不是一劳永逸的。一旦中国共产党不执政，中国的社会主义事业可能就会夭折。苏联、东欧的殷鉴不远。

中国共产党成立90年，大家都在总结党的历史经验。高举中国特色社会主义伟大旗帜不动摇、不懈怠、不折腾，是我们的共识。我认为，要坚持这一条，关键是不能搞多党制，要毫不动摇地坚持中国共产党一党执政，而且要长期执政。当然，还要坚持若干民主党派参政。

二、高举中国特色社会主义伟大旗帜不动摇必须做好“三个结合”

中国共产党作为执政党，坚持推进和发展中国特色社会主义，至少要坚持从三个方面做好结合工作。

第一，坚持党的基本理论与坚持解放思想相结合。90年来，我国革命、建设和改革取得伟大成功，关键是我们党既坚持马克思主义基本原理，又根据中国实践不断推进马克

思主义中国化。不丢老祖宗，又要说新话，我们党才能不断引领中国特色社会主义事业从胜利走向胜利。中国特色社会主义理论体系来之不易，我们要坚持用它来指导我们的实践。实践永无止境，创新也永无止境。我们要不断解放思想，研究新情况，解决新问题，在不断开创中国特色社会主义事业新局面的同时，不断丰富和发展中国特色社会主义理论体系。

第二，坚持促进科学发展与促进社会公正相结合。中国特色社会主义最核心的追求一是发展，二是公正。发展是党执政兴国的第一要务。实现以人为本、全面协调可持续、统筹兼顾的科学发展，是我们党立足社会主义初级阶段基本国情，着眼于新世纪新阶段我国发展一系列新的阶段性特征，适应新的要求提出来的。实现社会公正是中国共产党人的一贯主张，是发展中国特色社会主义的重大任务，是社会主义和谐社会的基本特征和重要目标。坚持把科学发展与社会公正相结合，才能使中国特色社会主义道路越走越宽广。民生是发展与公正的结合点，要坚持把关注民生作为战略性的任务抓紧抓好。改革开放是新的历史条件下推进发展与公正的根本途径，我们要毫不动摇地推进各方面的体制创新，加快重要领域和关键环节改革步伐，全面提高对外开放水平，着力构建有利于科学发展和社会公正的体制机制。

第三，坚持党的执政能力建设与先进性建设相结合。党的先进性建设是党的建设的永恒课题。党的执政能力建设是党成为执政党后的根本性建设。加强党的先进性建设和加强党的执政能力建设内在地统一于建设中国特色社会主义的伟大事业中，统一于党的建设新的伟大工程中。我们要紧密结合国内外形势的新变化，紧密结合落实科学发展观、促进社会公正的新任务，紧密结合干部队伍发生的重大变化和存在的突出问题，全面加强党的执政能力建设和先进性建设，使党的执政方略更加完善、执政体制更加健全、执政方式更加科学、执政基础更加巩固，使党始终成为中国特色社会主义事业的坚强领导核心。

三、高举中国特色社会主义伟大旗帜不动摇必须坚持“两个务必”

我们已经取得了举世瞩目的伟大成就，中国的经济总量排在了世界第二，“中国模式”也为世人热议。我们共产党人无不以此为荣，引以为豪。但是，历史和现实都告诉我们，在成绩面前丝毫不能飘飘然，丝毫骄傲不得。小骄傲，小失败；大骄傲，大失败；谁骄傲，谁失败。谁违背这个规律，都要受到惩罚。

由此而言，高举中国特色社会主义伟大旗帜不动摇，不断推进和发展中国特色社会主义事业，归根结底，需要全党同志居安思危，增强忧患意识，坚持“两个务必”，做到成绩越大，喝彩声越多，越要保持清醒的头脑，越要防止陷入“其兴也勃焉，其亡也忽焉”的历史周期律。

60 年前，毛泽东和黄炎培谈到如何跳出历史周期律问题时说：我们已经找到了新路。这条新路，就是民主。只有让人民起来监督政府，政府才不敢松懈。只有人人起来负责，才不会人亡政息。

中国共产党要想长期执政不下台，还得靠民主、靠监督。我们要继续努力，进一步认真解决人民民主、党内民主中不适应的问题，认真解决监督流于形式的问题，让我们的人民代表大会制度、中国共产党领导的多党合作和政治协商制度、基层民主自治制度、中国共产党党内民主制度不断完善，使之发挥应有的效力。

（载《人民日报》2011 年 7 月 4 日，研究室供稿）

全国党校系统纪念
中国共产党成立 90 周年理论研讨会

6 月 16 日至 17 日，全国党校系统纪念中国共产党成立 90 周年理论研讨会在大连市委党校召开。中央党校常务副校长李景田作主报告，中国社会科学院党组副书记、常务副院长、中国马克思主义研究基金会理事长王伟光，辽宁省委常委、大连市委书记夏德仁在开幕会议上致辞。中央党校副校长张伯里作会议总结。副校长陈宝生、李书磊，教育长兼培训部主任徐伟新，原教育长、中国马克思主义研究基金会副理事长郝时晋分别主持研讨会。校委委员贾高建、黄宪起、赵长茂，大连市委副书记、大连市委党校第一校长里景瑞出席会议。

李景田在题为《中国特色社会主义的旗帜上鲜明地写着发展与公正》的主报告中认为，中国共产党在探索中国特色社会主义道路的过程中，始终把发展和公正作为两大追求。他指出，中国共产党从诞生之日起就以追求和实现发展与公正为己任。新民主主义革命胜利后，建立起社会主义基本制度，为解决发展与公正问题奠定了制度基础，提供了现实可能。党的十一届三中全会以来，我们党围绕着解决发展与公正两大问题，走上了中国特色社会主义道路，形成了中国特色社会主义理论体系。改革开放 30 多年来，我国的经济发展和社会进步取得了举世瞩目的成就。同时，我国发展与公正问题依然存在，有些甚至还很严重。就发展而言，我国是拥有十三亿七千多万人口的发展中大国，仍处于并将长期处于社会主义初级阶段，发展仍是解决我国所有问题的关键。与促进发展相比，推进社会公正的任务更加艰巨。他强调指出，在新的形势下推进发展与公正，最根本的途径仍然是改革开放。为此，要继续深化经济体制改革，进一步完善社会主义市场经济体制，充分发挥市场配置资源的基础性作用，为经济发展注入活力，为实现社会公正奠定坚实的物质基础；要积极稳妥地推进政治体制改革，发展社会主义民主政治，为发展和公正提供更加坚实的政治保障；要深化改革，大力推进以改善民生为重点的社会建设；要进一步扩大对外开放。

与会专家学者围绕中国共产党成立90年取得的伟大成就、成功经验和历史启示进行了深入的研讨。一致认为，90年的辉煌成就充分证明，中国共产党不愧是伟大、光荣、正确的党。在新的历史时期，在中国共产党的坚强领导下，在科学发展观的指引下，在全国人民的共同努力下，中华民族伟大复兴的目标一定能够实现。

研讨会由中央党校主办，大连市委协办，中央党校科研部、中国马克思主义研究基金会、大连市委党校承办。

（摘自《党校信息》2011年第7期，科研部供稿）

中国特色社会主义的旗帜上鲜明地写着发展与公正

——在全国党校系统纪念中国共产党成立90周年理论研讨会上的主报告

（2011年6月16日）

李 景 田

90年来，党领导全国各族人民，经过反对帝国主义、封建主义、官僚资本主义的革命斗争，取得了新民主主义革命的胜利，建立了人民民主专政的中华人民共和国；经过社会主义改造，完成了从新民主主义到社会主义的过渡，确立了社会主义基本制度；经过艰辛的探索，在曲折中推进社会主义建设事业。在此基础上，又经过30多年的改革开放，成功开辟了中国特色社会主义道路，形成了中国特色社会主义理论体系。中国共产党在探索社会主义道路的过程中始终把发展和公正作为两大追求。

一、发展与公正是中国特色社会主义的两大根本问题

实现真正意义上的社会公平和正义，是科学社会主义最基本的价值追求。自柏拉图和亚里士多德以来，思想家们就从未停止过对公正理论的探讨。与原始社会、奴隶社会、封建社会相比，资本主义社会的生产力发展水平达到了前所未有的高度。但是，受资本主义

私有制的制约，资本主义生产方式必然导致社会的两极分化和分配不公。《共产党宣言》讲，从特定意义上说，“共产党人可以把自己的理论概括为一句话：消灭私有制”，就是因为“私有制”是一切不公平不正义的制度根源。

当然，不管我们是否愿意看到，作为一个庞大的世界体系，资本主义制度仍然会在不短的时间内，继续保持其生命力。这是因为，“无论哪一个社会形态，在它所能容纳的全部生产力发挥出来以前，是决不会灭亡的……”（马克思语）。但马克思同时认为，社会主义代替资本主义的趋势是不会变的。

科学社会主义认为，社会主义应该而且能够比资本主义更好更快地发展生产力，创造出比资本主义更高的劳动生产率。历史无可辩驳地告诉我们：社会主义事业蒸蒸日上、顺利前进的时期，都是生产力发展相对于资本主义更快的时期；而社会主义事业受挫的时期，都是生产力发展相对于资本主义缓慢的时期。如果我们不搞改革开放，不坚持以经济建设为中心，不坚持发展这个党执政兴国的第一要务，社会主义就不可能焕发生机活力，党的执政地位就不可能巩固和发展。所以，发展是硬道理，这是社会主义必须坚持的核心一条。

中国共产党从诞生之日起，就以追求和实现发展与公正为己任。社会主义制度的建立，为解决发展与公正问题奠定了制度基础。之后的社会主义建设，在发展和公正两个方面都取得了巨大成就，但由于种种原因，也出现过严重的偏差，这为以后的探索积累了宝贵的经验教训。

在建设中国特色社会主义的历史进程中，我们党坚持把发展与公正作为社会主义最基本的追求。邓小平关于社会主义本质的经典概括是“解放生产力，发展生产力，消灭剥削，消除两极分化，最终达到共同富裕”。其中前两句的中心思想就是发展，后三句的中心思想就是公正。因此，作为邓小平理论重要组成部分的“社会主义本质论”，就包含了发展与公正两大根本问题。邓小平晚年特别关心公正问题，他告诫说：“十二亿人口怎样实现富裕，富裕起来以后财富怎样分配，这都是大问题。题目已经出来了，解决这个问题比解决发展起来的问题还困难。分配的问题大得很。……要利用各种手段、各种方法、各种方案来解决这些问题。……少部分人获得那么多财富，大多数人没有，这样发展下去总有一天要出问题。”

江泽民同志在中国特色社会主义事业取得重大成就又面临重大挑战的历史条件下，将发展同党的性质、使命、执政理念联系起来，强调指出“必须把发展作为党执政兴国的第一要务”，“离开发展，坚持党的先进性、发挥社会主义制度的优越性和实现民富国强都无从谈起”。他提出“三个代表”重要思想，其中前两个“代表”就是强调发展。如同邓小平一样，江泽民同志也不是孤立地强调发展。他还强调必须“始终代表中国最广大人民的根本利益”，其本质要求就是坚持执政为民，实现社会公正。

进入新世纪，以胡锦涛同志为总书记的党中央从新的实际出发，着眼于创新发展理念、把握发展规律、丰富发展内涵、开拓发展思路、破解发展难题，提出科学发展观等重大战略思想。科学发展观的核心是以人为本，实际上指的是社会主义的发展目的。要实现这个目的，第一要义就是发展，但发展必须是全面协调可持续的发展，要统筹兼顾，既重视发展，又重视公正。正是在科学发展观指导下，我们党提出了构建社会主义和谐社会的重大战略思想，明确把实现社会公平正义作为社会主义和谐社会的基本特征和重要目标，着力探索中国特色社会主义公平正义的基本理念和体制机制。

二、在新的历史阶段必须进一步解决好发展与公正问题

改革开放 30 多年来，特别是发展社会主义市场经济以后，我国的经济发展和社会进步取得了举世瞩目的成就。同时，我国发展与公正问题依然存在，有些甚至还很严重。

就发展而言，我国是拥有十三亿七千多万人口的发展中大国，仍处于并将长期处于社会主义初级阶段，发展仍是解决所有问题的关键。尽管目前我国在世界上已成为第二大经济体，但按人均算，仅排在百名左右。因此，我们既不能妄自菲薄，失去信心；又不能妄自尊大，头脑发热。必须清醒地看到，我国发展的空间还很大，发展的任务还很重，还存在很多不确定因素、不平衡因素、不协调因素、不可持续因素。这些因素都对中国发展形成挑战，应对不好就难以进一步发展。所以，在新的历史阶段我们必须科学判断和准确把握发展趋势，坚持以科学发展观为指导，全力破解各种影响发展的制约因素，切实实现全面协调可持续的发展。

与促进发展相比，推进社会公正的任务更加艰巨。改革开放之初，公正问题还没有成为人们特别关注的问题，当时摆在全党全国人民面前的首要任务是推动发展。在推进经济社会跨越式发展的同时，我们党并没有忘记兼顾社会公正。改革开放 30 多年来，人民的生活水平有了明显提高，尤其是近年来随着社会领域改革的推进，民生建设也取得了新的成就。但是，随着改革开放和现代化建设的不断深入，社会公正问题逐渐凸显出来，主要是贫富差距拉大，城乡之间、不同行业、不同地域间收入差别比较突出；某些公职人员和国企管理人员的严重腐败现象引起人民群众极端不满；社会问题和社会纠纷诸如因土地征用、房屋强行拆迁、执法不公、环境污染而引发的群体性突发事件时有发生；上学难、就业难、就医难、房价高企、食品药品缺乏安全等问题日益引起社会的关注，这些问题已经成为当今中国社会各种社会矛盾的结点和广大人民群众的强烈诉求。

公正问题伴随着发展而生，却不是发展的“罪过”。从改革开放前主要体现为“大锅饭”的平均主义到现在的公正问题，从哲学意义上讲，并不意味着倒退，而是螺旋式上升。当然，要继续推进社会发展，就必须下大气力解决不公正问题，实现向高层次公正的转变。这对于我们党来说是一种新的重大考验。

一是公正问题正在成为全局性问题。随着我国经济社会发展，人口流动规模越来越大，全社会信息化水平快速提高，人与人之间的利益相关性超出以往任何社会历史时期，人们对于公正的判断标准也发生了很大变化。如果我们不能加快解决社会生活中的不公正现象，人民群众的不公平感就会增强，社会矛盾就容易激化，久而久之，就容易使苗头性

问题演变成趋势性问题，局部性问题演变为全局性问题。二是公正问题严重影响发展。当前公正问题突出反映在收入分配领域，收入分配差距过大，会导致多数社会成员的收入水平无法与经济发展同步提高，从而导致社会消费能力无法同步提高，严重影响内需的扩大，阻碍经济发展方式的转变。三是公正问题影响改革进程与党的形象。在我国改革之初，各阶层人民普遍受改革之惠，普遍积极支持改革。由于体制转轨尚未完成，不公正现象在一些领域出现，使得一些人对改革产生了怀疑和动摇。长此以往，改革就可能失去一部分群众基础，改革的进程就会受到影响，甚至影响到党的形象和执政地位。

需要说明的是，公正问题既是历史的，也是具体的，在不同的历史阶段具有不同的表现形式和标准。在生产力最不发达的原始社会所体现的公正，是人类社会最低层次的公正。最高层次的公正当然是在共产主义时期。我们不能用共产主义时期的标准来衡量社会主义阶段的公正，也不能因为现在处于社会主义阶段特别是初级阶段，就忽视公正。必须从不同阶段的历史实际出发，研究社会公正面临的新问题，找到解决问题的有效办法。

三、坚定不移地通过深化改革扩大开放推进发展与公正

在新的形势下推进发展与公正，最根本的途径仍然是深化改革、扩大开放。

（一）*必须继续深化经济体制改革，进一步完善社会主义市场经济体制，充分发挥市场配置资源的基础性作用，为经济发展注入活力，为实现社会公正奠定坚实的物质基础。*其中一项重要内容是进一步完善公有制为主体、多种所有制经济共同发展的基本经济制度，营造各种所有制经济依法平等使用生产要素、公平参与市场竞争、同等受到法律保护的体制环境。

一方面，要毫不动摇地巩固和发展公有制经济，积极推进国有经济战略性调整，加快国有大型企业改革，深化垄断行业改革，完善各类国有资产管理体制，健全国有资本经营预算和收益分配制度。国有大型企业在我国经济社会发展中发挥了重要作用，应当在承担社会责任方面进一步发挥应有的公正效应。要推动具备条件的国有大型企业实现整体上市，不具备整体上市条件的国有大型企业要加快股权多元化改革。有必要保持国有独资的国有大型企业要加快公司制改革，完善企业法人治理结构。另一方面，要毫不动摇地鼓励、支持、引导非公有制经济发展，努力消除制约非公有制经济发展的制度性障碍，全面落实促进非公有制经济发展的政策措施，鼓励非公有制企业提升发展质量和效益。

（二）*必须积极稳妥地推进政治体制改革，为发展和公正提供更加坚实的政治保障。*改革开放30多年来，我国的政治体制改革有了长足的发展和进步，基本适应了经济体制改革的需要，显示出社会主义的政治优势。但是与发展社会主义市场经济、构建社会主义和谐社会的客观要求相比，还存在一些不适应的地方。必须看到，人民群众追求社会公正的呼声越来越高，维权意识和政治诉求不断提升，如果不能积极稳妥地深化政治体制改革，发展就缺乏动力，公正就难以实现。因此，在我国经济社会处于大变革和快速发展变化时期，政治体制改革不仅不能停步，还必须积极稳妥推进。必须在党的领导下，坚持政

治体制改革的正确方向，实现党的领导、人民当家作主和依法治国的有机统一，以保证人民当家作主为根本，以增强党和国家活力、调动人民积极性为目标，扩大社会主义民主，建设社会主义法治国家，发展社会主义政治文明。

（三）*必须深化改革，大力推进以改善民生为重点的社会建设。*在经济发展的基础上，更加注重社会建设，推进社会体制改革，扩大公共服务，完善社会管理，促进社会公平正义，推进基本公共服务均等化，努力使发展成果惠及全体人民。

教育是民族振兴的基石，教育公平是社会公平的重要基础。要按照优先发展、育人为本、改革创新、促进公平、提高质量的要求，推动教育事业科学发展，提高教育现代化水平，合理配置公共教育资源，加快缩小教育差距，包括促进义务教育均衡发展，扩大中西部地区高等教育招生规模，改善特殊教育学校办学条件，等等。

就业是民生之本。最近西亚北非不少国家出现社会动荡，一个重要原因是长期以来忽视国民就业，尤其是忽视受过高等教育的青年人的就业问题。我们一定要坚持把促进就业放在经济社会发展的优先位置，健全劳动者自主择业、市场调节就业、政府促进就业相结合的机制，创造平等就业机会，提高就业质量，努力实现充分就业。

公平合理的收入分配制度是社会公平正义的重要保证和重要体现。要进一步完善按劳分配为主体、多种分配方式并存的分配制度。通过深化改革，进一步健全劳动、资本、技术和管理等生产要素按贡献参与分配的制度，初次分配和再分配都要处理好效率和公平的关系，再分配要更加注重公平。要采取切实措施，提高居民收入在国民收入分配中的比重，提高劳动报酬在初次分配中的比重，坚决整顿和规范收入分配秩序，逐步扭转收入分配差距扩大的趋势。

丰富精神文化生活越来越成为我国人民的热切期望。要坚持一手抓公益性文化事业、一手抓经营性文化产业，始终把社会效益放在首位，实现经济效益和社会效益有机统一。包括：增强公共文化产品和服务供给，促进公共文化设施免费向社会开放；建立健全公共文化服务体系，等等。

健康是人的全面发展的基础。要坚持公共医疗卫生的公益性质，建设覆盖城乡居民的公共卫生服务体系等，为群众提供安全、有效、方便、价廉的医疗卫生服务。

（四）*必须进一步扩大开放。*开放是中国特色社会主义的重要特征和必由之路。在当代中国，只有立足全球的发展，才可能是真正意义上的科学发展；只有主动参与经济全球化进程，才能使中国经济发展发挥出高效率。当前，我国国际地位进一步提高和内外联系更为密切，这对我国与国际社会实现良性互动和互利共赢提出了更高要求。要适应新变化、新要求，进一步提高对外开放水平，创造我国参与国际合作与竞争的新优势，扩大和深化同各方的共同利益。同时，要善于走出去，积极参与经济全球化和世界经济结构深度调整，使我国的企业、资金、技术在全球范围内合理流动，创造有利于我国发展的国际环境。另外，通过扩大对外开放，积极学习借鉴国外对公正问题的最新研究成果和解决公正问题的成功经验，包括资本主义国家缓解社会矛盾、加强公共管理等方面的有益做法，推进我国的社会公正。

社会主义追求发展与公正，社会主义也一定能不断推进发展与公正，这是历史赋予当代中国共产党人的庄严使命。

（载《求是》2011年第13期、《学习时报》2011年7月11日第1版，研究室供稿）

表彰先进

纪念中国共产党成立90周年暨先进基层党组织、优秀共产党员、优秀党务工作者表彰大会

6月29日，中央党校召开纪念中国共产党成立90周年暨先进基层党组织、优秀共产党员、优秀党务工作者表彰大会。常务副校长李景田在会上作重要讲话。副校长陈宝生、孙庆聚、李书磊、张伯里，教育长兼培训部主任徐伟新，校委委员贾高建、黄宪起、赵长茂等出席大会。大会由副校长陈宝生主持。副校长、机关党委书记孙庆聚宣读校机关党委《关于表彰中央党校先进基层党组织、优秀共产党员、优秀党务工作者的决定》。校领导为受到表彰的9个先进基层党组织、47名优秀共产党员、29名优秀党务工作者颁发荣誉证书。

李景田在讲话中回顾了中国共产党走过的光辉历程。他说，事实无可辩驳地证明：没有中国共产党，就没有中国的独立、富强；没有中国共产党，就没有人民的自由、幸福；没有中国共产党，就没有中国的社会主义现代化！他还回顾了中央党校的发展历程。他说，中国共产党一贯重视党校工作，党的四代领导集体非常关心中央党校的建设，党校在党的发展中也起到过突出的作用。总结历史的经验，办好党校必须坚持把用中国特色社会主义理论武装全党作为首要任务；必须坚持解放思想、实事求是，不断推进理论创新；必须坚持党校姓党，从严治校，把党校真正办成风清气正的"一流学府"。他就进一步做好机关党的建设工作提出了要求。他强调，要认真贯彻习近平同志在接见中央直属机关先进基层党组织、优秀共产党员、优秀党务工作者的重要讲话精神，学习令计划在中直机关表彰大会上的讲话精神，以90周年纪念活动为契机，深入开展机关党的建设；以读好书、读经典为抓手，努力建设学习型党组织；以创先争优活动为载体，推进"一流学府"建设；以改革创新为动力，提高机关党建科学化水平。

会上，先进党组织代表、科研部党支部书记倪德刚，优秀共产党员代表、党的建设教研部副教授蔡志强，优秀党务工作者代表、离退休干部局副局长、党委书记王金龙先后发言。

校机关党委委员、在职教职工党员、离退休干部党员、研究生院学生党员代表、入党积极分子等1000多人参加了大会。

（摘自校园网，机关党委供稿）

在纪念中国共产党成立90周年暨先进基层党组织、优秀共产党员、优秀党务工作者表彰大会上的讲话

（2011年6月29日）

李景田

同志们：

在中国共产党90周年诞辰即将到来之际，我们在这里隆重召开大会，热烈庆祝党的生日，同时表彰作出突出成绩的先进基层党组织、优秀共产党员和优秀党务工作者，这是一件很有意义的大事。在此，我代表校委，向各级党组织和勤奋工作在教学、科研、管理、服务等各条战线上的全体党员，向曾经为党校建设和发展作出贡献的离退休老党员，表示节日的祝贺和诚挚的问候！向受到表彰的先进党组织和优秀个人表示热烈的祝贺，并致以崇高的敬意！

（一）

中国共产党自诞生之日起就勇敢担当起带领中国人民创造幸福生活、实现中华民族伟大复兴的历史使命。在履行这个神圣的历史使命的过程中，我们党从小到大、由弱变强，领导全国人民创造了三大历史性伟业：一是从1921年党的诞生到1949年新中国成立，结束了中华民族屈辱的历史，向全世界庄严宣告中国人民从此站起来了。二是从新中国成立到党的十一届三中全会，建立了社会主义的基本制度和独立的工业化体系，对如何建设社会主义进行了艰辛探索。三是党的十一届三中全会以来，推进了改革开放，开辟了中国特

色社会主义的崭新道路。

中国共产党成立以来的90年，是为中华民族独立、解放、繁荣和中国人民自由、民主、幸福而不懈奋斗的90年；也是一代又一代中国共产党人在革命、建设、改革进程中团结带领人民群众战胜各种困难和风险顽强奋进的90年。事实无可辩驳地证明：没有中国共产党，就没有中国的独立、富强；没有中国共产党，就没有人民的自由、幸福；没有中国共产党，就没有中国的社会主义现代化！

总结党的历史经验，最根本的一条就是要高举中国特色社会主义伟大旗帜不动摇，坚持用中国化的马克思主义引领中国社会发展和进步。高举中国特色社会主义伟大旗帜不动摇，就要始终坚持党的基本理论与坚持解放思想相结合，坚持促进科学发展与促进社会公正相结合，坚持党的执政能力建设与先进性建设相结合。

（二）

回顾我们党的光辉历程，我们党校人倍感自豪和荣光。在党的历史上，党一贯重视党校工作。党校在党的发展中也起到过突出的作用。

从现在搜集到的史料看，1923年，党就在安源创办党校。1925年，中共北方区委在北京创办北方区委党校。1926年2月中央在北京召开特别会议，通过《开办最高党校问题》的决定。1931年11月，中央苏区党的第一次代表大会召开后，创办苏区中央局党校。1933年3月13日，中共中央在江西瑞金叶坪洋溪村办起“马克思共产主义学校”，标志着中央党校的正式诞生。

延安时期，毛泽东为中央党校题写了“实事求是”的校训，一段时间里还亲自兼任中央党校校长。在毛泽东的直接指导下，中央党校在延安整风运动中发挥了非常重要的作用，形成了理论联系实际的学风，培养了大批适应新民主主义革命需要的领导骨干，为我们夺取政权、建立新中国作出了重大贡献，写下了党校史上辉煌的篇章。

建国以后，以毛泽东同志为核心的中央领导集体，充分利用党校阵地，坚持以马列主义基本原理与中国具体实际相结合的方针教育干部，培养了一大批适应新中国需要的领导干部，为社会主义革命和建设的胜利提供了有力保证。

十一届三中全会前后，在邓小平同志的领导和支持下，胡耀邦同志在中央党校发起并由此推动了全党的“实践是检验真理的唯一标准”的大讨论，澄清了被“文化大革命”运动搞乱了的理论是非，重新确立了党的实事求是的思想路线，又一次推动了全党的思想解放，对推进改革开放伟大事业具有深远的历史意义。在党校乃至整个党的历史上，又增添了浓墨重彩的一页。

十三届四中全会以来，在以江泽民同志为核心的中央领导集体的领导下，党校在用马列主义、毛泽东思想、邓小平理论、“三个代表”重要思想武装全党、教育干部方面，做出了新的成绩，为推进中国特色社会主义事业培训了大批干部，为党的干部队伍建设作出了重要贡献。

进入新世纪，特别是党的十六大以来，以胡锦涛为总书记的党中央，颁发了《中国共产党党校工作条例》，确立了大规模培训干部、大幅度提高干部素质的战略任务。中央主要领导同志在党和国家重大战略、方针和政策出台前，都要到中央党校作报告，就重大问题进行论述，为党的代表大会的召开作理论和政治上的准备。中央党校既是用中国特色社会主义理论武装全党的重要阵地，也承担着推进党的理论创新的重大责任，为推进新时期党的建设的伟大工程和现代化事业作出了不可磨灭的贡献。

同志们，中央党校的历史是厚重的。每个历史阶段都承担着党和国家赋予的特定的历史使命。在党的干部教育和队伍建设方面发挥了不可替代的重要作用，在党的理论创新和理论武装方面作出了重要贡献。总结历史的经验，办好党校必须坚持把用中国特色社会主义理论武装全党作为首要任务；必须坚持解放思想、实事求是，不断推进理论创新；必须坚持党校姓党，从严治校，把党校真正办成风清气正的“一流学府”。我们每个党员要珍惜辉煌历史，继承光荣传统，牢记党的宗旨，立足本职工作，发挥先锋模范作用，把党校越办越好。

（三）

近年来，我校各级党组织、广大党员和党务工作者高举中国特色社会主义伟大旗帜，深入贯彻落实科学发展观，紧密结合全党全国工作大局和我校工作实际，开展“一流学府”建设，取得了显著成绩，涌现出了许多先进典型。这次受到表彰的先进基层党组织，围绕中心、服务大局，充分发挥了战斗堡垒作用。这次受到表彰的优秀共产党员，虽然来自不同的工作岗位，但他们都始终保持着坚定的党性观念和崇高的理想追求，有着强烈的事业心和敬业精神，有着无私的奉献精神和优良的工作作风，集中体现了新时期共产党员的先进性。这次受到表彰的优秀党务工作者，忠诚党的事业，热爱党务工作，努力钻研业务，默默无闻，甘于奉献，在我校机关党的建设和党校事业发展中发挥了突出的作用。新时期党校事业的发展和机关党建工作取得的成绩，与这些先进基层党组织和优秀共产党员、优秀党务工作者是分不开的。他们获得这些荣誉是当之无愧的。全校各级党组织和党员都应该向这些先进集体和优秀个人学习，用实际行动为我们党增光添彩。

前几天，近平同志在接见中直机关先进基层党组织、优秀共产党员、优秀党务工作者时作了重要指示。令计划同志也在表彰大会上发表了重要讲话。我们要认真学习贯彻。下面，我就进一步做好中央党校机关党的建设工作讲几点意见：

*一、以90周年纪念活动为契机，深入开展机关党的建设。*7月1日，中央将隆重举行庆祝中国共产党成立90周年大会，胡锦涛总书记在会上将发表重要讲话。中央党校各级党组织要把认真组织党员学习总书记的重要讲话，深刻领会中央精神，作为机关党的思想政治建设的重要任务。要联系党校实际，采取多种形式开展党性党风党纪教育，强化党校姓党的观念，着力解决种种“不适应”、“不符合”的问题，确保全校党员、干部自觉同党中央保持高度一致。要通过重温党的历史，深刻领会党的建设的宝贵经验，坚定共产主

义理想信念，自觉地用中国化马克思主义理论武装头脑，以高度的政治使命感和社会责任感，推进党校事业科学发展。

二、以读好书、读经典为抓手，努力建设学习型党组织。建设学习型党组织是我们党依据世情、国情、党情的深刻变化对党的建设提出的新要求，是建设马克思主义学习型政党的基础工程和组织保障。各级党组织要按照党的十七届四中全会提出的要求，规划部署学习型党组织建设活动，为推动建设马克思主义学习型政党发挥应有作用。要认真落实近平同志的讲话精神，从读好书、读经典做起，在掌握马克思主义基本原理上下功夫，在运用科学理论研究新情况解决新问题上下功夫，在改造主观世界解决理想信念问题上下功夫。与此同时，要采取有效措施，营造重视学习、崇尚学习、坚持学习的浓厚氛围。要不断深化对学习型党组织建设规律的认识，创造富有党校特点的新方法、新形式，丰富和完善学习型党组织建设的内容和手段。要注重发挥党组织功能，实现工作学习化、学习组织化，学习目标与工作目标一体化。要最大限度地挖掘党员个体的学习潜力，提升个人素质，更要最大限度地挖掘团队学习潜力，凝聚集体智慧，把党组织建设成整体实力强、总体效率高的学习型团队。

三、以创先争优活动为载体，推进“一流学府”建设。深入开展创先争优活动，是党的十七大作出的重大部署。胡锦涛总书记先后9次作出重要指示，强调指出深入开展创建先进基层党组织、争当优秀共产党员活动，是加强党的基层组织建设的一项经常性工作，也是新形势下加强党的先进性建设的有效载体和有力抓手。习近平同志也对开展这项活动提出了明确要求。中央党校各级党组织要遵照中央领导同志的要求，认真抓好落实。

首先，要牢牢把握活动主题，围绕党和国家工作大局、党的建设重大部署和本单位本部门中心工作，推动创先争优。要把创先争优活动与建设“一流学府”结合起来，实现党的建设重大部署与党校建设的中心任务互动互促，促进机关党建工作与本职工作协调配合、和谐共进，既确保创先争优活动经常性地有效地开展，又确保创先争优的成果转化为推动“一流学府”建设的强大动力。

其次，要把创先争优活动与党组织目标责任制考核结合起来，与开展创建“最佳党日”活动和评先进、树典型活动结合起来。充分发挥创先争优活动的导向和激励作用，激发基层党组织和广大党员创先进、争优秀的内在热情，调动全校党员爱岗敬业、创先争优的积极性，进而把创先争优活动转化为促进机关党的工作、促进党员转变作风的长效机制。

四、以改革创新为动力，提高机关党建科学化水平。面对不断发展变化的新形势新任务，机关党的工作只有不断改革创新，才能充满生机和活力。不仅要创新工作理念、工作内容，还要创新工作方式和制度机制。我们要认真贯彻《中国共产党党和国家机关基层组织工作条例》，加强和改进机关党的工作，努力提高机关党建科学化水平。抓好机关党建，关键要有一支高素质的队伍。针对我校党务工作人员短缺、年龄老化、整体素质提高缓慢等问题，要在编制允许范围内充实人员，并通过在职学习、脱产培训、基层锻炼等形式，不断提高履行岗位职责的素质和能力。行政“一把手”抓党建是政治责任。近平同志特别强调，要继续坚持和落实“一把手”抓党建责任制。各单位“一把手”要找准党建工作和业务工作的结合点，更多地支持党组织开展工作。做好群众工作是我们党的传统优势。各级党组织要把群众工作摆在更加突出位置，不断增强群众工作的针对性和有效性。要虚心听取群众意见和建议，继续开展送温暖活动，努力为群众办好事、办实事。工会、共青团等群众组织是党联系群众的桥梁和纽带，要进一步发挥作用。

同志们，今天我们在这里集会庆祝建党90周年，回顾党的光辉历程，总结党的历史经验，弘扬党的优良传统，希望全校各级党组织和全体共产党员牢记党的宗旨和神圣的使命，进一步增强建设“一流学府”的责任感，保持奋发向上的精神，坚持脚踏实地的追求，为开创党校各项事业科学发展的新局面而努力奋斗！

（摘自校机党发〔2011〕13号文件，研究室、机关党委供稿）

关于表彰中央党校先进基层党组织、优秀共产党员、优秀党务工作者的决定

校机党发〔2011〕12号

近年来，在中央党校的发展和建设中，特别是开展创先争优活动以来，我校涌现出一批忠于党的干部教育事业，立足岗位，围绕中心，服务大局，工作成绩显著，发挥了模范带头作用的先进基层党组织、优秀共产党员和优秀党务工作者。为树立榜样，激励先进，振奋精神，弘扬正气，在各单位党组织评选的基础上，经校机关党委全体委员会议研究，决定对教务部党支部等9个先进基层党组织、姚国英等47名优秀共产党员、马玉琴等29名优秀党务工作者予以表彰。

希望受到表彰的基层党组织、共产党员和党务工作者，谦虚谨慎、再接再厉、奋发进取，取得新的更大成绩。全校各级党组织和共产党员要以先进为榜样，牢记党的宗旨，忠于使命，恪尽职责，爱岗敬业，勤奋工作，刻苦学习，提高素质，增强本领，勇于创新，积极发挥先锋模范作用，以与时俱进、创先争优的实际行动，为加强机关党的建设，保证党校各项工作顺利完成，推动党校事业又好又快发展，作出新的更大的贡献。

中共中央党校机关党委

2011年6月29日

附：

先进基层党组织、优秀共产党员、优秀党务工作者名单

（以下名单按单位序列和姓氏笔画为序）

先进基层党组织（9个）

教务部党支部
科研部党支部
经济学教研部党总支
中共党史教研部党总支
研究室党支部
进修部党支部
组织部党支部
机关党委党支部
后勤机关党委后勤服务部党总支

优秀共产党员（47名）

所在党组织	姓　　名
办公厅机关党委	姚国英、贾廷余
教务部党支部	王东京、陈秋燕、聂　磊
马克思主义理论教研部党支部	李宏伟
哲学教研部党总支	冯桂兰、侯　才
经济学教研部党总支	李　鹏
科学社会主义教研部党总支	王怀超、胡　岩
政法教研部党总支	李良栋
中共党史教研部党总支	李庆刚、柳建辉
党的建设教研部党总支	蔡志强
文史教研部党总支	刘悦斌
国际战略研究所党总支	孙建杭、潘　悦

续 表

所在党组织	姓　　名
进修部党支部	郭焕永
图书馆党总支	由　迪
组织部党支部	王　洋
后勤机关党委	牛瑞胜、刘光新、范月兰、赵晓光 柴文平、黄琼忠、靳化清
机关党委党支部	李言源
离退休干部局党委	史远芹、刘永桂、刘宝兰、李万华、吴运民、张殿瑾、 金大年、周维煌、唐和祥、崔津秀、程　青、鲁从明
报刊社党总支	兰文飞、李　红、肖勤福
干部教育学院党总支	赵理文
信息中心党支部	李　琳
出版社党总支	张克敏

优秀党务工作者（29 名）

所在党组织	姓　　名
办公厅机关党委	马玉琴、张秋华
科研部党支部	梁言顺
经济学教研部党总支	刘淑琴、鲍永升
科学社会主义教研部党总支	孔　柠
政法教研部党总支	王治华
党的建设教研部党总支	梁俊萍
文史教研部党总支	纪　庆
国际战略研究所党总支	顾丽丽
研究室党支部	曾业松
培训部党支部	薛泽洲
研究生院党支部	卓泽渊
图书馆党总支	郝　莉
组织部党支部	任尊严
后勤机关党委	包建华、张久义、张素峰、郭玉珍
机关党委党支部	宋　越
离退休干部局党委	刘久深、辛守良、张淑兰、邹登贵、周文琪、柳凤清
干部教育学院党总支	吴江浩
信息中心党支部	王金龙
出版社党总支	李新生

（机关党委供稿）

荣获中央直属机关先进基层党组织、优秀共产党员、优秀党务工作者名单

单位：中央党校

表彰类型	表彰对象 （优秀共产党员、党务工作者含姓名、性别、民族、单位及职务）
先进党组织	中央党校科研部党支部
先进党组织	中央党校经济学教研部党总支
先进党组织	中央党校研究室党支部
优秀共产党员	王东京，男，汉族，教务部主任
优秀共产党员	梁言顺，男，汉族，科研部主任
优秀共产党员	王怀超，男，汉族，科学社会主义教研部主任
优秀共产党员	柳建辉，男，汉族，中共党史教研部主任
优秀共产党员	潘　悦，女，汉族，国际战略研究所教学秘书
优秀共产党员	王　洋，女，汉族，组织部副部长、机关党委副书记
优秀共产党员	柴文平，男，汉族，后勤服务部餐饮服务中心主任
优秀党务工作者	鲍永升，男，蒙古族，经济学教研部副巡视员、党总支书记
优秀党务工作者	宋　越，女，汉族，机关党委常务副书记、机关纪委书记
优秀党务工作者	张素峰，男，汉族，后勤服务部副主任、后勤机关党委副书记、后勤服务部党总支书记

（机关党委供稿）

中央直属机关纪念中国共产党成立90周年征文活动获奖名单（8人）

特等奖：李景田《中国共产党90年推进理论创新的基本经验与启示》，秦刚《中国特色社会主义道路的开创与中国共产党的创新精神》

一等奖：韩庆祥《从整体上深化对马克思主义中国化、时代化、大众化的理解》

二等奖：朱可辛《中国共产党对社会主义理论的创新》，刘建飞《中国共产党推进民主事业的历程与经验》，胡国喜《建党90周年来党建科学化的基本历程与重大成就》

三等奖：黄宪起《中国共产党的党性和党校学员的党性锻炼》，薛鑫良《大力弘扬延安精神　切实推进党的建设》

组织奖：中央党校

（机关党委供稿）

其他纪念活动

中共党史青年论坛

为庆祝中国共产党成立90周年，中央党校中共党史教研部、校团委、校青年联合委员会6月15日联合举办中共党史青年论坛。副校长孙庆聚出席。

论坛以“中国共产党的历史使命与奋斗历程”为主题，中共党史教研部张太原、张珊珍、卢毅、李庆刚、沈传亮、刘伟、成林萍、崔海伟等同志围绕中国共产党的成立、中国特色政党制度、民族区域自治制度、国家建设目标、党的环保政策历史演变、从思想文化层面看中共成功的原因等话题在论坛上发言。中共党史教研部原主任郭德宏对发言内容作了点评。

论坛由中共党史教研部副主任曹普主持，经济学教研部主任、校青年联合会主席赵振华，机关党委常务副书记宋越，函授学院副院长、校青年联合会副主席史金龙，校团委书记赵永红及党校各部门的青年教职工、青年联合会委员和在校博士生、硕士生等共100多人出席论坛活动。

（摘自校园网，校团委供稿）

庆祝中国共产党成立90周年书画摄影艺术展

6月20日，中央党校工会举办庆祝中国共产党成立90周年书画摄影艺术展开幕式。副校长陈宝生，校委委员、哲学教研部主任贾高建，校委委员、进修部主任黄宪起出席开幕式并剪彩，各直属单位的领导、作品作者以及参观人员等共100多人参加开幕式。校工会主席牛卫国代表筹备委员会致辞。

这次展览共展出书法、绘画作品144幅、摄影作品131幅，是从征集的400余幅作品中遴选出来的。参展作者既有德高望重的离退休老干部，也有近年刚进党校职工队伍的新兵；既有书画摄影爱好者，也有已经卓有成就的书法、绘画和摄影专家。

在“七一”前夕，大家满怀激情，以浓墨重彩和独特视角，讴歌中国共产党成长进步的艰辛历程，赞颂在中国共产党领导下，党校事业发展取得的成就，反映了党校人热爱党、热爱祖国、热爱人民和对生活、艺术和未来的美好追求，展现了党校人积极进取、促进党校事业又好又快发展的精神风貌，也充分展示了广大教职工书法、绘画、摄影艺术创作的健康发展和整体实力。

（摘自校园网，校工会供稿）

庆祝中国共产党成立 90 周年文艺汇演

6 月 21 日，中央党校工会隆重举办庆祝中国共产党成立 90 周年文艺汇演。常务副校长李景田，副校长陈宝生、张伯里，教育长兼培训部主任徐伟新，校委委员贾高建、黄宪起等领导观看节目，并与演员代表合影留念。校在职教职工、离退休干部、家属等共 1000 多人参加和观看演出。

本次文艺汇演是在中国共产党 90 华诞之际举办的，紧扣“颂歌献给党”主题，以精彩的艺术呈现，唱响了共产党好、社会主义好、改革开放好、伟大祖国好、各族人民好的时代主旋律，抒发了广大教职工的爱党情怀和真挚感情。演出节目形式多样，内容贴近生活，既具有历史纵深，又富有党校特色。节目有舞蹈、合唱、独唱、歌伴舞、诗朗诵、场景剧、时装表演等，向党 90 华诞献了一份厚礼。

（摘自校园网，校工会供稿）

庆祝建党 90 周年学员红色经典歌曲演唱会

6 月 22 日，中央党校培训部举办 2011 级学员庆祝建党 90 周年红色经典歌曲演唱会。常务副校长李景田，副校长张伯里、教育长兼培训部主任徐伟新，校委委员、哲学教研部主任贾高建，校委委员、进修部主任黄宪起，校委委员、组织部部长赵长茂出席，校内各直属单位领导和老师也应邀观看演出。

演唱会在一年制西藏班《西藏人民心向党》优美的歌声中拉开序幕。学员们演唱了 15 支脍炙人口、经久不衰的红色经典歌曲，培训部老师们献上了自编自演的舞蹈《好日子》。为营造隆重热烈的氛围，还特别邀请三位国家一级演员刘媛媛、马梅和郭蓉到场为大家演唱了 6 首经典歌曲。演唱会充分表达了对建党 90 周年的庆祝，对党领导的各项事业取得成就的自豪和进一步坚定理想信念、推进事业发展的豪迈之情。

（摘自校园网，培训部供稿）

艰难·辉煌纪念建党90周年音乐会

为庆祝中国共产党建党90周年，6月28日，中央党校图书馆邀请中央民族乐团在校礼堂举办了一场“艰难·辉煌纪念建党90周年音乐会”。副校长陈宝生，校委委员、哲学教研部主任贾高建，各直属单位负责人，在校各班次部分学员应邀出席音乐会。

音乐会用民族管弦乐和激昂的歌声，诠释出中国共产党90年的风雨历程和丰功伟绩。演出在大合唱《艰难与辉煌》的优美旋律中拉开序幕。整场音乐会由13个节目组成，演出有琵琶弹唱《蝶恋花》、二胡、管子与乐队的《乡土之恋》、原生态民歌与乐队《陕北音画》、民族管弦乐《瑶族舞曲》、琵琶独奏《唱支山歌给党听》、二胡、大提琴《相望》、京胡与乐队《共产党员》以及女声独唱《如此多娇》、《玛依拉变奏曲》和大合唱《江山颂》等节目。演出由国家一级指挥家陈燮阳担任总指挥。

（摘自校园网，图书馆供稿）

庆祝建党90周年学员歌唱比赛

6月28日，中央党校进修部学员联谊会举办庆祝建党90周年学员歌唱比赛。校委委员、进修部主任黄宪起出席并给获奖的学员颁奖。活动由进修部副主任郭焕永主持。

各学员支部推荐参赛的14个曲目，以歌颂党、歌颂祖国、歌颂各民族团结友爱为主题，一个多小时的表演赢得了阵阵掌声。本次比赛邀请学员联谊会领导成员、进修部领导和校有关单位的同志担任评委。

（摘自校园网，进修部供稿）

庆祝建党 90 周年学员摄影书画展

为喜迎中国共产党 90 华诞，活跃学员的业余文化生活，6 月 30 日，中央党校进修部学员联谊会举办学员摄影书画展开展仪式。副校长孙庆聚出席开展仪式并致辞，进修部学员联谊会主席、中国东方航空集团公司总经理、党组副书记刘绍勇出席开展仪式并代表学员联谊会讲话。校委委员、进修部主任黄宪起出席开展仪式。开展式由进修部副主任郭焕永主持。进修部学员联谊会有关委员、进修部有关领导，以及在校学员参加开展仪式并观看展出。

摄影书画展由进修部学员联谊会主办，7 个支部共有近 300 幅作品参加展出。这些作品热情讴歌党的丰功伟绩，赞美祖国的大好河山，再现悠久的中华文化和风土人情，展示学员的艺术修养和精神风貌。展览活动丰富了学员的课余生活，增进了相互交流和友谊，提高了艺术鉴赏水平。

（摘自校园网，进修部供稿）

盛世辉煌——庆祝中国共产党成立 90 周年国画展

9 月 26 日，中央党校主办、中央党校图书馆承办的“盛世辉煌——庆祝中国共产党成立 90 周年国画展”在档案馆开幕。教育长兼培训部主任徐伟新，校委委员、办公厅主任罗宗毅，校委委员、进修部主任黄宪起，各直属单位负责人、在校学员、书画界、艺术界以及新闻媒体近 100 多人出席。开幕式由图书馆馆长陈高桐主持。

开幕式上，教育长兼培训部主任徐伟新、中国美术家协会艺术评审委员会办公室主任丁杰、画家代表聂义斌中将先后发表热情洋溢的讲话。

“盛世辉煌”画展共有 18 位中国美术家协会理事，100 多位中国美术家协会会员参与创作。这次画展，是用国画书法等优秀传统文化，展现中国共产党 90 年的辉煌历程，营造多种形式的校园文化，满足学员和教职工的文化知识需求，提升文化艺术修养。

（摘自校园网，图书馆供稿）

纪念建党90周年百位书画名家邀请展

11月14日，由中央党校报刊社文化发展部举办的“纪念建党90周年百位书画名家邀请展”在中央党校开幕。总计200位各种流派书画家的精品参展。

全国政协副主席阿不来提·阿不都热西提，中央党校副校长孙庆聚，原教育长郝时晋，后勤服务部主任欧亚平，出版社社长、总编辑胡建华，报刊社常务副总编辑李庆华、副总编辑钟国兴等领导同志，以及来自全国各地的书法家、画家，光明网、央视网、理论网等媒体300余人出席开幕式。

孙庆聚副校长等6人先后发表热情洋溢的讲话，对此次活动给予充分肯定并预祝活动圆满成功。

开幕式由中央党校报刊社社长兼总编辑肖勤福主持。由报刊社文化发展部策划、中央党校出版社出版的四部新书：《百位书画名家优秀作品集》、《王还霆油画集》、《常春彬画集》、《朱重兴美术作品集》同时进行新书发布。开幕式结束后，举行了书画家现场笔会。

（摘自校园网，报刊社供稿）

贯彻落实全国党校工作会议精神、《中国共产党党校工作条例》和《2010—2020年干部教育培训改革纲要》

校领导调研考察

校委成员调研县级党校建设情况

近年来，在中央的高度重视和习近平同志的亲切关怀下，各级党委和党校认真贯彻落实全国党校工作会议精神、《中国共产党党校工作条例》和《2010—2020 年干部教育培训改革纲要》，党校事业发展取得了新的显著进步。为全面掌握县级党校发展的现状及存在的问题，研究进一步推动县级党校发展的举措，中央党校校委研究决定，于 2011 年上半年，对全国县级党校状况进行调研。除在全国范围内进行书面调研外，校委成员分别赴有代表性的 11 个省、区、市进行了实地调研。

1 月 25 日，常务副校长李景田，校委委员、办公厅主任罗宗毅带领相关工作人员，赴吉林省调研，并出席该省县级党校常务副校长座谈会。

3 月 24 日至 27 日，常务副校长李景田，校委委员、办公厅主任罗宗毅带领相关工作人员，利用出席辽宁省党校新建学员楼启用仪式之机，就辽宁省加强县级党校建设的问题进行调研。

7 月 17 日，常务副校长李景田带领相关工作人员，赴山西省长治市委党校，就做好新形势下的党校工作，进一步发挥各级党校作用进行调研。

8 月 8 日，常务副校长李景田带领相关工作人员，赴广西壮族自治区武鸣县，就加强基层党员干部培训、推动党校科学发展问题进行调研。

3 月 28 日至 31 日、4 月 6 日至 10 日，副校长陈宝生，校委委员、办公厅主任罗宗毅带领相关工作人员，分别赴陕西省和广西壮族自治区，就县级党校建设状况进行调研。

4月12日至16日、17日至21日，副校长孙庆聚带领相关工作人员，分别赴江西省、湖南省就县级党校建设状况进行调研。

9月18日至25日，副校长李书磊带领相关工作人员，到新疆维吾尔自治区就县级党校体制改革问题进行调研。

4月20日至24日，副校长张伯里带领相关工作人员，赴四川省围绕“建设什么样的县级党校，怎样建设县级党校”主题进行调研。

5月23日至27日，教育长兼培训部主任徐伟新带领相关工作人员，赴安徽省就县级党校建设的基本情况进行调研。

5月4日至6日，校委委员、哲学教研部主任贾高建带领相关工作人员，赴河北省就县级党校建设状况进行调研。

5月22日至25日，校委委员、进修部主任黄宪起带领相关工作人员，赴宁夏回族自治区就县级党校近年来的建设情况进行调研。

5月22日至25日，校委委员、组织部部长赵长茂带领相关工作人员，赴山东省就县级党校建设的状况进行调研。

（摘自中央党校向习近平呈报的《关于全国县级党校建设情况的报告》及各调研组起草的调研报告，办公厅供稿）

校委听取关于县级党校建设调研情况汇报

6月14日，常务副校长李景田主持召开校委会议，听取了关于县级党校建设调研的情况汇报。

会议指出，（一）2011年上半年，校委班子成员分别率队赴全国六大片区的11个省、区、市，就加强县级党校建设问题进行了专题调研。校委统一部署此项调研，是为了贯彻落实全国党校工作会议精神、《中国共产党党校工作条例》和《2010—2020年干部教育培训改革纲要》，调查了解县级党校的总体情况和亟待解决的突出问题，进一步推进县级党校建设。（二）调研组深入各级党校进行调研，不仅传达了加强县级党校建设的积极信息，更重要的是通过召开各种座谈会及到基层实地考察，进一步了解到县级党校发挥作用的情况、取得的成绩和经验、存在的主要问题和县级党校的相关诉求，也提出了办好县级党校的思路和建议。此项调研起到了应有的作用，达到了预期的目的。（三）请办公厅地方党校工作办公室将各组的调研报告汇总，并与关于全国县级党校建设基本状况的报告归纳为一个总报告，提交校委会讨论通过后，分别报习近平同志和中央组织部。（四）全国县级党校工作座谈会拟于12月份与中央组织部联合召开，中央党校要加强与中央组织部的沟通协商，切实做好座谈会的各项筹备工作。

（摘自《校委会议纪要》2011年第12期，办公厅供稿）

常务副校长李景田、副校长李书磊到中央直属机关分校检查指导工作

5月24日，中央党校常务副校长李景田在中央直属机关工委常务副书记、中央直属机关分校校长孙淦和中央党校副校长李书磊等同志陪同下，到中央直属机关分校检查指导工作。校委委员、办公厅主任罗宗毅，教务部主任王东京，中央直属机关工委委员、办公室主任李勇，中央直属机关分校常务副校长周维现，副校长靳伟、玉淑君、于东林等陪同。

李景田、孙淦以及李书磊等领导同志一行，参观了教室、会议室、办公室、图书阅览室、文体活动中心等校园基础设施，并到学员宿舍楼看望学员，了解学员在校期间的学习、生活、住宿、业余文化等有关情况，听取了中央直属机关分校常务副校长周维现的工作汇报，并发表了讲话。

李景田对中央直属机关分校办学30多年来取得的工作成绩给予充分肯定。他指出，在中央直属机关工委的正确领导下，中央直属机关分校克服种种困难，在艰苦的条件下坚持开展干部教育培训工作，充分发挥主渠道作用，为提高中央直属机关党员干部队伍素质和领导能力作出了贡献。在中央有关部门和领导的关心以及中央直属机关工委领导的努力下，中央直属机关分校拥有了现在这个环境优美、设施先进的校园，呈现出崭新的面貌，为进一步开展大规模培训干部工作奠定了良好的基础。他强调指出，从我们党的发展历程来看，中央党校和各级党校在提高党员干部队伍素质、加强党的执政能力方面发挥着十分重要的作用。办好党校，是提高我们党执政能力的重要途径。2010年以来，习近平同志就如何办好党校发表了一系列重要讲话。贯彻落实好习近平同志重要讲话精神，就是要在以下几个方面抓好工作：一要坚持用马克思主义中国化最新成果武装党员干部；二要用我们党的路线、方针、政策统一党员干部思想；三要在加强党员干部党性修养、坚定理想信念上下功夫；四要适当开设一些选学课程，加强新知识、新信息的培训；五要进一步提高党员领导干部的能力素质；六要坚持党校姓党的办学要求，从严治校；七要具备一定的物质条件，为创办一流党校打基础。

翌日，中央直属机关分校召开全体干部职工大会，认真传达学习李景田和孙淦同志的讲话精神，周维现就抓好贯彻落实提出了具体要求。

（摘自中直党建网，中直分校供稿）

常务副校长李景田、副校长张伯里到重庆市委党校考察工作

6月6日，中央党校常务副校长李景田、副校长张伯里在重庆参加“纪念中国共产党成立90周年党建理论与实践重庆研讨会”期间到重庆市委党校考察工作。

李景田等在重庆市委副书记、党校校长张轩主持的座谈会上，首先听取了重庆市委党校常务副校长吴康明汇报的有关工作。李景田代表中央党校校委，感谢重庆市委、市政府和重庆市委党校对中央党校在渝设立教学基地的大力支持。

李景田指出，党校工作是党的事业的重要组成部分，办好各级党校是中国共产党高超执政能力的表现。改革开放以来，我们党带领全国各族人民取得了巨大成就，其中最重要的一个原因就是有庞大的党校系统作为雄厚的智力资源，不断提升着党的执政能力。

李景田强调，要进一步明确党校定位，发挥好各级党校的作用，搞好教学和科研。在党校教学方面，要坚持把理论武装放在党校教育的首位，加强干部学员党性修养的教育培养，加强干部学员的执政能力培养，组织学员系统学习中国特色社会主义理论，认真阅读马克思主义的经典著作，帮助大家进一步明确马克思主义的立场、观点和方法，坚定共产主义的理想信念。在重视理论武装和党性修养的同时，也要重视对干部学员领导能力的培养。对基层干部学员的教育，要重视教授一些具体的方法，还应有宏观的思考；对高层干部的教育，要着重在战略思维和世界眼光上下功夫，通过各种案例教学，从个案的“技”和“巧”中，总结出“论”和“道”来，提升党员干部的执政能力。各级党校要坚持党校姓党，从严治校，打造风清气正的学府。党校学员也要自觉遵守党校纪律，真正使党校成为各种不正之风的净化器。同时，各级党委政府要进一步加大对党校建设的投入力度，为发挥好党校的作用奠定物质基础。

（摘自校园网，科研部供稿）

常务副校长李景田
到广西壮族自治区委党校考察调研

7月25日，中央党校常务副校长李景田、司法部副部长陈训秋一行到广西壮族自治区委党校实地调研，并召开座谈会。自治区党委书记郭声琨，自治区党委副书记、党校校长陈际瓦出席座谈会并讲话。自治区党委组织部常务副部长宋晓天，自治区党校常务副校长黄学权、副校长陈林杰陪同参观并出席座谈会。

座谈会上，李景田就如何做好当前形势下的党校工作发表讲话。他强调要提高教学质量、抓好科研工作、严格学员管理、加强硬件建设，全面做好党校各项工作。郭声琨代表广西壮族自治区党委感谢中央党校常务副校长李景田同志对广西壮族自治区和自治区党校的关心和支持，表示自治区党委将一如既往地做好党校各项工作，把广西区委党校建设成为全国“一流省级党校”。陈际瓦就自治区党校的各项工作作了简要汇报。

座谈会前，李景田一行参观了自治区党校校园建设情况。

（摘自广西区委党校、广西行政学院网）

全国党校校长会议

全国党校校长会议在中央党校召开

1月18日至19日，全国党校校长会议在中央党校召开。常务副校长李景田作工作报告，副校长陈宝生传达习近平同志有关讲话精神，副校长孙庆聚作会议总结，副校长陈宝生、李书磊分别主持会议。副校长张伯里，教育长兼培训部主任徐伟新，校委委员贾高建、罗宗毅、黄宪起、赵长茂出席会议。

这次会议的主要任务是：以党的十七大和十七届四中、五中全会精神为指导，认真学习贯彻习近平2010年9月27日在中国浦东干部学院、12月14日在国家行政学院、12月

29日在听取中央党校校委工作汇报时的重要讲话精神，认真贯彻落实全国党校工作会议精神、《中国共产党党校工作条例》和《2010—2020年干部教育培训改革纲要》，研究新形势下进一步加强干部教育培训和党校工作的思路和办法，继续推进党校事业的发展和进步。

与会代表认真学习讨论了习近平同志有关讲话精神，进一步增强了推动党校工作再上新台阶的使命感和责任感。大家认为，习近平同志的重要讲话，着眼全局，高瞻远瞩，内涵丰富，寓意深远，具有很强的指导意义。

李景田在工作报告中全面系统地总结了全国党校系统2010年工作所取得的新成绩和新进展，实事求是地指出了存在的差距和不足，提出了2011年党校需要做好的工作。他指出，党校办学取得了巨大的成绩和进步，为党校事业发展奠定了良好的基础；中央领导同志以及各级党委和政府的高度重视，为党校事业发展提供了根本保障；“十二五”时期经济社会发展新任务对党校干部教育培训工作和科研工作提出了新要求，为党校事业发展提供了广阔空间。他强调，“十二五”时期，我国发展处于可以大有作为的重要战略机遇期，党校发展同样也面临着重要战略机遇期。各级党校要充分认识到这一重要战略机遇期，牢牢抓住机遇，乘势而上，只争朝夕，积极推进党校事业更好更快发展。

孙庆聚在总结讲话中指出，这次会议是“十二五”时期开局之年全国党校系统的一次十分重要的会议，是新形势下进一步办好党校、做好党校工作的思想动员会、加油鼓劲会、征求意见会、总结部署会。通过学习习近平同志的重要讲话精神，澄清了事关党校发展进步的若干重大问题，增强了推动党校工作上新台阶的使命感和责任感；通过听取李景田同志的工作报告，明确了新年度党校工作的思路和重点；通过分组讨论和大会交流，与会同志交流了思想和经验，受到了深刻的启发和砥砺。他要求，各级党校都要把这次会议的精神传达学习好、贯彻落实好。

中央组织部、中央宣传部有关部门同志，各省、自治区、直辖市党委党校，铁道部党校，新疆生产建设兵团党委党校，中央政府驻港联络办调研培训中心，各副省级城市党委党校，中央党校各分校（部）的常务副校长，中央党校直属单位主要负责同志参加会议。

（摘自《党校信息》2011年第2期，办公厅供稿）

抓住机遇　发挥优势
开创党校事业发展新局面

——在2011年全国党校校长会议上的讲话

（2011年1月18日）

李 景 田

同志们：

一年一度的全国党校校长会议今天开幕，参加会议的有各省、自治区、直辖市党委党校常务副校长，中央政府驻港联络办深圳培训调研中心主任，铁道部、新疆生产建设兵团及各副省级城市党委党校常务副校长，中央党校各分校（部）负责同志和中央党校各直属单位主要负责同志。中组部、中宣部有关部门的负责同志应邀出席。首先，我代表近平同志、代表中央党校校委，对大家的到来表示热烈的欢迎！

这次会议是近平同志批准召开的。会议的主题是：以党的十七大和十七届四中、五中全会精神为指导，认真学习贯彻近平同志9月27日在中国浦东干部学院、12月14日在国家行政学院和12月29日在听取中央党校校委工作汇报时的重要讲话精神，认真贯彻落实《中国共产党党校工作条例》和《2010—2020年干部教育培训改革纲要》，研究新形势下进一步加强干部教育培训和党校工作的思路和办法，继续推进党校事业的发展和进步。

下面，我着重讲一下2010年党校系统取得的成绩和2011年工作的初步打算，供大家讨论。

一、2010年党校工作取得的新进展

2010年是党和国家继续应对国际金融危机冲击、保持经济平稳较快发展、加快转变经济发展方式的关键一年，是全面实现“十一五”规划目标、为“十二五”时期发展打好基础的重要一年，也是党校工作不断改革创新、取得重大进展的一年。一年来，全国党校系统按照中央的要求和各级党委的安排，深入学习贯彻党的十七大和十七届四中、五中全会精神，认真贯彻全国党校工作会议、《中国共产党党校工作条例》和《2010—2020年干部教育培训改革纲要》精神，团结奋进，扎实工作，较好地完成了各项任务，取得了新成

绩。主要体现在以下八个方面：

第一，深入学习贯彻党的十七届四中、五中全会精神，在围绕中心、服务大局上有新贡献。去年，各级党校继续学习贯彻党的十七届四中全会精神，深入开展了学习型党组织建设，在学习氛围的营造、优良学风文风的形成等方面取得了显著成效，为推动马克思主义学习型政党建设发挥了积极作用。党的十七届五中全会召开后，各级党校立即就学习、宣传、贯彻全会精神作出安排。中央党校邀请有关领导同志为全校师生员工作了五中全会辅导报告，在各班次的教学中都增加了学习贯彻全会精神的内容，还在秋季学期第二批进修班的省部班和厅局班分别增设了“学习贯彻党的十七届五中全会精神”研究专题班。举办了全国党校系统“学习贯彻党的十七届五中全会精神”座谈会。地方各级党校通过辅导报告、座谈会、研讨会等形式，认真组织干部职工学习全会精神，及时纳入干部教育培训内容，积极宣讲、解答干部群众关注的问题，为全党全社会学习贯彻全会精神作出了积极贡献。我参加了中央宣讲团的宣讲。地方党校的不少领导同志也都参加了地方党委组织的宣讲工作。

第二，继续抓好全国党校工作会议精神和《党校工作条例》的贯彻落实。去年，各级党校按照全国党校工作会议精神和《党校工作条例》继续改革创新，锦涛同志讲话中强调的“五种意识”进一步增强，“五个作用”进一步发挥。中央党校继续加强对地方党校落实《党校工作条例》情况的督促和指导，中央党校的同志到各地出差，都认真了解这方面的情况。同时，还加大了对西部和困难地区党校支持力度。研究起草了《中央党校支援新疆自治区及兵团党校工作方案》，并积极推动工作落实。地方各级党校的一些实际问题和困难都得到了不同程度的解决。针对县级党校建设情况，中央党校和部分地方党校还开展了深入调研，掌握了大量第一手材料。

第三，积极推进“一流学府”建设，办学水平有新提升。去年 3 月 23 日至 6 月 11 日，中央党校用两个多月的时间，在全校各直属单位开展了建设“一流学府”讨论活动。按照中央开展创先争优活动的要求，结合中央党校实际，开展了“我为建设‘一流学府’作贡献”创先争优主题实践活动。期间，各直属单位研究制定了推动“一流学府”建设的规划和措施，形成了推动“一流学府”建设的初步思路和具体举措，并积极落实到实际工作中，全校各项工作有了新气象。去年初，在全国党校校长会上，我们传达了近平同志对中央党校建设干部教育培训“一流学府”的期望和要求以及中央党校校委的工作思路后，地方各级党校深受鼓舞，增强了进一步做好党校工作的使命感和责任感，逐步形成了各自高标准高质量办党校的奋斗目标和具体措施，并狠抓落实，党校整体工作水平得到提升。

第四，深化教学改革，教学质量有新提高。中央党校在各班次的教学中，坚持以中国特色社会主义理论体系为中心，同时加大党性教育分量。在进修班新设了“党性教育专题课”教学单元，增设了党章、党史、反腐倡廉、古代官德等讲题，并编成了《中国共产党精神读本》初稿，选取党的历史中具有强烈感染力的文献，作为党性教育的文化资源。落实近平同志在全国党史工作会议上的要求，秋季学期在培训班增设了党史专题课。教学组织与管理方面，在进修班全面推行项目制管理，在培训班实行竞争上岗、末位调整，在中青年干部培训二班首次推行答辩式考核。在深圳召开了全国党校系统教学改革研讨会，专门研究加强学科建设、提高教学质量问题。制定并实行了《中国马克思主义研究基金会中央党校学科建设资助奖励办法（试行）》，加大对学科建设的引导和经费支持。去年，中央党校还隆重纪念西藏班办班30周年。近平同志到会讲话，为中央党校加强对少数民族干部的培训，提出了重要指导意见。会后，按照近平同志提出的要求，着手进行西藏班教学改革。去年上半年起，对新疆班教学作了较大改革，以适应新疆发展和稳定的新情况，得到了学员认可。

地方各级党校有的结合当地实际，着力培育特色课程；有的实行竞争上课，鼓励教研人员创先争优；有的建立多层次的教学需求调研制度，推进教研调一体化；有的出台课程更新淘汰制度，教学专题开发制度，提高教学针对性和实效性；有的推进开放办学，提出“借船出海、借梯登高、以我为主、为我所用”的办学方式，与国内外有关机构和组织加强合作和交流，开展“两段式”教学，努力实现教育资源配置最优化。很多党校都进一步突出党校特色和优势，创新培训模式和内容，优化培训流程和资源配置，更好地发挥了党校的主渠道、主阵地作用。

*第五，加强科研管理，科研水平有新提升。*中央党校起草了《中央党校2011—2015年科研发展规划》，努力做好《中央党校校级项目2010年度课题指南》落实工作。制定《中央党校重大、重点课题管理办法》，对课题研究的质量和课题管理办法提出更高更严的要求，确保出精品。首次采取委托方式对重大课题进行研究，每项资助100万元，仅这三项资助就超过了2010年财政拨款总额（270万元）；首次在全校范围内采取公开招标方式对16个校级重点课题进行立项，每项资助50万元，共计800万元。制定《中央党校支持国家社科基金项目研究的实施意见》，调动科研人员从事国家社科基金项目研究的积极性。进一步拓宽科研经费来源渠道。全国党校系统围绕“学习贯彻党的十七届五中全会精神”、“提高党的建设科学化水平”、“加快经济发展方式转变”、“建设学习型政党”、“社会主义核心价值体系建设”等重大理论和现实问题，组织召开了一系列理论研讨会和经验交流会，加强了对重大战略性、前瞻性问题的研究，取得了丰硕的成果，既直接为教学服务，又在一定程度上发挥了思想库作用，较好地体现了党校科研“四个服务”的功能。

*第六，加强校风、学风建设，学员管理和学位研究生工作取得了新成绩。*去年，中央党校在学员管理中进一步突出党性教育的地位，坚持把党性教育同理论武装结合起来，同改进学风、文风结合起来，同多种形式的教育活动结合起来，党性锻炼的内容和形式进一步丰富，效果进一步增强。同时，修订了《中央党校学员管理若干规定》，加大对学员的管理力度，实行在校期间全过程、全方位管理。在丰富学员业余文化生活、培养学员健康生活情趣方面也开展了一系列工作。地方各级党校都进一步加强了学员管理工作，并在做法上有所创新。各级党校学位研究生工作的规范化和信息化程度进一步提高，学位点建

设、导师队伍建设、学位研究生课程设置改革等，都有新的加强，学位研究生的就业率多数高于前一年。

第七，进一步实施人才强校战略，以教师队伍为重点的人才队伍建设取得新成效。各级党校采取有效措施，进一步加大了人才队伍建设力度。中央党校注重教师培训工作，不断扩展、更新教师的专业知识和教学研究方法，增强理论联系实际能力。认真贯彻落实《2010—2020 年干部人事制度改革规划纲要》，不断改革和完善干部选拔任用工作，选人用人公信度不断提高。首次组织开展了面向社会公开招聘选拔高端战略人才工作。地方各级党校以师资队伍建设为重点，全面加强人才工作和队伍建设，通过举办党校系统师资班，安排教师进修、挂职锻炼等多种形式开展教师培养培训，努力把现有教师的积极性引导好、发挥好，涌现出一批讲坛名师、科研专家。同时，积极引进党校急需的高水平人才，建立兼职教师队伍，努力把优秀人才吸引和聚集到党校事业中来。

第八，加强基础设施和信息化建设，保障能力得到进一步增强。中央党校去年完成了数字图书馆结构施工、育园楼改造加层工程。编制了《中央党校校园建设规划（2010—2020 年）纲要》和“十二五”校园建设规划。地方各级党校在各级党委和政府的关心支持下，本着勤俭办学的原则，普遍加强了基础设施建设。去年也是全国党校系统信息化建设和图书馆数字资源建设取得重大进展的一年。中央党校制定颁布了《关于进一步加强和改进全国党校系统信息化工作的若干意见》和《关于进一步加强和改进党校图书馆工作的若干意见》。7 月份召开了全国党校系统图书馆工作和信息资源建设会议，有力地推进了各级党校信息化建设和信息资源共建共享工作。

去年，全国党校系统的其他工作也都取得了很多新的进展，由于时间关系，不再具体讲了。在充分肯定 2010 年工作成绩和进步的同时，我们也要清醒地看到，我们的工作离中央和近平同志的要求还有不少差距。比如，在学科建设方面，在思想库作用的发挥方面，在人才队伍建设方面，在管理和服务方面等等，还有不少问题亟待解决。我们要进一步增强忧患意识，主动适应环境变化，积极解决存在问题，更加奋发有为地推进党校事业发展。

二、2011 年党校工作思路

今年是“十二五”开局之年。“十二五”时期，我国发展仍处于可以大有作为的重要战略机遇期，党校发展也面临着重要战略机遇期。

第一，党校办学取得了巨大成绩和进步，为党校事业发展奠定了良好基础。建国以来，特别是改革开放 30 多年来，各级党校坚持以马克思列宁主义、毛泽东思想、中国特色社会主义理论体系为指导，认真落实党中央关于党校工作的一系列重要指示精神，紧紧围绕党和国家工作大局，密切联系改革开放和社会主义现代化建设实际，在理论武装、理论创新、干部教育培训等方面发挥了重要作用，为党和国家的发展作出了重大贡献。经过长期发展，党校也具备了较好的办学条件和良好的社会声誉。现在世界各国都对中国共产党办党校这一举措称赞不已。各国政要访问中国、访问北京，都以能在中央党校举办一次讲座或进行一次座谈为荣。去年，中央党校接待了外国政要、知名学者、跨国公司负责人等各类代表团95个，如联合国秘书长潘基文，德国总理默克尔，意大利总统纳波利塔诺，智利总统皮涅拉，美国财长盖特纳等；举办演讲活动40多场，举办研讨会、座谈会等学术交流活动40多场。可见，党校的办学成就已经得到了党内外人士的一致认可。经过长期发展，各级党校在教学、科研、管理和服务等方面还积累了许多宝贵经验。特别是近年来，各级党校深化教学科研等各项工作的改革创新，为党校事业加快发展积蓄了力量。所有这些，奠定了党校事业发展的良好基础。

第二，中央领导同志以及各级党委和政府高度重视，为党校事业发展提供了根本保障。我们党历来高度重视党校工作。特别是党的十七大以来，以胡锦涛同志为总书记的党中央采取一系列措施加强党校建设。2008年中央颁布《中国共产党党校工作条例》，这是党校工作最重要的法规性文件，对于做好今后一个时期的党校工作具有十分重要的指导作用。同年召开了全国党校工作会议，锦涛同志、近平同志发表重要讲话，对在新形势下做好党校工作作出全面部署。去年8月份，中央又颁布了《2010—2020年干部教育培训改革纲要》，这是深化干部教育培训改革的重要指导性文件。《干部教育培训改革纲要》颁布后，近平同志多次就干部教育培训工作发表重要讲话，如去年9月27日在浦东干部学院的重要讲话，12月14日在国家行政学院的重要讲话，12月29日在听取中央党校校委工作汇报时的重要讲话等，解答了近年来困扰我们的一些问题，为进一步搞好干部教育培训工作指明了方向，提供了指导。《党校工作条例》颁布以来，各级党委和政府进一步发扬我们党重视党校工作的好传统，从全局和战略的高度充分认识党校的地位和作用，切实加强和改进对党校工作的领导，普遍加大了对党校的投入。所有这些，为党校事业发展提供了有力保障。

第三，“十二五”时期经济社会发展新任务对党校干部教育培训工作和科研工作提出了新要求，为党校事业发展提供了广阔空间。“十二五”时期是全面建设小康社会的关键时期，是深化改革开放、加快转变经济发展方式的攻坚时期。要以科学发展为主题，以加快转变经济发展方式为主线，深化改革开放，保障和改善民生，巩固和扩大应对国际金融危机冲击成果，促进经济长期平稳较快发展和社会和谐稳定，为全面建成小康社会打下具有决定性意义的基础。“十二五”时期经济社会发展对党校工作提出了新的要求。一方面对干部教育培训工作提出了新任务。政治路线确定之后，干部就是决定性的因素。“十二五”经济社会发展目标能否顺利实现，关键取决于广大干部的素质和能力。提高广大干部的素质和能力，既要靠干部自身在工作实践中的努力，也要靠加强干部教育培训工作来进行教育和培养。这就迫切需要我们切实承担起责任，进一步加强和改进干部教育培训工作，不断增强领导干部的党性修养，不断提高领导干部推动科学发展、促进社会和谐的能力。另一方面，“十二五”经济社会发展也对党校科研工作提出了新任务。“十二五”时期，经济社会发展面临着很多热点难点问题，需要我们深入研究。这一切，为党校事业发展提供了广阔空间。我们完全可以在这个空间里大有作为，把党校工作再往前推进一大步。

各级党校的同志要从上述几个方面，充分认识党校事业发展正处于重要战略机遇期，牢牢抓住机遇，乘势而上，只争朝夕，积极推进党校事业更好更快发展。这是今后党校工作的一个大思路，得到了近平同志的肯定。按照近平同志在听取中央党校校委工作汇报时的讲话要求，今年党校工作总的考虑是：高举中国特色社会主义伟大旗帜，全面贯彻党的十七大和十七届四中、五中全会精神，以邓小平理论和“三个代表”重要思想为指导，深入贯彻落实科学发展观，抓住党校事业发展机遇，进一步贯彻落实全国党校工作会议、《党校工作条例》和《干部教育培训改革纲要》精神，按照建设马克思主义学习型政党的要求，把理论教育和党性教育作为党校教育的首要任务，坚持解放思想、实事求是、与时俱进、开拓创新，坚持党校姓党、从严治校，深化教学、科研等各方面的改革，扎实推进“一流学府”建设，进一步开创党校事业发展的新局面。根据这个总体考虑，各级党校要重点从以下九个方面作出努力。

（一）继续抓好党的十七届五中全会精神的学习贯彻和研究宣传，为“十二五”经济社会发展服好务。贯彻落实党的十七届五中全会精神是当前和今后一个时期全党的重要政治任务。各级党校要深入研究党校在实现“十二五”经济社会发展目标过程中应当承担的使命和责任。在教学中突出“十二五”经济社会发展的主题和主线，努力提高学员推动科学发展、促进社会和谐的能力。在科研中加大对五中全会有关精神的研究，加大对“十二五”时期重大理论和现实问题的研究，既为教学服务，又更好地发挥思想库作用。在报刊出版工作中，加大对五中全会精神的宣传力度，为统一认识、凝聚全党全社会的力量推进“十二五”经济社会发展作出新贡献。

（二）继续抓好全国党校工作会议精神、《中国共产党党校工作条例》和《2010—2020年干部教育培训改革纲要》的落实，进一步明确党校在干部教育大格局中的定位，充分发挥党校优势。《干部教育培训改革纲要》是当前和今后一个时期深化干部教育培训改革的重要指导性文件，《党校工作条例》是各级党校办学的总章程，全国党校工作会议精神是近一个时期党校工作的重要指南，必须坚持不懈地抓好落实。经过多年实践和发展，各类干部教育培训机构已经确立比较明确的职能分工，初步形成了各自的办学特色。在新的一年里，各级党校要进一步认清党校在干部教育培训大格局中的定位，充分发挥自身优势，发展和突出自身特色，提高办学水平。

理论武装、党性修养是领导干部的必修课，绝不能想学就学，不想学就不学。中央党校和地方各级党校要坚持把马克思主义理论教育和党性教育作为党校工作的首要任务。在理论教育上，重点是学习马克思主义中国化的最新成果，这就是中国特色社会主义理论体系。同时，要指导学员把中国特色社会主义理论体系与马克思主义经典著作学习结合起来，更好地掌握马克思主义的立场、观点、方法。适应加强理论教育的需要，中央党校今年要完成《中国特色社会主义理论体系研究》和《马克思主义经典著作选读》重点教材的编写任务。在党性教育上，主要抓好理想、信念、宗旨和作风的教育，同时注意抓好党的优良传统和中华民族传统美德教育。中央党校准备在全校各个主体班次继续开设党史系列专题课的基础上，在进修类班次，加大开设党史、党建和党的优良传统相结合的系列专题课力度，在培训类班次，探索开设中华民族传统美德教育讲座。

我们强调干部教育培训工作要突出抓好理论教育和党性教育，绝不意味着可以忽视能力培训。在能力培训上，一些具体的工作技巧也需要学，但更重要的是学习战略思维、世界眼光。领导干部提升领导能力，主要是这两个方面。毛泽东等老一辈革命家，没有专门学过危机管理，但能成功化解西安事变、皖南事变等危机，因为他们是战略思维的大家。要教育我们的干部善于从案例教学和以往工作经验的具体"技"和"巧"中悟出宏观的"论"和"道"来，更好地掌握"总钥匙"、"总开关"。这是遇到什么问题都好使的。

各级党校在坚持和发展自身特色的同时，还要充分利用其他干部教育机构的教育资源让党校的学员受益，推动建设特色鲜明、优势互补、功能完备的培训格局。

（三）继续抓好"一流学府"建设，推动各项工作上新台阶。中央党校要紧紧抓住常规班次这个主业，打牢学科建设这个基础，进一步提高教学质量，推进"一流教学"建设；以思想库建设和基本理论、重大现实问题、学科基础理论研究为重点，抓好重大、重点课题研究，打造"一流科研"；推进人才强校战略，加强对教师和干部的培训，培养"一流的人才和队伍"；按照校园建设"十二五"规划做好基础建设工作，加强信息化建设，打造"一流的硬件和基础设施"；不断提高后勤管理服务水平，打造"一流的管理和服务"；加强学员管理，加强机关党的建设，改进校风、学风，进一步形成"一流的风气和人文环境"。地方各级党校也要根据自身情况，进一步完善和发展高标准高质量办学的思路和做法，并以此推动各项工作跃上新水平。

（四）深化"一个中心、四个方面"的教学新布局，不断提高教学质量。以中国特色社会主义理论体系为中心，加强理论基础、世界眼光、战略思维、党性修养的教学新布局，虽然是2000年提出来的，但实践证明，是站得住脚的，2008年颁布的《中国共产党党校工作条例》又对此作出了更加规范的表述，更加符合党校教育的基本定位，适应干部教育培训的需要。对这一教学布局，各级党校要继续坚持，并在实践中深化、细化，进一步完善和优化。学科建设是提高党校教学质量和水平的基础性工作。要围绕"一个中心、四个方面"的教学布局，从不同学科的角度进行深入研究，进一步建设有党校特色的学科体系。中央党校在认真研究学科建设规律的基础上，正在抓紧制定《中央党校2011—2015年学科建设规划》。今年还将实施《中国马克思主义研究基金会"学科建设专项基金"资助奖励实施办法》，加大教学的学科支持力度。同时，长期以来全国党校只有科研评奖，没有教学评奖，今年准备启动全国党校系统教学精品课和教学名师评比活动，通过教学评奖，打造一批精品课程，推出一批骨干教师，带动一批优势学科。地方各级党校要进一步认真落实全国党史工作会议精神，加强党史学科建设。

（五）深化科研改革，重点推进思想库建设和马克思主义基本理论研究、重大现实问题研究、学科基础理论研究。今年，中央党校要按照《中央党校重大、重点课题管理办法》的有关规定，加强课题管理，尤其要引入竞争机制，吸引各学科领军人物，为优秀科研人才脱颖而出创造条件。同时，加强项目的过程管理，保证项目时间进程和研究质量；严把出口关，确保出精品。近期，我们正在抓紧制定《中央党校2011年度课题指南》，加强对马克思主义基本理论特别是中国特色社会主义理论体系的研究，在继续抓好“提高党的建设科学化水平的研究”、“民族理论与宗教理论研究”以及“国际金融危机后中国经济面临的挑战与对策研究”等三大课题研究的同时，增设“指导思想的与时俱进对党的事业发展的重大意义”、“中国共产党90年来成功应对危局和化解困境的历史经验研究”、“开发性金融研究”三个校级重大委托课题，组织精干力量进行科研攻关，力争拿出有分量的成果。今年，还要围绕纪念建党90周年这个主题，与中央有关部门联合召开理论研讨会，同时召开党校系统理论研讨会。

（六）进一步实施人才强校战略，为党校又好又快发展提供人才和队伍支撑。2004年《中央党校人才强校战略实施纲要》颁布以来，各级党校紧紧围绕人才的培养、吸引、使用和激励等环节，坚持以教师队伍为重点，以提高素质和能力为核心，初步形成了一批用马克思主义武装起来、立足中国、面向世界的理论家，勇于开拓创新、引领学科跨越发展的学术带头人和年富力强、潜质突出的青年后备队伍。进一步加强党校人才队伍建设，最根本的是继续实施人才强校战略。适应新情况，今年中央党校将对《人才强校战略实施纲要》进行修改，进一步完善有利于培养名师大家的体制机制。在总结经验基础上制定《2011—2015年教师队伍建设规划》，全面加强教师培训工作，有针对性地安排有关学科教学人员挂职锻炼。在干部选拔任用工作方面，要按照《2010—2020年深化干部人事制度改革规划纲要》的要求，进一步推进干部选拔任用工作，完善竞争性选拔干部办法，扩大竞争性选拔干部的范围。同时，加强对干部的培养，研究制定《中央党校2011—2015年行政干部教育培训规划》，有针对性地安排没有基层工作经历的处级干部、没有基层领导工作经历的局级领导干部到基层挂职锻炼。

（七）大力加强基础设施建设和信息化建设，为党校又好又快发展提供强有力的硬件保障。《党校工作条例》颁布和全国党校工作会议召开以来，各省出现了加大对党校投入的好势头，全国党校系统的基础设施建设有了进一步的改善。但与新形势对我们的要求相比，还有较大差距。一些基层党校办学条件差的状况没有明显改观。最近，我在《党校发展决策参考》上看到一篇文章，反映西部地区的一些县级党校“讲堂不如教堂，校园不如寺院”，办学场所破旧不堪，不能发挥基本的保障作用。地方各级党校要积极争取当地党委、政府的支持，进一步推动校园建设。全国党校系统也要加强帮扶互助，东西部可以“结对子”。

去年召开的全国党校系统图书馆工作和信息资源建设会议，系统总结了近年来各级党校在图书馆工作和信息化建设方面取得的成绩并指出了存在的问题，提出了加快推进党校图书馆工作和信息化建设科学发展的指导意见，形成了多项共识。各级党校要认真落实会议的精神，推进图书馆转型发展，抓紧建设具有党校特色的数字信息资源库，大力推动全国党校系统数字图书馆和信息资源的共建共享工作。

（八）加大改革创新力度，提高行政后勤服务水平。近年来，各级党校行政后勤部门紧密结合党校特点和各自的校情，加大改革创新力度，努力为党校的学员、教职员工提供满意的服务，积累了很多好做法好经验。党校系统要加强交流，相互学习。我们准备在今年下半年召开全国党校系统后勤工作会议，加强这方面工作，积极推进党校系统后勤管理和服务水平达到新高度。

（九）进一步加强学员管理和机关党的建设，继续建设风清气正的学府。各级党校要认真贯彻近平同志关于党校学风校风问题的批示精神，进一步贯彻从严治校方针，加强学员管理，对学员到党校学习提出更加严格的要求，改进学员管理方式，提高管理效果。今年也是建党90周年，各级党校要利用各种条件，宣传党的光荣历史和丰功伟绩，激发教职员工立足岗位为党的干部教育事业作贡献的信心和决心，凝聚大家的智慧和力量，促进形成优良的学风、校风和人文环境。

同志们，做好党校工作，我们面临的任务艰巨而繁重，肩负的责任重大而光荣。在新的一年里，各级党校要在各级党委的正确领导下，认真贯彻中央精神，紧紧抓住历史机遇，充分发挥自身优势，振奋精神，努力工作，为党的干部教育事业和思想理论建设作出新的更大贡献。

（摘自《校内通报》2011年第3期，研究室供稿）

全国县级党校工作会议

习近平对县级党校建设作出重要批示

8月11日，习近平在中央党校《关于全国县级党校建设情况的报告》上批示："源潮、跃跃、景田同志：办好县级党校，对于加强基层干部队伍建设、夯实党的执政基础具有重要意义。要进一步加强对县级党校建设的业务指导，鼓励各地从实际出发推进县级党校办学体制改革，切实整合县域教育培训资源，充分发挥县级党校在培训党的基层干部和普通党员中的主渠道、主阵地作用。同意适时召开全国县级党校建设座谈会。"

（摘自全国县级党校工作会议学习交流材料，办公厅供稿）

全国县级党校工作会议在南宁召开

12 月 1 日至 2 日，中央党校与中央组织部在广西南宁联合召开全国县级党校工作会议。会议传达了习近平、李源潮同志关于县级党校工作的重要批示，常务副校长李景田作了讲话，中央组织部副部长王尔乘也讲了话，中共广西壮族自治区党委书记郭声琨致辞，副校长陈宝生作会议总结。副校长陈宝生、中央组织部干部教育局局长孙学玉分别主持会议。中共广西壮族自治区党委副书记危朝安，中央党校校委委员、办公厅主任罗宗毅出席会议。

这次会议的主题是：以党的十七大和十七届四中、五中、六中全会精神为指导，认真学习贯彻胡锦涛总书记在庆祝中国共产党成立 90 周年大会上的重要讲话精神，贯彻落实全国党校工作会议精神、《中国共产党党校工作条例》和《2010—2020 年干部教育培训改革纲要》传达中央领导同志关于县级党校工作的重要批示，交流县级党校办学经验做法，探讨县级党校面临的形势任务，研究推动县级党校改革发展的思路举措。

李景田在讲话中指出，我们党历来高度重视党校，并逐步建立起一套完备的党校体系，成为中国共产党重要的执政特色和政治优势。作为中国共产党自己创办的学校，党校一直是党的干部教育培训事业的主要力量，党校工作始终是党的工作的重要组成部分。各级党校为中国共产党 90 年来取得的巨大成就作出了历史性贡献，其中数量众多、处于基层的县级党校功不可没。他进一步指出，党校要在党的事业中充分发挥作用，关键在于真正按照中央的要求，把各级党校进一步建设好，不断提高党校工作的科学化水平。他强调，要落实习近平同志、李源潮同志批示精神，从实际出发，积极稳妥地推进县级党校的改革和发展。要充分认识县级党校的地位和作用，无论怎么改革，都不能失去基层干部和党员教育培训这块阵地；要分析县级党校现状，从实际出发推进县级党校改革；要进一步加强教育培训资源整合，更好地发挥县级党校主渠道、主阵地作用；要加大对县级党校的投入，建设更好的硬件基础；中央党校和省级党校要加强对县级党校的业务指导，推进县级党校的发展；县级党校要靠“有为”创“有位”，打造自身的核心竞争力。

王尔乘在讲话中指出，要充分认识办好县级党校对加强基层干部队伍建设的重要意义，进一步增强责任感、使命感。要从实际出发推进县级党校改革发展，切实提高整体办学水平，坚持因地制宜、不搞“一刀切”，只要是有利于增强办学实力、提高培训质量的措施，都可以积极尝试。他要求，组织部门作为干部教育培训的主管部门，要在党委领导下，切实履行好整体规划、宏观指导、协调服务、督促检查和制度规范的职能，以更加积极的态度，扎实有力的措施，支持和服务县级党校改革发展。

陈宝生在会议总结中指出，这次会议是全国层面上第一次专题研究县级党校工作的会议。通过这次会议，大家对党校在党和国家全局中的使命和职责、对提高党校工作科学化水平，有了更加充分的认识；对县级党校的重要地位和作用，对县级党校体制改革的必要性有了更加深刻的理解；对推进县级党校改革发展的思路有了更加清醒的把握。他要求与会代表在会后及时主动向主管领导汇报会议精神，争取党委、政府的支持，紧密结合本地区、本单位的实际，认真抓好会议精神的贯彻落实，特别是要在认真调查研究的基础上，制定方案，开展对县级党校的评估工作，推动县级党校改革发展。

与会代表还实地考察了南宁市武鸣县委党校、武鸣县双桥镇下渌村培训基地。

中央组织部干部教育局和中央党校有关直属单位负责同志，各省、自治区、直辖市、新疆生产建设兵团党委组织部分管干部教育的副部长、干部教育处处长，各省、自治区、直辖市、铁道部、新疆生产建设兵团、副省级城市党委党校常务副校长，业务指导工作处室的负责同志以及特邀代表等180多人出席会议。

（摘自《党校信息》2011年第17期，办公厅供稿）

在全国县级党校工作会议上的讲话

（2011年12月1日）

李 景 田

同志们：

全国县级党校工作座谈会，今天在这里开幕了。首先，我代表中央党校校委，对参加会议的全体同志，表示热烈的欢迎！对中组部和各省、自治区、直辖市党委组织部多年来对党校工作的宏观指导，致以诚挚的谢意！对广西壮族自治区党委书记郭声琨同志所作的热情洋溢的致辞，以及广西壮族自治区党委对这次会议的大力支持、自治区委党校为这次会议付出的辛劳，表示衷心感谢！

《中国共产党党校工作条例》和《2010—2020年干部教育培训改革纲要》，对县级党校办学体制作出新的规定后，各地迫切要求加强对贯彻落实工作的指导。中央党校校委根据这一情况，将其列入2011年工作要点。今年上半年，中央党校校委成员分别带队，到有代表性的11个省（区），进行实地调研，起草调研报告，并进行了专题研究讨论。在同中组部沟通后，专门向近平同志报告了调研情况，建议适时召开全国县级党校工作座谈会。中组部也向源潮同志作了报告。近平同志、源潮同志都作出了重要批示。

如此高层次、高规格，专题研究县级党校工作，这还是第一次。这个会是座谈会，也是经验交流会，任务是请大家围绕主题、集思广益，交流经验、推动工作。一会儿，尔乘同志将发表讲话，我们要认真学习贯彻。现在，我先作个讲话，讲三个问题。

一、各级党校为中国共产党90年来取得的巨大成就作出了历史性贡献

我们党历来高度重视党校，并逐步建立起一套完备的党校体系，成为中国共产党重要的执政特色和政治优势。作为中国共产党自己创办的学校，党校一直是党的干部教育培训事业的主要力量，党校工作始终是党的工作的重要组成部分。

锦涛同志在庆祝中国共产党成立90周年大会上的讲话中指出：90年来，我们党团结带领人民，完成和推进了“三件大事”，即完成了新民主主义革命，实现了民族独立、人民解放；完成了社会主义革命，确立了社会主义基本制度；进行了改革开放新的伟大革命，开创、坚持、发展了中国特色社会主义。锦涛同志还强调必须倍加珍惜、长期坚持、不断发展“三大成就”，即中国特色社会主义道路、中国特色社会主义理论体系、中国特色社会主义制度。在我们党团结带领人民完成和推进“三件大事”、取得“三大成就”的辉煌进程中，中央党校及地方各级党校都发挥了重要作用，其中数量众多、处于基层的县级党校功不可没。

各级党校对中国共产党90年取得的巨大成就，作出的历史性贡献，主要体现在三个方面：

一是通过培训轮训大批领导干部，提高了干部队伍的整体素质和能力。在各个历史时期，党校作为培训轮训党员领导干部的主渠道，为革命、建设和改革事业，培养了大批领导人才和理论骨干。据统计，改革开放到现在，仅中央党校就培训轮训领导干部6万余人。通过各级党校的培训轮训，领导干部的素质和能力得到提高，团结带领人民群众奋力开拓，为党的建设、中国人民的解放事业、社会主义建设和改革事业，作出了卓越贡献。

二是通过理论创新和理论武装，提升了全党的思想理论水平。党校作为党的思想理论建设的重要阵地，作为学习、研究、宣传马克思主义的重要阵地，以20世纪40年代的延安整风运动、70年代末真理标准大讨论等为代表，为推进党的理论创新作出了积极贡献。同时，党的理论创新每前进一步，各级党校的理论武装就跟进一步。不断推进马克思主义理论，特别是马克思主义中国化最新成果，系统进教材、生动进课堂、扎实进头脑。

三是通过发挥思想库作用，促进了各级党委和政府的科学决策。党校作为党的哲学社会科学研究机构，多年来坚持发扬理论联系实际的学风，着眼于马克思主义理论的运用，着眼于对实际问题的理论思考，着眼于新的实践和新的发展，对一些重大理论和实践问题，特别是全局性、战略性、前瞻性问题，以及社会热点、难点问题，进行了深入的研究，形成了一大批高质量、有影响的成果，其中有许多成果被各级党委和政府吸收、采纳，充分发挥了党委和政府思想库的作用。

多年来，党校的办学成就，不仅党内、国内广泛认可，国际上的有识之士、政党负责人、政要，也赞誉有加。现在，国际金融危机影响延续，美国经济尚未走出低谷，欧洲各国深陷债务危机之中。环顾全球，风景这边独好，中国的地位越来越重要。世界上的有识之士都在探讨，中国为什么能在世界的大变革、大调整中发展得这么快，原来他们不愿意、也不想承认的一个原因，现在都开始承认了，这就是中国共产党的执政能力。办好各级党校，是中国共产党的一条成功经验，是我们管党治党、治国理政的一条成功经验，也是中国共产党不断提高执政能力的一个重要方面。我们党花本钱办党校，就是要让领导干部在党校提高政治业务素质，增强党性，增强执政本领。

虽然我们党校工作取得了很大成就，为党的事业作出了应有贡献，但绝不能骄傲自满。现在还不是歌舞升平的时候。锦涛同志在“七一”重要讲话中，在肯定我们党取得巨大成就的同时，深刻警示我们，“四大考验”是长期的、复杂的、严峻的，“四大危险”更加尖锐地摆在全党面前，科学发展的体制机制障碍躲不开、绕不过。作为党校人，作为党校的领导干部，既要对党的事业、对党校事业充满信心，对从事党校工作感到自豪，也要增强忧患意识、责任意识，更好地承担起光荣使命和历史重任。

二、深入贯彻全国党校工作会议精神、《党校工作条例》和《干部教育培训改革纲要》，提高党校工作科学化水平

党校要在党的事业中充分发挥作用，关键在于真正按照中央的要求，把各级党校进一步建设好，不断提高党校工作的科学化水平。

提高党校工作的科学化水平，说到底是要按规律办事。在长期的办学实践中，我们积累了丰富的工作经验，获得了许多规律性认识。锦涛同志总结的“九条经验”，庆红同志提出的“实事求是、与时俱进、艰苦奋斗、执政为民”，近平同志强调的“三个适应、三个促进”等，是党校工作规律性认识的最重要成果。《党校工作条例》、《干部教育培训改革纲要》，是这些规律性认识的展开和制度化、具体化。贯彻落实好《条例》和《纲要》，是党校工作按规律办事的主要体现。

当前和今后一个时期，提高党校工作科学化水平要特别注意在“五个坚持”上下功夫。

*一是必须坚持党校姓党的根本原则。*党校姓党，概括地说，就是党校的一切办学活动都要坚持党性原则，要以党的旗帜为旗帜，以党的意志为意志，为立党、兴党、强党发挥特有作用。坚持党校姓党，是办好党校、保证党校事业始终沿着正确方向前进的根本保障。这一原则，无论什么时候、无论哪一级党校，都必须始终坚持党校姓党，就是要把党校事业作为党的事业的重要组成部分，把党校的工作放到全党工作的大局和党的建设的全局中去认识、去把握、去部署。最重要、最核心的是，在思想上、政治上、行动上始终同党中央保持高度一致，始终与党的路线、与党的创新理论保持一致。

二是必须坚持中央对党校的科学定位。《党校工作条例》明确规定：党校是在党委直

接领导下培养党员领导干部和理论骨干的学校，是党委的重要部门，是培训轮训党员领导干部的主渠道，是党的哲学社会科学研究机构。这是中央对党校性质和地位的科学定位。《条例》还规定：各级党委要把党校办成培训轮训党员领导干部，培养党的理论队伍，学习、研究和宣传马克思列宁主义、毛泽东思想、中国特色社会主义理论体系的重要阵地，使之成为干部加强党性锻炼的熔炉。这是中央对党校作用的科学定位。充分认识和准确把握这些科学定位，是办好党校、促进党校事业健康发展的基础和前提。

坚持中央对党校的科学定位，首要的是把教学搞好。提高教学质量是办好党校的第一要务。教学质量不行，各个学科的“大家”、“名家”不在党校，社会不会认可。党校教学最主要的任务是，紧紧抓住常规班次这个主业，打牢学科建设这个基础，细化、深化“一个中心、四个方面”教学新布局，为提高领导干部的理论基础、世界眼光、战略思维、党性修养服务。其次，要抓好科研。这是党校的基础性工作。科研是教学质量的支撑。党校搞科研，第一是为提高教学质量服务，使科研成果进课堂。同时，要促进理论创新，推进马克思主义中国化、时代化、大众化，还要为党委和政府的决策服务，发挥智囊团、思想库作用。

目前，干部教育培训的大格局已经形成，各类干部教育培训机构确立了比较明确的职能分工，初步形成了各自的办学特色。坚持党校科学定位，需要我们发展和突出自身的特色和优势。理论教育和党性教育是党校的看家本领，是我们安身立命之本，必须不断抓出新的成效。与此同时，要搞好具有党校特色和优势的能力培训。在能力培训上，一些具体的工作技巧也需要学，但更重要的是培养战略思维、增强世界眼光。要教育我们的干部善于从案例教学和以往工作经验的具体“技”和“巧”中悟出宏观的“论”和“道”来，更好地掌握“总钥匙”、“总开关”。这是遇到什么问题都好使的。

三是必须坚持从严治校的基本方针。从严治校是党校姓党原则用以治校的具体体现，是对党校校风、校纪、校规的根本要求。铁的纪律、严明的制度，历来是党校事业取得成功的重要保证。只有坚持从严治校、从严施教、从严管理，才能推动形成良好的校风、学风，保证党校培养目标的实现。

坚持从严治校的方针，最重要的是加强学员管理。党校不是世外桃源，各种不正之风都会在党校有所反映。但是我们党校决不能成为不正之风的“放大器”，而应成为不正之风的“净化器”，成为风清气正的学府。

严格学员管理，管学员的、教学员的，首先要做得更好。“桃李不言，下自成蹊”。维护党校的形象，更是我们党校人的共同责任。不能只要“为人师表”的名分，而不按“师表”的要求去做。“师道尊严”，真有师道，才有尊严。

四是必须坚持解放思想、改革创新。解放思想是我们党的思想路线的本质要求，也是党校工作体现时代性、把握规律性、富于创造性的思想保证；改革创新是发展中国特色社会主义的强大动力，也是党校事业不断发展进步的强大动力。

坚持解放思想、改革创新，就是党校工作必须与时俱进。要坚持实事求是、求真务实，认真研究新情况，切实解决新问题。要转变培训观念，创新培训内容，改进培训方式，整合培训资源，优化培训队伍，着力推进党校教育培训模式创新、方法创新、管理创新、体制创新。

坚持解放思想、开拓创新，必须处理好遵守政治纪律和坚持解放思想的关系。党校是最讲政治纪律的地方，我们的教师在讲课、公开发表言论时，都要同党中央保持高度一致。但这并不是说党校的教师就没有任何发挥的空间。因为党校又是最解放思想的地方，如果党校都思想僵化了，那对我们全党贯彻党的思想路线会产生不好的影响。我们既要强调讲坛论坛有纪律，又要强调理论探讨无禁区。倡导在学术研讨中，坚持“百花齐放、百家争鸣”，坚持不抓辫子、不戴帽子、不打棍子、不装袋子，鼓励学术争鸣、鼓励理论创新。

*五是必须坚持和加强党委对党校工作的领导。*事实证明，办好党校，坚持和不断加强党委的领导至关重要。从今年上半年我们调研的情况看，哪个层级、哪个地方的党委，高度重视党校建设，领导得法，保障有力，这个层级、这个地方的党校就办得有成效，作用就发挥得好。反之，困难和问题就多。

近平同志在全国党校工作会议上对党委坚持和加强对党校工作的领导有明确要求，他说：“各级党委主要负责同志要经常过问党校工作，深入党校加强调查研究和工作指导；分管负责同志要认真履行职责，研究解决党校改革发展的重大问题，做到时间和精力到位、工作力度到位。要建立健全党政负责同志到党校讲课、作报告、同学员座谈等制度，促进党校事业健康发展。”各级党委组织部门发挥着干部教育培训宏观指导的作用。各级党校要在党委领导和组织部门的指导下，做好自己的工作，履行好党赋予我们的职责。

三、认真贯彻近平、源潮同志的批示精神，从实际情况出发，积极稳妥地推进县级党校的改革和发展

会议开始时，宝生同志传达了近平、源潮同志关于办好县级党校的批示精神。这为我们开好这次会议，做好这项工作指明了方向，我们要认真贯彻。

目前，全国共有省级党校 33 所，副省级党校 15 所，市地级党校 333 所，县级党校 2488 所，县级党校占全部党校比例的 87%。全国党校系统共有教职工 92366 人，其中县级党校教职工人数为 50501 人，占全国党校系统教职工总数的 55%。由此可以看出，县级党校的数量、规模都是比较大的，是全国党校系统的一支重要力量，是培训基层干部和党员的主力队伍。在这里，我想就县级党校改革发展问题，谈六点意见。

（一）充分认识县级党校的地位和作用，改革的目的是加强基层干部和党员教育培训工作

县级党校在整个党校系统中具有的重要地位和作用，是不是可以概括成这样三点：一是基础性。县级党校是我们党建立在县一级的干部教育培训学校和理论政策研究宣传阵地，直接服务于基层干部和党员队伍建设，服务于县域经济社会的发展，是提高党的执政

能力、夯实党的执政基础的基石。二是前沿性。县级党校的教育培训对象，是副乡科级党员领导干部、基层党员干部和普通党员。他们处于中国特色社会主义建设事业的最前沿，是社会主义经济建设、政治建设、文化建设、社会建设以及生态文明建设和党的建设最活跃的实践者。县级党校负有总结他们的实践经验，并为他们的实践活动提供咨询和指导的重要职能，是实践创新和理论创新的排头兵。三是任务艰巨性。“十二五”期间，紧紧围绕主题主线，加强基层干部和党员的学习培训，提高他们素质和能力的任务很艰巨。同时，全国省、市、县、乡四级党委，自下而上集中换届后，有大批干部需要及时进行任职培训。基层党员干部数量多，县级党校的培训任务更为艰巨、繁重。

由以上特点可以看出，县级党校是培训党的基层干部和普通党员的主渠道、主阵地，在“继续大规模培训干部、大幅度提高干部素质”和建设学习型党组织等方面责任重大，作用重要，应该加强，不能弱化。其办学体制无论怎么改革，基层干部和党员教育培训任务必须做好，这块阵地不能丢掉。即使是精减重组一些办学特别困难的县级党校，也是为了把基层干部和党员放在更有实力、水平更高的机构来培训，做大做强这块阵地，提高培训质量和效果。

（二）准确分析县级党校现状，从实际情况出发推进县级党校改革

《党校工作条例》颁布、全国党校工作会议召开、《干部教育培训改革纲要》下发以来，各省、自治区、直辖市按照中央精神，结合本地实际，积极加强县级党校建设，取得了明显成效。各级党委把党校工作纳入了党委整体工作部署和党的建设总体安排，加强了对县级党校工作的领导、指导和支持；不少地方党委和党校积极探索县级党校改革发展的新路子，取得了初步成效；县级党校自身努力，在干部教育培训、发挥资政建言作用和理论宣传等方面，作出了积极的贡献。

虽然从总体上看，县级党校工作取得了较大的发展和进步，但也存在不少突出问题。主要是：有些地方党委对县级党校的重要性认识不够，缺乏必要的政策支持和经费投入；干部教育培训资源分散，影响党校主渠道、主阵地作用的发挥；基础建设欠账较多，部分财政困难地区的县级党校甚至缺乏基本的办学条件；队伍建设相对滞后，队伍结构不合理，师资队伍素质有待提高等等。这些问题，必须通过进一步深化县级党校体制机制改革来解决。

考虑到全国县级党校的建设和发展很不均衡，办学条件、办学情况差别很大，各地的改革措施和进程不尽相同，继续推进县级党校改革不能“一刀切”，还是要坚持从实际情况出发，鼓励各地积极探索适合本地区实际的办学模式。

综合各地的实践探索和经验，可以根据不同情况采取不同的做法：有办学优势和特色的县级党校，要进一步巩固和加强；需要设立而又相对薄弱的县级党校，要想方设法改善办学条件，提高办学水平；离市委党校很近，或市委党校完全可以承担其办学任务的县级党校，可以办成市委党校的分校或完全合并到市委党校里面去。

（三）进一步加强教育培训资源整合，更好地发挥县级党校主渠道、主阵地作用

推进县级党校改革发展，效果比较好的做法，是按照《干部教育培训改革纲要》的要

求，对本行政区域内的教育培训资源进行整合。这里需要强调的是，这种资源整合，要坚持以党校为主、突出党校特色。近几年，有一些地方，在这方面做了比较好的探索。比如，广西壮族自治区党委明确赋予县级党校整合县域范围内各类培训资源和指导各级各类培训机构开展培训工作的职能，建立起纵向到底、横向到边的农村基层党员干部队伍和各类人才教育培训新体系，形成了具有广西特色，以“大党校”、“大课堂”、“大培训”为主要特征的基层干部教育培训新格局。又比如，四川省的普遍做法是：县委全面统筹县域内各种干训资源，经审批的培训项目一律安排在党校进行，做大做强以县级党校为核心的、一个领导班子、一套工作机构和多块牌子的县级干部教育培训中心。为了充分发挥县级党校在干部教育培训中的主渠道和主阵地作用，有的地方结合本地实际，对党校系统自身的培训资源也进行了整合，形成以市委党校为主体、县级党校为分校的办学体制。分校仍然是受县委直接领导的县级党校性质，人员编制、隶属关系、行政级别和财政供给渠道不变。

资源整合后，在培训对象和培训内容上可适当延伸。比如，广西实现了“两个拓展”，一个是拓展县乡党校教育培训的对象，在重点培训农村党员干部的基础上，把教育培训对象，拓展延伸到县域范围内的全体党员以及各类人才；另一个是拓展县乡党校教育培训的内容，在强化政治理论和业务知识培训的同时，把教育培训内容，拓展延伸到政策法规教育和农村实用技术培训。

（四）加大对县级党校的投入，建设更好的硬件基础

舍得向党校投入，建设更好的硬件基础，是确保县级党校完成培训任务必不可少的条件，是党委具有远见卓识的战略举措，是“一本万利”、事半功倍的事情。基层干部责任心强了，对党的忠诚度强了，能力提高了，许多事情就好办了。实践证明，党校的建设和发展，与当地党委的认识程度、重视程度密不可分，即使是经济不太发达的地区，党委认识到位、高度重视，党校仍然可以建设好。

在对县级党校的投入上，广西除了利用考核评估这条硬杠，推动各市县加大对县乡党校的投入外，还采取了多种投入方式，如：财政投入、党费投入、自治区及市两级帮助改善硬件建设等。广西灵山县建立了“全县党员干部培训资金集中管理制度”，将县财政和各有关部门培训经费集中投入到县委党校及各镇党校。

在基础设施等硬件建设方面，近些年各地采取了许多举措。比如，山东通过多种办法狠抓基础设施建设。临沂市注重用现代先进设施装备党校，坚持党校基础设施建设与经济社会建设同步推进。临沭县委把最好的地段、用建设县委和县政府的备用地来建设党校。通过努力，绝大多数县级党校的设施能够满足正常办学需求。当然，从范围来看，还有许多县级党校的基础设施仍然落后。继续改变基础设施落后状况，关键靠党委重视。山东在这方面解决得好，与山东各级党委书记亲自兼任党校校长、亲自抓党校工作密切相关。在投入和基础设施建设上，其他地方也有一些好的做法。我们要研究、总结、学习、推广这些经验，使党校工作和基本建设所需经费得到较好保障。

（五）加强对县级党校的业务指导，推动县级党校的发展

中央党校和省级党校在抓好自身建设的同时，加强业务指导工作，对推动党校系统整体办学水平提升非常重要。近几年，中央党校校委对全国党校事业发展的重大问题，每年确定一个主题进行调查研究，效果很好。今后我们要按照近平同志关于组织好党校自身的调查研究的要求，继续抓好这项工作。同时继续坚持每年一次的全国党校校长会，视情况召开专题会，研究问题、交流经验、推动工作。修订完善《中央党校对地方党校业务指导办法》，继续举办市地州盟党校校长培训班和党校师资培训班、评选精品课和优秀教师，并力争以更多的方式，在教学科研、教材编写、师资队伍建设、信息化建设等方面，给予协调和指导。省级党校也要进一步加强对县级党校改革的指导和日常业务工作的指导，通过召开会议，开展督查、评估、典型示范等方法，切实推进县级党校改革发展。

根据许多省级党校的经验，加强对县级党校的业务指导，核心是抓评估。比如，广西在充分调研的基础上，制定了《广西县乡党校办学水平达标评估体系》，从经费保障、基础设施、教学现代化、管理现代化和图书馆建设等五个方面，对县乡党校的办学条件和基础设施作出具体要求，有计划、分步骤对全区县乡党校逐一进行考核评估和检查验收。湖南全省推行“三评一定”体制，促进了党委政府投入力度的加强，促进了党校自身素质的不断提高。要借鉴这些经验。会议之后，要向省委汇报，以省级党校为单位，结合本地实际，拿出切实可行的县级党校评估办法，尽快开展评估工作，以严格的考核评估和检查验收，促进县级党校更好地改革发展。

（六）县级党校要靠“有为”创“有位”，打造自己的核心竞争力

“打铁先得自身硬。”县级党校生存、发展得如何，能不能充分发挥主渠道、主阵地作用，归根结底，还得靠自身，靠主动作为。特别是要进一步解放思想，更新观念，以更加开阔的视野和思路创造性地开展各项工作。

以“有为”创“有位”，最重要的是要牢牢抓住干部教育培训这一主业，不断推出精品特色课程，提高教育培训质量，增强核心竞争力，使县级党校真正办成基层干部和党员理论武装的。课堂、党性锻炼的熔炉、提高素质的平台、创业致富的通道。与此同时，要立足县域、服务基层，加强县情调研和理论宣传，发挥思想库作用和理论宣传阵地作用。比如，江苏省江阴市委党校努力打造“三大学堂”，同时努力围绕“幸福江阴”建设和县域现代化建设等实施“研究工程”，取得了突出成就。广西都安瑶族自治县委党校，以创新办学理念为动力，建设精品课堂，取得了很好的效果。

以“有为”创“有位”，基础在队伍，特别是教师队伍。长期以来，县级党校教师为党校事业的发展作出了重要贡献。党校事业的进一步发展，离不开这支队伍。有作为、办得好的县级党校，都是舍得在教师队伍建设上下功夫的。如重庆开县县委党校在教师队伍建设上，坚持多渠道引进、多途径培养、多岗位交流使用；新疆呼图壁县委党校，建设“大师资”队伍，等等。这些举措，有效提高了教师队伍素质，保证了办学质量。

同志们，新形势、新任务、新情况对干部教育培训工作提出了新的挑战，党校发展既

面临着巨大的压力，又面临着难得的机遇。党校工作责任重大，任重道远。我们要以对党和人民负责、对党的干部教育事业负责、对党校发展负责的精神，锐意进取，开拓创新，进一步推进县级党校工作达到新水平，进一步开创各级党校工作新局面。

（摘自《党校信息》2011 年第 15 期，研究室供稿，编辑时略有删节）

大会交流发言题目及单位

题　目	单　位
积极推进县级党校教学和管理体制改革 整体提升党校办学水平	中共广西壮族自治区党委
突出特色，创新机制 在科学发展中充分发挥基层党校作用	中共山东省临沂市委
创新体制，健全机制 努力提升县级党校办学水平	中共陕西省咸阳市委
以推进办学体制改革为契机 全面加强基层干部教育培训主阵地建设	中共河南省三门峡市委组织部
坚持改革创新，彰显办学特色 努力建设一流县级党校	中共江苏省无锡市江阴市委党校
经济腾飞拓展党校办学空间 党校创新助推经济社会发展	中共浙江省金华市义乌市委
攻坚克难强基础，锐意改革创一流	中共广西壮族自治区河池市 都安瑶族自治县委
办好县委党校，推动科学发展	中共重庆市开县县委
自加压力，突出特色 努力打造县级精品党校	中共新疆维吾尔自治区昌吉州呼图壁县委

（摘自全国县级党校工作会议学习交流材料，办公厅供稿）

全国党校系统精品课评选

首届全国党校系统精品课评选活动

7月16日至20日，全国党校系统首届精品课评选活动在中央党校举行。常务副校长李景田、副校长李书磊出席动员会并讲话。来自全国31家省级党校、15家副省级城市党校、铁道部党校和新疆生产建设兵团党委党校以及中央党校9个教研部门的57堂课参加此次评选。

李景田在动员讲话中强调了评选精品课的重要意义。他指出，举办全国党校系统精品课评选活动对办好各级党校有着至关重要的作用，主要表现在两个方面。一是具有示范和指导作用。评选精品课体现了教学是党校的中心工作，提高教学质量是办好党校的第一要务，通过评选精品课能够指导地方各级党校抓好教学，不断提高教学水平。二是具有激励和引领作用。精品课评选活动在各级党校引起震动，大家以此为契机开展教学练兵，这是对各级党校搞好教学的一次激励；同时，通过评精品树标杆，引领大家向榜样学习，有利于不断提高各自的教学质量。他对评审工作提出了具体要求，强调评选要注重质量，优中选优，宁缺毋滥，不搞平衡照顾，评出的精品课要能得到广泛的认可；评审专家要认真观看参评课录像，发扬学术民主，在充分讨论的基础上进行评选。

副校长李书磊在讲话中指出，此次精品课评选活动得到了中央党校校委的高度重视和各级地方党校的热烈响应，希望通过此次评选活动在党校系统真正树立以科研为讲课基础的导向，使评出的精品课能够成为标杆，推动各级党校教学质量有新的提高。

本届精品课评选活动是全国党校系统的首次教学评奖，于4月启动，参选条件严格，名额有限，竞争非常激烈。48家地方党校和中央党校9个教研部门经过几个月的酝酿和准备，各推荐了1堂课参评。参评课主要是马列经典导读课、中国特色社会主义理论体系专题课和党性教育课等，充分体现了党校教学的优势和特色。

评审专家团队由中央党校和地方党校的知名教授、学科带头人组成。在为期5天的分组评审和集体评审中，62名评审专家按照公平、公正、公开原则，严格掌握评审标准，认真观摩讲课录像，进行了深入的研究和讨论。经过两轮甄选，江苏省委党校梁作民教授的“恩格斯《费尔巴哈论》解读”等16堂课脱颖而出，获“全国党校系统精品课”殊荣。入选的精品课坚持党校姓党原则，紧紧围绕党和国家的中心工作，密切关注改革发展稳定中的重大理论和现实问题，既有学术框架又有科研含量，既能较好地贯彻理论联系实际的要求，又能提供国际经验和历史借鉴，彰显了党校教员的业务能力和精神风貌，展示了党校教学的质量和水平。

此次精品课评选活动既是全国党校系统推进教学改革、不断提升教学质量的重要抓手，也是对党校教学成果的一次检阅。与此同时，评选出的精品课将被适时引入中央党校和地方党校的课堂，旨在推进党校系统优势教学资源共享，并强化教员之间的交流学习，以促进党校系统教学质量进一步提高。

关于表彰2011年“全国党校系统精品课”授课教师的决定

中校字〔2011〕48号

各省、自治区、直辖市党委党校，铁道部党校，新疆生产建设兵团党委党校，各副省级城市党委党校：

为推进党校“一流学府”建设，促进党校系统教学质量不断提升，在各单位推荐的基础上，中央党校组织了全国党校系统首届精品课评选。经中央党校校委同意：梁作民教授讲授的“恩格斯《费尔巴哈论》解读”等16堂课被评为2011年“全国党校系统精品课”。中央党校校委决定对16名授课教师予以表彰。希望获奖者再接再厉，在今后的教学工作中取得更大的成绩。

全国党校系统的教师要向获奖者学习，在教学工作中高举中国特色社会主义伟大旗帜，以邓小平理论和“三个代表”重要思想为指导，深入贯彻落实科学发展观，认认真真做学问，强化教学的学术基础，增强针对性和实效性，提高教学质量，不断开创党校教学工作的新局面。

中共中央党校校务委员会

2011年8月31日

2011年全国党校系统精品课及授课教师名单

（16堂课、人）

讲　　题	推荐单位及授课教师
恩格斯《费尔巴哈论》解读	中共江苏省委党校梁作民教授
毛泽东思想若干问题研究	中共安徽省委党校胡忠明教授
努力建设社会主义核心价值体系	中共山东省委党校张文彦教授
《资本论》的伟大生命力	中共湖南省委党校黄湘燕教授
桌面推演——广维化工厂爆炸的成功救援与处置	中共广西壮族自治区区委党校盘世贵副教授
马克思列宁主义基本问题	中共南京市委党校曾向阳教授
信仰的力量——中国共产党从苦难走向辉煌的内动力	中共长春市委党校王健教授
在“以人为本”的基点上继续解放思想	中共宁波市委党校郑湘娟教授
系统思想与创新能力	中央党校哲学教研部李建华教授
社会主义市场经济基本理论与经济体制改革	中央党校经济学教研部韩保江教授
中国社会主义改革的理论与实践	中央党校科学社会主义教研部王怀超教授
我国民主政治建设的前沿问题	中央党校政法教研部李良栋教授
中国共产党夺取全国政权的历史经验	中央党校中共党史教研部刘宝东教授
党内民主若干问题研究	中央党校党的建设教研部高新民教授
改革开放以来的文化发展与我党的文化自觉	中央党校文史教研部田嵩燕副教授
新形势下的国家安全问题	中央党校国际战略研究所孙建杭教授

（办公厅供稿）

精品课研究文章简表

文章题目	作者	发表报刊及时间
评“精品课”的前因后果	王东京	《学习时报》2011 年 10 月 17 日第 13 版
参加精品课评选工作的几点体会	唐正繁	《学习时报》2011 年 10 月 24 日第 14 版
精品课评选的理性思考	祝福恩	《学习时报》2011 年 11 月 14 日第 14 版
精品课的几点标准	徐明国	《学习时报》2011 年 11 月 14 日第 14 版

新闻发布会

副校长陈宝生出席新闻发布会并答记者问

6 月 21 日，中共中央对外宣传办公室举行新闻发布会，副校长陈宝生应邀向中外媒体介绍中国共产党的干部教育和培训工作等方面的情况，并回答了记者的提问。

陈宝生首先向与会人员介绍了党的干部教育培训工作的历史、总体格局、法规等基本情况。

他指出，干部教育培训工作是我们党的事业的重要组成部分。建党之初，我们党就开始进行干部教育培训，为党培养了大革命时期的领导骨干。改革开放以后，我们党更加重视干部教育培训工作，以中央党校为代表的干部教育培训机构开始逐步走向制度化、规范化、科学化，为推进改革开放事业和中国特色社会主义事业培养了大量干部。党的十六大之后，我们党确定了大规模培训干部、大幅度提高干部素质的战略任务，党的十七大又提出要继续大规模培训干部、大幅度提高干部素质，2010年下半年中央颁布《2010—2020年干部教育培训改革纲要》，对今后工作做了规划，意味着党的干部教育培训工作又进入了一个新的时期。

关于干部教育培训工作的总体格局。陈宝生指出，目前，通过整合资源、建设基地，从中央一级来说形成了中央党校，国家行政学院，浦东、延安、井冈山干部学院，以及大连高级经理学院这样“一校五院”的干部教育培训的总体格局。在这些学校、学院之外，一些社会机构、教育培训机构、境外培训机构，以及国民教育的大学、有关部门的培训机构也承担一些干部教育培训的任务。这是一个各有分工、相互配合、突出特色、共同服务于党的干部教育培训事业的干部教育培训新格局，也是一个更加开放、更有活力的新格局。对于中央党校来说，在这样一个格局中，我们所做的事就是发挥好主渠道作用，突出我们的特色，发挥我们的优势，找准定位，为党的干部教育事业作出自己的贡献。

陈宝生强调，中央党校的教学布局是“一个中心、四个方面”。“一个中心”就是以中国特色社会主义理论体系的教育为中心，“四个方面”就是加强理论基础、世界眼光、战略思维、党性修养方面的教育。概括起来，就是以理论教育、党性教育为重点，兼顾干部的知识教育、能力教育。

关于干部教育培训工作的法规，陈宝生指出，2006年，中央颁布了《干部教育培训工作条例（试行）》。2008年，中央又颁布了《中国共产党党校工作条例》。国家行政学院也有一个《行政学院工作条例》。中央党校现在的干部教育培训工作就是根据《干部教育培训工作条例（试行）》、《中国共产党党校工作条例》、《2010—2020年干部教育培训改革纲要》，“两个条例”、“一个纲要”来进行的。主要通过更新内容、适应需求、创新方法、完善手段四个方面来做好工作，更好地发挥中央党校的作用。

此后，陈宝生就记者提出的相关问题进行了回答。

（摘自《党校信息》2011年第7期，研究室供稿）

高端论坛

夏季达沃斯论坛

9月14日，常务副校长李景田应世界经济论坛执行主席克劳斯·施瓦布邀请，在大连出席2011夏季达沃斯论坛。

论坛期间，李景田出席了开幕式、温家宝总理与青年企业家对话活动，与全球青年领袖就青年及领导干部培养问题进行了专场对话，会见了通用电气全球副总裁兼大中华区总裁夏智诚、渣打银行大中华区主席曾璟璇、世界经济论坛执行主席克劳斯·施瓦布、国际货币基金组织（IMF）副总裁朱民。

在与全球青年领袖对话活动中，李景田首先向与会者介绍了中央党校的情况。他指出，中央党校是中国共产党对领导干部进行继续教育的最高学府。其主要任务是培训轮训省部级领导干部和中青年后备干部。除了培训之外，中央党校还是党的哲学社会科学研究机构，是党的重大理论和政策研究中心，在党和政府决策咨询方面发挥着思想库作用。此后，围绕青年及领导干部的成长、培养等问题，李景田回答了与会者的提问。

关于青年如何跟上快速发展的时代，李景田指出，一要敢于解放思想；二要不断研究新问题。关于党校如何培养领导干部的世界眼光，李景田指出，这是一个大课题，我们开设了“五当代”，即当代世界科技、当代世界经济、当代世界法律、当代世界思潮、当代世界宗教等课程，还组织领导干部出国考察培训，进行各种形式的国际学术交流。关于党校如何提高领导干部应对全球问题比如气候问题的能力，李景田指出，气候问题是全球问题，中国政府致力于与世界各国共同解决气候问题。由于不同国家处于不同发展阶段，在气候问题的解决上，责任也应有所区别。他还提醒与会者关注中国在节能减排上所作的贡献。他进一步指出，中央党校特别注重开展解决环境、气候问题的培训，也经常和国外有关研究机构举行学术研讨会。关于党校如何在培训中进行反腐倡廉教育，李景田指出，中国共产党十分重视对腐败的治理，腐败问题解决不了，不用别人推翻我们，我们自己就把自己打倒了。他指出，中央党校对领导干部进行专门的反腐倡廉教育，领导干部预防腐败的能力有所增强。他进一步强调，中央党校是不正之风的“净化器”，绝不是不正之风的“放大器”，要力争把中央党校建成中国共产党党员领导干部党性锻炼的熔炉和风清气正的学府。关于如何看待中央党校的成就，他说，首先，我为中央党校取得的成就感到自豪。同时，随着形势的变化，新问题、新挑战层出不穷，中央党校任重道远。

180 余名来自全球各地的青年领袖参加了中央党校的专场活动。

（摘自校园网，研究室供稿）

中欧美学术论坛

10 月 27 日至 29 日，由中央党校、意大利阿斯平研究所和美国阿斯平研究所联合主办的 2011 中欧美学术论坛在意大利威尼斯举行。常务副校长李景田率团出席并发表主旨演讲。这是中欧美学术论坛于 2010 年 12 月在中央党校成功举办之后第二次举行。

本次论坛的主题是“G20 机制是否有效”。与会专家学者围绕“国际经济治理：货币、贸易和商品”，“全球安全：跨大西洋与跨太平洋联系”和“中东与北非新地缘政治：挑战与机遇”三大议题展开讨论交流并达成多项共识。

李景田在开幕式致辞中指出，推进中欧美之间的合作，符合我们各自人民的根本利益和国际社会共同利益，是大势所趋、人心所向。近些年来，中欧美之间的关系总体保持发展态势，但是由于多种原因，走过的道路并不平坦。今后，中欧美之间的关系在发展的过程中，不时还会遇到一些风风雨雨，需要我们及时沟通、加强对话，凭借真诚和智慧，在相互尊重彼此国家核心利益的基础上妥善处理分歧。他希望通过中欧美学术论坛这个颇具影响力的学术交流平台，深化中欧美之间的学术对话和交流，为巩固和深化中欧美关系的发展作出贡献。

在 2011 中欧美学术论坛全体会议上，李景田以《加强对话，增进互信，扩大交流》为题发表了主旨演讲。他指出，当前，促进世界经济强劲、可持续、平衡增长，是我们面临的首要任务和共同责任。全球经济健康发展同各国繁荣和人民福祉息息相关，这要求世界各国凝聚共识、协调行动，加强和完善全球经济治理。为进一步加强中欧美学术对话，推动中欧美共同发展，李景田提出三点建议：第一，加强增信释疑，营造全球治理的良好氛围。新的全球经济治理机制应当顺应世界经济格局变化，遵循相互尊重、集体决策的原则，增加新兴市场国家和发展中国家在机制中的代表性和发言权。第二，完善合作机制，推动世界经济协调发展。国际社会应致力于建设可持续的世界经济体系、包容有序的国际金融体系、公正合理的国际贸易体系、公平有效的全球发展体系。应支持二十国集团在全球经济治理中发挥更大作用，体现二十国集团以共同发展为导向、以共同繁荣为己任的全球经济治理精神。第三，应对安全挑战，共同维护国际和平与安宁。应当坚持以更广阔的视野审视安全，积极践行互信、互利、平等、协作的新安全观。应当坚决反对一切形式的恐怖主义、分裂主义、极端主义，不断深化国际安全合作。

在中欧美学术论坛期间，李景田还出席了由意大利意中基金会举办的“商业论坛”。论坛的主题是“世界经济中的中国：寻求正确的平衡”。李景田以《后国际金融危机时期全球企业的中国机会》为题发表主旨演讲。他指出，在后国际金融危机时期，全球经济重拾上升轨道，需要经过传统产业的重组和新兴产业的崛起，需要改善全球治理和重塑全球经济秩序，需要各有关国家切实推进结构调整和制度变革。回顾中国改革开放30多年的历程，正是坚持坚定不移的改革开放，为中国的经济增长和社会发展提供了广阔的空间和持续的动力源泉。他表示，中国将致力于扩大内部需求，实现经济发展的内外均衡；中国将致力于推动低碳经济，实现经济的可持续发展；中国将坚定不移地实施互利共赢的开放战略，致力于加强国际经济合作。他指出，尽管世界经济复苏之路不会平坦，但只要各国加强合作、团结一致，就能尽早摆脱国际金融危机的不利影响，推动世界经济持续复苏。中国愿与国际社会携手努力，在共享机遇中深化合作，在共迎挑战中实现发展。

校委委员、办公厅主任罗宗毅，教务部主任王东京，国际战略研究所所长宫力，办公厅副主任张忠军，经济学教研部副主任韩保江，国际战略研究所副所长刘建飞，外交部原驻欧盟大使丁原洪，以及来自中国社会科学院、清华大学、中国人民大学、复旦大学、外交学院、国际关系学院的专家学者出席论坛。

意大利经济和财政部长、意大利阿斯平研究所主席朱里奥·特雷蒙蒂，意大利外长佛兰尼·弗拉蒂尼，意大利前副总理、前外长詹尼尼德·米凯利斯，美国前总统国家安全事务顾问、美国阿斯平研究所联合主席布伦特·斯考克罗夫特，美国前副国务卿、美国阿斯平研究所主席尼古拉斯·伯恩斯，瑞典外交大臣卡尔·比尔特，欧盟理事会前秘书长兼共同外交与安全政策高级代表、西班牙阿斯平研究所主席哈维尔·索拉纳等来自11个国家以及经济合作和发展组织的70多位专家学者出席本次论坛。

（摘自校园网，办公厅供稿）

教师节

教师节庆祝表彰大会

9月9日，中央党校在礼堂召开2011年教师节庆祝表彰大会。常务副校长李景田出席并讲话。

李景田首先代表习近平同志和校委向全校教职工和离退休老同志致以节日的祝贺和问候，向所有为党校干部教育事业作出贡献的同志们表示感谢。他指出，2011年以来，中央党校按照习近平同志关于“全国党校系统要抓住战略机遇期，继续推进‘一流学府’建设，推动党校工作上新台阶”的要求，深入推进“一流学府”建设，在打造“一流教学”、“一流科研”、“一流人才和队伍”、“一流硬件和基础设施”、“一流管理和服务”、“一流风气和人文环境”等方面，均取得了新进展和新突破。他强调，作为党校人，要更加清醒地认识中央赋予我们的责任和使命，更加清楚地看到我们在教学水平、思想库作用发挥、人才队伍建设、管理服务等方面存在的不足，要千方百计加以改进。只要我们抓住机遇而不丧失机遇，善于化压力为动力，居安思危，团结一致，改革创新，锐意进取，就一定能使党校科学发展之路更为通畅、更加光明。他对全校教职工提出三点要求：一是要进一步学习贯彻胡锦涛总书记“七一”重要讲话精神；二是要进一步贯彻落实全国党校工作会议精神、《党校工作条例》和《干部教育培训改革纲要》；三是要进一步实施人才强校战略，建设高素质教师队伍。

原常务副校长虞云耀，副校长陈宝生、孙庆聚、李书磊、张伯里，教育长兼培训部主任徐伟新，校委委员贾高建、罗宗毅、黄宪起、赵长茂出席会议。副校长陈宝生主持会议。现任教师代表和离退休老教师代表在主席台就座。

会上，除对校内获奖单位和个人进行表彰外，还为获得政府特殊津贴的同志颁发证书，对“2011年全国党校系统精品课”授课教师进行表彰。获奖个人代表中共党史教研部刘宝东、哲学教研部朱辉宇、出版社崔宪涛以及学员代表、广西壮族自治区旅游局副局长芮宏，精品课授课教师代表、湖南省委党校黄湘燕分别作大会发言。

全校教职工、离退休老同志、学员代表和研究生，共2000多人参加会议。

（摘自《党校信息》2011年第11期，研究室供稿）

在中央党校 2011 年教师节庆祝表彰大会上的讲话

（2011 年 9 月 9 日）

李 景 田

同志们：

我们在隆重地纪念党的 90 周年诞辰之后，又高兴地迎来了第 27 个教师节。这是我们教职工的盛大节日。此时此刻，我们在这里欢聚一堂，举行教师节庆祝表彰大会。首先，我代表近平同志，代表中央党校校委，向全校教职工致以崇高敬意！向离退休老同志致以诚挚问候！向来自全国 8 家省市党校的教师代表，以及所有为党校干部教育事业作出过贡献的同志们，致以节日的祝贺！

去年教师节以来，在中央一如既往的高度重视、亲切关怀下，在近平同志的直接领导关心下，全校同志齐心合力，勤奋工作，努力践行科学发展观，抓住党校发展战略机遇期，扎实推进“一流学府”建设，以教学为中心的各项工作取得明显成效，涌现出许多先进集体和个人。

上学期期末、建党 90 周年之际，校委在各单位评选推荐的基础上，隆重表彰了一批优秀共产党员和优秀党务工作者。今天，校委又对获得教学、科研和管理服务优秀奖的 6 个先进集体、40 名先进个人，以及 16 位获得首届全国党校精品课奖的教师进行表彰。刚才，学员代表、获奖代表作了精彩发言，我听了很受教育和启发。这些受到表彰的集体和个人，具有忠诚于党的干部教育事业的责任感和使命感，具有艰苦奋斗的劲头、锐意进取的激情，具有脚踏实地的作风、勤奋耕耘的精神，把心思和精力用在工作上，取得了突出过硬、令人称道的工作业绩，值得我们大家认真学习。让我们再次以热烈的掌声，向受到表彰的先进集体和个人表示衷心的祝贺！希望受到表彰的集体和个人，谦虚谨慎，继续努力，更加奋发有为，不断取得新成绩。

需要说明的是，由于名额所限，一些工作成绩也很突出的单位和个人，这次没能受到表彰，但他们在各自的岗位上，都作出了很大的成绩和贡献，同样值得充分肯定和大力赞扬。

去年年底，近平同志在听取中央党校校委工作汇报时提出，全国党校系统要抓住战略机遇期，继续推进“一流学府”建设，推动党校工作上新台阶。今年，在全校局以上干部大会上、在全国党校校长会议上、在校委工作要点中，我们都强调了这一新精神、新要求。这是校委的共识，是在调研基础上对党校事业发展作出的宏观判断，也是一个战略判断。

今年，我们按照近平同志的要求和校委工作要点的安排，抓住党校发展战略机遇期，继续推进“一流学府”建设，在打造“一流教学”、“一流科研”、“一流人才和队伍”、“一流硬件和基础设施”、“一流管理和服务”、“一流风气和人文环境”等方面，取得了不同程度的新进展、新突破。

但是，我们丝毫骄傲不得，丝毫懈怠不得。作为党校人，我们应该更清醒地认识中央赋予党校的责任和使命，更清楚地看到我们在教学水平、思想库作用发挥、人才队伍建设、管理服务等方面存在的不足，想方设法、千方百计地改进和提升。

只要我们抓住机遇而不丧失机遇，变重任为压力，化压力为动力，居安思危，团结一致，改革创新，锐意进取，就一定能使党校科学发展之路更为通畅、更加光明！

同志们，新学期已经开始。9 月 1 日，近平同志在开学典礼上发表重要讲话，深刻阐述了党的领导干部学历史的重要意义并对如何学习历史提出了要求。落实近平同志的讲话精神和对党校的一贯要求，抓住党校发展的重要战略机遇期，不断推进“一流学府”建设，我们还有很多事情要做，在这里我强调三点：

第一，深入学习贯彻锦涛同志“七一”重要讲话精神

锦涛同志“七一”重要讲话，站在历史高度和时代高度，精辟概括了 90 年来党的奋斗历程和伟大成就，鲜明提出了提高党的建设科学化水平的目标任务，全面阐述了在新的历史起点上把中国特色社会主义伟大事业推向前进的大政方针。讲话高屋建瓴、思想深刻、气势豪迈，是新形势下指导我们党继往开来的纲领性文献，为全党以新的伟大实践书写未来美好新篇章指明了方向。讲话发表以后，我们高度重视，认真部署，及时学习贯彻。我们要在此基础上，把学习贯彻活动引向深入。要把学习贯彻锦涛同志重要讲话精神与推动党校的教学、科研等工作任务更好地结合，取得新的成效。要把锦涛同志重要讲话精神与我们每一位党校人的党性修养更好地结合，传承和弘扬中国共产党人的优秀品德、优良传统和良好作风。

党的十七届六中全会即将于 10 月份召开，会议将研究深化文化体制改革、推动社会主义文化大发展大繁荣问题。这是今年全党政治生活中的又一件大事。作为中央党校，我们要带头学习、研究、宣传好会议文件，贯彻落实好会议精神。

第二，深入贯彻落实全国党校工作会议精神、《党校工作条例》和《干部教育培训改革纲要》

我们抓住党校发展战略机遇期，继续推进“一流学府”建设的过程，实际上是不断贯彻落实全国党校工作会议精神、《党校工作条例》和《干部教育培训改革纲要》的过程。《条例》作为各级党校办学的总章程，《纲要》作为当前和今后一个时期深化干部教育培

训改革的重要指导性文件，是做好党校工作的指南。到目前为止，贯彻落实工作已进展了近三年，正处在需要总结提高的重要关口。我们要通过总结反思，深化认识，提高贯彻落实的水平。

我们尤其要准确把握党校在整个干部教育大格局中的定位，不断发展和强化党校教育的特色和优势。定位明确了，我们办学就有了方向；特色和优势鲜明了，我们就有了不可替代的地位。我们要坚持党校姓党、从严治校，以建设“一流学府”为抓手，以教学、科研质量提高为生命，以理论教育、党性教育为首要任务，以人才和教师队伍建设为根本，以制度、机制建设为保障，不断提高党校工作科学化水平，不断推进党校各项工作上新台阶。

我想特别强调一点，校风学风状况，队伍管理和学员管理工作是反映治校严不严的一个主要方面。我们要认真贯彻近平同志关于党校学风校风建设和学员管理的各项要求。决不能让党校成为不正之风的“放大器”，而应成为不正之风的“净化器”。

第三，进一步实施人才强校战略，建设高素质教师队伍

搞好党校教育，关键在教师，关键在尊重教师，关键在为教师营造充分发挥聪明才智的条件和环境。在党校所有资源中，教师是第一资源，年轻教师是第一战略资源。我们要比以往任何时候都更加尊重人才，尊重教师，尊重教师的劳动，尊重教师的创造。要大力推进干部人事制度改革，进一步加强以教师为重点的队伍建设，加强年轻教师的培养，营造党校良好的工作氛围和制度条件，形成党校人才辈出、人尽其才、才尽其用的生动局面。

这学期我们的工作任务仍然较繁重。让我们以更加饱满的精神状态，齐心协力、众志成城，认真履行好我们的职责，出色完成好中央交给我们的任务，为大规模培训干部、大幅度提高干部素质，作出我们更大的贡献。

最后，再一次感谢各位教职工及所有离退休同志为党校发展作出的辛勤努力和巨大贡献。再一次祝愿大家教师节快乐！

再过几天，就是我国传统节日——中秋佳节，我在这里提前祝大家节日愉快、阖家欢乐、健康幸福！

（研究室供稿）

关于对获奖个人和单位进行表彰的决定

中校字〔2011〕50号

校各直属单位：

2010至2011学年，各直属单位和全校教职工努力践行科学发展观，扎实推进“一流学府”建设，较好地完成了校委部署的各项任务，教学、科研、行政后勤等各方面工作都取得了显著成绩。

根据国家和我校的有关奖励规定，学校开展了2011年的评奖工作。在推荐测评、校奖励工作领导小组讨论审议和公示的基础上，校委会议批准：王怀超等6名同志获教学优秀奖，《平行与交错——多元性世界中的全球道德责任研究》等6项科研成果获科研优秀成果奖，刘静等28名同志记三等功，中共党史教研部等6个单位获集体奖。校委决定，对获奖的个人和单位予以表彰奖励。获奖名单如下：

1. 教学优秀奖（6人）：

科学社会主义教研部	王怀超
政法教研部	李良栋
中共党史教研部	刘宝东
党的建设教研部	张志明
文史教研部	周熙明
国际战略研究所	潘　悦

2. 教学组织优秀集体奖（2个）：

中共党史教研部

2011年春季学期省部班“中国特色社会主义理论体系”高级研修班（第一期）项目组

3. 科研优秀成果奖（6项）：

哲学教研部　朱辉宇：《平行与交错——多元性世界中的全球道德责任研究》（专著）

经济学教研部　于永臻：《破解中国电力需求管理资金瓶颈的机制设计和政策重构》（论文）

科学社会主义教研部　靳　薇：《西藏援助与发展》（专著）

政法教研部　王　勇：《法治政府建设》（专著）

党的建设教研部　祝灵君：《社会资本与政党领导》（专著）

国际战略研究所　秦治来：《探寻国际关系研究的历史学传统》（专著）

4. 科研组织优秀集体奖（2个）：

马克思主义理论教研部

中共党史教研部

5. 记三等功人员（28 人）：

办公厅	刘　静
科学社会主义教研部	孔　柠
中共党史教研部	张音梅
党的建设教研部	梁俊萍
进修部	郝全洪
培训部	眭月华
图书馆	陈晓蕾　史小平
报刊社	梁丽萍　陈国裕
函授学院	李素玲　谢保忠　姚志红　王彦娟 刘　跃　史世鹏
后勤服务部	包建华　曹　雯　冯月花　徐树栗 王国庆　王克新　孙淑芳　赵振东
出版社	李新生　张志军　崔宪涛　张克敏

6. 管理服务优秀集体奖（2 个）：

科研部

后勤服务部

校委希望受表彰的个人和单位珍惜荣誉，谦虚谨慎，继续努力，奋发有为，在今后的工作中取得更出色的成绩。

校委号召，全校教职工和各单位要向受表彰的个人和单位学习，学习他们忠诚于党的干部教育事业的高度政治责任感和使命感，以及踏实工作、认真负责的敬业精神，锐意进取，精益求精，努力提高工作水平。

校委强调，各直属单位和广大教职工要深入学习贯彻锦涛同志“七一”重要讲话精神，积极落实近平同志在开学典礼上的重要讲话精神和中央对党校的一贯要求，不断推进“一流学府”建设。坚持以教学为中心，不断深化教学改革，发展和完善教学新布局，提高教学质量；继续把教师队伍建设摆在党校工作“重中之重”的位置，以更大的热情、更多的投入、更有效的举措，建设高素质的教师队伍；要按照“四个服务”的要求，进一步做好党校的科研工作；要继续坚持以人为本，做好行政管理、后勤服务和机关党的工作，把为教学服务、为教师服务、为学员服务作为一切工作的出发点和落脚点。要以蓬勃的朝气、求真的精神、务实的作风，推动各项工作，不断开创党校工作和党校事业发展的新局面。

中共中央党校校务委员会

2011 年 9 月 7 日

（教务部、组织部、办公厅供稿）

校史展筹备

校委研究讨论校史展筹备工作问题

1月20日，常务副校长李景田主持召开校委会议，听取校史展筹备小组以多媒体演示方式对展览内容的汇报。

会议认为，校史展的筹备和校史馆的改建工程，是全校关注的一件大事，也是校委着力抓的一项重要工作。在副校长陈宝生、李书磊的直接领导下，校史展各筹备小组的同志做了大量艰苦细致的工作，目前已征集到丰富的文献史料，文本稿和布展工作也取得阶段性的成果，校委对此给予充分的肯定。会议指出，下一步，有关工作要抓紧时间，在现有基础上边修改、边布展，逐步完善。对于校史展文本内容的修改，一是必须坚持历史唯物主义的观点，对于涉及到的一些重大事件和有争议的历史人物不能回避，要作实事求是的评价和恰当的展示；对于中央党校办学各个历史时期的划分，要与党的历史时期的划分相吻合。二是要进一步突出校史展的思想性和教育功能，突出中央党校在历史上发挥的重要作用，突出党校学员在不同历史时期作出的贡献。三是要根据史料研究提出意见，上报中央确定中央党校的校庆日。

（摘自《校委会议纪要》2011年第4期，办公厅供稿）

校领导检查指导校史展布展工作

12月15日，副校长陈宝生到校史馆现场办公，检查校史展的布展情况。

12月20日，常务副校长李景田和副校长陈宝生到校史展检查布展情况，为2012年1月13日，习近平校长参观校史馆做准备工作。

（图书馆供稿人：刘魁明）

向杨善洲同志学习

杨善洲同志先进事迹报告会

3 月 30 日，中央党校在礼堂举行杨善洲同志先进事迹报告会。常务副校长李景田出席并讲话。副校长孙庆聚主持报告会。副校长李书磊、张伯里，教育长兼培训部主任徐伟新，校委委员贾高建、罗宗毅、黄宪起、赵长茂出席报告会。

杨善洲同志先进事迹报告团成员段兴华、自学洪、杨慧兰、吴连章、蓝天等 5 位同志从不同的侧面为大家讲述了杨善洲的感人事迹。杨善洲同志曾任云南省保山地委书记，在任时他牢记共产党人宗旨，坚守共产党员精神家园，不拿群众一针一线、不占公家一分一毫，带领干部群众一心一意发展粮食生产、推广科学种田、兴修水利设施，把深山大沟建成了全国闻名的“滇西粮仓”；退休后他主动放弃省城优越的生活条件，带领群众义务植树造林 20 年，为 5.6 万亩荒山披上绿衣，创建经济价值超过 3 亿元的大亮山林场，离世前他选择将林场经营管理权无偿捐献给国家。

李景田在讲话中指出，中央党校要带头认真贯彻落实胡锦涛总书记关于学习杨善洲同志的模范事迹和崇高精神的重要批示，按照中央组织部、中央宣传部、中央创先争优活动领导小组发出的《关于认真学习贯彻胡锦涛总书记重要批示精神广泛开展向杨善洲同志学习活动的通知》要求，扎实开展向杨善洲同志的学习活动。

进修部、培训部、研究生院学员和分校学员代表，全校教职员工和离退休老同志，共 1600 多人参加报告会。

（摘自《党校信息》2011 年第 5 期，办公厅供稿）

中央党校广大党员认真学习杨善洲同志先进事迹

3月30日，杨善洲同志先进事迹报告会在中央党校举行，广大党员干部听了杨善洲同志的先进事迹后深受教育。会后，校委召开会议，进行了学习讨论，各级党组织也通过组织生活会、中心组学习、专题讨论等方式，交流学习体会，畅谈学习感受，表示要把学习杨善洲同志的活动落实到做好各项工作的实际行动中，以更加优异的成绩迎接中国共产党成立90周年。

一、带头学习杨善洲同志的模范事迹和崇高精神，认真加强自身建设

3月31日，常务副校长李景田同志主持召开了校委会议。校委在讨论中认为，向杨善洲同志学习，最重要的是学习他崇高的思想品格和精神品格，即坚定信念、对党忠诚的政治品格；牢记宗旨、一心为民的公仆情怀；鞠躬尽瘁、不懈奋斗的崇高境界；大公无私、淡泊名利的奉献精神；勤俭节约、艰苦朴素的优良品德。我们要以杨善洲同志为榜样，自觉加强党性修养，自觉实践党的宗旨，以更加奋发向上、积极进取的精神面貌为政、干事、做人。校委会议强调，学习杨善洲同志，对促进党员干部健康成长，加强党的自身建设，对推动党和国家事业发展，都有十分重要的意义。中央党校要认真贯彻胡锦涛总书记重要批示和中央有关要求，把开展向杨善洲同志学习活动作为纪念建党90周年活动的重要内容，并与深化创先争优、建设“一流学府”活动相结合，为推动科学发展、促进社会和谐，为实现“十二五”目标、不断推进中国特色社会主义伟大事业，做出应有的贡献。

二、学习杨善洲同志高尚的政治品格，始终坚定政治信仰，积极为“一流学府”建设作贡献

经济学教研部、中共党史教研部、国际战略研究所等教学科研一线的专家学者们表示，学习杨善洲同志，就要像他那样始终坚定理想信念，旗帜鲜明，毫不动摇。要坚持马列主义、毛泽东思想、邓小平理论和“三个代表”重要思想，全面贯彻落实科学发展观，坚持马克思主义中国化，坚持中国特色社会主义理论体系和道路。作为教学科研人员，就要紧紧围绕教学科研中心工作，始终坚持正确的政治立场和政治方向，始终坚持党校姓党原则，不断强化党的意识、党员意识和党校意识，正确理解“研究探索无禁区，宣传教学有纪律”的深刻内涵，把握好作为党员与作为工作人员、学术研究与理论宣传、言论自由

与政治纪律三个关系，不断增强高举中国特色社会主义伟大旗帜的自觉性和坚定性，不断增强贯彻落实科学发展观的自觉性和坚定性。年轻的教学科研骨干们谈到，杨善洲同志没有惊天动地的事迹，都是几十年里工作和生活中的平常事，但集中反映了他作为在职领导、退休干部以及为人父亲的崇高品格、人情关怀，使人感到亲切、可信。大家纷纷表示，要积极投身“一流学府”建设，认真探索教学科研规律，让党校多出大家、多出名家、多出精品，为党校事业科学发展作出突出贡献。

三、学习杨善洲同志公而忘私的奉献精神，立足本职创先争优，办实事、办好事

进修部、培训部、研究生院、后勤服务部的同志们在学习时谈到，杨善洲同志从事革命工作近40年，退休后植树造林22年，始终坚持群众利益高于一切，殚精竭虑地为群众办事，无愧于诚以修身、心系人民的“公仆”称号。学习杨善洲，就要学习他的公仆精神，始终牢记党的宗旨，全心想着群众，一切为了群众，致力于为群众更好地服务。要学习他忠贞不渝地坚守了共产党人的精神家园，一辈子不为权力所累、不为地位所累、不为名利所累、不为私情所累，始终保持清正廉洁的公仆本色。作为新时期的党员干部，要继承和发扬杨善洲同志的精神，坚守共产党人的信念，全心全意为人民服务，在自己的工作岗位上建功立业。图书馆、函授学院、信息中心等单位的党员说，榜样的力量是无穷的，杨善洲同志为我们留下了宝贵的精神财富。学习杨善洲同志，就要立足本职工作，践行服务宗旨，要切实把群众的利益放在心上，以赤诚之心对待群众，努力为人民群众办实事。学习杨善洲同志，就是要不断加强学习，刻苦钻研业务，努力提高为人民服务的本领，把对党的事业的忠诚和为人民服务的情怀，体现在工作中，落实在行动上，以更加奋发向上、积极进取的精神，投入到创先争优活动中，把本职工作做得更好，为提高党校教学科研水平、推动党校事业发展保驾护航。

四、学习杨善洲同志全心全意为人民服务的宗旨意识，坚定不移，鞠躬尽瘁

教务部、机关党委等单位的同志们说，杨善洲同志是一名纯粹的共产党员，他诠释了我们党“立党为公、执政为民”的执政理念。60年如一日，一辈子只相信一个人——中国共产党；一辈子心里只装了一个人——人民群众；一辈子只干了一件事——为人民服务。这样坚守理想和信念，这样淡泊名利、甘于清贫，艰苦创业一辈子，表现了一名共产党员极高的思想境界和道德情操，是常人难以做到的。他是我们党员干部的一面镜子，以其为镜可知荣辱、明职责、立言行，激励我们真抓实干、创先争优。一些离退休老同志在谈体会时说，杨善洲同志退休后，又扎根山村带领大家植树造林，为把荒山秃岭变成绿洲而忙碌。他是我们共产党人的一面旗帜，是党政领导干部的榜样。我们学习他，就要有终生革命的意识。他一辈子艰苦奋斗，生命不息奋斗不止，鞠躬尽瘁，死而后已，他是离退

休老党员，老干部的优秀代表和光辉典范，值得我们中央直属机关的离退休干部好好学习！学习杨善洲同志，就是要像他那样“老有所为”。根据自己的身体状况，在老有所养的基础上，从事一些力所能及的工作，为社会、为群众做一些有益的事情，继续贡献自己的力量，有一分热，发一分光。有的老教授说，杨善洲同志最值得学习的有两点：一是杨善洲同志用一生的行动表达了对共产党人的理想、信念、价值观的坚定性，并且一以贯之、持之以恒、永不动摇、永不玷污；二是杨善洲同志毫不动摇、始终坚持的共产党员全心全意为人民服务的宗旨意识。他一生坚持执政为民、干事为民、做人为民，是我们每一位共产党员学习的好榜样。

（摘自《机关党委简报》2011 年第 6 期，机关党委供稿）

“十二五”规划

中央党校 2011—2015 年科研发展规划

中校发〔2011〕3 号

（经 3 月 16 日校委会议讨论通过）

为适应新形势、新任务对科研工作的新要求，按照《中共中央党校 2010 年工作要点》的安排，制定本规划。

一、指导思想

高举中国特色社会主义伟大旗帜，以马克思列宁主义、毛泽东思想、邓小平理论和“三个代表”重要思想为指导，深入贯彻落实科学发展观，根据《国民经济和社会发展第十二个五年规划纲要》的要求，按照《中国共产党党校工作条例》和 2008 年全国党校工作会议精神，以建设一流科研为目标，以深化马克思主义基本理论、学科基础理论与重大现实问题研究和推进思想库建设为重点，以创新科研工作体制机制为动力，充分发挥中央党校作为党的哲学社会科学研究机构的重要作用，为推进党的理论创新服务，为提高党校教学质量服务，为党和国家决策服务，为社会主义经济建设、政治建设、文化建设、社会建设和党的建设服务。

二、战略目标

适应中央党校建设“一流学府”的总要求，积极建设一流科研，提升中央党校党的理论创新生力军地位，增强中央党校在国内外的影响力，努力成为国内一流、国际知名的思想库。

三、战略重点

（一）深化马克思主义基本理论研究，重点是马克思主义经典著作研究、马克思主义中国化时代化大众化研究、中国特色社会主义理论体系特别是科学发展观研究；深化学科基础理论研究，重点是深化党校优势学科和特色学科基础理论研究，扶持党校事业发展急需的新兴学科理论研究；深化现实问题研究，重点是改革开放和社会主义现代化建设进程中具有战略性、全局性和前瞻性问题研究。这些方面的研究将通过设置相关的课题具体体现在每年的校级科研项目指南之中。

（二）积极推进思想库建设，特别是在推进党的理论创新和服务国家重大决策方面发挥重要作用。

四、主要措施

（一）着力抓好科研项目，深化马克思主义基本理论研究、学科基础理论研究和重大现实问题研究

1. 以委托、公开招标等形式，重点组织100个左右校级重大、重点课题研究，同时组织一批一般课题、青年课题研究。根据国内外形势发展变化，随时组织一些应急项目的研究。力争五年之内，在国内一流出版社出版50本左右学术著作，在国家一流学术期刊发表100篇左右学术论文，发表或上报100篇左右有积极影响的研究报告。

2. 鼓励教研人员积极申报和研究各级各类科研项目。在资源整合、资金扶持、管理服务等方面，重点支持国家社科基金项目，根据结项成果的鉴定等级给予配套奖励。同时把获准国家社科基金项目立项和结项情况作为科研组织优秀集体奖评选的必备条件之一，作为增加下一年度教研部门科研经费的重要依据。

（二）切实推进思想库建设

1. 研究思想库建设规律，制定《中共中央党校思想库建设方案》。

2. 筹备建立中央党校思想库建设专家库，适时召开中央党校思想库建设动员大会。

3. 加强《思想理论内参》和《中共中央党校研究报告》的编辑和出版工作，使之逐渐成为为中央决策发挥思想库作用的主要渠道。

4. 加大思想库对外合作力度，定期与国际著名思想库开展交流，扩大中央党校思想

库的国际影响。

（三）着力打造高端学术平台

1. 围绕党和国家事业发展的重大理论和现实问题，每年组织一次大型国际学术研讨会，邀请国内外著名专家学者、外国政要、国际著名思想库核心人物等参加会议，逐渐形成知名学术品牌。

2. 充分发挥中央党校中国特色社会主义理论体系研究中心重要作用，组织党校系统和社会各方面研究力量，加强对中国特色社会主义理论体系特别是科学发展观等重大战略思想和重大现实问题的研究和宣传。

3. 修订《中央党校理论文库》出版办法，推出精品力作，提升学术影响力，打造在国内外享有盛誉的精品文库。

（四）调整优化科研基地

为进一步推进调查研究工作，在自愿申请的基础上，分期分批遴选10个左右的地市和大型国有企业作为中央党校科研基地。科研基地力求覆盖全国东中西部地区和一些重点行业，实行不定期调整制度，逐步形成合理布局。

（五）构筑科研人才高地

1. 进一步完善科研人才的评价标准，营造培养和凝聚优秀科研人才特别是高端人才的良好环境。

2. 积极鼓励和支持科研人员参加国内外学术交流活动。

3. 加大科研人才梯队的建设力度，在课题设置、资金资助、成果推介等方面对中青年科研人员给予扶持。

4. 加强科研管理队伍建设，进一步提高管理、服务水平。

（六）进一步整合科研资源

1. 建立开放的科研体制机制。通过项目合作、会议研讨、调查研究等方式，加强与实际工作部门和政策、研究部门、高等学校、科研院所及国内外学术界的合作和交流。

2. 加强全国党校之间的科研协作。在坚持原有行之有效的科研协作方式的基础上，进一步探索新的方式和模式，充分发挥党校系统的整体优势。

3. 积极推进中央党校科研资源整合。加强不同学科、部门之间的协作攻关，促进教学科研一体化；积极探索干部学员和学位研究生参与科研的途径、方法与措施。

（七）努力加强马克思主义学风建设

教育、引导广大科研人员在科研工作中坚持理论联系实际的优良学风，提高运用马克思主义立场、观点、方法分析和解决实际问题的能力，坚持党校姓党原则，正确处理好学术研究与理论宣传、言论自由与政治纪律的关系。重视文风建设和学术诚信建设，力戒长、空、假，倡导短、实、新。

（八）继续深化科研管理制度改革

根据新形势、新任务的要求，不断推进科研管理制度改革与创新。研究探索中央党校科研评价体系，制定《中央党校支持国家社科基金项目研究的实施意见》等；修订《中央党校科研基地管理办法》、《关于评选科研优秀成果奖、科研组织优秀集体奖的规定》、《中共中央党校科研津贴条例》、《中共中央党校学术规范（试行）》、《中共中央党校主管的全国性社会团体管理条例（暂行）》、《关于加强和改进中央党校邓小平理论和“三个代表”重要思想研究中心工作的若干意见》等。

五、保障措施

（一）组织领导

《中央党校2011—2015年科研发展规划》的制定与实施工作，由中央党校校委统一领导，校内各直属单位分工负责、认真落实，科研部负责规划实施的协调、检查与评估。

（二）经费支持

在积极争取国家财政拨款的同时，多渠道筹集《中央党校2011—2015年科研发展规划》所需资金，平均每年投入科研经费不低于2000万元。

（三）信息化建设

以科研项目管理、科研成果统计和科研管理信息库建设为重点，构建科研部——各教研部（所）——教研人员的三级管理服务系统，实现科研信息资源共享，提高科研管理效率。

六、执行时间

本规划自颁布之日起正式实施。

（科研部、办公厅供稿）

中央党校2011—2015年学科建设规划

中校发〔2011〕4号

（经5月31日校委会议讨论通过）

为进一步加强我校的学科建设，提高教学质量和科研水平，更好地完成培训轮训党的高中级领导干部和马克思主义理论骨干的任务，根据《中国共产党党校工作条例》和《2010—2020年干部教育培训改革纲要》，制定本规划。

一、指导思想和基本原则

（一）指导思想

以马克思列宁主义、毛泽东思想、邓小平理论和“三个代表”重要思想为指导，深入贯彻落实科学发展观，坚持党校姓党，适应党校进行干部教育、哲学社会科学研究和思想库建设的需要，遵循学科发展规律、干部成长规律和党校教育规律，围绕党和国家“十二五”经济社会发展规划，按照建设“一流学府”的要求，加强学科建设，为提高党校的教学科研水平服务。

（二）基本原则

1. 遵循学科建设一般规律，坚持党校特色。要把党校办成“一流学府”，首先必须遵循学科发展的一般规律，而党校教育的特殊性同时又决定了要从党校实际出发，突出自身特色。

2. 以教学为中心，以科研为基础，坚持教学科研一体化。教学工作是党校的中心工作，学科建设要围绕“一个中心、四个方面”的教学布局，坚持为教学服务，实现教学与科研的协调发展和共同提高。

3. 突出重点和优势，优化学科资源配置。坚持有所为有所不为，集中优势资源，支持和发展重点学科与优势学科，扶持新兴学科，保持和发挥党校的学科优势。

二、总体目标和主要任务

（一）总体目标

立足学科发展现状，通过优化结构、完善机制、加大投入等措施，坚持和完善学科布局，重点加强马克思主义理论教育和党性教育相关学科，保持其在国内的优势和领先地位，发展若干新兴学科，逐步建立和完善与党校教育发展相适应、布局合理、特色鲜明的学科体系。

（二）主要任务

1. 以发展马克思主义理论学科为重点，完善学科布局。根据党校教学布局的要求，重点建设以中国特色社会主义理论体系为主的马克思主义理论学科，积极扶持教学急需且相对薄弱的社会科学学科与人文学科。

2. 落实“人才强校”战略，加强学科队伍建设。注重引进高端人才，着力培养中青年骨干，不断吸纳新生后备力量，逐步建成一支结构合理、素质优良、规模适当的学科人才梯队。

3. 以学科为基础，加强课程体系建设。从学科出发，坚持问题导向，根据各个班次的教学定位，将学科建设成果及时转化为教学成果，建设有学理基础的课程体系。

4. 根据教学要求，加强教材建设。立足各个班次的教学需要，编写充分反映学科经典理论和前沿成果的专题教材，逐步建设具有较高学术水平的教材体系。

三、主要措施

（一）优化结构，突出重点，形成具有中央党校特色的学科体系

1. 学科整体布局。

（1）加强马克思主义哲学、科学社会主义与国际共产主义运动、中共党史（含党的学说与党的建设）三个国家重点学科建设，保持其在国内的优势和领先地位。

（2）围绕哲学、理论经济学、政治学、马克思主义理论四个博士学位授权一级学科，重点发展马克思主义哲学、政治经济学、世界经济、政治学理论、国际政治、马克思主义基本原理、马克思主义中国化研究、国外马克思主义研究等学科，使其达到国内一流水平。

（3）围绕哲学、理论经济学、法学、政治学、社会学、马克思主义理论六个硕士授权一级学科，重点发展法学和社会学学科，筹建法学博士授权一级学科学位点和社会学博士学位点。

（4）加强应用经济学、战略学、管理学、马克思主义文化学学科建设，筹建马克思主义文化学、思想文化史硕士学位点和国民经济学、区域经济学、行政管理学博士学位点，使其成为在国内具有党校特色的优势学科。

2. 各教研部（所）实施措施。

（1）马克思主义理论教研部：重点支持马克思主义基本原理、马克思主义中国化研究、国外马克思主义研究三个学科。围绕马克思主义经典著作、马克思主义基本理论、中国特色社会主义理论体系的研究开展学科建设。加强马克思主义理论博士学位授权一级学科及其二级学科的学位点建设，力争3—5年使其在全国处于领先地位。

（2）哲学教研部：重点支持马克思主义哲学、中国哲学、伦理学等学科。将“哲学与社会发展”作为哲学一级学科层面的重点方向，统筹协调各二级学科的发展，打造党校哲学学科的特色品牌。重视对马克思主义哲学原著的研究。加强哲学博士学位授权一级学科及其二级学科的学位点建设，保持马克思主义哲学的国家重点学科地位。

（3）经济学教研部：重点支持理论经济学、管理学两个学科。围绕马克思主义政治经济学、社会主义市场经济理论的研究进行学科建设。保持马克思主义政治经济学研究上的传统优势，逐步形成社会主义市场经济学科的特色。加强理论经济学博士学位授权一级学科及其二级学科的学位点建设；在国民经济学、区域经济学硕士学位点基础上，筹建博士学位点。

（4）科学社会主义教研部：重点支持科学社会主义与国际共产主义运动、社会学、民族学三个学科。围绕中国特色社会主义理论体系、当代世界社会主义、社会主义社会建设和民族宗教理论的研究开展学科建设。用3—5年将社会学学科逐步做强。加强科学社会主义与国际共产主义运动博士学位点建设，保持其国家重点学科地位；在社会学硕士学位授权一级学科基础上，筹建社会学博士学位点。

（5）政法教研部：重点支持法学理论、政治学理论两个学科。围绕中国特色社会主义民主政治建设、建设社会主义法治国家的研究开展学科建设。同时，加强公共管理学科的支持力度。筹建法学博士学位授权一级学科及行政管理学博士学位点，加强政治学博士学位授权一级学科及法学理论博士学位点建设，以及政治学硕士学位授权一级学科、法学硕士学位授权一级学科、法律硕士学位点建设。

（6）中共党史教研部：重点支持中共党史学科。围绕社会主义建设时期党史研究开展学科建设。进一步加强中共党史学位点建设，保持其国家重点学科地位。

（7）党的建设教研部：重点支持党的学说和党的建设学科。围绕新时期党的建设重大问题研究开展学科建设。加强学位点建设。

（8）文史教研部：重点支持马克思主义文化学、中国史两个学科。围绕社会主义文化建设、中国传统文化与制度的研究开展学科建设，用3—5年将马克思主义文化学、历史学中的思想文化史学科建成具有党校特色的学科。加强中国近现代史基本问题研究博士学位点、中国近现代史硕士学位点与文艺学硕士学位点的建设。筹建马克思主义文化学、思想文化史硕士学位点。

（9）国际战略研究所：重点支持世界经济、国际政治两个学科。围绕中国国际战略、经济全球化与中国经济发展的研究开展学科建设。加强世界经济、国际政治、国际关系、外交学四个博士学位点建设。

（二）以建设优势明显、结构合理的学科人才梯队为目标，加强学科队伍建设

1. 培养一批中青年教研骨干，发挥其在学科建设中的中坚作用。教务部、组织部每年举办1～2期中青年教师研讨班，培养中青年教学骨干。学校每年安排2～3名中青年教研骨干到国内外著名大学或研究机构进修。同时，每年安排3～5名中青年教研骨干到实际工作部门挂职锻炼。

2. 引进一批高端人才，发挥高端人才在学科队伍建设中的引领作用。进一步完善高端人才的引进办法，面向国内外有计划地引进高端战略人才，发挥其学科带头人作用，带动学科梯队的建设。

3. 从高校吸收一批有培养前途的应届毕业生，为学科发展储备人才。每个教研部（所）每年从国内外高校吸收1～3名毕业生；通过开展培训、安排参加学员研讨和跟班听课等方式，为新教师成长提供条件。

4. 进一步完善有关管理规定与办法，为优秀学科人才脱颖而出提供制度保证。继续实施任课教师竞聘制、科研课题招标制，继续实施并根据新情况适时修订《中国马克思主义研究基金会“中央党校人才强校专项基金”资助条例（试行）》、《中央党校教学组织管理实行项目制的若干规定（试行）》、《关于优化培训班教师配置的管理办法（试行）》等，支持优秀学科人才的成长。

（三）以学科为基础，改进课程设计

1. 推动科研成果进课堂，改进课程设计。坚持以教学带科研，以科研促教学，把科

研成果体现在课程建设中。

2. 改进进修班的课程设计。2011 年启动有关研究专题的课程设计改革试点，在总结经验的基础上逐步推开，力争 2013 年完成进修班各研究专题的课程设计改革。

3. 完善培训班的课程设计。在总结新疆县处级干部培训班课程设计改革经验的基础上，从 2011 年秋季学期开始，逐步改进与完善其他民族干部培训班的课程设计，力争 2012 年底完成；中青年干部培训一班重点改进中国特色社会主义理论体系课程的设计，中青年干部培训二班进一步完善以中国特色社会主义理论体系为中心的“三基本”教学框架，力争 2013 年完成。

4. 重点资助教学急需的课程建设。根据《中央党校 2011 年“马克思主义经典著作导读课”资助奖励项目实施办法》，力争用 3 年时间培养一批从事马克思主义经典著作教学和研究的中青年骨干。继续实施并完善《〈中国马克思主义研究基金会“中央党校教学科研专项基金”资助奖励条例（试行）〉教学讲题项目实施细则（试行）》，配合进修班和培训班课程设计改革，每年以委托或招标的方式资助一批新设的重点讲题。

（四）适应学科建设需要，加强教材建设

1. 利用中国马克思主义研究基金会学科建设专项基金，资助编写若干本马克思主义经典著作导读教材。

2. 通过招标或委托的方式，每年组织编写 1 ~ 2 本进修班专题性教材。

3. 组织编写培训班中国特色社会主义理论体系教材，争取 2012 年完成初稿，2013 年出版并投入使用。同时，修订“当代世界”系列教材。

4. 根据学位研究生教育的需要，编写一批供学位研究生使用的教材。

5. 遵循教材编写的学术规范，改进教材编写办法，不断提高教材质量。

（五）以数字资源建设为核心，加强图书资料建设

围绕学科建设，重点加强中国共产党历史文库、马克思主义理论文库、中国国情与地方志文库等“三大文库”建设。

（六）坚持以学科建设带动学位点建设，以学位点建设促进学科建设

突出特色学科和优势学科，加强现有学位点建设，筹建新的学位点。加大一流研究生课程体系建设力度。继续做好博士生导师和硕士生导师的遴选工作。

（七）发挥对地方党校学科建设的指导作用

加强对地方党校学科建设工作的指导，定期召开全国党校系统教学改革研讨会，编制《全国党校系统学科建设规划汇编》，每两年组织一次全国党校系统精品课评选，继续办好师资培训班，加强对地方党校学位点建设工作的指导、评估，带动全国党校系统学科建设水平的整体提升。

（八）加强对外交流，提升学科建设的水平

通过举办或参与理论研讨会、学科年会等多种形式的学术交流活动，加强与国内外高等院校、研究机构的交流与合作。

四、组织领导和保障

（一）加强组织领导

在校委领导下，由学科建设工作小组负责协调指导、督促检查学科建设有关工作的落实情况；教务部负责处理学科建设的日常事务，并协调各教研部（所）具体抓好落实。各教研部（所）和学科建设相关部门的有关领导负责学科建设的具体实施工作，把学校学科建设规划的具体要求落实到各教研部（所）的学科建设年度计划中。

（二）加大学科建设投入

逐步完善《中国马克思主义研究基金会“中央党校学科建设专项基金”资助奖励实施办法（试行）》，提高经费使用效益。进一步拓宽筹资渠道，不断增加对学科建设的投入。

五、执行时间

本规划自颁布之日起正式实施。

（教务部、办公厅供稿）

中央党校人才强校战略实施纲要（2011—2015年）

中校发〔2011〕27号

（经6月23日校委会议讨论通过）

为建设一流人才与队伍，推进中央党校各项事业全面发展，根据《2010—2020年深化干部人事制度改革规划纲要》、《2010—2020年干部教育培训改革纲要》、《国家中长期人才发展规划纲要（2010—2020年）》和《中国共产党党校工作条例》，结合队伍现状，制定本纲要。

一、实施人才强校战略是新形势下推动党校事业发展的重大举措

自2004年实施人才强校战略以来，在校委的高度重视下，在各直属单位的共同努力

下，人才队伍建设取得了显著成效。

人才队伍结构明显改善。干部队伍中，具有博士学位的比例由 2004 年的 16.5% 提高到了 2010 年的 26.5%，提高了 10 个百分点；具有硕士学位的比例由 14.9% 提高到了 17.2%。其中，专业技术人员队伍中，博士的比例由 31.9% 提高到了 51.8%，提高了近 20 个百分点；具有正高级专业技术职务的比例由 42% 提高到了 50.%，具有副高级专业技术职务的比例由 32.1% 提高到了 34.9%。工勤队伍中，具有高级技师资格的从无发展到 15 人，具有技师资格的比例从 13.8% 提高到了 57.3%，提高了 40 多个百分点。

教师队伍整体素质明显提高，涌现出了一批用马克思主义理论武装起来，有一定社会影响的专家学者，一批在课堂上“站得住、叫得响”的中青年教研骨干。

行政党务队伍综合素质与能力进一步提高，一些拥有高学历、善于谋划和推动科学发展的年轻干部逐步走上了领导岗位。

工勤队伍管理不断规范，整体素质得以提高；用工制度不断完善，初步形成了以技师为骨干、合同制人员为主体的后勤服务保障队伍。

干部人事制度改革取得新进展。公平、公正、竞争、择优的选人用人机制逐步建立，干部工作民主化程度不断提高；事业单位岗位设置管理工作顺利开展，为实现事业单位人员由身份管理向岗位管理的转变奠定了基础；初步建立了分类别分层次、比较科学的人才评价考核机制。

“十二五”时期是我国改革发展的重要战略机遇期，也是党校事业发展的关键时期。面对新形势新任务和干部教育培训工作新格局，面对建设“一流学府”对人才队伍提出的新要求，我校的人才队伍建设和人才工作还存在不少差距和薄弱环节，主要表现为：人才存量相对少，特别是专业技术人才相对少，总量较 2004 年减少了 17% 左右；队伍结构不够合理，特别是年龄结构不合理，40 岁以下的干部相对较少，而 50 岁以上的相比 2004 年提高了 5 个百分点；队伍的整体素质和能力有待于进一步提高；教师理论联系实际和理论创新的能力与所承担的任务还不相适应，青年教师的马克思主义理论水平相对较弱；教学科研拔尖人才和急需人才缺乏；既懂业务又懂管理的复合型领导人才少；人才工作的机制和环境需进一步完善。

新形势下，为进一步加强人才队伍建设，圆满完成中央党校所承担的任务，需要制定新的人才发展战略，采取新的措施，有针对性地解决队伍发展中存在的问题。

二、实施人才强校战略（2011—2015 年）的指导思想、总体要求、基本目标

（一）指导思想

以邓小平理论和“三个代表”重要思想为指导，深入贯彻落实科学发展观，坚持党管人才原则，坚持以人为本，落实尊重劳动、尊重知识、尊重人才、尊重创造的方针，围绕建设“一流学府”，以教师队伍建设为重点，以高层次人才培养为核心，全面加强人才工

作，为圆满完成教学科研和其他各项工作，提供强有力的人才保证。

（二）总体要求

全面贯彻落实胡锦涛总书记在全国党校工作会议上提出的党校要发挥“四种作用”、牢固树立“五种意识”的要求，以建设“一流学府”为目标，统筹抓好以高层次人才为重点的各类人才工作；树立和落实科学的人才观，把品德、知识、能力和业绩作为衡量人才的主要标准，不拘一格选人才、用人才；优化人才资源配置，促进人才在各个学科、各个部门、各个专业、各个岗位的合理布局，形成人才协调发展的局面；以爱才之心、识才之智、容才之量、用才之艺，把各类各层次人才的积极性、创造性引导好、保护好、发挥好，把优秀人才吸引到党校事业中来。

（三）基本目标

通过实施人才强校战略（2011—2015 年），建立起充满生机与活力的人才工作机制，形成较为完备的人才工作制度和政策体系；建设一支数量适当、结构合理、素质优良、创新能力强，坚持党校姓党，能够适应大规模培训轮训干部和理论创新要求，满足党校事业发展需要的人才队伍。

1. 建设一支素质优良、规模适当、结构合理、创新能力强，能够适应党校教学科研新要求的专业技术人才队伍。培养一定数量的学术带头人和中青年教研骨干，为造就若干名在党内和国内外有影响的名师、大家创造条件，奠定基础；选调和聘用高校优秀毕业生，充实教师队伍；公开招聘高端战略人才，充实教学科研急需的学科。通过以上措施，逐步形成以一批著名专家学者为带头人，在党内国内有影响、具有党校特色和优势的教师队伍，构筑一流的教研人才高地。

2. 建设一支政治坚定、勇于创新、勤政廉洁、求真务实、奋发有为、善于推动科学发展的高素质行政党务队伍。录用一批优秀年轻人才，改善队伍年龄结构和知识结构；加大年轻后备干部选拔培养的力度，形成合理的局处级领导干部年龄梯次配备；不断加大干部教育培训力度，着力提高素质与能力，逐步形成具有党校特色的党务行政干部队伍。

3. 建设一支结构合理、具有良好服务意识的高素质工勤队伍。着力提高工勤人员的素质和技能，形成以技师为骨干，以大批经过专门培养、培训的合同制人员为主体，适应党校后勤管理和服务的工勤人员队伍。

4. 继续深化干部人事制度改革，在人才工作制度和机制上力求有新的突破，逐步形成充满生机与活力的选人用人机制、激励竞争机制、人才资源综合开发使用机制和科学的人才评价机制，营造有利于优秀人才脱颖而出、充分施展才能的环境和氛围。

三、主要措施

（一）坚持党校姓党，全面提高人才队伍的思想政治素质

1. 加强理论武装。坚持不懈地用马列主义、毛泽东思想、中国特色社会主义理论体系武装头脑，使教职工掌握党的基本理论、基本路线、基本纲领、基本经验和重大方针政

策，树立正确的世界观、人生观和价值观，坚持正确的权力观、地位观、利益观、政绩观，保持政治上的清醒和坚定，自觉同党中央保持高度一致，努力成为学习和实践科学发展观的表率。

2. 加强校风学风建设。教育引导广大教职工坚持做人、做事、做学问相一致，为人师表、严于律己、爱岗敬业、勤奋工作、热情服务；坚持理论联系实际的优良学风，提高运用马克思主义立场、观点、方法分析和解决问题的能力；坚持党校姓党原则，正确处理好学术研究与理论宣传、言论自由与组织纪律的关系。教育引导教研人员重视学术诚信建设，严格遵守《中央党校学术规范》，把学术诚信记录作为职务晋升、岗位聘用、年度考核与聘期考核等的重要依据。

3. 加强和改进思想政治工作，加强对教职工队伍的管理。按照从严治校、从严施教、从严管理的要求，结合教职工的思想实际和工作实际，加强纪律教育，开展形式多样、生动有效的思想政治工作；从政治上、思想上、工作上、生活上关心帮助各类人才，鼓励人人竞相成才。

（二）*以培养高层次教研人才为重点，全面加强教师队伍建设*

1. 调整和优化教师队伍结构。根据教师队伍现状，加大选调青年教师、公开招聘教学科研高端战略人才的力度，优化教师队伍年龄梯次和学科结构，争取在5年左右形成结构合理的人才梯队和优势互补的学术团队。

2. 加大培养学术带头人和中青年教研骨干的力度。完善国家新世纪“百千万人才工程”、享受国务院政府特殊津贴专家、中宣部“四个一批”人才等专家项目选拔办法，引导教师安心教学，潜心理论研究。确定一批重点培养对象，制定专门的培养措施，力争用5年左右的时间，培养一批学术上有影响、课堂上站得住的学术带头人、党校名师。对造诣深厚、成就突出的专家学者，要采取有效措施，发挥他们成才的示范作用和教学科研中的领军作用，带动整个教师队伍建设。

着眼于长远，把40岁以下的青年教师培养工作摆到突出位置。不断加大对中青年教师在教学科研等方面的支持力度，在课题设置、资金资助、成果推介等方面给予扶持；对有发展潜质的青年教师量身定做个性化培养方案。充分发挥《中央党校理论文库》、《〈中央党校马克思主义研究基金会“教学科研专项基金”资助奖励条例教学讲题项目实施细则〉（试行）》、青年课题等平台的作用，完善任课教师竞聘、集体备课、教学观摩等制度，为青年教师成长搭建舞台、提供空间。

3. 加强教师队伍能力建设。积极拓宽渠道，安排教师到地方或中央有关部门挂职锻炼，提高理论联系实际能力；到国内外著名高校和科研机构做访问学者，或从事博士后研究，夯实理论基础、拓宽理论视野，提高学术研究和理论创新能力。适时举办外语培训班，提高教师运用外语进行研究和学术交流的能力。

加大对教师，特别是中青年教师学习研究马克思主义经典著作的支持力度，力争用5年左右时间培养一批从事马克思主义经典著作教学和研究的中青年骨干。

加强科研组织协作，搭建学术交流平台。发挥集体力量和学科带头人的作用，用前沿性、基础性重大科研课题培养锻炼人才，把出成果与出人才紧密结合，把打造学术精品与培养拔尖人才紧密结合。

锻炼提高出版报刊、图书资料和信息化专业人才队伍为教学科研服务的能力。

4. 充分利用好社会资源。按照专兼结合、以专为主的原则，聘请一些有志于党的干部教育培训事业的著名专家学者、党政领导干部、企业管理者担任兼职教授，切实发挥好他们的作用，提升我校整体学术水平。

（三）以提高素质与能力为目标，加强行政党务队伍建设

1. 实施党政人才素质能力提升工程，构建理论教育、知识教育、党性教育和实践锻炼“四位一体”的干部教育培养体系。落实行政干部教育培训规划，改革完善培训内容和方法，实现行政干部培训经常化、制度化、规范化。按照缺什么补什么的原则，通过选派干部到基层挂职锻炼，举办各种学习班、专题研讨班和业务培训班，鼓励有条件的干部攻读在职研究生、学位研究生等措施，不断提高干部的素质与能力。

2. 加强对局处级领导干部的培养。以加强思想政治建设和能力建设为核心，强化理论武装和实践锻炼，加强领导干部理想信念、宗旨观念、政治纪律和廉政教育。

坚持每年举办一期新任局处级领导干部培训班，提高他们的思想政治素质和工作能力，增强政治责任感和使命感，转变和强化领导干部角色意识，明确职责和任务，开阔理论视野，增强人文素养和法律意识。

3. 建立完善后备干部培养制度。完善后备干部选拔培养和管理办法，建立一支数量充足、素质优良、结构合理的局处级后备干部队伍。加大选拔培养和使用优秀年轻干部的力度，根据他们的不同情况，安排或交流到重要岗位任职，或选派到地方挂职锻炼。在工作上多压担子，让他们多参与重大和复杂问题的处理，使之在实践中锻炼成长。

4. 加强组织员队伍建设。落实《中央党校组织员工作暂行规定》，建立组织员培养提高与交流制度，有针对性地加强组织员培训，提高他们的理论素养、责任意识、管理水平、服务能力，培养他们引导学员研究问题、真实反映学员学习情况以及对学员管理、考核的能力。通过竞争上岗方式选拔一批政治素质强、理论水平高，有领导工作经历的干部充实组织员队伍。

5. 加强廉政教育。不断加强对局处级领导干部，特别是局级领导干部的廉政教育。坚持开展任职前纪委集中谈话制度，建立完善任职前廉政报告制度。积极开展多种形式的廉政教育活动，督促领导干部遵守《廉洁从政准则》，提高拒腐防变的能力。

（四）创新管理模式，建设高素质的工勤队伍

1. 创新管理模式。根据事业单位人事制度改革进程，研究制定工勤人员分类别分层次管理办法，以分类别优化资源配置，以分层次节约管理成本。

2. 加强培训工作。坚持分类指导，全面提升工勤人员的素质与能力。组织工勤人员参加各种技能培训和职业道德培训，支持他们参加职业资格考试。进一步发挥职业技能竞

赛在发现和选拔高技能人才中的作用，统筹组织好工勤人员参加各类职业技能竞赛，引导和带动他们积极参加岗位练兵和技能竞赛活动，不断提高技能水平。加大对专业技术骨干和管理人员的培训力度。完善“重大活动＋日常工作＋专业培训”的立体化培训模式，采取理论学习与工作实践相结合、在职培训与脱产学习相结合、对口培养与轮岗交流相结合、自主培训与对外交流相结合等多种形式，努力培养一批适应党校事业发展需要的技术技能型、知识技能型、复合技能型人才。

3. 完善用人制度。按照专业化、技能化、社会化的要求，不断加大引进高技能人才的力度。根据各专业各工种人才需求，引导用人单位与社会职业技能学校、高校毕业生实现供需对接。探索实行管理岗位竞聘上岗制度，拓宽选人视野，引进一些热爱党校事业、有较强业务能力的人才充实到相关管理岗位。

四、坚持改革创新，建立充满生机与活力的人才工作制度机制

（一）建立以公开、平等、竞争、择优为导向，有利于优秀人才成长并充分施展才干的选人用人机制

1. 不断完善专业技术岗位设置管理和专业技术职务评审制度。根据教学科研工作以及学科建设的发展变化，修订《中央党校事业单位岗位设置管理实施方案》，进一步合理设置专业技术岗位，明确岗位条件与职责，规范聘用工作程序。实行合同管理，逐步实现事业单位人员由身份管理向岗位管理转变。

切实发挥专业技术职务评审工作的激励和导向作用。完善教学科研评价体系，更好地发挥学术同行评议的作用，不断增强学术评价的专业性；根据各学科发展情况，不断修订完善《中央党校权威期刊目录》，为学术评价提供更加科学合理的依据。

2. 进一步深化干部选拔任用制度改革。坚持德才兼备、以德为先的用人标准，坚持民主、公开、竞争、择优改革方针，树立坚定信念、注重品行、科学发展、崇尚实干、重视基层、鼓励创新、群众公认的用人导向。在完善竞争上岗、述职比选等竞争性选拔干部工作的基础上，不断拓宽选人用人渠道，逐步扩大面向社会公开选拔干部的范围；研究制定干部交流轮岗办法，调整不适宜担任现职干部办法，干部工作信息公开化制度，干部选拔任用工作全程纪实制度等。

3. 进一步深化教研部门以外的事业单位用人制度改革。按照分类管理的原则，加大推行聘用合同制和劳动合同制的力度，逐步打破干部和工人的界限、正式职工和合同制人员的界限，为由固定用人向合同用人、由身份管理向岗位管理转变奠定基础。

（二）建立以能力和业绩为导向，符合党校特点科学的人才评价考核机制

在对各直属单位职责和机构编制重新进行核定的基础上，进一步完善和规范各单位职能配置，明确各级各类人员的岗位职责、工作标准和目标，为各类人才的评价、考核奠定基础。研究制定《事业单位工作人员考核办法》，干部“德”的考核标准和考核办法。

（三）建立以鼓励劳动和创新为目的的竞争激励机制

1. 完善内部分配办法，形成与能力和业绩紧密联系的分配机制。规范校内收入分配制度，研究制定事业单位绩效工资实施办法，切实发挥分配制度的激励作用。

2. 坚持精神奖励和物质奖励相结合的原则，形成有效的人才奖励机制。完善教师节表彰以及其他各类校级奖项的评选办法，修订完善《马克思主义研究基金会“优秀人才”奖励资助项目实施细则》，更好地发挥这些评奖、资助项目的激励作用。通过报刊、校园网络等媒体，加大对各类优秀人才的宣传力度。

五、加强对实施人才强校战略的领导

校委按照总揽全局、协调各方的原则，搞好统筹规划，明确发展目标，制定政策措施，实施分类指导，解决突出问题，加强督促检查。

各单位领导班子要把人才工作纳入工作目标责任制，一把手负总责，切实加强领导，要根据本单位实际情况和队伍现状，制定人才工作的具体措施并加以落实。组织部加强政策研究和组织协调。

学校根据队伍建设与人才培养的需要，多方面筹集资金，不断加大实施人才强校战略的资金投入。各单位、各部门要结合自身工作特点，不断研究党校人才成长的特点和规律，探索党校人才工作的新办法、新机制。努力构建校委统一领导，组织部牵头，各单位认真负责、密切配合，各方面广泛参与的人才工作新格局，形成做好人才工作的强大合力，不断开创人才工作的新局面。

（组织部、办公厅供稿）

中央党校2011—2015年教师队伍建设规划

中校发〔2011〕28号

（经6月23日校委会议讨论通过）

根据《国家中长期人才发展规划纲要（2010—2020年）》和《中央党校人才强校战略实施纲要》有关精神与要求，为建设干部教育培训“一流学府”，在总结上一个教师队伍建设五年规划执行情况的基础上，结合教师队伍现状，制定本规划。

一、实施《中央党校2006—2010年教师队伍建设规划》以来教师队伍建设的基本情况

（一）教师队伍现状

截至2010年底，我校共有专业技术干部367人，其中具有正高级专业技术职务任职资格185人，占50.4%，副高级专业技术职务任职资格128人，占34.9%，中级及以下专业技术职务任职资格54人，占14.7%；具有博士学位190人，占51.8%，具有硕士学位82人，占22.3%；40岁以下105人，占28.6%，41至50岁123人，占33.5%，51岁以上139人，占37.9%。

教研部门教师269人，其中教授（研究员）154人，占57.2%，平均年龄为51岁；副教授（副研究员）87人，占32.3%，平均年龄为41岁；讲师（助理研究员）28人，占11.5%，平均年龄为32岁。具有博士学位185人，占68.8%，具有硕士学位58人，占21.6%；40岁以下89人，占33.1%，41至50岁86人，占32%，51岁以上94人，占34.9%。

（二）教师队伍建设取得的成效与不足

在校委领导下，在各部门共同努力下，自实施上一个五年规划以来，紧紧围绕教师选录、培养、使用和激励等环节，以提高素质和能力为核心，培养了一批用马克思主义武装起来、立足国内、面向世界的理论工作者，造就了一批勇于开拓创新、引领学科发展的学术带头人和一支年富力强、潜质突出的青年后备队伍。

1. 教师思想政治素质和党性修养进一步提高。通过不断丰富党性教育的形式和内容，教师的政治意识、大局意识、责任意识显著提高，坚持党校姓党原则和从严治校方针的自觉性明显增强。

2. 学科师资结构更趋合理。通过优化人员结构和引进人才，马克思主义基础理论学科教师队伍得到加强，优势学科、新兴学科和急需发展学科教师队伍进一步补充。

3. 公开、公平、竞争、择优的竞争激励机制进一步完备。通过完善教学科研评价体系，改进岗位聘用和专业技术职务评审工作，优化细化奖励资助项目的评审，以学术水平和教学科研实绩为核心依据的竞争激励机制不断完善，为引领教师发展和鼓励优秀人才脱颖而出发挥了积极作用。

4. 教师培训工作进一步加强。通过创新培训形式、完善培训管理工作、拓展培训渠道，教研人员学术功底进一步夯实、理论联系实际能力显著提高，出版、报刊和图书资料专业人才队伍为教学科研服务的能力显著增强。

5. 教师考核工作进一步科学化。以岗位职责为依据、以教学科研工作绩效为重点内容、定性与定量相结合的教师考核体系进一步完善，教师考核评价工作的科学化水平不断提高。

但是与新形势下中央党校承担的任务相比，与建设干部教育培训“一流学府”的要求

相比，教师队伍建设还存在不小的差距，主要表现为：教师队伍党性教育的长效机制仍需要进一步探索，针对性和实效性需要进一步增强；教师队伍总量不足，年龄结构不合理，部分学科缺乏高层次领军人才；教师队伍的综合素质和能力有待提高，个别教师的马克思主义理论特别是中国特色社会主义理论体系功底不够扎实；有利于人才成长的机制和环境还不完善，教师队伍管理工作的科学化水平需要进一步提高，职能部门和教研单位之间沟通协调机制需要进一步完善。

二、2011—2015 年教师队伍建设的指导思想和基本目标

高举中国特色社会主义伟大旗帜，以马克思列宁主义、毛泽东思想、邓小平理论和“三个代表”重要思想为指导，深入贯彻落实科学发展观，贯彻党管人才原则，按照《中国共产党党校工作条例》提出造就一批政治强、业务精、作风正的高素质教学科研人才的要求，坚持以人为本，确立教学科研人才优先发展的战略布局，以一流教研人才培养为重点，大力实施人才强校战略，构筑教学科研人才高地，把我校教师队伍建设提高到一个新的水平。

通过五年的工作，努力建立一支素质优良、规模适当、结构合理，能够适应党校教学科研新任务、新要求的高素质教师队伍，为实现干部教育培训“一流学府”建设的战略目标提供人才和队伍保障。

三、2011—2015 年教师队伍建设的主要措施

（一）加强教师思想政治工作和党性教育

进一步提高教师队伍的政治素质，提升教师党性意识，增强坚持党校姓党原则和从严治校方针的自觉性，实现科研探索和政治纪律、党性意识和学术责任的有机统一。创新思想政治工作和党性教育的内容、形式和机制，探索党性锻炼与考核、岗位聘用、职称评审等工作有机结合的形式，形成具有中央党校特色的教师思想政治工作新格局和党性教育长效机制。

（二）加强教师队伍思想道德和学风建设

充分认识学风建设对教师队伍建设的重要意义，引导广大教师牢固树立良好师德、师风，大力倡导勤奋工作、甘于寂寞、踏实治学的精神。提高教师坚持党的基本路线和理论联系实际的自觉性；进一步教育、引导教师严格遵守《中共中央党校学术规范》，将学术诚信记录作为专业技术职务任职资格评审、岗位聘用、干部选拔任用、奖励资助项目评选、博士生导师遴选、年度考核和聘期考核的重要依据。

（三）进一步优化教师队伍结构

采取多种措施，实现学科师资结构优化调整。有效盘活人才存量，增加教师队伍选录补充数量，逐步提高教师在整体工作人员中的比例；进一步完善骨干教师和教学科研高端战略人才遴选引进办法，加大学科领军人物和学术带头人引进力度；根据中央党校教学科

研工作布局及学科建设需要，改进和完善兼职教师聘任和管理具体办法。

（四）加大对青年教师的培养力度

深入研究青年教师成长规律，努力探索具有针对性、持续性的青年教师培养机制。进一步加大对青年教师的培养、使用力度；加大对青年教师的资助力度，在教学、科研和人才资助项目中予以倾斜；适时启动“优秀青年教师培养工程”，对有发展潜质的青年教师量身定制个性化培养方案。加强管理、严格要求、大力扶持，努力造就一批党性坚定、踏实治学、学科功底扎实、有宽阔国际视野，有较大影响力的优秀青年教师。

（五）完善专业技术岗位设置管理和聘用工作

继续做好事业单位专业技术岗位设置管理工作，建立科学、规范、合理并且具有中央党校特色、适应“一流学府”建设需要的岗位设置管理工作体系。根据教学科研需要，修订《中央党校事业单位岗位设置管理实施方案》；加强对各直属事业单位岗位聘用和管理工作的规范指导，推动岗位条件、岗位职责、聘用程序的规范化、标准化；加大岗位考核力度，强化岗位责任意识；实施合同管理，逐步实现由身份管理向岗位管理的过渡。

（六）做好专业技术职务任职资格评审工作

切实发挥专业技术职务评审工作的激励和导向作用。完善教学科研评价体系，改进和提升学术评价的专业性；借鉴国内外公认学术标准和惯例，修订《中央党校权威期刊目录》，为学术评价提供更加科学合理的依据；充实学科或研究领域专家库，充分发挥优秀学术同行评议的作用；加强对科研成果学术规范的引导和审核。

（七）进一步改进教师考核工作

建立健全以建设干部教育培训“一流学府”为核心目标、以岗位职责为依据、以教学科研工作绩效为重点的教师队伍考核评价体系，不断提高教师考核工作的科学化水平，客观公正评价教师的德才表现和工作实绩。加强对考核工作的规范指导，制定《中央党校事业单位专业技术人员考核规定》；探索实现教师平时考核、年度考核和聘期考核有效结合的机制和办法；探索定性与定量相结合的考核办法，注重考核内容和标准的量化、细化和可操作性；强化考核结果的运用，充分发挥考核结果的激励约束作用，真正把考核结果作为收入分配、岗位聘任、职务晋升、培训选派和奖惩的基本依据。

（八）继续做好专家工作

充分发挥专家对教师队伍建设，特别是青年教师成长的指导作用。继续做好“百千万人才工程”国家级人选、“四个一批”人才、享受国务院政府特殊津贴人员以及其他专家项目人选的推荐选拔工作；加大对有重要贡献专家的宣传力度，不断提高服务专家的水平。

（九）加大奖励、资助工作力度

充分发挥奖励、资助的激励效用和导向作用，加大经费投入，改革完善奖励、资助制度和办法。进一步完善对优秀教师的表彰和奖励工作，对那些热爱干部教育事业，工作勤恳、爱岗敬业，在教学和科研中做出突出成绩和贡献的教师，加大奖励力度；做好中国马克思主义研究基金会教学科研、学科建设和人才强校专项基金资助奖励项目的评审和管理工作；支持和鼓励教师申报国家社科基金项目，实施国家社科基金项目配套奖励制度；继续拓宽教学、科研和人才培养资助渠道，优化资助项目设置和管理。

（十）做好教师培训工作

加大力度、增加投入、拓宽渠道，改革创新教师培训形式。组织和引导教师参加多形式、多层次的培训，使广大教师不断加强党性锻炼，深化对干部教育培训和党校教育规律的认识，不断更新专业知识，夯实专业功底，跟踪学术前沿，提高教学科研和国际学术交流能力。

1. 提高教师培训工作管理水平，推进培训工作制度化、规范化和科学化，不断提高培训工作的针对性和实效性。制定《中央党校教师出国留学研修管理办法》和《中央党校教师挂职锻炼管理办法》；加强对教师培训的管理和考核，积极探索教师培训项目合同或协议管理；加强部门协调沟通，形成教师培训工作的合力。

2. 拓展深化教师培训内容。根据学科建设和教学科研改革需要，有针对性地开展相关培训，进一步提高教师对干部教育规律和党校教学规律、马克思主义经典理论和本学科学术经典理论、哲学社会科学研究方法以及教育理论和教学技巧的把握。

3. 加大教师出国留学研修工作力度。继续做好现有留学项目组织管理和协调沟通工作；进一步拓宽教师特别是青年教师出国留学研修渠道，积极探索建立青年教师出国留学基金，争取每年选派一定数量青年教师到国外著名大学和科研机构留、学研修，培养一批具有良好国际视野、扎实学术功底和较高外语水平的青年教学科研人员；加强对出国留学研修人员的过程和目标管理。

4. 改进和完善教师挂职锻炼工作。完善教师挂职锻炼工作的流程和管理机制，不断提升挂职锻炼岗位设定、人员选派和考核机制的科学化水平，积极探索教学科研与挂职锻炼工作之间的良好衔接机制；做好挂职基地建设工作，每年有计划地安排一定数量教师到中央国家机关和地方挂职锻炼；通过举办挂职锻炼工作座谈会和经验交流会等活动，扩大挂职锻炼成果的共享范围。

（十一）搞好教研部（所）和教研室级领导班子建设

充分认识教研部（所）和教研室级领导班子建设的重要性和特殊性，进一步明确这支队伍的职能和职责，完善任用和管理办法，修订《中央党校教研部（所）、教研室（研究室）级领导职务聘任制暂行规定》，加强管理和考核，充分发挥其在教师队伍建设、学科建设、教学管理、科研发展和日常管理中的作用。

（十二）加大教师队伍管理工作力度

坚持激励保障与监督约束并重的原则，进一步提高教师队伍管理工作的规范化、科学化水平。严把政治关、业务关和师德关，完善教学科研等管理制度，对不能胜任教学科研任务的教师进行岗位调整，对违反政治纪律、宣传纪律、学术道德和日常管理相关制度的行为严肃处理。

四、加强领导，精心组织，统筹协调，切实抓好《中央党校 2011—2015 年教师队伍建设规划》的落实工作

成立在校委领导下的教师队伍建设领导小组，负责教师队伍建设规划的协调和检查，组织部具体牵头负责规划的实施和检查评估工作，教研部门研究制定本部门教师队伍建设的具体措施，其他有关事业单位和职能部门进一步明确本单位本部门在教师队伍建设中的职责。加强配合，形成合力，努力构建校委统一领导，各单位各部门各司其职、相互协调的教师队伍建设工作机制。逐年提高教师队伍建设工作的经费投入，提供比较充足的经费保证。通过五年的努力，使我校教师队伍建设工作提高到一个新的水平，为建设干部教育培训"一流学府"提供坚实的人才和队伍保障。

（组织部、办公厅供稿）

中央党校 2011—2015 年行政干部教育培训规划

中校发〔2011〕29 号

（经 6 月 23 日校委会议讨论通过）

为切实加强中央党校行政干部教育培训工作，培养造就高素质干部队伍，根据《干部教育培训工作条例（试行）》、《2010—2020 年干部教育培训改革纲要》和《中央党校人才强校战略实施纲要》有关精神与要求，在总结上一个行政干部教育培训五年规划执行情况的基础上，结合行政干部队伍实际，制定本规划。

一、《中央党校 2006—2010 年行政干部教育培训规划》执行情况

在校委的领导和重视下，自实施《中央党校 2006—2010 年行政干部教育培训规划》以来，我校行政干部教育培训工作遵循理论联系实际和按需施教原则，通过理论培训与业务培训相结合、能力培训与党性锻炼相结合、岗前培训与岗位培训相结合、校内培训与校外培训相结合、培训与使用相结合的工作思路与要求，通过多种途径，不断提高行政干部的政治思想素质和业务能力，在培养造就一支政治强、业务精、作风正的高素质行政干部队伍等方面，取得了一定成效。

思想政治素质进一步提高。行政干部坚持走中国特色社会主义道路信念更加坚定，投身党的干部教育事业和建设“一流学府”动力更加充足，坚持党校姓党、从严治校原则自觉性进一步提高，服务中心工作意识进一步增强。

教育培训覆盖面不断扩大。5 年来，组织部共组织举办各类行政干部培训班 12 个。有 710 人次参加不同类型的学习培训。新任职干部全部参加了任职培训。出国（境）培训规模进一步扩大。

教育培训方法不断改进，内容不断丰富。通过把引进名师来学校讲课和到其他培训机构办班紧密结合，把理论教育、党性教育和人文修养作为各个培训班的重要内容，采用体验式教学、情景模拟教学、案例分析、拓展训练等新方法新手段，突出实践导向，提高了干部适应不同环境和角色、处理实际问题的能力。

分层次分类别的干部培训格局初步建立，工作机制不断完善。局级领导职务干部按照各单位报送的培训计划参加党校、行政学院主体班等班次学习，局级非领导职务干部和处级干部参加中央党校中直分校培训班等班次学习，科级干部参加入校培训班等，另外选派干部参加基建工程、机要档案、后勤管理等校外岗位培训。

“十二五”时期是党校事业全面发展的重要时期，为适应党校事业快速发展的迫切要求，行政干部的综合素质和工作能力需要不断提高，直属单位领导班子对干部教育培训工作重要性的认识还需进一步加强，干部教育培训的规模还需要进一步加大，教育培训工作中还存在针对性实效性不强、党性教育环节比较薄弱等问题，需要在今后的工作中加以改进提高。

二、2011—2015 年行政干部教育培训工作指导思想和基本要求

（一）指导思想

坚持以马列主义、毛泽东思想、邓小平理论和“三个代表”重要思想为指导，全面贯彻落实科学发展观；坚持党校姓党原则，遵循干部成长规律和党校教育规律，为党校中心工作服务；坚持以提高素质和能力为重点，加强行政、党务、后勤干部队伍建设，为完成“十二五”时期党校承担的重要任务，为学习型党校建设和“一流学府”建设提供思想政治保证、人才保证和智力支持。

（二）基本要求

根据新时期党校承担的任务对行政干部能力素质提出的新要求，以政治理论、政策法规、业务知识、文化素养、党性锻炼为培训的基本内容，努力提高干部把握大局推动党校事业科学发展的能力、履行岗位职责服务中心工作的能力、善于调查研究不断开拓创新的能力、善于团结合作勇于创先争优的能力。

1. 以发展着的马克思主义为统领，把握教育培训工作的正确方向。用中国特色社会主义理论体系指导干部教育培训工作，用马克思主义基本理论武装干部的头脑，使干部准

确把握当代马克思主义中国化的最新理论成果及精神实质，夯实干部的思想理论基础。

2. 以人为本，把教育培训作为实施人才强校战略和建设“一流学府”的基本措施，为全体干部创造成长条件。以组织需求、岗位需求、干部需求为导向，组织调训为主、自主选学为辅，使所有干部都能通过不同途径和渠道参加培训，增强本领，做理论修养、干事创业和道德作风的表率。

3. 创新教育培训工作方法和机制，不断增强培训工作的实效性。注重素质和能力的培养，充分利用校内外各种优势资源，运用新的教学方法和信息化手段，增强教育培训的吸引力感染力，不断提高培训质量。

4. 坚持培训与使用相结合，切实增强培训工作的内在动力。紧密联系实际，落实培训工作考核和激励机制，推动培训成果的转化和运用，促进干部学有所用、用有所成。

三、工作目标

不断推进“大规模培训干部、大幅度提高干部素质”工作，使行政干部思想政治素质、科学文化素质、业务素质和服务意识明显提高，推动党校事业全面发展的能力明显增强；培训资源得到合理配置和有效利用，干部教育培训质量和效益全面提升；干部教育培训的科学化、制度化、规范化水平进一步提高，适应新形势下干部队伍建设需要和各类干部培训需求，以提高干部素质和能力为重点，充满活力、健全高效的教育培训体系基本形成。

四、主要措施

（一）重点组织好政治理论培训

以马克思主义中国化最新成果武装干部头脑，深入开展中国特色社会主义理论体系的教育培训；不断深化坚定理想信念、树立马克思主义世界观、人生观、价值观，坚持正确权力观、地位观、利益观、政绩观的教育培训；继续抓好党史、党纪和反腐倡廉教育，抓好经常性的党校姓党教育，增强干部的党校意识、服务意识、忧患意识，激发干部内在的为党校事业努力奋斗的不懈追求。

1. 坚持各直属单位理论学习中心组学习制度。通过学习，不断加强领导干部的思想觉悟，提高领导班子整体素质和决策水平。理论学习中心组还应定期对本单位理论学习和教育培训工作进行研究和安排。

2. 举办不同层次干部学习党的十七届五中全会、十八大精神培训班、研讨班。党的十八大后，及时举办局级领导干部学习十八大精神研讨班，各单位要有计划地组织处级和科级以下干部学习班，及时学习和贯彻会议精神，指导实际工作。

3. 突出抓好局级干部的教育培训，有计划地加强处级干部的教育培训。坚持每年选派 10 名左右局级领导干部参加校内主体班、国家行政学院和浦东、井冈山、延安干部学院学习。在每年选派处级干部参加中央党校中直分校进修班学习的基础上，进一步探索处级干部参加培训的方式和途径。

4. 抓好局处级领导干部的党性锻炼。制定《关于加强局级领导班子成员党性教育的意见》。利用浦东、井冈山、延安干部学院党性教育班次，对局级领导班子成员进行轮训。利用校内举办的各种班次和各类爱国主义教育基地，对处级领导干部进行党性锻炼和党史党风教育。

5. 加强对局级领导干部的廉政教育。把廉洁从政教育作为干部教育培训的重要内容之一，积极开展有针对性的廉政教育，对局级领导干部集中进行岗前廉政教育，提高领导干部拒腐防变能力。

6. 充分利用信息化手段，逐步建立校内网络精品课程资源库，开展全员学分制理论培训。利用好学校的数字图书馆等信息资源库，为干部自学和研究问题提供便利条件。

（二）全面开展岗位培训工作

根据工作任务需要，针对不同岗位、不同层次干部，开展提高领导能力和管理水平的培训。通过岗位培训，促使干部熟练掌握相关工作的政策法规和工作要求，加深对工作规律的探索和把握，提高干部的组织协调能力、职业道德水平和心理素质，增强发展意识，提高为教学科研工作和学员服务的能力和水平。

1. 完善新录用干部岗前培训。通过培训，使新录用的干部尽快了解校史校风和党校教学、科研、行政管理等方面情况，增强从事党的干部教育事业的责任感、荣誉感，增强提高业务能力、适应新岗位需要的紧迫感，顺利完成角色转变。

2. 规范任职培训。每年举办一期新任局处级领导干部培训班，通过培训，进一步增强干部的政治责任感和使命感，强化领导干部角色意识，明确职责和任务，开阔理论视野，增强人文素养和法律意识，增进不同部门干部之间的交流、沟通与合作。

3. 加强对组织员的培训。有针对性地举办组织员培训班、组织员工作交流会，全面提高组织员的理论素养、责任意识、管理水平、服务能力，使之善于营造良好的学习氛围、善于带领引导学员研究问题、善于总结和反映学员的学习研究成果。

4. 加强对教研室主任的培训。每两年举办一期教研室主任培训班，提高教研室主任履行岗位职责、领导学术发展和学科建设的能力，增强贯彻党校姓党原则的自觉性。

5. 继续开展组织人事干部培训。开展组织人事工作专项业务培训，使各直属单位从事组织人事和培训管理工作的同志，熟悉有关政策，明确工作要求，掌握工作技能，提高工作质量。通过学习和交流，加强各部门间的联系和协作，提高组织人事工作为党校教学科研服务的水平。

6. 鼓励各直属单位有针对性地举办提高能力素质的专门培训班和掌握本单位业务知识的专题讲座，支持直属单位采取向干部推荐学习书目，主要领导给干部授课等学习措施。

7. 鼓励干部自主学习，积极参加中央国家机关、行业主管部门组织的专项业务学习和国家专业技术职称、资格考试或认证。

（三）加大行政干部到基层锻炼的选派力度

根据中央《2010—2020 年深化干部人事制度改革规划纲要》要求，制定《中央党校行政干部基层锻炼工作暂行办法》及配套措施，有计划地安排后备干部和优秀年轻的局处级干部到地方基层挂职锻炼，了解国情，增强与人民群众的感情，提高做群众工作的本领，增强党性修养，全面提高综合素质。学校逐步联系建立若干个挂职锻炼基地，每年选派部分没有基层工作经历的青年干部到基层锻炼。

（四）加强出国（境）培训

根据培养世界眼光和战略思维的需要，有计划地选派干部，特别是“人才强校专项基金”资助的优秀管理服务人才，走出去学习国（境）外先进管理理论与实践，重点提高比较研究、决策选择的方法和能力，促进干部成长。与外事工作办公室加强合作，积极拓展国外培训渠道，组织专题出国培训和交流项目。

（五）大力支持学历学位培训

鼓励行政干部根据工作需要和本人意愿，在不影响工作的前提下，参加党校或国民教育学历学位学习，改善知识结构，增强理论修养，提高胜任工作的本领。

（六）重视抓好后备干部的培训培养

局处级后备干部是党校事业持续稳定发展的根本保证。制定和实施局级后备干部的培养培训措施，争取五年内局级后备干部轮训一遍，适时集中举办处级后备干部培训班。

通过以上措施，五年内，局处级领导干部应当参加组织部认可的各类培训机构累计 3 个月以上的培训，其他干部 2 个月以上；50 岁以下的局级领导干部应当参加校内主体班、行政学院或三所干部学院学习培训一次；新任局处级领导干部要在提任后一年内完成任职培训。

五、工作机制

按照“不断丰富培训内容，改进培训方式，整合培训资源，优化培训队伍，提高培训质量”总要求，不断完善干部教育培训工作机制。

（一）年度计划总结报告制度

各单位要结合实际情况，组织制订并严格执行本单位教育培训计划。每年年底向组织部提交当年培训工作总结和受训人员名单，申报下一年度培训计划和培训需求。

（二）干部教育培训考核和激励机制

把干部教育培训情况作为干部考核内容和任职、晋升的重要依据之一。要把各单位干部培训培养计划及落实情况作为考核领导班子、领导干部的内容之一。

（三）干部教育培训选调制度

按照《党政领导干部选拔任用工作条例》和《干部教育培训工作条例（试行）》相关要求，组织部根据干部参加教育培训的基本情况和干部成长的实际需要，分期分批选派干部参加各类教育培训。

（四）切实保证干部教育培训经费

干部教育培训经费要根据培训任务的需求，在学校整体经费增加的基础上，不断加大投入。在保证政治理论培训的基础上，不断增加岗位业务培训的投入。

（五）加强培训工作研究和宣传

组织部负责培训工作的有关人员，不定期地到校各直属单位进行工作调研，了解培训需求和培训成效；及时总结各直属单位好的工作经验，进行推广和宣传。

六、组织领导

干部教育培训是党校人才培养和队伍建设的关键环节，高素质行政干部队伍是服务教学科研工作的重要保障，必须加强对行政干部教育培训工作的领导，从严管理，从高要求，以培育和弘扬良好的校风和学风。

行政干部教育培训工作在校委统一领导下，各单位分工负责。组织部负责干部培训规划的制定和培训的组织、协调、监督、落实工作。各有关职能部门负责其主管业务的教育培训。各直属单位应注意处理好干部学习与工作矛盾，做好本单位的人员选派、组织管理、日常教育等工作，配合落实好本规划。

（组织部、办公厅供稿）

中央党校信息化发展规划（2011—2015年）

信息化是提高党校各项工作科学化水平的重要途径，是实现党校教育现代化的重要手段，是党校事业与时俱进的重要标志。为了准确把握国内外信息化发展的趋势，认真贯彻落实党和国家对信息化发展的有关要求，紧密结合党校信息化发展的实际，进一步明确“十二五”期间党校信息化工作的目标要求和主要措施，更好地发挥信息化在推进党校事业科学发展中的重要作用，特制定本规划。

一、信息化发展现状及面临的形势

（一）信息化发展现状

在中央领导及中央党校校委、校领导的高度重视下，在校内各直属单位的支持配合下，在信息化工作部门的辛勤努力下，近年来，中央党校的信息化工作取得了较大进展。一是建立了比较完善的组织架构。中央党校校委、校领导高度重视信息化工作，设立了专门的信息技术和管理部门，明确了相关的职责任务。另外，由办公厅牵头成立了信息资源建设工作领导小组，并在各直属单位设立信息联络员。二是建成了比较完整的网络体系。逐步建设完成了主干万兆、节点上万的校园网，有近三千个站点的远程教学网，拥有上百个频道的有线数字电视网，农村党员干部现代远程教育网，还有包括情景模拟教学实验室和教室中控在内的电教保障系统。三是积累了比较丰富的网络资源。近年来通过自制、购买、交换、征集、接受赠送等方式，已建立起较为丰富的信息网络资源库，重视资源的分类、整理、更新、利用。四是形成了比较有效的管理制度。根据中央党校信息化实际情况，分别制定了中央党校校园网络管理规定、中央党校校委保密办公网和校园办公网有关管理规定、中共中央党校远程教学网络管理维护实施细则等管理制度，并结合相关的技术管理手段，积极推进管理制度的实施。五是取得了比较明显的应用成效。目前已经建立了多个应用系统，信息化应用水平有了明显提升，较好地发挥了党校信息网络的教辅、宣传、管理、服务等功能，显示了比较明显的应用成效。

当然，应该看到党校信息化发展过程中还存在的一些问题与困难，主要是：学工人员对信息化工作的认识有待进一步深化，信息化素养需要进一步提高；党校系统内技术标准不统一、不规范，对接互通需要加强；党校系统内资源共建共享程度不高，存在重复建设和资源浪费现象；信息化管理机制、体制不顺畅，校内的协调机制有待进一步完善；信息化应用程度不高，缺少信息化建设特别是应用的评估体系等。

尽管存在着以上困难和不足，但总体来看党校的信息化工作发展较快，在建设、管理、应用等方面都取得了积极成效，积累了一定经验，形成了一些规律性的认识，比如思想重视是前提、设施设备是基础、资源建设是关键、加强应用是根本、人才队伍是保障等，这些都是今后信息化工作继续又好又快发展的基础和条件。

（二）信息化发展面临的新形势

在看到党校信息化发展现有基础的同时，更要看到党校信息化进一步发展面临的新形势、新任务、新要求。一是党校信息化发展面临的新形势。从国际上看，以“云计算”、知识管理为代表的各种新技术深入发展。以互联网为核心，各种信息技术加速集成，使各种事物、流程、运行管理方式更加智能化。从国内来看，“十二五”时期是我国全面建设小康社会承上启下的关键五年，加快转变经济发展方式要求科技进步和创新尤其是信息技术的创新发展与深化应用。加快信息化与工业化的融合及在各领域的应用，加快推进电信网、广播电视网、互联网融合已经成为信息化发展的主要趋势。二是党校信息化发展面临的新任务。党和国家的一系列文件都明确了今后一个时期信息化发展的重大意义和主要任务，《十二五规划》强调全面提高信息化水平；《2006—2020年国家信息化发展战略》指出大力推进信息化，是覆盖我国现代化建设全局的战略举措；《国家电子政务内网建设和管理规划（2011—2015）》提出为适应业务发展和安全保密的要求，有效遏制重复建设，要加快建设和整合统一的网络平台；《2010—2020年干部教育培训改革纲要》明确要求各类干部教育培训机构要适应现代信息技术迅猛发展的新形势，加强网络培训基础设施建设，规范干部网络培训管理，整合现有网络培训资源，建立开放、兼容、共享的全国干部教育培训网络。三是党校信息化发展面临的新要求。大规模培训干部、大幅度提高干部素质，党校学员和广大党员、干部对培训方式、培训内容的需求越来越多样化、个性化等，这些要求在很大程度上要借助信息化手段来实现。以上所述的新形势、新任务、新要求，既是党校信息化发展的挑战，更是党校信息化发展的机遇，为党校信息化的下一步发展明确了方向，指出了道路。充分运用信息化手段提高干部教育培训的质量和效率、推进党校工作的科学发展，成为今后一个时期党校信息化工作的根本任务。

二、信息化发展的指导思想和目标要求

（一）信息化发展的指导思想

以邓小平理论、“三个代表”重要思想为指导，深入贯彻落实科学发展观，认真贯彻落实《中国共产党党校工作条例》和全国党校工作会议精神，按照全面提升党校科学发展水平、打造“一流学府”的要求，以创建与“一流学府”相适应的“一流信息化手段”为目标，以打造统一、高效、方便的教学辅助平台和管理服务平台为重点，较大幅度地提升党校信息化科学发展的水平，充分发挥信息化在推动党校各项工作和干部培训事业中的积极作用。

（二）信息化发展的目标要求

信息化发展的总体目标是：与创建“一流学府”的要求相适应，信息化建设进一步推进，硬软件建设在各类干部培训机构中达到先进水平；信息化管理进一步完善，达到管理制度健全实用，管理体制完整协调，管理机制灵活高效；信息化应用进一步加强，实现领导带头、学工人员全员使用的局面。同时，信息化建设、管理、应用的相互联系更加紧密，相互促进作用更加明显，相互协调运转更加高效。

围绕上述总体目标的实现，信息化发展的基本要求是：

突出政治性。坚持党校姓党原则。党校的信息网络作为党校教育的新平台，将全方位地融入到党校的教学科研等各项工作中。党校网络上的课程和各种信息资源，必须与党的路线、方针、政策保持一致。不仅如此，还要加强网上马克思主义宣传理论阵地的建设。这就要求严格把关，确保网络上的信息资源政治上靠得住，并突出党校特色，凸显党校优势。同时，要加强信息网络的安全保密工作，这也是党校信息网络政治安全的重要组成部分。

突出前瞻性。党校信息化工作既要立足当前党校信息化发展的现状，又要着眼未来，满足长远需求。体现前瞻性，就是要认识信息化发展趋势，紧跟信息化发展潮流，把握党和国家有关文件对今后一个时期信息化发展的精神，特别是关于在干部培训工作中对信息化工作的要求，以及党员干部在学习培训中对信息化手段的需求。为此，在信息化基础设施建设过程中，就要注意为以后的升级换代留下余地，也为与全国党校系统和社会上的有关单位、部门的对接预留空间。

突出实效性。无论是信息技术手段的提供，还是信息资源和内容的建设，都要体现中

央对干部培训的要求和学工人员学习工作的个性化需求。要紧密结合党校实际，突出信息化发展的党员干部教育培训特色，把信息化手段有效地融入到党校教学、科研、学科建设、队伍建设、行政管理、后勤服务等各项工作中，通过增强党校信息化工作的针对性，切实增强其实效性。

突出统筹性。统筹协调发展有利于充分调动各种因素，形成全校和党校系统信息化技术工作的合力，减少信息孤岛，实现党校信息网络平台和信息资源的共建共享。为此，要进一步完善党校信息化工作的协调机制，在加强内部协调和管理融合的同时，充分发挥中央党校在全国党校系统的统筹引领作用。此外，还要制定和统一信息化发展的一些政策和标准，以规范和协调各要素之间的关系，为形成信息化工作的合力和共建共享创造条件。

三、信息化发展的重点任务

概括起来就是着力完善两个平台，重点完成九项任务。

（一）完善教学辅助平台

1. 更新电教保障系统。从大力加强和改善基础设施入手，以电化教学设备改造工程项目为依托，本着先进性、适用性、安全性、可扩展性和可维护性五大原则，达到设备稳定、技术先进、使用便捷、保障有力的要求，为党校重点会议、活动和日常教学提供现代化的电教保障体系。同时，顺应数字化发展的趋势，注意推进教学信息资源的集成化和数字化。

2. 深化情景模拟教学系统。继续完善情景模拟教学实验室的软件功能，并加大对老师的培训力度，建立丰富的案例库，在保证质量的前提下，力争在两到三年内，使各类案例库的数量达到上百个，容量达到上百 GB。通过多种途径获取全国地级市以上城市较新 GIS 信息数据。教务部门、教研部门、信息技术部门相互配合，完善教学模式体系，创新教学方式，推动情景模拟教学实验室的应用。

3. 丰富音视频点播系统。不断充实“中央党校宽频”网站的内容，根据形势发展和需求的变化，适时开辟新的栏目，建立为学员服务的电视教学课堂，为党校教师提供展示自我舞台的中央党校精品课堂，可以查询史料的党校历史音像资料库等新的栏目形式。积极推动网络论坛和微博等网络应用的开展。建设干部离校教育在线学习平台，积极促进学员网络教育的发展。

4. 加强党校远程教学网。继续推进远程教学网的升级改造，完善工作流程，为地方党校的各级站点做好技术服务，提升远程教学网的功能。继续开展远程教学资源征集评比活动，并使之常态化，与部分地方党校联合制定远程教学课程资源的开发、制作、审查、评比、奖励等相关工作细则，努力探索资源共建共享的有效机制。做好远程教学网络的对外交流与合作，探索应用的新方式。

5. 建设党校数字图书馆。以新建数字图书馆为中心，加快推进数字资源建设，将馆藏资源分期分批数字化，建立起从单纯纸质文献资源到包括数字资源在内的综合性信息资源保障体系。以中央党校图书馆“三大文库”（即中国共产党文库，马克思主义理论文库，中国国情和方志文库）建设为中心，统筹规划，整合各地方党校优质资源，建成具有一定规模的、能基本满足党校教育和干部学习的特色数据库群。积极探索服务方式的转变，将图书馆的资源和服务直接嵌入到读者的学习、科研和工作过程中。并以此为依托，建设好干部学习网，按照校委要求，打造一个有利于党员干部在线学习的马克思主义理论平台。

6. 建成全国党校虚拟专用网。在全国党校系统内实现中央党校、省级党校、市县级党校校园网络的互联互通，发挥虚拟专网的资源整合和共享作用，建立全国党校系统信息资源共建共享的平台。积极推进基于虚拟专用网的有关应用，如视频会议和视频直播、远程培训、网上课堂和网络交流论坛等。

（二）完善管理服务平台

7. 建立一卡通智能综合服务系统。充分利用信息化的技术优势为学员、教职工提供综合的信息服务平台，实现证卡统一，从根本上实现“一卡在手，走遍校园”。校园“一卡通”系统将有效整合原有业务与管理体系，以校园内网为基础，将校内教务管理系统、科研管理系统、学员管理系统、后勤服务系统、门禁系统、图书借阅系统、党校内网身份认证和个性化服务系统等有机结合，实现身份管理一卡通和校园服务、消费一卡通，提高中央党校整体的信息化管理和服务水平。

8. 拓展党校办公自动化系统。根据中央办公厅和国务院办公厅的有关要求，在原有党校办公自动化系统的基础上，运用主流技术，借鉴通行标准，加强管理服务信息化资源的整合，拓展办公自动化系统的功能，优化各子系统的业务流程，搭建统一的数据平台，构建使用方便、查询便捷、性能高效的综合办公管理服务系统。还要根据全国党委系统信息化建设规划和要求，建设中央党校电子政务内网（党委系统专网），大力推进党校办公自动化系统的建设和使用。

9. 完善电视网络宣传报道系统。建立校园信息屏新闻发布系统，探索直播快播新闻的新途径。将校园有线电视、网络音视频点播系统、校园信息屏等多种新老手段重新整合，重点打造以《党校新闻》为代表的自办精品视频节目，全面开发校园信息屏的宣传报道功能，努力打造立体多面的电视通讯宣传报道网。制定相关规定，使借助信息化载体进行的新闻报道工作更加高效规范。与新华社等权威新闻机构开展合作，探索通过与国家政务网、与地方党校相应系统互联互通，实现全国党校系统新闻信息共享。

四、信息化发展的保障措施

（一）体制保障

提高对信息化工作重要性的认识，加强组织领导。在原有校信息资源建设领导小组的基础上，成立中央党校信息化工作领导小组和全国党校系统信息化工作领导小组，研究制定本校和全国党校系统信息化发展规划和工作思路；研究解决党校信息化建设中的重大问题、疑难问题；整合管理职能，完善信息化协调配合机制；加强各应用部门与信息技术管理部门的协同，形成建设、管理、应用良性互动的信息化工作体系。

（二）经费保障

进入信息时代，信息技术的发展日新月异，信息化设施设备更新换代的周期缩短，速度加快，这就决定了信息化建设是高投入、持续投入的工程。要统筹考虑“十二五”期间党校信息化建设的经费投入，将信息化建设经费列入学校每年的预算，积极争取财政支持，力争每年都能按照一定的幅度增长，形成强有力的信息化建设经费投入保障机制。

（三）人才保障

信息化人才建设是党校队伍建设的重要组成部分。组织部门和信息技术部门密切配合，确定信息化人才工作重点，加大信息化专业人才的引进、培养、使用的力度。特别要根据不同岗位的需要和现有人员的情况，制定科学的培训计划，对现有人员进行分层次、分类别的培训。通过培训，努力建设起一支宽视野、肯钻研、懂技术、会管理、善协调的信息化工作队伍。同时，还要加强对党校工作人员特别是领导干部的信息化培训，进一步增强他们应用信息化手段的意识和能力。

（四）科研保障

要把信息化的科研工作纳入党校科研工作中。与教学科研部门合作，加强对信息化建设促进干部教育发展关系的研究，探索通过信息化发展推动党校教学科研发展的内在机制。建立和完善信息化发展年度课题调研制度，给予必要的经费和人力投入，促进调研成果的形成和转化。以创办内刊《党校信息化》为契机，加强对党校信息化建设经验的总结和交流，深化对党校信息化发展中的规律性认识，进一步提高党校信息化工作的科学化水平。

（信息中心供稿人：赵若玉）

教 学 教 务

概 况

2011年，教学教务工作以马克思主义理论教育特别是中国特色社会主义理论体系教育和党性教育为重点，继续深化教学改革，进一步加强马列经典著作导读课的教学分量，大力推动党校系统精品课建设和中青年教师队伍建设，不断完善教学管理体系，在打造“一流教学”上迈出了新步伐。

办好主体班次和相关重要班次。1. 主体班次。2011年，举办进修班、培训班、专题研讨班和师资培训班等计划内班次50个，招收学员3511人。其中，培训轮训省部级干部352名、厅局级干部1327名、中青年干部303名、新任县委书记459名、新疆和西藏干部314名、地（市）级党校常务副校长和各级党校教师756名。其中，按照习近平同志关于“干部教育培训工作要突出抓好马克思主义理论教育”的指示精神，为进一步发挥中央党校在马克思主义理论教育和党性教育上的优势，从春季学期开始，恢复举办系统学习马克思主义理论的进修类班次，开设学制为3个月的省部级领导干部“中国特色社会主义理论体系”高级研修班和厅局级干部“中国特色社会主义理论体系”研究专题，主要针对近5年来没有参加过党校学习的高中级领导干部进行系统的马克思主义理论教育。

2. 相关重要班次。与中央组织部等单位联合举办13个计划外班次，培训学员964人。此外，还承办了中央组织部“182”境外培训班中的“公共政策与治理”培训班，组织25名副部级和厅局级领导干部赴美国耶鲁大学学习两周。按照中央组织部对干部选学工作的安排，为来自中央纪律检查委员会、国务院办公厅等101家中央和国家机关的3609名司局级干部开设选学必修课程，进一步扩大了中央党校在干部选学中的竞争力和影响力。同时，还开设“当前中国经济发展中的热点难点问题研究”等4个专题班、“哲学的智慧”等8个讲座，共901名学员参加学习。

加强招生工作和学籍管理信息化建设。1. 进一步完善工作流程，明确工作分工。全年共印制、发放学员分支部名册、学员正式名册10余种，制作下发全校学员人数统计表40余种，设计、印制、发放学员学习考核登记表30余种，发放主体班学员毕业证书3000多本、计划外班学员结业证书近1000本。

2. 多部门协同完成了接入中央组织部大组工网工作，并通过大组工网实现了秋季学期部分学员招生和学籍管理工作，招生与学籍管理工作效率进一步提高。

完善专题设置和教学设计。以学科建设为抓手，完善教学设计，既突出以研究问题为导向，又强调以学科为基础，进一步提高教学的针对性和实效性。在研究专题设置上，围绕中国特色社会主义建设的理论和实践，开设“转变经济发展方式与经济结构调整”、“统筹城乡发展”、“社会主义民主政治建设”、“转型期的社会稳定”、“民生与社会建设”、“党的执政经验和执政能力建设”、“世界经济与政治格局变化及应对”等专题，更加关注经济社会发展实践中面临的重大问题和中长期问题；在讲题设计上，围绕某个专题，注重从哲学、经济学、社会学、政治学、党史党建、文化学等多个学科与研究专题的结合点上去设计教学讲题，既充分发挥教师的学科优势，又为学员提供多学科的分析视角，引导学员对某个方面的问题做深入的研究。

突出理论教育和党性教育。1. 办好“中国特色社会主义理论体系”研究专题班。恢复举办省部级领导干部“中国特色社会主义理论体系”高级研修班和厅局级干部“中国特色社会主义理论体系”研究专题。在教学内容安排上，围绕提升学员的理论素养和政治素质，强调理论学习的系统性和贯通性，既着眼于系统学习马列主义、毛泽东思想和马克思主义中国化的最新成果，又突出以中国特色社会主义理论体系为中心，注重马克思主义理论发展的历史与逻辑相统一，同时还安排内容丰富的专题讲座课，强化世界眼光和战略思维的培养。

2. 加强马克思主义经典著作教学。本学年针对不同班次的教学实际，强化马克思主义经典著作教学。在进修班各个研究专题分别增设两讲马克思主义原著导读课，并根据不同的研究专题确定相应的原著篇目。比如，在“转变经济发展方式与经济结构调整”研究专题开设“《资本论》导读”，在“战略思维与领导能力专题”开设“《路德维希·费尔巴哈和德国古典哲学的终结》导读”，在“社会主义民主政治建设”研究专题开设“列宁晚年著作导读”。在两个“中国特色社会主义理论体系”专题班，将“马克思列宁主义基本问题研究”和“毛泽东思想基本问题研究”两个单元的教学，设计为以讲原著为主，着力增强学员研究中国特色社会主义理论体系和现实问题的原著基础。中青年干部培训一班“马列原著专题研究”的学时由一周增加至两周，加大马克思主义经典著作的教学分量。

3. 强化党性教育。以庆祝建党90周年为契机，在省部级和厅局级干部进修班开设“党的执政经验和执政能力建设”研究专题，以帮助学员真正了解党的历史，学习党的优良传统和执政经验，研究新形势下党的执政能力建设问题。学习贯彻胡锦涛总书记“七一”重要讲话精神，及时印发《关于组织全校学员学习领会胡锦涛总书记在庆祝中国共产党成立90周年大会上讲话的安排意见》，对全校学员和教师学习领会讲话精神进行专门部署，安排专题辅导课，并把胡锦涛总书记《在庆祝中国共产党成立90周年大会上的讲话》作为重要教材发放给每一位学员。在开设党性教育专题课的同时，本学年在全校范围内开设“中共党史专题讲座”，充分发挥党史教学的优势对学员进行党性教育。

规范教学管理流程。1. 加强教学管理，保证全校的教学运转。坚持教学巡查日志记录制度，建立教学现场情况动态反映机制，每日巡查情况有详细记录，每月工作有所总结，重要问题及时报告，进一步提高教务管理效率，确保全校教学运转顺畅有序。根据班次设置的新情况、新要求，及时做好教学场所的安排，克服因教室紧张给课程安排带来的困难，确保课堂教学运转。严格按照调课制度调课，调（加）课共计480次，实现各类教学事故零发生。全年编制印发双周课表20期（40周），组织“形势与任务”大报告35场，根据主体班教学计划筛选、编排、打印远程教学课表2期，组织筛选网上播放课程200余讲。

2. 完善教学组织协调，努力提供精细化的教学服务。在教学组织过程中，注重各部门沟通协调，不断完善相关教学和教辅单位的工作交流机制。教务教学部门协助各相关单位组织开展多次学员论坛、研讨和各种讲座课；2010—2011年度教学优秀奖的评选；组织学员参加国（境）外专家、学者、政要来校演讲、座谈交流；“县委书记任职培训班”等短期性班次课堂教学的管理服务；组织分校学员来校参听“形势与任务”和“当代世界”报告；电影鉴赏课的放映，全年放映电影27场等多项工作。组织完成审核、统计、发放教学任务津贴和远程教学课金，签发核准教学活动用车经费，保证了各类教学活动用车。

3. 规范“形势与任务”报告的工作流程。进一步提高“形势与任务”报告的授课水平，加强与报告人的直接沟通，包括给首次做报告人寄送参考光盘、提供学员授课要求、走访报告人交流报告效果等。同时，建立报告人日程安排调整应急预案机制，确保报告课程安排对教学计划的影响降到最低。秋季学期，所有“形势与任务”报告的日程执行实现无调整。

4. 积极开展多样化的教学管理形式创新。研究探索双周课表的自动排课系统设计，为实现自动排课做好准备；在日常教学巡查的基础上，总结提炼出月度反映教学现场动态的信息；在教学优秀奖的评选工作中，增加民主票决的程序；远程网络课程安排中，针对外请课数量增多、日程安排不确定性增加的新情况，及时调整播放录制课程资源，保障远程教学的需要。

改进学员考核制度。实施以考促学，创新考核手段，严肃党校学风。在中青年干部培训一班、中青年干部培训二班开始实施论文答辩式考试，要求学员紧密围绕建设中国特色社会主义实践中的思想理论问题和现实问题撰写论文，结合自己的工作实际和思想实际，力求创新并有独立见解，避免写成工作报告，在此基础上进行论文答辩。

推进学科建设。出台《中央党校2011—2015学科建设规划》，对今后5年的学科建设工作进行规划和部署。加强学科人才队伍的培养，特别是帮助中青年教师迅速成长，本学年共举办3期中青年教师教学观摩研讨班，请部分资深老教师现场讲课，发挥“传帮带”作用；同时还组织教员集体观摩教学效果突出的中青年教师的讲课录像，加强教师之间的学习与交流。在中央组织部的支持下，设立马克思主义经典著作导读课资助奖励项目，选定10名中青年骨干教师进行专门资助，鼓励他们潜心研读经典原著，围绕一本书讲好一门课，着力打造中央党校马克思主义理论课教学的新品牌。

大力推进教材建设。1. 认真落实教材编写规划，加强经典著作导读教材建设，丰富教材体系。全年组织编辑出版7本规划内教材，包括《世界社会主义专题研究》、《法学专题研究》、《政治学专题研究》、《中央党校案例教学教程》、《战略思维研究》、《社会主义发展史》、《党校学员关心的国际问题热点难点问题》。修订出版《马列著作选编》，并作为公共教材配发给全校教师和学员。在2011年度学科建设专项基金资助奖励项目中，重点就经典著作导读教材进行立项，包括《西方管理学名著导读》、《政治学法学经典著作导读》、《伦理学经典著作导读》、《中国特色社会主义外部环境建设经典导读》等项目。

2. 探索适应党校事业科学发展的教材建设规律，为新一轮教材改革提供思路。对构建教材建设体制机制进行深入的思考和调研，并提出初步的改革措施和方案，包括将《党校系统教材建设规律研究》纳入2012年度马克思主义基金会科研基金项目指南，就合作开发适应党校系统教学的高标准通用教材与出版社取得共识。全面梳理校内主体班次的教材配置，多方查阅了解图书信息，对2012年春季学期班次的教材配置进行新的改进，调整教学计划中教材版块的形式和内容。及时了解公共教材缺失情况，争取资金进行补充，为学员的学习提供教材保障。

3. 严格讲稿管理。向全校教师和组织员发放讲稿管理专题教学提示，要求各教研部（所）进一步增强讲稿工作意识，严把讲稿的政治关和质量关。针对讲稿具体运转过程中出现的问题，及时与教师进行沟通解释，提高讲稿的质量和运转效率，保证讲稿的及时发放。全年编辑讲稿887种、1000万字，印发讲稿约40万份。

举办首届全国党校系统精品课评选活动。7月，通过组织全国党校系统的专家进行严格评审，从参评的57堂马列经典导读课、中国特色社会主义理论体系专题课和党性教育课中评选出16堂“全国党校系统精品课”。此次精品课评选活动受到全国党校系统的普遍欢迎和好评，不仅有利于激励和引导广大党校教师向榜样学习，提高自身的教学水平，同时也有利于推进党校系统优势教学资源共享，强化教员之间的交流学习，提高党校教学的整体水平。

加强对分校和地方党校的业务指导。本学年，各分校在教学设计上进一步加大系统进行马克思主义理论教育和党性教育的教学力度。同时，不断深化分校教学管理规律研究，加强制度建设，进一步强化对分校办学、教学组织、教学方式方法创新、学员管理、教学服务和保障等环节的规范管理。全年共举办各类分校班共计146个，培训学员6361人，完成67讲教学光盘的录制复制工作，印发分校讲稿87种、近40万份，对分校授课老师的讲稿进行汇编。同时，编辑印发《分校工作简报》4期，分校优秀学员论文集《理论学习与战略思考》第37、38辑。5月，在杭州举行全国党校系统第二次教务工作恳谈会，广泛交流全国党校系统的做法和经验，并就进一步加强党校系统的学科建设进行深入研讨，达成共识，明确工作思路。

（教务部供稿人：金　晶）

附录1：

春季学期教学基本情况

2011年春季学期，教学工作以马克思列宁主义、毛泽东思想和中国特色社会主义理论体系为指导，深入贯彻落实科学发展观，学习贯彻党的十七大和十七届四中、五中全会精神，坚持党校姓党和按需施教，围绕“一流学府”建设继续深化教学改革，完善教学管理，不断提高教学质量。

一、发挥学科优势，完善教学设计

春季学期，进修班在各研究专题的设置上，更加关注经济社会发展面临的重大问题和中长期问题；在讲题设计上，各教研部（所）充分发挥学科优势，更加突出问题导向，注重学理性。如科学社会主义教研部、政法教研部积极参与进修班两个研究专题的教学设计改革试点，从“基本理论与经验”、“体制改革与制度创新”、“社会管理与政策调整”三个层面，打破教研部门的界限，从多学科角度设计讲题，既发挥教师的学科优势，又为学员提供多学科的分析视角，教学效果有了明显改善，学员普遍给予好评。

二、举办“中国特色社会主义理论体系”专题班，对学员进行系统的马克思主义理论教育

进修类班次中，本学期恢复举办学制为3个月的省部级领导干部“中国特色社会主义理论体系”高级研修班和厅局级干部“中国特色社会主义理论体系”研究专题班，针对近5年来没有参加过党校学习的高中级领导干部进行系统的马克思主义理论教育，提升他们的理论素养和政治素质。根据其教学定位，在教学设计上强调理论学习的系统性和贯通性，以及世界眼光和战略思维的培养；在师资配备上，集中全校各教研部（所）最优秀的资源，由相关学科带头人和教学效果好的中青年骨干教师担纲主讲，原副校长杨春贵、李君如教授和张绪文等资深老教授也为学员授课。从教学效果评估情况看，省部班29次必修课的平均分为9.51分（满分为9.6

分），其中6次课获得满分；厅局班29次必修课的平均分为9.45分，其中3次课获得满分，获得学员一致好评。马克思主义理论教研部组织专门力量，着手编制该班的教学纲要，为办好这个班打牢基础。

培训类班次，加强中国特色社会主义理论体系教学，根据学员的意见建议，本学期各教研部（所）进一步完善教学框架，调整了这门课程的个别讲题，在一定程度上避免了内容的交叉重复。

各教研部（所）通过深化集体备课，统一评析讲稿，观摩优秀课程，吸收借鉴教学经验，开展与讲题相关的社会调研，组织下班和任课教师进行课后热评等多种举措，不断提升中国特色社会主义理论体系课程的讲授质量。

三、围绕深化学习中国特色社会主义理论体系，加强马克思主义经典著作教学

在两个"中国特色社会主义理论体系"专题班上，对"马克思列宁主义基本问题研究"和"毛泽东思想基本问题研究"的教学以讲原著为主，为学习研究中国特色社会主义理论体系和现实问题打基础。中青年干部培训一班"马列原著专题研究"的学时由一周增加至两周，加大马克思主义经典著作的教学分量。

提高马克思主义经典著作教学的质量。教务部会同各教研部（所），组织召开老教师经验座谈会，部分中青年教师与张绪文、臧志风两位资深教授分享了讲授原著课的经验。5月13日习近平校长发表关于加强马克思主义经典著作学习的重要讲话后，组织召开马克思主义经典著作导读专家座谈会，老中青三代教师共同研究怎样进一步加强经典著作的教学。围绕马克思主义原著教学，哲学教研部举办"奇思哲学论坛"，请校外专家学者对教员进行经典导读；进修部为学员列出习近平校长在开学典礼讲话中提到的18本经典著作书目，供学员阅读和交流；培训部举办"中青二班马克思主义经典著作读书交流会"，组织学员围绕马列经典著作交流读书心得。

本学期还对马克思主义经典著作导读课和导读教材进行重点资助。在中央组织部的支持下，投入100万元设立马克思主义经典著作导读课资助奖励项目，共有6人获得了资助，每人10万元。同时，利用马克思主义研究基金会学科建设基金对各教研部（所）马克思主义经典著作导读教材的编写进行资助。

四、结合纪念建党90周年，进一步强化党性教育

以建党90周年为契机，本学期在省部级和厅局级干部进修班开设"党的执政经验和执政能力建设"研究专题，目的是帮助学员真正了解党的历史，学习党的优良传统和执政经验，研究新形势下党的执政能力建设问题。

通过党史教学进行党性教育是党校教学的优势。本学期继续在全校范围内开设"中共党史专题讲座"，通过精彩的党史课教学吸引学员主动自愿走进课堂，了解和学习党的历史和经验，潜移默化地进行党性教育。

五、以制定2011—2015学科建设规划为契机，积极推进学科建设

《中央党校2011—2015学科建设规

划》正式出台后，各教研部（所）按照学校的整体要求，制定本部门的学科发展规划，在课程、师资、教材等方面确定了方向和重点，提出了具体的措施。

加强学科人才队伍的培养。组织部、教务部联合举办两期中青年教师观摩研讨班，组织全校中青年教师共同观摩潘悦、刘宝东两位优秀教师的教学录像，并听取他们备课、讲课的经验介绍。马克思主义理论教研部组织《中央党校老讲稿》研讨会，号召中青年教师学习和继承老一辈教师的优良学风和文风。经济学教研部给青年教师压担子，鼓励他们尽快成长，在省部班“转变经济发展方式与经济结构调整”研究专题，承担教学任务的一半以上是青年教师，教学效果受到学员好评。

进一步加大教材建设的力度，马克思主义研究基金会学科建设专项基金继续向学科教材建设方面倾斜，重点资助一批学科经典教材和学科经典著作导读教材的编写。

六、改进学员考核，加强学员管理，完善教学评估的方式方法

在学员考核方面，坚持以考促学，本学期在中青年干部培训一班继续推广答辩式考试，要求学员撰写论文或研究报告并进行答辩。

在学员管理方面，进修部从入学教育开始，坚持学员在校期间全过程、全方位管理，并结合教学安排，向学员明确提出理论学习要求、党性锻炼意见和具体指导措施。培训部提出加强学员管理的8项新要求，包括把学员到课率、就餐率、请假情况进行通报公示并列入党性考核内容，作为对学员评鉴意见的参考等多项具体措施。

在教学效果评估方式方面，本学期在“马克思主义基本理论”师资培训班开展了网络评估试点，利用信息化手段确保学员对教师的授课进行“热评”，使评估结果更加准确，信息掌握更加及时。

七、不断改进分校工作，加强对地方党校的业务指导

本学期分校进一步加大基本理论选修课的菜单式教学，强化学员理论武装和党性教育，取得了较好的教学效果。同时，不断深化分校教学管理规律研究，加强制度建设，进一步强化对分校办学、教学组织和安排、教学方式方法创新、学员管理、教学服务和保障等环节的规范管理。

（教务部供稿人：金　晶）

附录2：

秋季学期教学基本情况

2011年秋季学期，各教研部（所）、学员部和其他教学相关部门认真落实教学计划，以提高教学质量为目的，结合各自的实际想办法、出新招，切实提升教学效果。

一、围绕进修班各研究专题，不断提高项目制管理水平

秋季学期进修类班次共开设11个研究专题，在教学设计相对规范的基础上，各教研部（所）精选教学力量，认真组织实施教学。在学员座谈会上，学员普遍感觉收获很大，认为“课程安排合理、教学内容丰富、形式灵活有效、活动组织周到”。

马克思主义理论教研部承担的厅局班“中国特色社会主义理论体系”研究专题学制较长，在教学组织上投入了大量的时间和精力，为每个小组配备一名下班教师，不仅全程跟班听课，还通过参加小组讨论、学员论坛等教学活动及时了解学员所思所想，并在课前以短信的形式，把学员关注的问题和需求及时反馈给授课教师，为教学提供参考。

哲学教研部承担的省部班“战略思维与领导能力”研究专题，致力于打造项目品牌，不仅集中一批对战略学颇有研究的专家为学员授课，还邀请校内其他部门的知名教授，从多学科角度解析战略思维与领导能力的相关问题。在课题研究阶段，哲学教研部项目组认真分析学员“两带来”，与学员讨论确立主报告选题，避免过去由于选题分散导致研究缺乏针对性的状况；同时，专门组织一次有关国家发展重大战略问题的问卷调查，为学员课题研究提供实证材料，提高研究报告的质量。

经济学教研部共派出3个项目组，分别组织省部班“统筹城乡发展”、省部和厅局班“转变经济发展方式与经济结构调整”研究专题的教学。项目组十分重视抓讲稿质量，针对过去讲稿重复的问题，对同一专题的讲稿采取集中审稿的方式，在内容上严格把关，并且明确规定不得使用以往的旧稿，以确保讲课内容实时更新。此外，还要求教员对讲稿中所列书目进行点评，对前沿问题进行综述，方便学员在课后阅读和研究。

科学社会主义教研部项目组为完善厅局班“民生与社会建设”研究专题教学，在总结上学期经验的基础上，着重抓实抓好备课、课后点评等环节，通过召开以教研室为单位的小型研讨会，把研讨内容与教学内容紧密结合起来；针对专题中的案例课，利用教学专项基金加大了对案例教学调研的支持力度。

政法教研部项目组为增强“社会主义民主政治建设”专题教学的针对性，多次召开会议，从讲题设置、师资选配、讲稿撰写到准备讲座，都分项进行专门研究；为确保教学效果，组织教员不仅对每一个讲题进行集体备课，还组织全部试讲。

党的建设教研部负责厅局班“党内民主建设”和“新形势下党的群众工作”两个研究专题的教学。项目组把教学引导作为一个重要环节来抓，在教学说明、小组讨论、双向交流中，有意识地强化学员对教学目的、教学要求的理解；同时充分利用学员资源，在与学员交流中了解高中级领导干部对党建科学化问题的思考和建议，从中提炼教学和科研的素材。

文史教研部在厅局班“文化建设与文化发展”研究专题的教学中，尤其重视贯彻落实党的十七届六中全会精神，不仅要求教员把对全会精神的解读与讲课结合起来，还强调不管新课、旧课，都要及时体现中央关于社会主义文化建设的新思路、新理念。为

充分把握学员需求，项目组还提前介入，将学员资料尤其是学员的学术背景等情况收集整理后发给主讲教师，要求教师重视与学员对话，以增强教学的针对性。

国际战略研究所把厅局班“世界经济与政治格局变化及应对”专题作为锻炼师资的重要平台。项目组派出一个富有经验的年长教员担任组长，带领近两年新进的年轻教员参与教学组织，熟悉下班教学的每一个环节，充分发挥“传帮带”作用，以尽快让年轻教员融入到主体班的教学中去。

二、以中国特色社会主义理论体系为中心，进一步加强培训类班次的教学

培训班的主要任务是系统学习中国特色社会主义理论体系，各教研部（所）结合不同班次的课程安排，采取各种方式提高授课质量。

为引导学员从源头上学习领会中国特色社会主义理论体系，本学期马克思主义经典著作导读课的分量有所加大。马克思主义理论教研部把部内讲原著的教师组织起来，就原著中的难点问题进行集中研讨、集体攻关，同时配合教学加强教材建设，不仅牵头修订《马列著作选编》，还着手编写《马列著作选编导读》教材。哲学教研部以组织实施党校系统“马克思主义经典著作导读师资班”教学为契机，发挥地方党校的师资优势，多次组织课堂讨论和互动交流，带动提升主体班原著课的教学水平。科学社会主义教研部专门成立经典著作读书会，不定期组织教员开展读书活动，帮助教师练好内功。中共党史教研部加强毛泽东经典著作教学，把毛泽东经典著作导读教材的编写作为本学期的重点任务，并加快编写进度。

围绕中国特色社会主义理论体系的教学，经济学教研部从两个方面创新集体备课的形式，一是充分利用2011年评选出的党校系统精品课，组织全部教师集中观看，现场评议，把有益经验引入教学中；二是针对年轻教员、教学效果不理想的教员和新讲题，在试讲时改变过去只讲思路的做法，进行全程试讲。政法教研部强化教学调研，鼓励教师“走出去”，打开大门把学员“请进来”，如邀请在校的、来自相关职能部门的学员，与教员一起研讨网络安全、舆情应对等公共管理的热点问题；邀请部分进修部学员到部里座谈，听取对教学的意见和建议。党的建设教研部要求教师除了把马克思党建著作读深读透之外，还要广泛阅读一些政党政治的学术名著和历史著作，打好理论基础；针对案例教学比例较大的实际，还对案例来源、案例使用程序、案例教学组织实施等问题加以规范，一些新引入课堂的案例包括苏共执政教训、云南丽江群体性事件处理等都赢得学员的好评。文史教研部结合新旧两类讲题加大调研力度，把教员组织成若干不同的调研组，就地方文化建设、公共文化服务等问题进行实地调研，既充实完善一批旧讲题，又发展形成一批新讲题。

秋季学期中青年干部培训一班新设的“世界眼光与战略思维”单元，国际战略研究所首次负责组织教学。教学组立足本教学段的定位和前后逻辑关系，加强与学

员的沟通，适时调整教学内容，合理安排外请教员，保证新讲题的教学效果。

结合纪念建党90周年，秋季学期还加强党史教学。中共党史教研部为全校学员开设一次专题辅导课，对“七一”重要讲话精神进行解读，并通过全校范围内的党史讲座课带动学员学党史的热情。

三、配合教学严格学员管理，加强学风建设

与课堂教学相配套，进修部组织跨支部的读马克思主义经典著作、读历史的读书心得交流会，帮助学员养成读书的习惯。培训部的各个班次和各个支部都制定关于推动经典著作学习和研究的计划，采取请老师辅导、学员交流等方式，使读书活动常态化；同时还在全部召开“以史为鉴，以史资政”的学员论坛，把历史学习、党史学习和党性教育结合起来；并围绕学员的社会调研，进一步加强组织管理，要求课题组除了撰写调研报告，还要提交一份详细的调研方案和调研日志，逐日如实记载调研的行程、安排和座谈会交流情况，杜绝形式主义走过场。

针对过去反映较多的学员外出活动一事，进修部出台加强工作人员管理的6条措施和加强学员管理的8条措施，要求严格控制学员支部和小组的集体活动次数，学习日不得在外就餐，即使集体活动需要在外就餐，也要本着节俭朴素的原则，不奢侈消费；培训部从本学期开始执行加强学员管理的7项新要求，其中明确规定学员周一至周五必须在校内食堂就餐，特殊情况外出必须请假，就餐抽查情况要在全体学员大会上公布。

四、从各分校实际出发，加强分校教学

秋季学期各分校在教学中注重创新教学组织管理形式。中央直属机关分校设计一些特色课程，提高理论教学的面授率；中央国家机关分校按照统一的质量管理体系，对所属党校班进行教学质量评估；国务院国资委分校强调教学形式的多样化，积极开展学员论坛；部队分部强调经典原著的导读，并从部队学员岗位特点和学习需求出发，安排特色理论教学。

此外，信息中心按照教学计划的新要求，进一步丰富网络教学和电视教学资源，积极配合教学录制电视选修课、网络选修课，不断改善教学的硬件设施，为教学创造更好的条件。研究生院加强学位研究生学科建设，组织战略哲学和马克思主义文化学两个自设二级学科开展相关工作，并通过举办“社会管理体制改革与创新”高峰论坛等活动，努力扩大中央党校的学术影响力。其他教学辅助部门和行政后勤部门各司其职，为教学活动的顺利开展提供有力保障。

总体看，秋季学期教学成效显著。综合各个学员座谈会的情况，教学中还存在一些问题和不足。比如学员提出，希望教师在课堂讲授中更加注意理论维度、历史维度、现实维度的照应；教学互动的力度需要加大；案例教学形式很受欢迎，但案例的编选、教师的课堂驾驭能力等方面需要进一步加强。

（教务部供稿人：金　晶）

附录3：

培训轮训学员班次情况

1. 主体班次。2011年共举办进修班、培训班、专题研讨班和师资培训班等计划内班次50个，招收学员3511人。其中，培训轮训省部级干部352名、厅局级干部1327名、中青年干部303名、新任县委书记459名、新疆和西藏干部314名、地（市）级党校常务副校长和各级党校教师756名。有关班次如下：

类　别	班　次	
进修班	省部级干部进修班（第49期）	“转变经济发展方式与经济结构调整”研究专题
		“党的执政经验和执政能力建设”研究专题
		“民生与社会建设”研究专题
		“世界经济与政治格局变化及应对”研究专题
	省部级干部“中国特色社会主义理论体系”高级研修班（第1期）	
	省部级干部进修班（第50期）	“战略思维与领导能力”研究专题
		“统筹城乡发展”研究专题
		“转变经济发展方式与经济结构调整”研究专题
		“社会主义民主政治建设”研究专题
	厅局级干部进修班（第56期）	“转型期的社会稳定”研究专题
		“文化建设与文化发展”研究专题
		“战略思维与领导能力”研究专题
		“转变经济发展方式与经济结构调整”研究专题
		“党的执政经验和执政能力建设”研究专题
		“高等教育改革与发展”研究专题
		“中国特色社会主义理论体系”研究专题
	厅局级干部进修班（第57期）	“民生与社会建设”研究专题
		“转变经济发展方式与经济结构调整”研究专题
		“党内民主建设”研究专题
		“世界经济与政治格局变化及应对”研究专题
		“文化建设与文化发展”研究专题
		“新形势下党的群众工作”研究专题
		“中国特色社会主义理论体系”研究专题
	市地党政主要领导干部进修班（第5期）	
	县委书记任职培训班（第2、3期）	

续表

类别	班次
培训班	中青年干部培训一班（第30、31期）
	中青年干部培训二班（第11期）
	新疆地厅级民族干部培训班（第57、59期）
	新疆县处级民族干部培训班（第58、60期）
	半年制西藏民族干部培训班（第43、45期）
	一年制西藏民族干部培训班（第44期）
专题研讨班	全国省级工会主席“做好新形势下群众工作”专题研讨班
	“人口工作”专题研讨班
	“公司法人治理与企业党的建设”专题研讨班
	“党校系统学员管理工作”专题研讨班
师资培训班	哲学社会科学教学科研骨干研修班（第37、38、39、40、41、42期）
	全国市地州盟党委党校常务副校长培训班（第1、2期）
	党校系统“马克思主义基本理论”师资培训班（第1期）
	党校系统“马克思主义经典著作导读”师资培训班
	“西部之光”访问学者（第8期）

2. 中央举办的班次。2月，中央在中央党校举办“省部级主要领导干部社会管理及其创新”专题研讨班。

3. 与中央其他部委联合举办的班次。中央党校与中央组织部等单位联合举办13个计划外班次，培训学员964人。此外，还承办中央组织部“182”境外培训班中的“公共政策与治理”培训班，组织25名副部级和厅局级领导干部赴美国耶鲁大学学习两周。

4. 干部选学情况。落实中央对纪念中国共产党成立90周年的总体部署和要求，按照中央组织部对干部选学工作的安排，中央党校为来自中央纪律检查委员会、国务院办公厅等101家中央和国家机关的3609名司局级干部开设选学必修课程，围绕党的理论、党的知识和党的历史，突出中国特色社会主义理论体系教育和党性教育。开设“当前中国经济发展中的热点难点问题研究”等4个专题班、“哲学的智慧”等8个讲座，共901名学员参加学习。

（教务部供稿人：金　晶）

招生工作

关于中央党校2011年招生工作的通知

中校发〔2011〕2号

各省、自治区、直辖市党委组织部、宣传部，中央和国家机关各部委、各人民团体组织人事部门，解放军总政治部干部部，新疆生产建设兵团党委组织部，中央管理的金融机构党委，部分国有重要骨干企业党组（党委）：

根据《干部教育培训工作条例（试行）》、《中国共产党党校工作条例》和《2010—2020年干部教育培训改革纲要》，按照深入贯彻落实科学发展观的要求和中央关于大规模培训干部、大幅度提高干部素质的战略部署，围绕党的中心工作和干部的学习需求，制定中央党校2011年招生计划。现就有关事项通知如下。

一、春季学期班次

（一）进修班、专题研讨班

1. 省部级干部进修班（第49期）根据中央组织部《2009—2012年省部级在职领导干部脱产学习进修计划》（组通字〔2009〕20号）确定学员人选。该班以中国特色社会主义理论体系为指导，深入贯彻落实科学发展观，认真学习贯彻党的十七大和十七届三中、四中、五中全会精神，运用马克思主义的立场、观点、方法，从战略高度深入研究国际国内重大理论和现实问题。本期班开设五个研究专题，学员可根据各地区各部门工作需要申报专题。

（1）“转变经济发展方式与经济结构调整”研究专题计划招收学员65人，学制两个月，学习时间为2011年3月1日至4月29日。重点学习国民经济和社会发展第十二个五年规划纲要，研究加快转变经济发展方式、现代产业结构调整及其演进规律、中国特色新型工业化道路、统筹城乡协调发展、扩大内需与收入分配结构调整、发展战略性新兴产业、资本市场与经济结构调整等问题。

（2）“党的执政经验和执政能力建设”研究专题计划招收学员35人，学制两个月，学习时间为2011年3月1日至4月29日。该研究专题以纪念建党90周年为契机，重点学习党在长期奋斗中形成的优良传统和积累的宝贵经验特别是建国以来的执政理论和经验、新形势下的执政能力建设、其他国家执政党的执政经验教训等问题。

（3）“民生与社会建设”研究专题计划招收学员40人，学制两个月，学习时间为2011年5月16日至7月15日。重点学习国民经济和社会发展第十二个五年规划纲要，进一步推进民生和社会建设，研究转型期的社会公正、国外社会管理思想及经验、基本公共服务体系构建、就业体制与机制、社会保障体系构建、社会组织发展与管理、教育公益性公平性、我国城乡住房等问题。

（4）“世界经济与政治格局变化及应对”研究专题计划招收学员35人，学制两个月，学习时间为2011年5月16日至7月15日。重点学习国民经济和社会发展第十二个五年规划纲要，研究世界经济格局变化与中国的对外战略、后金融危机时期世界经济走势分析和国际战略力量对比、能源与气候问题、中国的对外经济合作等问题。

（5）“中国特色社会主义理论体系”研究专题计划招收学员45人，学制三个月，学习时间为2011年3月1日至6月3日。重点安排未参加过党校系统两个月以上理论学习的省部级领导干部，年龄一般在55岁以下。该研究专题系统学习“马克思列宁主义基本问题”、“毛泽东思想基本问题”特别是“中国特色社会主义理论体系基本问题”，深入学习“当代世界经济”、“当代世界科技”、“当代世界法制”、“当代世界军事”、“当代世界思潮”、“当代世界民族宗教”等课程，进一步夯实理论基础，拓展世界眼光，培养战略思维，加强党性修养。

2. 全国省级工会主席“做好新形势下群众工作”专题研讨班计划招收学员80人，学习时间为2011年7月9日至15日，学员对象为各省区市总工会主席、常务副主席，各有关全国产业工会、中央直属机关工会联合会、中央国家机关工会联合会主席、副主席，中华全国总工会有关负责同志。该班以中国特色社会主义理论体系为指导，深入贯彻落实科学发展观，切实提高省级工会领导干部科学决策能力和工作水平，努力做好新形势下的群众工作，促进维护社会稳定，更好地发挥工会组织在党和国家工作大局中的作用。该班学员选调工作另行通知。

3. 厅局级干部进修班（第56期）学员对象为各省区市正厅局级领导干部，中央和国家机关各部委司（局）长，中央管理的国有重要骨干企业领导人员副职，国资委、银监会、证监会、保监会管理班子的企业和金融机构领导班子成员。该班以中国特色社会主义理论体系为指导，深入贯彻落实科学发展观，认真学习贯彻党的十七大和十七届三中、四中、五中全会精神，运用马克思主义的立场、观点、方法，深入研究有关重大理论和现实问题。本期班开设七个研究专题，学员可根据各地区各部门工作需要申报专题。

（1）“转型期的社会稳定”研究专题计划招收学员40人，学制两个月，学习时间为2011年3月1日至4月29日。重点学习国民经济和社会发展第十二个五年规划纲要，研究文明转型与社会稳定、民主政治建设与维护社会稳定、法治建设与维护社会稳定、收入分配机制、就业保障、民族与宗教及其相关政策等问题。

（2）“文化建设与文化发展”研究专题计划招收学员40人，学制两个月，学习时间为2011年3月1日至4月29日。重点学习国民经济和社会发展第十二个五年规划纲要，研究我国主体文化建设、文化体制改革、构建社会主义核心价值体系、中国古代主导文化的建构与传播、城市文化生态问题、网络时代的文化传播、文化产业发展等问题。

（3）“战略思维与领导能力”研究专题计划招收学员85人，学制两个月，学习时间为2011年3月1日至4月29日。重点研究提高驾驭全局的战略思维能力、战略思维的理论与方法、总结建国以来重大问题战略决策的经验与教训、战略机遇期的国家安全与形势等内容。

（4）“转变经济发展方式与经济结构调整”研究专题计划招收学员125人，学制两个月，学习时间为2011年5月16日至7月15日。重点学习国民经济和社会发展第十二个五年规划纲要，研究加快转变经济发展方式、现代产业结构调整及其演进规律、中国特色新型工业化道路、统筹城乡协调发展、扩大内需与收入分配结构调整、发展战略性新兴产业、资本市场与经济结构调整等问题。

（5）“党的执政经验和执政能力建设”研究专题计划招收学员40人，学制两个月，学习时间为2011年5月16日至7月15日。该研究专题以纪念建党90周年为契机，重点学习党在长期奋斗中形成的优良传统和积累的宝贵经验特别是建国以来的执政理论和经验、新形势下的执政能力建设、其他国家执政党的执政经验教训等问题。

（6）“高等教育改革与发展”研究专题计划招收学员45人，学制两个月，学习时间为2011年5月16日至7月15日。主要安排各省区市直属高等院校党委书记、校长参加。重点学习国民经济和社会发展第十二个五年规划纲要，研究全面提高高等教育质量、教育管理体制和办学体制改革、教育质量评估、考试招生制度改革、公共教育资源合理配置、加强师德师风建设等问题。

（7）“中国特色社会主义理论体系”研究专题计划招收学员65人，学制三个月，学习时间为2011年3月1日至6月3日。重点安排未参加过党校系统两个月以上理论学习的正厅局级领导干部和国有重要骨干企业、金融机构领导人员，年龄须在55岁以下。该研究专题系统学习“马克思列宁主义基本问题”、“毛泽东思想基本问题”特别是“中国特色社会主义理论体系基本问题”，深入学习“当代世界经济”、“当代世界科技”、“当代世界法制”、“当代世界军事”、“当代世界思潮”、“当代世界民族宗教”等课程和有关知识，进一步夯实理论基础，拓展世界眼光，培养战略思维，加强党性修养，提高执政能力。

4. “推进反腐倡廉工作”专题研讨班计划招收学员200人，学习时间为2011年6月15日至23日，学员对象为国有重要骨干企业、中央金融机构和部分高校纪检监察机构主要负责同志。该班以中国特色社会主义理论体系为指导，深入贯彻落实科学发展观，学习贯彻第十七届中央纪委第四次、第五次全会精神，把握当前纪检监察工作形势任务，研究当前宏观经济形势和反腐倡廉任务、领导力和反腐倡廉能力建设、国有企业领导人员廉洁自律等问题，进一步提高新任纪检领导干部的政治素质和工作能力。该班学员选调工作另行通知。

5. “人口工作”专题研讨班计划招收学员80人，学习时间为2011年6月28日至7月6日，学员对象为全国婚育新风进万家活动示范市分管地厅级领导干部。

（二）培训班

1. 中青年干部培训一班（第 30 期）计划招收学员 120 人，学制四个半月，学习时间为 2011 年 3 月 1 日至 7 月 15 日。该班学员选调工作另行通知。

2. 中青年干部培训二班（第 11 期）计划招收学员 160 人，学制一年，学习时间为 2011 年 3 月 1 日至 2012 年 1 月 13 日。学员对象为年轻优秀、有发展潜力的厅局级干部，年龄须在 45 岁以下。该班学习贯彻党的十七大和十七届三中、四中、五中全会精神，系统学习“马克思列宁主义基本问题”、“毛泽东思想基本问题”特别是“中国特色社会主义理论体系基本问题”，深入学习“当代世界经济”、“当代世界科技”、“当代世界法制”、“当代世界军事”、“当代世界思潮”、“当代世界民族宗教”等课程和有关知识，加强党性修养，提高领导能力。

3. 新疆地厅级民族干部培训班（第 57 期）计划招收学员 45 人，学制四个半月，学习时间为 2011 年 3 月 1 日至 7 月 15 日。学员对象为新疆维吾尔自治区地厅级副职领导干部，其中从新疆驻军中抽调师职干部 5 名，新疆生产建设兵团抽调师职干部 5 名，年龄一般在 50 岁以下。该班学习内容参照中青年干部培训二班设置，同时根据新疆经济和社会发展需要，开设民族理论与政策、宗教理论与政策等课程，加强党性修养，提高领导能力。

4. 新疆县处级民族干部培训班（第 58 期）计划招收学员 50 人，学制四个半月，学习时间为 2011 年 3 月 1 日至 7 月 15 日。学员对象为新疆维吾尔自治区正县处级领导干部，其中从新疆驻军中抽调正团职干部 3 名，新疆生产建设兵团抽调团职干部 5 名，年龄一般在 45 岁以下。该班学习贯彻党的十七大和十七届三中、四中、五中全会精神，系统学习马克思主义基本理论和有关知识，同时根据新疆经济和社会发展需要，开设民族理论与政策、宗教理论与政策等课程，加强党性修养，提高领导能力。

5. 半年制西藏民族干部培训班（第 43 期）计划招收学员 40 人，学制四个半月，学习时间为 2011 年 3 月 1 日至 7 月 15 日。学员对象为西藏自治区地厅级领导干部和有发展潜力的优秀正县处级领导干部，其中从中国藏学研究中心选调处级干部 1 名。该班学习内容参照中青年干部培训二班设置，同时根据西藏经济和社会发展需要，开设民族理论与政策、宗教理论与政策等课程，加强党性修养，提高领导能力。

6. 一年制西藏民族干部培训班（第 44 期）计划招收学员 40 人，学制一年，学习时间为 2011 年 3 月 1 日至 2012 年 1 月 13 日。学员对象为西藏自治区县处级领导干部，其中从西藏驻军中选调少数民族团职干部 4 名。年龄一般在 45 岁以下，具有大专以上学历。该班学习贯彻党的十七大和十七届三中、四中、五中全会精神，系统学习马克思主义基本理论和有关知识，同时根据西藏经济和社会发展需要，开设民族理论与政策、宗教理论与政策等课程，加强党性修养，提高领导能力。

（三）师资培训班

1. 哲学社会科学教学科研骨干研修班（第 37、38、39、40 期）举办 4 期，共计划招收学员 460 人，每期学制一个月。学员对象主体为哲学社会科学教学科研骨干。

2. 全国市地州盟党委党校常务副校长培训班（第 1 期）计划招收学员 200 人，学习时间为2011年5月16日至20日。学员对象为全国市地州盟党委党校常务副校长。

3. 党校系统"马克思主义基本理论"师资培训班（第1期）计划招收学员45人，学习时间为2011年6月16日至7月15日。学员对象为各省区市党委党校，铁道部、新疆生产建设兵团党委党校，各副省级城市党委党校从事马克思主义理论教学工作的骨干教师，年龄一般在45岁以下。

以上三个班次学员选调工作另行通知。

二、秋季学期班次

（一）进修班、专题研讨班

1. 省部级干部进修班（第50期）学员对象、学习内容参照省部级干部进修班（第49期）。本期开设四个研究专题，学员可根据各地区各部门工作需要申报专题。

（1）"战略思维与领导能力"研究专题计划招收学员75人，学制两个月，学习时间为2011年9月1日至11月2日。重点研究提高驾驭全局的战略思维能力、战略思维的理论与方法、总结建国以来重大问题战略决策的经验与教训、战略机遇期的国家安全与形势等内容。

（2）"统筹城乡发展"研究专题计划招收学员35人，学制两个月，学习时间为2011年9月1日至11月2日。重点学习国民经济和社会发展第十二个五年规划纲要，研究区域发展总体战略、推进城乡产业结构调整、收入分配格局调整、社会主义新农村建设规划、破解城乡"二元"结构、扩大农村需求等问题。

（3）"转变经济发展方式与经济结构调整"研究专题计划招收学员40人，学制两个月，学习时间为2011年11月16日至2012年1月13日。重点学习国民经济和社会发展第十二个五年规划纲要，研究加快转变经济发展方式、现代产业结构调整及其演进规律、中国特色新型工业化道路、统筹城乡协调发展、扩大内需与收入分配结构调整、发展战略性新兴产业、资本市场与经济结构调整等问题。

（4）"社会主义民主政治建设"研究专题计划招收学员25人，学制两个月，学习时间为2011年11月16日至2012年1月13日。主要安排省区市人大、政协负责同志参加。重点研究完善人民代表大会制度、推进政治协商制度建设、完善民族区域自治制度、完善基层群众自治制度、发挥社会组织在政治参与中的作用、深入推进依法行政等问题。

2. 厅局级干部进修班（第57期）学员对象、学习内容参照厅局级干部进修班（第56期）。本期班开设七个研究专题，学员可根据各地区各部门工作需要申报专题。

（1）"民生与社会建设"研究专题计划招收学员50人，学制两个月，学习时间为2011年9月1日至11月2日。重点学习国民经济和社会发展第十二个五年规划纲要，进一步推进民生和社会建设，研究转型期的社会公正、国外社会管理思想及经验、基本公共服务体系构建、就业体制与机制、社会保障体系构建、社会组织发展与管理、教育公益性公平性、我国城乡住房等问题。

（2）"转变经济发展方式与经济结构调整"研究专题计划招收学员70人，学制两个月，学习时间为2011年9月1日至11月2日。重点学习国民经济和社会发展第十二个五年规划纲要，研究加快转变经济发展方式、现代产业结构调整及其演进规律、中国特色新型工业化道路、统筹城乡协调发展、扩大内需与收入分配结构调整、发展战略性新兴产业、资本市场与经济结构调整等问题。

（3）“党内民主建设”研究专题计划招收学员30人，学制两个月，学习时间为2011年9月1日至11月2日。重点研究党内民主与人民民主、党务公开、党务监督、党内选举、党内基层民主建设、民主集中制等问题。

（4）“世界经济与政治格局变化及应对”研究专题计划招收学员40人，学制两个月，学习时间为2011年11月16日至2012年1月13日。重点学习国民经济和社会发展第十二个五年规划纲要，研究国际金融危机后中国对外战略、世界经济格局变化与中国经济发展方式转变、国际货币体系改革与人民币国际化、气候变化和能源问题、中国对外经济合作、中国与美欧等主要经济体和周边地区经济合作等问题。

（5）“文化建设与文化发展”研究专题计划招收学员30人，学制两个月，学习时间为2011年11月16日至2012年1月13日。重点学习国民经济和社会发展第十二个五年规划纲要，研究我国主体文化建设、文化体制改革、阻碍文化发展和繁荣的观念因素、传统文化与当代价值重建、城市文化生态问题、新兴传媒运用、文化产业的动力机制等问题。

（6）“新形势下党的群众工作”研究专题计划招收学员35人，学制两个月，学习时间为2011年11月16日至2012年1月13日。重点研究党的执政基础、基层党组织建设的改革创新、执政党与社会组织发展、执政党与网络民主、群体性事件与党群关系、党的群众工作优良传统的继承与创新等问题。

（7）“中国特色社会主义理论体系”研究专题计划招收学员65人，学制三个月，学习时间为2011年9月1日至12月2日。学员对象、学习内容参照厅局级干部进修班（第56期）“中国特色社会主义理论体系”研究专题。

3. 市地党政主要领导干部进修班（第5期）计划招收学员50人，学制一个月，学习时间为2011年11月16日至12月15日。学员对象为换届后新任的市地州盟党委书记、市长（专员、州长、盟长），新疆生产建设兵团师政委、师长。该班以中国特色社会主义理论体系为指导，深入贯彻落实科学发展观，认真学习贯彻党的十七大和十七届三中、四中、五中全会精神，围绕贯彻落实社会主义经济建设、政治建设、文化建设、社会建设、生态文明建设和党的建设的有关部署，就培养战略思维、推进民主决策、转变经济发展方式、统筹城乡经济发展和建设创新型城市等问题进行学习研讨，进一步提升推动科学发展、促进社会和谐的能力。

4. 县委书记任职培训班（第2期）计划招收学员260人，学制三周，学习时间为2011年11月16日至12月9日，学员对象为2010年以来新任职的县市旗党委书记。该班以中国特色社会主义理论体系为指导，深入贯彻落实科学发展观，深刻领会中央的决策部署，准确把握县域经济社会发展面临的新形势新任务，开阔眼界、开阔思路、开阔胸襟，重点学习岗位责任、岗位知识和岗位规范，进一步夯实理论基础，加强党性修养，改进工作作风，提高履行岗位职责的能力。

5. “公司法人治理与企业党的建设”专题研讨班计划招收学员60人，学习时间为2011年9月1日至9月10日。学员对象为中央企业和金融机构领导班子成员，国资委、银监会、证监会、保监会监管企业领导班子成员。该班重点学习贯彻党的十七届五中全会精神，研究中国特色现代国有企业制度的构建，充分发挥企业党组织在公司治理结构中的政治核心地位，加强领导班子建设，推动企业科学发展。

6. “党校系统学员管理工作”专题研讨班计划招收学员50人，学习时间为2011年10月12日至22日。学员对象为各省区市党委党校、铁道部党校、新疆生产建设兵团党委党校、各副省级城市党委党校分管学员管理工作的副校长。该班以中国特色社会主义理论体系为指导，深入贯彻落实科学发展观，认真学习贯彻党的十七大和十七届三中、四中、五中全会精神，进一步贯彻落实《中国共产党党校工作条例》，探讨党校学员管理面临的新形势新任务，交流加强学员管理工作和学风建设的新经验新方法。

（二）培训班

1. 中青年干部培训一班（第31期）计划招收学员120人，学制四个半月，学习时间为2011年9月1日至2012年1月13日。该班学员选调工作另行通知。

2. 新疆地厅级民族干部培训班（第59期）计划招收学员45人，学制四个半月，学习时间为2011年9月1日至2012年1月13日。学员对象、学习内容参照新疆地厅级民族干部培训班（第57期）。

3. 新疆县处级民族干部培训班（第60期）计划招收学员50人，学制四个半月，学习时间为2011年9月1日至2012年1月13日。学员对象、学习内容参照新疆县处级民族干部培训班（第58期）。

4. 半年制西藏民族干部培训班（第45期）计划招收学员40人，学制四个半月，学习时间为2011年9月1日至2012年1月13日。学员对象、学习内容参照半年制西藏民族干部培训班（第43期）。

（三）师资培训班

1. 哲学社会科学教学科研骨干研修班（第41、42期）举办2期，共计划招收学员230人，每期学制一个月。学员对象主体为哲学社会科学教学科研骨干。

2. 全国市地州盟党委党校常务副校长培训班（第2期）计划招收学员200人，学习时间为2011年9月1日至5日。学员对象为全国市地州盟党委党校常务副校长。

3. 党校系统“马克思主义基本理论”师资培训班（第2期）计划招收学员45人，学习时间为2011年9月1日至9月30日。学员对象为各省区市党委党校，铁道部、新疆生产建设兵团党委党校，各副省级城市党委党校从事马克思主义理论教学工作的骨干教师，年龄在45岁以下。

以上三个班次学员选调工作另行通知。

三、有关要求（编者略）

中共中央组织部
中共中央宣传部
中共中央党校
2011年1月26日
（办公厅供稿）

教学安排

春季学期教学安排

一、总体要求

学习贯彻党的十七大和十七届四中、五中全会精神以及全国党校工作会议精神，以马克思列宁主义、毛泽东思想和中国特色社会主义理论体系为指导，深入贯彻落实科学发展观，坚持党校姓党原则，坚持按需施教，突出抓好以中国特色社会主义理论体系为中心的马克思主义理论教育和党性教育，围绕建设“一流学府”继续深化教学改革，完善教学管理，不断增强教学的针对性和实效性。

二、班次设置和招生安排

2011 年春季学期共开设四类班次、15 个班。

（一）进修班、专题研讨班

1. 省部级干部进修班（第 49 期）。该班开设四个研究专题：

（1）“转变经济发展方式与经济结构调整”研究专题，计划招收学员 65 人，学制两个月，学习时间为 2011 年 3 月 1 日至 4 月 29 日；

（2）“党的执政经验和执政能力”研究专题，计划招收学员 35 人，学制两个月，学习时间为 2011 年 3 月 1 日至 4 月 29 日；

（3）“民生与社会建设”研究专题，计划招收学员 40 人，学制两个月，学习时间为 2011 年 5 月 16 日至 7 月 15 日；

（4）“世界经济与政治格局变化及应对”研究专题，计划招收学员 35 人，学制两个月，学习时间为 2011 年 5 月 16 日至 7 月 15 日。

2. 省部级干部“中国特色社会主义理论体系”高级研修班（第 1 期），计划招收学员 45 人，学制三个月，学习时间为 2011 年 3 月 1 日至 6 月 3 日。

3. 全国省级工会主席“做好新形势下群众工作”专题研讨班，计划招收学员 80 名，学习时间为 2011 年 7 月 9 日至 15 日。

4. 厅局级干部进修班（第 56 期）。该班开设七个研究专题：

（1）“转型期的社会稳定”研究专题，计划招收学员 40 名，学制两个月，学习时间为 2011 年 3 月 1 日至 4 月 29 日；

（2）“文化建设与文化发展”研究专题，计划招收学员 40 名，学制两个月，学习时间为 2011 年 3 月 1 日至 4 月 29 日；

（3）“战略思维与领导能力”研究专题，计划招收学员 85 名，学制两个月，学习时间为 2011 年 3 月 1 日至 4 月 29 日；

（4）“转变经济发展方式与经济结构

调整”研究专题，计划招收学员125名，学制两个月，学习时间为2011年5月16日至7月15日；

（5）“党的执政经验和执政能力建设”研究专题，计划招收学员40名，学制两个月，学习时间为2011年5月16日至7月15日；

（6）“高等教育改革与发展”研究专题，计划招收学员45名，学制两个月，学习时间为2011年5月16日至7月15日；

（7）“中国特色社会主义理论体系”研究专题，计划招收学员65名，学制三个月，学习时间为2011年3月1日至6月3日。

5. “推进反腐倡廉工作”专题研讨班，计划招收学员200人，学习时间为2011年6月15日至23日。

6. “人口工作”专题研讨班，计划招收学员80名，学习时间为2011年6月28日至7月6日。

（二）培训班

1. 中青年干部培训一班（第30期），计划招收学员120名，学制四个半月，学习时间为2011年3月1日至7月15日。

2. 中青年干部培训二班（第11期），计划招收学员160名，学制一年，学习时间为2011年3月1日至2012年1月13日。

3. 新疆地厅级民族干部培训班（第57期），计划招收学员45名，学制四个半月，学习时间为2011年3月1日至7月15日。

4. 新疆县处级民族干部培训班（第58期），计划招收学员50名，学制四个半月，学习时间为2011年3月1日至7月15日。

5. 半年制西藏民族干部培训班（第43期），计划招收学员40名，学制四个半月，学习时间为2011年3月1日至7月15日。

6. 一年制西藏民族干部培训班（第44期），计划招收学员40名，学制一年，学习时间为2011年3月1日至2012年1月13日。

（三）师资培训班

1. 哲学社会科学教学科研骨干研修班（第37、38、39、40期），举办4期，共计划招收学员460名，每期学制一个月。

2. 全国市地州盟党委党校常务副校长培训班（第1期），计划招收学员200名，学习时间为2011年5月16日至20日。

3. 党校系统“马克思主义基本理论”师资培训班（第1期），计划招收学员45名，学习时间为2011年6月16日至7月15日。

三、围绕深化马克思主义理论课教学，改进教学设计

（一）进修班的教学设计突出以问题为导向，以学科为基础，强调基本理论、现实问题、世界眼光、历史对比相统一。

1. 各研究专题的设置，更加关注经济社会发展和党的建设中面临的重大问题和中长期问题，以引导教师相对固定研究方向，进行学术积累。

2. 从多学科角度设计教学讲题，注重学理性，并从基本理论与经验、体制改革与制度创新、有关政策调整三个层面来考虑整个课程体系的组成和内在逻辑。省部级干部进修班“民生与社会建设”、地厅级干部进修班“转型期的社会稳定”两个研究专题作为改革试点，为其他专题的教学设计提供参照。

3. 增设一个学制为三个月的省部级干部“中国特色社会主义理论体系”高级研修班，在厅局级干部进修班增设一个学制为三个月的“中国特色社会主义理论体系”研究专题。这两个班的教学内容设计按照

“三基本”的框架分为三个单元，即马克思列宁主义基本问题、毛泽东思想基本问题和中国特色社会主义理论体系基本问题。前两个单元以讲原著为主，后一个单元以讲中国特色社会主义理论和现实问题为主。

4. 将“党性教育专题课”作为一个专门的教学单元，纳入教学计划。

（二）根据教学需要，对培训类班次的有关教学安排进行微调。

1. 中青年干部培训一班：（1）调整“中国特色社会主义理论体系的理论与实践”的个别讲题，避免内容重复；（2）加大“马列原著专题研究”课程的分量，学时由一周增加至两周；（3）党史课的小班教学与党性教育课结合在一起进行；（4）原安排在井冈山、延安干部学院的党史课纳入“党的历史经验研究”专题，改为在校内授课；（5）将个性化定制培训纳入正常的教学计划，学员自愿参加；（6）“中国特色社会主义理论体系与当代实践”课程的学习考核改为论文答辩式考核。

2. 中青年干部培训二班的菜单式选修课改为必修课，讲题设计要更注重内在的科学性、逻辑性。

3. 新疆地厅级民族干部培训班、半年制西藏民族干部培训班的菜单式选修课改为分班上课。

（三）充实和完善全校性课程。

根据教学需要，对“形势与任务报告”、“当代世界报告”、周一晚全校选听讲座、电视及网上选修课的内容进行适当调整和更新。

四、围绕建党九十周年，加大中共党史教学的分量

在进修班各设置一个省部级和厅局级“党的执政经验和执政能力建设”的研究专题，在中青年干部培训班加大中共党史课的分量；同时，邀请国内知名党史专家为全校所有班次开设中共党史专题课。

五、加强师资队伍培养，优化师资配置

（一）在进修类班次继续实施项目制，在培训类班次继续执行竞争上岗和末位调整的有关规定，进一步优化师资配置。

（二）着力培养马克思主义理论课师资。通过竞争方式在全校范围内选定一批中青年骨干教师，采取较大力度的激励措施，鼓励他们潜心研读经典原著，兼收并蓄、博采众长，围绕一本书讲好一门课，打造中央党校马克思主义理论课教学的新品牌。

（三）强化集体备课。围绕加强马克思主义经典著作导读课的教学，组织多种形式的集体备课；其他课程要注重从理论基础、学术前沿、现实问题、历史比较、国际视野等多维度来编写讲稿和组织教学，把集体备课的过程变为学术积累的过程。

（四）举办中青年教师教学观摩会。安排一部分2010年秋季学期教学效果评估排名第一的教师讲示范课，组织中青年教师现场学习观摩，交流心得体会，总结推广经验。

六、适应马克思主义经典著作教学的要求，加强教材建设

（一）根据不同班次学习马列主义、毛泽东思想经典著作的需要，集中编写一批马列经典著作导读教材；同时推进各个重点学科经典教材的编写工作。

（二）充分利用学科建设基金，继续资助马克思主义经典著作导读教材的编写和学科前沿问题研究。

七、加强对地方党校的业务指导，推进党校系统的学科建设

（一）5月中旬召开全国党校系统教务处长恳谈会。围绕以学科为基础改进教学设计，进行主题交流和研讨，进一步总结探索加强学科建设的做法和经验。

（二）7月至8月组织全国党校系统教学评奖。届时请各省级党校分管教学的副校长和有关专家担任评委，在全国党校系统内评出一批精品课程，推出一批骨干教师，带动一批优势学科。各教研部（所）要做好充分准备，真正推选出有实力、有水平的教师参评。

（教务部供稿人：金　晶）

附录1：

春季学期主体班次教学内容与教师

班　　次	教 学 内 容	授课教师
省部级干部进修班（第49期）“党的执政经验和执政能力建设”研究专题	学习引言	李书磊
	教学说明	项目组
	中国特色社会主义是当代中国的马克思主义	周为民
	科学发展观若干问题研究	李兴山
	科学发展观的方法论研究	李建华
	党的执政规律与党的建设科学化	王长江
	中国共产党的执政准备（西柏坡体验式教学）	罗平汉
	改革开放以前党执政的历程与经验	曹　普
	改革开放以来党执政的历程与经验	谢春涛
	西方政党治国理政的经验与启示	谢　峰
	苏共丧失执政地位的历史教训	姜　跃
	党内民主建设若干问题研究	高新民
	改革和完善党的执政方式	张志明
	执政条件下的党群关系	张荣臣
	提高党管干部的科学化水平	梁妍慧
	提高党的拒腐防变能力	刘明波
	提高处理突发事件的能力（案例教学）	井　敏

续表

班　次	教学内容	授课教师
省部级干部进修班（第49期）“世界经济与政治格局变化及应对”研究专题	学习引言	李书磊
	教学说明	项目组
	中国特色社会主义是当代中国的马克思主义	秦　刚
	科学发展观若干问题研究	韩庆祥
	科学发展观的方法论研究	董振华
	世界经济格局变化与中国的对外战略	张宇燕
	后危机时期世界经济走势分析	李向阳
	后危机时期国际战略力量对比新态势	孙建杭
	世界格局变动中的美国全球战略调整与影响	王缉思
	世界格局变化中的中国软实力建设	赵　磊
	世界格局变化中的能源与气候问题	马小军
	世界格局变化中的中国对外经济合作	刘建飞
	世界格局变化中的东亚经济一体化趋势	纪　军
	国际金融格局变化与中国金融发展	陈启清
	国际贸易格局变化与中国的外经贸发展	潘　悦
	世界格局变动与海峡两岸和平发展	宫　力
	新形势下的周边环境与国家安全	高祖贵
	大国崛起中对世界格局变化的应对（案例教学）	刘　东
	深入学习和执行《中国共产党章程》，增强党性修养	张晓燕
	毛泽东农村调查的理论与实践	罗平汉
	中国共产党夺取全国政权的历史经验	刘宝东
	中国改革开放的历程和经验	谢春涛
	中国古代官德	王　杰
省部级干部进修班（第49期）“民生与社会建设”研究专题	学习引言	李书磊
	教学说明	项目组
	中国特色社会主义是当代中国的马克思主义	秦　刚
	科学发展观若干问题研究	韩庆祥
	科学发展观的方法论研究	董振华
	马克思主义的社会学说	刘海涛
	中国共产党的社会建设思想	严书翰
	转型期社会公正问题研究	吴忠民
	以人为本与民生建设	郭　强
	当代国外社会管理思想及经验	胡振良
	当前我国社会发展中的几个重大问题	王怀超
	构建基本公共服务体系的路径选择	梁　波

续 表

班　次	教 学 内 容	授课教师
省部级干部进修班（第49期）“民生与社会建设”研究专题	社会保障体系构建问题研究	青连斌
	就业体制与机制问题研究	周天勇
	城乡统筹发展与城乡社会一体化研究（案例教学）	谢志强
	社会组织发展与管理问题研究	向春玲
	提高“两个比重”与收入分配政策调整	赵振华
	教育公益性与教育公平问题研究	外　请
	我国城乡住房问题及其对策分析	外　请
	社会稳定突出问题与应急管理（案例教学）	王　军
	深入学习和执行《中国共产党章程》，增强党性修养	张晓燕
	毛泽东农村调查的理论与实践	罗平汉
	中国共产党夺取全国政权的历史经验	刘宝东
	中国改革开放的历程与经验	谢春涛
	中国古代官德	王　杰
省部级干部进修班（第49期）“转变经济发展方式与经济结构调整”研究专题	学习引言	李书磊
	教学说明	项目组
	中国特色社会主义是当代中国的马克思主义	周为民
	科学发展观若干问题研究	李兴山
	科学发展观的方法论研究	李建华
	加快转变经济发展方式问题研究	杨秋宝
	国际金融危机后中国经济结构调整战略研究	谢鲁江
	走中国特色新型工业化道路问题研究	曹　立
	扩大内需与收入分配结构调整问题研究	赵振华
	现代产业结构调整与演进规律研究	韩保江
	妥善推进中国特色城镇化进程研究	仇保兴
	加快发展战略性新兴产业问题研究	张晓强
	提高自主创新能力问题研究	陈宇学
	统筹城乡协调发展问题研究	徐祥临
	农民增收问题研究	石　霞
	区域经济协调发展问题研究	张汉飞
	国际金融格局变化与中国的金融发展	陈启清
	完善资本市场与经济结构调整问题研究	祈　斌
	完善社会保障体制问题研究	李　蕾
	深入学习和执行《中国共产党章程》，增强党性修养	张晓燕
	毛泽东农村调查的理论与实践	罗平汉
	中国共产党夺取全国政权的历史经验	刘宝东
	中国改革开放的历程和经验	谢春涛
	中国古代官德	王　杰

续表

班 次	教学内容	授课教师
省部级干部“中国特色社会主义理论体系”高级研修班（第1期）	学习引言	李书磊
	教学说明	项目组
	科学对待马克思主义	杨春贵
	马克思主义是科学的世界观和方法论	韩庆祥
	《路德维希·费尔巴哈和德国古典哲学的终结》与哲学领域的革命	张绪文
	《共产党宣言》与共产党人的历史使命	周为民
	《资本论》与市场经济的逻辑	王天义
	《社会主义从空想到科学的发展》与社会主义的历史必然性	刘海涛
	列宁晚年著作与社会主义建设的初步探索	贾建芳
	毛泽东思想的科学体系和历史地位	祝 彦
	《实践论》与党的思想路线	杨信礼
	《新民主主义论》与新民主主义社会	罗平汉
	《论十大关系》与中国社会主义建设	谢春涛
	中国特色社会主义道路的开创和拓展	秦 刚
	中国特色社会主义理论体系研究	李君如
	科学发展观研究	李建华
	社会主义初级阶段理论研究	王怀超
	社会主义市场经济理论与经济体制改革	韩保江
	加快转变经济发展方式与经济结构调整	杨秋宝
	扩大内需与收入分配问题研究	赵振华
	社会主义民主政治建设的前沿问题	李良栋
	建设社会主义法治国家的深层次思考	张恒山
	改革开放以来的文化发展与我党的文化自觉	田嵩燕
	核心价值体系建设与意识形态创新	周熙明
	社会主义和谐社会问题研究	严书翰
	加快推进以改善民生为重点的社会建设	吴忠民
	新形势下我国对外开放战略的调整	潘 悦
	当代世界格局与中国和平发展道路	宫 力
	提高执政党建设的科学化水平	王长江
	党的执政方式前沿理论问题研究	张志明
	讲座：当代资本主义的发展变化	常欣欣
	讲座：民主社会主义思潮评析	俞可平
	讲座：西方马克思主义评介	衣俊卿
	讲座：中国共产党夺取全国政权的历史经验	刘宝东

续表

班　次	教学内容	授课教师
省部级干部"中国特色社会主义理论体系"高级研修班（第1期）	讲座：十一届三中全会以前党对中国社会主义建设道路的探索	曹　普
	讲座：苏联解体的教训研究	邢广程
	讲座：当代西方经济学主要理论简介	王东京
	讲座：当代西方管理学主要理论简介	潘云良
厅局级干部进修班（第56期）"战略思维与领导能力"研究专题	学习引言	李书磊
	教学说明	项目组
	中国特色社会主义是当代中国的马克思主义	李俊伟
	科学发展观若干问题研究	韩庆祥
	科学发展观的方法论研究	李建华
	提高驾驭全局的战略思维能力	杨春贵
	战略思维的理论与方法	段培君
	科学发展与战略思维	董振华
	战略机遇期与国家安全形势	宫　力
	建国以来重大问题战略决策的经验与教训	谢春涛
	提高加快转变经济发展方式能力	杨秋宝
	提高科学民主决策能力	王　军
	提高执政党建设的科学化水平	王长江
	提高政府执行力	宋世明
	提高依法行政能力（体验式教学）	高长见
	健全多元化纠纷解决机制	刘永艳
	环境保护与可持续发展	王　伟
	提高突发事件应对能力（案例教学）	王雅琴
	核心价值体系建设与意识形态创新	周熙明
	提高互联网时代的舆论引导能力	郭卫民
	深入学习和执行《中国共产党章程》，增强党性修养	张晓燕
	毛泽东农村调查的理论与实践	罗平汉
	中国共产党夺取全国政权的历史经验	刘宝东
	中国改革开放的历程与经验	谢春涛
	中国古代官德	王　杰

续表

班　　次	教学内容	授课教师
厅局级干部进修班（第56期）“转变经济发展方式与经济结构调整”研究专题	学习引言	李书磊
	教学说明	项目组
	中国特色社会主义是当代中国的马克思主义	贾建芳
	科学发展观若干问题研究	庞元正
	科学发展观的方法论研究	董振华
	我国宏观经济运行研究	胡希宁
	现代产业结构及演进规律研究	韩保江
	我国区域经济协调发展研究	张汉飞
	城乡经济结构及一体化发展研究	施　红
	扩大内需与收入分配问题研究	赵振华
	当前我国社会就业问题研究	徐平华
	我国中小企业发展问题研究	张玉杰
	走中国特色新型工业化道路问题研究	曹　立
	加快转变经济发展方式问题研究	李　鹏
	社会主义市场经济与深化经济体制改革	孙小兰
	基本公共服务均等化与财税体制改革	梁　朋
	国际金融格局与中国金融改革	陈启清
	城镇化进程与土地制度改革	石　霞
	深入学习和执行《中国共产党章程》，增强党性修养	张晓燕
	毛泽东农村调查的理论与实践	罗平汉
	中国共产党夺取全国政权的历史经验	刘宝东
	中国改革开放的历程和经验	谢春涛
	中国古代官德	王　杰
厅局级干部进修班（第56期）“转型期的社会稳定”研究专题	学习引言	李书磊
	教学说明	项目组
	中国特色社会主义是当代中国的马克思主义	李俊伟
	科学发展观若干问题研究	韩庆祥
	科学发展观的方法论研究	李建华
	文明转型与社会稳定	张恒山
	社会主义和谐社会问题研究	刘海涛
	可持续发展与社会稳定问题研究	王　健
	建国后维护社会稳定的经验与教训	罗平汉
	民主政治建设与社会稳定	赵虎吉
	基层政权建设与社会稳定	肖立辉
	法治建设与社会稳定	封丽霞

续 表

班　　次	教 学 内 容	授课教师
厅局级干部进修班（第56期）“转型期的社会稳定”研究专题	改善民生与社会稳定	王　静
	突发事件与应急机制构建	王雅琴
	完善信访机制与社会稳定	刘素华
	当前我国的收入分配问题	赵振华
	我国现阶段的就业问题与就业政策	徐平华
	社会管理创新与社会稳定	王　勇
	民族宗教问题及相关政策调整	叶小文
	中国国际环境与国家安全	孙建杭
	深入学习和执行《中国共产党章程》，增强党性修养	张晓燕
	毛泽东农村调查的理论与实践	罗平汉
	中国共产党夺取全国政权的历史经验	刘宝东
	中国改革开放的历程与经验	谢春涛
	中国古代官德	王　杰
厅局级干部进修班（第56期）“党的执政经验和执政能力建设”研究专题	学习引言	李书磊
	教学说明	项目组
	中国特色社会主义是当代中国的马克思主义	贾建芳
	科学发展观若干问题研究	庞元正
	科学发展观的方法论研究	董振华
	党的执政规律与党的建设科学化	戴焰军
	中国共产党的执政准备（西柏坡体验式教学）	高新民
	改革开放以前党执政的历程与经验	曹　普
	改革开放以来党执政的历程与经验	谢春涛
	西方政党治国理政的经验与启示	王　瑜
	苏共丧失执政地位的历史教训	姜　跃
	党内民主建设若干问题研究	蔡　霞
	改革和完善党的执政方式	张志明
	执政条件下的党群关系	张荣臣
	提高党管干部的科学化水平	梁妍慧
	提高党的拒腐防变能力	任铁缨
	提高领导干部处理突发事件的能力（案例教学）	蔡志强
	提高地方党委处理民族宗教关系促进民族团结的能力（案例教学）	张晓燕
	改善新形势下党的干部作风（案例教学）	王金柱
	提高领导干部新媒体时代的舆论引导能力（体验式教学）	吴　辉
	深入学习和执行《中国共产党章程》，增强党性修养	张晓燕
	毛泽东农村调查的理论与实践	罗平汉
	中国共产党夺取全国政权的历史经验	刘宝东
	中国古代官德	王　杰

续表

班　次	教学内容	授课教师
厅局级干部进修班（第 56 期）“中国特色社会主义理论体系”研究专题	学习引言	李书磊
	教学说明	项目组
	科学对待马克思主义	杨春贵
	马克思主义是科学的世界观和方法论	韩庆祥
	《路德维希·费尔巴哈和德国古典哲学的终结》与哲学领域的革命	边立新
	《共产党宣言》与共产党人的历史使命	周为民
	《资本论》与市场经济的逻辑	王天义
	《社会主义从空想到科学的发展》与社会主义的历史必然性	刘海涛
	列宁晚年著作与社会主义建设的初步探索	贾建芳
	毛泽东思想的科学体系和历史地位	祝　彦
	《实践论》与党的思想路线	杨信礼
	《新民主主义论》与新民主主义社会	罗平汉
	《论十大关系》与中国社会主义建设	谢春涛
	中国特色社会主义道路的开创和拓展	秦　刚
	中国特色社会主义理论体系研究	李君如
	科学发展观研究	李建华
	社会主义初级阶段理论研究	王怀超
	社会主义市场经济理论与经济体制改革	韩保江
	加快转变经济发展方式与经济结构调整	杨秋宝
	扩大内需与收入分配问题研究	赵振华
	社会主义民主政治建设的前沿问题	李良栋
	建设社会主义法治国家的深层次思考	张恒山
	改革开放以来的文化发展与我党的文化自觉	田嵩燕
	核心价值体系建设与意识形态创新	周熙明
	社会主义和谐社会问题研究	严书翰
	加快推进以改善民生为重点的社会建设	吴忠民
	新形势下我国对外开放战略的调整	潘　悦
	当代世界格局与中国和平发展道路	宫　力
	提高执政党建设的科学化水平	王长江
	党的执政方式前沿理论问题研究	张志明
	讲座：当代资本主义的发展变化	常欣欣
	讲座：民主社会主义思潮评析	俞可平
	讲座：西方马克思主义评介	衣俊卿
	讲座：中国共产党夺取全国政权的历史经验	刘宝东

续表

班　　次	教 学 内 容	授课教师
厅局级干部进修班（第56期）“中国特色社会主义理论体系”研究专题	讲座：十一届三中全会以前党对中国社会主义建设道路的探索	曹　普
	讲座：苏联解体的教训研究	邢广程
	讲座：当代西方经济学主要理论简介	王东京
	讲座：当代西方管理学主要理论简介	潘云良
中青年干部培训一班（第30期）	学习引言	李书磊
	教学说明	哲学教研部
	马克思主义的一脉相承和与时俱进	董德刚
	《路德维希·费尔巴哈和德国古典哲学的终结》导读	边立新
	《德意志意识形态》（第一章）导读	侯　才
	《共产党宣言》导读	周为民
	《资本论》导读	张燕喜
	中国特色社会主义理论体系研究	李君如
	科学发展观研究	段培君
	解放思想，实事求是，与时俱进	刘毅强
	中国特色社会主义道路的开创和拓展	秦　刚
	中国社会主义改革的理论与实践	王怀超
	教学说明	中共党史教研部
	中国共产党夺取全国政权的历史经验	刘宝东
	延安整风与马克思主义中国化	卢　毅
	从新民主主义向社会主义的过渡	罗平汉
	党对中国社会主义建设道路的初步探索	谢春涛
	“文化大革命”及其教训	曹　普
	十一届三中全会与伟大历史转折	陈　述
	教学说明	经济学教研部
	社会主义市场经济理论与实践	孙小兰
	加快转变经济发展方式	王天义
	加快城乡经济社会一体化发展	施　红
	走中国特色新型工业化道路问题研究	李继文
	社会主义民主政治建设的前沿问题	李良栋
	加快建设社会主义法治国家	封丽霞

续表

班次	教学内容	授课教师
中青年干部培训一班（第30期）	深入推进行政体制改革的路径选择	王　军
	提高执政党建设的科学化水平	王长江
	党的执政方式前沿问题研究	张志明
	党内民主若干热点难点问题研究	高新民
	社会主义和谐社会问题研究	吴忠民
	中国特色社会主义与当代世界社会主义	孙劲松
	改革开放以来的文化发展与我党的文化自觉	田嵩燕
	科学发展观中的文化视野与文化思维	周熙明
	当代世界格局与中国和平发展道路	宫　力
	新时期中国对外开放战略的调整	潘　悦
	新形势下的国家安全问题	孙建杭
	教学说明	党的建设教研部
	提高驾驭全局的战略思维能力	杨春贵
	哲学思维与领导能力	贾高建
	系统思想与创新能力	李建华
	网络舆论的发展态势及网络安全挑战	外　请
	提高领导干部依法行政的能力（体验式教学）	傅思明
	提高处理公共事件的能力（1）（案例教学）	张晓玲
	提高处理公共事件的能力（2）（案例教学）	刘永艳
	提高处理公共事件的能力（3）（案例教学）	李雅云
	提高处理公共事件的能力（4）（案例教学）	张立伟
	提高领导能力和执政能力（1）（案例教学）	张晓燕
	提高领导能力和执政能力（2）（案例教学）	刘炳香
	提高领导能力和执政能力（3）（案例教学）	刘玉瑛
	提高领导能力和执政能力（4）（案例教学）	蔡志强
中青年干部培训二班（第11期）	学习引言	李书磊
	第一单元教学说明	科学社会主义教研部
	马克思恩格斯的哲学思想	毛卫平
	恩格斯《路德维希·费尔巴哈和德国古典哲学的终结》导读	边立新
	列宁《谈谈辩证法问题》导读	何建华
	马克思主义哲学研究的若干前沿问题	侯　才
	《资本论》导读（一）	张燕喜

续表

班　　次	教学内容	授课教师
中青年干部培训二班（第11期）	《资本论》导读（二）	李省龙
	《资本论》导读（三）	王天义
	马克思恩格斯的社会主义思想	秦　刚
	《共产党宣言》导读	牛先锋
	《社会主义从空想到科学的发展》导读	刘海涛
	列宁晚年的社会主义思想	叶庆丰
	科学社会主义与民主社会主义	常欣欣
	第二单元教学说明	中共党史教研部
	毛泽东思想的科学体系与历史地位	祝　彦
	毛泽东哲学思想	杨信礼
	中共党史专题研究：（1）中国特色革命道路的开辟	刘宝东
	毛泽东新民主主义理论	张太原
	中共党史专题研究：（2）延安整风与马克思主义中国化	卢　毅
	中共党史专题研究：（3）党夺取全国政权的历史经验	刘宝东
	中共党史专题研究：（4）建立新中国的构想及实践	张旭东
	中共党史专题研究：（5）从新民主主义向社会主义的过渡	罗平汉
	毛泽东对中国社会主义建设道路的探索	谢春涛
	中共党史专题研究：（6）毛泽东农村调查的理论与实践	罗平汉
	毛泽东的领导方法和艺术	刘　峰
	中共党史专题研究：（7）“文化大革命”及其教训	曹　普
	中共党史专题研究：（8）十一届三中全会与伟大历史转折	陈　述
	第三单元教学说明	哲学教研部
	中国特色社会主义理论体系研究	贾建芳
	中国特色社会主义理论体系的哲学基础	阮　青
	科学发展观研究	李建华
	中国社会主义改革的理论与实践	郭　强
	社会主义和谐社会若干问题研究	杨玲玲
	中国特色社会主义生态文明研究	李宏伟
	中国传统文化专题研究：（1）传统文化及其当代价值	王　杰
	中国传统文化专题研究：（2）周易与中国文化	王　峰
	中国传统文化专题研究：（3）禅宗与中国文化	陈中浙
	中国传统文化专题研究：（4）中国古代生态文化	任俊华
	西方经济学与管理学专题研究：（1）西方微观经济学主要理论	胡希宁

续表

班　次	教学内容	授课教师
中青年干部培训二班（第11期）	西方经济学与管理学专题研究：（2）西方宏观经济学主要理论	于永臻
	西方经济学与管理学专题研究：（3）西方新制度经济学主要理论	谢鲁江
	西方经济学与管理学专题研究：（4）现代管理学主要理论	潘云良
	法学专题研究：（1）公民人权保障的理论与实践	王立峰
	法学专题研究：（2）公民物权保障的理论与实践	李雅云
	法学专题研究：（3）公民社会权保障的理论与实践	王　静
	战略学专题研究：（1）战略思维理论与方法	段培君
	战略学专题研究：（2）自主创新战略研究	胡　卫
	战略学专题研究：（3）系统思想与战略思维	庞元正
新疆地厅级民族干部培训班（第57期）	学习引言	李书磊
	第一单元教学说明	哲学教研部
	马克思恩格斯的经济学思想	张燕喜
	马克思恩格斯列宁的社会主义思想	韩云川
	第二单元教学说明	中共党史教研部
	毛泽东思想的科学体系与历史地位	谢春涛
	中共党史专题研究：（1）中国特色革命道路的开辟	刘宝东
	毛泽东新民主主义理论	罗平汉
	中共党史专题研究：（2）延安整风与马克思主义中国化	张太原
	毛泽东哲学思想	刘毅强
	毛泽东对中国社会主义建设道路的探索	李庆刚
	中共党史专题研究：（3）毛泽东农村调查的理论与实践	罗平汉
	中共党史专题研究：（4）十一届三中全会与伟大历史转折	沈传亮
	第三单元教学说明	科学社会主义教研部
	中国特色社会主义是当代中国的马克思主义	王中汝
	中国特色社会主义理论体系研究	刘俊杰
	中国特色社会主义理论体系的哲学基础	阮　青
	深入贯彻落实科学发展观	董振华
	中国社会主义改革的理论与实践	王怀超
	社会主义市场经济理论与实践	徐平华
	走中国特色工业化道路问题	李省龙

续 表

班　　次	教 学 内 容	授课教师
新疆地厅级民族干部培训班（第57期）	社会主义新农村建设（案例教学）	李　鹏
	积极稳妥推进社会主义民主政治建设	刘启云
	推进依法行政	王雅琴
	文化认同与边疆稳定	徐　平
	社会主义和谐社会问题研究	杨玲玲
	中国特色国际战略研究	宫　力
	中国的周边环境与国家安全	孙建杭
	提高执政党建设的科学化水平	戴焰军
	党群关系问题研究	祝灵君
	领导能力训练：（1）现代领导能力（案例教学）	刘玉瑛
	领导能力训练：（2）提高突发事件应对能力（案例教学）	井　敏
	领导能力训练：（3）决策民主化科学化（案例教学）	王　军
	领导能力训练：（4）网络舆论演变态势及网络安全挑战	外　请
	西部大开发专题研究：（1）西部地区民营经济发展问题	王君超
	西部大开发专题研究：（2）西部可持续发展问题研究	贾华强
	西部大开发专题研究：（3）公共财政理论与西部大开发	李旭章
	西部大开发专题研究：（4）国外地区开发经验研究	潘　悦
	中国特色社会主义民族宗教理论专题研究：（1）新疆历史若干问题研究	蒲长春
	中国特色社会主义民族宗教理论专题研究：（2）我国现阶段的民族问题和民族政策	龚学增
	中国特色社会主义民族宗教理论专题研究：（3）我国现阶段的宗教问题和宗教政策	蒲长春
	中国特色社会主义民族宗教理论专题研究：（4）正确认识和处理新疆的民族问题（研讨式教学）	张建新
	中国特色社会主义民族宗教理论专题研究：（5）我国民族区域自治问题研究	外　请
	中国特色社会主义民族宗教理论专题研究：（6）当前新疆反对“三股势力”的斗争	学员主讲
	中国传统文化专题研究：（1）如何看待当前的国学热	王　杰
	中国传统文化专题研究：（2）周易与中国文化	王　峰
	中国传统文化专题研究：（3）禅宗与中国文化	陈中浙
	中国传统文化专题研究：（4）中国古代生态文化	任俊华
	西方经济学与管理学专题研究：（1）西方微观经济学主要理论	张汉飞

续表

班　次	教学内容	授课教师
新疆地厅级民族干部培训班（第57期）	西方经济学与管理学专题研究：（2）西方宏观经济学主要理论	胡希宁
	西方经济学与管理学专题研究：（3）西方新制度经济学主要理论	谢鲁江
	西方经济学与管理学专题研究：（4）现代管理学主要理论	陈宇学
	法学专题研究：（1）公民社会权利保障研究	王　静
	法学专题研究：（2）财政运行法治化研究	王　伟
	法学专题研究：（3）司法公正研究	姜小川
	法学专题研究：（4）网络治理研究	刘素华
	国际政治专题研究：（1）东亚秩序视角下的中日关系	马小军
	国际政治专题研究：（2）中韩关系与东北亚合作	高祖贵
	国际政治专题研究：（3）俄罗斯的发展趋势与中俄关系	左凤荣
	国际政治专题研究：（4）印度的战略走势与中印关系	康绍邦
	战略学专题研究：（1）战略思维理论与方法	段培君
	战略学专题研究：（2）博弈思维与战略决策	胡　卫
	战略学专题研究：（3）系统思想与战略思维	庞元正
	社会学专题研究：（1）社会阶层结构研究	青连斌
	社会学专题研究：（2）社会管理与社会和谐	向春玲
	社会学专题研究：（3）社会政策与行动研究	李慧英
新疆县处级民族干部培训班（第58期）	学习引言	李书磊
	第一单元教学说明	马克思主义理论教研部
	马克思列宁主义基本问题概论	牛先锋
	《路德维希·费尔巴哈和德国古典哲学的终结》导读	边立新
	《共产党宣言》导读	李海青
	《资本论》导读	王天义
	毛泽东思想基本问题概论	祝　彦
	毛泽东著作选读	陈　晋
	第二单元教学说明	哲学教研部
	中国特色社会主义是当代中国的马克思主义	曹鹏飞
	深入贯彻落实科学发展观	邱耕田
	中国特色社会主义道路的历史由来	谢春涛
	解放思想，实事求是，与时俱进	阮　青
	社会主义市场经济理论与经济体制改革	徐平华

续表

班　　次	教学内容	授课教师
新疆县处级民族干部培训班（第58期）	加快转变经济发展方式问题研究	董艳玲
	积极稳妥推进社会主义民主政治建设	刘学军
	加快建设社会主义法治国家	张恒山
	现代化进程中的文化发展问题研究	徐　平
	文化建设与文化遗产保护	马奔腾
	社会主义和谐社会问题研究	陈天林
	以改善民生为重点的社会建设问题研究	林　梅
	执政党建设前沿问题研究	张志明
	当代世界格局与中国和平发展道路	赵　磊
	第三单元教学说明	科学社会主义教研部
	中华民族多元一体格局的形成与发展	外　请
	中国特色社会主义民族理论及我国现阶段的民族问题	张建新
	中国特色社会主义宗教理论及我国现阶段的宗教问题	蒲长春
	第四单元教学说明	中共党史教研部
	中国共产党领导人民夺取全国政权的成就与经验	刘宝东
	中国共产党领导社会主义革命和建设的成就与经验	罗平汉
	中国共产党领导改革开放和现代化建设的成就与经验	陈　述
	中国共产党在新疆执政的成就与经验	李国芳
	第五单元教学说明	国际战略研究所
	新疆跨越式发展问题研究	外请
	新疆长治久安问题研究	祝灵君
	新疆实施优势资源转换战略研究	李　鹏
	新疆城市社会建设与流动人口问题研究	徐　平
	新疆生态建设与可持续发展问题研究	赵建军
	中亚格局与新疆周边国际环境研究	高祖贵
	当前新疆反对“三股势力”的斗争	孙建杭
	第六单元教学说明	科学社会主义教研部
	新疆地方史	厉　声
	新疆民族发展史	厉　声
	新疆宗教演变史	蒲长春

续表

班　　次	教学内容	授课教师
新疆县处级民族干部培训班（第58期）	第七单元教学说明	党的建设教研部
	提高驾驭全局的战略思维能力	杨信礼
	提高领导干部科学执政的能力（案例教学）	蔡志强
	提高领导干部应急管理能力（案例教学）	刘永艳
	网络舆论演变态势及网络安全挑战	外　请
	提高演讲水平与沟通能力	刘玉瑛
	提高新闻媒体应对能力	外　请
	文化专题讲座：（1）边陲万古（一）：唐诗欣赏	梅敬忠
	文化专题讲座：（2）边陲万古（二）：宋词欣赏	梅敬忠
	文化专题讲座：（3）日月明觉：《福乐智慧》赏析	刘　枕
	文化专题讲座：（4）昆仑名器：和田玉与中国玉文化	巫新华
	文化专题讲座：（5）如章如潮：当代作家写新疆	王　蒙
半年制西藏民族干部培训班（第43期）	学习引言	李书磊
	第一单元教学说明	哲学教研部
	马克思恩格斯的哲学思想	林艳梅
	马克思恩格斯列宁的社会主义思想	梁　波
	马克思恩格斯的经济学思想	张燕喜
	第二单元教学说明	中共党史教研部
	毛泽东思想的科学体系与历史地位	陈雪薇
	中共党史专题研究：（1）中国特色革命道路的开辟	刘宝东
	毛泽东新民主主义理论	卢　毅
	中共党史专题研究：（2）延安整风与马克思主义中国化	张卫波
	毛泽东哲学思想	刘毅强
	中共党史专题研究：（3）建立新中国的构想及实践	张旭东
	毛泽东对中国社会主义建设道路的探索	李庆刚
	中共党史专题研究：（4）十一届三中全会与伟大历史转折	曹　普
	第三单元教学说明	张志明
	中国特色社会主义是当代中国的马克思主义	王　莉
	中国特色社会主义理论体系的哲学基础	阮　青
	深入贯彻落实科学发展观	朱辉宇
	中国社会主义改革的理论与实践	朱可辛
	社会主义和谐社会问题研究	王道勇
	社会主义市场经济理论与实践	韩保江

续 表

班 次	教 学 内 容	授课教师
半年制西藏民族干部培训班（第43期）	走中国特色工业化道路问题	曹 立
	新农村建设问题	刘艳梅
	积极稳妥推进社会主义民主政治建设	齐 惠
	加快建设社会主义法治国家	张立伟
	改革开放以来的文化变迁与我党的文化自觉	赵 峰
	推动社会主义文化大发展大繁荣的若干重要问题	李媛媛
	中国特色国际战略研究	宫 力
	祖国统一大业与一国两制	刘建飞
	提高执政党建设的科学化水平	张志明
	党群关系问题研究	赵绪生
	西部开发开放专题研究：（1）可持续发展问题研究	刘振英
	西部开发开放专题研究：（2）西部地区民营经济发展问题	曹 新
	西部开发开放专题研究：（3）国外地区开发经验研究	潘 悦
	领导能力训练：（1）现代领导能力（案例教学）	谢 峰
	领导能力训练：（2）提高领导干部应急管理能力（案例教学）	牟卫民
	中国特色社会主义民族宗教理论研究：（1）中国特色社会主义民族理论	靳 薇
	中国特色社会主义民族宗教理论研究：（2）我国现阶段的民族问题和民族政策（案例教学）	靳 薇
	中国特色社会主义民族宗教理论研究：（3）我国民族区域自治问题研究	外 请
	中国特色社会主义民族宗教理论研究：（4）中国特色社会主义宗教理论	胡 岩
	中国特色社会主义民族宗教理论研究：（5）我国现阶段的宗教问题和宗教政策（研讨式教学）	胡 岩
	中国特色社会主义民族宗教理论研究：（6）当前西藏的反分裂斗争	外 请
	中国传统文化专题研究：（1）如何看待当前的国学热	王 杰
	中国传统文化专题研究：（2）周易与中国文化	王 峰
	中国传统文化专题研究：（3）禅宗与中国文化	陈中浙
	中国传统文化专题研究：（4）中国古代生态文化	任俊华
	西方经济学与管理学专题研究：（1）西方微观经济学主要理论	胡希宁

续表

班次	教学内容	授课教师
半年制西藏民族干部培训班（第43期）	西方经济学与管理学专题研究：（2）西方宏观经济学主要理论	于永臻
	西方经济学与管理学专题研究：（3）西方新制度经济学主要理论	张慧君
	西方经济学与管理学专题研究：（4）现代管理学主要理论	潘云良
	法学专题研究：（1）财政运行法治化研究	王伟
	法学专题研究：（2）司法公正研究	姜小川
	法学专题研究：（3）网络治理研究	刘素华
	法学专题研究：（4）社会协商机制问题研究	林喆
	国际政治专题研究：（1）东亚秩序视角下的中日关系	马小军
	国际政治专题研究：（2）中韩关系与东北亚合作	高祖贵
	国际政治专题研究：（3）俄罗斯的发展趋势与中俄关系	左凤荣
	国际政治专题研究：（4）印度的战略走势与中印关系	康绍邦
	战略学专题研究：（1）战略思维理论与方法	段培君
	战略学专题研究：（2）博弈思维与战略决策	胡卫
	战略学专题研究：（3）系统思想与战略思维	庞元正
	当代世界社会主义专题研究：（1）当代世界社会主义的发展态势	胡振良
	当代世界社会主义专题研究：（2）西方发达国家的新社会运动	孟鑫
	当代世界社会主义专题研究：（3）发展中国家的民族社会主义	朱可辛
一年制西藏民族干部培训班（第44期）	学习引言	李书磊
	第一单元教学说明	哲学教研部
	马克思列宁主义基本问题概论	叶庆丰
	毛泽东思想基本问题概论	陈雪薇
	中国特色社会主义理论体系概论	毛卫平
	马克思主义的一脉相承和与时俱进	董德刚
	第二单元教学说明	哲学教研部
	马克思主义哲学是科学的世界观和方法论	张耀光
	唯物主义辩证法	张耀光
	辩证唯物主义认识论	何建华
	社会基本矛盾	焦佩锋
	社会意识和文化	朱辉宇

续 表

班　　次	教学内容	授课教师
一年制西藏民族干部培训班（第44期）	科学技术及其社会作用	赵建军
	人民群众和个人在历史上的作用	董振华
	哲学思维与领导方法	刘毅强
	公共管理学讲座：（1）公共管理基本理论	黄小勇
	公共管理学讲座：（2）政府公共关系的理论与实践	牟卫民
	公共管理学讲座：（3）服务型政府的理论与实践	井　敏
	法学讲座：（1）法理学的原理与原则	王立峰
	法学讲座：（2）宪法学的原理与原则	傅思明
	法学讲座：（3）民法学的原理与原则	王　静
	法学讲座：（4）行政法的原理与原则	王　红
	法学讲座：（5）刑法学的原理与原则	高长见
	第三单元教学说明	经济学教研部
	商品货币理论	赵振华
	剩余价值生产与分配理论	王天义
	资本循环和社会资本再生产理论	赵锦辉
	信用与股份公司理论	李省龙
	经济学管理学讲座：（1）西方经济学主要理论	张汉飞
	经济学管理学讲座：（2）现代管理学主要理论	李　蕾
	经济学管理学讲座：（3）现代金融学主要理论	董艳玲
	经济学管理学讲座：（4）公共财政学主要理论	梁　朋
	国际政治讲座：（1）国际政治与国际战略环境的构建	马小军
	国际政治讲座：（2）国外反分裂斗争的经验与启示	张仕荣
	国际政治讲座：（3）南亚局势与中印关系	秦治来
	第四单元教学说明	科学社会主义教研部
	科学社会主义的创立和基本理论	严书翰
	社会主义本质	门晓红
	社会主义发展阶段	冯书泉
	社会主义的历史命运	孟　鑫
	第五单元教学说明	科学社会主义教研部
	中国特色社会主义民族理论	靳　薇
	我国现阶段的民族问题和民族政策	靳　薇
	中国特色社会主义宗教理论	胡　岩

续表

班　　次	教学内容	授课教师
一年制西藏民族干部培训班（第44期）	我国现阶段的宗教问题和宗教政策	胡　岩
	正确认识和处理西藏的民族宗教问题（研讨式教学）	胡　岩
	西藏民族问题（案例教学）	靳　薇
	西藏周边国家和地区的民族宗教问题	外　请
	社会发展与文化变迁	徐　平
	世俗化与宗教文化	徐　平
	伦理学讲座：（1）马克思主义伦理学基本问题	靳凤林
	伦理学讲座：（2）发展伦理问题	杨信礼
	伦理学讲座：（3）生态伦理问题	任俊华
	中国古典文学讲座：（1）心曲初唱——先秦至南北朝文学	张　文
	中国古典文学讲座：（2）盛世诗潮——隋唐宋文学	马奔腾
	中国古典文学讲座：（3）人间画卷——元明清文学	廖小鸿

（教务部供稿人：金　晶）

附录2：

春季学期“形势与任务报告”讲题与报告人

讲课题目	报告人
当前国际形势和我国对外工作	杨洁篪——外交部部长
当前的价格形势和价格政策	张　平——国家发展和改革委员会主任
关于党的意识形态工作的几个问题	王晓晖——中央宣传部副部长
认清形势、明确任务，深入推进反腐倡廉建设和反腐败斗争	贺国强——中共中央政治局常委、中央纪律检查委员会书记
加强和创新社会管理	周本顺——中央政法委秘书长
关于工业结构调整和发展方式转变	苗　圩——工业和信息化部部长
关于财政政策的几个问题	王　军——财政部副部长
把握舆论规律，做好引导工作	蔡名照——中央宣传部副部长
关于“十二五”粮食生产和国家粮食安全问题	韩长赋——农业部部长

续 表

讲 课 题 目	报 告 人
对构建和谐劳动关系的分析与思考	王玉普——中华全国总工会副主席、书记处第一书记
加快转变经济发展方式，努力开创科学发展新局面——“十二五”规划《纲要》解读	徐宪平——国家发展和改革委员会副主任
邪教的历史与现状	李东生——中央610办公室主任
关于“十二五”时期对外开放的思考	陈德铭——商务部部长
关于人口问题	李　斌——国家人口和计划生育委员会主任
关于金融与货币政策问题	周小川——中国人民银行行长
关于中国特色军民融合式发展的研究与研讨	梁光烈——国务委员兼国防部长
更好地发挥民航业在加快转变经济发展方式和调整经济结构中的战略作用	李家祥——中国民用航空局局长
对当前海洋形势的几点认识	刘赐贵——国家海洋局局长

（教务部供稿人：金　晶）

附录3：

春季学期“当代世界报告”讲题与报告人

课程名称	讲 课 题 目	报 告 人
当代世界经　济	当代世界经济的主要趋势	张伯里——中央党校副校长、教授
	当代国际金融格局变化与未来走势	张红力——中国工商银行副行长
	当代国际贸易格局变化与未来走势	潘　悦——中央党校国际战略研究所教授
当代世界法　制	国际贸易与投资法律问题	沈四宝——对外经济贸易大学法学院教授
	科学发展与环境法制	徐祥民——中国海洋大学法学院院长、教授
	国际海洋法与我国周边海洋争议问题	张海文——国家海洋局海洋发展战略研究所副所长、研究员

续表

课程名称	讲课题目	报告人
当代世界科技	气候变化与可持续发展	秦大河——中国科学院院士、原国家气象局局长
	低碳技术与能源利用方式转变	赵建军——中央党校哲学教研部教授
当代世界军事	当前世界军事发展态势	肖天亮——国防大学战略教研部副主任、少将
	冷战后美国的军事变革	赵丕——军事科学院世界军事研究部部长
当代世界政治	当代国际政治发展态势	刘建飞——中央党校国际战略研究所副所长、教授
	中美关系演变及发展趋势	宫力——中央党校国际战略研究所所长、教授
当代世界思潮	西方人本主义哲学思潮	丁东红——中央党校哲学教研部教授
	西方文化与文明问题的哲学思考	李晓兵——中央党校哲学教研部副主任、教授
当代世界民族宗教	世界民族宗教发展趋势及对我国的影响	龚学增——中央党校科学社会主义教研部教授

（教务部供稿人：金　晶）

附录4：

春季学期选修课讲题与授课教师

全校选听讲座

讲课题目	授课教师
人类需要三大营养——饮食营养、行为营养、心理营养	赵霖——解放军301医院研究员
中国书画艺术赏析	陈中浙——中央党校哲学教研部教授
领导干部心理调适	许燕——北京师范大学心理学院院长、教授
走进音乐世界	周海宏——中央音乐学院副院长、教授
领导者的演讲艺术	闻闸——中央教育电视台播音指导、教授
如何发布新闻及与媒体打交道	郭卫民——国务院新闻办公室一局局长
中国人口与社会发展	原新——南开大学人口与发展研究所教授

续 表

讲课题目	授课教师
《红楼梦》与中国文化	梅敬忠——中央党校文史教研部教授
管理创新	张玉杰——中央党校经济学教研部教授
人文的城市	陈宇飞——中央党校文史教研部教授
儒释道与中国文化	王　杰——中央党校哲学教研部教授
朝鲜半岛局势与东北亚地区安全	张建杭——中央党校国际战略研究所教授
海权维护与中国领土安全	马小军——中央党校国际战略研究所教授

中共党史专题讲座

讲课题目	授课教师
战略视野中的中国革命历史	金一南——国防大学战略教研部副主任、教授、少将
毛泽东的统帅之道	江　英——军事科学院战略与战争理论研究部研究员
朱毛之争与党内民主	罗平汉——中央党校中共党史教研部教授
蒋介石日记中的中国共产党	杨天石——中国社会科学院近代史研究所研究员
中国共产党的隐蔽战线	徐　焰——国防大学战略教研部教授、少将
中国改革开放的背景和缘起	曹　普——中央党校中共党史教研部副主任、教授
毛泽东的读书生活	陈　晋——中央文献研究室副主任、研究员
中苏同盟的破裂及其影响	沈志华——华东师范大学冷战史研究中心主任、教授

电视选修课

项　目	频道	讲课题目	授课教师
学习贯彻党的十七大精神专题讲座	党校台	中国特色社会主义若干重大问题研究	严书翰
		中国特色社会主义理论的形成和发展	谢春涛
		科学发展观若干前沿问题	庞元正
		国际金融危机后中国经济结构调整战略研究	韩保江
		全面建设小康社会的新要求	刘海涛
		发展社会主义民主政治	李良栋
		十七大关于推进文化发展大繁荣的新思路	周熙明
		以改善民主为重点，加强社会建设	青连斌
		十七大在对外关系理论上的创新	宫　力
		以改革创新精神全面推进党的建设新的伟大工程	张志明
马克思主义原著导读		恩格斯《路德维希·费尔巴哈和德国古典哲学的终结》导读	张绪文
		列宁《谈谈辩证法问题》导读	何建华
		马克思《资本论》导读（一）	张燕喜

续表

项　目	频道	讲课题目	授课教师
马克思主义原著导读	党校台	马克思《资本论》导读（二）	李省龙
		马克思《资本论》导读（三）	王天义
		《共产党宣言》导读	韩云川
		《社会主义从空想到科学的发展》导读	刘海涛
国际政治专题讲座		中国国家安全环境现状与走势	亓成章
		联合国改革与我国的多边外交	刘建飞
		中俄关系现状与走势	左凤荣
		中国和平发展道路与国际战略	康绍邦
综合讲座		《周易》与中国传统文化	王　峰
		扩大内需与收入结构分配调整问题研究	赵振华
		国际金融危机后中国经济结构调整战略研究	韩保江
		现代管理学主要理论	潘云良
		基本公共服务均等化与财税体制改革	梁　朋
		当前我国社会就业问题研究	徐平华
		加快城乡经济社会一体化发展	施　红
		加快转变经济发展方式问题研究	李　鹏
		现代金融学主要理论	董艳玲
		区域经济协调发展问题研究	张汉飞
		国际金融格局变化与中国的金融发展	陈启清
		新型工业化道路问题研究	曹　立
		公共卫生与社会危机	靳　薇
		性别失衡与社会危机	李慧英
		财政运行法治化	王　伟
		推进现代国家制度建设	张　勇
		延安整风新论	李东朗
		胡耀邦与拨乱反正	陈　述
		西方执政党党内民主研究	谢　峰
		领导人才战略	李　民
		从闭关到开放——中国近代化的起始	刘悦斌
		中国古代的治国方略	岑大利
		中国传统民本思想探析	齐　惠
学员论坛和“两带来”问题解答		学员论坛（一）	培训部
		学员论坛（二）	进修部
		“两带来”问题探析（一）	贾华强
		“两带来”问题探析（二）	党的建设教研部

校园网网上选修课

项　　目	讲 课 题 目	授课教师
学习贯彻党的十七大精神专题讲座	中国特色社会主义若干重要问题研究	严书翰
	中国特色社会主义理论的形成和发展	谢春涛
	科学发展观若干前沿问题	庞元正
	现代产业结构调整与演进规律研究	韩保江
	加快转变经济发展方式问题研究	杨秋宝
	统筹城乡协调发展问题研究	徐祥临
	全面建设小康社会的新要求	刘海涛
	发展社会主义民主政治	李良栋
	十七大关于推进文化发展大繁荣的新思路	周熙明
	以改善民生为重点，加强社会建设	青连斌
	十七大在对外关系理论上的创新	宫　力
	以改革创新精神全面推进党的建设新的伟大工程	张志明
加强党的执政能力建设专题讲座	党的执政能力建设是党执政后的一项根本建设	刘炳香
	党执政的主要经验研究	柳建辉
	提高发展社会主义民主政治的能力	李良栋
	提高建设社会主义先进文化的能力	戴木才
	提高构建社会主义和谐社会的能力	贾建芳
	提高应对国际局势和处理国际事务能力	康绍邦
马克思主义原著导读	恩格斯《路德维希·费尔巴哈和德国古典哲学的终结》导读	张绪文
	列宁《谈谈辩证法问题》导读	何建华
	马克思《资本论》导读（一）	张燕喜
	马克思《资本论》导读（二）	李省龙
	马克思《资本论》导读（三）	王天义
	马克思和恩格斯《共产党宣言》导读	韩云川
	恩格斯《社会主义从空想到科学的发展》导读	刘海涛
社会学专题讲座	社会学的基本理论和方法	青连斌
	阶级阶层理论	谢志强
	社区理论与实践	李慧英
	社会政策	李慧英
	社会变迁	向春玲
	社会调查	林　梅
	中国现阶段社会阶层结构分析	谢志强
	维护社会公正促进社会和谐	吴忠民
	刑事法治与人权保障	高长见

续表

项　目	讲课题目	授课教师
科学技术与社会专题讲座	科学精神与科学方法	傅　立
	信息社会的哲学解释	王克迪
	气候变化与可持续发展	赵建军
	科学思维与宗教意识问题	于晓非
	系统科学与管理创新	李建华
文化学专题讲座	中国城市发展的文化动力研究	陈宇飞
	中国教育面临的深层次问题	刘景录
	新媒体对当代社会的影响研究	秦　露
	近代以来中西文化的相遇、冲突与融合	刘景录
	悲从何来——文学作品中悲剧意识	范玉刚
	道德重建与社会整合	赵　峰
	别样风流：民国文人传统的特色	王学斌
	古都的近代之路：近代北京城市规划与建设	王　煦
伦理学专题讲座	马克思主义伦理学基本问题	孙向军
	行政伦理问题研究	靳凤林
	发展伦理问题研究	邱耕田
	中国传统伦理研究	刘余莉
	现代西方伦理思潮	梁晓杰
政党学专题讲座	执政党建设问题研究	王长江
	政党制度类型比较研究	谢　峰
	发展中国家的政党政治	姜　跃
	党内选举制度改革	蔡　霞
	党内民主研究	蔡　霞
	执政党与媒体发展	高新民
	建国前党局部执政的实践及其意义	张希贤
	现代企业制度与党的建设	蔡　霞
	台湾政党政治研究	王　瑜
	国外共产党的现状	耿克民
领导科学专题讲座	领导能力提升	刘炳香
	领导干部的语言艺术	刘玉瑛
	领导心理调适	刘余莉
中共党史专题讲座	陈独秀的历史功过	祝　彦
	王明再认识	刘晶芳
	人民公社化运动与公社体制	罗平汉
	1959 年庐山会议及其教训	谢春涛

续 表

项　　目	讲 课 题 目	授课教师
中共党史专题讲座	中苏论战与“反修防修”	李　瑗
	刘少奇冤案的形成	王海光
	十一届三中全会的历史转折	陈　述
	国内外毛泽东研究述评	罗平汉
	离休后的邓小平	陈雪薇
	当代中国政治体制的历史演变	韩　钢
	中国共产党领导的多党合作制的由来和发展	李　瑗
中国哲学专题讲座	如何看待当前的国学热	王　杰
	儒释道与中国文化	王　杰
	孔子与中国文化	王　峰
	周易入门	王　峰
	禅宗与中国文化	陈中浙
	中国古代的生态哲学	任俊华
	中国传统哲学的基本精神	王　杰
国际政治专题讲座	中日关系的现状和趋势	张琏瑰
	中美日俄印综合国力的国际比较	门洪华
	国际反恐怖主义斗争问题	马小军
	美国的意识形态外交与我国的应对策略	刘建飞
	上海合作组织与反对三股恶势力的斗争	孙建杭
	中国和中亚国家关系的历史、现状及其发展趋势	亓成章
	国际冲突与中国参与联合国维和	赵　磊
	国际关系的传媒透视	秦治来
	核军控与防止核扩散	孙东方
	在华外国非政府组织研究	杨　青
	美国两条现代化道路之争	刘　婷
世界经济专题讲座	跨国公司投资及其对中国经济的影响	潘　悦
	转型国家经济状况及启示	纪　军
	日本泡沫经济的教训	孙仲涛
	人民币汇率变化及其走势	陈江生
	国际金融危机的成因与走势	刘　东
	后危机时期美国经济的战略政策调整及其启示	陈建奇
	积极应对国际贸易摩擦	王金龙
	国际可持续发展战略	史妍媚
	国际货币体系改革问题研究	陈江生

续表

项　目	讲课题目	授课教师
当代中国外交	战略机遇期与中国对外战略	宫　力
	当代中国的民间外交与公共外交	王红续
	当代中国的外交体制	王红续
	全球化与中国外交	刘德喜
	中国对非洲政策	罗建波
	中国气候外交	周绍雪
	软实力与中国外交	罗建波
	新形势下中国与周边国家关系	康绍邦
台海两岸关系专题讲座	国际格局变动与海峡两岸关系	宫　力
	中国周边安全与两岸关系	康绍邦
	中央领导集体对台大政方针的调整与发展	郭建平
	美国对台政策与两岸关系	孙建杭
	台海危机管理	李云龙
	岛内的政治生态变化与两岸关系	张仕荣
其他专题讲座	农民增收问题研究	石　霞
	现代管理学主要理论	潘云良
	基督教伦理与现代西方文明	靳凤林
	中国传统文化与中国式管理	刘余莉
	科学发展观与中国人权保障	张立伟
	可持续发展战略	冯鹏志
	法治政府与可持续发展	刘素华
	生命科学与哲学	李建华
	电子政务与体制创新	蔡德聪
	信息资源开发利用与信息安全	蔡德聪
	社会主义政治文明建设的理论与实践	李良栋
	服务型政府与公共服务均等化	胡　卫
	弘扬中国优秀传统道德，促进社会和谐	刘余莉

电影鉴赏课

片　名	片　名
我是植物人（中国）	情归周恩来（中国）
走近毛泽东（中国）	额吉（中国）
窃听风暴（德国）	心中的小星星（印度）
城市之光（中国）	你好！澳门（中国）
阿基里斯与龟（日本）	我的哥哥是独生子（意大利、法国）
小平，您好！（中国）	人民至上（中国）

续 表

片　　名	片　　名
钢的琴（中国）	我的梦（中国）
坎大哈（伊朗、法国）	鲜花（中国）
喋血孤城（中国）	

体育课

班　　次	教 学 内 容	授课教师
进修部各班次	太极拳、太极剑、练功十八法、网球	何春光
培训部、中青一班、半年制民族班	太极拳、太极剑、练功十八法等、网球	谷洪云
培训部、中青二班	太极拳、太极剑、网球	胡德明
培训部、中青二班、一年制民族班	太极拳、太极剑、网球、乒乓球	韩宇红

（教务部供稿人：金　晶）

秋季学期教学安排

一、总体要求

以马克思列宁主义、毛泽东思想和中国特色社会主义理论体系为指导，深入贯彻落实科学发展观，认真贯彻党的十七大和十七届四中、五中全会精神，坚持党校姓党原则，突出抓好以中国特色社会主义理论体系为中心的马克思主义理论教育，结合庆祝建党90周年加强党性教育，围绕建设“一流学府”，进一步深化教学改革，优化教学组织与管理，不断提高教学质量和水平。

二、班次设置和招生安排

2011年秋季学期共开设四类班次、13个班，计划招收学员1645人。

（一）进修班、专题研讨班

1. 省部级干部进修班（第50期）。该班开设四个研究专题：

（1）“战略思维与领导能力”研究专题，计划招收学员75人，学制两个月，学习时间为2011年9月1日至11月2日；

（2）“统筹城乡发展”研究专题，计划招收学员35人，学制两个月，学习时间为2011年9月1日至11月2日；

（3）“转变经济发展方式与经济结构调整”研究专题，计划招收学员 40 人，学制两个月，学习时间为 2011 年 11 月 16 日至 2012 年 1 月 13 日；

（4）“社会主义民主政治建设”研究专题，计划招收学员 25 人，学制两个月，学习时间为 2011 年 11 月 16 日至 2012 年 1 月 13 日。

2. 厅局级干部进修班（第 57 期）。该班开设七个研究专题：

（1）“民生与社会建设”研究专题，计划招收学员 50 人，学制两个月，学习时间为 2011 年 9 月 1 日至 11 月 2 日；

（2）“转变经济发展方式与经济结构调整”研究专题，计划招收学员 70 人，学制两个月，学习时间为 2011 年 9 月 1 日至 11 月 2 日；

（3）“党内民主建设”研究专题，计划招收学员 30 人，学制两个月，学习时间为 2011 年 9 月 1 日至 11 月 2 日；

（4）“世界经济与政治格局变化与应对”研究专题，计划招收学员 40 人，学制两个月，学习时间为 2011 年 11 月 16 日至 2012 年 1 月 13 日；

（5）“文化建设与文化发展”研究专题，计划招收学员 30 人，学制两个月，学习时间为 2011 年 11 月 16 日至 2012 年 1 月 13 日；

（6）“新形势下党的群众工作”研究专题，计划招收学员 35 人，学制两个月，学习时间为 2011 年 11 月 16 日至 2012 年 1 月 13 日；

（7）“中国特色社会主义理论体系”研究专题，计划招收学员 65 人，学制三个月，学习时间为 2011 年 9 月 1 日至 12 月 2 日。

3. 市地党政主要领导干部进修班（第 5 期），计划招收学员 50 人，学制一个月，学习时间为 2011 年 11 月 16 日至 12 月 15 日。

4. 县委书记任职培训班（第 2 期），计划招收学员 260 人，学习时间为 2011 年 9 月 1 日至 9 月 9 日。

5. “公司法人治理与企业党的建设”专题研讨班，计划招收学员 60 人，学习时间为 2011 年 10 月 12 日至 21 日。

6. “党校系统学员管理工作”专题研讨班，计划招收学员 50 人，学习时间为 2011 年 10 月 12 日至 22 日。

（二）培训班

1. 中青年干部培训一班（第 31 期），计划招收学员 120 人，学制四个半月，学习时间为 2011 年 9 月 1 日至 2012 年 1 月 13 日。

2. 新疆地厅级民族干部培训班（第 59 期），计划招收学员 45 人，学制四个半月，学习时间为 2011 年 9 月 1 日至 2012 年 1 月 13 日。

3. 新疆县处级民族干部培训班（第 60 期），计划招收学员 50 人，学制四个半月，学习时间为 2011 年 9 月 1 日至 2012 年 1 月 13 日。

4. 半年制西藏民族干部培训班（第 45 期），计划招收学员 40 人，学制四个半月，学习时间为 2011 年 9 月 1 日至 2012 年 1 月 13 日。

（三）师资培训班

1. 哲学社会科学教学科研骨干研修班（第 41、42 期），举办 2 期，共计划招收学员 230 人，每期学制一个月。

2. 全国市地州盟党委党校常务副校长培训班（第2期）计划招收学员200人，学习时间为2011年9月1日至5日。

3. 党校系统“马克思主义经典著作导读”师资培训班，计划招收学员45人，学习时间为2011年10月12日至11月11日。

加上同期在校的中青年干部培训二班和一年制西藏班，2011年秋季学期共计在校15个班次，学员1813人。

三、深化以中国特色社会主义理论体系为中心的马克思主义理论教学，进一步改进教学设计

（一）突出“问题导向”，强调以学科为基础，继续改进进修班的教学设计。

1. 进修班各研究专题的设置，紧密围绕建设中国特色社会主义实践中面临的重大问题和中长期问题，保持相对稳定。

2. 各研究专题注重从多个学科的角度来设计讲题，把基本理论、现实问题、世界眼光、历史对比统一起来。其中，省部级干部进修班“转变经济发展方式与经济结构调整”、“统筹城乡发展”两个研究专题继续进行改革试点，从基本理论与经验、体制改革与制度创新、有关政策调整三个层面来设计课程体系。

3. 对厅局级干部进修班“中国特色社会主义理论体系”研究专题的个别讲题作适当调整，进一步增强教学设计的科学性。

（二）围绕系统学习中国特色社会主义理论体系，对培训类班次的有关教学安排进行适当调整。

1. 根据学员的意见建议，重新设计中青年干部培训一班的教学框架和教学讲题。按照“一个中心、四个方面”的教学布局，设置“马列主义基本问题研究”、“毛泽东思想基本问题研究”、“中国特色社会主义理论体系研究”、“世界眼光与战略思维”、“执政经验与领导能力”、“党性教育与社会实践”等若干教学板块，围绕改革发展和党的建设面临的重大理论问题、学员普遍关注的重大现实问题设计讲题，使教学框架和教学讲题的设置更加科学、合理。

2. 调整中青年干部培训二班“中国特色社会主义理论体系基本问题研究”的个别讲题；该教学单元的考核以写论文并答辩的形式进行。

3. 对新疆地厅级民族干部培训班、半年制西藏民族干部培训班的菜单式选修课进行适当调整，确保授课质量。

4. 根据教学实际，对一年制西藏班的部分讲题进行微调。

（三）加强马克思主义经典原著课建设，在所有主体班次开设马克思主义经典著作导读课。

1. 在省部级和厅局级干部进修班各个研究专题分别增设两讲马克思主义原著导读课，并根据不同的研究专题确定相应的原著篇目。

2. 对厅局级干部进修班“中国特色社会主义理论体系”研究专题的有关原著导读篇目进行适当调整。

3. 新疆地厅级民族干部培训班、半年制西藏民族干部培训班的“马克思列宁主义基本问题研究”单元改为“马克思列宁主义基本问题研究（含经典著作导读）”单元，增加两讲马克思主义原著导读课。

（四）充实和完善全校性课程。

根据教学需要，对“形势与任务报告”、“当代世界报告”、周一晚全校选听讲座、电视及网上选修课的内容进行适当调整和更新。

（五）根据教学需要，精选一部分全国党校系统的精品课，以专题讲座课、电视选修课、网上选修课等多种形式引入校内教学中。

四、结合纪念建党九十周年，进一步强化党性教育

（一）把胡锦涛在庆祝中国共产党成立90周年大会上的讲话作为中国特色社会主义理论体系教学的重要内容和党性教育的重要教材；把讲话精神贯彻到教学的全过程。

（二）坚持理论教育和党性教育相统一，将党性教育贯穿于课堂教学、社会调研、党性分析、读书活动、从政经验交流、学员论坛等各个环节。

（三）把党史教学作为党性教育的重要内容，在各个班次进一步加大中共党史教学的分量。

（四）结合教学实际，继续完善党性教育的形式。

五、围绕提高课堂教学质量，加强教学的组织管理与协调

（一）进一步明确教员讲课纪律和学员听课纪律。

（二）加强教研部（所）内部的集体备课，对相同讲题要规范讲授内容，避免出现在不同班次讲授同一个讲题内容不同的情况；同时，强化跨部门的集体备课，解决在同一个班次讲授不同讲题内容重复的问题。

六、以培养中青年教师为抓手，加强师资队伍建设

（一）利用马克思主义研究基金会教学科研专项基金，加大对新设教学讲题的资助奖励力度，鼓励教师多做调研，为讲课做好充分准备。

（二）适时举办一期中青年教师马克思主义经典著作导读教学观摩研讨班，请部分资深老教师现场讲课，发挥传帮带作用，加强中青年教师的学习与交流。

七、结合教学需要，加强教材建设

（一）进一步重视提高讲稿质量，各教研部（所）要把好讲稿质量关。

（二）继续做好马克思列宁主义、毛泽东思想经典著作导读教材的编写工作。

（三）着手研究改进和加强各学科经典教材的编写工作。

（教务部供稿人：金　晶）

附录 1：

秋季学期主体班次教学内容与教师

班　　次	教学内容	授课教师
省部级干部进修班（第 50 期）“转变经济发展方式与经济结构调整”研究专题	学习引言	李书磊
	教学说明	项目组
	《共产党宣言》导读	周为民
	《资本论》导读	王天义
	中国特色社会主义理论体系是当代中国的马克思主义	秦　刚
	科学发展观若干问题研究	韩庆祥
	科学发展观的方法论研究	刘毅强
	我国经济发展方式转型：历史经验与路径	杨秋宝
	现代产业结构调整与演进规律	韩保江
	区域经济协调发展研究	张玉杰
	城乡经济一体化发展	施　红
	发达国家经济结构调整的经验与启示	于永臻
	转方式调结构与行政管理体制改革	外　请
	基本公共服务均等化与财税体制改革	梁　朋
	转变经济发展方式与中国金融改革	陈启清
	转变经济发展方式与中国人口战略	石　霞
	科学政绩观与经济发展方式转变	学员主讲
	扩大内需与收入分配问题研究	赵振华
	我国社会就业问题研究	徐平华
	提高自主创新能力问题研究	陈宇学
	走中国特色新型工业化道路问题研究	曹　立
	新形势下外经贸发展战略	潘　悦
	深入学习和执行《中国共产党章程》，增强党性修养	张晓燕
	毛泽东农村调查的理论与实践	罗平汉
	中国共产党夺取全国政权的历史经验	刘宝东
	中国改革开放的历程与经验	谢春涛
	中国古代官德	王　杰

续表

班　次	教学内容	授课教师
省部级干部进修班（第50期）“统筹城乡发展”研究专题	学习引言	李书磊
	教学说明	项目组
	《共产党宣言》导读	周为民
	《资本论》导读	张燕喜
	中国特色社会主义理论体系是当代中国的马克思主义	秦　刚
	科学发展观若干问题研究	李兴山
	科学发展观的方法论研究	李建华
	统筹城乡发展基本理论与路径选择	施　红
	我国城乡二元经济结构的历史演进与启示	徐祥临
	统筹城乡发展与转变经济发展方式	韩保江
	国外统筹城乡发展的经验与启示	外　请
	城乡统筹发展中的新型城镇化问题研究	曹　立
	城乡统筹中农民增收问题研究	石　霞
	统筹城乡发展与财政金融制度改革	梁　朋
	统筹城乡发展与行政体制改革	外　请
	统筹城乡发展与社会管理体制创新	向春玲
	城乡收入分配结构调整问题研究	赵振华
	覆盖城乡居民的社会保障体系建设	李　蕾
	城乡统筹发展中的农村劳动力转移与流动人口管理	徐平华
	城镇化发展与文化建设	陈宇飞
	统筹城乡可持续发展与“两型社会”建设	外　请
	深入学习和执行《中国共产党章程》，增强党性修养	张晓燕
	毛泽东农村调查的理论与实践	罗平汉
	中国共产党夺取全国政权的历史经验	刘宝东
	中国改革开放的历程与经验	谢春涛
	中国古代官德	王　杰
省部级干部进修班（第50期）“社会主义民主政治建设”研究专题	学习引言	李书磊
	教学说明	项目组
	《共产党宣言》导读	周为民
	列宁晚年著作导读	贾建芳
	中国特色社会主义理论体系是当代中国的马克思主义	秦　刚
	科学发展观若干问题研究	韩庆祥
	科学发展观的方法论研究	刘毅强
	坚持中国特色社会主义民主政治发展道路	李良栋
	完善人民代表大会制度	刘启云

续 表

班　　次	教 学 内 容	授课教师
省部级干部进修班（第50期）“社会主义民主政治建设”研究专题	完善民族区域自治制度	外　请
	推进社会主义法治国家建设	张恒山
	提高执政党建设的科学化水平	王长江
	党内民主问题研究	高新民
	民主政治与社会稳定问题研究	赵虎吉
	推进基层民主建设问题研究	肖立辉
	司法改革重点问题研究	姜小川
	我国人权保障问题研究	张晓玲
	推进行政体制改革问题研究	王　军
	干部人事制度改革问题研究	外　请
	完善科学民主的决策机制（案例教学）	黄小勇
	深入学习和执行《中国共产党章程》，增强党性修养	张晓燕
	毛泽东农村调查的理论与实践	罗平汉
	中国共产党夺取全国政权的历史经验	刘宝东
	中国改革开放的历程与经验	谢春涛
	中国古代官德	王　杰
省部级干部进修班（第50期）“战略思维与领导能力”研究专题	学习引言	李书磊
	教学说明	项目组
	《共产党宣言》导读	周为民
	《路德维希·费尔巴哈和德国古典哲学的终结》导读	边立新
	中国特色社会主义理论体系是当代中国的马克思主义	秦　刚
	科学发展观若干问题研究	李兴山
	科学发展观的方法论研究	李建华
	提高驾驭全局的战略思维能力	杨春贵
	战略思维的理论与方法	段培君
	系统思想与战略思维	庞元正
	建国以来重大问题战略决策的经验与教训	谢春涛
	后金融危机时代与经济发展方式的战略性转变	韩保江
	坚持中国特色社会主义民主政治发展道路	李良栋
	核心价值体系建设与意识形态创新	周熙明
	社会管理创新与社会和谐	向春玲
	提高执政党建设的科学化水平	王长江
	当代世界格局与中国和平发展道路	宫　力
	哲学思维与领导能力	贾高建
	提高应对突发公共事件的能力（1）（案例教学）	黄小勇

续表

班　　次	教学内容	授课教师
省部级干部进修班（第50期）“战略思维与领导能力”研究专题	提高应对突发公共事件的能力（2）（案例教学）	刘永艳
	提高依法行政的能力（1）（案例教学）	傅思明
	提高依法行政的能力（2）（案例教学）	王雅琴
	提高公共事件处置与舆论引导能力	外　请
	领导能力经验交流	学员主讲
	深入学习和执行《中国共产党章程》，增强党性修养	张晓燕
	毛泽东农村调查的理论与实践	罗平汉
	中国共产党夺取全国政权的历史经验	刘宝东
	中国改革开放的历程与经验	谢春涛
	中国古代官德	王　杰
厅局级干部进修班（第57期）“民生与社会建设”研究专题	学习引言	李书磊
	教学说明	项目组
	《共产党宣言》导读	牛先锋
	《路德维希·费尔巴哈和德国古典哲学的终结》导读	阮　青
	中国特色社会主义理论体系是当代中国的马克思主义	贾建芳
	科学发展观若干问题研究	庞元正
	科学发展观的方法论研究	李建华
	马克思主义的社会学说	刘海涛
	中国共产党的社会建设思想	严书翰
	转型期社会公正问题研究	吴忠民
	以人为本与民生建设	郭　强
	当代国外社会管理思想及经验	胡振良
	当前我国社会发展中的几个重大问题	王怀超
	构建基本公共服务体系的路径选择	梁　波
	社会保障体系构建问题研究	李慧英
	就业体制与机制问题研究	周天勇
	城乡统筹发展与城乡社会一体化研究（案例教学）	谢志强
	社会组织发展与管理问题研究	向春玲
	提高“两个比重”与收入分配政策调整	赵振华
	教育公益性与教育公平问题研究	外　请
	我国城乡住房问题及其对策分析	外　请
	社会稳定突出问题与应急管理（案例教学）	王　军
	深入学习和执行《中国共产党章程》，增强党性修养	张晓燕
	毛泽东农村调查的理论与实践	罗平汉
	中国共产党夺取全国政权的历史经验	刘宝东
	中国改革开放的历程和经验	谢春涛
	中国古代官德	王　杰

续表

班　次	教学内容	授课教师
厅局级干部进修班（第57期）“转变经济发展方式与经济结构调整”研究专题	学习引言	李书磊
	教学说明	项目组
	《共产党宣言》导读	牛先锋
	《资本论》导读	王天义
	中国特色社会主义理论体系是当代中国的马克思主义	贾建芳
	科学发展观若干问题研究	庞元正
	科学发展观的方法论研究	李建华
	我国经济发展方式转型：历史经验与路径	杨秋宝
	现代产业结构调整与演进规律	韩保江
	区域经济协调发展研究	张玉杰
	城乡经济一体化发展	施　红
	发达国家经济结构调整的经验与启示	于永臻
	转方式调结构与行政管理体制改革	外　请
	基本公共服务均等化与财税体制改革	梁　朋
	转变经济发展方式与中国人口战略	石　霞
	转变经济发展方式与中国金融改革	陈启清
	科学政绩观与经济发展方式转变	学员主讲
	扩大内需与收入分配问题研究	李　鹏
	我国社会就业问题研究	徐平华
	提高自主创新能力问题研究	陈宇学
	走中国特色新型工业化道路问题研究	曹　立
	新形势下中国外经贸发展的战略调整	潘　悦
	深入学习和执行《中国共产党章程》，增强党性修养	张晓燕
	毛泽东农村调查的理论与实践	罗平汉
	中国共产党夺取全国政权的历史经验	刘宝东
	中国改革开放的历程和经验	谢春涛
	中国古代官德	王　杰
厅局级干部进修班（第57期）“党内民主建设”研究专题	学习引言	李书磊
	教学说明	项目组
	《共产党宣言》导读	牛先锋
	列宁晚年著作导读	贾建芳
	中国特色社会主义理论体系是当代中国的马克思主义	李俊伟
	科学发展观的方法论研究	庞元正
	科学发展观的方法论研究	李建华
	执政党建设的理论体系与研究方法	王长江

续表

班　　次	教学内容	授课教师
厅局级干部进修班（第57期）“党内民主建设”研究专题	党的领导和党的建设的历史探索	张志明
	经典作家关于党内民主的思想	张荣臣
	西方政党的党内民主	谢　峰
	党内民主与人民民主关系研究	蔡　霞
	党员主体地位研究	董亚炜
	党代表大会常任制的探索与经验	赵绪生
	党内民主与党内监督	任铁缨
	党内民主与党务公开	外　请
	党内民主与干部制度改革	吴　辉
	基层党内民主实践与创新	祝灵君
	新媒体与党内民主发展	曹鹏飞
	深入学习和执行《中国共产党章程》，增强党性修养	张晓燕
	毛泽东农村调查的理论与实践	罗平汉
	中国共产党夺取全国政权的历史经验	刘宝东
	中国改革开放的历程和经验	谢春涛
	中国古代官德	王　杰
厅局级干部进修班（第57期）“世界经济与政治格局变化及应对”研究专题	学习引言	李书磊
	教学说明	项目组
	《共产党宣言》导读	张荣臣
	《资本论》导读	张燕喜
	中国特色社会主义理论体系是当代中国的马克思主义	李俊伟
	科学发展观若干问题研究	韩庆祥
	科学发展观的方法论研究	庞元正
	世界格局变化与中国的对外战略	孙建杭
	后危机时期世界经济走势分析	外　请
	世界格局变动中的美国全球战略调整与影响	刘建飞
	世界格局变化中的中国软实力建设	赵　磊
	中国加入世贸组织10年回顾与展望	外　请
	世界格局变化中的能源与气候问题	马小军
	世界格局变化中的东亚经济一体化趋势	纪　军
	国际产业结构调整与中国的产业发展	周天勇
	国际金融格局变化与中国的金融发展	陈启清
	国际直接投资与中国开放经济的发展	潘　悦
	世界格局变动与海峡两岸和平发展	宫　力
	新形势下的周边环境与国家安全	高祖贵

续 表

班　　次	教 学 内 容	授课教师
厅局级干部进修班（第57期）“世界经济与政治格局变化及应对”研究专题	大国崛起中对世界格局变化的应对（案例教学）	刘　东
	深入学习和执行《中国共产党章程》，增强党性修养	张晓燕
	毛泽东农村调查的理论与实践	罗平汉
	中国共产党夺取全国政权的历史经验	刘宝东
	中国改革开放的历程和经验	谢春涛
	中国古代官德	王　杰
厅局级干部进修班（第57期）“文化建设与文化发展”研究专题	学习引言	李书磊
	教学说明	项目组
	《共产党宣言》导读	张荣臣
	列宁晚年著作导读	贾建芳
	中国特色社会主义理论体系是当代中国的马克思主义	李俊伟
	科学发展观若干问题研究	韩庆祥
	科学发展观的方法论研究	庞元正
	我国文化建设的主要问题及其成因	周熙明
	中国古代主导文化的建构与传播	张　军
	新中国文化发展的脉络与经验	田嵩燕
	关于我国主导文化建设的若干思考	李文堂
	社会主义核心价值体系建设的理论与实践	赵　峰
	文化体制改革问题研究	谢武军
	关于文化立法的若干思考	外　请
	美国文化体制的架构与运作	韩　红
	我国文艺院团改革的困境与出路（案例教学）	外　请
	弱势群体的文化权利保障与公共文化服务体系建设（案例教学）	刘　忱
	网络舆论演变态势及网络安全挑战	外　请
	我国文化创意产业发展的现状与前景	外　请
	城市文化理论的中国化实践问题	陈宇飞
	文化遗产保护中的问题与对策	马奔腾
	深入学习和执行《中国共产党章程》，增强党性修养	张晓燕
	毛泽东农村调查的理论与实践	罗平汉
	中国共产党夺取全国政权的历史经验	刘宝东
	中国改革开放的历程和经验	谢春涛
	中国古代官德	王　杰

续表

班　次	教学内容	授课教师
厅局级干部进修班（第57期）“新形势下党的群众工作”研究专题	学习引言	李书磊
	教学说明	项目组
	《共产党宣言》导读	张荣臣
	《路德维希·费尔巴哈和德国古典哲学的终结》导读	阮　青
	中国特色社会主义理论体系是当代中国的马克思主义	李俊伟
	科学发展观若干问题研究	韩庆祥
	科学发展观的方法论研究	庞元正
	执政党建设的理论体系与研究方法	王长江
	党的领导和党的建设的历史探索	张志明
	群众路线与党的群众工作	高新民
	党的执政基础研究	梁妍慧
	国外政党处理党群关系的做法与启示	姜　跃
	提高党的意识形态宣传工作的科学化水平	戴焰军
	基层党的建设的改革与创新	张希贤
	党的领导与社会管理体制创新	刘炳香
	新型媒体与党群沟通渠道的拓展（体验式教学）	吕　品
	信访工作中的热点问题研究	外　请
	提高应对群体性事件的能力（案例教学）	蔡志强
	新形势下民族地区党的群众工作（案例教学）	张晓燕
	苏共处理党群关系的教训（案例教学）	王　瑜
	深入学习和执行《中国共产党章程》，增强党性修养	张晓燕
	毛泽东农村调查的理论与实践	罗平汉
	中国共产党夺取全国政权的历史经验	刘宝东
	中国改革开放的历程和经验	谢春涛
	中国古代官德	王　杰
厅局级干部进修班（第57期）“中国特色社会主义理论体系”研究专题	学习引言	李书磊
	教学说明	项目组
	导论：科学对待马克思主义	杨春贵
	马克思主义是科学的世界观和方法论	韩庆祥
	《路德维希·费尔巴哈和德国古典哲学的终结》与哲学领域的革命	边立新
	《共产党宣言》与共产党人的历史使命	周为民
	《资本论》和市场经济的逻辑	王天义
	《社会主义从空想到科学的发展》与社会主义的历史必然性	刘海涛
	列宁晚年著作与社会主义建设的初步探索	贾建芳

续表

班次	教学内容	授课教师
厅局级干部进修班（第57期）“中国特色社会主义理论体系”研究专题	毛泽东思想的科学体系和历史地位	谢春涛
	《新民主主义论》与新民主主义社会	罗平汉
	《论十大关系》与中国社会主义建设	谢春涛
	《实践论》、《矛盾论》与党的思想路线	杨信礼
	中国特色社会主义道路的开创和拓展	秦　刚
	中国特色社会主义理论体系研究	李君如
	科学发展观研究	李建华
	社会主义初级阶段理论研究	王怀超
	社会主义市场经济理论与经济体制改革	韩保江
	加快转变经济发展方式问题研究	杨秋宝
	社会主义初级阶段的收入分配问题研究	赵振华
	社会主义民主政治建设的前沿问题	李良栋
	建设社会主义法治国家的深层思考	张恒山
	改革开放以来的文化发展与我党的文化自觉	田嵩燕
	核心价值体系建设与意识形态创新	周熙明
	社会主义和谐社会问题研究	严书翰
	加快推进以改善民生为重点的社会建设	吴忠民
	当代世界格局与中国和平发展道路	宫　力
	新形势下我国对外开放战略的调整	潘　悦
	提高执政党建设的科学化水平	王长江
	党的执政方式前沿理论问题研究	张志明
	讲座：当代资本主义的发展变化	常欣欣
	讲座：民主社会主义思想评析	孙劲松
	讲座：中国共产党夺取全国政权的历史经验	刘宝东
	讲座：十一届三中全会以前党对中国社会主义建设道路的探索	曹　普
	讲座：苏共失败的教训研究	姜　跃
	讲座：当代西方经济学主要理论简介	王东京
	讲座：当代西方管理学主要理论简介	潘云良
中青年干部培训一班（第31期）	学习引言	李书磊
	导论：科学对待马克思主义	杨春贵
	教学说明	哲学教研部
	马克思主义是科学的世界观和方法论	韩庆祥
	《共产党宣言》与共产党人的历史使命	周为民

续表

班　　次	教学内容	授课教师
中青年干部培训一班（第31期）	《路德维希·费尔巴哈和德国古典哲学的终结》与哲学领域的革命	边立新
	《资本论》与市场经济的逻辑	王天义
	《社会主义从空想到科学的发展》与社会主义的历史必然性	刘海涛
	列宁晚年著作与社会主义建设的初步探索	贾建芳
	教学说明	中共党史教研部
	毛泽东思想的科学体系和历史地位	谢春涛
	《新民主主义论》与新民主主义社会	罗平汉
	《论十大关系》与中国社会主义建设	谢春涛
	教学说明	科学社会主义教研部
	中国特色社会主义道路的开创和拓展	秦　刚
	科学发展观研究	李建华
	中国社会主义改革的理论与实践	王怀超
	社会主义市场经济理论与经济体制改革	韩保江
	深入学习和执行《中国共产党章程》，增强党性修养	张晓燕
	加快转变经济发展方式研究	杨秋宝
	社会主义初级阶段的收入分配问题	赵振华
	社会主义民主政治建设的前沿问题	李良栋
	建设社会主义法治国家的深层思考	张恒山
	改革开放以来的文化发展与我党的文化自觉	田嵩燕
	核心价值体系建设与意识形态创新	周熙明
	社会主义和谐社会问题研究	严书翰
	加快推进以改善民生为重点的社会建设	吴忠民
	当代世界格局与中国和平发展道路	宫　力
	新时期中国对外开放战略的调整	潘　悦
	提高执政党建设的科学化水平	王长江
	党的执政方式前沿问题研究	张志明
	党内民主问题研究	高新民
	教学说明	国际战略研究所
	战略思维的理论与方法	段培君
	国际经济秩序的演变与战略调整	外　请
	国家安全形势新变化与战略应对	孙建杭

续 表

班　　次	教学内容	授课教师
中青年干部培训一班（第31期）	大国崛起中的软实力建设	赵　磊
	教学说明	中共党史教研部
	中国共产党夺取全国政权的历史经验	刘宝东
	中国共产党长期执政的经验	曹　普
	群众路线与党的群众工作	张荣臣
	苏共失败的教训（1）（案例教学）	刘炳香
	苏共失败的教训（2）（案例教学）	姜　跃
	苏共失败的教训（3）（案例教学）	张晓燕
	苏共失败的教训（4）（案例教学）	刘玉瑛
	哲学思维与领导能力	贾高建
	提高领导干部处理突发公共事件的能力（1）（案例教学）	刘永艳
	提高领导干部处理突发公共事件的能力（2）（案例教学）	黄小勇
	提高领导干部处理突发公共事件的能力（3）（案例教学）	井　敏
	提高领导干部处理突发公共事件的能力（4）（案例教学）	王　军
	提高领导干部依法行政的能力（1）（案例教学）	张晓玲
	提高领导干部依法行政的能力（2）（案例教学）	李雅云
	提高领导干部依法行政的能力（3）（案例教学）	王雅琴
	提高领导干部依法行政的能力（4）（案例教学）	张立伟
中青年干部培训二班（第11期）	教学说明	经济学教研部
	社会主义市场经济理论基本问题研究	孙小兰
	建设社会主义新农村问题	石　霞
	走中国特色工业化道路问题	曹　立
	公共财政理论与公共财政体制改革	梁　朋
	现代金融理论与金融体制改革	董艳玲
	坚持中国特色社会主义政治发展道路	刘学军
	我国政治发展中的政治稳定问题研究	赵虎吉
	行政体制改革的前沿问题研究	黄小勇
	加快建设社会主义法治国家	封丽霞
	深入推进依法行政	傅思明
	改革开放以来的文化发展与我党的文化自觉	田嵩燕
	核心价值体系建设与意识形态创新	周熙明
	现代传媒的挑战与应对	秦　露
	中国城市化进程中的文化问题	陈宇飞

续表

班　次	教学内容	授课教师
中青年干部培训二班（第11期）	社会主义社会建设重大问题研究	王怀超
	建立覆盖城乡居民的社会保障体系（案例教学）	青连斌
	提高党的建设科学化水平问题研究	王长江
	党的执政方式研究	张希贤
	党群关系研究	张荣臣
	党内民主研究	张晓燕
	和平发展与软实力建设	赵　磊
	一国两制与祖国统一大业	刘建飞
	新形势下的国家安全问题	孙建杭
	提高领导能力和执政能力（1）（案例教学）	刘炳香
	提高领导能力和执政能力（2）（案例教学）	张晓燕
	提高领导能力和执政能力（3）（案例教学）	刘玉瑛
	提高领导能力和执政能力（4）（案例教学）	蔡志强
	提高领导干部应对突发事件的能力（1）（案例教学）	王　红
	提高领导干部应对突发事件的能力（2）（案例教学）	庄玉瑞
	提高领导干部应对突发事件的能力（3）（案例教学）	王　军
	提高领导干部应对突发事件的能力（4）（案例教学）	牟卫民
	战略预见与风险管理（案例教学）	段培君
	西方哲学专题研究（1）：西方哲学与科学	杨玉成
	西方哲学专题研究（2）：西方哲学与政治	郭大为
	西方哲学专题研究（3）：西方哲学与人学	成官泯
	国际政治专题研究（1）：东亚秩序视角下的中日关系	马小军
	国际政治专题研究（2）：中韩关系与东北亚合作	高祖贵
	国际政治专题研究（3）：俄罗斯的发展趋势与中俄关系	左凤荣
	国际政治专题研究（4）：印度的战略走势与中印关系	康绍邦
	世界经济专题研究（1）：国际直接投资与中国的开放经济	潘　悦
	世界经济专题研究（2）：世界产业结构变化与中国的产业发展	周天勇
	世界经济专题研究（3）：区域经济一体化与中国的区域合作	纪　军
	政治学专题研究（1）：民主的历史发展	齐　惠
	政治学专题研究（2）：权力制约理论研究	刘启云
	政治学专题研究（3）：转变政府职能与服务型政府建设	井　敏
	当代世界社会主义专题研究（1）：当代世界社会主义的发展态势	孙劲松

续 表

班　　次	教学内容	授课教师
中青年干部培训二班（第11期）	当代世界社会主义专题研究（2）：西方发达国家的新社会运动	孟　鑫
	当代世界社会主义专题研究（3）：发展中国家的民族社会主义	朱可辛
	古典文学名著欣赏（1）：《诗经》鉴赏	李媛媛
	古典文学名著欣赏（2）：《楚辞》鉴赏	梅敬忠
	古典文学名著欣赏（3）：《三国演义》鉴赏	梅敬忠
新疆地厅级民族干部培训班（第59期）	学习引言	李书磊
	教学说明	哲学教研部
	马克思恩格斯的哲学思想	毛卫平
	马克思恩格斯的经济学思想	张燕喜
	马克思恩格斯列宁的社会主义思想	韩云川
	《共产党宣言》导读	牛先锋
	《路德维希·费尔巴哈和德国古典哲学的终结》导读	阮　青
	教学说明	中共党史教研部
	毛泽东思想的科学体系与历史地位	谢春涛
	中共党史专题研究：（1）中国特色革命道路的开辟	刘宝东
	毛泽东新民主主义理论	罗平汉
	中共党史专题研究：（2）延安整风与马克思主义中国化	卢　毅
	毛泽东哲学思想	刘毅强
	毛泽东对中国社会主义建设道路的探索	谢春涛
	中共党史专题研究：（3）毛泽东农村调查的理论与实践	罗平汉
	中共党史专题研究：（4）十一届三中全会与伟大历史转折	曹　普
	教学说明	科学社会主义教研部
	中国特色社会主义理论体系是当代中国的马克思主义	王中汝
	深入贯彻落实科学发展观	董振华
	社会主义初级阶段理论	刘俊杰
	中国社会主义改革的理论与实践	朱可辛
	社会主义市场经济理论与实践	韩保江
	走中国特色工业化道路问题	曹　立
	可持续发展问题研究	贾华强
	积极稳妥地推进社会主义民主政治建设	李良栋
	加快建设社会主义法治国家	张恒山

续表

班　次	教学内容	授课教师
新疆地厅级民族干部培训班（第59期）	文化认同与边疆稳定	徐　平
	社会主义和谐社会问题研究	王道勇
	中国特色国际战略研究	宫　力
	中国的周边环境与国家安全	孙建杭
	提高执政党建设的科学化水平	戴焰军
	党群关系问题研究	祝灵君
	领导能力训练：（1）现代领导能力（案例教学）	刘玉瑛
	领导能力训练：（2）提高突发事件应对能力（案例教学）	牟卫民
	领导能力训练：（3）决策民主化科学化（案例教学）	王　军
	领导能力训练：（4）互联网时代的舆论引导能力	秦　露
	西部大开发专题研究：（1）西部地区转变经济发展方式问题研究	王君超
	西部大开发专题研究：（2）新疆实施优势资源转换战略研究	李　鹏
	西部大开发专题研究：（3）国外地区开发经验研究	潘　悦
	中国特色社会主义民族宗教理论专题研究：（1）新疆历史若干问题研究	蒲长春
	中国特色社会主义民族宗教理论专题研究：（2）我国现阶段的民族问题和民族政策	龚学增
	中国特色社会主义民族宗教理论专题研究：（3）我国现阶段的宗教问题和宗教政策	蒲长春
	中国特色社会主义民族宗教理论专题研究：（4）新疆民族问题研究（研讨式教学）	张建新
	中国特色社会主义民族宗教理论专题研究：（5）当前新疆反对“三股势力”的斗争	外　请
	中国传统文化专题研究：（1）如何看待当前的国学热	王　杰
	中国传统文化专题研究：（2）周易与中国文化	王　峰
	中国传统文化专题研究：（3）禅宗与中国文化	陈中浙
	西方经济学与管理学专题研究：（1）西方宏观经济学主要理论	胡希宁
	西方经济学与管理学专题研究：（2）西方新制度经济学主要理论	谢鲁江
	西方经济学与管理学专题研究：（3）现代管理学主要理论	陈宇学
	政治学专题研究：（1）民主的历史发展	齐　惠

续表

班　　次	教学内容	授课教师
新疆地厅级民族干部培训班（第59期）	政治学专题研究：（2）权力制约理论研究	刘启云
	政治学专题研究：（3）转变政府职能与服务型政府建设	井　敏
	世界经济专题研究：（1）区域经济一体化与中国的区域合作	纪　军
	世界经济专题研究：（2）国际金融深化与中国的金融发展	刘　东
	世界经济专题研究：（3）国际直接投资与中国的开放经济	潘　悦
	战略学专题研究：（1）战略思维理论与方法	段培君
	战略学专题研究：（2）博弈思维与战略决策	胡　卫
	战略学专题研究：（3）系统思想与战略思维	庞元正
	当代世界社会主义专题研究：（1）当代世界社会主义的发展态势	孙劲松
	当代世界社会主义专题研究：（2）西方发达国家的新社会运动	孟　鑫
	当代世界社会主义专题研究：（3）发展中国家的民族社会主义	朱可辛
新疆县处级民族干部培训班（第60期）	学习引言	李书磊
	教学说明	马克思主义理论教研部
	马克思列宁主义基本问题概论	牛先锋
	《共产党宣言》导读	李海青
	《路德维希·费尔巴哈和德国古典哲学的终结》导读	边立新
	《资本论》导读	王天义
	毛泽东思想基本问题概论	陈雪薇
	毛泽东著作选读	外　请
	教学说明	哲学教研部
	中国特色社会主义理论体系是当代中国的马克思主义	秦　刚
	中国特色社会主义道路的历史由来	谢春涛
	深入贯彻落实科学发展观	邱耕田
	解放思想，实事求是，与时俱进	阮　青
	社会主义市场经济理论与经济体制改革	徐平华
	加快转变经济发展方式问题研究	董艳玲
	积极稳妥地推进社会主义民主政治建设	刘学军
	深入推进依法行政	傅思明
	现代化进程中的文化发展问题研究	徐　平
	文化建设与文化遗产保护	马奔腾

续表

班　　次	教学内容	授课教师
新疆县处级民族干部培训班（第60期）	社会主义和谐社会问题研究	徐浩然
	以改善民生为重点的社会建设问题研究	林　梅
	执政党建设前沿问题研究	张志明
	当代世界格局与中国和平发展道路	赵　磊
	教学说明	科学社会主义教研部
	中华民族多元一体格局的形成与发展	外　请
	中国特色社会主义民族理论及我国现阶段的民族问题	张建新
	中国特色社会主义宗教理论及我国现阶段的宗教问题	蒲长春
	正确认识和处理新疆的民族宗教问题（研讨式教学）	张建新
	教学说明	中共党史教研部
	中国共产党领导人民夺取全国政权的成就与经验	刘宝东
	中国共产党领导社会主义革命和建设的成就与经验	罗平汉
	中国共产党领导改革开放和现代化建设的成就与经验	陈　述
	中国共产党在新疆执政的成就与经验	李国芳
	教学说明	国际战略研究所
	新疆跨越式发展问题研究	外　请
	新疆长治久安问题研究	祝灵君
	新疆实施优势资源转换战略研究	李　鹏
	新疆城市社会建设与流动人口问题研究	徐　平
	新疆生态建设与可持续发展问题研究	赵建军
	中亚格局与新疆周边国际环境研究	高祖贵
	当前新疆反对“三股势力”的斗争	孙建杭
	教学说明	科学社会主义教研部
	新疆的历史发展	厉　声
	新疆民族发展史	厉　声
	新疆宗教演变史	蒲长春
	教学说明	党的建设教研部
	提高驾驭全局的战略思维能力	杨信礼
	提高领导干部科学执政的能力（案例教学）	蔡志强
	提高领导干部应急管理能力（案例教学）	刘永艳

续表

班次	教学内容	授课教师
新疆县处级民族干部培训班（第60期）	提高演讲水平与沟通能力	刘玉瑛
	提高应对新闻媒体的能力	秦　露
	文化专题讲座：边陲万古（1）：唐诗欣赏	梅敬忠
	文化专题讲座：边陲万古（2）：宋词欣赏	梅敬忠
	文化专题讲座：日月明觉：《福乐智慧》赏析	刘　忱
	文化专题讲座：昆仑名器：和田玉与中国玉文化	巫新华
	文化专题讲座：如章如潮：当代作家写新疆	王　蒙
半年制西藏民族干部培训班（第45期）	学习引言	李书磊
	教学说明	哲学教研部
	马克思恩格斯的哲学思想	林艳梅
	马克思恩格斯的经济学思想	王天义
	马克思恩格斯列宁的社会主义思想	叶庆丰
	《共产党宣言》导读	李海青
	《〈政治经济学批判〉序言》导读	边立新
	教学说明	中共党史教研部
	毛泽东思想的科学体系与历史地位	陈　述
	中共党史专题研究：（1）中国特色革命道路的开辟	刘宝东
	毛泽东新民主主义理论	张太原
	毛泽东哲学思想	刘毅强
	中共党史专题研究：（2）延安整风与马克思主义中国化	卢　毅
	中共党史专题研究：（3）建立新中国的构想及实践	张旭东
	毛泽东对中国社会主义建设道路的探索	李庆刚
	中共党史专题研究：（4）十一届三中全会与伟大历史转折	曹　普
	教学说明	党的建设教研部
	中国特色社会主义理论体系是当代中国的马克思主义	王　莉
	中国特色社会主义理论体系的哲学基础	阮　青
	深入贯彻落实科学发展观	朱辉宇
	中国社会主义改革的理论与实践	张　弥
	社会主义和谐社会问题研究	赵　宏
	社会主义市场经济理论与实践	韩保江
	走中国特色工业化道路问题	曹　立
	新农村建设问题	刘艳梅
	积极稳妥地推进社会主义民主政治建设	赵虎吉

续表

班　　次	教学内容	授课教师
半年制西藏民族干部培训班（第45期）	加快建设社会主义法治国家	张立伟
	改革开放以来的文化变迁与我党的文化自觉	赵　峰
	推动社会主义文化大发展大繁荣的若干重要问题	李媛媛
	中国特色国际战略研究	赵　磊
	祖国统一大业与一国两制	刘建飞
	提高执政党建设的科学化水平	张志明
	党群关系问题研究	赵绪生
	西部开发开放专题研究：（1）可持续发展问题研究	刘振英
	西部开发开放专题研究：（2）西部地区转变经济发展方式问题研究	曹　新
	西部开发开放专题研究：（3）国外地区开发经验研究	潘　悦
	领导能力训练：（1）现代领导能力（案例教学）	谢　峰
	领导能力训练：（2）提高领导干部应急管理能力（案例教学）	王雅琴
	领导能力训练：（3）提高演讲水平与沟通能力	刘玉瑛
	领导能力训练：（4）提高应对新闻媒体的能力	秦　露
	中国特色社会主义民族宗教理论研究：（1）中国特色社会主义民族理论	靳　薇
	中国特色社会主义民族宗教理论研究：（2）我国现阶段的民族问题和民族政策（案例教学）	靳　薇
	中国特色社会主义民族宗教理论研究：（3）我国民族区域自治问题研究	外　请
	中国特色社会主义民族宗教理论研究：（4）当前西藏的反分裂斗争	外　请
	中国特色社会主义民族宗教理论研究：（5）中国特色社会主义宗教理论	胡　岩
	中国特色社会主义民族宗教理论研究：（6）我国现阶段的宗教问题和宗教政策（研讨式教学）	胡　岩
	中国传统文化专题研究：（1）如何看待当前的国学热	王　杰
	中国传统文化专题研究：（2）周易与中国文化	王　峰
	中国传统文化专题研究：（3）禅宗与中国文化	陈中浙
	西方经济学与管理学专题研究：（1）西方宏观经济学主要理论	于永臻
	西方经济学与管理学专题研究：（2）西方新制度经济学主要理论	张慧君

续 表

班　　次	教 学 内 容	授课教师
半年制西藏民族干部培训班（第45期）	西方经济学与管理学专题研究：（3）现代管理学主要理论	潘云良
	政治学专题研究：（1）民主的历史发展	齐　惠
	政治学专题研究：（2）权力制约理论研究	刘启云
	政治学专题研究：（3）转变政府职能与服务型政府建设	井　敏
	世界经济专题研究：（1）区域经济一体化与中国的区域合作	纪　军
	世界经济专题研究：（2）国际金融深化与中国的金融发展	刘　东
	世界经济专题研究：（3）国际直接投资与中国的开放经济	潘　悦
	战略学专题研究：（1）战略思维理论与方法	段培君
	战略学专题研究：（2）博弈思维与战略决策	胡　卫
	战略学专题研究：（3）系统思想与战略思维	庞元正
	社会学专题研究：（1）社会政策与行动研究	李慧英
	社会学专题研究：（2）社会阶层结构研究	青连斌
	社会学专题研究：（3）社会管理与社会和谐	向春玲
一年制西藏民族干部培训班（第44期）	教学说明	马克思主义理论教研部
	中国特色社会主义的形成和发展	冯书泉
	中国特色社会主义理论体系研究	李宏伟
	中国特色社会主义理论体系的哲学基础	阮　青
	深入贯彻落实科学发展观研究	董振华
	社会主义价值观研究	孙要良
	社会主义改革开放理论	门晓红
	社会主义市场经济理论	李旭章
	走中国特色工业化道路问题	曹　立
	新农村建设问题	刘艳梅
	加快转变经济发展方式	杨秋宝
	我国现阶段的收入分配问题	李　鹏
	社会主义和谐社会理论	康晓强
	坚持中国特色社会主义政治发展道路	张　勇
	深入推进依法行政	王　勇
	权力制约与监督问题（研讨式教学）	张立伟
	人权保障的理论与实践	张晓玲
	和平发展道路与中国对外战略	秦治来
	和谐世界理念与中国软实力建设	赵　磊
	国家主权理论与中国主权领土安全	马小军

续表

班　　次	教学内容	授课教师
一年制西藏民族干部培训班（第44期）	建国以来文化发展的基本脉络	刘悦斌
	核心价值体系建设与文化认同	赵伯英
	民族文化的传承与发展	张宏明
	提高执政党建设的科学化水平	张志明
	党群关系的基本理论与实践	王金柱
	党的基层组织建设	蔡志强
	国外政党治国理政经验教训	谢　峰
	领导学讲座：（1）领导活动与领导理论	刘炳香
	领导学讲座：（2）领导决策与用人	董亚炜
	领导学讲座：（3）领导影响力	李　民
	领导学讲座：（4）领导者的语言艺术	刘玉瑛
	世界经济讲座：（1）经济全球化与中国的对外开放战略	陈建奇
	世界经济讲座：（2）区域经济一体化与中国的区域合作战略	纪　军
	世界经济讲座：（3）国际金融深化与中国的金融发展	刘　东
	西部大开发与产业结构调整问题研究：（1）统筹区域经济发展与西部大开发	贾华强
	西部大开发与产业结构调整问题研究：（2）西部地区转变经济发展方式问题研究	曹　新
	西部大开发与产业结构调整问题研究：（3）西部大开发与产业结构调整问题研究	张玉杰
	西部大开发与产业结构调整问题研究：（4）城乡一体化问题研究	施　红
	社会学讲座：（1）社会学的基本理论与方法	谢志强
	社会学讲座：（2）社区理论概述	李慧英
	社会学讲座：（3）社会阶级阶层理论	青连斌
	社会学讲座：（4）社会群体与社会交往	向春玲
	中共党史讲座：（1）中国特色革命道路的开辟	刘宝东
	中共党史讲座：（2）延安整风与马克思主义中国化	卢　毅
	中共党史讲座：（3）建立新中国的构想及实践	张旭东
	中共党史讲座：（4）“大跃进”运动及其教训	李庆刚
	中共党史讲座：（5）十一届三中全会与伟大历史转折	曹　普
	历史讲座：（1）中国早期国家的形成与特点	张　军
	历史讲座：（2）康乾盛世时期的中国与西方	岑大利
	历史讲座：（3）英国资产阶级革命与现代化的启动	刘悦斌

续表

班　　次	教 学 内 容	授课教师
一年制西藏民族干部培训班（第44期）	历史讲座：（4）近代中国人民对现代化的追求与探索	赵书刚
	历史讲座：（5）中日两国的近代化与两国关系的演变	刘悦斌
	历史讲座：（6）五四新文化运动与近代文化建设	田嵩燕
	西藏地方史讲座：西藏地方史（一）	胡　岩
	西藏地方史讲座：西藏地方史（二）	胡　岩
	西藏地方史讲座：西藏地方史（三）	胡　岩
	现代领导能力	吕　品
	现代领导能力（案例教学）	张晓燕
	提高领导干部处理公共事件能力（案例教学）	刘素华
	提高领导干部应对突发事件能力（案例教学）	王　伟
县委书记任职培训班（第2期）	专题报告：深刻领会胡锦涛总书记“七一”重要讲话精神	谢春涛——中央党校中共党史教研部教授
	专题报告：领导班子和干部队伍建设	张纪南——中央组织部副部长
	专题报告：深入贯彻科学发展观	李建华——中央党校哲学教研部教授
	专题报告：坚持用中国特色社会主义理论体系武装头脑	秦　刚——中央党校马克思主义理论教研部教授
	专题报告：领导干部要做廉洁自律的模范	中央纪律检查委员会负责同志
	专题报告：转变经济发展方式与经济结构调整	韩保江——中央党校经济学教研部教授
	案例教学（1）：完善科学民主的决策机制	刘炳香、王憧棋——中央党校党的建设教研部教授、讲师
	案例教学（2）：完善科学民主的决策机制	刘玉瑛、吕　品——中央党校党的建设教研部教授、讲师
	案例教学（3）：完善科学民主的决策机制	蔡志强、赵绪生——中央党校党的建设教研部副教授
	专题报告：积极发展现代农业	陈晓华——农业部副部长
	专题报告：财税金融知识与政策	王　军——财政部副部长
	专题报告：加强基层党组织和政权建设	王秦丰——中央组织部副部长
	专题报告：党的民族宗教政策	朱维群——中央统战部常务副部长
	专题报告：加快推进以改善民生为重点的社会建设	国家发展和改革委员会负责同志
	专题报告：环境保护问题	李干杰——环境保护部副部长
	专题报告：城乡规划和城镇化建设	仇保兴——住房和城乡建设部副部长

续表

班　　次	教学内容	授课教师
县委书记任职培训班（第2期）	案例教学：依法应对和处置群体性事件	王守兴——国务院应急管理办公室巡视员、副主任
	专题报告：创新社会管理与维护社会稳定	周本顺——中央政法委秘书长
	专题报告：提高驾驭全局的战略思维能力	杨春贵——中央党校原副校长
	情景模拟：新形势下的舆论引导与突发事件应对	李希光——清华大学教授
全国市地州盟党委党校常务副校长培训班（第2期）	学习引言	李书磊
	关于党校教学改革与管理的几个问题	王东京
	关于干部教育培训的几个问题	孙学玉
	党校科研创新与思想库建设	梁言顺
	如何做好新形势下的学员管理工作	黄宪起
“公司法人治理与企业党的建设”专题研讨班	现代企业制度与公司治理结构	韩保江
	国有企业党的建设科学化问题研究	戴焰军
	坚持党的领导与改善公司法人治理结构的关系研究	王金柱
	党的建设与提高企业核心竞争力	陈凯龙
	党的建设与学习型企业建设	蔡　霞
	党风廉政建设与企业风险管理	张希贤
马克思主义经典著作导读师资培训班	教学说明	哲学教研部
	科学对待马克思主义	董德刚
	《1844年经济学哲学手稿》导读	韩庆祥
	《〈政治经济学批判〉序言》导读	边立新
	《路德维希·费尔巴哈和德国古典哲学的终结》导读	张耀光
	《共产党宣言》导读	周为民
	《德意志意识形态》导读	侯　才
	《资本论》导读（一）	张燕喜
	《资本论》导读（二）	李省龙
	《社会主义从空想到科学的发展》导读	刘海涛
	《谈谈辩证法问题》导读	何建华
	《实践论》、《矛盾论》导读	刘毅强
	《新民主主义论》导读	胡为雄
	《论十大关系》导读	谢春涛
	中国特色社会主义理论体系研究	毛卫平
	讲授马克思主义哲学经典著作的几点体会	张绪文

（教务部供稿人：金　晶）

附录2：

秋季学期“形势与任务报告”讲题与报告人

讲　课　题　目	报　告　人
当前经济形势和经济工作	朱之鑫——中央财经领导小组办公室主任、国家发展和改革委员会副主任
当前农村形势和农村政策	陈锡文——中央农村工作领导小组副组长
关于对外宣传和互联网新闻宣传工作	王　晨——中央对外宣传办公室主任
当前国际形势和我国对外工作	杨洁篪——外交部部长
当前隐蔽战线的斗争形势	马　建——国家安全部副部长
全面贯彻党的宗教工作方针	王作安——国家宗教事务局局长
当前银行业改革发展的形势与任务	刘明康——中国银行业监督管理委员会主席
学习贯彻党的十七届六中全会专题辅导报告	李长春——中共中央政治局常委、中央精神文明建设指导委员会主任
世界政党政治与中国共产党的对外工作	王家瑞——中央对外联络部部长
深入学习贯彻党的十七届六中全会精神，更加自觉更加主动地建设社会主义文化强国	蔡　武——中央宣传部副部长、文化部部长
关于民族宗教工作	朱维群——中央统战部常务副部长
从“功能城市”走向“文化城市”	单霁翔——国家文物局局长
关于我国妇女工作的状况与思考	宋秀岩——中华全国妇女联合会副主席、书记处第一书记
深化文化体制改革，加快文化事业文化产业发展	孙志军——中央宣传部副部长
文化强国与文化走出去	许嘉璐——原全国人大常委会副委员长、民进中央主席
当前财政发展改革有关问题	谢旭人——财政部部长

（教务部供稿人：金　晶）

附录3：

秋季学期“当代世界报告”讲题与报告人

课程名称	讲课题目	授课教师
当代世界经济	当代世界经济的主要趋势	张伯里——中央党校副校长、教授
	当代国际贸易格局变化与未来走势	潘　悦——中央党校国际战略研究所教授
	当代国际金融格局变化与未来走势	张红力——中国工商银行副行长
当代世界法制	当代世界法治走向与我国的法律体系	李　林——中国社会科学院法学所所长、教授
	宪法问题比较研究	韩大元——中国人民大学法学院院长、教授
	国际海洋法与我国周边海洋争议问题	张海文——国家海洋局海洋发展战略研究所副所长、研究员
当代世界科技	信息技术：机遇与挑战	怀进鹏——北京航空航天大学校长
	当代科学发展与创新战略	李建华——中央党校哲学教研部教授
当代世界军事	当前世界军事发展态势	肖天亮——国防大学战略教研部主任、少将
	冷战后美国的军事变革	赵　丕——军事科学院世界军事研究部部长
当代世界政治	当代国际政治发展态势	刘建飞——中央党校国际战略研究所副所长、教授
	中美关系演变及发展趋势	宫　力——中央党校国际战略研究所所长、教授
当代世界思潮	当代西方科学主义思潮	丁东红——中央党校哲学教研部教授
	西方文化与文明问题的哲学思考	李晓兵——中央党校哲学教研部副主任、教授
当代世界民族宗教	世界民族宗教发展趋势及对我国的影响	龚学增——中央党校科学社会主义教研部教授

（教务部供稿人：金　晶）

附录4：

秋季学期选修课讲题与授课教师

全校选听讲座

讲　课　题　目	报　告　人
走进音乐世界	周海宏——中央音乐学院副院长、教授
中国书画艺术赏析	陈中浙——中央党校哲学教研部教授
中国人口与社会发展	原　新——南开大学人口与发展研究所教授
中医养生与亚健康治疗	曹洪欣——中国中医科学院教授、首席研究员、博士生导师
领导者的演讲艺术	闻　闸——中央教育电视台播音指导、教授
如何发布新闻及与媒体打交道	郭卫民——国务院新闻办一局局长
儒释道与中国文化	王　杰——中央党校哲学教研部教授
《红楼梦》与中国文化	梅敬忠——中央党校文史教研部教授
管理创新	张玉杰——中央党校经济学教研部教授
人文的城市	陈宇飞——中央党校文史教研部教授
领导干部心理调适	张国玺——中国中医科学院西苑医院教授
朝鲜半岛局势与东北亚安全	孙建杭——中央党校国际战略研究所教授
海权维护与中国主权领土安全	马小军——中央党校国际战略研究所教授

中共党史专题讲座

讲 课 题 目	授 课 教 师
深刻领会胡锦涛同志在中国共产党成立90周年庆祝大会上的重要讲话精神	谢春涛——中央党校中共党史教研部副主任、教授
新中国国防建设的历程和经验	徐　焰——国防大学战略教研部教授、少将
朱毛之争与党内民主	罗平汉——中央党校中共党史教研部教授
毛泽东作为战略家的领导智慧和决策风格	陈　晋——中央文献研究室副主任、研究员
“文化大革命”及其教训	曹　普——中央党校中共党史教研部副主任、教授

续表

讲课题目	授课教师
社会主义市场经济体制目标的确立	沈传亮——中央党校中共党史教研部副教授
胡耀邦与拨乱反正	陈　述——中央党校中共党史教研部教授
中国共产党知识分子政策的历史演变	杨凤城——中国人民大学中共党史系主任、教授
周恩来的人格风范	李庆刚——中央党校中共党史教研部副教授

电视选修课

项目	频道	讲课题目	授课教师
学习贯彻党的十七大精神专题讲座	党校台	中国特色社会主义若干重要问题研究	严书翰
		中国特色社会主义理论的形成和发展	谢春涛
		科学发展观若干前沿问题	庞元正
		全面建设小康社会的新要求	刘海涛
		发展社会主义民主政治	李良栋
		十七大关于推进文化发展大繁荣的新思路	周熙明
		以改善民主为重点，加强社会建设	青连斌
		十七大在对外关系理论上的创新	宫　力
		以改革创新精神全面推进党的建设新的伟大工程	张志明
马克思主义原著导读		恩格斯《路德维希·费尔巴哈和德国古典哲学的终结》导读	张绪文
		列宁《谈谈辩证法问题》导读	何建华
		马克思《资本论》导读（一）	张燕喜
		马克思《资本论》导读（二）	李省龙
		马克思《资本论》导读（三）	王天义
		《共产党宣言》导读	韩云川
		《社会主义从空想到科学的发展》导读	刘海涛
国际政治专题讲座		中国国家安全环境现状与走势	亓成章
		联合国改革与我国的多边外交	刘建飞
		中俄关系现状与走势	左凤荣
		中国和平发展道路与国际战略	康绍邦
综合讲座		《周易》与中国传统文化	王　峰
		扩大内需与收入分配结构调整问题研究	赵振华
		现代管理学主要理论	潘云良
		基本公共服务均等化与财税体制改革	梁　朋
		当前我国社会就业问题研究	徐平华
		加快城乡经济社会一体化发展	施　红

续 表

项目	频道	讲 课 题 目	授课教师
综合讲座	党校台	加快转变经济发展方式问题研究	李　鹏
		区域经济协调发展问题研究	张汉飞
		国际金融格局变化与中国的金融发展	陈启清
		现代金融学主要理论	董艳玲
		新型工业化道路问题研究	曹　立
		公共卫生与社会危机	靳　薇
		性别失衡与社会危机	李慧英
		财政运行法治化	王　伟
		推进现代国家制度建设	张　勇
		延安整风新论	李东朗
		胡耀邦与拨乱反正	陈　述
		深刻领会胡锦涛同志在中国共产党成立 90 周年庆祝大会上的重要讲话精神	谢春涛
		西方执政党党内民主研究	谢　峰
		领导人才战略	李　民
		从闭关到开放——中国近代化的起始	刘悦斌
		中国古代的治国方略	岑大利
		中国古代用人之道	齐　惠
学员论坛和“两带来”问题解答		学员论坛（一）	培训部
		学员论坛（二）	进修部
		“两带来”问题探析（一）	贾华强
		“两带来”问题探析（二）	党的建设教研部

校园网网上选修课

课程名称	讲 课 题 目	授课教师
学习贯彻党的十七大精神专题讲座	中国特色社会主义若干重要问题研究	严书翰
	中国特色社会主义理论的形成和发展	谢春涛
	科学发展观若干前沿问题	庞元正
	现代产业结构调整与演进规律研究	韩保江
	加快转变经济发展方式问题研究	杨秋宝
	统筹城乡协调发展问题研究	徐祥临
	全面建设小康社会的新要求	刘海涛
	发展社会主义民主政治	李良栋

续表

课程名称	讲课题目	授课教师
学习贯彻党的十七大精神专题讲座	十七大关于推进文化发展大繁荣的新思路	周熙明
	以改善民生为重点，加强社会建设	青连斌
	十七大在对外关系理论上的创新	宫　力
	以改革创新精神全面推进党的建设新的伟大工程	张志明
加强党的执政能力建设专题讲座	党的执政能力建设是党执政后的一项根本建设	刘炳香
	党执政的主要经验研究	柳建辉
	提高发展社会主义民主政治的能力	李良栋
	提高建设社会主义先进文化的能力	戴木才
	提高构建社会主义和谐社会的能力	贾建芳
	提高应对国际局势和处理国际事务能力	康绍邦
马克思主义原著导读	恩格斯《路德维希·费尔巴哈和德国古典哲学的终结》导读	张绪文
	列宁《谈谈辩证法问题》导读	何建华
	马克思《资本论》导读（一）	张燕喜
	马克思《资本论》导读（二）	李省龙
	马克思《资本论》导读（三）	王天义
	马克思和恩格斯《共产党宣言》导读	韩云川
	恩格斯《社会主义从空想到科学的发展》导读	刘海涛
社会学专题讲座	社会学的基本理论和方法	青连斌
	阶级阶层理论	谢志强
	社区理论与实践	李慧英
	社会政策	李慧英
	社会变迁	向春玲
	社会调查	林　梅
	中国现阶段社会阶层结构分析	谢志强
	维护社会公正促进社会和谐	吴忠民
	刑事法治与人权保障	高长见
科学技术与社会专题讲座	科学精神与科学方法	傅　立
	信息社会的哲学解释	王克迪
	气候变化与可持续发展	赵建军
	科学思维与宗教意识问题	于晓非
	系统科学与管理创新	李建华

续 表

课程名称	讲 课 题 目	授课教师
文化学专题讲座	中国城市发展的文化动力研究	陈宇飞
	中国教育面临的深层次问题	刘景录
	新媒体对当代社会的影响研究	秦 露
	近代以来中西文化的相遇、冲突与融合	刘景录
	悲从何来——文学作品中悲剧意识	范玉刚
	道德重建与社会整合	赵 峰
	别样风流：民国文人传统的特色	王学斌
	古都的近代之路：近代北京城市规划与建设	王 煦
伦理学专题讲座	马克思主义伦理学基本问题	孙向军
	行政伦理问题研究	靳凤林
	发展伦理问题研究	邱耕田
	中国传统伦理研究	刘余莉
	现代西方伦理思潮	梁晓杰
政党学专题讲座	执政党建设问题研究	王长江
	政党制度类型比较研究	谢 峰
	发展中国家的政党政治	姜 跃
	党内选举制度改革	蔡 霞
	党内民主研究	蔡 霞
	执政党与媒体发展	高新民
	建国前党局部执政的实践及其意义	张希贤
	现代企业制度与党的建设	蔡 霞
	台湾政党政治研究	王 瑜
	国外共产党的现状	耿克民
领导科学专题讲座	领导能力提升	刘炳香
	领导干部的语言艺术	刘玉瑛
	领导心理调适	刘余莉
中共党史专题讲座	陈独秀的历史功过	祝 彦
	王明再认识	刘晶芳
	人民公社化运动与公社体制	罗平汉
	1959 年庐山会议及其教训	谢春涛
	中苏论战与“反修防修”	李 瑗
	刘少奇冤案的形成	王海光
	十一届三中全会的历史转折	陈 述
	国内外毛泽东研究述评	罗平汉

续表

课程名称	讲课题目	授课教师
中共党史专题讲座	离休后的邓小平	陈雪薇
	当代中国政治体制的历史演变	韩　钢
	中国共产党领导的多党合作制的由来和发展	李　瑗
	深刻领会胡锦涛同志在中国共产党成立90周年庆祝大会上的重要讲话精神	谢春涛
中国哲学专题讲座	如何看待当前的国学热	王　杰
	儒释道与中国文化	王　杰
	孔子与中国文化	王　峰
	周易入门	王　峰
	禅宗与中国文化	陈中浙
	中国古代的生态哲学	任俊华
	中国传统哲学的基本精神	王　杰
国际政治专题讲座	中日关系的现状和趋势	张琏瑰
	中美日俄印综合国力的国际比较	门洪华
	国际反恐怖主义斗争问题	马小军
	美国的意识形态外交与我国的应对策略	刘建飞
	上海合作组织与反对三股恶势力的斗争	孙建杭
	中国和中亚国家关系的历史、现状及其发展趋势	亓成章
	国际冲突与中国参与联合国维和	赵　磊
	国际关系的传媒透视	秦治来
	核军控与防止核扩散	孙东方
	在华外国非政府组织研究	杨　青
	美国两条现代化道路之争	刘　婷
世界经济专题讲座	跨国公司投资及其对中国经济的影响	潘　悦
	转型国家经济状况及启示	纪　军
	日本泡沫经济的教训	孙仲涛
	人民币汇率变化及其走势	陈江生
	国际金融危机的成因与走势	刘　东
	后危机时期美国经济的战略政策调整及其启示	陈建奇
	积极应对国际贸易摩擦	王金龙
	国际可持续发展战略	史妍媚
	国际货币体系改革问题研究	陈江生
世界民族宗教问题专题讲座	国际视野中的民族冲突与管理	赵　磊
	苏联处理民族宗教问题的经验与教训	左凤荣
	国外处理民族宗教问题与反对民族分裂的经验及启示	张仕荣
	“9·11”以来伊斯兰主义的发展变化	高祖贵

续表

课程名称	讲课题目	授课教师
马克思主义国际战略理论专题讲座	马克思恩格斯的国际战略思想	孙建杭
	列宁的国际战略思想与实践	左凤荣
	斯大林的国际战略思想与实践	左凤荣
	毛泽东的国际战略思想与实践	宫　力
	邓小平的国际战略思想与实践	刘建飞
	江泽民的国际战略思想与实践	康绍邦
	胡锦涛的国际战略思想与实践	门洪华
	构建中国大战略的基本框架	门洪华
当代中国外交	战略机遇期与中国对外战略	宫　力
	当代中国的民间外交与公共外交	王红续
	当代中国的外交体制	王红续
	全球化与中国外交	刘德喜
	中国对非洲政策	罗建波
	中国气候外交	周绍雪
	软实力与中国外交	罗建波
	新形势下中国与周边国家关系	康绍邦
海峡两岸关系专题讲座	国际格局变动与海峡两岸关系	宫　力
	中国周边安全与两岸关系	康绍邦
	中央领导集体对台大政方针的调整与发展	郭建平
	美国对台政策与两岸关系	孙建杭
	台海危机管理	李云龙
	岛内的政治生态变化与两岸关系	张仕荣
其他专题讲座	农民增收问题研究	石　霞
	现代管理学主要理论	潘云良
	基督教伦理与现代西方文明	靳凤林
	中国传统文化与中国式管理	刘余莉
	科学发展观与中国人权保障	张立伟
	可持续发展战略	冯鹏志
	法治政府与可持续发展	刘素华
	生命科学与哲学	李建华
	电子政务与体制创新	蔡德聪
	信息资源开发利用与信息安全	蔡德聪
	社会主义政治文明建设的理论与实践	李良栋
	服务型政府与公共服务均等化	胡　卫
	弘扬中国优秀传统道德，促进社会和谐	刘余莉

电影鉴赏课

片　名	片　名
辉煌年代（英国、法国、德国）	情归周恩来（中国）
帝国大审判（德国）	尼克松（美国）
乌鲁木齐的天空（中国）	小平，您好！（中国）
走进毛泽东（中国）	大太阳（中国）
阿布·拉伊德机长（约旦、法国）	近距交战（德国、法国、英国）

（教务部供稿人：金　晶）

工作会议

第一次教学工作会议

1月12日，中央党校召开2011年第一次教学工作会议。常务副校长李景田，副校长李书磊出席会议并讲话。会议由副校长张伯里主持。教育长兼培训部主任徐伟新，校委委员贾高建、黄宪起出席会议。各教研部（所）负责人和全体教师，各学员部主任、主管教学的副主任、组教处处长和组织员，其他校直属单位负责人，各分校负责人和教务处处长以及教务部有关人员参加会议。

李景田在讲话中强调了三点。第一，"一流学府"的建设要靠一流的教学质量来支撑。教学在党校方方面面的工作当中，是一个十分中心的、十分重要的、十分基础的工作。中央党校的教学水平关键在于教师的深厚学养和较高的讲课水平。第二，本学期学员对教学质量的评价总体是好的，这个结果实属不易。但同中央对中央党校的期望相比，同中央党校所处的位置相比，从干部教育格局不断变化的形势来看，还要继续不断地推进教学改革，不断地提高教学质量。第三，中国正处在大有可为的战略机遇期，党校事业也处于大有作为的战略机遇期，身处其中的中央党校全体教师更应该大有作为。党校事业经过多年的发展，为巩固中国共产党的执政地位，提高党员领导干部的执政水平作出巨大贡献。新的形势新的任务对党校培训提出了新的要求，也为党校教师施展身手提供了广阔的舞台。党校教师要在培养领导干部的过程中把自己造就成党校教育的大家。

李书磊就如何做好2011年春季学期的具体教学工作提出三点要求。第一，要深刻领会习近平同志最近关于党校教育的讲话精神，做好对学员的理论武装和党性教育。第二，要在教学中加强对学员的调研，加深对学员的了解，加大与学员的互动。第三，要以“一流学府”建设为总目标来抓教学工作，从党校长远发展的目标着眼，研究教学规律，积极推进教学改革，不断提高党校的教学质量。

教务部主任王东京通报2010年秋季学期教学工作的基本情况，并对2011年春季学期的招生工作和教学安排作了说明。

（教务部供稿人：金　晶）

第二次教学工作会议

7月5日，中央党校召开2011年第二次教学工作会议。常务副校长李景田，副校长李书磊出席会议并讲话。会议由教育长兼培训部主任徐伟新主持。校委委员、进修部主任黄宪起出席会议。各教研部（所）主任（所长）、副主任（副所长）及全体人员，各学员部主任、主管教学的副主任、组教处处长和组织员，其他校直属单位的负责人，各分校负责人和教务处处长，以及教务部的有关人员参加会议。

李景田对春季学期的教学工作给予了充分肯定。他在讲话中指出，研究宣传党的路线方针政策，帮助学员更好地领会和贯彻中央精神是党校教师的责任。党校教师一是要坚持以“姓党”为本，牢固树立大局观，加强自身的党性修养，遵守讲课纪律，与党中央保持高度一致；二是要凭本事吃饭，打好理论功底，增强敬业精神，不断提高讲课水平。对于秋季学期的教学工作，李景田强调要着重抓好三件事。第一，要认真学习胡锦涛总书记在庆祝建党90周年大会上的重要讲话，把讲话精神贯彻到教学、科研等各项工作中，这是当前重要的政治任务和中心工作。第二，要搞好马克思主义经典著作导读教学。马克思主义是中国共产党的立党之本，马克思主义经典著作导读课是党校的品牌课，讲好经典著作导读课是党校教师的看家本领。党校教师必须认真读马列经典，把经典著作导读课教学传承好并发扬光大。第三，要做好全国党校系统精品课评选工作。要以精品课树标杆，为教师讲好课提供学习的参照，不断提高党校教师的讲课水平。

李书磊在讲话中对如何做好秋季学期的教学工作提出两点要求。第一，广大教师要认真学习胡锦涛总书记在庆祝建党90周年大会上的重要讲话，把讲话精神贯彻到教学的全过程。第二，党校教师要有对党的事业高度负责的使命感；要认真读好马克思主义经典和本学科的经典，打好书底子；在讲课前要充分了解学员的需求，做好需求调研。

教务部主任王东京通报了春季学期教学工作的基本情况，并对2011年秋季学期的教学安排作了说明。

（教务部供稿人：金　晶）

教学相关部门工作会议

（一）

6月13日，教务部召开教学相关部门工作会议。教务部主任王东京出席会议并讲话。教务部副主任冯鹏志、王成志和各教研部（所）主管教学的副主任、教学秘书，学员部主管教学的副主任和组教处长，信息中心主管教学的副主任和教务部有关人员参加会议。

各教学相关部门分管教学的副主任分别介绍了近期教学方面的基本情况。王成志通报2011年秋季学期的招生安排，并对秋季学期教学计划制定的有关事宜作了说明。

王东京就搞好下一阶段的教学工作强调了几点：一是本学期末将举行全国党校系统精品课评选活动，希望校内各教研部（所）高度重视这一工作，推选出高水平的课参评；二是教员讲课要严守讲课纪律，要与中央的精神保持一致，要站在广大人民群众的利益立场，要坚持实事求是、用事实说话，要恪守学术规则；三是教员要进一步重视提高讲稿质量，各教研部（所）要把好讲稿质量关。

（二）

8月29日，教务部召开教学相关部门负责人会议。副校长李书磊出席会议并讲话。教务部主任王东京主持会议。教务部副主任冯鹏志、王成志和各教研部（所）、学员部、研究生院、组织部、信息中心有关负责同志以及教学秘书、组教处处长等有关人员参加会议。

李书磊就如何落实本学期教学计划、组织好集体备课、进一步提高讲课质量提出了要求。

教学相关部门的负责同志就中央党校2010—2011学年教学评奖进行投票表决。王成志通报2011年秋季学期教学准备工作的有关情况。

（三）

12月7日，教务部召开教学相关部门负责人会议。会议的主要内容是研究2012年春季学期教学安排，布置教学计划的制定工作。副校长李书磊出席会议并讲话。教务部主任王东京主持会议。教务部副主任冯鹏志、王成志，各教研部（所）主管教学的副主任（副所长）、教学秘书，学员部主管教学的副主任、组教处长，信息中心主管教学的副主任和教务部有关人员参加会议。

会上，参会单位的负责同志介绍了

2011 年秋季学期本部门教学的基本情况和主要特点。王成志通报 2012 年的招生安排，并对制定 2012 年春季学期教学计划的有关事宜作了说明。与会人员围绕会议议题进行了认真研究和讨论。

李书磊对各教研部（所）围绕提高教学质量组织教师集体备课、加强教师对学员的调研等做法给予充分肯定，并对做好 2012 年春季学期的教学工作提出了几点要求：一是要在全校教学中进一步落实党的十七届六中全会精神；二是要高度重视学习贯彻 2011 年习近平同志在中央党校两次开学典礼上的讲话，对讲话精神进行深入研究并体现在教学之中；三是要进一步提高进修班学员课题研究报告、读书报告的质量；四是要把教师参加学员小组讨论、双向交流作为一项硬性要求，抓好教师到位问题；五是要加强对青年教师的培养，要求他们多听课，多与学员交流，让青年教师及早参与到教学过程中来。

（教务部供稿人：金　晶）

全国党校系统第二次教务工作恳谈会

5 月 7 日至 8 日，全国党校系统第二次教务工作恳谈会在杭州市委党校举行。会议围绕以学科为基础、改进党校教学设计这个主题进行研讨交流。来自全国各省、自治区、直辖市党委党校及铁道部党校、新疆生产建设兵团党校、副省级城市党校的教务处长，中央党校各分校教务处长和中央党校教务部的有关人员共 80 余人参加会议。

会议开幕式上，杭州市委副秘书长郭禾阳代表杭州市委致欢迎词。中央党校教务部主任王东京作大会主题发言，强调党校在新的形势和任务面前，应立足理论教育和党性教育的定位，继续加强学科建设，引导教员讲好课，力争培养一流的名师，进一步提高党校教学质量。教务部副主任王成志介绍了中央党校加强学科建设、改进教学设计的有关情况。教务部副主任冯鹏志作会议总结，并布置全国党校系统首次精品课评选活动的有关事宜。

会议期间，代表们围绕会议主题，分组进行深入研讨，交流各地党校加强学科建设、改进教学设计的做法和经验，并就以教学为中心加强学科建设提出了一些好的意见和建议。新疆、天津、河北、浙江、上海 5 所党校的教务处长作为各小组代表，作了大会交流发言。

（教务部供稿人：金　晶）

全国党校系统远程教学电视会议

9月7日，中央党校通过远程教学网召开2011年全国党校系统远程教学电视会议。这次会议的主要内容是，总结2011年春季学期远程教学情况，安排2011年秋季学期远程教学的相关工作。教育长兼培训部主任徐伟新出席会议并讲话。信息中心主任郭英楼出席会议。办公厅副主任李作钦主持会议。教务部副主任冯鹏志、函授学院副院长史金龙、信息中心副主任张海光先后发言。

徐伟新在讲话中提出五点要求：第一，远程教学工作要深入贯彻落实习近平同志在中央党校秋季学期开学典礼上的重要讲话精神；第二，服务大局，不断提高远程教学资源的使用率；第三，高度重视，进一步完善远程教学资源建设的体制机制；第四，丰富内容，充分发挥中央党校和地方党校两个积极性；第五，积极探索，推动新形势下远程教学的管理创新工作。她希望，通过各部门的共同努力，党校远程教学的信息资源建设能够取得新的成绩，党校远程教学网在干部教育培训事业中能够发挥更大的作用。

中央党校各直属部门的负责同志和全国各省级党校、副省级城市党校、中央党校各分校有关负责同志通过远程教学网参加会议。全国已建A级站党校的有关领导和负责同志通过远程教学网收看本次会议。

（教务部供稿人：金　晶）

教学座谈会

马克思主义经典著作导读课教师座谈会

1月14日，教务部召开马克思主义经典著作导读课教师座谈会，邀请张绪文教授、臧志凤教授就如何讲好马列经典著作导读课介绍经验。马克思主义理论教研部主任周为民教授、副主任秦刚教授、科学社会主义教研部副主任刘海涛教授和部分在培训班次讲授原著导读课的教授，青年教师及有关人员近40人参加座谈会。

会上，张绪文、臧志凤教授畅谈自己多年在党校课堂讲授马克思主义经典著作的切身体会，通过大量的例子现身说法，传授如何备课，如何讲课的经验与做法。与会教师还与他们进行了交流。教务部主任王东京主持座谈会，并就如何讲好马克思主义经典著作导读课提出指导性意见。

（教务部供稿）

学习马克思主义经典著作专家座谈会

5月19日，为贯彻习近平同志关于认真学习马克思主义经典著作的重要讲话精神，进一步加强中央党校马克思主义经典原著教学，教务部召开学习马克思主义经典著作专家座谈会。中央党校原副校长杨春贵教授，哲学教研部张绪文教授、科学社会主义教研部严书翰教授，马克思主义理论教研部副主任秦刚教授、中共党史教研部副主任曹普教授、经济学教研部王天义教授应邀作了主题发言。经济学教研部主任赵振华，教务部副主任冯鹏志、王成志，各教研部（所）的部分中青年教师和教务部、中国马克思主义研究基金会、校报刊社的有关人员参加座谈会。

杨春贵结合学习习近平同志的讲话精神，着重讲述三个问题。一是中央党校应该发挥马列经典著作的传统和优势，在学习马克思主义经典原著方面带好头。二是要选好、讲好和学好马克思主义原著。三是要深入研究如何通过学习马克思主义经典著作来深化中国特色社会主义理论体系的学习。

教务部主任王东京主持会议，并就如何进一步加强马克思主义经典著作的教学提出了指导性意见。他表示，教务部将按照校委的要求，认真贯彻落实讲话精神，在坚持党校教学布局的基础上，进一步增强马克思主义经典著作课程设计的科学性，进一步加大讲授马克思主义经典著作的比重，不断提高讲授质量。

各教研部（所）的与会教师结合自己的教学经验和体会，围绕如何加大中央党校马克思主义经典著作教学的分量、如何与中国特色社会主义理论体系课程有机衔接、如何提高马克思主义经典著作导读的授课质量等问题进行了讨论交流。

（教务部供稿人：金　晶）

学习习近平《领导干部要读点历史》重要讲话精神座谈会

9月14日，教务部召开学习习近平同志在中央党校2011年秋季学期开学典礼上所作的《领导干部要读点历史》重要讲话精神座谈会。副校长李书磊出席会议并讲话。会议由教务部主任王东京主持。文史教研部主任赵伯英，教务部副主任冯鹏志、王成志，中共党史教研部副主任曹普，文史教研部副主任周熙明，以及部分教研部（所）的教师参加座谈会。

李书磊在讲话中指出，要深入学习习近平同志在开学典礼上的讲话，充分认识领导干部读历史的重要性，要把讲话的精神贯彻到党校教学的总体思路和布局中去。他提出，贯彻落实习近平同志的讲话精神，一是要把现有的历史课开好，历史教学特别是党史教学要在已有的框架下继续推敲讲题，提高讲授水平；二是要在整个教学中突显历史维度，渗透历史意识，并进一步拓展历史教学，辅导学员读史；三是要开展教师读史活动，增进教师的历史修养，把贯彻落实讲话精神当做促进教师进行学术积累的重要途径。

王东京对在教学中如何贯彻落实习近平同志讲话精神提出两点意见：一是党校教师在讲课中要强调历史维度；二是党校要加强对领导干部的历史教育，重点在于利用有限的教学课时培养领导干部学历史、读历史的兴趣和习惯。

与会人员围绕如何对领导干部进行历史教学、如何将历史教学与现有的教学框架有机衔接、教师自身如何学习研究历史等问题进行了交流和研讨。

（教务部供稿人：金　晶）

加强调查研究课程座谈会

11月18日，教务部召开加强调查研究课程座谈会，学习贯彻习近平同志在中央党校2011年秋季学期第二批入学学员开学典礼上所作的《谈谈调查研究》重要讲话精神。副校长李书磊主持会议并讲话。教务部主任王东京、副主任冯鹏志，培训部副主任王炳，各教研部（所）有关学科的教师、培训部组教处处长和组织员以及教务部的有关人员参加座谈会。

王东京说，中央党校是党中央办的学校，党校学员也都是来自全国各省市、各部委的高中级干部。所以党校教员的使命光荣、责任重大，同时压力也很大。广大教员不仅要在课堂上把中央精神讲精讲透，而且要在理论联系实际方面有所建树。因此，党校教员必须特别重视调查研究。为了指导学员搞好调查研究，教务部正在考虑下学期起将适当开设有关如何进行调查研究的课程。王炳说，对学员的调研成果，不仅要有软要求，还要有硬指标，应给调研报告按百分制打分；除了调研组报告，每个学员调研回来都要有千字文，每人动手很重要。

座谈会上，与会人员就学员调研、教师备课中的调研、在教学中如何开设“调查研究方法”课等问题进行了讨论。

李书磊在总结讲话中指出，习近平同志在新形势下重新强调调查研究，有很强的现实意义。现在形势发展、环境变化，干部的调查研究成为迫切任务。习近平同志讲调查研究，不仅是在倡导一种工作方法、工作作风，也是在倡导一种精神状态。能深入调查研究就是一种正视现实、不回避问题的务实态度，就是一种努力去解决问题的敬业精神，就是深入群众、贴近群众的真心诚意。而调查研究也会让人心里有数、有底，感到充实。正如习近平校长所讲，调查研究是做领导工作的基本功，是“实事求是”校训的体现，中央党校要将其列为党校教学的重要内容。一是加强调查研究理论与方法的课程；二是组织好学员的社会调查，教务部要与培训部、各教研部密切配合，从案头工作到调查报告考评抓好每个环节。要让学员通过在党校的社会调查提高调查研究的能力，养成调查研究的习惯。

（教务部供稿人：金　晶）

培训和研讨班

国家特聘专家专题培训班

5 月 25 日至 28 日，中央组织部在中央党校举办国家特聘专家专题培训班。

5 月 25 日上午，举行国家特聘专家专题培训班开班式暨证书颁发仪式。中共中央政治局委员、中央书记处书记、中央组织部部长李源潮出席开班式，并为 248 名参加学习的特聘专家颁发证书。李源潮勉励国家特聘专家珍惜荣誉、艰苦创业、勇攀高峰，以科技创新创业的优异成绩，回报祖国和人民的期望与信任。中央党校常务副校长李景田、教育部副部长李卫红、科技部副部长张来武、人力资源和社会保障部副部长杨士秋、中国人民银行行长助理金琦、国务院国有资产监督管理委员会副主任黄淑和出席开班式。开班式由中央组织部副部长李智勇主持。

5月28日下午，培训班在综合楼报告厅举行结业式，常务副校长李景田、中央组织部副部长李智勇和中央组织部人才局局长徐家新为培训班的学员颁发结业证书。

来自国家“千人计划”入选者的海外高层次引入专家共340名参加培训班的学习。

（教务部供稿人：金　晶）

中青年教师学习马克思主义经典著作培训班

11月1日，教务部和组织部举行中青年教师学习马克思主义经典著作培训班座谈交流暨结业式，邀请张绪文教授、韩庆祥教授与参加培训的中青年教师座谈交流。教务部副主任王成志主持座谈交流活动并在结业式上作总结。参加培训班的全体中青年教师以及教务部、组织部相关工作人员共计60余人参加座谈交流与结业式。

本期培训班为期半个月，参加培训的中青年教师听取了边立新等5名教授讲授的马克思主义经典著作的导读课，并进行了分组研讨和交流。

（教务部供稿人：金　晶）

中青年教师观摩研讨班

（一）

1月24日，为进一步搞好马克思主义理论课特别是中国特色社会主义理论体系的教学，提高课堂讲授质量，教务部、组织部举办中青年教师观摩研讨班。全校中青年教师80余人和部分资深教授以及教务部、组织部相关人员参加观摩研讨活动。

观摩研讨班由组织部副部长王洋主持开班。教务部主任王东京在讲话中对广大中青年教师，特别是80余岁的臧志风教授和其他资深教授，利用假期时间参加这次观摩研讨班表示感谢。他强调，大家应从学习讲课艺术的角度来观摩优秀教学录像，不断探索自身的讲课风格；希望广大中青年教师勇挑重担，早日成长为名师大家，为建设"一流学府"作贡献。

参会人员随后观摩国际战略研究所教学秘书潘悦教授的教学录像，聆听潘悦教授介绍自己备课、讲课的基本做法和体会。

（二）

5月11日，教务部、组织部举办中青年教师观摩研讨班。教务部主任王东京，副主任冯鹏志、王成志出席观摩研讨班，王东京和王成志分别讲话。组织部副部长张进勇主持开班式。各教研部（所）80多名中青年教师，教务部全体人员和组织部的有关人员参加了观摩研讨活动。

王东京强调，中央党校在历史上曾经名师荟萃，相信中青年教师们一定能将党校的优良传统继承和发扬，希望大家继续努力，练就自己的看家本领，把课打造成精品，为党校的发展作出更大的贡献。王成志指出，中青年教师要树立做党校教师的荣誉感、责任感，把时间和精力投入到教学和研究上；要力戒浮躁，扎扎实实做好本职工作；教务部作为教学管理部门将通过不断完善制度、创新机制，为中青年教师提高教学水平服好务。

上午，参会人员观摩2010年秋季学期在省部级干部进修班教学效果评估排名第一的刘宝东教授的教学录像，并聆听他如何备好课、讲好课的经验介绍。下午，与会的中青年教师进行分组研讨交流，畅谈各自的教学心得。

（教务部供稿人：金　晶）

开学和毕业典礼

春季学期开学典礼

3月1日，中央党校举行2011年春季学期开学典礼。中共中央政治局常委、中央书记处书记、中央党校校长习近平出席开学典礼，并作了题为《关键在于落实》的重要讲话。

中共中央政治局委员、中央书记处书记、中央组织部部长李源潮，中共中央书记处书记、中央纪委副书记何勇，中共中央书记处书记、中央办公厅主任令计划出席开学典礼。

常务副校长李景田主持开学典礼。中央有关部门负责人、中央党校负责人以及2011年春季学期全体学员、分校学员代表和党校教职工，共1800多人参加开学典礼。

（摘自《党校信息》2011年第4期，办公厅供稿）

春季学期第一批进修班毕业典礼

4月29日，中央党校举行2011年春季学期第一批进修班毕业典礼。中共中央政治局常委、中央书记处书记、中央党校校长习近平出席毕业典礼，并为学员颁发毕业证书。

中共中央政治局委员、中央书记处书记、中央组织部部长李源潮，中共中央书记处书记、中央纪委副书记何勇，中共中央书记处书记、中央办公厅主任令计划出席毕业典礼。

常务副校长李景田对学员的学习情况作总结。他说，学员们普遍反映，通过学习进一步夯实了理论基础，提高了政治素养；进一步培养了战略思维，开阔了世界眼光；进一步深化了解决现实问题的思路，拓宽了分析研究问题的办法；进一步丰富了执政经验，提升了执政能力；进一步养成了读书习惯，提高了知识水平；进一步锤炼了党性，塑造了从政风范。他希望学员们继续加强学习，不断深化学习，努力做学习的表率；真抓实干，抓好落实，确保“十二五”规划的顺利实施；学习杨善洲精神，不断增强党性修养，做人民满意的好党员好干部；关心党校事业，支持党校建设，为进一步提高干部队伍素质作出新贡献。

中央有关部门负责人、中央党校负责人出席毕业典礼。中央党校各直属单位主要负责人和全体毕业学员260多人参加毕业典礼。

（摘自《党校信息》2011年第6期，办公厅供稿）

春季学期第二批入学学员开学典礼

5月13日，中央党校举行春季学期第二批入学学员开学典礼。中共中央政治局常委、中央书记处书记、中央党校校长习近平出席典礼，并作题为《领导干部要重视学习马克思主义经典著作》的重要讲话。

中共中央政治局委员、中央书记处书记、中央组织部部长李源潮，中共中央书记处书记、中央纪委副书记何勇出席开学典礼。

副校长陈宝生主持开学典礼。中央有

关部门负责人、中央党校负责人以及2011年春季学期第二批入学学员和在校学员，共1100多人参加开学典礼。

（摘自《党校信息》2011年第6期，办公厅供稿）

全国市地州盟党委党校常务副校长培训班（第1期）结业式

5月19日，中央党校举行全国市地州盟党委党校常务副校长培训班（第1期）结业式。常务副校长李景田出席并讲话，副校长孙庆聚主持，校委委员、进修部主任黄宪起出席。

6名学员代表在会上就参加培训的感受、收获及建议作了发言。学员们反映，通过学习习近平同志的重要讲话，澄清了事关党校发展进步的若干重大问题，增强了办好党校的信心、使命感和责任感；通过对《中国共产党党校工作条例》、《2010—2020干部教育培训改革纲要》的再学习，明确了党校发展的基本思路；通过交流工作信息和办学经验，进一步启发和拓展了党校工作的思路和方法，提高了自身的政策水平、治校水平和领导能力。

李景田在讲话中就把中央精神落到实处，进一步做好党校工作讲了三点意见：要充分认识党校在干部教育培训大格局中的定位和优势，更好地发展和突出自身的办学特色；要坚持党校姓党、从严治校，坚持风清气正的学府；要处理好党校教育培训中的各种关系，进一步提高办学质量。

本期培训班全体学员参加结业式。

（摘自《党校信息》2011年第6期，办公厅供稿）

中国特色社会主义理论体系高级研修班、研究专题进修班毕业典礼

6月3日，中央党校举行中国特色社会主义理论体系高级研修班、研究专题进修班毕业典礼。常务副校长李景田出席并讲话。副校长孙庆聚主持毕业典礼。副校长张伯里，教育长兼培训部主任徐伟新，校委委员罗宗毅、黄宪起，中央组织部干

部教育局副局长张家声出席毕业典礼。

李景田在讲话中指出，学员们普遍反映，通过在党校的学习，进一步夯实了马克思主义理论基础，坚定了政治信念和立场，增强了领导能力，锤炼了党性修养和从政风范。他希望学员们继续加强学习，不断深化学习，努力做学习的表率；真抓实干，抓好落实，确保“十二五”规划顺利实施；学习杨善洲精神，不断增强党性修养，做人民满意的好党员好干部；关心党校事业，支持党校建设，为进一步提高干部队伍素质作出新贡献。

省部级干部中国特色社会主义理论体系高级研修班（第1期）、厅局级干部中国特色社会主义理论体系研究专题进修班（第56期）共毕业学员74名。校有关直属单位负责同志及教职工参加毕业典礼。

（摘自《党校信息》2011年第7期，办公厅供稿）

春季学期毕业典礼

7月15日，中央党校举行2011年春季学期毕业典礼。中共中央政治局常委、中央书记处书记、中央党校校长习近平出席毕业典礼，并为学员颁发毕业证书。毕业典礼结束后，习近平参观了由中央档案馆、国家档案局和中央党校联合举办的“纪念中国共产党成立90周年档案资料展”，对运用档案史料开展党史教育的做法给予充分肯定。

中共中央政治局委员、中央书记处书记、中央组织部部长李源潮，中共中央书记处书记、中央纪委副书记何勇出席毕业典礼并参观展览。

常务副校长李景田对学员的学习情况作了总结。他说，大家普遍反映，通过参加培训，进一步夯实了理论基础，坚定了理想信念，增强了政治责任感和使命感；进一步开阔了眼界，丰富了知识，分享了从政经验和体会；进一步深化了对现实问题的思考，培养了战略思维，提高了认识、分析和解决问题的能力；进一步锤炼了党性，塑造了从政风范，强化了正确的世界观、权力观和事业观。他希望学员们继续深入领会、扎实贯彻胡锦涛总书记“七一”重要讲话精神，为全面推进党的建设新的伟大工程和中国特色社会主义伟大事业贡献更大力量；继续加强学习、带头学习，争做学习型领导干部；继续真抓实干、狠抓落实，确保“十二五”规划顺利实施；继续关心党校事业、支持党校建设，为进一步提高干部队伍素质作出新贡献。

中央党校本期毕业学员共840人。另有中央直属机关分校、中央国家机关分校、部队分部和国资委分校的3400多名学员同期毕业。中央有关部门负责人，中央党校负责人出席毕业典礼并陪同参观。

（摘自《党校信息》2011年第8期，办公厅供稿）

秋季学期开学典礼

9月1日，中央党校举行2011年秋季学期开学典礼。中共中央政治局常委、中央书记处书记、中央党校校长习近平出席开学典礼，并作了题为《领导干部要读点历史》的重要讲话。

中共中央政治局委员、中央书记处书记、中央组织部部长李源潮，中共中央书记处书记、中央纪委副书记何勇，中共中央书记处书记、中央办公厅主任令计划出席开学典礼。

常务副校长李景田主持开学典礼。中央有关部门负责人、中央党校负责人以及2011年秋季学期全体在校学员、党校教职工，共2200多人参加开学典礼。

（摘自《党校信息》2011年第10期，办公厅供稿）

全国市地州盟党委党校常务副校长培训班（第2期）结业式

9月5日，中央党校举行全国市地州盟党委党校常务副校长培训班（第2期）结业式。副校长陈宝生出席并讲话。

陈宝生在讲话中概述了这期培训班的基本情况，总结了三个主要特点，即：领导高度重视、课程安排合理、学员学习认真；归纳了学员三个方面的主要收获，即：进一步把握了全国干部教育培训的新形势，进一步理清了党校工作科学发展的大格局、大框架、大思路，进一步交流了市地州盟党校的工作经验、思路和办法；并就抓住党校事业发展的重要战略机遇期，把市地州盟党校工作提升到新水平的问题，提出了三点意见：一是坚持党校姓党原则，充分发挥主渠道、主阵地作用；二是主动作为，进一步推进党校工作的改革、探索和创新；三是加强组织协调，为促进党校发展提供更好的组织保证。

本期培训班全体学员参加结业式。

（研究室供稿）

县委书记任职培训班（第2期）结业式

9月9日，中央党校举行县委书记任职培训班（第2期）结业式。常务副校长李景田出席并讲话，副校长陈宝生主持结业式。中央组织部副部长王尔乘，副校长孙庆聚、李书磊、张伯里，教育长兼培训部主任徐伟新，校委委员黄宪起出席结业式。

李景田在讲话中指出，学员们普遍反映，通过培训，加深了对县委书记岗位重要性的认识，进一步增强了责任感和使命感；加深了对中国特色社会主义理论体系的理解，进一步提高了理论水平、坚定了理想信念；深化了对中央大政方针的理解，进一步增强了抓好落实的自觉性和主动性；明确了改进完善领导方式、妥善处理难点问题的思路，进一步提高了战略思维能力和执政能力。他希望各位学员继续加强学习、带头学习，争做学习型领导干部；继续真抓实干、抓好落实，确保“十二五”规划顺利实施；继续加强党性锻炼、转变作风，切实做好群众工作；继续关心、支持党校，为提高干部队伍素质作出新贡献。

校有关直属单位负责同志、教学及工作人员和第2期县委书记任职培训班160多名学员参加结业式。

（摘自《党校信息》2011年第11期，办公厅供稿）

“党校系统学员管理工作暨公司法人治理与企业党的建设”专题研讨班开班式

10月12日，中央党校举行“党校系统学员管理工作暨公司法人治理与企业党的建设”专题研讨班开班式。常务副校长李景田出席开班式并讲话。副校长陈宝生、孙庆聚、李书磊，教育长兼培训部主任徐伟新，校委委员、进修部主任黄宪起，教务部主任王东京、党的建设教研部主任王长江、经济学教研部副主任韩保江、进修部副主任赵凤珍出席开班式。

李景田阐述近年来短期培训在干部教育培训工作中的地位和作用，介绍中央党校的性质、办学特点和主要培训内容，着重对如何搞好这两个班次的学习提出四点要求：一是要高度重视理论武装；二是要自觉加强党性锻炼；三是要注意提高工作能力；四是要认真搞好专题学习和研讨。

陈宝生主持开班式。他指出，李景田常务副校长的讲话围绕理论武装、党性锻炼、提高能力、专题研讨四个方面，对大家在中央党校的学习提出了具体明确的要求，对学员搞好在党校的学习和今后的工作都具有重要的指导意义和启迪意义。他希望大家珍惜难得的学习机会，抓紧有限的学习时间，贯彻落实好这四个方面的学习要求，圆满完成学习任务。

“党校系统学员管理工作暨公司法人治理与企业党的建设”专题研讨班的98名学员，以及中央党校有关部门的工作人员参加开班式。

（摘自校园网）

秋季学期第一批进修班毕业典礼

11月3日，中央党校举行2011年秋季学期第一批进修班毕业典礼。中共中央政治局常委、中央书记处书记、中央党校校长习近平出席毕业典礼，并为学员颁发毕业证书。

中共中央政治局委员、中央书记处书记、中央组织部部长李源潮，中央书记处书记、中央纪委副书记何勇出席毕业典礼。

常务副校长李景田对学员的学习情况作了总结。他说，学员们普遍反映，通过学习和课题研究，汲取了丰富营养，夯实了理论基础，坚定了理想信念；培养了战略思维，提高了理论联系实际、解决现实问题的能力；开阔了视野，交流了经验，培养了多方面的素养；增强了党性，陶冶了情操，锤炼了优良的党风和学风。他希望学员们能够继续加强学习，不断深化学习，争当学习的表率；继续深入领会、扎实贯彻党的十七届六中全会的战略决策和重大部署，进一步开创中国特色社会主义事业新局面；继续勤奋努力，扎实做好本职工作，以优异成绩迎接党的十八大召开；继续关心党校事业，支持党校建设，为进一步提高干部队伍素质作出新贡献。

中央党校本期毕业学员共222人。中央有关部门负责人、中央党校负责人和各直属单位主要负责人等出席毕业典礼。

（摘自《党校信息》2011年第14期，办公厅供稿）

秋季学期第二批入学学员开学典礼

11月16日，中央党校举行2011年秋季学期第二批入学学员开学典礼。中共中央政治局常委、中央书记处书记、中央党校校长习近平出席典礼，并作了题为《谈谈调查研究》的重要讲话。

中共中央政治局委员、中央书记处书记、中央组织部部长李源潮，中共中央书记处书记、中央纪委副书记何勇，中共中央书记处书记、中央办公厅主任令计划出席开学典礼。

中央有关部门负责人、中央党校负责人，以及中央党校新入学学员、在校全体学员、教职工等共1500多人参加开学典礼。

（摘自《党校信息》2011年第15期，办公厅供稿）

县委书记任职培训班（第3期）结业式

11月25日，中央党校举行县委书记任职培训班（第3期）结业式。副校长陈宝生出席并讲话，副校长孙庆聚主持结业式。副校长张伯里，教育长兼培训部主任徐伟新，校委委员黄宪起，中央组织部干部教育局副局长张家声出席结业式。

陈宝生在讲话中指出，学员们一致认为，这次培训虽然时间不长，但是一次高效率、高水平、高质量的培训。通过培训，加深了对县委书记岗位重要性的认识，进一步增强了责任感和使命感；提高了思想理论水平和政治素养，进一步坚定了理想信念；深化了对中央大政方针的理解，进一步增强了抓好落实的自觉性和主动性；明确了改进完善领导方式、妥善处理难点问题的思路，进一步提高了执政能力。他希望各位学员继续加强学习、深化学习，争当学习的表率；继续真抓实干、抓好落实，以优异成绩迎接党的十八大召开；继续加强党性锻炼、转变作风，切实做好群众工作；继续关心党校、支持党校，为提高干部队伍素质作出新贡献。

校有关直属单位负责同志、教学及工作人员和第3期县委书记任职培训班294名学员参加结业式。

（摘自《党校信息》2011年第16期，办公厅供稿）

中国特色社会主义理论体系研究专题进修班（第57期）毕业典礼

12月2日，中央党校举行厅局级干部中国特色社会主义理论体系研究专题进修班（第57期）毕业典礼。副校长孙庆聚出席并讲话，副校长李书磊主持毕业典礼。副校长张伯里，教育长兼培训部主任徐伟新，校委委员、进修部主任黄宪起，出席毕业典礼。

孙庆聚在讲话中指出，学员们普遍反映，通过在党校的学习，进一步提高了马克思主义理论素养，坚定了理想信念和政治立场，增强了领导能力，锤炼了从政品德。他希望学员们坚持终身学习，争当学习的表率；真抓实干，确保中央的战略决策和重大部署顺利实施；恪尽职守，以优异成绩迎接党的十八大胜利召开；关心党校事业，支持党校发展，更加重视干部教育培训工作。

厅局级干部中国特色社会主义理论体系研究专题进修班（第57期）共毕业学员43名。中央党校有关直属单位负责同志及教职工参加毕业典礼。

（摘自《党校信息》2011年第16期，办公厅供稿）

市地主要领导干部进修班（第5期）毕业典礼

12月15日，中央党校举行市地主要领导干部进修班（第5期）毕业典礼。常务副校长李景田出席并讲话。副校长陈宝生主持毕业典礼。副校长孙庆聚、李书磊、张伯里，教育长兼培训部主任徐伟新，校委委员、进修部主任黄宪起出席。

李景田在讲话中指出，大家普遍反映，通过学习，进一步提高了理论水平，增强了理论学习的自觉性；进一步坚定了理想信念，增强了使命感、责任感；进一步拓宽了思维空间，增强了领导能力；进一步锤炼了党性修养，培养了优良的作风。他希望学员们牢固树立终身学习、躬身实践的理念；不断提高理论联系实际的能力；认真贯彻落实中央关于明年经济工作的总体要求和主要任务，切实做好各项工作，以优异的成绩迎接党的十八大胜利召开；更加重视干部教育培训工作，积极推动党校事业的发展。

会上，李景田为学员颁发毕业证书。学员代表、河南省三门峡市市委书记杨树平代表全体学员发言。

校有关直属单位负责同志、教学及工作人员和第5期市地主要领导干部进修班全体学员参加毕业典礼。

（摘自《党校信息》2011年第18期，办公厅供稿）

秋季学期毕业典礼

2012年1月13日，中央党校举行2011年秋季学期毕业典礼。中共中央政治局常委、中央书记处书记、中央党校校长习近平出席毕业典礼，并为学员颁发毕业证书。

中共中央书记处书记、中央纪委副书记何勇，中共中央书记处书记、中央办公厅主任令计划出席毕业典礼。

常务副校长李景田对学习情况作了总结。他说，学员们普遍反映，通过培训，进一步提升了理论素养，进一步提高了调查研究、分析解决实际问题的能力，进一步提高了领导能力、增强了党性。他希望学员们坚持终身学习，不断提高素质和能力；坚持真抓实干，确保中央经济工作会议部署顺利实施；坚持恪尽职守，以优异成绩迎接党的十八大胜利召开。

毕业典礼结束后，习近平审看了中央党校校史展。他指出，要充分发挥校史展的重要阵地作用，对学员和教职工进一步加强党性和党的优良传统教育。

中央党校本期毕业学员共524人。另有中央直属机关分校、中央国家机关分校、部队分部和国务院国资委分校的2900多名学员同期毕业。中央有关部门负责人，中央党校负责人出席毕业典礼。

（摘自《党校信息》2012年第1期，办公厅供稿）

读书与体验式教学

进修部学员读书心得交流

（一）

4月25日，进修部举办学员读书心得交流会。这是习近平同志提出领导干部要爱读书读好书善读书要求后，进修部举办的第8次学员读书心得交流会。副校长孙庆聚出席交流会，校委委员、进修部主任黄宪起主持并作总结讲话。教务部副主任王成志、中共党史教研部副主任谢春涛、研究室副主任曾业松、进修部副主任赵凤珍、中央组织部联络员、各教学组相关人员及进修部全体学员参加交流会。

会上，省部班学员、国务院国有资产监督管理委员会副主任黄淑和就“加快转变经济发展方式，促进中央企业做强做优、科学发展——读吴敬琏《中国增长模式的决策》、王梦奎主编《迈向新增长方式的中国》”，共青团中央书记处书记罗梅就“苦难铸就辉煌——读《苦难辉煌》有感”，军事科学院军队建设研究部部长胡光正就“仰望星空——读书有感两则：穿越时空的中国军事文化——读《中国军事著作卷》，值得尊重的人文精神——读《读书》杂志”，厅局班学员、中央编制办公室电子政务中心主任伏宁就“初读《经济分析史》的点滴体会”，中国法学会民主与法制社副总编刘桂明就“《沉浮与枯荣》，不仅仅是一部传记”，中铁大桥局集团有限公司董事长、党委副书记刘自明就“中国模式正引起世界关注——《中国模式》读书报告”，国家统计局中国信息报社总编辑朱新武就“对货币政策中战略思维问题的思考——关于《产业理论安全研究》、《科学世界观》、《中共中央关于加强党的执政能力建设的决定》读书报告”，分别进行了交流发言。

（二）

7月11日，进修部举办第9次学员读书心得交流会。常务副校长李景田、副校长孙庆聚出席交流会，校委委员、进修部主任黄宪起主持并作总结讲话。科学社会主义教研部主任王怀超、教务部副主任王成志、研究室副主任曾业松、进修部副主任郭焕永、进修部副主任赵凤珍、中央组织部联络员、各教学组相关人员及进修部全体学员参加交流会。

会上，省部班学员、中国出版集团公司党组书记、副总裁王涛就“铁肩担道义，妙手著文章——重读《共产党宣言的体会》”，浙江大学校长杨卫就“惠而不费威而不猛——以马克思主义的国际战略理论分析国际碳排放发展格局”，厅局班学员、国家发展和改革委员会社会发展研究所所长、党支部书记杨宜勇就“在校学习经典的一点体会”，福建团省委书记赖军就“民族复兴与人类解放：中国共产党的使命——《共产党宣言》读书报告”，国家质量监督检验总局法规司司长刘兆彬就“《资本论》第一卷读书心得”，中国延安干部学院人力资源部部长李延平就“旗帜、力量与坚持党的领导——读《论持久战》”，山东师范大学党委书记商志晓就“《社会主义从空想到科学的发展》读后”为主题，分别进行了交流发言。

（三）

10月27日，进修部举办第10次学员读书心得交流会。副校长孙庆聚出席交流会，校委委员、进修部主任黄宪起主持并作总结讲话。哲学教研部副主任李晓兵、进修部副主任赵凤珍、中央组织部联络员、各教学组相关人员及进修部全体学员参加交流会。

会上，省部班学员、天津警备区政治委员谢建华以“读史感悟——学习中国近现代史的粗浅体会”为题，中央文献研究室副主任陈晋以“善于总结经验是提升战略思维和领导能力的重要前提——读《邓小平年谱》的体会”为题，新疆维吾尔自治区政府副主席靳诺以“读《中国震撼》”为题，厅局班学员、云南省扶贫办公室主任王智以“读书与思考”为题，中央党校报刊社社长兼总编肖勤福以“《共产党宣言》的人本主义”为题，国资委监事会正局级专职监事孔建国以“科学需要继承发展——学习《资本论》心得”为题，国资委纪委副书记、监察局局长邵春保以“读《共产党宣言》的体会”为题，分别进行了交流发言。

（四）

2012年1月9日，进修部举办秋季学期第二批进修班读书心得交流会。副校长孙庆聚出席交流会，校委委员、进修部主任黄宪起主持并作总结讲话。教务部副主任王成志、国际战略研究所副所长刘建飞、进修部副主任郭焕永、进修部副主任赵凤珍及教学组、研究室等有关同志参加。中央组织部驻省部班“转变经济发展方式与经济结构调整”研究专题联络员、中央组织部人才工作局副巡视员李志刚，中央组织部驻省部班“社会主义民主政治建设”研究专题联络员张文灿也参加交流会。

会上，省部班“转变经济发展方式与经济结构调整”研究专题学员、交通银行执行董事、副行长、党委委员王滨以“读《洪武大帝》有感”为题，省部班“社会主义民主政治建设”研究专题学员、内蒙古自治区政协主席任亚平以“学讲话，读经典，改文风”为题，厅局班“世界经济与政治格局变化及应对”研究专题学员、云南省商务厅厅长熊清华以“读《共产党宣言》的点滴体会”为题，厅局班“文化建设与文化发展”研究专题学员、辽宁省作家协会党组书记、副主席朱庆昌以“读梁启超《李鸿章传》”为题，厅局班“新形势下党的群众工作”研究专题学员、广东省阳江军分区政治委员刘国文以“读《中国共产党历史》第二卷有感”为题，分别进行了交流发言。

（进修部供稿人：郝全洪）

培训部学员读书交流

(一)

6月2日，培训部举办中青年干部培训二班马克思主义经典著作读书交流会。副校长孙庆聚、教育长兼培训部主任徐伟新出席。教务部副主任冯鹏志、马克思主义理论教研部副主任秦刚、培训部副主任王炳、中青年干部培训二班全体学员和组织员以及培训部机关全体工作人员参加会议。交流会由培训部副主任薛泽洲主持。

会上，来自中青年干部培训二班4个支部的4名学员荆林波、杨绪春、廖立勇和芮宏分别围绕"《资本论》与当代金融危机"、"列宁与毛泽东的辩证法思想"、"毛泽东正确处理人民内部矛盾思想与当前的社会管理"以及"毛泽东《实践论》的中国气派"为主题进行了专题发言。

秦刚教授从问题意识、责任意识、历史视野和当代思潮相结合的角度，高度评价4名学员的发言，并就如何进一步加强经典著作的学习提出了建议。

孙庆聚在讲话中充分肯定此次经典著作读书交流会的意义和实效，并赞扬4名学员的认真准备和精彩表现。他说，此次经典著作读书交流会是认真贯彻落实习近平校长要求，扎实推进经典著作学习的一个重要举措。4名学员的发言选题好，表现出很好的理论功底，做了扎实的准备，既吃透原著，抓住基本原理，突出对立场、观点和方法的把握，又紧密结合当前的重大理论和现实问题，用马克思主义的世界观和方法论分析应对实际问题。学员的精彩表现，体现了"突出重点，精选精学"的要求，表明大家是专心致志地读、原原本本地读，深入理解了精神实质和思想精髓，提炼出了正确的思想方法，并以敢于担当的历史责任感和共产党人的立场，解答当代的实践和问题。他还对如何进一步学好经典著作提出了要求。

(二)

12月1日，中青年干部培训二班一支部与半年制西藏班开展以"同窗共读"为主题的学员读书交流活动。中青年干部培训二班一支部组织员徐丽君、西藏班主任兼半年制西藏班组织员张伟出席活动。

会上，中青年干部培训二班一支部学员周敏以"对中国崛起的多视角解读"为题，谈了阅读《中国震撼》的体会；荆林波以"苹果为什么这样红"为题，谈了阅读《斯蒂夫·乔布斯传》的体会；王军以"朱镕基总理的'三为'"为题，谈了阅读《朱镕基讲话实录》的体会；毛劲松以"以新的视角看中国近代史"为题，谈了阅读《五百年来谁著史》的体会。半年制西藏班学员徐绍强谈了对宗教的几点认识。

学员们认为，这次交流会有意义，既分享知识，又增进友谊。

（培训部供稿人：辛向前）

省部班学员赴西柏坡进行体验式教学

3月8日至9日，省部班“党的执政经验和执政能力建设”研究专题支部的学员在支部副书记、河北省委常委、宣传部长聂辰席带领下到西柏坡进行体验式教学。校委委员、进修部主任黄宪起，中共党史教研部副主任、教学组长谢春涛、进修部正局级组织员何畏和中共党史教研部的有关老师参加体验式教学活动。

这次体验式教学的主题是“中国共产党的执政准备”。在河北省委宣传部和西柏坡纪念馆的精心安排下，整个体验式教学内容丰富、深刻厚重、感人至深、发人深省。学员们观看了《新中国从这里走来》纪录片和西柏坡纪念馆工作人员演出的红色情景剧。还在西柏坡纪念馆广场举行了仪式，向毛泽东、朱德、刘少奇、周恩来、任弼时五大书记的雕像敬献花篮；重温了入党誓词；参观了西柏坡纪念馆、毛主席等老一代革命家在西柏坡工作生活旧址、中央军委旧址、七届二中全会旧址。

谢春涛主持专题教学并对讨论进行了点评。中共党史教研部罗平汉教授就中国共产党的执政准备问题作了专题讲授。

（进修部供稿人：郝全洪）

厅局班学员赴北京市高级人民法院旁听庭审

3月24日，厅局班“战略思维与领导能力”研究专题一、二支部近90人赴北京市高级人民法院进行“提高依法行政能力”体验式教学。项目组成员进修部郄肖、王英娟，政法教研部刘永艳、牟卫民、张立伟参加，政法教研部高长见联系、组织并主持本次体验式教学活动。

本次体验式教学活动主要是旁听北京市高级人民法院行政审判庭对“洛泰克公司诉中华人民共和国国家工商行政总局商标评审委员会案”二审开庭审理。该案中，作为上诉人的国家工商总局商标评审委员会上诉请求法院撤销一审法院判决，维持其作出的日本特殊陶氏株式会社的复审商标有效的决定。

庭审结束后，北京市高级人民法院行政审判庭副庭长程琥法官、本案合议庭审判长朱世宽法官，审判员朱海宏法官、汤捷法官，与学员们进行了交流与讨论。学员们针对本案的证据和事实、行政诉讼的程序和证据规则、审级监督以及行政诉讼对推动法治政府建设的意义等问题发表了评论，并就该案的事实认定和法律适用提出了有针对性的观点。

通过旁听行政诉讼的庭审过程，与合议庭法官的交流互动，以及主讲老师的点评总结，学员们对行政诉讼有了更直观的感受，对依法行政有了更清醒的认识，对提高依法行政能力有了更深刻的体会。

（进修部供稿人：郝全洪）

厅局班学员与人民网网友在线交流

（一）

6月21日，进修部厅局级干部“党的执政经验和执政能力建设”专题研讨班的学员以“新媒体时代的执政能力建设”为题，以网络互动的形式，与人民网网友在线交流，一起探讨如何科学认识新媒体时代的舆论环境，如何在这一环境中进一步提升执政能力。

参加在线交流的学员代表有：沈吉，中国科学院南京地理与湖泊研究所党委书记；潘新春，国家海洋局海洋咨询中心主任；黄样兴，中国井冈山干部学院办公厅主任；何义斌，中铁第四勘察设计院集团有限公司党委书记、院长；陈博东，国家统计局办公室巡视员。教员代表是：党的建设教研部副教授吴辉。

（二）

12月13日，进修部厅局级干部“新形势下党的群众工作”专题研讨班的学员以“新媒体时代党的群众工作”为题，以网络互动的形式，与人民网网友在线交流，一起探讨如何科学认识新时期的党群关系，如何做好新媒体时代的群众工作。

参加在线交流的学员代表有：史政，云南省人大常委会办公厅副主任；杨利群，全国政协办公厅联络局（信访局）局长；彭建武，南方航空工业（集团）有限公司党委书记、副总经理；杨一江，内蒙古师范大学党委副书记、校长。教员代表是：党的建设教研部党的领导与领导科学教研室副主任吕品。

（摘自人民网）

教材建设

教材及教学参考书出版情况

序号	教材名称	作者	出版社
1	社会主义和谐社会研究	李君如、严书翰、叶庆丰主编	中共中央党校出版社
2	马列著作选编（修订本）		中共中央党校出版社
3	中央党校案例教学教程	张志明、刘炳香主编	中共中央党校出版社
4	领导学概论	冯秋婷主编	中共中央党校出版社
5	社会主义发展史纲	叶庆丰、白平浩主编	中共中央党校出版社
6	当代世界社会主义前沿问题	胡振良、常欣欣主编	中共中央党校出版社
7	当前党政干部关注的国际热点问题	张明明、秦治来主编	中共中央党校出版社
8	领导干部伦理课十三讲	靳凤林主编	中共中央党校出版社

（教务部供稿人：金　晶）

教学规律研究

关于加强党校精品课建设的几个问题*

中央党校教务部

在2010年召开的第四次全国党校系统教学改革研讨会上，中央党校常务副校长李景田同志在大会主题报告中提出，2011年要在全国党校系统组织评选精品课，这一提议立即得到了各省市党校的热烈响应。我们体会，评选精品课本身并不是最终目的，而真正目的是要以此为契机推动党校系统的精品课建设。本文拟就精品课建设问题谈一些意见，供大家参考。

一、党校为什么要建设精品课

党校作为干部教育培训的主渠道、主阵地，肩负着中央赋予的培养治党治国政治家的光荣使命，而要完成好这一重任，党校就得确保有过硬的课堂教学质量。从这个角度看，党校加强精品课建设，其意义是不言而喻的。

第一，建设精品课是提高党校整体教学质量的重要抓手。教学质量是党校安身立命的根本，党校的职责必须要通过高水平的教学来实现。也正因如此，所以各级党校长期以来都一直非常重视教学质量的提高，并采取过各种措施来推进教学改革和管理创新。不过整体来看，今天党校的教学水平与中央的要求以及学员的期待还有距离，教学效果还有提升的空间。为了进一步改进与提高党校的教学质量，我们认为加强精品课建设是一个重要的抓手。

为什么要重点强调抓精品课建设呢？大书法家白蕉先生曾有一句名言，“学习的标准，就是欣赏的标准”。精品课所以称之为精品，本身就说明它是榜样，是标杆，对于其他课而言有示范性和影响力。而建设精品课，其意义不仅仅在打造出几个精品，更为重要的是，要把精品课作为龙头，在教学中倡导一种“精品”意识，形成一种氛围，一种潮流，以促进教学理念的创新，推进教学内容、教学方法的改革，使教学的各个环节更加科学合理，更加优质高效。所以，建设精品课不仅能使一部分高质量、高水准的课出类拔萃，成为党校

* 此文载《学习时报》2011年3月28日第13、14版。

的特色产品、拳头产品，还能通过发挥精品课的导向作用，产生一定的辐射效应，把其他课、其他教学活动都带动起来，从而不断提升党校教学的整体水平。

第二，建设精品课是党校出名师出大家的重要依托。最近一年多，党校人正在讨论如何建设“一流学府”，大家都有这样的共识，“一流学府”必须有一流的名师。的确，一所学校的地位高低，不在有多少大楼而在有多少大师。可现在的关键，是名师怎么出？过去的经验表明，名师既不能自封，也不能靠行政指定，就像作家得靠自己的作品出名，而教师也要靠自己的学术成就与讲课效果来扬名。如果不以精品课作依托，即使是大家投票选出来的“名师”，也未必都实至名归。

从党校历史上看，曾经出了很多名师，比如杨献珍、艾思奇、郭大力、何其芳等，提起他们大家有口皆碑。这些老一辈的名师不仅学问大、文章好，而且讲课也很出彩，把哲学、经济学、文学讲得让人心服口服，无论是学员还是同行，都给予了很高的评价，大家津津乐道，口口相传，好课被流传，讲课的教员自然也就声名远扬了。可见，党校今天要出名师，还得把重点放在精品课建设上，要坚持依据精品课来推名师。

第三，建设精品课是推动党校系统优势资源共享的重要途径。全国党校作为一个系统，人才济济，藏龙卧虎，可以说本身就是一个宝贵的资源库。多年来，各级党校在教学、科研等各个方面都开展了交流与协作，特别是围绕教学这一中心工作，许多党校在师资、课程、教材等方面尝试资源共享，进行了有益的探索。但不可否认，面临新的形势和任务要求，进一步整合优化党校系统的教学资源还有很大的空间。

建设精品课不仅可以集中打造一批好课，推出一批名师，更为重要的是，通过推广、利用这部分优质的教学资源，可以更好地发挥党校系统的能量。比如，把名师和精品课引入更多党校的课堂，一方面可以解决有的党校师资不足、讲题陈旧等现实问题，另一方面还能强化教员之间的交流学习，实现党校之间的优势互补、互利共赢。借助于党校系统的资源平台，各级党校还可以结合自身实际，创新办学模式，依靠党校系统内部的多校联动，形成教学的合力，大幅度提升培训效果。这样全国各级党校必将为大规模培训干部、大幅度提高干部素质做出更大的贡献。

二、党校精品课应“精”在何处

党校要建设精品课，首先就得确立标准，换句话说，必须搞清楚什么样的课才算得上是精品课？

李瑞环同志曾经对文学艺术的精品作过一个概括，即“内行外行都称道、今人后人都叫好、国内国外有影响”。按照这样的理解，精品课是用来形容那些受到广泛赞誉、有一定社会影响力，并且能够异地共赏、异时共存的课。当然，这主要是从精品课的效果来评价的。

具体到党校而言，与普通高校和其他干部教育培训机构相比，党校的教学定位、教学对象、学科布局都有其特殊性，所以党校的课是有自身特点的。正因为如此，党校的精品课也应有一套自己的标准。我们认为，要成为党校课堂上的精品，应该突出以下五个方面。

第一，坚持党校姓党，围绕中心、服务大局。党校姓党，是我们党对党校办学规律的深刻认识，也是党校教学必须坚持的根本原则。纵观党校发展的历史，无论是革命年代，还是改革开放新时期，党校事业每向前发展一步，都是以党的事业为己任，与自觉服从和服务于党的中心大局密不可分的。所以在党校讲课，首先就要坚持党校姓党的总原则。

在课堂上坚持党校姓党，不仅要求教员在政治上与党中央保持高度一致，严格遵守党的政治纪律，同时还要求教员践行党的思想路线，紧密联系时代背景和阶段特征，深刻阐释党的最新理论成果，对学员进行马克思主义理论教育和党性教育。就像毛泽东同志指出的那样，干部学习要“以研究思想方法论为主”。所以，党校教学贯彻党校姓党原则的另一重要任务就是要解决领导干部的世界观、方法论问题，是要让领导干部真正掌握马克思主义的立场、观点和方法。

所谓“围绕中心，服务大局”，是党中央对干部教育培训工作的明确要求，也是干部教育培训取得成功的重要经验。党校教学必须紧紧围绕党和国家的中心大局，以我们正在做的事为中心，坚持“问题导向”，不回避改革发展稳定中的热点难点。教员要通过课堂讲授，把各级领导干部的思想认识统一到党中央的路线、方针、政策上来，坚定不移地走中国特色社会主义道路，帮助他们提高科学执政的素质和能力，更好地认识世界、改造世界。

第二，要有学术框架与科研含量。大家知道，对某个理论或现实问题的解读，专家和领导干部的角度往往是不一样的。比如同样讲党的路线方针政策，领导讲话重点是根据党和国家的战略部署，传达精神，明确思路，布置落实。而专家讲课不仅要讲党的文件怎么说，更要讲清楚文件为什么这样说，文件背后的理论支持是什么，目的是帮助学员在理论上把中央精神弄通吃透。可见，党校教员作为专家，要讲好课就必须有学术框架。有学术框架在胸，教员也就有了观察分析问题的坐标，面对现实中的热点难点才能如庖丁解牛，得心应手，并遵循一定的理论逻辑，追根溯源找到问题的本质。否则，我们就会如老虎吃天，无处下口，这样讲起课来不仅没有章法，而且容易失之片面与肤浅。

那么，学术框架从何而来呢？其实，各个学科都有自己的学术框架，而学术框架只能来源于本学科的经典。经典是浓缩的智慧，凝聚了经典作家对社会、对时代的思考，蕴含其中的知识、思想和方法经过了历史的考验，被证明具有永恒的意义和价值。教员只有掌握了经典作家的学术框架，才能给学员提供一套分析问题的参照，这样学员才能透彻地理解课堂讲授的内容，并举一反三，把所学到的方法运用到解决其他类似问题中去。

当然，一堂好课仅有学术框架还不够，同时教员自己对问题还得有研究。党校学员都是来自工作一线的各级领导干部，他们的学历层次越来越高，有的本身就是相关领域的专家，有的即使不是专家，对经济社会发展也有深刻的洞察力和敏锐的判断力，到党校来学习，他们既是学员也是考官。就像有学员说的那样，教员讲课是自己的研究还是拼凑别人的观点，是经过深思熟虑还是浮在面上，一听就能听出来。可见，面对这样一个特殊的群体，党校教员必须成为某个领域的专家，要有自己的见地。若仅仅是经典作家怎么说，领导同志怎么讲，别的专家怎么看，就是没有自己的观点，那么讲课就成了传声筒，人云亦云，学员当然不会满意。

*第三，要有理论维度与现实维度的相互照应。*党校是以马克思主义与中国特色社会主义理论体系教学见长，而理论作为实践的产物，本身就具有鲜明的实践性，因此，理论联系实际不仅是党校教学的内在要求，也是理论永葆生机活力的根本所在。

事实上，理论联系实际是党校教学的历史传统，大家对此不会有异议，但有两种误解要澄清。一是认为理论联系实际就是要针对某个具体的问题“开处方”；二是认为讲专题课联系实际容易，而讲经典原著不便联系实际。我们认为，这两种看法都有待商榷。首先不可否认，“开处方”是联系实际的一种形式，但不等于联系实际就一定都得“开处方”。这些年我们不断听到学员反映，他们并不希望党校教员上课针对具体问题出点子。为什么？因为党校学员都来自经济社会发展的第一线，有丰富的实践经验，若是论解决某个具体问题的能力，学员并不比教员差，甚至比教员更有优势。何况具体的问题层出不穷且总在变化，如果教员今天联系这件事出点子，明天联系那件事提对策，这样不仅我们教员自己疲于奔命，而且还往往弄巧成拙，令学员无所适从。其实理论联系实际中间还有一个载体，那就是体制与政策。任何具体的事件都得依附于一定体制，也都是某些特定政策作用的结果，党校教员只要能运用理论对体制与政策进行分析，也就完成了理论与实际的对接。更为重要的是，这样来理论联系实际，教员不仅可以扬长避短，而且还会给学员更大的启发，会更有利于培养学员的宏观思维能力。

至于第二种看法，认为讲专题联系实际容易，讲马克思主义经典原著难、甚至没法联系实际，事实上，如果理论联系不了实际，只能说明对理论还没吃透。经典原著历史久远，联系实际当然不可能一一对号入座。但是，我们今天讲经典原著，不是要把经典当教条，而是着重讲马克思主义的立场、观点和方法。毛泽东同志曾经强调，“马克思主义的‘本本’是要学的，但是必须同我国的实际情况相结合”。这就说明，讲马克思主义的经典原著，既要透彻掌握理论，又要灵活运用理论，特别是运用马克思主义的立场、观点和方法来联系今天的实际，研究今天的问题，只有这样，才能把经典理论讲出时代意义来。即使有些课不直接分析现实，脑子里也要装着现实的问题，要有现实感。联系实际也包括联系干部的思想实际，包括联系当前思想学术领域的现状。

*第四，要有国际视野和历史参照。*在党校“一个中心、四个方面”的教学布局中，除了坚持理论基础与党性修养，同时还强调世界眼光与战略思维。

当今世界全球化潮流浩浩荡荡，任何一个国家的发展都不能游离于世界整体发展之外，一个局部出现的某种情况，也都可能对其他地区乃至整个世界产生影响。各级领导干部担负着领导、组织和管理本地区、本部门改革发展的重任，为了做好局部的工作，就必须从大局出发，及时了解世界政治经济的风云变幻，准确把握世界发展的态势和动向，要站在全球战略的制高点来认识和思考问题，并根据世界发展的大势，适时调整发展战略和工作思路。

显然，要满足领导干部的这种现实需要，党校教员就得首先有国际视野，追求学贯中西。否则，如果我们自己眼界不高，见识不广，看问题总局限于门前屋后，那么就不可能帮助学员拓宽视野。另一方面，从世界范围看，由于各个国家所处的发展阶段不同，当前我们改革发展中遇到的很多难题有些国家也曾遇到过，如何应对和化解这些难题，别人既有前车之鉴，也不乏有益的经验。为此，党校教员不仅要立足中国的实际，还要主动地去了解国外的实际，并通过中外对比分析，总结经验教训，这样才能为学员更好地把握国内问题提供参考和借鉴。

至于历史参照，这不仅是我们分析问题的一个重要维度，同时也是教员构筑自己学术功底的重要元素。党校教员讲课，不仅要有国际比较，还要有历史比较，要善于用历史关照现实。古人说："以史为镜，可以知兴替"。历史其实就是前人的经验和教训。通过比较不同时空条件下的历史现象、历史事件和历史人物，可以寻找异同，发现规律，获得认识问题的正确方位，把握处理社会事象的准则，从而鉴往知来，少走弯路。

第五，要有独特的语言风格和适宜的表达技巧。在党校讲课，有思想是第一位的，而好的语言表达和讲课技巧也同样重要。试想，如果一堂课内容很好而教员表达不好，就像茶壶煮饺子倒不出来，怎么说也是美中不足；倘若讲课既有好的内容，又配以恰当的表达方式，这样的课一定会大受学员欢迎。

现实中，讲课常常会有不同的方法。比如有的采用讲授式，有的采用研讨式，有的采用案例式，还有的采用情景模拟式。这些教学方法虽各有千秋，但不管哪一种都离不开语言表达，离不开对课堂的驾驭。表达方式不一样，讲课技巧有区别，由此形成的讲课风格也往往因人而异。比如，有的擅长举例子，把讲理论与讲事情结合起来，用小事情来说明大道理，讲得绘声绘色，引人入胜。有的则善于化深为浅，用通俗的语言讲清楚深刻的道理，从容淡定，娓娓道来，层次清晰而又不觉枯燥。还有的十分讲究节奏，很注意调节课堂气氛，常常见机而发，关键时刻来那么一段，顿时满课生香。

讲课也是一门艺术，不过由于各人的审美情趣不同，讲课艺术没有统一的标准，也没有固定的模式，只要能把问题讲清楚，学员爱听，一切管用的讲课方式都值得肯定。当然，如果不仅能把课讲好，还能够"自出机杼，成一家风骨"，那课堂就更有魅力了。

三、如何抓好精品课建设

建设党校的精品课是一项系统工程，不可能靠某个教员或某个部门去独立完成，抓好这项工程需要各教学相关部门的共同参与，多管齐下，从教学管理、教学组织、教学实施等多层面做好相应的工作。

第一，要强化教学管理，进一步完善机制。一堂课要成为精品课，首先要求主讲教员必须是某领域的专家，而教员要成为专家，就必须有明确的学科分工，不然教员难有学术专长，久而久之就成了“万金油”。当前的困难是，由于党校主要采取的是专题式教学，而这些专题往往要根据一定时期经济社会发展的难点、热点问题来确定，所以变化快，跨度大。专题在变，教员承担的讲题也总要跟着变，这样教员东奔西突，很难进行学术积累。为了帮助教员把讲课和学术积累有机结合起来，就必须进一步优化教学设计机制。比如，在设置研究专题时，既要紧密围绕党和国家的战略部署，又要以学科为基础，把教员“打游击战”变为“打阵地战”。对于教学讲题的设计，也要寻找讲题与学科的结合点，突出学理性，把原来的“赤脚医生看通病”变成“各方面专家集中会诊”。实现了这“两个转变”，才能引导教员把握好学科定位，相对地固定自己的研究方向，把备课、讲课的过程变成学术积累的过程。

要鼓励出精品，还要建立有效的竞争激励机制。竞争可以择优，通过引入竞争，既有利于优化教学资源配置，又有利于形成创先争优的氛围，那些经得起课堂检验的好课会脱颖而出，率先成为精品。为强化竞争，还必须舍得投入，加大奖励力度，以最大限度地激发教员的积极性和创造性。

除此之外，科学、规范的评估机制也不可或缺。从党校多年的实践来看，教学评估是对课堂教学效果进行反馈的一种好形式，既可以反映教学水平，也有助于发现教学中存在的问题。教学评估要真正发挥以评促改、以改促教的作用，还需要进一步完善评估体系，特别是对于评估指标的选择，应充分体现党校教学的定位、要求和特点，力求通过评估倡导正确的教学导向。

第二，要加强教学组织，做好服务与保障。党校讲课必须以科研为基础，所以我们强调教学科研要一体化。在实践当中，教学科研一体化体现为“教学出题目，科研做文章，成果进课堂”的运行模式。要完成好这“三步走”，需要进一步强化教学组织工作。要围绕教学讲题，加大科研资助的力度，从经费、政策等方面给予大力支持，为教员创造良好的科研条件，帮助他们充电提高，积极开展社会调研，为讲好课做充分准备。

为了提高科研成果进课堂的质量，还要组织多种形式的集体备课。备课是复杂的创造性劳动，教员作为不同的个体，有不同的思想，不同的方法，不同的表达习惯，把大家组织在一起进行交流，知识面更宽，信息量更大，有利于实现优势互补。集体备课有很多好的形式，比如教研部内的学术研讨会，跨部门的备课交流会，把校外的专家学者“请进来”开门备课等等。通过开展多种形式的集体备课，不仅可为教员讲好课出谋划策，长善救失，又有利于相互促进，共同提高。

第三，教员要花大力气，苦练内功。对于讲课而言，书底子是第一位的，教员首先要多读书，善读书。古人讲：取法乎上，得乎其中；取法乎中，得乎其下。这就启发我们，读书就应该多读经典。经典蕴含了世界发展的普遍真理，为我们观察世界提供了参照。教员只有潜下心来，原原本本地读马列经典，读本学科的经典，读历史经典，并将经典融会贯通，这样才能具备扎实的学术功底，讲起课来才有底气。

这是一方面，另一方面，教员要讲好课，其实还不能只埋头读书，闭门做学问。毛泽东同志讲过，没有调查就没有发言权。要提高讲课质量，教员必须下足功夫做调研，增强对实际的了解。调研有很多途径，一方面可以通过基层挂职、社会调查等形式走出去，走到生动的社会实践中去。通过深入的调查研究，既总结实践中的好经验，又研究现实中的重大问题，把第一手的资料、鲜活的素材应用起来，讲课就会更有说服力。另一方面，还要利用党校得天独厚的学员资源，深入到学员中去，了解学员的情况，研究学员的需求，尤其要把握学员密切关注的、希望解决的理论和现实问题，做到心中有数，这样才能增强讲课的针对性。

讲课关键在“讲”，怎么讲虽是技巧层面的问题，但也很重要。一堂课两个多小时下来，如果教员平铺直叙，从头至尾平淡无奇，这样的课很容易成为学员的“催眠曲”。为此，教员除了设计好内容，还需要重视讲课艺术，雕琢好语言，把握好技巧。在语言表达上，应该力求深入浅出，讲通俗易懂的话，讲教员自己的话，这样即使是讲精深的道理也易于被接受。同时，还要注意把握课堂节奏，推动教学互动，努力增强讲课的感染力和吸引力。讲课方式没有最好，只有最适合，所以教员要通过不断摸索和锤炼，博采众长而逐步形成自己独有的风格。

精品课授课教师教学经验系列文章简表

文章题目	作　　者	发表报刊及时间
教员所讲与学员所得	梁作民，江苏省委党校哲学教授、校学术委员。主讲“创新思维与创新管理”、“哲学思维与人生境界”等讲题。	《学习时报》2011 年 10 月 17 日第 14 版
“毛泽东思想若干问题”备课体会	胡忠明，安徽省委党校科学文化教研部主任，中共党史专业教授。主讲中共党史、中国近现代政治思想史，毛泽东思想的科学体系与历史地位等讲题。	《学习时报》2011 年 10 月 17 日第 14 版
不辱使命　苦练内功	张文彦，山东省委党校哲学教研部副主任，教授。主讲马克思主义哲学理论及经典著作、伦理学、中国特色社会主义理论体系等课程。	《学习时报》2011 年 10 月 10 日第 14 版

续表

文章题目	作　　者	发表报刊及时间
精益求精出精品	黄湘燕，湖南省委党校经济学部副主任，教授。主讲《资本论》导读、发展经济学、西方经济学流派等课程。	《学习时报》2011年9月26日第14版
综合有机运用教学方法是关键	盘世贵，广西壮族自治区委党校公共管理教研部副教授。主讲“新时期领导干部的素质与提高”、“我国公共管理的困局与突破”、“从汶川大地震看我国应急机制建设”、“提高领导干部应对突发事件的能力”等讲题。	《学习时报》2011年10月10日第14版
“马克思列宁主义基本问题”教学体会	曾向阳，南京市委党校教授。主讲“科学发展观是马克思主义关于发展的世界观和方法论”、“和谐社会建设理论的缘起和实践背景”等讲题。	《学习时报》2011年10月3日第14版
如何备好讲好主题班课程	王健，长春市委党校党建党史部主任，教授。主要从事党的建设、党史及国际政治和领导学方面研究。主讲“信仰的力量”、“中国共产党的成功之路”等讲题。	《学习时报》2011年9月26日第14版
敬业：党校教师的神圣职责	郑湘娟，宁波市委党校教授。主讲“马克思主义科学世界观和方法论”、“领导干部创新能力”、“正确处理人民内部矛盾构建社会主义和谐社会”、“辩证思维方法”、“深入解放思想，推进科学发展”、“哲学与人生”等讲题。	《学习时报》2011年10月3日第14版
理论创新与教学创新	李建华，中央党校哲学教研部科技哲学教研室教授。主讲“系统科学与现代管理”、“系统科学与战略思维”、“现代科技的发展与创新战略”、“科学发展观的方法论研究”等讲题。	《学习时报》2011年10月17日第14版
好课的标准是“有回味儿”	韩保江，中央党校经济学教研部副主任，教授、博士生导师。主讲“完善社会主义市场经济体制若干重大问题”、“社会主义市场经济理论与实践”、“当代资本主义收入分配制度变迁”等讲题。	《学习时报》2011年10月10日第14版

续表

文章题目	作者	发表报刊及时间
敬业　深思　创新　求真	王怀超，中央党校科学社会主义教研部教授。主讲“中国社会主义改革的回顾与前瞻”、“中国特色社会主义理论的形成与发展”、“社会主义初级阶段理论研究”等讲题。	《学习时报》2011年10月17日第14版
谈谈如何备课	李良栋，中央党校政法教研部教授、博士生导师。主讲“中国特色社会主义政治发展道路”、“中国特色社会主义民主政治”等讲题。	《学习时报》2011年10月3日第14版
薄发需厚积　磨砺出精品	刘宝东，中央党校中共党史教研部教授。主要从事中国共产党历史和理论的教学与研究工作。主讲“中国共产党夺取全国政权的历史经验”、“中国特色革命道路的开辟”等讲题。	《学习时报》2011年9月26日第14版
功夫在诗外	高新民，中央党校党的建设教研部教授。主讲“党内民主研究”、“新形势下党的群众工作”、“加强和改进党风廉政建设”、“党的执政方式”、“加强新形势下基层党的建设”等讲题。	《学习时报》2011年9月26日第14版
博学笃志　立学立身	田嵩燕，中央党校文史教研部副教授。研究方向为中国近现代及当代思想史、文化史。	《学习时报》2011年10月3日第14版
讲“新形势下的国家安全问题”的一点体会	孙建杭，中央党校国际战略研究所教授、博士生导师。主讲“世界格局的变化与中国的对外战略”、“金融危机对世界格局的影响”、“后危机时期国际力量对比的新态势”等讲题。	《学习时报》2011年10月10日第14版

（教务部供稿人：金　晶）

中央党校进修班学员学习板块观览*

中央党校进修部

目前，中央党校进修班主要是两个月学制的研究专题班。按照中央党校“一个中心、四个方面”的教学新布局，学员在校学习期间，根据形势任务需要，以马克思主义立场、观点和方法为指导，研究与本专题相关的理论和实践问题，并提出研究报告。中央党校是如何进行具体的课程板块的设置和安排来具体落实的呢？受李景田常务副校长在进修部2011年春季第一批学员代表座谈会上讲话的启发，结合近些年来党校进修班教学计划和各类课程安排进行认真梳理，写成本文，希望能帮助党员领导干部了解中央党校进修班的主要课程设置，并希望能对党校进修班学员有所裨益。

一、“高屋建瓴，劝学动员”——开学典礼

开学典礼是中央党校学员入校后的第一堂课，是党校学习最重要的开篇。开学典礼上，身为中央领导的中央党校校长将立足党和国家工作的战略和全局作重要讲话，讲话既面向党校学员也面向全党，对党校学员来说则是一场生动的劝学总动员，也是一堂深刻的党性教育课，学员们非常期待。在开学典礼上，学员们面对面地聆听中央领导的讲话，深受教育、振奋和鼓舞，既明确了学习目的和任务，又点燃了学习激情，有助于学员尽快实现从领导干部到普通学员、从工作到学习、从家庭生活到集体生活的“三个转变”。

二、“释疑解惑，学有所获”——课堂听课

中央党校进修班的课程体系比较完备，内容丰富，形式多样。其中，必修课特点是针对性强，基本能满足课题研究的需要。必修课包括公共必修课、专题研究课、专题热点难点和理论前沿课、研究辅导课、“形势与任务”报告、“当代世界”报告、党性教育专题课等40余次课。选修课丰富多彩，基本能满足个性化学习需求。选修课程有“时事热点问题”讲座、全校选听讲座、中共党史专题讲座、电视选修课、校园网网上选修课、电影鉴赏课、体育课等七大类200多课次。通过以上理论课程的必修和选修，学员真正能够学有所获，夯实理论基础。

---

* 此文载《学习时报》2011年6月13日第14版。

三、“把握大局，运筹帷幄”——形势任务和当代世界报告

通常每周五上午的形势任务报告是党校坚持了多年的重要课堂。一般请中央领导或中央各部门负责人来校主讲，向学员介绍当前国际国内形势、党和国家有关方面工作、当前热点难点问题等，具有层次高、权威性、内容新等特点，特别有利于培养学员的战略思维能力，很受学员欢迎。当代世界系列报告，从当前世界经济、法制、科技、军事、政治、思潮、民族宗教等方面，向学员介绍当前世界诸多领域的前沿动态，拓展世界眼光。学员通过听形势任务和当代世界报告，把握形势与大局，结合工作实际，有助于从全局、长远、战略高度运筹和谋划工作。

四、“徜徉经典，悟道明理”——读书自学

党校学员历来重视对马克思主义基本理论和经典著作的学习与研究，并用以指导工作实际。习近平校长在2009年5月的开学典礼上要求领导干部要爱读书读好书善读书，在2011年5月13日的开学典礼上要求领导干部要重视学习马克思主义经典著作，进一步激发了学员读书学习，尤其是学马列、读经典的热情。中央党校教学计划中安排的读书量比较多，不充分利用时间就完不成读书任务。学员在党校期间的每周一至周四晚上要自学两个小时以上。不少学员经常读书学习至深夜，徜徉于马克思主义经典之中，通过学习与思考，悟透了许多深刻的道理。

五、“善踱方步，宁静致远”——总结思考

党校不仅有完整的课程教学体系，而且有宁静优美的校园，适于学员静下心来，深入系统地思考一些问题。有丰富理论涵养的专业教师和丰富实践经验的学员资源，非常有利于教学相长。经过切磋、交流和探讨，学员再静下心来，进行细心梳理和深入思考，往往能够找出问题的实质和解决之道，达到认识上升华，理解上系统，从而更好地指导实践。

六、“资源共享，学学相长”——研讨交流

党校的学员大多是各自岗位上的中高级领导干部，具有一定的理论造诣，成熟的政治智慧，丰富的实践经验，深刻的社会阅历，本身就是党校宝贵的理论、思想和信息资源库。实践证明，党校通过小组支部班级内和小组支部班级之间的研讨、交流，尤其是“两带来”交流、学员论坛和从政经验交流等形式多样的相互学习的渠道和平台，可以有效实现学员之间思想碰撞，资源共享，学学相长，共同提高的目的。

七、“贴近实践，亲身体验”——参观考察

党校的教学特别强调坚持理论联系实际的原则。党校各个班次在教学过程中，会根据实际情况和教学需要，适当安排一些教学参观和现场体验。如到延安干部学院教学基地体验延安精神，心灵受到震撼和洗礼；到乡村走访基层政权组织建设的

情况；到法庭旁听案件审理过程，从现场案件审理过程中获得案例，进行案例教学等。学员因此更加接近基层，贴近实际，亲身感受和体验。

八、“信息交汇，拓宽视野”——座谈调研

除了学员相互之间进行大量的信息交流沟通外，中央各部门，有时甚至是中央领导会来党校召开一些座谈会。学员课题组有时会根据研究需要，外出进行相关课题的调研。还经常有一些重要外宾来中央党校做演讲。这些都有利于国内外、中央与地方、各部门之间的信息交流和互通，拓宽学员的信息面，拓展学员的眼光和视野，有助于学员在工作中做出正确有效的决策。

九、“研有所得，建言献策”——课题研究

研讨是领导干部学习的一种有效形式，进修班研讨的时间通常占整个学习时间的一半左右。各专题进修班的学员在校学习期间有一项重要学习任务，毕业前要以小组为单位完成并提交一份课题研究报告。学员围绕本研究专题确定具体的研究课题，组成课题研究小组，采取个人研究和集体研讨相结合的方式，在集体充分讨论和研究的基础上，以课题组为单位撰写研究报告，既有总报告，还有若干子报告。党校还组织所有班次的课题研究报告成果的跨班交流，实现成果共享。学员研究报告成果的共性特点是，紧扣当前党和国家工作中的热点难点问题，形成的对策建议针对性强，对推动工作有现实的指导意义和参考价值。

十、“锤炼党性，风清气正”——党性教育

党校姓党，党性教育是中央党校学员的必修课，党性教育和党性锻炼贯穿学员学习生活的始终。中央党校贯彻中央要求，实施从严治校、从严管理方针，近年来更是强调要建设风清气正的“一流学府”，对学员的学习和生活等方面实行严格管理。学员从开学典礼上聆听校长的讲话到毕业小结中的党性分析，整个党校学习过程中，无不感受到党校党性教育的浓厚氛围，整个学习过程也是不断增强党性修养的过程。

（执笔人：中央党校进修部办公室主任郝全洪）

党性教育要注重针对性和实效性*

中央党校培训部

党性教育是党校学员的一门必修课，党校必须切实加强对学员的党性教育。党校开展学员的党性教育，必须紧密联系党和国家的工作大局，联系党的路线、方针和政策，联系学员的思想和工作实际，针对不同培养对象，因人施教，因材施教，增强培训的针对性和实效性。当然，其间也有一些必须遵守的一般规律。

多年来，我们培训部遵循着这一思路，在校委的坚强领导下，始终坚持党校姓党的原则，以改革创新精神加强和改进学员管理工作，大力弘扬理论联系实际的马克思主义学风，在学员党性教育方面做了一些工作，也取得了一些经验。具体说来就是：

一、坚持将理论学习作为党性教育的基础

中央党校培训部的学员大部分都是省部级后备干部和战略预备队，与同级别的干部相比，他们年龄较轻、知识较广、学历较高、领导经验较为丰富。他们缺乏的不是知识和能力，而是对马克思主义特别是中国特色社会主义理论体系的系统学习，对党的历史和优良传统的继承和发展，严格的党内生活和群众工作的锻炼。多年来，中央党校按照习近平同志的要求，坚持将中国特色社会主义理论体系的学习作为教学的中心内容，不断改进和完善“一个中心，四个方面”的教学新布局，不断改进讲题设计和考核办法，不断充实教学内容，不断调整师资配备。近年来，我们又进一步加大了马克思主义经典著作导读课和党史党建课的分量。其根本目的就在于力求从理论和实践的结合上讲清马克思主义理论所具有的既一脉相承又与时俱进的理论品质，使党员领导干部真正从思想上认识到，从马克思列宁主义、毛泽东思想到中国特色社会主义理论体系，虽然许多实际情况和思想观念发生了变化，但其精神实质都是相通的，从而真正从内心深处认同这些崇高理想，服膺这些真理，自觉做到成为中国特色社会主义理论体系的忠诚信仰者，中国特色社会主义道路的坚定捍卫者和中国特色社会主义事业的勇敢推进者。近几年来，几乎每期毕业学员在总结收获中都谈道：在党校学习收获很多，概括起来就是，通过对中国特色社会主义理论体系的学

* 此文载《学习时报》2011 年 12 月 5 日第 15 版。

习，更加坚定了对中国特色社会主义道路的信心，进一步增强了贯彻中国特色社会主义理论特别是科学发展观的自觉性和坚定性。这是党性教育的基础。

二、坚持把党性分析与体验式教学活动作为党性教育的重要内容和环节

进行党性分析是中央党校培训部的首创，也是党性教育的重要内容和环节。早在80年代初期，中央党校就在培训部的学员中开展党性分析。这种做法，在当时的历史条件下，对于解放思想、拨乱反正，树立正确的政治路线、思想路线和纯洁党性起到了一定的作用。以后随着党校教育的正规化和规范化，逐步将这种做法固定和延续下来。进入21世纪后，随着中国浦东、井冈山和延安三所干部学院的建成，按照中央组织部的意见又新增了到井冈山和延安进行体验式教学的内容和环节。2008年以来，中央党校为了加强党性教育的针对性和实效性，经过认真研究和商量，决定将理论学习、体验式教学和党性分析三者有机结合起来。即先在党校系统学习一些理论，然后去进行体验教学，在此基础上再进行党性分析。这样做的好处就在于既让理论学习和体验式教学有了很好的落脚点，也使党性分析有了扎实的思想和理论支撑。几年下来实践证明，效果还是明显的。在体验式教学的后期党性分析阶段，我们要求每个学员高度重视，在革命圣地的现场对照历史，对照党章，按照习近平校长在开学典礼上提出的要求，对自己入党以来，特别是担任领导干部职务以来，在理想信念、作风建设、廉洁自律等方面进行认真反思，紧密联系个人思想实际，找出差距不足，总结经验教训，力求做到六个结合和六个侧重：全面回顾和重点回顾相结合，侧重于重点回顾；联系工作实际和联系思想实际相结合，侧重于联系思想实际；总结经验和总结教训相结合，侧重于总结教训；查找主观原因和查找客观原因相结合，侧重于查找主观原因；分析过程中的叙事和论理相结合，侧重于论理；开展批评与自我批评相结合，侧重于自我批评。期间，组织员和联络员要认真审阅学员的党性分析材料，并提出中肯的修改意见。在此基础上，进行小组交流、评议和支部总结。

三、坚持把观看警示教育录像和教学参观作为党性教育的有力措施

近些年来，培训部坚持在“五一”和“十一”前后，请中央和国家有关职能部门的领导来为学员讲反腐倡廉情况的党课或观看警示教育录像片。各学员支部也利用教学参观时间，组织学员到西柏坡进行党性教育，到秦城、燕郊等国家监狱去进行警示教育。在西柏坡，党中央在世界上最小的指挥所指挥了世界上规模最大的战争；毛泽东提出的“两个务必”和“六不要准则”使学员感慨良多，受益匪浅。在国家监狱，那些曾担任过领导职务罪犯的现身说法对学员震动很大。有的学员说：“他们的教训说明，理想的动摇是最致命的动摇，信念的滑坡是最危险的滑坡。”还有的学员说：“这些人犯罪过程告诫我们，‘党员意识’四个字虽然朴实无华，但都是我们的‘根’和‘魂’。在新的历史条件下不仅不能丢‘根’失‘魂’，而且应

更坚定，更增强。”

四、坚持加强管理，将党性教育寓于管理和服务之中

党性教育是一种思想和行为相互促进、不断发展的动态教育，它具有持久性、复杂性等特点。党性教育的特点决定了我们不可能将其毕其功于一役，而必须春风化雨、润物无声，将其贯穿于党校教育的各个方面，通过合力的推动，达到警醒和教育人的目的。多年来，我们把好“三道关”（物色人选、重点接触、实际观察），建立一个坚强有力的支部，尽快实现“三个转变”（从领导干部到普通学员、从家庭生活到集体生活、从工作到学习），推动良好校风和学风的形成。同时，我们还建立了规范的制度体系，于细微处点点滴滴，将党性教育灌注其中。一是严格组织管理制度，定期抽查学员的课堂出勤率和饭堂就餐率，并在培训部范围内予以公布，严格控制吃请和请吃。二是严格请销假制度，认真履行报批手续，逐级把关，凡可批可不批的请假一律不批。三是完善教学参观制度，加强针对性和实效性，减少盲目性。四是严格考核制度，以学习为牵引，努力营造“爱读书、读好书、善读书”的浓郁学习氛围。五是开展专题党日活动，由学员支部检查学员在校期间廉洁自律情况，并由组织员填写“学员在校表现考查登录表”。六是开展卓有成效的从政经验交流活动，通过学员之间从政经验和工作方法交流，相互启发借鉴，共享执政心得，强化执政意识，提高执政能力和领导水平。七是坚持社会调研制度，采取“结组、定题、定点、回避”的方式，鼓励学员到最艰苦的地方去、到问题复杂的地方去。八是搞好日常管理工作。通过学员俱乐部搭建各类跨支部的交流平台，组织学术论坛、文化、体育、书画、摄影等活动，活跃校园文化生活。我们还积极加强组织员队伍建设，从全校公开竞聘组织员，要求组织员要注意加强理论学习和实践锻炼，取得同学员对话的“话语权”。

以上是我们培训部关于党性教育的一些做法和体会。但困扰我们党性教育的问题还是存在的，一是其效果难以度量、显化，缺乏一套科学的评估机制和体系；二是党性教育的实践载体和活动平台不好寻找和建立。应当如何做好党性教育并将之打造成为党校教育一种品牌，我们将继续学习、探索和实践，以进一步改进和完善中央党校培训部的党性教育。

（执笔人：中央党校培训部副主任王炳）

教学规律研究的其他文章简表

文章题目	作　者	发表报刊与时间
关于教学新布局	王东京	《学习时报》2011 年 4 月 18 日第 13 版
谈“学术框架”		《学习时报》2011 年 4 月 25 日第 13 版
向经典学什么		《学习时报》2011 年 5 月 2 日第 13 版
怎样理解“讲课有纪律”		《学习时报》2011 年 6 月 20 日第 13 版
关于“研究式”考试		《学习时报》2011 年 6 月 27 日第 13 版
也说“以教材为中心”		《学习时报》2011 年 7 月 4 日第 17 版
教材编写的三个标准		《学习时报》2011 年 7 月 11 日第 13 版
教材使用不该画地为牢		《学习时报》2011 年 11 月 21 日第 13 版

学 科 建 设

概 况

马克思主义理论教研部

教学工作。2011 年，马克思主义理论教研部春季承担教学评估的课程 27 次。春季学期获得教学评估全校第一名 1 人次：秦刚（中国特色社会主义理论体系省部级班）；秋季学期获得教学评估全校第一名 4 人次：秦刚（中国特色社会主义理论体系厅局级班；市地党政主要领导干部进修班；新疆县处级民族干部培训班）；李宏伟（一年制西藏民族干部培训班）。春季学期组织实施了中央党校第 1 期“马克思主义基本理论”师资培训班，协调全校各教研部门的师资，共开设专题课 17 次、讲座 2 次。2011 年教师节，中国特色社会主义理论体系研究专题（省部级班）教学组获得学校优秀教学组织奖。

科研工作。与中国马克思主义研究基金会编辑和出版《当代中国马克思主义论丛》第 1、2 辑；与中共广西壮族自治区委党校联合主办第三届“中国特色社会主义论坛——90 年来马克思主义中国化的历史经验”，并出版《90 年来马克思主义中国化的历史经验》；与中国马克思主义研究基金会和人民出版社共同主办“《马克思主义关于人的学说》出版暨以人为本理论座谈会”；完成《马列著作选编》的修订工作；成立马克思主义理论教研部学术委员会，制定各项相关制度。完成马克思主义理论各二级学科前沿研究综述并进行修订。还定期举办“大有书院”学术交流活动。全年共计获批国家社会科学基金项目和省部级科研项目 8 项：国家社会科学基金重大项目 1 项，一般项目 1 项，青年项目 2

项；校级重点项目2项，一般项目1项；国家科技部项目1项。全年发表和出版各类科研成果共计112项。其中，文章类104项（学术论文102篇、会议综述2篇），著作类10项（专著6部、编著4部）。3篇学术论文被《新华文摘》全文转载，1篇论文被《新华文摘》论点摘编。马克思主义理论教研部荣获2011年度中央党校科研集体组织优秀奖。韩庆祥荣获“第一届萧前哲学基金优秀著作奖”；韩庆祥、秦刚的论文入选“八部委”联合主办的“纪念中国共产党成立90周年理论研讨会”；在“创先争优征文活动”中，韩庆祥荣获论文一等奖，贾建芳、王莉荣获论文三等奖。

学术交流。6月11日，与中国马克思主义研究基金会和人民出版社共同主办了“《马克思主义关于人的学说》出版暨以人为本理论座谈会”。来自中央党校、中国社会科学院、中央编译局、北京大学、清华大学、中国人民大学、北京师范大学、中国政法大学、首都师范大学的专家学者和来自《新华文摘》、《中国社会科学》、《哲学研究》、《哲学动态》、《人民日报》、《光明日报》、《学习时报》、《中国社会科学报》、《光明网》的新闻工作者60余人与会。与会者充分肯定《马克思主义关于人的学说》一书出版的重大意义并给予高度评价，并就马克思主义关于人的学说与以人为本等相关理论问题进行了集中而深入的研讨。7月23日至24日，与中共广西壮族自治区委党校联合主办了第三届“中国特色社会主义论坛”。本次论坛的主题是“90年来马克思主义中国化的历史经验”，来自全国党校系统、高校系统、社会科学院系统、中央编译局、中国浦东干部学院等单位的100多位专家学者与会。中央党校副校长张伯里出席论坛并致辞。与会者紧紧围绕马克思主义中国化、时代化、大众化的内涵和相互关系、90年来马克思主义中国化的历史经验、中国道路的开创和基本特征、如何深化中国特色社会主义理论体系研究等方面的问题进行了深入研讨。

研究生工作。各个研究生工作小组严格研究生培养工作流程，做好招生、授课、开题、调研、答辩等各环节工作。各个专业制定了本专业研究生必读书目，并组织召开读书会。完成本年度硕士生导师的遴选工作（1人）。组织申报和推荐2011年学位研究生课程资助奖励项目。推荐2010—2011年度学位研究生优秀教学奖候选人。李宏伟获2010—2011年度学位研究生优秀教学奖。出台研究生科研管理制度，定期举行研究生读书研讨会，并要求学生按时提交本学科科研进展报告，不断加强对研究生科研能力的管理和督促工作。完成2011年度博士生导师的遴选工作（1人）。组织申报和推荐2012年学位研究生精品课程资助奖励项目；组织申报和推荐2011年学位研究生优秀教学奖。完成本年度学科评估工作。

队伍建设。完成马克思主义原理教研室主任、马克思主义发展史教研室主任、国外马克思主义研究教研室主任的聘任工作。完成行政干事职级晋升并转为副处级行政秘书的聘任工作。制定《马克思主义理论教研部专业技术岗位教学研究系列三级至十级岗位聘任条件和岗位职责》，完成第二轮教研人员专业技术职务三级至八级的岗位评聘工作。选录3名马克思主义哲学专业的应届博士毕业生，充实教师队伍。选派相关教研室主任、副主任参加学校组织的统一培训；1名室主任完成在新疆和田市的挂职锻炼。

党务工作。1. “建设学习型党组织”活动。组织学习党的十七届五中全会、六中全会文件，学习《中国共产党党员领导干部廉洁从政若干准则》，学习胡锦涛总书记在中纪委的重要讲话，学习胡锦涛总书记“七一”重要讲话，学习习近平同志在开学典礼上的讲话和有关重要讲话，学习李景田等校领导讲话，等等。教职员工结合教学和科研，还自觉地阅读学习马克思主义经典著作，及有关学科建设的专业学术著作。

2. 继续开展“创建‘一流学府’”活动。根据机关党委的部署，传达有关会议精神，结合本部实际，鼓励大家做好本职工作，特别是教学和科研工作。全体党员，在“我为建设‘一流学府’作贡献”创先争优主题实践活动方面，分别作出自己的贡献。领导以身作则，主持公道，并且教学科研成绩卓著。各位教研室主任，带头做好本室工作，特别是在承担的教学和科研任务方面，狠下功夫。各位青年教师，踏踏实实勇于创新。

3. 协助做好任职工作和高校应届毕业生选录工作；按照机关党委的部署，组织推荐北京市海淀区人大代表、党的十八大代表、中央直属机关党代表会议代表；推荐优秀杰出青年、岗位能手等；组织党支部集体活动，支持工会组织开展有关活动。

工会工作。组织教职工开展多种形式的文体活动和比赛，如参加校“1＋1”健身活动、“走进春天”健身活动、校乒乓球比赛、庆祝中国共产党成立90周年文艺汇演、教职工卡拉OK演唱会等活动。

（马克思主义理论教研部供稿人：王彦民）

哲学教研部

教学工作。1. 2011年，哲学教研部春季学期承担7个班次的教学组织工作，承担教学评估的课程63次，其中获最高分（9.6分）8次；秋季学期承担6个班次的教学组织工作，承担教学讲题共计68次，其中教学评估的课程42次。秋季学期，承担了12个班次的教学组织工作，承担教学评估课程41次，平均分9.44，其中，获最高分（9.6分）3次。

2. 组织教学讲题设计。根据中央党校教学工作的需要，分别于1月和7月组织哲学教学讲题设计工作，调整一些旧的讲题，开设一些新的讲题。特别是对进修部厅局级“中国特色社会主义理论体系”研究专题和省部级“战略思维与领导能力”研究专题的教学讲题进行设计和优化。

3. 继续坚持集体备课，召开2次集体备课会，各个教研室也都根据本室的情况认真组织集体备课；改进教学竞争上岗，在总结以前教学竞争上岗工作的基础上，扩大教学竞争上岗的范围，把能够自主安排的所有讲题都列入教学竞争上岗的范围。

4. 修订完善教学制度。对于教学工作制度中的教学奖励部分和教学工作资助部分进行修订，根据教务部对于教学评估的改革情况，对教学工作资助方式进行相应的改革，分别设立一等奖（全校第一名）、二等奖（达到全校平均分）和鼓励奖（对青年教师的特别规定）。

5. 继续进行教学激励。李建华的专题课《系统思想与创新能力》被评为全国党校系统精品课程，在教师节受到表彰。颁发2010学年至2011学年教学工作优秀奖，同时颁发春季学期部际比较授课效果优秀奖、部内比较授课效果优秀奖和青年教师授课效果奖。刘毅强获2011年全校优秀教学奖。

6. 承办哲学师资班。秋季学期，承办“中央党校马克思主义经典著作导读师资培训班”，在教学设计、教学授课、教学组织等方面做了大量的工作，取得较好效果。

7. 做好讲稿提交工作。讲稿提交的时间（提前半个月）、篇幅（1万字以内）和格式100%达到了教务部的要求。

8. 获得“中央党校原著导读教学资助奖励项目”3项（阮青、边立新、董振华），获得“中国马克思主义基金会教学资助奖励项目”6项。

科研工作。1. 全年获批和立项各种资金资助项目总计13项：国家社会科学资金资助项目3项（含重点项目2项，占全校2/3）；校级项目2项；教研部项目8项。完成项目15项：国家社会科学基金项目3项；部委项目1项；校级项目3项；教研部项目8项。董振华的论文《论创新劳动的哲学人类学意义》荣获中央党校“2011年度科研优秀成果奖”。

2. 推动科研工作与学科建设以及教学工作的结合，使其相互促进。贯彻和实施《中央党校哲学学科发展规划（2011—2015）》中关于学科建设和学科重点方向的规定；按照授权自主增设战略哲学学科，并顺利通过专家审议和公示；教研部部级项目的申报和设立注意贯彻向教学讲题倾斜的原则；对学位研究生的课程设置注意尊重导师的研究方向、特长和兴趣，给导师以自主权。

3. 完成由校委交办的“我国哲学社会科学创新体系建设”专题调研（撰写和提交调研报告1份），由“八部委”和党校系统召开的“纪念中国共产党成立90周年理论研讨会”论文征集和推荐，庞元正和董振华共同撰写的论文“在解决重大现实问题中把贯彻落实科学发展观引向深入”和“切实把贯彻落实科学发展观引向深入”分别入选会议文集。完成由校机关党委和科研部布置的“创先争优”理论研讨会论文征集和推荐（入选论文1份），以及由校中国特色社会主义理论研究中心委托的撰稿等各项任务（发表论文1篇）。

4. 进一步加强科研工作的管理，完善和落实好各项规章制度。制定并认真实施《哲学部所属各二级学科对外学术交流活动管理办法》；修订了《哲学部科研成果津贴奖励管理办法》。

5. 全年共取得各类科研成果190余项：在各类报刊共发表论文164篇。其中，发表在中央党校规定的专业权威期刊和综合权威期刊38篇（专业权威期刊10篇，综合权威期刊28篇）。出版各种著作、教材26部。其中，专著5部，译著1部，教材4部，合著16部。

学术交流。1. 以纪念中国共产党成立90周年和贯彻党的十七届六中全会精神为契机，积极开展和精心筹划、组织各种科研活动，提高实效和质量，强化与国内外学术界的沟通和联系，进一步扩大科研的开放性，推动和促进科研工作的开展以及科研水平的提升。本年度，一、二级学科举行各类学术和科研活动共21次。其中，以教研部名义单独主办和参与主办各种会议7次，各二级学科举办对外学术交流活动7次，奇思论坛（15—19届）暨哲学经典著作研读5次，与部党总支、工会联合举行社会调研2次（衡水市、西安市）。此外，还邀请一些国外知名学者（日本大村泉教授、加拿大马里奥·邦戈教授、美国卡尔·米切姆教授）分别来哲学教研部访问和演讲。

2. 进一步打造具有党校哲学学科特色的科研品牌“一书两坛”，提升其知名度和社会影响。紧密结合党的十七届六中全会精神的贯彻，以“社会主义核心价值体系与当代中国社会发展”为主题，与中国马克思主义基金会联合举办“哲学与社会发展论坛（2010）”，邀请国内知名专家就中国特色社会主义核心价值观等重大问题进行专门研讨；编辑和出版《哲学与社会》丛书第4辑。

研究生工作。1. 注意充分依靠和发挥哲学教研部研究生工作领导小组和各导师组的作用，发挥导师和任课教师的主导作用，认真落实培养方案和课程计划，完成教学等各项培养工作和任务。本年度学位研究生招生37人，毕业32人，在读总数109人。

2. 从思想政治和专业等各方面全面强化对学位研究生的培养。进一步加强了基本理论的研究和培训，在博、硕士研究生课程计划中都继续设置和增设基础理论研究、经典著作研究以及前沿问题研究的课程；召开了哲学学科博士生导师工作座谈会，改进和加强博士生培养工作；强化学位研究生入学教育以及博士生培养计划制定等环节。严密研究生培养工作流程，认真做好各类研究生的招生、授课、考试等诸环节的工作。

3. 加强哲学及所属各二级学科建设以及导师队伍建设，做好导师遴选、评奖、优秀教师推荐等各方面的工作，为研究生培养工作提供平台和有利条件，保证和促进研究生工作的有效开展。

4. 组织和开展学位研究生的学术活动，强化其学术氛围。有计划地组织学位研究生参加部内“哲学与社会发展论坛（2011）”等学术活动；进行学位研究生哲学论坛组委会的换届，举办第4届第3期和第5届第1期学位研究生哲学论坛。

队伍建设。加强教师队伍建设，从清华大学引进1名应届博士生充实到教师队伍。1名教师参加中央组织部组织干部学院赴瑞士为期3个月的培训。1名教师晋升为正教授。

党务工作。1. 部理论学习中心组先后召开了学习胡锦涛总书记“七一”重要讲话精神和党的十七届六中全会精神的座谈会，通过座谈交流学习体会，大家形成共识，在教学和科研工作中进一步贯彻中央精神。结合“奇思哲学论坛”，在全部范围举行了5次“经典著作研读”活动，并进行研讨。

2. 继续开展“我为建设‘一流学府’作贡献”创先争优主题实践活动。组织教育全体党员，在中央党校建设“一流学府”的总体工作布局中做好本部门工作，发挥党员的先锋模范作用，促进哲学教研部科学发展。

3. 缅怀历史，弘扬传统，组织系列活动庆祝建党90周年。组织党员撰写理论文章，向机关党委报送5篇论文。精心组织专题党日活动，5月份组织党员到河北衡水参观了全国第一个农村党支部纪念馆，参加安平县委组织部召开的座谈会，了解衡水市安平县基层党组织建设基本情况；9月份又组织赴西安参观八路军办事处纪念馆。

工会工作。落实校“健康体态、和谐心态”主题实践活动及“1+1”健身活动要求，带动部职工坚持开展各种健身活动，组织乒乓球、羽毛球训练并参加学校有关赛事。组织全体同志排练经典曲目“毛委员和我们在一起”，并参加校庆祝中国共产党成立90周年文艺汇演。结合社会调研工作，春季和秋季先后组织大家到河北衡水、北京顺义参观考察，还组织部分教师赴西安参观世界园艺博览会以及陕西省博物馆和秦始皇陵兵马俑博物馆。在2012年元旦前夕，举办迎新年茶话会，邀请曾在哲学教研部工作已经离退休的老同志参加；举办迎新年联谊活动，组织教职工参加游泳、台球、保龄球等健身项目；还选派4名教师参加校工会组织的教职工卡拉OK演唱活动。开展送温暖活动，探望并慰问患病教职工及家属患大病的教师家庭。

（哲学教研部供稿人：朱辉宇　焦佩锋）

经济学教研部

教学工作。2011年，经济学教研部定期召开教学工作总结会，以便及时准确地找到不同教学班次和教学课程上与其他教研单位的差距，有针对性地提高教学水平，改进教学质量；组织全体教学人员开展集体听课活动，形成教学交流互动机制，对于不断改善教学方法和汲取教学经验大有裨益；各个教研室为使得讲题能够获得理想的教学效果，开展集体备课活动，注重从讲稿写作、幻灯片设计到言语表达等各个环节把好质量关。春季学期承担主体班课程78次，教学评估平均分9.36分，获教学评估全校第一名8人次。秋季学期承担主体班课程80次，教学评估平均分9.46分，获教学评估全校第一名16人次。

科研工作。定期召开科研工作总结会，及时总结科研成果和经验，并预先制定下一阶段的科研规划和任务。在深入论证和广泛征求意见的基础上制定《中央党校经济学学科发展规划（2011—2015年）》，对经济学学科建设的现状和面临的新形势进行分析，并确定未来五年经济学学科建设和发展的目标与任务。2012年1月，召开全年科研总结会，要求各位教师总结和陈述当年取得的科研成绩，并选择一部（篇）自己最为满意的科研作品进行集体交流，该措施已经制度化并将长期实行。还定期召开读书交流会和经济学前沿问题研讨会，由各教研室选出代表，在全部上下进行交流。

全年共计获批和设立各类项目16项：国家社会科学基金项目3项，校级重点科研项目4项，一般项目1项，中国马克思主义研究基金会资助青年项目2项，设立并完成教研部部级科研项目6项。全年发表和出版各类科研成果共计180余项。其中，文章类165篇（学术论文160篇），著作类（专著6部、教材1部、合著10部）。在专业权威核心期刊发表学术论文41篇。由副校长陈宝生主持，韩保江副主任直接负责的国家开发银行资助的校级重大课题《国际金融危机后中国经济面临的挑战与对策》顺利通过结项评审，受到校领导和校内外专家的高度评价，其中的课题研究主报告以校委名义上报中央。10月，于永臻获中央党校科研优秀成果奖；11月，李鹏在中央党校纪念中国共产党成立90周年理论研讨会论文评奖和中央党校创先争优征文活动中获奖。

学术交流。3月22日，邀请荷兰壳牌集团首席执行官傅赛（Peter Voser）来校进行学术交流，围绕全球经济转型与能源结构调整、全球能源市场发展动向、新能源发展战略等问题召开了研讨会。4月18日，组织召开了“转变经济发展方式的难点及对策”学术研讨会，邀请国内著名专家学者，就有关中国转变经济发展方式问题进行学术交流。5月6日，召开“经济学部学科建设规划”研讨会，就有关近期经济学科建设及未来五年规划等问题进行了研讨。7月25日至29日，全国党校系统经济理论研讨会暨第八届经济学年会在浙江省委党校举行。会议围绕经济体制改革的前沿问题，对当前经济改革与发展中的一些重大理论和现实问题进行了深入研讨，并交流了教学和科研工作经验，3位教师在会上作了主题学术演讲。12月3日，召开了由经济学教研部主办、青岛市委党校承办的首届全国党校系统经济学部主任会议，交流党校系统经济学、经济管理学教学与科研工作的经验，推动了党校系统经济学、经济管理学教学和科研水平的提高。12月23日，与中国化工集团公司联合举办“管理百年：理论与实践”研讨会，邀请北京大学、清华大学、人民大学等高校和中央党校的管理专家，以及部分企业家，就管理理论和管理实践等问题进行了探讨和交流。

研究生工作。招收政治经济学专业博士研究生22名，招收政治经济学、国民经济学、区域经济学专业硕士研究生14名；通过校学位委员会遴选，新增博士研究生导师4名，硕士研究生导师2名，研究生导师队伍更加充实，结构更加合理。在成功申请理论经济学的一级学科授予点（2010年）的基础上，进一步完善研究生专业方向和课程设置，对研究生培养方案进行了修订，并新增了《经济学研究方法论》、《经济学基本理论研究》、《经济学经典著作选读》、《经济学原理》等课程，以夯实学科理论基础。组织申报和推荐2011年研究生精品课程奖励资助项目，其中赵锦辉主持的《资本论》课程获得资助。按照研究生院的要求，顺利完成研究生的招生、授课、开题、答辩等一系列工作，并委派人员参加全国党校系统研究生工作会议，与全国党校系统同行交流研究生工作经验。

队伍建设。加强师资队伍建设，着力提升教师的教学科研能力。从中国人民大学、南开大学引进两名应届博士生充实到教研人员队伍。按照学校组织部门的要求委派两名教师到江西和福建进行挂职锻炼。有1名教师晋升副教授职务。为提高教师科研水平和积极性，专门拿出资金资助教师的优秀学术成果出版。

党务工作。党组织定期召开会议，学习和传达中央和学校的各种文件和精神，进行理论学习和研讨交流。紧紧围绕建设“一流学府”开展各项工作，注重加强党风、学风建设，促进教师队伍素质的不断提高。在庆祝中国共产党成立90周年之际，经济学教研部党总支被评为中央直属机关先进基层党组织，经济学教研部党总支书记鲍永升被评为中央直属机关优秀党务工作者。经济学教研部党总支被评为校先进基层党组织，经济学教研部党总支书记鲍永升、副书记刘淑琴被评为校优秀党务工作者，李鹏被评为校优秀共产党员。

工会工作。工会协助部领导班子、党组织开展工作，为教学和科研工作服务，为广大教职工的生活服务。组织教职工开展了多种形式的文体活动和比赛，如参加校工会组织的运动会、教职工卡拉OK比赛、健身运动、乒乓球比赛等活动。组织教职工到静之湖等地进行春游和秋游，以愉悦教职工的身心。因在工会工作方面的突出成绩，12月，鲍永升被校工会评为“优秀教职工之友”、刘淑琴被校工会评为“优秀工会工作者”、张玉杰和张慧君被校工会评为“优秀工会积极分子”。组织全体教职工为家庭困难的患病研究生郝慧娟进行了爱心捐款。

（经济学教研部供稿人：陈启清）

科学社会主义教研部

教学工作。2011年，科学社会主义教研部进一步强化集体备课环节，坚持以教学讲题为主题举行小型学术研讨会并开展读书会活动，努力提高教学水平。强化教学管理，教研部主任担任教学项目管理组组长，注意发挥教研室的主体作用。春季学期承担教学评估的课程59次，平均分9.31分；秋季学期承担教学评估的课程58次，平均分9.38分。春季学期获教学评估全校第一名8人次；秋季学期获教学评估全校第一名9人次。2011年教师节，王怀超荣获学校教学优秀奖。2011年获“中央党校教学讲题资助奖励项目”5项。

科研工作。全年共计获批和设立各类项目13项：国家社会科学基金一般项目1项、青年项目2项，校重点科研项目1项、一般项目2项、青年项目1项，中国马克思主义研究基金会资助项目2项，设立并完成教研部部级科研项目4项。全年在报刊上发表论文、文章206篇，其中在权威核心期刊发表学术论文70篇，在专业权威核心期刊发表学术论文11篇。编辑出版著作17部（专著2部、合著15部）。完成中央党校中国特色社会主义理论研究中心委托撰稿任务2篇。

学术交流。3月24日，召开“中国共产党对社会主义理论的创新”学术研讨会集中探讨了理论创新的内涵及中国共产党对社会主义理论创新的具体内容。6 月 4 日，与中央党校社会发展研究所举办了首届“中国社会发展问题高端论坛·2011”，主题是：中国社会发展中的贫富差距拉大问题及解决的对策。来自中央党校、中央纪委、国家发展和改革委员会、财政部、人力资源与社会保障部、教育部、国家行政学院、中国社会科学院、新华社、北京大学、清华大学、中国人民大学等单位的 80 余位研究中国社会发展问题的专家学者到会。25 位知名专家、学者作了大会发言。10 月 28 日至 29 日，与上海市委党校联合举办了第二届“社会主义理论前沿问题高层论坛·2011”暨全国党校系统第十五次科学社会主义学科教学和科研座谈会。学习贯彻胡锦涛总书记“七一”重要讲话精神，着重研究如何深化对中国特色社会主义道路、中国特色社会主义理论、中国特色社会主义制度的教学和科研，交流两年来全国党校科学社会教学科研建设的经验以及今后的设想。

研究生工作。严格规范研究生培养工作流程，做好招生、授课、开题、调研、答辩等各环节工作。继续调整科社专业硕士研究生课程设置。完成本年度博士生导师的遴选工作（1 人）。招收科社专业博士生 11 名、科社专业硕士生 10 名、社会学专业硕士生 5 名。组织申报和推荐 2011 年学位研究生课程资助奖励项目，并获得资助奖励项目 1 项。

队伍建设。先后完成民族与宗教理论教研室主任、国际工人运动史教研室副主任、民族与宗教理论教研室副主任、社会制度比较教研室副主任的聘任工作。国际工人运动史教研室选录 1 名应届博士毕业生。

党务工作。认真做好推选中央直属机关优秀党员和中央党校优秀党员工作，王怀超当选中央直属机关优秀党员。王怀超、胡岩、孔柠当选中央党校优秀党员。组织参加中央直属机关纪念建党 90 周年征文活动，朱可辛的文章获奖并入选论文集。组织参加学校纪念建党 90 周年书画、摄影展和文艺汇演。组织全部党员认真进行党的十八大代表预备人选和中央直属机关党代表会议代表的提名推选工作。分别召开全体党员大会，认真组织学习胡锦涛总书记“七一”重要讲话和党的十七届六中全会精神，紧密结合教学科研工作，认真领会精神实质，交流学习体会。

协助行政领导进行部内组织人事工作，认真抓部风建设，经过全部同志讨论，部务会确定部风为“敬业、乐群、求真、创新”。协助行政领导抓制度建设，制定了教学科研奖励制度。协助行政领导举办了“江流同志 90 华诞、60 年从教及其学术思想座谈会”、“赵曜同志 80 华诞、60 年从教及其学术思想座谈会”。

工会工作。组织教职工开展多种形式的文体活动。组织全体女同志庆祝“三八”妇女节。春季组织了攀登门头沟妙峰山和采摘樱桃的活动，秋季组织了攀登凤凰岭和采摘苹果的活动。组织男女代表队参加学校乒乓球比赛。

（科学社会主义教研部供稿人：白平浩）

政法教研部

教学工作。2011 年，政法教研部承担了 10 余个班次的专题课和讲座课，共 109 讲（另外请专家学者授课 12 讲），及相关的教学组工作、小组讨论和双向交流工作，并完成大量的研究生教学和论文指导及答辩工作。其中，上半年承担厅局级进修班“战略思维与领导能力”研究专题和厅局级进修班“转型期的社会稳定”研究专题的教学组织工作，承担中青年干部培训一班的教学组工作。下半年，承担省部级“社会主义民主政治建设”研究专题的教学组织工作，及中青年干部培训一班、中青年干部培训二班、厅局级新疆班、县处级新疆班、半年制西藏班等班次的教学任务。各专题班及其他班的教学工作均受到学员好评。共外请 6 位法学界专家教授，组织完成 6 场次“当代世界法制报告”。另外，积极配合教务部一系列改革措施，完成教师申报教学讲题工作和“中央党校学科建设专题基金”项目申报工作。

科研工作。充分利用校科研基金，鼓励和资助教员进行课题研究，将其研究成果运用于教学。共主持或参与课题 49 项，其中国家社会科学基金项目 6 项，党校重点课题 5 项。定期举行学术讲座和学术交流活动，主持了“中美人权对话”，与加拿大人权与民主发展中心合办“人权学术座谈会”等学术研讨活动，并与国外科研机构合作进行多次学术交流。

学术交流。1. 举办学术报告会，张恒山主任和李良栋教授作为学术带头人分别作“文明转型与路径选择”和“自由主义内部两种民主理论分野”的学术报告，对学术研究工作起到积极的促进作用。

2. 坚持和开展“月圆讲座”，邀请校内外专家学者举办“公益诉讼制度的发展”、“选举政治对长期执政政党的考验”、“多党合作与政治协商的理论发展与实践”等讲座 6 次。

3. 举办学术研讨会，如政治学理论教研室先后召开政治价值等政治学相关理论、人大制度、政协制度、基层群众自治制度专题研讨会，形成系列学术活动。经济法教研室邀请专家学者分别就“十二五”期间的污染防治和社会保障问题进行研讨，取得良好收效。3 月，加拿大人权与民主发展中心主席率领代表团来政法教研部进行学术研讨和学术协议，副校长张伯里接见代表团，并出席双方签字仪式，政法教研部主任张恒山和加方主席分别代表双方签署了三年合作协议。4 月 26 日，副校长陈宝生会见美国副国务卿波斯纳率领的美国人权访华代表团并回答美方的问题，从理论和实践两方面深入阐述中国的人权观点和立场。以政法教研部教师为主组成中央党校团队，与美国政府人权代表团进行了人权问题的对话。10月，政法教研部与德国赛特尔基金会合作，在中央党校召开“中欧宪法问题比较”研讨会，宪法行政法教研室主任傅思明作主题发言。此外，还同斯坦福大学民主与政治协商研究中心保持接触和联系。

研究生工作。严格规范研究生培养工作流程，做好招生、授课、开题、调研、答辩等各环节工作。完成本年度博士后导师的遴选工作（2人）。组织申报和推荐2011年学位研究生课程资助奖励项目，并获得资助奖励项目1项。

队伍建设。民主推荐产生一位副主任，领导班子得到一定充实，进一步加强了对各室的业务指导。重视队伍建设，引入2名博士毕业生充实教师队伍；安排2人出国进修，6人参加组织部组织的干部培训，派出多名教师参与对外学术交流和访问活动；积极动员推荐干部挂职锻炼，今年援疆1人，到广西省和福建省挂职各1人。

党务工作。开展学习型党组织建设以来，探索改进理论学习的方法，较好地提高了学习效果，重点一是抓了“两个调整”，二是坚持和开展“月圆讲座”。组织建设方面。认真贯彻落实《中国共产党党和国家机关基层组织工作条例》、《中央直属机关贯彻中国共产党党和国家机关基层组织工作条例实施办法》和《中央党校机关党支部工作目标管理责任制实施细则》。工作中注意坚持会议制度，做到年初研究布置工作，制订工作计划，中间抓落实，年终总结工作，每学期也适时召开党总支和党支部会议围绕部中心任务，研究和组织总支和支部活动。及时分析和掌握党员的思想动态，增强工作的针对性和实效性，使目标管理责任制得到了进一步的落实。

思想工作方面，一是经常利用开会、学习等各种集体活动机会，进行坚持党校姓党原则和纪律教育，明确学术无禁区、讲坛有纪律，强调讲课采访发表文章必须遵守党的政治纪律，教职工的纪律性明显加强。二是注意提高思想工作的时效性，如在评职称的全过程和评岗工作中，教研部领导、支部书记和室主任带头做好思想工作。三是加强协调沟通，注意加强与行政领导的沟通协调，遇事及时向部主任汇报，商量办法，协调一致共同配合，形成合力，提高了思想工作的效果。四是加强人性关爱，提高思想工作深度，延伸思想工作的范围。

工会工作。开展“健康体态、和谐心态”主题活动。组织参与校教职工卡拉OK演唱、“走进春天”校园健身活动、“集体健身校园行活动”。督促大家开展“1+1”健身活动。有10余人能够坚持每天或每周锻炼，取得较好的健身效果。

（政法教研部供稿人：王治华）

中共党史教研部

教学工作。2011年，中共党史教研部在中青年干部培训一班、二班进行教学新尝试，包括向学员开列党史阅读书目，开展学员自选题目的小班教学，调整充实影像教学内容。春季学期获教学评估全校第一名4人次，秋季学期获教学评估全校第一名9人次。教研部获中国马克思主义研究基金会“中央党校教学资助奖励项目”共4项。

科研工作。全年共计获批和设立各类项目：国家社会科学基金后期资助项目2项；中央党校校级项目6项，其中，重点项目2项，分别为《中国共产党治党理政历史经验研究》（主持人：谢春涛），《中共党史若干重大争议问题研究》（主持人：罗平汉）；中国马克思主义研究基金会资助项目2项：一般项目和青年项目各1项，一般项目为《中国共产党第一代领导人学习思想研究》（主持人：刘宝东），青年项目为《灾害、应对与乡村变迁——以革命根据地为中心的考察》（主持人：高中华）；校级委托项目1项：《中国共产党反腐倡廉思想与实践的历史经验研究》（主持人：祝彦）；学科建设项目1项：《党的第一代领导人精神风范研究》（主持人：刘宝东）。获其他省部级科研项目（2项），分别为中央宣传部课题《马克思主义大众化的历史启迪》（主持人：谢春涛）、中央文献研究室课题《朱德的学习思想及其当代价值》（主持人：刘宝东）。全年出版著作13部，包括《中国共产党执政的历程》（三卷本）、《历史的轨迹：中国共产党为什么能?》、《中国共产党史稿》（12卷本）等。在专业权威核心期刊发表学术论文70余篇，其中在一流期刊发表文章14篇。

学术交流。推进学习型党组织建设，配合教研部认真组织开展读书、荐书活动，取得良好效果。借助建党90周年之际，教研部教员积极参与撰写党史文章，参与宣讲党史等活动，撰写的党史系列文章获得中央宣传部奖励。结合专业特点，组织了一系列内容丰富的专家报告会：10月，原《解放军文艺》组长、《炎黄春秋》杂志执行主编刘家驹作学术报告，北京大学马克思主义学院院长、博士生导师郭建宁教授作题为《当前理论研究和文化建设的前沿问题》的学术报告；11月，美国斯坦福大学胡佛研究院郭岱君研究员作题为“关键的年代——蒋介石在台湾的治理（1949—1953）”的学术报告，中共党史研究室研究员、《中共党史研究》杂志主编任贵祥作了题为“海峡两岸有关华侨与辛亥革命关系研究”的学术报告；12月，原中央党史研究室李海文研究员作了题为“进京后的华国锋”的学术报告，12月5日至6日主办全国党校系统“党史教学与研究专业委员会工作年会”。

研究生工作。严格规范研究生培养工作流程，做好招生、授课、开题、调研、答辩等各环节工作。完成本年度博士后导师的遴选工作。组织申报和推荐2010年学位研究生课程资助奖励项目，并获得资助奖励项目1项。推荐2009—2010年度学位研究生优秀教学奖候选人。

队伍建设。选录2名中国近现代史专业的应届博士毕业生，选派相关教研室主任、副主任参加学校组织的统一培训。为庆祝中国共产党成立90周年，与国家互联网信息办公室网络新闻宣传局联合主办，在人民网、新华网等网站共同推出“党史知识大讲堂”栏目，以网上讲座的形式，邀请党史教研部10位专家学者与广大网友面对面交流。“党史知识大讲堂”栏目，由党史教研部设计讲座内容。党史教研部还被中央对外宣传办公室、国家互联网信息办公室评选为庆祝建党90周年互联网宣传报道工作“特别贡献奖”单位，在人民大会堂受到表彰。

党务工作。加强党员队伍特别是学风和学术道德建设，开展形式多样的思想教育活动。积极开展创建“最佳党日活动”，组织了多次党日活动，活动内容注意与党史专业密切结合，收到良好效果。

工会工作。组织教职工深入学习党的十七大和十七届五中、六中全会精神，把思想观念切实转变到符合科学发展观的要求上来。组队参加校工会组织的乒乓球比赛、庆祝中国共产党成立90周年文艺汇演、教职工卡拉OK演唱会，经常督促大家认真开展“1+1”健身活动，精心组织开展户外健身、联谊等活动，促进教职工身心健康。发挥服务职能，积极帮助生活困难的职工申请校工会的困难补助。做好经常性关心、帮助、送温暖活动，及时了解党员困难，积极向有关部门反映情况，职工生病、职工家属生病住院、职工家里的老人住院都多次关心询问情况，到家中看望，给予温暖。

（中共党史教研部供稿人：高中华）

党的建设教研部

教学工作。2011年，党的建设教研部承担进修专题班和培训类班次的教学，进行了研究式教学、案例教学、体验式教学等各类形式的教学，受到普遍好评。7月和12月组织优化教学讲题设计，将所有讲题都列入教学竞争上岗的范围。召开2次为期两天的集体备课会。春季学期负责进修部5个专题班的教学组织，承担教学评估的课程83次。秋季学期在承担的进修部专题班讲课42讲中，有16讲即38%为新题。全年，党的建设教研部获教学评估全校第一名26人次。教师节，张志明荣获学校教学优秀奖。注重进一步提高案例课教学质量，改进和规范案例教学。案例教学比例较高，党的建设教研部承担的案例课20讲，占讲课总量的24%。围绕提高案例教学的质量，丰富案例库，如把苏共教训案例引入中青年干部培训一班和党群专题班教学，把云南丽江案例引入党群专题班教学。对已使用过的案例进一步充实和挖掘。进一步规范领导机构、案例来源、案例使用程序、案例教学组织实施、案例教学推进方向等问题。

科研工作。全年共计获批和设立各类项目8项：国家科研项目1项，校级课题2项，其他部级项目5项。全年发表和出版各类科研成果丰富。其中，文章类200余篇，著作类14部（专著13部、合著1部）。在专业权威核心期刊发表学术论文80篇、内参2篇。完成中央党校中国特色社会主义理论研究中心委托撰稿任务3篇。祝灵君荣获2011年度中央党校科研个人优秀奖。

学术交流。4月23日至24日，与党建理论教学与研究专业委员会、陕西省委党校在西安联合举办全国党校系统“党的建设基本经验”理论研讨会。4月27日，与中国注册会计师行业党委、《光明日报》社联合召开注册会计师行业创先争优理论研讨会。8月27日，与全国党建研究会党建理论教学与研究专业委员会和张家港市委共同举办“小区域、大党建：张家港以党建创新促社会管理创新探索与经验研讨会”。11月22日，与中远船务工程集团有限公司党委联合主办“农民工党建成果研讨会”。11月26日，与中共沧县县委承办“河北省沧县政德建设课题研讨会”。

研究生工作。成立研究生工作指导小组及所属各二级学科导师组。严格研究生培养工作流程，做好招生、授课、开题、调研、答辩等各环节工作。组织申报和推荐2011年学位研究生课程资助奖励项目，并获得资助奖励项目1项。推荐2011年度学位研究生优秀教学奖候选人。李民获2011年度学位研究生优秀教学奖。赵绪生获教研部2011年度学位研究生授课数量奖。

队伍建设。教研室主任、副主任重新聘任，完成职位聘任工作。1名教师晋升副教授任职资格。选录1名政治学专业的应届博士毕业生。选派相关教研室主任、副主任参加学校组织的统一培训。选派1名同志到组织部挂职锻炼。

党务工作。组织党员学习宣传胡锦涛总书记“七一”讲话和党的十七届六中全会精神，抓实抓好理论研究、理论武装和理论宣传工作。鼓励并支持教师总结90年中国共产党建设的经验，研究探索党建科学化的理论与实践，参与相关研讨会，并发表一批有质量的文章。为了更好地落实习近平同志提出的领导干部要读点历史的精神，组织教师举办学习习近平同志讲话精神的心得交流会。深入开展基层党建工作调研，推进教学科研与党组织建设协调发展。在承担学校“党建科学化”重大课题，深化党建理论与实践研究的同时，也针对党的建设教研部党组织建设存在的不足，提出了本部党组织怎么建设的问题，以党建服务提升教学科研水平。积极组织开展党建调研活动，如在张家港进行“小区域大党建——以区域党建促社会管理创新”的调研，在浙江舟山、山东等地开展网格化管理和流动党员教育管理课题调研，在云南民族地区就基层党建创新与民族地区和谐发展进行调研，在山西右玉就右玉精神开展调研，调研成果作为党建教学的案例，受到学员的普遍好评。梁俊萍获2011年度党建优秀工作者。

立足教师党性修养和专业训练，形成党组织建设的良性运行机制。一是定期为教师购买经典著作，组织教师谈心得体会。继续为教职工购买了《朱镕基谈话实录》、《布莱克维尔政治制度百科全书》、《布莱克维尔政治思想百科全书》，供大家研究。二是请校内外专家利用每月两次的集中学习，来给教师讲解相关领域的前沿理论和研究成果。三是将党日活动和教职工专业研究结合起来。上半年重点在北京郊区就基层党组织如何发挥服务功能开展党日活动，下半年完成右玉精神案例教学，组织党员前往山西右玉县学习调研，并在右玉建立了党建调研联系点。

工会工作。组织教职工参与建党90周年的交流、研讨、文娱活动和相关公益活动。重视教职工的身心健康，开展文体活动。一方面，开展春游、秋游及节日联欢活动，增进感情，培育和谐的部文化。另一方面，继续实施健康关爱工程，鼓励教职工积极参与学校相关的文化体育活动，扎实开展“健康体态、和谐心态”主题实践活动，并为教师免费办理公园门票。关心年轻教师的成长，积极为他们提供学习科研的条件，帮助解决生活困难和教学科研中的一些问题。如为教师子女看病、入学问题提供帮助，探望并慰问部里新添婴儿的老师。为教研室购置录音笔、配置打印机等，不断改善教职工的教学科研环境。

（党的建设教研部供稿人：吕　品）

文史教研部

教学工作。2011年，文史教研部坚持把中国特色社会主义理论体系作为教学的中心内容，精心设计进修部、培训部各班次的文化学、文学、历史学讲题，认真研究“讲什么、怎么讲”。在完善现有讲题、讲座的基础上，又开出了一些符合中央要求和适合学员需要的文史、文化新课程。同时，完善和实施教学组织管理制度，抓好集体备课、个人撰稿、课前试讲、小组评议、课堂讲授和课后研讨交流等教学环节，促进教学质量的提高。电影课教学收效显著，受到学员和教师的好评，已成为一个重要品牌。文学教研室的教师付出很大努力，所选电影不仅内容深刻，而且艺术性高，各位教师的评论文章也得到《学习时报》编辑和读者的充分认可。外语教学从语言学习和教育的规律出发，根据各学期学生的不同特点与需求，在课程设置、教材选用、教学方法、考核方式等方面进行精心组织，受到学生的好评及同行赞许。

体育室4位教师认真组织体育课教学，包括拳术、网球、乒乓球等课，组织学员运动会。春季学期承担教学评估的课程29次，获教学评估全校第一名3人次；秋季学期承担教学评估的课程40次，获教学评估全校第一名10人次。教师节，周熙明荣获学校教学优秀奖。田嵩燕主讲的课程《改革开放以来的文化发展与我党的文化自觉》被评为2011年全国党校系统精品课程。

科研工作。1. 大力宣传中国特色社会主义理论，学习和宣传党的十七届六中全会精神，重视研究学科基础理论和中国特色社会主义建设进程中的重大理论和现实问题。组织一系列科研活动，推进教学科研一体化，使新的研究成果及时进入课堂教学。

2. 认真组织科研课题申报工作，获得国家社会科学基金课题1项；校级重点课题3项；校级一般课题2项；中国马克思主义研究基金会教学科研课题5项；获其他省部级科研项目2个。同时，根据教学工作、学科建设和青年教师培养的需要，设立ABC类部级课题20项。

3. 以科研课题来引导学科基础理论和社会主义文化建设的研究，发表了一批水平较高、影响较大的论文、专著和调研报告。出版学术专著11部、译著4部，发表论文近百篇。通过内参形式向省部级以上领导干部报调研报告、咨询报告5篇，以中国特色社会主义理论体系研究中心名义在报刊上发表论文2篇，入选国际学术交流会论文2篇。

4. 组织学术活动，召开一系列理论研讨会，着重研究“中国发展道路”等相关专题，邀请校内外专家学者参与研讨。召开全国党校系统学术会议1次，举办比较重大的理论研讨会、学术沙龙活动等7次。

研究生工作。努力做好研究生学位课程讲授工作，组织好2008级研究生的论文指导、答辩和毕业工作。圆满完成2011级历史学和文艺学硕士生、中国近代史博士生的招生工作，以及各专业研究生入学考试、复试的外语命题和阅卷工作。历史教研室承担157次课，文学教研室承担130次课。外语教研室努力安排好博士生和硕士生外语教学工作，教学效果得到学员和研究生院的充分认可。

队伍建设。1. 自觉践行文史教研部制定的“坚定信念，潜心研究，开拓创新，恪尽职守，崇尚和谐，团结互助”的要求，确保各项任务的顺利完成。

2. 关心教师的成长，特别重视年轻教师的培养。利用学科建设资金，为教师进行教学科研、参加学术会议、调研、进修提供便利条件，全年资助教师参加国内学术研讨会23人次，加强同国内学术界的交流和联系。在教学科研方面，特别重视给青年教师压担子，使之得到发挥才干的机会。一批中青年教师脱颖而出，不少教师发表有较大影响的论文、调研报告和学术专著。对新进年轻教员，加强教学岗位培训。

3. 选调3名应届博士毕业生和博士后充实教师队伍。晋升教授1名、副教授1名。选派相关教研室主任、副主任参加学校组织的统一培训。选派1名教师到新疆挂职锻炼。

党务工作。1. 组织学习胡锦涛总书记

"七一"重要讲话，邀请中共党史教研部主任柳建辉作学习辅导报告，各教研室支部开展学习讨论，学习讨论情况在《机关党委简报》上刊登。同时组织大家参加中央直属机关工委、校机关党委、校科研部组织的纪念活动、学术活动和征文活动，其中2名教师获奖。

2. 组织领导班子和全体党员学习贯彻《中国共产党党员领导干部廉洁从政若干准则》，按照机关党委要求，认真进行学习自查工作。

3. 组织全体同志学习贯彻党的十七届六中全会精神，召开理论研讨会。同时，宣传贯彻解读全会精神，以最快的速度和方式让六中全会精神进课堂。

4. 按照《关于建设学习型党组织的实施意见》的要求，结合开展创先争优活动，创新学习组织形式和学习方式，营造崇尚学习的浓厚氛围，牢固树立党组织全员学习、党员终身学习的理念，与教学科研行政管理工作结合起来，组织好理论研讨会、文史知识系列讲座、学术沙龙，认真实施读书计划，积极开展读书体会交流活动。

5. 组织向机关党委宣传部门投稿，反映文史教研部学习贯彻党的方针政策、政治理论学习、创先争优活动开展的情况。共投稿5篇，发简报3篇。

工会工作。组织全体会员到河北衡水进行实地调查。支持和协助教学科研工作，如组织各类学术研讨会议和参观活动等。参与"走进春天"健身活动、乒乓球比赛、"1+1"健身活动、庆祝中国共产党成立90周年文艺汇演、摄影展览和卡拉OK演唱活动。参加校乒乓球比赛荣获校女子团体第一名。

（文史教研部供稿人：李媛媛）

国际战略研究所

教学工作。2011年，国际战略研究所在春季、秋季学期分别召开1次集体备课会。春季学期承担教学评估的课程32次；秋季学期承担教学评估的课程46次。春季学期，在进修类班次教学评估中获全校第一名的共计5人次；在培训类班次教学评估中获全校第一名的共计4人次。秋季学期，在进修类班次教学评估中获全校第一名的共计5人次；在培训类班次教学评估中获全校第一名的共计7人次。潘悦获学校教学优秀奖；秦治来获学校科研优秀奖。2011年获得学科建设专项基金资助奖励项目（一般项目）1项。

科研工作。获批准的各类科研项目共计10项：国家社会科学基金项目4项，其中国家重点社会科学基金项目1项、一般项目2项、青年项目1项；中央党校重点科研项目2项、一般项目2项；中国马克思主义研究基金会资助项目2项。全年发表于核心期刊论文共计37篇。其中，英文学术论文2篇，科研部专业权威核心期刊5篇，组织部专业核心期刊论文12篇。

学术交流。12月7日，为纪念第二次世界大战的转折点——太平洋战争爆发70年，在贵阳市主办、贵州省社会科学院承办，福特基金会、南京大学中美研究中心、晴隆县人民政府协办“太平洋战争与中美关系研讨会”。12月11日，与美国美中教育基金会联合主办，美国福特基金会协办“巧实力与中美关系”研讨会。12月18日，由国际战略研究所主办、日本国际交流基金会协办“灾后日本政治外交走向与中日关系”研讨会。其他国际学术交流活动还有：6月1日，美国哈佛大学费正清学院江忆恩（Alastair Iain Johnston）教授应邀到访国际战略研究所进行学术交流；6月17日，英国牛津大学著名教授、中国问题研究专家罗斯玛丽·福特（Rosemary Foot）到访国际战略研究所作了题为“中国、美国和全球秩序”的学术讲座；9月1日，美国大西洋理事会的4位专家到访国际战略研究所，同专家们进行座谈；9月5日，欧洲对外关系委员会高级研究员戈德曼访问国际战略研究所，就欧洲债务危机、中欧关系、当前利比亚危机以及中国外交政策等问题与专家们进行座谈；9月7日，挪威和平研究中心创办人，著名社会学家、和平与冲突研究专家加尔廷（Johan Galtung）访问国际战略研究所，并同专家们举行座谈；10月21日，以色列非政府组织“中以学术交流促进会”（SIGNAL）的创始人卡莉斯·威特女士（Carice Witte）一行4人到访国际战略研究所，进行学术交流并洽谈合作事宜；10月9日，蒙古著名学者、现任蒙古国家法律与战略研究所国际法分部主任敖登格日乐（Erdenebold）到访中央党校，作了主题为“蒙古对外政策与中蒙关系”的学术报告；11月17日，中国、印度、德国三边学术论坛在国际战略研究所召开，来自于印度、德国、巴基斯坦以及国际战略研究所的专家学者就中国面临的周边环境、大国崛起面临的困境与挑战、中印德在能源领域的合作等问题进行了深入探讨与坦率交流。

研究生工作。规范研究生培养工作流程，做好招生、授课、开题、调研、答辩等各环节工作。完成本年度博士生导师与硕士生导师的遴选工作。组织申报和推荐2011年学位研究生课程资助奖励项目，并获资助奖励项目1项。推荐2010—2011年度学位研究生优秀教学奖候选人。门洪华获2010—2011年度学位研究生优秀教学奖，秦治来获“当代国际战略思想专题研究”精品课程奖。

队伍建设。上半年引进1名中央党校高端战略人才，下半年完成了国际战略研究所副所长、当代世界思潮研究室主任、国际关系与台港澳研究室1名副主任等职位的聘任工作。选录2名国际关系专业的应届博士毕业生。

党务工作。1. 围绕中心工作开展“创先争优”活动，成立由宫力任组长的领导小组，并制定以“树党员旗帜意识、当教研岗位标兵”为主题的创先争优活动方案。按照上述方案，根据党员的教学评比情况和科研成果，评出教学和科研标兵13人。6月组织参观空6师，学习他们的先进事迹，上了一堂生动的党性教育课。

2. 送温暖、献爱心，营造和谐大家庭。8月24日，世界经济研究室孙仲涛同志遭遇车祸，身受重伤，全所同志捐款16500元。

3. 推进马克思主义学习型党组织建设。5月，党总支组织党员学习《中国共产党历史》。7月初，党总支组织学习领会胡锦涛总书记“七一”重要讲话精神。

4. 认真学习党的十七届六中全会精神。邀请穆占劳、赵磊、罗建波等同志为全所党员讲述文化研究领域的心得体会。

5. 部分教师和博士、硕士研究生在暑期和开学初赴山东开展主题为“历史文化与经济发展”调研，并起草了综合调研报告。

工会工作。做好工会日常工作。组织教职工开展多种形式文体活动和比赛，如参加校工会组织的“青年趣味运动会”、“校园健身走步”、教职工卡拉OK演唱比赛、庆祝中国共产党成立90周年文艺汇演等活动。组织参观考察学习活动，如3月8日参观河北省固安县某蔬菜基地和正兴集团车轮有限公司；7月11日前往浙江杭州参观阿里巴巴集团。组织春游、秋游活动。

（国际战略研究所供稿人：高祖贵）

学术队伍

2011年全国宣传文化系统“四个一批”人才入选名单

韩保江　　刘学侠

2011年晋升正高级专业技术职务资格人员

1. 教授（4人）

马克思主义理论教研部	王中汝	哲学教研部	董振华
中共党史教研部	卢　毅	文史教研部	刘丽丽

2. 研究员（1人）

国际战略研究所	秦治来

3. 编审（1人）

出版社	朱晋平

4. 研究馆员（1 人）

图书馆	赵明芳

5. 研究员（1 人）

报刊社	赵慧珠

2011 年晋升副高级专业技术职务资格人员

1. 副教授（6 人）

经济学教研部	张慧君	科学社会主义教研部	张　瑞
政法教研部	张立伟	中共党史教研部	张旭东
党的建设教研部	吕　品	文史教研部	李媛媛

2. 副研究馆员（1 人）

图书馆	庞桂香

3. 副研究员（1 人）

研究生院	李纪才

（组织部供稿人：任尊严）

学术会议

“中国共产党对社会主义理论的创新”学术研讨会

3 月 24 日，科学社会主义教研部召开“中国共产党对社会主义理论的创新”学术研讨会。科学社会主义教研部主任王怀超主持会议，校内部分著名专家学者集中探讨了理论创新的内涵及中国共产党对社会主义理论创新的具体内容。与会专家认为，要严谨对待社会主义理论创新，能够被界定为理论创新的应是那些基础性、开创性和具有重大实践指导意义的思想和理论；要科学对待社会主义理论创新，大多数研究者都是把前人没有提过的一些看法和提法归结为理论创新，从理论创新的基础性和开创性角度看并不科学；要重视对社会主义理论创新问题的研究，中国共产党的社会主义理论和实践经历了 90 年的发展历程，这一发展和完善凝聚了中国共产党和中国人民的理论创新和实践智慧，尤其是毛泽东思想和中国特色社会主义理论体系中的创新值得深入研究。

（摘自《科研工作简讯》2011 年第 5 期，科学社会主义教研部供稿）

“转变经济发展方式难点及对策”研讨会

4 月 18 日，经济学教研部在京举办“转变经济发展方式难点及对策”研讨会。百余位专家学者及有关部门领导，围绕会议主题，进行了深入研讨。

与会专家学者认为，加快经济发展方式转变是我国经济领域的一场深刻变革，关系改革开放和社会主义现代化建设全局。各地区各部门必须把加快经济发展方式转变作为深入贯彻落实科学发展观的重要目标和战略举措，不断增强主动性、紧迫感、责任感，深化认识，统一思想，加强规划引导，突出战略重点，明确主要任务，兼顾当前和长远，处理好速度和效益、局部和整体的关系，调动各方面积极性，推动经济发展方式转变不断取得扎扎实实的成效。

（摘自《经济日报》2011 年 5 月 9 日）

首届“中国社会发展问题高端论坛·2011”

6 月 4 日，科学社会主义教研部、中央党校社会发展研究所在中央党校举办首届“中国社会发展问题高端论坛·2011”。来自中央党校、国家行政学院、中国社会科学院、北京大学、北京市委党校等单位的 80 余位研究中国社会发展问题的著名专家学者参加会议。25 位专家、学者作大会发言。《人民日报》、《光明日报》、《中国特色社会主义研究》杂志等媒体编辑记者参加会议。会议由中央党校科学社会主义教研部主任王怀超主持。

首届论坛的主题是：中国社会发展中的贫富差距拉大问题及解决的对策。常务副校长李景田会前会见与会代表。副校长张伯里代表校委致辞。他指出，举办这一高层论坛，是为了贯彻党校作为思想库的要求，同时也是为了贯彻落实创办“一流学府”的要求和深化科学研究的需要。高规格高质量的论坛有助于推进理论研究的发展。坚持科学发展观，就是要让广大人民群众从经济发展中获益、共享经济发展成果。改革开放以来我国取得了巨大成就，但随着工业化、城市化的推进，社会发展过程中出现了贫富差距过大的问题，财富向少数人集中，城乡之间、收入群体之间、地区之间、行业之间差距在拉大。由此带来了诸多问题，影响了发展质量和社会的稳定。此次论坛探讨中国社会发展中贫富差距拉大问题，积极寻找解决对策。

（科学社会主义教研部供稿）

“中国传统文化与中华文明始源”研讨会

6月8日，哲学教研部和文史教研部联合主办、济南出版社协办的“中国传统文化与中华文明始源”研讨会在中央党校召开。国际儒学联合会、中国社会科学院、北京大学等来自全国各大高等院校和科研单位的专家学者以及各大新闻媒体记者30余人参加会议。

与会学者就会议主题进行广泛交流与深入研讨，普遍认为，如何正确认识和对待中国的传统文化，挖掘和继承其精华，首先，应以马克思主义为立场、观点、方法指导对中国传统文化的研究，汲取和弘扬传统文化中的积极因素，克服和超越其历史局限，使之为建设中国特色社会主义服务。同时，马克思主义本身也应该在批判地继承历史文化的基础上，进一步实现中国化，从而真正有效地发挥指导作用。其次，还必须研究中国的历史，特别是上古史，探寻中国传统文化的历史渊源。这样，才能有助于把握中华文明的精神实质、核心价值和历史趋向，增强全体社会成员的民族自信心和文化认同感，以及增强中华民族的向心力和凝聚力。

原副校长韩树英参加了研讨会。校委委员、哲学教研部主任贾高建与文史教研部任赵伯英分别致辞。会议由哲学教研部副主任侯才主持并作总结。

（摘自校园网，哲学教研部供稿）

全国党校系统“2011年哲学年会”

7月4日至5日，全国党校系统2011年哲学年会在天津召开。本届年会以“马克思主义哲学与中国共产党”为主题，由中央党校哲学教研部和中共天津市委党校联合主办。副校长陈宝生，天津市委常委、宣传部长成其圣，校委委员、哲学教研部主任贾高建，天津市委党校常务副校长、校务委员会主任祝宝钟，哲学教研部副主任李晓兵、侯才，天津市委党校副校长刘润忠出席会议。

陈宝生在开幕式讲话中提出了指导性的意见和要求。贾高建和祝宝钟分别代表会议主办单位致辞。李晓兵副主任主持开幕式。侯才在闭幕式上作总结发言。

全国各省、自治区和直辖市党校以及副省级城市党校的哲学教研部门负责人以及教研人员近60人参加会议。

（哲学教研部供稿人：朱辉宇、焦佩锋）

第三届“中国特色社会主义论坛”

7月23日至24日，马克思主义理论教研部与中共广西壮族自治区委党校联合主办的第三届“中国特色社会主义论坛”在广西南宁召开。本次论坛的主题是“九十年来马克思主义中国化的历史经验”，来自全国党校系统、高校系统、社科院系统、中央编译局、中国浦东干部学院等单位的100多位专家学者参加会议。

副校长张伯里出席论坛并致辞。他指出论坛具有重要的学术价值和深远的政治意义。他强调，90年来我们党加强自身建设的一条重要经验，也即90年来马克思主义中国化的一条重要经验，就是“理论创新每前进一步，理论武装就跟进一步”，并从“四个方面”阐述了这一重要经验。

马克思主义理论教研部主任周为民作了题为“从历史经验看党的理论工作者如何推进马克思主义中国化”的主旨演讲。

与会专家学者还就马克思主义中国化、时代化、大众化的内涵和相互关系，90年来马克思主义中国化的历史经验，中国道路的开创和基本特征，如何深化中国特色社会主义理论体系研究等问题进行了深入研讨。

中央党校马克思主义理论教研部副主任韩庆祥主持论坛。

（摘自校园网，马克思主义理论教研部供稿）

全国党校系统
“经济理论研讨会暨第八届经济学年会”

7月25日至29日，全国党校系统“经济理论研讨会暨第八届经济学年会”在浙江省委党校举行。会议围绕经济体制改革的前沿问题，对当前经济改革与发展中的一些重大理论和现实问题进行了深入研讨，并交流了教学和科研工作经验。

7月25日上午，举行开幕式。副校长陈宝生出席会议并讲话，浙江省委党校常务副校长沈立江致辞，经济学教研部主任赵振华主持开幕式，浙江省委党校副校长马力宏，经济学教研部副主任韩保江、潘云良，党总支书记鲍永升等出席会议。来自全国党校系统的专家学者120余人参加会议。

14位学者在大会上作学术交流，围绕深化经济体制改革、转变经济发展方式主题，与会者同发言的学者进行了交流互动。会议期间，山东省委党校经济学部和浙江省委党校经济学部分别介绍了教学和科研工作经验；与会代表进行了实地考察、调研，参观了杭州高新区（滨江）、阿里巴巴（中国）网络技术有限公司和浙江中南集团卡通影视有限公司。

7月26日下午，中央党校经济学教研部2位教师作学术演讲，韩保江介绍国家社会科学基金课题申报的情况并主持闭幕式，潘云良宣读优秀论文名单，赵振华等为年会评选出的优秀论文的作者颁发证书。

（摘自校园网，经济学教研部供稿）

全国党校系统
“文化发展与社会转型”理论研讨会

8月7日至10日，全国党校系统“文化发展与社会转型”理论研讨会在中共四川省委党校举办。全国党校系统近30所党校的60多位专家学者出席会议。文史教研部主任赵伯英主持开幕式，四川省委党校副校长郭伟致辞。

文史教研部副主任周熙明在会上作主题发言，通报了中央党校文史教研部文化建设专题课程改革的相关现状。

与会代表着重围绕社会主义核心价值体系建设、如何弘扬中华民族优秀传统文化、如何在新的历史条件下重建党对文化的领导权、党的文化思想的现代发展及如何吸收外来文化、中国近代以来的文化演进等议题进行了研讨。会议还首次引入发言点评机制。

与会代表到汶川县映秀镇参观了地震纪念馆、灾后重建示范项目——水磨新镇，对大邑县“樊建川博物馆群”进行文化专项考察。

（文史教研部供稿人：李媛媛）

第九届“中西发展论坛”

9月27日，中央党校与西班牙对外贸易发展局在中央党校联合举办第九届“中西发展论坛”。副校长李书磊出席论坛开幕式并致辞。与会人员以“城市治理和城市服务”为主题进行了深入研讨。

李书磊在致辞中充分肯定了中央党校自2005年以来与西班牙对外贸易发展局开展学术交流合作所取得的丰硕成果，希望双方在今后的学术交流合作中，进一步拓展合作领域、深化合作内容、创新合作方式，不断取得新的成果。

李书磊指出，中国正在经历人类有史以来规模最大、速度最快的城市化。北京是中国城市的缩影，在北京这个既古老又年轻的城市讨论“城市治理和城市服务”，有很强的现实感。他强调，中国在城市化的进程中面临着很多挑战，如文物古迹的保护、城市交通的治理、大量农民工的城市安置。西班牙在城市治理方面有很多经验值得我们认真研究、借鉴。希望双方与会人员认真研讨、交流，既探讨城市治理的一般规律，更要对两国城市治理中面临的现实问题展开深入的讨论，并不断深化双方在城市研究方面的学术交流与合作。

西班牙驻华大使布莱格拉特和西班牙对外贸易发展局执行副主席司马睿出席论坛开幕式并分别致辞。布莱格拉特大使高度评价中西关系，感谢中国政府在欧洲及西班牙应对经济危机中给予的支持和援助，并对中央党校与西班牙对外贸易发展局之间的合作表示赞赏。司马睿说，中西发展论坛至今已举办九届。双方已就文化遗产保护、医疗保障、金融危机、旅游合作等议题进行了交流。此次就城市治理议题进行探讨，意义重大。希望大家互相交流经验、彼此学习，使城市更和谐，生活更美好。希望双方今后找到更好的合作渠道，继续加强合作。

开幕式后，科学社会主义教研部、文史教研部部分学者，在校部分学员与来自西班牙工业、旅游和贸易部、内务部、发展援助部以及在华企业的政府官员和学者，围绕“城市文化”、“城市交通”、“城市管理”等分议题进行了研讨。

科学社会主义教研部副主任叶庆丰主持研讨会并作总结。办公厅副主任张忠军、办公厅外事办主任李德伟参加论坛相关活动。

（办公厅供稿）

“纪念辛亥革命一百周年”学术座谈会

10月10日，文史教研部举办“纪念辛亥革命一百周年”学术座谈会。副校长李书磊、科研部主任梁言顺、文史教研部主任赵伯英、副主任周熙明以及文史部的全体教师、研究生出席座谈会。会议特别邀请中共党史教研部王海光、张太原两位教授参加。

文史教研部、中共党史教研部刘悦、王海光、张太原、王煦、赵书刚、田嵩燕、王学斌7位教师作了专题发言。

李书磊、梁言顺、赵伯英、周熙明分别进行了点评。

（摘自《学习时报》2011年10月24日）

第二届“社会主义理论前沿问题高层论坛·2011”

10月28日至29日，科学社会主义教研部和上海市委党校联合主办第二届“社会主义理论前沿问题高层论坛·2011”暨全国党校系统第十五次科学社会主义学科教学和科研座谈会。来自中央文献研究室、国家行政学院、北京大学、解放军空军政治学院、人民日报社以及各省、自治区、直辖市委党校和副省级城市党校的120余位研究社会主义理论的专家学者参加会议，50余位专家作了大会发言。上海市委党校常务副校长吕贵主持开幕式。

本届论坛的主题是中国特色社会主义基本问题。副校长张伯里代表校委致欢迎辞。他指出，中国特色社会主义理论体系，是指导党和人民沿着中国特色社会主义道路实现中华民族伟大复兴的正确理论，为开辟和拓展中国特色社会主义道路、确立和完善中国特色社会主义制度提供了科学理论指导。中央党校科学社会主义教研部近两年特别致力于推动科学社会主义学科建设，2011年6月已经在中央党校召开了“首届社会发展理论高层论坛”，非常成功。在党的十七届六中全会提出建设社会主义文化强国战略之际，举办第二届“社会主义理论前沿问题高层论坛”意义十分重大，这有利于深化人们对中国特色社会主义理论体系的深刻认识。

与会专家学者围绕中国特色社会主义道路、中国特色社会主义理论和中国特色社会主义制度进行讨论。

（摘自校园网，科学社会主义教研部供稿）

哲学与社会发展论坛（2011）

11 月 18 日，“哲学与社会发展论坛（2011）”在中央党校举行。本次论坛由哲学教研部、中央党校社会发展研究中心、中国马克思主义研究基金会联合主办。副校长陈宝生、教育长兼培训部主任徐伟新出席会议，中国马克思主义研究基金会副理事长、中央党校原教育长郝时晋，校委委员、哲学教研部主任、中央党校社会发展研究中心主任贾高建分别代表主办单位致辞。哲学教研部副主任、中央党校社会发展研究中心副主任李晓兵主持会议并作总结发言。来自中国社会科学院、北京大学、《人民日报》社等单位的近 70 名专家学者参加会议。研究生院哲学专业的部分博士研究生、硕士研究生列席会议。

本次论坛以“社会主义核心价值体系与当代中国社会发展”为主题。会上，中国社会科学院学部委员兼文史哲学部副主任李景源、北京师范大学副校长韩震、中国人民大学教授郭湛、北京大学教授丰子义、马克思主义理论教研部副主任韩庆祥、哲学教研部副主任侯才、哲学教研部教授阮青、靳凤林先后作了大会发言。教育长兼培训部主任徐伟新、哲学教研部教授丁东红等专家针对大会发言进行了点评和提问。大家围绕主题研讨，取得共识。

（哲学教研部供稿人：朱辉宇、焦佩锋）

全国党校系统“党史教学与研究专业委员会工作年会”

12 月 5 日至 6 日，中共党史教研部主办的全国党校系统“党史教学与研究专业委员会工作年会”在中央党校举办。常务副校长李景田与会议代表合影留念，副校长李书磊、中央党史研究室原副主任章百家出席会议。来自全国29家省级和副省级党校的专家学者，以及中共党史教研部的全体教师和部分研究生共约90人参加会议。

中央党史研究室原副主任章百家、中共党史教研部教授刘晶芳和辽宁省委党校戴茂林副校长，就目前党史研究热点难点问题作了学术报告。与会代表还就如何进一步搞好党史教学和研究工作等问题进行了研讨和交流。中央党校中共党史教研部主任柳建辉在会议总结中肯定了2011年全国党校系统党史研究工作和教学取得的成绩，并希望与会代表再接再厉，推动全国党校系统党史教学科研工作更上新台阶。

（摘自校园网，中共党史教研部供稿）

“巧实力与中美关系”研讨会

12月11日，“巧实力与中美关系”研讨会在中央党校举行。本次研讨会由国际战略研究所和美国美中教育基金会联合主办，美国福特基金会协办。来自中央党校、中国社会科学院、北京大学，美国圣地亚哥大学等单位的47位专家学者参加会议。

在开幕式上，副校长张伯里首先致欢迎辞。他表示中美之间既是利益攸关方，也是建设性的伙伴关系，应在管控分歧的基础上，妥善处理争议问题，相互尊重核心利益，促进共同合作。美中教育基金会主席张之香（Julia Chang Bloch）大使和美国福特基金会北京办事处首席代表费约翰先生分别致辞。国际战略研究所所长宫力作总结发言。

本次研讨会共包括四个议题：巧实力：美国和中国的视角；大国关系与发展中的世界；跨国威胁：能源与气候变化；文化力量与公共外交。会议期间，与会学者共同探讨巧实力、软实力、能源、气候、公共外交等一系列热点概念和问题，并在“求同存异”、“和而不同”的基础上就多个议题达成共识，一致认为加强中美合作、共同推广巧实力政策，有利于世界和平与发展。

（摘自校园网，国际战略研究所供稿）

“灾后日本政治外交走向与中日关系”研讨会

12月18日，国际战略研究所主办、日本国际交流基金会协办的“灾后日本政治外交走向与中日关系”研讨会在中央党校举行。来自中央党校、清华大学、中国人民大学、中国国际问题研究所、外交学院、国际关系学院、中国社会科学院、国防大学、解放军外国语学院、吉林大学与日本早稻田大学、东京大学、株式会社 PHP 研究所、日本国际关系研究所、明治大学、日本大阪产业大学、日本法政大学的日方学者就“东日本大地震之后民主党政府执政前景及对外政策走势”、“民主党政府对美政策与中美日三边关系”、“救灾外交与民主党政府对华政策的新变化及互动”，以及“东亚合作与中日关系”进行了深入探讨与坦率交流。国际战略研究所所长宫力作了总结性发言。

副校长张伯里到会并致辞。他就中国的发展现状、发展路径以及中日关系发表了看法。他强调，改革开放以来，中国取得了令人瞩目的成就，全球影响力也不断提升，但所面临的挑战也日渐增多，中国仍然是一个大型的发展中国家。在发展方式的选择上，中国坚持走和平发展道路，不寻求霸权地位，也不挑战霸权国家。在发展过程中，中国将以负责任大国的行为方式为世界的和平、稳定和繁荣作出贡献。关于中日关系，张伯里指出，中日两国是近邻，一衣带水，中日交流又有着悠久的历史，两国关系具有巨大的发展潜力。作为亚洲的两个大国，中日关系的发展对于区域政治、经济、安全等问题有着举足轻重的作用。与此同时，中日两国又是具有重要国际影响力的国家，中日关系也会对国际事务产生不容忽视的影响。中日双方应该牢牢把握两国关系的正确方向，不断推进各领域的交流合作，建立起相互间的战略信任，实现中日两国长期友好和谐相处。

与会专家指出，日本民主党政权的执政前景主要受到日本国内经济以及民主党内部各派势力博弈这两个因素的影响。日本外交走向与其内政有着不可分割的联系，但同时也受到外部因素的影响，尤其是中美日三边互动关系的影响。两国专家坦言，中日之间有分歧，甚至是摩擦，因而有必要建立一种危机预防与处理机制，避免两国关系因某些偶发性因素而出现大的波动和挫折。

（摘自校园网，国际战略研究所供稿）

“管理百年：理论与实践前沿问题”研讨会

12 月 23 日，由经济学教研部主办的纪念管理科学诞生 100 周年学术研讨会——“管理百年：理论与实践前沿问题”研讨会在中央党校举行。副校长陈宝生、原教育长李兴山出席会议。来自国内高等院校的著名管理专家和企业家，新闻媒体记者，中央党校部分学员、经济学部全体教研人员、在校的经济学专业的博士和硕士研究生等近 130 人参加会议。经济学教研部主任赵振华致辞并作总结，经济学教研部副主任韩保江主持会议。

李兴山回顾了管理科学诞生一百年来管理理论的演变轨迹，以及对社会特别是对中国的影响，并对进一步发展管理理论、壮大中央党校管理学科作了深入阐述。北京大学光华管理学院刘学教授、清华大学国际商学院宋学宝教授、中国人民大学商学院杨杜教授，以及中央党校经济学教研部副主任潘云良教授、李蕾副教授，分别从管理科学的不同角度、管理学的前沿问题等，重点在理论层面进行了学术探讨。中国建材集团公司副总经理黄安中、海尔集团公司高级副总裁谭丽霞，则重点从企业管理实践的角度，阐述了管理理论在企业中的运用，着重指出了各自企业所形成的管理特色、成就以及对管理理论的创新等。

（摘自校园网，经济学教研部供稿）

马克思主义经典著作导读课

中央党校2011年“马克思主义经典著作导读课”资助奖励项目实施办法

中校厅字〔2011〕9号

为加强中央党校马克思主义经典理论教学，培养一批高水平的马克思主义经典著作导读课教师，不断提高马克思主义经典著作导读课的教学质量，经教务部研究并报校领导批准，设立中央党校2011年“马克思主义经典著作导读课”资助奖励项目。具体实施办法如下。

一、资助奖励项目设置

1. 资助奖励篇目：《共产党宣言》、《资本论》、《关于费尔巴哈的提纲》与《路德维希·费尔巴哈和德国古典哲学的终结》、《1844年经济学哲学手稿》、《德意志意识形态》等5部（组）。其中，每部（组）著作资助2位申报人。

2. 资助奖励额度：每项资助奖励金额为10万元。根据党校教学需要，每次资助10项（1位申报人为1项）。

二、资助奖励组织机构

1. 本项目由教务部负责组织实施。

2. 教务部负责组织成立经典著作导读资助奖励项目评审专家组（以下简称“评审专家组”），负责项目的申报、评审与管理工作。

3. 评审专家组由组长、副组长和成员组成。评审专家组组长由教务部主任担任，副组长由教务部副主任担任，成员由教学相关部门主管教学的副主任组成。

三、资助奖励项目申报及审批

1. 申报资助奖励项目人员必须具备以下条件：

（1）从事教学工作的中央党校在职人员（不含返聘人员，不含在职校领导）；

（2）有较深厚的马克思主义理论功底和较强的教学科研能力；

（3）对本原著所涉及的重大理论和现实问题有一定研究，有相关的前期研究成果。

2. 申报程序

（1）申报人根据教务部本年度已确定的资助奖励著作篇目提出申请，且在同一批资助奖励项目中只能申请承担一个经典著作导读课项目。

（2）申报人填写“中央党校2011年‘马克思主义经典著作导读课’资助奖励项目申请书”（一式两份），经所在教研部（所）同意并填写意见后报送教务部。

3. 审批程序

（1）召开评审专家组会议。由评审专家组审议申报材料、听取申报人陈述，并以无记名投票方式确定项目承担人名单，出席会议的专家2/3以上同意为通过。

（2）评审专家组评定的资助奖励项目名单，经教务部报校委通过后正式立项。

四、资助奖励项目的结项与管理

1. 资助奖励经费的使用

（1）资助奖励经费的使用采取一次核定，两步拨付的办法。其中，项目经费的50%作为资助经费，立项后即可使用；其余50%待结项合格后作为奖励经费发放。

（2）项目资助经费的使用，经教务部负责人批准后凭发票报销。

（3）资助经费的使用范围主要包括：资料费、打印费、调研差旅费、小型会议费、耗材及上网费等。奖励经费的使用可以采用报销形式，也可采用一次性发放的形式。所有经费的使用和报销按照学校有关财务规定执行。

2. 资助奖励项目的结项

（1）资助奖励项目的结项时限为半年至一年，应在规定的时间内完成。结项成果包括：经典原著导读课讲义（不同于讲稿，适合学员课前阅读使用的辅助性资料）、关于讲授经典原著导读课的研究报告（含承担人开展研究的情况综述）以及完成课堂教学任务的情况。

（2）项目结项时需提交结项成果，由评审专家组进行审查，其中，书面成果的结项采用专家评估，课堂教学成果的结项采用学员评估；立项课程的教学效果评估分数在所讲授班次平均分以上的（含平均分）视为合格，且评审专家组2/3以上成员通过即可结项。对未通过结项审查的资助奖励项目将不予结项，同时不再拨付该项目的奖励经费部分，并停止该申报人的申报资格1年。

（3）因特殊情况不能按时完成项目者，可申请延期一次，延期时间最长为半年；已经立项的项目承担人，非个人原因当年没有进入课堂，可以顺延一年。

3. 对在申报和结项过程中弄虚作假，违反中央党校学术规范的申报人，一经发现并核实即取消其资助奖励，并停止该申报人的申报资格2年。

“马克思主义经典著作导读课”资助奖励项目评审专家组成员名单

组　长：王东京

副组长：冯鹏志　王成志

成　员：张恒山　李晓兵　秦　刚

潘云良　刘海涛　谢春涛

张志明　周熙明　刘建飞

郭焕永　王　炳　张　伟

（教务部、办公厅供稿）

附录1：

“马克思主义经典著作导读课”资助奖励项目立项（第一次）

5月24日中校厅字〔2011〕26号：中央党校2011年“马克思主义经典著作导读课”资助奖励项目评审工作已经结束。共有16个项目参加了本年度“马克思主义经典著作导读课”资助奖励项目的申报，经评审专家组投票表决（获2/3以上票数为通过），通过6个项目。

附录2：

“马克思主义经典著作导读课”资助奖励项目立项（第二次）

12月8日中校厅字〔2011〕51号：根据《中央党校2011年“马克思主义经典著作导读课”资助奖励项目实施办法》（中校厅字〔2011〕9号），我校近期进行了该项目的第二次评审工作，共有 14 个项目参评。经评审专家组投票表决（获 2/3 以上票数为通过），《资本论》导读等 4 个课题获准立项。以上课题资助奖励经费由中国马克思主义研究基金会“中央党校教学科研专项基金”提供。

附录 3：

“马克思主义经典著作导读课”资助奖励项目名单

第一次			
序号	讲 课 名 称	推 荐 单 位	承担人
1	《共产党宣言》导读	马克思主义理论教研部	牛先锋
2	《共产党宣言》导读	党的建设教研部	张荣臣
3	《资本论》导读	经济学教研部	曹　立
4	《关于费尔巴哈的提纲》与《路德维希·费尔巴哈和德国古典哲学的终结》导读	哲学教研部	阮　青
5	《1844 年经济学哲学手稿》导读	马克思主义理论教研部	韩庆祥
6	《1844 年经济学哲学手稿》导读	马克思主义理论教研部	王虎学
第二次			
序号	讲 课 名 称	推 荐 单 位	承担人
1	《资本论》导读	经济学教研部	张慧君
2	《关于费尔巴哈的提纲》与《路德维希·费尔巴哈和德国古典哲学的终结》导读	哲学教研部	边立新
3	《德意志意识形态》导读	马克思主义理论教研部	陈冬生
4	《德意志意识形态》导读	哲学教研部	董振华

（教务部、办公厅供稿）

研究成果

2011 年教研人员出版著作*

序号	著作名称	作者	单位	成果形式	出版单位
1	韩庆祥论文选	韩庆祥	马克思主义理论教研部	专著	中华书局
2	马克思主义关于人的学说	马克思主义理论教研部	马克思主义理论教研部	编著	人民出版社
3	经济、国家与社会——历史唯物主义视域内的社会变迁	王中汝	马克思主义理论教研部	专著	人民出版社
4	制度伦理与官员道德——当代中国政治伦理结构性转型研究	靳凤林	哲学教研部	专著	人民出版社
5	先秦儒家政治思想论稿	王　杰	哲学教研部	专著	人民出版社
6	马克思主义经典著作精选导读	中央党校马克思主义哲学史教研室	哲学教研部	编著	中共中央党校出版社
7	战略思维理论和方法	段培君	哲学教研部	编著	中共中央党校出版社
8	领导干部伦理课十三讲	靳凤林	哲学教研部	编著	中共中央党校出版社
9	社会主义通史（第3卷）	侯　才	哲学教研部	编著	中共中央党校出版社
10	转变经济发展方式问题研究	赵振华等	经济学教研部	编著	中共中央党校出版社

* 参照中校字〔2010〕81 号文件所认定的出版社进行统计。

续 表

序号	著 作 名 称	作 者	单 位	成果形式	出版单位
11	当代西方经济学概论（第五版）	胡希宁	经济学教研部	编著	中共中央党校出版社
12	社会主义精神文明建设的历史进程与基本经验	王怀超 青连斌	科学社会主义教研部	合著	中共中央党校出版社
13	社会主义发展史纲（中共中央党校教材）	叶庆丰 白平浩	科学社会主义教研部	编著	中共中央党校出版社
14	社会主义通史（第1卷）	萧贵毓	科学社会主义教研部	编著	人民出版社
		牛先锋	马克思主义理论教研部		
15	社会主义通史（第2卷）	严书翰 胡振良	科学社会主义教研部	编著	人民出版社
16	社会主义通史（第4卷）	叶庆丰	科学社会主义教研部	编著	人民出版社
17	社会主义通史（第5卷）	刘海涛	科学社会主义教研部	编著	人民出版社
18	社会主义通史（第6卷）	王怀超	科学社会主义教研部	编著	人民出版社
19	社会主义通史（第7卷）	康绍邦	科学社会主义教研部	编著	人民出版社
20	当代世界社会主义前沿问题	胡振良 常欣欣	科学社会主义教研部	编著	中共中央党校出版社
21	加强和创新社会管理干部学习读本	梁 波 陈天林 朱可辛 青连斌 刘俊杰 向春玲	科学社会主义教研部	编著	中共中央党校出版社
22	当代日本共产党	门晓红	科学社会主义教研部	专著	中共中央党校出版社
23	中国改革进程中的重大社会矛盾问题	吴忠民 林 梅 王道勇	科学社会主义教研部	编著	中共中央党校出版社
24	科学社会主义概论	青连斌	科学社会主义教研部	编著	人民出版社

续表

序号	著作名称	作者	单位	成果形式	出版单位
25	社会主义和谐社会研究（中共中央党校教材）	严书翰 叶庆丰	科学社会主义教研部	编著	中共中央党校出版社
26	住有所居：中国保障性住房建设的理论与实践	向春玲等	科学社会主义教研部	编著	中共中央党校出版社
27	中国共产党历史纪事本末三卷本	第一卷 李东朗 第二卷 李庆刚 第三卷 陈　述	中共党史教研部	编著	中共中央党校出版社
28	中国共产党执政历程三卷本	柳建辉 曹　普 （主编） 第一卷 李东朗等 第二卷 罗平汉等 第三卷 陈　述等	中共党史教研部	编著	人民出版社
29	党史细节	罗平汉等	中共党史教研部	编著	人民出版社
30	中央党校案例教学教程（中共中央党校教材）	张志明 刘炳香	党的建设教研部	编著	中共中央党校出版社
31	大党的兴衰	王　瑜	党的建设教研部	专著	中共中央党校出版社
32	领导干部要善抓落实	刘玉瑛 李桂秋	党的建设教研部	专著	中共中央党校出版社
33	领导活动规律研究	刘炳香	党的建设教研部	专著	中共中央党校出版社
34	领导干部应对群体性事件案例选评	高新民 吴桂韩	党的建设教研部	编著	中共中央党校出版社

续 表

序号	著作名称	作 者	单 位	成果形式	出版单位
35	领导干部国学课二十五讲	王 杰	哲学教研部	编著	中共中央党校出版社
		廖晓鸿 岑大利 梅敬忠 张 文 赵 峰 张 军	文史教研部		
36	学习贯彻十七届六中全会精神中央党校专家学者九人谈	赵伯英等	文史教研部	编著	中共中央党校出版社
37	鄞州模式：领跑经济发展方式转变中国战略转型探索与实践之研究	宫 力	国际战略研究所	编著	中共中央党校出版社
		严书翰	科学社会主义教研部		
38	当前领导干部关注的国际热点问题	张明明 秦治来	国际战略研究所	编著	中共中央党校出版社
39	领导干部必备的三大思维能力：战略思维、创新思维、辩证思维	赵 磊	国际战略研究所	专著	中共中央党校出版社

（依据“八部一所”供稿汇总整理）

2011年教研人员发表论文*

序号	论文题目	作 者	单 位	发表报刊及时间
1	宏观调控的五大误区	周为民	马克思主义理论教研部	《社会观察》2011年第7期，《新华文摘》2011年第18期
2	马克思的财富观及其当代意义	韩庆祥	马克思主义理论教研部	《哲学研究》2011年第4期

* 依据校科字〔2011〕4号文件中认定的专业核心期刊和综合性核心期刊进行统计。

续表

序号	论文题目	作者	单位	发表报刊及时间
3	经济学中的哲学与哲学中的经济学——追寻马克思开辟的经济哲学道路	韩庆祥	马克思主义理论教研部	《社会科学战线》2011年第7期,《新华文摘》2011年第21期
4	中国特色社会主义理论体系对社会主义的坚持和发展	秦刚	马克思主义理论教研部	《社会主义研究》2011年第2期
5	中国道路与党的创新精神	秦刚	马克思主义理论教研部	《人民日报》2011年8月8日
6	中国特色社会主义道路是唯一正确的道路	秦刚	马克思主义理论教研部	《人民日报》2011年10月10日
7	论马克思主义的时代性与时代化	牛先锋	马克思主义理论教研部	《马克思主义与现实》2011年第5期
8	论发展与代价的关系及其认识和实践意义	邱耕田	马克思主义理论教研部	《社会科学战线》2011年第1期,《新华文摘》2011年第9期
9	以责任看待实践	邱耕田	马克思主义理论教研部	《哲学动态》2011年第7期
10	马克思分工思想的人学意蕴:从“分工的观点”看“人”的发展	王虎学	马克思主义理论教研部	《哲学动态》2011年第4期
11	深化核心价值体系研究三题	王虎学	马克思主义理论教研部	《光明日报》2011年10月31日
12	拒斥和冲突:社会现代化进程中的规则建构	贾高建	哲学教研部	《哲学研究》2011年第8期
13	“社会”范畴探析	贾高建	哲学教研部	《学习时报》2011年4月18日
14	论创新实践的生成机制	董振华	哲学教研部	《哲学研究》2011年第12期
15	走转改活动的哲学基础及实践意义	董振华	哲学教研部	《光明日报》2011年9月27日
16	铲除“潜规则”刻不容缓	董振华	哲学教研部	《理论动态》2011年11月10日
17	《共产党宣言》三个论断之辨析	董德刚	哲学教研部	《科学社会主义》2011年第4期
18	科学精神的力量	付立	哲学教研部	《学习时报》2011年9月19日

续 表

序号	论 文 题 目	作 者	单 位	发表报刊及时间
19	提高全民科学素质刻不容缓	付 立	哲学教研部	《学习时报》2011年4月14日
20	让智慧之光引领当代中国前行	侯 才	哲学教研部	《学习时报》2011年7月17日
21	马克思主义历史哲学及其当代意义	胡为雄	哲学教研部	《中共中央党校学报》2011年第4期
22	高语罕与马克思主义哲学大众化	胡为雄	哲学教研部	《学习时报》2011年10月3日
23	党成立前后马克思主义在北京地区的传播	胡为雄	哲学教研部	《学习时报》2011年7月18日
24	政党联盟及其发展的全球性趋势	胡为雄	哲学教研部	《科学社会主义》2011年1期
25	官员的道德赏罚	靳凤林	哲学教研部	《学习时报》2011年2月28日
26	官员的道德教育	靳凤林	哲学教研部	《学习时报》2011年8月29日
27	官员的道德敬畏	靳凤林	哲学教研部	《学习时报》2011年10月31日
28	兴衰中的意大利宗教	李绍猛	哲学教研部	《学习时报》2011年11月7日
29	中国传统文化中的创新方法	任俊华	哲学教研部	《学习时报》2011年10月3日
30	“德”字新考	任俊华	哲学教研部	《学习时报》2011年4月25日
31	什么是慈善	任俊华	哲学教研部	《学习时报》2011年3月28日
32	《爱莲说》的主旨	任俊华	哲学教研部	《学习时报》2011年2月28日
33	《孙子》中的修道保法思想	任俊华	哲学教研部	《学习时报》2011年1月3日
34	培养国民的道德自觉和自信	阮 青	哲学教研部	《学习时报》2011年12月12日

续表

序号	论文题目	作者	单位	发表报刊及时间
35	宣传践行社会主义核心价值观应把握的五重关系	孙要良	哲学教研部	《理论动态》2011年11月10日
36	融中西文化之精华铸造中华新文明	杨玉成	哲学教研部	《学习时报》2011年11月3日
37	天宫一号：承载着中华民族的飞天梦想	赵建军	哲学教研部	《学习时报》2011年10月31日
38	哲学与党的理论建设	朱辉宇	哲学教研部	《学习时报》2011年11月7日
39	从历史文化中探寻治国理政之道	刘余莉	哲学教研部	《学习时报》2011年11月14日
40	新能源的特点、战略价值与结构调整	曹　新	经济学教研部	《重庆社会科学》2011年第8期,《新华文摘》2011年第24期
41	中国新能源发展战略问题研究	曹　新	经济学教研部	《经济研究参考》2011年第52期
42	外部冲击与奥肯定律的存在性和非线性	陈启清	经济学教研部	《经济理论与经济管理》2011年第8期
43	全球金融变革中的中国金融发展战略	陈启清	经济学教研部	《经济研究参考》2011年第35期
44	国际油价冲击与中国宏观经济波动的非对称时段效应：1978—2007	陈启清	经济学教研部	《金融研究》2011年第5期
45	以制度构筑对外开放安全网	陈启清	经济学教研部	《学习时报》2011年4月11日
46	做好发展海洋经济这篇大文章	陈启清	经济学教研部	《学习时报》2011年8月15日
47	人口老龄化　发展大问题	陈启清	经济学教研部	《学习时报》2011年9月26日
48	关于发展文化产业的思考	董艳玲	经济学教研部	《学习时报》2011年10月31日
49	国外如何评估国民幸福总值	董艳玲	经济学教研部	《学习时报》2011年6月6日
50	西方民主制的“死结”和欧洲主权债务危机	韩保江	经济学教研部	《理论动态》2011年12月30日

续 表

序号	论 文 题 目	作 者	单 位	发表报刊及时间
51	国际金融危机后中国经济结构战略性调整的新约束与新对策	韩保江	经济学教研部	《经济研究参考》2011年第12期
52	化解社会诚信危机政府必须"先正己"	韩保江	经济学教研部	《学习时报》2011年9月26日
53	好课的标准是"有回味儿"	韩保江	经济学教研部	《学习时报》2011年10月10日
54	2011年诺贝尔经济学奖获得者的理论贡献及其启示	韩保江	经济学教研部	《学习时报》2011年10月24日
55	频繁上调存款准备金率的经济影响	贾华强	经济学教研部	《学习时报》2011年7月18日
56	认识劳动价值论与环境保护的关系	贾华强	经济学教研部	《学习时报》2011年1月17日
57	民族地区经济发展方式转变问题研究：以新疆维吾尔自治区为例	李 鹏	经济学教研部	《经济研究参考》2011年第21期
58	从学理论到用理论的转变——青年教师在中央党校的成长感言	李 鹏	经济学教研部	《学习时报》2011年3月28日
59	充分发挥人大对预算监督的主体作用	李旭章	经济学教研部	《学习时报》2011年5月2日
60	积极推进宏观审慎性政策框架	李旭章	经济学教研部	《学习时报》2011年6月6日
61	宏观经济调控需因势而变	李旭章	经济学教研部	《学习时报》2011年8月29日
62	个人所得税调整开启分配新格局	李旭章	经济学教研部	《学习时报》2011年7月18日
63	住有所居还需政府创新公共服务	李旭章	经济学教研部	《学习时报》2011年8月29日
64	从地方债发行看财税体制改革	李旭章	经济学教研部	《学习时报》2011年12月12日
65	西方国家的转移支付及启示	李旭章	经济学教研部	《中国党政干部论坛》2011年第3期
66	破解改善民生和完善基本公共服务的资金难题	梁 朋	经济学教研部	《学习时报》2011年2月14日

续表

序号	论文题目	作者	单位	发表报刊及时间
67	适当降低政府收入在国民收入中的比重	梁朋	经济学教研部	《学习时报》2011年5月30日
68	如何防范地方政府性债务风险	梁朋	经济学教研部	《学习时报》2011年8月8日
69	社会系统学派与社会管理	潘云良	经济学教研部	《学习时报》2011年4月4日
70	提高劳动报酬比重的理论思考	潘云良	经济学教研部	《中共中央党校学报》2011年第3期
71	劳动力老龄化现象应当关注	石霞	经济学教研部	《学习时报》2011年10月10日
72	城镇化也要节能减排	石霞	经济学教研部	《学习时报》2011年11月14日
73	转变经济发展方式难在哪里	孙小兰	经济学教研部	《人民日报》2011年5月11日
74	“十二五”时期区域协调发展面临的挑战	孙小兰	经济学教研部	《学习时报》2011年2月28日
75	转变发展方式面临哪些困难	孙小兰	经济学教研部	《光明日报》2011年5月6日
76	经济学理论五个前沿问题	孙小兰	经济学教研部	《学习时报》2011年3月21日
77	如何转变经济发展方式	孙小兰	经济学教研部	《学习时报》2011年5月2日
78	联系实际推进马克思主义经济学发展	孙小兰	经济学教研部	《人民日报》2011年2月17日
79	缩小贫富差距的科学性和现实性评估	田应奎	经济学教研部	《改革》2011年第6期
80	发展战略转型与扩大内需	王天义	经济学教研部	《当代经济研究》2011年第11期
81	一种富有启发意义的新农村建设统筹开发模式	谢鲁江	经济学教研部	《理论动态》2011年10月20日

续 表

序号	论 文 题 目	作 者	单 位	发表报刊及时间
82	尤努斯不及郁南	徐祥临	经济学教研部	《学习时报》2011 年 10 月 24 日
83	更高水平的小康社会要求共同富裕	徐祥临	经济学教研部	《学习时报》2011 年 8 月 8 日
84	特困地区扶贫攻坚开发须抓住主要矛盾	徐祥临	经济学教研部	《学习时报》2011 年 12 月 12 日
85	让广大青年在农村也能富起来	徐祥临	经济学教研部	《学习时报》2011 年 4 月 18 日
86	强拆的根源及纠正	徐祥临	经济学教研部	《学习时报》2011 年 3 月 21 日
87	如何做到理论大家层出不穷	徐祥临	经济学教研部	《学习时报》2011 年 11 月 21 日
88	厉行节约必须严肃财经纪律	徐祥临	经济学教研部	《学习时报》2011 年 6 月 13 日
89	能源效率提升与需求侧管理融资：机制设计和政策重构	于永臻	经济学教研部	《经济理论与经济管理》2011 年第 10 期
90	完美的国家、异化的国家与有效的国家：论市场社会主义的国家理论模型	张慧君	经济学教研部	《当代经济研究》2011 年第 2 期
91	北欧福利国家向何处去：挪威经验及启示	张慧君	经济学教研部	《科学社会主义》2011 年第 4 期
92	经济转型的路径演化与转型经济学的嬗变	张慧君	经济学教研部	《学习时报》2011 年 9 月 19 日
93	着力增强宏观调控的科学性	赵振华	经济学教研部	《求是》2011 年第 7 期
94	关于我国物价问题的若干思考	赵振华	经济学教研部	《中共中央党校学报》2011 年第 5 期
95	马克思的消费理论及其启示	赵振华	经济学教研部	《当代经济研究》2011 年第 1 期
96	标准化是政府管理问题	赵振华	经济学教研部	《人民日报》2011 年 3 月 24 日
97	经济增长换档减速不会阻碍充分就业	赵振华	经济学教研部	《解放军报》2011 年 4 月 6 日

续表

序号	论文题目	作者	单位	发表报刊及时间
98	中国社会主义改革的回顾与前瞻	王怀超	科学社会主义教研部	《理论动态》2011年3月20日
99	中国共产党对社会主义发展阶段理论的创新	王怀超	科学社会主义教研部	《当代世界与社会主义》2011年第3期
100	敬业、深思、创新、求真	王怀超	科学社会主义教研部	《学习时报》2011年10月17日
101	实事求是地总结苏联的教训对中国尤其重要：评《苏联真相——对101个重要问题的思考》一书	王怀超	科学社会主义教研部	《科学社会主义》2011年第4期
102	在江流教授90华诞60从教暨江流学术思想座谈会上的致辞	王怀超	科学社会主义教研部	《科学社会主义》2011年第6期
103	创新社会管理方式的基本思路	叶庆丰	科学社会主义教研部	《中共中央党校学报》2011年第3期
104	坚持和完善中国特色社会主义制度	叶庆丰	科学社会主义教研部	《科学社会主义》2011年第5期
105	辛亥革命在当代中国的回响：辛亥革命百年纪念	刘海涛	科学社会主义教研部	《科学社会主义》2011年第1期
106	致力改善民生　加固执政根基	刘海涛	科学社会主义教研部	《学习时报》2011年7月4日
107	坚持和完善中国特色社会主义制度	刘海涛	科学社会主义教研部	《光明日报》2011年10月12日
108	马克思主义理论与科学社会主义学科建设巡礼	严书翰	科学社会主义教研部	《中国特色社会主义研究》2011年第1期
109	重视社会建设：党的执政理念的提升	严书翰	科学社会主义教研部	《学习时报》2011年4月18日
110	党的十七大以来科学发展观新发展研究	严书翰	科学社会主义教研部	《毛泽东邓小平理论研究》2011年4期
111	深化对中国特色社会主义制度的认识	严书翰	科学社会主义教研部	《学习时报》2011年8月22日
112	继续推进我国社会建设的有利条件和基本途径	严书翰	科学社会主义教研部	《中国特色社会主义研究》2011年第5期
113	发展与中国共产党人的历史使命	严书翰	科学社会主义教研部	《人民日报》2011年6月24日
114	坚持和完善中国特色社会主义制度的基本要求	冯书泉	科学社会主义教研部	《科学社会主义》2011年第5期

续 表

序号	论 文 题 目	作 者	单 位	发表报刊及时间
115	强化国有企业社会责任，促进民族地区发展稳定	常欣欣	科学社会主义教研部	《理论动态》2011 年 3 月 30 日
116	近年来“中国模式”研究中的相关问题与思考	常欣欣	科学社会主义教研部	《当代世界与社会主义》2011 年第 2 期
117	社会主义制度的生命力在于创新	常欣欣	科学社会主义教研部	《科学社会主义》2011 年第 5 期
118	现阶段我们倡导怎样的集体主义？——社会主义价值观之集体主义再认识	常欣欣	科学社会主义教研部	《科学社会主义》2011 年第 6 期
119	中国特色社会主义经济制度的若干思考	梁 波	科学社会主义教研部	《科学社会主义》2011 年第 5 期
120	和谐与合作：十七大以来科学发展观的新发展	陈天林	科学社会主义教研部	《学习时报》2011 年 4 月 11 日
121	中国社会发展贫富差距拉大问题及其对策：中共中央党校科社部举办首届“中国社会发展问题高端论坛·2011”	徐浩然	科学社会主义教研部	《科学社会主义》2011 年第 5 期
122	如何概括中国发展经验：基于中国模式与中国特色社会主义道路的比较分析	徐浩然	科学社会主义教研部	《科学社会主义》2011 年第 6 期
123	解析中国特色社会主义基本问题	徐浩然	科学社会主义教研部	《学习时报》2011 年 12 月 26 日
124	提高党的建设科学化水平研究述评	康晓强	科学社会主义教研部	《社会主义研究》2011 年第 1 期
125	人的价值：马克思与康德的比较及其当代意义	康晓强	科学社会主义教研部	《中共中央党校学报》2011 年第 3 期
126	运作型公益组织：以香港乐施会参与汶川地震治理为例	康晓强	科学社会主义教研部	《社会主义研究》2011 年第 3 期
127	有效引导社会组织有序参与社会管理的四大思路	康晓强	科学社会主义教研部	《科学社会主义》2011 年第 3 期
128	中国公益组织动员社会资源的制度空间	康晓强	科学社会主义教研部	《理论动态》2011 年 10 月 30 日
129	苏联剧变 20 年与当今世界的发展态势	胡振良	科学社会主义教研部	《科学社会主义》2011 第 4 期

续表

序号	论文题目	作者	单位	发表报刊及时间
130	社会主义价值理念的内涵与建构	胡振良	科学社会主义教研部	《科学社会主义》2011第6期
131	社会主义在生活中	胡振良	科学社会主义教研部	《中国特色社会主义研究》2011年第6期
132	一部研究中国共产党公正观的力作	胡振良	科学社会主义教研部	《科学社会主义》2011第1期
133	中国共产党对社会主义理论的创新	孟　鑫	科学社会主义教研部	《学习时报》2011年5月16日
134	西方新社会视角下的“占领华尔街”	孟　鑫	科学社会主义教研部	《学习时报》2011年11月14日
135	深入研究苏东剧变促进世界社会主义发展	孟　鑫	科学社会主义教研部	《科学社会主义》2011年第16期
136	当前农村发展与农民诉求：来自鄂渝川农村的调查	韩云川	科学社会主义教研部	《理论动态》2011年1月20日
137	巴黎公社原则再认识——重温《法兰西内战》	韩云川	科学社会主义教研部	《学习时报》2011年10月10日
138	实现人的自由发展——重温《共产党宣言》	韩云川	科学社会主义教研部	《学习时报》2011年1月24日
139	我国科学社会主义学界的一面旗帜——江流教授学术成就述要	韩云川	科学社会主义教研部	《科学社会主义》2011年第6期
140	历史的启示——对话马未都	孙劲松	科学社会主义教研部	《学习时报》2011年7月25日
141	一位前共产党领导人看中国	孙劲松	科学社会主义教研部	《学习时报》2011年6月13日
142	前民主德国党的总书记克伦茨谈苏东剧变	孙劲松	科学社会主义教研部	《科学社会主义》2011第4期
143	改革的深入进行迫切需要大力发展社会主义文化	孙劲松	科学社会主义教研部	《学习时报》2011年10月31日
144	什么是资本主义和社会主义的再认识	郭　强	科学社会主义教研部	《科学社会主义》2011年第2期
145	中国特色社会主义政治制度实行形式	郭　强	科学社会主义教研部	《科学社会主义》2011年第5期
146	中国特色社会主义制度的文化支撑	朱可辛	科学社会主义教研部	《科学社会主义》2011年第5期

续 表

序号	论 文 题 目	作 者	单 位	发表报刊及时间
147	社会主义的百里新村：阳朔社会主义新农村建设解读	朱可辛	科学社会主义教研部	《科学社会主义》2011年第5期
148	中国共产党对社会主义理论的创新	朱可辛	科学社会主义教研部	《科学社会主义》2011年第3期
149	越南政治革新的成就与局限	门晓红	科学社会主义教研部	《当代世界与社会主义》2011年第5期
150	日本早期社会主义思潮对中国共产党的影响	门晓红	科学社会主义教研部	《马克思主义研究》2011年第10期
151	中国现阶段贫富矛盾问题的特征分析	吴忠民	科学社会主义教研部	《教学与研究》2011年第8期
152	平等新探	吴忠民	科学社会主义教研部	《中国社会科学内部文稿》2011年第3期
153	改善民生必须遵循三个“优先原则”	吴忠民	科学社会主义教研部	《学习时报》2011年1月10日
154	努力构建和谐劳动关系	吴忠民	科学社会主义教研部	《光明日报》2011年5月30日
155	中国为何弥漫着社会焦虑	吴忠民	科学社会主义教研部	《学习时报》2011年6月13日
156	领导干部宜慎用“我”字	吴忠民	科学社会主义教研部	《学习时报》2011年7月11日
157	社会公正是中国共产党执政的重要价值观	吴忠民	科学社会主义教研部	《学习时报》2011年8月15日
158	高度关注中国社会矛盾问题的生长点	吴忠民	科学社会主义教研部	《光明日报》2011年12月13日
159	改善民生是经济健康发展之必需	吴忠民	科学社会主义教研部	《学习时报》2011年12月26日
160	社会焦虑的负面效应及其应对	吴忠民	科学社会主义教研部	《光明日报》2011年12月6日
161	调整社会结构是预防和化解社会矛盾的有效途径	谢志强	科学社会主义教研部	《人民日报》2011年3月18日

续表

序号	论文题目	作者	单位	发表报刊及时间
162	城乡关系演变：历史轨迹及其基本特点	谢志强	科学社会主义教研部	《中共中央党校学报》2011年第4期
163	“单位人”变“社会人”对社会管理提出新挑战	谢志强	科学社会主义教研部	《中国党政干部论坛》2011年第11期
164	中国共产党民生思想的创新及其实践	青连斌	科学社会主义教研部	《科学社会主义》2011年第3期
165	加强和创新社会管理必须处理好的几个关系	青连斌	科学社会主义教研部	《学习时报》2011年12月5日
166	社会主义必须坚持共同富裕的价值理念	青连斌	科学社会主义教研部	《科学社会主义》2011年第6期
167	社会管理新格局的创新经验	李慧英	科学社会主义教研部	《中国党政干部论坛》2011年第5期
168	资源型城市社会建设面临的困境及对策：以鄂尔多斯市为例	林　梅	科学社会主义教研部	《科学社会主义》2011年第6期
169	城镇化进程中的农民工社会保障问题	林　梅	科学社会主义教研部	《理论动态》2011年8月10日
170	社会制度的“中国特色”：价值取向与运行机制	王道勇	科学社会主义教研部	《科学社会主义》2011年第5期
171	广西民族问题调查报告	靳　薇	科学社会主义教研部	《科学社会主义》2011年第5期
172	2005年以来国内民族理论前沿问题研究综述	张建新	科学社会主义教研部	《科学社会主义》2011年第1期
173	中国共产党处理我国民族问题的基本经验	张建新	科学社会主义教研部	《科学社会主义》2011年第2期
174	解放战争时期中美关系中的西藏问题	胡　岩	科学社会主义教研部	《中共中央党校学报》2011年第1期
175	宗教·迷信·风俗习惯	胡　岩	科学社会主义教研部	《学习时报》2011年4月18日

续表

序号	论文题目	作者	单位	发表报刊及时间
176	也谈涉及民族关系的中英文词汇——《涉及民族关系的中英文词汇的再认识》引发的若干思考	胡岩	科学社会主义教研部	《学习时报》2011年5月23日
177	从"不搞反宗教运动"到"不提利用宗教"	胡岩	科学社会主义教研部	《学习时报》2011年6月6日
178	我们今天为什么要坚持民族区域自治制度	胡岩	科学社会主义教研部	《科学社会主义》2011年第4期
179	权力制衡是制度约束没有例外的关键	刘俊杰	科学社会主义教研部	《科学社会主义》2011年第5期
180	中国特色社会主义价值理念	刘俊杰	科学社会主义教研部	《科学社会主义》2011年第6期
181	不断提高社会管理科学化水平	向春玲	科学社会主义教研部	《学习时报》2011年5月23日
182	新时期中国革命老区发展的可贵探索	向春玲	科学社会主义教研部	《学习时报》2011年1月3日
183	苏联剧变20年再认识	赵宏	科学社会主义教研部	《科学社会主义》2011年第4期
184	通过制度改革实现制度整合	赵宏	科学社会主义教研部	《科学社会主义》2011年第5期
185	论十六大以来中国特色社会主义民生观形成发展	张瑞	科学社会主义教研部	《科学社会主义》2011年第2期
186	毛泽东邓小平社会发展观比较	张瑞	科学社会主义教研部	《科学社会主义》2011年第5期
187	中国共产党社会发展观的基本内涵	张瑞	科学社会主义教研部	《中国特色社会主义》2011年第5期
188	自由主义旗帜下两种不同民主理论的分野：当代西方民主理论评述	李良栋	政法教研部	《政治学研究》2011年第2期
189	谈谈如何备课	李良栋	政法教研部	《学习时报》2011年10月3日
190	城市房屋征收与补偿中的立法问题	傅思明	政法教研部	《中国党政干部论坛》2011年第1期

续表

序号	论文题目	作者	单位	发表报刊及时间
191	公众的行政参与和社会稳定	王雅琴	政法教研部	《理论视野》2011年第5期
192	我们需要怎样的死刑政策	高长见	政法教研部	《学习时报》2011年8月8日
193	刑事诉讼法再修改中的人权保障问题	高长见	政法教研部	《学习时报》2011年9月5日
194	"见死不救"应否"入刑"	高长见	政法教研部	《学习时报》2011年10月31日
195	马基雅维里论政治正当性	王立峰	政法教研部	《政治学研究》2011年第3期
196	社会管理创新与司法行政新作为	王立峰	政法教研部	《学习时报》2011年11月7日
197	从依法执政看党内法规建设	王立峰	政法教研部	《学习时报》2011年2月21日
198	应重视审判在纠纷解决机制中的作用	王立峰	政法教研部	《学习时报》2011年10月17日
199	提高全社会的人权意识	张晓玲	政法教研部	《光明日报》2011年9月23日
200	健全集体谈判制度　构建和谐劳动关系	张晓玲	政法教研部	《理论动态》2011年5月20日
201	民生新闻与公众政治参与良性关系的构建	黄小勇	政法教研部	《科学社会主义》2011年第6期
202	在公众参与环境下政府如何进行民主决策：以漳州市引进PX项目为例	黄小勇	政法教研部	《中国党政干部论坛》2011年第11期
203	事业单位"管办分离"存在的问题及对策	井　敏	政法教研部	《中国行政管理》2011年第3期
204	建设节约型机关的理论视角	王　军	政法教研部	《中国行政管理》2011年第1期
205	法治视角下的社会稳定	封丽霞	政法教研部	《中国党政干部论坛》2011年第4期
206	应纠正地方维稳工作中的"异化"现象	封丽霞	政法教研部	《学习时报》2011年3月17日
207	当司法遭遇民众的"合理怀疑"	封丽霞	政法教研部	《学习时报》2011年11月28日

续 表

序号	论 文 题 目	作 者	单 位	发表报刊及时间
208	正确运用政府信息公开处理群体性事件	王 勇	政法教研部	《理论动态》2011 年 2 月 20 日
209	法治政府理念的标准探析	王 勇	政法教研部	《科学社会主义》2011 年第 5 期
210	法治视野下党内法规与国家法律的协调	张立伟	政法教研部	《中共中央党校学报》2011 年第 3 期
211	对“新民主主义社会”的几点认识	陈 述	中共党史教研部	《党史研究与教学》2011 第 2 期
212	江泽民：承前启后、继往开来的引路人	陈 述	中共党史教研部	《中国党政干部论坛》2011 年第 5 期
213	“三步走”发展战略决策的形成和发展	陈 述	中共党史教研部	《中国党政干部论坛》2011 年第 6 期
214	十一届三中全会与伟大的历史转折	陈 述	中共党史教研部	《中国党政干部论坛》2011 年第 7 期
215	论中国共产党 90 年的伟大成就	陈 述	中共党史教研部	《中共中央党校学报》2011 年第 4 期
216	领导干部要特别注意学习中国共产党的历史	曹 普	中共党史教研部	《学习时报》2011 年 9 月 12 日
217	中央苏区第四次反“围剿”战绩考	李东朗	中共党史教研部	《中共党史研究》2011 年第 11 期
218	遵义会议：实现生死攸关的伟大转折	李东朗	中共党史教研部	《中国党政干部论坛》2011 年第 7 期
219	延安整风运动：党的建设的伟大工程	李东朗	中共党史教研部	《中国党政干部论坛》2011 年第 6 期
220	坚定不移地实行一党领导、多党合作的政党制度：纪念中国共产党成立 90 周年	李庆刚	中共党史教研部	《科学社会主义》2011 年第 2 期
221	以高度的文化自觉和文化自信建设文化强国	李庆刚	中共党史教研部	《解放军报》2011 年 10 月 25 日
222	“我们的工作将写在人类的历史上”——中国人民政治协商会议第一届全体会议的筹备与召开	李庆刚	中共党史教研部	《中国党政干部论坛》2011 年第 7 期
223	为什么犯过严重错误还能得到人民支持	李庆刚	中共党史教研部	《学习时报》2011 年 4 月 18 日至 5 月 16 日，4 期连载

续表

序号	论文题目	作者	单位	发表报刊及时间
224	为什么没有像苏东共产党那样丧失执政地位	李庆刚	中共党史教研部	《学习时报》2011年5月30日至6月20日，4期连载
225	西安事变：时局转换的枢纽	刘宝东	中共党史教研部	《中国党政干部论坛》2011年第6期
226	朱德的读书学习思想	刘宝东	中共党史教研部	《学习时报》2011年8月22日
227	为什么能建立新中国	刘宝东	中共党史教研部	《学习时报》2011年3月21日至4月11日，4期连载
228	2010年中共党史研究述评	刘晶芳	中共党史教研部	《中共党史研究》2011年第5期
229	毛泽东放弃新民主主义社会论的理论原因	刘晶芳	中共党史教研部	《科学社会主义》2011年第3期
230	延安审干运动中的国民党因素	卢　毅	中共党史教研部	《党的文献》2011年第2期
231	1945年上海起义计划的制定与放弃	卢　毅	中共党史教研部	《中共党史研究》2011年第5期
232	关于抗战“速胜论”的几点辨析	卢　毅	中共党史教研部	《抗日战争研究》2011年第3期
233	毛泽东对辛亥革命的评价	卢　毅	中共党史教研部	《百年潮》2011年第6期
234	中国共产党诞生纪事	卢　毅	中共党史教研部	《中国党政干部论坛》2011年第7期
235	建党初期理论宣传工作的历史经验	卢　毅	中共党史教研部	《中国党政干部论坛》2011年第8期
236	正本清源说土改	罗平汉	中共党史教研部	《人民日报海外版》2011年10月28日
237	从革命党转变为执政党的最初探索	罗平汉	中共党史教研部	《中共中央党校学报》2011年第3期
238	新中国内政外交方针的确定	罗平汉	中共党史教研部	《科学社会主义》2011年第3期
239	中国共产党：伟大光荣正确的马克思主义政党	罗平汉	中共党史教研部	《中国党政干部论坛》2011年第8期

续表

序号	论文题目	作者	单位	发表报刊及时间
240	毛泽东的寻乌调查与《反对本本主义》	罗平汉	中共党史教研部	《学习时报》2011 年 11 月 28 日
241	中国改革开放史若干前沿问题研究述评	沈传亮	中共党史教研部	《教学与研究》2011 年第 8 期
242	中国共产党的国家建设目标历史演进分析	沈传亮	中共党史教研部	《当代中国史研究》2011 年第 3 期
243	新世纪以来中国政治体制改革研究综述	沈传亮	中共党史教研部	《中共党史研究》2011 年第 3 期
244	纪念辛亥、研究辛亥：近十年中国共产党与辛亥革命关系研究纵览	沈传亮	中共党史教研部	《党的文献》2011 年第 6 期
245	中国共产党能成功应对面临的挑战吗?	沈传亮	中共党史教研部	《学习时报》2011 年 8 月 8 日
246	为什么能实现社会主义同市场经济的结合	沈传亮	中共党史教研部	《学习时报》2011 年 7 月 4 日至 8 月 1 日，4 期连载
247	推动历史大众化的文本途径	沈传亮	中共党史教研部	《学习时报》2011 年 9 月 19 日
248	“建设社会主义文化强国”目标的确立	沈传亮	中共党史教研部	《学习时报》2011 年 10 月 31 日
249	当代史的治史刍议	王海光	中共党史教研部	《中共党史研究》2011 年第 5 期
250	漫谈选人用人机制的历史与现实	王海光	中共党史教研部	《学习时报》2011 年 5 月 30 日
251	马克思主义大众化的历史启迪	谢春涛	中共党史教研部	《求是》2011 年第 8 期
252	赢得人心的选择	谢春涛	中共党史教研部	《光明日报》2011 年 7 月 1 日
253	正确对待党在历史上的错误	谢春涛	中共党史教研部	《学习时报》2011 年 1 月 24 日
254	理想信念：共产党人不竭的精神力量	谢春涛	中共党史教研部	《学习时报》2011 年 7 月 11 日
255	对中国模式的理性思考和坚定认同	谢春涛	中共党史教研部	《光明日报》2011 年 4 月 11 日
256	“没有了中国”：20 世纪 30 年代中国思想界的反思	张太原	中共党史教研部	《近代史研究》2011 年第 3 期

续表

序号	论文题目	作者	单位	发表报刊及时间
257	20世纪30年代的马克思主义思潮	张太原	中共党史教研部	《中共党史研究》2011年第7期
258	从研究对象到研究路径：由近些年来的傅斯年研究看人物研究的新视野	张太原	中共党史教研部	《史学月刊》2011年第2期
259	延安学习运动及其历史经验	张卫波	中共党史教研部	《中共中央党校学报》2011年第4期
260	“中国共产党”名称的由来	张旭东	中共党史教研部	《学习时报》2011年6月27日
261	中共上海早期党组织名称考	张旭东	中共党史教研部	《党的文献》2011年第4期
262	新时期中国共产党反腐倡廉的思想与实践	祝　彦	中共党史教研部	《科学社会主义》2011年第1期
263	1960年毛泽东选集《第四卷》的出版与毛泽东思想学习高潮的掀起	祝　彦	中共党史教研部	《毛泽东思想研究》2011年第1期
264	生动再现“党的宝贵的群众领袖”	祝　彦	中共党史教研部	《光明日报》2011年11月2日
265	让农民组织起来：肃宁县创新农村治理模式的实践与启示	王长江	党的建设教研部	《中国党政干部论坛》2011年第3期
266	提高党建学科科学化水平	王长江	党的建设教研部	《学习时报》2011年4月4日
267	党内基层民主的现状、特点与发展趋势	王长江	党的建设教研部	《中国党政干部论坛》2011年第2期
268	不断提高“党管干部”的科学化水平	王长江	党的建设教研部	《理论动态》2011年5月30日
269	把创先争优与建设学习型党组织紧密结合起来	戴焰军	党的建设教研部	《求是》2011年第6期
270	读《马克思致巴·瓦·安年科夫的信》	戴焰军	党的建设教研部	《党建研究》2011年第8期
271	要真正把群众当英雄	戴焰军	党的建设教研部	《学习时报》2011年7月18日
272	加强党代会在党内民主中的作用	戴焰军	党的建设教研部	《学习时报》2011年12月19日

续表

序号	论 文 题 目	作 者	单 位	发表报刊及时间
273	群众路线：根本的立场和态度	戴焰军	党的建设教研部	《光明日报》2011 年 6 月 27 日
274	把人民放在心中最高位置	戴焰军	党的建设教研部	《人民日报》2011 年 7 月 15 日
275	对一种罕见但有内在规律性政治现象的思考	张志明	党的建设教研部	《学习时报》2011 年 11 月 7 日
276	新时期中国民主政治建设的进步	张志明	党的建设教研部	《学习时报》2011 年 6 月 6 日
277	全面开展理论研讨　共同推进创先争优——注册会计师行业创先争优理论研讨会综述	张志明	党的建设教研部	《光明日报》2011 年 5 月 11 日
278	充分发挥领导干部在学习型党组织建设中的带头作用	张荣臣	党的建设教研部	《人民日报》2011 年 1 月 28 日
279	牢牢把握党保持和发展先进性的根本点	张荣臣	党的建设教研部	《人民日报》2011 年 7 月 11 日
280	加强和改进新形势下党的群众工作	张荣臣	党的建设教研部	《求是》2011 年第 12 期
281	始终保持党同人民群众的血肉联系	张荣臣	党的建设教研部	《中国党政干部论坛》2011 年第 9 期
282	党的群众工作的历史经验	张荣臣	党的建设教研部	《中国党政干部论坛》2011 年第 3 期
283	党群沟通机制也要科学化	张荣臣	党的建设教研部	《学习时报》2011 年 2 月 14 日
284	构建科学的党群沟通机制的路径	张荣臣	党的建设教研部	《理论动态》2011 年 6 月 30 日
285	创先争优与加强基层组织建设	张荣臣	党的建设教研部	《光明日报》2011 年 9 月 29 日
286	网上民意整合还需制度化	高新民	党的建设教研部	《人民日报》2011 年 9 月 14 日
287	把群众评议与现代治理结合起来	高新民	党的建设教研部	《人民日报》2011 年 6 月 2 日
288	巴黎公社政治举措的当代价值：读《法兰西内战》有感	高新民	党的建设教研部	《党建研究》2011 年第 5 期

续表

序号	论文题目	作者	单位	发表报刊及时间
289	完整理解民主决策含义　健全党内民主决策机制	高新民	党的建设教研部	《理论动态》2011年1月10日
290	提高制度建设科学化水平　保持党的先进性	高新民	党的建设教研部	《中国党政干部论坛》2011年第10期
291	新形势下群众工作的特点、考验与规律性经验	高新民	党的建设教研部	《中国党政干部论坛》2011年第3期
292	执政党在社会管理中的地位与作用——兼谈执政党的社会功能	高新民	党的建设教研部	《学习时报》2011年2月28日
293	以换届为契机提升干部选任科学化水平	高新民	党的建设教研部	《学习时报》2011年6月6日
294	当代中国改革的整体性与路径选择	高新民	党的建设教研部	《学习时报》2011年11月14日
295	提高虚拟社会管理水平　着眼于解决现实问题	高新民	党的建设教研部	《中国党政干部论坛》2011年第4期
296	人大代表要更好地担当起肩负的职责	高新民	党的建设教研部	《学习时报》2011年3月7日
297	选好管好“一把手”	高新民	党的建设教研部	《学习时报》2011年4月11日
298	征地拆迁需体现科学执政民主执政依法执政精神	高新民	党的建设教研部	《学习时报》2011年5月30日
299	加强政务诚信是一项系统工程	高新民	党的建设教研部	《学习时报》2011年10月17日
300	直接民主：国外政党党内民主发展的重要趋势	谢　峰	党的建设教研部	《学习时报》2011年1月3日
301	透视西方全国政党代表大会	谢　峰	党的建设教研部	《学习时报》2011年3月14日
302	谈谈西方政党对议员的控制	谢　峰	党的建设教研部	《中国党政干部论坛》2011年第6期
303	增强党的生机与活力	谢　峰	党的建设教研部	《人民日报》2011年7月1日

续 表

序号	论 文 题 目	作 者	单 位	发表报刊及时间
304	积极推进城市基层社会管理创新——关于山东省潍坊市奎文区构建社区“大党委”制的调查	张希贤	党的建设教研部	《人民日报》2011 年 8 月 26 日
305	科学判断时代发展方位，建设人本主义的新文化	张希贤	党的建设教研部	《学习时报》2011 年 10 月 31 日
306	党的建设理论研究的新拓展	张希贤	党的建设教研部	《学习时报》2011 年 3 月 7 日
307	居危何以思安	姜 跃	党的建设教研部	《中国党政干部论坛》2011 年第 8 期
308	戈尔巴乔夫：何以成为孤家寡人	姜 跃	党的建设教研部	《中国党政干部论坛》2011 年第 9 期
309	戈尔巴乔夫的改革：如何评说？	姜 跃	党的建设教研部	《中国党政干部论坛》2011 年第 10 期
310	道路、理论体系和制度的逻辑关联	蔡 霞	党的建设教研部	《人民论坛》2011 年第 22 期
311	面对群体性事件我们应作何种反思	蔡 霞	党的建设教研部	《学习时报》2011 年 3 月 28 日
312	基层群众工作的新经验	赵绪生	党的建设教研部	《中国党政干部论坛》2011 年第 3 期
313	建设清正廉洁的党	赵绪生	党的建设教研部	《人民日报》2011 年 7 月 1 日
314	完善规则，才能提高公选质量	梁妍慧	党的建设教研部	《人民日报》2011 年 4 月 14 日
315	必须让权力在阳光下运行	梁妍慧	党的建设教研部	《中国党政干部论坛》2011 年第 2 期
316	破解农民工党建难题的一个重要探索：中远船务农民工党建模式探析	梁妍慧	党的建设教研部	《中国党政干部论坛》2011 年第 8 期
317	干部制度改革的历程与当前的重点任务	梁妍慧	党的建设教研部	中国人民大学书报资料中心《复印报刊资料（中国共产党）》2011 年第 1 期

续表

序号	论文题目	作者	单位	发表报刊及时间
318	区域化党建与加强党对社会的领导	梁妍慧	党的建设教研部	中国人民大学书报资料中心《复印报刊资料(中国共产党)》2011年第5期
319	有效运用新媒体推动党内民主发展	曹鹏飞	党的建设教研部	《学习时报》2011年11月7日
320	基层党组织在社会管理创新中应有大作为	祝灵君	党的建设教研部	《学习时报》2011年9月12日
321	从流言、谣言传播看社会管理创新	蔡志强	党的建设教研部	《学习时报》2011年4月18日
322	社会阶层固化的成因与对策	蔡志强	党的建设教研部	《学习时报》2011年6月27日
323	以理论的思想灵光　引领社会组织党建创新——专家学者纵论注册会计师行业创先争优	蔡志强	党的建设教研部	《光明日报》2011年05月12日
324	关于党内权力结构和运行机制的思考	任铁缨	党的建设教研部	《中国党政干部论坛》2011年第9期
325	基层廉政建设的有益探索——河南省荥阳市廉政风险三星评估四级防范机制建设工作调研报告	任铁缨	党的建设教研部	《学习时报》2011年11月7日
326	让换届成为完善党内选举制度的契机	张晓燕	党的建设教研部	《学习时报》2011年9月26日
327	推进党内民主要继续说，更要真正做	张晓燕	党的建设教研部	《中国党政干部论坛》2011年第2期
328	推进选任制干部的选举	吴　辉	党的建设教研部	《学习时报》2011年8月29日
329	发挥好党的政治优势	吴　辉	党的建设教研部	《人民日报》2011年7月1日
330	新媒体时代对领导干部提出的新要求	吕　品	党的建设教研部	《党建研究》2011年第11期
331	选好官员财产申报和公开制度的突破口	吕　品	党的建设教研部	《学习时报》2011年9月26日
332	新媒体环境下拓展党群沟通渠道研究	吕　品	党的建设教研部	《理论动态》2011年11月20日

续表

序号	论文题目	作者	单位	发表报刊及时间
333	美国联邦政府推进社区建设之道	郑琦	党的建设教研部	《学习时报》2011年2月14日
334	美国政府的救灾体制	郑琦	党的建设教研部	《学习时报》2011年5月9日
335	新疆各群体文化和国家认同调查报告	徐平	文史教研部	《中国社会科学内部文稿》2011年第4期
336	从文化自觉走向文化自信	徐平	文史教研部	《学习时报》2011年9月26日
337	什么是"文化强国"	徐平	文史教研部	《学习时报》2011年10月31日
338	为什么说文化是中华民族的血脉	赵峰	文史教研部	《解放日报》2011年11月21日
339	大众概念的流动性与大众文化的复杂性	范玉刚	文史教研部	中国人民大学书报资料中心《复印报刊资料（文化研究）》2011年第8期
340	消费文化时代的文学理想重构	范玉刚	文史教研部	中国人民大学书报资料中心《复印报刊资料（文艺理论）》2011年第11期
341	做好文化创意产业这篇大文章	范玉刚	文史教研部	《经济日报》2011年6月13日
342	高度重视文化价值的传承和高扬	范玉刚	文史教研部	《学习时报》2011年11月28日
343	解放文化的生产力需要新视角	范玉刚	文史教研部	《学习时报》2011年1月17日
344	国产大片要票房，更应要口碑	范玉刚	文史教研部	《学习时报》2011年1月17日
345	对以人为中心的深刻把握是评价文学的重要尺度	范玉刚	文史教研部	《学习时报》2011年2月14日
346	文化生产力解放的实践探索	范玉刚	文史教研部	《学习时报》2011年3月14日
347	试析新文学体系中的"红色经典"再生产	范玉刚	文史教研部	《学习时报》2011年5月23日
348	过节了，让我们与孩子一起成长——评印度儿童片《心中的小星星》	范玉刚	文史教研部	《学习时报》2011年6月6日

续表

序号	论文题目	作者	单位	发表报刊及时间
349	一部人生启悟主题的警醒之作——评电影《希特勒的男孩》	范玉刚	文史教研部	《学习时报》2011年6月20日
350	文化产业热中的冷思考	范玉刚	文史教研部	《学习时报》2011年7月4日
351	人不闻道是为虚生——评电影《湘江北去》	范玉刚	文史教研部	《学习时报》2011年7月18日
352	日常生活的诗意描摹与理想信念的张扬——兼评内地版电视剧《大时代》	范玉刚	文史教研部	《学习时报》2011年9月12日
353	歌德“世界文学”的当代价值	范玉刚	文史教研部	《学习时报》2011年10月10日
354	从国家战略看文化发展	范玉刚	文史教研部	《学习时报》2011年10月24日
355	文化“走出去”要有新思维、新视野	范玉刚	文史教研部	《中共中央党校学报》2011年第2期
356	文化发展的战略意识与文化情怀	范玉刚	文史教研部	《学习时报》2011年11月7日
357	推动完善公共文化服务体系	李媛媛	文史教研部	《光明日报》2011年12月5日
358	什么是亚文化	李媛媛	文史教研部	《学习时报》2011年4月11日
359	走向共同文化	李媛媛	文史教研部	《学习时报》2011年5月30日
360	开辟文化主义传统的力作	李媛媛	文史教研部	《学习时报》2011年10月3日
361	打工文化，烛照劳动者的精神家园	刘忱	文史教研部	《人民日报》2011年4月29日
362	以文化融入促进社会融入	刘忱	文史教研部	《人民日报》2011年10月20日
363	献给后代的礼物——解读《钢的琴》	刘忱	文史教研部	《学习时报》2011年10月17日
364	走近历史才能走向未来	刘忱	文史教研部	《学习时报》2011年10月24日

续 表

序号	论　文　题　目	作　者	单　位	发表报刊及时间
365	以满足人民的文化需求为旨归	刘　忱	文史教研部	《学习时报》2011 年 12 月 26 日
366	清廷覆灭原因深析	王学斌	文史教研部	《光明日报》2011 年 10 月 9 日
367	清末国粹派颜李学研究述论	王学斌	文史教研部	中国人民大学书报资料中心《复印报刊资料(中国近代史)》2011 年第 4 期
368	网络舆论传播中的蝴蝶效应	秦　露	文史教研部	《学习时报》2011 年 6 月 6 日
369	佛罗伦萨：形神间的游走	陈宇飞	文史教研部	《学习时报》2011 年 11 月 7 日
370	清政府的改革与清王朝的覆亡	刘悦斌	文史教研部	《学习时报》2011 年 8 月 8 日
371	博学笃志立学立身	田嵩燕	文史教研部	《学习时报》2011 年 10 月 3 日
372	中国文化中的禅与禅机	马奔腾	文史教研部	《学习时报》2011 年 12 月 19 日
373	英国高等教育的改革发展	刘丽丽	文史教研部	《学习时报》2011 年 5 月 23 日
374	德国高等教育的改革发展	刘丽丽	文史教研部	《学习时报》2011 年 4 月 18 日
375	新加坡公共组屋的成功因素	焦玉莉	文史教研部	《学习时报》2011 年 3 月 21 日
376	中东大变局对美国战略的影响	高祖贵	国际战略研究所	《国际问题研究》2011 年第 3 期
377	2011 年的世界变局（合著）	高祖贵	国际战略研究所	《学习时报》2011 年 12 月 26 日
378	世界在延续中变革调整	高祖贵	国际战略研究所	《学习时报》2011 年 9 月 12 日
379	如何认识 21 世纪上半叶非洲在中国外交战略中的重要地位	罗建波	国际战略研究所	《西亚非洲》2011 年第 2 期
380	非洲族群冲突的最新进展及冲突管理	赵　磊	国际战略研究所	《当代世界与社会主义》2011 年第 3 期
381	后危机时代美国财政可持续性研究	陈建奇	国际战略研究所	《世界经济研究》2011 年第 3 期

续表

序号	论文题目	作者	单位	发表报刊及时间
382	中国是否接受外部失衡上限对称性约束	陈建奇	国际战略研究所	《国际贸易》2011 年第 4 期
383	中国进口战略与贸易平衡分析	陈建奇	国际战略研究所	《国际贸易》2011 年第 6 期
384	重估人民币汇率升值对中国经济的影响：基于 2005 年汇改以来的经验证据	陈建奇	国际战略研究所	《世界经济研究》2011 年第 12 期
385	也论自由贸易的国家利益至上原则	秦治来	国际战略研究所	《国际贸易》2011 年第 5 期
386	国际关系研究的历史学转向	秦治来	国际战略研究所	《世界经济与政治》2011 年第 8 期
387	从领导人第三次会晤看金砖国家的深度合作	秦治来	国际战略研究所	《学习时报》2011 年 4 月 25 日
388	国际视野中的国家文化安全与国家文化软实力	秦治来	国际战略研究所	《学习时报》2011 年 10 月 31 日
389	世界主要安全问题与安理会的“安全应对”	赵　磊	国际战略研究所	《现代国际关系》2011 年第 10 期
390	世界民族问题的新变化、新态势、新影响	赵　磊	国际战略研究所	《学习时报》2011 年 5 月 23 日
391	2011 年的世界变局（合著）	赵　磊	国际战略研究所	《学习时报》2011 年 12 月 26 日
392	中国和平发展白皮书的亮点	赵　磊	国际战略研究所	《学习时报》2011 年 9 月 19 日
393	文化强国战略面对的几个关键问题	赵　磊	国际战略研究所	《学习时报》2011 年 12 月 5 日
394	国际视野中的民族冲突与管理	赵　磊	国际战略研究所	《学习时报》2011 年 1 月 24 日
395	试论中国特色社会主义外部环境建设	刘建飞	国际战略研究所	《当代世界与社会主义》2011 年第 5 期
396	美国“民主联盟”战略对国际政治的影响	刘建飞	国际战略研究所	《世界经济与政治》2011 年第 5 期
397	美国、加拿大、俄罗斯反分裂斗争的经验及思考	张仕荣	国际战略研究所	《当代世界与社会主义》2011 年第 5 期
398	美国对台不间断军售的深层动因	张仕荣	国际战略研究所	《学习时报》2011 年 10 月 3 日

续表

序号	论文题目	作者	单位	发表报刊及时间
399	美国对华战略认知的演变与中美关系	陈积敏	国际战略研究所	《外交评论》2011年第4期
400	欧债危机与中欧关系	陈积敏	国际战略研究所	《学习时报》2011年10月26日
401	收入分配改革要解放思想和科学研究	周天勇	国际战略研究所	《学习时报》2011年2月28日
402	2011年的世界变局（合著）	马小军	国际战略研究所	《学习时报》2011年12月26日
403	中国发展的信心来自何方	陈江生	国际战略研究所	《学习时报》2011年1月24日
404	准确把握人才培养的根本标准	陈江生	国际战略研究所	《学习时报》2011年5月23日
405	西藏侧记之五	张　明	国际战略研究所	《学习时报》2011年1月17日
406	西藏侧记之六	张　明	国际战略研究所	《学习时报》2011年3月14日
407	西藏侧记之七	张　明	国际战略研究所	《学习时报》2011年5月16日

（依据“八部一所”供稿汇总整理）

科 研 工 作

概 况

2011年，按照习近平同志和校委建设“一流科研”的要求，科研工作坚持把学习、研究、宣传中国特色社会主义理论体系作为中心内容，圆满地完成各项工作任务，较好地履行了科研管理部门的各项职能，为建设“一流学府”作出贡献。

深化理论研究和宣传。1.4月25日至26日，在汶川特大地震三周年到来之际，中央党校与中央宣传部、中国社会科学院、四川省委在成都联合召开“抗震救灾和恢复重建与社会主义核心价值体系理论研讨会”。受常务副校长李景田委托，副校长张伯里代表中央党校在会上致辞。中央主要新闻媒体对会议作了报道。

2.6月7日至8日，中央党校、全国党建研究会、重庆市委在重庆联合举办“纪念中国共产党成立90周年党建理论与实践重庆研讨会”。常务副校长李景田在研讨会上作了题为《中国共产党90年推进理论创新的基本经验与启示》的主旨演讲。副校长张伯里主持了主题演讲会并作会议总结。

3.6月16日至17日，“全国党校系统纪念中国共产党成立90周年理论研讨会”在大连召开。常务副校长李景田在会上作了《中国特色社会主义的旗帜上鲜明地写着发展与公正》的主旨报告。张伯里副校长作总结讲话。

4.7月1日至2日，中央党校与中央组织部、中央宣传部等八部委在京联合“召开纪念中国共产党成立90周年理论研讨会”。常务副校长李景田作了《高举中国特色社会主义伟大旗帜不动摇》的发言。副校长张伯里代表中央党校中国特色社会主义理论体系研究中心作了《深化对社会主义核心价值体系的整体理解》的交流发言。中央党校参加此次会议呈现“四个最多”的特点：一是参会人数最多，二是入选论文最多，三是发言人数最多，四是上台领取获奖证书的人最多。

5. 9月25日，中央党校、中央创先争优活动领导小组办公室、光明日报社联合在中央党校召开“创先争优理论研讨交流会”。常务副校长李景田会见了部分与会代表。来自中央党校、中国社会科学院、国家行政学院、北京大学等单位的专家学者共120余人参加了会议。8位代表作了大会发言，副校长张伯里作总结讲话。会后，中央创先争优活动领导小组办公室还专门就会议情况上报中央组织部。

6. 10月25日，中央党校召开理论工作者学习贯彻党的十七届六中全会精神座谈会。副校长张伯里出席会议并作总结讲话。新华社、《人民日报》、《光明日报》等中央媒体进行广泛报道，这是党内最早进行学习宣传六中全会精神的座谈会之一。

积极推进思想库建设。1. 根据《中央党校年度校级项目指南总体规划》，制定《中央党校2012年度课题指南》，并经校委会通过，正式颁布实施。

2. 协调签订《中央党校——国家开发银行战略合作协议》，进一步拓宽中央党校科研资金来源，缓解科研经费紧张局面，为开展科研活动提供强有力支持。

3. 组织中央党校“思想库建设”专题调研，为制定《中央党校思想库建设方案》和召开中央党校思想库建设动员大会作准备。先后组织了5个调研小组，分赴5省市就思想库建设进行专题调研，并以“读书双月谈”形式就思想库调研的收获进行了充分交流。

4. 积极配合全国哲学社会科学规划办公室开展国家哲学社会科学专题思想库建设调研。

深化科研管理体制改革。1. 制定并印发《中共中央党校2011—2015年科研发展规划》。

2. 为进一步调动中央党校教研人员从事国家社会科学基金项目研究的积极性，促进出精品、出人才，建设一流学府，制定《中央党校支持国家科学社会基金项目研究的实施意见（试行）》。

3. 在制定《中央党校重大、重点科研项目管理办法（试行）》的基础上，制定《中央党校一般、青年科研项目结项要求（试行）》。

4. 制定《中央党校重点津贴发放办法》。该办法加大对精品力作的支持力度，引起全校科研人员的高度关注。

加大科研项目管理力度。1. 在国家社会科学基金项目立项上获得历史性突破，达24项，包括重大、重点、一般、青年及后期资助项目等，资金总额达到465万元。其中，以中央党校中国特色社会主义理论体系研究中心为责任单位、以韩庆祥教授为首席专家投标的国家社会科学基金重大项目《中国特色社会主义理论体系基本原理研究》获准立项，为“十二五”时期中央党校国家社会科学基金重大项目立项工作开了好头。继续做好以中心名义申报成功的国家社会科学基金重大项目“科学发展观研究”的管理、结项等工作。

2. 做好国家社会科学基金各类项目的申报立项、中期管理和鉴定结项工作。全年共受理各类项目申报401项，录入申报数据14035项，获准立项85项（其中重大项目9项），年度项目申报立项率在全国五大社科系统中继续排名第一，重点项目名列前茅。组织完成各类通讯初评8193项，共检查各类项目183项，清理项目62项，受理各类项目结项共79项。此外，还召开中央国家机关2011年度国家社会科学基金项目培训会议，指导2011年度新立项目负责人做好预算并尽早开展研究。

3. 搞好马克思主义理论研究和建设工程课题的立项与管理。中央党校“马克思主义理论教育和人才培养研究”项目被纳入马克思主义理论研究和建设工程，首期拨款40万元。继续做好马克思主义理论研究和建设工程项目——“毛泽东思想、邓小平理论和‘三个代表’重要思想对党的建设特别是执政党建设理论贡献”的管理协调工作。此外，对于中央党校教研人员中标或参加“马克思主义理论研究和建设工程”教育部第二批高等学校哲学社会科学重点编写教材项目（共5部教材的编写）也做了大量协调工作。

4. 4月19日召开“2010年度校级重大科研项目中期检查会议”，对2010年度校级重大科研项目“提高党的建设科学化水平研究”、“民族理论与宗教理论研究”、“国际金融危机后中国经济面临的挑战与对策研究”进行中期检查。

5. 组织召开中央党校——国家开发银行2010年度重大课题的鉴定结项工作。2010年度三项重大课题“民族理论与宗教理论研究”、“国际金融危机后中国经济面临的挑战与对策研究”、“提高党的建设科学化水平研究”通过鉴定，并以校委的名义，通过《中共中央党校研究报告》形式上报中央。

6. 严格按照各类课题结项办法，做好校级各类课题结项鉴定工作。全年共结项39项，是近几年最多的一次，为科研人员顺利开展新课题研究提供条件。

7. 在科研经费大幅度增加的情况下，做好经费划拨，日常课题经费预算、报销等工作。提高经费使用的效益和科学化水平，为教研人员顺利开展研究提供有力的经费保障和支持。

加强科研协作。1. 完成中央宣传部委托的“不断增强贯彻落实科学发展观的自觉性和坚定性”项目研究任务；做好“社会主义文化建设若干问题研究”、“中国共产党成立90周年密切党群关系、做好群众工作的基本经验及其启示”、“中国共产党推进理论创新的基本经验及其启示”等其他项目的管理协调工作。

2. 与国家开发银行合作，设立中央党校2011年度校级重大课题3项、重点课题15项、一般课题23项、青年课题10项。2010年度和2011年度课题的合同已经签订完毕，项目经费总额达2560万元，这些课题都进入实质性研究阶段。

3. 组织设立2011年度全国党校系统调研课题。全国各省级党校、副省级城市党校、中央党校科研基地立项200项课题，其中“指导思想的与时俱进对党的事业发展的重大意义”课题立57项，“中国共产党90年来成功应对危局和化解困境的历史经验研究”课题立85项，“开发性金融研究”课题立58项。组织好2010年度课题结项工作，并准备出精品集。

4. 按照国家民政部和校委的要求，做好中央党校主管的6个社会团体的监督与管理工作，指导各社团积极规范地开展活动，协调年检、审计、人员调整、办刊、召开学术会议等工作，得到民政部主管单位的肯定。

继续发挥“中央党校中国特色社会主义理论体系研究中心”重要作用。1. 3月18

日，中央党校召开中国特色社会主义理论体系研究中心2010年度工作汇报会。常务副校长、中央党校中国特色社会主义理论体系研究中心主任李景田，中央宣传部副部长王晓晖出席会议并讲话。副校长陈宝生、孙庆聚、李书磊，教育长兼培训部主任徐伟新，校委委员贾高建、罗宗毅、黄宪起、赵长茂出席会议。副校长张伯里主持会议。

2. 继续发挥对外加强联络的职能，整合校内科研资源，组织专家学者以中央党校中国特色社会主义理论体系研究中心名义署名在《人民日报》、《光明日报》、《经济日报》、《求是》杂志等国家重点报刊发表理论文章，全年共发表文章37篇、获中央宣传部评选资助16篇，与全国其他中心相比遥遥领先，创造了发文数量和获资助数量的双第一。

3. 编辑出版《中共中央党校研究报告》共10期。其中刊登在2011年第3期的调研报告《实现“两个同步”和提高“两个比重”的核心环节》，获得李克强等中央领导批示；第5期的调研报告《发挥商业保险机构优势，探索新型农村合作医疗经办服务情况调研报告》，先后获得李克强及卫生部陈竺、张茅等领导同志的批示，在一定程度上发挥了决策咨询作用。

认真做好其他工作。1. 做好舆情信息直报工作。按照《中央党校舆情信息直报工作方案》的要求，2011年向中央宣传部舆情局报送70余份材料。

2. 加强内部信息速报直报工作。根据校领导批示精神，科研部被确定为向中央办公厅报送材料的直接联络部门。胡锦涛总书记发表“七一”重要讲话后和党的十七届六中全会召开之后，分别按要求将反映中央党校学习情况的多篇材料及时上报中央办公厅；根据中央办公厅信息综合室要求，科研部还组织专家向其报送了相关研究文章。这些报送材料快速及时，中共中央办公厅为此专门来电表示赞扬。

加强班子和队伍建设。1. 坚持和完善以“读书双月谈”形式促进学习型党组织和学习型领导班子建设，按照“围绕岗位要求读书、联系思想实际读书、带着问题读书、结合课题研究读书”的“四读书”要求，积极推进学习。重点围绕思想库建设、学习贯彻胡锦涛总书记“七一”重要讲话精神、学习贯彻党的十七届六中全会精神等重要主题，以“读书双月谈”形式先后组织了“思想库与思想库建设研究”、“国外思想库研究资料交流会”、“思想库建设调研交流会”、“深入学习贯彻胡锦涛总书记‘七一’重要讲话精神”、“深入学习贯彻党的十七届六中全会精神”等活动，推动全部同志交流学习体会，共享学习成果，提高学习认识，取得良好反响。

2. 围绕“创先争优”活动，完善党建工作模式。继续坚持“业务工作与党支部工作‘三统筹’”的党建工作模式，即“统筹工作计划、统筹活动安排、统筹经费保障”。切实推进创先争优实践活动，主动与怀柔区琉璃庙镇八宝堂村党支部开展支部共建，深入基层调查研究，虚心向群众学习，同时为加强基层党组织建设尽心尽力。

3. 选人用人坚持组织原则和“三监督”机制。严格遵循用人纪律和用人原则，坚持集体决策，不越雷池半步。坚持“三监督”，即部内同志监督部务会成员，部务会成员监督部班子成员，部班子成员监督“一把手”。

4. 坚持“三倾斜”原则，关注部内同志的切身利益和合理诉求。“三倾斜”即在部内同志和部务会成员之间，利益向一般同志倾斜；在处长和班子成员之间，利益向处长倾斜；在普通班子成员和“一把手”之间，利益向普通班子成员倾斜，并以公示机制作为保障。同时，部班子关注关心每位同志的发展机会和切身利益，能反映及时反映，能争取竭力争取。同事遇到困难，班子成员都极为关心，党支部和工会的同志也积极奔走，分忧解难。

5. 坚持“三个服务、三个营造”，维护班子和队伍团结。倡导干活出干部、团结出干部，进一步推进和谐部风建设。

科研部获 2010 学年—2011 学年管理服务优秀集体奖。党支部以高票获“中央直属机关优秀党支部和中央党校优秀党支部”荣誉称号，并在校内直属单位党支部工作目标管理责任制考核中被评为优秀等次。

（摘自校园网，科研部供稿）

制度建设

中央党校一般、青年科研项目结项要求（试行）

校科字〔2011〕4 号

为适应科研经费投入加大的现实需要，提高科研项目结项成果的质量，特制定本要求。

第一条 项目成果的结项采取公开发表、出版或内部研究报告的形式。

第二条 一般项目的结项成果达到下列 1、2、3 中任意两项，则可结项：

1. 有一部科研部认定的出版社出版的学术专著；

2. 有一篇科研部认定的学术期刊上发表的学术论文或有 2 篇以上在中央党校组织部现行的核心期刊上发表的与项目相关的理论研究文章，其中专业核心期刊 1 篇（含）以上，综合性学术期刊 1 篇（含）以上；

3. 有一份获得副部长级以上领导批示给予充分肯定或被党和国家及有关部委决策时采用的研究报告。

第三条 青年项目的结项成果达到以下一项，则可结项：

1. 有一部科研部认定的出版社出版的学术专著；

2. 有一篇科研部认定的学术期刊上发表的学术论文或者有2篇以上在中央党校组织部规定的核心期刊上发表的与项目相关的理论研究文章，其中专业核心期刊1篇（含）以上，综合性学术期刊1篇（含）以上；

3. 有一份获得副部长级以上领导批示给予充分肯定或被党和国家及有关部委决策时采用的研究报告。

第四条 项目研究工作完成后，课题组应及时填报《项目结项审批书》，并报送最终成果两套、光盘一份。

第五条 项目验收合格的，由科研部发放《中央党校科研项目结项证书》。

第六条 项目完成情况向全校公布。

第七条 凡有下列情况之一者，项目负责人须提交书面申请，报科研部审批：

1. 课题组成员变更；

2. 研究内容调整；

3. 项目延期最多一次，最长期限为一年。

第八条 有如下情况之一的，作撤项处理：

1. 违反《中共中央党校学术规范》的；

2. 达不到结项要求的；

3. 延期一次后仍不能完成研究任务的。

第九条 撤项罚则：

1. 撤项名单在校内公布；

2. 扣除预留经费；

3. 项目负责人三年不得申报国家级、校级科研项目；

4. 取消项目负责人本年度科研优秀成果奖评选资格，以及所在单位本年度科研组织优秀集体奖评选资格。

第十条 本办法自公布之日起施行。

第十一条 本办法由科研部负责解释。

科 研 部

2011年7月7日

附1：

科研部参照《中央党校重大、重点科研项目管理办法（试行）》附录认定的期刊和出版社名单

一、社会科学类综合学术期刊(2)

《中国社会科学》

《新华文摘》（转载字数4000字以上）

二、专业学术期刊（18）

《马克思主义与现实》

《哲学研究》
《经济研究》
《当代世界与社会主义》
《社会学研究》
《民族研究》
《政治学研究》
《中国行政管理》
《法学研究》
《中共党史研究》
《党建研究》
《历史研究》
《文学评论》
《外语教学与研究》
《世界经济》
《外交评论》
《国际问题研究》
《中国图书馆学报》

三、校内公开出版发行的报纸杂志

（须同时在《中国社会科学文摘》或《高等学校文科学术文摘》或中国人民大学书报资料中心《复印报刊资料》上转载，字数不低于4000字，或被《新华文摘》论点摘编）

四、出版社（6）

人民出版社
商务印书馆
生活·读书·新知三联书店
中国社会科学出版社
中华书局
中共中央党校出版社（须是与上述出版社联合出版的精品文库）

附2：

中央党校组织部现行的专业核心期刊和综合性核心期刊目录

一、专业权威期刊

（一）教研系列专业权威期刊

哲学教研部：《哲学研究》、《哲学动态》、《世界哲学》、《现代哲学》、《自然辩证法研究》、《自然辩证法通讯》、《孔子研究》、《伦理学研究》、《中国哲学史研究》、《中国软科学》、《道德与文明》、《周易研究》、《科学学研究》、《文史哲》

经济学教研部：《经济研究》、《经济学动态》、《财贸经济》、《中国工业经济》、《管理世界》、《中国经济问题》、《经济学家》、《金融研究》、《农业经济问题》、《当代经济研究》、《财政研究》、《经济理论与经济管理》、《经济研究参考》、《宏观经济研究》、《企业管理》

科学社会主义教研部：《科学社会主义》、《马克思主义与现实》、《当代世界与社会主义》、《社会主义研究》、《中国特色社会主义研究》、《社会学研究》、《国外社会学》、《青年研究》、《世界宗教研究》、《民族研究》、《国外理论动态》、《政治学研究》、《当代世界社会主义问题》、《教学与研究》、《社会：社会学丛刊》

政法教研部：《政治学研究》、《马克思主义与现实》、《政治与法律》、《世界经济与政治》、《管理世界》、《中国行政管理》、《法学研究》、《中国法学》、《中外法学》、《法学家》、《政法论坛》、《现代法学》、《法学》、《法学评论》、《环球法律评论》、《法制与社会发展》、《当代法学》、《当代世界与社会主义》、《国家行政学院学报》、《国外理论动态》、《北京行政学院学报》

中共党史教研部：《历史研究》、《中共党史研究》、《党的文献》、《百年潮》、《中共党史资料》、《党史研究资料》、《当代中国史研究》、《近代史研究》、《抗日战争研究》、《党建研究》、《教学与研究》、《史学月刊》、《毛泽东思想研究》、《中国经济史研究》

党的建设教研部：《党建研究》、《党建研究内参》、《思想政治工作研究》、《政治学研究》、《当代世界与社会主义》、《马克思主义与现实》、《现代国际关系》、《现代领导》、《中国行政管理》、《国外理论动态》、《党的文献》、《中共党史研究》、《社会主义研究》、《俄罗斯中亚东欧研究》

文史教研部：《哲学研究》、《社会学研究》、《民俗研究》、《中国文化研究》、《史学月刊》、《民族研究》、《拉丁美洲研究》、《中国史研究》、《近代史研究》、《清史研究》、《文学评论》、《文艺研究》、《文艺争鸣》、《人文杂志》、《国外理论动态》、《中国翻译》、《外语教学与研究》、《文史哲》、《中国特色社会主义研究》、《国外文学》、《城市规划》

国际战略研究所：《世界经济与政治》、《现代国际关系》、《俄罗斯中亚东欧研究》、《美国研究》、《外交学院学报》、《当代世界与社会主义》、《马克思主义与现实》、《当代亚太》、《国际经济评论》、《国际贸易》、《国际经济合作》、《世界经济研究》、《世界经济》、《台湾研究》、《财贸经济》、《国际政治研究》、《拉丁美洲研究》

（二）出版编辑系列专业权威期刊

《编辑学报》、《科技与出版》、《编辑学刊》、《中国图书评论》、《编辑之友》、《中国新闻出版报》、《中国出版》、《中国编辑》、《出版发行研究》

（三）图书资料系列专业权威期刊

《中国图书馆学报》、《情报理论与实践》、《情报科学》、《情报资料工作》、《情报学报》、《图书情报知识》、《图书与情报》、《图书馆杂志》、《现代图书情报技术》、《图书馆论坛》、《大学图书馆学报》、《情报杂志》、《图书馆理论与实践》、《图书馆工作与研究》、《图书情报工作》

二、综合性权威期刊（含权威报纸）

《中国社会科学》、《新华文摘》、《求是》、《改革》、《科学社会主义》、《马克思主义研究》、《毛泽东邓小平理论研究》、《中国人民大学学报》、《北京大学学报》、《中共中央党校学报》、《社会科学战线》、《江海学刊》、《理论动态》、《理论前沿》、《中国党政干部论坛》、《人民日报》、《光明日报》、《经济日报》、《解放军报》、《学习时报》

（摘自校园网，科研部供稿）

工作会议

中国特色社会主义理论体系研究中心2010年度工作汇报会

3月18日，中央党校召开中国特色社会主义理论体系研究中心2010年度工作汇报会。常务副校长李景田，中央宣传部副部长王晓晖出席会议并讲话。副校长陈宝生、孙庆聚、李书磊，教育长兼培训部主任徐伟新，校委委员贾高建、罗宗毅、黄宪起、赵长茂出席会议。会议由副校长张伯里主持。

李景田在讲话中强调，在新的历史条件和艰巨繁重的任务面前，中国特色社会主义理论体系研究中心要以更大的担当、更饱满的精神状态发挥更大的作用。首先，要在深化重大理论和实践问题研究方面发挥更大的作用。要更加重视提高研究成果的质量，不断推出更多有深度、有分量、有广泛社会影响的力作，更好地为推进党的理论创新服务，为提高党校教学质量服务，为党中央决策服务，为社会主义经济建设、政治建设、文化建设、社会建设、生态文明建设和党的建设服务。其次，要在推进理论宣传方面发挥更大的作用。要推出更多干部群众喜闻乐见的思想理论文章。要更加注意增强文章的针对性和说服力，善于通过科学分析、透彻说理、娓娓道来等表达方式，吸引更多的干部群众学习理论、运用理论，让干部群众在学习和实践中深切感受到党的理论创新成果是科学、正确的道理，更好地为马克思主义大众化服务。最后，要在培养和造就马克思主义理论研究和宣传人才队伍方面发挥更大的作用。要让更多的青年学者能够参与到中心的各项研究和宣传任务中来，使中心成为我校马克思主义理论研究和宣传人才的“孵化器”和“催化器”。他还对中心的自身建设提出了要求。强调要进一步加强中心的制度建设，健全和完善中心特约撰稿人制度、经费管理制度、激励制度等，实现制度管人、制度管事，调动教学科研人员从事中国特色社会主义理论体系研究的主动性和积极性。要进一步有效整合全国党校系统的力量，加强队伍建设。还要注意优化中心的人员结构，提高工作人员的素质和能力。

会上，科研部主任梁言顺、副主任郝

永平作了工作汇报，特约撰稿人代表韩庆祥、李鹏作了发言。

中央党校中国特色社会主义理论体系研究中心领导成员、校内各直属单位负责人、特约撰稿人、科研部全体工作人员共100余人参加会议。

（摘自《党校信息》2011年第5期，科研部供稿）

中央党校主管社团2011年年度工作会议

3月21日，科研部组织召开中央党校主管社团2011年年度工作会议。来自中国延安精神研究会、中国马克思主义研究基金会、中国市场经济研究会、中国科学社会主义学会、中国领导科学研究会、中国现代史学会的负责同志和财务工作人员共20余人参加会议。科研部主任梁言顺出席会议，并做总结讲话。会议由科研部副主任郑权主持。

会上，各学会、研究会、基金会的负责同志围绕2010年开展学术活动以及对二级学会管理情况、2010年财务审计过程中存在的问题及整改措施、2011年工作要点和设想等三个方面作了汇报。科研管理处处长张学森向各社团负责同志传达民政部有关社团管理最新文件精神。

（摘自《科研工作简讯》2011年第4期，科研部供稿）

2010年度校级重大科研项目中期检查会议

4月19日，中央党校召开“2010年度校级重大科研项目中期检查会议”，对2010年度校级重大科研项目“提高党的建设科学化水平研究”、“民族理论与宗教理论研究”、“国际金融危机后中国经济面临的挑战与对策研究”进行中期检查。副校长张伯里出席会议并讲话。科研部主任梁言顺主持会议，2010年校级重大科研项目具体责任人科学社会主义教研部主任王怀超、党的建设教研部主任王长江、经济学教研部副主任韩保江，科研部副主任郑权及管理处工作人员参加会议。

会上，2010年校级重大科研项目具体责任人分别就项目的研究进展情况、前期研究成果、项目完成进度及预期完成时间、项目经费的使用情况、存在的问题及改进的措施、下一步的研究计划等作汇报。

张伯里在讲话中着重强调三点：第一，科研项目是科研工作的枢纽，必须下大力气切实抓实抓好；二，抓科研项目的关键，是要抓项目研究成果的质量；第三，要认真总结这次中期检查工作的经验，为今后的中期检查工作做得更好、更有成效提供借鉴。

（摘自《科研工作简讯》2011 年第 4 期，科研部供稿）

2011 年度校级一般和青年项目立项评审会议

6 月 8 日，中央党校召开 2011 年度一般和青年项目立项评审会议。来自“八部一所”、“三个学员部”、研究室、中国马克思主义研究基金会和校外专家共 21 人组成立项评审委员会，对 2011 年度全校申报的一般项目（包括离退休干部局项目 3 项）和青年项目进行评审。立项评审会议由科研部主任梁言顺主持。

由于出台一系列科研激励措施，加上各直属单位对立项工作的高度重视，全校 2011 年的课题申报工作呈现出项目申报量大、研究范围广、申报单位多的特点。为此科研部在前期先在校外聘请 5 位专家，分专业进行双向匿名评审。在双向匿名评审的基础上，科研部只淘汰不足 30%，最大程度争取让大部分申请者参加评审会议。同时，在专家评审会议上，科研部继续探索更加合理有效的立项程序，第一次增加了专家全文审阅课题申请书环节。在立项评审会议的前段，为专家审阅课题申请书环节，给专家留出一个半小时进行认真审阅。增加这一环节的目的，旨在把选题意义重大、论证充分并且有前期研究基础的项目最大程度地选拔出来。立项评审会议后半段，专家在充分审阅材料的基础上进行无记名投票。

经过四轮无记名投票，立项评审委员会共评选出包括一般项目 23 项（包括离退休干部局项目 3 项）、青年项目 10 项的中央党校 2011 年度一般和青年项目拟立项名单。

（摘自《科研工作简讯》2011 年第 6 期，科研部供稿）

2011年度校级重点科研项目评审会议

6月11日，中央党校召开2011年度重点科研项目评审会议。来自全校各相关直属单位的负责同志和校外专家共30人组成中央党校2011年度重点科研项目评审委员会，对经过匿名评审遴选上会的24项科研项目进行认真评审。经过预打分和正式投票两个环节，共产生拟立项名单15项。

立项评审会议由副校长张伯里主持。他阐述了立项评审工作的重要性，强调项目管理是科研管理的核心工作。项目立项是第一个关口。把好这一关口，把研究基础扎实、人才结构合理、研究预期好的项目遴选出来，直接决定着科研管理的效益和水平。2010年，中央党校提出建设“一流学府”的奋斗目标，其中很重要的是要建设“一流科研”。建设“一流科研”的一个重要措施，就是要通过对重点科研项目进行大批经费投入，并以此取得一大批优秀的科研成果，从而更好地发挥党的哲学社会科学研究机构和思想库作用。他向大会宣读了答辩要求和评审程序。在借鉴以往经验的基础上，进行了一些创新，主要包括：第一，增加了预打分环节。专门提供了《2011年度中央党校校级重点科研项目专家个人掌握打分平衡表》，供评审专家在预打分和正式投票环节参考使用。评审工作分成四个单元进行。在每个单元结束时，由各位评审专家按照《2011年度中央党校校级重点科研项目专家个人掌握打分平衡表》中的个人记录，对本单元已答辩的科研项目在《2011年度中央党校校级重点科研项目评审预打分表》中进行预打分。四个单元全部结束后，工作人员对专家的预打分进行汇总，并按照打分排出先后顺序，提供给立项工作会议。立项工作会议主持人宣布预打分的总体情况，供各位专家正式投票时参考。第二，确定正式投票只进行三轮，每轮过二分之一以上者为通过（不含二分之一，即15票为不通过，16票为通过），据此产生拟立项名单。允许同一个题目有两个或以上课题组同时进行研究。三轮投票之后，产生不足15项，本着宁缺毋滥的原则，作空缺处理。

评审工作结束时，张伯里再次征求各位评审专家对立项评审工作的意见、建议，并作总结讲话。他强调指出，立项工作是一项非常重要的工作。对如何更科学、合理的立项，科研部也在不断的探索，探索的总目的是：要通过制度的建立，逐渐使立项工作走上正规化的轨道，并确保科研管理在全校科研工作中发挥导向作用。

（摘自《科研工作简讯》2011年第6期，科研部供稿）

2010年度、2011年度新立校级科研项目负责人（或具体责任人）会议

7月14日，科研部组织召开2010年度、2011年度新立校级科研项目负责人（或具体责任人）会议。全校2010年度校级重点科研项目负责人，2011年度校级重大科研项目具体责任人，2011年度重点、一般和青年科研项目负责人，国家开发银行研究院领导，中国马克思主义研究基金会领导，科研部领导及相关处室工作人员共约90人参加会议。

科研部副主任郝永平主持会议并通报有关情况。他说，目前中央党校的科研项目已形成一个系列，包括中央委托的重大调研项目、中央马克思主义理论研究与建设工程项目、国家社会科学基金项目、中央党校校级项目、国家部委横向委托项目、自筹经费项目等，每个项目都包含申报立项、中期管理、经费使用、鉴定结项、成果转化等五个环节。在国家开发银行、联想弘毅投资公司和中国马克思主义研究基金会的大力支持下，中央党校校级科研项目经费明显增长，其中重大项目每个100万、重点项目每个50万、一般项目每个15万、青年项目每个5万。在资金投入加大的情况下，需要研究和解决怎样填写项目合同书，项目经费如何规范使用，对研究成果在结项时有什么新要求，如何科学而规范地加强课题管理，等等。

国家开发银行研究院邹力行副院长介绍了中央党校与国家开发银行战略合作的进展情况；国家开发银行研究院合作处何力副处长介绍了开行课题设置的程序以及开行合同填写过程中需要注意和把握的问题。

科研部副主任郑权介绍了2011年度校级科研项目的生成机制、申报情况和会议评审情况。她说，课题评审经过科研部资格审核、5位校外专家双向匿名评审、科研部对课题负责人近五年来课题完成的信誉度遴选等环节，按照大约30%的淘汰率产生会议评审名单，最后经过专家评审委员会委员无记名投票，产生最终的立项课题名单。她还介绍了科研经费的来源、资助额度及标准、经费支出范围及报销流程等，强调要把握好经费的均衡使用问题，加强项目中期检查，严把项目结项关。

科研部主任梁言顺对会议作总结。他向新立项项目负责人传达了常务副校长李景田在校委会上的指示精神和副校长张伯里的意见。他说，校委已经批准了今年15个校级重点课题立项。立项之后，重点要抓落实，加强过程管理，提高研究质量，提高科研工作“四个服务”的水平。他重点介绍了近年来校级科研项目设置、管理、资助的整体思路，并对如何做好课题研究

工作提出了三点意见：第一，党校科研工作的发展大思路已定；第二，围绕贯彻落实《中央党校 2011—2015 年科研发展规划》，科研部已做了大量工作，并取得了初步成效；第三，抓课题研究，是《规划》落实的“八大战略任务”之首。

中国马克思主义研究基金会常务副理事长周炳成谈了自己参加会议的感受，并结合基金会课题管理的有关问题，向与会者提出具体要求。国家开发银行研究院副院长邹力行表示，一定全力支持中央党校的科研事业，保证提供优质服务，实现国家开发银行与中央党校之间的无缝对接。

（摘自校园网，科研部供稿）

中央国家机关 2011 年度国家社会科学基金项目培训会议

7 月 18 日至 19 日，科研部召开中央国家机关 2011 年度国家社会科学基金项目培训会议。科研部主任梁言顺出席会议并致辞，全国社会科学规划办公室副主任姜培茂出席会议并讲话。中央党校科研部领导、全国社会科学规划办公室有关处室负责同志、中央国家机关 2011 年度国家社会科学基金项目管理单位负责人及项目负责人近百人参加培训，科研部副主任郝永平主持会议。

梁言顺在致辞中回顾了“十一五”时期中央和国家机关国家社会科学基金工作所取得的成绩。他指出，五年来，中央国家机关不仅在国家社会科学基金项目申报立项工作中成绩可嘉，而且推出了一批符合时代要求、具有一定理论深度和重要应用价值的优秀成果，不少成果受到党和政府有关部门重视并为决策提供了重要参考，智囊团和思想库作用得到进一步的体现，社会科学理论队伍建设取得新进展。同时，面向未来，我们面临的形势更复杂，挑战更严峻，需要回答的新课题更多。我们一定要从全局和战略的高度，在认真总结“十一五”经验的基础上，继续发挥中央国家机关的科研优势，进一步加大工作力度，不断提高研究水平，大力推进中央国家机关国家社会科学基金工作，为推动哲学社会科学进一步繁荣发展、为实现“十二五”时期社会科学研究的宏伟目标作出我们应有的贡献。

姜培茂传达了中共中央政治局常委李长春同志在 2011 年国家社会科学基金年度项目评审工作会议上的重要讲话精神，介绍了《国家哲学社会科学研究“十二五”规划》主要内容和《国家社会科学基金管理办法》相关情况，通报了国家社会科学基金 2011 年度项目评审结果。他充分肯定中央国家机关在国家社会科学基金项目研究和管理工作上取得的成绩，并代表全国社会科学规划办公室，向中央党校科研部表示感谢，并就项目研究工作中需要注意的问题进行重点讲解，就如何做好国家社会科学基金项目的研究和管理工作提出具体要求。

全国社会科学规划办公室副巡视员、成果处处长王武龙，基金处处长徐李孙，中央党校科研部规划处处长高彦斌作了补充。

与会代表表示，要大力贯彻这次培训会议的精神，努力提高国家社会科学基金工作科学化、规范化水平，为推动理论创新、推动学科发展、推动改革开放作出新的贡献。

（摘自校园网，科研部供稿）

理论研讨会

抗震救灾和恢复重建与社会主义核心价值体系理论研讨会

在汶川特大地震三周年到来之际，中央党校与中央宣传部、中国社会科学院、四川省委4月25日至26日在成都联合召开“抗震救灾和恢复重建与社会主义核心价值体系理论研讨会”。副校长张伯里，中央宣传部副部长申维辰，中国社会科学院党组副书记、副院长李慎明，四川省委常委、宣传部长黄新初出席会议。科研部主任梁言顺、副主任郝永平，文史教研部副主任周熙明等参加研讨会。《人民日报》、新华社、《求是》杂志、《光明日报》等中央主要新闻媒体相关负责人，高等院校、社会科学研究机构的专家学者代表，陕西、甘肃、青海、重庆等省市宣传部门有关负责人，以及四川重灾市州代表等120余人参加研讨会。

张伯里代表中央党校在会上致辞。他在讲话中指出，抗震救灾和恢复重建取得的重大胜利和辉煌成就堪称人类历史上的奇迹，这个奇迹的创造也是中国共产党领导全国各族人民在自强不息、顽强拼搏、不怕牺牲、敢于胜利的奋斗史上铸就的又一座历史丰碑。抗震救灾和恢复重建取得的巨大成就及蕴涵其中的宝贵精神财富，是爱国主义教育最生动、最鲜活、最有力的教材，是社会主义核心价值体系学习教育的宝贵资源。他在讲话中谈了三点认识：一是抗震救灾和恢复重建充分彰显了社会主义制度的巨大优越性；二是抗震救灾和恢复重建为深化社会主义核心价值体系研究提供了宝贵的实践基础；三是要从抗震救灾和恢复重建的实践中汲取营养，不断丰富社会主义核心价值体系的内涵，并以此教育和影响广大党员干部。

这次理论研讨会引起社会广泛关注，广大理论工作者和实际工作者参加征文，共递交200余篇论文。中央党校、中国社会科学院组织专家学者评选出30篇优秀论文。

研讨会期间，与会代表赴北川地震遗址和新北川实地考察，亲身感受三年前“5·12”汶川特大地震造成的巨大破坏和惨烈景象，亲眼见证恢复重建三年来的巨大变化和伟大成就。来自中国社会科学院、中国人民大学、上海市社会科学院等单位的9位优秀论文作者代表作了发言。周熙明代表中央党校中国特色社会主义理论体系研究中心在会上发言。

与会代表还围绕抗震救灾和恢复重建与社会主义核心价值体系学习教育、爱国主义教育、民族团结教育等问题，进行分组讨论和交流。

（摘自《科研工作简讯》2011年第5期，科研部供稿）

创先争优理论研讨交流会

9月25日，中央党校、中央创先争优活动领导小组办公室和光明日报在北京联合召开创先争优理论研讨交流会。中央创先争优活动领导小组办公室副主任傅思和主持会议。与会者一致认为，创先争优活动开展一年多时间以来，全国各级党组织围绕科学发展主题和转变经济发展方式主线，形成科学发展主题突出、整个活动百花齐放、每个单位都见实效的生动局面。认真总结交流活动经验，从理论上深刻把握活动的内容、意义，为活动进一步深入开展提供有效的理论指导，具有十分重要的意义。

副校长张伯里出席会议并讲话。他说，当前我国发展的外部环境和内部条件发生了很大变化，加快转变经济发展方式的重要性和紧迫性更加凸显，全面建成惠及十几亿人口的更高水平的小康社会任务光荣而艰巨，维护社会和谐稳定、保障改善民生、解决人民群众最关心最现实最直接的切身利益问题的任务十分艰巨。面对世情、国情、党情的深刻变化，面对严峻复杂考验，在全党范围开展创先争优活动，是着力解决党内存在的不适应新形势新任务要求、不符合党的性质和宗旨的问题，永远保持党的生机和活力的战略举措，也是动员和组织全党力量，团结和带领人民群众克服困难，不断夺取建设中国特色社会主义事业新胜利的必然要求。他在会议总结中说，这次理论研讨会发言和论文选题集中而广泛，内容丰富而深刻，体现了创先争优理论研究的新进展，体现了广大理论工作者勇于进行理论创新的精神风貌。

与会同志对创先争优中的一系列重大问题进行了深入研讨。中国人民大学党委书记程天权、中央党校党的建设教研部副主任戴焰军、国防大学中国特色社会主义理论体系研究中心办公室主任颜晓峰、国家行政学院政治学教研部副主任于军、北京市委党校教授姚桓、中央党校马克思主义理论教研部副主任韩庆祥、中国大唐集团公司董事长刘顺达、中国社会科学院副院长李慎明依次作大会发言。

来自首都理论界的部分专家学者和中央国家机关、中央企业的部分代表120多人出席会议。

（摘自《光明日报》2011年9月26日）

课题指南

中央党校校级科研项目2011年年度课题指南

中校字〔2011〕18号

根据《中共中央党校年度校级科研项目指南总体规划》的要求，综合各教研部（所）、学员部等方面的意见，制定本指南。

一、本指南制定的指导思想是：高举中国特色社会主义伟大旗帜，以邓小平理论和“三个代表”重要思想为指导，深入贯彻落实科学发展观，按照党的十七大和十七届三中、四中、五中全会精神以及《国民经济和社会发展第十二个五年规划纲要》的要求，坚持解放思想、实事求是、与时俱进，为推进党的理论创新服务，为提高党校教学质量服务，为党委和政府决策服务，为社会主义经济建设、政治建设、文化建设、社会建设和党的建设服务。

二、本指南制定的基本原则是：1. 坚持正确政治方向，牢固树立精品意识，充分发挥校级项目的科研导向作用。2. 突出党校特色，重视基础理论研究，支持党校优势学科建设。3. 发挥党校资源优势，注重整合全国党校系统和中央党校各教研部（所）、学员部等部门的科研力量。

三、本指南所列课题条目主要来源于如下方面：一是校委根据党和国家工作大局需要提出的重要选题；二是教研部（所）提供的建议课题；三是进修部、培训部提供的学员“两带来”问题；四是国家社科基金项目指南里的重要问题（作为补充和参照）。

四、本指南根据党校科研工作实际，分为重大项目、重点项目、一般项目和青年项目四个类别。重大项目和重点项目均为跨学科问题，没有学科划分；一般项目和青年项目按学科分别列题。重大项目属于校委委托项目，按中央党校年度工作要点列出的题目等量立项；重点项目按原题申报，从所列选题中通过招标方式立项15个左右；一般项目、青年项目只提供选题方向，可以按原题申报，也可略作改动或自选题目，拟通过招标方式分别立项20个和10个左右。除以上四类项目外，还将根据国内外形势发展变化，随时组织或者委托研究一些应急项目。同时，委托校内有关单位结合工作实际对建设“一流学府”等关系党校事业发展的重要问题开展研究。

五、本指南所列课题条目主要包含三个方面的内容：一是马克思主义及马克思主义中国化基本理论问题，二是当今世界和中国面临的重大战略性、前瞻性、现实性问题；三是与各学科建设相关的问题。

一、重大项目

1. 指导思想的与时俱进对党的事业发展的重大意义

2. 中国共产党90年来成功应对危局和化解困境的历史经验研究

3. 开发性金融研究

二、重点项目

1. 马克思主义整体性研究

2. 马克思主义哲学基本理论问题研究

3. 马克思主义经济理论与社会主义经济体制

4. 中国特色社会主义理论体系研究

5. 中国特色社会主义道路研究

6. 中国特色社会主义理论体系的哲学基础

7. 中国特色社会主义核心价值观研究

8. 中国共产党对社会主义理论的创新

9. 中国共产党社会发展观的演变

10. 中国共产党协商民主的理论与实践研究

11. 中国共产党治党理政的历史经验研究

12. 中国共产党制定和实施国民经济与社会发展五年计划（规划）的历史经验研究

13. 中国共产党90年若干重大决策研究

14. 中国共产党90年理论武装的历史经验研究

15. 中国共产党90年开展群众工作的历史经验研究

16. 中共党史若干重大争议问题研究

17. 中国特色社会主义外部环境建设研究

18. 国家文化产业发展战略研究

19. “十二五”时期垄断性行业改革研究

20. “十二五”时期新兴业态发展研究

21. “十二五”时期深化行政管理体制改革的重点问题研究

22. 世界社会主义发展的态势及其基本特点

23. 世界经济格局变化与应对研究

24. 世界经济治理机制变革研究

25. 世界格局变动中的台海局势跟踪研究

26. 世界格局变化中的能源与气候问题研究

27. 中东、北非局势变化及其影响研究

28. 开放与保护：国际竞争视野下的中国市场经济法律保障

29. 当前党政干部关注的思想理论问

题研究

30. 哲学前沿问题研究

31. 哲学与当代社会发展问题研究

32. 《资本论》当代价值研究

33. 统筹城乡发展问题研究

34. 加快转变经济发展方式与经济结构战略性调整的关系研究

35. 促进就业和构建和谐劳动关系问题研究

36. 社会管理及其创新研究

37. 改善民生的障碍及路径研究

38. 转型期的人权保障与发展研究

39. 干部制度改革顶层设计研究

40. 党内竞争性选举问题研究

41. 党内民主与社会民主互动机制研究

42. 党的“创先争优”理论研究

43. 中国政党体制发展创新问题研究

44. 多元文化与主导文化关系研究

45. 近代中国社会转型与文化现代化研究

46. 公共文化服务体系建设与公民文化权利保障问题研究

47. 西方发达国家文化体制和文化政策研究

三、一般项目和青年项目

（一）马克思主义·科学社会主义

1. 马克思主义经典著作研究

2. 马克思主义发展史研究

3. 马克思主义关于人的学说

4. 马克思主义民主理论与实践

5. 马克思主义中国化的历史进程和基本经验研究

6. 当代中国马克思主义基本范畴研究

7. 当代世界社会主义现状和发展趋势研究

8. 中国特色社会主义理论内涵和逻辑结构研究

9. 中国特色社会主义意识形态问题研究

10. 中国特色社会主义与世界社会主义研究

11. 中国特色社会主义民族政策完善与创新

12. 苏东剧变再认识

13. 其他自选题目

（二）党史·党建

1. 中国共产党领导社会主义革命和建设的历史经验

2. 中国共产党民主革命时期局部执政问题研究

3. 1949 年前中国共产党宣传马克思主义的历史经验

4. 中国共产党加强意识形态建设的历史经验研究

5. 中国共产党干部道德教育的经验和启示

6. 中国共产党反腐倡廉思想与实践

7. 十六大以来党的建设理论创新研究

8. 中国共产党领导新疆工作的历史经验

9. 中国共产党史学史研究

10. 中国共产党领袖群体及人格风范研究

11. 党的代表大会制度研究

12. 执政党意识形态创新问题研究

13. 中国共产党党员信仰状况研究

14. 中国共产党党员数量与质量问题研究

15. 国有企业党的建设问题研究

16. 中国共产党引领社会组织发展的机制研究

17. 新形势下中国共产党青年工作的特点与方法研究

18. 少数民族地区党建问题研究

19. 决策科学化问题研究

20. 领导干部考核评价研究

21. 国外执政党建设研究

22. 其他自选题目

（三）哲学

1. 马克思主义哲学形态研究

2. 马克思主义哲学中国化研究

3. 历史唯物主义的当代意义研究

4. 战略思维的理论和方法

5. 制度伦理与官员道德建设研究

6. 儒家思想及其当代价值

7. 西方政治哲学与当代中国社会发展

8. 当代马克思主义科学观研究

9. 经济哲学与当代中国发展问题研究

10. 政治哲学与当代中国发展问题研究

11. 发展与公平关系问题的哲学研究

12. 信息哲学研究

13. 创新方法与能力建设研究

14. 复杂性哲学研究

15. 发展伦理学与当代中国社会发展研究

16. 其他自选题目

（四）经济学

1. 中国从经济大国迈向经济强国的战略问题研究

2. 中国中长期适度经济增长研究

3. 区域经济协调发展问题研究

4. 资源型城市转型问题研究

5. 我国人口发展形势与转变经济发展方式关系研究

6. 当代国外马克思主义经济学研究的最新进展

7. 产业发展与创新能力问题研究

8. 城乡基本公共服务均等化问题研究

9. 中国特色农业现代化道路研究

10. 转变经济发展方式过程中的社会保障难点问题研究

11. 企业自主创新动力机制研究

12. 包容性增长问题研究

13. 跨越“中等收入陷阱”经验与教训研究

14. 国际货币体系改革与人民币国际化研究

15. 通货膨胀的预期管理研究

16. 加强现代能源产业和综合运输体系建设问题

17. 财税体制改革研究

18. 收入分配制度改革问题研究

19. 海洋经济问题研究

20. 其他自选题目

（五）政治学、公共管理学、法学

1. 党的统一战线问题研究

2. “双赢”视角下的中央与地方关系模式创新

3. 地方政府治理与公民参与机制创新比较研究

4. 突发事件应急机制创新研究

5. 网络民主研究

6. 社会稳定问题研究

7. 大部门体制改革研究

8. 政府绩效管理的理论与实践

9. 中国特色社会主义法律体系研究

10. 社会法与民生保障研究

11. 科学发展的法制保障研究

12. 转型期的法律变革研究
13. 环境保护与发展的法治化研究
14. 政府问责的法律规制研究
15. 权力的法律监督
16. 科学发展与知识产权保护
17. 其他自选题目

（六）社会学

1. 中国转型期社会风险研究
2. 中国转型期城乡社会矛盾比较研究
3. 中国转型期社会政策研究
4. 网络社会问题研究
5. 社会矛盾与社会安全研究
6. 当前影响国家安全的民族宗教问题
7. 城市流动人口管理研究
8. 其他自选题目

（七）文化学、历史学、语言学等

1. 马克思主义经典文论研究
2. 新中国文化建设的经验和教训
3. 新媒体时代的舆论引导机制研究
4. 大文明视野中的中国道路研究
5. 城市化进程中的文化问题研究
6. 乡土文化的现代价值研究
7. 中国历代官德研究
8. 中国以史资政传统研究
9. 中国近代以来的改良与革命
10. 公共外语教学理论与实践研究
11. 其他自选题目

（八）国际问题与台港澳问题

1. 区域一体化与东亚经济合作研究
2. 东北亚区域安全与稳定问题研究
3. 新时期中国外贸可持续发展研究
4. 后危机时期中国金融国际竞争力研究
5. 低碳经济与大国博弈研究
6. 新形势下的非传统安全研究
7. 俄罗斯问题研究
8. 和谐世界理念与实践研究
9. 国家安全环境的新变化及其应对战略研究
10. 台港澳问题研究
11. 中印俄战略协作关系研究
12. 中欧美三边关系的发展趋势研究
13. 中国海外投资战略研究
14. 新时期中国对外援助战略研究
15. 中国对非洲战略问题研究
16. 中国领土领海争端问题研究
17. 中国国家形象问题研究
18. 其他自选题目

（九）图书馆·情报与文献学等

1. 社会转型期图书情报事业发展战略研究
2. 图书馆资源的深度开发研究
3. “三网合一”环境下数字图书馆服务模式研究
4. 全民阅读与新媒体阅读研究
5. 信息生态研究
6. 面向社会的档案信息资源规划研究
7. 其他自选题目

（十）党校教育等

1. 干部成长规律与党校教育规律研究
2. 领导干部党性教育研究
3. 提高民族班教学设计针对性问题研究
4. 领导干部心理调适问题研究
5. 其他自选题目

（科研部、办公厅供稿）

课题立项

全国和全国党校系统2011年度国家社会科学基金项目申报、评审和立项情况通报

经全国哲学社会科学规划领导小组批准，2011年度国家社会科学基金项目评审结果于6月17日正式公布，现将全国和全国党校系统2011年度国家社会科学基金项目的申报、评审和立项情况通报如下：

一、全国申报、评审和立项情况

2011年国家社会科学基金年度项目23个学科共申报21182项，由于实行限额申报措施，比2010年的27171项减少5989项，减幅为22.0%，选题和论证质量与2010年相比有明显提高。经资格审查、匿名评审，确定6000项课题入围会议评审，平均申报入围率为28.3%。经过会议集中评审和领导小组审批，最终立项资助课题共2883项，其中重点项目153项、一般项目1608项、青年项目1122项；重点项目每项资助25万元，一般项目和青年项目每项资助15万元。从全国情况看，平均申报立项率为13.6%，比去年的8.4%提高了5.2个百分点。

从地区分布看，全国31个省（区、市）和新疆生产建设兵团立项数量比2010年有明显增长，项目覆盖面进一步扩大。立项数量较多的地区有教育部在京直属高校以及上海、江苏、湖北、湖南、山东、广东、浙江等省市。在五大社会科学研究系统中，高校系统共2506项，占总立项数的86.9%；社会科学院系统151项，占5.2%；党校系统115项，占4.0%；军队系统34项，占1.2%；各级党政机关及其他单位77项，占2.7%，上述情况同历年评审结果大体持平。

二、全国党校系统的申报、评审和立项情况

从申报情况看，全国共有84家各级党校申报2011年度国家社会科学基金项目998项，涉及除考古学、统计学和外国文学以外的其他20个学科，与2010年相比申报单位进一步增多。受限额申报影响，与2010年相比申报数量减少了438项，减幅为30.5%，低于全国平均减幅8.5个百分点。党校系统申报数量占全国申报总量的4.7%，比2010年的5.2%下降了0.5%。

从立项情况看，党校系统最终获准立

项115项，其中重点项目9项、一般项目64项、青年项目42项。与2010年相比，立项数量增加了31项，增幅为36.9%，高于全国平均增幅10.7个百分点；党校系统申报立项率为11.5%，低于全国平均申报立项率2.1个百分点。

从立项课题学科分布看，全国党校系统获准立项课题共涉及14个学科，立项数量较多的学科有：马列·科社22项，政治学21项，党史·党建16项，应用经济和社会学各10项，哲学8项，民族问题研究6项，理论经济和管理学各5项，其余在5项以下。

从立项单位分布情况看，全国党校系统共有37家各级党校获准立项，立项单位覆盖面进一步扩大，除了省级党校和副省级城市党校外，其他一些党校也取得了突破。立项课题数量较多的单位有：中央党校20项，浙江省委党校和山东省委党校各7项，黑龙江省委党校、上海市委党校和江苏省委党校各6项，辽宁省委党校5项，湖北省委党校和杭州市委党校各4项，河北省委党校、河南省委党校、湖南省委党校、广东省委党校、广西壮族自治区委党校、新疆生产建设兵团党校和青岛市委党校各3项，其余在3项以下。

统计显示，在2011年度国家社会科学基金项目申报、评审和立项中，虽然全国党校系统受限额影响而使申报数量大幅减少，但课题申报质量明显提高，初评入围课题数量与去年相比显著增长，申报立项率与全国平均水平的相对差距与前几年相比已大幅缩小，立项课题数量、重点课题数量以及立项单位覆盖面都大大超过往年，取得了可喜的成绩。

（摘自校园网，科研部供稿）

中央党校国家社会科学基金项目申报立项工作取得新突破

经全国哲学社会科学规划领导小组批准，2011年度国家社会科学基金项目评审结果于6月17日正式公布。中央党校以获准立项20项、立项资助额330万元取得新的突破，标志着中央党校科研能力和学术水平迈上了一个新台阶。

国家社会科学基金项目是社会科学领域的最高级别项目，其立项数量是衡量一个单位科研实力和竞争力的重要标志。中央党校2011年共申报涉及14个学科的国家社会科学基金项目68项，比去年增加11项，增长19.3个百分点。获准立项资助课题共20项，其中重点项目3项、一般项目12项、青年项目5项，申报立项率为29.4%，是全国平均申报立项率的2.2倍。与以往相比，2011年立项数量是2008年和2009年（均为8

项）的2.5倍，与中央党校历史上的最高立项记录（1992年、1996年、2001年和2007年均为13项）相比增长7项，实现了中央党校国家社会科学基金项目年度立项的历史性突破。

（摘自《党校信息》2011年第9期，科研部供稿）

附：

2011年中央党校国家社会科学基金项目立项名单

姓名	单　位	课　题　题　目	项目类别
张太原	中央党校	20世纪30年代的自由教育与国民党党化教育之争——以《独立评论》为中心的探讨	后期资助项目
韩庆祥	中央党校	中国特色社会主义理论体系基本原理研究	重大项目
肖立辉	中央党校	当代中国基层民主有序参与问题研究	重点项目
高中华	中央党校	中国共产党社会救助历程研究（1921—1949）	后期资助项目
蔡志强	党的建设教研部	社会和谐与党的执政能力建设研究	一般项目
胡为雄	哲学教研部	马克思主义哲学在中国传播与发展的百年历史	一般项目
靳凤林	哲学教研部	权力、资本、劳动的制度伦理考量研究	重点项目
赵建军	哲学教研部	我国绿色发展的理论建构与动力机制研究	重点项目
刘建飞	国际战略研究所	美国全球战略中的“普世价值”研究	重点项目
赵　磊	国际战略研究所	国际视野中的民族冲突与管理	一般项目
梁　朋	经济学教研部	我国宏观税负合理性研究	一般项目
洪向华	科研部	健全和完善党政领导干部绩效考核机制研究	一般项目
张仕荣	国际战略研究所	基于自组织理论构建台湾海峡两岸关系和平发展框架研究	青年项目

续表

姓名	单　位	课　题　题　目	项目类别
左凤荣	国际战略研究所	从苏联到俄罗斯：民族区域自治问题研究	一般项目
王　静	政法教研部	信息时代的证券权利及其保护法律问题研究	一般项目
王天义	经济学教研部	我国经济可持续发展的自然资源价格理论研究	一般项目
赵振华	经济学教研部	扩大居民消费需求长效机制研究	一般项目
王道勇	科学社会主义教研部	新生代农民工城市融合问题研究	青年项目
曹鹏飞	马克思主义理论教研部	中国特色社会主义与人类文明发展道路研究	青年项目
陈宇飞	文史教研部	人文城市理念的中国化实践研究	一般项目
康晓强	科学社会主义教研部	和谐社会视阈下社会组织参与社会矛盾化解的对策研究	青年项目
邱耕田	马克思主义理论教研部	科学发展研究	一般项目
王虎学	马克思主义理论教研部	社会转型期价值观的分化与整合	青年项目
朱可辛	科学社会主义教研部	苏东剧变以来原苏东社会主义运动与思潮研究	一般项目

（科研部供稿）

校级科研项目立项名单

重大科研项目

经中央党校校委批准，中央党校2011年度重大科研项目确定为“指导思想的与时俱进对党的事业发展的重大意义”、“中国共产党90年来成功应对危局和化解困境的历史经验研究”和“开发性金融研究”。同时，这3个重大科研项目均作为全国党校系统2011年度重点调研课题，组织各省级党校和副省级党校以子课题形式进行立项研究。

2011 年度重点科研项目立项名单

序号	姓名	单位	职称	项目名称
1	周为民	马克思主义理论教研部	教授	马克思主义整体性研究
2	谢春涛	中共党史教研部	教授	中国共产党治党理政历史经验研究
3	高新民	党的建设教研部	教授	中国共产党治党理政经验研究
4	张荣臣	党的建设教研部	教授	中国共产党 90 年开展群众工作的历史经验研究
5	罗平汉	中共党史教研部	教授	中共党史若干重大争议问题研究
6	刘建飞	国际战略研究所	研究员	中国特色社会主义外部环境建设
7	胡振良	科学社会主义教研部	教授	世界社会主义发展的态势及其基本特点
8	秦　刚	马克思主义理论教研部	教授	中国特色社会主义理论体系研究
9	高祖贵	国际战略研究所	教授	中东、北非局势变化及其影响研究
10	刘学军	政法教研部	教授	中国共产党协商民主的理论与实践研究
11	王天义	经济学教研部	教授	《资本论》当代价值研究
12	韩保江	经济学教研部	教授	加快转变经济发展方式与经济结构战略性调整的关系研究
13	黄小勇	政法教研部	副教授	“十二五”时期深化行政管理体制改革的重点问题研究
14	王立峰	政法教研部	副教授	转型期的人权保障与发展研究
15	赵伯英	文史教研部	教授	西方发达国家文化体制和文化政策研究

2011 年度一般科研项目立项名单

序号	姓名	单位	职称	项目名称
1	王中汝	马克思主义理论教研部	副教授	马克思主义民主理论与中国特色社会主义政治发展道路研究
2	李晓兵	哲学教研部	教授	现代西方政治哲学与当代中国发展理念
3	王　杰	哲学教研部	教授	儒家思想及其当代价值

续表

序号	姓名	单位	职称	项目名称
4	曹新	经济学教研部	教授	中国新能源发展战略问题研究
5	梁朋	经济学教研部	教授	促进基本公共服务均等化的财税体制改革研究
6	杨玲玲	科学社会主义教研部	教授	构建和谐社会条件下我国中等收入者阶层研究
7	孟鑫	科学社会主义教研部	教授	对西方左翼学者研究当代资本主义成果的理论探讨
8	刘素华	政法教研部	副教授	网络治理的法治化问题研究
9	肖立辉	政法教研部	教授	公民参与机制创新研究
10	刘宝东	中共党史教研部	教授	中国共产党第一代领导人学习思想研究
11	李民	党的建设教研部	教授	提高党内权力制约和监督科学化水平研究
12	姜跃	党的建设教研部	教授	国外执政党建设研究
13	陈宇飞	文史教研部	副教授	当代中国城市化进程中的文化问题研究
14	潘悦	国际战略研究所	教授	后危机时期中国对外直接投资战略研究
15	罗建波	国际战略研究所	副研究员	新时期中国对非援助战略选择与政策完善研究
16	杨青	国际战略研究所	副教授	“南海问题”的新变化及其应对策略研究
17	左凤荣	国际战略研究所	教授	俄罗斯的现代化战略及其对中俄关系的影响
18	洪向华	科研部	副研究员	健全和完善党政领导干部绩效考核机制研究
19	杨英杰	进修部	副研究员	包容性发展与中国经济发展方式转变
20	王军敏	研究生院	副研究员	中日钓鱼岛问题争端解决研究
21	钱俊生	离退休干部局	教授	发展资源再生产业是我国资源战略的一场革命
22	岑大利	离退休干部局	教授	中国古代官德研究
23	沈宝祥	离退休干部局	教授	真理标准问题讨论资料汇编

2011年度青年项目立项名单

序号	姓名	单位	职称	项目名称
1	张慧君	经济学教研部	博士后	包容性增长研究：目标、制度与路径抉择
2	李　蕾	经济学教研部	副教授	新型农村医疗合作制度可持续发展研究
3	徐浩然	科学社会主义教研部	讲师	西方学者对中国特色社会主义民主政治的研究评析
4	王道勇	科学社会主义教研部	讲师	社会转型期的风险分配问题研究——以流动人口管理为例
5	张立伟	政法教研部	讲师	法治评估指标体系研究
6	高中华	中共党史教研部	副教授	灾害、应对与乡村变迁——以革命根据地为中心的考察
7	秦治来	国际战略研究所	副研员	马克思恩格斯国际秩序思想与和谐世界理论研究
8	陈建奇	国际战略研究所	讲师	美国主权债务风险与中国外汇储备安全性研究
9	姚志红	函授学院	副编审	领导干部信息素养问题研究
10	董节英	研究生院	副研究员	改革开放以来中国共产党法治观念研究

（科研部供稿）

关于2011年度全国党校系统调研课题立项的通知

中校厅字〔2011〕34号

各省、自治区、直辖市党委党校，铁道部党校，新疆生产建设兵团党委党校，各副省级城市党委党校，中央党校科研基地：

根据中央党校《关于2011年度全国党校系统调研课题申报的通知》要求，全国各省级党校、副省级城市党校、中央党校科研基地申报2011年度全国党校系统调研课题共计310项。经过同行专家双向匿名评审，根据成绩综合排名，决定对其中200项课题予以立项。其中“指导思想的与时俱进对党的事业发展的重大意义”课题立57项，“中国共产党90年来成功应对危局和化解困境的历史经验研究”课题立85项，“开发性金融研究”课题立58项，以上所立课题均属中央党校重大课题的子课题。

一、课题研究从立项通知发出时间开

始一年内完成，即2012年7月前完成。

二、希望获立项的课题负责人精心组织，认真调研，拿出高质量的研究成果。中央党校科研部拟将优秀结项课题成果结集正式出版。

三、希望各有关党校校委重视本校承担的课题，并创造有利条件支持课题研究。科研管理部门切实发挥好督促、管理、服务作用。

中央党校科研部负责三项课题的协调等事宜。

办公厅
中共中央党校
科研部
2011年7月11日

附：

2011年度全国党校系统调研课题立项名单

序号	单　位	申报人	课题题目
1	北京市委党校	秦德占	国外一些政党指导思想调整的经验教训及对我党的借鉴与启示
2	北京市委党校	李　劲	当代中国马克思主义研究的内生逻辑与基本路径
3	北京市委党校	鄂振辉	非常规突发事件行政问责研究
4	北京市委党校	梁　丽	政务微博应对网络群体性事件及引导网络舆情的经验研究
5	北京市委党校	贾小雷	金融消费纠纷替代性解决机制研究
6	天津市委党校	赵晓呼	党政领导干部教育培训科学化研究
7	天津市委党校	任淑艳	党的事业健康发展的有力推手——十一届三中全会前后指导思想拨乱反正研究
8	天津市委党校	钟龙彪	建国以来中国共产党应对国际危局和化解国际困境的历史经验研究
9	天津市委党校	谢忠平	中国共产党应对台海危机的历史实践与基本经验研究
10	天津市委党校	王雪梅	金融创新助力科技“小巨人”腾飞——天津滨海新区破解科技型中小企业融资难的探索与实践
11	天津市委党校	李　勇	发挥开发性金融作用大力推动“三农”建设——天津开发性金融支持“三农”建设调查研究
12	河北省委党校	陈秀梅	中国共产党90年来成功应对危局的经验与加强党的执政能力建设

续表

序号	单　　位	申报人	课　题　题　目
13	河北省委党校	牛余庆	西柏坡时期党成功化解“干部短缺危机”的历史经验与当代启示
14	河北省委党校	阚景阳	金融控股公司风险控制与监管研究
15	山西省委党校	张翠莉	改革开放中开辟中国特色社会主义道路的历史经验研究
16	山西省委党校	苏玉娟	中国共产党 90 年来成功应对生态和环境危机的历史经验研究
17	山西省委党校	马丹阳	农村地区无担保小额贷款方式探索
18	内蒙古自治区委党校	李利芳	基层党组织在防治社会群体性事件中的经验教训
19	内蒙古自治区委党校	范晨霞	关于民族地区社会建设与管理的理论思考
20	内蒙古自治区委党校	王　虎	“党在发展”的历史经验研究——基于应对危机和化解困境的视角
21	内蒙古自治区委党校	张学刚	“十二五”时期开发性金融支持内蒙古产业结构优化升级的战略研究
22	内蒙古自治区委党校	张祝祥	创新和发展新型农村经济组织与农村金融研究——以内蒙古为例
23	辽宁省委党校	潘立魁	指导思想的与时俱进对党的事业发展的重大意义
24	辽宁省委党校	王恩宝	中国共产党 90 年来成功应对危机和风险的历史经验
25	辽宁省委党校	冉鸿燕	依靠科技创新应对世界金融危机，支撑引领辽宁创新发展经验研究
26	辽宁省委党校	王行伟	开发性金融助推资源型城市转型对策研究——以阜新为例
27	辽宁省委党校	荣宏庆	建设东北区域性国际金融中心研究
28	吉林省委党校	吴　琳	与时俱进思想对党发展中国特色社会主义事业的重大意义
29	吉林省委党校	耿洪彬	中国共产党 90 年来成功应对危局和化解困境的经验启示
30	黑龙江省委党校	华　雷	科学发展观对党的事业全局的重大意义
31	黑龙江省委党校	李素艳	指导思想的与时俱进对塑造党的理论形象的意义研究
32	黑龙江省委党校	祝福恩	中国共产党初步成功应对金融危机的经验研究
33	黑龙江省委党校	孙艳春	注重培育民意资本夯实党领导革命建设改革的社会基础
34	黑龙江省委党校	陈　宏	中国特色行政问责的制度构建研究
35	黑龙江省委党校	王　杰	黑龙江农村新型金融组织创新研究

续 表

序号	单　位	申报人	课 题 题 目
36	上海市委党校	陈胜云	坚持以与时俱进的马克思主义指导我国文化建设的基本经验研究
37	上海市委党校	袁秉达	从苏共指导思想的误区看中国共产党指导思想与时俱进的现实意义
38	上海市委党校	刘红凛	党的执政理论的历史发展与当代创新
39	上海市委党校	马西恒	新时期以区域化党建应对社会转型风险的经验研究
40	上海市委党校	唐珏岚	增强开发性金融的经济周期平抑功能
41	上海市委党校	鞠立新	关于创新完善农村“土地银行”与城乡统筹发展的研究——基于大都市圈的农村土地流转机制创新和城郊联动发展
42	江苏省委党校	王庆五	发达地区率先实现社会管理现代化研究
43	江苏省委党校	王世谊	党的思想建设与时俱进的历史进程、基本经验及其启示
44	江苏省委党校	张加华	党走出“文革”困境和开创改革开放新局面历史经验研究
45	江苏省委党校	汪汉忠	群众工作和危机化解——新时期群众工作的江苏经验
46	江苏省委党校	冯　治	中共十七大以来党应对突发事件的经验研究
47	江苏省委党校	黄瑞玲	我国宏观调控困境及江苏经济转型研究——基于内外均衡的视角
48	江苏省委党校	谈　镇	发达国家主权债务风险及中国沿海地区的对策研究
49	浙江省委党校	沈立江	党的思想路线与中国特色社会主义理论体系的形成发展
50	浙江省委党校	徐　彬	中国共产党90年来政治动员的历史考察和历史经验研究
51	浙江省委党校	刘　勇	改革开放以来干部诚信建设研究
52	浙江省委党校	陈时兴	利用民间资本发展中小金融组织研究
53	浙江省委党校	王祖强	物流金融服务业发展研究——以浙江为例
54	安徽省委党校	汪兴福	新时期指导思想创新与党的事业发展互动机制研究
55	安徽省委党校	李本和	马克思主义经济学中国化的四次转变及其启示
56	安徽省委党校	华兴顺	中国共产党“三农”政策的历史作用及其启示
57	安徽省委党校	陈定洋	建国以来安徽农村改革历程、主要经验与当代启示研究
58	安徽省委党校	张复俊	我党化解农民工非制度政治参与的理论与实践
59	安徽省委党校	王泽强	金融支持安徽技术创新工程试点省建设研究
60	福建省委党校	李海星	“以人为本”价值视阈中的马克思主义大众化实现路径研究
61	福建省委党校	叶志坚	马克思社会形态理论与中国特色社会主义道路研究
62	福建省委党校	查英青	中国共产党开辟自主创新道路的历史进程与特色研究
63	福建省委党校	郭为桂	改革开放以来基层民主政治建设的历史考察及基本经验研究
64	福建省委党校	蔡承彬	海峡两岸产业合作的升级与推进：从制造基地到总部经济的变化
65	江西省委党校	李吉雄	我国收入分配思想的演变与经济发展关系

续 表

序号	单　　位	申报人	课　题　题　目
66	江西省委党校	杨会清	中国共产党在中央苏区时期成功应对危局与化解困境的历史经验研究
67	江西省委党校	王永华	中国共产党90年来密切与人民群众血肉联系、化解党群矛盾的历史经验研究
68	江西省委党校	冯志峰	县委书记权力与制约机制研究
69	江西省委党校	吴志远	多层次信贷市场建设研究——基于鄱阳湖生态经济区的调查
70	山东省委党校	谭　建	党的建设新布局的创新价值和科学地位
71	山东省委党校	张书林	党90年来成功应对危局的总体性研究
72	山东省委党校	魏　磊	社会稳定视阈中的社会控制科学化研究
73	山东省委党校	张蕴萍	加强对我国金融消费者保护的对策研究
74	山东省委党校	丁兆庆	开发性金融支持中小企业信用担保体系建设研究
75	山东省委党校	陈晓红	开发性金融支持我国产业结构优化升级的研究
76	河南省委党校	孟宪平	与时俱进的中国特色社会主义人权建设研究
77	河南省委党校	顾绍梅	“包容性增长”视阈下的权利同质及其化解当前社会利益矛盾模式研究
78	河南省委党校	王爱英	创新党政领导干部选拔任用机制研究
79	河南省委党校	董立人	社会稳定风险评估理论与实践经验研究
80	河南省委党校	陈轶丽	我国地方政府融资平台风险测评及防控研究
81	河南省委党校	廖富洲	开发性金融与新型城镇化发展研究
82	湖北省委党校	于文俊	党的指导思想与时俱进的基本经验及其重大意义
83	湖北省委党校	徐仲韬	与时俱进的马克思主义党建理论——中国特色社会主义党建理论体系创新研究
84	湖北省委党校	徐　勇	改革开放以来党在群体性事件应对中的媒体运用策略研究
85	湖北省委党校	马哲军	中国生猪期货交易制度设计与政策建议
86	湖北省委党校	罗　莉	我国开发性金融支持科技型中小企业自主创新研究
87	湖南省委党校	谢维楚	党的指导思想创新机制研究
88	湖南省委党校	戴安林	中共湖南省委20世纪50年代末60年代前期应对危局和化解困境的经验教训研究
89	湖南省委党校	瞿理铜	湖南省社区银行发展现状及其对策
90	广东省委党校	伍俊斌	当代中国扩大公民有序政治参与的经验、挑战和对策研究
91	广东省委党校	张　浩	改革开放以来中国共产党成功应对危局和化解困境的历史经验研究
92	广东省委党校	余甫功	珠三角城市化过程中农村金融转型与创新研究
93	广西壮族自治区委党校	李广义	生态文明思想演进与社会主义事业科学发展的互动研究

续表

序号	单位	申报人	课题题目
94	广西壮族自治区委党校	韩勇	我国西南少数民族边疆地区社会管理创新模式及优化对策研究——以广西为例
95	广西壮族自治区委党校	瞿磊	广西县域治理困境与县政改革经验研究
96	广西壮族自治区委党校	翁洁	农村学员干部教育培训的困惑与破解——以广西为例
97	广西壮族自治区委党校	张家寿	“十二五”时期边疆民族地区跨越式发展与长治久安的金融支持理论与政策研究
98	四川省委党校	杨继荣	统筹城乡背景下的基层治理创新研究——以成都市怡和新城为例
99	四川省委党校	李翔宇	新时期中国共产党应对危机的价值定位分析——从基层党群关系状况的视角
100	四川省委党校	孙超英	开发性金融视角下的农村小额信贷机制研究
101	四川省委党校	胡业勋	开放性条件下我国民间金融的法律规制研究
102	重庆市委党校	蒋英州	党政领导干部的政治文化对党的事业发展的影响研究
103	重庆市委党校	张志勇	中国发展模式选择与科学发展观研究
104	重庆市委党校	杜荣	我党在对外经贸工作中成功应对危局和化解困境的历史经验
105	重庆市委党校	刘娟	西部农村新型金融组织培育路径创新研究
106	贵州省委党校	赵淼	农村基层党组织建设与乡村社会治理：以“乡村混混”问题为中心
107	云南省委党校	韩斌	新时期以加快培育自我发展能力促进云南人口较少民族发展研究
108	云南省委党校	付春	云南山区、半山区烤烟生产与生态环境变迁——以大姚县石羊镇为中心的考察
109	云南省委党校	李彩霞	云南民族地区构建幸福社会的难点重点问题研究
110	云南省委党校	王丽华	少数民族乡村传统社会资本与当代乡村治理——以云南少数民族乡村为例
111	云南省委党校	鲁彩荣	边境地区基层党组织化解“边缘化”困境的历史经验
112	云南省委党校	付明喜	党的民族政策与边疆民族地区和谐民族关系的构建——以云南的实践为例
113	云南省委党校	赵颖新	加快云南与东盟区域金融合作研究
114	西藏自治区委党校	牛治富	西藏工作指导思想的确立和发展在西藏工作中的核心地位
115	西藏自治区委党校	万金鹏	中国共产党60年来维护西藏稳定的经验研究

续表

序号	单　位	申报人	课　题　题　目
116	陕西省委党校	王彦军	党的指导思想与时俱进的历史脉络及其重大意义
117	陕西省委党校	吴　永	延安时期中国共产党成功应对危局和化解困境的历史经验研究
118	陕西省委党校	陈心宇	陕西金融生态环境建设调查研究
119	陕西省委党校	支育辉	开发性金融支持关中——天水经济区发展研究
120	甘肃省委党校	董爱玲	中国共产党执政的社会文化基础研究
121	甘肃省委党校	吴晓军	红军长征及其结束后党应对危局和化解困境的历史经验研究
122	甘肃省委党校	赵前前	非政府组织参与社会管理的历史经验与机制研究
123	青海省委党校	马学勤	科学发展观指导下的民族地区党员教育机制研究
124	青海省委党校	张玉良	藏区社会主义和谐价值体系的认同与构建
125	青海省委党校	陈永进	社会主义法治理念在民族地区的实践——转型期民族地区法制建设研究
126	青海省委党校	张　伟	中国共产党应对特大自然灾害的成功答卷
127	青海省委党校	梁代生	重大自然灾害面前发挥基层党组织作用研究——青海玉树地震和灾后重建中基层党组织发挥战斗堡垒作用研究报告
128	青海省委党校	何　颖	西北民族地区民族宗教群体性事件的调研与思考
129	宁夏回族自治区委党校	王　琼	指导思想的与时俱进维护了社会主义意识形态安全
130	宁夏回族自治区委党校	梁春阳	少数民族地区党政部门应对网络舆情危机的经验与教训研究
131	宁夏回族自治区委党校	李长德	中国共产党成功应对和化解民族地区突发性事件的历史经验研究
132	宁夏回族自治区委党校	马荣芳	开发性金融支持宁夏新农村建设研究
133	新疆维吾尔自治区委党校	孙笑冰	新疆牧区跨越式发展研究
134	新疆维吾尔自治区委党校	热合木江·沙吾提	中国共产党在新疆解决和改善民生问题的历史经验研究
135	新疆维吾尔自治区委党校	卫利·巴拉提	多民族地区群体性突发事件的社会修复研究
136	铁道部党校	王　德	中国铁路走出困局的成功探索——坚持建设与改革相统一的发展战略研究
137	铁道部党校	张汉斌	我国碳金融发展前景及铁路企业开展碳金融业务可行性研究

续表

序号	单　　位	申报人	课　题　题　目
138	新疆生产建设兵团党校	陈　畅	新疆兵团体制内涵及其演变问题研究
139	新疆生产建设兵团党校	李学军	全国对口支援新疆兵团发展的机制、效果评价的调查研究——以南疆的兵团农一师、农二师、农三师、农十四师为例
140	新疆生产建设兵团党校	罗　蜀	新中国成立以来中国共产党领导全国支援新疆的历史考察和经验研究
141	新疆生产建设兵团党校	马彦梅	新疆民族地区农村人口就业变迁状况调查——以南疆三地州为例
142	新疆生产建设兵团党校	罗大胜	兵团经济跨越式发展的金融支持研究
143	广州市委党校	敖带芽	中国共产党社会整合与社会认同建设的基本经验
144	广州市委党校	黄克亮	中国共产党90年来解决农村民生问题的历史进程及经验启示
145	广州市委党校	吴瑞坚	基层社会管理体制改革创新研究——以广州"三中心一队伍"为例
146	广州市委党校	周权雄	本土产业转型升级的约束条件与动力机制
147	武汉市委党校	薛金华	党员干部的社会主义核心价值体系认同现状及实现机制研究
148	武汉市委党校	李军银	中国共产党反封建斗争的历史考察及现实路径选择
149	武汉市委党校	王观松	从历史这面镜子中不断提高我们党应对危局和困境的能力
150	武汉市委党校	张　璇	开放条件下中国金融监管制度的创新与完善——基于全球金融危机的重新审视
151	哈尔滨市委党校	赵卓莉	指导思想的与时俱进对党的文化创新意义研究
152	哈尔滨市委党校	扎　那	党在抗战时期成功应对危局和化解困境的历史经验及其借鉴
153	哈尔滨市委党校	杨晓猛	基于开发性金融理念的黑龙江地方政府投融资平台建设及风险防控研究
154	哈尔滨市委党校	朴松花	黑龙江省区域金融发展研究
155	沈阳市委党校	陈　萍	辽宁老工业基地振兴绩效评价与深化发展研究
156	沈阳市委党校	韩玉奇	中日应对本币升值对策的绩效比较研究
157	成都市委党校	黄仕红	科学发展观与基层国土执法能力建设研究——以S省X县为例
158	成都市委党校	黄国华	论中国特色协商民主思想的程序性特征
159	南京市委党校	胡宝平	指导思想的与时俱进为党的事业发展提供了强大精神力量
160	南京市委党校	刘喜发	中国共产党应对皖南事变的历史经验研究
161	南京市委党校	王辉龙	开发性金融支持保障性住房建设的关键问题研究

续表

序号	单　　位	申报人	课　题　题　目
162	西安市委党校	雷　军	金融支持西安国际化大都市建设研究
163	长春市委党校	刘淑英	指导思想的与时俱进对党的事业发展的重大意义
164	长春市委党校	杨刘保	从历史看未来——社会冲突论视野下中共处理危局的模式研究
165	长春市委党校	于　平	开发性金融支持吉林省县域经济发展问题研究
166	长春市委党校	于恒奎	助推我国 CDM 项目的碳金融发展模式研究
167	济南市委党校	赵　敏	开发性金融支持中小企业发展问题研究
168	济南市委党校	吴学军	地方政府融资平台运营及其金融风险管理——以济南市为例
169	济南市委党校	金　刚	围绕科学发展社会和谐提高基层党建科学化水平研究
170	济南市委党校	昌业云	新世纪以来我党成功应对非常规突发事件经验研究
171	杭州市委党校	胡序杭	以基层党建创新推进社会管理创新——基于杭州市加强党的群众工作的思考
172	杭州市委党校	邓念国	党组织领导的城市基层社会管理模式创新研究——以杭州为例
173	杭州市委党校	翁佩君	促进民间投资的机制研究——以杭州市为例
174	大连市委党校	于晓静	中国共产党转危为安实现两次历史性转折的经验研究
175	大连市委党校	解秀玲	我国出口加工企业转型发展问题研究
176	大连市委党校	单　伟	提高党的领导科学化水平的历史考察与对策研究
177	大连市委党校	王晓秋	中国农村金融改革与发展问题研究
178	青岛市委党校	黄建明	党的指导思想确立的历史考察及其经验教训研究
179	青岛市委党校	王　义	改革开放以来中国共产党应对民间组织发展与挑战的经验研究
180	青岛市委党校	王政堂	民主革命时期中国共产党成功应对危局和化解困境的历史经验研究
181	青岛市委党校	倪庆东	实施山东半岛蓝色经济区国家发展战略的金融支持体系研究
182	深圳市委党校	龚建华	深圳创新社会管理以实践科学发展观的路径探索
183	深圳市委党校	杨友国	党的社会建设理论与实践探索研究
184	厦门市委党校	邓仕仑	厦门经济特区建设 30 年的经验与启示
185	厦门市委党校	尤京文	政党自觉与中国治理模式研究
186	厦门市委党校	陈二加	厦门建设两岸区域性金融服务中心研究
187	宁波市委党校	励慧芳	建设学习型党组织与中共党建理念的新提升
188	宁波市委党校	张荣昌	宁波市创新社会管理，化解社会矛盾的经验研究
189	宁波市委党校	刘华安	改革开放以来中国共产党成功化解乡村治理困境的历史经验研究

续表

序号	单　　位	申报人	课　题　题　目
190	宁波市委党校	吴翔阳	民间资本投资新兴产业的融资机制研究——以浙江省宁波市为例
191	宁波市委党校	钟春洋	宁波发展海洋经济的金融支持研究
192	无锡市委党校	曹洪东	党的指导思想与时俱进方法论研究
193	无锡市委党校	吴文勤	现代化进程中的意识形态困境及其化解策略研究
194	无锡市委党校	蒋佳林	经济转型背景下无锡市科技金融发展的成就、经验、问题和对策研究
195	潍坊市委党校	卜　华	农村基层党的建设创新研究——以潍坊市的实践为例
196	潍坊市委党校	谭　伟	潍坊市转变经济发展方式问题研究——基于“诸城经验”的典型意义
197	潍坊市委党校	徐建军	统筹城乡发展视角下农村金融创新问题研究——以潍坊市为例
198	咸阳市委党校	张攀峰	陕甘宁边区的法制创建及其当代启示
199	咸阳市委党校	王　芳	创新群众工作方式方法与社会管理科学化问题研究
200	咸阳市委党校	林　英	中小企业融资的政府支持途径

（教务部、办公厅供稿）

课题结项

2010年度全国党校系统调研课题鉴定结项工作基本情况

根据中央党校《关于2010年度全国党校系统调研课题结项及成果内容和格式要求的通知》（校科字〔2011〕23号）精神，全国各省级党校、铁道部党校、新疆生产建设兵团党校、副省级城市党校、中央党校科研基地共报送112份调研课题成果（1人没提交成果，按撤项处理）。按照“严把出口关”的原则，经过同行专家评审，其中，32份课题成果被评为优秀，其成果拟结集正式出版；68份成果被评为合格；12份成果返回，要根据专家意见进行认真修改，由科研部再次组织专家鉴定。被撤项者，3年之内不得申请全国党校系统重点调研课题。

附：

2010年度全国党校系统调研课题结项成果表

（112项，按等级）

单　位	项目负责人	课题项目	结果
北京市委党校	殷庆言	提高党的群众工作科学化水平研究	优秀
北京市委党校	喻　匀	加强党的执政能力　推进社会保障制度建设——加快北京市养老服务业的发展	优秀
河北省委党校	丁万明	环京津地区城市化进程中的基督教家庭聚会点研究	优秀
河北省委党校	魏丽华	后危机时代培育壮大我国多元化差异性优势下的新型战略性城市增长极研究	优秀
辽宁省委党校	姚黎君 宋桂祝	辽宁地区基督宗教界人士和信教群众在经济社会发展中发挥积极作用的新探索	优秀
辽宁省委党校	黄　莉	后危机时代的区域经济发展模式转型研究——以辽宁三大区域为例	优秀
上海市委党校	吴海红	困境及出路：反腐倡廉建设中的社会监督机制研究	优秀
上海市委党校	唐珏岚	国际资本超量流入背景下流向逆转的风险与对策研究	优秀
江苏省委党校	谈　镇	后危机时期江苏发展低碳经济的思考	优秀
浙江省委党校	郭祥才 李洁芳	党的群众工作方法科学化研究——以浙江衢州“三民工程”为例	优秀
浙江省委党校	孙　雄	农村基督教发展态势及其社会影响——基于浙江的研究	优秀
福建省委党校	温敬元	关于党内激励机制的若干思考	优秀
福建省委党校	李新生	提高党的基层组织建设科学化水平研究	优秀
山东省委党校	杨　珍	我国城市民族关系发展问题研究——以山东半岛朝鲜族为例	优秀

续表

单　位	项目负责人	课题项目	结果
河南省委党校	牛安生	改革和完善党内选举制度研究——以科学制度保障党的建设的重大问题	优秀
河南省委党校	杨合理	和谐社会视野下依法管理宗教事务问题研究	优秀
湖北省委党校	李津燕	国际金融危机后政府债务风险防范问题研究	优秀
广东省委党校	唐晓阳	乡镇大部制改革研究——广东容桂、塘厦、石龙三镇的改革经验分析	优秀
四川省委党校	张星炜	把选择权交给群众，把选举权交给党员——四川省眉山市“两票制”公推直选乡镇党委书记的创新探索	优秀
云南省委党校	马树勋	边疆民族地区领导干部思维方式科学化问题研究	优秀
云南省委党校	邓　博	少数民族自治县自治权运行状况研究报告——以云南省的自治县为例	优秀
陕西省委党校	李晓燕	提高领导干部对“中国特色社会主义理论体系”的系统性认识水平	优秀
陕西省委党校	胡金荣	后危机时期以重点区域和特色产业拉动西部突破发展的对策研究	优秀
甘肃省委党校	刘务勇	当前影响甘南藏区社会稳定的因素及其对策研究	优秀
宁夏回族自治区委党校	王大力	加强乡镇党委书记队伍建设问题研究	优秀
宁夏回族自治区委党校	马晓梅	民族社会学视野下宁夏回汉民族关系实证研究	优秀
新疆生产建设兵团党校	赵子芳	特殊体制下的民族关系发展研究——以新疆兵团维汉、回汉民族关系发展为例	优秀
新疆生产建设兵团党校	白　燕	加快推进兵团城镇化　构建新疆民族交融的平台	优秀
西安市委党校	宋　军	风险视野下反腐倡廉制度创新——以陕西省纪委“五项制度”为视角	优秀
杭州市委党校	韩　芳	合理引导民间资金要素流向的对策研究	优秀
厦门市委党校	彭心安	扩大闽台宗教交流，推进祖国统一进程	优秀
宁波市委党校	励慧芳	商圈党建：区域化党建在城市的探索——基于宁波市海曙区实践的研究	优秀
北京市委党校	袁吉富	学习型组织理论与我国学习型党组织建设——一个马克思主义的视角	合格
天津市委党校	刘　竞	老基地　新发展——天津产业转型升级问题研究	合格
河北省委党校	王俊杰	国际金融危机后中国劳动关系的挑战与对策	合格

续 表

单　　位	项目负责人	课 题 项 目	结果
山西省委党校	王建军	民主推荐干部中的拉票问题研究	合格
山西省委党校	林　洁	欠发达地区优秀乡镇党委书记成长性研究	合格
内蒙古自治区委党校	李　红	西部民族地区提高基层党建科学化水平的思路和举措	合格
内蒙古自治区委党校	郭冬梅	民族地区转型期社会心理失衡问题研究	合格
吉林省委党校	闫　越	着力提高领导科学发展的能力	合格
吉林省委党校	蒋京议	执政合法性水准是考量党的建设科学化水平的重要标志——共产党执政合法性策略问题的研究报告	合格
吉林省委党校	金盛红	积极推进长吉图地区一体化，加快建设长吉图开发开放先导区	合格
黑龙江省委党校	祝福恩	提高党的建设科学化水平要实现四个转变	合格
黑龙江省委党校	麻秀荣	中国共产党民族发展问题经验研究	合格
上海市委党校	程竹汝	意识形态领导权问题研究	合格
江苏省委党校	黄文虎	提高干部教育培训科学化水平的研究	合格
江苏省委党校	王庆五	“长三角地区”城市中的宗教组织发展状况调查	合格
浙江省委党校	徐　彬	构建城乡统筹的基层党建新格局研究：基于浙江省的理论与实践思考	合格
浙江省委党校	沈立江	推进转型升级　建设生态文明研究	合格
安徽省委党校	朱兆华	党内选举民主与党内协商民主的互动关系研究	合格
安徽省委党校	黄世福	发挥宗教在新农村建设中的积极作用	合格
福建省委党校	吴玉辉	关于新疆人口安全的若干问题及对策建议	合格
江西省委党校	王仕国	党在农村的宗教工作与落实科学发展观研究	合格
江西省委党校	郭金丰	城镇化进程中的农民就地市民化问题研究	合格
山东省委党校	王庆德	耶儒相遇下曲阜地区基督教传播与儒家文化复兴	合格
山东省委党校	王　秋	居民消费结构对产业结构优化的影响分析	合格
河南省委党校	叶春涛	新农村建设视野下农村党员政治参与研究	合格
湖北省委党校	徐仲韬	县委书记岗位腐败风险防控预警机制研究	合格
湖北省委党校	李正宏	中国产业结构低碳化：效能提升及其实现机制研究	合格
湖南省委党校	陈明文	少数民族宗教文化的传承与创新——湖南少数民族地区宗教与民间信仰调查	合格
湖南省委党校	刘建琼	培养新型农民群体的途径与政策研究	合格

续表

单　　位	项目负责人	课题项目	结果
广东省委党校	汪晓红	干部下乡驻村工作绩效考评体系的设计思路	合格
广西壮族自治区委党校	张银岳	农村基层党建科学化问题研究——政治社会学的视角	合格
广西壮族自治区委党校	杨继君	我国边疆民族性突发事件中的主体行为与应对策略研究	合格
四川省委党校	彭大鹏	四川省藏区“牧民定居行动计划”实施过程中的文化调适与再社会化研究	合格
四川省委党校	贾　舒	后危机时期川渝地区产业整合研究	合格
重庆市委党校	黄远固	创新群众工作方法推进党建科学化调研报告	合格
重庆市委党校	陈　霄	土地资本化在中国经济中的作用及转型研究	合格
贵州省委党校	伍小涛	民族地区构建和谐社会目标取向下中共社会整合作用研究	合格
贵州省委党校	唐　皓	扶持贵州毛南族政策实践程度调查研究	合格
贵州省委党校	龙　敏	国际金融危机后中国发展低碳经济的机遇和挑战	合格
云南省委党校	杜　琼	后危机时代云南经济发展面临的挑战和对策研究	合格
西藏自治区委党校	阙成平	藏传佛教与和谐社会构建	合格
陕西省委党校	张进蒙	提高社会主义核心价值体系认同度的研究	合格
甘肃省委党校	李庆梅	用负所得税调节我国收入分配差距研究	合格
青海省委党校	杨松义	基于方法论层面对提高党内巡视工作科学化水平的研究	合格
宁夏回族自治区委党校	宋克玉	国际金融危机后中国地方政府投融资平台规范发展问题研究	合格
新疆维吾尔自治区委党校	李西琴	宗教极端势力对乌鲁木齐市维吾尔族流动人口聚居区未成年人渗透现状的调研——以天山区为例	合格
新疆维吾尔自治区委党校	李　艳	后危机时代新疆提高向西开放水平的现实选择——构建向西开放的产业支撑	合格
铁道部党校	张维克 徐　璞	制度创新成就高速铁路自主创新——基于制度经济学视角	合格
铁道部党校	林　淼 王　德	国际金融危机后我国高速铁路科学发展面临的挑战与对策	合格
广州市委党校	朱殊洋	国际金融危机后我国经济增长与通货膨胀的平衡问题研究——基于马克思经济理论框架下的研究	合格
武汉市委党校	王观松	党的制度建设科学化研究	合格

续 表

单　　位	项目负责人	课 题 项 目	结果
哈尔滨市委党校	朴松花	国际金融危机后黑龙江省经济面临的挑战与对策	合格
沈阳市委党校	朱卫东 孙鸿炜	基于区域经济新格局的沈阳中心城市成长路径	合格
成都市委党校	王启友	基层党建的科学化与基层群众自治的有机互动研究——以城市社区为视角	合格
成都市委党校	孙恪廉	圆融宗教：社会和谐的另一面——中国当代宗教社会功能研究	合格
南京市委党校	李桂华	国际金融危机后南京产业转型的研究报告	合格
西安市委党校	李清芳	构建科学的权力制衡与监督机制，是提高反腐倡廉建设科学化水平的重要路径	合格
长春市委党校	徐亚军	关于加快新能源汽车发展　促进长春市汽车产业结构调整的研究报告	合格
杭州市委党校	高国舫	科学化视野下的干部选任机制改革	合格
大连市委党校	张道航	后金融危机时代中国房地产发展研探	合格
大连市委党校	王晓秋	后危机时代中国金融话语权问题研究	合格
青岛市委党校	马秀贞	以高端产业发展引领中国　“转方式、调结构”研究	合格
深圳市委党校	林　祥	新形势下深圳建设国家创新型城市调研报告	合格
厦门市委党校	陈二加	厦门规模以上非公企业党建科学化调查与思考	合格
宁波市委党校	陈鹏键	城市社区现代化进程中宗教工作问题研究	合格
无锡市委党校	谭　军	苏南向创新型经济转型的实践研究	合格
潍坊市委党校	卜　华	低碳经济：黄河三角洲高效生态经济区发展模式的路径选择	合格
咸阳市委党校	林　英	咸阳加快转变经济发展方式对策研究	合格
天津市委党校	张亚勇	提高党内权力制约和监督科学化水平	修改
山西省委党校	苏玉娟	国际金融危机后民生科技促进中国经济转型实证分析	修改
辽宁省委党校	王恩宝	切实提高基层党组织建设科学化水平	修改
江苏省委党校	桑学成	提高干部工作科学化水平研究	修改
安徽省委党校	王生怀	村级党组织建设的现代化研究——以潜山县吴塘村、泾县宋村为考察对象	修改
湖北省委党校	徐　勇	创新网络党建工作方法的对策研究	修改
青海省委党校	韩官却加	维护青海社会稳定、做好民族宗教工作——青海省开展“平安寺院”建设活动的调查与研究	修改
哈尔滨市委党校	徐彦山	现阶段我国民族矛盾问题研究	修改

续表

单　　位	项目负责人	课题项目	结果
济南市委党校	昌业云	综合运用现代人才测评技术选拔领导干部　提高党的干部队伍建设的科学化水平	修改
济南市委党校	李　琳	信息技术革命给我党工作带来的机遇、挑战及应对措施	修改
青岛市委党校	黄建明	宗教对农村维稳作用的两重性及其隐性影响研究	修改
深圳市委党校	宋腊梅	提高党的干部人事工作的科学化水平	修改

（摘自校园网，科研部供稿）

科研奖励

“科研优秀成果奖”获奖名单

序号	类别	姓名	单位	成果名称
1	著作类	王中汝	马克思主义理论教研部	《经济、社会与国家——历史唯物主义视域内的社会变迁》
2		张恒山	政法教研部	《西方法政名著精要》
3		柳建辉	中共党史教研部	《中国共产党执政历程》
4		王　瑜	党的建设教研部	《大党的兴衰》
5		刘悦斌	文史教研部	《薛福成外交思想研究》
6	论文类	董振华	哲学教研部	《论创新劳动的哲学人类学意义》
7		王立峰	政法教研部	《马基雅维里论政治正当性》
8		张荣臣	党的建设教研部	《共产党宣言》和中国共产党的建设
9		高祖贵	国际战略研究所	《中东大变局对美国战略的影响》

注：以上排序先按票数由多到少排列，票数相同的按机构序列排序。

“科研组织优秀集体奖”获奖单位名单

经济学教研部
国际战略研究所

（摘自校园网，科研部供稿）

中国特色社会主义理论体系研究中心

中央“四报一刊”发文情况

一、整体情况

根据中央精神和国际国内形势发展的要求，组织有关教研人员撰写理论文章在国家重点报刊发表，是全国性七大中国特色社会主义理论体系研究基地发挥理论宣传、舆论引导作用的重要形式。中央宣传部每年对各大中心发表文章的数量和质量进行统计排名并对外公布。

中央党校中国特色社会主义理论体系研究中心2009年共发表24篇文章，2010年共发表32篇文章，2011年共发表37篇文章，连续3年在全国七大基地中位列第一。特别是2011年有16篇文章被中央宣传部评为优秀，也位列全国七大基地之首，创造了发文数量和评优数量的“双第一”，充分展示了中央党校教研人员在中国特色社会主义理论体系研究方面的实力和水平，体现了中心组织策划工作的成绩。

2012年1月13日常务副校长李景田同志批示：“望再接再厉，再创新高。”

同日副校长张伯里批示：“我校研究中心获年度发文数量与评优数量‘双第一’，成绩可喜可贺。望新一年再接再厉。”

二、分类情况

（一）按报刊分类

按发表报刊统计，在《人民日报》发表12篇，在《光明日报》发表9篇、《经济日报》发表10篇、《解放军报》发表2篇、《求是》杂志发表4篇。

（二）按作者发文统计，发文5篇的作者有：洪向华；发文3篇的作者有：张荣臣；发文2篇的作者有：张伯里、郝永平（其中1篇与宁德安合作）、郑权、秦刚；发文1篇的作者有：李君如、梁言顺、倪德刚、韩庆祥、李海青、庞元正（与董振华合作）、赵振华、严书翰、刘海涛、吴忠民、柳建辉、谢春涛（与范晓春合作）、李庆刚、戴焰军、祝灵君、范玉刚、李媛媛、辛鸣、彭劲松、许全兴；以中国特色社会主义理论体系研究中心名义发文1篇。

被中央宣传部评为优秀的文章

序号	刊物名称	发表时间	文章名称	执笔人	部门
1	光明日报	2011年2月21日	党的先进性的具体体现	李君如	办公厅
2	人民日报	2011年5月3日	党的领导水平和执政能力的充分彰显	郑　权	科研部
3	人民日报	2011年6月1日	从马克思主义经典中汲取思想力量	辛　鸣	研究室
4	光明日报	2011年7月5日	牢记历史使命更加奋发有为	柳建辉	中共党史教研部
5	光明日报	2011年7月24日	“四种危险”：党长期执政的安全警示	郝永平 宁德安	科研部
6	经济日报	2011年8月1日	不断提高党的建设科学化水平	洪向华	科研部
7	人民日报	2011年8月8日	中国道路与党的创新精神	秦　刚	马克思主义理论教研部
8	光明日报	2011年8月27日	用党的理论创新成果武装全党	张伯里	办公厅
9	光明日报	2011年9月29日	论“走转改”活动的认识论基础和实践意义	庞元正 董振华	哲学教研部
10	人民日报	2011年10月10日	中国特色社会主义道路是唯一正确的道路	秦　刚	马克思主义理论教研部
11	光明日报	2011年10月12日	坚持和完善中国特色社会主义制度	刘海涛	科学社会主义教研部
12	光明日报	2011年10月20日	中国特色社会主义文化发展道路的里程碑	洪向华	科研部

续 表

序号	刊物名称	发表时间	文章名称	执笔人	部门
13	人民日报	2011年11月8日	领导干部要加强对历史的学习	彭劲松	研究室
14	人民日报	2011年11月22日	注重文化在综合国力竞争中的地位和作用	张伯里	办公厅
15	求是	2011年第8期	马克思主义大众化的历史启迪	谢春涛 范晓春	中共党史教研部
16	求是	2011年第12期	加强和改进新形势下党的群众工作	张荣臣	党的建设教研部

（摘自校园网，科研部供稿）

学员管理

入学教育

春季学期新学员入学教育概况

类别		班次及学员	主要内容
进修部	第一批	省部级干部进修班（第49期）“转变经济发展方式与经济结构调整”研究专题、“党的执政经验和执政能力建设”研究专题、省部级干部“中国特色社会主义理论体系”高级研修班共94人；厅局级干部进修班（第56期）“转型期的社会稳定”研究专题、“文化建设与文化发展”研究专题、“战略思维与领导能力”研究专题、“中国特色社会主义理论体系”研究专题共214人。学员总数308人。	一、3月1日，开学典礼。迎新会，副校长孙庆聚出席并讲话；各学员支部召开支部大会，各班次学员支学员召开小组讨论会。 二、3月2日，副校长李书磊作学习引言。 三、入学一周内，各学员支部按照民主集中制原则选出党支部。各班次支部开展“两带来”问题交流。
	第二批	省部级干部进修班（第49期）“民生与社会建设”研究专题、“世界经济与政治格局变化及应对”研究专题共66人；厅局级干部进修班（第56期）“转变经济发展方式与经济结构调整”研究专题、“党的执政经验和执政能力建设”研究专题、“高等教育改革与发展”研究专题共204人。学员总数270人。	一、5月13日，开学典礼。副校长李书磊作学习引言。 二、5月16日，迎新会，副校长孙庆聚出席并讲话；各学员支部分别召开支部大会。 三、5月17日，各班次支部开展“两带来”问题交流。 四、入学一周内，各学员支部按照民主集中制原则选出党支部。

续表

类别	班次及学员	主要内容
培训部	中青年干部培训一班（第30期）、中青年干部培训二班（第11期）、新疆地厅级民族干部培训班（第57期）、新疆县处级民族干部培训班（第58期）、半年制西藏民族干部培训班（第43期）、一年制西藏民族干部培训班（第44期），学员总数401人。	3月1日，开学典礼。新学员见面会，副校长孙庆聚，教育长兼培训部主任徐伟新出席并讲话。

秋季学期新学员入学教育概况

类别		班次及学员	主要内容
进修部	第一批	省部级干部进修班（第50期）“战略思维与领导能力”研究专题、“统筹城乡发展”研究专题共80人；厅局级干部进修班（第57期）“民生与社会建设”研究专题、“转变经济发展方式与经济结构调整”研究专题、“党内民主建设”研究专题、“中国特色社会主义理论体系”研究专题共186人；“全国地市州盟党委党校常务副校长培训班”（第2期）216人；“县委书记任职培训班”（第2期）165人；哲学社会科学教学科研骨干研修班（第41、42期）230人。学员总数877人。	一、9月1日，开学典礼。迎新会，副校长孙庆聚出席并讲话。 二、9月2日，副校长李书磊作学习引言。各班次开展“两带来”问题交流。 三、入学一周内，各学员支部按照民主集中制原则选出党支部。
进修部	第二批	省部级干部进修班（第50期）“转变经济发展方式与经济结构调整”研究专题、“社会主义民主政治建设”研究专题共40人；厅局级干部进修班（第57期）“世界经济与政治格局变化及应对”研究专题、“文化建设与文化发展”研究专题、“新形势下党的群众工作”研究专题，市地党政主要领导干部进修班（第5期）共114人；“县委书记任职培训班”（第3期）294人。学员总数448人。	一、11月16日，开学典礼。迎新会，副校长孙庆聚出席并讲话。 二、11月17日，副校长李书磊作学习引言。 三、11月18日，各班次开展“两带来”问题交流。 四、入学一周内，各学员支部按照民主集中制原则选出党支部。

续表

类别	班次及学员	主要内容
培训部	中青年干部培训一班（第 31 期）、新疆地厅级民族干部培训班（第 59 期）、新疆县处级民族干部培训班（第 60 期）、半年制西藏民族干部培训班（第 45 期），学员总数 220 人。	9 月 1 日，开学典礼。新学员见面会，副校长孙庆聚，教育长兼培训部主任徐伟新出席并讲话。

（依据《教学情况反映》2011 年整理）

学员“两带来”问题

春季学期学员“两带来”问题汇总

类别		班次	干部群众关心的热点问题（个）	希望中央党校解决的思想理论问题（个）
进修班	第一批	省部级干部进修班“转变经济发展方式与经济结构调整”研究专题	46	23
		省部级干部进修班“党的执政经验和执政能力建设”研究专题	6	
		省部级干部“中国特色社会主义理论体系”高级研修班	9	11
		厅局级干部进修班“转型期的社会稳定”研究专题	25	29
		厅局级干部进修班“文化建设与文化发展”研究专题	15	20
		厅局级干部进修班“战略思维与领导能力”研究专题	59	58
		厅局级干部进修班“中国特色社会主义理论体系”研究专题	30	23

续表

类别		班次	干部群众关心的热点问题（个）	希望中央党校解决的思想理论问题（个）
进修班	第二批	省部级干部进修班“民生与社会建设”研究专题	41	
		省部级干部进修班“世界经济与政治格局变化及应对”研究专题	22	
		厅局级干部进修班“转变经济发展方式与经济结构调整”研究专题	52	68
		厅局级干部进修班“党的执政经验和执政能力建设”研究专题	8	8
		厅局级干部进修班“高等教育与改革”研究专题	9	26
培训部		中青年干部培训一班（第30期）、二班（第11期）	65	37

秋季学期学员“两带来”问题汇总

类别		班次	干部群众关心的热点问题（个）	希望中央党校解决的思想理论问题（个）
进修班	第一批	省部级干部进修班“战略思维与领导能力”研究专题	35	42
		省部级干部进修班“统筹城乡发展”研究专题	22	
		厅局级干部进修班“民生与社会建设”研究专题	69	
		厅局级干部进修班“转变经济发展方式与经济结构调整”研究专题	94	
		厅局级干部进修班“党内民主建设”研究专题	21	
		厅局级干部进修班“中国特色社会主义理论体系”研究专题	12	23

续表

类别		班次	干部群众关心的热点问题（个）	希望中央党校解决的思想理论问题（个）
进修班	第二批	省部级干部进修班“转变经济发展方式与经济结构调整”研究专题	27	23
		省部级干部进修班“社会主义民主政治”研究专题	13	13
		厅局级干部进修班“世界经济与政治格局变化及应对”研究专题	32	25
		厅局级干部进修班“文化建设与文化发展”研究专题	21	20
		厅局级干部进修班“新形势下党的群众工作”研究专题	20	12
		市地党政主要领导干部进修班（第5期）	11	10
培训部		中青年干部培训一班（第31期）	29	12

（依据《教学情况反映》2011年整理）

学员论坛

进修部学员论坛

（一）

3月16日，进修部厅局班“战略思维与领导能力”研究专题二支部举办“福岛核泄漏事故及对我国核安全问题的启示”学员论坛。二支部学员、中国工程物理研究院核物理化学所所长彭述明，结合日本核泄漏事件及他的行业亲历，在论坛上作了主讲。

彭述明首先介绍了日本福岛核电站设

计原理及安全措施、存在的问题与危险，并结合有关核安全隐患处理及防范的经验分析了福岛事件的发展态势及对中国的影响程度。他认为福岛事件对中国不会有太大影响，但对中国核安全提供几点启示：一是加强核电站厂址选择论证，不应把厂址选在地震带上，也不应选在易发生海啸、台风、山洪、泥石流的区域。二是加强新技术的研发和应用，关键加强核能利用的设计安全，通过技术提升设计技术、安全技术和应急技术。三是加强对核设施建设、运营、维护等各环节的管理，提高质量，建立更为严格的核安全规章制度及核安全保障秩序，特别要狠抓制度的落实。四是加强核反应堆应急安全保障。五是加强人才的培养与队伍的稳定，与又好又快发展的核电事业相适应。六是加强核知识的科普和引导媒体正确宣传，防止民众恐慌。

这次论坛受到学员普遍欢迎，“战略思维与领导能力”研究专题一支部的全体学员也参加此次论坛。学员们普遍反映，这是由一名专业、权威人士所作的一次生动、及时的核知识、核安全、核危机处理普及课，既有专业介绍，又有深度分析。在3月11日日本发生9级大地震，继而产生核泄漏问题仅仅5天之后，支部就充分利用学员资源，成功地组织这次学员论坛，满足了学员们对相关知识和信息的认知和理解，实现了学学相长。

（二）

4月6日，进修部厅局班“战略思维与领导能力”研究专题一支部举办学员论坛。国土资源部土地利用管理司巡视员黄鹤图、中国极地研究中心主任杨惠根、国家信息中心网络安全部主任吴亚非和中央人民政府驻澳门特别行政区联络办公室经济部巡视员高尚德等4位学员分别就土地出让和土地财政问题、南北极考察、网络安全和澳门特区的发展前景等大家关心的问题作了精彩的报告。

学员们普遍认为，学员论坛形式活泼，内容丰富，激发了学员们学习理论、研讨问题的热情，是教学相长、学学相长的重要平台。

（三）

4月11日，为配合“毛泽东思想基本问题”阶段的教学，进修部厅局班“中国特色社会主义理论体系”研究专题支部举办学员论坛。厅局班学员、中共党史出版社总编辑李向前，就《中国共产党历史（第二卷）》的有关问题作了报告。

李向前作为《中国共产党历史（第二卷）》撰稿人之一，首先从党史第二卷的性质、内容和分期讲起，解释了为什么29年的历史写了16年；随后就第二卷写作过程中若干重大问题作了说明：比如，关于协商建国，关于抗美援朝，关于向社会主义过渡，关于反右派斗争，关于庐山会议，关于中苏关系，关于“文化大革命”，关于“林彪事件”，关于两年徘徊等问题作了简练介绍和解读，并谈了自己的看法和观点。

这次学员论坛，对正确认识党的历史很有启发和帮助。

（四）

4月11日，进修部厅局班“战略思维与领导能力”研究专题一支部举办学员论坛。一支部学员、财政部国际司司长郑晓松结合参与二十国集团合作的经历和体会作了“从二十国集团合作看国际格局变化及中国面临的机遇与挑战”的主题报告。报告分为四个部分：一是二十国峰会机制的诞生反映了全球经济治理的发展历程；二是5次二十国峰会的主要成果和中国与西方国家的主要交锋，反映出二十国集团未来合作的趋势；三是二十国集团合作的发展和演变反映了国际力量和世界格局的变化，对全球经济治理产生了重大影响；四是中国在二十国集团合作中面临的机遇和挑战以及应采取的对策。

学员们普遍反映，听完报告后很受鼓舞和启发。报告体现了中国主动参与全球经济治理的战略思维；反映了中国积极参与全球经济治理的最新成果；主题新颖，结构紧凑，紧贴实际，内容丰富，专业权威。特别是报告对二十国集团合作背景、进展和趋势的分析；对二十国集团合作主要成果和焦点问题的解读；对中国在二十国集团合作中机遇和挑战的把握，对开阔视野、增加新知识和启迪思维都具有重要意义。

（五）

5月10日，进修部厅局班“中国特色社会主义理论体系”研究专题支部举办学员论坛。中央财经领导小组办公室农村二组组长吴宏耀从农村粮食安全、农产品价格、农民收入、农民工现象、农村土地、农村民生等六个方面介绍了“三农”问题的发展和现状、存在的问题以及解决“三农”问题的政策措施。国家发展和改革委员会药品价格评审中心主任卢凤霞从药价高与看病贵、为什么药价虚高、为什么要控制药价、关键是改革体制等4个问题，介绍了药品价格的总体状况和存在的问题，以及国家的有关政策和改革措施。

这两个报告对大家了解“三农”问题、药品价格问题的情况和有关政策很有启发和帮助。

（六）

5月31日，进修部厅局班“中国特色社会主义理论体系”研究专题支部举办学员论坛。中国农工民主党中央宣传部部长石光树以“中国多党合作制度”为题，系统介绍了多党合作的现状，第一届政协会议的召开暨多党合作制度的确立，以及60多年来中国共产党领导的多党合作和政治协商制度的发展完善情况。铁道部经济规划研究所党委书记姚保国从中国高速铁路的现状、发展规划和技术创新等方面，全面介绍了中国高铁的情况。四川省妇联主席陈芳以“坚持男女平等，促进社会和谐”为题，介绍了中国妇女工作的状况及存在的问题。

3位学员的报告内容丰富，数据翔实，信息量大、知识面广，对学员了解中国政党制度、中国高铁和妇联工作有较大启发和帮助。

（七）

9月14日，进修部厅局班“中国特色社会主义理论体系”研究专题支部举办学员论坛。新疆生产建设兵团党校常务副校长、兵团行政学院常务副院长赵柳成和中国民族报社党委书记、社长、总编辑普永生两位学员分别作了报告。马克思主义理论教研部副主任秦刚、进修部副局级组织员王迎雪出席学员论坛。支部学习委员、共青团云南省委书记饶南湖主持论坛。

赵柳成以“学习马克思主义哲学的粗浅体会”为题，系统介绍了哲学及其思维方式的特点、哲学和具体科学的关系、哲学思维方式的特点、哲学的基本构成、马克思主义唯物论、马克思主义辩证法、马克思主义历史观、马克思主义认识论、如何坚持和发展马克思主义等内容。

普永生以“正确认识中国的民族问题”为题着重介绍了中国少数民族组成、分布、特点和民族文化、民族教育、民族团结、民族政策、民族干部培养及宗教工作的有关情况，并联系实际就如何加强民族工作提出了自己的思考：一要完善和创新党的民族理论、民族政策体系；二要高度重视民族问题，采取有效措施，促进各民族之间的交流交往和融合，培养大批的少数民族各类人才，使少数民族干部承担起自己管理自己地方事务的责任，成为党和少数民族群众中间的桥梁和纽带，紧紧依靠少数民族群众，不断改善民生，加强民族方面的宣传教育，普及民族知识；三要科学对待宗教，发挥宗教有利于构建和谐社会方面的积极作用，注意培养和使用优秀的宗教人士，使其成为党和信教群众之间的桥梁，占领信教群众这块阵地。

（八）

9月15日，进修部省部班“统筹城乡发展”研究专题班在北京市大兴区进行教学参观并举办学员论坛。

省部班学员、农业部副部长陈晓华结合工作中积累的经验与遇到的问题，围绕“城乡统筹”，发表了自己的见解，提出要按照“三化同步”的要求加快建设现代农业，协调好初次分配与再分配，发展和完善农村财政金融体系，促进农村劳动力转移，推动社会主义新农村建设，实现城乡统筹、又好又快发展的良好局面。大兴区委常委郭宝东介绍了大兴区在统筹城乡发展进程中总结出的“四有”工作机制，即搬迁农民安置就业有岗位、经营增收有资产、稳定生活有保障、服务管理有组织。

学员们普遍认为，此次论坛加深了对“统筹城乡发展”的理解与认识，收获很大。

（九）

10月11日，进修部厅局班“转变经济发展方式与经济结构调整”研究专题举办学员论坛。学员论坛由国家交通运输部科学研究院院长、党委副书记李作敏主持，3位学员分别作了主题发言。

一支部学员、河南省畜牧局局长、党组书记李孟顺以“畜牧业发展与畜产品安全”为题，介绍了河南省畜牧业发展的现状及在全国举足轻重的地位，围绕“瘦肉精”、“奶业标准”、“三聚氰胺”、畜禽养殖废物处理等热点问题，进行了客观分析，谈了自己的认识和看法，强调要科学理解、正确对待畜产品质量安全问题。

一支部学员、上海市闵行区委副书记、区长莫负春以“举全国之力，集世博智慧，创世博精彩”为题，围绕着“成功精彩难忘”的世博目标、数字世博、城市化的全方位展示交流和体验、公共外交平台以及世博后续开发等问题，介绍了上海世博举办的基本情况和成功经验，重点分析了交流、进步、创新世博价值在上海世博中的体现和上海世博主题“城市，让生活更美好”所产生的广泛影响。

二支部学员、中航工业成都飞机设计研究所所长、党委副书记季晓光以“从战斗机的发展历程看未来发展方向”为题，围绕着战斗机的产生、现代战斗机的发展历程及未来发展方向，重点介绍了国内外第一代至第四代战斗机的特性特征、代表机型及在战争中的应用，展望了第五代战斗机、无人机和空天作战飞机的前景，分析了中国战斗机的发展现状及未来趋势。

全班近80余人参加本次学员论坛。大家普遍认为，3位主讲学员准备认真，图文并茂，分析客观，见解独到，有助于开阔视野，拓展知识，是学学相长的有效形式。

（进修部供稿人：郝全洪）

培训部学员论坛

（一）

6月10日，培训部举办主题为“开创‘十二五’科学发展新局面”的学员论坛。常务副校长李景田、教育长兼培训部主任徐伟新出席。科研部主任梁言顺、教务部副主任冯鹏志、中央组织部驻中青一班联络员组组长王欣、培训部副主任王炳、薛泽洲等出席论坛。培训部300多名学员参加论坛。

论坛上，来自中青年干部培训一班和二班的4名学员结合自身工作实际和学习体会分别从中国的国际形势、宏观经济、金融发展和对外开放四个方面进行专题发言。

徐伟新对4位学员的发言作了总结。她高度评价4位学员的主题演讲和主持人的点评，指出在建党90周年和“十二五”开局的交汇点，这次论坛对大家很有启示。她希望学员们既要看到问题和挑战，也要充满坚持走改革开放道路的信心和决心。

（二）

11月22日，培训部举办主题为“以史为鉴、以史资政”的秋季学员论坛。副校长孙庆聚、李书磊，教育长兼培训部主任徐伟新出席。学员俱乐部学术交流协会两位会长：中青年干部培训一班学员、中国广东核电集团有限公司总经理张善明和中国社科院社会学研究所所长李培林共同主持本次论坛。

中青年干部培训一班学员、中央文献研究室第一编研部主任唐洲雁，以毛泽东读史与用史为主题，用翔实的资料，生动的语言向大家形象地呈现了毛泽东如何科学读史、善于用史；如何生命不息，读史不止。中青年干部培训二班学员、浙江省发展和改革委员会副主任崔凤军从中国传统文化中学习从政智慧的角度，谈了从政的“四重境界”、“五个美德”和从政为什么要以德为先，从政的“坦言”和“慎言”，读书人如何从政等。新疆民族干部培训班学员、新疆财经大学副校长艾光辉以大量的数据资料系统地发表了主题观点为“以文化认同为核心，构建新型民族关系”的演讲，使与会学员们进一步增进了关于边疆的历史文化知识，开阔了民族团结事业的思路，引人思考。西藏民族干部培训班学员、西藏昌都地委副书记程越则用生动的史实讲述了中国共产党在西藏的执政历程与启示。

中国社会科学院学部委员、近代史研究所原所长张海鹏教授对4位学员发言进行点评，并以“学习辛亥革命历史的几点启示”为题，以独到的视野向大家展现辛亥革命的历史画卷及其对当代的启示。

此次论坛由培训部学员俱乐部学术交流协会主办。中央党校科研部主任梁言顺、教务部副主任冯鹏志、中央组织部干部一局副巡视员、中青年干部培训一班联络员组组长李旭红、培训部副主任王炳、薛泽洲和培训部全体学员出席论坛。

（培训部供稿人：辛向前）

社会调研与课题研究

进修部学员社会调研

（一）

3月22日，进修部省部班“转变经济发展方式与经济结构调整”研究专题二支部全体学员，在支部书记、民政部部长李立国带领下，到国家测绘局参观中国测绘创新基地。副校长孙庆聚，校委委员、进修部主任黄宪起，经济学教研部副主任韩保江、中央组织部联络员潘海峰，以及下班教学组的教师参加此次活动。

这次参观是结合本阶段教学内容的学习，由进修部、经济学教研部教学组组织的一次教学参观活动。在一个半小时的参观中，学员们听了国土资源部副部长、国家测绘局局长徐德明和副局长王春峰对中国测绘工作情况的介绍，参观了最新的测绘技术装备，了解测绘工作在中国经济和科技活动中的应用，以及数字城市建设的成果和成效。

通过参观，学员们深切感受到中国测绘装备技术的巨大进步，更加认识到测绘工作和测绘成果的广泛应用对国民经济和社会发展的重要性，感到受益匪浅。李立国在讲话中说，大家在党校学习，学习了党的基本理论，增强了党性，同时也通过此类教学参观考察活动，增加对实践的了解和对所学理论的理解，活跃了教学形式，丰富了教学内容。

（二）

3月24日，省部级干部“中国特色社会主义理论”高级研修班（第49期）全体学员一行30余人来到国家海洋局进行参观考察和交流座谈。副校长孙庆聚，校委委员、进修部主任黄宪起，中央组织部干部局副局长张家声等参加此次活动。

在座谈中，国家海洋局党组成员、副局长陈连增从国际海洋事务发展的新形势、中国维护海洋权益面临的严峻挑战、中国海洋事业发展的基本情况以及“十二五”中国海洋工作重点等四个方面作了汇报。座谈会上，学员们还观看了海洋维权执法、极地大洋科考的汇报片。

研修班学员听取了国家海洋环境预报中心及国家卫星海洋应用中心的工作汇报，并进行了实地考察。针对近期日本地震造成的海啸和核辐射后，国家海洋局紧急部署应急监测预报工作情况，研修班学员此次专门来到预报中心海啸预警室进行考察。在国家卫星海洋应用中心，学员们还针对2011年即将发射的“海洋二号”卫星与工作人员进行了讨论。

学员们表示，这是一次非常难得的学习机会，通过参观考察，对海洋工作有了较为深入的了解和认识，今后将更多关注海洋、支持海洋工作、为祖国的海洋事业贡献一份力量。

（进修部供稿人：郝全洪）

进修部学员课题研究成果交流

（一）

4月27日，进修部举办学员课题研究成果交流会。副校长孙庆聚出席交流会，校委委员、进修部主任黄宪起主持交流会并作总结讲话，中共党史教研部副主任谢春涛、进修部副主任赵凤珍、中央组织部联络员、各教学组相关人员及进修部全体学员参加交流会。

会上，省部班学员、上海市政协副主席王新奎就“关于当前转变经济发展方式与经济结构调整的若干思考”课题，中央统战部副部长陈喜庆就“转变经济发展方式和调整经济结构对统一战线的影响”课题，光明日报社副总编辑李春林就“凝炼核心价值观，提高执政软实力”课题，厅局班学员、全国人大民族委员会调研室主任艾其来就“民生与社会稳定研究”课题，北京市密云县县长王海臣就“关于提升中国文化国际影响力的战略与策略问题”课题，国防大学战略教研部危机管理中心主任赵子聿就“关于加快制定国家南极战略的思考”课题，上海市建设交通委巡视员王以中就“深入贯彻科学发展观实现城市管理长效化的战略思考”课题分别作了研究成果的汇报。

黄宪起充分肯定了学员们在校期间学习研究取得的丰硕成果，并建议大家将研究中提出的好的政策建议付诸实践，真正起到推动实践创新的应有作用。

（二）

7 月 12 日，进修部举办学员课题研究成果交流会。副校长孙庆聚出席交流会，校委委员、进修部主任黄宪起主持交流会并作总结讲话，科学社会主义教研部主任王怀超、党的建设教研部主任王长江、教务部副主任王成志、经济学教研部副主任潘云良、进修部副主任郭焕永、赵凤珍、中央组织部联络员、各教学组相关人员及进修部全体学员参加交流会。

会上，省部班学员、上海市委常委、浦东新区区委书记徐麟就“加强和创新社会管理若干问题研究”课题，外交部部长助理刘振民就“积极应对世界格局辩护、务实推进东亚区域合作”课题，厅局班学员、国家发展和改革委员会社会发展研究所所长、党支部书记杨宜勇就“关于转变经济发展方式的主体研究”课题，陕西省发展和改革委员会主任祝作利就“关于规避‘中等收入陷阱’的思考”课题，四川省发展和改革委员会副主任曲木史哈就“加快培育和发展战略性新型产业促进经济发展方式转变”课题，金城集团有限公司党委书记、副董事长、副总经理李晓义就“中国特色现代国有企业制度下党建工作创新的思考”课题，河南科技学院党委书记严全治就“区域高等教育均衡发展研究”课题分别作了研究成果的汇报。

黄宪起在总结讲话中指出，此次交流会一是选题好，大家紧紧围绕研究专题展开，涉及社会、经济、政治、党建、教育等方面的重大理论现实问题，很有价值；二是文风好，大家认真准备，引用最新的资料和数据，报告具有重要参考价值；三是对策建议好，对决策部门具有很好的参考作用，对于提高大家的领导能力也有重要作用；四是交流效果好，每位学员的发言都是一堂精彩的专题课，达到了学学相长的效果。

（三）

10 月 31 日，进修部举办学员课题研究成果交流会。副校长孙庆聚出席交流会，校委委员、进修部主任黄宪起主持交流会并作总结讲话，党的建设教研部主任王长江、教务部副巡视员、党校教育研究室主任徐跃，进修部副主任郭焕永、赵凤珍、各教学组相关人员及进修部全体学员参加交流会。

会上，省部班学员、山东大学校长徐显明就“走向大国的中国法制”课题，国家信访局副局长徐令义就“从社会矛盾演化态势看如何提高党的执政能力”课题，农业部副部长陈晓华就“统筹城乡发展路径选择的若干思考”课题，厅局班学员、北京市社会工作委员会书记、北京市社会工作办公室主任宋贵伦就“创新社会服务管理，构建社会建设体系——社会建设理论与北京实践经验学习调研报告”课题，中国国土资源经济研究院院长姚华军就“构建节约集约用地激励与约束机制”课题，内蒙古自治区乌海市委副书记、市长侯凤岐就“资源型城市转型发展的几点思考——以内蒙乌海市为例”课题，共青团中央城市青年工作部部长徐晓就“应用新媒体推动党内民主建设”课题分别作了研究成果的汇报。

黄宪起充分肯定了学员们在校期间学习研究取得的丰硕成果。他认为此次交流会有三个特点：一是选题重大，大家围绕当前党和国家改革发展中的重大问题开展研究，很有价值；二是观点深刻，大家视野开阔、直面问题，深入探讨，提出的很多观点都非常有启发性；三是对策建议非常好，对推动理论和实践创新有重要作用。

（四）

2012年1月11日，进修部举办秋季学期第二批学员课题研究成果交流会。教务部主任王东京、党的建设教研部主任王长江、国际战略研究所副所长潘悦、进修部副主任郭焕永、赵凤珍及教学组、研究室等有关同志参加。中央组织部驻省部班“转变经济发展方式与经济结构调整”研究专题联络员、中央组织部人才工作局副巡视员李志刚，中央组织部驻省部班“社会主义民主政治建设”研究专题联络员、中央组织部研究室调研处调研员、副处长张文灿出席交流会。校委委员、进修部主任黄宪起主持交流会并作总结讲话。

会上，省部班“转变经济发展方式与经济结构调整”研究专题学员、农业部副部长牛盾就“入世十年我国农业贸易发展的回顾与展望”课题，省部班“社会主义民主政治建设”研究专题学员、北京市人大常委会副主任、首都师范大学校长刘新成就“完善我国政党制度的若干思考”课题，厅局班“世界经济与政治格局变化及应对”研究专题学员、江西财经大学党委书记廖进球就“善用‘巧实力’，打好‘六张牌’——应对美国‘重返亚洲’、‘平衡中国’的几点思考”课题，厅局班“文化建设与文化发展”研究专题学员、上海市图书馆馆长、上海科技情报研究所所长吴建中就“网络环境下的话语权研究”课题，厅局班“新形势下党的群众工作”研究专题学员、四川省人民检察院副检察长郭彦就“对当前社会矛盾总体趋势的基本判断和解决路径的几点思考”课题分别作了研究成果的汇报。

黄宪起在总结讲话中指出，此次交流会开得十分成功，5位学员的发言质量都很高，集中展现了学员们两个月来的学习成果与收获。5位学员作为各自领域的专家，从选题、学风、文风、对策、建议等各方面都给了大家很多启发，是一次很有价值的交流会。

（进修部供稿人：郝全洪）

进修部学员课题研究成果目录

春季学期第一批学员

一、省部级进修班（第49期）
“转变经济发展方式与经济结构调整”研究专题

1. 促进欠发达地区加快转变经济发展方式的几点思考
2. 关于当前转变经济发展方式与经济结构调整的若干理论思考
3. 知识产权对经济发展方式转变的促进作用
4. 转变经济发展方式和调整经济结构对统一战线的影响
5. 积极推动文化产业成为国民经济支柱性产业
6. 提升领导层面的创新能力
   ——推进经济发展方式的转变

二、省部级进修班（第49期）
“党的执政经验和执政能力建设”研究专题

1. 创新观念思路　巩固执政基础
   ——新形势下进一步密切党群关系的思考和建议
2. 关于加强高校党的办学治校能力的思考
3. 凝炼核心价值观　提高执政软实力
4. 加强军队建设，发挥执政柱石作用
5. 对坚持依法执政、提高执政能力的几点认识

三、厅局级进修班（第56期）
“转型期的社会稳定”研究专题

1. 推进社会管理创新与社会稳定对策研究
2. 关于改善民生和维护社会稳定的几点思考
3. 司法公正与社会稳定问题研究
4. 关于完善信访法律体系的思考与建议
5. 国家安全与社会稳定
6. 转型期的社会不稳定因素分析

7. 创新基层群众自治管理　促进基层社会和谐稳定

四、厅局级进修班（第56期）
“文化建设与文化发展”研究专题

1. 中国多民族文学的不断崛起及其价值
2. 农村文化建设亟待加强
3. 科学推动文化建设与经济建设互融互促发展
4. 关于理性发展文化产业的几点思考
5. 发展县域文化产业的几点思考
6. 落实两个“重大”要求文联应发挥更大作用
7. 文化创意产业与振兴行动的思考
8. 如何协调“坚持核心价值体系”与“发展文化产业”的关系
9. 关于对外文化传播的反思

五、厅局级进修班（第56期）
“战略思维与领导能力”研究专题

1. 办好农村小额信贷利国惠农
2. 关于加快制定国家南极战略的思考
3. 避免因成功而失败：日本经济停滞的原因分析及对中国的启示
4. 建设创新型国家背景下的科技创新战略管理
5. 关于提高中高级党政领导干部战略思维能力的探析
6. 深入贯彻落实科学发展观实现城市管理长效化的战略思考
7. 文化金融服务创新问题研究
8. 关于我国意识形态创新的几点思考

春季学期第二批学员

一、省部级进修班（第49期）
“民生与社会建设”研究专题

1. 我国食品安全监管的主要问题和对策研究
2. 网络传播社会环境下执政安全问题研究
3. 构建中国特色政府与社会关系模式
4. 加强和创新社会管理若干问题研究
5. 加强社会管理创新中社会组织协同作用建设

二、省部级进修班（第49期）
“世界经济与政治格局变化与应对”研究专题

1. 积极应对世界格局变化，务实推动东亚区域合作
2. 促进国际收支基本平衡面临的挑战与战略选择
3. 发出中国的声音

三、厅局级进修班（第56期）
“转型期的社会稳定”研究专题

1. 推进社会管理创新与社会稳定对策研究
2. 关于改善民生和维护社会稳定的几点思考
3. 司法公正与社会稳定问题研究
4. 关于完善信访法律体系的思考与建议
5. 国家安全与社会稳定
6. 转型期的社会不稳定因素分析
7. 创新基层群众自治管理促进基层社会和谐稳定

四、厅局级进修班（第56期）
“转变经济发展方式与经济结构调整”研究专题

1. 关于转变经济发展方式的主体研究
2. 经济发展与防灾减灾
3. 竞争性国有企业如何转方式、调结构
4. 世界产业结构调整总体态势与我国的战略选择
5. 关于规避“中等收入陷阱”的思考
6. 关于加快我国核电发展的思考
7. 加快转变经济发展方式需要把握和处理好的几个重大关系
8. 技术创新对产业升级的推动作用
9. 提升传统产业促进环境改善
10. 在转变经济发展方式中创新招投标管理体制
11. 旅游业对转变经济发展方式的作用
12. 加快培育和发展战略性新兴产业促进经济发展方式转变
13. 加强城乡统筹实现城乡经济社会一体化发展

五、厅局级进修班（第56期）
“党的执政经验和执政能力建设”研究专题

1. 关于新形势下党员理想信念问题的调研报告
   ——领导干部眼中的党员理想信念

2. 对完善地方党委初始提名权问题的思考
3. 国有企业农民工队伍党的建设探索
4. 对党政领导干部公开选拔任用工作的思考
5. 中国特色现代国有企业制度下党建工作创新的思考

六、厅局级进修班（第56期）“高等教育改革与发展”研究专题

1. 区域高等教育协调发展研究
2. 提高西部重点高校教育质量的两点政策建议
3. 关于中国大学校长职业化的若干思考
4. 西部民族地区高等教育发展中的问题及对策分析
5. 中国地方公办本科高校特色化发展问题研究
6. 加快民汉教育一体化进程，实现“民族高教”又好又快发展
7. 关于完善现行大学制度的建议
8. 关于安排西藏高校毕业生到内地工作锻炼促进西藏人才队伍建设的思考
9. 构建科学决策体系优化高校内部治理
10. 高等教育大众化与地方高校差异化人才培养研究

秋季学期第一批学员

一、省部级进修班（第50期）“战略思维与领导能力”研究专题

1. 走向大国的中国法治
2. 关于加强中国特色社会主义法治文化建设的战略思考
3. 高校领导应成为社会主义政治家教育家
4. 关于新时期我国国家安全战略的思考与建议
5. 从社会矛盾演化状态看如何提高党的执政能力
6. 重视顶层设计，推动科学发展

二、省部级进修班（第50期）“统筹城乡发展”研究专题

1. 统筹城乡中的土地问题研究
2. 从内外统筹到城乡统筹
3. 统筹城乡路径选择的若干思考

三、厅局级进修班（第 57 期）“民生与社会建设”研究专题

1. 社会建设目标体系及其实现路径
2. 社会建设要重视在感念创新上引领
3. 关注民生需重视国企
   ——国有企业民生与社会建设有关问题研究
4. 创新社会服务管理构建社会建设体系
   ——社会建设理论与北京实践经验学习调研报告
5. 民生与药品安全
6. 网络民意诉求的管理服务探讨
7. 我国民办社会工作服务机构发展对策研究
8. 关于完善政府主导下劳动保障权益维护机制的研究

四、厅局级进修班（第 57 期）“转变经济发展方式与经济结构调整”研究专题

1. 构建节约集约用地激励与约束机制
2. 城乡发展一体化难点与对策研究
3. 把服务业大发展作为转变经济发展方式的战略重点
4. 关于促进资本市场与战略性新兴产业相结合的思考
5. 关于我国产业结构优化升级的战略思考
6. 资源型城市转型发展的几点思考
   ——以内蒙古乌海市为例
7. 关于船舶产业结构调整的几点思考
8. 转变专业发展方式提高我国稀土资源开发利用战略水平

五、厅局级进修班（第 57 期）“党内民主建设”研究专题

1. 关于推动党委公开的研究报告
   ——以贵阳市党务公开的探索与实践为例
2. 自觉运用新媒体推行党内民主建设
3. 从操作层面推进党内民主的对策研究
4. 关于决策科学化民主化的几点思考

六、厅局级进修班（第57期）
“中国特色社会主义理论体系”研究专题

不要求撰写主报告，共43篇个人报告（编者略）

秋季学期第二批学员

一、省部级进修班（第50期）
“转变经济发展方式与经济结构调整”研究专题

1. 入世十年我国农业贸易发展的回顾与展望
2. 加快经济发展方式转变中的金融作用
   ——利率市场化的选择
3. 进一步提高食品药品安全水平应多管齐下多策并举

二、省部级进修班（第50期）
“社会主义民主政治建设”研究专题

1. 完善村民委员会选举中候选人宣传程序的政策建议
2. 关于完善我国政党制度的若干思考

三、厅局级进修班（第57期）
“世界经济与政治格局变化及应对”研究专题

1. 进一步加强同发展中国家的交往合作
2. 世界经济格局变化与中国金融改革发展
3. 善用“巧实力”打好“六张牌”
   ——应对美国“重返亚洲”、“平衡中国”的几点思考
4. 中国绿色产业发展模式初探
5. 世界格局变化与我国国防科技工业应对研究
6. 积极推进中国与东盟经贸合作的若干政策建议

四、厅局级进修班（第57期）
“文化建设与文化发展”研究专题

1. 加强文化领域立法推动社会主义文化大发展大繁荣
2. 扎实做好文化走出去工作
3. 文化事业单位转企改制的难点及对策性建议
4. 中国文化产业建设难点问题研究

5. 文化产业大发展贵在环境与政策
6. 网络环境下的话语权研究
7. 浅说文化自觉

五、厅局级进修班（第57期）“新形势下党的群众工作”研究专题

1. 浅谈网络民主对执政能力的考验
2. 提高群众满意度的几点思考
   ——加强党群关系的新视角
3. 提高党的群众路线宣传的有效性
4. 从源头上密切党群关系的几点思考
5. 新形势下信访工作创新的思考
6. 善于运用人民代表大会制度，提高党的执政能力
7. 对当前社会矛盾总体态势的基本判断和解决路径的几点思考
8. 党员队伍新变化及加强队伍建设的新对策

（进修部供稿人：郝全洪）

培训部学员社会调研成果交流

（一）

5月18日，培训部举办中青年干部培训一班学员社会调研成果交流会。副校长孙庆聚、教育长兼培训部主任徐伟新出席。中央组织部驻中青年干部培训一班联络员组组长王欣、科研部副主任郝永平、培训部副主任薛泽洲、中青年干部培训一班组织员、联络员和培训部全体学员参加会议。中国社会科学院学部委员景天魁研究员和中央党校经济学教研部主任赵振华教授作为特邀专家出席会议并就学员调研报告进行点评。交流会由培训部正局级组织员李中印主持。

会上，苏军、杨青、戴和根、王淑玲、尹成基、申长雨6位学员分别代表“农村社区基层管理和服务体系”、“商业保险机构参与新型农村合作医疗经办”、“健全网上舆论引导机制”、“信访代理与妇女权益保障”、“社会保障管理服务体系创新”和“公共就业服务机制建设”6个调研组汇报了调研成果。

景天魁和赵振华对调研报告进行点评。他们认为，调研报告普遍选题好，抓住了当前经济和社会发展中的重大问题，也突出了当前对社会管理创新热点

难点的关注，选择的调研地点也有较好的代表性，调研深入，方法得当，提炼出了问题的精髓，提出的对策和建议有创新性、针对性。两位专家还就进一步加强和完善调研报告所涉问题的研究提出了具体的建议，就社会管理创新相关理论主题和实践领域的研究路径提出了自己的设想。

孙庆聚在总结讲话中对此次社会调研和成果交流给予高度评价。他指出，此次社会调研和成果交流总体设计好，有创意。在广泛交流的基础上，推选出有代表性的调研报告，拿到大会上交流，体现了一种普遍受益、资源共享的理念。每个学员的参与，使大家都充分感受和体验了社会调研对于党校培训的价值和意义。调研报告的主题集中，选题意义重大，调研作风深入，方法科学，基础资料扎实，问题抓得准确，提出的建议针对性和操作性强，有推广借鉴价值。两位专家的点评表现了良好的学养基础和学术规范，讲实话，讲新话，听了很受启发，对大家有直接的帮助作用。交流会的组织运作、学员的介绍演示和主持人的主持都体现了很高的水平，保证了此次交流会的整体效果。此次成果交流会很成功，社会调研达到了预期的效果，达成了教学计划的意图。

4 月 24 日至 29 日，中青年干部培训一班 21 个调研组分赴全国各地进行调研。此次汇报的 6 篇调研报告是根据调研题目类别分组交流经民主推荐产生的。

（二）

9 月 20 日，培训部举办中青年干部培训二班社会调研成果交流会。副校长孙庆聚、教育长兼培训部主任徐伟新、科研部主任梁言顺、教务部副主任王成志、培训部副主任王炳、薛泽洲出席交流会。中青年干部培训二班全体学员和培训部工作人员参加交流会。交流会由培训部副主任王炳主持。

会上，7 位学员分别代表所在的 6 个调研组汇报了调研成果。调研题目涵盖农村集体土地流转、工业化与城镇化进程研究、住房保障、自媒体时代与社会管理创新、中小企业发展、粮食安全等国家经济社会发展的重要方面。

交流会邀请了中国社会科学院社会学研究所所长、中青年干部培训一班学员李培林和中央党校经济学教研部副主任韩保江进行点评。李培林点评了与社会管理及其创新有关的选题，认为几个选题有重大现实意义，思路清晰，言之有据，建议将个别题目进一步细化，并与调研地的实际情况紧密结合。韩保江认为，本次调研的题目选得好，矛盾抓得准，对策提得实，抓住了各地区发展过程中的重点问题、关键问题和典型问题，对于学员进一步理论联系实际，开阔视野、把握大局有明显促进作用。

孙庆聚在讲话中高度评价此次社会调研交流的成果，并指出，这次社会调研可概括为“三高”、“三好”、“三新”。“三高”即层次高、质量高、品位高；“三好”即培训部组织得好、学员调研得好、专家点评得好；“三新”即有新思维、新观点、新论述。建议学员将调研报告进一步修改完善，尽快转化为决策咨询成果。

（三）

11 月 16 日，培训部举办中青年干部培训二班学员国际调研成果交流会暨学员论坛。副校长陈宝生、孙庆聚、教育长兼培训部主任徐伟新出席。研究室主任冯秋婷、办公厅副主任张忠军、教务部副主任冯鹏志、科研部副主任郝永平、培训部副主任王炳、中青年干部培训二班组织员和全体学员参加会议。交流会由培训部副主任薛泽洲主持。

会上，穆占一、陈文利、陈俊、芮宏、荆林波、张文兵6位学员分别代表日本、韩国和新加坡3个国际调研考察团做了“均衡发展之路——日本国土规划的经验和借鉴意义”、“日本环境保护的做法与启示”、“韩国之行的回顾与思考”、“韩流是怎样练成的？——韩国发展文化产业的启示”、“解读新加坡”和“‘新加坡模式’及其启示”的主题发言。

陈宝生在讲话中高度评价6位学员的发言，并逐一对发言进行点评。他结合自己作为日本团团长的体验，针对中青年干部培训二班的国际调研，就如何从方法论上有效进行国际调研，如何改进和完善已有国际调研项目，如何加强读书和学习、提高综合素质和能力提出了具体的要求和指导。他强调，国际调研要讲究方法论，要在方法上下功夫，注重实证研究的方法，谋划具体的可操作性；要注重比较研究的方法，突出对中国国情的了解，为有效比较借鉴寻找问题领域和参照坐标。说到底，方法论的提高其实是执政能力的提高，要从这个高度看待方法论问题。关于如何进一步优化国际调研，他提出，国际调研是课堂，是把课堂搬到国外，要把国际调研的核心立足于、服务于教学计划；国际调研是载体，学员们同时也是两国友谊的使者；国际调研是舞台，学员们还是展现中国共产党、党的青年领导干部和中央党校学员的形象代言人；国际调研还是一个辩论场，学员们要有政治意识，在尊重对方的前提下，要注意维护我方的价值观和立场，宣传我们的主张。关于读书学习，他建议学员要注重读经典，既包括马克思主义经典著作，也包括各个学科的经典学术著作；要多读关于国情的书，弄懂中国国情，才能有的放矢，才有恰当的问题意识；要多读提高专业素养的书，尊重学科规律；还要读基层这本无字的书，把了解基层、熟悉基层作为学习的依托。

孙庆聚高度评价6位学员的发言和此次国际调研。他认为，此次中青年干部培训二班的国际调研考察达到了预期效果，圆满完成了调研考察任务。6位学员的研究深入，发言精辟，思考深刻，从一个侧面说明了此次国际调研的收获和成功。他要求学员们进一步细化优化国际调研成果，做好成果转化，充分发挥国际调研成果的作用。

10月26日至11月4日，中青年干部培训二班128名学员分赴日本、韩国和新加坡进行国际调研。陈宝生、李书磊和徐伟新分别担任三个代表团团长。

（四）

11月17日，培训部举办中青年干部培训一班学员社会调研成果交流会。副校长孙庆聚、教育长兼培训部主任徐伟新出席。科研部副主任郑权、教务部副巡视员兼研究室主任徐跃、中青年干部培训一班组织员和全体学员参加会议。中央党校经济学教研部副主任韩保江教授和科学社会主义教研部谢志强教授作为特邀专家出席会议并就学员调研报告进行点评。交流会由培训部副主任王炳主持。

会上，韩军、李立明、杨庆育、马建平、杜飞进、李萌6位学员分别代表6个调研组做了“破解规避执行，建设司法公信”、“我国乡村医生队伍建设调研报告”、“地方经济发展不能唯GDP”、“资源型城市可持续发展的趋向及对策建议”、“政法系统加强和创新社会管理亟须加强的八项工作”和“成都市促进外来人口文化认同和社会融合调查报告”的主题发言。

韩保江和谢志强对调研报告进行了点评。他们认为调研报告普遍选题好，具有前沿性，调研方法科学，结论充满真知灼见，对问题的规律性认识深刻，政策含量高，具有较强的可操作性。两位专家还就如何进一步修改调研报告，加强和提升调研报告所涉问题的研究提出了具体的建议。

孙庆聚在总结讲话中高度评价6位学员的发言和中青年干部培训一班社会调研的成果。他认为，中青年干部培训一班的社会调研态度认真，准备充分；贴近现实，选题重大；作风深入，方法科学；务实高效，成果丰硕；政策对路，操作可行。他还结合学习习近平同志在中央党校2011年秋季学期第二批入学学员开学典礼上的讲话精神，针对中青年干部培训班社会调研的实际，对学员如何认识调查研究的重要性，提升调查研究意识，提高调查研究的水平和方法提出了具体的要求和指导。他强调，要把调查研究上升到党性和党的事业高度看待，上升到党的领导水平和执政水平的高度看待，上升到党的群众路线的高度看待。要按照习近平同志提出的“五个深入研究”要求，捕捉和抓取带有全局性、战略性的重点难点问题，作为调研选题。要特别注重学习和贯彻科学的调研方法，把科学的调研方法作为科学结论和科学决策的基础。他认为，学员们的调研实践和调研成果践行了习近平同志的讲话精神，验证了中青年干部培训班社会调研课程的必要性。要花大力气，以习近平同志开学典礼讲话为指导，进一步优化社会调研组织和安排，进一步探索学员调研成果转化机制，充分发挥学员优秀调研成果的咨询资政作用。

10月24日至30日，中青年干部培训一班18个调研组分赴各地进行调研。此次交流的6篇调研报告是在小组和支部交流的基础上推荐产生的。

（五）

11月25日，培训部举行新疆民族干部培训班（第59、60期）社会调研成果交流会。教育长兼培训部主任徐伟新、教务部副主任王成志、培训部副主任王炳以及新疆民族干部培训班全体学员共100多人参加交流会。交流会由新疆民族干部培训班班主任、新疆发展研究中心常务副主任王建华主持。

6位新疆民族干部培训班学员代表结合考察的内容和所学的理论，联系中央十七届六中全会精神以及新疆的实际，从不同的角度交流了自己的感受和体会。中青年干部培训一班学员、国务院研究室教科文研究司司长李萌和中青年干部培训二班学员、浙江省发展和改革委员会副主任、党组成员崔凤军、中央政法委新疆工作协调领导小组办公室副巡视员胡联合从不同角度进行点评。

王炳在总结讲话中指出，6位学员的发言准备充分，内容丰富，针对性强，有思考、有深度，也有很高的代表性，听后很受启发，收获很大。希望新疆民族干部培训班按照习近平同志在第二批进修班学员开学典礼上的讲话要求，不断加强对民族班调研方式和方法以及成果的转化和利用方面的研究，进一步提高调研质量，多出成果，出好成果。

10月22日至11月13日，新疆民族干部培训班（第59、60期）学员分别赴中国浦东干部学院、江苏、浙江等地进行了体验式学习和社会调研。

（培训部供稿人：辛向前）

培训部学员调研目录

中青年干部培训一班（第30期）

学员姓名	调研报告题目	调研地点
张新起、姚奎彦、王文灵、陶凯元	思想道德建设问题研究	山东省烟台市
李贻煌、吴　伟、李　东、张　工	深化企业工资分配制度改革研究	上海市
苏　军、宋元明、戴志浩、陈　爽	创新社会组织管理研究	山东省潍坊市
张智全、张志英、王景兰、张宗言	关于旅游业发展存在的问题及对策	湖南省长沙市
汪　康、陈辐宽、周　舰、马朝旭	关于旅游业发展存在的问题及对策	湖南省湘潭市
黄文涛、徐海荣、李　季、张九萍	基层社会管理和服务体系研究	上海市虹口区
尹成基、刘　强、楼文龙、陈　羽、练月琴	建立覆盖城乡居民社会保险经办管理服务体系问题研究	浙江省杭州市
王祥喜、夏　涛、张丕杰	加强基层劳动保障监察管理服务体系建设问题研究	江苏省南京市
王跃飞、王一鸣、杨　华、祖　斌	企业工资制度改革研究	广东省深圳市
张克利、杨　青、王怀书、沈如军、孙瑞标	发扬商业保险机构创新新农合医疗经办模式	江苏省江阴市
李春生、阿　旺、陈晓东、贾志鸿、李前光	加强和改进公安教育培训工作，提高公安队伍的整体素质和战斗力问题研究	江苏省苏州市

续表

学 员 姓 名	调 研 报 告 题 目	调研地点
陈一新、王　伟、姜　洋、李显刚、李文中	关于诸暨市加强和创新社会管理研究	浙江省诸暨市
徐建光、仲建安、王少峰、张复明、陈爱菲	关于城市社区卫生服务体系建设研究	上海市松江区
陈克恭、柯瑞文、封加平、王予波	关于深化集体林权制度改革研究	福建省永安市
房建孟、杨艺文、许克振、刘海涛	关于旅游业发展存在的问题及对策	湖北省十堰市
戴和根、何开长、孙云飞、宋　欣、李　刚	健全网上舆论引导机制研究	广西壮族自治区南宁市
王　安、毛小兵、陈方磊、刘国跃	城市保障房建设与拆迁问题	河北省石家庄市
康　宁、王淑玲、姜治莹、高志丹	妇女权益保障问题	河北省唐山市
申长雨、郑作生、陈学钏	公共就业服务机制功能与场所建设问题研究	山东省聊城市
杨晓超、郭明社、张显友、廖　飞	公共就业服务机制功能与场所建设问题研究	宁夏回族自治区银川市
宋远方、秦　正、胡爱民、高　波	住房保障体系建设研究	海南省保亭县
谭瑞松、左　军、官　庆、杨万明	弱势群众社会救助体系建设	宁夏回族自治区固原市

中青年干部培训一班（第31期）

学 员 姓 名	调 研 报 告 题 目	调研地点
曹洪欣、张光军、崔智友、李金英、张　峰	欠发达地区生态环境保护补偿机制建设问题	广西壮族自治区北海市
贺锡强、张兆祥、董党生、蒋亮平	企业多元化用工和薪酬制度改革中的有关问题	广西壮族自治区南宁市
余　捷、吕本献、贾应忠、洪　波	重庆市统筹城乡发展“两翼”农户万元增收工程实施的难点及对策研究	重庆市
石　岩、唐洲雁、韩　军、孙鸿志、蔡剑江	关于反制规避制度执行与社会诚信建设	重庆市
张　陟、韩　水、马建平、贺东风、秦博勇	煤炭产业可持续发展的相关政策和对策建议	山西省大同市
吕　波、王文斌、丰立祥、季缃绮	文化旅游产业对经济社会发展的带动力研究及政策建议	山西省忻州市
袁兴永、龙　飞、李立明、刘小宁、赵德明	农村医疗卫生人才队伍建设战略研究	云南省丽江市

续 表

学 员 姓 名	调 研 报 告 题 目	调研地点
翟鲁宁、周竹平、隆国强、张继贤、史晓东	保障性住房相关政策问题研究	安徽省铜陵市
白 云、吴 鑫、陈 朗、杨 毓、张宗富	关于国有企业在建设中国特色社会主义新农村中的作用	广西壮族自治区百色市
颜 波、高 华、陈键春、刘雪松	完善粮食直接补贴政策，提高补贴效用	福建省南平市
马正武、张善明、钱克明、姜正新、高鹰忠	加强农产品市场调控	北京市
杜飞进、丁 农、李定达、张 坚、郝 贵	政法战线与社会管理创新	四川省汶川县
郑明光、朱皋明、陈建华、高惊宏、许 明	强化应急响应机制，确保社会稳定发展	广东省增城市
李荣灿、张 伟、丁海燕、田 震、张亚平	提高流动人口管理的科学化水平，促进社会主义和谐社会建设	广东省中山市
杨庆育、李汝革、皇甫岗、倪会忠	地方经济发展不能唯 GDP	重庆市
冯月菊、张金良、张永民、凌祁漫、李方勇、李旭红	陕西人口老龄化及对策研究	陕西省西安市、延安市
孙 波、陆克华、李培林、沈殿成、刘 卉	城镇社区社会管理	四川省南充市
李 萌、俞海星、坚 参、李福利	促进外来人口的文化适应和城市融合	四川省成都市

中青年干部培训二班（第11期）

学 员 姓 名	调 研 报 告 题 目	调研地点
王 军、陈 杰、高茂林、赵旭辉、韩俊兰、邓正刚、刘 春	充分发挥民营企业在转变经济发展方式中的作用研究	宁夏回族自治区银川市
李金科、陈光荣、杨 洁、库 兰、许富昌、陈达时、刘小涛	创新驱动经济转型的体制问题研究	广东省韶关市
赵振华、牛献忠、梅时雨、马万里、黄安中、王开文、朱 兵、李安晋、王瑞贺	城乡统筹发展中的农村集体土地流转问题研究	重庆市
荆林波、闫志全、赵 奇、郑 薇、吕君芳	扩大宁夏旅游消费与促进宁夏经济发展问题研究	宁夏回族自治区银川市
穆占一、高志勇、包御琨、汲斌昌、彭 鸿、黄 卫、丛 丽、张志仁	工业化、城镇化问题研究	内蒙古自治区

续表

学员姓名	调研报告题目	调研地点
肖　学、陈少洋、施卫忠、汪少东、朱伟峰、荣　刚、永树理	中国企业自主创新能力研究	广东省肇庆市
刘　非、杨言勇、唐道明、阿　东、杨绪春、张　琦、邱丽新、芮　宏、高　峰	扩大对外开放中的新疆：新的定位及挑战	新疆维吾尔自治区
赵红卫、蔡乐才、彭兴颀、杨　波	我国基础研究原始创新的关键问题及对策	甘肃省兰州市
高　艾、毛劲松、卢　彦、汤　涌、苑立新	文化改革与文化发展问题研究	安徽省
刘冬顺、刘　敏、张文兵、关　键、廖立勇	创新农村基础设施建管模式，构建维护农民权益的长效机制	安徽省黄山市
刘　军、马军生、孙建立、廖世铢、徐　浩、杨国庆、王冬雪	社会管理及其创新——城乡基本公共服务均等化问题	江苏省
邹文辉、李海翔、邵　林、乐　奕、张宝娟、曹　松	社会管理及其创新——城乡基本公共服务均等化问题	江苏省
邹斌芳、唐维红、曹振亚、陈　俊、钱宏江、孙佩卿	社会管理及其创新——突发公共事件与危机管理研究	新疆维吾尔自治区乌鲁木齐市
崔凤军、胡联合、吉宏龙佳、肖　良、孙　静、黄海龙、李群星、陈文利、杜银杰、米　玛	信访问题：发生机理与对策建议	黑龙江省哈尔滨市
王道树、胡纪源、郭青俊、徐　微、于文俊、盛南光、朱　苹、揭晓强	社会管理及其创新——中小企业收入分配政策研究	浙江省杭州市
谷　旭、杨　博、周　敏、国建华、马忠英、包崇明、罗小云、蔡井伟	生态文明和可持续发展问题研究社会调研	内蒙古自治区鄂尔多斯市
邱　江、凌　江、蔡玉贺、程书强、郑更生、黄培惠、陈　平、高延利、苗延红、蒋　彤	澜沧江——湄公河流域水运物流发展问题研究	云南省西双版纳市
李方旺、卢瑞卿、孙立军、刘庆发、曾　健、梁立华、雪　明、唐　珂	新形势下中国粮食安全问题	黑龙江省牡丹江市

（培训部供稿人：辛向前）

党性教育和锻炼

进修部学员学习讨论杨善洲同志先进事迹

3月30日，进修部全体学员参加了杨善洲同志先进事迹报告会。会后，进修部9个学员支部结合组织生活会进行学习讨论。

学员们认为，及时安排这次报告会，是党校姓党原则的生动体现，是加强党性修养的重要内容。学习杨善洲同志，就要学习他崇高伟大的精神境界和坚定不移的理想信念，一生矢志不渝，忠诚于党；就要学习他克己奉公的党性修养和淡泊名利的高尚品格，始终无怨无悔，奉献社会；就要学习他鱼水情深的百姓情怀和一心为民的忘我精神，永远兢兢业业，服务人民。

学员们表示，要把向杨善洲同志学习的活动贯穿到党校学习、支部生活的方方面面，更要把这次学习取得的党性锻炼成果带回各自的工作岗位，自觉创先争优，做到像胡锦涛总书记评价杨善洲同志的那样“一辈子忠于党的事业，一辈子全心全意为群众谋利益”，以踏实苦干的优异成绩迎接中国共产党成立90周年，为实现“十二五”规划的宏伟目标贡献力量。

（进修部供稿）

培训部组织学员开展党性教育活动

（一）

4月29日，培训部组织学员开展党性教育活动。培训部副主任王炳、薛泽洲出席活动。中青年干部培训二班、新疆民族干部培训班和西藏民族干部培训班的学员和培训部工作人员约300人参加活动。

本次党性教育活动共播放两部录像片，分别是《欲盖弥彰——刘志华腐败案警示录》和《贪之悔——孙瑜贪污受贿案警示录》。两片布局精心巧妙、叙事引人入胜、节奏张弛有度、资料丰富翔实、警示发人深省，对于深入学习实践科学发展观和贯彻落实第十七届中央纪委第五次全会精神，加强广大党员领导干部党性、党风、党纪教育，提高领导干部的思想政治素质和廉洁自律观念，具有很好的警示教育作用。

（二）

7月1日至2日，新疆地厅级民族干部培训班（第57期）学员一行39人赴西柏坡进行党性教育活动。

在西柏坡，学员们听取西柏坡纪念馆馆长王荣丽的介绍，参观西柏坡纪念馆、中共中央旧址和解放军总部旧址以及毛泽东、刘少奇、朱德、周恩来故居，在党的七届二中全会旧址，面向党旗，重温入党誓词。

学员们表示，时间虽短，但这次党性教育印象深刻。大家认为要有感恩的心，什么时候都不能忘记：没有共产党就没有新中国，没有新疆的发展和繁荣，没有新疆各族人民的幸福生活，没有各民族的大团结。要珍惜在中央党校学习的机会，刻苦学习，努力提高能力和素质。要以老一辈无产阶级革命家为榜样，牢记“两个务必”，永葆艰苦奋斗政治本色，必须坚持走中国特色社会主义道路的理想信念不动摇，深入贯彻落实科学发展观，为新疆的跨越式发展和长治久安作出应有的贡献。

（三）

9月28日，教务部与培训部共同组织开展中青年干部培训二班（第11期）“军营生活”国防教育活动。中青年干部培训二班全体学员以及新疆民族干部培训班、西藏民族干部培训班的部队学员来到武警特种警察学院，体验军营生活，接受国防教育。培训部副主任王炳、薛泽洲及教务部、培训部有关工作人员参加活动。

学员们观看了武警特警学院全面建设专题录像片；观看了女子特警队快速精准射击、狙击小组应用射击、特战小组乘车追击行动、反恐综合演练等军事科目表演。学员们在室内观看了女子匕首格斗术、抓捕擒敌表演，参观院史馆、体育馆、搏击专修室和反恐战斗实验馆及特战队员宿舍，并分组与特战队员座谈，下午，学员们体验队列训练和实弹射击。这次活动既是一次国防教育活动，也是一次很好的党课，进一步增强了学员们的党性修养。

（四）

9月30日，培训部开展廉政教育专题党性教育活动。教育长兼培训部主任徐伟新、培训部副主任王炳、薛泽洲出席活动。中青年干部培训一班、中青年干部培训二班、新疆民族干部培训班和西藏民族干部培训班的学员和培训部工作人员约400人参加活动。

本次党性教育活动共播放两部警示教育录像片，分别是《一个明星区长的堕落轨迹——周良洛受贿案警示录》和《国门惩腐——李培英贪污受贿案警示录》。两部片子展示和分析了周良洛和李培英两个反面教材的犯罪经历，对于深入学习实践科学发展观和贯彻落实第十七届中央纪委第五次全会精神，加强广大党员领导干部党性、党风、党纪教育，提高领导干部的思想政治素质和廉洁自律观念，具有很好的警示教育作用。

（五）

12月31日，培训部组织全体学员上党课，中央纪委案件监督管理室主任田野作题为“关于党的十七大以来领导干部违纪违法案件的综合分析与对策建议”的报告。教育长兼培训部主任徐伟新出席活动。培训部副主任薛泽洲通报了12月份检查学员食堂就餐的情况。

（培训部供稿人：辛向前）

学员座谈会

李源潮与中青年干部培训班（第30期）学员座谈

7月12日，中共中央政治局委员、中央书记处书记、中央组织部部长李源潮与中央党校中青年干部培训班（第30期）学员座谈。他指出，中青年干部是党和人民事业的战略接班人，要按照胡锦涛总书记“七一”重要讲话要求，牢固树立正确的世界观、权力观、事业观，忠诚党的事业，心系人民群众，专心做好工作，不断完善自己，更好地承担起党和人民赋予的事业重任。

这期中青年干部培训班有90多位学员。在4个多月的培训中，大家认真学习中国特色社会主义理论体系，研读马克思主义经典著作，学习新知识，深入基层调查研究，到井冈山、延安接受体验式党性教育，政治理论素养、战略思维水平和领导工作能力都有了新的提高。座谈会上，大家交流了学习胡锦涛总书记“七一”重要讲话的体会和培训收获。

李源潮指出，中青年干部要深刻认识肩负的历史使命，坚定理想信念，认清社会责任，树立科学信仰，为党和人民的事业自觉奉献。要培养对人民群众的深厚感情，来自人民、植根人民、服务人民，拜人民为师。要把学习作为一种精神追求，学以致用、学以律己。要坚持立德修身，培养高尚的道德品行。要带头创先争优，实践共产党人的先进性。要大兴求实之风，不讲不实之辞，不做表面文章，不搞华而不实的“形象工程”。

李源潮强调要全面贯彻党的干部政策，坚持德才兼备、以德为先的用人标准，在中青年干部中树立正确用人导向。要把有发展潜力的优秀年轻干部送到艰苦地区、复杂环境、基层一线、关键岗位去锻炼。

要解放思想，创新机制，广开年轻干部进贤之路。对年轻干部要严格要求、严格教育、严格管理、严格监督。

中央组织部常务副部长沈跃跃、中央党校常务副校长李景田等参加座谈。

（摘自《党校信息》2011 年第 8 期，办公厅供稿）

李源潮与县委书记任职培训班（第 2 期）学员座谈

9 月 8 日，中共中央政治局委员、中央书记处书记、中央组织部部长李源潮与中央党校县委书记任职培训班（第 2 期）学员座谈，勉励大家深入学习胡锦涛总书记“七一”重要讲话精神，充分认识肩负的岗位责任、社会责任、历史责任，坚持科学发展、带头创先争优，努力创造经得起人民、实践和历史检验的业绩。

由中央组织部负责对新任县委书记进行任职培训，是根据中央对县委书记实行重点管理要求作出的一项制度性安排。已经完成县级党委换届的 10 个省区的 160 多名新任县委书记参加这期培训。座谈会上，学员们一致表示要深刻领会中央决策部署，把握县域经济社会发展面临的新形势新任务，以强烈的责任感和使命感履职尽责、干事创业，不辜负组织重托和人民期望。

李源潮指出，县委书记是党的执政骨干、当地科学发展的带头人、服务百姓的人民公仆。如果每个县委书记都能为党执好政、为民服好务，中国特色社会主义就有了坚不可摧的实践基础。县委书记要牢记科学发展、创先争优，抓好发展第一要务，让所有的群众都能从发展中受益。要以富民增收、安居乐业、保障民生、扶贫解困为己任，为人民办事，让人民满意。要坚持两手抓、两手都要硬，一手抓发展、一手抓稳定，一手抓工作、一手抓队伍。要严以律己、清正廉明，营造风清气正的政治、经济、文化、社会发展环境。

李源潮指出，县委书记要有高尚的追求。要有为官一任、造福一方的业绩追求，树立正确的政绩观。要有理论联系实际的学识追求，减少应酬、带头学习，多读书长知识，多调研长经验。要有共产党人的品德追求，讲党性、重品行、做表率。要有为民、务实、清廉的作风追求，保持共产党人的政治本色。

中央组织部常务副部长沈跃跃主持会议。中央党校常务副校长李景田等参加座谈。

（摘自《党校信息》2011 年第 11 期，办公厅供稿）

李源潮与县委书记任职培训班（第3期）学员座谈

11月25日，中共中央政治局委员、中央书记处书记、中央组织部部长李源潮与中央党校县委书记任职培训班（第3期）学员座谈，勉励新任县委书记牢固树立正确的政绩观、权力观、利益观，对党忠诚，为国尽责，把群众的安居乐业、平安健康、幸福和困难放在心中最高位置，努力做一个让党和人民满意的好书记。

来自全国15个省区的290多名新任职的县委书记参加了这期培训班。座谈会上，学员们一致表示要牢记县委书记的责任，恪尽职守、干事创业，推动县域经济社会又好又快发展，不辜负组织信任和人民重托。

李源潮认真听取大家发言。他说：县委书记作为县域经济社会发展和党的建设的带头人，必须有正确的政绩观、权力观、利益观。要坚持立党为公、执政为民，追求科学发展的政绩，追求造福百姓的政绩，追求打基础、利长远的政绩。要坚持秉公用权、民主用权、阳光用权，带头执行民主集中制，做团结干事的表率、民主决策的表率、依法办事的表率。要始终坚持党和人民利益高于一切的价值取向，淡泊名利、克己奉公。

李源潮指出，县委书记要努力提高领导科学发展的能力，维护稳定、促进和谐的能力，联系和服务群众的能力，抓班子、带队伍的能力。要建立与人民群众的直接联系，经常到下面去，到群众中去，做到身在基层、心入基层。要坚定中国特色社会主义理想信念，带头践行社会主义核心价值体系，树立讲党性、重品行、作表率的良好形象。要有高尚的品德追求，加强道德修养，以德修身、以德服众。要为民、务实、清廉，自觉接受组织和群众监督，严格管好自己、管好家人、管好身边人，始终保持共产党人清正廉洁的政治本色。

中央组织部和中央党校负责同志参加座谈会。

（摘自《党校信息》2011年第16期，办公厅供稿）

李源潮与中青年干部培训班（第 31 期）学员座谈

12 月 28 日，中共中央政治局委员、中央书记处书记、中央组织部部长李源潮与中央党校中青年干部培训班（第 31 期）学员座谈。他指出，中青年干部要按照胡锦涛总书记要求，做社会主义核心价值体系的积极建设者和模范实践者，坚定科学信仰，保持先进追求，培养高尚品德，具有广博学识。

这期中青年干部培训班有 80 多位学员。座谈会上，学员们畅谈学习收获，一致表示经过 4 个多月的学习，提高了理论素养，加强了党性锻炼，交流了实践经验，学到了新的知识，要把学习成果运用到实践中去，更好地为党和人民干事创业。

李源潮认真听取学员发言，与大家互动交流。他说，党的十七届六中全会要求全党深入开展社会主义核心价值体系学习教育，对中青年干部来说，就要坚守中国共产党人的精神家园。首先要坚守共产党人的科学信仰，坚持实事求是、改革创新的科学精神，坚信科学社会主义理论，坚定不移地走中国特色社会主义道路。要坚守共产党人的先进追求，矢志不渝地为国家富强、民族复兴、人民幸福、社会和谐而奋斗，把人生理想融入社会主义现代化建设伟大事业。要坚守共产党人的高尚道德，自觉践行干部道德，用权为公、谋利为民；模范遵守共产党员的道德，忠于职守、勤奋工作，克己奉公、无私奉献；带头遵守公民道德，培养个人美德，保持健康生活情趣和高尚精神境界。

李源潮指出，中青年干部要具备共产党人的广博学识，在建设学习型政党中走在前头。要坚持不懈地学习中国特色社会主义理论体系，学习历史知识、国情知识、经济知识、法律知识和国际知识，加强理性思维、辩证思维、实践思维和创新思维，提高领导科学发展、促进社会和谐的本领。有志向、有抱负的中青年干部，要主动到基层一线、艰苦岗位、复杂环境中去，在实践中锤炼品质、砥砺作风、积累经验，增进对人民群众的感情。

中央组织部常务副部长沈跃跃主持座谈会。中央党校常务副校长李景田等参加。

（摘自校园网）

李景田等校领导看望学员并座谈

9月，常务副校长李景田等校领导看望进修部和培训部部分学员并座谈。座谈会上，李景田详细询问近年来国有大型企业的情况，并征求大家对党校工作的意见建议。来自国有大型企业的学员分别就各自企业最近几年的改革发展状况作了汇报，对党校教学、学员管理、行政后勤等工作给予充分肯定。学员们一致表示，一定要抓住进中央党校学习的大好机遇，真学、真思、真信、真用，进一步夯实理论基础、拓展世界眼光、培养战略思维、增强党性修养，进一步提升国有大型企业竞争力，以此回报党的关心与培养。

李景田充分肯定了中央政府监督管理的国有企业作为共和国脊梁的重要地位，对近几年中央企业改革与发展所取得的巨大成就表示祝贺，也对学员们对党校教学、管理工作所给予的关心和支持表示衷心的感谢。

副校长陈宝生、孙庆聚、张伯里，教育长兼培训部主任徐伟新陪同看望并座谈。

参加座谈的学员有：国家统计局局长马建堂，中国建筑集团总公司董事长、党组书记易军，中国第二重型机械集团公司总经理、党委书记石柯，中国远洋运输（集团）总公司董事长、党组书记魏家福，中国第一汽车集团公司董事长、党委书记徐建一，中国联合网络通信集团有限公司副董事长、总经理、党组副书记陆益民，中国光大（集团）总公司执行董事、总经理、党委委员罗哲夫，中国航空集团公司党组成员兼中国国际航空股份公司总经理蔡剑江等。

（摘自《党校信息》2011年第12期，进修部供稿）

春季学期进修部学员座谈会

（一）

4月21日，进修部召开专题研讨班学员党支部书记、学习委员座谈会。常务副校长李景田出席并讲话，校委委员、进修部主任黄宪起主持座谈会。中央组织部干部教育局副局长张家声、教务部主任王东京、政法教研部主任张恒山、文史教研部主任赵伯英、研究室主任冯秋婷，教务部副主任王成志、经济学教研部副主任韩保江、中共党史教研部副主任谢春涛、进修部副主任赵凤珍，中央组织部驻班联络员及教务部、研究室、教学组等有关同志参加。

会上，来自7个学员支部的支部书记和学习委员在广泛收集本支部学员意见的基础上，汇报了入学以来在理论学习、专题研究和党性锻炼等方面的收获体会。学员对党校的教学给予了充分肯定，认为课程设计合理，教学内容丰富、形式多样、组织合理。通过在党校的学习，增强了党性修养，深化了理论认识，提高了执政能力，拓宽了思路，开阔了视野，提高了贯彻落实科学发展观的自觉性和领导科学发展的能力，收获很大。学员对党校教师的认真授课、辛勤指导，组织管理和服务人员周到热情的服务都给予了好评，同时也对教学、管理和党性锻炼提出了需要进一步改进的意见和建议。王东京对学员提出的有关问题作了回答。

李景田在总结讲话中，对学员入校以来在理论学习、专题研究和党性锻炼等方面取得的成绩给予了充分肯定，对学员们提出意见和建议表示感谢，并结合党校教学布局安排的设计，对进一步提高党校教学管理水平、增强学员党性修养提出了明确的要求，也希望即将毕业的学员把在党校的学习作为一个加油站，在今后的工作中坚持学习，终身学习，为党和国家作出新的更大的贡献。

（二）

7月7日，进修部召开学员党支部书记、学习委员座谈会。副校长孙庆聚出席并讲话。中央组织部驻班联络员陈愉，教务部副主任王成志，经济学教研部副主任潘云良，党的建设教研部副主任张志明，国际战略研究所副主任刘建飞，进修部副主任赵凤珍及教务部、研究室、教学组等有关同志参加。座谈会由进修部副主任郭焕永主持。

会上，来自7个学员支部的支部书记和学习委员汇报了入学以来在学习、研究和党性锻炼等方面的收获体会，并对教学、管理和服务工作提出了需要进一步改进的意见和建议。

孙庆聚在讲话中对学员入校以来在学习、研究和党性锻炼等方面取得的成绩表示祝贺，对学员们提出的意见和建议表示感谢，并对有关问题进行了回应和解答，要求相关部门认真研究学员提出的意见和建议，不断改进工作，进一步提高党校教学和管理水平。

（依据《教学情况反映》2011年整理）

春季学期培训部学员座谈会

（一）

3月10日，培训部召开2011年春季学期中青年干部培训一班、新疆民族干部培训班新学员座谈会。副校长孙庆聚、李书磊出席并讲话，教育长兼培训部主任徐伟新，教务部主任王东京、副主任冯鹏志，培训部副主任薛泽洲出席会议。各教研部（所）的领导、任课教师和培训部有关人员参加会议。会议由培训部副主任王炳主持。

座谈会上，来自中青年干部培训一班的6位学员和来自新疆民族干部培训班的2位学员结合当前本地区、本部门在落实科学发展观、社会管理与创新、党的建设等方面的主要做法、存在的深层次问题及干部群众关心的热点、难点问题作了发言，并就进一步改进党校教学提出意见和建议。

孙庆聚在讲话中感谢学员们对党校教学提出的中肯的意见建议，他强调，提高教学的针对性和实效性是学员的愿望，更是党校的职责，中央党校会根据学员们的实际需求，认真梳理和归纳各项意见，把党校的教学安排得更合理、更科学、更完善。李书磊在讲话中感谢学员们的发言为党校教学提供了丰富的素材，使党校教学对如何提高教学的针对性有了更明确的目标。他还就学员们发言中提出的问题一一作了回应，并要求教务部认真研究论证。他指出，新学员座谈会是一次难得的学习交流机会，希望各教研部门高度重视、积极参加。

（二）

3月11日，培训部召开2011年春季学期中青年干部培训二班、西藏民族干部培训班新学员座谈会。副校长孙庆聚、李书磊、教育长兼培训部主任徐伟新出席会议，教务部主任王东京、副主任冯鹏志，培训部副主任薛泽洲以及各教研部（所）的领导、任课教师和培训部有关人员参加会议。会议由培训部副主任王炳主持。

座谈会上，来自中青年干部培训二班和西藏民族干部培训班的6位学员结合当前本地区、本部门在落实科学发展观、社会管理与创新、党的建设等方面的主要做法、存在的深层次问题及干部群众关心的热点、难点问题，分别发表了看法。同时，他们还就进一步改进党校教学提出了中肯的意见和建议。

李书磊在总结讲话中指出，听了几位学员的发言后感到很有启发、很受触动。针对学员们提出的当地经济社会发展中面临的突出问题，他与学员们深入交换了意见。他强调，教研部门要多思考、研究学员们提出的问题，这些问题为党校的教学提供了丰富的素材和研究课题。他强调，要不断加强西藏班教学的针对性和实效性，教员要多与学员接触，多读有关西藏的文献，并利用机会多去西藏实地调研。最后，他感谢学员们对党校教学提出的意见建议，表示会认真梳理和归纳各项意见，把党校的教学安排得更合理、更科学、更完善。

（依据《教学情况反映》2011年整理）

秋季学期进修部学员座谈会

（一）

10月28日，进修部召开学员党支部书记、学习委员座谈会。副校长孙庆聚出席并讲话，中央组织部驻班联络员郭瑞、曹桂芬，研究室主任冯秋婷，教务部副主任王成志，哲学教研部副主任李晓兵，进修部副主任郭焕永、赵凤珍及教务部、研究室、教学组等有关同志参加。座谈会由校委委员、进修部主任黄宪起主持。

会上，7 个学员支部的支部书记和学习委员汇报了入学以来在专题学习、课题研究和党性锻炼等方面的收获体会，并对教学、管理和服务工作提出了需要进一步改进的意见和建议。

孙庆聚对学员入校以来在学习、研究和党性锻炼等方面取得的成绩表示祝贺，对学员们提出的意见和建议表示感谢，并对有关问题进行了回应和解答，要求相关部门认真研究学员提出的意见和建议，不断改进工作，进一步提高党校教学和管理水平。

（二）

11 月 22 日，进修部召开县委书记任职培训班党支部书记座谈会。会议由校委委员、进修部主任黄宪起主持，研究室副主任曾业松，进修部副主任赵凤珍，教务部副巡视员、党校教育研究室主任徐跃出席会议。教务部、党的建设教研部教学组和研究室的相关同志以及县委书记任职培训班的组织员参加会议。

座谈会上，来自 6 个支部的支部书记在广泛收集本支部学员意见的基础上做了发言，汇报了入学以来学习、研究的收获体会，同时也对教学、管理和服务工作提出了需要进一步改进的意见和建议。

黄宪起在总结讲话中对学员入校以来学习情况给予了高度肯定，对学员取得的成绩表示祝贺，并表示将认真研究学员提出的意见和建议，不断改进工作，进一步提高党校教学和管理水平。

（三）

11 月 24 日，进修部召开厅局班“中国特色社会主义理论体系”研究专题党支部委员座谈会。副校长孙庆聚出席并讲话。教务部副主任王成志，马克思主义理论教研部副主任秦刚，研究室副主任曾业松，进修部副主任郭焕永、赵凤珍及教务部、马克思主义理论教研部教学组、研究室、进修部等有关同志参加。座谈会由校委委员、进修部主任黄宪起主持。

支部书记、国务院南水北调办公室直属机关党委常务副书记杜鸿礼代表本支部作了支部学习总结汇报，介绍了入学以来在理论学习、经典选读、党性锻炼等方面的收获体会。另外 5 位支部委员作了补充发言。学员发言后，与会的各部门领导与学员们进行了交流，对学员们提出的问题进行了回应。

孙庆聚在总结讲话中，对学员们入校以来在学习、研究和党性锻炼等方面取得的成绩表示祝贺，对各位支部委员为支部和学员们所做的辛勤工作表示敬意，对学员们提出的意见和建议表示感谢，并对有关问题进行了解答。他表示，学员们的意见和建议就是对党校工作的最好支持，要进一步在实践中加强教学设计和组织管理的总结探索。他要求相关部门认真研究学员提出的意见和建议，不断改进工作，进一步提高党校教学和管理水平，把今后的“中国特色社会主义理论体系”班办得更加科学、更具特色。

（四）

12 月 9 日，进修部召开市地党政主要领导干部进修班学员党支部委员座谈会。副校长孙庆聚、李书磊出席并讲话。研究室主任冯秋婷、教务部副主任王成志、后勤服务部副主任张素峰、进修部副主任郭焕永、赵凤珍及教务部、国际战略研究所教学组、研究室、进修部等有关同志参加。座谈会由校委委员、进修部主任黄宪起主持。

座谈会上，支部书记、河南省三门峡市委书记杨树平代表本支部作了支部学习总结汇报，介绍了入校以来在理论学习、党性锻炼等方面的收获和体会。其他5位支部委员作了补充发言。

李书磊在讲话中对学员提出的意见和建议表示感谢。他说，随着市场经济的发展，城市正变成经济社会发展最重要的载体，市地一级变得非常重要。市地党政主要领导干部进修班的学员都是市地的书记或市长，教学相关部门要深入了解市地党政“一把手”最关心、最困惑、最感兴趣的问题，围绕市地书记和市长想问题、做决策、抓落实方面遇到的问题，进一步提高教学的针对性和实效性。同时，他还要求学员离开党校时留下一个最中肯的建议，留下一个最典型的案例，以进一步改进党校的教学管理、进一步丰富党校的教学资源。

孙庆聚在讲话中，首先感谢学员们对党校教学和管理的高度评价和大力支持，并对学员入校以来在学习、党性锻炼等方面取得的成绩给予充分肯定。他说，改进市地党政主要领导干部进修班的教学管理工作，核心是要进一步明确这个班的基本定位，进一步搞好这个班的顶层设计。顶层设计搞好了，其他的问题就都好解决了。学员提出的意见和建议有利于从学员实际需求出发，有利于更加科学、合理地开展教学和管理。李书磊副校长提出的“两个留下”对改进工作、丰富教学非常重要，要形成机制。他要求相关部门认真研究座谈会上的意见和建议，不断深化认识、改进工作，使市地党政主要领导干部进修班的教学设计、学员管理等工作更加科学、更加完善。

（五）

2012年1月6日，进修部召开学员党支部书记、学习委员座谈会。副校长孙庆聚出席并讲话。教务部副主任王成志、政法教研部副主任张晓玲、国际战略研究所副所长潘悦、进修部副主任郭焕永、赵凤珍及教学组、研究室等有关同志参加。中央组织部驻班联络员、人才工作局副巡视员李志刚，中央组织部驻班联络员张文灿参加座谈会。座谈会由校委委员、进修部主任黄宪起主持。

会上，5个学员党支部的支部书记和学习委员汇报了入学以来在理论学习、专题研究和党性锻炼等方面的收获体会，对党校的教学、管理和服务工作给予了充分肯定。同时也对党校的教学和管理工作提出了需要进一步改进的意见和建议。

孙庆聚作总结讲话。他认为本次座谈会非常成功，与会学员代表态度认真、准备充分，广泛征求了所在支部的学员意见，真实反映了广大学员的心声。他鼓励学员们在离校前认真完成“两个留下”，以不断完善党校的教学管理，不断丰富党校的教学资源。对学员提出的意见和建议，他要求有关部门认真研究并加以落实。

（依据《教学情况反映》2011年整理）

秋季学期培训部学员座谈会

（一）

9月15日，培训部召开2011年秋季学期中青年干部培训一班、新疆民族干部培训班、半年制西藏民族干部培训班新学员座谈会。副校长李书磊、教育长兼培训部主任徐伟新出席会议。相关部门领导和部分任课教师参加会议。座谈会由培训部副主任王炳主持。

座谈会上，7位学员代表结合当前本地区、本部门在落实科学发展观、社会管理与创新、党的建设等方面的主要做法、存在的深层次问题及干部群众关心的热点、难点问题，分别发表了看法。同时，他们还就进一步改进党校教学提出了意见和建议。

李书磊在总结讲话中，感谢学员们的发言为党校教学提供了丰富的素材，使党校对如何提高教学质量和教学针对性有了更明确的目标。针对学员们提出的当地经济社会发展中面临的突出问题，他与学员们深入交换了意见。他指出，教员要加强与学员的互动交流，突出问题意识，重视实地调研，了解现实问题，直面现实问题。他强调，要进一步学习贯彻胡锦涛总书记“七一”重要讲话精神和习近平校长在秋季开学典礼上的讲话精神，加强历史教学，强化历史意识，增加历史维度，在历史内涵上有明显提升。

（二）

12月20日，培训部召开毕业班次教学总结座谈会。副校长孙庆聚、李书磊，教育长兼培训部主任徐伟新出席会议。教务部、各教研部（所）的有关同志和相关班次组织员、任课教师参加会议。会议由培训部副主任薛泽洲主持。

来自中青年干部培训一班、中青年干部培训二班、新疆民族干部培训班、西藏民族干部培训班等11个支部的学习委员在收集整理本支部学员意见建议的基础上，对党校教学情况进行了总结评估，并对进一步改进教学提出了意见建议。

在听取了学员们的发言后，李书磊就学员们对党校教学和教师的充分肯定、对党校教学提出的独到的意见建议表示感谢。他对学员的具体建议进行了简要的综述，并就一些共性的问题谈了看法。他说，大家的意见和建议很好，很受启发。针对学员们提出的关于注重教学体系完备性和系统性、加强社会管理创新内容、增强案例教学案例选编的时效性和理论性、强化和优化外请课、增强考核的科学性、加强调研和论文写作规范性等内容，学校和相关部门会认真研究解决。他还就党校教育的定位和特色，以及学习过程中如何处理党和国家需要与个人需要和兴趣的关系进行了阐述。他强调，党校教育首先是党和国家事业的需要，其次才是个人的兴趣和需要，中央给党校教育的定位是要抓实马克思主义理论教育和党性教育。党校学员要统一到这个认识上来。

（依据《教学情况反映》2011 年整理）

学员文体活动

进修部组织学员开展文体活动

进修部学员联谊会是贯彻学员自我管理、自我服务要求，加强联谊、互相学习、活跃生活的好形式。春季和秋季学期，联谊会多次组织开展学员歌唱比赛、趣味运动会、摄影书画展等文体活动。

（一）学员歌唱比赛

4 月 13 日，为庆祝建党 90 周年，丰富学员课余文化生活，进修部学员联谊会举办学员歌唱比赛。学员联谊会主席、省部班学员、中国光大（集团）总公司副董事长、党委委员郭友，校委委员、进修部主任黄宪起等出席歌唱比赛并给获奖的学员颁奖。活动由进修部副主任郭焕永主持。

各学员支部推荐参赛的 17 个曲目主题积极向上、形式多样、内容丰富，展现了学员丰富的才艺。参赛歌曲以歌颂党、歌颂祖国、歌颂各民族团结友爱为主题，整个比赛现场气氛热烈，效果良好。本次比赛邀请学员联谊会有关成员：中铁十七局集团有限公司总经理、董事、党委副书记卢朋，中铁大桥局集团有限公司董事长、党委副书记刘自明，中船黄埔造船有限公司副董事长、总经理陈忠前，上海船舶研究设计院院长胡劲涛，原文史教研部教授洪希刚和张爱平、研究生院正处级组织员范列兰担任评委。厅局班“文化建设与文化发展”研究专题支部和“战略思维与领导能力”研究专题二支部还特别奉献了板胡演奏和葫芦丝演奏，把比赛现场的气氛进一步推向高潮。

（二）学员趣味运动会

6 月 2 日，进修部举办第 20 届学员联谊会成立大会暨学员趣味运动会，省部班和厅局班 7 个支部 270 多名学员参加，每个支部都组队参加了比赛。副校长孙庆聚出席运动会并给联谊会领导成员颁发聘书，校委委员、进修部主任黄宪起介绍联谊会领导成员产生情况并讲话，科研部主任梁言顺、科学社会主义教研部主任王怀超、财务行政管理局局长赵晓光、信息管理部主任郭英楼、办公厅副主任李作钦、教务部副主任王成志、经济学教研部副主任潘云良、文史教研部副主任周熙明、国际战略研究所副所长刘建飞、培训部副主任薛泽洲、后勤服务部副主任刘志刚、进修部副主任赵凤珍出席运动会，进修部学员联谊会主席郭树清代表联谊会讲话。大会由进修部副主任郭焕永主持。

本次运动会上，省部级“世界经济与政治格局变化与应对”研究专题班学员。国家体育总局局长刘鹏为获得团体总分第一名的代表队颁发奖杯，并与获奖的代表队合影留念。他充分肯定了学员趣味运动会的组织形式、比赛内容和学员的良好风范，希望大家对全民健身运动继续给予更多关心和大力支持。

本次运动会设置定点射门、击球入圈、仿保龄球、钓鱼接力 4 个比赛项目，具有参与广泛性、趣味性、娱乐性、安全性等特点，受到学员的普遍欢迎。

（三）学员摄影书画展

为活跃学员业余文化生活，增进相互交流和友谊，进修部学员联谊会举办学员摄影书画展。10 月 18 日举行了开展仪式。副校长孙庆聚出席并致辞，进修部学员联谊会主席、中国中信集团公司常务董事、副总经理、党委委员张极井出席并代表学员联谊会讲话。开展式由中央党校校委委员、进修部主任黄宪起主持。进修部学员联谊会委员、厅局班学员、中国北方工业公司总裁赵刚、中国二冶集团有限公司总经理文建国、中国航空工业集团总公司纪检监察部部长李燕、北京市税务局局长程静、中央党校进修部副主任赵凤珍，以及在校学员参加开展仪式并观看展出。

摄影书画展由进修部学员联谊会主办，8 个支部共有近 400 幅作品参加了展出。

（进修部供稿人：郝全洪）

培训部组织学员开展文体活动

（一）学员趣味运动会

4 月 8 日，培训部学员俱乐部体育协会举办学员春季趣味运动会。培训部各班次、各支部学员共计 400 多名运动员参加了众星捧月、万众一心、高抛绣球、同舟共济等 4 个项目的比赛。

副校长孙庆聚，教育长兼培训部主任徐伟新，培训部副主任、学员俱乐部名誉主任王炳，培训部副主任薛泽洲及校有关直属单位负责人出席运动会开幕式。

中青年干部培训二班一支部夺得众星捧月、万众一心第一名；中青年干部培训一班一支部夺得高抛绣球、同舟共济冠军。

（二）学员书画摄影展

12月21日，培训部举行2011年秋季学期学员书画摄影展开展式。副校长孙庆聚，教育长兼培训部主任徐伟新，培训部副主任薛泽洲，培训部学员俱乐部副主任唐珂、游胜苗，学员俱乐部书画摄影协会会长季缃绮、廖世铢等出席。学员和工作人员近百人参加。开展式由廖世铢主持。为总结学员俱乐部网站建设经验、推进下一步工作，培训部近期开展了网站建设评比表彰活动，颁奖仪式与本次书画摄影开展式合并举行。

孙庆聚发表了热情洋溢的致辞，充分肯定了学员们在中央党校学习期间学有所得、研有所获，同时在学习之余开展丰富多彩、健康有益的课外活动，鼓励大家回到工作岗位后继续保持旺盛的学习热情和创造精神。

本次书画摄影展共收入学员获奖书法作品10余幅、摄影作品近50幅，并特别展出了历代名家字画近20余幅。

12月21日下午，常务副校长李景田和副校长陈宝生分别观看了书画摄影展。

（三）学员毕业暨迎新年联欢晚会

12月29日，培训部举行2011级学员毕业暨迎新年联欢晚会。常务副校长李景田，副校长陈宝生、孙庆聚、李书磊、张伯里，教育长兼培训部主任徐伟新，校委委员、办公厅主任罗宗毅，校委委员、进修部主任黄宪起，校委委员、组织部部长赵长茂出席晚会，校内各直属单位领导和教师也应邀观看演出。

俱乐部主任、中青年干部培训一班学员沈殿成和俱乐部名誉主任、培训部副主任王炳分别致辞。

晚会由16个节目组成，内容丰富、形式新颖，涵盖了歌曲、舞蹈、情景剧、情景诗朗诵、三句半等表演形式。各支部学员精心编排的节目融思想性与艺术性为一体，展现了在校学习期间理论教育和党性教育的收获，表达了对母校和同学的依依不舍之情，抒发了对事业和生活的热爱。

（培训部供稿人：辛向前）

培训部学员俱乐部网站开通

6月10日，培训部举行学员俱乐部网站开通仪式。教育长兼培训部主任徐伟新，中国经济网总裁王旭东，信息中心副主任张海光，培训部副主任王炳、薛泽洲出席开通仪式。培训部学员俱乐部领导成员、通讯协会理事、网站编委会成员、各支部支委代表和培训部工作人员参加开通仪式。

在徐伟新的点击下，培训部学员俱乐部网站正式开通。该网站由培训部指导，学员俱乐部主办，中国经济网承建，自

2011年4月11日获准筹建以来，经过了确定方案、成立编委会、做培训说明、安装服务器、测试页面等多个环节的精心准备。网站编委会主编、人民网副总裁唐维红代表全体编委发言，表示将继续用心、精心、尽心，为网站的建设发展作出贡献。张海光在发言中表示将全力保障好俱乐部网站的运行工作。

（培训部供稿）

进修部、培训部毕业学员名单

春季学期进修部毕业学员名单

省部级干部进修班（第49期）“转变经济发展方式与经济结构调整”研究专题（47人）

陈　平　田向利　伏来旺　云秀梅　刘雅琴
张　江　杨绍明　李继纯　赵克非　王新奎
王鹤龄　凌成兴　魏小琴　李德强　靳绥东
谭仲池　陈肇雄　陈次昌　景俊海　马尚英
宋建业　陈喜庆　丁　士　乌日图　毕井泉
李培根　郭向远　李立国　张少春　矫　勇
蒋耀平　张永利　杨铁军　黄淑和　杨　坚
袁曙宏　矫海燕　张保振　徐德明　张绳华
张亚非　朱鸿杰　张宝欣　李庆奎　尚　冰
罗　梅　王永乐

省部班干部进修班（第49期）“党的执政经验和执政能力建设”研究专题（22人）

聂辰席　叶家松　阿　登　买买提明·牙生
李　锐　胡光正　黄海辉　冯世平　王　毅
周明伟　吴恒权　李春林　王西民　胡康生
瞿振元　王树权　甘藏春　宋明昌　张乐斌
尚晓汀　傅兴国　夏兴华

省部级干部进修班（第49期）“民生与社会建设”研究专题（36人）

李昭玲　张述元　林明月　徐　麟　艾宝俊
崔　伟　倪英达　汤建人　吴永文　康耀红
符跃兰　钱　锋　江巴吉才　王田海　郭永平
胡太平　郝林海　吴玉良　夏　勇　严以新
修福金　杨冬权　许　杰　南　英　朱孝清
顾海良　张光强　边振甲　王明明　周树春
顾玉才　郭树清　常小兵　王　涛　孙先德
王海京

省部级干部进修班（第49期）“世界经济与政治格局变化与应对”研究专题（29人）

申立国　王培生　斯鑫亮　齐　奇　郑道溪
鲍志强　郭开朗　卢晓钟　龙超云　项宗西
褚　平　夏伟东　刘振民　彭　森　袁贵仁
裴　钢　杨　卫　欧可平　董海舟　姜增伟
王庚年　刘　鹏　石大华　张晓明　侯建国
王小奕　李早航　王　计　刘绍勇

省部级干部进修班（第1期）“中国特色社会主义理论体系”高级研修班（25人）

薛延忠 支建华 周汉民 许仲梓 李 彬 陈文华 谢庆生 曹建方 罗黎辉 郝 远 陶 源 乃依木·亚森 朱新民 杜希平 鲍铁印 姚增科 王文章 马儒沛 周延礼 李 萍 王 飞 张红力 郭 友 徐明阳 倪健民

厅局级干部进修班（第56期）“转型期的社会稳定”研究专题（40人）

薛 菡 李 伟 王会平 张院忠 姜德志 王小溪 马伊里 于明黎 王海超 吴春莲 沈性善 杨丽卿 潘玉兰 张泽忠 王 宏 汪道胜 李柏阳 于娃宪 严尚智 李凤泉 佟 伟 曲德林 季 勤 伏 宁 岳庆平 陈伟华 闪伟强 艾其来 戴长林 俞建良 王 程 夏光志 尹卫军 李 宁 朱国贤 惠宇雷 李守泽 卢 朋 贾端阳 高庆林

厅局级干部进修班（第56期）“文化建设与文化发展”研究专题（36人）

王海臣 康 伟 鲍国之 王志诚 郑新浦 钱晓芳 庄保斌 郜海镭 亢清泉 许衍刚 刘志田 余益中 张邦凯 花泽飞 薛保勤 曾 康 陈文戈 刘曼军 张碧涌 郭 丽 郑俊杰 张兴野 伦秀伟 张宏森 郝振省 解国记 陆建德 孙侠生 宋水云 刘 伟 倪 健 邵学敏 叶 梅 李小雨 王秀云 刘桂明

厅局级干部进修班（第56期）“战略思维与领导能力”研究专题（89人）

阎立刚 薛昇旗 张 晶 高材林 王以中 龙 翔 沈 干 李舰海 董金友 陈天会 李 沛 张志军 杨荣森 谭 勇 吴伟雄 丁伯东 杨嘉武 张秋生 汪海涛 马云海 段子新 王新华 赵子聿 张 兵 王德政 田晋裕 潘选民 李 刚 陈立谦 周为民 马淑桂 吴清彬 何志明 高尚德 靳军安 林松添 吴亚非 戴国强 姚 斌 郑晓松 胡和立 江谟辉 黄鹤图 李逢春 陈 健 肖 华 陈 飞 梁万年 蔡建华 鲍朔望 邢幼平 史 敏 郭建军 吴士辉 朱新武 李文章 段桂鉴 王永海 高玉潮 胡文辉 郭 伟 王京宝 曾 坚 王 玫 彭述明 夏更生 欧阳飚 乌 兰 程佳华 杨惠根 冯安生 唐顺益 管 涛 白俭成 张庆瓛 陈忠前 宋科璞 杨育武 雷 鸣 陆志方 刘自明 朱 赤 马 戈 朱丽华 张建生 韩光明 李 安 李连成 邹立尧

厅局级干部进修班（第56期）“中国特色社会主义理论体系”研究专题（49人）

潘爱良 王铁选 刘忠诚 李世杰 于永明 王晓峰 孙 亮 李新增 张绍明 李华清 陈 芳 张红萍 沙 新 王 政 王建中 吴宏耀 刘 牛 董涵英 徐 遥 石光树 韦 刚 刘志刚 邱敦红 李向前 胡锡进 谢镇江 孙立泉 卢凤霞 李 凌 冯 刚 陈俊生 康 战 姚保国 李 敏 杨建昆 白鹤祥 陶德田 李 纲 刘红亮 吴少祯 张坚钟 陈江旗 宋亚晨 夏 兵 黄盛初 于文斌 宋祖铭 胡劲涛 段凤双

厅局级干部进修班（第56期）“转变经济发展方式与经济结构调整”研究专题（112人）

魏成林 张晓雁 李晓波 常小刚 齐 峰 宋兴伟 胡东胜 赵福禧 吴志刚 赖 军 王福平 刘士合 肖新明 孟令峰 丁贵桥 金潇明 邓三龙 陈逸葵 邬弘辉 李世珍 曲木史哈 夏一庆 李在文 孙国新 祝作利 石玉亭 王永忠 李建新 杨正生 杨泽军

徐光明 李建军 邓中华 赵家荣 许之敏
杨宜勇 王昌林 贾敬敦 蒋昆生 王连珊
毕结礼 王广华 李诗坤 李 刚 李 巍
王 伟 李新民 王 韧 于德志 文四立
翟挨才 刘晓平 魏山峰 彭志龙 马俊贤
王守义 刘兆彬 高 康 史 军 时 欢
鞠英莲 杨晓明 刘大功 张雅林 陈 荣
马思一 杜 平 许金华 赵 平 冉 昶
李新亚 张炜清 刘连军 王 臣 王志刚
任建明 陆红星 李馥友 孙升林 谢富仁
冯鹤年 宋丽萍 张晓松 陈维中 章 琳
李 英 吕 宙 王 洁 韩瑞林 史宝中
邱建刚 杨尤昌 凌庄怀 贾宏谦 徐留平
南大庆 于 滨 张海潮 孙晓毅 那希志
郭瑞廷 苏 力 周 剑 孙国武 刘智全
姚 林 黄克斯 张河川 赵 伟 项 勇
王定洪 王 俊

厅局级干部进修班（第 56 期）“党的执政经验和执政能力建设”研究专题（43 人）

段桂春 王孝东 郭 宇 王 山 赵 波
王 俊 高 弟 任 佳 武玉嶂 吴洪相
刘传新 袁 春 韩立平 刘圣宇 冯希望
许传智 彭 东 刘威华 张新民 王建业
陈博东 张 靖 戴晨京 罗昭斌 章晓玉
王双敬 沈 吉 赵燕平 李 华 潘新春
李晓义 由 镭 林 鸥 黄永锡 何义斌
李福奇 刘一鸣 邓亚军 郭孟谦 张所菲
郑金州 黄祥兴 李延平

厅局级干部进修班（第 56 期）“高等教育改革与发展”研究专题（48 人）

柳贡慧 张 凡 线联平 李旭炎 孟庆松
李建强 王志刚 杨怀恩 特木尔 戴万津
于文明 金 硕 刘德权 张政文 冯玉龙
许晓鸣 宋永忠 刘希平 张荣国 黄汉升
李金莲 王 乔 商志晓 程传兴 孙宏典
严全治 吴元欣 张国骥 胡社军 梁 颖
唐伯明 朱世宏 何天淳 陈鲁雁 孙和义
周孝德 刘德安 宋秉武 梁曦东 熊敦邦
吴世彩 何慧星 哈木拉提·吾甫尔 朱智强
乔 军 魏汝祥 张多林 赤列旺杰

（进修部供稿人：郝全洪）

春季学期培训部毕业学员名单

中青年干部培训一班（第 30 期）（92 人）

苏 军 姚奎彦 张新起 戴志浩 宋元明
王文灵 陈 爽 陶凯元 李 东 张 工
李 季 李贻煌 黄文涛 徐海荣 吴 伟
张九萍 汪 康 张志英 张智全 张宗言
马朝旭 陈辐宽 王景兰 周 舰 王祥喜
张克利 李前光 孙瑞标 张丕杰 阿 旺
祖 斌 夏 涛 李春生 刘 强 尹成基
贾志鸿 楼文龙 陈晓东 陈 羽 王跃飞
王一鸣 杨 华 杨 青 沈如军 王怀书
练月琴 姜 洋 李文中 仲建安 陈一新
徐建光 李显刚 王少峰 张复明 许克振
封加平 房建孟 陈克恭 柯瑞文 刘海涛

杨艺文 何开长 李 刚 孙云飞 王予波
宋 欣 戴和根 王 伟 陈爱菲 王 安
陈方磊 姜治莹 刘国跃 高志丹 毛小兵
康 宁 王淑玲 宋远方 秦 正 胡爱民
郑作生 申长雨 陈学钏 高 波 左 军
杨晓超 张显友 杨万明 谭瑞松 官 庆
廖 飞 郭明社

中青年干部培训二班（第11期）（129人）

刘庆发 孙建立 李方旺 吉宏龙佳 孙立军
毛劲松 肖 良 曾 健 梁立华 孙 静
施卫忠 汪少东 廖世铢 崔凤军 王 军
高茂林 曹振亚 陈 俊 郭青俊 周 敏
邹斌芳 陈光荣 包御琨 闫志全 唐道明
赵 奇 蔡乐才 荆林波 赵旭辉 李海翔
刘 敏 邵 林 徐 浩 汲斌昌 杨言勇
邓正刚 梅时雨 牛献忠 陈 杰 朱伟峰
阿 东 韩俊兰 徐 微 黄海龙 彭兴颀
马万里 赵红卫 杨绪春 彭 鸿 陈少洋
杨 博 国建华 郑 薇 吕君芳 关 键
黄安中 王开文 许富昌 赵振华 李金科
刘冬顺 刘小涛 张文兵 库兰·赛富汗
杨 洁 高延利 黄培惠 凌 江 郑更生
胡纪源 程书强 陈文利 陈 平 邱 江
苗延红 蒋 彤 蔡玉贺 杨国庆 朱 兵
马军生 盛南光 李群星 胡联合 钱宏江
廖立勇 邱丽新 雪 明 卢瑞卿 肖 学
马忠英 于文俊 乐 奕 唐 珂 刘 非
高志勇 黄 卫 张 琦 荣 刚 杜银杰
汤 涌 卢 彦 高 峰 永树理 王道树
苑立新 李安晋 丛 丽 刘 春 包崇明
罗小云 王瑞贺 孙佩卿 揭晓强 王冬雪
谷 旭 蔡井伟 陈达时 朱 苹 张宝娟
米 玛 张志仁 高 艾 穆占一 芮 宏
曹 松 杨 波 邹文辉 刘 军 唐维红

新疆地厅级民族干部培训班（第57期）（39人）

杨育清 谭成贵 党继农 朱 钢 孙宝平
王新中 彭振华 杨 军 李玉鸿 胡永芬
李永康 杜 勇 郜瑞林 迪木拉提·木沙
刘会军 张利平 范 军 韩 侃 吴静林
热依汗·依沙木丁 李 元 芒力克·斯依提
杜北伟 范聪卓 陆大胜 颜建新 胡 明
范崇民 王作然 潘行科 闫丽莉 姚 伶
帕尔哈提·伊布拉音 阿合买提江·米那木
木合亚提·加尔木哈买提 田光雄 张凤军
哈德尔别克·哈木扎 阿不力克木·托合塔吉

新疆县处级民族干部培训班（第58期）（53人）

孟汉江 李东升 白 力 韩雪峰 张卫兵
李 军 张红彦 李先荣 王 诚 赵浩德
何华新 薛 明 李文莉 王向阳 彭小平
摆晓宏 文志敏 周 勇 李君霞 郑 军
何建学 马红军 冯雪海 王瑞娟 齐国庆
吾甫尔·肉苏力 库尔班·吾斯曼 谢 斌
依米提·艾山 阿不都克然木·阿不都热合曼
沙尔合提·霍加恒 帕提古丽·艾比布拉
阿不都热依木·玉苏甫 牙合甫江·玉素甫
阿不力克木·努兰别克 古丽努尔·别克
努尔巴克提·卡德 斯尔哈孜·布兰拜
帕尔哈提·卡米力 吾尔叶提·吾守尔
叶尔江·贾列肯 吐逊江·吾甫尔 铁 山
乃比江·依不拉伊木 艾合买提·尼亚孜
张秀勇 何建村 艾麦提·克力木 黄朝华
李建贵 再努热·热木扎 多里坤·阿吾提
许克热提·吐尔迪

半年制西藏民族干部培训班（第43期）（44人）

刘业强 潘旭春 王 斌 晶 明 刘吉伦
李金雄 杨 林 甘 萍 王双林 康 林

次仁央宗 索朗仁增 拉巴索朗 王志诚 次仁彭多 索朗次仁 尼玛普赤 西绕加措 三古基 雷友建 丁哲峰 荣少华 刘清河 贺黎明 胡雪飞 张进 穷达 刘云宏 江措 张建平 松嘎 谭建国 孔玉珍 田国刚 王泾然 杨华 顿珠 杨运林 多扎西 张天华 高军 王新会 付承刚 龙珍

一年制西藏民族干部培训班（第44期）（40人）

王立平 程令文 珠扎 孙燕 达罗 张克京 德吉 何镛 旺青 雪林 扎西多吉 普布琼达 米玛次仁 汪正利 益西土登 米玛次仁 嘉央德吉 杨文升 泽仁多吉 次旦央宗 巴桑扎西 刘锋 隆琼 李雨雷 左训华 马学军 卓吉 亚普琼 马庆林 沈新军 阎昌生 阿旺 张承涛 孟辉 常安斌 德吉秩宗 旦真 德吉卓嘎 白玛扎西 卓玛桑姆

（培训部供稿人：辛向前）

秋季学期进修部毕业学员名单

省部级干部进修班（第50期）“战略思维与领导能力”研究专题（54人）

苟仲文 刘长喜 马兰翠 孙东生 丁薛祥 郑继伟 陈云龙 张广敏 柏继民 张瑞敏 蒋笃运 温兰子 黄日波 黄彦蓉 沈何 王伟 程建国 张东水 于国华 傅怡 谢建华 武玉德 裘援平 赵凯 陈晋 齐平景 张军 李卫红 徐显明 胡海岩 怀进鹏 黄殿中 张彦珍 仇鸿 赵少华 黄洁夫 潘良 孙来燕 王求 阴朝民 徐令义 曾丽瑛 王研 王瑞生 郝林娜 郑晖 王希全 祝树民 张极井 徐建一 石柯 魏家福 易军 刘明光

省部级干部进修班（第50期）“统筹城乡发展”研究专题（26人）

沈宝昌 赵忠 刘国强 别胜学 李延芝 才利民 赵斌 胡健康 昂毛 靳诺 黄昌元 哈尼巴提·沙布开 游洛屏 陈俊宏 袁彦鹏 王世元 陈晓华 房爱卿 李斌 李东序 阎晓宏 马建堂 汪鸿雁 朱洪波 罗哲夫 陈益民

省部级干部进修班（第50期）“转变经济发展方式与经济结构调整”研究专题（27人）

葛剑平 马大龙 唐晓青 王祖继 周健民 次仁 李永军 赵小平 马明成 刘建新 程国平 薛进文 谢和平 牛盾 侯凯 刘怡 吕黄生 鲍红 龙新南 郑国光 王华庆 庄心一 李兵 李继平 程凯 王滨 徐达哲

省部级干部进修班（第50期）“社会主义民主政治建设”研究专题（13人）

刘新成 任亚平 黄因慧 徐宏俊 庄先 刘晓庄 曾页九 于学信 宋新潮 李晓东 张常韧 梁宁生 白玛才旺

**厅局级干部进修班（第57期）“民生

与社会建设”研究专题（45 人）

宋贵伦 吕 慧 杜红旗 吴尧鑫 吴洪彪
徐东平 郭学勤 贾学英 郭永清 周太良
戴军勇 肖国安 陈国舜 王 智 陈世波
马胜杰 马青林 班 果 李寿山 樊德新
于成平 柴方国 付 华 杨瑞雪 张绍敏
王建国 徐雄伟 柳 拯 陈毓圭 闫宝卿
吴 强 彭小平 徐士忠 徐 露 刘南昌
李德伟 张小军 王志高 段 勇 李国庆
张 劲 洪俊岭 姚江涛 戴圣龙 刘满元

厅局级干部进修班(第57 期)“转变经济发展方式与经济结构调整”研究专题（75 人）

李颖津 汤立达 周 杰 侯凤岐 臧忠生
李希龙 莫负春 周仁强 陈其工 彭泽洲
唐全国 李孟顺 李德平 盛国玉 刘尧臣
刘志仁 林盛粱 伍丕光 孙诚谊 袁庆杰
黄卫平 吕 健 赵亚忠 孙公麟 肖勤福
李春雷 姜 伟 李强民 董三多 黄澄清
卢 希 祝 军 王喜太 欧文汉 范 勇
姚华军 程立峰 陈 锋 李作敏 陈永志
王景武 李晓钟 孔建国 郑博奎 赵林如
陈 杰 程 方 江永明 张福坤 卜 方
赵 洪 姚运生 高 艳 唐 疆 程传秀
蔺建勋 吴爱娜 易树柏 周远波 陈晓薇
栗 洋 彭轩明 景建华 季晓光 张 军
许 淼 杨国兵 赵 刚 马 晶 胡忠良
叶浩文 崔宝华 刘为民 姜景山 文建国

厅局级干部进修班（第 57 期）“党内民主建设”研究专题（23 人）

潘冬青 赵晓君 马哲军 顾荣喜 韩力争
朱 玉 张文全 余蚕烛 马勇明 周 惠
陆苏娅 孙立成 武洪亮 邵春保 孙文科
丛国庆 刘荣军 孙 雄 金若时 徐 晓
李恒波 李 燕 宋占波

厅局级干部进修班（第 57 期）“中国特色社会主义理论体系”研究专题（43 人）

程 静 马永真 周铁项 王 刚 陈建民
黄著诚 彭寿清 吴少先 肖向阳 饶南湖
王献国 刘培仓 杨锦明 赵柳成 常 宏
刘贵新 张忠林 陈扬勇 胡旺林 施一凡
张兴波 陈才来 李上钦 普永生 张京泽
姜爱东 熊先军 徐 荷 侯海生 游庆桥
夏策明 胡 松 宋卫民 李向阳 王 胜
侯丽春 董尔丹 刘 沛 杜鸿礼 朱宝明
杨 青 王中原 王 剑

厅局级干部进修班(第57 期)“世界经济与政治格局变化及应对”研究专题（37 人）

王 志 上官炜星 黄家铭 廖进球 李关宾
肖安民 曾震亚 王乃学 郑 琦 吴 凯
熊清华 和宜明 丁后盾 孙红霞 黄华盖
张忠军 陈 勇 郭兴旺 李华新 陈志龙
赵玉海 庄晓玖 严冯敏 王建宇 宋宏谋
何新洲 王笑颖 孙鲁军 魏开顶 何 健
吴光权 沈顺高 陈 琪 吴 迪 吕 岗
邓 勇 邹建辉

厅局级干部进修班（第 57 期）“文化建设与文化发展”研究专题（26 人）

朱庆昌 李海红 吴建中 鲍洪俊 张 建
汪 俊 王力宾 赵云忠 郑歌平 石永强
万卫平 王众一 王超英 江 波 孙 辉
李 挺 陈毓江 韩 松 陈思娣 杜晓明
林超岱 王守明 葛笑政 杨胜群 梁岱东
李 岩

厅局级干部进修班（第 57 期）“新形势下党的群众工作”研究专题（33 人）

杨晓毅 杨一江 娄彦莉 严 明 丁祖年
谢上海 李新华 苗相甫 谭和平 郭 彦
史 政 旺 堆 张兴照 张志敏 张 政
陈 强 修长智 张志涛 刘国文 王英利
曹勃亚 杨利群 解进勇 丁章清 方小翔

董军社 党圣元 张 杰 姚 军 彭建武 谢富原 于 波 张战波

市地党政主要领导干部进修班（第5期）（18人）

吴清海 王清宪 张利平 陶淑菊 唐志国 王文权 沈 强 于 勇 赵馨群 董佡生 殷美根 杨树平 张国晖 锁 飞 刘 剑 赵 青 王新民 任茂林

（进修部供稿人：郝全洪）

秋季学期培训部毕业学员名单

中青年干部培训一班（第31期）（82人）

董党生 崔智友 曹洪欣 贺锡强 张兆祥 蒋亮平 张光军 李金英 余 捷 石 岩 唐洲雁 蔡剑江 韩 军 贾应忠 孙鸿志 吕本献 洪 波 韩 水 丰立祥 张 陟 季缃绮 王文斌 吕 波 马建平 贺东风 秦博勇 李立明 刘小宁 高 华 郝 贵 赵德明 刘雪松 颜 波 龙 飞 白 云 李定达 姜正新 袁兴永 钱克明 杨 毓 周竹平 张善明 张继贤 翟鲁宁 张 坚 陈健春 杜飞进 丁 农 吴 鑫 马正武 张宗富 陈 朗 隆国强 高鹰忠 丁海燕 田 震 高憬宏 陈建华 郑明光 朱皋鸣 张亚平 李荣灿 张 伟 许 明 杨庆育 张永民 凌祁漫 皇甫岗 李方勇 李汝革 张金良 倪会忠 冯月菊 李培林 沈殿成 俞海星 孙 波 坚 参 李 萌 陆克华 李福利 刘 卉

新疆地厅级民族干部培训班（第59期）（40人）

尔肯·阿不都热扎克 王令军 周斌文 侯毅军 蒋振乾 胡艳桢 热孜万·阿尤夫 李铁明 邹宝菊 金恩斯别克·朱马别克 邢万良 赵文泉 杨国波 张幸福 李 萍 李来迪 刘长江 郭仲军 库马提·托盖 李文祖 刘新跃 塔力哈提·塔里木 解 梅 于忠良 侯继东 陈小东 樊 凯 赵美光 王晓峰 李 刚 吐尔逊江·艾则孜 巴特尔 王 俊 谢新生 周振学 姚新民 陈 洪 祖龙·克里木 艾光辉 田 浩

新疆县处级民族干部培训班（第60期）（54人）

王国红 袁新朝 艾尔肯·库尔班 李晓光 肖文英 文 斌 杨 帆 海 峰 陈冬红 肖安家 祖力甫卡尔·吐尔迪 库里达 蔡世彦 孟文麟 朱 坚 杨力民 杜新涛 王 霞 地里木拉提·斯依提 卢春萍 康德武 余 洁 阿不力克木·玉生 阎 梅 何新平 朱 洁 阿里木江·买买提依明 阿力甫·黑力力 帕尔哈提·吾尔买提 阿不都拉依·吾斯曼 海尔曼·库尔班 张俊飞 王伟成 王 虹 杨亦东 阿斯牙·艾山 吾买尔江·夏克尔 迪丽拜尔·买买提明 李魁铭 孙笑冰 胡劲松 艾尼瓦尔·依力牙孜 高俊宝 依米提·肉孜 多里坤·吐鲁洪 邵海燕 童中华 孙秀玲 木合塔尔·买买提 金斯努尔·木沙林 阿不都克里木·阿不都热依木 赵根成

艾力·卡德尔　麻　林

半年制西藏民族干部培训班（第 45 期）（44 人）

龚会才　刘茂林　称　珠　黎世峰　雷　国
占　堆　俞春元　黄建国　赵秋霞　程　越
才仁朗公　强巴江才　巴桑顿珠　泽旺德西
扎　西　徐金春　陈智祥　张　薇　郝　斌
周秀英　于永湖　任洲全　刘圣育　李全喜
巴　桑　徐绍强　白锦华　云　丹　张汝振
多吉旺久　李彦兵　李富满　假　拉　边巴次仁
余凤萍　卢明秀　次仁央金　游胜苗　汪　云
白玛仁增　桑杰群培　吾金才塔　尼玛红旗
仁　真

（培训部供稿人：辛向前）

学员管理规律研究

对学员的学习怎么管理*

中央党校进修部

加强研究性，提高计划性，增强规范性，扩大协作性，是我们学员学习管理工作努力的方向，也是检验我们工作成就的标准。“机制引导，规章约束，感情加强，服务驱动”是我多年学员管理工作的经验总结。具体应该做好五个方面的工作。

准确把握学员的特点，增强管理的针对性

要熟悉学员的情况，研究学员的特点，掌握学员以及从他们身上折射出的社会现象，也就是说要尽快尽可能多地知道学员在想什么。随着全球化、信息化的进程，学员们获得信息的渠道极大丰富，有更多的机会亲自体验各种不同的文化、不同的教育培训的理念和方法。随着社会各个方面发展的日新月异，人民群众的实践创造丰富多彩，新情况新问题层出不穷，学员思考的问题愈加深入，对党校培训的要求也愈来愈高。总体上看，他们都是个人的学习，都追求学习的有效性和获得性，具体分析至少呈现出四个特点：（1）更多的是带着自己的目的在学习，更倾向于接受那些马上可以拿来运用的

* 此文载《学习时报》2011 年 12 月 19 日第 15 版。

东西。(2) 更愿意通过自己的分析和判断做出结论，而不是直接接受别人的观点。(3) 希望参与学习的过程，能够展示和运用自己的领导经验和思考力。(4) 希望在学习中，获得更多的信息和知识，梳理工作中和思想上的问题。

只有正确把握学员的学习特点和学习需求，才能加强教学的针对性。目前看来不管是省部级学员还是地厅级学员，对学员的特点我们掌握了解得还不够。个人学历和马克思主义理论水平是两个概念，但是有的时候，我们却把它们混淆在一起，觉得学历高、职称高，很多基础理论性的东西就不用讲了。其实不然，学员中文史哲方面基础较差、理论知识陈旧、对最新的理论成果一知半解的情况都还存在，所以对学员的特点要正确把握。还有应怎样去看待学员的需求，这是一个需要认真研究的问题。习近平同志多次在讲话中强调，按需培训的“需”，首先是国家需求、组织需求、岗位需求，就是党的事业发展需要什么就培训什么，干部履职尽责需要什么就培训什么。对学员的意见建议我们应该综合分析。

严格按制度程序办事，保证管理的规范性

学习管理只有做到了制度化和程序化，才能实现规范化。我们的管理应该是制度管人，程序管人，而不应该是人管人。针对学习管理中的各个环节和相关事项，我们应该从两方面开展工作。一是建立健全学员管理的各项规章制度，依据《中国共产党党校工作条例》、《中央党校学员管理工作暂行条例》和学校相关部门的制度规定，进修部近年来制定了《进修部学员管理规章制度》，包含 9 个方面的规定和条例。今年以来，又根据教学计划和班次调整的实际，制定了 3 个补充规定，使学习管理做到了管之有据，管之有理，管之有序。二是合理设定工作节奏，规范工作流程。部里依据学校的计划安排，调控协调，提出指导意见和要求，由各班组织员落实细化，针对培训目标、班次类别、时间长短的不同分类指导。组织员首先要提早做好教学准备，熟悉吃透教学计划安排，熟知教学单元，大致时段，考核要求。另外，要搞好入学教育，细化教学计划，提出教学辅助活动的初步考虑，提出各方面的具体要求，从入学伊始认真“抓好几个第一次”（第一次见面，第一次全体会，第一次支委会，第一次讨论），督促学员尽快形成学习、看书的习惯。三是要从多个渠道了解将入学的学员，分析他们的特点。通过入学教育，使学员尽快明白为什么学，学什么，怎样学，做到五个到位：对学习的目的认识到位；党性锻炼自我要求到位；“三个转变”落实到位；理论学习投入到位；遵规守纪约束到位。

打破固有思维定式，增强对工作的研究性

学员部的长期稳定工作形成了一整套相对稳定的做法和节奏，积累了有价值的经验，也形成了一种思维定式，极易陷入按部就班、亦步亦趋的“无形陷阱”。要打破这种固有的思维定式，与时俱进地搞好学员的学习管理，就要增强对工作的研究性。重点进行三个层面的研究，一是研究形势任务和工作部署。主要是研究党和国家面临的新形势，党校担负的新任务，

教学改革和教学安排的新要求，干部培训的新问题。二是研究教学新布局带来的学员的新情况（特点分析）；学员提出的新要求（随时收集反馈）；教学中出现的新问题给予我们的新启示。不同班次、不同地域、不同年龄段学员反映出的诉求是大不相同的。三是研究解决问题的思路和对策。采用鼓励大家积极钻研本职工作，撰写探讨性文章、工作研究报告，走出去、请进来，不定期地组织学员管理工作经验交流会等多种形式来加强对工作的研究性。这些年来我们在工作中总结出的一些行之有效的做法，有些已经固化为教学计划的“规定动作”。例如：“两带来”交流；学员论坛；有特色的党日活动；双向交流等。通过这样一些教学辅助活动，强化了学员的读书意识，激发了问题意识，突出了理论高度和现实纬度的契合点，为学员提高党性锻炼的自觉性提供良好的平台和有效的渠道。

不断探索创新，提高管理的科学性

以创新的精神开展学员管理工作，不仅仅是学习管理的要求，而是涵盖学员工作各个方面的一个系统工程，至少应包涵三方面的内容：管理理念的创新；管理体制的创新；管理手段的创新。我有这样一个工作思路“固本清源，加压减负”。“固本”就是提高我们的教学、科研、管理的水平，中央党校的领导多次强调教学质量是党校修身立命的根本。“清源”，就是严把学员入口关，要从源头抓起，严格执行招生规定。党校是熔炉，要炼出好钢，就要保证炼钢的时候，一炉都是好矿石。“加压”就是建立健全学员考核制度，真正做到培训、考核、使用结果联动，加大学员学习考核的压力，让学习成绩成为影响使用的因素。培训部中青班按中组部的要求实行学员背对背的考评，这两年的地市组织部长班，县区组织部长班、纪检书记班等，在校学习时间都不长，但中组部、中纪委都有非常严格的考核要求，这种做法是很权威的，是值得我们借鉴和学习的。既然学员来党校学习，就应让他在学习上、考核上有压力，就应对他的使用进步产生作用。当然，我们现行的考核制度、方法都需要进一步完善，考核的主体应该扩充，仅是个别老师的考评是不够的，这都是以后需要研究解决的问题。“减负”，就是进一步完善脱产学习制度，让学员真正心无旁骛地在党校学习。这些年教学改革，缩短学制以后，进修部的学员来校学习大多都不交工作，工学矛盾很突出，特别是地方领导，除了日常工作，必开的会议之外，领导来调研、检查、突发事件都要在现场，对党校的学习影响非常大。

加强管理者队伍建设，提升管理的实效性

学员管理的效果如何，直接取决于我们的党校是否风清气正，我们的管理者是否打铁先得自身硬。仅就学习管理这一块而言，管理者应具备“为、威、位、畏”。首先要干事，要有作为，才能有威信，树立起自己的非领导性权威，在学员中也才能有地位，说话有人听。畏，是管理者自始至终都要持有的心态，要有敬畏之心，畏惧之感，时时处处都要遵规守纪。从具体操作层面上来说，除了要有较高的政治、理论、文化素质之外，要达到知识层面的

"三懂"和技能层面的"四会"。

所谓"三懂"，就是一要懂基本理论，党校的教育工作者最基本的职业素质就是要具备起码的基础理论素养，要能与学员对话、沟通、交流，要能为学员提供实实在在的学习帮助。二要懂成人教育的规律，了解学员的心理，尊重和满足学员的学习需求，善于调动和发挥学员的积极性，引导学员自我教育、自我管理、自我服务。三要懂培训的技巧，培训的目的是要帮助受训者对知识进行理解、接受、内化，并转换成能力和素质。党校教育很大程度是理想信念教育，既抽象又难以考核，这就对培训的技巧提出了更高的要求，就需要从学员对培训需求的了解，对各方面培训资源的组织整合，对培训环节的设计等各个方面全面提高管理者的工作技能。

所谓"四会"，就是一要会搭班子，构建一个积极、实干、合理的支部班子，构建一个流畅的学习节奏和流程，组织好各种教学辅助活动，搭建团队学习和沟通的平台。二要会营造气氛，营造一个良好的学习氛围和学习环境，让学员快速适应学习生活，保持良好的学习状态。三要会启发，要善于结合本支部的实际提出问题，启发学员思考，把学习引向深入，善于进行正向激励。四要会提炼，要能迅速捕捉学员学习体会和学习成果的闪光点，抓住适当时机归纳总结，拓展推广，善于"借题发挥"。学员管理者特别要提高四种能力：与学员沟通（倾听、提问、演讲、辩论）的能力；协调教、学、研、管、服各个方面的能力；探索培训规律，总结经验教训的能力，不断创新管理模式，讲求管理艺术的能力。综括起来，我们的学员管理者应该有开放的理念，胸怀要宽，时代感要强。要有坦诚的态度，以诚相待，不讲假话、空话和废话。要有实干的能力，想干事，会干事，能干事，干成事。要有讲话的水平，讲话要严谨、要有艺术、要有个性。

（执笔人：中央党校进修部原副主任郭焕永）

谈谈加强学员组织管理的几个问题

中央党校培训部

学员管理是实现党校培养目标的重要环节，包括思想政治教育、学习管理、组织管理和生活管理。组织管理是党校教育的重要组成部分，在配合党校教学，完成培训任务，实现培训目标，建设高素质干部队伍素质方面发挥着重要作用。党校条例要求，组织管理要完善并严格学籍、学习、考勤等制度。对学员进行管理的组织体系，自上而下，分别是从学校校委到学员部，到组织员，到学员支部，到学员小组；学员部是实施学员管理的具体部门，主要是通过制度、组织员和学员支部三个纬度对学员进行管理。

一、关于制度管理的有关问题

管理一靠制度，二靠教育。制度管理是规范、稳定而有效的管理，教育也要围绕落实制度去进行。在学员管理中，要强化制度意识，不断提高学员管理的规范化水平。

就学员组织管理来说，要建立和完善学习考勤制度，请假和学籍制度，自学检查制度，参观考察和集体活动报批制度，学习考评制度，廉洁自律制度，生活管理制度，组织生活制度，党性教育、党性锻炼和党性分析制度，等等。近年来，少数学员在学习期间暴露的严重违纪违规现象，值得我们认真反思。大家认识到：要切实加强管理，把热情服务与严格要求、严格管理结合起来，不能只是一味地客客气气，而对明显违反校纪校规、党纪党规的现象熟视无睹或者睁一只眼、闭一只眼。凡违反纪律的要批评，严重的要通报。要在管理制度上体现出“从严治校、从严施教、从严管理”的办学方针。在这个问题上一定要讲政治，体现党校姓党。重点要做好以下四个方面的工作：

第一，要以制度规范学员管理工作。制度建设和落实是学员管理工作的根本保证。有效的制度是学员的行为准则，也是组织员和学员支部管理学员的直接依据。以建立健全制度为保证，不断巩固学员管理创新的成果，变“人管人”为“主要依靠用制度管理人”，避免在学员管理过程中因人而异，因情绪而异，因时而异。做法太多不灵，制度多了也一样，记都记不住了，造成的结果往往是，制定者慢慢忘了，执行者也不去管了。所以，我们特别重视建立简明管用的制度，在实践中注意不断健全完善，切实执行到位。

第二，正确把握严格管理和坚持以人为本的关系，抓好学员的组织管理，健全管理制度，改进管理方式，提高管理效果。对我们来说，首先要克服的是，因为工作对象是领导干部而产生“不好管”、“不敢管”、“管不了”的错误认识。在日常学员管理中，我们严格组织生活制度，提倡并践行“敢”字当头，坚持原则大胆管理；突出“严”字，严格按照各项规章制度进行管理，抓好各项制度的落实。坚持把从严管理和以人为本结合起来，把严格管理和关心爱护结合起来，把对学员的管理和为学员服务结合起来，努力做到严之有理、严之有度、严之有情，更好体现以人为本、民主管理的原则，充分发挥学员的积极性，不断提高学员管理科学化水平。

在实际工作中，我们体会到，学员管理要克服感情用事，既要敢管，又要善管。在坚持制度管理过程中，必须贯彻以人为本的原则，将人性化管理寓于制度管理之中，以人性管理之柔，弥补制度管理的刚性之不足，以尊重学员主体地位为前提，去发挥管理者的主导性，实现管理的最优化，管理效益的最大化。对学员要严格考勤，组织生活要严格要求，党性锻炼要高标准，并时常检查督促；在坚持严格管理的同时，要尊重个性，要深入了解学员的思想，对学习、生活、家庭方面有实际困难的学员要给予热情关心和帮助，尽力为学员排忧解难，使他们能够安心学习。特殊日子里，不忘“一束鲜花、一条短信、一首生日歌”，这往往会使学员倍感亲切。

第三，对工作人员也要加强管理，规定相关制度。既要关心工作人员的工作、学习和生活，充分调动他们的积极性，支持他们创造性地开展工作，又要健全完善岗位责任制，对他们严格要求，严格管理，严格考核。要求所有工作人员都要非常熟悉对学员管理的制度和学校对工作人员的要求。如果管理者对相关制度不清楚，制度也就只能挂在墙上而落不到地上。我们要求组织员记工作日志，要详细记载掌握的学员情况和工作状况，不定期交流和检查，学员毕业后部里要把工作日志存档；要求组织员如实填写并定期公布学员请假情况，接受学员监督；部机关工作人员跟班联系课堂，部里分管领导带队不定期检查课堂、食堂和晚自习学员在位情况，检查组织员跟班听课和在岗在位情况，并予以通报。培训部每学期都召开学员管理情况分析会，组织员工作情况和经验交流会，分析研究相关制度的落实措施，并对这些制度的落实情况进行检查、进行通报。努力使全体学工人员都成为落实制度的模范。

第四，制度管理要与思想教育相结合。近年来，培训部学员管理在制度建设方面逐步建立健全，针对性、实效性和可操作性也不断增强，对思想政治工作、学习管理、组织管理和生活管理等方面都做了严格规定。比如，在学校关于学员管理的40条基础上，培训部又提出关于加强学员管理的8条意见。把这些制度装订成册，学员人手一本，并切切实实实施。通过用制度管人，管理对象服气，受到了满意的效果。但是，学员管理仅靠规章制度是不够的，还必须辅之以经常的耐心细致的思想政治工作。要从教育入手，通过介绍培养目标，讲述学习的重要性，使每位学员明确办学宗旨、培养目标、教学原则，使学员端正学习态度，明确学习目的，形成好的学风，自觉地认真学习，遵守学校各项规章制度，并使之转化为学员自觉的行动。

党校教育对象的特殊性，决定了党校管理的特殊性。一方面学员眼界开阔、思维活跃、知识面宽，实践经验较丰富，对管理的要求高，管理难度大；另一方面学员有较强的自觉性和组织纪律观念，具有较强的自我管理和自我约束能力。培训部各班次培养目标不同，有中青班，还有民族班，所以我们还强调既要遵循一般的管理制度，又要根据不同班次学员的特点，制定不同的管理办法，因班治宜。

二、关于组织员的有关问题

做好学员管理工作，关键在于提高管理者素质。一位合格的学员管理者，必须是一个能够严格要求自己，内强素质，外树形象，言传身教的人，必须是一个讲究管理艺术和管理方法，能够全心全意为学员服务的人。

学员部的工作，要以提高组织员的能力和素质为抓手，提高学员管理工作的能力和水平。主要体现在以下四个方面：

第一，组织员对学员的影响是直接的、独特的、不可替代的，组织员自身的素质和能力对做好学员管理工作至关重要。组织员是贯彻党校姓党、从严治校要求的具体执行者，始终处于学员管理的第一线，肩负着服务学员、管理学员的重要职责，对于学员管理有着十分重要的作用。组织员作为党校的“第一形象代言人”，其学识、修养、人品乃至言行举止，在很大程度上体现着党校的工作水平，代表着党校全体员工的素养，组织员作用的发挥，也直接关系到学员对党校工作的认可度。

组织员的政治素质、思想作风、文化修养、业务水平以及组织、领导能力如何，对于搞好学员管理工作至关重要，因此，要重视对组织员的配备和培养，把那些党性强、作风正、会管理的干部安排在组织员岗位上。

第二，加强学习是改善组织员素质的根本途径。组织员要注重学习能力和综合素质的提高，要掌握与学员交流的话语权。组织员是教学第一线的管理者、协调者、服务者，有大量具体的、事务性的工作要做。在做好事务性工作的同时，要进一步增强工作的思想性。学员部要把是否能够做到事务性与思想性很好地结合起来，作为衡量组织员工作水平和能力的重要依据。要发挥组织员在教学辅助工作方面的作用，提高教学辅助工作的质量。切实引导好自学、讨论、交流、学员论坛、从政经验交流、课题研究和社会调研各项工作，并注意认真总结，不断积累，不断提高。还要注意发现学员人才，利用学员资源，调动学员智慧，实现学学相长。

第三，组织员要振作精神，严格执行制度。学员的特殊性，导致管理人员不敢大胆放手管，有的甚至根本就不想管。如何使管理者敢于管又能够管住？我看，还是要振作精神，以强化管理意识为抓手，做到四个到位：一是认识到位。管理好学员是我们的使命，我们对学员的管理是代表组织进行的，不是个人行为，完全应该理直气壮。管理学员是责任使然，不严格管理就是失职。严格管理学员是实现培训目标的需要，现在的严格管理将深刻影响未来的党风政风和执政能力，必须作到对党忠诚，对事业负责。同时，也要认识到，只有从严管理才能树立培训干部的威信，维护党校的声誉。二是人员到位。管理学员不仅仅是党校的事，更不仅仅是组织员的事，校内校外各个方面要形成齐抓共管的工作局面。学员管理部门和组织员更是责无旁贷，要深入班级，深入学员，贴近服务，跟班管理。有的组织员还推出了支部管理的“五个一”工作法，即“一套制度、一个流程、一本日志、一片真情、一抓到底”工作法，效果很好。三是权责到位。要做到管得住不容易，必须使管理者有责有权，权足担责，树立管理权威。充分尊重他们的管理自主权，调动他们的管理积极性。四是措施到位。一要重视入学教育。要有明确要求，特别是明确考试考核要求，达到以考促学的目的；学习情况、考勤和遵守纪律情况将随鉴定表装入学员人事档案并通报送训单位。二要重视党性教育，党性锻炼要从端正学习态度，遵守校纪校规，完成学习任务开始。三要实行签到制和座牌制，确保考勤效果。四要实行通报制度。学习和遵守纪律情况要书面通报调训、送训单位，学员请假和就餐率在支部上墙通报，学员部各支部就餐情况在全体学员会议上通报。意识增强了，精神振奋了，措施到位了，我们的组织员就不仅敢于管理，也会善于管理了。

第四，组织员要严格自律，组织上要经常提醒和加强监督。组织员工作独特而重要，对组织员的管理和要求也要常抓不懈，从严从细。要时常提醒组织员：要在学员面前树立良好的教育者的形象、党员的形象和党校的形象；要坚持原则，堂堂正正，纯洁淡薄，不能搞庸俗的关系学；要注意以身作则，要求学员做到的，组织员自己首先要做到，这样才能取得管理的资格和发言权。如果自身做不到，怎么要求别人？严格要求，首先是对自己严格要求。要加强组织员的品行锻炼和学识修养，真正做到为人师表、教书育人，赢得学员的尊重。要大力加强组织员队伍的作风建设，坚持公道正派，清正廉洁，不施不受小恩小惠，对学员一视同仁，不以学员职务高低论长短，带头模范遵守党校的各项规章制度。

我们还对组织员提出“五不”，即：组织员不得携带家属参加学员支部活动、不得安排家属由学员接待到学员所在地旅游，组织员不得以任何借口让学员组织聚餐活动，不得参与涉及学员职权的商务活动，不得找学员办私事。我们还特别重视对组织员的监督考核，学员毕业前由部机关和学员分别进行无记名的问卷调查，向学员了解组织员的工作情况，并进行评估。对评估的情况要及时反馈，帮助找原因，迅速改进；对于责任感不强发生事故者，要毫不手软给予纪律处分并调离组织员岗位。

三、关于学员支部的有关问题

学员自主管理是学员管理的基础，组织员的管理要与学员的自主管理相结合，组织员要注意发挥学员的自主管理作用。组织员与学员支部的关系，是主导和主体的关系。学员支部要认真贯彻民主集中制原则，既尊重学员意见，又要统一思想和行动。

第一，充分认识学员支部的重要性和特点，加强对学员支部工作的指导。学员支部是党校联系学员的桥梁和纽带，支部工作是贯彻党校姓党原则、加强党性修养的重要工作，也是党校教学体系的重要组成部分。要认真把握学员支部工作的特点，探索学员支部工作的规律，有针对性地开展好学员支部工作。学员支部至少有三个特点：（1）支部成员的构成具有特殊性。无论哪个班的学员，都是来自各行各业的领导，都是党的执政骨干，可以说我们学员支部是成员级别高、行业代表性全面、地域分布广泛、民族代表性鲜明的党支部，是领导干部高度集中的群体。（2）支部委员会所起的作用具有特殊性。支委成员可说是骨干中的骨干，支委的作用是培训部、组织员、任课老师都替代不了的。（3）支部工作的意义具有特殊性。支委工作状态会影响大家的态度，支委工作效率会影响培训工作的成效，从某种意义上说，支部工作的效果与党的建设紧密相连。总之，学员支部与一般支部不太一样，学员部和组织员要把握这些特点、琢磨这些特点，让支部工作有特点、受欢迎、起作用。

第二，明确学员支部工作的基本要求。应以全体学员为主体，坚持组织管理与学员自我管理相结合，最大限度的调动学员积极性。学员支部工作在时间上是全过程，贯穿学员在校学习的整个过程之中；在空间上是全方位，覆盖在校学习的各个方面。支委会工作基本要求有 5 个方面：（1）落实教学计划，确保学习任务完成。教学是党校的中心工作，学习好中国特色社会主义理论体系是学员支部的中心任务。这项任务是由一个个具体环节实现的，如课堂教学、小组研讨、双向交流、社会调研、体验式学习、教学参观，等等，每个环节都是教学活动的有机组成部分，都有具体的要求。能否把这些工作组织好并且取得实效，需要支委会积极行动，创造性地去工作。（2）党性锻炼，确保党性教育方案的具体落实。学员来校后，每个支部都要制定党性教育计划，包括到三个干部学院进行体验式学习，还要进行党性分析，落实廉洁从政有关规定，等等。这些都需要党支部切实负起责任。支部工作还担负着确保学员政治安全的职责，平时大家要相互提醒、相互关照，不要做与党校学员身份不相符的事情。（3）日常管理，确保正常的学习、生活秩序。这方面主要是要落实学校的各项规章制度，严格按规章制度办事。例如，落实和监管学员在校率、到课率、自习和晚自习率，还要确保学员交通安全、人身安全、防火、防盗、保密，等等。（4）强化学习效果，确保在提高素质和能力方面取得实效。这方面的着力点主要是组织好研究式学习。我们在这方面有一些必要的制度和措施，如课题组的活动、双向交流、从政经验交流、学员论坛、民族班与中青班结对子活动。这些活动，我们都争取搞得有内涵、有深度、有质量，使学员在活动中能够分享工作经验、学习心得，共同破解执政难题，提高执政觉悟和执政能力。（5）丰富校园文化生活，增进身体健康。在校学习既要团结紧张，又要严肃活泼。培训部成立了学员俱乐部，下设五个协会，每学期有几项大的活动，得到各个支部的积极响应。对于俱乐部活动，我们的基本工作原则是俱乐部为主导，学员为主体，协会为依托，支部为基础，实事求是，量力而行，灵活多样，不过多地占用大家的学习时间。

第三，要形成有效的支部工作机制。这有四项要求：（1）要形成明确的支部工作目标，协助做好教学管理工作、加强学员管理，是支部工作的主要内容，加强学员党性锻炼、提高学员党性修养是支部工作的重点。（2）要明确支部委员的职责。支委之间职责明确，互相配合，是支部工作有效运转的前提和基础。培训部各学员支部一般配备五位委员，支部书记对支部工作负总责；副书记兼组织、纪检委员负责及时了解和掌握学员思想状况，做好思想政治工作；学习委员负责落实教学计划，安排具体的教学活动；生活委员负责后勤保障工作；文体委员负责组织文体活动，营造良好氛围。（3）要健全支部工作的规章制度。明确支部的工作和组织生活制度，如“三会一课”、党员活动日、党性分析和鉴定等制度。（4）要制定支部工作计划。组织员通过介绍教学计划和以前支部工作的开展情况，帮助支委会围绕支部工作目标制定科学合理的工作计划。

第四，支部成员要发挥模范带头作用。在众多领导干部中，挑选一批骨干来担任支部班子成员，是一件很重要、很有意义的工作，培训部高度重视并认真做好学员支部的组建工作。在比较深入地了解各位学员的情况、比较充分地征求各方面意见的基础上，把党性强、有热情、乐于奉献的学员推选出来，为大家服务。学员干部的管理更有亲和力，更能融入学员的生活。学员部要把制度规定交给学员支部，以

“无为促有为”，使学员们有被动管理变主动管理。为同学服务，应该说使命光荣。要求支委成员要自觉增强三个方面的意识，发挥好模范带头作用：（1）增强表率意识。要时时处处严格要求自己，身体力行，率先垂范。做党性锻炼的表率，做勤奋学习的表率，做关心帮助同志的表率，做遵守校纪校规的表率。（2）增强责任意识。各支部要守土有责，管好自己支部的人，做好自己支部的事。特别要保证自己的支部不出事，不出政治问题、不出安全问题、不出纪律问题。我们知道，在党校出事情有放大效应，因此，我们不能出任何事，不敢出任何事，也出不起任何事。（3）增强服务意识。做好服务要注意两点：一是要切实以学员为本，二是要节俭廉洁。

在组织管理中，制度管理、组织员管理、学员支部管理三位一体，制度是依据是关键；组织员为主导，代表学校和学员部；支部为主导，充分调动学员自身的积极性、主动性和创造性；三位一体，合力推进学员组织管理工作。

（执笔人：中央党校培训部副主任薛泽洲）

研究生教育·博士后工作

研究生教育

概　况

2011年，研究生工作围绕中央党校建设“一流学府”活动，着力争创一流研究生院，圆满完成各项工作。

招生工作。贯彻落实教育部、北京市教委和北京市研究生招生办公室的规定，确保招生过程公开和公平。从考生报名、命题、试题保密、监考、阅卷、核分、复试到拟录取人员的复查等各个环节都更加规范化。提高生源质量，除加大网上招生宣传力度外，还组织志愿者到国际关系学院、中国青年政治学院、中央财经大学等高校进行招生宣讲，这些都极大地扩大了中央党校研究生招生的影响力和吸引力，收到良好效果，生源状况明显改善。完成2012年博士、硕士研究生的招生报名及2011年博士、硕士研究生的入学初试复试、审核录取、注册和全年度的学生学籍管理等工作。2011年招收学位研究生231人，其中博士生106人，硕士研究生111人，西部代培生14人。

学位研究生培养。修订完善培养方案、组织研究生精品课程评选，加大对培养计划的落实和教学过程的检查和管理力度。加大新生见面会工作力度，首次在新生见面会上增加培养流程及学位工作介绍。修订完善各专业培养方案。落实年初“课程改革与学科设置研讨会”成果，同时结合URP研究生教务管理系统软件要求，组织修订各专业培养方案，新的培养方案从2011级开始实行。鼓励研究生学术活动和科研成果评比，鼓励研究生参与挂职锻炼活动，有13人参加北京市教育工作委员会组织的博士生挂职锻炼，在《首都高校博士生挂职锻炼通讯》上发表文章数由2010年的3篇增加到14篇。组织博士生挂职锻炼经验交流会和博士研究生学术新人奖学术报告会，评选出2011年度5位教育部博士研究生学术新人奖，评选出2011年教育部博士研究生学术新人奖5名。落实优化课程设置会议精神，组织研究生精品课程评选工作。加大对外合作交流，与国际关系学院互选课程。2011年共有59名研究生分别选修了国际关系学院的《美国政治与外交》、《大国关系》、《南亚战略和印度外交》等优势课程；国际关系学院有5名研究生选修了中央党校研究生院的《儒家哲学研究》课程，22人选修《资本论》课程。做好学术讲座和“求是大讲堂”的组织工作。邀请国内知名学者专家作学术报告，定期举办学术讲座和“求是大讲堂”。

在职研究生教育。按照校委“控制规模、严格管理、保证质量”的要求，坚持“三从严”教育，进一步完善在职研究生管理工作的规范化、制度化。一是在控制招生规模方面，把好“入口关”，压缩招生班次，较大提高每个班的招生名额，控制办学成本，提高办学积极性。2011年招收新生1000人，目前在读学生3500多人；在培养方面，完成2009级、2010级和2011级的教学任务和2008级的论文答辩及毕业工作。二是召开2011级班主任工作座谈会，通过领导讲话、主题报告、经验交流、分组讨论等形式，强化班主任“党校姓党”、“从严治校、从严施教、从严管理”的大局意识、政治意识、责任意识。三是举办中央党校在职研究生2011级开学典礼，受到参加典礼的学生和老师们的一致好评，增强了学生们的荣誉感、责任感和归属感。四是加强管理，提高培养质量，总结近年来考试考核方式的经验和教训，改进必修课和选修课的考试考核方式，引导学生们多读书、多思考，夯实专业知识基础。五是统一工作流程，制定和规范招生管理、教学管理、学籍管理、毕业工作等的流程，提高各项工作的规范化、制度化、程序化。

思想政治工作。结合研究生思想实际开展经常性的思想教育，抓好研究生党团员政治理论课学习。组织入学培训，抓好新生入学教育。制订个人3年学习规划，尽快转入学习生活。在入学教育中突出党校姓党，注意提高学生的思想政治意识和党员意识。组织进行党的理论素养等政治理论课的讨论学习。及时掌握学生思想动向，扎实细致地做好学生思想教育工作。做好毕业班的就业辅导、公务员报考、校内外招聘、毕业手续办理、离校等工作中的学生思想工作，并取得很好效果。完善心理咨询测评系统，开展学生心理辅导培训，邀请心理学家前来指导。及时、妥善处理突发事件。

党团组织建设。加强对研究生党团的工作指导，健全学生组织建设，组织研究生总会和分会的换届选举，增强研究生会活力。加强对发展新党员的管理，举办入党积极分子培训班，提高党员的素质。注意发挥院团委、研究生党支部和研究生会的作用，支持研究生会和班级开展各种形式的学术、文娱活动，举办研究生运动会和迎新晚会。坚持用马克思主义中国化最新成果武装青年头脑，通过组织学习培训、听取专家讲座、参加青年论坛等形式，引导团员善读书、读好书、读经典，营造浓厚的学习氛围，不断提高团员青年的理论素养。院团委还非常重视团干部和团员队伍建设，不断加强和规范“推优”工作，向党组织推荐、输送优秀人才。“五四”前夕对先进团支部、优秀团员和优秀团干部进行表彰。支持研究生会开展工作，开展研究生志愿者活动。与正红旗西街的风华爱心希望小学合作，举行以“心手相牵，快乐成长”为主题的关爱农民工子女的义务支教活动；为首届“圆明园皇家冰雪节”提供志愿服务，展示了中央党校研究生志愿者的青春风采；与广西柳城县团县委、柳城县大学生西部计划志愿者团队合作，发起“牵‘守’行动”系列活动，显示中央党校研究生的较高社会责任感；组织代表团出席“2011 中国志愿服务博览会”，加强与高校志愿者组织、相关政府部门和 NGO 组织的沟通联系。迎接中央党校学位与研究生教育 30 周年庆祝活动，成立中央党校校友会和各省地市校友会。细化校友信息搜集整理，加强与地方校友会的联系，指导、促进地方校友会的筹建。启动知名校友风采录《春华秋实》的信息、小传的征集工作。加强校友杂志《中央党校学位研究生校友》资料的搜集整理，加快启动第一期编辑工作。

就业工作。加大对外就业宣传，加强就业辅导的针对性，邀请公务员考试专家来校讲学，传授经验，加强对研究生参加公务员考试工作的指导，及时解决研究生在报考公务员过程中出现的问题。拓宽就业渠道，引导毕业生到西部工作。与重庆市委组织部建立选调生选调合作机制，引导毕业生到新疆、西藏等西部地区工作。2011 届毕业生应就业人数 182 人，共有 23 人到西部就业，占应就业总人数的 12.64%；其中博士应就业 65 人，8 人到西部工作，占 12.3%；硕士应就业 117 人，15 人到西部工作，占 12.8%。引导毕业生到西部就业，得到常务副校长李景田、副校长李书磊的充分肯定，中央组织部部长李源潮同志亲自作了批示，有力地宣传了中央党校研究生院。及时提供有关就业信息，接待用人单位考察，完成了 2008 级毕业班的就业、毕业工作。2011 年，共有 182 名学生毕业（另有委培生 24 人同期毕业），其中博士 65 人，硕士 117 人，就业率 93.7%。

（研究生院供稿人：杨靖）

新增博士、硕士学位授权点

2011 年 3 月，国务院学位委员会下发《关于下达 2010 年审核增列的博士和硕士学位授权一级学科名单的通知》（学位〔2011〕8 号），中央党校新增理论经济学博士学位授权一级学科；新增法学、社会学2个硕士学位授权一级学科。至此，中央党校共拥有马克思主义理论、哲学、理论经济学、政治学4个一级学科博士授权点，法学、社会学2个一级学科硕士授权点，可授予博士学位的二级学科点由23个增加到28个，可授予硕士学位的二级学科点由33个增加到47个，进一步完善了中央党校学科结构和布局，拓展了中央党校的学科、专业领域，为建设“一流学府”提供了有力支撑。

可授予博士学位的二级学科点

（28个）

专业代码	专 业 名 称
0101	哲学（一级学科）
010101	马克思主义哲学
010102	中国哲学
010103	外国哲学
010104	逻辑学
010105	伦理学
010106	美学
010107	宗教学
010108	科学技术哲学
0201	理论经济学（一级学科）
020101	政治经济学
020102	经济思想史（新增）
020103	经济史（新增）
020104	西方经济学（新增）
020105	世界经济（新增）
020106	人口、资源与环境经济学（新增）
0301	法学
030101	法学理论
0302	政治学（一级学科）
030201	政治学理论
030202	中外政治制度

续 表

专业代码	专 业 名 称
030203	科学社会主义与国际共产主义运动
030204	中共党史
030206	国际政治
030207	国际关系
030208	外交学
0305 马克思主义理论（一级学科）	
030501	马克思主义基本原理
030502	马克思主义发展史
030503	马克思主义中国化研究
030504	国外马克思主义研究
030505	思想政治教育
030506	中国近现代史基本问题研究

可授予硕士学位的二级学科点

（47 个）

专业代码	专 业 名 称
0101 哲学（一级学科）	
010101	马克思主义哲学
010102	中国哲学
010103	外国哲学
010104	逻辑学
010105	伦理学
010106	美学
010107	宗教学
010108	科学技术哲学
0201 理论经济学（一级学科）	
020101	政治经济学
020102	经济思想史（新增）
020103	经济史（新增）

续 表

专业代码	专 业 名 称
020104	西方经济学（新增）
020105	世界经济
020106	人口、资源与环境经济学（新增）
020201	国民经济学
020202	区域经济学
0301	法学（一级学科）
030101	法学理论
030102	法律史（新增）
030103	宪法学与行政法学
030104	刑法学（新增）
030105	民商法学（新增）
030106	诉讼法学（新增）
030107	经济法学
030108	环境与资源保护法学（新增）
030109	国际法学（新增）
030110	军事法学（新增）
030180	法律硕士
0302	政治学（一级学科）
030201	政治学理论
030202	中外政治制度
030203	科学社会主义与国际共产主义运动
030204	中共党史
030206	国际政治
030207	国际关系
030208	外交学
0303	社会学（一级学科）
030301	社会学
030302	人口学（新增）
030303	人类学（新增）
030304	民俗学（新增）
0305	马克思主义理论（一级学科）
030501	马克思主义基本原理
030502	马克思主义发展史
030503	马克思主义中国化研究
030504	国外马克思主义研究
030505	思想政治教育

续 表

专业代码	专 业 名 称
030506	中国近现代史基本问题研究
0501	中国语言文学
050101	文艺学
0601	历史学
060107	中国近现代史
1204	管理学
120401	行政管理

（研究生院供稿人：杨 靖）

新增博士生、硕士生指导教师

19名同志获博士生指导教师资格*

学科、专业名称	博士生指导教师
马克思主义基本原理	牛先锋
马克思主义哲学	辛 鸣、钟国兴
中国哲学	王 杰
外国哲学	杨玉成
伦理学	刘余莉
政治经济学	潘云良、董艳玲、李省龙、张玉杰
科学社会主义	孟 鑫
政治学理论	刘学军
法学理论	刘永艳、封丽霞
中共党史	祝 彦

* 根据中校字〔2011〕49号文件《关于2011年我校遴选博士生指导教师结果的通知》，经中央党校学位评定委员会组织审核，校委会议讨论通过，牛先锋等19名同志获博士生指导教师资格。博士生指导教师资格自2011年8月31日生效。

续表

学科、专业名称	博士生指导教师
中国近现代史基本问题研究	刘悦斌
国际政治	孙建杭、李云龙、高祖贵

（办公厅、研究生院供稿）

认定10名同志硕士生指导教师资格*

新任硕士生指导教师

学科、专业名称	硕士生指导教师
马克思主义发展史	李宏伟
政治经济学	陈启清
区域经济学	张汉飞
中共党史	李国芳
党的学说与党的建设	赵绪生、洪向华、薛伟江
国际政治	赵　磊

转岗硕士生指导教师

政治经济学	曹　立（原国民经济学专业硕导）
行政管理	牟为民（原法学理论专业硕导）

（研究生院供稿人：杨　靖）

* 根据中央党校《硕士生指导教师遴选办法》，2011年6月校学位办组织进行了各有关学科、专业硕士生指导教师资格的申报工作。经7月8日校学位评定委员会终审，认定李宏伟等8名同志具备硕士生指导教师资格，通过曹立、牟为民的硕士生指导教师转岗申请。

工作会议

全国党校系统学位研究生教育工作会议

6月18日，全国党校系统学位研究生教育工作会议在四川省委党校举行，中央党校副校长李书磊出席并讲话，四川省委常委、组织部部长、省委党校校长柯尊平致欢迎辞，四川省委党校常务副校长刘毅，中央党校研究生院副院长刘春、王军敏出席会议，中央党校研究生院院长卓泽渊主持会议并作主题报告。

这次会议的主题是深入贯彻落实《中国共产党党校工作条例》和全国党校工作会议精神，研究和探讨新形势下如何进一步提高学位研究生培养质量，促进党校学科建设与改革，服务党校工作大局。

李书磊在讲话中对全国党校系统学位与研究生教育工作所取得的成绩，特别是近年来发展的良好势头给予了充分肯定。他指出：要充分认识党校系统学位与研究生教育的重要地位和作用，增强推进事业的责任感和使命感；加大力气提升培养质量，积极推进学位研究生培养模式的改革与创新，充分发挥学位与研究生教育对党校整体学科建设的促进作用。他强调，党校系统学位研究生教育和干部教育两个都是办学目的，在今后的工作中，要充分整合资源，促进学位研究生教育与干部教育的双向互动，互相服务。同时，他对党校学位研究生培养提出了更高要求，指出党校系统学位研究生一定要多读经典著作，尤其是马克思主义经典著作及本学科经典著作，提升学术水平；要重视文风，研究真问题，不写“党八股”论文。

卓泽渊介绍了党校系统学位与研究生教育提升培养质量的一些具体做法，强调在学位研究生培养中要加强规范管理，改进工作方法。同时，要建立有效机制充分发挥导师作用。

与会代表就党校系统学位与研究生教育面临的问题及对策等进行了讨论和交流。全国党校系统从事学位与研究生教育工作的有关领导及研究生部（处）负责同志等近100人参加会议。

（摘自校园网，研究生院供稿）

2011 级新生见面会

9 月 1 日，研究生院举行 2011 级新生见面会，副校长李书磊出席并讲话，研究生院院长卓泽渊、副院长王军敏参加会议，会议由刘春副院长主持，研究生院工作人员、2011 级组织员老师和新入校的 106 名博士研究生、114 名硕士研究生以及来自西藏自治区和新疆自治区的 14 名委托培养生参加了会议。

李书磊代表校委对研究生院新生表示祝贺。他说，习近平同志和校委十分关心研究生培养工作，希望同学们树立远大的目标，传承党的执政理念，成为栋梁之材，不辜负到党校学习的机缘。他向同学们介绍了中央党校及研究生院的基本情况和历史传统。指出，中央党校具有光荣的革命历史，在历史的关键时刻发挥过重要作用。不仅有党的主要领导人担任过校领导，而且涌现出一批政治家、理论家和思想家。研究生院在 30 年的历史中培养了许多杰出的领导者、学者和各行各业的骨干。今后，研究生院要继续为党的执政和国家发展培养后备力量。他对同学们提出四点希望。一是要强化对党和国家的忠诚与信仰。党校的研究生要具备主流意识、天下情怀，以党的事业为己任，将自我放到中国历史发展的大视野中，成为国家和民族崛起进程中起推动作用的一代人。二是要认真读书。一切进步都是从读书开始，习近平同志反复要求学员认真读书，刻苦读书。首先要读经典，尤其是党的经典文献，同时要读各学科的经典文献，关注学科前沿问题，拓展知识面。读经典、读名著是与伟人对话、与历史人物对话，从中可以汲取营养和力量。三是要积极参加社会实践。除了进行社会考察、调研等活动，还应开辟通道，与党校学员加强沟通，多听、多观察、多琢磨、多思考。四是要认真研究问题，做好论文。平时读书要多动笔，不动笔墨不读书，同时要多写文章，锻炼自己。写文章、做论文切忌“党八股”，要做到“三真”，即：提真问题，做真分析，得真结论。

见面会后，研究生院院长卓泽渊为 2011 届学位研究生作了题为《放飞理想》的入学专题教育，勉励同学们坚定理想信念，成为奋发有为的一代青年才俊。

（摘自校园网，研究生院供稿）

2011级在职研究生开学典礼

10月15日，研究生院举行2011级在职研究生开学典礼，副校长李书磊出席并讲话。会议由卓泽渊院长主持，刘春副院长出席会议，王军敏副院长汇报了2011级在职研究生招生情况，北京班和全国班教学点负责人、班主任老师及学员共800多人参加了开学典礼。

李书磊在讲话中，结合学习习近平同志在中央党校的重要讲话，强调在职研究生要加强读书学习。他指出，读书要认认真真的读，要多读书，读好书，善读书。他认为，读书既要读专业书籍，又要广泛涉猎。要按照习近平同志的指示，多读历史，读近代史，读中共党史，也要读世界史。他要求读书要树立好的学风，紧密联系实际，认真做好笔记，尽可能扩展学习面，不要只满足于在职研究生的学习计划，要争取超过学习计划，要养成终生读书的习惯，不断积累和丰富自己的知识，提高思想理论水平。同时，要养成好的文风。

恢复举行在职研究生班开学典礼，主要是为了学习贯彻校委关于继续办好在职研究生教育的要求，加大统一管理的力度，增强在职研究生的政治意识和党校意识。

（摘自校园网，研究生院供稿）

学术论坛

2011·全国社会科学研究生学术论坛

6月25日，由研究生院主办、研究生会承办的“2011·全国社会科学研究生学术论坛”在中央党校举行。副校长李书磊出席论坛开幕式并讲话。论坛嘉宾教育部党组成员、国家教育行政学院院长顾海良致辞，研究生院院长卓泽渊致欢迎辞。北京市教育工作委员会副书记、市政府教育督导室主任线联平和《求是》杂志社经济编辑部主任李建军出席了开幕式。来自全国各地的论坛征文获奖嘉宾、首都重要新闻媒体、北京高校研究生代表以及中央党校研究生院博士生和硕士生等应邀参加了此次论坛。研究生院副院长刘春主持开幕式。

此次论坛为第三届，主题是“中国共产党的理论创新：历程·成果·经验——纪念建党90周年”，旨在回顾党自成立以来推进马克思主义理论创新的历史进程，探讨建党90周年以来中国共产党所取得的理论创新成果，总结建党90年以来的理论创新成果和经验，为进一步推进党的建设作出理论贡献。

李书磊在开幕式讲话中着重围绕如何学习研究，提出了四点希望：第一，研究过程是一个学习的过程。研究生要善于利用难得的机缘，扎实学习，做到能真正有所收获。第二，拜读经典。他指出当今学术研究环境开放度高，信息流动多，是做学问的大好机会，但也会影响思想的专注。电脑的阅读并不能取代纸质书籍。他希望研究生们能够利用机会保持必要的读书思考的环境，特别是要注重对学术经典的拜读，这样会受益匪浅。第三，研究生院要筹建经典阅览室，为同学们提供一个阅读经典著作的好环境。第四，如今社会竞争激烈，就业压力大，部分同学比较浮躁。他希望同学们能够静下心来，珍惜三年的读书时间，保持潜心读书的心态，培养扎实的学术功底，这对同学们就业也很有益处。最后他希望各位嘉宾和中央党校研究生多多交流，以文会友，碰撞出思想的火花，并祝同学们在党校度过愉快的时光。

卓泽渊在讲话中说，全国社会科学论坛自2009年举办以来，今年已是第三次。这三年来，应征的论文越来越多，论文质量越来越高。他还向与会者介绍了中央党校研究生院的发展情况。中央党校研究生院自1981年成立以来，已经走过了30年的历程，培养出了3000校友，大部分都是政界和商界精英，为祖国输送了大批高层次的人才。他对同学们的研究学习提出了殷切希望，着重强调了三点。第一，学术是研究生的题中之义。第二，学术是研究生的进步之梯。第三，学术是研究生的成材之路。他希望同学们珍惜研究生的崇高荣誉，切实成就研究生的美好本质。希望大家用学术的火炬照亮自己的人生，照亮我们的国家，照亮整个世界。

此次论坛得到了全国高校系统、党校系统、科研院所系统、军事院校系统等研究生培养机构的大力支持。论坛共收到全国各地征文投稿751篇，本着“公平、公开、公正”的原则，最终由院方择优评选出60篇获奖论文，其中一等奖5篇、二等奖10篇、三等奖15篇、优秀奖30篇。

通过举办这次论坛，研究生院加强了与全国高校及科研院所、研究机构之间的研究生学术交流，进一步激发和培养了研究生们的创新动力，为持续繁荣和发展中国研究生群体哲学社会科学的研究作出了一定贡献。

（摘自校园网，研究生院供稿）

获奖情况

校级优秀博士学位论文*

学科专业	作者姓名	导师姓名	论文题目	专家意见排列名次
科学社会主义	姚　亮	吴忠民	中国民主化进程中的社会风险研究	1
中共党史（中共党史教研部）	廖胜平	李　瑗	北京市游民改造研究	2
政治经济学	刘建中	王东京	资本配置效率研究	3

博士研究生学术新人奖名单

博士生姓名	入学年月	一级学科名称	二级学科名称	研究方向	导师姓名
王海滨	2009.09	哲学	马克思主义哲学	马克思主义哲学与人学	韩庆祥
肖　翔	2009.09	理论经济学	政治经济学	发展经济学、中华人民共和国经济发展史	胡希宁
王俊峰	2009.09	政治学	国际政治	台湾问题、亚太关系	郭建平

* 3名同学均为2010届毕业生。其中，廖胜平的《北京市游民改造研究》被推荐参加2011年北京市优秀博士论文评选，姚亮的《中国民主化进程中的社会风险研究》及廖胜平的《北京市游民改造研究》被推荐参加2011年全国优秀博士论文评选。

续表

博士生姓名	入学年月	一级学科名称	二级学科名称	研究方向	导师姓名
樊　欣	2010.09	政治学	科学社会主义	社会主义民主政治	叶庆丰
胡国喜	2010.09	政治学	中共党史（党建）	执政党建设理论	张荣臣

研究生就业

2011 届毕业研究生就业工作情况

由于国内外大环境变化的影响，2011 年毕业生就业形势较之 2010 年依然严峻。研究生院加大力度认真落实校领导“一把手工程”的指示，召开多次专题会议研究部署 2011 年毕业生就业工作。院领导主抓就业工作，支持和指导学生处和相关业务处室采取多项应对措施，拓展就业渠道，切实推动毕业生就业工作。

1. 针对就业政策调整和毕业生实际需求，加强就业指导，突出实用性。研究生院领导结合往年的就业情况和国家的就业政策为全校毕业生做职业生涯规划课，帮助毕业生确立正确就业观和明确就业目标，提升就业能力。国家公务员考试前，研究生院请专家为毕业生做公务员考试前的系统辅导课，使毕业生适应应试环境，掌握应试技巧，提高应试能力。

2. 热情接待、辅导毕业生分析就业形势，正确认识自己的优劣势，讲解就业政策，进行针对性解疑释难。为毕业生开通《大学生职业测评系统》，通过参与测评，有助于了解自己性格特点，能力和职业兴趣。同时加强思想教育和宣传引导，鼓励毕业生树立积极向上的人生观，敢于挑战，敢于实践，到祖国最需要的西部地区、基层单位去就业。

3. 坚持教育与疏导相结合，加强毕业生的心理辅导。开通《大学生心理健康测评系统》，让毕业生了解自己的心理健康状况。研究生院有针对性地对毕业生的心理问题进行疏导，有效地解决学生心理疑虑问题。倾听学生心声，帮助学生掌握政策，实事求是地分析问题。鼓励毕业班在毕业前夕以年级或支部为单位开展小型的有益身心健康的团体活动，引导学生在活动中开阔心胸、陶冶情操、磨练意志、提升思想品质。

4. 多方收集就业信息，宣传推荐我校毕业生。开通就业信息短信平台系统，通过手机短信方式为毕业生及时提供就业信息服务。利用研究生院网上信息公布栏和研究生院公告栏，及时提供最新就业信息。加强与北京市教委就业指导中心联系，利用他们的就业信息资源优势为研究生院毕业生服务。主动与用人单位进行联系，积极为学生寻找适合中央党校专业特点的有针对性的就业信息。及时给全国省级及副省级、省会城市的组织部、人事厅（局）、国企发材料，向省、市级党校发函，介绍中央党校学位研究生培养情况，积极向他们推荐中央党校研究生。通过中央党校校园网，向在校学习培训的领导干部学员介绍党校研究生院。研究生院还借助举办面向全国的社会科学研究生学术论坛活动，以提高和扩大中央党校研究生的知名度。研究生会还积极与北京市高校的研究生会加强联系和沟通，扩大中央党校研究生在高校系统的影响。

截止到12月30日，研究生院2011届毕业研究生就业率、博士研究生就业率、硕士研究生就业率三项数据指标与2010年持平。

毕业研究生就业基本情况

1. 毕业生就业率基本数据。2011年，研究生院2008级毕业研究生人数为206人（博士生89人，硕士生117人）。截止到12月30日，硕士毕业生有17人考上博士研究生，博士毕业生有7人进入博士后流动站，已就业204人（按北京市教委就业统计标准含上博及博士后）。毕业生就业率为99.03%，博士生就业率为100%，硕士生就业率为98.29%。

2. 就业单位流向分析。已就业204名毕业生中，除去24名定向委培生和24名上博、博士后，参加工作的156名毕业生从隶属分布看，中央部委（含中央直属企事业）35人，占22.44%；北京市单位34人，占21.80%；其他省市单位87人，占55.77%。从单位性质看，党政机关47人，占30.13%；省、市级党校15人，占9.62%:；国有企业28人，占17.95%；高校23人，占14.74%；科研单位9人，占5.77%；其他事业单位12人，占7.7%；基层（选调生、社区工作者、村官等）17人，占10.90%；其他5人，占3.21%。

3. 就业地区流向分析。参加工作的156名毕业生中，分在北京地区的有69人，占44.23%；西部省市24人，占15.39%；其他省市63人，占40.39%。

（研究生院供稿人：杨　靖）

在职研究生教育

2011年在职研究生教育情况

在职研究生工作深入贯彻中央党校校委关于在职研究生“控制规模、严格管理、保证质量”的重要指示，加强管理，规范工作流程，推进期末考试考核方式的改革。

1月4日、7月2日，两次召开教学秘书会，“八部一所”各专业教学秘书和部分导师出席。会上，在职研究生办公室通报了本学期的工作，并对下学期的工作进行了布置。

1月，2009级导师制在职研究生应答辩67人，往届补答辩5人，除8人因未能按时提交论文推迟答辩外，共64人通过答辩颁发毕业证书。

3月3日，召开在职研究生班主任例会。在职研究生办公室除就上学期出现的问题做了简述外，还就本学期的工作做了安排，要求各班主任在工作中严格管理，执行在职办的各项管理规范。

7月10日，召开各专业课程主持人会议，“八部一所”50多位教师参加。在会议上，在职研究生办公室将教学中加强管理的一些新办法、新措施传达到各位课程主持人。

7月，2008级在职研究生应答辩2310人，往届补答辩82人，其中68人因未能按时提交论文推迟答辩，65人答辩未通过。2008级成绩合格、答辩通过共2224人。

9月2日，召开在职研究生班主任例会。在职研究生办公室就上学期出现的问题做了简述，并就本学期的工作做了安排。

9月，组织2011级新班主任培训会，对新任班主任进行了为期两天的岗前业务培训。

2011级在职研究生共报名1806人，最终录取1041人，分属14个专业、18个教学班。

（研究生院供稿人：杨　靖）

学位研究生名册

授予博士学位研究生名册

（89 人）

证书编号	学科专业	研究生姓名	论文题目	导师姓名
8000022011000001	马克思主义哲学（11 人）	袁赛男	哲学视域下的国家形象建设研究	毛卫平
8000022011000002		冯建辉	当代中国政治转型的哲学研究	韩庆祥
8000022011000003		赵玉洁	当代中国改革进程中的利益冲突与利益协调问题研究	赵理文
8000022011000004		黄　敏	当前我国社会冲突与社会控制研究	丁东红
8000022011000005		高宏星	低碳社会的哲学思考	徐伟新
8000022011000006		卢　斌	哲学视域下的网络社会交往	徐伟新
8000022011000007		金忠严	马克思主义与中国传统文化的融合论	董德刚
8000022011000008		闫何清	财产、制度与人——关于财产问题的哲学研究	边立新
8000022011000009		杨　亮	当代中国政府危机管理的哲学思考	阮　青
8000022011000010		王文江	公共利益的哲学研究	杨信礼
8000022011000011		李庆喜	胡绳哲学思想研究	胡为雄
8000022011000012	科学技术哲学（3 人）	郑钟扬	科研成果生产制度及其在中国的实践	王克迪
8000022011000013		丁太顺	科技特派员制度的创新模式及系统思想研究	赵建军
8000022011000014		张　丽	量子测量中的多世界解释理论研究	赵建军
8000022011000015	政治经济学（21 人）	任俊涛	中国黄金期货市场功能研究	李兴山
8000022011000016		冯　聪	中国国有商业银行的混业经营模式选择	韩　康
8000022011000017		郭　柯	经济增长中的“比较优势陷阱”分析	王东京

续表

证书编号	学科专业	研究生姓名	论文题目	导师姓名
8000022011000018	政治经济学（21人）	杨 松	论中国劳动力转移——基于户籍歧视视角	王东京
8000022011000019		刘清江	自然资源定价问题研究	王天义
8000022011000020		陆胜利	世界能源问题与中国能源安全研究	张伯里
8000022011000021		郝 冀	中国国有企业竞争力研究	张燕喜
8000022011000022		许 涛	国民收入分配中的劳动收入改进	赵长茂
8000022011000023		刘惯超	当前中国居民消费的问题、原因与对策	赵振华
8000022011000024		杨 军	中国股票市场价格行为实证研究	王天义
8000022011000025		王 飞	中国金融衍生品市场非完备性问题研究	谢鲁江
8000022011000026		薛 睿	中国低碳经济发展政策研究	杨秋宝
8000022011000027		朱海硕	国有商业银行信贷资源优化配置研究	胡希宁
8000022011000028		张淑萍	我国粮食增产与农民增收协同的制度研究	赵振华
8000022011000029		张 坤	金融稳定机制问题研究	曹 新
8000022011000030		刘建伟	公共产品供给对中国经济增长的影响研究	韩保江
8000022011000031		练振中	临空经济论——基于对区域统筹发展问题的思考	胡希宁
8000022011000032		李常理	转型期中国地方政府经济行为研究	杨秋宝
8000022011000033		王志伟	中国就业函数研究	韩保江
8000022011000034		孙全亮	现阶段我国农地经营制度研究	徐祥临
8000022011000035		居松存	中国银行业竞争力分析	赵长茂
8000022011000036	法学理论（7人）	张钢强	论经济平等的正当性依据	林 喆
8000022011000037		李雅云	中国共产党领导司法的历史嬗变	石泰峰
8000022011000038		彭支援	集体维权的法理学分析	卓泽渊
8000022011000039		付夏婕	经济转型中的土地法律制度变迁——以英国为例的研究	张恒山
8000022011000040		王文生	国家权力非公开行使的法治——以秘密侦查为例证	石泰峰
8000022011000041		王 锦	环境法律责任与制裁手段选择	张恒山
8000022011000042		潘华志	权利冲突的法理思考	张恒山

续表

证书编号	学科专业	研究生姓名	论文题目	导师姓名
8000022011000043	政治学理论（9人）	汪　玮	转型期中国乡镇民主治理研究——基于温岭和新都民主实践的个案分析	李良栋
8000022011000044		龚文婧	英美地方自治制度比较研究	刘　春
8000022011000045		姚荣杰	中国农民政治认同变迁的历史条件研究（1978—2010）	刘　春
8000022011000046		王　鹏	中国党政领导干部选拔任用制度变迁研究	赵虎吉
8000022011000047		高　轩	当代中国政府组织协同问题研究	朱满良
8000022011000048		董琼华	社会转型中的认知范式与价值重构：当代中国政治价值重构研究	赵虎吉
8000022011000049		张喜梅	中国公民有序政治参与研究	李良栋
8000022011000050		罗　阳	经济危机与政治稳定：亚洲金融危机中的印度尼西亚	李良栋
8000022011000051		张红旗	公推直选乡镇党委书记与基层民主建设问题研究	朱满良
8000022011000052	科学社会主义与国际共产主义运动（5人）	陈聚芳	中国共产党社会发展理论研究	王怀超
8000022011000053		毛德儒	中国模式兴起的逻辑	常欣欣
8000022011000054		陈　华	互联网社会动员的初步研究	吴忠民
8000022011000055		李　超	当代中国社会秩序研究	靳　薇
8000022011000056		周蓉辉	中国特色社会主义核心价值观研究	王怀超
8000022011000057	中共党史（5人）	王　珂	当代中国专区制度研究——以许昌专区为例	谢春涛
8000022011000058		韩　颖	1978年以来中国救灾捐赠研究	刘晶芳
8000022011000059		宫　正	新中国中医方针政策考察	李东郎
8000022011000060		成林萍	毛泽东民主政治思想及实践研究	陈　述
8000022011000061		刘　伟	1988年中国“物价闯关”研究	罗平汉
8000022011000062	中共党史（含党的学说与党的建设）（5人）	韩文君	陈云党建思想研究	姜　跃
8000022011000063		高　莹	21世纪中国女性党政领导人才开发研究	李　民
8000022011000064		吴桂韩	中国共产党党内文化研究	高新民
8000022011000065		张　磊	中国共产党地方党委决策咨询研究	冯秋婷
8000022011000066		董明发	干部教育培训质量保障研究	冯秋婷

续表

证书编号	学科专业	研究生姓名	论文题目	导师姓名
8000022011000067	国际政治（11人）	吴立斌	中国媒体的国际传播及影响力研究	李忠杰
8000022011000068		陶莎莎	海外中国公民安全保护研究	宫　力
8000022011000069		谭　笑	“遏制”战略再审视：从卡特到布什——冷战时期美国国家安全战略文献研究（1977.1—1991.12）	马小军
8000022011000070		刘炳香	国际关系视野中诺贝尔和平奖	马小军
8000022011000071		赵跃钦	冷战后美国东亚战略的变化	刘建飞
8000022011000072		贾春阳	论“疆独”问题与美国的政策	刘德喜
8000022011000073		魏雪梅	冷战后中美对非洲援助比较研究	刘建飞
8000022011000074		王晓静	国际政治视野下的跨国公司人权责任	康绍邦
8000022011000075		陈开敏	美国对日政策研究（1993—2011）	张　明
8000022011000076		徐　晋	军队参与反恐怖斗争研究	康绍邦
8000022011000077		姜英梅	中东金融体系的国际政治经济学研究	马小军
8000022011000078	马克思主义基本原理（2人）	王　磊	信息时代的社会发展	王伟光
8000022011000079		武　涛	马克思主义所有制理论与国企改革	王伟光
8000022011000080	马克思主义发展史（1人）	刘　静	中国特色社会主义生态文明建设研究	严书翰
8000022011000081	马克思主义中国化研究（3人）	段　炼	从革命型到建设型的模式转换——建国以来中国共产党民主政治理论发展历程（1949—2002）	李君如
8000022011000082		杨坤洋	中国共产党执政安全问题研究	李君如
8000022011000083		张富文	马克思主义人本思想中国化研究	张喜德
8000022011000084	思想政治教育（6人）	秦彪生	中共党员领导干部思想道德教育研究	戴焰军
8000022011000085		杨春权	国有企业思想政治工作科学化	戴焰军
8000022011000086		桑　丽	网络舆论研究	段若鹏
8000022011000087		张丽娟	中国共产党党员领导干部官德评价标准研究	张晓燕
8000022011000088		唐　霞	中美爱国主义教育现状比较研究	段若鹏
8000022011000089		李鉴修	文化软实力与党的对外宣传工作研究	张晓燕

授予硕士学位研究生名册

（117 人）

证书编号	学科专业	研究生姓名	论文题目	导师姓名
8000032011000001	马克思主义哲学（8 人）	庄 祺	公共性理论及问题研究——兼论中国公共性问题	辛 鸣
8000032011000002		姚秋晨	论邓小平协调发展思想	刘毅强
8000032011000003		张宗岱	论社会发展的利益驱动规律	邱耕田
8000032011000004		钟星星	构建需要型企业文化——一种企业文化理论的探讨	钟国兴
8000032011000005		佘平飞	消费主义意识形态研究	张 琳
8000032011000006		罗昊苏	马克思正义观之方法论初探	何建华
8000032011000007		蒋叶俊	西方宗教世俗化新旧范式更替及启示	郝永平
8000032011000008		古仲兵	青年毛泽东的社会改造思想	薛广洲
8000032011000009	中国哲学（2 人）	王庆红	简论《尹川易传》中的道德教化思想	任俊华
8000032011000010		任淮南	朱熹的修养论与佛学	陈中浙
8000032011000011	外国哲学（1 人）	谷耀宝	亚里士多德论幸福	成官泯
8000032011000012	伦理学（2 人）	赵立涛	《四书》德治思想研究	刘余莉
8000032011000013		林茂申	马基雅维利《君主论》之“新君主”思想研究	孙向军
8000032011000014	科学技术哲学（3 人）	吴江华	试析低碳责任分担的原则	付 立
8000032011000015		杨发庭	技术创新风险的系统论分析及规避策略	杨玉成
8000032011000016		马洪涛	网络环境下经济诈骗行为分析及对策研究	蔡德聪

续表

证书编号	学科专业	研究生姓名	论文题目	导师姓名
8000032011000017	政治经济学（11人）	陈湃然	我国财政支农政策研究	施　红
8000032011000018		周幼曼	中国经济与生态协调发展的激励机制研究	李继文
8000032011000019		王志强	当前的房地产泡沫问题研究	董艳玲
8000032011000020		刘宗龙	包容性增长视角下的城乡一体化研究	施　红
8000032011000021		刘　磊	公共财政模式比较研究——基于政府与纳税人互动的视角	李旭章
8000032011000022		牛慧峰	我国私募股权基金的发展问题研究	梁　朋
8000032011000023		刘成忠	中国农村居民消费结构优化问题研究	李省龙
8000032011000024		刘　飞	工业园区循环经济发展研究	徐平华
8000032011000025		桂旭勇	国内外低碳经济发展若干问题	贾华强
8000032011000026		简玉婷	地方政府“土地财政”形成机制与治理研究	石　霞
8000032011000027		康　珂	经济幸福指数研究	孙小兰
8000032011000028	世界经济（5人）	夏梁省	后危机时代美国金融监管改革评析	纪　军
8000032011000029		王书杰	发展中国家海外直接投资的实践及对中国的启示	潘　悦
8000032011000030		刘　瞳	世界主要都市圈经验的借鉴和北京都市圈的发展	陈江生
8000032011000031		杨军成	欧洲主权债务危机初探	朱邦宁
8000032011000032		高　寅	人民币国际化模式研究	孙仲涛
8000032011000033	国民经济学（3人）	冯建华	我国城乡居民收入差距过大问题研究	潘云良
8000032011000034		张晓波	国家创新体系相关问题研究	陈宇学
8000032011000035		李之成	论税收的经济效应	曹　立
8000032011000036	区域经济学（2人）	任希卓	政府行为对区域经济影响分析	张玉杰
8000032011000037		温　馨	中部地区城市群发展问题分析	王君超

续表

证书编号	学科专业	研究生姓名	论文题目	导师姓名
8000032011000038	法学理论（5人）	仇洪山	我国立法制度的监督与完善	封丽霞
8000032011000039		窦国强	我国语境下的罢工立法问题研究	张晓玲
8000032011000040		汪志飞	论司法的宽容及其限度	姜小川
8000032011000041		刘　光	我国中西部地区重金属污染事件成因与对策的法治分析	刘永艳
8000032011000042		曾　敏	人民调解制度的历史、现状与发展	封丽霞
8000032011000043	宪法学与行政法学（3人）	孙沙沙	行政过程中的公众参与及其法律完善	王雅琴
8000032011000044		王　磊	行政问责法治化探究	傅思明
8000032011000045		赵芮浩	强制拆迁相关问题研究——兼评《国有土地上房屋征收与补偿条例》	王　勇
8000032011000046	经济法学（2人）	王熙麟	我国金融控股公司的立法问题研究	张忠军
8000032011000047		江　波	论公司环境责任的实现方式	庄玉瑞
8000032011000048	政治学理论（5人）	徐　杰	基层领导干部政绩考核体系创新研究——以河北磁县为例	刘学军
8000032011000049		卢　洪	政治协商纳入决策程序问题研究	刘学军
8000032011000050		张永涛	产权制度与协商民主：河南邓州农村治理模式创新研究	赵虎吉
8000032011000051		林雪霏	农民工阶级形成问题研究——以国家主导的双向运动为视角	肖立辉
8000032011000052		王　伟	上海浦东新区政府管理体制研究——基于新公共管理理论的视角	刘启云
8000032011000053	中外政治制度（2人）	魏长青	冲突视阈下的网络民意研究——基于科塞社会冲突功能理论的分析	刘启云
8000032011000054		徐志锋	论宗族对新时期我国农民政治参与的影响	肖立辉
8000032011000055	科学社会主义与国际共产主义运动（10人）	曹帅召	新时期中国共产党票决制的改革与发展	刘俊杰
8000032011000056		王　玮	网络群体无聊问题研究	门晓红
8000032011000057		廖心忠	中国农村养老问题研究	孟　鑫
8000032011000058		熊颖涛	青年马克思共产主义思想的内在逻辑（1833—1848）	刘海涛

续表

证书编号	学科专业	研究生姓名	论文题目	导师姓名
8000032011000059	科学社会主义与国际共产主义运动（10人）	闫　佳	托马斯．迈尔转型思想研究	孙劲松
8000032011000060		李中立	当代中国政治稳定问题研究	郭　强
8000032011000061		彭志中	基层民主：推进基层政治民主的路径选择	张建新
8000032011000062		张明学	我国民主政治建设中的网络舆论监督研究	韩云川
8000032011000063		刘宗涛	网络监督与执政能力建设	张　弥
8000032011000064		潘　静	构建社会主义和谐社会视野下的弱势群体社会支持研究	冯书泉
8000032011000065	中共党史（9人）	徐　涛	美国关于1959—1961年中国饥荒研究述评	匡家在
8000032011000066		徐利民	1960—1965年北京市高等教育调整的历史考察	陈果吉
8000032011000067		胡浩祥	十六大以来中国共产党对台政策的理论与实践	张桂英
8000032011000068		范若航	新世纪以来户籍制度改革研究	王海光
8000032011000069		高天鼎	悼词研究——以《人民日报》发表的悼词为研究对象	王彦民
8000032011000070		朱崇鑫	“9.11”事件后中国共产党对美政策研究	崔禄春
8000032011000071		胡　飞	晋察冀边区与毛泽东思想的宣传（1942—1948）	祝　彦
8000032011000072		韩玉瑜	1949—1976年山西省稷山县合作医疗研究	曹　普
8000032011000073		胡　晶	企业一长制：“兴”与“废”的变奏曲	程连升
8000032011000074	中共党史（含党的学说与党的建设）（10人）	郑晓军	党的建设科学化研究	陈凯龙
8000032011000075		孟丰林	论新形势下执政党意识形态社会认同问题	宋福范
8000032011000076		温世红	群体性事件与党的执政理念	蔡　霞
8000032011000077		王文军	领导者公信力建设研究	刘玉瑛
8000032011000078		孔　鹏	关于推进党务公开的初步思考——以四川巴中市的实践为例	张志明

续表

证书编号	学科专业	研究生姓名	论文题目	导师姓名
8000032011000079	中共党史(含党的学说与党的建设)(10人)	肖应辉	关于加强我国社会监督问题的研究	任铁缨
8000032011000080		潘福金	中国共产党马克思主义中国化的历史发展与启示	张荣臣
8000032011000081		向惠平	新时期中国共产党干部标准研究	张希贤
8000032011000082		陶元浩	试论“五五”体制终结后日本政党政治的发展	王　瑜
8000032011000083		何鹏程	英国工党媒体战略研究（1994—2007）	谢　峰
8000032011000084	国际政治(5人)	章迪禹	支配逻辑与制衡逻辑的根源——兼评许田波《战争与国家形成》	张明明
8000032011000085		曲鹏飞	中国共产党战略文化研究——一项文本分析	门洪华
8000032011000086		康　甫	论东南亚在中国对外战略中的地位	门洪华
8000032011000087		王佳蕾	欧盟制宪进程中的偏好、权力与制度——一种自由政府间主义的分析	赵伯英
8000032011000088		王启颖	蒙古“多支点”外交战略与中蒙关系	左凤荣
8000032011000089	国际关系(3人)	次亚楠	中国石油进口安全战略分析	孙建杭
8000032011000090		方　贺	中国人权外宣战略研究	李云龙
8000032011000091		宋雨星	小布什政府对台政策研究	孙建杭
8000032011000092	外交学(3人)	张晶萍	环境文化认同与中国参与国际气候治理	王红续
8000032011000093		李晶晶	全球气候治理中的非政府组织	王红续
8000032011000094		赵　伟	中国企业海外利益拓展的政治经济学研究	王红续
8000032011000095	社会学(5人)	周海忠	我国戒毒人员复吸的社会机制缺陷及对策研究	向春玲
8000032011000096		吕　鹏	社会学视域下的中国群体性事件研究——基于类型学的分析	谢志强
8000032011000097		王　越	试论网络传播对当代大学生性别观念建构的影响	李慧英
8000032011000098		乔伟丽	我国中等收入人群发展与房价的关联性分析	吴忠民
8000032011000099		涂龙峰	农村地区劣质食品消费的初步研究——以江西Y县为例	青连斌

续 表

证书编号	学科专业	研究生姓名	论文题目	导师姓名
8000032011000100	马克思主义基本原理(2人)	郑建国	中国改革进程中的利益关系研究	牛先锋
8000032011000101		刘晓璐	民主政治视域中的我国公民意识的培育	梁 波
8000032011000102	马克思主义发展史(2人)	陈 菲	资本主义国家新闻媒体与政府关系研究——以美国为例	白平浩
8000032011000103		王 丹	绿党的组织构架与运作模式研究——以德国绿党为例	白平浩
8000032011000104	马克思主义中国化研究（1人）	姚兴强	中国传统的马克思主义化——毛泽东著作中的中国古典文献研究	张太原
8000032011000105	国外马克思主义研究（1人）	杨洪雨	越南共产党革新开放的历程及其启示	王 瑜
8000032011000106	思想政治教育（4人）	李景军	社会转型期主流意识形态的整合功能	陈冬生
8000032011000107		胡 兵	新生活运动述评——从政治社会化角度	王 莉
8000032011000108		全家悦	马克思主义大众化的政治文化分析——以公民文化建设为视角	陈冬生
8000032011000109		罗 琦	后现代主义影响下的当代青年思想政治教育研究	李俊伟
8000032011000110	文艺学（2人）	刁兰兰	从武侠小说到武侠影视的审美转换	廖小鸿
8000032011000111		翟 彬	唐代咏乐诗的内容特点和美学风格	马奔腾
8000032011000112	中国近现代史（3人）	曹 强	1920—1927年北京青年团组织发展研究	岑大利
8000032011000113		宛 利	中华书局企业文化研究（1912—1949）	刘悦斌
8000032011000114		许发祥	近代民族资本浔商衰落原因新探	赵书刚
8000032011000115	行政管理（3人）	吕小娟	网络时代地方政府公信力弱化与对策研究	王 军
8000032011000116		李 优	对中国纵向政府间“职责同构”模式的研究及反思	黄小勇
8000032011000117		刘 鹏	论英国的整体政府改革	黄小勇

授予同等学力硕士学位研究生名册

（35人）

证书编号	学科专业	研究生姓名	论文题目	指导教师姓名
T8000032011000373	马克思主义哲学（14人）	雷永伟	马克思恩格斯的生态哲学意蕴及当代价值	董振华
T8000032011000374		孙玉清	和谐文化建设问题研究	钟国兴
T8000032011000375		张士强	马克思人的自由全面发展理论在当代中国的发展和实践	薛广洲
T8000032011000376		刘光兴	我国社会转型时期价值观念的冲突与融合	刘毅强
T8000032011000377		郭　伟	社会和谐的内涵及其实践路径	张　琳
T8000032011000378		于雪兰	科学发展观与构建人与自然和谐的关系	刘能杰
T8000032011000379		刘　强	现代科技发展中的伦理困境及对策初探	刘能杰
T8000032011000380		全艳晓	构建社会主义和谐社会中的公平问题研究	林艳梅
T8000032011000381		马文广	论市场经济条件下的交换正义	董振华
T8000032011000382		沙文文	儒家克己思想的当代价值	钟国兴
T8000032011000383		苏晓玲	人的自由全面发展理论及其当代意义	张　琳
T8000032011000384		王　伟	当代中国社会主义核心价值观建构研究	何建华
T8000032011000385		姜广峰	“以人为本”新议	刘毅强
T8000032011000386		朱贵莲	论新时期领导者的哲学思维	林艳梅
T8000032011000387	政治经济学（4人）	王　琪	中国图书出版业发展战略研究	潘云良
T8000032011000388		俞佩君	论提高国有企业创新力——从组织控制理论的视角出发	韩保江
T8000032011000389		孟祥飞	我国农产品出口的技术性贸易壁垒研究	曹　立
T8000032011000390		周　平	我国农村金融制度创新思考	李　鹏

续表

证书编号	学科专业	研究生姓名	论文题目	指导教师姓名
T8000032011000391	中共党史（含党的学说与党的建设）（17人）	段福国	关于新农村建设背景下加强村级基层党组织建设的几点思考	王　瑜
T8000032011000392		孙文静	提高党的领导科学化水平研究	蔡志强
T8000032011000393		宋宗炎	建设马克思主义学习型政党研究	王金柱
T8000032011000394		周海龙	廉政环境建设研究	赵绪生
T8000032011000395		李宗强	加强和改善非公有制企业党建工作研究	王金柱
T8000032011000396		李志军	提高党内权力制约和监督的科学化水平研究	王金柱
T8000032011000397		孔令苹	完善干部选拔任用机制问题研究	谢　峰
T8000032011000398		赵　瑞	十六大以来党的反腐倡廉建设思想研究	赵绪生
T8000032011000399		徐　雷	论党的思想理论建设取得的经验及发展途径	蔡志强
T8000032011000400		闫　森	论互联网条件下执政党的建设	王　瑜
T8000032011000401		张　燕	在突发事件应急管理中提高党抵御风险的能力	赵绪生
T8000032011000402		高琳琳	新形势下城市社区党建工作	王　瑜
T8000032011000403		张晓林	加强廉政文化建设研究	吴　辉
T8000032011000404		王　磊	关于推进学习型党组织建设的若干思考	蔡志强
T8000032011000405		张　平	论提高党的舆论引导科学化水平	吴　辉
T8000032011000406		李秀英	基层党内选举问题研究	谢　峰
T8000032011000407		李　涛	健全党内权力运行的制约和监督机制问题研究	谢　峰

（研究生院供稿人：杨　靖）

博士后工作

博士后流动站建设

配合教研部（所）和指导教师，加强对博士后流动站研究人员管理，完成博士后联合会换届选举，组织在站博士后参加北博联的趣味运动会。本年度博士后科研项目申请中，2 人获基金特别资助，资助金额每人 10 万元；3 人获得二等资助，资助金额为每人 3 万元。与中国博士后科学基金会、光明日报、中共北京市朝阳区委共同主办“社会管理体制改革与创新”高端论坛，突出理论与实践的对接，呈现理论水平高、宣传报道力度大等特点，并在后续机制上，与光明日报、北京市朝阳区政府达成战略合作意向。

社会管理体制改革与创新高端论坛

12 月 2 日，由中央党校、中国博士后科学基金会、光明日报、中共北京市朝阳区委共同主办的“社会管理体制改革与创新”高端论坛暨中央党校第二届博士后论坛在中央党校举行。

副校长李书磊、中国博士后科学基金会副秘书长邱春雷、光明日报副总编辑何东平、北京市委副秘书长王翔、朝阳区委书记助理聂清凯莅临论坛开幕式并致辞。开幕式由中央党校研究生院院长卓泽渊主持。

论坛就如何紧紧围绕全面建设小康社会的总目标，加强和创新社会管理，解决当前社会管理面临的突出问题，提高社会管理科学化水平进行了讨论。中共朝阳区社会工作委员会书记汪洋结合朝阳区在社会服务管理上的创新实践，谈了朝阳区在构建社会管理新格局上的思考。中国社会科学院社会学研究所所长李培林研究员指出，创新社会管理本质上是一项社会体制改革，要建立和完善一整套行之有效的适应时代变化的新的社会管理的体制机制。中央党校科学社会主义教研部社会学教研室主任吴忠民教授强调，在社会管理体制改革中要关注中国社会矛盾问题的生长点，保障社会公正。国家行政学院社会和文化教研部主任龚维斌教授认为，要以社会建设推进社会管理，这是确保社会和谐稳定的根本。中央党校科学社会主义教研部青连斌教授分析了加强和创新社会管理必须处理好的几个关系，包括政府负责和社会协同的关系、管理与服务的关系、维护社会稳定与维护群众利益的关系等。北京国际城市发展研究院院长连玉明探讨了顶层设计对于社会管理创新的重大意义和推动作用。中央党校博士后、北京师范大学张海荣教授强调基层社会管理要夯实民众基础，并就如何获得民众认同提出了自己的思考。华中农业大学博士后罗峰特别关注开放条件下的农民流动与社会管理的现实问题，并就此进行了深入分析。北京市委社会工作委员会委员赵小卫作论坛总结，指出本论坛能够结合朝阳区社会服务管理的创新实践，把脉中国社会管理体制改革与创新的内在规律和运行机制，具有实践和理论的双重意义。论坛研讨由党的建设教研部博士后李舒主持。

研究生院副院长刘春教授，北京市委社会工作委员会委员、副巡视员王智玲，中国博士后科学基金会基金处处长陈颖，朝阳区委社会工作委员会副书记杨洪福，朝阳区街道工作委员会书记代表、中央党校博士后代表，以及在论坛征文中获奖博士后代表，共计 70 余人应邀出席本次论坛。

11 月 22 日，本论坛组织与会嘉宾赴朝阳区，对朝阳区社会管理“全模式”系统，建外街道党务、政务、社会事务“三位一体”商务楼宇服务站，芳草地社区 15 分钟便民服务圈进行调研，促进理论与实践的有效对接。

（摘自校园网，研究生院供稿）

新进站博士后名册

（16 人）

流动站	姓名	性别	博士毕业学校及专业	毕业时间	现工作单位	合作导师
马克思主义理论	张仁建	男	财政部财政科学研究所会计学	2007	北京市石景山区委党校	韩庆祥
	张永军	男	西北农林科技大学企业财务管理	2006	青海省商务厅	戴焰军

续 表

流动站	姓名	性别	博士毕业学校及专业	毕业时间	现工作单位	合作导师
哲　学	张时佳	女	中国人民大学马克思主义哲学	2009	无	胡为雄
哲　学	王冀中	男	中国传媒大学广播电视艺术	2009	中国传媒大学	杨信礼
经济学	刘华伟	男	暨南大学财政学	2009	广东省财政厅	徐祥临
	卢　斌	男	中央党校马克思主义哲学	2011	无	曹　新
政治学	朱培蕾	女	北京师范大学行政管理	2010	中央党校信息管理部	王怀超
	王　勇	男	天津师范大学科学社会主义	2010	天津市社会科学院	叶庆丰
	陈云龙	男	河海大学管理科学与工程	2008	南京市鼓楼区教育局	张恒山
	杨志梁	男	北京交通大学产业经济学	2011	无	朱满良
	杨坤洋	男	中央党校马克思主义中国化	2011	无	柳建辉
	赵玉洁	女	中央党校马克思主义哲学	2011	山东经济学院	陈　述
	杨洪江	男	中国人民大学行政管理	2006	中央党校研究生院	王长江
	王海峰	男	复旦大学政治学理论	2009	湖南省委党校	王长江
	魏继才	男	国防大学军事运筹学	2003	总装备部 63928 部队	刘建飞
	杨　军	男	中央党校政治经济学	2011	新疆挂职	马小军

（研究生院供稿人：杨靖）

博士后出站人员名册

（2人）

流动站	姓名	性别	毕业时间	去往工作单位	合作导师
政治学	任志江	男	2011	中国建设银行党校	谢春涛
	涂明君	男	2011		王长江

（研究生院供稿人：杨　靖）

干部短期培训和在职研究生教育

概 况

学习贯彻“七一”重要讲话精神和党的十七届六中全会精神。干部教育学院党总支根据校委和校机关党委的统一部署，组织党员干部认真学习领会胡锦涛总书记“七一”重要讲话精神，使全院同志进一步增强了大局意识、党的意识、责任意识，加强了党性修养，提高了政治素质。组织全院同志认真学习党的十七届六中全会精神，并在工作中优先安排了3期学习六中全会精神专题培训班，推动贯彻落实全会精神。

学院更名。2011年3月，中央党校校委做出决定，将中央党校函授学院更名为中央党校干部教育学院。函授学院认真落实校委会议精神，配合组织部积极与有关部门沟通。8月22日，中央机构编制办公室正式批准中央党校函授学院更名为“中央党校干部教育学院”。9月28日，中央党校举行了干部教育学院揭牌仪式。

干部短期培训工作。首先是对机构和人员进行了调整，进一步理顺工作关系，形成举全院之力办培训的格局。其次是按照校委要求，始终坚持“党校姓党”原则和“社会效益第一”的办学方针，将短期培训做强、办精。按照中央党校“一个中心、四个方面”教学新布局的要求，构建了“一个中心、四大板块”的教学模块；深入调查委培单位的培训需求和学员的个人需求，按需培训，不断提高培训的针对性和实效性；依托中央党校的师资优势，始终坚持以党校师资为主、校外师资为辅，突出党校特色，加强党性教育，不断提高教学质量；完善培训质量评估体系，不断总结经验教训，逐步提高办学质量；深入了解并及时解决学员的合理需求，积极做好后勤保障工作，提供细致周到服务；强化学员管理工作，坚持实行班委会、预备会、开班式等制度，不断对学员进行教育、加强管理，切实维护党校的形象和声誉。全年干部教育学院共举办各类培训班 93 期，培训学员 5281 人，受到委托培训单位领导和学员一致好评。在进行正常培训的同时，干部教育学院根据校领导的要求，建设学习型组织，组织全院同志对短期培训的规律进行深入研究，努力打造干部短期培训精品工程。

函授学历教育收尾工作。全院同志始终坚持党校姓党原则，按照“从严治校、从严施教、从严管理”的方针，根据收尾工作的实际进程，落实管理责任，强化工作指导，加强督促检查，取得明显成效。全院认真制定面授教学计划和远程教学计划；严把毕业关，完成 2006 级毕业论文审核和 2007 级毕业论文准备工作；认真做好考试命题工作，强化考务管理，狠抓考风考纪；完成 2011 年在籍学员的注册统计工作，及时处理日常学籍变动工作，完善学员的成绩管理工作；按照校委的要求，强化学籍档案管理工作。11 月份在山东省委党校召开了中央党校函授教育学籍档案管理工作会议，贯彻落实校委会议关于“党校函授学历教育要进一步加强领导，善始善终，确保不出问题”的要求，着力研究函授学历教育收尾工作的现状、存在的主要问题和应对策略，确保函授学历教育收尾工作顺利完成。

在职研究生教育。干部教育学院紧紧围绕校委对在职研究生教育提出的“控制规模、强化管理、确保质量”要求，以提高教学质量为中心，扎实开展了以下工作：一是合理安排招生布局，严格把好招生“入口关”。二是认真编制远程教学计划，聘请学科知名专家教授讲课，并积极做好远程教学信息的反馈工作，不断提高远程教学的质量。三是狠抓考风考纪，确保良好的考场秩序。四是周密组织论文答辩，严把毕业“出口关”。五是严格执行学籍管理工作流程，完善学籍管理工作。六是组织接待了 9 个班次的 376 名学员的访校活动，增强了毕业学员对中央党校的认同感和归属感，并形成一套合理有序的接待工作规范。

教材建设。在函授学历教育学员逐年减少的情况下，教材服务中心和研究室密切配合，积极做好教材编审、出版和发行工作。及时将“十二五”规划以及新出台、新修订的法律、法规的相关内容等充实到教材中，编审中央党校函授教材 52 本、零售教材 72 本，新编了《中央党校干部教育学院干部培训讲稿选》；针对分院机构调整和人员变化等问题，通过召开教材发行会议等方式，稳定队伍，强化管理，畅通学员教材征订发行渠道，按时保质保量印发学员教材；不断提高服务水平，努力征订发行零售教材，成效明显；不断完善教材出版业务，排版、校对质量有进一步提高。

队伍建设。院领导班子更加重视队伍建设，努力构建和谐学院。一是适应转型发展的需要，切实提高现有人员的素质。2011 年初，学院组织院务会的同志和从事短期培训工作的有关同志就干部短期培训的性质、定位和教学设计的原则和思路进行讨论，统一思想。并主动邀请“八部一所”主管教学的领导来院座谈交流，促使全院同志更好地认同党校教育、熟悉党校课程，了解党校老师，提高短期培训质量和水平。二是根据习近平同志关于领导干部要多读书、读好书和善读书的指示精神和副校长李书磊的要求，开展多种形式的读书交流活动，先后组织大家阅读了《苦难辉煌》和《公务员礼仪》等书籍，举办了读书交流会，组织了读书效果测试活动。三是通过公开招聘的方式新聘3位同志，补充了新生力量。四是开展和谐学院建设活动。通过丰富多彩的春游、联欢、登山、体育比赛等集体活动，营造团结和谐的氛围，凝聚人心，鼓舞士气，推动工作。在队伍建设及和谐学院建设过程中，院党总支、院工会、团支部都发挥了非常重要的作用。

行政管理。院办公室充分发挥综合协调作用、参谋助手作用，竭诚为院领导班子和各处室服务，周密安排，精心组织，保证院机关运转高效。积极参与学院更名过程中的准备和沟通工作、揭牌仪式的组织协调工作、法人证书办理、印章刻制等工作；认真做好文件起草、文件运转、档案整理等工作；适应短期培训工作需要，主动协调好校内相关部门工作关系；积极参与筹备在山东省委党校召开的中央党校函授教育学籍档案管理工作会议；认真办好《党校函授教育》和《党校干部教育》专刊，加强全院范围内的信息沟通和业务指导。

财务管理。财务处不断健全各项工作制度，依法合规，完成全年的各项任务。配合国家发改委价格认证中心完成干部教育学院的收费许可证的年度审验工作；通过了相关部门对干部教育学院2010年度的财务审计工作；配合做好培训费的收发工作；进一步加大催款工作力度，成效明显；顺利完成2010年度决算报表，2011年度各月报表以及2012年度预算报表工作。

后勤保障。后勤保障处科学安排，规范管理，不断提高管理和服务水平。加强对个人使用物资的管理，进一步完善个人固定资产账页管理办法；进一步加强交通安全教育，重视车辆的保养和维护，确保交通安全；提供周到细致的人性化服务，努力为全院工作人员创建一个卫生舒适的办公环境；进一步完善防火责任制，加强防火意识教育和提高防火技能，确保全院的消防安全。

聘用人员管理。聘用人员的管理工作更加人性化、规范化、法制化。进一步规范了聘用人员工资结构，从总体上提高聘用人员的待遇；坚持公开、公平、公正的原则，通过严格的程序，从30多名候选人中选录3名院聘工作人员；按照国家有关规定，按月足额为聘用人员缴纳规定的保险费；不断改进考核办法，进一步调动聘用人员工作的积极性和主动性。

（干部教育学院供稿人：仲　平）

学院更名

干部教育学院揭牌仪式

9月28日，中央党校举行干部教育学院揭牌仪式。常务副校长李景田，副校长陈宝生、李书磊、张伯里，校委委员贾高建、罗宗毅、黄宪起、赵长茂出席。

陈宝生在主持中强调，学院更了名，表明方向已定；揭了牌，表明责任重大；院长发了言，表明信心坚定；我们在这里开了会，表明干部教育学院肩负众望。希望干部教育学院的同志们把这次更名作为新的契机、新的起点，找准自己的方位，严格办学，贯彻落实好校委对教育学院的各项要求，发挥优势，稳健转型，完成好各项任务，开创干部教育学院工作的新局面。

李书磊在讲话中指出，干部教育学院更名成立，既给学院的发展以很大的空间，又意味着学院今后的担子更重、责任更大。他对干部教育学院的工作提出了三点要求：第一，干部教育学院要始终坚持党校姓党原则，严格遵循“质量第一、社会效益第一”的办学指导思想。要始终坚持“依法合规、从严管理”的办学方针，切实维护好党校的形象。第二，要突出党校教育特色，加强马克思主义理论教育，特别是中国特色社会主义理论体系教育和党性教育。第三，要积极研究干部成长规律和干部教育培训规律，在不断提升短期培训和在职研究生教育的科学化水平上下功夫。努力建立健全既符合中央党校教学总要求，又具有中央党校干部教育学院特色的培训格局和教学内容布局。

揭牌仪式上，校委委员、组织部部长赵长茂同志宣读了中央机构编制办公室关于中央党校函授学院更名为中央党校干部教育学院的批复，以及中央党校校委关于干部教育学院赵理文任院长、史金龙任副院长的任命。赵理文汇报了学院近期的工作情况和下一步的工作思路。地方党校代表、广东省委党校副校长陈韩生，教研部代表、马克思主义理论教研部副主任韩庆祥和委托培养单位代表、中国化工集团公司党委组织部部长陈建东分别致辞表示祝贺。

校各直属单位负责同志、部分地方党校和委托培养单位的代表、函授学院全体工作人员及中国化工集团公司培训班学员参加揭牌仪式。

（摘自校园网，干部教育学院供稿）

干部短期培训工作

培训班次

2011 年培训班次共分为四类，计 93 个，培训人数 5281 人。

一、中央国家机关系统领导干部班（6 个）

1. 2011 年全国价格监督检查领导干部培训班
2. 中国公立医院改革与发展领导干部研修班
3. 全国食品药品监督管理系统领导干部培训班（第 5 期）
4. 中国科学技术协会系统局级领导干部高级研修班
5. 全国青年联合会委员学习党的十七届六中全会精神专题培训班
6. 全国林业系统党政领导干部高级研修班

二、地方党政领导干部班（63 个）

1. 江苏省南京市市管领导干部进修班（第 25 期）
2. 浙江省委党校 2011 年春季中青年干部培训一班升级培训班
3. 广西壮族自治区直属机关工委党校 2011 年领导干部进修班（第 2 期）
4. 内蒙古鄂尔多斯市康巴什新区领导干部培训班
5. 北京市丰台区处级领导干部研修班（第 2 期）
6. 山东省青岛市崂山区处级领导干部研修班
7. 山西省运管系统领导干部培训班
8. 广东省东莞市处级正职领导干部培训班（第 1 期）
9. 甘肃省国家税务局领导干部培训班
10. 江苏省张家港市领导干部研修班
11. 辽宁省直机关专职党务干部培训班
12. 河北省食品药品监督管理局正处级领导干部培训班
13. 海南省海洋与渔业厅海洋行政与监管能力专题培训班（第 1 期）
14. 广东省河源市中青年干部培训班

续表

15. 广东省广州市公安局正处级以上领导干部知识更新培训班（第1期）
16. 广西壮族自治区区直机关党委书记岗位培训班
17. 湖北省地税系统领导干部培训班
18. 海南省海洋与渔业厅海洋行政与监管能力专题培训班（第2期）
19. 山西省统计系统领导干部培训班
20. 重庆市大渡口2011年处级党政领导干部培训班（第1期）
21. 山东省青岛市市管领导干部进修班（第36期）
22. 贵州省地厅级领导干部专题研修班（第6期）
23. 广东省广州市人大代表专题学习班
24. 山东省青岛市残疾人工作领导干部培训班
25. 黑龙江省双鸭山市县域经济暨经济转型专题培训班
26. 广东省国资监管机构领导干部培训班
27. 广东省广州市工会女干部培训班
28. 湖北省统计系统领导干部研修班暨省统计局支部书记培训班
29. 内蒙古自治区鄂尔多斯市县处级干部领导能力提升专题培训班
30. 河南省水利厅直属机关党委领导干部培训班
31. 吉林省金融干部理论与能力提升研修班
32. 湖北省襄阳市地税领导干部高端培训班
33. 北京市药监系统主要领导干部培训班
34. 广东省深圳市直属机关工会主席培训班
35. 2011年北京市妇联第十二届执委培训班
36. 海南省海洋与渔业科技管理干部培训班
37. 山东省济宁市质监系统领导干部研修班
38. 2011年广东省佛山市直机关党委书记培训班
39. 广西壮族自治区工商行政管理系统处级领导干部进修班
40. 江西省监狱局社会管理创新领导干部培训班
41. 广西壮族自治区人力资源和社会保障厅加强和创新社会管理培训班
42. 广东省深圳市工会干部培训班
43. 浙江省国家税务局系统处级以上领导干部理论培训班
44. 内蒙古自治区鄂尔多斯市准格尔旗领导干部研修班
45. 山东省青岛市市管领导干部进修班（第37期）
46. 河北省遵化市领导干部素质能力提升培训班
47. 内蒙古自治区呼和浩特市县处级干部理论培训班（第14期）
48. 云南省商务系统第一期领导干部党性教育与领导能力培训班
49. 广西壮族自治区高校负责人培训班
50. 湖北省地税系统领导干部培训班

续 表

51. 内蒙古自治区鄂尔多斯市县处级干部领导能力提升专题培训班
52. 广东省广州市公安局领导干部知识更新培训班（第 2 期）
53. 云南商务系统领导干部党性教育与领导能力培训班（第 2 期）
54. 广西壮族自治区新任县（市、区）党委政法委书记培训班
55. 云南省“青年马克思主义者培养工程”培训班（第 4 期）
56. 浙江省临安市领导干部高级研修班（第 4 期）
57. 河北省唐山市丰南区领导干部素质能力提升培训班
58. 内蒙古自治区检察机关处级干部履职能力首期培训班
59. 山西省统战部部长培训班
60. 山西省阳泉市学习贯彻十七届六中全会精神理论骨干培训班
61. 黑龙江省食品药品监督管理系统领导干部高级研修班（第 1 期）
62. 山西省阳泉市新任县级领导干部培训班
63. 黑龙江省食品药品监督管理系统领导干部高级研修班（第 2 期）

三、企业领导干部班（21 个）

1. 中国化工集团中青年干部培训班
2. 东风汽车公司十堰襄樊管理部管理人员培训班［班级代码：zp（c）20110002］
3. 中国人保健康 2011 年高级管理人员研修班
4. 广东省机场管理集团公司中高层管理人员企业管理创新研修班（第 3 期）
5. 东风汽车公司十堰襄樊管理部管理人员培训班［班级代码：zp（c）20110005］
6. 2011 年内蒙古电力（集团）有限责任公司党群领导人员培训班
7. 中国保利集团公司中高级管理干部培训班
8. 辽宁省电力有限公司领导干部培训班
9. 长庆油田领导干部培训班［班级代码：zp（c）20110009］
10. 2011 年内蒙古电力公司行政正职领导人员培训班
11. 广东省粤电集团有限公司高管人员培训班（第 3 期）
12. 中国中铁集团公司领导人员理论培训班（第 6 期）
13. 长庆油田领导干部培训班［班级代码：zp（c）20110013］
14. 中国人寿集团公司高级经营管理人员培训班（第 8 期）
15. 广东省粤电集团有限公司高管人员培训班（第 4 期）
16. 中国航空集团公司新提任领导人员培训班
17. 交通银行苏州分行领导干部培训班
18. 中国化工集团公司中青年干部培训班（第 8 期）
19. 江苏盐业集团公司（局）领导干部培训班
20. 东方航空集团公司基层党务干部培训班
21. 民航总局中南局、西南局领导干部培训班

四、师资班（3个）

1. 全国党校系统马克思主义经典著作导读师资培训班
2. 广东省党校系统现代培训方法专题研讨班
3. 山东省济南市委党校教研人员培训班

（干部教育学院供稿人：仲　平）

在职研究生教育

中央党校在职研究生招生工作细则

为规范在职研究生的招生工作，保证生源质量，依据《在职研究生办学规程》规定，特制定本细则。

一、招生申请及计划

（一）申请招收中央党校在职研究生的单位，必须向中央党校干部教育学院（总院，下同）提出书面报告，呈述申办理由和条件，填写相关的统计报表，在规定的时间内上报总院。

（二）总院根据各单位招生申办报告，进行综合评估，拟制招生计划，并报经中央党校在职研究生领导小组审批同意后向招生单位下达招生指标。

（三）招生单位根据招生指标、《招生简章》、招生通知等有关文件，结合实际，制订招生实施办法，组织部署招生工作。

二、招生宣传

招生宣传、咨询要严格按照《招生简章》和有关规定进行。在媒体上刊发招生广告必须向总院报告，经批准后实施。

三、招生报名

（一）招生报名的范围、对象和条件，必须严格按照《招生简章》的规定执行。

（二）考生报名须填写《报名登记表》，办理有关手续，并按规定时间到指定地点照相。

（三）考生报名交验的材料，主要包括组织或人事部门的介绍信、学历证书、职务任命书（通知书）或专业技术职务证书、身份证等证件。办学单位查验后将复印件上报总院。

（四）招生报名工作结束后，各招生单位应将《报名登记表》（一式二份）、《考生花名册》、《报名情况统计表》、《考生资格审查情况统计表》文本及电子文档，按规定时间上报总院。

四、报名资格审查

（一）考生报名资格由办学单位初审，总院复审。

1. 审查内容：政治面貌、职务级别、学历证书等。

2. 凡考生报名证件不全、不真、出具公函的单位不符合要求的，不予办理。

3. 报名材料上报总院前，各办学单位要对每个考生的报名资格进行认真复查把关。

4. 在录取过程中发现不符合规定条件的考生，取消录取资格。

（二）总院对各单位上报的考生报名材料进行终审后，按准考人数给办学单位下发统一印制、编号的准考证，由各办学单位负责将准考证填写后发给考生。

五、入学考试

（一）入学考试由中央党校统一命题、制卷，统一安排考试时间。

（二）各办学单位成立在职研究生入学考试领导小组，邀请组织、人事、纪检部门的领导参加。

（三）做好考前考生思想教育和辅导工作。

（四）做好选聘和培训监、巡考人员工作，签订责任书，加强责任制。

（五）按总院要求设置考场、设举报电话等，营造良好的考试环境。

（六）做好试卷安全保密工作，严格手续，确保安全。

（七）精心组织招生考试，加强考场管理，严肃考试纪律，确保招生考试工作的顺利进行。

六、新生录取

（一）总院统一组织专家、教授评阅试卷。

（二）总院统一新生录取。

录取原则：坚持标准，择优选拔，控制数量，确保质量。

录取方案：总院根据考试情况及招生名额等因素综合提出招生方案，经批准后予以公布。

（三）总院统一印制和填写《录取通知书》，发至各分院后由分院将《录取通知书》发给考生。

（摘自校园网，干部教育学院供稿）

中央党校在职研究生学籍管理办法

为规范和加强中央党校干部教育学院（总院，下同）管理的在职研究生学籍工作，特制定本办法。

一、注册、入学

（一）凡被本院录取的在职研究生新学员和在籍学员，应在规定日期内，持《录取通知书》或学员有关证件到总院下属的教学点报到注册。学费可以一次全部缴清或分年缴付。

（二）因特殊原因不能按时注册，必须事先由所在单位出具证明，申请缓办注册手续，缓办期限不得超过 2 个月。

（三）无故不报到注册超过 15 天者或超过缓办期限者，视为自动放弃入学资格（或自动退学）。

（四）新学员入学后，如发现入学考试或其他方面有弄虚作假行为，不符合入学条件者责令退学。

（五）新学员的《学生证》由总院统一印制，各办学单位填写相关内容并在相片处加盖办学单位印章后发给学员。

（六）新学年学员注册后，各办学单位应将《中共中央党校在职研究生学员名册》、《中共中央党校在职研究生新生注册情况统计表》、《中共中央党校在职研究生在籍学员注册人数统计表》，于 9 月 30 日前报送总院，包括文本文档、电子文档各一份。

（七）每学期开学一个月内，各办学单位应将在籍学员的《中共中央党校在职研究生在籍学员学籍变动情况表》、《中共中央党校在职研究生学期成绩登记表》报送总院，包括文本文档、电子文档各一份。

（八）呈报的文本文档应完整、准确。必须在表左上角加盖办学单位印章，相关负责人应签字。填表时间应以最终完成时间为准。

二、休学、复学、退学

（一）学员因病或其他特殊情况不能坚持学习，要求休学或退学者，需持有关证明、个人报告等材料，向所在办学单位提出申请，由办学单位审批，并报总院备案。

（二）休学期限一般为一年。休学期满，需持休学证明在新学年开学前申请复学，随下一届学习，其学号重新分配，并报总院备案。超过休学期限或未按规定办理休学或复学手续者，视为自动退学。

（三）一个学期内无故旷课超过 5 次、考试严重作弊、无故不按计划完成论文、论文中剽窃他人成果，有以上现象之一者，应责令其退学。

（四）学员被责令退学或被开除学籍，均须由办学单位提出意见，报总院审批。

（五）自动退学、责令退学和被开除学籍者的学费，一律不予退还。

三、借读、转学

学员因故需要借读或转学者，必须事先向办学单位提出申请，由办学单位向总院提出书面请示，经总院批复同意后，方可办理相关手续。

1. 借读学员的所在办学单位，应主动按规定向学员转入单位缴纳必要的学费。原则上借读满一个学期的，按一个学期相应的学费缴纳，具体事宜由两办学单位商定。

2. 学员转往其他办学单位时，原办学单位应按规定将学员的《中共中央党校在职研究生报名登记表》、《中共中央党校在职研究生学员登记表》等学籍档案材料密封邮寄。因特殊情况需由学员自带学籍档案时，本人不得拆封，如有拆封和涂改，其转入办学单位拒绝接收。

3. 转学学员原所在办学单位应保留该学员的学号，不得挪用。接收办学单位应采用原学号。

4. 学员原办学单位在接到总院转学或借读批复后，应主动向学员转入办学单位反映学员学习进度、需要帮助解决的问题等，积极为学员提供良好的学习条件，以保证其顺利完成学业。

5. 在职研究生原则上不准转专业。本院一律不予办理要求转至党校系统以外其他院校学习的转学手续，也不办理党校系统以外其他各类院校在职研究生转入手续。

四、奖励、处分

（一）学员在学习期间，自觉遵守党和国家的政策法令，遵守本院有关规章制度，勤奋学习、尊敬教师、关心集体，品学兼优或在科研及社会服务活动等方面有突出贡献者，给予表扬和奖励。

（二）学员如有违反本院规章制度者，视情节轻重，分别给予批评教育或纪律处分，直至责令退学或开除学籍。

五、毕业

（一）学员学完规定课程、考核成绩合格、通过毕业论文答辩，颁发中央党校研究生院毕业证书。

（二）学员如有一门课程经补考仍不合格，或毕业论文经一次补答辩仍未通过，或党性考核不合格者，均不能毕业。

（三）各办学单位在办理毕业证前，要填报《中共中央党校在职研究生毕业学员总成绩表》和《中共中央党校在职研究生毕业学员名册》。对转入或复学的学员应在“名册”表中“备注”栏目内注明。

（四）毕业学员姓名必须与在校注册及身份证的姓名一致。如有变更须提供组织人事部门或公安户籍部门的证明（复印件）。

（五）毕业证书编号，要按总院统一分配的编号规则、编号范围编排。

（六）办学单位要按总院规定的办证时间，将《中共中央党校在职研究生毕业学员总成绩表》、《中共中央党校在职研究生毕业学员名册》的文本文档、电子文档和毕业学员近期、正面、免冠、同版、白色背景、2 寸证件彩色相片两张（相片背面注明姓名及毕业证号）以及同版数码相片光盘（照片文件命名为：毕业证号码.jpg），按规定时间寄送总院，由总院统一办理。

（七）总院与办学单位的办证人员共同对加盖印鉴后的毕业证书进行复核，在双方核对无误后再办理签字移交手续。

（八）各办学单位必须在向总院缴清各项费用后，方能办理毕业证书移交手续。

（九）凡不符合毕业条件、不符合办证要求的，一律不办理毕业证书。遗留问题要列出清单，一式2份，总院、办学单位各存一份备查。

（十）在毕业证书颁发后，如发现错漏需要重新更换的，办学单位须向总院写出书面报告，并附上原毕业证书和相片，方能办理更换手续。

（十一）毕业证丢失或损毁者，一律不再补办。

（摘自校园网，干部教育学院供稿）

在职研究生2011级入学考试实行远程监考

5月14日，函授学院在直辖市以外的20多个考区组织了2011级中央党校在职研究生入学考试，有2000多名考生参加统一考试。

中央党校校委、校领导对这项工作十分重视，副校长李书磊亲临现场，检查、指导工作。考试一开始，李书磊就在北京的主控室，通过远程教学网络巡视了浙江、山西、河南等13个分院的考试现场。他对本次考试的组织、管理和远程监考工作给予充分肯定，并指出我们要共同努力，进一步落实校委关于“控制规模、强化管理、保证质量”的工作要求，把办学质量搞得更好。函授学院赵理文、史金龙、陈果吉，信息部王金龙，以及函授学院各处室负责同志参加了远程监考。

本次考试采取卫星网络系统远程监考，中央党校派出人员现场监考和各地方党校间交叉循环监考，三种方式并行操作，确保了考风考纪。实践证明，这些手段的综合运用，加大治理考风考纪的力度，起到很好效果。

（摘自校园网，干部教育学院供稿）

教材建设

2011年，干部教育学院的教材工作主要有以下三项：一是制订并落实院三个专业学员使用的2011年下半年教材编印计划和主要面向省级党校专科和本科学员的2011年下半年零售教材编印计划。二是制订并落实2012年上半年教材编印计划和零售教材编印计划。全年共编印教材120种（其中重印115种，修改5种），外购20本，编审修改的教材约130万字；全年共印发中央党校函授教材17146套，全年共印发零售教材57591套。三是根据干部短期培训的需要，从已开设的200余门课程中精选了42讲，编印了《中共中央党校干部教育学院讲稿选》（上、下册），约59万字，由中共中央党校出版社出版，适应了干部短期培训教材的需要。

（干部教育学院供稿人：仲　平）

函授教育收尾工作

函授教育学籍档案管理工作会议

11月25日至27日，中央党校函授教育学籍档案管理工作会议在山东省委党校召开。会议由中央党校函授学院主办，山东省委党校承办，来自全国各省、自治区、直辖市委党校，解放军和有关部门党校共47家单位92名代表参加会议。中央党校副校长李书磊出席会议并讲话，中央党校函授学院院长赵理文作工作报告，副院长史金龙、巡视员刘利群、副巡视员陈果吉出席会议。

这次会议是在中央党校函授教育即将结束收尾期的各项工作，完成干部学历教育历史使命的关键时刻，召开的一次重要会议。会议的主题是，深入学习贯彻党的十七届六中全会和《中国共产党党校工作条例》精神，认真落实中央党校校委对党校函授学历教育收尾工作的要求，进一步统一思想，加强领导，精心组织，确保党校函授学历教育收尾阶段各项工作顺利完成。

李书磊在讲话中，高度评价了党校函授教育办学26年来取得的辉煌成果，并介绍了中央党校函授学院转型的情况。他强调，党校的教学要解读好落实好六中全会精神，认真研究文化建设中的重大理论问题和实践问题，通过开好文化建设这门课，切实增进干部的文化修养。他还传达了习近平同志在中央党校今年秋季学期两次开学典礼上的讲话精神，要求各级党校重视引导干部读史，适当开设历史课，讲授近代史和党史；重视调查研究，开设社会调查的方法课，对学员的社会调查活动做出设计和改进。

赵理文在主题报告中，介绍了函授教育收尾转型工作的进展情况，分析函授教育学籍档案管理的现状及存在的主要问题，提出做好学历档案管理工作的具体要求。

会议分组讨论后，广东、湖北、浙江、湖南、江西、山东分院的代表进行了大会交流发言。

会议期间，李书磊视察山东省委党校新校区，全体会议代表也集体参观新校区。

（摘自校园网，干部教育学院供稿）

图书工作

概况

“三大文库”建设。2011年，根据“三大文库”（中国共产党文库、马克思主义理论文库、中国国情和方志文库）的建设需要，对馆藏部分马克思主义经典文献、党史人物、中国共产党组织史进行精挑细选，并有计划分步骤地进行数字加工。同时，对所有数字资源进行分析梳理，按照理论和历史逻辑，在图书馆网站上初步搭建起“三大文库”的基本框架。

1. 搜集、整理中央党校历任校领导和有关名师的著作和文章等资料。全年加工馆藏图书345册、16500页；对馆藏2000余幅中共党史图片进行筛选和数字化加工，为文稿配图1200幅，为图片配主题词1200个；将馆藏领导人著作光盘包括领导人著作93部，领导人手迹、纪念邮票、图片共807幅转换为标准的格式；购进3000本电子方志书以及皮书数据库；对加工的馆藏资源和外购的数字资源按照“三大文库”的整体框架进行分类和标引，共整理收录的数字资源量为：图书572册，期刊309册，期刊论文23620篇，会议论文345篇，书目914条，图书条目22023条，地方志图书3000条，皮书858条，图片2071幅，党校教师著述298条，党校学位论文1741篇。

2. 以科研课题形式带动数字资源建设的研究和发展。组织图书馆科研骨干申报2个中央党校校级委托科研课题：“中国共产党历史文献资料整理研究”和“国情和地方志文献资料整理研究”。用科研课题带动统筹全国党校图书馆的“三大文库”建设。

3. 组织人员制定《全国党校图书馆“三大文库”数字资源建设规范（讨论稿）》，配置数据库关联检索和跨库检索功能，初步构建起“三大文库”检索平台。

4. 选取部分省地市党校进行具有特色的数字资源建设试点。

5. 召开全国党校文献情报学会第六届常务理事会暨全国党校数字图书馆理事会第二次常务理事会议和《全国党校图书馆“三大文库”数字资源建设规范（讨论稿)》研讨会。

6. 通过与文化部全国文化信息资源建设管理中心及校内中共党史教研部合作建设“庆祝中国共产党成立90周年专题资料库”，承办“全国数字图书馆建设与服务联席会议第十二次会议”。

7. 指导成立全国党校数字图书馆理事会吉林分会、安徽分会。编辑下发6期《全国党校数字图书馆理事会工作通讯》。

数字图书馆工程的系统和资源建设。协同配合基建工程，确定总集成和总监理并进入工作状态，着手细化招投标方案；加大现有网络环境所需的软硬件建设，为数字图书馆的长远发展打下坚实基础；建立中央党校数字图书馆工程系统与资源建设部分工作例会制度；建设中国干部学习网，打造马克思主义网络阵地。

发挥图书馆推动文化发展的功能。经校委批准，在图书馆增设文化展览处，负责统筹规划、组织管理校园文化建设；调研制定了《中共中央党校文化作品展览和文艺演出管理办法（试行)》；举办“盛世辉煌——庆祝中国共产党成立90周年”国画展、“艰难·辉煌纪念建党90周年音乐会”和“感受京剧艺术魅力”京剧演出。

参考咨询工作。着力加大参考咨询工作的力度，加强馆藏资源的深度挖掘和二次开发。编辑内刊《网上动态》42期、《台港澳报刊资料》40期、《网文参阅》20期，创办《中央党校舆情专报》并编辑4期；为进修部厅局级进修班“战略思维与领导能力”研究方向学员提供15个专题的研究资料720篇；搜集编辑中国资讯行信息《特刊》13期；结集出版《和谐之春》、《中共中央党校图书馆典藏书画册（续)》两本画册；完成《中国思想理论年鉴》(2010卷)编辑出版工作；出版《党政干部参考》12期、90余万字；召开一次评刊会；创办《党政干部舆情参考》并编辑30期、120余万字。

其他常规业务工作。文献采编、入藏新书成绩显著，图书借阅、报刊阅览等工作服务优良，受到好评。此外，在科研部“2012年度校级科研课题指南”课题征集中，提供了1个“重点项目”、11个“一般项目和青年项目”课题。接待印度、加拿大、山西省委党校等国内外来访参观计11批162人。

队伍建设。在干部成长方面，1人晋升为研究馆员，1人晋升为副研究馆员，2人荣立三等功；不断完善队伍结构，引进博士后、博士各1人，安置军转干部1人；集体培训处室以上干部2次，集中培训全馆人员4次。

党务和工会工作。完成党总支和工会的换届选举工作，选举产生新一届党总支和工会成员。以建设学习型党组织为抓手，不断提高党总支工作水平，继续加强政治理论学习，开展党日活动，邀请上海市图书馆馆长吴建中作“全媒体时代图书馆的转型与创新”主题学术讲座。落实职工生日慰问、年终困难补助等工作，为重病职工组织爱心捐款活动。图书馆工会在机关党委组织的直属单位先进工会评选中被评为先进。

（图书馆供稿人：刘魁明）

工作会议

全国党校文献情报学会第六届理事会常务理事会暨全国党校数字图书馆理事会第二次常务理事会会议

10月12日，全国党校文献情报学会第六届常务理事会暨全国党校数字图书馆理事会第二次常务理事会会议在吉林省委党校召开。图书馆馆长陈高桐讲话，吉林省委党校常务副校长李小平致辞，图书馆副馆长郝莉主持会议。

会议总结了一年来全国党校系统图书馆数字资源建设工作取得的成绩，选取在数字资源建设中较有成效的8个党校图书馆作了经验介绍和成果演示。

会议明确全国党校文献情报学会下设学术委员会、数字资源建设委员会、现代技术委员会和教育培训委员会及四个委员会的工作职责，通报了2012年将进行的全国党校系统图书馆2009—2011年度科研成果评奖的相关内容。

会议对下一步工作提出了明确意见。一是全国党校系统图书馆要有一套基本的、统一的产品可供全国各省市党校使用；二是建设适合不同层级干部、适合不同学历背景和知识背景学员使用的理论数据库；三是统一精品数据库和特色数据库的查阅标准，在查阅数据库时要有统一的元数据索引；四是深入研究图书馆为教学科研和地方党委做政策咨询的问题，尽力做到专业精确，服务到位；五是研究讨论如何实现数字资源的边建边享。

（摘自校园网，图书馆供稿）

《全国党校图书馆“三大文库”数字资源建设规范（讨论稿）》研讨会

11月10日至11日，《全国党校图书馆“三大文库”数字资源建设规范（讨论稿）》研讨会在北京举行。图书馆馆长陈高桐，副馆长郝莉、张瑞红，党总支书记刘俊瑞出席会议，全国17所省、市、区委党校图书馆技术人员和中央党校图书馆相关人员参加会议。会议由郝莉主持，张瑞红做会议总结。

陈高桐在研讨会上作主题报告。图书馆系统与技术保障中心主任刘燕飞就《全国党校图书馆“三大文库”数字资源建设规范（讨论稿）》作了讲解和演示说明。数字资源建设中心主任霍飞介绍了中央党校图书馆在资源建设过程当中的做法和经验。中国干部学习网副总编陈建才对中国干部学习网基于云计算架构数字资源共享及应用平台进行了讲解。

参会人员围绕《全国党校图书馆“三大文库”数字资源建设规范（讨论稿）》的具体内容进行了讨论，并就各自在资源建设中遇到的具体问题进行了交流。

这次研讨会为各地党校图书馆进一步做好数字资源建设，及今后实现资源的共建共享，提供了技术上的保障和支持。

（摘自校园网，图书馆供稿）

读者服务和软硬件建设

读者服务。借阅室全年办理借书证1362个，办理退证手续2126人。读者到馆20000多人次，借书32000多册，还书38000多册。收新书6189种/18092册，上架新书19000多册，上架读者还书38000册。

报刊阅览室全年接待读者7600余人/次，外借文艺类期刊700多册。上架报纸共35000余份/96种，开架阅览期刊11430册，收藏报纸合订本85种/1137本（其中自行装订报纸合订本34种/320本），销账库本期刊15000册，3049本合订本装订成册，分编、入库2010年期刊合订本3049册，修补整理、重新整理造册建国前报纸78种，期刊1464种/6995册。

软硬件建设。根据数据存储技术方案要求，购置、分配好30TB的存储设备，并做好数据的迁移工作，保证数据正常访问。调研购买TPI数据库管理软件。购买安装TPI学位论文提交系统，完成206篇博士、硕士学位论文数据的收集、审校、排版、格式转换和存储工作，实现网上查询。在对UPS不间断电源的性能和指标参数调研基础上，购买和安装新设备，配置所用的服务器，通过UPS来进行管理。配合学校进行一卡通交换机设备的安装与调试，完成图书馆自动化系统与一卡通接口的调试和培训使用工作；开通现刊借阅功能。

（图书馆供稿人：刘魁明）

文献采编和入藏新书

全年采购外文及港台报刊231种，港台书280种、英文书209种，到书分编港台书70种、英文书264种（包括亚基会赠书117种），经费支出55万余元。中文图书全年预订新书15批次，采购中文新书6384种/17834册（含方志134种/134册、港台书60种/60册），接收赠书约2000种/3150册（其中有《四库全书》一套、《乾隆大藏经》两套、《当代中国》丛书两套、《广东历代方志集成》等大套书）。编目交送入库中文图书6189种/18092册（含赠书95种/280册、港台书60种/60册、方志134种/134册），其中为“三大文库”补购的党史类旧书有300余种，新旧书累计1100余种。

（图书馆供稿人：刘魁明）

数字图书馆建设

1. 完成中央党校数字图书馆工程系统与资源建设部分总监理合同的拟定签署和入场工作。

2. 与总监理一起规范工程项目管理，

制定管理规程和管理细则，初步完成监理大纲和监理需求书的编制工作和《中央党校数字图书馆工程系统与资源建设部分总体设计》等9个文档的编写工作。

3. 完成数字图书馆工程系统与资源建设部分总集成的招标文件商务需求、总集成技术要求、接口开发技术要求、软件测试技术要求和培训需求等前期文件的编制、论证、招投标工作。

4. 建立中央党校数字图书馆工程系统与资源建设部分工作例会制度。

5. 与校内外相关部门紧密沟通和洽商，一起调整和修改大楼设计与施工过程中的有关环节。

（图书馆供稿人：刘魁明）

文化活动

“感受京剧艺术魅力”京剧演出

由图书馆主办的“感受京剧艺术魅力——北京幽兰文化基金会走进中央党校”京剧专场演出于12月1日晚在中央党校礼堂举行。副校长李书磊，校委委员、哲学教研部主任贾高建，各直属单位负责人出席本次演出活动，部分在校学员、教职员工及家属观看演出。

演出内容丰富精彩，有《李逵探母》、《坐宫》、《拾玉镯》等多场传统剧目，具有相当的艺术魅力和欣赏价值。

本次演出是图书馆深入贯彻落实党的十七届六中全会精神的举措，也是文化展览处成立后组织的第一次文化活动，对活跃校园文化生活，提高广大学员和教职工的文化素养，增强对中华民族传统文化精华的认识和热爱起到了积极意义。

（图书馆供稿人：刘魁明）

报刊工作

概况

2011年是报刊社组建的第二年，报刊社切实履行工作职责，坚守政治安全和经济安全两条底线，完成各项工作任务。

强化政治意识。领导班子针对2011年重大选题多、思想敏感期到来（十八大前）等情况，始终高度重视政治意识和政治安全问题。首先是对建党90周年、辛亥革命100周年、党的十七届六中全会精神的学习贯彻等预先部署，提前策划选题，协调报刊网站的相关工作；其次是强调责任制，班子成员在各自分管范围内抓紧抓实稿件审查程序，慎重处置内容敏感的稿件，必要时进行会商；再次是经常提醒，提高工作人员的政治安全责任心。经过努力，顺利完成几项重大选题的理论宣传工作，完成全年的报刊出版和网站内容建设工作。

提高工作质量。在2010年合并工作基本完成、各项规章制度基本建立的基础上，2011年把工作思路调整到“以规范提高质量”上来，并在实际工作中加强管理。无论是重大选题的落实、报刊文章转载率的保持和增长，还是社里直接抓的重要工作，如报刊社注册登记的如期完成、经营收入的增长，等等。这些工作的质量明显提高。

推进工作创新。面对媒体竞争和报刊改革的新形势，注重“以改革转换机制，以创新促进发展”，加大工作创新和战略研究的力度，重点对扩大发行、薪酬激励、网站建设等问题进行深入研究。一是围绕进一步提高报刊影响力，《学习时报》加强了选题策划、重点文章的约稿、评论和关注点文章的组织工作，成立了旨在培养自身评论员队伍的评论员小组；《中国党政干部论坛》继续完善栏目调整，集中力量抓好每期一个重点主题；《理论动态》加大刊发学员部和课题专题研究报告的力度，进一步提高了文章的前沿性、探讨性和思想性；《中共中央党校学报》以学术性为引领，严把质量关和出刊的及时性。二是围绕利用新媒体，坚定不移地推进做大做强做好理论网工作。2011 年取得国务院新闻办颁发的“原创新闻信息许可证”；增加了对网站建设的资源投入；初步形成网站频道与栏目合理化的方案和网站运营的一整套机制制度；实行对外开放方针，选择方圆伟业文化传媒有限公司为协办单位，开辟了能够容纳 50 人的新办公区，第一批招聘 10 名网站编辑，获得每年 300 万协办资金；进行了报网一体化、创办《学习时报》网络版的前期调研论证工作；进行了《资政参考》与手机报的创办论证和相关准备工作。三是围绕扩大报刊发行，战略小组专题研究，启动面向地市宣传部、组织部的战略合作伙伴工作，扩大赠刊覆盖面（2000 份轮换），开始与方圆伟业公司的报刊发行合作。四是围绕经营创收工作，搭建并运营文化平台，探索理论网商务模式，改变提成实施办法，提出成立“学习时报传媒公司”和“学习时报文化发展公司”的建议并进行了调研论证，探索与方圆伟业文化传媒有限公司等广告与文化传播公司的经营合作。

努力增加收入。针对报刊社推进改革、加强网站建设、实现报网一体化、加大激励和队伍建设力度等需要增加投入的实际情况，2011 年进一步抓好经营创收工作。截至 2011 年底，超额完成年初提出的毛收入目标，比 2010 年增长 28%。

加强队伍建设。2011 年报刊社人员调离多、人手紧张，报刊社采取多项举措，努力加强人才队伍建设。一是在校委和组织部的领导协调下，做好人事工作，有序开展社与处室两级班子的调整充实工作。二是通过公开招聘增加充实编辑力量。三是采取更多措施，推动学习型报刊社建设。如继续组织暑期调研，鼓励支持员工申报承担国家与校级课题，开展新进编辑培训，举办社内讲座，到河南驻马店、河北唐山等地开展党日活动，继续推荐并购发书籍，参加业务培训和相关会议，继续开展年终科研评奖工作，等等。此外，积极支持党总支的党建工作和工会开展各项文体活动。

（报刊社供稿人：李　红）

工作会议

全国基层党建理论创新与实践研讨会

6月26日至27日，为庆祝中国共产党成立90周年，由中央党校理论网与新华网共同主办、北京方圆伟业文化传媒有限公司承办的“全国基层党建理论创新与实践研讨会”在中央党校举行。中央组织部、新华社、中国社会科学院、全国党建研究会等中央和国家有关部委的领导和专家学者，以及来自全国各省市机关、社区、企业、院校等基层党务工作者300余人参加会议。

副校长陈宝生，新华社党组成员、副社长、常务副总编辑周锡生先后致辞，中央直属机关工委副书记杨金永、中国农业大学党委书记瞿振元、中央党校原副校长刘海藩、中央党史研究室原副主任石仲泉等先后讲话，全国党建研究会副会长卢先福、求是杂志社研究员黄苇町等分别作主旨演讲。中央党校校委委员贾高建、黄宪起，中央组织部组织二局副局长、全国基层党建办公室副主任许鹏，中央党校原副校长张志新及中央党校直属部门负责人等出席开幕式。报刊社社长、理论网总编辑肖勤福主持开幕式，新华网副总裁白林主持主旨演讲。

与会专家、学者和基层党务工作者紧扣基层党建理论与实践创新这一主题，围绕新形势下加强党的建设的一系列重大理论课题和现实问题，分别从加强和改进基层党的思想建设、组织建设、作风建设、制度建设、反腐倡廉和新形势下如何利用互联网新媒体加强和改进党的建设等方面进行了深入研讨，并就解决有关热点问题提出对策和建议。

（报刊社供稿人：李　红）

学习“七一”讲话、坚持科学发展理论研讨会暨中央党校2012年度报刊工作会议

7月26日，由中央党校报刊社主办的“学习‘七一’讲话、坚持科学发展理论研讨会暨中央党校2012年度报刊工作会议”在安徽省六安市举行。副校长陈宝生出席会议并讲话，中共六安市委书记孙云飞致辞。报刊社社长兼总编辑肖勤福、部分省委党校负责人出席会议。

陈宝生结合党校肩负的使命与职能，阐述了学习“七一”讲话精神必须做好六个结合：要结合中国近代以来民族奋斗的悲壮历史进行学习；要结合我们党90年来走过的奋斗历程进行学习；要结合马克思主义和我们党发展的思想史进行学习；要结合我们党所处的历史方位进行学习；要结合我国改革开放伟大进程进行学习；要结合当今世界整体格局进行学习。他强调，党校系统学习“七一”讲话，方法要创新，视野要开阔，大话、套话、绝对正确但空洞无物的话恰恰是学习领会讲话实质的大敌。

在谈到党校报刊工作时，陈宝生提出五点要求：第一要坚持举好“中国特色社会主义”这面旗帜；第二要保持坚定正确的政治方向；第三要切实肩负起“资政育人”的历史责任；第四要办出特色，办成品牌；第五要加强对党校报刊管理。肖勤福通过对国内外纸媒成功转型案例的剖析，结合党校报刊发展所面临的形势和挑战，对当前和今后党校报刊如何走出一条科学发展之路进行了解析和交流。

报刊社副总编辑钟国兴、包驰主持会议。来自全国40余家省级、副省级以及部分地市党校的领导、专家和部分省市党委组织、宣传系统的100多位代表出席会议，并对深入学习领会“七一”讲话精神，如何进一步发挥党校报刊作用，继续做好发行工作等议题进行了讨论。

（报刊社供稿人：李　红）

加强网络思想文化阵地建设座谈会暨中央党校理论网新办公区揭牌仪式

11月5日，加强网络思想文化阵地建设座谈会暨中央党校理论网新办公区揭牌

仪式在北京红莲大厦举行。校委委员、办公厅主任罗宗毅，报刊社社长兼总编辑肖勤福，《经济日报》副总编辑丁士，《求是》杂志副总编辑朱铁志，中华孔子学会副会长凌孜，光明网总编辑孙明泉，中央党校教授谢武军等50余位专家学者出席座谈会并发言。

罗宗毅在讲话中阐述了学习贯彻胡锦涛“七一”重要讲话和党的十七届六中全会精神的体会，提出了理论网下一步要不断加强内容建设，坚持正确的导向，突出思想理论特色，唱响思想文化主旋律，更好地服务于各级领导干部和理论工作者的理论学习和研究，服务于社会主义先进文化建设。

与会专家指出，网络平台是一个自由开放的空间，因此我们的传播理念需要从过去习惯性的居高临下、单向的灌输，向平等、双向的交流转变，从一元化宣传向多元化宣传转变，从绝对灌输向多元选择转变。专家强调，加强互联网思想文化建设方面很重要一个节点就是要认真研究青年思想价值取向、阅读趣味和关注点、兴奋点，谁赢得青年谁就赢得未来。思想理论网站要善于制作精品佳作，传播优秀传统文化瑰宝和当代文化精品。要抓好行业道德建设和网络法治建设，依法惩处传播有害信息，严厉打击网络违法犯罪。网站建设既要符合市场经济规律，又要符合文化和网络的发展规律。

本次座谈会由中央党校理论网主办，北京方圆伟业文化传媒有限公司、《中国科技投资》杂志社协办。理论网执行主编谭荣邦主持会议。会议期间，举行了中央党校理论网新办公区揭牌仪式，罗宗毅、肖勤福为中央党校理论网新办公区揭牌。

（报刊社供稿人：李　红）

报刊出刊及文章被转载情况

《学习时报》

《学习时报》自2011年1月17日第571期，至2012年1月16日第621期，共出刊51期。

据不完全统计，2011年《学习时报》文章被《新华文摘》、《报刊文摘》、《文摘报》、《北京日报》、《中国社会科学文摘》、《思想理论动态参阅》、中国人民大学书报资料中心《复印报刊资料》等报刊和专业文摘全文转载或摘编共计236篇次。其中，被《新华文摘》转载的文章如下：

序号	期数	原文题目	《新华文摘》转载情况	作者
1	571	把握战略机遇期的时代内涵　明确我们的历史使命和担当	2011年第8期全文转载	马晓天
2	572	司法问责要“多快好省”	2011年第9期摘要	刘武俊
3	576	沉痛悼念朱光亚老院长	2011年第9期全文转载	徐匡迪
4	577	要调个税起征点　更要改革税制	2011年第11期摘要	李　炯
5	578	“一把手”贪腐的几个特征	2011年第10期摘要	祝福恩
6	579	政治情怀与传统文化	2011年第13期全文转载	王　蒙
7	580	突出主题主线：中国“十二五”时期的宏观经济政策导向	2011年第12期全文转载	张　平
8	580	“集体决定”还是“集体名义”	2011年第13期全文转载	桑玉成
9	580	依法行政是加强和创新社会管理的关键	2011年第13期摘要	马怀德
10	584	尊重“十二五”规划的刚性约束	2011年第15期全文转载	伍义林
11	591	由毛泽东的新闻实践看如何善用媒体	2011年第17期全文转载	朱伟峰
12	592	中国共产党90年来指导思想和基本理论的与时俱进及历史启示	2011年第15期全文转载	习近平
13	593	文化产业热中的冷思考	2011年第17期摘要	范玉刚
14	596	科普人才的内涵亟需界定	2011年第19期摘要	任福君 张义忠
15	597	县委书记的权力究竟有多大	2011年第23期全文转载	王懂棋
16	597	如何规范和监督县委书记权力	2011年第23期全文转载	袁金辉
17	600	鲁迅的读书方法	2011年第20期全文转载	张　才
18	600	以建设廉洁政治为目标　把反腐败斗争进行到底	2011年第21期全文转载	邱学强
19	600	加强气象防灾减灾的科学管理	2011年第21期全文转载	矫梅燕
20	601	理解文化生产力的六个维度	2011年第21期摘要	陈　虎

《中国党政干部论坛》

《中国党政干部论坛》自2011年2月6日第267期，至2012年1月6日第278期，共出刊12期。

据不完全统计，2011年《中国党政干部论坛》文章被《新华文摘》、《报刊文摘》、《文摘报》、《北京日报》、《中国社会科学文摘》、《思想理论动态参阅》、中国人民大学书报资料中心《复印报刊资料》等报刊和专业文摘全文转载或摘编21篇。择要统计*如下：

序号	期　数	原文题目	转载报刊	作　者
1	2010年第10期	乐读记	《新华文摘》2011年第1期全文转载	李书磊
2	2010年第11期	大力提升领导干部形象	《复印报刊资料（中国共产党）》2011年2月全文转载	李　娣 李烈满
3	2010年第12期	部分发达国家住房制度及其特点	《复印报刊资料（体制改革）》2011年2月全文转载	国家发改委政策研究室课题组
4	2010年第12期	警惕政治优势弱化	《红旗文稿》2011年第4期转载	甄小英
5	2011年第2期	戒除官场“陪”风	60余家报刊网站转载	孙恒杰
6	2011年第2期	党内基层民主的现状、特点与发展趋势	《红旗文稿》2011年第2期全文转载	王长江
7	2011年第3期	维纳的《控制论》和我的毛泽东研究	《北京日报》2011年4月25日转载	李君如
8	2011年第4期	网络世界的国家化与大较量	《求是》2011年第11期转载	东　鸟
9	2011年第4期	再读《增长的极限》	《新华文摘》2011年第13期全文转载	吕健华

* 因转载的延后效应，2010年的部分文章在2011年被转载，故一并收录。

《中共中央党校学报》

《中共中央党校学报》自2011年2月1日第15卷第1期，至2011年12月1日第15卷第6期，共出刊6期。

据不完全统计，2011年《中共中央党校学报》文章被《新华文摘》、《高等学校文科学术文摘》、《中国社会科学文摘》、《思想理论动态参阅》、中国人民大学书报资料中心《复印报刊资料》等报刊和专业文摘全文转载或摘编20篇。择要统计*如下：

序号	期　数	原文题目	转载报刊	作　者
1	2010年第6期	中国应对社会矛盾问题的独特优势	《新华文摘》2011年第4期全文转载	吴忠民
2	2010年第6期	如何科学界定马克思早期六部著作的历史地位——一条循序渐进的方法论思路	《中国社会科学文摘》2011年第5期全文转载	林　锋
3	2011年第1期	社会主义公平：理论、历史及现实	《中国社会科学文摘》2011年第6期全文转载	李纪才
4	2011年第2期	“民生财政”论析	《新华文摘》2011年第15期全文转载	贾　康 梁　季 张立承
5	2011年第3期	创新社会管理方式的基本思路	《新华文摘》2011年第18期摘编	叶庆丰
6	2011年第4期	管理文明：以“人的自由全面发展”为坐标	《新华文摘》2011年第19期摘编	罗宗毅 李作钦
7	2011年第4期	公共权力腐败的利益冲突根源	《新华文摘》2011年第21期摘编	庄德水

（报刊社供稿人：李　红）

* 因转载的延后效应，2010年的部分文章在2011年被转载，故一并收录。

出版工作

概况

图书出版情况。2011 年，出版社围绕党和国家工作大局以及干部教育培训事业，出版图书效益显著。全年发稿共计 298 种，其中新版图书 223 种，重印书共计 89 种 133 印次。

1. 配合党的中心工作，出版精品图书。2011 年是中国共产党成立 90 周年，出版社策划出版的《中国共产党历史大辞典（1921—2011）》，被列为国家“十二五”时期重点出版项目、新闻出版总署迎接建党 90 周年重点图书，并且荣获国家出版基金资助；《建党九十周年中共党史知识竞赛 1000 题》、《中国信念》在畅销书排行榜上名列前茅；配合党的十七届六中全会出版了《学习十七届六中全会精神中央党校专家学者九人谈》、《十七届六中全会后党政干部关注的重大理论与现实问题解读》、《深化文化体制改革　推动社会主义文化大发展大繁荣十讲》等图书；学习胡锦涛总书记“七一”重要讲话，出版了《在中国特色社会主义旗帜下》；配合学习习近平同志在中央党校的重要讲话精神，出版了《中外历史问题八人谈》、《领导干部要善于抓落实》等图书；紧密结合国家“十二五”规划的出台，出版了《党政领导干部关注的“十二五”经济社会发展若干重大问题》。

2. 努力打造干部教育类图书品牌。适应各级干部学习马列经典著作的需要，出版了《马列著作选编（修订本）》、《马列主义经典著作精选导读》等图书；贴近干部实际需要，出版了《领导者能力与素质提升系列》、《卓越领导力与有效执行力》、《应急管理 100 例》、《领导干部必备的三大思维能力》和《领导干部国学大讲堂》等图书。

3. 教材的编辑出版工作有新突破。《科学发展观研究》、《社会主义和谐社会研究》等权威教材和《中国特色社会主义史研究》丛书、《大党的兴衰》等学术著作相继出版，展现了党校特色，充分发挥了党校的理论研究和宣传阵地作用。

4. 求索音像出版社共计编辑出版音像制品 7 个品种、42 小时的音像内容，其中包括《加强和创新社会管理　提高社会管理的科学化水平》、《全面推进中国特色社会主义伟大事业》、《深入学习党的十七届六中全会文件专题辅导讲座》；中国求索网 2011 年下半年总计更新 54 门课程、113 个课时（其中 34 门课程为最新自主拍摄课程）。

5. 多种图书和音像制品被列为国家重点项目或获奖。《中国共产党历史大辞典》、《中国特色政党制度》、《中国特色社会主义史论研究丛书》、《科学发展观重大战略思考述要》和音像制品《从嘉兴走来》被列为国家"十二五"时期重点图书、音像规划项目；《当代创新力》入选第三届"三个一百"原创出版工程；《当代创新力》、《加强和创新社会管理干部学习读本》、《建党九十周年中共党史知识竞赛 1000 题》、《领导干部必备的三大思维能力》、《加快经济发展方式转变干部学习读本》荣获"2011 年度全行业优秀畅销品种"。

6. 图书宣传有声有色，党校版图书的知名度和美誉度显著提升。建党 90 周年宣传点面结合，有声有色。光明日报、中国新闻出版报、中国图书商报等报刊不仅对中共中央党校出版社重点图书加以介绍，而且对出版社的整体形象进行宣传，中央党校原副校长李君如等同志还撰写了书评，引起学术界广泛好评。

出版印制工作。加强制度建设，细化管理，控制成本；健全考核制度，开展节约挖潜，做好工价管理；科学制定印制周期，采用新工艺提高印制质量。

发行营销工作。发行营销创新管理，超额完成任务指标。发行部调整了人员的业务范围，采取业务分类的管理方式，更新了聘用人员。为保证重点图书的销售，发行部在主管社领导带领下专门制定了奖罚方案。2011 年销售超过 1 万册的图书有 19 种。其中，《中国特色社会主义理论体系核心观点解读》、《中国信念》和《建党九十周年中共党史知识竞赛 1000 题》等多种图书销售超过 5 万册。

党建工作。出版社党总支加强企业党建工作的探索与实践，取得新成绩。根据校机关党委的要求，出版社党总支着重开展好全社的理论学习活动，制订全社党员干部的学习计划，扎实有序地开展学习活动，努力建设学习型党组织；利用多种形式，迎接建党 90 周年，并创造性地以党课的形式学习宣讲"七一"讲话，积极参加创先争优评选，开展"瞻仰狼牙山红色革命教育基地、缅怀抗日英雄先烈"、"兵器部 208 所国防教育一日行"等系列党日活动，深入社会大课堂；在完成党总支换届选举工作后，为培训支部委员，夯实工作基础，邀请机关党委副书记上党课，对支部委员进行党务工作培训，探索在聘用制人员中基层党组织发展的长效机制。

（出版社供稿人：宿　华）

主要新书目录

序号	2011 年新版图书
1	党政领导干部关注的“十二五”经济社会发展若干重大问题深度解析
2	怎样学习中国特色社会主义理论体系
3	领导干部应对群体性事件案例选评
4	走进国学经典
5	建党九十周年中共党史知识竞赛 1000 题
6	中共党史纪事本末（三卷本）
7	中国共产党历史大辞典（1921—2011）（第二版）
8	学习十一届全国人大四次会议文件辅导
9	中国特色社会主义法律体系干部读本
10	加强和创新社会管理干部学习读本
11	中国经济观察——2011 年第 1 册
12	中国经济观察——2011 年第 2 册
13	中国经济观察——2011 年第 3 册
14	中国经济观察——2011 年第 4 册
15	党校笔记
16	领导干部国学大讲堂（全四册）
17	党的基层组织工作方法手册（第二版）
18	选择革命——长征中的红军女战士
19	危机管理——新形势下公共危机预防与处理对策
20	当代国际政治形势与中国外交
21	中央党校案例教学教程
22	中国特色政党制度
23	新形势下做好群众工作干部读本
24	新编中共党史简明教程（第四版）
25	中国思想理论年鉴 2010
26	在中国特色社会主义旗帜下——深入学习胡锦涛在庆祝中国共产党成立 90 周年大会上的讲话
27	马克思主义经典著作精选导读
28	马列著作选编（修订本）

续表

序号	2011年新版图书
29	中国特色社会主义理论体系核心观点解读
30	卓越领导力与有效执行力
31	当代西方经济学概论（第五版）
32	科学发展观理论体系研究
33	当前党政干部关注的国际热点问题
34	领导活动规律研究
35	换个角度看问题——领导者哲学思维能力训练与提升
36	领导论
37	加强和创新互联网社会管理丛书——政府如何开微博
38	中国改革进程中的重大社会矛盾问题
39	大党的兴衰
40	领导干部要读点历史：中外历史问题八人谈
41	领导干部要读点历史：领导干部中外历史学习十二题
42	领导学概论
43	论思想方法
44	党校干部教育培训针对性有效性研究
45	社会主义和谐社会研究
46	加强和创新社会管理18个经典案例
47	社会主义发展史纲
48	中国信念——直面八个关注热点
49	学习贯彻十七届六中全会精神中央党校专家学者九人谈
50	深化文化体制改革　推动社会主义文化大发展大繁荣十讲
51	十七届六中全会后党政干部关注的重大理论与现实问题解读
52	社会主义精神文明建设的历史进程与基本经验
53	当代世界社会主义前沿研究
54	战略思维理论和方法
55	加强和创新互联网社会管理丛书——微时代　危处理
56	苏联解体我的解读——一个大国的崩溃　如何看　怎么办

图书音像获奖情况

序号	书　名	作　者	责编	获奖奖项	颁奖单位	颁奖时间
1	《中国共产党历史大辞典（3卷）》	李景田（主编）	张克敏、朱晋平、王　君、楚双志等	列入“十二五”国家重点图书、音像出版规划；列为新闻出版总署庆祝建党90周年重点图书；评为国家出版基金资助项目	国家新闻出版总署	2011年4月
2	《我国多党合作制度理论体系》	游洛屏	朱晋平	列入“十二五”国家重点图书、音像出版规划	国家新闻出版总署	2011年4月
3	《中国特色社会主义史论研究（3卷）》	赵　曜（总主编）	张克敏	列入“十二五”国家重点图书、音像出版规划	国家新闻出版总署	2011年4月
4	《从嘉兴走来》（求索音像出版）		严宏伟	列入“十二五”国家重点图书、音像出版规划	国家新闻出版总署	2011年4月
5	《科学发展观重大战略思想述要》	张荣臣	井　琪	列入“十二五”国家重点图书、音像出版规划	国家新闻出版总署	2011年4月
6	《中国信念》	尚　勇	曲　炜	被列为参考消息·北京参考书榜一周排名第二名	参考消息·北京参考	2011年11月28日
7	《与劳心者聊健康》	徐顺霖	曲　炜 王　琪	被列为参考消息·北京参考书榜一周排名第一名	参考消息·北京参考	2011年11月28日

续表

序号	书　名	作　者	责编	获奖奖项	颁奖单位	颁奖时间
8	《当代创新力》	尚　勇	曲　炜 楚双志	第三届“三个一百”原创图书出版工程；荣获“2011年度全行业优秀畅销书品种”	国家新闻出版总署；国家新闻出版总署、中国书刊发行业协会	2011年11月30日；2011年12月
9	《加快经济发展方式转变干部学习读本》	本书编写组	井　琪	荣获“2011年度全行业优秀畅销书品种”	国家新闻出版总署、中国书刊发行业协会	2011年12月
10	《建党九十周年中共党史知识竞赛1000题》	本书编写组	井　琪	荣获“2011年度全行业优秀畅销书品种”	国家新闻出版总署、中国书刊发行业协会	2011年12月
11	《加强和创新社会管理干部学习读本》	本书编写组	王　君 蔡锐华	荣获“2011年度全行业优秀畅销书品种”	国家新闻出版总署、中国书刊发行业协会	2011年12月
12	《领导干部必备的三大思维能力》	赵　磊	严宏伟	荣获“2011年度全行业优秀畅销书品种”	国家新闻出版总署、中国书刊发行业协会	2011年12月
13	《马克思主义中国化发展史论》	周治滨 郭　伟 （主编）	严宏伟	荣获“第八届全国党校系统优秀成果二等奖”	中央党校科研部	2011年3月
14	《大党的兴衰》	王　瑜	曲　炜	荣获2011年度“中央党校科研优秀成果奖”	中央党校	2011年9月
15	《多党合作共谋祖国统一》	赵书刚	楚双志	荣获“第二届马克思主义中国化研究优秀成果三等奖”	中央党校马克思主义研究基金会	2011年12月

（出版社供稿人：宿　华）

出版信息

《领导干部国学大讲堂》首发

5月29日，由中央党校教授王杰主编、中央党校出版社出版的《领导干部国学大讲堂》首发式在北京国粹苑举行。中央社会主义学院党组书记、第一副院长叶小文，中央党校教育长兼培训部主任徐伟新分别讲话和致辞。中央宣传部原常务副部长龚心瀚、国家行政学院副院长周文彰、民政部原副部长李宝库等出席会议。来自中央党校、国家行政学院、中央社会主义学院、北京大学、清华大学、中国人民大学的专家学者等分别就《领导干部国学大讲堂》的出版与弘扬和发展国学问题作了精彩演讲。

徐伟新在致辞中说，最近几年，中央党校开设了中华传统文化讲座，旨在通过对中国传统优秀文化的讲授，使学员们从历史经验中汲取智慧，增强领导干部做人、做事、做官的能力，增强统筹兼顾、建设和谐社会的能力。《领导干部国学大讲堂》一书出版将会为推动广大党政干部弘扬中华文化，建设中华民族共有的精神家园具有积极意义。她指出，该书出版的价值还在于，将进一步促进我们对中华文化的反思、研究，在全球化的文化交流和文化互补中，进一步推动中华文化的发展。现在和将来，中华文化都不可能在完全封闭、与世隔绝的状态下发展自己。

《领导干部国学大讲堂》由全国政协原主席李瑞环同志题写书名，中央党校原常务副校长郑必坚担任顾问，北京大学著名教授汤一介及中国人民大学纪宝成校长分别为本书作序。该书汇聚了海内外研究国学的著名学者近百篇文稿。全书约170余万字。

（摘自理论网2011年6月8日、《光明日报》2011年7月25日）

中央党校集中出版优秀党史著作

为庆祝中国共产党成立90周年，中央党校出版社最近集中出版了一批由中央党校党史教研部等撰写的《中国共产党历史大辞典》（三卷本）等纪念建党90周年的优秀党史著作和读物，集中反映了党史研究领域的新成果、新史料、新视角和新观点。

出版社总编室宿华介绍说，作为新闻出版总署纪念建党90周年重点出版物和“十二五”国家重点图书规划项目，《中国共产党历史大辞典》（三卷本）是以2001年版本为基础再版修订的。近十年来，我们党召开了十六大、十七大，作出了一系列新的战略部署和重大决策，党的理论不断创新，实践经验更加丰富，《中国共产党历史大辞典》全面准确地反映这些内容。常务副校长李景田担任主编，组织以中央党校中共党史教研部为主的专家学者对2001年版本大辞典按照原书体例增补了近十年来的内容，共约500个词条，这也确保了《中国共产党历史大辞典》（三卷本）的权威性、系统性和准确性。

（摘自《光明日报》2011年6月11日）

中国求索网开通

7月初，中国求索网（http：//www. qiusuo. net. cn/）开通仪式在中央党校隆重举行。教育长兼培训部主任徐伟新出席开通仪式并讲话。校委委员贾高建、黄宪起、赵长茂和中央组织部、中央宣传部、中央对外宣传办公室、国家新闻出版总署、中央党校等有关部门的负责同志出席了开通仪式。

徐伟新在讲话中说，“中国求索网”定位于“用网络平台为党的干部教育学习服务”，这个定位非常好。“求索网”课件资源的开发利用、编辑制作和出版发行，对党的干部教育事业，对党校的教学和科研，对中央党校出版社建设“一流的干部教育和人文社科出版单位”，对提高中央党校求索音像出版社的核心竞争力，都有非常积极的作用。我们衷心祝愿，“中国求索网”成为全国一流的干部教育学习服务平台，为宣传党的路线、方针和政策，为传播中国特色社会主义理论体系，为建设学习型政党和学习型社会作出贡献。

作为中央党校向中国共产党90华诞的献礼，中国求索网的开通具有重大而深远的意义。通过网络开展干部在线学习，不但可以拓展干部教育的渠道和内容，有效弥补干部教育培训资源的不足，扩大干部教育培训的覆盖面，而且能够较好地满足干部个性化学习的需求，缓解干部工学矛盾突出等问题。随着网站进一步建设和发展，全国干部教育工作将向信息化、网络化迈进一大步。

（摘自新华网2011年7月5日）

信息化建设

概况

2011年，信息中心紧紧围绕校委中心工作，较好地完成各项工作任务，取得了新的成绩。

电教保障。不断强化责任意识，努力做好中央在中央党校举办的重要会议和活动、全校性重大会议及活动和主体班教学的电教保障工作，比较好地完成了各班次和校各直属单位有关活动的音响、录像、多媒体等的电教服务保障工作。其中，扩音3000多次，多媒体课件教学2700余次，完成课堂录音200余次、编辑制作音像制品300余讲，使用语音教室60余次，重要外事活动60余次；配合校财务部和中央直属机关采购中心，做好综合楼电教设备更新改造工程、育园楼同传设备配备工程的招投标和施工工作；基本完成综合楼8个教室、贵宾室、集中控制机房电教设备更新改造工程，建设了一套高清教学课件制作、课件管理和应用的平台，提升了多媒体教室的信息化水平。

远程教学。继续发挥远程教学网络覆盖优势，采取多种措施加强、丰富了远程教学网的利用率与教学资源。在全国党校系统开展远程教学资源征集评比活动；确保了党员干部现代远程教育中心资源库、辅助教学中心网站、专题教材制播等各项工作的正常进行；配合全国远程教学办公室进行了关于党员干部现代远程教育建设中央平台和地方平台的整体验收工作。远程教学网络在全国党校系统建成2700多个站点，前端播发平台直播课程5000多讲，文件频道播发主体班、形势与任务、党校干部教育学院课程约12000多讲。

信息网络。党校信息化网络基础建设取得新进展，丰富校园网络信息资源，加强信息发布，为教学科研和行政后勤工作提供了更好的服务。推进副省级以上党校VPN（党校系统虚拟专网）的互联互通工作，已有21家副省级以上党校进行接入，西藏自治区实现全区6个地市的VPN接入，通过VPN可以访问中央党校的内网资源和数字图书馆资源；配合校办公厅做好中央党校一卡通智能综合服务平台建设；继续以信息发布为突破口，改进信息资源的收集、发布等工作流程，不断充实网上教学课程点播，完成网上选修课38讲课程的摄录与节目上载工作。全年内外网共发布信息2244余条，开通网络7991次；对校内10家直属单位网站进行改版。

电视媒体工作。围绕校委中心工作和全校的热点问题，丰富栏目内容与节目形式，充分发挥电视媒体的新闻报道作用和辅助教学功能，更好地为教学与科研服务。共拍摄新闻317条，发布信息254多条，每天上载新闻联播、焦点访谈等内容；上载宽频节目1400小时、新闻110多条，传送校园网视频168条，录制电视选修课程16讲，电视播出400小时；配合校史征集工作小组、校防火委、校机关党委播放多部几十集的专题电视宣传片。在栏目构建和节目资源方面，引进新华社信息资源，制作《党校信息》、《电视选修课》、《学员论坛》等节目，制作《优秀学习型党支部——中共中央党校研究室》、《平凡中的伟大——记全国三八红旗手中共中央党校教授石霞》等专题片，播出反腐倡廉、防火安全、防震知识等各类宣传教育片，为学员和家属区增加了10套电视节目。

在校园内网上开设中央党校宽频栏目，节目时长达万余小时；在校主楼、礼堂、学员楼等公共场所，安装了31块大屏幕液晶屏、三个大型显示屏，播出新华社的新闻资讯和党校重要活动的视频、图片、文字等多媒体信息；截至2011年年底，党校电视台宣传覆盖面包括学员在内的近5000电视收看用户、5000余网络点播用户。

新闻报道。紧紧围绕校委中心工作和教学科研的主要任务，紧密结合各直属单位的工作实际，开展新闻报道工作，规范新闻报道工作程序。11月17日，组织召开了校新闻报道工作会议；草拟了《中央党校电视新闻报道工作管理办法（试行)》、《中央党校网站信息发布管理办法(试行)》；为促进新闻报道的实效性，按照校领导两个枢纽的划分原则，建立了与校内各直属单位专项工作会商制度，加强了新闻报道工作的协调性。

音像资料管理。加强音像资源的管理、完善规范使用手续。建立了完善的音像资料计算机数据库管理系统和音像资料管理制度。现有音像资料中包含三大类：1. 课堂教学1169讲（约151970小时)；2. 形势与任务报告528讲（约68640小时)，主要用于远程教学的主体班次课程播放，校外分部的课程复制；3. 电视台拍摄新闻资料约21970小时。还对2000年以前留存的录像资料进行了整理转录。

支部和工会工作。领导班子成员进一步增强了政治意识、团结意识、群众意识、创新意识，班子成为坚强的领导集体；党支部、工会结合自身的实际，不断改进工作方式和活动方式，较好地完成了党支部的工作目标和机关党委布置的各项工作任务。

（信息中心供稿人：赵若玉）

制度建设

中央党校电视新闻报道工作管理办法（试行）

中校厅〔2011〕52号

为了进一步规范我校电视新闻报道的内容和程序，充分利用校电视台开展学校宣传工作，特制定本办法。

一、电视新闻报道内容、范围及形式

（一）报道内容

重点围绕校委中心工作，全面、准确、及时播发我校教学科研、行政管理、队伍建设、后勤服务、信息化建设、学员活动等各方面的重要活动和工作动态。

（二）报道范围

1. 校委和校直属单位举办的全校性会议和重大活动。

2. 校各直属单位举办的校委委员以上领导出席的会议和活动。

3. 学校外事活动。

4. 校各直属单位及其他组织机构举办的会议和活动，校电视台视其重要性有选择地进行报道。

5. 不接受个人、校外等非官方的新闻报道要求。

（三）报道形式

主要通过校电视台专用频道、校园内网“中央党校宽频”系统以及校内设置的电子信息屏进行文字、视频、图片等形式的宣传报道。

二、电视新闻报道工作流程

（一）拍摄通知

1. 主办单位应至少提前一天通知信息中心办公室。

2. 通知内容应包括：拍摄日期、时间、地点、内容、主题、出席领导、稿件提交人员及联系电话等。

（二）稿件的审核提交

1. 各单位通讯员负责本单位新闻稿件组织上报工作，撰稿人应为我校正式职工。

2. 为保证稿件的时效性，一般应在事件发生后当日或次日向党校台提供稿件。

3. 稿件应由当事部门领导审核签字，由当事部门留存。

4. 各部门提交的电子稿视同已经当事部门领导审核，稿件请发至：ccpstv@ccps.gov.cn，不接受其他形式的投稿。

（三）播发前审核

1. 《党校信息》等视频节目审核采取编辑、电视台、信息中心三级审核制度。

2. 《中央党校宽频》上传节目，重要内容由信息中心领导审核，一般内容由电视台审核。

3. 校内电子信息屏上传内容由电视台审核。

（四）播发

1. 党校台《党校信息》采取根据稿件即来即制作的原则，通过党校台、校内电子信息屏发布，并与校园内网文字新闻链接。

2. 汇总后的一周党校信息上传至“中央党校宽频”中“综合视频”栏目供学工人员点播。

三、电视新闻稿件写作及奖励

1. 新闻五要素要具体明确：时间、地点、人物、事件、缘由（主办单位、领导职务等尤其要准确无误）。

2. 简明扼要、严肃真实、实事求是。

3. 视频新闻稿件每篇在 500 ~ 800 字之间。

4. 根据被采用稿件的数量和质量，年终对撰稿人给予适当奖励，奖励对象为稿件署名人（以邮件校注为据）。

四、视频资料使用与归档

（一）《党校信息》等视频节目制作播出后，集中送交信息中心办公室存档。

（二）视频素材资料如需要存档，由办公厅或信息中心领导批准，交由信息中心办公室存档。

（三）工作需要，各直属单位需要自存本单位主办并有校级领导出席的会议及活动的视频素材资料，须报经出席领导同意。

信息中心
2011 年 11 月 16 日
（信息中心、办公厅供稿）

中央党校网站信息发布管理办法（试行）

中校厅字〔2011〕53 号

为进一步规范中央党校网站（包含内网和外网，下同）信息发布内容和程序，切实加强网络宣传与安全管理工作，促进信息资源的交流与共享，实现网络信息工作的规范化和制度化，特制定本办法。

一、本办法中“信息”是指在中央党校网站上发布的文字、数据、图片、视频以及其他形式的信息。

二、信息发布实行“自主采编，文责自负，领导审核，统一发布”的制度，即当事部门负责采编、审核并传送至信息中心，信息中心负责发布。不适宜在外网发布的内容，传送时请注明要求。不特别标注的稿件，通常内、外网均发布。

三、为保证发布的信息准确无误，在网络上发布的信息，实行三审制度。一审：由当事部门领导审核签字后，发送至信息中心；二审：由信息中心确定专人审核；三审：涉及到党和国家领导及国外政要的重要信息由办公厅领导或信息中心领导审核。

四、信息发布的内容主要包括以下8个方面：

1. 党和国家领导人来我校出席会议和活动以及视察、考察和指导工作的情况报道；

2. 我校学习贯彻党和国家有关方针、政策、重大决策、重要部署的落实情况；

3. 我校开展教学培训、科研创新、学员管理、队伍建设、行政后勤、信息化建设等各项工作中的新思路、新举措、新经验、新问题和情况反映；

4. 我校各部门承办的有校委委员以上领导参加的各类活动；

5. 各类通知、通报、公示等信息；

6. 我校重要外事活动；

7. 我校消防、治安、保密等重要活动信息；

8. 地方党校重要工作信息。

五、新闻稿件写作要求

1. 新闻五要素明确具体：时间、地点、人物、事件、原由（主办单位、领导职务等尤其要准确）。

2. 简明扼要、严肃真实、实事求是。

3. 每篇稿件以500字左右为宜，图片不应小于500KB，数量不超过三张。

4. 稿件撰稿人、审核人和照片摄影者均应署名。

六、根据被采用稿件的数量和质量，年终对撰稿人给予适当奖励。奖励对象以电视台收到的邮件中注明的撰稿人姓名为准。

七、各部门提交的电子稿视同已经当事部门领导审核，稿件请注明发布位置（内网、外网、电视台），传送邮箱为：ccpstv@ ccps. gov. cn，不接受其他形式的投稿。

八、对各部门上传的网站信息，校宣传报道工作小组每月统计通报一次，以促进宣传报道工作，并作为信息资源建设评奖依据之一。

信息中心

2011年11月16日

（信息中心、办公厅供稿）

工作会议

华东地区党校行政学院信息化和图书馆合作会议

10月20日至22日，华东地区党校、行政学院信息化和图书馆科学发展合作会议在上海召开。教育长兼培训部主任徐伟新出席并讲话。上海市委党校常务副校长、上海行政学院常务副院长吕贵致辞。中央党校信息中心主任郭英楼出席并讲话。浦东新区区委常委、区委组织部部长、区委党校校长胡佩艳致欢迎辞。上海市委党校副校长、上海行政学院副院长王丽丽主持开幕式并作了主题报告。

徐伟新指出，近年来，中央党校高度重视信息化和图书馆建设，有效利用现代沟通手段，提高培训的针对性和有效性；不断整合资源，推动传统图书馆向复合型图书馆发展。华东地区党校、行政学院合作会议机制是有益的创新和探索，扎实研究和解决“智慧校院”建设中的难点问题和前沿问题，有效推动信息化和图书馆工作科学发展。她强调，把“科学发展·智慧校院”作为会议的主题很有必要，也恰逢其时，是一个智慧的主题。“智慧校院”建设是智慧地球和智慧城市建设的重要组成部分，合乎时代潮流；是党校、行政学院贯彻新一轮发展规划的重要抓手和任务，合乎经济社会发展形势的要求；是党校、行政学院“一流学府”建设或研究型机构建设、一流信息化建设的重要标志，合乎中央大规模培训轮训干部、大幅度提高干部能力的需要；信息化部门和图书馆在“智慧校院”建设中担当重要角色，担负重要职责，合乎党校、行政学院发展的趋势。

会议邀请信息技术专家开展“云计算与‘智慧校院’建设”主题培训，邀请相关企业进行信息化新技术、新产品和新应用展示，并组织与会代表前往上海超级计算中心参观考察。

本次会议由上海市委党校承办，浦东新区区委党校协办。来自华东地区省级和部分市级党校、行政学院，特邀单位内蒙古自治区区委党校、行政学院的领导及专家学者约90人参加会议。

（摘自校园网，信息中心供稿）

工作培训

党校信息化工作经验交流暨业务培训班

4月21日至22日，中央党校信息中心在浙江省委党校举办党校信息化工作经验交流暨业务培训班。浙江省委党校副校长郑仓元在培训班上讲话，中央党校信息中心副主任张海光主持培训活动，浙江省委党校张骏、四川省委党校孙彪、广西壮族自治区委党校谭鉴融等同志分别介绍了各自党校在“十一五”期间的信息化建设成绩和对“十二五”信息化工作的规划和展望，交流信息系统的建设、管理和应用的经验，提出加强合作、资源共享的途径，梳理相关业务工作的思路。

来自中央党校和北京、内蒙古、上海、江苏、湖南、重庆、新疆生产建设兵团等党校的同志近30人参加培训班。

（摘自校园网，信息中心供稿）

全国党校系统信息化工作培训班

4月23日至26日，全国党校系统信息化工作培训班在北京举办。培训班由中央党校信息中心主办，大有数字资源有限公司和中国电子信息产业发展研究院、中国软件评测中心联合承办。全国各省地（市）县党校信息技术部门及中央党校信息中心工作人员近90人参加。

培训班对信息化建设的总体规划、项目管理、校园网建设、信息安全建设、情景模拟教学实验室建设、党校系统远程教学网建设等相关内容进行了培训，并参观了中央党校情景模拟教室和中心机房。

（摘自校园网，信息中心供稿）

全国党校系统信息资源共建共享培训班

7月20日，2011年全国党校系统信息资源共建共享培训班在新疆生产建设兵团党委党校开班。来自全国30个省级党校和12个副省级城市党校信息部门的负责人、工作人员共54人参加。

此次培训班的主题是加强全国党校系统的信息资源共建和共享，推进信息化建设为党校教学科研服务的科学化水平。

中央党校信息中心主任郭英楼，兵团党委党校副校长刘心鸣、胡永芬，甘肃省委党校常务副校长王渊，山西省委党校副校长刘生义出席开班式，中央党校信息中心副主任张海光主持开班式。

开班式上，中央党校信息中心对在2011年远程教学资源片征集活动中荣获优秀组织奖的地方党校代表进行了表彰。

（摘自校园网，信息中心供稿）

获奖情况

党员教育电视片荣获中央组织部全国党员教育电视片最佳作品和优秀作品奖

为纪念建党90周年，更好地服务创先争优活动，2月中央组织部组织开展了全国党员教育电视片观摩交流活动。这次活动主题鲜明、重点突出，面向基层、上下联动，扩大了作品征集范围，创新了观摩方法，推出了一批优秀党员教育电视片。

在这次活动中，中央组织部共征集作品710部，经过专家观摩点评、基层党员满意度测评，共确定入选作品534部，包括特别作品（2011年“七一”表彰的全国优秀共产党员电视系列片）48部、最佳作品214部、优秀作品272部，并从中确定了5项“十佳作品”。中央党校信息中心报送的《优秀学习型党支部——中共中央党校研究室》获最佳作品、《平凡中的伟大——记全国三八红旗手中共中央党校教授石霞》获优秀作品。

（摘自校园网，信息中心供稿）

组 织 人 事

概 况

教师队伍建设。1. 专家工作。完成了2011年度“四个一批”人选的选拔推荐工作，经济学教研部韩保江、报刊社刘学侠被中央组织部批准为“四个一批”人才。完成了首批青年拔尖人才支持计划推荐工作，经过个人申报、教研部推荐、校选拔推荐工作领导小组评选，从“八部一所”推荐10名同志作为候选人。

2. 职称评审工作。修订《中央党校权威期刊目录》；制定《2011年中央党校专业技术职务任职资格评审意见》。经各系列中、高级评审委员会会议评审，评出正高级专业技术职务任职资格7人、副高级专业技术职务任职资格7人、正高级职务资格1人、副高级职务资格1人。完成新入校人员专业技术职务资格初定工作。

3. 专业技术岗位设置工作。经国家人力资源和社会保障部同意，马克思主义理论教研部、党的建设教研部分别增设政党制度教研室。变更后，中央党校事业单位专业技术岗位总数由550个增至585个，增加10个正高级岗位、8个副高级岗位。完成了事业单位2011年新入校专业技术人员岗位聘用工作。

领导班子和干部队伍建设。1. 完成9个直属单位领导班子以及52个处室级领导班子的调整和补充工作，共任免干部148名，其中局级干部38名、处室级干部110名。全年共组织竞争性选拔局、处级干部7次。其中，组织副局级领导职务岗位竞争上岗2次，选拔4人；述职比选3次，选拔正局级非领导干部3人、副局级非领导干部4人；公开选拔副处长1次，选拔12人，补充到办公厅等9个单位。差额选拔副局级非领导干部4次，选拔14人。

2. 研究制定《中央党校2010年年度考核工作安排》，组织完成校委领导班子及成员的述职与测评工作。完成各直属单位年度考核工作，185 人（不含局级领导干部）确定为优秀等次。组织参与26个直属单位的领导班子和领导干部述职会、领导班子民主生活会，完成对26个直属单位领导班子和领导干部的民主测评工作。坚持局级领导干部年度考核结果反馈谈话制度。组织部领导班子成员分别与各直属单位班子成员谈话，反馈年度考核测评情况，肯定优点，指出不足，督促干部针对突出问题，查找原因，提出改进措施，逐步改正。

培训工作。1. 教师队伍培训。与教务部联合举办中青年教师学习马克思主义经典著作培训班；举办第 2 期教研室主任副主任培训班，共 21 人参加；举办新入校教师培训班；选派 3 人分别参加德国赛德尔基金会项目、中国——新加坡中高级领导者能力建设项目、美国艾森豪威尔基金会项目，2 人参加英国志奋领奖学金项目，2 人赴哈佛大学访学；与环球雅思外语培训学校合作对我校 2010、2011 年度入校教师进行了外语培训。

2. 干部队伍培训。全年共有 57 人参加各类培训；对新入校干部进行了集中培训；对公开选拔入校的 12 名副处长，在培训之外还进行了集体廉政谈话和任职谈话；首次举办了全校组织员培训班。

3. 干部挂职锻炼。在习近平同志关心和常务副校长李景田的直接指导下，在浙江、福建两省建立挂职锻炼基地，每年选派 4 名同志到两省的市县挂职锻炼。2011 年选派 2 人赴浙江省金华市和义乌市、2 人赴福建省莆田市、福清县挂职锻炼。此外，选派 5 名教师分别到广西壮族自治区、新疆维吾尔自治区、江西省、中央办公厅等地方和中央部门挂职锻炼。此外，还选派 4 名干部到江苏省、青海省、中央巡视办和国家信访局挂职锻炼。

4. 工勤人员培训。开展大规模培训工勤人员活动。

其他干部人事工作。1. 机构编制工作。开展机构编制清理规范工作，对 2001 年以来机构编制执行情况进行摸底调研，形成清理规范工作的报告。完成财务行政管理局增设审计室、图书馆增设文化展览处以及相关编制调整工作；报刊社设立中央党校学习时报社（不定机构规格、不设编制），以及《中国党政干部论坛》等 3 个编辑室更名为编辑部的工作；函授学院更名为干部教育学院，文史教研部下设教研室级机构更名等工作。

2. 调配工作。共补充各类人才 57 名。其中，选调高校博士毕业生、博士后 17 名；考录参照公务员法管理人员 15 名，接收军队转业干部 7 名，事业单位编制内聘用人员 6 名，公开选拔副处长 12 名。制定 2012 年进人计划。完成第 7 批援疆人员选派工作。

3. 工资福利工作。为 670 多名专业技术人员、职员和工人晋升了薪级工资，110 多名参照公务员法管理的人员晋升了级别和级别档次。为 2011 年变动职务的 300 多人次变动工资，为新入校 56 人确定了工资。完成了参公单位和离退休人员规范津补贴工作，为 370 多名参公人员、1020 多名离退休人员规范并补发了津补贴。完成了事业单位清理津贴补贴工作。为 6 名离休干部提高享受省（部）长级医疗待遇，5 名离休干部提高享受副省（部）长级医疗待遇，3 名离休干部提高省（部）长级标准报销医疗费。为 211 名离休干部增发了基本离休费作为生活补贴，补发建国前参加工作的 10 名老工人的生活补贴。

教职工人数简表

1. 在职教职工人数

总数	教研人数	教辅人数	行政管理人数	工人数
1237	280	83	617	157

2. 离退休人员总数：1061

（组织部供稿人：任尊严）

机构变动

4月25日，经校委会议讨论，同意将函授学院下设机构教研室（教学处）的2名编制调整至培训办公室。调整后，培训办公室编制由6名增至8名，教研室（教学处）编制由6名减至4名；函授学院编制总数52名不变。

8月22日，中央机构编制委员会办公室批准函授学院更名为中共中央党校干部教育学院，并批准该院继续使用中共中央党校函授学院名称到2012年7月。按照中编办批复意见，该院主要负责受中央部门、企业及地方委托，对县处级以上党员干部进行思想政治理论等方面的培训，财政补助事业编制仍为50名。

10月13日，经校委会议讨论，同意图书馆增设文化展览处，该处的主要职责是：全面负责校史馆的日常工作，统一协调、综合管理来校的文化活动，负责网络舆情监测。文化展览处属事业单位，机构规格为正处级；编制从图书馆下设机构文献研究室、图书借阅室和报刊阅览室各调剂2名，共6名；文献研究室编制由10名减至8名，图书借阅室和报刊阅览室编制分别由8名减至6名。

10月13日，经校委会议讨论，同意财务行政管理局财务部单独设立审计室，该室的主要职责是：负责对未实行财务集中管理的校直属单位及下属单位的财务核算及管理工作进行日常审计，协助组织部对校直属单位负责人进行干部的离任、调任、晋升和经济责任等财务方面的审计，协助校机关纪委完成专项、专案审计任务，配合审计署做好对我校审计的组织、协调工作，完成国家相关部委部署的任务，参与财务审计相关制度的制定。审计室是参公单位，机构规格为正处级；编制 4 名，从财务部内部调剂，其中 3 名为原有的审计工作人员编制，另从国有资产管理室调剂 1 名；国有资产管理室编制由 11 名减至 10 名。原与财务部一个机构两块牌子的审计室撤销。

10 月 13 日，经校委会议讨论，同意报刊社下设机构作如下变动：1. 设立中共中央党校学习时报社，不定机构规格和编制；2. 中共中央党校《中国党政干部论坛》编辑室更名为中共中央党校《中国党政干部论坛》编辑部，中共中央党校《理论动态》编辑室更名为中共中央党校《理论动态》编辑部，《中共中央党校学报》编辑室更名为《中共中央党校学报》编辑部，以上三个编辑室更名后，机构规格和编制不变。

（依据校发文件整理）

人事任免

局级干部任免情况

（以时间为序）

时间	文件号	姓名	单位	任职	免职	其他
2011. 1. 6	中校通〔2011〕1 号	张坚石	出版社	副巡视员	副社长	
2011. 1. 13	中校通〔2011〕5 号	王迎雪	进修部	副局级组织员		
		曹　颖	培训部	副局级组织员		
		蒋阿依	培训部			
		冯强民	账务行政管理局	副巡视员		
2011. 1. 20	中校通〔2011〕6 号	陈果吉	函授学院	副巡视员	副院长	
2011. 1. 31	中校通〔2011〕7 号	李雅琴	培训部			退休
		张　力	后勤服务部			退休

续表

时间	文件号	姓名	单位	任职	免职	其他
2011.1.13	中校通〔2011〕8号	段宝平	办公厅	副主任		
		王成志	教务部	副主任		
2011.2.28	中校通〔2011〕9号	吴新华	办公厅			退休
		李卫华	教务部			退休
		郄　肖	进修部			退休
2011.2.24	中校通〔2011〕11号	周天勇	国际战略研究所	副所长	研究室副主任	
2011.3.31	中校通〔2011〕15号	常友寅	图书馆			退休
2011.3.31	中校通〔2011〕16号	崔津秀	离退休干部局	巡视员	局长	
2011.3.31	中校通〔2011〕17号	宁　梅	培训部	正局级组织员		
		李中印				
		张坚石	出版社	巡视员		
		李燕生	教务部	副巡视员		
		段洪仁	账务行政管理局	副巡视员		
		武金凤	函授学院	副巡视员		
2011.3.31	中校通〔2011〕18号	武金凤	函授学院			退休
2011.4.28	中校通〔2011〕19号	庞元正				返聘
		张耀光				返聘
		垄学增				返聘
		李道中				返聘
		岑大利				返聘
		赵书刚				返聘
2011.4.30	中校通〔2011〕20号	范京尔	账务行政管理局			退休
2011.5.19	中校通〔2011〕22号	姚红宇	中共党史教研部			退休
2011.6.14	中校通〔2011〕23号	朱满良	图书馆		副巡视员	

续 表

时间	文件号	姓名	单位	任职	免职	其他
2011.5.31	中校通〔2011〕25号	钟绍强	离退休干部局	局长		
		王金龙	离退休干部局	副局长（正局长级）	信息中心副主任	
2011.6.23	中校通〔2011〕31号	徐　跃	教务部	副巡视员兼党校教育研究室主任		
		孙剑飞	进修部	副局级组织员		
		杨英杰	进修部	副局级组织员		
		闫惠鸾	培训部	副局级组织员		
		徐丽君	培训部	副局级组织员		
		崔宪涛	出版社	副总编辑（副局级）		
2011.7.5	中校通〔2011〕32号	李怀义	中共党史教研部	副巡视员		
2011.7.21	中校通〔2011〕34号	刘永艳	政法教研部	副局级干部		
		范俊峰	机关党委	副局级干部		
2011.7.31	中校通〔2011〕35号	康绍邦	国际战略研究所			退休
		李继忠	机关党委			退休
		冯强民	账务行政管理局			退休
2011.8.31	中校通〔2011〕36号	李援朝	出版社			退休
2011.6.23	中校通〔2011〕37号	沈黎萍	机关党委	副局级干部		
2011.8.30	中校通〔2011〕39号	赵理文	干部教育学院	院长		
		史金龙	干部教育学院	副院长		
2011.9.30	中校通〔2011〕40号	张喜德	科研部			退休
2011.9.22	中校通〔2011〕41号	王博永	办公厅	副局级秘书		
2011.10.31	中校通〔2011〕42号	张晓玲	政法教研部	副主任		

续表

时间	文件号	姓名	单位	任职	免职	其他
2011.10.31	中校通〔2011〕43号	周莉莉	研究生院			退休
		殷　真	报刊社			退休
2011.11.5	中校通〔2011〕44号	段若鹏	研究生院		巡视员	
2011.11.30	中校通〔2011〕45号	丁东红	哲学教研部			退休
		张燕喜	经济学教研部			退休
2011.11.10	中校通〔2011〕46号	李庆华	报刊社	正局长级干部	常务副总编辑	
2011.11.10	中校通〔2011〕48号	潘　悦	国际战略研究所	副所长		
		曾业松	研究室	副巡视员	副主任	
2011.12.9	中校通〔2011〕49号	崔禄春	研究室	副主任		
		刘宝东	干部教育学院	副院长		
		谭荣邦	信息中心	副主任		
2011.12.15	中校通〔2011〕50号	钟国兴	报刊社	常务副总编辑（正局级）		
2011.12.31	中校通〔2011〕52号	廖小鸿	文史教研部			退休
		魏同悟	文史教研部			退休
		邹　华	组织部			退休

（依据校发文件整理）

干部人事制度改革

1. 首次面向社会公开选拔副处级领导干部。根据副处级干部领导岗位空缺情况，从优化干部队伍结构的需要出发，研究制定了《关于公开选拔部分副处级领导职务干部的实施方案》，经发布公告、报名和资格审查、笔试面试、组织考察等环节，首次面向北京市公开选拔了12名副处长。这次公开选拔副处级领导干部，拓宽了中央党校选人用人渠道，为中央党校干部队伍补充了有生力量，增添了新鲜血液，优化了干部队伍结构。整个过程公开透明，程序严谨规范，在校内外产生了良好反响。

2. 首次以竞争方式面向全校选拔教研部副巡视员。在充分调研、广泛征求意见的基础上，研究制定了《关于选拔教研部（所）副巡视员的意见（暂行）》，以竞争方式面向全校为中共党史教研部选拔1名副巡视员。这次竞争选拔工作的创新之处是，参加竞争性选拔的干部必须通过述职演讲来汇报工作业绩，展示工作能力；然后通过评委打分和岗位所在教研部全体教师“认可度测评”，才能进入组织考察环节。这在一定程度上既保证了群众对干部选拔任用工作的知情权、参与权和监督权得到落实，也有利于新上任的同志更快进入角色、更好地开展工作。

3. 首次开展正处级组织员竞争上岗工作。根据学员部干部队伍结构优化的需要，同时为了拓宽选人用人范围，研究制定了《关于在全校范围开展正处级组织员竞争性选拔工作的实施方案》，经过笔试、面试、组织考察等程序，选拔出5名正处级组织员，其中3人来自教学研究岗位、2人来自管理岗位。

4. 研究制定《中央党校副局级组织员选拔办法（暂行）》。这一措施的核心内容是面向全校竞争性选拔副局级组织员，这样既能较好地解决全校局级职位配置不平衡问题，促进资源优化配置；也有利于优化组织员队伍结构。

（组织部供稿人：任尊严）

关于公开选拔部分副处级领导职务干部的实施方案

中校通〔2011〕26号

按照《党政领导干部选拔任用工作条例》和《公开选拔党政领导干部工作暂行规定》的要求，根据我校副处级领导职位空缺情况，特制定本方案。

一、选拔职位（按单位序列为序）

1. 办公厅机要档案处副处长

2. 科研部中特理论研究中心研究室副主任

3. 研究室三处副处长

4. 研究生院学生处（招生办）副处长

5. 图书馆数字资源综合管理中心副主任

6. 财务行政管理局房地产管理处副处长

7. 财务行政管理局工程处副处长

8. 机关党委办公室副主任兼校团委副书记

9. 离退休干部局服务处副处长

10. 后勤服务部园林修缮环卫中心副主任

11. 后勤服务部综合服务中心副主任

12. 后勤服务部物业监管中心副主任

13. 信息中心电视通讯处副处长

二、选拔范围

中央直属机关、中央国家机关各部门及其直属单位的正式在编人员，国有企业、北京市各级党政机关及直属单位、在京高校的正式在编人员。具有北京市户籍。

三、选拔条件

（一）基本条件

1. 具有履行职责所需要的马克思列宁主义、毛泽东思想、邓小平理论、“三个代表”重要思想的水平，深入贯彻落实科学发展观，坚持正确的政绩观，自觉与党中央保持高度一致。

2. 具有共产主义远大理想和中国特色社会主义坚定信念，坚决执行党的基本路线和各项方针、政策，勤奋敬业，在实际工作中表现突出。

3. 有强烈的事业心和责任感，有较丰富的工作经验、比较扎实的理论功底、专业知识和较强的组织协调能力。

4. 正确行使权力，依法办事，艰苦朴素，密切联系群众，自觉接受党和群众的批评和监督，做到自重、自省、自警、自励。

5. 坚持和维护党的民主集中制，作风民主，有大局观念，善于团结同志，包括团结同自己有不同意见的同志一道工作。

（二）资格条件

1. 现任副处级干部或任正科级职务3年以上

2. 中共党员

3. 全日制大学本科以上学历

4. 身体健康

5. 年龄一般在40岁以下

6. 一般应具有两年以上基层工作经历

7. 符合具体岗位需达到的要求

四、选拔方法和程序

根据《公开选拔党政领导干部工作暂行规定》的有关要求，具体选拔程序和办法如下：

（一）发布公告。组织部起草《中央党校公开选拔部分副处级领导干部公告》，面向社会公布。

（二）报名、资格审查。根据任职资格条件和具体岗位需求，组织部负责对报名干部进行资格审查，一般按人数与选拔职位不低于10∶1的比例确定参加笔试干部名单。若无合适人选，该岗位空缺。

（三）笔试。笔试主要依据《党政领导干部公开选拔和竞争上岗考试大纲》命题，主要测试应试者胜任党政领导工作必须具备的基本素质、选拔职位所需专业知识，特别是运用有关基本理论、基本知识和基本方法分析和解决工作中实际问题的能力。闭卷考试，时间为180分钟。满分100分。

（四）面试。根据笔试成绩从高分到低分，按人岗5∶1的比例确定参加结构化面试干部名单。面试主要测试竞争者履行竞争职位职责所必备的基本素质和能力。主要考察理论素养、组织协调、综合分析、应变能力、语言表达能力等。每人面试时间为15分钟，考官组根据应试者的表现进行评分。满分100分。

（五）加试。根据岗位需要，可由岗位所在单位组织相应专业知识和技能的加试，加试成绩满分为50分，计入总成绩。

（六）组织考察及体检。根据笔试、面试以及部分岗位的加试成绩的总和，从高分到低分的顺序，按照考察人选与选拔职位3∶1的比例确定考察人选。组织部及职位所在单位组成考察组到参选干部单位进行组织考察。组织考察主要以考察预告、组织个别谈话和查看本人档案等方式进行。同时，通知已确定的考察人选，按照《国家公务员录用通用体检标准（试行）》参加体检。

（七）确定拟任人选。根据参选干部各项总成绩和组织考察情况，结合岗位要求，由组织部部长会在充分讨论的基础上提出建议人选后，提交组织部部务会讨论确定拟任人选并报有关校领导批准。

（八）公示。对决定拟任人选进行公示。

（九）试用。公示后未发现影响任用问题的，办理任职手续，向社会公布选拔结果。试用期1年，试用期满，经考核胜任的，正式任职；不胜任的，免去试任职务，一般按试任前职务层次安排工作。

五、时间安排

（一）公布公开选拔公告，报名开始。

（二）符合报名条件的干部以网上报名形式于7月8日前向中央党校组织部报名。

（三）7月10日至13日，笔试。

（四）7月16日，面试。

（五）7月17日至20日，加试。

（六）7月25日至9月10日，组织考察及体检。

（七）组织部部务会议讨论确定拟任人选。

（八）任职公示。

（九）公布任职通知。

如时间安排有变化，另行通知。

六、组织领导和纪律监督

公开选拔工作在校委的统一领导下，由组织部组织实施。公开选拔工作自觉接受校机关纪委的监督，机关纪委直接参与笔试、面试、组织考察等环节的工作，对公开选拔工作进行全程监督。本方案由组织部负责解释。请各有关单位做好协助工作。

中共中央党校校务委员会
2011年6月14日
（组织部、办公厅供稿）

关于选拔教研部（所）副巡视员的意见（暂行）

中校通〔2011〕14 号

为进一步推进干部人事制度改革，拓宽选人用人渠道，建立竞争择优、充满活力的选人用人机制，按照《党政领导干部选拔任用工作条例》和我校《关于副局级非领导职务选拔任用工作的补充规定》、《关于七部一所助理巡视员设置意见》的要求，从我校干部队伍建设实际出发，在充分调研和对干部队伍情况分析的基础上，特提出本意见。

一、岗位职责和管理

根据《关于七部一所助理巡视员设置意见》的规定，教研部（所）副巡视员主要岗位职责为：协助教研部（所）领导承担一定的行政管理工作，参加领导班子会议，参与教研部（所）的决策；负责教研部（所）党务工作，围绕教学、科研做行政保障工作和思想政治工作。

每个教研部（所）设副巡视员 1 名，属于职员系列，为非领导职务。

符合条件的专业技术干部任副巡视员后，按规定转为事业单位管理岗位序列并享受相关待遇。

二、任职资格条件

1. 符合《党政领导干部选拔任用工作条例》规定的基本条件。

2. 具有胜任党务、行政、思想政治、群众工作的能力；群众基础好，组织协调能力强，工作实绩突出。

3. 任正处（室）级职务满 5 年以上，且有正处（室）级领导职务经历；担任教研部（所）正处级行政秘书 5 年以上。

4. 一般应当具有大学本科以上文化程度。

三、选拔办法和工作程序

1. 提出工作方案

根据教研部（所）副巡视员岗位空缺情况和工作需要，由组织部提出《部分教研部（所）选拔副巡视员工作实施方案》，经校委会讨论同意后下发，公布选拔副巡视员的职位、报名条件、选拔方式、选拔程序和时间安排等。

2. 个人申请及资格审查

在全校范围内，凡符合任职基本条件和资格条件的干部均可提出申请，经所在单位领导班子同意，报组织部。由组织部进行资格审查。

3. 述职评议

述职由参选干部本人汇报任正处（室）级职务以来的工作实绩、研究工作规律的成果或体会、存在的不足和对教研部（所）副巡视员岗位的认识及履行职责的打算等。

述职评议在职位所在教研部（所）进行。

由教研部（所）、组织部和相关部门领导组成述职评议小组对干部述职情况评议打分；职位所在单位人员参加述职会并现场对述职干部进行认可度测评。

4. 民主测评

组织部对通过述职评议的人选进行民主测评。测评范围一般为测评对象所在单位的全体在编人员。

5. 组织考察

组织考察小组对考察对象从德、能、勤、绩、廉等五个方面进行全面考察。

6. 优秀及获奖加分

任正处（室）级职务以来的加分因素包括：年度考核为优秀等次、获校级以上工作优秀奖或优秀共产党员等奖项、获国家级奖励。每一年度只计一个最高得分奖项，不重复计分。

7. 酝酿建议任职人选

根据各环节总得分，结合年度考核情况，并听取分管校领导和校机关纪委意见，经组织部部长会议讨论，提出提交校委会议讨论的建议任职人选。

8. 校委讨论确定拟任人选及公示

组织部向校委会汇报建议任职人选情况。校委会议对建议任职人选进行讨论，决定拟任人选。由组织部对拟任人选在校内进行公示、公布参选干部成绩。

四、纪律监督

教研部（所）副巡视员的选拔在规定的职数内进行。选拔工作要严格按照本意见及各次的《实施方案》所规定的资格条件、办法、程序进行。严格干部人事纪律，对在选拔工作中出现的违法违纪行为，按有关规定给予严肃处理。

中共中央党校校务委员会

2011 年 3 月 16 日

（组织部、办公厅供稿）

关于在全校范围开展正处级组织员竞争性选拔工作的实施方案

校组字〔2011〕37 号

按照《党政领导干部选拔任用工作条例》的要求，现对进修部、培训部部分空缺的正处级组织员职位竞争性选拔工作提出如下意见。

一、选拔职位

进修部正处级组织员 3 名，培训部正处级组织员 2 名。

二、报名条件

校内符合下列基本条件和资格的干部均可报名。每人限报一个职位。

（一）符合《党政领导干部选拔任用工作条例》规定的基本条件。

（二）资格

1. 具备下列任职资格之一：（1）正处级干部；（2）任副处级职务 4 年以上干部；（3）任副高级专业技术职务 5 年以上，或现任正高级专业技术职务干部。

2. 中共党员。

3. 研究生学历以上文化程度。

4. 身体健康。

5. 参公单位报考进修部正处级组织员年龄在 55 周岁以下（1955 年 7 月 31 日后出生），报考培训部正处级组织员年龄在 50 周岁以下（1960 年 7 月 31 日后出生）；按《公务员调任规定（试行）》的规定，事业单位报考正处级组织员年龄须在 45 周岁以下（1965 年 7 月 31 日后出生）。

三、选拔方法和程序

符合条件的报考人员参加笔试、面试等环节的竞争，依据得分及组织考察情况，进修部、培训部研究确定拟任人选报组织部审批，并公布所有干部参加本次竞争性选拔的成绩。具体办法如下：

（一）笔试

主要测试进修部、培训部组织员职位必须具备的基本素质、文字表达能力，特别是运用有关基本理论、基本知识和基本方法分析和解决工作中实际问题的能力。闭卷考试时间为 180 分钟。满分 100 分，计入总分时按 80 分计算。

（二）面试

笔试成绩及格分以上，每个职位按 1∶3 比例进行结构化面试。面试主要测试竞争者履行竞争职位职责所必备的基本素质和能力，主要包括理论素养、组织协调、综合分析、应变能力、语言表达能力等。每人面试时间为 15 分钟，考官根据应试者的表现进行评分。面试成绩计分办法：对每一测试要素去掉一个最高分和一个最低分，其余分数的平均值为该要素得分，各要素得分之和为面试成绩。面试顺序以抽签形式确定。满分 100 分，计入总分时按 120 分计算。

（三）组织考察

对笔试、面试成绩及格者依分数从高到低按 1∶2 比例进行考察公示和组织考察。组织考察小组对考察对象的德、能、勤、绩、廉等五个方面进行全面考察。

（四）商调和任用

进修部、培训部根据各项成绩总分数及组织考察情况，结合岗位要求，在充分酝酿、讨论的基础上决定拟任人选，报组织部审批后，按规定办理相关手续。

四、时间安排

（一）公布竞争上岗实施方案，报名开始。

（二）全校符合报名条件的干部以书面形式于 7 月 8 日 17：00 前向组织部干部三处报名，报名电话为 5590。组织部负责资格审查。

（三）7 月 14 日，笔试。

（四）7 月 21 日，面试。

（五）组织考察。

（六）商调或任用。

如时间安排有变化，另行通知。

五、组织领导

该工作在组织部指导下，由进修部、培训部组织实施。本方案由组织部负责解释。请各有关单位做好协助工作。

附：干部报名表（编者略）

组 织 部
2011 年 7 月 4 日
（组织部供稿）

关于中央党校副局级组织员选拔办法（暂行）

中校通〔2011〕54 号

为拓宽干部选拔渠道，完善竞争择优、充满活力的选人用人机制，加强我校干部队伍建设，优化组织员队伍结构，根据《党政领导干部选拔任用工作条例》及《中央党校组织员工作暂行规定》的要求，结合我校干部队伍建设实际，特制定本办法。

一、适用范围

进修部、培训部、研究生院副局级组织员岗位。

二、任职资格条件

1. 符合《党政领导干部选拔任用工作条例》规定的基本条件。

2. 副局级干部；任正处（室）级职务 5 年以上的干部；具有正高级专业技术职务任职资格的干部；具有 10 年以上副高级专业技术职务任职资格的干部。

3. 中共党员。

4. 一般应当具有大学本科以上文化程度。

5. 符合公务员调任规定的年龄限制。

三、选拔办法和工作程序

1. 提出工作方案

根据学员部局级组织员岗位空缺情况和工作需要，由组织部提出《中央党校部分副局级组织员选拔工作方案》，经校委会讨论同意后印发，公布选拔职位、报名条件、选拔方式、选拔程序和时间安排等。

2. 个人申请及资格审查

全校范围内，凡符合任职基本条件和资格条件的干部均可提出申请所在单位领导班子同意后，报组织部。由组织部进行资格审查。

3. 笔试

依据《中央党校组织员工作暂行规定》所规定的岗位职责要求，主要测试参选干部胜任组织员工作所必备的基本理论素质和文字表达能力，特别是运用理论、知识与方法分析和解决实际问题的能力。

4. 面试

主要测试通过笔试的参选干部履行岗位职责所必备的组织协调、综合分析、应变能力和语言表达能力，评估参选干部各方面能力与组织员职位的适应程度。

5. 民主测评

组织部对通过面试的人选进行民主测评。测评范围一般为测评对象所在单位的全体在编人员。

6. 组织考察

根据参加选拔干部的笔试、面试、民主测评总成绩，按一定比例确定考察对象。组织部对考察对象从德、能、勤、绩、廉等五个方面进行全面考察。

7. 优秀及获奖加分

加分因素包括：年度考核为优秀等次、获校级以上工作优秀奖或优秀共产党员等奖项、获国家级奖励。每一年度只计一个最高得分奖项，不重复计分。

8. 提出建议任职人选

根据参加选拔干部各环节得分情况，结合年度和平时考核情况，并听取分管校领导和机关纪委意见，经组织部部长会议讨论，提出提交校委会议讨论的建议任职人选。

9. 校委讨论确定拟任人选及公示

组织部向校委会汇报建议任职人选情况。校委会议对建议任职人选进行讨论，决定拟任人选。由组织部对拟任人选在校内进行公示、公布参选干部成绩。

四、纪律监督

中央党校副局级组织员的选拔在规定的职数内进行。选拔工作要严格按照本意见及据此制定的《实施方案》所规定的资格条件、办法、程序进行。严格干部人事纪律，对在选拔工作中出现的违法违纪行为，按有关规定给予严肃处理。

中共中央党校校务委员会

2011年12月15日

（组织部、办公厅供稿）

人才引进与培训

人才引进情况。2011年，通过多种渠道共补充各类人才57名。其中，选调高校毕业生17人，考录公务员15人，接收军转干部7人，面向社会公开选拔副处长12人，事业单位编制内聘用6人。

教师业务培训。与教务部联合举办了中青年教师学习马克思主义经典著作培训班，培训对象主要是从事马克思主义经典著作教学和研究的中青年教师及近两年新来的年轻教师，共56人。培训的主要内容和形式是：跟班听“马克思主义经典著作导读师资培训班”部分课程，与老教师座谈、交流研讨等。

以提高能力、增强党性为主题，采取校内外结合的形式，举办了第2期教研室主任副主任培训班，共21人参加。李书磊副校长作动员，梁言顺、周为民、刘海涛、王成志等同志分别作专题辅导；组织大家赴延安接受革命传统教育。

举办新入校教师培训班。为“八部一所”新入校教师量身定做了培训计划，培训分为入校教育、党性锻炼和教学研讨三个部分。入校教育包括介绍党校历史沿革、教学和科研工作特点、教师成长机制和制度等；党性锻炼包括党史党建教育讲座、赴延安开展革命传统教育和理想信念教育等；教学研讨包括观摩各教研部优秀教师授课、观摩马克思主义经典著作导读课程、与老教师座谈、教学模拟等。

行政干部培训。全年共有57人参加各类培训，其中参加中央党校主体班次6人、国家行政学院2人、“三所干部学院”6人，中央直属机关分校8人，中央直属机关管理局机关事务管理培训班5人，国家公务员局新任处长培训班2人，国外培训3人，组织员培训班25人。

首次举办了全校组织员培训班。校委对这个培训班高度重视，常务副校长李景田就如何办好培训班作了批示，副校长孙庆聚作了动员讲话，教育长兼培训部主任徐伟新多次到会给予指导，校委委员、进修部主任黄宪起作了“组织员应具备的素质与能力”的专题报告。这次培训既体现了校委、组织部对组织员工作的重视和对组织员的关心，也为如何做好组织员培训管理工作进行了有益探索。

工勤人员培训。组织41人参加了职业技能培训，近500人参加了各工种业务技能竞赛；综合服务中心280多人参加了职业道德、礼仪及客房服务培训；餐饮服务中心班组长和技术骨干共50多人参加了如何当好班组长和怎样进行营养配餐的集中培训；50人参加了以提高劳动合同制人员业务技能、提升能力素质为目的的拓展训练。

新入校人员培训。对新入校干部进行集中培训。培训内容主要是党校历史、党校人应具备的素质、党校工作制度等。对公开选拔入校的12名副处长，在培训内容之外进行集体廉政谈话和任职谈话。

（组织部供稿人：任尊严）

年度考核

2011年度局级干部优秀等次名单

按照《中央党校2011年年度考核工作安排》的有关规定，经校委会议讨论，同意谢煜桐等30名局级干部2011年年度考核确定为优秀等次，其他局级干部确定为称职等次。优秀名单如下（按单位序列排序）：

办公厅 谢煜桐
教务部 王东京
科研部 梁言顺 李连明
马克思主义
理论教研部 韩庆祥
经济学教研部 赵振华 鲍永升
中共党史教研部 柳建辉
党的建设教研部 王长江
国际战略研究所 宫 力 顾丽丽
研究室 冯秋婷
进修部 郭焕永 王伟华
王英娟 孙慧荣
培训部 陈 富 眭月华
研究生院 白金舫
图书馆 刘俊瑞
组织部 王 洋
财务行政管理局 卢 平
离退休干部局 钟绍强 崔津秀
报刊社 赵慧珠
干部教育学院 赵理文 陈果吉
后勤服务部 欧亚平
信息中心 郭英楼
出版社 胡建华

（摘自中校通〔2012〕20号，组织部、办公厅供稿）

2011年度专业技术干部、处级以下干部和工勤人员优秀等次名单

按照《中央党校2011年年度考核工作安排》的有关规定，2011年年度考核确定为优秀等次的专业技术干部、处级以下干部和工勤人员名单如下（按单位序列和姓氏笔画排序）：

办公厅：马玉琴 王世祥 王 颖
边 琳 刘晓云 刘 静
苏 英 张锡健 邵五洲
郑 红 赵争力 姚国英
韩 宁

教务部：刘君栩 陈秋燕 罗明琦
金 晶 薛伟江

科研部：李 瑞 秦真英 高彦彬

马克思主义理论教研部：王虎学
吕晓峰
李宏伟

哲学教研部：冯桂兰 孙要良
李绍猛 赵建军
胡 卫 梁晓杰
焦佩峰

经济学教研部：王天义 刘艳梅
孙小兰 李 蕾
徐祥临 曹 新

科学社会主义教研部：王道勇
冯书泉
孙劲松

孟　鑫
赵　宏
康晓强
靳　薇
政法教研部：王立峰　王　勇
王雅琴　刘武萍
赵虎吉　黄小勇
中共党史教研部：刘宝东　沈传亮
张音梅　罗平汉
高中华
党的建设教研部：王　瑜　吴　辉
赵绪生　谢　峰
蔡志强
文史教研部：尹永波　李文堂
张　文　张　军
孟庆君　徐　平
郭　莲　韩　红
国际战略研究所：马小军　杨　青
陈江生　陈建奇
罗建波　赵　磊
研究室：单　玉　赵　杰　韩秀莉
进修部：郝全洪　高国理
培训部：孙相东　张　伟　罗　菁
研究生院：杨　靖　余金华
葛巍巍　董玉卿
图书馆：刘小梅　刘燕飞　苏本英
周　慧　郑光辉　龚小英
傅振华　霍　飞　魏同悟
组织部：任尊严　刘立宏　李　洁
高承禹
财务行政管理局：马　里　马彦平
王　兰　王学军
丛　静　孙向军
李玉明　李　嵩
杨　黎　吴　宁
吴慧林　张春花
郑宝兰　郎旭斌
赵振洲　赵振福
姜新菊　聂建军
董洪林　韩玉水
靳化清
机关党委：王庆俐　邹　风
张久义　赵　嵋
离退休干部局：王化杰　张雪扬
姚　巍　唐　皓
蒋旭平
报刊社：刘　询　苏毅丽　李　红
陈国裕　曹　迟
干部教育学院：王彦娟　王冀平
史世鹏　仲　平
刘　跃　孙　波
李志萍　李素玲
后勤服务部：马文亮　马国友
王玉生　王克新
王金财　王春钢
王秋国　巴福季
左振城　包建华
冯月花　师　林
吕宝龙　刘广顺
刘伟星　刘范红
刘学东　刘宗平
孙淑芳　李建发
李新平　李福胜
杨　华　张　旭
张俊英　范月兰
林晓风　金进启
周小强　郑沂昌
赵纯河　袁建平
贾少敏　柴文平
徐树栗　郭海军

薛静蓉

信息中心：龙　华　刘小芊　李　春
　　　　　李　琳　张胜利　黎燕冬
　　　　　薛海岩

出版社：王　君　曲　炜　严宏伟
　　　　宋　东　张志军　张克敏
　　　　宿　华

（摘自校组字〔2012〕28号，组织部供稿）

合同制人员工作

劳动合同制人员表彰大会

1月17日下午，中央党校隆重召开劳动合同制人员表彰大会，报刊社等3个单位获2009年度、2010年度劳动合同制管理先进集体奖，黄秀娜等39名同志获工作业绩优秀奖。

会议由劳动合同制人员综合管理委员会副主任苏作霖主持，劳动合同制人员综合管理委员会副主任张忠军代表综管委作工作报告，综管委副主任牛卫国宣读表彰决定。后勤服务部郑丽君和报刊社社长、总编辑肖勤福同志代表获奖人员和获奖单位在大会上发言。

副校长、劳动合同制人员综合管理委员会主任陈宝生出席会议并讲话。他对合同制人员围绕中心，服务大局，以校为家，努力奋斗，为党校事业发展和“一流学府”建设所作的贡献给予了充分肯定，并代表常务副校长李景田和校委对获奖单位和个人表示祝贺。他对劳动合同制人员综合管理委员会、使用合同制人员的相关单位和中央党校合同制工作人员做好今后工作提出了六点要求：一是要多学点技能；二是要多担点责任；三是要多作点贡献；四是要多给点关怀；五是要多搞点活动；六是要多出点先进。他希望经过合同制人员管理部门、用人单位和全体合同制人员的共同努力，在中央党校的合同制人员中，能够多出一些先进人物、先进集体。同时要求各用人单位注重典型培养、旗帜性人物培养，要管理好典型、管理好先进，并从健全制度方面考虑，做到调动积极性、保护积极性、用好积极性，激励合同制人员为党校事业的发展，作出新的成绩。

劳动合同制人员综合管理委员会全体成员、有关单位负责同志及劳动合同制人员出席会议。

（摘自校园网，组织部供稿）

离退休干部工作

概　况

2011 年，在校委的正确领导下，坚持围绕中心，服务大局，深怀感情，为老同志办实事、做好事、解难事，离退休干部工作取得了新的成绩。

召开离退休干部工作领导小组会议。常务副校长李景田主持并讲话，副校长陈宝生、孙庆聚出席并讲话。离退休干部局长钟绍强作了工作汇报。会议研究了进一步做好离退休干部工作问题。

认真落实老同志的政治待遇。以庆祝中国共产党成立 90 周年为契机，筹划组织了创先争优、走访慰问、文艺汇演、书画展览、知识竞赛、专题座谈、主题党日和“与党同呼吸、共命运、心连心”征文等 9 项活动。副校长孙庆聚还亲自联系天津市委，带领 60 多位老同志骨干前往滨海新区参观考察。按照校委的部署，离退休干部局党委组织老同志深入学习讨论胡锦涛总书记“七一”重要讲话，党的十七届五中、六中全会精神，观看电影《杨善洲》并进行了座谈，人民网、新华网、理论网、中直党建网等多家网络媒体报道或转载了中央党校老同志开展学习交流的情况。“七一”前夕，由副校长孙庆聚带队，对党龄 60 年以上的老同志进行了走访慰问。7 月 1 日，离退休干部局召开表彰大会，表彰了 6 个先进党支部、48 名优秀共产党员和 30 名优秀党务工作者。

扎实落实老同志生活待遇。组织了离退休干部党支部生活委员培训。按照组通字〔2001〕27、28、29 号文件精神，配合有关部门对符合条件的 6 名老干部办理了提高享受部长级医疗待遇，3 名老干部按部长级标准报销医疗费，5 名老干部提高享受副部长级医疗待遇。按照《关于提高离休干部生活补贴标准和扩大发放范围的通知》要求，将增发的 53 万多元生活补贴及时发放到离休干部手中。全年为年满70、75、80、85岁的老同志集体过生日4次，对25位90岁以上的老同志，校领导逐一上门祝寿。组织1位原校领导、54位离休局级干部和家属到北戴河休养。全年给31位老同志重病特困补助330946元，为老同志发放物业费890人次50475元。为17位去世老同志妥善办理了丧事。为解决离退休人员大病、重病、急病住院时临时垫付高额医疗费押金的燃眉之急，副校长孙庆聚年初筹集300万元赞助款，设立“中央党校离退休人员应急救助基金”，制定基金管理使用办法，并于7月为老同志提供了首次借款服务。

努力丰富老同志精神文化生活。老年大学共开设31个班次，学员达到560多人次。组织了离退休干部党支部文体委员和文体组织骨干培训，举行室外大型活动4次，参加人数达到1500多人次；组织乒乓球队、柔力球队、摄影队、钓鱼队、交谊舞队、服装队、合唱团、燕京诗社等老年文体组织比赛、交流、观摩达50余次。协调中国老年报社，组织8位离退休老教授为央视网《老年网站搜索》栏目，以“国民经济和社会发展‘十二五’规划”和“庆祝建党90周年”两个专题录制了19个视频讲座。老教授协会集体出版了专著《科学发展观理论体系研究》。

狠抓工作人员队伍建设。建立“离退休干部局工作月报”制度，编辑完成《中央党校离退休干部工作手册》，探索加强了对离退休校领导和高龄孤寡病残老同志服务保障的措施，《中国老年报》分6个头版连续报道了中央党校离退休干部工作的经验做法，中央党校电视台、《学习时报》全年播发或采用新闻稿件十余篇。2011年，离退休干部局被评为中央直属机关文明单位，张立春同志被评为全国先进老干部工作者，屠芝萍同志被评为北京市“万名孝星”。面向北京地区公开选拔服务处副处长1人，公开招录公务员2人，校内选调1人，工作人员队伍年龄、素质结构更加合理。

（离退休干部局供稿人：王永清）

工作制度

离退休干部局大型集体活动组织办法及工作流程

为切实做好我校离退休人员大型集会和外出活动的服务和组织工作，确保老同志的安全，制定本办法。

一、校内大型集体活动组织办法

大型集体活动主要是指在校礼堂、综

合楼、体育馆、老干部活动中心举行的会议、听报告、传达文件、开学典礼、毕业典礼等老同志参加人数较多的集体活动。

（一）设总负责人一名。原则上由分管局长担任总负责人，局办公室负责统一组织和协调。也可按照活动的性质和内容，由分管局长委托对口的主管处室领导担任总负责人。

（二）各处室任务分工。局办公室在会场内负责引导、搀扶老同志就座及现场协调；组织宣传处负责在大门口迎送、引导和告知老同志具体开会地点；服务处负责在楼梯、电梯口处搀扶行动不便的老同志；党委办公室负责在会前会后随车接送行动不便的老同志。主管处室负责会议通知、车辆安排等准备工作。如有变化时，由局办公室根据实际情况对各处室的分工进行临时调整。

（三）由我局组织的专项活动，如通气会、春节游艺大观园、体育运动会、健康讲座等，由各主管处室负责会务准备和具体组织，其他处室协助。

（四）在老干部活动中心举行活动时，负责组织活动的处室应事先通知组织宣传处，组织宣传处根据与会人数情况安排会场，并在一层大厅设立指示标志。

二、大型集体外出活动组织办法

大型集体外出活动是指我局组织的离退休人员参加的春游、秋游、参观学习和人民大会堂的春节联欢等活动。

（一）设总带队一名

原则上由分管局长担任总带队，也可按照活动的性质和内容，由分管局长委托对口的主管处室领导担任总带队。

（二）组织工作程序

1. 大型集体外出活动原则上要按照年度工作计划进行，除上级临时布置和安排的以外，尽量避免和减少临时动议。因工作需要临时开展的活动，须经局长办公会或局务会研究确定后方可执行。

2. 组织大型集体外出活动前，主管处室要组织踩点，对景点进行周密的考察，制定具体活动实施计划。

3. 主管处室负责人将活动计划向分管局长汇报，说明活动时间、地点、路线、人数、车辆、经费、天气以及安全措施（是否安排随车医务人员）等情况，经批准后方可实施。

（三）组织工作职责

1. 根据各处室工作职责，大型集体外出活动由主管处室具体负责组织和实施。

2. 主管处室负责活动的通知、报名登记、统计人数、安排车辆等准备工作。张贴通知时要提醒老同志携带有效证件，明确上车时间、地点和注意事项。

3. 总带队或主管处负责人活动前应召集工作人员开会，布置任务，明确分工，提出要求，确定各车带车工作人员，商定车辆行驶先后顺序。

4. 主管处室负责人要组织好老同志有秩序地上车。

5. 活动当天工作人员要提前到位，上车后各车负责人要清点人数并报告总带队，并于出发前向老同志讲明本车车号、游览时间、注意事项及其活动安排。

（四）工作要求和注意事项

1. 每车至少安排一名工作人员带车，工作人员必须携带手机，并保持通讯联络畅通。

2. 车辆应按照编号顺序行驶，若有车辆中途发生情况停车，其他车辆应暂停等候，尽量做到同停同行。工作人员要协助司机观察路况，提醒司机集中精力驾驶，确保行车安全。

3. 到达目的地后，首先安排老同志如厕，然后整队入场，并提醒大家记住所乘车的车号、返回时的集合地点和开车时间。

4. 徒步游览时工作人员不要扎堆，要安排队前引导、队尾收容和队中重点照顾等工作。引导者要熟悉路况，危险路段要提醒老同志“走路不看景，看景不走路”，确保行进安全。负责引导和收容的工作人员要保持通讯联系，首尾照应。

5. 返回时带车人员要清点人数，确认老同志到齐后，报告总带队，未经总带队许可，不得单车先行。特殊情况下，经总带队同意，可以留一辆车收容，其他车先行。

三、大型集体外出活动工作流程

（一）拟定活动计划

1. 目标和要求：

（1）符合年度工作要点要求；

（2）清楚明了，具有可操作性。

2. 操作程序：

（1）由主管处室负责人牵头拟定活动计划；

（2）活动计划须于 8 个工作日前提出；

（3）主管处室负责人召集会议讨论通过。

（二）组织踩点并确定参观游览景点

1. 目标和要求：

（1）选择景点要充分考虑老同志的行走安全和心理需求；

（2）考察清楚道路状况、景点特征、距离、需注意的问题等；

（3）充分考虑老同志午饭和上卫生间等方面的基本需求，提出备选方案；

（4）考察了解门票等必要开支所开具的票据是否符合校财务发票报销有关规定。

2. 操作程序：

（1）安排踩点、洽谈价格（要 2 人以上）；

（2）主管处室负责人召集会议讨论确定参观游览景点，提出制定实施方案的意见。

（三）制定具体实施方案并报局领导审批，着手前期准备工作

1. 目标和要求：

（1）明确组织方式（一批还是两批以上）；

（2）明确具体时间地点；

（3）确定午饭解决办法；

（4）确定安全措施；

（5）确定现场指挥人选和所需工作人员人数；

（6）确定陪同人员收费标准。

2. 操作程序：

（1）根据处室负责人召集会议的讨论意见，责成专人起草书面报告；

（2）主管处室负责人审阅签字后报局领导审批；

（3）主管处室负责人统一安排着手准备工作。

（四）按照局领导批准的具体方案认真做好行前准备工作

1. 目标和要求：

（1）由主管处室负责人组织落实各项

准备工作；

（2）踩点工作人员要从始至终参与所有准备工作；

（3）保持与参观游览景点有关部门的联系，做好协调、沟通和服务工作；

（4）若需其他处室协助工作，应与局办公室联系协调；

（5）安排专人负责保管支票和经费。

2. 操作程序：

（1）提前2个以上工作日预订车辆，最后按实际报名人数确定车辆；

（2）提前2个以上工作日张贴书面通知（必要时辅以电话通知），通知须讲明注意事项；

（3）组织报名，安排专人登记收费；

（4）安排随车医务人员；

（5）拟定安全方案，安排专人负责落实；

（6）召开行前会议，明确分工，责任到人，强调工作人员注意事项。

（五）认真细致地搞好现场组织工作

1. 目标和要求：

（1）现场指挥的主管处室负责人和踩点工作人员按活动实施方案全过程组织参观游览活动，其他工作人员要搞好协调配合；

（2）主管处室工作人员要按照分工落实责任，保证活动全过程环环相扣，不脱节，无漏洞；

（3）带车的工作人员要尽心尽责，确保老同志乘车和上下车的安全；

（4）工作人员要随时掌握老同志参观游览的情况，遇有意外立即报告现场指挥采取措施妥善处理，确保老同志活动安全；

（5）如需统一安排午餐，应对食品卫生、接待能力、是否符合老同志饮食口味等方面作详细考察，确保老同志饮食安全；

（6）严把结账关，确保准确无误，检查所开发票是否符合校财务报销的有关规定。

2. 操作程序：

（1）负责现场指挥的主管处室负责人和主管处室工作人员提前30分钟到场，其他工作人员提前15分钟到场，记清楚现场指挥处领导和随行医生的电话号码，按事先分工依照车号带车，清点人数，定人定座；

（2）各车带车工作人员清点好人数后报现场指挥统计总人数，由现场指挥统一下达出发口令；

（3）工作人员上车后，向老同志介绍参观地点、返回时间、活动内容，宣布注意事项和医生的电话号码；

（4）踩点工作人员要乘坐领路车，依情况安排中途是否需要停车如厕；

（5）车队到景点停车场后，由现场指挥统一宣布参观时间、午饭时间、返回开车时间；

（6）离开景点前各车带车工作人员清点人数，向现场指挥报告。

（摘自校园网，离退休干部局供稿）

工作会议

离退休干部工作领导小组会议

12 月 26 日，中央党校召开离退休干部工作领导小组会议。常务副校长、校离退休干部工作领导小组组长李景田主持会议并讲话。副校长、校离退休干部工作领导小组副组长陈宝生，副校长、校离退休干部工作领导小组副组长孙庆聚出席并讲话。

李景田说，中央党校离退休干部工作是中央党校整个工作大局的重要组成部分，也可以说是中央党校工作的半壁江山。这些老同志在过去的岁月里，为中国的革命、建设和改革开放作出了历史性贡献，也为中央党校事业的发展作出了直接的贡献，即使是退出了领导岗位和工作岗位，他们仍是中央党校事业健康发展不可或缺的力量。中央党校的每一项工作，实际上都离不开离退休老同志的关心和支持。他指出，上次领导小组会议以来，学校在离退休干部工作方面做了不少工作，过去多年想办而没有办成、一些老同志特别要求办的事情，在过去一年里得到了很好的解决。这些成绩的取得，是在中央和习近平同志的关心下取得的，是在校委和离退休干部工作领导小组的直接领导下取得的，也是在校各有关部门的大力支持下取得的。财务行政管理局、后勤服务部、组织部、机关党委、办公厅在这方面都做了大量的工作，其他各个部门也都大力支持配合，尤其是离退休干部局的 30 多名同志和离退休干部党组织成员做了大量艰苦细致的工作。他强调，做好离退休干部工作，要特别强调服务意识，提高服务能力。一方面，要为离退休老同志发挥作用、安度晚年创造良好条件。另一方面，也要加强思想政治工作，把思想政治工作贯穿到每项工作之中，形成一个我为人人、人人为我的良好氛围。要教育引导离退休干部自觉与党中央保持一致，严格遵守党的政治纪律，深化离退休干部创先争优活动，以良好的成绩和精神风貌迎接党的十八大胜利召开。

陈宝生在讲话中充分肯定了离退休干部工作。他说，老干部是党校事业科学发展的重要财富。校委高度重视离退休干部工作，一年召开一次领导小组会，专题研究离退休干部工作中存在的问题和老同志生活中最关心最直接最现实的问题，争取每年办成几件实事。老干部提出来，校委就当作大事来办，集中在住宅楼装电梯、老干部就餐、就医和活动场所等方面。一年多来，学校投入一千多万元，解决了多年想办而没有条件办的事，力度之大，多年少见。离退休干部局领导班子怀着对老干部的深厚感情，对离退休干部工作早调研、早征求意见、早汇报、早安排、早检查，狠抓落实，特别是在关键环节上下了很大的功夫，协调解决了一些难点问题，成绩很好。做好下一步的离退休干部工作，要及时研究党校离退休干部工作的特殊性，高度重视老干部提出的特殊需求，注意维护老干部的特殊权益；要加强老干部的思想政治工作，不断沟通，取得老干部的理解。学校其他部门也要大力支持，共同做好离退休干部工作。

孙庆聚说，离退休干部局的工作做得越来越好，越来越让老同志满意，主要得益于校委的高度重视，得益于相关部门的全力帮助，得益于一大批老同志的关心支持，得益于离退休干部局的努力工作。做好下一步的工作，既要满怀深情，主动服务，切实解决当前老干部最关心、利益最直接的问题；也要做好老同志的思想政治工作，要两手抓，两手都要硬。

会议还研究了提请本次会议解决的有关问题，讨论了《关于离退休干部原工作单位协助做好离退休干部工作的意见》的修改意见。离退休干部局局长钟绍强作了工作汇报。

校委委员、办公厅主任罗宗毅，财务行政管理局局长赵晓光，机关党委常务副书记李庆华，后勤服务部主任欧亚平，财务行政管理局副局长、财务部主任朱鸣，离退休干部局副局长、党委书记王金龙，组织部副部长王洋，离退休干部局党委副书记柳凤清参加会议。离退休干部局副局长曹贵忠列席会议。

（摘自校园网，离退休干部局供稿）

纪念中国共产党成立90周年暨先进党支部、优秀共产党员、优秀党务工作者表彰大会

7月1日，离退休干部局召开纪念中国共产党成立90周年暨先进党支部、优秀共产党员、优秀党务工作者表彰大会，副校长、机关党委书记孙庆聚，机关党委常务副书记宋越等同志出席大会。

会议由离退休干部局局长钟绍强主持，副局长、局党委书记王金龙宣读了《关于表彰中央党校离退休干部局先进党支部、优秀共产党员、优秀党务工作者的决定》，对第五党支部等6个先进党支部、万学礼等48名优秀共产党员、冯力等30名优秀党务工作者给予表彰。周维煌、唐红、周文琪等3位老同志，分别代表先进党支部、优秀共产党员和优秀党务工作者作了交流发言。

孙庆聚在讲话中对近年来中央党校离

退休老同志在推动党校建设科学发展中作出的贡献给予了高度的赞扬，对离退休干部局党委在组织离退休干部党支部和党员认真开展创先争优活动取得的成效给予了充分的肯定。他指出，受到表彰的先进党支部和优秀个人以自己的实际行动，有力地发挥了离退休干部党支部的战斗堡垒作用，充分展现了新时期离退休干部创先争优、续写辉煌的精神风貌。他勉励受到表彰的党支部和共产党员要珍惜荣誉、再接再厉，以更加饱满的热情，为党校建设献计献策、贡献力量。并要求各离退休干部党支部和广大党员以他们为榜样，把学习杨善洲同志作为深入开展创先争优活动的重要内容，坚守共产党人的精神家园，坚持老有所学、老有所为，发扬生命不息、奋斗不止的革命精神，努力发挥余热，为推进党校事业全面发展、促进和谐校园建设贡献力量，以实际行动向党的十八大献礼。

（摘自校园网，离退休干部局供稿）

联欢、慰问

迎新春游艺联欢会

1月19日，在兔年来临之际，离退休干部局在老干部活动中心举办迎新春游艺联欢会。副校长、校老干部工作领导小组副组长孙庆聚致新年贺辞，局党委书记钟绍强主持开幕式，局领导崔津秀、曹贵忠、局党委副书记柳凤清、周文琪、辛守良等同志和500余名离退休老同志及离退休干部局全体工作人员参加联欢会。

开幕式上，孙庆聚和离退休干部局领导参与了迎新春幸运抽奖活动，有15名老同志中奖，兔年抱得福兔归。本次联欢会离退休干部局精心准备了15个游艺项目。

（摘自校园网，离退休干部局供稿）

校委成员看望慰问部分离退休老同志

1月20日，校委成员分头登门看望慰问部分离退休老同志。校领导与老同志们亲切交谈，详细询问他们工作、身体、生活等各方面情况，认真了解他们是否有需要帮助解决的实际困难，对老同志提出的意见和建议作了现场答复，并祝愿老同志们能够安排好春节期间的工作和生活，过一个温暖祥和的春节，同时希望他们能够继续关心党校工作，为党校事业贡献力量。老同志们对组织的关怀深表感谢，表示愿意发挥余热，为把党校事业做得更好贡献力量。

办公厅、组织部、离退休干部局有关负责同志陪同看望慰问。

（摘自《党校信息》2011年第2期，办公厅供稿）

工作进展

8件实事惠及千位离退休老同志

2011年，中央党校扎扎实实为老同志办理8件实事。

住宅楼试点安装电梯工程开工。为解决老同志“下楼难、出行难”问题，中央党校把职工住宅楼的改造和加装电梯工作作为惠及民生的一项重要举措，常务副校长李景田积极协调中央直属机关管理局和北京市相关部门，副校长陈宝生亲自协调筹集资金，取得社会各方面的支持。7月18日，中央党校在大有北里社区举行了住宅楼加装电梯试点工程开工仪式。第一批加装电梯试点的共有6栋整楼和4个单元，工程预计2012年6月份全部完工。

急病救助基金建立。为解决中央党校离退休人员大病、重病、急病住院时临时垫付高额医疗费押金的燃眉之急，年初在副校长孙庆聚的关心下，设立了“中央党校离退休人员应急救助基金”，制定基金管理使用办法，7 月为一位老同志提供首次借款服务。

社区设立“三甲”医院。北医三院中央党校院区自设立以来，始终把中央党校的老同志作为重点服务对象，定期召开中央党校老同志座谈会，听取意见和建议。2010 年下半年与中央党校共同建立了社区脑卒中管理项目，有 60 多名老同志被纳入一级监护对象，对于预防脑卒中的发生和救治创造了条件。2011 年又应老同志要求，在原有基础上新增设了疼痛科、妇科等 4 个专科专家门诊，增加了心内科、眼科、消化科等 8 个专家门诊，方便了老同志看病就医。

订阅报刊。2011 年为离退休人员订阅 856 份《中国老年报》，为双离（退）休人员家庭订阅《中国老年》杂志 152 份。

老干部活动中心扩建。在学校经费紧张的情况下，校委安排 300 万元用于老干部活动中心加层改造和加装电梯。工程完工后，不仅老同志上下楼方便了，老同志活动场所的面积也可增加五六百平方米，活动场地狭小的矛盾将得到缓解。

老年大学教学条件改善。在综合楼教学设施更新过程中，副校长陈宝生明确指示要把改善老年大学的教学条件同步考虑，更换下来的设备要保障老年大学使用。电子黑板、投影仪、视频功放系统等教学设备陆续安装到老年大学的教室里。

面向老同志的社区餐厅开业。为解决老同志吃饭难问题，在学校后勤服务部门的支持下，引进的一家餐饮公司 10 月正式开业。一楼的早中晚三餐主要面向老同志，可零买，也可以较低廉的价格购买套餐，受到老同志的欢迎。

普及急救呼叫器。中央党校自 2005 年率先在北京地区为离退休人员家中安装家庭急救呼叫系统以来，为抢救危重病人赢得了宝贵时间，成为老同志遇到突发疾病时进行紧急医疗救援的绿色通道。2011 年又为近几年退休的 106 位老同志安装了家庭急救呼叫器，目前社区共有 992 名离退休人员安装了家庭急救呼叫器。

（摘自校园网，离退休干部局供稿）

机关党的工作

概　况

学习教育活动。2011年是中国共产党成立90周年。机关各级党组织以纪念建党90周年为契机，认真组织党员干部学习党史知识、开展形势任务教育，动员全校教职工、离退休老同志参加中央直属机关工委和校机关党委、校工会、校团委举办的系列纪念活动。各直属单位开展丰富多彩的党日活动，及时组织学习胡锦涛同志"七一"重要讲话精神，结合学习党的十七届六中全会精神和习近平同志讲话精神，通过辅导报告、专题研讨、学习交流等活动，引导党员干部深刻认识历史和人民是怎样选择了马克思主义、选择了中国共产党、选择了社会主义道路、选择了改革开放，进一步坚定了在中国共产党领导下、走中国特色社会主义道路、实现中华民族伟大复兴的共同理想信念。

"一流学府"建设和创先争优活动。在开展"我为建设'一流学府'作贡献"创先争优主题实践活动中，教研部门重点在提升教学质量和科研水平上下功夫，行政管理部门着力提高办事效率和服务质量。各级党组织和党员干部开展公开承诺活动，开展向杨善洲同志学习活动。"七一"前夕，校委召开大会表彰了9个先进基层党组织、47名优秀共产党员、29名优秀党务工作者。还有3个基层党组织、6名党员和3名党务工作者受到中央直属机关通报表彰。

党的十八大代表候选人预备人选和中央直属机关党代会代表的推选工作。年底，机关党委启动了推选工作。基层党组织和广大党员积极参与，机关党委规范操作，推选工作顺利完成。

作风建设和反腐倡廉建设。机关党委、机关纪委组织广大党员干部学习胡锦涛总书记在中央纪律检查委员会第六次全体会议上的重要讲话精神、观看警示教育片、进行知识答题，引导党员特别是领导干部提高拒腐防变的认识和能力。贯彻落实《中国共产党党员领导干部廉洁从政若干准则》，起草并印发了《中央党校党风廉政建设责任制实施细则》，清理了已有相关制度和文件。扎实推进惩治和预防腐败体系建设工作，召开《建立健全惩治和预防腐败体系2008—2012年工作规划》落实情况经验交流座谈会；开展调查研究，对惩防体系2013—2017年工作规划提出建议并报中央纪委。

其他工作。实施机关党组织工作目标管理责任制，有效激发了机关党组织的活力。按照《中央党校机关党支部工作目标管理责任制实施细则》的要求，开展2010、2011年度的目标管理考核工作，有10个直属单位党组织考核等次为优秀。在精神文明建设方面，开展了2010—2011年度“文明窗口”检查审核工作，完成了中央直属机关精神文明建设先进单位和个人的推荐工作。考核评比的过程，起到了相互交流、相互促进的作用，营造了比学赶帮的氛围。

（机关党委供稿人：栾　岚）

附1：

校纪委2011年工作

1. 组织建设及人员变动情况。11月22日，李庆华任机关党委常务副书记、机关纪委书记（机党发〔2011〕23号）。12月27日，李言源任机关纪委办公室副主任（校组字〔2011〕7号）。

2. 7月15日，机关纪委办公室修订的《中央党校党风廉政建设责任制实施办法》（中校发〔2011〕5号），经校委会同意颁发实行。

3. 11月，为落实《建立健全教育、制度、监督并重的惩治和预防腐败体系实施纲要》和《建立健全惩治和预防腐败体系2008—2012年工作规划》，加强反腐倡廉制度建设，机关纪委办公室编制印发《中央党校惩治和预防腐败体系建设制度汇编》，并下发到全校各级党组织。

（机关党委供稿人：栾　岚）

附2：

校工会2011年工作

2011年，中央党校工会以教学、科研为中心，结合党校特点，服务教职工，在建设学习型、创新型、服务型工会方面作出了努力，为完成党校工作任务起到了服务保障作用，为创建“一流学府”、促进发展起到了积极推动作用。

部署年度工会工作。3月18日，根据中央直属机关工会联合会部署和校领导指示，召开直属工会主席会议，26个直属单位工会主席或委员共32人参加。会议研究了工会系统重点要做好的15项工作。

加强宣传教育和引导。校工会不断加强党的理论政策和工会理论政策学习教育，继续深入学习实践科学发展观。特别是采取看新闻公报、听课、听报告、会议、培训、讨论、调研等形式，组织教职工学习党的十七届六中全会精神；继续加强社会主义核心价值体系教育，利用各种载体，教育、启发、引导、激励教职工树立正确的世界观、人生观和价值观。

表彰先进单位和个人。4月29日，校工会召开庆祝“五一”表彰先进座谈会。校领导、部门领导、先进集体代表、先进个人，直属单位工会主席、委员等30多人参加。校领导为获得中央直属机关优秀工会工作者的杨宁、赵嵋、肖凤兰，获得模范职工小家的后勤服务部和离退休干部局，获得模范职工之家的中央党校工会，获得中央直属机关“五一”劳动奖章的包建华，获得全国巾帼文明岗的教务部颁发了获奖证书、奖牌、奖章和奖金。

开展多样的文体活动。一是校工会继续推进“1+1”健身活动。认真总结四年来开展“1+1”健身活动的经验，进一步完善填报检查表。通过“1+1”健身活动的深入开展，全校教职工每人都有适合自己的项目，不少人每天坚持锻炼一小时以上。二是3月初，校工会发起开展春季健身活动的倡议，并于4月8日举办了“走进春天”校园广场健身宣传活动。校领导、各单位领导给予了大力支持，广大教职工、合同工等党校工会人员积极响应，共有1470多人参加活动，创下了多年来全校性活动参加人数的最高纪录。三是4月26日至28日，校工会在体育馆举办了庆“五一”乒乓球比赛，共有23个单位的203位选手参加，还有裁判员、其他工作人员等20多人参加比赛的组织工作。四是6月20日，校工会联合有关部门举办了庆祝中国共产党成立90周年书画摄影艺术展览。各直属单位的领导、作品作者以及参观人员等共100多人参加了开幕式。这次展览，共展出书法、绘画作品144幅，摄影作品131幅，充分展示了教职工书法、绘画、摄影艺术创作的健康发展和整体实力。五是6月21日，中央党校在大礼堂隆重举办了庆祝中国共产党成立90周年文艺汇演。全校教职工、离退休同志、家属等共1000多人参加和观看了演出。六是9月9日，校工会专门下发了《关于开展学做第九套广播体操活动的通知》，并及时将第九套广播体操的相关文件、音乐、视频上传到了校内网上，供教职工学习下载。七是建立健全了乒乓球、羽毛球、登山、钓鱼、篮球、足球等十多个文体项目的协会。

积极参与机关管理工作。校工会积极参加合作建房、住房分配调整工作，汇总意见，为学校制定方案提供了基础和依据，同时注意充分发挥工会作为班子和支部的桥梁、纽带作用，对群众做好说明工作和思想工作。加强对《劳动合同法》的学习，发展和谐劳动关系，维护广大教职工的合法权益。

发挥“职工之家”作用。校工会进一步开展了“以人为本，真情关爱”活动，立足基层实际，创造条件，对生活上困难的教职工给予经常关心和帮助，特别是在重大节假日期间，经常走访慰问生病入院的教职工。2011 年共筹集资金 111700 元，慰问了 287 人。

维护女职工的特殊权益。校工会关心女职工的生活，维护女职工的特殊权益，引导大家树立“以德治家、以爱暖家、以学兴家、以廉守家”的和谐家庭建设理念。解决教职工子女入托的后顾之忧，联系国防大学幼儿园，协调车队安排班车。开展了“三八”妇女节系列活动。校工会、校妇工委慰问了女工委员，走访看望了生病女职工，为全体女职工发放卫生用品，组织部分女同志参观及购物，放映了女性题材的电影，为女职工放半天假。各基层单位工会、女工委员都组织了不同形式的庆祝活动。

不断加强工会组织建设。校工会组织了直属工会主席、委员学习班，督促专、兼职工会干部深入学习贯彻工会十五大精神和工会工作的法律法规；参加了中央直属机关工会和中央直属妇委会的干部培训班，积极组织参加各种培训；指导 7 个直属工会完成换届选举和增补增选工作；认真执行全国总工会、中央直属机关工会联合会、校财务工作的各项规章制度，严格遵守财务纪律。

（机关党委供稿人：栾　岚）

附 3：

校团委、青年联合会 2011 年工作

1. 4 月 26 日，校团委举行“我与祖国共奋进”形势政策教育活动，邀请经济学教研部经济学说史教研室副主任陈启清副教授讲解“国民经济和社会发展第十二个五年规划纲要”，全校 100 多名团员青年参加报告会。

2. 5 月 4 日，校团委、青年联合会举行中央党校第四届“十杰青年”、“青年岗位能手”表彰大会，向相关同志颁发了荣誉证书。

3. 5 月 4 日，校团委、青年联合会举办第二次党校青年论坛，10 位青年围绕“继承与创新——迎接建党 90 周年、谋划‘十二五’发展蓝图”主题，发表讲演。

4. 6 月 15 日，为迎接建党 90 周年，校团委、青年联合会与中共党史教研部开展“学党史、知党情、跟党走”教育活动，联合举办“中国共产党历史使命与奋斗历程”论坛，中共党史教研部 8 位青年教师发表演讲，并邀请党史专家进行点评。

5. 7 月 1 日，纪念建党 90 周年，校团

委举行“我为党旗添光彩”演讲比赛。

6. 7月20日，校团委组织团员青年学习交流了胡锦涛总书记在庆祝建党90周年大会上的讲话精神。

7. 10月14日，由校团委牵头，中国科学院机关团委、首都师范大学政法学院团委、上庄镇团委、中交第三公路工程局有限公司团委、国建正坤科技有限公司团委、北京轨道交通路网公司团支部参与，签订“联合共建”协议，建立起“联合共建”关系。

8. 11月22日，校团委与国建正坤科技有限公司团委等6家联合共建单位举办“增进共同理想信念，凝聚青年智慧力量”为主题的共建同行活动。

9. 12月下旬，加强交流、展示才艺、增进感情，校团委、青年联合会举办“青春与梦想”迎新联谊会。

10. 在校团委的指导下，校研究生志愿者服务队发起以关爱留守儿童为目的的牵“守”行动，通过各种途径募捐爱心图书15000余册，在广西柳城县初步建立4个名为“牵手家园”的留守儿童活动中心。7月，研究生志愿者服务队部分青年深入广西柳城县乡镇基层，进行留守儿童问题专题调研，通过实地调查、访谈、座谈、问卷调查等方式，对柳城县留守儿童问题的现状、对策和需求进行深入调查，并形成书面调研报告报送中央直属机关团工委。

（机关党委供稿人：栾　岚）

工作会议

校直属单位党组织负责人会议

1月21日，机关党委组织召开校直属单位党组织负责人会议，传达学习令计划同志、孙淦同志在中央直属机关2011年党的工作会议上的讲话、中央直属机关工委2011年工作要点和中央直属机关2011年纪检工作会议精神。会议由机关党委常务副书记宋越主持。副校长、机关党委书记孙庆聚到会并讲话。

孙庆聚在讲话中强调，要认真学习、全面贯彻中央直属机关2011年工作会议精神，紧紧围绕党和国家工作大局，紧紧围绕党建工作大局，紧紧围绕党校中心工作，全面推进机关党的建设，扎实做好各项工作。他指出，各单位要高度重视，把学习好、理解好、贯彻好会议精神作为一项重要的工作进行安排部署，要把中央直属机关2011年工作会议精神的学习贯彻同做好当前各项工作紧密结合起来，重点抓好学习贯彻党的十七届五中全会精神、深入开展创先争优活动、扎实推进学习型党组织建设、精心组织纪念建党90周年系列活动、着力贯彻落实《中国共产党党和国家机关基层组织工作条例》、进一步加强党风廉政建设等工作，不断提高机关党的工作科学化水平。

（摘自校园网，机关党委供稿）

2011年机关党的工作会议

3月22日，中央党校机关党的工作会议召开。常务副校长李景田出席会议并讲话。副校长、机关党委书记孙庆聚向会议报告了2010年度机关党的工作情况，部署了2011年度机关党的工作任务。校委委员、哲学教研部主任贾高建，校委委员、办公厅主任罗宗毅，校委委员、进修部主任黄宪起，机关党委委员、机关纪委委员，各直属单位主要负责同志，各直属单位党组织及所属党总支、党支部负责同志，约140人参加会议。机关党委常务副书记宋越主持会议。

李景田指出，2011年是中国共产党成立90周年，辛亥革命100周年，也是“十二五”时期开局之年。党校事业处于重要战略机遇期，机关党的工作同样处于重要战略机遇期。如何抓住机遇，发挥优势，在履行机关党组织职能和作用方面有更大作为，对全校各级党组织和广大党务工作者是一个重大挑战和考验。全校各级党组织以及广大党务工作者，都应在积极应对挑战和考验中努力争取更大作为。他强调了三点意见。第一，应充分发挥机关党的思想政治优势，努力在确保党校姓党原则和从严治校方针全面贯彻落实上大有作为。第二，应充分发挥机关党的组织优势，努力在确保校委中心工作和学校各项业务活动顺利开展上大有作为。第三，应充分发挥机关党的密切联系群众优势，努力在化解矛盾、凝聚人心，促进和谐上大有作为。他还强调，要充分发挥机关党的“三大优势”，把服务中心、建设队伍贯穿始终，认真履行“协助和监督”职能，促进本部门各项工作任务的完成。他要求全校各级党组织和党务工作者，不断提高机关党的工作科学化水平；各直属单位的行政领导特别是“一把手”，继续落实好抓党建责任制，更加自觉地支持机关党组织的工作，发挥机关党组织的作用。

孙庆聚在讲话中回顾了2010年度中央党校机关党的工作主要情况。他着重就如何紧紧围绕提高机关党的工作科学化水平，进一步凝心聚力、狠抓落实的问题，提出了2011年我校机关党的工作的基本思路，即“明确七项主要任务，突出两大重点，争创三大品牌，强化四项制度，力求五个突破”。他指出，推进机关党的工作的科学化，首先要做到制度化规范化。2011年，我们要响应习近平同志关于狠抓落实的号召，把落实工作制度作为各级机关党组织的一项重要任务。要通过督促检查，一项一项地抓落实。2011年应着力强化理论中心组学习、领导班子民主生活会、党支部“三会一课”、思想政治工作分析报告四项制度。他要求，机关党委和各级党组织要切实转变作风，办实事、动真格，力争在五个方面有新的突破。一是改进文风，按照“短、实、新”的要求，尽量少发文，发短文，发对解决问题有指导意义的文。二是改进会风，尽量少开会，开短会，开解决问题的会。三是改进学风，坚持理论联系实际，学以致用，反对夸夸其谈、说一套做一套。四是转变工作作风，解难事，求实效，不搞形式主义花架子。五是坚持群众的接访听访制度，保证每月有一天专门听取群众的意见。

科研部主任梁言顺，经济学教研部主任赵振华，进修部副主任、党支部书记赵凤珍，后勤服务部副主任、党总支书记张素峰，分别在会上发言，介绍交流了本单位党组织建设情况以及工作中的体会和收获。

（摘自校园网，机关党委供稿）

机关党委扩大会议

7月4日，中央党校机关党委召开扩大会议，专题座谈学习胡锦涛总书记“七一”重要讲话体会，认真研究部署进一步如何深入学习贯彻工作。副校长、机关党委书记孙庆聚发表讲话，并代表机关党委对继续深入学习贯彻讲话精神作出部署，机关党委委员、机关纪委委员以及各直属单位党组织负责人40多人参加会议。

机关党委委员王长江、王东京、梁言顺、卓泽渊、宋越、朱鸣、李乃杰、钟绍强、王洋、王金龙、王治华、曹贵忠和机关纪委副书记陆苏娅、办公厅机关党委书记张忠军在会上发言，交流了学习体会。

会议对中央党校下一步如何认真组织全校党员、干部、职工深入学习贯彻“七一”重要讲话精神，作出具体部署，提出明确要求。

（摘自《机关党委工作简报》第11期，机关党委供稿）

制度建设

中央党校党风廉政建设责任制实施办法

中校发〔2011〕5号

第一章 总 则

第一条 为了加强党风廉政建设，明确领导班子、领导干部在党风廉政建设中的责任，推动科学发展，促进社会和谐，提高党的执政能力，保持和发展党的先进性，根据中共中央、国务院《关于实行党风廉政建设责任制的规定》（以下简称《规定》），结合中央党校实际情况，制定本实施办法。

第二条 本实施办法适用于中央党校及其直属单位的领导班子、领导干部。

第三条 实行党风廉政建设责任制，要以邓小平理论和“三个代表”重要思想为指导，深入贯彻落实科学发展观，坚持党要管党、从严治党，坚持标本兼治、综合治理、惩防并举、注重预防，扎实推进惩治和预防腐败体系建设，保证党中央、国务院关于党风廉政建设的决策和部署的贯彻落实。

第四条 党风廉政建设责任制，要坚持校委统一领导，党政齐抓共管，机关党委和机关纪委组织协调，部门各负其责，依靠干部职工的支持和参与。要把党风廉政建设作为党的建设和党校建设的重要内容，纳入领导班子、领导干部目标管理，与教学、科研、行政管理、后勤服务等工作紧密结合，一起部署，一起落实，一起检查，一起考核。

第五条 党风廉政建设责任制，要坚持集体领导与个人分工负责相结合，谁主管、谁负责，一级抓一级、层层抓落实。

第二章 责任内容

第六条 校委对全校党风廉政建设负全面领导责任。

常务副校长是职责范围内的党风廉政建设第一责任人，应当做到重要工作亲自部署、重大问题亲自过问、重点环节亲自协调、重要案件亲自督办。校委其他成员根据工作分工，对职责范围内的党风廉政建设负主要领导责任。

第七条 各直属单位的领导班子对本单位的党风廉政建设负全面领导责任。

各直属单位的领导班子主要负责人是职责范围内的党风廉政建设第一责任人，

应当做到重要工作亲自部署、重大问题亲自过问、重点环节亲自协调、重要案件亲自督办。各直属单位的领导班子其他成员根据工作分工，对职责范围内的党风廉政建设负主要领导责任。

第八条 校委、各直属单位的领导班子、领导干部，在党风廉政建设中承担以下领导责任：

（一）贯彻落实党中央、国务院以及中央纪委、中直工委关于党风廉政建设的部署和要求，结合实际研究制定党风廉政建设工作计划、目标要求和具体措施，每年召开专题研究党风廉政建设的工作会议，对党风廉政建设工作任务进行责任分解，明确领导班子、领导干部在党风廉政建设中的职责和任务分工，并按照计划推动落实；

（二）开展党性党风党纪和廉洁从政教育，组织党员、干部、学员学习党风廉政建设理论和法规制度，加强廉政文化建设；

（三）贯彻落实党风廉政法规制度，结合中央党校实际，推进制度创新，深化体制机制改革，制定本部门、本单位的党风廉政制度，从源头上预防和治理腐败；

（四）强化权力制约和监督，建立健全决策权、执行权、监督权既相互制约又相互协调的权力结构和运行机制，推进权力运行程序化和公开透明；

（五）监督检查中央党校党风廉政建设情况和下级领导班子、领导干部廉洁从政情况；

（六）严格按照规定选拔任用干部，防止和纠正用人上的不正之风；

（七）加强作风建设，纠正损害群众利益的不正之风，切实解决党风政风方面存在的突出问题；

（八）领导、组织并支持执纪执法机关依纪依法履行职责，及时听取工作汇报，切实解决重大问题。

第九条 校委每年研究一次党风廉政建设和反腐败工作，听取专题汇报，分析工作形势，并对进一步加强领导干部廉洁自律、查处大案要案、防止和纠正部门不正之风等重要工作作出部署，提出要求。

第十条 按照“部门各负其责”的要求，校内有关部门和单位根据各自的职能和职责，制定相关制度，承担工作责任。

（一）办公厅负责严格控制各种会议，严格控制各种庆典活动，严禁用公款大吃大喝、挥霍浪费，严格管理公费出国（境），机关工作人员在外事活动中收受礼品的登记上交等项工作；

（二）教务部负责把反腐倡廉教育内容纳入党校教学计划并组织实施；

（三）科研部负责党校社团组织的党风廉政建设工作；

（四）学员管理部门负责把党性教育和党风廉政教育贯穿于学员管理全过程；

（五）组织部负责清理领导干部利用职权为配偶、子女和亲友经商办企业提供便利条件，受理领导干部申报收入，受理领导干部报告个人重大事项等项工作；

（六）财务行政管理局基建房管办公室负责严格控制新建和装修办公楼，执行住房方面的有关制度等项工作；财务部负责机关工作人员在国内交往中收受礼品的登记和处理，负责严格按规定配备和更换小汽车，制止乱收费，预算外资金管理等项工作；

（七）机关党委负责严格控制各种检查，禁止形式主义的评比和达标活动，召开领导干部廉洁自律专题民主生活会等项工作。

第十一条 各直属单位每年向分管校领导和机关党委、机关纪委报告一次党风廉政建设和反腐败工作情况（如有重大情况，应随时报告）；并根据校委和机关党委、机关纪委的要求抓好落实工作，对有关问题进行认真查处或配合机关纪委查处。

第十二条 机关党委、机关纪委负责日常党风廉政建设和反腐败工作的具体组织协调工作。

（一）根据党中央、国务院、中央纪委、中直工委、中直纪工委和校委的决议、指示和要求，研究提出加强中央党校党风廉政建设的具体意见和建议，报校委审议同意后，认真组织实施；

（二）每年向校委和上级领导机关报告一次党风廉政建设工作情况，重要事项随时报告；

（三）对党风廉政建设情况和贯彻落实党风廉政建设责任制情况进行监督检查，并提出加强和改进工作的要求和建议；

（四）开展反腐倡廉的宣传、教育和培训工作；

（五）制定全校综合性的加强党风廉政建设和反腐败工作的规章制度，对反腐倡廉的重大问题进行调查研究；

（六）负责案件查处的组织、领导、协调工作和执行党纪工作；

（七）负责校委和上级领导机关责成办理和协调的其他工作。

第十三条 各直属单位和相关部门在建章立制、实际操作和贯彻落实中，应积极配合，大力协作。

第十四条 对违纪问题和案件的查处，按照中央纪委的有关规定，实行分级办理、各负其责的工作制度。

第三章 检查考核与监督

第十五条 校委建立党风廉政建设责任制的检查考核制度，建立健全检查考核机制，制定检查考核的评价标准、指标体系，明确检查考核的内容、方法、程序。

第十六条 校委建立健全党风廉政建设责任制领导小细，负责对各直属单位领导班子、领导干部党风廉政建设责任制执行情况的检查考核。

各直属单位负责对所属处级单位领导班子和处级以上干部执行党风廉政建设责任制的情况进行检查考核。

第十七条 检查考核工作每年进行一次。检查考核可以与领导班子、领导干部工作目标考核、年度考核、惩治和预防腐败体系建设检查工作等结合进行，也可以组织专门检查考核。

检查考核情况应及时向校委报告。

第十八条 校委应在适当范围内通报检查考核情况。对检查考核中发现的问题，及时研究解决，督促整改落实。

第十九条 校委建立和完善检查考核结果运用制度。检查考核结果作为对领导班子总体评价和领导干部业绩评定、奖励惩处、教育培训、选拔任用的重要依据。

第二十条 机关党委、纪委、组织部协助校委开展对党风廉政建设责任制执行情况的检查考核，或者根据职责开展检查工作。

第二十一条 领导干部执行党风廉政建设责任制的情况，应当列为民主生活会和述职述廉的重要内容，并在本单位、本部门进行评议。

第二十二条 校委将贯彻落实党风廉

政建设责任制的情况，每年专题报告中央纪委。

第二十三条 结合实际，建立走访座谈、问卷调查等党风廉政建设评价机制，动员和组织党员、群众有序参与，广泛接受监督。

第四章 责任追究

第二十四条 领导班子、领导干部违反或者未能正确履行《规定》和本实施办法，有下列情况之一的，应当追究责任：

（一）对党风廉政建设工作领导不力，以致职责范围内明令禁止的不正之风得不到有效治理，造成不良影响的；

（二）对上级领导机关交办的党风廉政建设责任范围内的事项不传达贯彻、不安排部署、不督促落实，或者拒不办理的；

（三）对本部门发现的严重违纪违法行为隐瞒不报、压案不查的；

（四）疏于监督管理，致使领导班子成员或者直接管辖的下属发生严重违纪违法问题的；

（五）违反规定选拔任用干部，或者用人失察、失误造成恶劣影响的；

（六）放任、包庇、纵容下属人员违反财政、金融、税务、审计、统计等法律法规，弄虚作假的；

（七）有其他违反党风廉政建设责任制行为的。

第二十五条 领导班子有本实施办法第二十四条所列情形，情节较轻的，责令作出书面检查；情节较重的，给予通报批评；情节严重的，进行调整处理。

第二十六条 领导干部有本实施办法第二十四条所列情形，情节较轻的，给予批评教育、诫勉谈话、责令作出书面检查；情节较重的，给予通报批评；情节严重的，给予党纪政纪处分，或者给予调整职务、责令辞职、免职和降职等组织处理。涉嫌犯罪的，移送司法机关依法处理。

以上责任追究方式可以单独使用，也可以合并使用。

第二十七条 领导班子、领导干部具有本实施办法第二十四条所列情形，并具有下列情节之一的，应当从重追究责任：

（一）对职责范围内发生的问题进行掩盖、袒护的；

（二）干扰、阻碍责任追究调查处理的。

第二十八条 领导班子、领导干部具有本实施办法第二十四条所列情形，并具有下列情节之一的，可以从轻或者减轻追究责任：

（一）对职责范围内发生的问题及时如实报告并主动查处和纠正，有效避免损失或者挽回影响的；

（二）认真整改，成效明显的。

第二十九条 领导班子、领导干部违反本实施办法，需要查明事实、追究责任的，由有关机关或者部门按照职责和权限调查处理。其中需要追究党纪政纪责任的，由机关纪委按照党纪政纪案件的调查处理程序办理；需要给予组织处理的，由组织部或者由负责调查的机关纪委会同组织部，按照有关权限和程序办理。

第三十条 实施责任追究，要实事求是，分清集体责任和个人责任、主要领导责任和重要领导责任。

追究集体责任时，领导班子主要负责人和直接主管的领导班子成员承担主要领导责任，参与决策的班子其他成员承担重要领导责任。对错误决策提出明确反对意见而没有被采纳的，不承担领导责任。

错误决策由领导干部个人决定或者批准的，追究该领导干部个人的责任。

第三十一条 实施责任追究不因领导干部工作岗位或者职务的变动而免予追究。已退休但按照本规定应当追究责任的，仍须进行相应的责任追究。

第三十二条 受到责任追究的领导班子、领导干部，取消当年年度考核评优和评选各类先进的资格。

单独受到责令辞职、免职处理的领导干部，一年内不得重新担任与其原任职务相当的领导职务受到降职处理的，两年内不得提升职务。同时受到党纪政纪处分和组织处理的，按影响期较长的执行。

第三十三条 机关党委、纪委应当加强对各直属单位实施责任追究情况的监督检查，发现有应当追究而未追究或者责任追究处理决定不落实等问题的，应当及时督促予以纠正。

第五章 附 则

第三十四条 本实施办法由机关纪委负责解释。

第三十五条 本实施办法自发布之日起施行。1999 年 7 月发布的《中央党校党风廉政建设责任制实施细则》同时废止。

中共中央党校校务委员会

2011 年 7 月 15 日

（机关纪委、办公厅供稿）

关于认真贯彻落实校委关于进一步严肃有关政治、工作纪律的规定和要求的通知

中校厅字〔2011〕56 号

校各直属单位：

为进一步把党校姓党原则和从严治校方针落到实处，教育引导全校教职工在思想上政治上行动上同党中央保持高度一致，切实维护中央党校形象和声誉，校委近日就进一步严肃有关政治、工作纪律问题进行了专门研究。现将校委对我校教师和其他工作人员外出讲课、出席会议和接受媒体访谈等活动的有关规定和要求通知如下：

一、我校教师和其他工作人员外出讲课、出席会议和接受媒体访谈，要全面准确地宣讲党的路线方针政策，不得发表与中央精神不一致甚至相违背的言论。个人观点或研究成果与中央方针政策不一致的，

可通过党内组织渠道上报，不能公开发表。

二、我校教师和其他工作人员应邀出席各种会议要慎重，事先应对会议主题、组织者、与会人员、会议意图等相关信息作全面了解，不要参加一些背景不明、动机不纯的会议，以免被利用和炒作，给党校声誉带来不良影响。

三、我校教师和其他工作人员接受媒体访谈，要严格保守党和国家的秘密，保持清醒政治头脑，尤其是在接受国（境）外媒体访谈时，要通过适当方式对媒体的政治背景、政治倾向、行业声誉、主体受众等相关信息作全面了解，不要接受一些了解不深、把握不准的媒体访谈。对拟公开发表的图文材料，要认真审读，以免被误读曲解，引起媒体炒作，造成不良影响。

四、为确保上述规定的贯彻落实，校委决定，我校教师和其他工作人员外出讲课、出席会议和接受媒体访谈，要以书面方式履行如下报告批准程序：教师及其他专业技术人员、局级非领导职务和处级以下干部须按程序报本单位主要负责同志批准，直属单位负责同志须经本单位主要负责同志报分管校领导批准，直属单位主要负责同志须报分管校领导批准，校委成员须报常务副校长批准。接受国（境）外媒体访谈的，事先须经校办公厅外事工作办公室按外事程序报批。

以上规定要求，请传达至全体教职工，并认真贯彻落实。

办公厅

2011 年 12 月 26 日

（办公厅供稿）

工作培训

直属单位党组织负责人赴中国延安干部学院培训

10 月 16 日至 19 日，校机关党委组织直属单位党组织负责同志共 30 人，在中国延安干部学院进行为期 4 天的培训。

延安干部学院依托丰富的革命历史文化资源，对培训班开展了党史、党性、党风教育。通过参观延安革命纪念馆，凤凰山、杨家岭、王家坪、枣园等革命旧址，听取相关专题讲授，大家学习了党在延安领导中国革命的辉煌历史和加强自身建设的历史经验；通过在宝塔山上重温入党誓词、向“四八”烈士墓敬献花圈，以及在张思德纪念碑前朗诵《为人民服务》等活动，大家感悟了延安时期老一辈无产阶级革命家的高尚品格和革命情怀；通过课堂讲授和观看教学片《延安时代》，以及学唱革命歌曲等形式，大家加深了对延安精神的认识，铭记党的历史。

培训班交流学习体会，对如何在新时期弘扬延安精神，如何做好机关党的工作，提出了宝贵意见和建议。

（摘自《机关党委简报》第26期，机关党委供稿）

表彰先进

第四届“十杰青年”、“青年岗位能手”表彰大会

5月4日，校团委、校青年联合会举行中央党校第四届“十杰青年”、“青年岗位能手”表彰大会暨中央党校第二次青年论坛。副校长、机关党委书记孙庆聚出席会议并讲话。表彰大会向第四届中央党校“十杰青年”、“青年岗位能手”颁发了荣誉证书。机关党委常委副书记、机关纪委书记宋越，经济学教研部主任、党校青年联合会主席、中央直属机关青年联合会副主席赵振华，办公厅副主任、党校青年联合会副主席、中央直属机关青年联合会副秘书长张忠军，教务部副主任、党校青年联合会副主席冯鹏志，组织部副部长、机关党委副书记、党校青年联合会副主席王洋，机关党委副书记李乃杰，国际战略研究所教学秘书、党校青年联合会副主席潘悦出席会议，校青年联合会委员、团员青年100多人参加会议。

孙庆聚在讲话中说，今年是建党90周年，辛亥革命100周年，“十二五”开局之年。“五四”青年节是我们青年人的节日，五四爱国、进步、民主、科学精神随着时代的发展和一代代青年的成长而得到继承和发扬。党校青年是充满理想、奋发有为、大有希望、值得信赖的一群年轻人。党校青年要珍惜青春年华，满怀激情，勇担重任，举青春之力量，创青春之事业，努力学习、认真工作，继承党的优良传统，传承五四精神，争当时代先锋，勇担时代重任，服务党校发展，以优异成绩迎接建党90周年，为实现“十二五”规划宏伟蓝图贡献青春力量。他对广大青年提出了五点殷切的希望和要求：一是要学习党史，继承优良传统；二是要勇担责任，服务党校发展；三是要满怀激情，发挥创造潜能；四是要创先争优，打造一流业绩；五是要强健体魄，保持身心健康。

表彰大会向仲平、张伟、张学森、李鹏、李纪才、沈黎萍、肖立辉、单玉、赵磊、高承禹颁发了第四届“中央党校十杰青

年”荣誉证书，向于朝霞、王强、王琪、王磊、王中汝、王开鹏、王学军、王勇勤、兰文飞、卢毅、田嵩燕、刘静、刘忠厚、刘魁明、吕立峰、罗菁、郑光辉、郑丽芳、郭雪亮、董振华、蔡志强、魏静茹颁发第四届“中央党校青年岗位能手”荣誉证书。

表彰大会由校团委书记、校青年联合会副主席、秘书长赵永红主持。

在第二次党校青年论坛上，陈启清、张学森、肖立辉、蔡志强、田嵩燕、王天帅、李鹏、单玉、吕立峰、仲平10位同志围绕“继承与创新——迎接建党90周年、谋划‘十二五’发展蓝图”主题，发表了精彩讲演。论坛由王洋、沈黎萍主持，潘悦点评，赵振华总结。

（机关党委供稿人：栾　岚）

庆祝“五一”表彰先进座谈会

4月29日，中央党校召开庆祝“五一”表彰先进座谈会。副校长、机关党委书记孙庆聚，机关党委常务副书记宋越，校工会主席牛卫国，教务部副主任冯鹏志，后勤服务部副主任张素峰等出席会议。先进集体代表、先进个人，直属单位工会主席、委员等30多人参加了座谈会，会议由校工会女工委主任肖凤兰主持。

会上，孙庆聚分别为获得全国巾帼文明岗的教务部，获得中央直属机关五一劳动奖章的后勤服务部工会主席包建华，获得中央直属机关模范职工之家的中央党校工会，获得模范职工小家的后勤服务部工会和离退休干部局工会，获得中央直属机关优秀工会工作者的杨宁、赵嵋、肖凤兰颁发了获奖证书、奖牌、奖章和奖金。会上，获得先进单位的代表和个人先后发言，介绍了创先争优的情况和好的做法经验，来自不同岗位的同志也畅谈了自己和本单位的工作经历和体会，表达了向先进学习的信心和决心。

孙庆聚在讲话中说，中央党校的各级工会组织是朝气蓬勃、有战斗力、创造力的团队，工作开展得卓有成效，在中央直属机关已是小有名气，校委和各直属单位的领导都给予了充分肯定和高度赞扬，特别是一些活动很有新意，很有创意，有时代特点和机关特色，在校学员们的反映也是非常有声势、有生气、有品位。他指出，工会、女工工作是党的机关工作的重要组成部分，也是党的工作的一个重要方面，所以机关党组织要更多地关心、支持和指导工会工作。工会的工作人员、女工委员也应该更加珍惜自己的荣誉，把工作做得更好，让工会工作、女工工作更加出彩，更加有亮点。他提出了六点希望和要求：一是要进一步加强理论知识的业务知识的学习，努力把工会、女工组织建设成为学习型组织；二是要加强工作的政治性、思想性，让每个会员、每位职工在思想上永远保持坚定的理想信念；三是要加强方法创新，根据机关工作的特点和会员的要求创造符合本单位、本部门实际的方法和载体；四是要加强工作的研究性，把工作的研究性放到整个工作中、放到大局中，加强研究，不断提高；五是要加强相互之间的交流和互动，取长补短；六是要加强队伍建设，不断提高素质和工作效率。

（机关党委供稿人：栾　岚）

校工会召开2011年度先进表彰座谈会

2012年1月17日，校工会召开了2011年度先进表彰座谈会。副校长孙庆聚，校委委员、组织部长赵长茂、机关党委常务副书记李庆华、校工会主席牛卫国以及各直属单位工会主席、工会干部等共30多人参加了会议。

校工会主席牛卫国宣读了《中央党校工会关于表彰2011年度先进集体和优秀教职工之友、优秀工会工作者、优秀工会积极分子的决定》，机关党委常务副书记李庆华为获得先进个人的同志颁了奖。孙庆聚在讲话中说，参加表彰座谈会，看到有这么多的同志获奖，非常高兴，这是对我们一年来工会工作的充分肯定，也是对大家的一种表彰和祝贺；祝贺大家为工会工作所付出的辛劳，祝贺大家在为职工群众服务中所做出的成绩。他希望，今后中央党校的工会工作做得更加红火、更加扎实、更受教职工的欢迎。

（摘自校园网，机关党委供稿）

中央党校工会关于表彰2011年度先进集体和优秀教职工之友、优秀工会工作者、优秀工会积极分子的决定

校工字〔2012〕2号

2011年，校各级工会在校委、校工会和本单位党组织的领导下，以邓小平理论和“三个代表”重要思想为指导，深入学习贯彻党的十七大和各次全会精神，全面

贯彻落实科学发展观，努力工作，勤奋敬业，积极开展创先争优活动，加强自身建设，不断提高工作水平，团结动员会员，紧紧围绕一流学府建设和教学科研中心，发挥了服务保障作用，涌现出了一大批先进单位和个人。

为树立榜样，激励先进，在各单位工会自评、推荐的基础上，经全校工会主席会议投票表决，决定授予图书馆等4个单位为中央党校工会先进集体；授予段宝平等27名同志为中央党校优秀教职工之友；授予王颖等28名同志为中央党校优秀工会工作者；授予张秋华等55名同志为中央党校优秀工会积极分子。希望受到表彰的单位和个人继续努力，谦虚谨慎，戒骄戒躁，再接再厉，奋发进取，取得新的更大成绩。

校工会号召，全校教职工和各级工会组织、工会工作者，要向受到表彰的先进集体和先进个人学习，在以胡锦涛同志为总书记的党中央的正确领导下，深入贯彻落实科学发展观，大力弘扬工人阶级伟大品格和劳模精神，解放思想，锐意进取，求真务实，埋头苦干，为创建“一流学府”，实现“十二五”规划目标任务，夺取全面建设小康社会新胜利，作出新的更大贡献，以优异的成绩迎接党的十八大的胜利召开。

中央党校工会
2012年1月13日

（机关党委供稿）

附录1：

中央党校工会先进集体和个人名单

一、中央党校工会先进集体(4个)

图书馆
组织部
后勤服务部
财务行政管理局财务部

二、中央党校优秀教职工之友(27名)

段宝平　办公厅
王东京　教务部
梁言顺　科研部
王彦民　马克思主义理论教研部
孙　琰　哲学教研部
鲍永升　经济学教研部
白平浩　科学社会主义教研部
王治华　政法教研部
柳建辉　中共党史教研部
王长江　党的建设教研部
赵伯英　文史教研部
顾丽丽　国际战略研究所

曾业松 研究室
赵凤珍 进修部
徐伟新 培训部
卓泽渊 研究生院
郝 莉 图书馆
王 洋 组织部
赵晓光 财务行政管理局
赖为华 机关党委
钟绍强 离退休干部局
赵慧珠 报刊社
吴江浩 干部教育学院
张素峰 后勤服务部
郭英楼 信息中心
胡建华 出版社
郭玉珍 财务行政管理局财务部

三、中央党校优秀工会工作者（28名）

王 颖 办公厅
李燕生 教务部
倪德刚 科研部
吕晓峰 马克思主义理论教研部
冯桂兰 哲学教研部
刘淑琴 经济学教研部
李 玉 科学社会主义教研部
刘武萍 政法教研部
张音梅 中共党史教研部
王 瑜 党的建设教研部
廖小鸿 文史教研部
赵晓红 国际战略研究所
赵凤英 研究室
何 畏 进修部
杨惠洁 培训部
范列兰 研究生院
张建红 图书馆
李 洁 组织部
赵子庆 财务行政管理局
刘爱荣 机关党委
任常玲 离退休干部局
王鸣放 报刊社
孙翠雯 干部教育学院
袁建平 后勤服务部
包建华 后勤服务部
张慧贞 信息中心
李新生 出版社
程新玉 财务行政管理局财务部

四、中央党校优秀工会积极分子（55名）

张秋华 办公厅
姚国英 办公厅
韩 宁 办公厅
司德安 办公厅
张小苑 教务部
杜 蕾 科研部
王虎学 马克思主义理论教研部
丁冬红 哲学教研部
何建华 哲学教研部
张玉杰 经济学教研部
张慧君 经济学教研部
韩云川 科学社会主义教研部
孙劲松 科学社会主义教研部
张 勇 政法教研部
张立伟 政法教研部
李国芳 中共党史教研部
王懂棋 党的建设教研部
张爱平 文史教研部
王学斌 文史教研部
马小军 国际战略研究所
朱 虹 国际战略研究所

刘为群　研究室
王伟华　进修部
董玉卿　研究生院
白金舫　研究生院
吴姗姗　图书馆
史小平　图书馆
秦　虹　图书馆
耿其昌　组织部
龚立新　财务行政管理局
丛　静　财务行政管理局
苗　宇　财务行政管理局
李　伟　机关党委
姚　巍　离退休干部局
唐　皓　离退休干部局
李　红　报刊社
刘　询　报刊社
王秀荣　干部教育学院
谢保忠　干部教育学院
周志强　后勤服务部
郑沂昌　后勤服务部
赵建远　后勤服务部
赵纯河　后勤服务部
韩　梅　后勤服务部
袁少敏　后勤服务部
岳京生　后勤服务部
盛雪红　后勤服务部
刘爱华　后勤服务部
毕显清　后勤服务部
古　援　信息中心
黎燕冬　信息中心
张克敏　出版社
石　军　财务行政管理局财务部
任次兵　财务行政管理局财务部
吴晓明　财务行政管理局财务部

（机关党委供稿）

附录 2：

2011 年首都文明单位
和中直机关 2009—2011 年度文明单位名单

2011 年首都文明单位：

后勤服务部
研究生院

中直机关 2009—2011 年度文明单位：

办公厅
中共党史教研部
组织部
机关党委
离退休干部局
后勤服务部综合服务中心

（机关党委供稿）

附录3：

中央党校2010—2011年度文明窗口单位标兵和文明窗口单位名单

文明窗口单位标兵：

办公厅综合处值班室

办公厅机要档案处

图书馆报刊阅览室

财务行政管理局财务部结算中心

后勤服务部餐饮服务中心清真食堂

后勤服务部综合服务中心育园楼

离退休干部局服务处

文明窗口单位：

办公厅保卫处收发室

图书馆图书借阅室

财务行政管理局财务部财务二室

财务行政管理局财务部财务三室

后勤服务部交通服务中心调度室

后勤服务部社区服务中心

后勤服务部园林修缮环卫中心维修队

（机关党委供稿）

党代会代表和人大代表选举

部署出席党的十八大代表选举工作

12月20日，中央党校召开部署出席党的十八大代表选举工作会议。副校长、机关党委书记孙庆聚出席会议并讲话。机关党委常务副书记、机关纪委书记李庆华传达了中央直属机关工委常务副书记、中央直属机关出席党的十八大代表选举工作领导小组组长孙淦同志在中央直属机关部署党的十八大代表选举工作会议上的讲话，安排了中央党校出席党的十八大代表候选人预备人选和出席中直机关党代表会议代表的选举工作。校委委员、组织部部长赵长茂主持会议。

孙庆聚围绕做好党的十八大代表和中央直属机关党代会代表的选举工作，着重强调了六点，一是明确选举工作的重要意义，高度重视，严肃对待；二是明确选举工作的要求，坚持条件，严把标准；三是明确选举工作的方法，熟悉流程，严格程序；四是明确选举工作的政策，把握分寸，严防偏差；五是明确选举工作的纪律，坚持原则，严守规定；六是明确选举工作的责任，细化分工，严密组织。

此次会议的召开，标志着中央党校出席党的十八大代表选举工作正式启动。校机关党委委员、机关纪委委员和各直属单位党组织负责人、组织委员参加了会议。

（摘自校园网，机关党委供稿）

北京市海淀区人大代表换届选举中央党校选区工作部署会

9月14日，中央党校机关党委组织召开北京市海淀区人大代表换届选举青龙桥街道中央党校选区的部署会议。机关党委常务副书记宋越主持会议。

会上，宋越传达了中央党校校委、校领导对换届工作的指示精神。她指出，人大代表换届选举是人民民主政治生活的一件大事，政治性、法律性、政策性、程序性都很强，校委、校领导十分重视，希望各单位要按照要求认真落实，相互配合，确保选举工作顺利进行。

机关党委副书记沈黎萍对中央党校选区选民范围和选举各阶段时间安排进行了明确，并就一些具体问题进行了说明。会议按照青龙桥选举分会要求，决定成立党校选区选举工作领导小组，参会单位各安排一名同志作为领导小组成员，并由相关单位抽调工作人员组成选举工作办公室，负责选举工作日常运转和具体实施。

办公厅、研究生院、组织部、财务行政管理局、离退休干部局、后勤服务部等6个相关单位的负责同志和有关人员参加了会议。

（摘自校园网，机关党委供稿）

北京市海淀区人大代表换届选举工作完成

11月8日，是北京市区县、乡镇两级人大代表换届选举投票日，按照海淀区人大代表换届选举工作的安排，中央党校选区选举工作领导小组组织选民进行投票。在校的副校长陈宝生、孙庆聚、李书磊、张伯里，教育长兼培训部主任徐伟新，校委委员贾高建、罗宗毅、黄宪起、赵长茂等同志集体前往选举站投票，选举区人大代表。

中央党校作为海淀区属地单位，被划分成一个选区，产生一名区人大代表。校领导对区人大代表选举工作高度重视，批示成立选举工作领导小组及其办公室。9月中旬，由办公厅、研究生院、组织部、财务行政管理局、机关党委、离退休干部局、后勤服务部等单位的一名领导同志组成领导小组，并抽调相关工作人员组成办公室。

选举组织工作历时2个月。期间，办公室共挂横幅8条，出宣传栏10块，发放《致选民的一封信》千余份，在校园网刊出通讯稿5篇。中央党校共登记选民3300名，组织选民推荐初步代表候选人24名，组织选民代表协商正式代表候选人2名。正式候选人为后勤服务部主任欧亚平同志和研究生院院长卓泽渊同志。

11月4日，组织正式候选人与选民见面会议。为方便选民投票，选举工作办公室在档案馆和社区老干部活动中心分别设立2个选举站和1个流动票箱。准备工作完成后，中央党校选区迎来了最后的选举投票阶段。

8日9点整，中央党校选区选举站正式开始接受选民投票。机关党委常务副书记宋越主持了档案馆投票站的投票仪式。党校在职工作人员和研究生院学员选民在档案馆选举站投票，离退休老同志和社区选民在社区选举站投票。

9日凌晨零点30分开始计票，2点结束。经统计，党校选区共有选民3300人，参与投票2587人，参与投票率达到78.39%。机关党委副书记沈黎萍同志现场组织了投票、计票工作，海淀区选举委员会青龙桥分会的有关负责同志全程参与监督。

15日，海淀区第十五届人民代表大会代表选举结果公告，欧亚平同志获得党校选区参加投票的选民过半数的选票，当选为海淀区第十五届人民代表大会代表。至此，党校选区选举工作圆满完成。

（摘自《机关党委简报》第29期，机关党委供稿）

财务行政管理

概　况

贯彻落实校委 2011 年工作要点。 1. 抓好《中央党校校园建设“十二五”期间规划》的落实。学员职工食堂审批立项，国家发展和改革委员会完成立项审核和规划条件审批。

2. 推进旧住宅楼加装电梯工作。第一期 8 栋楼试点工程于 7 月底启动，并被列为中央直属机关系统试点单位，工程进展顺利。

3. 做好合建住房配售前期准备工作。重新调整了校职工住房委员会组成，新成立校职工住房配售监督委员会，针对合建住房配售方案进行了两轮讨论；根据中央直属机关管理局要求，协助做好合建工程的部级干部住房入住、装修及物业管理等工作。

4. 抓好 2011 年在建工程项目。校史馆改造工程基本完成，进入试展阶段；数字图书馆年底完成土建工程；社区服务楼竣工；老干部活动楼加层、加电梯主体结构工程接近完成。

校园基本建设管理。 1. 完成综合教学楼、体育馆等建筑的维修及新疆食堂等建筑地下防水和屋面防水维修；完成地下高低压配电室、室外电缆管道和锅炉房工程；协助后勤服务部完成 72 楼、73 楼市政改造；配合完善了新建住宅楼监控、车辆管理系统。

2. 协助天然气公司对全校住宅楼、食堂、锅炉设备、管道进行检查和维修。

3. 完成数字图书馆、校史馆布展、合建房配电室、锅炉房、住宅楼加电梯试点楼、老干部活动楼加层加电梯维修改造、学员职工食堂、15—20 学员楼节能改造和扩建等工程的规划、设计及招标工作。

4. 向北京市整理上报 128—140 楼 4 期住宅楼工程资料，完成二食堂、新疆食堂等维修工程竣工备案，办理了 8 栋学员楼工程质量备案手续，完成中水回用工程设备调试和竣工资料整理。

财务管理、审计和国有资产管理。1. 全校预决算管理和经费执行进度及支出管理。完成校内预算分配方案的拟订；按照上级要求在网上公开中央党校2011年部门预算情况；加强执行进度和支出管理，2011年财政拨款执行进度为99.6%；完成向国家财政部报送全校2010年部门各项决算编报及中央党校2010年“三公经费”和部门决算向社会公开等工作。

2. 成本和收入管理工作。全年按规定收回工资、校补、三项费用、水电暖、房租等收入约3394万元。

3. 完成学校“参公管理”单位第三步规范津补贴和事业单位清理津补贴统计工作。

4. 审计和治理“小金库”等工作。配合审计署开展对学校2010年预算执行和其他财政收支情况进行审计，并及时进行整改，重新调整学校部门决算；配合校工会等部门进行财务审计和课题经费使用情况的审计；按中央治理“小金库”工作领导小组要求组织开展“小金库”治理全面复查。

5. 其他管理工作。完成正版软件采购、安装等工作，配合图书馆等单位完成家具招标与采购，完成全校职工个人所得税扣税基数调整和规范工资中税前扣除项目的工作。

房地产管理。1. 职工住房相关工作。完成新建职工住宅配售方案的起草和征求意见，进行了加装电梯宣传、签订协议、收取集资款等工作，完成4期职工住宅售房贷款情况的核查，办理128—132楼、135—140楼的大产权手续。

2. 公房管理。清理对外出租公有住房，为33位京内无住房新进职工安排周转宿舍；完成大有北里住宅区范围内公有房产使用情况的核查登记；协助中央直属机关、施工单位对大有北里地下配套商业用房进行竣工验收；完成地下商业用房与小区办的交接。

3. 大宗房产租赁及成本核算。全年共计收缴公有房产租金900余万元，发放供暖费（含校外人员）150余万元。

4. 2011年度测算、审核、发放职工住房补贴97人次，共计金额166.82万元。

5. 做好职工住房及工程资料档案管理工作。

交通管理、人防、资源节约管理。1. 签订交通安全责任书，完成“两会”期间的道路交通安全保障任务。

2. 对学校部分人防工程进行了维修，完成人防工程和非人防工程数据统计上报及防灾减灾的宣传工作。

3. 完成全校办公、生活用水指标申请分配以及水质检测，南院1—6号院水表安装改造和年度全校职工住户的水、电、气核算收费及全校成本核算。

4. 校节约型校园建筑节能监管平台通过国家住房和城乡建设部专家组验收。

医疗保健、爱国卫生、人口与计生等管理。1. 做好卫生处成立后的职能衔接工作，加强与各级主管部门的沟通，实现职能对接，与后勤服务部协商调整了部分工作职能。

2. 做好功能社区医疗服务中心的筹建工作，成功申请成为北京市中央直属机关系统功能社区医疗服务中心的8家试点单位之一；对4家三甲级医院合作方案进行审核，形成初步合作意向。

3. 做好公费医疗和干部保健工作，实现与北京大学第三医院的计算机联网，完成全年的公费医疗报销和部分人员医疗持卡实时结算的信息采集等工作。

4. 继续做好爱国卫生工作、人口与计划生育工作。

日常行政管理。1. 进一步加强宣传网络工作。重点抓好网络信息资源建设，对局网站进行了改版，创办《财务行政管理局工作简报》。

2. 加强内部行政管理，进一步提高公文流转效率和办公经费管理，加强了会议管理。

3. 做好日常值班与节假日值班工作，加强安全防火与保密宣传，组织处级以上及新进人员保密教育讲座。

（财务行政管理局供稿人：丛　静）

制度建设

中央党校人口和计划生育管理制度

中校厅字〔2011〕5 号

第一章　组织与职责

一、根据《中华人民共和国人口与计划生育法》、《北京市人口与计划生育条例》、《海淀区社会抚养费征收管理办法》、《计划生育技术服务管理条例》和《女职工劳动保护规定》，结合我校实际情况，制定本制度。

二、校人口和计划生育委员会的主要职责

（一）保证国家有关人口与计划生育各项方针政策、法律法规在我校的贯彻落实；

（二）负责审查、监督计划生育工作年度计划的制定与实施；

（三）组织开展人口与计划生育知识的宣传教育及普及工作；

（四）负责校内计划生育管理工作中重大事情的策划与处理。

三、校人口和计划生育委员会办公室的主要职责

（一）宣传国家有关计划生育的方针政策、法律法规，宣传普及人口和计划生育科学知识；

（二）负责组织落实计划生育年度计划；

（三）负责办理生育手续和落实节育措施；

（四）负责避孕药具的计划、购买、保管和发放工作；

（五）负责计划生育的统计、报表工作；

（六）负责全校计划生育相关人员的培训工作；

（七）执行落实计划生育的各项奖励政策；

（八）组织开展计划生育协会活动；

（九）协助地区计划生育主管部门对违规人员进行行政处理和征收社会抚养费。

四、各单位主要负责人对本单位的计划生育工作负主要责任，每年应与校人口和计划生育委员会签订计划生育目标管理责任书，并接受计划生育主管部门检查、监督和指导。

五、各单位（局级和部分处级单位）设计划生育宣传员一名，负责本单位的计划生育日常工作。

第二章 管理与规定

六、生育管理

婚后欲生育子女者，需办理《生育服务证》。

（一）夫妻达到晚育年龄的，可自行选择生育第一个子女的最佳时间，但应在怀孕前或怀孕三个月内办理《生育服务证》。

（二）生育第一个子女的女职工应到校人口和计划生育委员会办公室领取《生育服务证》，填写夫妻双方基本情况后，由双方所在单位签署意见并盖章，由女方户籍所在地街道办事处计划生育主管部门审核批准并对《生育服务证》统一登记、编号、盖章后，交由当事人保存。

（三）已婚育龄妇女在怀孕三个月内，应持《生育服务证》接受围产期医疗保健服务。

（四）子女出生后，应持户口簿、《生育服务证》和医疗机构出具的《出生医疗证明》，到户籍部门办理新生儿入户手续。

（五）在婚姻无变化的情况下，《生育服务证》在本市范围内长期有效。领取了《生育服务证》尚未生育期间在本市迁移户口的，须持《生育服务证》到新入户所在地街道办事处计划生育主管部门办理变更手续。

（六）凡符合《北京市人口与计划生育条例》规定可以生育第二个子女的，须持指定医疗机关诊断证明、结婚证、个人申请、单位证明等文件到户口所在地街道计划生育主管部门办理申请手续。

（七）在校学生的生育管理按照《中央党校在校学生计划生育管理规定》执行。

七、办理《独生子女父母光荣证》

（一）第一胎孩子出生后，需持父母户口簿、孩子的《出生医疗证明》和《生育服务证》，于当月到户籍部门申报户口。

（二）持孩子户口簿到户口所在地街道计划生育主管部门索取“独生子女申请表”，由夫妇双方填写，双方单位计划生育主管部门和居住地家（居）委会盖章（一式两份）后，去街道办事处计划生育主管部门领取《独生子女父母光荣证》。

（三）持《独生子女父母光荣证》和“独生子女申请表”一份，到校人口和计划生育委员会办公室登记，自办证之月起发放独生子女父母奖励费；同时开具每月4元、为期两年的补奶费（双方单位各付50%）通知单，凭通知单去校财务领款。

八、产前检查及哺乳期的有关规定

（一）产前检查：妊娠期间按医院要求进行产前检查的，时间按公假处理。

（二）女职工妊娠7个月后（含7个月），一般不得安排加班和上夜班。

（三）有不满一周岁婴儿的女职工，每天工作时间内有两次哺乳时间（含人工喂养），每次30分钟。多胞胎生育的，每多一孩哺乳时间增加30分钟。两次哺乳时间可以合并使用。哺乳时间和在本单位内哺乳往返途中的时间，算作劳动时间。

九、实施计划生育手术的规定

（一）放置宫内节育器，自手术之日起休息5天；避免重体力劳动一周。

（二）取宫内节育器，手术当日休息1天。

（三）单纯输卵管结扎，术后休息21天。

（四）输精管结扎，术后休息7天。

（五）皮埋术后，休息3天。

（六）人工流产，术后休息14天；人流同时放置宫内节育器，休息17天；人流同时输卵管结扎，术后休息30天。

（七）中期引产，术后休息30天；同时结扎输卵管，休息50天。

（八）产后结扎输卵管，除产假外另增加休息50天。

（九）凡实施计划生育长效手术者，可自行选择医院；手术费用凭医疗单位证明，经校人口和计划生育委员会办公室签字、盖章，给予全部报销。放置宫内节育器给予营养补助费150元，实施结扎手术给予营养补助费300元。

（十）实施计划生育手术所休假期享受公假待遇。

第三章　优待与奖励

十、晚婚：男满25周岁、女满23周岁以上，且双方均为初婚者，方可享受晚婚待遇。一方再婚或一方不到晚婚年龄的，不能享受晚婚待遇。

晚婚者除享受国家规定的晚婚假（3天）外，另增加奖励假7天。

十一、晚育：已婚妇女年满24周岁以上生育第一个孩子的，享受晚育优待。

晚育者除享受国家规定的产假（平产90天，难产105天，多胞胎生育的，每多生育一个婴儿增加产假15天）外，增加奖励假30天（奖励假也可以由男方享受）。休假期间不得降低其基本工资或者解除劳动合同；不休奖励假的，按照女方一个月基本工资的标准给予奖励。如休产假时间与寒暑假时间重叠，产假连续计算。

十二、已办理《独生子女父母光荣证》可享受的奖励和优待：

（一）每月发给10元独生子女父母奖励费，夫妻双方各发给50%。奖励费自领取《独生子女父母光荣证》之月起发至其独生子女满十八周岁止。

（二）女职工除享受上述产假外，经所在单位批准，可以再增加产假三个月，但减免三年独生子女父母奖励费。

（三）独生子女父母，女方年满55周岁，男方年满60周岁的，每人享受3000元的一次性奖励；符合国家规定的女职工年满50周岁退休的，在退休之年，享受此奖励。

（四）已婚育龄夫妻按照规定可以生

育第二个子女但书面表示不再生育的（女方年龄在41周岁以内），凭在街道计划生育主管部门办理的《献出第二个子女生育规划申请表》等的相关书面材料，到校人口和计划生育委员会办公室办理可获得1000元的一次性奖励手续。

（五）独生子女发生意外伤残致使基本丧失劳动能力或死亡，其父母不再生育或者收养子女的，女方年满55周岁，男方年满60周岁的，除由所在区、县人民政府给予每人不少于5000元的一次性经济帮助外，学校再给予5000元的一次性经济帮助。

十三、第一胎生育双胞胎或者多胞胎的夫妻，不领取《独生子女父母光荣证》，享受一份独生子女父母奖励费。

十四、其他有关奖励问题的规定参照京计生委字〔2003〕112号文件执行。

第四章　有关违章的规定

十五、凡违反法律法规的规定生育第二个及二个以上子女的夫妻或者非婚生育子女者，除依法缴纳社会抚养费外，依照情节轻重，给予当事人行政或者纪律处分；分娩的住院费和医药费自理，产假期间停止其工资福利待遇；三年内不得被评为先进个人、不得提职，并取消一次调级。

十六、单位录用或调入人员时，应对其执行计划生育政策的情况进行审查，有违反规定生育者，学校任何单位不得接纳。

十七、对没有完成计划生育目标管理责任的单位，当年不得评为先进（文明）单位。

十八、社会抚养费征收标准及范围按照《海淀区社会抚养费征收管理办法》执行。

十九、本制度自颁布之日起施行，2003年制定的《中央党校计划生育工作管理制度（修订稿）》同时废止。

办公厅

2011年3月10日

（财务行政管理局、办公厅供稿）

中央党校在校学生计划生育管理规定

中校厅字〔2011〕6号

根据国家人口计生委、教育部、公安部《关于高等学校在校学生计划生育问题的意见》和《北京市关于高等学校在校学生计划生育问题的实施意见》，结合本单位实际制定此规定。

第一条　管理规定适用范围

本规定适用于具有中央党校学籍、人事档案转入本校、在校学习的硕士研究生、博士研究生和博士后站人员。

第二条　婚育状况登记备案程序

1. 符合法定结婚年龄需办理结婚登记或婚姻变更登记的在校学生，可按国家《婚姻登记条例》办理登记（变更）手续。

2. 已婚和已育新生，入学时需到研究生院学生处进行婚育状况登记备案。

3. 在校期间婚育状况发生变化（结婚、离婚、丧偶、再婚、生育)，本人须主动持结婚证、离婚证、出生医学证明等相关材料到青龙桥派出所办理登记事项变更和更正记载手续，同时到研究生院学生处办理婚育状况变更备案。

4. 研究生院学生处要将学生婚姻和生育材料及时纳入学生本人的人事档案，在学生毕业时为其出具婚育状况证明。在校期间没有履行婚育状况登记手续的和非应届毕业生，不予出具婚育状况证明。

第三条　在校生育审核原则

1. 在校期间提倡实行计划生育、晚婚晚育。夫妻双方均达到法定生育年龄、要求生育的已婚学生，可申请生育第一个子女。

2. 为保障母婴健康、保持学校正常教学科研秩序，已婚女学生怀孕、生育期间需持医院开具的妊娠证明办理休学手续。

3. 已怀孕的新生应暂缓入学，本人主动说明情况，及时办理保留一年入学资格手续。办理手续时需出具原籍或入校前单位或学校的合法生育证明。在保留入学资格期间，学校不负责开具婚育情况证明。

第四条　《生育服务证》办理程序

符合生育条件并要求生育的在校学生，须填写《中央党校学生生育一胎申请表》。本人如实填写后，持夫妻双方身份证、户口簿、结婚证、原籍或入校前单位、学校的婚育证明（原户籍所在地居（村）委会、街道（乡镇）两级证明)、配偶档案所在地出具的配偶婚育情况证明，女生需持医院出具的妊娠证明，到导师（班主任)、研究生院学生处、校人口和计划生育委员会办公室等部门办理审核手续。

生育申请手续审核完毕后，由研究生院计划生育宣传员持相关材料到校人口和计划生育委员会办公室办理《生育服务证》。《生育服务证》由本人保管，如丢失不再补发。

第五条　在校生育医疗服务

在校已婚学生可免费获得计划生育咨询指导和国家规定的计划生育技术服务。其妊娠检查和分娩费用，按北京市公费医疗管理相关规定执行。

第六条　《独生子女父母光荣证》办理规定

双方均为高校集体户口或非高校集体户口生育后，在校期间不办理《独生子女父母光荣证》。一方为北京市常住户口，一方为高校集体户口的夫妻生育后，可以在北京市办理《独生子女父母光荣证》。在校学生不享受独生子女父母奖励费。

第七条　新生儿入户的规定

按照京人口发〔2011〕12 号文件执行。

第八条　学生在校期间违规生育的，按照其户口所在地人口与计划生育法规处理，视其情节轻重，可给予行政或纪律处分。违规者是中共党员的，按照《中国共产党纪律处分条例》的规定处理。

第九条　本规定自颁布之日起施行。

办公厅

2011 年 3 月 10 日

（财务行政管理局、办公厅供稿）

部门决算

中央党校2011年度公共预算收入支出决算信息

部门：中共中央党校　　　　单位：万元

收入			支出		
项　目	行次	决算数	项　目	行次	决算数
栏　次		1	栏　次		2
一、财政拨款	1	27，172.60	一、教育	13	44，315.30
二、上级补助收入	2		二、文化体育与传媒	14	214.00
三、事业收入	3	6，496.95	三、住房保障支出	15	1，508.57
四、经营收入	4	6，619.54		16	
五、附属单位缴款	5	3，469.41		17	
六、其他收入	6	6，468.08		18	
	7			19	
	8			20	
本年收入合计	9	50，226.58	本年支出合计	21	46，037.87
用事业基金弥补收支差额	10	369.76	结余分配	22	3，703.13
上年结转和结余	11	8，500.55	年末结转和结余	23	9，355.88
合计	12	59，096.88	合计	24	59，096.88

注：本表反映部门本年度的总收支和年末结转结余情况（不含政府性基金）

9行=(1+2+3+4+5+6）行；12行=(9+10+11）行；21行=(13+14+15+16+17+18+19+20）行；24行=(21+22+23）行

（摘自校园网，财务行政管理局供稿）

获奖情况

中央党校在中央部门预算管理工作考核评比中获奖

6月3日，中央党校在2011年度中央部门预算管理工作考核评比活动中荣获三等奖，受到财政部通报表扬。

此次评比活动是财政部根据新修订的《中央部门预算管理工作考核评比办法》进行的。从2010年6月开始，历时一年，共有166个中央一级预算部门参评。考核的主要内容包括：预算编制情况，预算执行情况及结转结余资金管理情况等方面。中央党校等35家中央部门获奖。

（摘自《党校信息》2011年第8期，财务行政管理局供稿）

财务行政管理局基建办工程处获“机关事务工作先进集体”荣誉称号

11月18日，人力资源和社会保障部、中央直属机关事务管理局、国务院机关事务管理局联合在人民大会堂举行“中央和国家机关事务工作先进集体、先进工作者表彰大会”，中共中央政治局常委、国务院副总理李克强亲切接见了与会代表。

会上，中央直属机关10个先进集体、4名先进工作者、6名劳动模范，国务院各部门后勤工作15个先进集体、15名先进工作者受到表彰。中央党校财务行政管理局基建办公室工程处荣获“中共中央直属机关和中央国家机关事务工作先进集体”荣誉称号。

财务行政管理局长赵晓光、组织部副部长王洋、后勤服务中心副主任张素峰、基建办公室工程处处长郑国和参加了表彰会。

（摘自《党校信息》2011 年第 16 期，财务行政管理局供稿）

节约型校园建筑节能监管平台通过专家组验收

为了落实《关于推进高等学校节约型校园建设，进一步加强高等学校节能节水工作的意见》要求，住房和城乡建设部、财政部、教育部联合开展了节约型校园建筑节能监管平台试点示范建设工作。中央党校作为第一批试点单位，获得以上三部委专项资金支持 350 万元，并于暑期完成校园建筑节能监管平台第一期工程建设，初步实现教学办公区能源消耗的实时监测。

8 月 30 日，中央党校召开节约型校园建筑节能监管平台验收会。住房和城乡建设部的有关领导、验收专家组成员、平台项目组成员、财务行政管理局领导班子成员和资源节约办公室工作人员等 30 余人参加会议。专家组在听取建设情况汇报、观看系统实际演示、参观设备安装现场和就有关问题进行交流之后，认为中央党校节能监管平台的建立意义重大，具有良好的可用性，一致同意通过验收。

（摘自《财务行政管理局简报》2011 年第 3 期，财务行政管理局供稿）

后勤服务

概况

2011年，后勤服务部围绕建设“一流学府”，创建“一流管理和服务”，开拓创新，扎实工作，较好地完成了各项工作任务，取得新的成绩。

总结经验明确思路。2011年初，部班子提出后勤工作“举旗子、抓班子、带队伍、促发展”的总要求，确定后勤“宗旨是服务、核心是管理、任务是保障”的新定位，围绕建设“一流学府”和创建“一流管理和服务”的总目标，围绕“内强素质、外树形象、加强管理、争创一流”的工作思路和“满意在后勤、和谐在后勤、发展在后勤、一流在后勤”的共同愿景，以建设学习型后勤为载体，以创先争优为抓手，积极推进后勤“服务社会化、管理企业化、保障规范化、队伍专业化”建设，推动后勤事业在新的形势下实现新的发展。

开展大规模技能比武活动。上半年，开展全员参加的大规模技能比武活动，共决出九个项目的优胜者。“七一”前夕，以“庆祝建党90周年暨技术比武活动颁奖晚会”的形式，举办了全员参加的颁奖和文艺汇演活动。

办实事、办好事。1. 完成职工食堂的修缮改造和收回管理工作。“五一”节后，职工食堂（丰益楼）以全新的面貌和丰富的菜品迎接教职工就餐，受到普遍好评和欢迎。开业以来，每天中午在职工食堂二层用餐的教职工有400多人；食堂一层面向家属和合同制员工，较好地解决了职工及其家属的就餐问题。

2. 完成家属区商业楼的整体招租。重新开业以后，除仁和静雅酒楼对外经营外，还开设以公益便民服务为主的社区餐厅，形成了教职工食堂、社区餐厅、憨邻福主食与外卖相互补充的餐饮服务新格局。

3. 完成10号楼地下室理发馆的改造

工程。

4. 完成社区文化广场新建公厕及横贯绿地东西的林间人行道铺设工程。

5. 完成社区市场的招租，并加强监管。把打字社、缝纫社、便民菜店等引入社区，方便了居民生活。

校园绿化和校园文化建设。园林修缮中心在绿化工程、维修工程、零修、环境卫生和花卉管理等工作中，以建设“一流学府”为目标，不断提高校园的园林艺术品位，提升校园的美誉度。除了大的绿化、维修工程外，还完成12—23楼北侧的绿地改造工程；完成二食堂前广场的改造，使得学员通行更加方便；在综合楼前广场栽植了银杏；安装了“大有北里”标志石刻；补植了苔草、修剪了枯树枝等；还完成西围墙污水管道北段改造工程；10号、12号学员楼空调改造工程；南院研究生食堂的改造，等等。

9月16日，中央党校承办了“中直机关义务植树30周年成就展暨座谈会”。

推进信息化建设。上半年，交通服务中心安装了地下车库监控系统和调度自动派车系统，实现了人工管理与科技管理相结合。调度自动派车系统主要解决两方面问题：一是用车单位与调度室之间实行网络自动化管理，为用车单位提供更加方便快捷的用车申请方式，各项用车信息更加公开、透明；二是提高了财务结算效率，减少了工作失误。

社区服务工作。2011年正值海淀区人大代表换届选举，仅社区居委会负责联系的选民代表就有690多人，他们分散在57栋楼。社区服务中心的同志们经常利用休息时间到居民家里进行选民登记，完成选举任务，受到青龙桥街道领导的肯定。社区被评为北京市节水先进单位、北京市双拥示范单位。

其他重要工作。10月22日至23日，在浙江省委党校召开全国党校系统后勤工作会议；制定《中央党校后勤管理服务办法》；修订《中央党校后勤管理服务制度汇编》，约20万字；年初创办《党校后勤工作》，全年共编辑出版5期刊物，约30多万字。

2011年，后勤服务部党总支被评为中央直属机关先进基层党组织，后勤服务部再次被评为校级管理服务集体，首都文明单位。

（后勤服务部供稿人：林晓风）

制度建设

中央党校后勤管理服务办法（试行）

中校字〔2011〕61 号

第一章　总　　则

第一条　为适应中央党校后勤工作（以下简称党校后勤）科学化、规范化、制度化建设要求，为教学、科研及学工人员提供服务保障，根据《中国共产党党校工作条例》和《干部教育培训工作条例（试行）》，制定本办法。

第二条　党校后勤工作要坚持以邓小平理论和“三个代表”重要思想为指导，深入贯彻落实科学发展观，坚持党校姓党，从严治校方针，围绕中心，服务大局，开拓进取，奋发有为，努力建设学习型后勤，构建和谐后勤，努力推动后勤工作科学发展，为创建“一流学府”不断做出新贡献。

第三条　后勤工作是党校工作的重要组成部分，基本职责和任务是：坚持深化改革、加强管理，注重创新、优质服务，充分利用和整合资源，保障党校工作正常运转，保障学工人员生活正常进行。坚持“团结、务实、创新、发展”，营造良好氛围，创造和谐环境，不断提高管理水平、服务质量和保障能力；坚持宗旨是服务、核心是管理、任务是保障，从党校工作实际出发，稳步推进“服务社会化、管理企业化、保障规范化、队伍专业化”；坚持内强素质、外树形象，以改革创新精神加强领导班子和职工队伍建设，不断提高管理和服务水平，努力实现满意、和谐、发展、一流后勤奋斗目标。

第二章　后勤服务对象

第四条　党校后勤要为下列人员提供教学科研保障和生活服务：

1. 进修部、培训部等主体班次学员；
2. 研究生院的研究生；
3. 专题研讨班学员，特别是中央举办的省部级主要领导干部专题研究班学员；
4. 短期培训班学员；
5. 教职工、离退休人员及合同制员工；
6. 其他有关人员。

第三章　服务管理范围和要求

第五条　服务管理范围是：餐饮服务、

住宿服务、交通服务、动力保障、园林与环境管理、修缮维护、医疗保健、教学场馆管理、社区服务、物业监管等。

第六条 餐饮服务要确保饭菜质量和不断丰富花色品种。严格遵守《食品安全法》，自觉接受卫生防疫部门的监管，积极配合有关部门做好餐饮经营场所的食品卫生安全工作。

第七条 坚持以人为本，体现人性化服务，注重精细化管理，为学员提供热情周到、整洁卫生的住宿服务。

第八条 按照周到、规范的服务要求，努力做好卫生保洁、设备保障、物品保障、秩序维护等方面工作，确保办公、教学和会议及其他相关活动的顺利进行。

第九条 坚持服务规范、礼貌待人、安全正点、车容整洁的理念和要求，积极为学工人员提供安全、舒适、高效的交通保障。

第十条 维护好校园生态园林景观，做好重大活动和重要节日校园美化、校园日常绿化养护及管理工作。建设生态校园，增加园林的文化艺术内涵，为学工人员提供优美的工作、学习和生活环境。

第十一条 做好建筑、道路等基础设施及办公生活用水用电供暖空调等设备的维修维护服务。按照分工明确、相互配合的原则，加强维修工作的沟通、协调，做好日常巡视检查。及时处置报修项目。各维修部门应制订危机管理预案，具备应对突发事件的能力。保证中央空调、电梯、直燃机、变电站等设备设施安全正常运转。

第十二条 加强节约型校园建设，搞好节能减排。

第十三条 依托北京大学第三医院，整合优质医疗资源，为党校学工人员学习生活及重大活动提供医疗保障。

第十四条 坚持公益服务主旨，秉持便民利民原则，完善服务功能，提高服务质量，促进邻里和睦，努力建设平安、文明、生态、和谐的宜居社区。

第四章 服务和管理形式

第十五条 党校后勤对授权管理的教学、服务场所及其他有关国有资产实行管理。管理采取直接管理、委托、租赁、合作等管理形式。积极创造条件，推进专业化管理，改善服务条件和环境，不断提高社会效益和经济效益。

第十六条 党校后勤可以委托具有专业资质的公司（下称受托公司）对党校部分教学及生活服务场所进行管理。要求受托公司提供有关经营资质的证明文件并依法办理相应备案，要求受托公司合法经营，确保国有资产保值增值。

第十七条 加强对受托单位及外包项目的监管，不断完善管理制度，明确监管职责，加强成本核算和成本管理，确保国有资产保值增值。

第十八条 定期召开学工人员座谈会，征求学工人员对后勤服务工作的意见和建议，改进服务，促进工作。

第五章 干部职工队伍建设

第十九条 党校后勤干部职工（包括合同制员工）要遵守党纪国法和校规校纪，切实做到诚实守信，爱岗敬业，刻苦学习，熟练掌握业务技能；不断强化服务意识，工作主动、待人热情、服务周到、文明礼貌；爱护公物、勤俭节约、廉洁奉公。

第二十条 以领导班子为重点，切实加强党校后勤干部职工队伍建设。后勤领导班子坚持以人为本，按照民主集中制原则，改进工作作风和决策机制，实现科学决策和民主决策，努力建设一支政治强、业务精、作风正的后勤队伍。

第二十一条 积极推进学习型后勤建设。通过参加理论学习、法律法规和政策教育，不断提高思想理论水平和政策水平。定期举办技能培训、知识竞赛、比学赶帮等活动，不断提高干部职工业务能力和服务管理水平。

第二十二条 在校组织部门的指导帮助下，不断充实干部队伍。根据岗位要求和后勤发展需要，从优秀转业军人、应届毕业生及其他党政机关中选聘工作人员。

第二十三条 适当招收具有一定文化程度的优秀青年充实合同制员工队伍。按照《劳动法》和《劳动合同法》要求，做到依法用工，规范管理，保护合法权益，并在使用中提高合同制员工的思想政治觉悟和专业技术水平。

第二十四条 鼓励和引导干部职工参加形式多样的职工文化活动，积极营造团结和谐、奋发向上的氛围和环境，使党校后勤成为干部职工之家。

第六章 财务管理

第二十五条 党校后勤根据《中华人民共和国会计法》和国务院颁布的《事业单位财务规则》、《企业财务通则》，以及国家有关规章制度和学校相关规定，实行财务管理，依法管理，合法经营。

第二十六条 财务的日常核算与管理，按照学校规定由校财务集中管理，后勤按规定审批使用。

第二十七条 切实执行财政部和学校预算管理制度，认真做好部门年度预决算，严格执行预算，严格财务支出。

第二十八条 按照国家有关部门批准的经营范围开展相关经营活动，依法纳税，加强成本核算，增收节支，切实做好国有资产保值增值工作。

第二十九条 经费审签实行“一支笔”制度，由分管财务的行政领导负责，同时授权下属中心主任对本中心收支的原始凭证进行审签。重大支出要集体研究，事前按规定程序报批。各中心重要和大额支出也要事前报批，严格控制预算外支出。

第三十条 按规定接受审计署审计和领导干部离任经济责任审计。

第七章 物业监管

第三十一条 按照《中央党校物业监管条例》及《实施细则》，党校后勤依法对党校国有资产实施监管；对受党校委托实施管理的公司进行严格审核及监管，确保国有资产安全。

第三十二条 要对被监管单位的经营范围、内容、场馆维护及管理提出监管意见和建议，对相关场所、项目等应当建档备案。

第三十三条 定期检查相关单位规章制度、值班人员到岗情况及设备维护、场馆管理等措施，加强对被监管单位具体指导和监管。对发现的问题及时责令有关部门整改，并对检查及整改情况实行备案。

第三十四条 监管人员要不断加强自身学习，提高综合素质，提高监管水平。

第八章　消防安全管理

第三十五条　按照《中华人民共和国消防法》、《中华人民共和国消防实施细则》和校防火安全委员会要求，不断健全完善消防管理制度，加强消防安全教育，提高消防安全意识和能力，切实抓好消防安全工作。

第三十六条　协助保卫部门做好服务场所消防设施维护，确保消防器材能够正常使用。

第三十七条　积极参加学校组织的消防知识培训和消防技能演练，建立健全后勤消防应急预案，提高应对突发事件的处置能力。

第三十八条　及时总结消防安全工作经验，加强同消防主管单位沟通协调，取得主管单位的指导和支持。

第九章　信息化及刊物

第三十九条　党校后勤要重视信息化建设，办好后勤服务网页，及时发布后勤工作信息，使后勤服务网页成为交流经验、推进工作的窗口。

第四十条　认真办好内部刊物《党校后勤工作》，沟通信息、交流经验，探索后勤工作规律，推进后勤工作创新。

第四十一条　加强同地方党校后勤部门的工作联系，定期举办全国党校系统后勤工作会议，组织协调相关工作培训，共同提高后勤服务工作水平。

第十章　规章制度建设

第四十二条　党校后勤要建立健全规章制度，切实做到以制度管人、管事，实行规范管理和规范服务，不断加强管理与服务工作。

第四十三条　努力建设学习型组织，通过完善学习机制，丰富学习内容，创新学习形式，不断提高干部职工的思想理论素质和科学文化素质。

第四十四条　修订完善和严格执行各项会议制度。定期召开部主任办公会、部务会，适时召开年度工作会议及总结表彰大会等。

第四十五条　不断完善干部职工及合同制员工管理制度，做到管理规范、奖罚分明，调动和激发广大干部职工的积极性。

第四十六条　把应急管理纳入日常管理，建立健全应急预案。明确责任、规范程序，并定期组织演练。

第十一章　附　　则

第四十七条　后勤服务部各部门根据本办法制定相关规定和实施细则。

第四十八条　本办法自发布之日起施行。

中共中央党校校务委员会
2011 年 9 月 22 日

（后勤服务部、办公厅供稿）

工作会议

全国党校系统后勤工作会议

10月22日至23日，全国党校系统后勤工作会议在浙江省杭州市召开。来自全国48所副省级以上党校的180名代表参加了会议。同期参加华东地区省级党校常务副校长座谈会的校长列席了会议的开幕式。

副校长陈宝生出席大会并讲话。他分析了当前党校后勤工作面临着需求结构、社会环境、体制机制、基础条件、工作要求五种变化。他指出，后勤工作要树立党性意识、规律意识、服务意识、创新意识、责任意识，并强调建设学习型组织的重要性。他强调，全国党校系统的后勤工作要在文化含量、科技含量、感情含量、改革含量、特色含量五个方面提升水平，更好地完成党中央赋予党校系统的大规模培训干部、大幅度提升干部素质的历史任务。

开幕式上，浙江省委党校常务副校长沈立江致辞，并介绍了浙江省与浙江省委党校的基本情况与发展状况。后勤服务部主任欧亚平对进一步加强和改进党校后勤工作，结合中央党校后勤服务部10年来的工作经验，作了专题报告。

与会代表进行分组讨论，8位代表在大会上发言。后勤服务部副主任张素峰作总结。

（摘自《党校信息》2011第14期，后勤服务部供稿）

中央直属机关义务植树30周年成就展暨座谈会

9月16日，由中央直属机关绿化委员会、中央直属机关事务管理局主办，中央党校、中国日报社协办的中央直属机关义务植树30周年成就展暨座谈会在中央党校体育馆举办，中央直属机关绿化委委员、中央直属38个单位及中央电视台等新闻媒体记者共100人到会。

中央直属机关义务植树30周年成就展，通过40个展板1000多张精彩图片和文字简介，生动展示35个参展单位义务植树、绿化美化的成就，共60万人次参加，用29年时间完成49年的植树任务，现在仍保留8个义务植树基地。30年来有46个单位被评为全国绿化先进集体，89个单位被评为首都花园式单位，5名同志被评为全国绿化劳动模范，12名同志被评为全国绿化先进工作者。

座谈会由中央直属机关事务管理局局长、中央直属机关绿化委员会副主任许士平主持。

副校长陈宝生出席并讲话。他说，中直绿化委、中直管理局此次展览暨座谈会在中央党校举办，是对党校绿化工作的高度重视支持和激励。党校植树绿化走过不平凡的发展历程，上个世纪刚复校时校园很破旧；90年代进入绿化的快速发展时期；进入新世纪后，校园环境山清水秀、绿树成荫。30年校园绿化取得的成绩，与自己比是发生了沧桑巨变，但走出去与先进水平相比差距很大，结构上灌木、花、藤蔓植物、变色阔叶少，绿色重彩色少，小品、小雕塑、增添情趣的湖中小动物少，缺精品缺精雕细琢。中央党校的绿化资源循环利用大有文章可做，要发展立体、垂直、屋顶绿化。要借这次机会规划好2012年和“十二五”校园绿化，力争再上新台阶。

中央直属机关绿化办公室主任乔世英汇报了工作情况。新华社退休干部范霖、国家广电总局绿化基地负责人孙月磊分别发言。首都绿化办公室副主任王苏梅、全国绿化办公室副秘书长向可文、中央直属机关工委副书记中直绿化委员会副主任杨金永分别讲话。

中央直属机关义务植树30周年成就展于9月21日结束。

后勤服务部领导和园林修缮环卫中心领导参加会议。华体公司和园林、综合、餐饮中心的部分同志参与了筹备和接待工作。

（摘自校园网，后勤服务部供稿）

重要工作

校领导参加职工食堂新装开业揭牌仪式并到社区调研

5月5日，常务副校长李景田、副校长陈宝生，在后勤服务部主任欧亚平、副主任张素峰等陪同下，参加丰益楼的揭牌仪式并同广大教职工共进午餐。

丰益楼原名第三食堂，别称“北灶”，是现存唯一的学校早期重要的建筑。历经几十年的沧桑，食堂的设备陈旧、管线老化，存在着很大的安全隐患。多年来，广大教职员工很希望改善职工食堂的就餐环境。后勤服务部在学校领导的支持及校财务行政管理局等有关部门的配合下，经过近一个半月时间的加班加点装修，终于赶在“五一”之前竣工。

应邀参加丰益楼开业的还有校委委员黄宪起及校内直属单位负责人共40多人。

欧亚平在揭牌仪式上对丰益楼的更名作了简要说明。并表示，一定搞好食品安全与卫生，搞好服务，为广大教职工提供优美的就餐环境。

丰益楼开业揭牌仪式之前，李景田、陈宝生还到社区进行调研，详细了解社区超市经营情况、社区餐厅装修情况，以及丰益楼北侧大门口整治方案。欧亚平、张素峰等同志详细汇报了有关的工作情况。

（摘自校园网，后勤服务部供稿）

“大有北里”社区名碑落成揭幕仪式

5月26日，后勤服务部在大有北里举行了社区名碑落成揭幕仪式。副校长陈宝生出席仪式并为“大有北里”社区名碑揭幕。后勤服务部主任欧亚平介绍了此碑征求题字和制作的相关情况。副主任张素峰、刘志刚，副巡视员尤元文、刘彦龙和相关部门人员共计50余人参加仪式。

“大有北里”社区名碑是后勤服务部为进一步提升校园设施、环境的文化内涵，专门邀请95岁高龄的香港大学教授、著名学者饶宗颐先生题写，历时近20余天精心制作完成的。此碑的落成，又为我校增添了一处高品位的人文景观。

揭幕仪式后，陈宝生在欧亚平、张素峰、刘志刚、尤元文、刘彦龙等后勤服务部领导和社区工作人员的陪同下，视察了社区超市、社区餐厅改造建设工程工地。视察中，陈宝生对社区工作取得的新进展给予了肯定，并提出了一些具体的要求。后勤服务部表示，一定按照校领导的指示精神，进一步抓好便民、利民服务设施的完善改进工作，不断提高为社区居民的服务水平，把党校社区建设成为职能更加完善，服务更加快捷、优质，更利于广大人民群众安居乐业的高水平社区。

（摘自校园网，后勤服务部供稿）

庆祝建党90周年暨技能比武颁奖晚会

6月23日晚，后勤服务部在大礼堂举办“庆祝建党90周年暨技能比武颁奖晚会”。副校长陈宝生、校工会主席牛卫国、办公厅副主任张忠军、组织部副部长王洋、机关党委副书记李乃杰等出席，后勤服务部主任欧亚平、巡视员车继先、副主任张素峰、刘志刚、副巡视员尤元文等班子成员参加晚会。

后勤服务部在前几年教育培训、知识竞赛的基础上，2011年的5月至6月，集中组织服务技能大比武活动。这次大比武活动，先后有400多人参加，分为菜案、宴会摆台、客房服务、供电、绿化、驾驶技能等十几个项目，最终共评出80多名获奖选手。

后勤服务部各个中心都准备了丰富多彩的文艺节目。陈宝生为获得一等奖的选手颁发了证书及奖品并合影留念。

（摘自《党校后勤工作》2011年第3期，后勤服务部供稿）

行政办公·新闻报道·安全保卫保密

行政办公

第一次行政办公会

2月24日，中央党校召开2011年第一次行政办公会。副校长陈宝生主持并讲话，校委委员、办公厅主任罗宗毅出席会议。

会议的主要议题是研究部署春季学期迎新工作，并为做好新学期各项行政管理工作进行动员。会上，罗宗毅通报了寒假期间有关工作情况和开学典礼准备情况。财务行政管理局局长赵晓光通报了寒假期间基建情况和本学期基建重点工作。后勤服务部主任欧亚平通报了在学员住房、教室、餐饮、体育活动、校园环境等各方面迎新准备情况。教务部副主任冯鹏志通报了春季学期招生情况和学员报到准备工作。

陈宝生在讲话中强调，各单位要按照建设干部教育培训“一流学府”的总目标，争创一流的管理和服务，以一流的工作水平做好新学期迎新准备工作。他还专门就职工食堂、老年服务楼、校史馆建设及旧住宅楼加装电梯、新建职工住宅配售、“校园一卡通”工程等本学期几项重点行政后勤工作提出要求。

行政办公会成员和“八部一所”行政秘书参加会议。

（摘自《党校信息》2011年第4期，办公厅供稿）

第二次行政办公会

8月26日，中央党校召开2011年第二次行政办公会。副校长陈宝生主持并讲话，校委委员、办公厅主任罗宗毅出席会议。

会议对全校暑假期间的行政后勤各项工作进行了阶段性总结，重点研究部署秋季学期迎新工作，并为做好新学期各项行政管理工作进行动员。会上，罗宗毅通报暑假期间有关工作情况和开学典礼的准备情况等。财务行政管理局局长赵晓光通报暑假期间基建情况和下一阶段的基建重点工作。后勤服务部主任欧亚平通报在学员住房、教室、餐饮、校园环境及社区广场等方面的维护改造情况。教务部副主任冯鹏志通报秋季学期招生情况和学员报到准备工作。

陈宝生在讲话中对假期期间有关单位合理安排好值班，确保学校工作有序运转、重点项目有效推进，提出了表扬。他强调，从暑假开始一直到本学期结束，全校工作将呈现出“四个多”的突出特点，即：会议多、项目多、具体事情多、节日多，需要各单位高度重视，振奋精神，再接再厉，争创一流，为中央党校“一流学府”建设作出新的更大贡献。他还特别就校史馆楼、社区食堂、老干部活动中心、数字图书馆、“校园一卡通”工程和新建职工住宅配售等几项重点行政后勤工作提出要求。

行政办公会成员和“八部一所”行政秘书参加会议。

（摘自《党校信息》2011年第10期，办公厅供稿）

新闻报道

新闻报道工作会议

11月16日，中央党校召开新闻报道工作会议。副校长陈宝生、教育长兼培训部主任徐伟新出席并讲话。校委委员、办公厅主任、中央党校新闻发言人罗宗毅主持会议。

陈宝生在讲话中就进一步改进和加强中央党校的新闻报道工作强调3点意见：第一，要明确工作任务；第二，要健全组织架构；第三，校委高度重视宣传工作、文化工作，将会在技术、经费、精神和人力等方面提供必要支持。

徐伟新在讲话中提出了三个要求：第一，提高认识、加强领导；第二，明确分工、落实责任；第三，完善体制、严格评比。

罗宗毅要求各直属单位认真落实会议精神和安排，按照新闻报道相关管理办法的要求，各负其责，切实做好党校的新闻报道工作。

信息中心主任郭英楼介绍了党校近年来在信息化基础建设方面取得的成绩和进展，副主任张海光就成立“中央党校新闻报道工作小组”有关情况和通讯员的职责作了说明。

会上还宣布《中央党校网站信息发布管理办法》和《中央党校电视新闻报道工作管理办法》。

校各直属单位主管新闻报道工作的负责同志和通讯员，共50多人参加会议。

（摘自《党校信息》2011年第15期，信息中心供稿）

安全保卫保密

安全保卫保密工作培训班

3月23日至24日，中央党校在北京石油阳光国际会议中心举办安全保卫保密工作培训班。校委委员、办公厅主任、校保密委员会主任罗宗毅出席开班式并讲话。办公厅副主任、校保密委员会副主任段宝平作总结讲话。

罗宗毅在讲话中分析了安全保卫保密工作在党校事业发展中的重要地位和作用，要求大家要着眼创建一流的管理与服务，紧贴党校实际从严治校，加强建设，不断开创安全保卫保密工作新局面。段宝平在讲话中要求大家提高认识、完善机制、狠抓落实，切实把安全保卫保密工作做得更好。

公安部、国家保密局有关领导应邀为培训班作专题报告，介绍当前我国安全工作面临的严峻形势。参训人员结合新的形势和工作实际进行了深入讨论和研究。

各直属单位分管安全保卫保密工作的负责同志和联络员，共50余人参加培训。

（摘自《党校信息》2011年第5期，办公厅供稿）

"119消防宣传日"系列活动

11月8日下午，校防火委员会在研究生院举办灭火逃生演练和研究生院义务消防队成立仪式。副校长陈宝生出席并作总结讲话，副校长李书磊为义务消防队颁发队旗，校委委员、办公厅主任、校防火委员会主任罗宗毅出席活动。

陈宝生在讲话中对举办这次演练活动给予充分肯定，对义务消防队的成立表示祝贺。同时，他对全校防火工作提出"警钟长鸣、器材常备、隐患常检、管理常严、技能常学、队伍常练"六个方面的要求，并要求校其他单位也要成立义务消防组织。

这次演练，以假设研究生公寓D座某学生宿舍突然起火、数名学生被困为背景，启动灭火逃生预案。研究生院义务消防队和校消防队员立即赶赴现场，将大火扑灭并安全疏散人员。此次演练检验各部门和消防组织处置突发火灾的能力，提高学工人员的防火意识和灭火逃生技能。

演习结束后，与会领导为义务消防队赠送《消防知识手册》等书籍和宣传挂图。

校有关直属单位的负责同志和校防火委员会委员，研究生院教师、学生共300多人参加这次活动。

继举行灭火逃生演练活动之后，11月9日，校防火委员会还在教学办公区组织了消防展示评比、发放《消防知识手册》、现场防火知识解答等活动，并通过校电视台、礼堂大屏幕播放《消防安全教育专题片》。

（摘自《党校信息》2011年第14期，办公厅供稿）

保密工作会议

11月4日，校保密委员会召开专题会议，传达学习《"十二五"时期全国保密事业发展规划》学习提纲，通报近期中央党校保密工作形势，并对下一步做好中央党校的安全保密管理工作提出要求。校委委员、办公厅主任、校保密委主任罗宗毅主持会议并讲话，校保密委成员、各直属单位有关负责同志及保密协管员、办公厅各处室负责同志参加会议。

（摘自校园网，办公厅供稿）

对外交流与合作

概 况

2011 年，中央党校紧密配合中央外交、外宣工作大局，积极发挥党和国家外事工作的重要渠道和平台作用，在出访、接待来访、项目合作等方面均取得显著成效。

深入开展党的对外信息传播工程。坚持积极宣传、多做工作、增信释疑的原则，充分发挥平台优势，在日常出访、接待来访、对外项目合作、学术研讨交流以及涉外培训工作中，多渠道、全方位加大对外信息传播力度。利用高访团组出访、高端学术交流等场合和时机，与古巴共产党、委内瑞拉政府等近百个国外政党、政府机构、科研院所、知名智库和跨国企业，以及意大利经济和财政部长特雷蒙蒂、美国前助理国务卿斯考克罗夫特等数十名国外重点人物进行广泛接触，宣传改革开放 30 多年来所取得的伟大成就、中国共产党治国理政的成功实践和中国共产党的党校制度和党员领导干部培训制度等。

外国政要及重要国际组织负责人来访工作。全年共接待外国政要、知名学者和国外研究机构、跨国公司负责人等各类来访代表团 165 个，总计 1100 多人次。其中，由校领导亲自出席的外事活动近 50 场，举办演讲活动、研讨会、座谈会等学术交流活动近 50 场。

外事出访工作。全年共完成出访团组 90 多个、出访人数 540 多人。其中列入中央党校外事出访计划的团组 28 个，出访教职工 238 人；校领导率团出访 18 次，出访人数 238 人，其中学员 149 人；校各直属单位局级领导率团出访 19 次，出访人数 220 人；中央党校赴国外参加学术研讨会、短期进修的专家学者团组 28 个，出访教职工 50 人；中央对外联络部、外交部、地方党校等外单位共选派 43 人参加中央党校各个团组出访。

国际项目合作。举办第二次中欧美学术论坛、第八届和第九届中西发展论坛、中德关于政党政治研讨会等重要活动。进一步巩固和深化现有合作项目，与西班牙对外贸易发展局、法国国家行政学院等合作单位续签了合作备忘录。开拓新的对外交流渠道，先后与美国耶鲁大学、英国培生集团、英国驻华使馆共同签署合作备忘录，与美国强生公司、西班牙桑坦德银行共同签署合作谅解备忘录。

（办公厅外事办公室供稿人：李德伟）

外宾来访

重要外宾来访情况

3月14日，以副知事牛尾长生为团长的日本福冈县政府代表团一行22人来校访问。教育长兼培训部主任徐伟新会见来宾。

3月15日，应中国人民外交学会邀请，在华访问的英国前外交大臣戴维·米利班德一行3人来校访问，了解中央党校建校经验，并就政党建设、干部培养等问题交换看法。副校长陈宝生会见来宾。

3月16日，英格兰银行行长默文·金一行来校访问，以“危机后的国际金融体系改革”为主题演讲并与校专家学者交流。副校长陈宝生会见来宾。

3月17日，西班牙伊萨德商学院校长尤吉妮娅·贝尔托女士和该校工商管理学院院长阿方索·索库埃特来校访问，就当前国际经济热点、中欧合作及校际交流等问题交换意见。副校长陈宝生会见并宴请来宾。

3月23日，德国驻华使馆公使诺波特·里德尔一行来校访问，礼节性拜会副校长陈宝生。

4月1日，意大利经济和财政部长特雷蒙蒂来校访问，就“国际金融及货币体系改革”与部分教师学员座谈。常务副校长李景田会见来宾，马克思主义理论教研部主任周为民主持座谈。

4月2日，厄瓜多尔驻华大使雷昂纳多·阿里扎噶先生来校礼节性拜会常务副校长李景田，就中厄两国及政党关系进行交流。校委委员、办公厅主任罗宗毅等参加会见。

4月8日，古巴驻华大使卡洛斯·米格尔·佩雷拉一行来校访问，并就古巴经济发展现状、方向及政策作介绍。常务副校长李景田会见来宾。科学社会主义教研部主任王怀超主持座谈，相关部门学者参加。

4月11日，应中共中央党校出版社邀

请，日本公益法人旭硝子财团代表团来校访问。副校长陈宝生会见来宾，教育长兼培训部主任徐伟新出席会见，并向来宾赠送《谁惹了地球——人类生存的困境与出路》一书。

4月14日，日本协力中心理事长松冈和久先生来校拜会，就培训部学员赴日交流的具体事宜交换意见。副校长李书磊会见来宾。

4月19日，应中央对外联络部安排，以总主席巴克利为团长的印尼专业集团党代表团一行来校访问，了解中国共产党培养各级党员干部的基本做法和经验及中央党校职能和各级党校组织情况，尤其是中央党校的管理、运作模式。校委委员、进修部主任黄宪起会见来宾。

4月25日，意大利高等行政管理学校校长乔瓦尼·特利亚一行来校访问，探讨未来两校合作相关事宜。副校长孙庆聚会见并宴请来宾。校委委员、办公厅主任罗宗毅等出席。会见前，办公厅副主任张忠军同志与来宾进行工作会谈。

4月26日，应外交部安排，由美国国务院助理国务卿迈克尔·波斯纳率领的中美人权对话美方代表团来校访问，并与科学社会主义教研部、政法教研部、中共党史教研部有关专家座谈。副校长陈宝生会见来宾，校委委员、办公厅主任罗宗毅参加会见，政法教研部主任张恒山主持座谈。

5月11日，应中央对外联络部安排，以党的领导人、总统特使侯赛因·扎基为团长的马尔代夫民主党代表团一行来校访问，了解中央党校情况，并就中国共产党干部培训情况及中国共产党治国理政经验等进行交流。校委委员、办公厅主任罗宗毅会见来宾。

5月16日，应中国人民外交学会安排，日本京都创政塾理事长笹野贞子率日中友好学术研究访华团来校访问，了解中央党校干部培训情况。教育长兼培训部主任徐伟新会见来宾。

5月17日，欧洲理事会主席范龙佩访问中央党校，与常务副校长李景田进行会晤，并以“变革和相互依存世界中的欧洲和中国”为题发表演讲。副校长陈宝生、孙庆聚、李书磊、张伯里，教育长兼培训部主任徐伟新，校委委员贾高建、罗宗毅、黄宪起、赵长茂及校相关直属单位领导出席。进修部、培训部学员及部分教师520余人参加演讲活动。

5月20日，世界经济论坛（达沃斯论坛）创始人兼主席施瓦布来校访问，常务副校长李景田会见来宾。会见后，施瓦布以《国际合作的挑战》为题向进修部部分学员发表演讲。校委委员罗宗毅、黄宪起主持演讲。

5月23日，应中国改革开放论坛安排，印度阿斯平研究所高级代表团来校访问，并就中印关系、地区形势及多边合作等问题交流意见和看法。常务副校长李景田会见来宾。

5月23日，应中央对外联络部安排，由第一副主席尼格马图林率领的哈萨克斯坦“祖国之光”人民民主党代表团来校访问、参观校园并就党员干部培训问题进行座谈。副校长陈宝生会见来宾并主持座谈，校委委员、办公厅主任罗宗毅参加会见。

6月8日，美国乔治·华盛顿大学中国项目主任沈大伟等来自美国、丹麦的中国问题学者一行4人来校访问，并与中共党史教研部、党的建设教研部有关专家以及中央党校进修部部分学员就“中国共产党的建设”问题进行座谈。党的建设教研部主任王长江主持座谈。

7月19日，应外交部安排，意大利外交部长弗拉蒂尼来校访问，并就“意中关系及欧中关系前景”与部分学员、学者进行座谈交流。副校长陈宝生会见来宾并主持座谈交流。校委委员、办公厅主任罗宗毅等参加会见。

8月30日，应中央对外联络部安排，古共中央第一书记劳尔·卡斯特罗特使、古共中央书记处书记、国际关系部部长何塞·拉蒙·巴拉格尔来校访问，就中央党校办学方针及干部培养问题交换意见。常务副校长李景田会见来宾，校委委员、办公厅主任罗宗毅参加会见。

8月31日，应丹麦驻华使馆安排，丹麦政府高级考察团一行20人来校访问，与有关学者就党的建设、干部培训和管理等议题进行座谈。副校长陈宝生会见来宾。办公厅副主任张忠军主持座谈。

9月2日，英国威斯敏斯特大学中国媒体中心主任戴雨果来校拜会校委委员、办公厅主任罗宗毅，并就在政府公共关系与国家传播领域开展合作事宜进行交流。

9月19日，韩国新任驻华大使李揆亨来校拜会常务副校长李景田。校委委员、办公厅主任罗宗毅等参加会见。

9月20日，应中央对外联络部安排，以主席鲁伊·法尔康为团长的巴西劳工党代表团一行来校访问，了解中央党校基本情况及中国共产党干部培训的工作经验。副校长陈宝生会见来宾，校委委员、办公厅主任罗宗毅参加会见。

9月22日，2011年第1批日本青年领导访华团来校访问，并分经济、行政、环境三组与中青年干部培训班学员座谈。副校长陈宝生会见来宾，教育长兼培训部主任徐伟新参加会见。

9月28日，彭博有限合伙公司董事长高逸雅一行来校访问探讨双方合作的可能性。副校长陈宝生会见来宾。

11月2日，应改革开放论坛邀请，美国ACE集团总裁兼首席执行官格林伯格先生来校访问。常务副校长李景田会见来宾。校委委员、办公厅主任罗宗毅等参加会见。

11月21日，应中央对外联络部安排，由埃塞俄比亚政府前总理、埃人民革命民主阵线全国执委、中央党校校长阿迪苏率领的埃革阵高级干部研修班一行来校访问并参观校园，了解党校建设和干部培训工作。校委委员、办公厅主任罗宗毅会见来宾，教务部副主任冯鹏志、培训部副主任王炳等参加会见。

12月6日，应中国人民对外友好协会安排，苏格兰首席部长亚历克斯·萨蒙德来校访问，并以“不稳定时代的能源安全”为题发表演讲。常务副校长李景田会见来宾，校委委员罗宗毅、黄宪起等参加会见。黄宪起主持演讲和交流。

12月6日，日本财务省财务官中尾武彦一行来校访问，就中央党校与日本财务省开展交流事宜进行磋商。副校长陈宝生会见来宾，校委委员、办公厅主任罗宗毅参加会见。

12月11日，国际战略研究所与美国教育基金会、福特基金会在中央党校共同举办题为“巧实力与中美关系”的研讨会。

（办公厅外事办公室供稿人：郑　红）

欧洲理事会主席范龙佩访问中央党校

5月17日，在华访问的欧洲理事会主席范龙佩一行来校访问并发表演讲。常务副校长李景田会见范龙佩一行，副校长陈宝生、孙庆聚、李书磊、张伯里，教育长兼培训部主任徐伟新，校委委员贾高建、罗宗毅、黄宪起、赵长茂等出席会见和演讲活动。进修部、培训部学员及部分专家学者参加演讲活动。

李景田向范龙佩一行的到来表示欢迎，并简要介绍了中央党校的有关情况。他高度评价中国同欧盟的关系，指出，中国是最大的发展中国家，欧盟是最大的发达国家集团，中欧合作在全球范围影响深远。中国重视发展同欧盟的战略合作伙伴关系，支持欧洲一体化进程，希望欧盟能够全面正确看待中国的发展，支持中国的和平发展道路。希望双方增进相互了解和信任，发掘合作潜力，进一步加强各领域合作。

范龙佩指出，中欧之间共同点远大于分歧。世界各国可以共同努力寻求解决世界性问题的方式。欧盟愿意与中国在各领域开展深入合作，希望加强两国在教育领域的交流，特别是加强两国大学青年人间的交往。

会见结束后，范龙佩主席以《变革和相互依存：世界中的欧洲和中国》为题发表了演讲。他说，欧元区使用同一个货币，但面临经济统一程度不够的问题，应当加强经济和货币联盟，使各国在欧盟的层面上进行协调合作。面对此次金融危机的挑战，欧盟采取了增加结构性增长、降低各国财政赤字、加强银行监管和监督体系等方式应对。在经济全球化的背景下，全球各国相互依存，任何国家都不可能独善其身，各国应本着共担责任、坚持预防风险、互利的开放性及国际合作的原则来处理国际事务。范龙佩指出，欧盟将中国的快速发展视为机遇而非威胁。希望进一步推动欧盟与中国间的可靠的、建设性的、面向未来的战略合作伙伴关系，结合双方共同利益来寻求国际问题的解决方案，进一步促进世界和平与安全。

演讲结束后，范龙佩还回答了中央党校学员的提问。

（办公厅供稿）

世界经济论坛创始人兼主席施瓦布先生访问中央党校

5月20日，世界经济论坛（达沃斯论坛）创始人兼主席克劳斯·施瓦布一行来校访问。中央党校常务副校长李景田在综合楼大贵宾室会见了施瓦布一行，校委委员、办公厅主任罗宗毅，校委委员、进修部主任黄宪起出席会见。办公厅副主任张忠军、教务部副主任冯鹏志、进修部副主任郭焕永、办公厅外事办主任李德伟等参加了会见。

会见结束后，施瓦布先生以《国际合作的挑战》为题发表演讲。校委委员、进修部主任黄宪起主持演讲以及与学员的对话活动。中央党校进修部厅局班转变经济发展方式与经济结构调整研究专题、党的执政经验和执政能力建设研究专题、高等教育改革与发展专题学员206人参加了演讲和对话活动。

（办公厅供稿）

常务副校长李景田会见韩国新任驻华大使李揆亨

9月19日，常务副校长李景田在中央党校会见韩国新任驻华大使李揆亨一行。

李景田首先对李揆亨大使到中央党校访问表示欢迎，并向大使介绍了党校有关情况。李揆亨大使对邀请其来校访问表示感谢，并高度评价了中央党校在中国经济社会发展中作出的积极贡献。

在会谈中，双方就中韩两国关系、半岛局势等共同关心的议题交换了意见。李景田同志指出，中韩是亚洲两个重要国家，自1992年建交以来，两国在政治、经贸关系及民间交往等各领域发展很好。对于两国关系和半岛局势，李景田强调：第一，中韩关系是亚洲，特别是东北亚重要的双边关系。中国党和国家领导人历来十分重视中韩关系，十分重视半岛南北关系。朝韩两国都是中国的近邻，半岛形势如何发展对中国发展、东北亚地区形势至全世界形势都会产生深远影响。中国一再重申坚持半岛无核化，不愿意看到在中国的周边有核设施存在。第二，中国致力于半岛的和平稳定，特别期盼半岛南北双方经济不断发展，社会和谐稳定。因为，一个和平稳定的半岛局势对中国和整个东北亚地区至关重要。第三，中国强调，和平解决半岛问题要靠沟通、商量和会谈。对峙、对立和对抗不是我们希望看到的。朝韩两国及关注半岛局势各国都有各自的利益和诉求，因此对半岛局势有各自的看法，存在一定的分歧。但是，半岛的和平稳定是各国的共识。六方会谈尽管存在曲折，但已经取得了很多成果。我们期待尽快重启六方会谈。

李揆亨大使感谢李景田对中韩关系及半岛局势作出客观正确的评价。他说，明年是中韩建交 20 周年。1992 年以来，两国关系取得了飞跃性的发展。特别是 2008 年 5 月，两国领导人决定建立中韩战略合作伙伴关系，使两国关系迈上了新的台阶。近年来，两国在经济、贸易、人文领域合作交流取得的成就是其他国家无可比拟的。他高度评价了中国作为六方会谈主席国在推动半岛无核化进程中作出的努力，希望早日顺利重启六方会谈。

谈到中国的发展问题，李景田指出，包括西方发达国家在内的国际社会很关心中国的发展会给世界带来什么。甚至有人提出中国威胁论。中国现在是有些发展，但人均发展水平很低，仍然是发展中国家。中国的奋斗目标是让老百姓的日子过得更好。为此，我们还有很长的路要走。一切努力都是为了集中力量办好自己的事情。但是，在全球化快速发展的背景下，任何国家都不能关起门来搞建设。所以，中国大力实行对外开放，学习其他国家的先进经验和技术，同一切友好国家发展关系，为本国发展创造良好的国际环境。中国现在没有资格和条件称霸，中国永远不当头、不称霸。中国近百年来的历史是受尽其他国家欺辱和侵略的历史，因此绝不会把自己受过的痛苦强加于其他国家和人民，所谓“己所不欲、勿施于人”。

针对国际社会有人认为，目前中国国内积累了很多矛盾，中国共产党的执政地位不稳固，经济发展在走下坡路。李景田指出，我对中国的发展有信心。中国政治稳定，经实践检验的路线、方针、政策不会改变。国内目前确实存在不少亟待解决的难点、热点问题。比如，如何解决当前通货膨胀与经济发展之间的矛盾，如何解决收入、工农、城乡、东西部差距问题，如何解决环境资源约束问题，如何解决社会财富分配不公问题等。胡锦涛总书记一再告诫我们要有忧患意识。相信中国共产党能够带领全国人民，克服当前的困难，把事情做得更好，对国际社会作出应有贡献。

对此，李揆亨大使表示赞同。他说，韩国政府对中国采取的各项政策表示钦佩。中国的发展对韩国和周边国家有利。坚信中国能够在建立和谐社会上不断迈进。

关于中央党校与韩国三星集团的合作，李景田指出，由曾庆红同志和尹钟龙先生共同提议并发展起来的合作，今年将迎来 10 周年。截至目前，我方已派出 9 批、475 人次中青年领导干部赴韩国访问。感谢使馆对该项目的一贯支持。希望双方总结 10 年来的成绩和需要改进之处，使合作不断向前迈进。

李景田校长还向韩方介绍了中国共产

党代表大会机制。

校委委员、办公厅主任罗宗毅，办公厅副主任张忠军，办公厅外事办主任李德伟等参加会见活动。

（办公厅供稿）

越南胡志明国家政治行政学院代表团访问中央党校

越共中央委员、越南胡志明国家政治行政学院院长谢玉讯率代表团一行 6 人于 11 月 6 日至 12 日来华访问。

11 月 12 日上午，李景田常务副校长在广州出差期间会见了代表团。李景田首先欢迎谢玉讯同志率代表团访问中国、访问中央党校。他说，中越两党两国人民交往的形势良好。阮富仲总书记今年成功访华，对推动中越友好发展具有重要的作用。中央党校与胡志明国家政治行政学院长期以来一直保持着良好的合作，经过双方的共同努力，加深了友谊、深化互利合作，促进共同发展，使双方的友好交往内容更加深入，形式更加多样，取得更多丰硕的成果。

谢玉讯院长感谢李景田的会见和中方的热情接待。此次来访就是与中央党校的领导交换意见，目的就是推动双方今后更好的合作。他说，越中同志加兄弟传统友好关系由胡志明主席、毛泽东主席亲手缔造，是两国人民的宝贵财富，应巩固和发展。胡志明国家政治行政学院与中央党校合作久远，学术交流领域成绩显著，两国都在进行改革开放和革新的伟大事业，需彼此借鉴，使之不断丰富和发展。

副校长陈宝生、孙庆聚，校委委员、办公厅主任罗宗毅分别在中央党校会见代表团。办公厅副主任张忠军、教务部副主任冯鹏志、进修部副主任郭焕永、培训部副主任薛泽洲等与代表团成员就教学改革、教学评估、学员管理等方面进行座谈交流。

（办公厅供稿）

出访活动

主要出访情况

1月16日至24日，应英国驻华使馆邀请，科研部主任梁言顺率代表团一行6人赴英国进行考察。

1月17日至31日，原常务副校长郑必坚赴美国参加第二届“中美清洁能源务实合作战略论坛”，并作主旨演讲；并顺访美国战略与国际研究中心、兰德公司及东西方研究中心等智库单位。

3月11日至15日，应美国斯坦福大学民主与法律研究中心邀请，政法教研部主任李良栋赴美进行学术访问。

4月12日至22日，根据中央党校与美国乔治城大学的合作协议，马克思主义理论教研部主任周为民率代表团一行14人赴美国参加“危机管理：政策设计与公众参与”学术研讨会。

5月6日至16日，应中央对外联络部安排，常务副校长李景田率中共代表团一行6人赴古巴、委内瑞拉进行友好访问。

5月8日至11日，应美国布鲁金斯学会邀请，党的建设教研部主任王长江赴美国参加“中国政治发展”学术研讨会。

5月9日至23日，根据中央党校与意大利高等经济金融学校的合作协议，出版社社长胡建华率团赴意大利考察。

5月14日至6月4日，根据中央党校与西班牙对外贸易发展局的合作协议，研究生院院长卓泽渊率团赴西班牙参加第八届中西发展论坛，并就“城市治理”相关主题进行考察。

5月22日至30日，根据中央党校与德国赛德尔基金会合作项目年度工作计划的安排，国际战略研究所所长宫力率团赴德国访问，访问主题为：“金融危机背景下的欧洲”。

6月1日至10日，应西班牙伊萨德商学院和意大利忠利集团邀请，副校长陈宝生率团赴西班牙、希腊访问。

6月15日至7月2日，根据国新办发文〔2011〕3号《关于组织第六期新闻发言人赴英国研讨交流通知》，应国务院新闻办公室邀请，校委委员、办公厅主任、校新闻发言人罗宗毅赴英国威斯敏斯特大学进行研讨交流。

6月18日至28日，应莫桑比克解放阵线党中央党校和南非非国大的邀请，副校长孙庆聚率代表团一行6人赴莫桑比克、南非进行访问。

6月22日至7月1日，根据中央对外联络部“党的信息传播工程”2011年计划安排，原副校长李君如率专家小组赴比利时、德国访问，就中国共产党的执政理念、方针政策等问题进行专题宣讲。

6月25日至7月2日，按照中央党校与美国双蓝医保联合会合作项目的安排，图书馆馆长陈高桐率团赴美国访问，主要考察美国的医疗保险制度。

7月10日至6日，应澳大利亚国立大学邀请，文史教研部主任赵伯英率团赴澳大利亚访问，与澳方联合召开“东亚论坛：中共改革与治理”学术研讨会，并就相关议题对澳进行考察访问。

7月17日至26日，应法国电力公司和西班牙对外贸易发展局邀请，副校长李书磊率团赴法国和西班牙考察访问，从历史文化角度考察大国兴衰成败的经验教训。

10月11日至18日，根据中央党校与英国培生集团合作项目年度计划的安排，校委委员、哲学教研部主任贾高建一行6人赴英国进行考察访问，主题为：现代传媒与社会发展。

10月15日至23日，根据中央党校与日本富士通株式会社合作项目年度计划的安排，校委委员、组织部部长赵长茂率团赴日本访问，主要了解日本灾后经济社会发展情况。

10月17日至31日，应美国布鲁金斯学会、21世纪理事会、德意志银行国际论坛阿尔弗雷德何豪森学会邀请，原常务副校长郑必坚以中国科学院“国家创新与发展战略研究会”会长身份，赴美国参加布鲁金斯学会小型圆桌会议，于10月22日至27日赴法国参加21世纪理事会巴黎论坛，于10月27日至31日赴德国参加该学会举办的小型圆桌会。

10月21日至29日，应英国驻华大使馆和意大利阿斯平研究所邀请，常务副校长李景田率代表团一行6人访问英国和意大利，在意期间出席第二届中欧美学术论坛活动。

10月24日至30日，按照中央党校与意大利阿斯平研究所、美国阿斯平研究所达成的一致意见，第二届中欧美学术论坛于10月24日至30日在意大利威尼斯召开。

10月26日至11月4日，根据曾庆红与日本前外务大臣河野洋平2000年达成的共识，副校长陈宝生率中国青年领导干部代表团一行59人赴日本访问。

10月26日至11月4日，应韩国三星电子集团邀请，副校长李书磊率中国青年领导干部代表团一行56人赴韩国访问。

10月26日至11月4日，根据中央组织部干教局安排，教育长兼培训部主任徐伟新率中国青年领导干部代表团一行38人赴新加坡访问。

10月28日至11月10日，根据中央党校与加拿大人权民主发展中心合作项目年度工作计划的安排，中共党史教研部主任柳建辉率代表团一行10人访问加拿大，主题为民族、文化多样性的保护与管理。

11月6日至21日，按照中央组织部、外交部、国家外国专家局下发的《关于实施领导干部境外培训“182计划”和2011年办班工作的通知》，经中央批准，张伯里副校长率公共政策与治理专题研讨班一行27人赴美国耶鲁大学培训。

12月1日至11日，根据外事办及科学社会主义教研部与德国卢森堡基金会驻华办公室达成的共识，科学社会主义教研部主任王怀超率代表团一行7人就德国左翼党（原东德共产党的后继党）理论与实践及社会基础等问题赴德国考察。

12月3日至12日，根据中央党校与美国英特尔公司合作项目年度工作计划的安排，后勤服务部主任欧亚平率团赴美国考察。

（办公厅外事办公室供稿人：郑　红）

项目合作

重要交流合作项目情况

3月1日，副校长陈宝生代表学校与美国强生公司在华子公司上海强生制药有限公司副总裁何立夫，共同签署《关于中国控烟政策研究计划的备忘录》。

4月28日，外事办主任李德伟、国际战略研究所高祖贵出席中央直属机关外事调研工作交流会。

6月1日，印度联合研究所所长辛格中将一行来校，与国际战略研究所就中印关系等重大战略问题进行学术交流，并就双方合作事宜进行商谈。

6月3日，率团在西班牙访问的副校长陈宝生访问桑坦德银行总部，并代表中央党校与其签署合作备忘录。

6月3日，英国培生集团首席执行官玛乔里·斯卡迪诺爵士（Marjorie Scardino）一行来校访问，并以“Always Learning——学无止境”为题发表演讲。常务副校长李景田会见来宾并与斯卡迪诺爵士共同签署《中共中央党校与英国培生集团合作备忘录》。

6月9日，美国纽约大学理工分校校长杰里·霍尔廷来校拜会副校长张伯里，就深化两校学术交流与合作伙伴关系交换意见和建议。

6月28日，日本财务省大臣官方长香川俊介率团来校访问。校委委员、组织部部长赵长茂会见来宾。双方就中央党校与日本财务省之间开展人才相互交流问题交换意见。

7月3日至10日，根据中央党校与美国乔治城大学合作备忘录条款，乔治城大学校长中国事务特别助理孟南水教授率代表团来华访问。7 月 5 日在中央党校联合召开以“城市发展与公共政策”为主题的学术研讨会。研讨会后，代表团赴山东省青岛市进行考察访问。

7 月 21 日，耶鲁大学副校长、校务卿罗琳达一行来校访问，就中央党校第一批学员团赴美培训事宜进行商谈。副校长张伯里会见来宾。

9 月 22 日，日本财务省派驻的新任公使贝塚正彰来校访问，礼节性拜会办公厅副主任张忠军、外事办主任李德伟，并就今后日本财务省与中央党校开展交流进行具体磋商。

9 月 27 日，在中央党校举办第九届中西发展论坛，主题为：城市治理与城市服务。副校长李书磊出席开幕式并致辞，科学社会主义教研部、文史教研部部分学者和研究生与来自西班牙政府部门官员、相关企业管理者进行了深入讨论。

10 月 23 日至 29 日，应中央党校邀请，莫桑比克解放阵线党中央党校校长阿林多·希隆多率代表团来华访问，与中央党校交流相关经验并商讨建立省级党校友好合作关系等事宜。10 月 24 日，召开党校办学经验座谈交流会，向代表团介绍党校在教学、学员管理及行政后勤工作中的经验。副校长孙庆聚会见来宾。

11 月 14 日，西班牙对外贸易发展局执行副主席司马睿来校访问，并与中央党校续签合作备忘录。副校长李书磊会见来宾。

11 月，经校领导批准，中央党校拟与美国强生公司上海强生制药有限公司签署《中国控烟政策研究项目执行协议》。为尽早启动控烟项目，双方采取异地共签的方式，签署了《中央党校与上海强生制药有限公司中国控烟政策研究项目执行协议》。

12 月 2 日，澳大利亚驻华使馆与澳大利亚发展署在使馆举办庆祝澳中发展合作项目 30 周年鸡尾酒会。校委委员、进修部主任黄宪起出席。

（办公厅外事办公室供稿人：郑　红）

其他交流合作

与港澳台交流合作情况

1月21日至23日，应台湾爱与和平基金会邀请，国际战略研究所教授门洪华赴台湾参加第一届“爱与和平论坛”，主题为“和平两岸、幸福未来”。

5月20日至23日，应台湾中正大学公共政策及管理研究中心主任廖坤荣先生邀请，文史教研部教授张宏明赴台湾参加中正大学举办的“ECFA与两岸农业合作”学术研讨会，并就“土地所有权与农村社区认同——以云南一个农村为例”作会议发言。

6月3日，香港赵泰来博士一行来校访问，在图书馆举行向该馆捐赠《当代中国丛书》（海外限量版）一书赠书仪式。

6月21日至30日，应国务院台湾事务办公室邀请，国际战略研究所教授郭建平随团赴台湾进行调研。

7月5日至8日，应台湾“中华人权协会”邀请，原副校长李君如率团赴台湾访问。

7月6日，应经济学教研部邀请，台湾政治大学魏艾教授一行来校访问，并就双方合作事宜进行深入探讨。

7月21日，以会长黄显荣为团长的香港青年会计师发展交流协会代表团来校访问，了解中国共产党干部培训情况。校委委员、办公厅主任罗宗毅会见来宾。

9月6日，澳门亚洲战略管理研究院黛安娜博士一行访问国际战略研究所，并就世界经济发展形势进行座谈。

9月20日至24日，应台湾财团法人中正文教基金会邀请，中共党史教研部教授李东朗作为中国抗日战争史学会理事赴台湾台北参加第三届海峡两岸抗日战争史学术研讨会。

10月1日至6日，应台湾政治大学国际事务学院两岸政经研究中心邀请，经济学教研部主任赵振华率团赴台湾参加“经济转型与新型工业化道路”学术研讨会。

10月19日至21日，应澳门亚洲战略管理研究院（MIECF）邀请，国际战略研究所副所长周天勇、陈江生和孙志强赴澳门参加2011 MIECF亚洲论坛活动。

11月1日至7日，应中国国民党国家发展研究院邀请，校委委员、进修部主任黄宪起率团赴台湾参加“干部培训制度比较研究”学术研讨会，并访问台湾有关机构。

11月6日至13日，应台湾中国大陆研究学会邀请，国际战略研究所所长宫力率团赴台湾参加“新形势下两岸关系巩固与发展”学术研讨会，就双方共同关心的两岸关系及中国周边发展态势等问题进行学术交流。

11月19日，应中央对台工作办公室安排，台湾“中时媒体集团”来校访问并作专访。新闻发言人、校委委员、办公厅主任罗宗毅接受专访。

11月20日至26日，根据中国图书馆学会的《关于组织业界代表赴台湾参加2011年海峡两岸公共图书馆服务研讨会并参观相关图书馆的通知》，图书馆副馆长郝莉、张瑞红赴台湾参加海峡两岸公共图书馆服务研讨会。

（办公厅外事办公室供稿人：郑　红）

为外宾授课情况

2月24日，党的建设教研部副教授董亚炜为南亚国家政党干部研修班就“政党在国家发展中的作用”为题授课，并与学员进行交流。

3月16日，应中央对外联络部邀请，教务部副主任冯鹏志为巴勒斯坦民族解放运动干部考察团授课，专题介绍中国共产党加强党员干部教育培训工作的经验。

4月15日，应中央对外联络部邀请，党的建设教研部教授梁妍慧为苏丹人民解放运动干部考察团授课，专题介绍中国共产党党建工作经验。

6月23日，应中央对外联络部安排，党的建设教研部教授梁妍慧为孟加拉国、斯里兰卡左翼政党干部联合考察团一行授课，专题介绍了中国共产党党的建设及干部培训工作经验。

6月23日，应共青团中央安排，经济学教研部教授曹立为南亚国家政党青年干部考察团一行授课，为其讲授“中国共产党执政理念的发展与‘十二五’规划”。

6月29日，应中央对外联络部安排，党的建设教研部副教授董亚炜为尼泊尔共产党（联合马列）和联合尼泊尔共产党（毛主义）干部考察团一行授课，就中国共产党党建理论特别是党的组织建设做专题介绍。

7月12日，应中央对外联络部安排，党的建设教研部副教授曹鹏飞为巴基斯坦跨党派青年议员考察团授课，专题介绍中国共产党工作经验，特别是青年党员发展和培养问题。

8月8日，应中央对外联络部安排，党的建设教研部教授刘炳香为西欧共产党联合考察团一行授课，以“中共90年：永葆马克思主义政党先进性”为题作专题介绍。

9月15日，应中央对外联络部安排，经济学教研部教授徐平华为越南党政干部考察团一行授课，专题介绍中国社会主义市场经济体制的理论与实践问题。

10月11日，应中央对外联络部安排，

党的建设教研部教授刘炳香为南非共产党干部考察团一行授课，专题介绍中国处理党政关系的基本经验。

10月14日，应中央对外联络部安排，党的建设教研部教授梁妍慧为伊拉克政党干部考察团一行授课，专题介绍中国共产党加强执政能力建设的做法与经验。

10月18日，应中央对外联络部安排，党的建设教研部教授李民为缅甸联邦巩固与发展党干部考察团授课，主题：中共制定路线、方针和政策的主要依据及基本程序。

10月18日，应中央对外联络部安排，科学社会主义教研部教授梁波为老挝干部考察团授课，主题：怎样才能坚持社会主义道路。

10月20日，应中央对外联络部安排，党的建设教研部副教授董亚炜为中央对外联络部邀请赤道几内亚民主党干部考察团授课，主题：中国共产党加强青年领导干部执政能力建设的做法和经验。

10月26日，应中央对外联络部安排，党的建设教研部教授梁妍慧为毛里塔尼亚争取共和联盟干部考察团一行授课，专题介绍了中国共产党加强执政能力建设的理论与实践。

11月17日至18日，应中央对外联络部安排，党的建设教研部教授梁妍慧、祝灵君、教务部副主任冯鹏志分别以“中共完成从革命党到执政党转变的经验”、“中共处理党政关系的经验和做法”、“中共党员领导干部培训体系”为题为南苏丹共和国苏丹人民解放运动干部考察团一行授课。

11月29日，应中央对外联络部安排，党的建设教研部副教授蔡志强、吴辉分别以“中共加强党的领导作风建设和执政能力建设的理论和实践经验”、“中共加强民主集中制建设的做法和经验”为题为以中央委员、计划和投资部部长宋迪·隆迪为团长的老挝党政干部考察团一行授课。

12月9日，应中央对外联络部安排，经济学教研部教授施红为苏丹全国大会党干部考察团一行授课，专题介绍了中国解决“三农”问题的体制与基本政策措施。

（办公厅外事办公室供稿人：郑　红）

应邀出席国内的外事活动情况

7月6日，应美国驻华使馆邀请，科学社会主义教研部教授胡岩、国际战略研究所教授康绍邦参加在美国驻华使馆举行的美国国庆235周年招待会。

9月5日，应国务院新闻办公室邀请，校委委员、办公厅主任罗宗毅赴英大使官邸出席新闻发言人赴英交流团午餐交流会。

9月21日，应中央对外联络部邀请，国际战略所教授高祖贵、博士后梁亚滨参加中央对外联络部与巴西劳工党共同举办的中巴两党第四届理论研讨会，主题为“国际体系变革”和“卢拉政府执政八年回顾集罗塞芙新政府面临的挑战”。

10月13日，党的建设教研部教授梁妍慧参加在中央对外联络部举行的“中国共产党90年与非国大100年：党的建设的理论与实践”研讨会，并向非国大全国执委研修班一行介绍中国共产党的建设情况。

12月8日，应中国三星经济研究院院长李哲禧邀请，副校长李书磊出席晚宴，并就中韩文化发展问题与对方交流。

12月13日，副校长李书磊、办公厅副主任张忠军赴法国驻华使馆出席法电举办的纪念在华业务30周年庆祝酒会。

12月13日，英国中英协会对瑞典隆德大学瓦伦堡人权和人道法在华合作项目进行评估。政法教研部教授张晓玲作为评估专家参加座谈。

（办公厅外事办公室供稿人：郑　红）

中国马克思主义研究基金会

换届工作

中国马克思主义研究基金会换届大会暨第三届一次理事会

12 月 24 日，“中国马克思主义研究基金会换届大会暨三届一次理事会议”在中央党校召开。会议听取了第二届理事会工作报告，选举产生了第三届理事会。

常务副校长李景田出席会议并讲话。全国党建研究会会长、原常务副校长虞云耀出席会议。副校长、中国马克思主义研究基金会理事长陈宝生代表新一届理事会讲话。副校长孙庆聚，副校长、中国马克思主义研究基金会副理事长李书磊、张伯里，教育长兼培训部主任徐伟新，原教育长、中国马克思主义研究基金会顾问李兴山，原教育长、中国马克思主义研究基金会副理事长郝时晋，中央文献研究室副主任、中国马克思主义研究基金会副理事长李捷，中央党史研究室副主任、中国马克思主义研究基金会副理事长李忠杰，宝钢集团有限公司副董事长、党委书记、中国马克思主义研究基金会副理事长刘国胜，国防大学原副校长、中国马克思主义研究基金会理事许志功，校委委员、哲学部主任贾高建，校委委员、办公厅主任、中国马克思主义研究基金会理事罗宗毅，校委委员、进修部主任、中国马克思主义研究基金会理事黄宪起等出席会议。出席换届大会的还有中央编译局、国家行政学院、中国华融资产管理公司、上海市委党校、江西省委党校的负责人，中央党校各直属单位的负责人和专家学者、新闻媒体记者等约90人。

中国马克思主义研究基金会是中央党校主管的全国性公募基金会，成立于1992年。中国马克思主义研究基金会是我国唯一一家以坚持和发展马克思主义理论为宗旨的基金会。自成立以来，始终得到中央领导同志和中央党校校委的高度关心和支持。2009年，中国马克思主义基金会举办“中国马克思主义论坛2009”，中共中央政治局常委、中央书记处书记、中央党校校长习近平发来贺信，为基金会的进一步发展指明了方向。

在换届大会上，李景田代表中央党校校委对换届大会的成功举行表示祝贺，对第二届理事会和理事长的工作给予了充分肯定，并对新一届理事会寄予了新的希望。他强调了三点：第一，把马克思主义作为党的根本指导思想要坚定不移；第二，把推进马克思主义中国化、时代化、大众化，作为基金会的根本任务；第三，进一步加强基金会自身建设。他希望新一届理事会进一步提高基金会的项目质量、公益形象和社会影响力，充分发挥马克思主义研究事业的助推器作用，充分发挥联系团结党校系统及全国理论工作者的纽带作用，充分发挥对党校“一流学府”建设的保障作用，全面加强基金会公信力建设、制度建设和队伍建设，为推进马克思主义中国化、时代化、大众化作出更大的贡献。

陈宝生在讲话中指出，本次基金会的换届工作是在习近平同志关心、中央党校校委领导下进行的。他就做好基金会工作谈了三点意见。第一，进一步按照习近平同志在《致“中国马克思主义论坛2009”的贺信》中提出的要求开展工作，坚持基金会的宗旨，通过做好“中央党校三项基金”资助奖励、办好“中国马克思主义论坛”、组织好“马克思主义中国化优秀成果奖”评选等工作，充分发挥基金会的功能，努力形成品牌，进一步提升基金会的知名度和影响力。第二，从增强创新能力、筹资能力和公益活动能力等方面，加强基金会能力建设，提高工作水平。第三，加强管理，建立和健全信息化、社会化和制度化工作机制，完善队伍保障机制，增强基金会公信力。

郝时晋在题为《发挥马克思主义研究事业的助推器作用，努力推进马克思主义中国化、时代化、大众化》的工作报告中，从七个方面对第二届理事会在过去六年里所做的工作进行了总结：第一，顺利地实施“中央党校三项基金”资助奖励项目，发挥对教学科研、学科建设、人才建设经费投入的重要渠道作用。第二，创办中国马克思主义论坛，组织并资助多项重要理论研讨活动，产生了较大的社会反响。第三，组织马克思主义中国化研究优秀成果奖项评选，奖励从事马克思主义研究的优秀人才。第四，开展重大现实问题课题调研，为各级党委和政府的决策服务。第五，按照错位发展、突出特色的思路，以马克思主义基本理论研究为重点，办好会刊《理论视野》。第六，基金募集、管理和保值增值卓有成效。第七，加强制度建设，实现规范管理。

大会宣读了关于中国马克思主义研究基金会聘请李景田、虞云耀、王伟光、陈元、邢贲思、刘海藩、李兴山、侯树栋等8位同志为顾问的决定；选举王东京、王洋、刘国胜、许志功、吕贵、刘峰、李书磊、李忠杰、李捷、陈宝生、陈春明、张伯里、张琳、罗宗毅、周炳成（专职）、杨金海、郝时晋、徐维凡、梁言顺、黄宪起、赖小民、薛引娥（以上排名以姓氏笔画为序）为理事。选举陈宝生为理事长，李书磊、张伯里、李捷、李忠杰、刘国胜、郝时晋为副理事长，张琳为理事会秘书长，中央党校校委指派朱鸣为理事会监事。

换届大会结束后，第三届理事会理事长陈宝生主持并召开了三届一次理事会议，审议并通过了关于修改《中国马克思主义研究基金会章程》的决定，通过了秘书长提名的副秘书长人选。陈宝生在会议结束讲话中，对秘书处的工作提出了希望和要求。

换届大会由校委委员、办公厅主任、中国马克思主义研究基金会理事罗宗毅主持。第二届理事会副理事长周炳成就候选人提名和理事会选举有关事宜作了说明。

中国马克思主义研究基金会
第三届理事会成员名单

理　事　长		
陈宝生	中央党校	副校长
副　理　事　长		
李书磊	中央党校	副校长
张伯里	中央党校	副校长
李忠杰	中央党史研究室	副主任
李　捷	中国社会科学院	副院长
刘国胜	宝钢集团有限公司	副董事长、党委书记
郝时晋	中央党校	原教育长
理　事（以姓氏笔画为序）		
王东京	中央党校教务部	校委委员、主任
王　洋	中央党校组织部	副部长
刘国胜	宝钢集团有限公司	副董事长、党委书记
许志功	国防大学	原副校长
吕　贵	上海市委党校	原常务副校长
刘　峰	国家行政学院政治学教研部	主任
李书磊	中央党校	副校长
李忠杰	中央党史研究室	副主任
李　捷	中国社会科学院	副院长

续 表

陈宝生	中央党校	副校长
陈春明	江西省委党校	常务副校长
张伯里	中央党校	副校长
张　琳	中国马克思主义研究基金会	秘书长
罗宗毅	中央党校培训部	校委委员、主任
周炳成	中国马克思主义研究基金会	原副理事长
杨金海	中央编译局	秘书长
郝时晋	中央党校	原教育长
徐维凡	教育部社会科学司	副司长
梁言顺	中央党校科研部	校委委员、主任
黄宪起	中央党校进修部	校委委员、主任
赖小民	中国华融资产管理公司	总裁
薛引娥	陕西省委党校	常务副校长
秘　书　长		
张　琳	中国马克思主义研究基金会	秘书长
监　　事		
朱　鸣	中央党校财务行政管理局	副局长

（中国马克思主义研究基金会供稿）

理论研讨会

“‘十二五’规划与经济社会发展”理论研讨会

7月27日，由中央党校中国马克思主义研究基金会和青海省委党校共同举办的“‘十二五’规划与经济社会发展”理论研讨会在青海省委党校召开。来自中央党校、全国党校系统的领导、专家学者共计70多人参加会议。会前，青海省委书记强卫在省委常委、秘书长王小青的陪同下会见部分参会领导。省委常委、宣传部长吉狄马加，中国马克思主义研究基金会副理事长、中央党校原教育长郝时晋分别在开幕式上致辞。中国马克思主义研究基金会副理事长、中央党校原教育长李兴山作专题报告。

本次理论研讨会是在胡锦涛总书记发表“七一”重要讲话后召开的，研讨会以胡锦涛总书记“七一”重要讲话和党的十七届五中全会精神为指导，重点研讨“十二五”时期我国经济社会发展的重大理论和实际问题。

吉狄马加在致辞中，介绍青海改革开放以来特别是国家实施西部大开发战略以来的发展情况，勾勒了青海“十二五”发展规划的部署和实施方案，并希望与会的专家学者对“十二五”期间青海经济社会发展和生态立省理念的落实提出宝贵意见和建议。

郝时晋在代表中国马克思主义基金会的致辞中，传达了中共中央政治局常委、中央党校校长习近平同志关于学习胡锦涛总书记“七一”讲话重要批示和中央党校校委有关精神，并阐述了研究“十二五”规划与经济社会发展课题的重要理论和现实意义。

李兴山阐述“十二五”规划纲要中提出的重要战略思想，并就如何贯彻“十二五”规划纲要提出一些看法。

青海省委党校常务副校长武伟生在开幕式上致辞，青海省社会科学院副院长孙发平作专题报告。

（中国马克思主义研究基金会供稿）

“中央党校教学科研专项基金”资助奖励项目

2011年度教学讲题资助奖励项目立项名单*

第一组：省部级干部进修班、厅局级干部进修班各研究专题

（一般项目）

序号	班　次	课程名称	讲　题	推荐单位	承担者
1	省部班（第49期）“转变经济发展方式与经济结构调整”研究专题	转变经济发展方式与经济结构调整热点难点问题研究	国际金融格局变化与中国金融发展	经济学教研部	陈启清
2	省部班（第49期）“党的执政经验和执政能力建设”研究专题	党性教育专题课	中国共产党夺取全国政权的历史经验	中共党史教研部	刘宝东
3	省部级干部“中国特色社会主义理论体系”高级研修班（第1期）	毛泽东思想基本问题	毛泽东思想的科学体系和历史地位	中共党史教研部	祝　彦

* 参见中校厅字〔2011〕20号文件。

续 表

序号	班　次	课程名称	讲　题	推荐单位	承担者
4	省部班(第50期)“社会主义民主政治建设”研究专题	基本理论与实验单元	完善共产党领导的多党合作和政治协商制度	政法教研部	刘学军
5	厅局班(第56期)“转型期的社会稳定”研究专题	社会管理与政策调整	社会管理创新与社会稳定	政法教研部	王　勇
6	厅局班(第56期)“转型期的社会稳定”研究专题	体制改革与制度创新	法治建设与社会稳定	政法教研部	封丽霞
7	厅局班(第56期)“战略思维与领导能力”研究专题	战略思维与领导能力的理论问题研究	科学发展与战略思维	哲学教研部	董振华
8	厅局班(第56期)“战略思维与领导能力”研究专题	战略思维与领导能力的理论问题研究	战略机遇期与国家安全形势	国际战略研究所	宫　力
9	厅局班(第56期)“转变经济发展方式与经济结构调整”研究专题	转变经济发展方式与经济结构调整热点难点问题研究	基本公共服务均等化与财税制改革研究	经济学教研部	梁　朋
10	厅局班（第57期）“中国特色社会主义理论体系”研究专题	马克思列宁主义基本问题研究	《路德维希·费尔巴哈和德国古典哲学的终结》与哲学领域的革命	哲学教研部	边立新

续 表

序号	班　次	课程名称	讲　题	推荐单位	承担者
11	厅局班（第57期）“民生与社会建设”研究专题	民生与社会建设热点难点问题研究	加强和创新社会管理	科学社会主义教研部	向春玲
12	厅局班(第57期)“转变经济发展方式与经济结构调整”研究专题	转变经济发展方式与经济结构调整热点难点问题研究	加快社会保障制度建设	经济学教研部	李　蕾
13	厅局班（第57期）“文化建设与文化发展”研究专题	文化热点难点问题研究	城市文化理论的中国化实践问题	文史教研部	陈宇飞
14	厅局班（第57期）“民生与社会建设”研究专题	文化建设与文化发展专题研究	新中国文化发展的脉络与经验	文史教研部	田嵩燕

（青年项目）

序号	班　次	课程名称	讲　题	推荐单位	承担者
1	省部班（第49期）“转变经济发展方式与经济结构调整”研究专题	转变经济发展方式与经济结构调整热点难点问题研究	提高自主创新能力问题研究	经济学教研部	陈宇学
2	厅局班（第57期）“民生与社会建设”研究专题	城市化进程中的重大理论和现实问题研究	国外城市化发展的经验与启示	科学社会主义教研部	林　梅

第二组：中青一班、中青二班、新疆地厅班

（一般项目）

序号	班　次	课程名称	讲　题	推荐单位	承担者
1	中青一班（第30期）	中国特色社会主义理论体系与当代实践	解放思想，实事求是，与时俱进	哲学教研部	刘毅强
2	中青一班（第30期）	马列原著专题研究	《德意志意识形态》（第一章）导读	哲学教研部	侯　才
3	中青一班（第30期）	中国特色社会主义理论体系与当代实践	加快城乡经济社会一体化发展	经济学教研部	施　红
4	中青二班（第11期）	中国特色社会主义理论体系基本问题研究	中国特色社会主义生态文明研究	马克思主义理论教研部	李宏伟
5	中青二班（第11期）	中国特色社会主义理论体系基本问题研究	社会主义市场经济理论基本问题	经济学教研部	孙小兰
6	中青二班（第11期）	中国特色社会主义理论体系基本问题研究	建立覆盖城乡居民的社会保障体系（案例教学）	科学社会主义教研部	青连斌
7	中青二班（第11期）	中国特色社会主义理论体系基本问题研究	行政体制改革的前沿问题研究	政法教研部	黄小勇
8	中青二班（第11期）	中共党史专题研究	延安整风与马克思主义中国化	中共党史教研部	卢　毅
9	中青二班（第11期）	中国特色社会主义理论体系基本问题研究	党的执政方式研究	党的建设教研部	张希贤
10	新疆地厅（第57期）	中国特色社会主义民族宗教理论专题研究	我国现阶段的宗教问题和宗教政策	科学社会主义教研部	蒲长春
11	新疆地厅（第57期）	毛泽东思想基本问题研究	毛泽东对社会主义建设道路的探索	中共党史教研部	李庆刚
12	新疆地厅（第57期）	中国特色社会主义理论体系基本问题研究	中国的周边环境与国家安全	国际战略研究所	孙建杭

第三组：新疆县处班、半年制西藏班、一年制西藏班

（一般项目）

序号	班 次	课程名称	讲 题	推荐单位	承担者
1	新疆县处（第58期）	新疆发展稳定中的重大问题研究	新疆实施优势资源转换战略研究	经济学教研部	李 鹏
2	新疆县处（第58期）	领导能力训练	提高演讲水平与沟通能力	党的建设教研部	刘玉琰
3	一年西藏（第44期）	中国特色社会主义民族宗教理论专题研究	正确认识和处理西藏的宗教问题	科学社会主义教研部	胡 岩

（中国马克思主义研究基金会供稿）

2011年度研究生课程资助项目立项名单*

单 位	学科专业	课程名称	负责人
马克思主义理论教研部	马克思主义理论	马克思主义基本原理	牛先锋
哲学教研部	马克思主义哲学	马克思主义哲学经典著作研究	阮 青 边立新
经济学教研部	政治经济学	《资本论》第一卷	赵锦辉
科学社会主义教研部	社会学	社会学理论	谢志强
政法教研部	法学理论	法政治学	张立伟
中共党史教研部	中共党史	中国现代化问题研究	曹 普
党的建设教研部	党的学说与党的建设	马克思主义党的学说史与经典著作选读	吴 辉
文史教研部	文艺学	中国美学史	马奔腾
文史教研部	公共课	外语	赵伯英
国际战略研究所	国际政治	当代国际战略思想专题研究	秦治来

* 参见中校厅字〔2011〕32号文件。

2011年度科研课题资助奖励项目立项名单*

序号	姓　名	单　位	职　称	项目名称
1	张慧君	经济学教研部	博士后	包容性增长研究：目标、制度与路径抉择
2	李　蕾	经济学教研部	副教授	新型农村医疗合作制度可持续发展研究
3	徐浩然	科学社会主义教研部	讲　师	西方学者对中国特色社会主义民主政治的研究评析
4	王道勇	科学社会主义教研部	讲　师	社会转型期的风险分配问题研究——以流动人口管理为例
5	张立伟	政法教研部	讲　师	法治评估指标体系研究
6	高中华	中共党史教研部	副教授	灾害、应对于乡村变迁——以革命根据地为中心的考察
7	秦治来	国际战略研究所	副研究员	马克思恩格斯国际秩序思想与和谐世界理论研究
8	陈建奇	国际战略研究所	讲　师	美国主权债务风险与中国外汇储备安全性研究
9	姚志红	函授学院	副编审	领导干部信息素养问题研究
10	董节英	研究生院	副研究员	改革开放以来中国共产党法制观念研究

（中国马克思主义研究基金会供稿）

* 参见中校厅字〔2011〕33号文件。

2011年度学科建设专项基金资助奖励项目立项名单*

（重点项目）

序号	学科类别	项目名称	推荐单位	项目负责人
1	管理学	西方管理学名著导读	经济学教研部	董艳玲
2	马列·科社	1978年以来我国理论界关于社会主义研究的进展	科学社会主义教研部	王怀超
3	政治学·法学	政治学法学经典著作导读	政法教研部	张恒山
4	领导科学	领导科学前沿问题研究	党的建设教研部	刘炳香

（一般项目）

序号	学科类别	项目名称	推荐单位	项目负责人
1	马克思主义理论	马克思主义基本原理学科体系研究	马克思主义理论教研部	牛先锋
2	马克思主义理论	改革开放以来马克思主义发展史学科研究报告	马克思主义理论教研部	韩庆祥
3	哲学	伦理学经典导读	哲学教研部	杨信礼
4	管理学	管理学理论前沿问题	经济学教研部	李　蕾
5	马列·科社	中国特色社会主义理论体系研究述评	科学社会主义教研部	冯书泉
6	法学	人权法学学科建设研究报告	政法教研部	张晓玲
7	中共党史	党的第一代领导人精神风范研究	中共党史教研部	刘宝东

* 参见中校厅字〔2011〕21号文件。

续 表

序号	学科类别	项目名称	推荐单位	项目负责人
8	党的建设	政党比较研究综述	党的建设教研部	姜 跃
9	文化研究	文化管理及政策研究现状梳理	文史教研部	范玉刚
10	国际政治	中国特色社会主义外部环境建设经典导读	国际战略研究所	刘建飞

(委托项目)

序号	学科类别	项目名称	推荐单位	项目负责人
1		加强党校精品课建设的若干问题研究	教务部	王东京

(中国马克思主义研究基金会供稿)

2005—2009 年度科研课题结项名单*

2005 年度马克思主义研究基金会课题

序号	姓名	课题名称	成果名称	出版社/刊物
1	李继文	工业化与信息化整合中的二元经济结构转换，结项形式为论文	坚持走中国特色新型工业化道路	收编入《学习贯彻十七届五中全会精神中央党校专家学者九人谈》，中共中央党校出版社，2010 年 11 月
2	孙向军	当代中国政治道德建设，结项形式为专著	转型社会中的政治人——当代中国政治道德建设研究	西苑出版社，2010 年 12 月

* 按照“中央党校教学科研专项基金”使用管理规定，科研部对 2005 年度至 2009 年度 11 项科研课题结项申请进行了集中受理，经科研部主任办公会研究并报“三项基金”工作分管领导批准，同意 11 项科研课题结项。参见中校厅字〔2011〕15 号文件。

2007年度马克思主义研究基金会课题

序号	姓名	课题名称	成果名称	出版社/刊物
3	刘艳梅	中央政府与地方政府在区域经济发展中的博弈关系研究，结项形式为研究报告	政府的竞争属性	发表于《学习时报》2011年1月10日第19版
4	董艳玲	对外开放条件下的中国银行体系安全问题研究，结项形式为专著	中国银行业安全问题研究：对外开放视角	中共中央党校出版社，2007年9月
5	陈天林	网络文化建设和管理的理论与对策研究，结项形式为论文	我国网络文化建设与管理对策研究；网络时代预防和处置生态环境型群体性事件的新思路——透视厦门PX事件	发表于《中共石家庄市委党校学报》2010年第1期；《科学社会主义》2009年第6期
6	曹　普	1958—1984：中国农村合作医疗的兴衰及经验，结项形式为论文	人民公社时期的农村合作医疗制度	发表于《中共中央党校学报》2009年第6期
7	刘悦斌	清代社会救助机制研究，结项形式为论文	清朝前期的社会弱势群体救助；晚清时期社会救助事业的新特点	发表于《中共中央党校学报》2011年第1期；《河北师范大学学报》2009年第6期

2008年度马克思主义研究基金会课题

序号	姓名	课题名称	成果名称	出版社/刊物
8	张　弥	中国社会转型过程中的民生问题研究，结项形式为论文	论中国特色社会主义民生理论的初步形成；中国特色社会主义民生理论的几个问题	发表于《中国特色社会主义研究》2009年第6期；《科学社会主义》2009年第6期

2009 年度马克思主义研究基金会课题

序号	姓名	课题名称	成果名称	出版社/刊物
9	杨　青	中国—东盟关系中的南海问题研究，结项形式为内部报告	“南海问题”的实质和中国的政策；“南海问题”演变、现状及其对策；内部报告 1 篇	发表于《新远见》2010 年第 12 期；《思想理论内参》2011 年第 2 期
10	董友忱	关于泰戈尔的婚姻研究，结项形式为论文	泰戈尔的婚姻研究	发表于《东方文学研究通讯》2009 年 12 月
11	吴振坤	解决“三农”问题的根本战略，结项形式为专著	“三农”根本出路在何方？	广东省出版集团广东人民出版社,2010 年 10 月

（中国马克思主义研究基金会供稿）

2006—2010 年度科研课题结项名单*

2006 年度马克思主义研究基金会课题

序号	姓名	课题名称	成果名称	出版社/刊物
1	霍　飞	党校图书馆数字资源建设研究方向报告，结项成果为研究报告	党校系统图书馆数字资源建设方向浅析；论党校系统图书馆数字资源建设	发表于《中共石家庄市委党校学报》2011 年第 3 期；收录于《图书馆科学发展研究》，中共中央党校出版社，2009 年 10 月

* 按照“中央党校教学科研专项基金”使用管理规定，科研部对 2006 年度至 2010 年度 19 项科研课题结项申请进行了集中受理，经科研部主任办公会研究并报“三项基金”工作分管领导批准，同意 19 项科研课题结项。参见中校厅字〔2011〕55 号文件。

2008 年度马克思主义研究基金会课题

序号	姓名	课题名称	成果名称	出版社/刊物
2	朱新宇	企业绿色责任的伦理学研究，结项形式为研究报告	试析企业绿色责任——提出、依据与落实；探讨多元性世界中的全球道德责任——由全球问题及道德追问入手；平行与交错：多元性世界中的全球道德责任研究	发表于《哲学与社会》2011 年第四辑；《伦理学研究》2010 年第 6 期；中共中央党校出版社，2010 年 12 月
3	张傲卉等 3 人	中华诗词和传统美德研究，结项形式为论文	李白的诗和诗中的李白；帝王诗词八大家	编入《领导干部国学课二十五讲》，中共中央党校出版社，2011 年 5 月
4	陈冬生	党的领导与意识形态建设，结项形式为系列论文	网络文化革命与意识形态领导权；社会主义意识形态问题研究；马克思主义意识形态理论与当代中国意识形态建设研究	发表于《理论动态》2009 年 1 月 10 日 1802 期；《中共中央党校学报》2010 年第 6 期；《中共中央党校学报》2011 年第 4 期
5	陈宇学	环境规制下的企业创新问题研究，结项成果为研究报告	环境规制对企业创新的影响；中国环境规制现状、困境和出路	发表于《节能环保》2008 年第 11 期；《新亚洲论坛》第二辑，首尔出版社，2009 年 7 月

2009 年度马克思主义研究基金会课题

序号	姓名	课题名称	成果名称	出版社/刊物
6	王　洋	新时期党校两支干部队伍协调发展问题研究，结项形式为研究报告	创新人才工作机制，优化人才工作环境，促进党校两支干部队伍协调发展	内部研究报告

续 表

7	马小军	国际战略视野中的中国能源与环境安全问题，结项形式为研究报告	国际战略视野下的能源与环境问题；关于中国能源—环境安全的几点思考	发表于《当代世界》2011年第10期；《中共中央党校学报》2011年第5期
8	靳凤林	当代中国政治伦理的结构性转型研究，结项形式为专著	制度伦理与官员道德：当代中国政治伦理结构性转型研究	人民出版社，2011年6月
9	张太原	《独立评论》与20世纪30年代的文化思潮，结项形式为系列论文	发现史料之外的历史——以傅斯年研究为例；从研究对象到研究路径——由近年来的傅斯年研究看人物研究的新视野；“没有了中国”：20世纪30年代中国思想界的反思；我们与你们：五四前后自由主义与马克思主义的分野	《近代史研究》2010年第2期；中国人民大学书报资料中心《复印报刊资料（中国近代史）》全文转载；《史学月刊》2011年第2期；《近代史研究》2011年第3期；编入《五四的历史与历史中的五四》，北京大学出版社，2010年1月
10	范玉刚	文化战略视野中的国家文化创意产业发展研究，结项形式为研究报告、专著	文化产业发展的集团化与集聚化之路；以新观念新思维引导农村文化产业发展；道可道非——关于文化价值的祈想	收编入《文化建设案例集》（第二辑），中国社会科学出版社，2010年6月；发表于《中共中央党校学报》2010年第3期；人民日报出版社，2011年3月

2010年度马克思主义研究基金会课题

序号	姓名	课题名称	成果名称	出版社/刊物
11	封丽娜	中央与地方关系法制化的路径选择，结项形式为论文	现代化视野下中央集权与地方分权的演变与趋势；集权与分权：变动中的历史经验——以新中国成立以来的中央与地方关系处理为例	编入《中国法治论丛》(2009—2010年卷)，知识产权出版社，2011年3月；发表于《学术研究》2011年第4期
12	辛守良	科学发展观与发展方式转变研究，结项形式为专著	科学发展观理论体系研究	中共中央党校出版社，2011年8月
13	邱耕田	科学发展问题研究，结项形式为论文	论包容性发展；论发展与代价的关系及其认识和实践意义；科学发展之“科学性”探悉；科学发展观与科学发展	发表于《学习与探索》2011年第1期；《社会科学战线》2011年第1期；《学术界》2011年第8期；《理论视野》2011年第9期
14	贾华强	中国资源可持续性的资源利用与整合，结项形式为专著	经济资源的可持续性运行与发展	中国环境科学出版社，2011年10月
15	刘晶芳	2000—2009年国内中共党史研究的新进展，结项形式为论文	近十年来中共党史研究热点综述	发表于《北京日报》2011年5月30日第19版
16	李庆刚	中国革命视野中的开明士绅研究，结项成果为专著	抗日根据地开明士绅研究	中共中央党校出版社，2010年11月
17	董友忱	泰戈尔的家族和后代研究，结项形式为论文	泰戈尔的祖先及其后代研究	发表于《东方文学研究通讯》2011年第1期
18	李　鹏	新形势下切实促进发展方式转变问题研究，结项形式为论文、研究报告	扩大消费需求应积极稳妥推进城镇化；民族地区经济发展方式转变问题研究——以新疆维吾尔自治区为例	发表于《中国审计报》2011年4月13日第6版；《经济研究参考》2011年第21期

续 表

序号	姓名	课题名称	成果名称	出版社/刊物
19	赵建军	低碳视域下的技术范式与生态文明建设研究，结项形式为研究报告、论文	低碳技术与能源利用方式转变；低碳技术范式与生态文明建构；低碳城市与生态治理；坚持科学发展，坚定不移地走可持续发展道路	编入《中共中央党校报告选》2010 增刊；发表于《淮阴师范学院学报》2010 年第 5 期；编入《建设低碳城市实现可持续发展》，北京出版集团公司北京出版社，2010 年 10 月；发表于《中华盛世》2010 年第 1 期

2010 年度教学讲题资助奖励项目结项名单*

第一组：省部级干部进修班、厅局级干部进修班、各专题研讨班

（一般项目）

序号	班　次	课程名称	讲　题	承担人	达标情况
1	省部班（第 47 期）“转变经济发展方式与经济结构调整”研究专题	转变经济发展方式与经济结构调整的热点难点问题研究	农民增收问题研究	石　霞	达标 9. 34
2	省部班（第 47 期）“防范和化解金融风险”研究专题	防范和化解金融风险的重大理论和现实问题研究	应对国际金融危机与国际经济合作	刘建飞	达标 9. 52

* 参见中校厅字〔2011〕19 号文件。

续 表

序号	班 次	课程名称	讲 题	承担人	达标情况
3	省部班（第47期）“党的建设科学化”研究专题	党的建设科学化的热点难点问题研究	党的制度建设热点难点问题研究	张晓燕	达标 9.53
4	省部班（第47期）“党的建设科学化”研究专题	党的建设科学化的重大理论和现实问题研究	国外政党治国理政经验与教训	姜 跃	达标 9.3
5	地厅班（第54期）	公共必修课；科学发展观研究	科学发展观若干问题研究	韩庆祥	达标 9.32
6	地厅班（第54期）“文化建设与文化发展”专题研究	文化建设与文化发展的热点难点问题研究	当代中国城市文化生态问题	陈宇飞	达标 9.14
7	地厅班（第54期）“世界经济政治格局变化与应对”研究专题	世界经济政治格局变化与应对的重大理论和现实问题	世界格局变动与海峡两岸关系	宫 力	达标 9.57

（青年项目）

序号	班 次	课程名称	讲 题	承担人	达标情况
1	省部班（第47期）“防范和化解金融风险”研究专题	防范和化解金融风险的重大理论和现实问题研究	美国应对国际金融危机的措施、走向及启示	陈启清	达标 9.5
2	地厅班（第54期）“扩大内需与经济发展”研究专题	扩大内需与经济发展的重大理论和现实问题研究	加快转变经济发展方式问题研究	李 鹏	达标 9.54
3	地厅班（第54期）“城市发展与城市治理”研究专题	城市发展与城市治理的热点难点问题研究	城市流动人口管理（案例教学）	王道勇	达标 9.02

续 表

序号	班　次	课程名称	讲　题	承担人	达标情况
4	地厅班（第54期）“突发公共事件与危机管理”研究专题	突发公共事件与危机管理的重大理论和现实问题研究	突发事件应急管理机制构建研究	黄小勇	达标 9.51
5	地厅班（第54期）“文化建设与文化发展”研究专题	文化建设与文化发展的热点难点问题研究	现代传媒的特点与舆论引导机制	秦　露	达标 9.25

第二组：中青一班、中青二班、新疆地厅班

（一般项目）

序号	班　次	课程名称	讲　题	承担人	达标情况
1	中青一班（第28期）	原著导读	《路德维希·费尔巴哈和德国古典哲学的终结》导读	边立新	达标 9.32
2	中青一班（第28期）	中国特色社会主义理论体系与实践	新时期中国对外开放战略的调整	潘　悦	达标 9.48
3	中青一班（第28期）	党的历史经验研究	“大跃进”运动及其教训	谢春涛	达标 9.35
4	中青一班（第28期）	执政经验与领导能力训练	提高处理公共事件的能力（案例教学）	刘永艳 齐　惠	达标 9.38
5	中青二班（第10期）	马克思列宁主义、毛泽东思想、中国特色社会主义理论体系研究	《资本论》导读（一）	张燕喜	达标 9.49
6	中青二班（第10期）	马克思列宁主义、毛泽东思想、中国特色社会主义理论体系研究	毛泽东思想的科学体系和历史地位	祝　彦	达标 9.47
7	中青二班（第10期）	马克思列宁主义、毛泽东思想、中国特色社会主义理论体系研究	走中国新型工业化道路问题研究	曹　立	达标 9.39

续 表

序号	班 次	课程名称	讲 题	承担人	达标情况
8	中青二班（第10期）	中共党史专题研究	“文化大革命”及其教训	曹 普	达标 9.49
9	新疆地厅班（第53期）	中国特色社会主义民族宗教理论专题研究	文化认同与边疆稳定和发展	徐 平	达标 9.4

（青年项目）

序号	班 次	课程名称	讲 题	承担人	达标情况
1	中青一班（第28期）	中国特色社会主义理论体系与当代实践	改革开放以来的文化变迁与我党的文化自觉	田嵩燕	达标 9.5
2	中青一班（第29期）	党的历史经验研究	中国特色革命道路的开辟	刘宝东	达标 9.58

第三组：新疆县处班、半年制西藏班、一年制西藏班

（一般项目）

序号	班 次	课程名称	讲 题	承担人	达标情况
1	一年制西藏班（第41期）	马克思主义基本理论	中国特色社会主义宗教理论	胡 岩	达标 9.58

（青年项目）

序号	班次	课程名称	讲 题	承担人	达标情况
1	新疆县处班（第54期）	中共党史讲座	延安整风与马克思主义中国化	张太原	达标 9.59

（中国马克思主义研究基金会供稿）

2010年度学位研究生课程资助课题结项名单*

<table>
<tr><th>类　别</th><th>课程层次</th><th>学科专业</th><th>课程（讲题）名称</th><th>负责教师</th></tr>
<tr><td rowspan="10">专业课</td><td>博士</td><td>国际政治</td><td>马克思主义国际战略与外交基础理论</td><td>门洪华</td></tr>
<tr><td rowspan="9">硕士</td><td>马克思主义中国化</td><td>中国特色社会主义理论体系</td><td>贾建芳</td></tr>
<tr><td>马克思主义哲学</td><td>马克思主义哲学前沿问题研究</td><td>林艳梅</td></tr>
<tr><td>政治经济学</td><td>《资本论》第二卷</td><td>李省龙</td></tr>
<tr><td>科学社会主义与国际共产主义运动</td><td>当代资本主义研究</td><td>胡振良</td></tr>
<tr><td>政治学理论、中外政治制度</td><td>比较政治学</td><td>刘启云</td></tr>
<tr><td>中共党史</td><td>党的学说和党的建设</td><td>李东朗</td></tr>
<tr><td>中共党史（党建）</td><td>危机治理专题研究</td><td>蔡志强</td></tr>
<tr><td>中国近现代史</td><td>中国近现代史研究的理论和方法</td><td>赵书刚</td></tr>
<tr><td>公共课</td><td>博士</td><td>公共外语</td><td>研究生第一外语必修课</td><td>赵伯英</td></tr>
</table>

（中国马克思主义研究基金会供稿）

---

* 2010年立项资助的10门学位研究生课程，顺利完成教学任务。在对资助课程进行问卷调查、研究生项目专家评审组通讯评议的基础上，校教学科研专项基金评审委员会对10门课程进行了审议表决，全票通过。经报“三项基金”工作分管领导批准，同意10项学位研究生资助课程结项。参见中校厅字〔2011〕41号文件。

《理论视野》文章被转载情况

经《中文社会科学引文索引来源期刊》指导委员会审定，《理论视野》入选为CSSCI中文社会科学引文索引来源期刊（2012—2013年）。2011年，《理论视野》共被转载文章32篇，其中《新华文摘》4篇，《中国社会科学文摘》2篇，《报刊文摘》6篇，《文摘报》4篇，中国人民大学书报资料中心《复印报刊资料》13篇，《天津日报》等省级报刊3篇。择要列举*如下：

序号	期　数	原文题目	转载报刊及摘文题目	作　者
1	2010年第12期	新实证主义马克思主义的兴起、问题域及其历史定位	《中国社会科学文摘》2011年第5期第38页，同题目	孙乐强
2	2011年第1期	从应对国际金融危机的经验与启示看政府与市场的关系	《报刊文摘》2011年2月23日第2版，攻坚战要有攻坚战的姿态	李兴山
3	2011年第1期	从保增长惠民生相结合看经济社会协调发展——正视我国重大现实问题，着力加快发展方式转变	《报刊文摘》2011年3月7日第2版，社会上为什么对物价这么敏感	贾　康
4	2011年第2期	西方马克思主义的三个维度	《新华文摘》2011年第11期第40页，同题目	胡大平
5	2011年第4期	汉语语境中公平和正义概念的区别	《文摘报》2011年5月10日第6版，公正和正义的区别	吴忠民
6	2011年第4期	必须高度重视“集体腐败”	《文摘报》2011年6月2日第6版，同题目	许云昭
7	2011年第4期	马克思主义中国化研究的新视野和问题域	《中国社会科学文摘》2011年第9期第33页，同题目	赵士发
8	2011年第5期	核安全合作：东北亚区域合作紧迫议题	《报刊文摘》2011年6月3日第2版，核安全向主权发出挑战	张琏瑰

* 因转载的延后效应，个别2010年的文章在2011年被转载，故一并收录。

续表

序号	期数	原文题目	转载报刊及摘文题目	作者
9	2011年第6期	切尔诺贝利事故的原因与教训	《新华文摘》2011年第19期第157页，切尔诺贝利事故的教训	左凤荣
10	2011年第6期	加强中国国家安全战略的思考	《新华文摘》2011年第21期第7页，同题目	肖晞
11	2011年第7期	党的群众工作的历史经验与当代创新	《报刊文摘》2011年8月19日第2版，维系党群关系取决于四个方面	高新民
12	2011年第8期	世界历史视野内的“全心全意为人民服务”	《新华文摘》2011年第22期第161页，同题目	赵士发
13	2011年第8期	毛泽东领导地位形成过程中遇到的几次挑战	《文摘报》2011年8月23日第6版，同题目	李东朗
14	2011年第8期	论社会监督	《报刊文摘》2011年9月7日第2版，人民的监督是更重要的监督	宋惠昌
15	2011年第8期	唯有民主才是化解“四个危险”的根本之策：重温《窑洞对》	《报刊文摘》2011年9月21日第2版，民主是化解“四个危险”的根本之策	沈宝祥
16	2011年第9期	不要低估当代资本主义制度自我修复的能力	《文摘报》2011年10月27日第6版，同题目	邹诗鹏

（中国马克思主义研究基金会供稿）

分 校 工 作

概 况

中央直属机关分校

发展概况。中央党校中央直属机关分校（简称中直分校）是中央直属机关工委直属的参照公务员法管理的事业单位，受中直工委和中央党校双重领导，主要任务是培训轮训中直机关38个部委局、处级党员领导干部。

中直分校前身为1980年8月成立的中央党校中直分部，1991年3月更名为中央党校中央直属机关分校，2009年4月加挂中共中央直属机关党校牌子。内设办公室、教务部、培训部、行政处、财务处5个部门，编制29人。

新校区位于北京昌平区南口军都山下，于2010年12月建成并正式投入使用，占地89亩，建筑面积近4万平方米。拥有现代化的教学设施和舒适的校园环境，可同期培训学员约450人。目前开设局处级干部进修班、青年干部培训班等。

在教学实践中，中直分校坚持以马克思列宁主义、毛泽东思想和中国特色社会主义理论体系为指导，贯彻中央关于干部教育培训工作和党校工作的一系列重要指示精神和要求，按照“以人为本，把学员当学员，把学员当朋友，把学员当亲人”的办学理念和“教学优先、学员为先、服务在先”的工作思路，紧紧围绕党和国家的中心工作，并结合中直机关工作实际和干部的成长需要，深化教学体系改革，打造多领域、多层次、多渠道、多形式、多平台的立体化教学模式，构建了具有中直分校特色的教学和管理体系，强化理论学习，突出党性教育，重视调查研究，注重能力素质，初步形成了具有中直机关特色的办学模式。

2011 年是中直分校从丰盛胡同搬迁至昌平校区，结束走读岁月，迎来住读培训的第一年，教学及学员管理取得明显成效。全年，共举办主体班次 5 个，培训学员 580 人。其中，春季学期（第 58 期）局级干部进修班 41 人，处级干部进修班 156 人，青年干部培训一班 22 人，新华社党校班 24 人，国家广电总局党校班 48 人，合计 291 人；秋季学期（第 59 期）局级干部进修班 42 人，处级干部进修班 151 人，青年干部培训一班 23 人，新华社党校班 28 人，国家广电总局党校班 45 人，合计 289 人。另外，全年共举办短期培训班次 6 个，培训学员 658 人。

教学工作。构建立体化教学模式，帮助学员提高理论素养、拓宽世界眼光、培养战略思维、锤炼党性修养。努力适应新的形势，着力打造具有中直分校特色的多领域、多层次、多渠道、多形式、多平台的立体化教学模式。

在课程设置上，按照“一个中心、四个方面”的教学布局，把走读时期每学期 40 多次课调整为每学期 70 多次课，内容涵盖政治、经济、文化、军事、法制、社会管理、国际问题及领导干部语言表达能力、调查研究能力、领导干部心理调适以及新知识、新信息等相关专题，教学内容丰富系统，针对性强；在班次设置上，在办好局级、处级干部进修班的同时，新开设青年干部培训班（45 岁以下副司局级后备或有发展前途的正处级实职）；在师资结构上，加强师资库建设，在邀请中央党校、国家行政学院教授和中科院院士、高校及科研院所的学者授课的同时，新开设了“部长论坛”，邀请外籍教授、劳动模范、大型企业董事长到校作报告；努力打造以党校教育为主体，社会教育、单位教育为两翼的三位一体的品字型教育培训格局；建立“四大社会教育基地”，即以毛主席纪念堂和西柏坡为主阵地的党性教育基地、以国有大型企业为平台的现代企业制度教育基地、以农村为载体的社会主义新农村建设教育基地，以反腐倡廉建设为主要内容的反腐倡廉教育基地。

在培训方法上，积极运用课堂讲授、互动教学、答疑教学、案例教学、体验教学、讨论交流、论坛、沙龙以及社会调研等多种教学手段，引导学员加强研究式学习。采用行为训练、情景模拟、现场体验等方式方法对学员进行技能培训，使教学更富有吸引力和感染力。发挥学员学习的积极性和主动性，强化支部研讨交流的作用，形成了教学相长、学学相长、生动活泼的教学氛围。

在党性教育方面，实行多平台教育。积极组织学员学习胡锦涛总书记“七一”重要讲话精神，邀请有关专家为学员讲授《中国共产党章程》、《领导干部与党性修养》，提升学员党性修养。请中央直属机关劳动模范作报告，用身边的先进典型启发、教育学员。组织学员观看《杨善洲》、《第一书记》、《廉政中国》等影片及腐败警示录，引导学员进一步牢固树立正确的世界观、人生观、价值观和正确的权力观、事业观、政绩观。到毛主席纪念堂、西柏坡等红色教育基地开展现场教，激励学员增强党性意识。组织学员深入基层，开展“同吃、同住、同劳动”，引导学员深入群众、拜人民为师，增进了与人民群众的感情。加强学员支部党性分析，学员间相互开展批评与自我批评，查找不足，明确方向。

学员管理。尊重学员主体意识，实行全员管理。坚持用制度管人、用制度管事，努力实现严格管理、人本管理、科学管理，不断推进学员管理工作制度化、规范化、科学化；按照“严格管理、人本管理、科学管理”的要求，加强学员管理，做到热情服务与严格管理相结合；进一步发挥学员主体意识，民主选举主体班各支部书记和支部委员，实现学员自我管理；举行学员对话交流会和学员代表座谈会，认真听取学员对学校建设和发展提出的意见与建议；实行首问负责制，学员在校期间，不论何时向任何员工询问任何事情，员工都为学员及时提供帮助，直至帮助学员解决问题。开展丰富多彩的文体活动，营造团结向上的校园文化氛围，丰富课余生活，增强凝聚力和团队协作精神。

后勤保障。坚持人性化、个性化、精细化的后勤保障服务。按照“教学优先、学员为先、服务为先”的工作思路，努力在餐饮、住宿、交通服务等方面为学员提供人性化服务。

加强特色图书阅览室建设。开辟“部委”书架，中直机关各单位按照各自的工作性质选送图书。开设“部长书柜”，刘云山、李源潮、何勇等中央领导同志以及各部委的主要负责同志向学校赠送各类图书并题写寄语，勉励学员多读书、读好书、善读书。

积极推进网络建设。努力打造数字校园，在校园内网开设校园论坛，引导学员进行网上学习交流，促进学学相长。开通了中国知网数据库，为学员学习提供便利，方便网上查阅资料。

强化后勤保障服务。努力保持教室宽敞明亮、宿舍干净整洁，为学员提供舒适的学习、休息环境；确保饭菜卫生可口、品种丰富，为学员提供良好的就餐质量。每周按时接送学员，为学员提供便利的交通服务。为学员提供人性化服务，努力做到服务精细化。

绿化美化校园。制定并实施校园绿化建设“三年规划”发展目标，打造优美舒适的校园环境。

调研成果。处级干部进修班《把广大流动党员凝聚起来》的调研报告分别得到中央政治局委员、中央书记处书记、中央组织部部长李源潮及浙江省委书记赵洪祝批示；春季学期青年干部培训班的《国有企业的社会责任》被《红旗文稿》全文刊登；《人民日报》内参第2359、2360期编发了青年干部培训班学员的2篇调研报告，并以“屯里来了‘中央干部’”为题，对秋季学期“到群众中去，拜人民为师”的调研活动进行了深度报道；分两期汇编出版2011学年学员的优秀毕业论文。

（中央直属机关分校供稿人：潘凤东）

中央国家机关分校

发展概况。1980年，为适应改革开放、大规模培训中央国家机关党员领导干部的需要，经中央书记处批准，中央国家机关工委设立干部教育办公室，并成立中央党校中央国家机关分部。1990年，中央党校中央国家机关分部改称为中央党校中央国家机关分校。1993年，根据中央批准的“三定方案”，中央国家机关工委将干部教育办公室改为事业单位，成立了中央国家机关工委培训中心，同时挂“中央国家机关工委干部教育办公室”和“中共中央党校中央国家机关分校”牌子。2009年5月，经中央组织部、中央编办、中央国家机关工委等批准，中央党校中央国家机关分校列入参照国家公务员法管理的事业单位。中央国家机关工委常务副书记兼任为分校校长。

经过30年的发展，中央国家机关分校培训规模不断扩大，下属部门党校达到40多个，同时开办直属局级干部进修班、直属青年干部培训班和4个直属处级干部进修班，目前年培训规模稳定在4000人次左右。

2011年，中央国家机关分校共开办101个班次，培训学员4083人次。其中春季学期共有42个部门党校开办班次54个，培训学员2158人；秋季学期共有39个部门党校开办班次47个，培训学员1925人。

教学工作。中央国家机关分校坚持党校姓党，严格按照中央党校制定的教学计划，坚持抓好理论教育和党性教育。在理论教育方面，一是及时把中央有关精神纳入学习内容，制定并下发《中央党校中央国家机关分校关于学习贯彻党的十七届六中全会精神的意见》，指导各班开展好学习活动。二是体现中央国家机关特点。要求各分校班把理论学习与工作实际相结合，结合本部门、本行业的特点，研究落实《国民经济和社会发展第十二个五年规划纲要》的政策措施，促进了党校学习成果的转化。三是加强辅导。在每学期的三个基本理论学习单元结束后，及时组织面授课，邀请中央党校知名教授进行集中辅导，对各班学员在理论学习中遇到的具有普遍性的疑难问题，进行集中答疑解惑，全年共有近60个班次约1600名学员参加了串讲。

在党性教育方面，一是明确教学主线。2011年春秋两个学期分别确立“学党史、读经典、唱红歌”和“学习讲话、落实规划、党性锻炼系统化”的教学主线。围绕春季学期的教学主线，分校于6月初开展“九十风雨路，七一红旗飘”纪念建党90周年主题诗歌征文活动，各班认真组织筹备，广大学员踊跃投稿，共收到130余首参赛作品。二是创新教学形式。在认真总结以往教学实践经验基础上，进一步深入探索党校开展党性锻炼的有效形式。春季学期，组织直属青年干部培训班，赴井冈山进行了为期10天的党性锻炼和“三同”（同吃、同住、同劳动）教育体验式学习。秋季学期，分校在总结春季学期经验的基础上，扩大党性锻炼汇报的范围，选取5家党校班集中汇报学习成果和体会，促进了各党校班党性锻炼教学活动的深入开展。

教学研究。中央国家机关分校努力以教研室建设推进教学改革。教研室成立以来，以服务教学为中心，以教研室为重要载体，以课题为研究导向，以研究组为基本形式，深入研究党校改革发展和教学实践中面临的重大课题，努力形成推动党校教学改革的工作思路，积极开发具有分校特色的精品课程、辅导教材。2011年教研室5个课题组已整理刊印出《党校党性教育规程》、《党校实用教学方法研究》、《党校教学管理手册》、《党校单元导读讲义及使用说明》等4册教学研究成果，已分发各班，并计划在相关班次试点，开设示范公开课，检测实际教学效果，广泛征求班主任及学员听课意见，以此不断改进教材质量。

教学管理。以建章立制细化分校教学管理。根据中央党校有关要求和分校具体教学部署，制定加强教学管理的有效措施，并在2011年春秋两学期的教学管理中逐一落实。一是制定教学巡查制度，加强对各班教学活动的监督检查。分校领导分别对京内外的多家党校，开展教学调研和巡视，深入了解相关班次的办学情况。二是制定了课程表报送制度。严格执行中央党校教学计划，并将各班报送情况及时进行通报公布，有效地规范了各班教学活动的组织开展。三是加强学区建设。按照办学地点相对集中、住读走读分类划分的原则，将原有学区划分及学区负责人作了较大调整，促进学区共建。

以办学质量评估促进分校规模建设。开展办学质量评估工作，是中央国家机关分校加强教学管理、提高办学水平的长效举措。借助评估的影响力，积极推动有关部门利用自身资源开办党校，2011年春季国家工业和信息化部和中国进出口银行如期开办了党校班，党校工作呈现出良好的发展势头。2011年8月，分校以“切实抓好办学质量评估，不断提高党校办学质量”为主题，举行暑期教学研讨会，共有近百名部门党校教学管理者参会，提交35篇专题研讨论文。通过切实提高评估工作的理论化、科学化水平，推动了党校教育培训质量的提升。

以ISO9000管理体系完善分校教学质量。为进一步完善《党校质量管理体系文件》，2011年3月，中央国家机关分校对体系文件进行了全新修订，出台教学质量管理体系的新标准，为各党校班规范管理提供更具操作性、指导性的有效依据。同时，在原有13个运行班次参与管理体系运行的实践基础上，国家农业部等4家党校班也积极融入运行体系。2011年底，中央国家机关分校及17家运行班次顺利通过中国质量认证中心的年度审核和三年一次的再认证审查，取得新的体系认证资质。

加强学员临时党支部书记培训。经过不断实践与摸索，分校已形成较为成熟的学员临时党支部书记培训机制，每期党校班开学之初举行一次专门培训。2011年春秋两期共培训100余名学员支部书记，有效帮助学员了解支部工作方法，掌握支部机制架构，激发工作激情与信心，为在党校开展学习型学员党支部建设，实现学员自我管理、自我服务、自我教育的目标打下良好的基础。

队伍建设。以专题培训为手段，促进新生力量的成长。一是针对新开设或即将开设党校班的部门，分校为其教学管理人员提供了到办学质量较好的进修班担任教学助理的机会，参与教学管理、学习带班经验，实践效果显著。二是分校以专题培训为手段，已初步形成寒假办培训班、暑期搞研讨会的师资培训格局。2011 年初，分校举办培训班，对部分教学管理人员特别是新参加党校工作的同志共 60 余人，进行专题培训，取得较好的效果。

以交流学习为模式，带动一线教学力量的成长。为培养分校教学师资队伍，分校积极创造交流学习的平台，一年来组织多项教学研究活动。有各党校班骨干观摩教学顾问孙广灼老师的党性锻炼现场教学，有国家安全部党校孙金汉老师主讲的案例教学观摩课，还有全国人大机关党校班学员开展的模拟听证会，以及全体教研室老师参加的中央国家机关党校青年科级干部培训教学方法研讨会等等。这一系列教学活动的开展，为党校理论教学研究提供丰富的实践土壤，有利于教学管理人员更方便、快捷、有效地学习掌握优秀的教学方法、教学手段，缩短了一线教学人员的成长周期。

（中央国家机关分校供稿人：高　峰）

国务院国资委分校

发展概况。中央党校国务院国有资产监督管理委员会分校（简称国资委分校）前身是成立于 2002 年 1 月的中央企业工委分校。国资委成立后，经中央党校批准，2003 年 7 月更名为国资委分校。

分校成立以后，分校本部开设直属班，以北京石油管理干部学院作为教学基地；有 18 家中央企业党校纳入国资委分校管理，开设分校班，这 18 家党校是：国家电网公司党校、中国石油天然气集团公司党校、中国石油化工集团公司党校、中国建筑工程总公司党校、中国航空工业集团公司党校、中国航天科技集团公司党校、中国铁道建筑总公司党校、中国华能集团公司党校、中国电力投资集团公司党校、中国核工业集团公司党校、中国航天科工集团公司党校、中国华电集团公司党校、中国大唐集团公司党校、中国航天科工二院党校、中国船舶工业集团公司党校、中国兵器集团公司党校、东风汽车公司党校、中国中煤能源集团公司党校。

国资委分校在国资委党委领导和中央党校指导下开展工作，按照《中共中央关于面向 21 世纪加强和改进党校工作的决定》、《中国共产党党校工作条例》和全国党校工作会议的要求，根据新形势下中央企业改革发展的需要，组织中央企业领导人员、后备领导人员、中层管理人员、二级企业领导人员以及国资委机关、直属单位处以上干部参加国资委分校的学习。分校以提高学员的思想政治素质为重点，努力建设一支忠诚于马克思主义、德才兼备的高素质、复合型中央企业经营管理者队伍，为实现国有企业改革发展目标提供可靠的人才保证。

国资委分校始终坚持党校姓党原则，按照“从严治校、从严施教、从严管理”的要求开展工作，坚定不移地贯彻党的路线、方针和政策。严格执行中央党校教学计划和管理规定，把党性锻炼贯穿于教学全过程。除认真完成中央党校主体课教学外，还结合国有企业改革发展的新形势、国资委的重点工作和各中央企业特点，根据国有企业领导人员的岗位职责需求，有针对性地开设特色课，包括开展案例研讨和分析，突出教学的实用性、针对性、时代性和前瞻性。在教学管理模式和教学方法上，不断总结经验，探索规律，开拓创新，推进改革，促进课程设置科学化、教学管理规范化、生活服务人性化。

国资委分校 2011 年全年共举办 32 个班次，培训学员 1621 人。其中举办直属局级干部进修班和直属青年干部培训班各 1 期，直属处级干部进修班 2 期，共 403 人。

教学工作。在教学组织上，国资委分校领导和各所属企业党校领导非常重视分校班的工作，各方支持配合，加强教学保障。分校直属班和各企业党校分校班结合自身特点，制订和完善各具特色的教学管理制度，努力营造严格有序的教学秩序，形成良好的班风、校风。在教学管理上，按照工作流程规范管理，国资委分校严格按照中央党校的要求，根据中央党校分校年度学期招生安排意见，印发国资委分校招生工作通知并转发中央党校干部进修班教学计划。统一订购教材和教学资料，严格审核所属各企业党校分校班教学实施计划及开学和结业有关情况，严格管理，规范管理。在教学内容上，严格执行中央党校分校教学计划，保证各分校班主体课不走样；同时，直属班和各企业党校分校班还结合国资委的中心工作，紧密联系央企改革发展实际，开展特色教学，科学设置特色课程，培养学员研究解决国企改革发展现实问题的能力。在教学方式上，不断提高教学面授率，直属班和部分分校班的面授率已达 90%。创新教学方法，采取多种教学手段，如“三动精读法”、“五步学习法”等精读原著；突出“两为主、一加强”，开展研究式教学，采取案例教学、研讨交流、学员论坛等教学方式保证学习效果和教学质量。在教学成果分享上，国资委分校重视学员学习成果的收集和利用，选送优秀毕业论文编入中央党校分校论文集和国资委分校论文集，供有关部门和下一期学员学习参考。

学员管理。严格按照《中央党校分校学员学籍管理暂行规定》等分校管理规定要求进行学员管理，进一步完善分校班各项规章制度，对课堂纪律、请假考勤、小组研讨、单元学习考核、撰写毕业论文等环节制定相应制度并采取有效措施加强管理。尤其是考勤方面，各分校班均建立严格的考勤机制，部分企业党校分校班要求任何请假均需集团公司领导或人力资源部门签字同意。同时加强学员的自我管理，分校直属班印发“直属班临时党支部工作指引”，积极发挥临时党支部的战斗堡垒作用，保证了良好的教学秩序。

人才队伍建设。国资委分校领导和各企业党校领导都非常重视人才队伍建设，为分校班配备具有一定专业水平和管理经验的教学、教务管理人员。分校还利用教学工作总结会组织“如何搞好党性锻炼”专题培训和研讨，邀请有经验的教学、教务工作者授课。通过总结、交流和培训，逐步提高分校班教学管理人员的能力和水平。

（国资委分校供稿人：张亚红）

部队分部

发展概况。中央党校部队分部是中央党校的重要组成部分，是部队充分利用中央党校教学资源培训部队党员领导干部的主渠道。部队分部成立30年来，始终坚持围绕中心、服务大局，坚持用中国特色社会主义理论体系和现代化建设所需要的各方面知识武装教育干部，为提高部队干部素质和能力作出了积极贡献。

1981年2月13日，解放军总政治部发出通知，成立中央党校部队分部，并由总政干部部、宣传部和原解放军政治学院有关领导同志组成领导小组，统一领导和协调部队分部的工作，分部办公室设在原解放军政治学院，负责教学工作。1985年12月国防大学成立时，部队分部办公室随原解放军政治学院并入国防大学至今。到2011年底为止，部队分部共举办各种班次58期，为部队培训军师团等各级干部学员6000多名，教学工作受到了解放军总政治部和中央党校的肯定，也获得了参训部队和广大学员的一致好评。

在办学过程中，部队分部坚持以教学为中心，以系统开展党的基本理论教育和党性教育为首要任务，以创新的思路不断推进教学改革，发扬党校教学优良传统，注重突出部队特色，严格学员管理，教学培训质量逐年提高。部队分部还定期组织学员到中央党校听取形势与任务报告和“当代世界”报告，参加中央党校的开学典礼、毕业典礼。

部队分部所属党校班有总装备部党校班和海军党校班。2011年，部队分部共举办3期培训班，培训学员84人。其中，总装备部师职干部进修班（第57、58期），培训学员59人；海军干部培训班（第41期），培训学员25人。

教学工作。总装备部师职干部进修班（第57、58期），全年共观看教学录像57次（含基本理论课程和综合知识讲座课程），到中央党校听报告49次；拓宽领导干部培训新平台，举办领导讲座9次，专家讲座16次，学员讲坛14次；有效利用外部教育资源，全年外请师资29次；完善课程改革，对基本理论单元进行优化组合与充实补充，对“信息化战争与新军事变革”、“军事高科技与武器装备”及“现代管理与领导艺术”等特色课程的部分内容与师资进行调整。加强实践教学比重，全年共进行井冈山现地（场）教学2次，京内现场教学16次。在本年度的井冈山现地（场）教学中，开创了与江西省委井冈山干部培训中心合作的新模式。完成装备学院教学方法研究课题“现地教学方法研究”。

海军干部进修班（第41期），充实培训内容，完善教学体系。在培训内容上，确立“一个基本、三个拓展”的思路。坚持以中央党校主题课为基本教学内容，加强与中央党校的沟通协调，全面落实主体课教学计划，实现党的创新理论武装的系统性；坚持教学内容向战略思维拓展，安排学员到中央党校听取中央国家部委领导和名师大家的讲课18次，提高学员从政治和战略全局高度观察分析问题的能力；坚持教学内容向使命任务拓展，邀请海军军事学术研究所所长王校轩讲海军战略，邀请海军指挥学院教员围绕海军建设形势、海上军事斗争态势、海军思想政治建设前沿问题进行系统授课，深化学员对使命任务的认识；坚持教学内容向综合素养拓展，围绕海军师团领导干部所需要的综合素质能力，邀请军事科学院外军研究部部长赵丕、国防大学教授王宝付、海军军事学术研究所研究员任筱峰等专家学者，讲授外军军事战略、国际法、海战法等内容，提高领导素养。

狠抓教学环节，提高培训质量。部队分部注重在教学环节上下功夫，以每个细节的高效率来确保整个培训的高质量。首先，抓阅读教材的环节，引导学员采取精读、通读、泛读等方式，重点学好中央党校指定教材，要求阅读时画重点、作批注，并对阅读情况进行抽查。其次，抓研讨交流环节，围绕中国特色社会主义理论体系，建设先进军事文化、加强海军思想政治建设等主题，先后组织3次小班讨论，每次讨论培训中心领导、教员与学员一起研究，引导学员用所学理论分析研究部队建设中的现实问题。还组织了3次大班交流，各班推荐学员上台发言，由教员进行讲评，肯定优点，指出问题和不足。再次，抓实践教学的环节，组织学员到西柏坡、抗日战争纪念馆、滨海新区、联想集团、航天城、社会主义新农村韩村河等地参观见学，开阔学员的视野。

科研工作。第57、58期总装备部师职干部进修班，围绕教学搞科研，教研室教员所完成的《加快转变经济发展方式的理论与实践——以提高领导干部能力为视角》专著暨教材，由中国经济出版社出版，用于教学并收到较好效果。鼓励学员进行研究式学习和互动式学习，引导学员对经济社会发展和国防军队建设中的难点、重点和热点问题进行研究，全年共形成“重大理论与现实问题研究”15篇。鼓励学员交流学习成果和体会，全年共进行专题讨论交流32次。

学员管理。实施科学管理，提升保障水平。第41期海军干部进修班，针对教学管理中师团领导干部的特点，注重增强管理的科学性。在引导学员遵章守纪上，利用集中教育、班务会、党小组会等方式，学好各种规章制度，引导学员自我管理，加强检查督促，营造“进了党校门，当好读书人”的良好氛围。在调剂改善伙食上，坚持从正规商店购买食品，严格卫生检查制度，精心制定菜谱，并经常征求学员的意见，作出调整。在组织课余活动上，添置了乒乓球台、羽毛球拍等器材，组织学员参观国家博物馆、奥运场馆等人文景观，以及长城、十三陵、卢沟桥等名胜古迹，丰富课余文化生活。

其他工作。2011 年，中央党校总装备部班成立 30 周年，围绕这一主题，系统收集和整理相关史料，增强了办班单位和学员的使命感和责任感。

（部队分部供稿人：钟铁军　刘力维）

招生工作

关于中央党校分校 2011 年春季学期招生安排的意见

中校字〔2011〕2 号

中央直属机关分校、中央国家机关分校、国务院国有资产监督管理委员会分校、部队分部：

经研究决定，中央党校分校 2011 年春季学期招生安排如下：

一、招生对象、教学内容及学制

1. 青年干部培训班　招生对象为中央直属机关、中央国家机关、国资委机关及其直属单位正处级干部中的副司局级后备干部，国资委监管的中央企业领导班子成员后备人选，中共正式党员。年龄一般在 45 岁以下。学制为三个月。

2. 司局级（师职）干部进修班　招生对象为中央直属机关、中央国家机关、国资委机关及其直属单位的司局级干部，国资委监管的中央企业相应级别的领导干部，部队的师职干部，中共正式党员。学制为三个月。

3. 处级（团职）干部进修班（第 59 期）　招生对象为中央直属机关、中央国家机关、国资委机关及其直属单位的处级干部，国资委监管的中央企业相应级别的领导干部，部队的团职干部，中共正式党员。学制为三个月。

上述各班以党的十七大和十七届三中、

四中、五中全会精神为指导，以学习中国特色社会主义理论体系特别是科学发展观为中心，系统学习马克思列宁主义基本问题、毛泽东思想基本问题和中国特色社会主义理论体系基本问题，学习当代世界经济、当代世界科技、当代世界法制、当代世界军事、当代世界思潮、当代世界民族宗教等课程和其他方面的必备知识，夯实理论基础，拓展世界眼光，培养战略思维，加强党性修养，提高运用基本理论分析研究实际问题的能力，进一步提高领导素质和执政能力。在完成中央党校规定的主体课程的基础上，各分校班可针对学员的工作特点，开设特色课，加强领导能力的培养和训练。

4. 专题研究班　招生对象为中央直属机关、中央国家机关、国资委机关及其直属单位的局处级干部，国资委监管的中央企业相应级别的领导干部，中共正式党员。学制为两个月。

该班以党的十七大和十七届三中、四中、五中全会精神为指导，根据形势、任务和工作的需要，运用马克思主义的立场、观点、方法，从战略高度研究我国现阶段经济和社会发展中的有关重大理论和现实问题，并提出研究报告。

二、招生办法

各分校（部）从实际出发制定具体招生方案。如需新设班次，须按《关于举办中央党校分校班的暂行规定》履行相关审批程序后再进行招生。各分校（部）的招生方案须分别报请中直机关工委、中央国家机关工委、国资委党委和解放军总政治部审定，并报中央党校分校工作办公室核准。

各班次的招生人数和开学时间由各分校根据各自的实际情况确定。但招生人数原则上不少于15人，开学时间不晚于4月15日。

三、入学资格审查与注册

各分校（部）要严格按照规定对各个班次的学员进行入学资格审查和注册。各分校（部）须在4月25日前将注册后的入学学员名册上报中央党校分校工作办公室审核。

四、其他事项

1. 学员入学须携带《毛泽东选集》、《邓小平文选》、《江泽民文选》，以及《“三个代表”重要思想概论》、《科学发展观》、《加强党的执政能力建设》、《当代世界问题概论》（以上四本为全国干部学习培训教材）。

2.（编者略）

中共中央党校
2011年1月4日
（教务部、办公厅供稿）

关于中央党校分校 2011 年秋季学期招生安排的意见

中校字〔2011〕41 号

中央直属机关分校、中央国家机关分校、国务院国有资产监督管理委员会分校、部队分部：

经研究决定，中央党校分校 2011 年秋季学期招生安排如下：

一、班次设置

1. 青年干部培训班　招生对象为中央直属机关、中央国家机关、国资委机关及其直属单位正处级干部中的副司局级后备干部，国资委监管的中央企业领导班子成员后备人选，中共正式党员。年龄一般在 45 岁以下。学制为三个月。

2. 司局级（师职）干部进修班　招生对象为中央直属机关、中央国家机关、国资委机关及其直属单位的司局级干部，国资委监管的中央企业相应级别的领导干部，部队的师职干部，中共正式党员。学制为三个月。

3. 处级（团职）干部进修班（第 60 期）　招生对象为中央直属机关、中央国家机关、国资委机关及其直属单位的处级干部，国资委监管的中央企业相应级别的领导干部，部队的团职干部，中共正式党员。学制为三个月。

上述各班以党的十七大和十七届三中、四中、五中全会精神为指导，以学习中国特色社会主义理论体系特别是科学发展观为中心，系统学习马克思列宁主义基本问题、毛泽东思想基本问题和中国特色社会主义理论体系基本问题，学习当代世界经济、当代世界科技、当代世界法制、当代世界军事、当代世界思潮、当代世界民族宗教等课程和其他方面的必备知识，夯实理论基础，拓展世界眼光，培养战略思维，加强党性修养，提高运用基本理论分析研究实际问题的能力，进一步提高领导素质和执政能力。在完成中央党校规定的主体课程的基础上，各分校班可针对学员的工作特点，开设特色课，加强领导能力的培养和训练。

4. 专题研究班　招生对象为中央直属机关、中央国家机关、国资委机关及其直属单位的局处级干部，国资委监管的中央企业相应级别的领导干部，中共正式党员。学制为两个月。

该班以党的十七大和十七届三中、四中、五中全会精神为指导，坚持马克思主义的立场、观点、方法，根据形势、任务和工作的要求，从战略高度研究我国现阶段经济和社会发展中的有关重大理论和现实问题，并提出研究报告。

二、招生管理

1. 招生方案　各分校（部）从实际出发制定具体招生方案。各班次的招生人数和开学时间由各分校根据各自的实际情况确定。招生人数原则上不少于15人，开学时间不晚于10月15日。

2. 新设班次报批程序　如需新设班次，须按《关于举办中央党校分校班的暂行规定》履行相关审批程序后再进行招生。各分校（部）的招生方案须分别报请中直机关工委、中央国家机关工委、国资委党委和解放军总政治部审定，并报中央党校分校工作办公室核准。

3. 入学资格审查与注册　各分校（部）要严格按照规定对各个班次的学员进行入学资格审查和注册。各分校（部）须在10月25日前将注册后的入学学员名册上报中央党校分校工作办公室审核。

三、其他事项

1. 学员入学须携带《毛泽东选集》、《邓小平文选》、《江泽民文选》，以及《“三个代表”重要思想概论》、《科学发展观》、《加强党的执政能力建设》、《当代世界问题概论》（以上四本为全国干部学习培训教材）。

2. （编者略）

中共中央党校
2011年6月27日
（教务部、办公厅供稿）

制度建设

关于进一步加强中央党校分校教学视听资料管理的规定

中校厅字〔2011〕18号

中央直属机关分校、中央国家机关分校、国务院国有资产监督管理委员会分校、部队分部：

为更好地利用中央党校教学资源，进一步加强中央党校分校教学视听资料管理，经研究决定，特制订本规定。

一、中央党校分校教学视听资料是指中央党校教务部为分校录制（或委托相关部门录制）的各类录音录像资料。

二、中央党校分校教学视听资料的使用范围限于纳入分校序列的所有班次。

三、分校学员在分校或党校班学习期间，须按相关规定和程序，观看和学习教学光盘等视听资料，但不得复制和录音。

四、各分校（部）及承办分校班的单位要指定专人负责教学视听资料的领取、存放、播放等管理事项。对于标有密级的教学视听资料，要按照《中华人民共和国保守国家秘密法》的有关规定进行管理。

五、中央党校每学期提供的分校教学视听资料，未经中央党校分校工作办公室同意，各分校（部）及所属党校班不得在其他学期的分校班次重复使用；也不得放到网上使用。

六、各分校（部）及所属党校班在请有关教师面授时，未经教师本人同意，不得录音录像。

七、任何违反本规定，导致中央党校分校教学视听资料使用范围扩大和流失、造成知识产权纠纷或因泄密触犯国家法律的行为，由分校班承办单位和相关责任人负责。

八、中央党校分校教学视听资料的最终管理权归属中央党校教务部。

九、本规定自下发之日起执行。

中共中央党校办公厅
2011 年 4 月 15 日
（教务部、办公厅供稿）

工作会议

中央直属机关分校召开党校班教学工作会议

1 月 20 日，中央党校中央直属机关分校召开党校班教学工作会议。中央直属机关分校常务副校长周维现，副校长靳伟、于东林出席会议并讲话，中央党校分校工作办公室有关同志出席会议，中央直属机关分校副校长、中央直属机关工委干部教育办公室副主任玉淑君主持会议并简要总结了 2010 年秋季学期干部进修班的教学情况。中央直属机关分校办公室、教务部、培训部和中央办公厅机关党校、国家广电总局党校、新华社党校的相关同志参加了会议。

周维现传达了 2011 年全国党校校长工作会议精神，传达了中央书记处书记、中央办公厅主任、中央直属机关工委书记令计划同志在中央直属机关党的工作会议上的讲话精神，以及中央直属机关工委常务副书记、中央直属机关分校校长孙淦在中央直属机关党的工作会议上的讲话精神和最近几次对分校干部教育培训工作提出的要求。周维现提出，中央直属机关分校及各党校班在今后的教学工作中，要认真学习贯彻落实习近平同志、令计划同志和孙淦同志的讲话精神和要求，进一步增强对中央直属机关工作特点的研究，努力在理论武装、党性修养和推动机关党的建设方面有新的举措、新的收获；要进一步增强紧迫感和危机感，化压力为动力，积极进取，不断创新教育培训内容、形式和方法，推动中央直属机关干部教育培训工作再上新台阶。

靳伟、于东林结合教学工作和新校区建设及教学设施建设情况分别讲话。中央党校分校工作办公室充分肯定了中央直属机关分校和各党校班的办学成绩及好的做法，并就严格执行中央党校教学计划、进一步规范分校教学管理等工作提出要求。国家广电总局党校副校长张朴宽、新华社党校副校长方小翔总结、交流了2010年秋季学期干部进修班的教学管理等方面的情况，中央办公厅机关党校副校长薛向东介绍开办短期培训班的工作体会。中央直属机关分校教务部传达了中央党校2011年第一次教学工作会议精神，通报中央党校在提高理论课教学质量、丰富党性教育内容和形式、严格学员考试制度方面的主要做法，并对2011年春季学期干部进修班教学计划进行了布置。

会上，各党校班之间交流经验，沟通思想，启发思路，达成共识，进一步明确了今后的办学方向和任务。

（摘自《分校工作简报》2011年第1期，中央直属机关分校供稿）

中央国家机关分校召开2011年暑期教学研讨会

8月2日至4日，中央党校中央国家机关分校在黑龙江漠河召开2011年暑期教学研讨会，本次研讨会的主题是“切实抓好办学质量评估，不断提高党校办学质量”。中央国家机关工委副书记俞贵麟出席开幕式并讲话。国家林业局党组成员、副局长、局直属机关党委书记、局党校校长张建龙到会致辞。分校领导、各部门党校的负责同志和教学管理人员近百人参加会议。会议由分校原副校长赵建国主持。大会共收到29个部门党校（班）提交论文35篇。

俞贵麟在开幕式上作了题为“切实抓好办学质量评估，不断提高党校办学质量”的讲话，阐述做好新形势下党校工作、不断提升党校办学质量的重大意义，提出进一步做好党校工作的明确要求。

6家党校（班）的教学管理人员在会上作交流发言，从不同角度探讨分校办学质量评估的特点、应当遵循的基本原则等重要问题。5 个研讨小组就教学质量评估、分校教研室课题研究成果以及科级班办学 3 个议题进行了深入研讨，各研讨小组总结提炼研讨成果并在大会上作了汇报发言。赵建国对会议作了总结。

（摘自《分校工作简报》2011 年第 3 期，中央国家机关分校供稿）

国务院国资委分校召开 2010 年度教学工作总结会

2 月 22 日至 23 日，中央党校国资委分校在中国航天科技集团公司党校召开 2010 年度教学工作总结会。中央党校分校工作办公室、中央党校国资委分校和 17 家企业党校的有关领导及教学管理人员参加会议。

会议传达了习近平同志就干部教育培训工作发表的“三个重要讲话”的主要精神，中央党校常务副校长李景田、国务院国资委主任王勇在有关会议上的重要讲话精神以及中央党校 2011 年第一次教学工作会议的精神。

会议通报了 2010 年中央党校国资委分校教学工作总体情况，提出做好 2011 年国资委分校工作的几点意见。强调要进一步加强党校班的教学和管理，做到主体课不走样、特色课有特色、教学活动配套有效。要充分重视党性锻炼环节，切实把党性锻炼贯穿教学活动的全过程，做到党校姓党。要加强制度建设，从严治校。要善于发现总结教学工作中的亮点，加强沟通，分享经验，在教学和管理方式上积极创新，办出特色。

中央党校分校工作办公室充分肯定国资委分校的教学管理工作，提出创新分校教学管理机制的探索与思考。国资委分校办公室总结了 2010 年所属企业党校班的教学管理工作，部署了国资委分校 2011 年春季班的教学任务和工作要求，提出了《中央党校国资委分校学员管理暂行办法》的讨论意见，并进行在党校学习期间如何搞好党性锻炼的专题培训和研讨。

与会各企业党校认真总结和交流了 2010 年春、秋两季党校班的教学管理经验和教学工作中的亮点。

（摘自《分校工作简报》2011 年第 1 期，国资委分校供稿）

大事记

2月22—23日 中央党校国资委分校在航天科技集团公司党校召开国资委分校2010年度教学总结会。

3月10日 中央国家机关分校召开分校教学工作会议。中央党校教务部副主任冯鹏志出席并讲话。

3月22日 中央直属机关分校举行2011年春季学期开学典礼。中央党校副校长陈宝生、教务部副主任冯鹏志出席开学典礼。

3月28日 中央国家机关分校举行2011年春季学期开学典礼，中央国家机关工委副书记俞贵麟、中央党校副校长李书磊、中组部干教局副巡视员李桂春、中央党校教务部副主任冯鹏志出席，俞贵麟讲话。

4月1日 中央党校教务部副主任冯鹏志、分校工作办公室主任刘君栩到北京国家会计学院对中国注册会计师协会党校班办学情况进行调研。

4月12日 中央党校国资委分校2011年春季直属班举行开学典礼，国资委副主任、中央党校国资委分校校长金阳同志出席并讲话。

5月3日 中央党校办公厅下发《关于进一步加强中央党校分校教学视听资料管理的规定》（中校厅字〔2011〕18号）。

5月3日 中央党校教务部分校工作办公室召开中央党校分校负责人会议。听取各分校2011年春季学期开学以来教学及教学管理的有关情况、存在问题及建议，就拟于2011年7月中旬召开的分校教学管理经验交流会的有关事项以及分校工作办公室起草的《关于进一步加强和改进中央党校分校教学工作若干意见》征求意见和建议，布置分校参加校内有关培训班的有关事项等。

5月24日 中央党校常务副校长李景田，副校长李书磊，校委委员、办公厅主任罗宗毅，教务部主任王东京等到中央直属机关分校检查指导工作。

6月13日 中央国家机关分校国家开发银行党校2011年专题研究班开学。该班围绕“社会主义初级阶段国情下，开发性金融的长期作用”开展专题研究。

7月 杨文玖同志接替赵建国同志任中央党校中央国家机关分校副校长。

9月19日 中央直属机关分校举行2011年秋季学期开学典礼。

10月9日 中央国家机关分校举行2011年秋季学期开学典礼，中央国家机关工委副书记俞贵麟、中央党校副校长李书磊、中组部干教局局长孙学玉、中央党校教务部副主任冯鹏志出席，俞贵麟讲话。

10月17日 部队分部海军干部进修班（第41期）在海军培训中心举行开学典

礼，中央党校副校长李书磊出席开学典礼。

10月18日 中央党校国资委分校举行2011年秋季学期直属班开学典礼。国资委副主任、中央党校国资委分校校长金阳出席并讲话，中央党校教务部副主任冯鹏志出席典礼。

11月11日 中央党校教务部分校办公室召开中央党校分校负责人会议。听取各分校2011年秋季学期开学以来教学及教学管理的有关情况、存在问题及建议，布置11月下旬中央党校分校2011年秋季学期抽查考试的有关事项等。

2012年1月4日 中央党校批复同意中国南方电网有限公司党校列入中央党校国资委分校管理。

2012年1月13日 中央直属机关分校举行2011年直属班秋季学期毕业典礼。

（教务部分校工作办公室、中央党校各分校（部）供稿）

地方党校工作

工作概述

【北京市委党校】 创建于1950年11月，与北京行政学院实行“两块牌子、一个班子”的办学模式；2011年，挂牌北京市委党校市直机关工委党校一分校、北京市委党校市卫生局党校二分校；领导体制为校务委员会负责制，中共北京市委副书记、政法委书记、教育工委书记王安顺兼任校长，日常工作由常务副校长王江渝主持；下设哲学教研部、经济学教研部、政治学教研部、党史教研部、公共管理教研部、工商管理学教研部、法学教研部、社会学教研部、外语教研部等25个处级机构；现有教授22人、副教授48人、硕士研究生导师36人和享受国务院政府特殊津贴专家1人；有一级学科硕士学位授权点4个和二级学科硕士学位授权点27个。

2011年，举办各类研修班、进修班、培训班和专题班80期，培训干部6875人次。其中，常规主体班次有区县局级领导干部一年制研修班、区县局级干部进修班、正处职干部进修班、中青年干部培训班、处级正职公务员任职培训班、公务员初任培训班等，培训干部819人。根据市委安排和受有关部门委托，不定期举办的各种短期专题研讨班和培训班，培训干部6056人。毕业硕士研究生17人取得硕士学位，其中2人考上博士研究生。

教学工作。以“七一”讲话精神和十七届六中全会精神以及国家和北京“十二五”规划为重点开设相关课程，更新教学内容，课程更新率在30%以上，其中部分班次的课程更新率达到46%；采取理论学习与挂职锻炼相结合的方式，在学习与实践有机结合方面进行了积极探索，改进讲授式课程，坚持问题导向，增强教学互动，推进研讨式教学，组织专题小班，加大学员研讨交流力度，完善现场体验式教学，推进情景模拟式教学，加大领导干部上讲堂的力度。

科研工作。获准立项国家社科基金项目1项、北京市社科规划重大项目3项、北京市社科规划一般项目11项、中央党校调研课题5项，组织立项校级调研课题18项、学科建设项目立项20项和全市党校系统科研协作项目24项；协助组织北京市及全国党校系统“纪念中国共产党成立90周年理论研讨会”、国家行政学院“国际行政院校联合2011年年会”等各类征文工作7次，组织校内学术讲坛16期、学术沙龙3期；《新视野》推出的文章继续保持较高摘转率。

学员管理。制定《主体班学员培训考核办法》，在主体班次中开展分层分类考核，督促各项培训纪律严格落实，同时举办趣味运动会等文体活动，丰富学员学习生活，营造良好校园文化氛围。

队伍建设。新招收专业技术人员9人，接收军队转业干部5人，公开招考国家公务员12人；完成年度处级职位竞争上岗，任命（聘任）主任2人、副主任（副处长）7人、五级职员1名、调研员4人、副调研员4人；完成高级专业技术职务评审工作，聘任四级专业技术岗1人、七级专业技术岗5人。

信息化建设。建成可容纳60人规模的应急指挥培训教室，开通虚拟网络系统、学校专属域名的电子邮件系统；初步建成校园智能化安全防范体系；全新改版图书馆网站，安装全文检索服务系统，开通学科导航网上服务，对馆藏英文图书进行数据修正和对古籍图书的清查、整理、编目，建成古籍书目数据库；编印《北京市情数据手册2011》，召开2011年北京市情研究暨市情数据手册编写研讨会。

后勤保障。抓好“综合教学楼”建设，完成旧楼拆除，组织施工图设计、代建、施工和监理单位招标及相关手续办理；完成主楼教室和办公用房改造；完成医务室申报定点医疗机构的工作；校财务决算通过市财政局审核，并获得市财政局通报表扬。

对外交流。组织出访团组11批次、82人，接待团组40批次、168人；举办国际学术讲座或课程培训12次，承担5个外宾、外国学生团组58人次的授课与交流；首次与国防大学防务学院联合举办“跨文化交流主题论坛”，接待外军学员70人次；全年共计接待参观利玛窦墓地的宾客1500人次；与北京出版集团合作出版大型画册《青石存史》。

【天津市委党校】 创建于1949年2月，与天津行政学院实行“一套人马、两块牌子”的办学模式；领导体制为校务委员会负责制，中共中央政治局委员、天津市委书记张高丽兼任校长，日常工作由常务副校长祝宝钟主持；下设哲学教研部、理论经济学教研部、应用经济学教研部、党建教研部、党史教研部、科学社会主义教研部、公共管理教研部、法学教研部、计算机教研部、基础课教研部、党建研究所、经济发展战略研究所等34个处级机构；现有教授25人、副教授63人和享受国务院政府特殊津贴专家3人。

2011年，举办常规班次21期，包括局级领导干部进修班、处级领导干部进修班、优秀中青年干部培训班、处级公务员任职培训班和选调生公务员初任培训班、公务员初任培训班，培训干部1925人；与市委组织部、市委宣传部、市公务员局合作举办专题培训班10期，包括加快转变经济发展方式专题培训班、全市宣传骨干培训班、全市高校哲学社会科学教学科研骨干研修班、全市新任乡镇党委书记培训班、全市区县党校常务副校长培训班、全市党校系统培训管理者培训班、公务员社会管理专题培训班、公务员职业道德专题培训班、公务员局长班、培训干部378人；承担国家公务员局全国公务员对口培训4期，包括科级培训管理者培训班、青海省应急管理专题培训班、广西壮族自治区保税港区建设与管理专题培训班，培训干部176人；接待全国省市党校和行政学院各类培训班次28批次，培训干部2209人。

教学工作。全年制定、修订《教学质量评估办法》、《外请报告的管理规定》、《教师集体备课制度》等13项制度，开设“马克思主义中国化、时代化、大众化”、“学习贯彻党的十七届六中全会精神”、“加快转变经济发展方式、推动经济结构战略性调整”等40余个教学专题，组织高端外请报告15场，完善课题组研究和分小班研修相结合的教学方式，加大自主选学力度，推进津京局级领导干部进修班互访互学活动和学员论坛，创新应急管理培训方法，全面实施情景模拟演练、综合桌面推演等教学方式。

科研工作。申报各类课题161项，获准立项44项，其中国家社科基金项目2项、全国党校系统重点调研课题6项、市社科规划项目29项和市重点调研课题7项；23项课题结项，包括全国党校系统调研课题2项、市社科规划项目6项、市重点调研项目9项和市委宣传部调研课题4项等；在重点报刊发表文章40余篇。

学员管理。编订《进修部培训部规章制度汇编》；班主任全程跟班听课，了解学员动态，及时提供服务，营造“修身、养性、静心、正风”的良好氛围；开展主题拓展教学，培养团队意识和协作精神；实施全员考核，设置入学摸底考试、专题课考试、结业考试，建立学员综合鉴定机制，通过个人总结、班委考评、班主任鉴定、跟踪机制等。

队伍建设。引进博士2名，与全市同步公开招聘4名事业单位通用岗工作人员，公开招考3名参照公务员法管理工作人员，接受1名军转干部；在全校范围内民主推荐6名副处级干部；发展新党员6名，9名预备党员按期转正；举办“2009—2011年新录用人员培训班”，通过脱产培训、师资进修、境外学习等形式培养现有人才近30人次。

管理与保障。规范对二级账户的管理，加强日常财务工作的规划管理，加强内部审计工作，规范“三办”流程，完善安全保密相关制度措施，建章立制加强后勤管理；强化校园网络安全性，丰富充实网络信息资源。

业务指导。举办区县委党校校长研讨班，组织区县党校常务副校长参加中央党校培训班，举办2011年全市党校系统培训管理者培训班，出版《天津党校》报7期。

【河北省委党校】 成立于1949年8月1日，由原冀中、冀南和冀东3个区委党校合并而成；领导体制为校务委员会负责制，中共河北省委副书记车俊兼任校长，日常工作由常务副校长梁志忠主持；下设哲学社会学教研部、经济学教研部、科学社会主义教研部、党史教研部、党的建设教研部、管理学教研部、科技文化教研部、政策法律教研部和河北省发展战略研究所等24个处级机构；现有教授37人、副教授53人，有享受国务院政府特殊津贴专家1人、省突出贡献中青年专家5人、省优秀专业技术人才1人和省社会科学优秀青年专家2人。

2011年，举办计划内班次26期，包括市厅级领导干部进修班、县处级领导干部进修班、加快河北发展与转型专题研讨班、应急能力建设和媒体应对专题研讨班、深化党史研究和加强党的建设专题研讨班、全省党校系统教学管理工作培训班、县处级党外干部进修班、新任乡镇党委书记培训班、全省县（市、区）密码工作分管领导培训班，还首次举办基层干部科学发展和社会管理主题培训班（5期）、基层干部科学发展和社会管理主题师资培训班等，培训干部2954人；举办计划外班次9期，培训干部623人。全年共计培训轮训干部3577人，较前一年增加1104人。

教学工作。调整充实以中国特色社会主义理论体系特别是科学发展观为中心内容的理论教育，及时推进胡锦涛总书记“七一”讲话、党的十七届六中全会、省第八次党代会等马克思主义中国化最新成果进课堂、进头脑，突出河北科学发展重大现实问题研究，开展经济、政治、文化、社会、党建等专题研讨；制定出台《主体班次教学项目管理暂行办法》，实行项目制管理试点工作；开设“公共管理与领导力建设”、“个人修养”等选修内容，推广案例式、体验式、情景模拟式、团队式教学；邀请国内知名专家、学者和领导干部到校作报告31人次，开设肃宁现场教学基地；组织开展全国党校系统首届精品课评选活动、第十二届优秀教学奖和第九届优秀教学组织奖的评奖工作。

科研工作。全年获准立项国家社科项目3项、省社科基金项目12项、省社会科学发展研究课题2项和全国党校系统课题3项；全年出版专著14部、编著2部；在省级以上报刊发表论文（含调研报告）302篇，其中在国家级报刊和核心期刊发表论文64篇；决策咨询研究成果《构建创先争优长效机制的思考》、《努力实现由文化资源大省向文化产业强省的发展转型》得到省领导批示；《推动我省农村土地承包经营权流转的建议》获河北省委、省政府开展的“我为‘十二五’规划献一计”活动金奖；5人参与省第八次党代会报告起草工作，2人参加省发展战略规划等决策咨询工作。

队伍建设。1名教师入选第六批省管优秀专家，3名教师入选2011年度河北省“三三三人才工程”第二层次人选；公开选拔正处级干部8人、副处级干部18人，首次试行拟任处级职务政治理论水平任职资格考试，59人取得资格认证；选派干部教师赴中央党校和浦东干部学院学习培训5人、到中国人民大学访学深造1人，4名处级干部分别参加校内主体班次学习。

机关党建。组织建党90周年庆祝活动的“九个一”项目：学习1本书（《中国共产党历史》第二卷）、举办1次“三项教育”主题讲座、观看1场电影、召开1次庆祝大会、表彰1批优秀共产党员和党务工作者及先进党支部、举办1场歌咏活动、安排1次离退休老职工“追忆光荣历史、畅叙革命传统”茶话会、举行1次宣传理论研讨会、参观1次建党90周年书画摄影展；全年校委中心组集中学习4次，范围扩大到各处室主要负责人，制定《关于校处级干部共同遵守的约法八章》，修订有关党风廉政建设制度；召开全校党员大会，选举产生新一届机关委员会，2个党总支、36个党支部完成了换届工作，集中表彰36名优秀党员、6名优秀党务工作者、6个先进党支部，其中被评为省直机关优秀党员和省直机关优秀党务工作者各1人，1个党支部被评为省直机关先进党支部。

信息化建设。首次召开全省党校系统信息化工作会议和全省党校系统图书馆工作会议，争取省财政信息化建设资金154万元购置校园网交换设备和信息化办公等设备，建立全省省市党校校处级领导干部QQ群，并制定了QQ群管理细则，制作外请报告教学资源片100部，获得2011年度中央党校“远程教学资源征集优秀组织奖”，2部教学资源片获得中央党校“优秀资源片奖”；加强数字化图书馆建设，重点建设学科导航系统和热点信息推送系统，网上点击率和数据下载量逐年递增；试行学科馆员制度，创办《文摘荟萃》，做好参考咨询服务工作。

业务指导工作。召开全省党校校长会议，向全省市级党校印发《关于认真学习省委副书记、省委党校校长赵勇同志在省委党校调研时重要讲话的通知》（冀校字〔2011〕57号）；组织举办全省党校系统第一届精品课评选活动，共评出一等奖1名、二等奖11名、三等奖15名；组织全省党校系统科研项目申报立项工作，共有11所市级党校、28所县级党校参加项目申报，有70项申报项目获准立项。

【山西省委党校】 创建于1949年9月1日，与山西行政学院实施“一套人马、两块牌子”的办学模式；领导体制为校务委员会负责制，日常工作由常务副校长李高山主持；下设哲学教研部、政经教研部、科社教研部、党史教研部、党建教研部、经管教研部、文化基础教研部、法学教研部、公共管理教研部、现代科技教研部、信息网络教研部、省情与发展研究所、现代领导能力训练中心等35个处级机构和忻州分校；现有教授16人、副教授41人和享受国务院特殊津贴专家3人，还有1人被评为2011年全国宣传文化系统“四个一批”人才。

2011年，举办各类班次89期，培训干部12831人。其中，举办省管领导干部进修班（4期）、中青年干部培训班（2期）、省直单位正处级公务员轮训培训班（4期）和对口援疆干部培训班（2期），培训干部665人；承办“十二五”规划暨转型综改试验区领导干部研讨班、全省新任县（市、区）委书记和县（市、区）长培训班、全省乡镇（街道）党委书记培训班等重要班次，培训干部1687人；与省直有关部门、部分市县、国有大中型企业、省外单位合作办班58期，培训干部7035人；干部自主选学培训举办28期，共培训3444人。

教学工作。深化教学改革，坚持分类培训、按需培训，实施教学项目招投标制度，大力推行研究式教学，综合运用讲授式、案例式、现场体验式、情景模拟等教学方式，“2+1”课堂互动教学成为教学常态，并在全国党校系统推广。

科研工作。全年获准立项国家社科基金项目3项、中国博士后科学基金资助项目2项、全国党校系统重点课题3项、省社科规划课题10项、省软科学课题7项和省社科联重点课题2项，结项国家社科基金项目1项和省政府重大决策咨询课题2项，获全省第九届精神文明建设“五个一工程”奖（论文）2项，获全省社科“百部（篇）工程”奖一等奖2项、二等奖3项和三等奖3项；调研报告《产煤区农民用煤难》、《推进山西综改试验区建设的七条建议》、《深化我省集体林权制度改革的建议》、《新任县委书记、县长的所感、所思、所忧和所盼》得到袁纯清书记、王君省长等省领导的批示；在省以上党报党刊发表文章13篇，其中《转型跨越发展是科学发展观在山西的生动实践》和《敢想敢干，先行先试——推进转型综改试验区建设应有的思想观念和精神状态》分别发表在2011年2月14日和4月25日的《山西日报》，在国内重点报刊发表文章20余篇，有的被《新华文摘》、《中国社会科学文摘》等转载和介绍，《理论探索》进入中文社会科学引文索引（CSSCI）来源期刊。

队伍建设。采用“推荐+考试+个人基本条件加分”的办法选拔干部，实行量化打分办法评定职称；安排9批次42名教研人员到中央党校、国家行政学院、井冈山干部学院、延安干部学院、北京大学等院校进修培训，组织部分教研人员赴德国、丹麦、法国、美国、朝鲜等国家参加专项培训和学术交流，安排6名教师到县和企业挂职。

党风廉政建设。校委中心组坚持每月一次集体学习，全校坚持每月一次学习报告会，每年一至两次理论学习考试，处级干部跟随主体班学习；校委带头改进作风，制定和实施以跟班听课、到职工和学员食堂吃饭、到单位澡堂洗澡等为主要内容的转变作风的8项规定；有关建设学习型校院的情况在全省介绍交流，上报中宣部，在《山西日报》（2011年2月4日）、《新华网》、《中央党校理论网》等媒体报道。

校园建设。完成办公楼节能改造、读书楼综合改造和校园道路、地下管网、弱电照明的改造重建，10余万平米的危房改造工程主体封顶；编报完成校“十二五”基本建设规划，校园东北角土地问题基本解决，被省市相关部门评为“中博会‘迎创争’活动先进单位”、“节能减排先进单位”、“省直单位房地产管理工作先进单位”、“平安标兵单位”等荣誉称号。

业务指导。召开全省党校校长（行政学院院长）会议，举办全省县（市、区）行政学校常务副校长培训班，组织市县党校行政学院负责同志到中央党校、国家行政学院参加培训，促成省委干部教育工作领导组对全省干部教育培训和党校行政学院工作的督察调研。

【内蒙古自治区委党校】 成立于1948年，与内蒙古自治区行政学院实行“一套机构，两块牌子”的办学模式；领导体制为校务委员会负责制，中共内蒙古自治区党委副书记、自治区政协主席任亚平兼任校长，2011年11月1日起，中共内蒙古自治区党委副书记李佳兼任校长，日常工作由常务副校长杨飞云主持；下设哲学教研部、经济学教研部、政治学教研部、党史党建教研部、公共管理教研部、民族理论教研部、法学教研部、社会管理和文化教研部、马列主义毛泽东思想研究所、民族理论和民族政策研究所、法学研究所、内蒙古社会发展研究所和内蒙古区情研究所等23个处级机构；现有教授24人、副教授50人。

2011年，举办主体班次26个，包括

全区盟市厅局主要领导干部专题研讨班、盟市厅局级干部“十二五”规划专题研讨班、盟市厅局级干部进修班、中青年干部培训班、乡镇党委书记培训班、党校系统师资培训班、企业经营管理者培训班、选调生岗前培训班、全区新任职领导干部培训班、自治区直属机关处级公务员培训班、盟市处级公务员培训班、新任处级公务员培训班、副旗县长“十二五”规划专题研讨班等，培训干部1643人次；与自治区工会等部门合作办班12个，培训干部664人；举办干部自主选学培训班17个，培训干部1644人。

教学工作。制定《内蒙古党校（内蒙古行政学院）教学管理制度》、《内蒙古党校（内蒙古行政学院）教学课时量及津贴计算办法》、《内蒙古党校、内蒙古行政学院教学奖励办法》等制度；突出抓好马克思主义理论教育和党性教育，开发特色课程，重点加强理论基础、世界眼光、战略思维、党性修养四个方面内容的教育培训，开设专题162个，其中新专题65个；邀请区内外专家、学者和自治区相关业务部门领导来校授课、作报告44次，安排学员到福建等地学习经济发达地区的发展经验、到鄂尔多斯市、巴彦淖尔市、包头市等地进行调研；坚持按需施教，引进现代教学方法，采用多种讲授、互动、案例、情景模拟、现场教学、警示教育等教学方式，探索使用“桌面推演”等教学方式。

学科建设。重点建设以中国特色社会主义理论体系为主的马克思主义理论学科，建设适应理论基础、世界眼光、战略思维、党性修养四个方面要求的特色学科，打造党史党建、民族理论与民族政策等优势学科，培育文化建设、社会管理、应急管理等新兴学科。

科研工作。全年获准立项国家社科基金西部项目4项、全国党校系统2011年度课题5项、自治区社科规划项目2项、自治区社会科学联合会课题2项；完成国家社科基金项目1项、全国党校系统项目2项、发改委委托项目1项、自治区软科学项目1项、厅局级委托项目7项、中韩协作项目1项，完成全区党校系统2010—2011年度课题成果结项评审工作；出版著作5部、教材7部，发表文章172篇，完成调研报告8篇，为自治区领导编发《区情研究报告》2期。

学员管理。与组织部密切配合，完善学员管理制度，加强学习考核，强化入学教育和考勤工作，推进学员自我管理和民主管理，努力为学员营造和谐的学习和生活环境。

队伍建设。组织实施事业序列岗位设置和聘用工作，面向全国公开招聘1名博士，新入选“新世纪321人才工程”3人；继续深入开展创先争优活动，党风廉政和反腐败工作稳步推进。

基础设施建设。继续对校区部分建筑工程进行善后和维修，新建职工住宅楼工程基本结束。

业务指导。抓好全区党校校长暨行政学院院长会议精神贯彻落实，及时收录整理编印《全国全区党校校长和行政学院院长会议文件汇编》，配合中央党校对基层党校工作开展调研。

【辽宁省委党校】 创建于1946年，前身是中共中央东北局党校、中共中央第一中级党校，中共中央第一中级党校于1957年与辽宁省初级党校合并，统称为中共辽宁省委党校；领导体制为校务委员会负责制，中共辽宁省委副书记陈希兼任校长，日常工作由常务副校长于言良主持；下设哲学教研部、经济学教研部、政治学教研部、党史教研部、党建教研部、工商管理教研部、法学教研部、基础教研部、公共管理教研部、省情研究所等25个处级部门；现有教授39人、副教授30人、硕士研究生导师19人和享受国务院政府特殊津贴专家2人；2004年，被国务院学位委员会批准为硕士学位授予单位，现有二级学科专业授权点4个。

2011年，举办各类主体班次48个，培训干部3994人次。其中，举办学习贯彻辽宁省第十一次党代会精神研究班（2期），培训市厅级主要领导干部和县（市）区委书记206人次，是历年培训层次最高的专题研究班；举办进修班有市厅级领导干部进修班（2期）、省直处级干部进修班、县区党政主要领导干部进修班、市直综合部门正职领导干部进修班（2期）、乡镇党委书记进修班；举办培训班有中青年干部培训班（2期），出国培训归国学员培训班（2期），全省文化产业负责人培训班（2期），省属企业经营管理人员培训班（3期），县（区）委组织部副部长培训班，地税系统领导干部培训班，县处级团干部培训班、女干部培训班，新疆塔城地区组工干部理论培训班，新疆塔城地区中青年县处级后备干部培训班，“推动科学发展，创新社会管理”培训轮训班（6期），辽宁省青年干部培训班，组织系统网宣员培训班，辽宁省选聘到村任职优秀高校毕业生培训班，全省百强非公有制企业和党建工作示范点党组织书记培训班等。

教学工作。全年共开设专题课141个，其中更新专题43个，教学专题更新改造率达到30.49%；开设马克思主义经典著作课程，专门讲授《资本论》、《共产党宣言》、《费尔巴哈论》等经典著作，开设“深化文化体制改革，实现文化大发展大繁荣”教学专题，将辽宁省第十一次党代会精神体现到所有教学专题中，开设知识讲座和自主选学课；编写省情教材《辽宁省情概论》，在各班次教学中使用；聘请省委、省政府领导和各部门主要负责同志每周来学校作报告；在绍兴建立了省外培训基地。改进教学评估方法，由每周评估改为每日评估；在进修班开展以党性修养和党性锻炼为主题的模块式教学，在中青班开展当一回兵、当一次农民、读一本书、进行一次拓展训练、一次环保公益活动、一次革命传统教育和一次警示教育等。

学科建设。制定出台《关于加强学科建设的意见（试行）》、《省委党校学科建设规划（2011—2015）》；根据《省委党校首批学科带头人、学科骨干遴选及管理办法》，首次聘任4名学科带头人，32名学科骨干。

科研工作。获准立项国家社科基金重点项目1项、一般项目5项，中标中央党校课题5项、省社科基金规划课题18项、省社科联课题4项；在重要报刊上发表文章94篇；研究报告《深入开展“真相”史料的相关研究和应用》得到中共中央政治局常委李长春同志的批示，《辽宁特色产业基地建设与优势产业发展研究》和《关于显著提高我省人民生活质量和水平的问题研究》分别得到王珉书记、陈政高省长的批示，13项科研成果被省委、省政府和相关部门决策时采用；积极参与省十一次党代会报告调研起草工作，承担调研课题4项，其中1项由省委党校牵头主持，1人被聘为省“十二五”规划起草组成员；与沈阳经济区战略中的鞍山市和突破辽西北战略中的阜新市签订战略合作框架协议，设立9项调研课题、39项子课题，课题研究已取得阶段性成果28项。

学员管理。严格执行学员管理相关制度，加强学员日常学习和出勤管理，对学员请销假情况实行每周报告制度；成立专门的检查组，每周对学员的出勤情况进行抽查，并在学员宿舍楼、教学楼的显著位置公布每天各班次的学员出勤情况，学员到课率普遍达到90%以上，平均达到95%。

队伍建设。重新修订《专业技术人员业绩量化办法》，出台《省委党校首批学科带头人、学科骨干遴选及管理暂行办法》、《关于教研人员进入博士后流动站工作的暂行办法》、《省委党校中层干部竞争上岗工作暂行办法》、《关于进一步加强青年干部队伍建设的若干意见》、《关于进一步规范辽宁省党校系统专业技术资格评审工作的若干意见》等规章制度；选派13人到省直机关和沈阳市、鞍山市有关部门挂职锻炼，12名青年教师任主体班副班主任。

校风建设。实行校委每周例会制度和各部门每周例会制度，校领导带头并要求中层干部和教研人员坚持与学员一起听周五大报告，带头搞科研、省情调研，撰写调研报告；深入开展创先争优活动，认真落实党风廉政建设责任制和《行政权力运行流程图》，在全校开展机关作风大家评活动；起草《省委党校校园文化建设实施意见》，开展纪念建党90周年系列活动。

基础设施建设。新学员大厦——辽兴大厦建成并投入使用，“省委党校数字图书馆一期工程暨省委党校图书馆特色资源库建设”项目主体已经建成，对9号学员楼和教室、校园地下管网、校内路面、供暖设施、东大门等进行改造，完成综合用房建设及设备的安装调试，实行社会化供暖，引进专业公司承担校内的客房服务、卫生保洁、设备维修、安全保卫等工作。

【吉林省委党校】 创建于1948年5月，与吉林省行政学院实行“一套机构、两块牌子”的办学模式；领导体制为校务委员会负责制，中共吉林省委副书记巴音朝鲁兼任校长，日常工作由常务副校长李小平主持；下设哲学教研部、经济学教研部、政治学教研部、党史党建教研部、法学教研部、社会学教研部、公共管理教研部、工商管理教研部、现代科技和基础教研部、马克思主义理论研究所、经济与社会发展战略研究所和省行政科学研究所等26个处级机构；现有教授46人、副教授51人和省突出贡献中青年专家1人；1990年被国务院学位委员会批准硕士授予单位，现有一级学科专业授权点1个、二级学科专业授权点8个。

2011年，举办各类进修班、培训班和自主选学专题班92个，培训领导干部和公务员5281人次。首次集中开办妇女干部培训班4期，培训干部172人；配合省直有关部门举办高端讲坛4期、公务员大讲堂5期。13名硕士研究生毕业，并取得硕士学位。

教学工作。坚持“三个教育、一个培养”的课程体系，即以中国特色社会主义理论体系为中心进行理论教育，以吉林省委、省政府重大决策部署特别是吉林省“十二五”规划各项目标为中心开展省情教育，以党的宗旨、公仆精神、道德情操、拒腐防变、党的优良传统为主要内容进行党性教育，研发应急管理培训理论课程10门、实践课程4门；将胡锦涛“七一”重要讲话精神、十七届六中全会精神和国防教育、保密教育、禁毒教育充实到教学之中，派出教师46人次分赴6所下级党校进行援教。

学科建设。政治学学科获批为硕士学位授权一级学科点和吉林省“十二五”省级重点优势特色学科，增设政治社会学、宪政与法治2个二级学科，使省委党校硕士学位授权学科由3个增加到8个，并开始招收硕士研究生。

科研工作。全年组织项目申报245项，立项177项，其中省部级15项；结项192项，其中省部级30项；获省级以上优秀奖27项，通过各类评选，实施科研奖励400余项；出版学术专著3部，在重要报刊发表科研成果23篇，在《吉林日报》、《新长征》发表研究吉林问题论文68篇；联合吉林大学、东北师范大学召开学习贯彻十七届六中全会精神理论座谈会。

学员管理。制订带班管理工作方案，实行工作日报制、班主任工作日制；对重点班次学员实行全日制、精细化管理，对学员的听课率、请假次数、请假总量都实行量化控制；把学员参加培训的各方面表现量化为相应的学分分值，由班主任按照出勤情况、学习表现、研讨考察情况、党性锻炼等做出评价；学员结业时，每个学员的《考核纪实》和《考核登记表》按管理权限送交相应的组织人事部门。

队伍建设。实施“名师培养工程”，制定《名师培养工程科研配套措施》，从科研立项、学术研讨、奖励评定等7个方面给予支持；举办教学观摩大赛、学习“十二五”规划学术论坛、纪念建党90周年理论研讨会、纪念辛亥革命100周年学术论坛，安排到下级党校援教，开办实用英语培训班，开展“重走抗联路”党性教育实践活动；安排6名教师到北京大学、中国人民大学做访问学者，组织26人到沿边沿海地区学习考察，15人到韩国交流研讨。

【黑龙江省委党校】 创建于1948年，与黑龙江省行政学院实行“两块牌子、一个办学实体”的办学模式；领导体制为校务委员会负责制，中共黑龙江省委常委、组织部长徐泽洲兼任校长，日常工作由常务副校长马志勇主持；下设哲学教研部、经济学教研部、政治学教研部、中共党史党建教研部、领导科学教研部、社会与文化教研部、公共管理教研部、法学教研部、基础教研部和经济社会发展战略研究中心等30个处级机构，还被确定为黑龙江省应用经济学研究基地和省委党风廉政教育基地；现有教授51人、副教授38人、硕士研究生导师19人、享受国务院政府特殊津贴专家2人、享受省政府特殊津贴7人和黑龙江省中青年专家3人；拥有硕士学位授予点6个。

2011年，举办各类班次41个，培训干部2901人。其中，主体班有中青年干部培训班（2期）51人、新任副厅级干部培训班（1期）70人、全省党校系统师资培训班（2期）73人；首次举办对口援疆地区干部培训班41人，对口援藏地区干部培训班44人，乡镇党委书记进修班31人，正处级干部进修班250人，少数民族干部进修班32人，女处级干部进修班91人，哲学社会科学教学科研骨干研修班357人，全省党校（行政学院）系统师资培训班73人，全省学习贯彻党的十七届六中全会和省委十届十八次全会精神理论宣讲骨干培训班337人，全省市（地）县（市、区）街道纪工委书记培训班187人，高校处级干部进修班48人、东部煤电化专题培训班59人、重点园区暨哈大齐建设专题培训班69人，与北京大学联办深入学习“七一”讲话精神暨创新社会管理高级研修班60人、与省纪委联办“提高制度执行力”专题研修班52人、与省工商局联办全省工商系统青年干部培训班39人、与大庆市委联办大庆市新任处级领导干部培训班38人、与肇源县委联办省委党校培训班82人、与宝清县委联办宝清县委宣传部领导干部培训班18人等。17名硕士研究生毕业，并取得硕士学位。

教学工作。深入学习以中国特色社会主义理论体系为核心的理论教育课程，认真贯彻党的十七届五中全会精神；下半年重点学习胡锦涛“七一”重要讲话精神，党的十七届六中全会精神，专门设置了“中国特色社会主义理论与胡锦涛同志‘七一’重要讲话精神学习与研讨”单元，组织学员听取党的十七届六中全会精神辅导报告；增设了关于社会管理内容的新专题和全省“八大经济区”和“十大工程”建设相关专题；举办教学竞赛，获奖选题纳入主体班专题库或自主选学专题库，获奖教师可在主体班授课；制定并实施《关于精品课评选试行办法》，开展了精品课评选活动，评选出5个校级精品课纳入到自主选学专题库，评估效果一般的专题或学员较少选择的专题从自主选学专题库中剔除；组织教学案例评审入库，评选出6个教学案例，收入主体班教学案例库；修改教学评估制度，评估表由原来的一种样式改为讲授式和案例式两种样式，调整主体班优秀教学奖评奖标准，并把原来年终评选一次改为每半年评选一次，适当提高各等级奖项的奖励标准，规定下班指导教师不参加所指导班级的优秀教学奖的推荐评选；起草《建立现场教学基地的实施办法》，与大庆干部学院、海林市委、市政府等单位签订建立现场教学基地协议书。

学科建设。制定《省委党校2011—2015年学科建设五年规划》。

科研工作。全年获准立项国家社科基金项目6项、中央党校重点课题6项和省重大决策咨询项目及省社科规划项目11项；结项国家社科基金项目5项、中央党校重点课题2项和省社科项目3项；出版学术著作14部，发表学术论文265篇，其中一类论文4篇，二类论文（含CSSCI期刊）42篇，全国中文核心期刊论文11篇；举办全省党校系统纪念中国共产党成立90周年理论研讨会和领导科学发展30年理论研讨会，12篇论文入选省部级纪念中国共产党成立90周年重大理论研讨会；获省哲学社会科学规划工作先进单位。

学员管理。制定《组织员（班主任）工作规定》、《组织员（班主任）工作职责与工作流程》、《党性教育工作要点》，修订《关于严禁组织员（班主任）参加学员吃请的规定》、《学员管理办法》、《关于在学员中开展爱读书、读好书、善读书活动的通知》等规章制度；引导学员自我教育、自我管理、自我提高，以丰富多彩的党性教育、廉政教育等活动来发挥“熔炉”的作用，创建学员讲坛、学员论坛、课外读书等平台，调动学员自主学习积极性，引导学员相互学习、借鉴、促进和提高。

机构和队伍。制定出台《“十二五”发展规划》，对处级机构进行调整，合并2个、更名5个、职能调整1个，成立社会与文化教研部；出台《处、科级干部最高任职年龄暂行规定》，10名处级干部退出岗位，提拔正处长5名、正处级调研员5名，干部交流6名；选派教师参加中央党校、国家行政学院培训20人，挂职和跟班锻炼22人，境外培训12人，参加哲学社会科学骨干师资班12人、初任公务员培训班8人、专业技术人员知识更新培训10人，校内举办各类培训班次6个，培训在职职工400多人次。

机关党建。编制出台《关于加强校、处两级领导班子自身建设的意见》等，开展“作风建设年”、“管理提升年”、“创新发展年”活动，聘请专家为全校党员干部作党史二卷学习报告会，组织召开校（院）读书心得体会交流会，全校30个党支部的37名同志参加了学习交流；开展“创先争优”活动，表彰7个先进党支部、8名优秀党务工作者、43名优秀党员；成立“百名教授合唱团”，取得省直机关“红歌大赛”三等奖；举办“讲学习，强素质，促发展”主题演讲比赛、“庆祝建党90周年光辉的历程文艺汇演”和“纪念建党90周年理论研讨会”，其中2篇论文获得省委、省政府奖励。

信息化建设。完成中央党校远程教学资源征集工作，并获优秀组织奖；完成校（院）教职工计算机网络知识及应用软件培训工作，派出5名授课人员培训教职工260人次，完成情景模拟教学环境改善工作；争取国家行政学院支持，免费建立人民公仆网在线学习平台黑龙江虚拟平台，在资源共享平台中点播课程。

【上海市委党校】 创建于1949年6月，与上海行政学院实行“两块牌子、一个办学实体”的办学模式；领导体制为校务委员会负责制，中共上海市委常委、市委组织部部长沈红光任校长，日常工作由常务副校长吕贵主持；下设哲学教研部、经济学教研部、科学社会主义教研部、党史党建教研部、公共管理学教研部、社会学教研部等25个处级机构；现有教授31人、副教授43人、硕士研究生导师50人、享受国务院政府特殊津贴专家5人和上海市领军人才2人；拥有2个硕士学位授权一级学科点和7个硕士学位授权二级学科点。

2011年，首次举办科学发展主题培训示范班暨干教系统干部培训班、共青团干部党性教育专题培训班、市级机关系统年轻党员党史教育专题学习班、中共党史专题研修班、学习“七一”讲话精神专题研修班、新时期基层党建实训班、上海市乡镇党委书记培训班等26期，培训干部3776人次；举办常规主体班次有领导干部进修班、中青班干部培训班、党政机关正处级干部轮训班24期，培训干部1194人次；举办专题培训班有十七届六中全会精神专题学习班、社会风险与社会管理专题研修班、“创新驱动、转型发展”专题研修班、社会管理创新专题研修班等29期，培训干部1123人受有关部门委托，举办科技系统市属单位所长、党委书记“创新驱动、转型发展”专题研修班、上海市保密业务知识培训班、上海青年高技能人才学习班等班次46期，培训干部5381人。

教学工作。全年新开发23门课程，增加了党外中青班、司法局系统中青班、市发改委中青班学习马克思主义经典著作的内容，在党校新进教研人员培训班开设了专门的马克思主义经典著作学习单元，组织青年教师系统学习马克思主义经典著作，并赴江苏、南京、山东等地学习外校马克思主义著作教学方法和经验；结合区县党校主体班培训大纲修订，对区县党校中青班的马克思主义经典著作学习提出指导性意见；成立党性教育工作室，组织专门力量研究党校党性教育的特点和规律，对第42期中青班党性教育单元实施“3+1”的教学模块，即理想信念教育、宗旨意识教育、反腐倡廉教育加学员个人党性分析；会同市委组织部、团市委举办了为期1个月的共青团干部党性教育专题培训班，在各班次突出国家与上海“十二五”规划、建党90周年、“七一”讲话和十七届六中全会等教学内容，特别是在建党90周年前后，加强了各主体班次的党史教育。案例教学实现主体班次全覆盖，组织专业教师指导学员修订自带案例，通过校内评审案例19篇；在领导干部进修班、党外中青班引入研讨式教学，安排不同学科的教师就学员学习中的热点难点问题进行直接对话，加大课堂讨论力度，延长讨论时间，教学督导组对学员论坛、小组讨论进行专项督导。外请教师授课500人次，授课量占全部教学工作量的23.3%；领导干部到党校作报告、授课、与学员座谈制度得到执行，市领导到校作报告、授课或出席开班、结业活动20人次。召开市委党校异地现场教学经验交流会，开发杭州（阿里巴巴）、义乌、安吉、无锡、如皋5个现场教学点，增加市能源馆、闵行区联动中心等教学点，现场教学从一般的参观考察到研究型教学转型。召开全市党校系统专题课教学竞赛，12位教师获得年度教学优秀奖和青年教师创优奖。

学科建设。获得政治学和马克思主义理论硕士学位授权一级学科点2个；出台《上海市委党校2011—2015年学科建设和科研工作实施规划》和《上海市委党校2011—2015年决策咨询研究工作实施规划》，对经济学教研部的“国际化视野下现代服务业发展的一般规律及上海发展现代服务业的途径与策略研究”、测评中心的“领导人才潜能开发研究”和社会学教研部的“城市社区研究”3个聚焦研究领域进行了调研，9个聚焦研究领域的第一轮调研全部结束。

科研工作。获准立项国家社科基金项目7项，其中重点课题1项；在权威期刊、核心期刊分别发表论文15篇和202篇，《深化对党执政规律的认识》发表在《光明日报》（2011年3月24日），《特殊矛盾优先论：当代马克思主义创新经验的路线图》、《农民工市民化：破局体制的“顶层设计”》、《实际经济周期理论的非“实际”化发展》被《新华文摘》全文转载，被人大《复印报刊资料》、《高校文科学术文摘》等转载30篇，在《光明日报》（2011

年3月29日）刊登的人大《复印报刊资料》转载学术论文指数排名中名列干部类院校第三；出版各类学术著作20部、论文集4部，其中4部著作入选市社联组织出版的“纪念中国共产党成立90周年系列丛书”。承担的上海市委常委会定向委托课题获中共中央政治局委员、上海市委书记俞正声肯定。组织教师参加上海市委宣传部组织的“学习十七届六中全会精神座谈会”、“上海市社联学术年会·马克思主义研究专场”、“全国党校系统纪念建党90周年研讨会”和“上海市社会科学界学术年会”等作学术交流。

队伍建设。制定《青年英才培养计划》、《教研骨干培养计划》、《名师（名家）培养计划》，完成全部在职事业编制人员的岗位聘任工作和2007年7月后退休人员的岗位认定工作，评审出教授3名、副教授11名，1位上海市领军人才中期考核达到优秀；聘任客座教授34名、名誉教授7名、学术顾问6名、决咨顾问6名、兼职教授86名，招聘博士4名。安排第六批4名教研人员分别到徐汇区、闵行区挂职锻炼1年，安排5位新进校教师到学员工作处实习、参加党校系统新进教研人员培训班，并与带教导师签署带教责任书，选派9名教研人员分别参加国家3所干部学院等举办的师资培训班；举办首期教师教学能力建设高级研修班，组织党校系统21名（其中市委党校4名）高级职务教研人员参加2011年上海市哲学社会科学教学科研骨干研修班。

信息化建设。重点推进海华大厦多媒体应用系统建设，成立实训保障中心，应急管理实训室和媒体沟通实训室全年开展培训75次，培训学员3466人次，金融运行、心理调适两个新的实训室建设已经完成课程设计、设备采购、软件开发等基础性工作；完成市委组织部远程教学课程24个（50小时），送交中央党校优秀课程6个（14小时），为校内网络课程库新增课程32个，研究生管理系统开发完成并上线试用；完成校院一卡通系统部分设备交接和项目验收，实施异地借还项目（一期）的9家单位回访和项目验收，自助借还机和多媒体读报机已上线应用；举办主题为“科学发展·智慧校院”的2011年华东地区党校、行政学院信息化和图书馆科学发展合作会议，推进上海网络党校的应用和后续建设，共有16所党校接入系统。

国际交流与合作。2011年，组织外事出访18批75人（其中党校系统13人），接待来访35批288人次，其中副部级以上17人。举办多场双边和多边国际学术研讨会，来自十几个国家的近40位国外专家学者参会；派出青年教师18人赴美国乔治亚大学接受培训、8人到美国哈佛大学等院校作访问学者、10人参加国际会议，安排市党校系统的领导和教师13人参加本校组织的出国考察团和教师培训团；与哈佛大学肯尼迪政府学院联合举办了中美现代公共管理高级研修班，与意大利福尔美兹行政学院举办突发事件应对与媒体沟通能力专题研修班；邀请美国乔治亚大学副校长一行10人来校为学员就政府管理、危机管理和社会管理等专题讲学，新加坡国立大学、瑞士日内瓦大学、德国达姆施塔特工业大学教授和意大利公共管理与创新部部长布鲁内塔教授应邀分别为学员作报告；与加拿大道格拉斯学院续签了合作协议，与俄罗斯西北公共行政学院签署合作备忘录。

【江苏省委党校】 前身是创办于1925年底的中共江浙区委党校，1953年1月，由苏南区委党校、苏北区委党校和南京干部学校合并成立江苏省委党校；与江苏省行政学院实行“两块牌子、一套办事机构”的办学模式；2000年9月，省级机关工委党校、省级机关管理干部学院和省青年管理干部学院正式并入党校，2006年10月在原昆山市委党校基础上，挂牌成立中共江苏省委党校昆山分校和省行政学院昆山分院；领导体制为校务委员会负责制，中共江苏省委常委、组织部长王国生兼任校长，日常工作由常务副校长黄文虎主持；下设哲学教研部、经济学教研部、科学社会主义教研部、党史党建教研部、工商管理教研部、行政学教研部、社会学教研部、法政教研部、世界经济和政治教研部、现代科技教研部、基础学教研部和经济社会发展研究所等28个处级机构；现有教授59人、副教授74人，有享受国务院政府特殊津贴专家4人、省突出贡献中青年专家7人；拥有硕士学位授权点14个。

2011年，举办各类班次90个，培训干部6000余人。其中，举办常规主体班次和专题研修班27个，培训轮训学员1997人；与部门联合举办各类培训班30余个，培训学员2000余人。毕业硕士研究生38人取得硕士学位。此外，昆山分校举办各类培训班30个，培训学员1686人次。

教学工作。新开设《资本论》、《共产党宣言》等马列经典原著导读专题和“中国共产党九十年的奋斗历程与基本经验”等党史教育专题，开设“保持江苏经济平稳较快发展研究”、“推进经济结构调整与增强自主创新能力研究”等专题，开发一批体现时代特征、党校特色、江苏特色的课程；举办10场高层次报告会，邀请中央党史研究室、省领导、国内外知名专家学者作专题报告；实施精品课建设工程，在全国党校系统精品课评选中，《路德维希·费尔巴哈和德国古典哲学的终结》名列第一；举办案例式论坛，安排案例教学板块，实现每个主体班次都开设案例教学课程。安排教师就“问责官员的复出”专题赴市县党校进行案例教学示范；推进互动式教学，要求教师每堂课留出20分钟时间与学员互动；召开第七次全省党校系统教学工作会议，举行全省党校（院）系统教学观摩研讨会和全校性教学观摩活动。

学科建设。理论经济学、政治学、社会学3个学科获得硕士学位授权一级学科，政治学、理论经济学、公共管理3个学科被省教育厅确立为“十二五”一级学科省重点（培育）学科；召开学科建设工作座谈会，起草“十二五”科研与学科建设发展规划，初步确定自主设置5个二级学科。

科研工作。获准立项国家社科基金一般项目5项、重点项目1项，获得省政府重大招标课题2项、省社科基金项目8项、省软科学课题4项和中国博士后科学基金特别资助项目1项，共获得国家社科基金项目和省教育厅项目的资助经费175万元；结项国家社科基金项目3项、国家行政学院科研合作基金项目3项，第二次（连续两届）被评为江苏社科基金管理先进单位；受中国行政体制改革研究会委托，承担《阳光政府建设调查》子课题研究任务，承担省社科联、省委宣传部重大工程课题

《科学发展，幸福江苏》中“党建创新，提升党对现代化建设的领导力”和“深化改革，凝聚两个率先的强大合力”两章的撰写工作，完成省委宣传部重点课题《增强先进文化凝聚力引领力》的研究；围绕“三农”问题成立调研小组，深入乡镇驻点调研；省委党校的“江苏党的建设研究基地”被批准为江苏省决策咨询研究基地，是继2008年获得江苏省哲学社会科学研究基地后的第二个省级研究基地；组织第五届全省党校系统科研协作会暨2010年度调研成果研讨会、江苏省党校系统党史党建学界纪念中国共产党成立九十周年暨学科建设研讨会和全省党校系统纪念建党90周年理论研讨会；《唯实》栏目改造，提升质量，《江苏行政学院学报》社会影响进一步扩大。

学员管理。对学员学习、考勤、班级研讨、党性教育等强化量化考核，组织学员到雨花台烈士陵园等地接受革命传统教育，开展党性分析活动；组织学员参加太极拳、乒乓球比赛等文体活动丰富校园文化生活；组织“如何当好班主任”专题研讨会，摸索管理新路子。

机关党建。召开校委会、校委中心组专题学习会和全校处以上干部学习会、专家讲授座谈会，及时传达学习党的十七届六中全会、省委十一届十二次全会和省第十二次党代会精神，把会议精神纳入主体班课程体系、作为科研和决策咨询的重点；选派专家学者参加省委宣讲团，分赴全省各市、县进行宣讲；组织学习胡锦涛总书记建党90周年大会讲话，举办党史教育报告会、理论研讨会、庆祝和表彰大会、征文竞赛和专题文艺汇演等“五个一”系列活动。

校园建设。召开新校区建设和搬迁工作总结表彰大会，完成新校区改扩建工程和校址搬迁工作，新校区正式投入使用。

【浙江省委党校】 创建于1949年9月24日，与浙江行政学院实行“两块牌子、一套班子”的办学模式；领导体制为校务委员会负责制，中共浙江省委常委、组织部长蔡奇担任校长，日常工作由常务副校长沈立江主持；下设哲学教研部、经济学教研部、政治学（科学社会主义）教研部、党史党建教研部、公共管理教研部、工商管理教研部、法学教研部、社会学文化学教研部、外语教研部、软科学研究所等27个处级机构和机关党委（纪委、工会、团委）；现有教授28人、副教授57人，有享受国务院政府特殊津贴专家7人、省特级专家1人、省宣传文化系统“五个一批”人才6人和省有突出贡献中青年专家4人；1993年12月被国务院学位委员会批准为硕士学位授予权单位，拥有一级学科硕士学位点5个、硕士学位二级学科授权点16个。

2011年，举办主体班次40期，包括厅局级领导干部进修班、乡镇党委书记进修班、中青年干部培训班、处级公务员任职班、女领导干部培训班、全省宣传部长培训班、公务员对口培训班、公务员初任培训班、全省党校校长培训班等，培训干部4119人；省委、省政府和有关职能部门在党校举办的专题研讨班有：社会管理创新专题研讨班、“小城市培育”专题研讨班、卫生体制专题研讨班、省党代表加强和创新社会管理专题研讨班、浙江金融工作专题研讨班、“加快节能降耗、走新型工业化道路、促进浙江省可持续发展”专题研讨班共6期，培训干部706人。此外，还举办了浙江省第七批援疆干部人才培训班、新疆阿克苏地区和农一师中青年干部培训班、全省大学生村主职干部培训班、2011年浙江“千人计划”创业人才培训班、省级“双重管理”企业党组织书记加强和创新社会管理培训班等5期，培训干部645人。19名硕士研究生毕业，并取得硕士学位。

教学工作。及时把胡锦涛总书记“七一”重要讲话，十七届五中、六中全会及省委十二届八次、九次、十次全会精神贯穿于教学工作；突出“贯彻落实‘十二五’规划、推动浙江经济转型升级”这一主线，设计了社会管理创新、生态文明、海洋经济、文化强省等教学板块；加大党的历史和党的优良传统、行为规范、道德品行教育力度，开设领导干部运用微博课程；组织中青班学员赴北京开展“拓展知识视野，提高领导干部综合素质”教学活动，到杭州市城管执法局进行实地体验；举办市长论坛2期、名师讲坛8期、“双周讲堂”16次、菜单式选课70余次、学员自拟讲题40余次、学员论坛20次；制定《全省党校系统教学质量评估指标体系和实施办法》，会同省委组织部、省人力资源和社会保障厅首次对全省市级党校教学质量开展评估，评选出5家市级党校为全省党校系统教学质量优秀单位，13个项目为教学创新项目。

学科建设。哲学、理论经济学、政治学、马克思主义理论、公共管理共5个硕士学位授权一级学科获得审批通过，制定《学科建设“十二五”规划》和《硕士学位授权一级学科点导师组成与职责》，拓展与中国社科院、中央党校、国外高校的合作交流，选派13名青年教师和地市党校骨干教师赴中国社科院研究生院访学，47名教研人员和行政管理骨干赴国外访学和学习考察。

科研工作。全年获准立项国家社科基金重点课题1项、一般课题7项和省级课题16项；获省第16届哲学社会科学优秀成果奖一等奖1项、三等奖4项，参加全省纪念中国共产党成立90周年理论研讨会论文评选，获得一等奖1项、二等奖2项、三等奖5项；与国家和省委相关部门召开“加强和创新社会管理”理论研讨会，形成《浙江加强和创新社会管理60例》、《社会管理新探》、《加强和创新社会管理论文集》3部学术著作，14项科研咨询报告获得省领导批示，其中省委赵洪祝书记3次对4项成果批示，调研报告《浙江加强和创新社会管理60例》被列为省委十二届九次全会会议材料，供与会代表学习参考；制定出台《科研发展规划（2011—2015）》、《科研精品优秀咨询成果奖励暂行办法》、《课题配套资助及经费管理暂行规定》、《学报经费管理使用办法》等制度；科学发展观与浙江发展研究中心通过第二轮建设周期期中评估。

学员管理。结合建党90周年，在学员中深入开展“学党章、忆党史、强党性”主题实践活动；全面推行“双百分”考核，通过组织管理、互相管理、自我管理和制度管理，不断加强作风和学风建设，学员到课率达96%以上；创新学员考核办法，在中青班探索实施综合素质面试考评，对学员理论知识水平、研究问题能力、综合分析能力和反应表达能力进行综合评定。

队伍建设。制定《“十二五”人才队伍建设规划》，录用8名博士，公开选调5名公务员、录用4位事业人员、安置3位转业干部，晋升正高级职称2名、副高级职称8名；1名教师被评为省有突出贡献中青年专家，3名教师被评为省宣传文化系统“五个一批”人才，5名教师被确定为省“151”人才培养工程第三层次人才，3名教师分别被确定为省“151”人才工程导师、省优秀博士后和省钱江人才计划项目资助对象；选派5名教研人员和行政干部到省直机关、基层挂职锻炼或到市级党校任职支教。

机关党建。全年组织22次校委理论中心组专题学习；举办省委“九十年光辉历程看浙江·浙江干部教育培训创新发展”新闻发布会；召开全省党校系统纪念建党90周年理论研讨会和庆祝建党90周年暨“党校先锋”表彰大会；召开第八次机关党员代表大会，选举产生新一届机关党委和机关纪委。

后勤保障。承办全国党校系统后勤工作会议，后勤测评满意率达98%；推进“智慧党校”建设，新校园被评为优秀勘察设计一等奖。

【安徽省委党校】 1951年11月，由原中共皖南区委党校和中共皖北区委党校合并成立；领导体制为校务委员会负责制，中共安徽省委副书记王明方兼任校长，日常工作由常务副校长刘长功主持；下设哲学教研部、经济学教研部、科学社会主义教研部、管理学教研部、法学教研部、党史党建教研部、科学文化教研部和理论研究所等24个处级机构；现有教授14人、副教授43人。

2011年，举办常规主体班次有市厅级干部进修班、市厅干部任职培训班、市厅级干部“全面转型，加速崛起”专题研讨班、市县干部“党建理论”进修班、县处级干部经济发展班、县处级干部社会管理进修班、省直机关正处干部任职培训班、县处级干部理论宣传进修班、中青年干部培训班、县（市、区）干部“全面转型，加速崛起”专题研讨班、“加快皖北和沿淮部分市县发展”研讨班、皖北地区县处级干部专题研讨班、干部教育师资培训班、中青年专家理论研讨班、哲学社会科学教学科研进修班、省属企业党务干部进修班、全省高校负责人研修班、工商联工作与非公有制经济发展专题研讨班、全省乡镇（街道办事处）党委书记及村党组织书记加强社会管理集中班等64期，培训干部3371人次。

制定《安徽省委党校2011—2015年发展规划》，并以安徽省委办公厅文件下发。

教学工作。制定、修订《教学专题竞标制度》、《教师集体备课制度》、《新人新专题试讲制度》、《教师岗位责任制度》、《教师在职学习培训和挂职锻炼制度》等；开设“建设中国特色社会主义先进文化”、“提高社会管理科学化水平”、“《共产党宣言》导读”、“《社会主义从空想到科学的发展》导读”等新专题19个，出版《安徽科学发展专题研究》（中共中央党校出版社）、《财政与金融》（中共中央党校出版社）两本教材，编写《马克思主义经典著作选读》、《安徽经济社会发展若干重大问题资料汇编》；组织中青年干部培训班赴岳西县开展“进村入户”社会实践活动；

举办优秀教学比赛，推进省情研究；利用校内“综合信息管理平台”，及时更新教务信息，开设“教学讨论专区”。

全年共申报课题80余项，获准立项各类课题37项，其中省领导圈定课题3项、中央党校课题6项、省社科联课题5项和全省党校系统重点课题19项；结项各类课题近百项，其中国家级课题3项、中央党校课题3项；获省社科奖3项；出版专著编著4部，在国家级报刊发表文章16篇。

学员管理。制定《学员尊师守则》，完善《学员管理工作暂行规定》、《学员党支部职责》、《学员党性修养考核办法》，开展学员党性分析活动、警示教育活动，把学员考试成绩、学员自学情况、研讨情况、撰写研究报告、读书笔记等纳入到考核范围，完善综合考评体系。

队伍建设。组织全省党校系统19名优秀教研人员（其中本校10名）赴新加坡参加培训；组织干部在线学习，95%以上的参学人员完成学习任务；选调5名博士和1名硕士到基层挂职锻炼；全省党校系统共评出教授5人、副教授19人，高级讲师21人，其中本校3人取得正高职称资格、2人取得副高职称资格，完成专业技术人员120人、工勤技能人员73人、管理人员7人的首次聘任工作。

机关党建。开展创先争优活动，组织全校党员赴泾县云岭开展重温入党誓词和革命传统教育，开展向沈浩、杨善洲同志学习活动、“创先争优在行动”主题征文演讲比赛、优秀管理奖评选活动和纪念建党90周年活动；举办建校60周年庆祝大会、文艺联欢会和校史图片展，召开以介绍党校办学60年成就为主要内容的“党旗飘扬映江淮”干部教育工作新闻发布会，在安徽日报刊登校庆专版，编印《中共安徽省委党校60年》画册，摄制校庆60周年专题片。

信息化建设。新建校园网标准机房、多媒体教室、多功能演播室、远程会议室、视听室和直播系统，为学员楼更新电脑，收集教学视频资料120余部；图书馆全年新增数字资源15000余条，开发3个专题数据库，开通方正中华数字书苑等近20个试用数据库。

校园建设。整治校园，新增绿化面积1000平方米，新图书馆竣工并投入使用，设计面积29000平方米的教学综合楼开工建设，启动新建学员宿舍楼咨询论证等前期准备工作。

业务指导。配合中央党校调研组来安徽省调研县级党校建设状况，召开2个座谈会；推进全省市县党校大中专体制规格建设，制定《省委党校“十二五”业务指导工作规划》，下发《关于加快县（市）委党校中专体制规格建设的通知》，4所党校被确定为中专体制规格。

【福建省委党校】 创建于1950年6月，领导体制为校务委员会负责制，中共福建省委副书记、省委组织部部长于广洲兼任校长（2011年2月后由中共福建省委常委、省委组织部部长姜信治兼任校长），日常工作由常务副校长吴玉辉主持（2011年9月后由常务副校长陈雄主持）；下设哲学教研部、经济学教研部、科学社会主义教研部、法学教研部、党史教研部、党的建设教研部、管理学教研部、科技文史教研部、马克思主义研究所等22个处级机构；现有教授36人、副教授59人、硕士研究生导师

14人、享受国务院政府特殊津贴专家3人、省百千万人才人选4人和省文化宣传“四个一批”人才2人；从2007年起，与福建师范大学联办中共党史与党的建设、马克思主义基本原理两个专业的硕士研究生。

2011年，举办常规主体班次17期，主要有厅局级领导干部进修班（2期）、处级领导干部进修班（3期）、中青年干部培训班（2期）、人事处长岗位业务培训班、全省党校常务副校长培训班、组织部长岗位培训班、宣传部长岗位培训班（2期）、党政干部培训班、高校系统处级干部进修班、少数民族干部培训班、选调生培训班（2期）等，培训干部1201人；省委在党校举办的专题研讨班包括福建省领导干部社会管理及其创新专题研讨班、福建省领导干部学习贯彻胡锦涛总书记“七一”讲话精神既贯彻落实《海西规划》和“十二五”规划研讨班（4期）、大中型企业负责人专题研讨班及县级党政领导干部专题研讨班（2期）共8个班次，培训干部745人；与其他部门联合举办的班次有人大系统厅处级领导干部培训班、党委系统办公（厅）室主任培训班、全省高校哲学社会科学教学科研骨干研修班（5期）、大学生村官培训班、省直单位离退休厅（局）级干部读书班（2期）、新疆昌吉州乡镇（街道）党政正职培训班、新疆昌吉州党校系统教师培训班以及对口支援的西部班次（2期）共14期，培训干部864人。

教学工作。制定《主体班次教学计划制定及教学专题更新调整若干规定》、《2011年教学专题指南》、《培训需求调研常态化机制》等制度；增设“十二五”期间重大理论与现实问题模块，开设十七届五中、六中全会专题辅导，海西规划专题辅导，新开发“中国特色社会主义制度”、“社会主义核心价值体系”等教学专题，在县处级进修班增设党的建设研究方向；邀请4位省委常委到校作学习报告，举办5场“海西大讲堂”和9次全校性大讲座；开展校2009—2010年度教学优秀评比和教学精品课评选活动，组织参加全国党校系统教学精品课评选；继续推广案例式、研讨式、情景模拟式教学和异地培训，增设清华大学、复旦大学和重庆市委党校3个异地培训点，新辟晋江县域经济等3个现场教学基地，完善古田会议纪念馆和谷文昌纪念馆2个现场教学基地。

科研工作。全年获准立项国家社科基金项目2项、中央党校重点课题5项、省社科项目10项和省中国特色社会主义理论体系研究基地课题11项，通过结项国家社科基金项目2项，获得省部级奖励8项，其中获得第九届福建省社科优秀成果一等奖1项；全年出版著作3部，参与编写著作9部，在CSSCI刊物上发表文章28篇；2项调研成果送中央领导参阅，1项成果获省委、省政府领导批示；制定实施《关于福建省委党校科研工作量计算与科研成果追加奖励办法的补充通知》、《关于支持国家社科基金项目研究的试行办法》、《关于调整科研成果奖励标准的通知》、《关于我校文库工作的补充规定》、《关于申报2011年校课题的通知》等规定；据中国人民大学书报资料中心统计，2010年度《党史研究与教学》在73种全文转载来源期刊中，全文转载数列第3名，全文转载率位列第2名；《领导文萃》杂志单期发行量逾20

万册，而且扩展到海外。

学员管理。建立健全学员学习和党性锻炼综合考评考核等管理制度，不断完善学员需求沟通反馈机制、学员智力资源利用和学习成果转化机制；在各主体班次开展“爱读书、读好书、善读书”交流活动，组织开展学员论坛、学员书画摄影作品展、“体彩杯”学员趣味运动会等活动。

队伍建设。选派24名教师和管理人员到中央党校、延安干部学院、井冈山干部学院等进修培训，选送34名教学骨干和管理人员赴国外、台湾考察交流或做访问学者，选送骨干教师到基层挂职锻炼、援疆和驻村；继续推进专业技术职务评聘，重点推进绩效工资改革与提高高级职称职数等工作。

机关党建。开展建党90周年系列纪念活动，召开纪念建党90周年暨“一先两优”表彰大会，“学党史、强党性、促跨越”主题论坛暨第二届读书学习交流会，“红色经典”歌曲演唱比赛及摄影书画展览等活动，再次被省委、省政府授予“省级文明单位”荣誉称号。

信息化建设。继续充实数字信息资料库，完成全国党校图书馆数字资源共建项目“一国两制”研究数据库验收工作，加强全省党校系统信息资源共享机制，推进“福建地方党史信息资源库”建设和“数字校园应用软件系统”建设。

校园建设。完成教工文体活动中心和老干部活动中心的改造并投入使用。

【江西省委党校】 创建于1950年。2001年8月与江西行政学院合并，按“一校两址、一个机构两块牌子”体制运行，领导体制为校务委员会负责制。中共江西省委副书记张裔炯兼任校长，日常工作由常务副校长陈春明主持；下设哲学教研部、经济学教研部、科学社会主义教研部、党史党建教研部、法学教研部、公共管理学教研部、工商管理学教研部、现代科技教研部、文史教研部和外语教研部等36个处级机构；现有教授27人、副教授65人、享受国务院政府特殊津贴专家1人、享受省政府特殊津贴专家3人和江西省新世纪百千万人才工程8人。

2011年，举办各类班次142期，培训干部7614人。其中，常规主体班有市厅级干部进修班、县处级干部进修班、中青年干部培训班、县处级国家公务员任职培训班、乡镇（街道）党委书记进修班等17期，培训干部771人；与省委组织部、省委宣传部、省委教育工委（省教育厅）合作举办江西省哲学社会科学教学科研骨干研修班4期，培训学员367人；由省委组织部牵头，承办“中德合作管理培训项目江西行动学习子项目”培训班，培训干部26人；承办全省“加强和创新社会管理、做好新形势下群众工作”专题研讨班1期，培训干部130人；与省内有关部门合作，举办中美研修班、新疆克州党政干部培训班等24个，培训干部1631人。受省外机关、事业单位委托，举办培训班95个，培训干部4689人。

教学工作。以学习贯彻胡锦涛总书记“七一”重要讲话、党的十七届六中全会和省十三次党代会精神为重要内容，完善以中国特色社会主义理论体系为中心的教学框架，加大与江西发展密切相关的教学比重，开展读经典、学原著、学党史、学历史活动；改进理论课讲授方式，扩大教师与学员互动研讨的教学比重；制订《现场教学实施方案》，在部分教学基地、现场教学点建立调研基地；继续实施“主体班理论辅导员”制度，开展以“怎样当好一名党校教员”为主题的师资培训、教学观摩、教学法研讨等活动，完善集体备课制度；创建手机学习平台，每日向学员发送重大时政和理论热点信息。

学科建设。明确“十二五”时期要重点建设的马克思主义哲学、经济学、科社、党史党建和公共管理5大学科，成立学科建设领导小组，研究制定《学科建设规划（2012—2015）》，为进一步推进学科建设奠定了基础。

科研工作。全年获准立项国家社科基金项目1项、全国党校系统重点课题5项、省社科“十二五”（2011年）规划项目9项，结项国家社科基金项目1项、全国党校系统课题2项、国家行政学院课题2项、省社科研究规划“十一五”项目4项，获得江西省第十四次社科优秀成果奖二等奖3项、三等奖2项和江西省纪念中国共产党成立90周年理论研讨会一等奖1项、二等奖2项；出版学术著作4部，在国家一级报刊发表文章2篇，其中《为什么要管理好通胀预期》发表在《人民日报》（2011年3月24日），《坚持调控不动摇　确保发展可持续》发表在《经济日报》(2011年11月18日)，有1项成果获得省领导批示；组织召开全省党校系统纪念建党90周年理论研讨；被评为“2011年度江西省社会科学工作先进单位”。

队伍建设。全年引进博士1名、硕士7名；通过竞争上岗方式，选拔正处级领导干部2名、副处级领导干部3名；推进岗位聘任改革，实施事业单位岗位设置与聘任制度和绩效工资制度，聘任专业技术岗人员146名，管理岗人员55名，工勤人员80名；全年安排23人次参加国内外各类培训，选派2名博士挂职锻炼、8名博士或青年骨干教师担任主体班学习辅导员。

机关党建。把深入学习贯彻党的十七届六中全会和省第十三次党代会精神纳入创先争优活动，集中利用3个月时间，开展教研人员“争做党的理论战线忠诚战士”、行政后勤人员“争当优秀管理服务标兵”的“双争创”主题教育活动（《江西日报》、《学习时报》、江西电视台等媒体进行了报道）。

业务指导。召开全省党校常务副校长会议，举办全省党校系统教学工作交流会、科研管理专题研讨班、图书馆工作暨信息资源建设会议；起草《全省党校系统业务指导办法（试行）》，修订《江西省继续教育培训基地省委党校教学点管理办法》、《江西省党校高级专业技术资格条件》等工作制度；组织市县级党校常务副校长参加中央党校专题培训，并对市县级党校部分骨干教师开展师资培训；完成全省党校系统教师高级职称资格评审工作，42人晋升高级专业技术资格。

国际交流。会同省委组织部，举办第8期中美研修班，培训学员23人；实施第一期“中德（国）合作管理培训项目江西行动学习子项目”，培训学员26人；协助省委组织部举办江西省中高级公务员赴瑞士培训班，培训学员22人；组织15名骨干教研人员和行政管理人员出国学习考察，接待国外来访官员、学者和友好人士50人次。

【山东省委党校】 创建于1938年10月，

领导体制为校务委员会负责制，中共山东省委书记、省人大常委会主任姜异康兼任校长，日常工作由常务副校长安世银主持；下设哲学教研部、经济学教研部、科学社会主义教研部、中共党史教研部、党的建设教研部、管理学教研部、文史教研部、政法教研部、马克思主义研究所等28个处级机构；现有教授33人、副教授51人、硕士研究生导师32人、享受国务院政府特殊津贴专家6人、省有突出贡献中青年专家1人和省优秀专业技术人才1人；2003年被国务院学位委员会批准为硕士学位授予权单位，拥有硕士学位授权点6个。

2011年，举办各类班次33期，培训干部2735人。其中，举办常规主体班次有市厅级领导干部进修班、县（市、区）委领导干部进修班、处级领导干部进修班、中青年干部培训班、全省党校系统学员管理工作专题研讨班、全省党校系统教师进修班、党政干部研究生班、全省党校系统学习党的十七届六中全会精神理论骨干培训班、全省党校校长培训班等14期，培训干部1309人；联合省委组织部、省委宣传部连续举办11期全省领导干部学习党的十七届五中全会精神、贯彻落实“十二五”规划纲要专题研讨班，培训干部700人；联合省委宣传部举办全省社科理论骨干和高校哲学社会科学教学科研骨干研修班（2期），培训干部268人；与省妇联、聊城市纪检监察系统等单位联合举办山东省医药企业纪念建党90周年党建理论研讨班、全省民族宗教工作专题培训班、全省律师事务所党支部书记专题培训班、聊城市纪检监察系统中青年干部培训班、中国特色现代国有企业制度专题研讨班、全省县（市、区）妇联主席培训班等6期，培训干部458人。

教学工作。制定《关于进一步加强学风建设的暂行规定》、《关于开展精品课建设活动的实施意见》等制度规定；在各进修班次开设“经典著作与基本理论”、“形势政策与热点问题”、“分类教学”、“自主选学”、“党性教育与党性锻炼”5个教学单元；在中青班开设“军训与拓展训练”、“经典著作与基本理论”、“当代知识与领导能力训练”、“经济文化强省建设问题研究”、“党建理论与党性修养”、“临沂党性教育体验式教学”、“高校新知识异地培训”、“新加坡专题培训”8个培训单元；组织编写《党的领导干部信息素养理论和实务》、《当代国际政治形势与中国外交》等教材4本，选编《马克思主义经典著作选编（上、下）》，开发11个教学案例；组织校内开展10余次观摩评议活动，“努力建设社会主义核心价值体系”专题课被评为全国党校系统精品课；外请知名专家来校授课148人次；建立警示教育基地1个和现场教学基地2个，与陕西省委党校互建教学科研基地；组织全体主体班次学员赴临沂党性教育基地开展体验式教学，组织中青班到无锡和新加坡南洋理工大学异地教学。

学科建设。马克思主义中国化研究学科被评为省级重点学科，出台《中共山东省委党校学科建设五年规划》。

科研工作。获准立项国家社科基金项目7项、全国党校系统调研课题6项、省社科规划研究项目22项和省软科学课题10项；获省第25次社科评奖成果8项，11篇论文入选省社科年会并获奖；在全国重点刊物发表论文170篇，其中《大力推进社会主义核心价值体系大众化》发表在《求是》(2011年4月)，《诚信：文化产业发展壮大的基石》发表在《人民日报》(2011年11月25日)；向中宣部、中央文献研究室、中央党校和省委宣传部报送纪念建党90周年理论研讨会论文19篇，《山东省领导干部法律培训需求调查研究》等8项科研成果得到省级领导签批，2篇调研报告被评为优秀调研报告，被省委宣传部评为优秀调研和部刊工作联系点；主办纪念中国共产党成立90周年高层论坛暨理论研讨会；举办第四届“环渤海区域合作与发展党校论坛”，获“山东省社会科学界2011年度学术活动先进单位”荣誉称号；在山东电视台《新闻联播》解读、宣讲“十七届五中、六中全会精神，纪念建党90周年，转方式调结构等全局性工作重点、热点”34人次，在《大众日报》解读、点评“山东省优秀基层党建创新工作、加快建设文化强省等栏目”17人次。

学员管理。创新载体，加强学风建设，制定《关于进一步加强学员党性锻炼的意见》，严格落实“十不准”要求，严格考勤，坚持和完善学员“三会一课”、请销假等制度（《人民网》、《大众日报》对此做了详细报道）。

队伍建设。引进人才28名，提拔处级干部33人，增补4名泰山学者团队成员，组织校级中青年人才选拔和2009—2010年度评优选先工作；制定《专业技术岗位设置管理实施方案》，聘用专业技术人员206人（首次岗位聘用中，符合条件的179名专业人员全部得到聘任）；专业技术职务资格推荐工作中，推荐评审2名教授、4名副教授，1名高级工程师；推荐6人到中央党校培训学习、1人参加省委党校培训学习，选派20人到国外考察学习，选派20人挂职锻炼；在连续七年保持省级文明单位称号的基础上，又获得“全国文明单位”荣誉称号。

信息化建设。采用万兆以太网交换、WLAN无线网络、VPN认证等技术实现光纤覆盖东、西两个校区所有骨干节点，打造全新的教研资源平台系统，搭建基于内网的开放式科研管理平台，完成10讲优秀教学录像的制作和报送，其中4部获优秀奖。

校园建设。新校一期工程实现竣工验收，精品率达91.7%以上，12座建筑单体均被评为“优质结构工程”，整体工程被评为济南市建筑装饰工程“泉城杯”奖。

业务指导。召开全省党校校长会议、全省党校业务指导工作会和全省党校系统先进党校优秀教师先进工作者表彰会，举办全省党校校长培训班。

【河南省委党校】 创建于1949年，与河南行政学院实行“一套人马、两块牌子”的办学模式；领导体制为党委负责制，中共河南省委副书记邓凯兼任校长，日常工作由校（院）党组书记、常务副校长赵鹏主持；下设哲学教研部、经济学教研部、科学社会主义教研部、中共党史教研部、党的建设教研部等23个处级机构；现有教授25人、副教授42人、享受国务院政府特殊津贴专家12人、省政府特殊津贴专家12人、省管优秀专家14人和省优秀青年社科专家、省学术技术带头人8人和省宣传文化系统“四个一批”人才5人。

2011年，举办主体班20个，主要班

次有中青年干部培训班、市厅级干部培训班、县处级干部培训班、基层党校骨干教师培训班等，培训干部1298人次；自主选学培训33个班次，培训干部4910人次；举办新疆哈密地区和农十三师干部培训班，培训干部47人。

教学工作。完善新专题论证制度，调整教学布局和教学专题的设置，突出马克思主义中国化专题，及时更新专题，增强针对性；组织编写具有省情特征的案例教材，修订教材《中国特色社会主义概论》；搞好“学者大讲堂”、“科学大讲堂”、“省情大讲堂”，增设“文化大讲堂”、“市长大讲堂”，聘请中央党校、清华大学、中科院和省直有关厅局负责人作专题报告29次；实行教学指导小组制度，规范教学计划论证、教学运行值班、学员需求分析、教学考评、运行分析、教师集体备课等。

科研工作。获准立项国家社会科学规划基金项目3项、省部级项目22项，结项国家社会科学规划基金项目1项、全国党校系统重点调研课题3项、国家行政学院招标课题1项、省社科规划项目1项、省政府发展研究项目7项和省软科学项目2项，获省社会科学优秀成果二等奖5项、三等奖4项，6项成果获第四届省社会科学普及优秀作品奖，被评为“2011年河南省社科知识普及活动先进单位”；增设教学研究的校级课题2个，组织教师深入进行专题调研，成果《以新型城镇化引领“三化”协调发展研究》受到郭庚茂省长表扬，组织10名专家学者参与谋划中原经济区建设和省第九次党代会报告起草；出版理论专著6部，以“河南省中国特色社会主义理论体系研究中心”名义发表论文6篇，其中《发展生态经济建设生态文明》发表在《人民日报》(2011年1月28日理论版)、《以政绩考核制度创新推动经济发展方式转变》发表在《人民日报》(2011年3月21日理论版)、《完善社会稳定风险评估机制》发表在《人民日报》(2011年4月22日理论版)、《以适度哲学方法论认识和处理可持续发展问题》发表在《人民日报》(2011年12月8日理论版)、《建立健全科学有效的利益协调机制》发表在《光明日报》(2011年8月2日理论版)、《着力推动现代物流业大发展》发表在《经济日报》(2011年8月8日理论版)，在河南省主要媒体《河南日报》、《党的生活》发表理论文章12篇，被人大《复印报刊资料》全文转载13篇，被《新华文摘》论点摘编3篇；举办全省党校系统纪念中国共产党成立90周年学术研讨会、贯彻落实《国务院关于支持河南省加快建设中原经济区的指导意见》理论研讨会，2篇论文入选全国党校系统纪念中国共产党成立90周年理论研讨会，其中1篇被评为优秀论文，7篇论文入选河南省纪念中国共产党成立90周年理论研讨会并被评为优秀论文；《学习论坛》进入全国中文核心期刊和中国核心学术期刊行列。

队伍建设。公开招聘5名博士，招录6名硕士；提拔3名副厅级干部，对41名试用期满的处级干部进行考核并下发任职通知，为25名军转干部办理参公管理登记手续；制订并组织实施《专业技术人员工作业绩量化管理及使用方案（试行)》和《办法（试行)》，工作业绩在量化管理中的比例由过去的3.3:6.6调整到8:2；采取到中央党校等单位培训、聘请专家授课、组织观摩、出国出境考察、下基层挂职锻炼和参加援疆工作等措施，提高教职工的政治业务素质。

机关党建。召开机关党的第三次代表大会，选举产生新一届机关党的委员会，召开校第三届七次教职工（工会）代表大会；开展“创先争优”活动，完成年度先进党支部、优秀党员、优秀党务工作者的评选表彰，省委、省政府发文正式批准本校为省级文明单位；组织参加全省“十大道德模范”评选活动和“文明中原系列行动”，完成结对帮扶工作任务，获“河南省维护妇女儿童合法权益先进集体”称号。

后勤服务。完成接待各类班次 114 个共 21000 余人次的住宿和餐饮服务；解决家属院 14 号楼房产证办理的遗留问题，完成印刷厂撤销和设备拍卖工作，及时调整文印中心人员工作；完成全年减排目标，被省政府命名为节能减排工作先进单位。

业务指导。会同省委组织部推进全省县级党校办学体制改革，明确省辖市委党校和县级党校的隶属关系，县级党校作为省辖市委党校的分校，同时挂县级党校和省辖市委党校分校两个牌子，制定《河南省县级党校办学质量评估标准指标体系》、《县级党校办学质量评估评分细则》等文件；完成 2011 年度全省党校教师高级职称评审工作，举办 2 期基层党校（行政学院）领导干部培训班和 2 期骨干教师培训班，组织召开全省党校系统教学工作研讨会，全省市县党校共统筹优化教学专题 2232 个，统筹调配优秀教师跨校授课近 3000 人次，开展各种教学研讨活动 150 余场次；组织全省党校系统第八届优秀科研成果评奖和校学术专著出版资助评审工作，8 个单位科研工作组织奖，4 个单位获科研工作进步奖，193 项成果荣获优秀科研成果奖，31 位同志获优秀科研管理工作者奖；组织本校和省辖市党校（行政学院）教研骨干、管理干部 4 批 21 人次出国出境考察学习；全省县级党校新增基建投资 13.1 亿元，新建县级党校 59 所，其中已基本建成的 24 所、在建的 35 所、整体搬迁和改扩建的 48 所。

【湖北省委党校】 创建于 1950 年，与湖北省行政学院实行“一套工作机构，两个学校名称”的办学模式；领导体制为校务委员会负责制，中共湖北省委常委、省委组织部部长侯长安兼任校长，日常工作由常务副校长马哲军主持；下设马克思主义基础理论教研部、中共党史党建教研部、经济学与经济管理教研部、公共管理教研部、政法教研部、综合教研部、战略与省情研究室等 23 个处级机构；现有教授 24 人、副教授 39 人，有博士生导师 1 人、硕士生导师 54 人，有享受国务院政府特殊津贴 1 人、享受省政府特殊津贴 6 人和省有突出贡献中青年专家 4 人；2003 年，被国务院学位委员会批准为硕士学位授予单位，拥有一级学科硕士学位授权点 1 个，二级学科硕士学位授权点 5 个。

2011 年，举办各类班次 59 个，培训干部 4841 人。其中，举办常规主体班次 4 期 36 个，包括厅级干部进修班、县处级干部进修班、县市区委书记和县市区长培训班、中青年干部培训班、乡镇党委书记培训班、往届选调生培训班、党校系统师资培训班等，培训干部 2625 人；省委在党校举办了全省新形势下社会管理及其创新专题研讨班，各市（州）、县（市、区）党政主要负责同志，省直单位主要负责同志，在鄂部属高等院校和省属本科院校负责同志，部分中央在汉机构、金融单位、国有企业和省出资企业的负责同志共338人参加研讨学习；与省委老干部局、省统计局、省档案局等部门共同举办省直机关离退休党支部书记培训班、市（县）新任统计局长培训班、市（县）档案局长培训班、武汉工商银行中青年干部党建理论读书班、中国一冶集团公司处级干部培训班、广州市轻工集团领导干部培训班等班次23个，培训干部2216人。

教学工作。加强培训需求调研，科学制订教学计划；调整充实教学内容，专题更新率达30%；实施“四名”工程，评选出名师6名、优秀青年教师2名、教学名课12讲；推进“双百”工程，外请领导和专家作报告达133人次，一次性聘请20位大型企业老总担任兼职教授，举办2期院士专家讲坛，10位院士专家免费到校讲学；创新教学方式方法，全面推行“1.5+1”互动式教学，引入人机对话测评方法；健全教学管理制定，完善集体备课、试讲、教学双向评估、教学末位调整等制度，构建竞争、激励、约束三位一体的教学管理机制；推行网络培训，湖北省在线学习平台被中组部确定为示范平台。

学科建设。经国务院学位委员会第二十八次会议审议批准，政治学成为新增国家一级学科硕士学位授权点，教育厅明确将党校硕士点建设和学位研究生培养纳入省属高校管理。

科研工作。全年获准立项国家社科基金重点项目和一般项目各1项、青年项目2项，获得中央党校调研课题5项、省社科基金项目10项、省重大调研课题1项和武汉市社科基金项目1项；有16项省部级课题结项，获得省部级科研成果奖8项，6项研究报告获得省长王国生等省领导19次批示，并转化为实际成果；出版学术专著和教材2部，在省部级以上报刊发表学术论文139篇，在CSSCI来源期刊发表13篇，其中《论促进低碳社会建设的政府职能及其行政行为》发表在《法学》（2011年第6期），并作为论点摘编被《新华文摘》（2011年第18期）摘转。此外，有3篇论文被人大《复印报刊资料》全文转载。

学员管理。狠抓制度落实，借助省纪委聘请的学员党风廉政建设巡视员的力量，坚持开展明察暗访，发布巡视情况公告15次，17名学员作出书面说明；实行训用结合，将考核结果向省委组织部通报，并把《考核登记表》寄送至派训单位和有关部门，派训单位将《考核登记表》存入干部档案，作为干部提拔使用的重要依据，省委党校2011年第一期中青年干部培训班学员80%以上得到提拔。

队伍建设。公开招聘教研、教辅人员7名，招考参照管理工作人员8名，安置军转干部4名；完成3个二级岗位、5个三级岗位人选推荐工作，配合省委组织部完成3名厅级干部的推荐、考察工作，选拔任用14名处级干部；首次遴选2名教师到境外高等院校做访问学者，选派31名教职工到高校学习、4名教职工到地方挂职锻炼、10名教职工参加“万名干部进万村入万户”和“万名干部进万村挖万塘”活动。

机关党建。校领导带头查找岗位廉政

风险点，制定防控办法和约束措施，编印《校领导廉政风险防控手册》蓝皮书，集体签名并郑重承诺“廉洁从政全校教职工向我们看齐，敬请全校教职工监督”；在各部处室查找岗位廉政风险点基础上，汇编成《廉政风险预警防控手册（试行）》，制定《廉政风险信息预警处置制度（试行）》。

后勤工作。规范非税收入管理和资产管理，加大预算执行力度，确保资金安全有效使用，完成校园道路刷黑和振华大厦附楼、教学楼学术报告厅、篮球场改造4项工程，推进新校区建设筹备工作，已提出概念性总体规划方案。

业务指导。参与完成《湖北省贯彻实施〈2010—2020年干部教育培训改革纲要〉的意见》；召开全省党校校长会议、教学改革研讨会、纪念建党90周年研讨会、财务后勤工作会议等，举办3期党校系统师资培训班，为基层党校培训骨干教师150人，选送17名市州党校常务副校长赴中央党校参加全国市地州盟党委党校常务副校长培训班；确定荆门市委党校为VPN专网建设的试点单位，指导5个基层党校完成C级站升级和5个市（县）党校在搬迁时建立新的远程教学网站。

【湖南省委党校】 创办于1951年8月，与湖南行政学院实行“两块牌子，一套人员”的办学模式；领导体制为校务委员会负责制，中共湖南省委常委、组织部长黄建国兼任校长，日常工作由常务副校长徐晨光主持；下设哲学教研部、经济学教研部、科学社会主义教研部、中共党史教研部、党的建设教研部等36个处级机构；现有教授66人、副教授56人、博士生导师2人、硕士生导师51人、享受国务院政府特殊津贴专家5人和湖南新世纪“121人才工程”库7人；2003年被国务院学位委员会批准为硕士学位授予单位，拥有一级学科硕士学位授权点2个、二级学科硕士学位授权点17个。

2011年，举办各类培训班148个，培训学员12695人次。其中，主体班包括厅级干部进修班5个、新任副地厅级领导干部廉政教育培训班、县（市、区）长及省属高校和省管国有企业主要负责人廉政培训班、中青年干部培训班2个、处级干部进修班7个、省直单位处级公务员任职培训班2个、师资培训班3个、自主选学专题培训班2个、省管企业领导人员培训班、新疆吐鲁番地区县处级干部培训班、新疆吐鲁番地区社会管理创新培训班、基层党组织书记加强社会管理集中轮训培训班13个、新任乡镇长培训班4个、优秀中青年专家理论研讨班、选调生培训班、全省县级团委书记培训班、妇联干部能力建设培训班、初任公务员培训班共49个，培训干部5695人次；与省委、省政府有关部门联合举办的全省信息产业化培训班、社科联系统骨干培训班等99个，培训干部7000人次。

教学工作。修订《中共湖南省委党校教学管理办法》；在主体班安排223个教学专题，包括十七届六中全会辅导等新专题49个；对4个教学新专题在全校范围内进行公开招标，举办全校和全省党校系统第九次教学比赛，“资本论的伟大生命力”课程获全国党校系统精品课奖，安排54次选修讲座、84个选修专题；继续推进讲授式、研究式、案例式、模拟式、体验式、拓展式等教学方式方法，初步形成了“讲（讲理论、讲省情、讲知识）、研（专题研讨、课题研究、专题调研）、选（自主选学、专题选听、技能选修）、察（异地教学察国情、现场教学察省情、体验教学察民情）、练（党性锻炼、模拟演练、拓展训练）”五位一体的教学新模式；安排全校外请报告25次，4位省部级领导干部、2位院士来校作报告；新建3个教学基地。

学科建设。制定《中共湖南省委党校湖南行政学院“十二五”学科建设规划》和《学位点和研究生教育“十二五”发展规划》，出版主体班教材《从政方略》（中共中央党校出版社）和《社会管理及创新之路》（研究出版社）。

科研工作。全年获准立项国家社科基金项目3项、中央党校重点课题3项和省社科基金课题15项，结项国家社科基金项目5项；出版学术著作28部，发表理论文章12篇，被人大《复印报刊资料》全文转载8篇，在专业学会认定的国家一级刊物上发表论文10篇，CSSCI刊物发表文章54篇，《银根紧缩背景下湖南中小企业融资难的破解对策》等11项决策咨询研究成果得到省领导批示，1篇论文入选全国纪念建党90周年理论研讨会；《湖湘论坛》推出“专题笔谈”栏目，扩宽了研究领域，正高职称作者论文占42%，其中博导论文占23.8%，二次文献转载率提升。

学员管理。通过对“到课率、自学率、住宿率、就餐率”的检查、通报、评比等方法，对学员进行“管脑、管心、管嘴、管手、管腿”教育，形成了以入学教育为契机、以党的建设理论和廉政教育为基础、以党性教育基地为实践环节、以党性分析为重点的党性教育体系；“驻村入户察民情”体验式教学培训深入推进，以“问政于民、问计于民、问需于民”和“送项目、送信息、送温暖”为活动形式，以角色换位为考核方法，成为省委党校的又一品牌，《湖南日报》（2011年12月31日）开辟专栏报道；全年组织学员到韶山进行革命传统教育22次，开展警示教育9次、国防教育14次、拓展培训13次，实现了基地教育规范化，党性教育基地化。

队伍建设。公开招聘5名博士，提拔巡视员2名、科级干部6名；制定《岗位首次聘任实施办法》，设置专业技术岗位310个，高、中、初级岗位设置的结构比例为5.5∶3.5∶1，其中正高与副高的结构比例为4.4∶5.6；有21人获教研特殊津贴，首批名师名课库建设共推荐名师9人、名课9堂；组织教研人员参加省外培训11人次、省内培训70人次、出国出境培训考察12人次，选派4名教师干部赴县市区挂职锻炼，组织39名副处级以上干部参加省干部教育培训网络学院在线试点学习。

校园建设。配合长沙市和岳麓区完成了白云路的改道建设；基本完成学员住宿楼、职工安置房、校门的建设和两栋教学楼装饰改造，全年新增建筑面积17000平方米；加强校园文化建设，组织现代京剧《紫英》、花鼓戏《特别支部》和电影《建党伟业》等到校演（播）出，开展“爱党爱校”知识竞赛、红歌合唱会等丰富多彩的文体活动，被授予“湖南省社会治安综合治理先进单位”、湖南省直单位“全民健身十佳单位”、“老干部工作先进单位”、全省“巾帼文明岗”荣誉称号。

【广东省委党校】 创办于1950年3月，与广东行政学院实行“一套人马、两块牌子”的办学模式；领导体制为校务委员会负责制，中共广东省委常委、组织部部长李玉妹任校长，日常工作由常务副校长谭泽中主持；下设哲学教研部、经济学教研部、管理学教研部、行政学教研部、法学教研部、科学社会主义教研部、中共党史和党的建设教研部、外语教研部、公共课教研部、办公自动化管理教研部、决策咨询研究中心和中国特色社会主义研究所等28个处级机构；现有教授53人、副教授82人、硕士导师61名和享受国务院政府特殊津贴专家5人；1993年被国务院学位委员会批准为硕士学位授予单位，拥有一级学科硕士学位授权点1个、二级学科硕士学位授权点8个。

2011年，举办各类班次167个，培训学员2.7万人次。其中，常规主体班次有市厅级领导干部进修班、县处级领导干部进修班、中青年领导干部培训班、政法综治领导干部培训班、中青年女干部培训班、高校哲学社会科学教学科研骨干研修班、市县人力资源和社会保障局长班等49期，培训干部2727人；承担省委交办的重要论坛8期、重要班次8个，包括广东干部大讲坛、广东省第一期权力集中部门资金密集领域领导干部培训班、广东省加强社会建设创新社会管理专题研讨班、省第十期领导干部党纪政纪法纪教育培训班和全省乡镇党委书记和竞争选拔新任乡镇领导干部培训班等专题培训班等，培训干部5682人；承担省委重要部门的班次有广东省第4期领导干部区域经济发展专题研究班、广东省第8、9期领导干部美国高级培训班等培训班、省政府直属单位转变经济发展方式和加强社会管理培训班、广东省第一期中心镇镇长（书记）村镇建设专题研讨班共11个，培训干部11106人；承担省内外有关单位委托的培训班次有省机关工委主任培训班、省司法干部“能力提升”培训班、北京市朝阳区处级干部赴广东考察培训班、肇庆市高新区基层管理干部班、香港商评中心会员国情研修班及澳门合作班等91期，参训学员8334人。此外，还有438219人次参加干部网络在线学习。

教学工作。在常规班次教学中开发“新、精、近、实”的教学模块和教学专题，设计和实施“深入学习中国特色社会主义理论体系”、“加快转型升级，建设幸福广东”、“加强和改进新形势下的群众工作”、“马克思主义经典著作选读”等教学模块；扩大中青班自主选学试点，拓宽“菜单式”选学范围，开展中青班优秀论文答辩，完善“三个三”体验式教学，实施模块教学与课题组研究式教学、案例研究式教学联动对接等，全年开设各类讲座150余个；加强教学研究和评教评学，教学管理水平有新的提高。

科研工作。全年获准立项国家社科基金项目3项、国家自然科学基金课题1项、全国党校系统重点调研课题2项、广东省社科规划课题5项；组织全省党校（行政学院）系统2011年度哲学社会科学规划课题的申报工作，共设立重点课题24项；成果结项73项；获省部级科研奖8项，全国性学会奖3项等；出版著作7部，在二类以上刊物发表论文106篇，有6份决策咨询研究成果获得省领导批示；本校专家教授参与国家社科基金项目通讯评审、国家和省规划课题结项鉴定等近20项；与省委组织部、宣传部等6部门联合举办纪念中国共产党成立90周年理论研讨会，组织全省党校（行政学院）系统第九届科研成果评奖和校（院）第十三次科研成果评奖活动，组织召开学习贯彻中共十七届六中全会精神座谈会和党校教师论坛；《岭南学刊》进入《中文核心期刊目录总览》扩展版，《广东行政学院学报》被评为《中文核心期刊》称号；图书馆加快数字资源建设，搭建《学科导航数据库》、《重点学科专题数据库》平台。

队伍建设。引进人才11人，其中博士6人；配合省委组织部选拔巡视员1人、副校院长2人；调整或新聘教研部正副职3人，受理评审全省党校、行政学院系统教师高级专业技术资格53人、中级13人；制定《校院事业编制岗位设置和人员聘用实施方案》，完成个人申聘岗位和资格审核工作，基本完成事业编制岗位人员聘用工作；组织干部教师参加加快转变经济发展方式、加强社会管理全员培训和信息技术能力提升工程培训，组织教职工参加国内外培训287人次，其中出国培训考察7人。

机关党建。开展"创先争优"主题活动，建立创先争优活动校院领导联系点工作制度，制定《党建工作考核评比制度》、《创先争优考核评比办法》和《校院干部选拔任用纪律规定》；组织开展纪律教育学习月活动，完成公务车专项清理、"小金库"核查清理等工作，参与省直机关组织的行风政风督察工作，受到省直工委通报表彰；举办座谈会、"红歌献给党"歌咏汇演等活动，参加省直机关"百歌颂中华"歌咏活动、省直机关纪念建党90周年摄影书画展等；结合纪念建党90周年，推荐省直机关工委表彰先进党支部1个、优秀共产党员1名、优秀党务工作者1名，校院表彰了8个先进党支部、74名优秀共产党员、20名优秀党务工作者；全年为丰顺县志扬村对口帮扶贫困户捐款12万元，通过社会渠道筹措款物近200万元，使该村面貌有明显改变，在省、市、县检查考核中被评为优秀。

信息化建设。完成校园主机房设备升级，安装调试公务员大楼多功能会议厅设备；全年制作报告实况光盘2000多套，制作远程录像194次，通过省远程教学网向全省市县党校播出课程120次；完成校园视频监控系统，重点区域新建进出管理系统，启动治安交通、消防指挥中心设计等工程，完成一系列重要会议和涉外活动的安全保卫任务，被评为建设街维护稳定及社会治安综合治理工作先进单位。

后勤保障。全年完成各班次共7900多人次就餐接待任务，公务员大楼顺利启用，完成旧宿舍楼17号楼东梯、西梯和15号楼增设电梯工程投标工作，完成校园绿化美化、维修改造、车队停车场和大礼堂北面排水系统等工程，连续第五年被评为广州市花园式单位和卫生模范先进单位；加强财务预决算工作，连续第四年受到省财政厅表彰。

【广西壮族自治区委党校】 创办于1950年5月25日，与广西行政学院实行"一套人马、两块牌子"的办学模式；领导体制为校务委员会负责制，中共广西壮族自治区党委副书记陈际瓦任校长，日常工作由常务副校长黄学权主持；下设党史党建教研部、哲学（社会学）教研部、经济学教研部、政治学（科学社会主义）教研部、公共管理教研部、文史教研部和法学教研部等21个处级机构；现有教授20人、副教授34人。

2011年，举办领导干部培训班主体班次21期，培训领导干部1255人。其中，举办常规主体班16期，培训干部792人，自治区党委委托举办的专题研讨班5期，培训厅级干部248人，培训县（市、区）党委、政府主要领导215人。与自治区有关单位共同举办的培训班有150期，培训干部27400人。

教学工作。突出理论武装与党性教育，在教学布局中坚持党校姓“党”，培育党校教学的核心竞争力，探索构建党性教育立体化模式，在导学（入学教育）模块、党性知识和理论课程模块和国旗教育、“重走小平路”现场体验、与农民“同吃同住同劳动”、参观监狱警示教育等专题教育活动中，全方位增强党性教育的有效性；重视研究型课程团队建设，不断完善“红、蓝、绿”特色精品课程体系，加强培育优质品牌课程，完善教学模块招标与设计，改进教学评估，严格教学质量监控，培育精品课程，《桌面推演——广维化工厂爆炸的成功救援与处置》专题课被评为“全国党校系统精品课”；实施新专题试讲评议制度，一批高质量的新专题进入主体班课堂。

科研工作。申报国家社科基金项目11个，获准立项国家社科基金项目5个，获全国党校系统调研课题5项和广西哲学社会科学规划课题8项，组织评审校（院）各类课题及出版资助135项、广西党校系统重点调研课题88项；出版《县级党校改革的理论思考与广西实践》、《近代西欧民族主义》、《中国东盟自由贸易区知识产权法律制度研究》等的著作15部，《马克思主义中国化的历史考察》在《光明日报》（2011年9月25日理论版）发表，1篇论文入选全国党校系统纪念中国共产党成立90周年研讨会；举办全区“党性教育论坛”，与中央党校马克思主义理论教研部联合举办第三届“中国特色社会主义论坛”。

学员管理。加强学习型班级建设，全面贯彻“增强责任感，提升学习力，开启新境界”的培训主旨，组织员、理论辅导员队伍建设和教育、引导作用得到加强；建立学员委员会、班委会（临时党支部）、学习小组的管理模式，学员自主管理的工作体系初步形成；开展学员创先争优活动，开展主体班“三优”（优秀学员干部、优秀学员、优秀学习成果）评选表彰活动，创设和完善“晚聚习”活动，拓展了课堂教学的空间。

队伍建设。选任6名正处级领导干部，推进事业人员岗位设置管理工作；安排11名教师到中央党校、国家行政学院、干部学院等院校参加短期培训，2位教师攻读博士学位，组织84名教职工赴江西井冈山开展“加强党性修养，增强责任感”专题培训、组织18名处级领导干部赴河北西柏坡开展红色教育培训，组织7批次34名骨干分赴8个国家（地区）培训学习、考察和学术交流。

机关党建。充分发挥校委理论学习中心组的引领和表率作用，开展培训班、知识竞赛活动、读书演讲、纪念征文、励志歌曲演唱会等；建立健全党内关爱帮扶机制，积极支持扶贫点、党建联系点的社会主义新农村建设；获自治区“扶持县域科学发展优胜单位”、“新农村建设先进后盾单位”和“定点扶贫工作先进单位”。

信息化建设。学员管理系统已全面使用，学员实现校门门禁、食堂消费、学员宿舍、考勤、图书借阅等功能的“一卡通”，还实现了“网上评课”功能；校园网增设业绩晒台、学员论坛、班级风采等新栏目，全年发表文章5000多篇；继续购买适合党校教学科研的数字资源，通过VPN实现与市县党校资源共享。

校园文化建设。精心规划和布局一批富有特色的人文景观和自然景观，如校园背景音乐系统、“导师论学”群雕、“立德治学理政思想精粹”露天印章景石群、校院精神石刻等；举办首届“读书活动周”和“文化艺术节”活动，成立“沁心艺术团”，在校园网首创“业绩晒台”，开展全校教职工“10项素质（责任感、弘扬正气、团结协作、廉洁守纪，学习力、执行力、创新能力、工作业绩、成员成长、社会影响）建设”，“创先争优”活动常态化。

后勤管理。加强国有资产管理和基建项目管理，基建工程招标、建设、施工等方面的透明度进一步增加，获2011年自治区本级部门预算编制工作一等奖和2010年度自治区本级部门决算工作一等奖；开展大型校园消防应急演练，加强社会治安综合治理、校园安全保卫、校园绿化美化、社会培训服务等工作。

业务指导。深化县乡党校教学和管理体制改革，与自治区党委组织部共同完成第三批25个县的县级党校办学水平达标评估验收，召开全区县乡党校教学和管理体制改革培训基地建设工作会议，86所县级党校完成达标验收；出版专著《县级党校改革的思考与广西实践》、宣传画册《辉煌·希望》，举办广西县乡党校教学和管理体制改革成果展览，摄制专题片《使命与探索》，在《广西日报》开设专版宣传等，推动各市、县委加强县乡党校建设，巩固和完善具有广西特色的“大党校”、“大课堂”、“大培训”党校培训新格局。

对外交流。与越南胡志明国家政治行政学院三区政治行政学院、安哥拉人民解放运动代表团、埃塞俄比亚人民革命民主阵线高级干部研修班、国家行政学院委内瑞拉中高级公务员研修班、柬埔寨妇女部代表团、意大利民主党青年干部考察团等进行交流。

【海南省委党校】 1987年12月23日，根据海南建省办经济特区的需要，中共海南行政区委党校与中共海南黎族苗族自治州委党校合并，升格为中共海南省委党校；与海南省行政学院和省社会主义学院实行“三校合一”的办学模式，校领导体制为党委负责制，中共海南省委副书记于迅兼任校长，日常工作由党委书记、常务副校长彭京宜主持；下设哲学教研部、经济学教研部、工商管理教研部、公共管理（社会学与社会管理）教研部、党史党建教研部、法学教研部、政治学（统战理论）教研部、文史教研部等23个处级机构；现有教授9人、副教授21人、享受国务院政府特殊津贴专家2人、省优秀专家4人和全国优秀社会科学普及专家3人。

2011年，举办各类班次69期，培训干部8136人次。其中，举办常规主体班次主要有海南省公开选拔市县副职领导干部任职培训班、海南省维稳工作培训班、海南省乡

（镇）长培训班、海南省党政紧缺专业人才培训班、全省党校系统骨干教师培训班、海南省哲学社会科学教学科研骨干研修班、海南省干部教育培训骨干“能力提升与工作创新”专题培训班、农村“两委”主要领导干部培训班（16期）等，共41期，培训干部5609人次；省委党校承办有海南省党外中青年领导干部进修班（3期）、海南省直单位处级干部选学培训班（8期）等15期，培训干部818人次；省委在党校举办的专题培训有海南省领导干部“学习贯彻十七届六中全会精神”专题培训班和海南省领导干部“旅游城市规划建设与经营管理”专题培训班（12期），共13期，培训领导干部1709人次。

教学工作。颁布实施《新开发专题课程试讲办法》，制定“海南省干部选学管理规定”、“海南省干部选学质量评估表”、“海南省干部选学考勤表”等一系列管理办法，建立海南老城经济开发区现场教学基地。

科研工作。获得海南省社科联课题5项、省委组织部课题7项、省委宣传部课题5项和其他省委、省政府直属部门以及市县等委托课题8项，完成海南省社会主义学院课题19项、省委组织部课题7项、省委宣传部课题5项和其他市县委托性课题6项，校（院）级课题5项；出版著作7部，发表学术论文120余篇，向省委、省政府以及相关部门提交咨政研究报告7篇，《攻坚阶段海南扶贫开发的路径选择》和《我省生态补偿机制建立和完善的建议》获得省领导批示，《改革以“回扣”为主的导游薪酬制度，实现海南导游人员管理创新的建议》被海南省旅游局采用；举办全省党校系统纪念中国共产党成立90周年理论研讨会，提交征文81篇，其中1篇入选全国党校系统纪念中国共产党成立90周年理论研讨会，11篇论文入选全省理论界“国际旅游岛建设与执行能力建设”理论研讨会，其中获得三等奖1篇、优秀奖2篇，举办文化沙龙活动5期；制定《科研项目资助管理办法》和《校（院）级课题管理办法》。

队伍建设。引进3名博士（其中1名为博士后），招录7名参公人员，聘请3位省内领导担任兼职教授；3人被评为全国优秀社会科学普及专家，2人被选入海南省高层次人才库；重点培养青年人才，制定《新开发专题课程试讲办法（试行）》，鼓励年轻教师积极参与新专题课程开发，吸收他们参与重大科研课题，把他们推到主体班、省委宣讲团等重要课堂上，指派资深教授对青年教师进行“传、帮、带”，安排2名年轻教师到儋州市委组织部和定安县委组织部锻炼；选派党委成员10人次和教师53人次外出学习培训，组织业务部门人员6人次参加业务培训，新招录公务员5人次参加公务员初任班学习培训；在北京大学举办“全省党校系统教师能力提升专题研修班”，省委党校44名骨干教师参加培训。

校园建设。新建老干部活动中心、篮球场、中心广场、停车场、文化墙等场所，完成图书馆、人才周转房、食堂、水塔的装修改造和报告厅设备采购，推进校园西区开发，对南区、北区及东区的校园进行整治。

【重庆市委党校】 1997年9月，在原中共四川省委第二党校、原重庆市委党校、原重庆行政学院的基础上组建而成；1999年10月市委讲师团并入，实行“一套班子、两块牌子、三种职能”的办学模式；领导体制为校务委员会负责制，中共重庆市委副书记张轩兼任校长，日常工作由常务副校长吴康明主持；下设哲学教研部、经济学教研部、科学社会主义教研部、中共党史教研部、党的建设教研部、公共管理学教研部、法学教研部、经济社会发展研究所等31个处级机构，其中马克思主义研究中心为重庆市重点人文社科基地，还有中央党校教学基地和国家行政学院教学科研基地；现有教授31人、副教授58人、硕士生导师32人、享受国务院政府特殊津贴专家2人和市级学术技术带头人5人；2003年被国务院学位委员会批准为硕士学位授予单位，拥有一级学科硕士学位授权点1个、二级学科硕士学位授权点12个。

2011年，举办各类班次51个，培训干部3840人。其中，举办常规主体班次3期，主要班次有厅局级领导干部进修班、区县党政领导干部进修班、市级机关处长任职培训班、区县部门党政主要领导干部培训班、区县乡镇党政主要领导干部培训班、区县党校骨干师资培训班（哲学社会科学师资班）、国有企业领导干部政治理论培训班、区县人大领导干部进修班、区县组工系统领导干部培训班、人力社保局（处）长培训班、重庆市地税局局（处）领导班子后备干部培训班、中青年干部培训班、纪检监察系统领导干部培训班、宣传系统处级领导干部培训班、公务员能力提高培训班、哲学社会科学教学科研骨干研修班、军队团职转业干部培训班等共37个，培训干部2323人；举办专题研讨班有2011年全市质监系统领导干部专题培训班、2011年渝中区群众工作培训班、全市档案系统领导干部专题培训班、全市女村支书、女村主任专题培训班、2011年全市区县保密局长专题培训班、市管领导干部学习贯彻胡锦涛总书记“七一”重要讲话暨市委三届九次全委会精神专题培训班、全市基层党组织书记加强和创新社会管理市级示范专题培训班、全市“两新”组织党建工作市级示范党组织负责人“科学发展主题培训班”、重庆市学习党的十七届六中全会精神宣讲骨干培训班、全市党政密码领导干部专题培训班等14个，培训干部1517人。此外，硕士研究生12人取得硕士学位。

教学工作。首次实施学员自主讲学制度，参讲学员达130多人次，首次将“模拟法庭”引入中青班、师资班课堂；邀请市委常委、中科院、北京大学等领导和专家学者共81人来校授课；起草《教学基地建设与管理办法》，新建两江新区、红岩联线等10个实践教学基地，组织37个班次共2323名学员到烈士墓陵园开展重温入党誓词体验式教学，组织21个班次共1220人赴各大高校等进行两段式教学；组织编写《重庆农村基层干部培训读本》、《社区干部培训读本》、《“两新”组织党建工作读本》教材3本，出版《公共管理基础知识》、《现代经济基础知识》、《现代科技与环境保护基础知识》、《统筹城乡发展背景下的社会治理研究》、《红岩精神与党的建设》教材5本。

学科建设。获得国务院学位委员会批准，新增政治学一级学科硕士点。

科研工作。获准立项国家社会科学基

金西部项目4项和省部级课题30项，结项国家社会科学基金一般项目1项，获市第七次社会科学优秀成果二等奖2项、三等奖2项和第三届重庆市发展研究成果三等奖3项，受委托重点咨政课题15项，入选全国纪念建党90周年理论研讨会1项，获市委三届九次全委会筹备组论文二等奖1项；配合国家行政学院研究实施“中国特色社会主义的重庆实践研究”，3项成果获中央领导批示；承办《重庆日报》纪念建党90周年组稿会等工作，在《重庆日报》撰写重点文章35篇。

学员管理。实施“三考三评三公示”制度，以“三大行动”为载体开展“三项教育”；强化学员成果转化，撰写调研报告153篇，其中19篇得到黄奇帆、张轩等市委领导24次批示，撰写学员心得体会553篇，在《人民日报》、《重庆日报》等报刊上发表文章28篇；配合教学管理，组织小组讨论、评教评学活动、学员论坛、市内考察等各类教学活动，编印《学员生活》、《主体班学员案例选编（二）》、《赴井冈山延安党性实践锻炼纪实》、《课题研究报告集》、《调研论文集》、《毕业论文集》等。

队伍建设。组织教研管理骨干180人次参加出国（境）学习培训、上派锻炼和到基层任职，引进6名博士、10名硕士，推荐入选市高级专家1名，市优秀专业技术人才1名，获全市“人力资源和社会保障工作综合评价先进单位”，“市直机关党建工作优秀组员单位”、“市直机关党建研究先进集体”、“创先争优暨讲党性、重品行、作表率活动先进集体”。

【四川省委党校】 成立于1952年10月，与四川行政学院实行“一套机构、两块牌子”的办学模式；领导体制为校务委员会负责制，中共四川省委常委、省委组织部长柯尊平兼任校长，日常工作由常务副校长刘毅主持；下设哲学教研部、经济学教研部（四川经济社会发展战略研究所）、科学社会主义教研部、中共党史党建教研部、区域经济教研部、会计金融教研部、文史教研部、计算机科学与工程教研部、工商管理教研部、公共管理教研部、法学教研部、外语教研部、综合教研部等37个处级机构；现有教授44人、副教授114人、硕士研究生导师28人、享受国务院政府特殊津贴专家6人、省学术和技术带头人4人和省有突出贡献优秀专家4人；1990年经国务院学位委员会批准为硕士学位授予单位，拥有一级学科硕士学位授权点3个、二级学科硕士学位授权点11个。

2011年，举办各类培训班次140期，培训学员12934名。其中，主体班次39期，主要包括市厅级公务员专题研讨班、市厅级干部进修班、新任市厅级干部培训班、省政府部门处长任职培训班、县（市、区）长专题研讨班、县（市、区）长进修班、县（市、区）委书记进修班、省政府部门科级公务员培训班、民族地区领导干部培训班、中青年干部培训班、党校（行政学院）师资培训班、高层次复合型人才进修班、高校校级领导培训班、高校哲学社会科学教学科研骨干研修班、国有重要骨干企业领导人员进修班等，培训干部2485人次；完成省委、省政府以及相关部门交办的重大培训项目，包括“两化互动”专题培训班、藏区领导干部对外宣传专题培训班、学习推广“文建明工作法”培训班、全省组织部长培训班和全省宣传部长培训班，培训干部5552人；举办各类社会化短期培训班101个班次，培训干部4897人。

教学工作。坚持把马克思主义中国化的最新成果、毛泽东思想、中国特色社会主义理论体系等作为教学中心内容，加大世情、国情、党情、省情和共产党人道德观和社会主义荣辱观教学力度；启动主体班课程体系建设工作，及时推进“两化”互动、“十二五”规划等内容进课堂，建立10个系列、44个教学模块的课程体系；首次推出“双讲式”教学，教师从不同角度对同一问题进行深入讲解，启发学员多角度多层面思考问题；在市厅班、县处班、中青班大力举办学员论坛、专题讨论，围绕热点难点问题开展深入研讨；推进教学案例库建设，加大研究式、案例式、体验式、互动式和现场教学力度，全年主体班总课时1764课时，其中研究式教学为144课时，占总课时的8.1%，案例式教学为236课时，占总课时的13.3%，与地方政府合作，依托绵阳、汶川、龙泉和金堂监狱等教学基地，加大应急管理教学和现场教学力度；邀请省委、省政府领导和科研院所专家学者为主体班讲学105人次；组织开展全省党校行政学院系统主体班精品课程评选，确定《多元利益格局下的党群关系》等5门课程为2011年全省党校行政学院系统主体班精品课。

学科建设。获得国务院学位委员会审批通过，新增政治学、应用经济学、马克思主义理论3个硕士学位授权一级学科；四川省哲学社会科学联合会隆重举行“2011年度四川省哲学社会科学规划工作会议暨基地授牌仪式”，省委党校“四川省中国特色社会主义理论体系研究中心”被确立为“四川省哲学社会科学重点研究基地”。

科研工作。全年获准立项国家社科基金规划课题6项、中央党校课题4项，成都市社科规划课题4项，组织立项省委党校重大研究课题市州项目10项、市州委托项目3项、校内项目6项，省委党校重大委托课题2项，省委党校重点调研课题1项、青年研究课题4项；出版《四川省“十二五”经济社会发展战略丛书》；承办国家行政学院在本校召开的全国行政学院科研咨询工作会，与重庆、成都市委党校共同举办“推进成渝经济区建设、打造国家重要增长极”发展论坛，召开“纪念中国共产党成立90周年”理论研讨会，组织上报150余篇理论文章参加中央党校和全省研讨会，其中50余篇论文入选。组织参加全省哲学社会科学重点研究基地的申报，被评定为四川省哲学社会科学重点研究基地——中国特色社会主义理论体系研究基地；组织全省21个市州党校行政学院科研管理工作人员开展“科研管理系统”使用培训会，组织开展第七届全省党校系统科研评奖，12所党校荣获优秀科研组织奖，4所党校荣获科研工作进步奖，10人获得优秀科研个人奖，12人获得优秀科研管理工作者奖，125项成果获得优秀科研成果奖。

队伍建设。引进教研人员4人、管理人员8人，提升正厅级干部1人、副厅级干部2人、正处级干部8人、副处级干部5人，交流调整7人，评审推荐正高级职称6人、副高级职称8人、中初级职称11人；选派6人到省委办公厅、省政府应急办、雅安、广元等省级综合部门和区县挂职锻炼，安排18名青年教师到校院主体班担任责任教师及教学科研综合管理部门参与实践锻炼，选送105人次参加各类培训和学术会议。

机关党建。组织开展专题学习中央纪委十七届六次全会和省纪委九届七次全会精神以及《中国共产党党员领导干部廉洁从政若干准则实施办法》，邀请省纪委、省检察院领导作党风廉政和预防职务犯罪专场报告；召开全省党校系统机关党建工作经验交流会、班子民主生活会和校院机关党建工作会，召开党总支、支部书记会议10次，举办党总支、支部书记（含支委委员）培训2期；37个党支部完成换届选举工作，接收20名同志为中共预备党员，22名转为中共正式党员，组织96名新党员、入党积极分子进行人机对话管理考试，开展建党90周年系列纪念活动，表彰奖励5个党支部、33名优秀党员及8名优秀党务工作者。

信息化建设。完成全省干部教育培训综合智能化信息管理平台项目的总体技术方案设计并进入试运行阶段，完成智能化校院建设的一卡通集成平台项目、综合信息管理系统项目招标前的各项准备工作，完成应急管理（兼案例教学）、新闻发布、新闻访谈、影音赏析、微格教学等实验室在内的全省干部教育培训仿真训练与评估实验中心的技术方案设计，覆盖全省党校系统的四川干部教育网骨干网切换到省电子政务外网，组织64批次的远程教学培训活动，参与人数1882人次。

基础设施建设。旧城改造职工住房已进行初步测算与建筑体量分析，教学综合楼工程进行室内装修，图书馆和砚湖废水利用改造工程竣工，完成榕园宾馆装修升级改造并投入使用。

对外交流合作。全年共接待英国、法国、加拿大等国外友人来访6批共计57人，派出澳新考察团、日韩交流团等5批30人，组织教师参加国际行政院校联合会2011年度年会；健全完善外事接待、出国访问的规章制度，推动重点学科、重点专业与国外机构开展多种形式的对口交流与合作，与英国驻华大使馆、德国路德维希堡应用科技大学达成合作意向。

【贵州省委党校】 创建于1950年，与贵州行政学院实行“一套人马、两块牌子”的办学模式；领导体制为校务委员会负责制，中共贵州省委常委、省委组织部部长孙永春兼任校长（2011年5月以前，校长由省委常委、省委组织部部长张少农兼任），日常工作由常务副校长韩卫东主持；下设哲学教研部、经济学教研部（经济学系）、科学社会主义教研部、中共党史教研部、党的建设教研部、经济管理教研部（经济管理系）、行政管理学系、文史教研部、法学教研部（法学系）、现代科技教研部、理论研究所等32个处级机构；现有教授25人、副教授49人、享受国务院政府特殊津贴专家2人、省政府特殊津贴专家6人和省管专家7人。

2011年，举办各类班次51期，培训干部5544人。其中，常规主体班有地厅级干部进修班（2期）、局级干部进修班、妇女干部培训班、民族干部培训班、中青一班、中青二班、处长培训班、第一期乡镇长培训班、第五期社区班和第五期地县党校师资班等15期，培训干部694人；省委在党校举办的专题研讨班有全省党校校长学习十七届六中全会精神研讨班、全省信息化推进培训班、全省乡镇长城镇规划班（共9期）、全省乡镇长社会管理及创新专题研讨班（共5期）共16期，培训干部3274人；与省国资委共同举办监管国有企业后备领导人员培训班、与省高院共同举办全省法官培训班、与省纪委共同举办纪检监察干部培训班、与茅台集团共同举办茅台集团中层干部培训班、与省教育厅共同举办全省哲学社会科学骨干研修班（4期）、与省环保局共同举办环保局领导干部培训班、与省机关工委共同举办全省机关工委系统干部培训班、与省商务厅共同举办全省产业园区发展与招商引资实战高级培训班、与省老干部局共同举办全省老干部局（处）长轮训班、与贵阳市国税局共同举办贵阳市国税系统培训班、与铝镁设计院共同举办铝镁设计院干部培训班、与六枝特区区委共同举办六枝特区“四帮四促”专题培训班、与开阳县委共同举办开阳县南江乡“四帮四促”专题培训班共16期，培训干部1372人；举办校内专职教师培训班4期，培训干部204人。

教学工作。增设党的十七届五中、六中全会精神和胡锦涛同志“七一”重要讲话等内容，专题更新率超过35%，把“贵州经济社会发展问题研究”细化为“两加一推”主基调、工业强省战略、城镇化带动战略、农业现代化、社会管理创新、文化建设与发展、贵州党的历史与建设等7个模块，贵州经济社会发展相关专题占38%，启动贵州工业化进程、贵州城镇化进程、贵州农业现代化进程、贵州社会管理4本案例集的编撰工作；建立党性教育、新农村建设、城镇化建设、工业园区建设等主题的现场教学基地43个；学员以班为单位进行现场教学活动56批次，组织省外考察学习活动7次；邀请校外32位专家、领导作专题报告45场次；完善教学评价机制，全程开展双向评估，发动学员对教学活动实行每课一评，逐个打分，及时评估教师的授课情况，通过入学摸底考试、路线方针政策考试、毕业论文答辩等手段全面评估学员理论学习的成效；组织专家遴选学员优秀论文，编辑出版《学员优秀论文选》。

学科建设。拟订《校（院）“十二五”期间学科建设规划》，确定8个重点一级学科，初步明确学科建设主攻方向，对重点学科建设以及配套的人才引进、科研工作重点、教学改革方向等进行了规划。

科研工作。申报国家社科基金课题18项，获准立项4项，获省部级课题2项，组织立项校级课题25项；结项省部级课题3项，其中1项获得全省干部教育培训改革创新重点调研课题一等奖；10名专家被省委政策研究室等单位聘请参与相关研究工作，2次承担省委书记讲话稿的撰写工作；出版专著3部，在省级以上公开刊物发表学术论文142篇，其中在核心期刊发表9篇；与省委组织部共同举办的全省组织系统、党校（行政学院）系统“党建理论与贵州实践”研讨会；出版《中共贵州省委党校学报》6期、《贵州干部教育》18期。

学员管理。落实窗口服务、“一站式”服务、限时办结、夜间值班等制度，严格执行省纪委、省委组织部和省委党校联合下发的《干部在党校学习培训期间加强作风建设的十五项规定（试行）》，把党性教育贯穿于教学管理的全过程；通过学员作风建设协调小组督察、签订承诺书、搞好自查、成果公示等形式，增强学员党性修养；中央组织部在贵州开展干部选拔任用抽样测评，学员的满意率高于全省干部培训平均水平。

队伍建设。引进博士10名，统一招考公务员、基层选调生和基层干部各4名；提拔正厅级干部1名、副厅级干部2名，选拔4名正处、7名副处领导干部、5名副处级非领导职务干部和4名正科级干部；选派15人次赴美国等学习培训，选调51人次赴中央党校、国家行政学院、干部学院及知名高校学习培训，组织50人赴重庆市委党校进行为期1周的培训；举办全校专职教师“学习贯彻胡锦涛总书记‘七一’重要讲话，围绕中心、服务大局，提高教学培训质量”专题培训班。

信息化建设。完成主体班教学子网站和“四帮四促”、“万名干部下基层”等专题网站的建设，西部开发学习网贵州远程服务中心（贵州DLC）培训6期372人次；新增视频课件6829个，系统储备的各类视频课件总量达到27267个，其中2部课件被中央党校评为优秀资源片，接受党员干部、农民群众点播下载6万余次。

校园建设。通过贵阳市规划局和贵阳市政府的评审，省发改委审批立项校园整体规划，基础设施建设进入实际操作阶段，完成新增300亩土地的规划、测绘和申报资料等工作。

【云南省委党校】 建于1950年9月1日，与云南行政学院实行“一套人马、两块牌子”的办学模式；领导体制为党委负责制，中共云南省委副书记李纪恒担任校长，日常工作由校党委书记、常务副校长黄顺主持；下设哲学教研部、经济学教研部、科学社会主义教研部、党史教研部、党的建设教研部、经济管理教研部、公共管理教研部、法学教研部、文化与科技教研部、省情与政策研究所等25个处级机构；现有教授27人、副教授42人和享受省政府特殊津贴专家6人。

2011年，完成49个主体班次，4073人次的培训任务。其中，举办常规主体班次37期，包括厅级领导干部进修班、县委书记培训班、县处级领导干部进修班、中青年干部培训班、县（市、区）委副书记培训班、处级公务员任职培训班、县处级公务员法治政府与服务型政府建设培训班、处级公务员四项制度专题培训班、处级公务员应急管理专题培训班、促进现代服务业发展培训班、县处级女干部培训班、县处级少数民族干部培训班、企业高级管理人员培训班、藏区对外宣传工作专题培训班、德宏州县处级领导干部培训班、理论骨干培训班、干部自主选学培训班、乡镇长培训班及全省党校系统师资培训班等班次，培训干部1650人；省委在党校举办的专题研讨班有云南省领导干部社会管理及其创新专题研讨班、云南省乡镇党委书记培训班（3期）、云南省新农村建设工作队总队长专题研讨班、加快转变经济发展方式专题研讨班及全省县委书记培训班，培训干部2113人；与省委组织部共同举办2011年在滇挂职干部研讨班、云南省民营企业家培训班、全省党委系统密码部门领导干部培训班，培训干部167人；举办干部自主选学培训班2期，培训干部143人。

教学工作。组织开展干部需求调研活

动，向16个州市和省直机关发放《云南省委党校2012年干部培训计划专题方向设置调查问卷》111份，成立2个调研组进行走访调研，为制订下一个年度干部培训工作计划奠定基础；把马列经典原著进课堂的工作列为课题进行研究，开设“马克思恩格斯哲学思想”、“《资本论》及其现实意义”、“列宁晚年的社会主义思想”、“《实践论》、《矛盾论》导读”、“《关于正确处理人民内部矛盾的问题》与做好新形势下的群众工作”等14个马列经典原著课程，把学习中国特色社会主义理论体系，特别是科学发展观作为学习培训的中心内容，突出党的十七大和十七届三中、四中、五中和六中全会精神，省委八届九次、十次、十一次全会精神和省第九次党代会精神的学习贯彻，制定《关于加强学员党性锻炼的意见》，每个班专门安排《党的建设与党性教育》教学单元，开设党建专题，组织第28期、29期中青班学员进行为期1周的军训，开展组织生活，在结业前进行党性锻炼的考核；继续开设“当代云南系列专题与外请报告”，邀请国家部委局领导、中央党校、国家行政学院专家教授和省委、省政府领导68人来校作报告113场次；参加中央党校举办的“全国党校系统精品课”评选工作，制定《关于推荐全国党校系统精品课的实施方案》，推荐《用中国特色社会主义理论体系武装全党》专题参加全国党校系统精品课评选。

学科建设。通过《中共云南省委党校、云南行政学院学科带头人职责任务与考核管理暂行办法》，组建学科团队，开展教学专题研究、项目申报、发表论文、出版学术著作等。

科研工作。获准立项国家社科基金项目5项、全国党校系统调研课题7项和省社科项目5项，有10项省部级以上课题通过结项验收；出版学术著作9部，其中《全球化与民族文化多样性》和《马克思主义政治哲学研究》入选云南省“当代云南社会科学百人百部优秀学术著作丛书”并再版，发表学术论文173篇，《孟连县做好新形势下群众工作的六点重要启示》、《桥头堡建设中的云南现代物流布局与发展研究》等决策咨询研究成果得到省领导批示；与俄罗斯国家行政学院弗拉基米尔分院联合组织2011年“中俄危机状态下的可持续发展经验研究”研讨会。

队伍建设。引进人才6人，提拔副处级干部4人、正处级干部2人；出台《事业编制人员奖励性绩效工资分配实施办法（试行）》、《公开竞争讲课暂行规定》、《事业编制人员值班加班管理暂行规定》、《教学科研和教辅部门领导人员试行聘任管理暂行办法》、《学科带头人职责任务与考核管理试行办法》；派出23人到中央党校、国家行政学院等学习培训，派出新农村工作队总队长2人、新农村指导员6人、到“兴边富民工程”挂钩点挂职锻炼3人、到西山区挂职锻炼10人和扶贫挂职干部1人，派出18名教研人员赴意大利、越南、俄罗斯等地开展校际交流、参加学术研讨会和培训。

【西藏自治区委党校】 成立于1961年4月，与西藏行政学院实行“一套机构、两块牌子”的办学模式；领导体制为校务委员会负责制，中共西藏自治区党委副书记张裔炯兼任校长，日常工作由常务副校长石俊华主持；下设马列教研部、党史党建教研部、综合教研部、行政管理教研部等12个处级机构；现有教授6人、副教授21人和享受国务院政府特殊津贴专家3人。

2011年，举办各类班次35期，培训2362人次。其中常规主体班有第十九期中青年干部培训班、第四期全区村（居）委会党支部书记培训班、全区组织编制部门业务骨干培训班、第十二期区直机关处级领导干部进修班、第四期全区纪检监察干部业务培训班、全区密码干部培训班、第二期全区党校系统教学研讨班、第七期全区政法工作专题研讨班、全区宣传文化干部培训班、全区国有企业党建工作培训班、第五期全区村（居）委会党支部书记培训班（昌都）、第一至第六期全区乡（镇、街道）党委书记加强社会管理培训班、第十一期区（中）直单位科级干部培训班等22个班次，培训干部1210人；举办专题研讨班有全区县（处）级领导干部“十二五”经济社会发展规划专题研讨班、全区人力资源管理干部培训班、第三期全区应急管理专题研讨班、第十六期全区军队转业干部培训班、第十三期全区公务员任职培训班、第四期乡长（镇长、街道办主任）进修班、第四期区直系统公务员初任培训班等13个班次，培训干部1152人。此外，重点加大对基层干部的培训力度，举办全区村（居）委会党支部书记培训班（2期）、全区乡（镇、街道）党委书记加强社会管理培训班（6期）、乡长（镇长、街道办主任）进修班、自治区村官岗前培训班（2期），培训基层干部1207人次。

教学工作。通过问卷调查、小组研讨反映问题、专题访谈等方式建立有效的培训需求调研制度；建立6个现场教学点，“咖啡论坛”在各班次开展，“拓展训练”逐步完善；成立4个专业组进行教师集体备课，开展“2+0.5”研讨式教学法，推进案例式、菜单式、模拟式、体验式教学法，邀请区内外专家学者和有关职能部门领导为学员作报告104次；开展教学质量评估和精品课程评选，评选出区党委党校2011年度精品课程7个，选送中央党校信息中心远程教学片5个，评选出2个参加全国党校系统精品课程评选。

科研工作。获立项国家社科基金项目3项和中央党校招标课题2项，《第六次人口普查中的西藏藏族人口相关数据分析研究》获西藏历史与现状综合研究项目立项；由四川省委党校资助的6个科研项目完成报送工作，出版国家行政学院资助科研成果1项；《乡村巨变——西藏山南勒布门巴民族乡调研报告》出版发行，发表各类文章60余篇；举办“全区党校系统纪念中国共产党成立90周年和西藏和平解放60周年理论研讨会”、“纪念辛亥革命100周年暨区党委党校建校50周年理论研讨会”；印发《科研奖励实施细则》，设立“六所一中心”等学术研究机构。

学员管理。推动学员管理形成纪检部门、组织部门、学员派出单位协同配合、齐抓共管的工作格局，分管领导亲自主持和参与学员党性教育，亲自给学员讲党课，加强学员党风廉政教育，不断提高学员拒腐防变的自警意识和自律意识。

机关党建。着力建设“四强”党组织，加强对工程项目、财务管理、研究生招考、干部选拔方面的监督，与县以上领导干部签订《党风廉政责任书》；选派5人工作组赴昌都地区芒康县如美镇卡均村开展加强基层建设年活动的驻村工作，选派21人工作组（分为5个工作队）赴昌都地区江达县娘西乡开展创先争优强基础惠民生的驻村活动。

队伍建设。充实校委班子成员，完成6名正处、9名副处级干部的选拔任用工作，晋升1位正高级、3位副高级职称教研人员，新增获享受国务院政府特殊津贴专家1人，推荐并获评自治区“五个一批”人才1人，新录用博士1人；选派2人随中央党校访问团赴意大利学习考察，15人赴德国参加“培训者培训班”，36名教师赴中央党校、国家行政学院、延安干部学院等院校学习。

基础设施建设。教学配套设施建设项目（新建学员宿舍楼、改扩建食堂、图书馆项目）和自治区党员干部廉政教育基地建设项目竣工，完成西藏干部教育网在线学习平台建设和校园网络中心机房装修改造工作。

【陕西省委党校】 创建于1934年，领导体制为校务委员会负责制，中共陕西省委副书记王侠担任校长，日常工作由常务副校长薛引娥主持；下设中共党史教研部、党的建设教研部、哲学教研部、政治经济学教研部、科学社会主义教研部、政治学教研部、经济管理教研部、法学教研部、陕西经济社会发展研究所等38个处级机构，在延安、榆林、安塞等市县和大型企业建立多个教学科研基地；现有教授32人、副教授71人、硕士导师50人、享受国务院政府特殊津贴专家5人和省有突出贡献专家6人；1993年经国务院学位委员会批准为硕士授权单位，拥有硕士学位二级学科授权点25个。

2011年，完成常规主体班次培训64期，包括市厅级领导干部进修班、中青年干部培训一班、中青年干部培训二班、县区领导培训班、优秀选调生培训班、党校系统师资培训班等12期，培训干部348人；举办自主选学班31期，培训干部1076人；举办全省信访系统干部班、全省高校哲学社会科学教学科研骨干班等班次21期，培训干部2140人。完成行业系统专题和技能培训班193期，包括全省机关后勤领导干部及业务骨干培训班、省国防系统工会领导干部班、纪委书记培训班、优秀县处级女干部班、大学生村官培训班、延长石油集团党委书记培训班等，培训干部11528人。此外，举办延安精神现场教学培训班51期，举办“马来西亚—新加坡杰出华人”培训班3期。

教学工作。制定《专题开发办法》、《教学管理规定》、《教学质量评估实施办法》、《培训流程》和《全省党校系统教学改革统筹实施意见》；组织研发3个教学科研一体化专项课题和5个马克思主义经典著作导读及十七届六中全会精神为主要内容的多个教学专题，《社会主义核心价值体系》等6部新教材投入培训使用，教学内容更新率超过20%；采用专题教学、学员论坛、现场教学、带着课题考察等培训形式，围绕全省经济社会热点问题深入调研30余次，形成调研成果34篇，有20项学习体会和调研报告在《学习时报》、《陕西日报》等刊发，汇编调研报告文集4册呈送省委、省政府和地方党委参阅；与延安炼油厂、神华神东煤炭集团、江西省委党校、山东省委党校合作建立教学基地；对86名教师进行160次教学评估，提高以学员为评估主体的量化评估标准，举办第八届青年教师讲课竞赛和第六届博士论坛。

科研工作。获准立项国家社科基金项目4项、中央党校课题4项和省规划课题3项，组织设立9个校级专项课题，以“陕西发展与十二五开局”为主题在全省党校系统招标课题43项，完成国家社科基金项目2项和省部级课题5项；开展“富民强省、科学发展”有关问题调研，92项成果在《学习时报》、《陕西日报》、《中共党史研究》、《党建研究》、《科学社会主义》等报刊发表；举办全省党校系统第25次理论研讨会，征文925篇，论文获奖303篇，125篇优秀论文入编论文集。

队伍建设。招聘教师1人，安置军转干部12人，有17名教研人员晋升职称职级；选送11人参加了延安、浦东、井冈山干部学院专业培训，向省委讲师团、省编委、省委宣传文化系统推荐“特聘教授”、入库专家、“四个一批”人才18人，推荐到基层“交流任职”1人。

后勤保障。为全校办公室安装更换空调设备；加强绿色校园建设，被评为“省绿化模范单位”；加强节约型机关建设，完善节约资源考核办法，获“全省公共机构节能工作先进单位”称号。

业务指导。检查指导《党校工作条例》和《省委贯彻落实〈党校工作条例〉若干意见》贯彻情况，组织10所市级党校常务副校长参加中央党校举办的“全国市地州盟党委党校常务副校长第一期培训班”，总结提升咸阳加快县级党校建设的成功经验，在全国县级党校会议上进行经验交流，召开全省党校系统高级职称任职资格评审会，完成全省党校系统60人的高级、中级职称任职资格评审工作。

【甘肃省委党校】 成立于1952年11月7日，领导体制为校务委员会负责制，中共甘肃省委副书记鹿心社兼任校长，日常工作由常务副校长王渊主持；下设哲学教研部、经济学教研部、党史党建教研部、政治学教研部、工商管理教研部、公共管理教研部、法学教研部、文史教研部、党建研究所和经济社会发展研究所等26个处级机构；现有教授31人、副教授72人和享受国务院特殊津贴专家1人。

2011年，举办各类班次139个，培训干部12961人，比2010年增加3814人。其中，举办常规主体班次主要有地厅级干部进修班，县处级干部进修班，中青年干部培训班，企业领导人员培训班、市县党校骨干师资培训班等7期，培训干部263人；举办高校、科研院所改革发展专题研讨班，意识形态工作专题研讨班，群众工作专题研讨班，区域协调发展专题研讨班，新形势下党的群众工作专题研讨班，省直机关科级干部培训示范班，市州机关科级干部培训示范班，县（市、区）机关科级干部培训示范班，基层女干部培训示范班，“科学发展主题培训行动计划”党校系统师资培训班，全省哲学社会科学教学科研骨干研修班，全省乡（镇）党委书记培训班等13类22个专题培训班，培训干部1730人；举办全省大学生“村官”省级示范培训班、全省基层党组织书记加强社会管理集中轮训示范培训班、全省纪检监察系统公文写作与突发事件应急处理培训班等110个计划外培训班，培训干部10968人。

教学工作。突出对中央、省委大政方

针的学习，把胡锦涛同志“七一”重要讲话和党的十七届六中全会、省委十一届十四次全委会议精神及时纳入教学计划，突出加快经济发展方式转变、社会管理与创新的教学，切实把党性教育贯穿到党校教育的全过程；继续坚持研究式教学，积极推广和实施案例式、研讨式、互动式、体验式、辩论式教学，继续在中青年干部培训班开展“四个一周”的拓展培训；坚持和完善集体讨论教学计划、集体备课制度、讲稿审核制度、学员学习考核制度和教学分析与总结制度，完善教学质量考核评估工作。

科研工作。获准立项国家社科基金项目 5 项、省社科规划项目 4 项、省科技厅软科学项目 3 项、全国党校系统重点调研项目 3 项、全省党校系统调研项目 47 项和兰州市社科规划项目 3 项，完成国家社科基金项目 5 项、省社科基金规划项目 8 项、全国党校系统重点调研项目 2 项，有 26 项科研成果获奖，其中获甘肃省第十二届社会科学优秀成果一等奖 1 项、二等奖 1 项和三等奖 11 项；组织召开《甘肃理论学刊》创刊 30 周年座谈会等学术研讨会，编辑出版《中共甘肃省委党校年鉴》2008 卷和 2010 卷，出版著作 13 部，在省级以上报刊和出版社发表论文 237 篇。

队伍建设。招录博士 4 名、硕士 4 名，公开考录公务员 2 名，招聘硕士以上专业技术人员 3 名，选拔 4 名有基层工作经历的大学生来校工作；选拔 3 名副处级领导干部，提拔任用和调整补充处、科级干部 13 名；新晋升高级职称 10 名，其中正高职称 4 名，副高职称 6 名；核定专业技术岗 189 个、职员岗 32 个、工勤技能岗 49 个；选送 17 人分别到中央党校、全省哲学社会科学教学科研骨干研修班、省直机关工委党校处级干部理论培训班、科级干部理论培训班学习培训、省直机关处级公务员进修班学习，选派 1 名处级干部到酒泉市肃州区、2 名教师分别到庆阳市华池县、合水县挂职锻炼。

机关党建。组织全体党员和干部深入学习党的十七大、十七届五中、六中全会、“十二五”规划纲要和胡锦涛同志“七一”重要讲话、省委十一届十四次全委会议精神，组织 10 多位专家学者在《甘肃日报》、甘肃电视台解读胡锦涛总书记“七一”重要讲话、党的十七届六中全会、中央经济工作会议精神；召开创先争优工作座谈会，制定《中共甘肃省委党校关于开展创先争优破解难题主题活动的实施方案》，召开庆祝建党 90 周年暨创先争优活动表彰大会，对 8 个先进党支部、32 名优秀共产党员、13 名优秀党务工作者进行表彰，1 人被省委表彰为全省优秀党务工作者，省委党校被省直机关工委授予机关党的建设理论研讨先进单位；完成 36 个基层党支部、2 个党总支的换届选举工作，制定印发《中共甘肃省委党校法制宣传教育“六五”规划》，召开第四次工会会员代表大会，选举产生第四届工会委员会、第四届工会经费审查委员会，承办甘肃省教科文卫工会系统学习贯彻党的十七届六中全会精神研讨会；校工会被命名为“全国教科文卫体系统模范职工之家”。

信息化建设。完成新建学员楼的网络、有线电视、电话虚拟网的升级改造工作和新购办公自动化系统的试运行；精选下载教学节目和专题报告 450 讲，播出各类教学节目400余讲，摄制各类教学资源片36讲，3部教学资源片获全国党校系统远程教学资源片优秀讲座片奖，1部获优秀专题片奖；完成2011年清华同方CNKI“中国学术期刊全文数据库”和“中国博硕士论文全文数据库”的续订工作，选购方正电子图书800册，完善“甘肃省情全文数据库”等3个自建数据库的建设工作；配合中央党校“三大文库”的建设，完成“中共甘肃省委党校文库”等5个数据库建设的前期准备工作。

基本建设。完成危旧校舍改扩建二期工程建设和办公楼内部粉刷、校园西区沥青路面及西二、西三楼周边人行道道牙铺设、1—13号住宅楼天然气报警器安装及橡胶管更换等，3栋教师公寓建设按期开工。

业务指导。召开全省党校系统业务指导工作座谈会，举办首届全省党校系统优秀教学比赛，组织全省13个市州委党校常务副校长参加中央党校第2期全国市地州盟党委党校常务副校长培训班和74位县（市）、企业党校校长赴中央党校、北京市委党校和西柏坡考察学习，召开第25次全省党校系统教师高级职务任职资格评审委员会会议。

【青海省委党校】 成立于1951年3月9日，与青海省行政学院和社会主义学院实行“一套人马、三块牌子”的办学模式；领导体制为校务委员会负责制，中共青海省委副书记王建军担任校长，日常工作由常务副校长武伟生主持；下设哲学教研部、经济学教研部、政治学（科学社会主义）教研部、党史党建教研部、公共管理教研部、民族宗教学教研部、法学教研部和现代科技教研部等24个处级机构；现有教授38人、副教授31人。

2011年，举办各类培训轮训149期，培训轮训干部8523人次，同比增加30期、2954人次。其中，举办十七届五中全会精神培训班、首期全省党委新闻发言人培训班、全省藏语口语强化班和师资培训班、全省藏区基层公务员能力建设培训班、全省新任县委书记县长“社会管理及其创新”专题培训班以及党外代表人士培训工作专题研讨班等主体班班次89期，培训轮训干部4815人次；举办全省州（地、市）县财政局长培训班、果洛州中青年干部培训班、全省科技管理干部培训班和中石油青海销售公司科级干部培训班等计划外班次59期，培训轮训干部3200人次；举办省直机关第二期干部自主选学班，508人副处级及以下干部的培训。此外，利用西部开发远程学习网举办“共享式增长与城乡一体化”、“城市工业污染土地环境修复与再开发”和“清洁能源政策与国际经验”等远程培训班。

开放办学。促成省政府与国家行政学院签署战略合作框架协议，为进一步争取国家行政学院的支持创造了条件；与苏州大学签署合作协议，在苏州大学设立教学科研实践基地；与《人民论坛》杂志社建立了战略合作关系，成为“人民日报人民论坛战略合作单位”；与国家开发银行股份有限公司青海省分行签订战略合作框架协议，共同对省内经济社会等领域课题开展研究，开展地方干部培训、分行员工培训、党务理论培训等方面的合作；与中国联通青海分公司建立合作关系，联合开办“联通三江大讲堂”，开设电子政务与信息化建设教学实践基地；注重省情教育，建立海北州现代生态畜牧业教学实践基地。

教学工作。组织实施教学内容“511”工程，开发《资本论》及其现实意义、列宁晚年的社会主义思想等系列99个新专题，共安排280个专题进课堂；设置“青海经济社会发展重大理论与现实问题研究”教学模块，开设“当前宏观经济形势与青海经济发展”、“生态立省战略与青海绿色发展”、“关于弘扬青海抗震救灾精神的几点思考”等专题课程；注重忠诚教育，把党性锻炼贯穿于教学的全过程；在相关主体班次中开展新闻发布与媒体访谈、玉树地震应急处置与演练等专项教学，与省人大专委会合作在县处级公务员班举办地方立法论证会；举办全省党校系统第2届精品课评选和第4届教学观摩比赛，共评出精品课3项、优秀课2项，一等奖4项、二等奖9项、三等奖12项、优秀奖18项、优秀组织奖3项。

科研工作。获准立项国家社科基金重点项目1项、一般项目2项、西部项目3项，获全国党校系统重点调研课题6项、省社科规划课题14项和全省党校系统课题13项，承担省委、省政府及相关部门委托课题18项；结项国家社科基金项目2项、全国党校系统重点调研课题1项、国家行政学院招标课题1项、中央社会主义学院课题2项和青海省社科规划课题10项；在全国统战理论优秀成果评奖中获一等奖1项，获青海省第九次哲学社会科学评奖论文类一等奖1项、二等奖3项、三等奖3项，著作类三等奖1项，组织参与纪念中国共产党成立90周年系列理论研讨活动，共有58篇论文获得各类奖项，获全省纪念中国共产党成立90周年理论研讨会、全省纪检监察系统纪念中国共产党成立90周年暨反腐倡廉建设理论研讨会优秀组织奖；在国家权威报刊发表理论文章11篇，其中《领导干部应树立正确的幸福观》发表在《人民日报》（2011年8月24日）、《中国共产党成功应对特大自然灾害的启示》发表在《光明日报》（2011年7月3日）；编辑出版汉文版《攀登》6期、藏文版《攀登》4期、《党校教育报》18期，编辑发行《青海省情数据手册》5000册。

队伍建设。招聘6名硕士毕业生充实教研队伍，举办为期一年的行政后勤及教学辅助部门处级干部现代管理知识培训班，组织77名科级干部参加全省自主选学，选派107名教职工外出学习和培训，其中选派9名学科带头人、中青年骨干教师和管理人员出国（境）学习考察，8名处级领导干部参加校院相关主体班次的培训，1名教学骨干到中山大学作访问学者，7名教研人员在校内外挂职锻炼，表彰2008—2010年度“十佳教师”、“十佳工作者”。

信息化建设。安装超星数据库、国研网数据库，恢复引进CNKI中国优秀硕士论文全文数据库，完成中国知网CNKI服务器更换、系统升级和数据更新，更新14间多媒体教室设备；汉文版《攀登》杂志与中国知网签署优先数字出版互利合作协议；搭建“玉树抗震救灾专题数据库”框架，完成4285篇文章和资料的扫描工作，录入文章261篇；完成17部教学专题片的编辑制作，入选农村党员干部现代远程教育专题42个。

机关党建。组织全校集中学习胡锦涛、习近平的重要讲话等，开展“好书共读”

活动；制定《开展廉政风险防范管理工作实施方案》，把反腐倡廉教育纳入各班次教学计划，加强公务车辆日常管理，严格工程招投标和公务接待工作流程；组织开展党校建校60周年和行政学院、社会主义学院建院20周年系列庆祝活动，开展与联点乡村党组织互帮互助和与农牧区党组织结对共建活动，再次被省直机关工委授予省直机关“机关党建工作先进单位”荣誉称号。

业务指导。召开全省党校、行政学院、社会主义学院校院长会议，组织州市地党校常务副校长和部分县级行政学校常务副校长分别到中央党校、国家行政学院进行学习培训，举办全省党校系统师资培训班和全省藏语口语强化师资培训班、全省党校系统信息化工作人员业务培训班，组织基层党校申报2011年各级各类课题；推进全省6所州级党校的基础设施项目列入到国家藏区政权建设项目计划，落实项目资金9600余万元，兴海、久治和循化等6所县委党校的基本建设规划通过评审，为基层党校配备家具2789件，完成西宁市委党校C级站恢复和久治县委党校C级站建设前期准备工作；组织人员深入联点乡镇和村宣讲1号文件精神，24个党支部与联点村26户贫困户结成帮扶对子，送去价值3.6万元的面粉、油、煤、衣服等慰问物资和1.6万元现金。

【宁夏回族自治区委党校】 创建于1958年，与宁夏行政学院实行“一套机构、两块牌子”的办学模式；领导体制为校务委员会负责制，中共宁夏回族自治区党委常委、组织部部长徐松南兼任校长，日常工作由常务副校长杨国林主持；下设哲学教研部、经济学教研部、政治学教研部、党史党建教研部、经济管理教研部、社会与文化教研部、公共管理教研部、法学教研部和信息技术部等22个处级机构；现有教授11人、副教授32人、享受自治区政府特殊津贴专家2人和自治区突出贡献中青年专家1人。

2011年，举办主体班10期，培训干部798人；举办公务员轮训班6期，培训干部731人；举办专题研讨班5期，培训干部189人；举办换届工作及干部工作业务培训班4期，培训干部421人；举办其他培训班2期，培训干部265人。此外，举办计划外培训班60期，培训干部及相关专业技术人员8126人。

教学工作。制定出台《关于进一步推动和深化教学改革工作的意见》、《案例教学实施办法》、《现场教学实施办法》和《模块化教学实施办法》；坚持把中国特色社会主义理论体系作为教学的主要内容，在各主体班次教学工作中全面实施模块化教学，细化和深化教学内容；利用党校网络建设平台，研制开发教学质量网上评估系统，主体班次学员可以对所学课程进行网上评估；加大对新开发专题、现场教学、学员论坛等教学情况的检查和监督，改革考核方式，所有处级班和中青班都实行闭卷考试。

科研工作。立项国家社科基金规划项目4项、省部级课题23项，结项国家社科基金规划项目1项、省部级课题12项，科研成果获省部级奖40项；出版专著3部，在核心期刊发表学术文章20篇，其中《重视和做好新形势下群众工作》发表在《人民日报》（2011年12月14日）；报送调研报告20篇，其中《推进石嘴山市资源枯竭型城市转型》、《发挥宁夏在中阿自贸区建设中桥头堡作用的政策建议》、《广西、海南、浙江三省（区）调研对宁夏中阿人才建设的启示》得到王正伟主席批示；与中央党校联合举办“中国共产党与当代中国对外关系”理论研讨会，成立“中阿合作战略研究中心”，召开全区党校系统纪念建党90周年理论研讨会和科研工作成就展。

队伍建设。面向全国公开招聘硕士3人，遴选公务员1人，选调中级职称以上人员2人、公务员1人；任免处级干部5人、科级干部5人，交流轮岗干部4人；新增享受自治区政府特殊津贴专家2人、自治区新世纪“313人才工程”人选1人；选派7人参加境外培训、47名处科级干部参加网络学院培训、1人参加中组部“西部之光”访问学者、10人到区直机关和基层挂职锻炼、10人参加拔尖人才创新项目培训；自治区党委组织部安排区外培训班次2个，《中阿经贸合作战略研究课题》人才创新项目1人，人社厅安排区内培训项目1个，有4名教师在国家行政学院进修访学、挂职。

信息化建设。筹措资金135万元，完成宁夏干部教育培训网络学院网络平台的第三次升级改造，网络课程也已突破1000门大关，实现面向全区进行招生，已有3104名处级干部、7373名科级干部以及其他公务员10871人参加了网上在线学习，共计培训21348人。

基础设施建设。新建学员培训楼主体工程以及外部装修已基本完工，内部装修正在进行；投资15万元对数字图书馆设备进行升级改造，全面改造、更新大报告厅、远程教室、多功能教室、图书馆报告厅多媒体教学设备，投资630万元启动综合楼外装保温和党校食堂改造工程；实施“绿化、美化和亮化”工程，继续保持了银川市“园林式”单位和“首府绿化先进单位”称号。

【新疆维吾尔自治区委党校】 创建于1950年3月，与新疆行政学院实行“两块牌子、一套班子”的办学模式；领导体制为校务委员会负责制，中共新疆维吾尔自治区党委副书记、组织部部长韩勇兼任校长，日常工作由常务副校长牟振江主持；下设哲学教研部、政治学教研部、经济学教研部、党史党建教研部、民族宗教理论教研部、法学教研部、文化学教研部、行政学教研部和新疆经济社会发展研究中心等31个处级机构；现有专职教师117人，其中教授13人，占教师比例11.1%，副教授49人，占教师比例41.9%，讲师38人，占教师比例32.5%，有享受国务院政府特殊津贴专家3人、自治区突出贡献中青年专家4人和自治区优秀专业技术人才25人。

2011年，举办常规主体班次53个，包括地厅级领导干部进修班、地厅级国家公务员进修班、中青年领导干部培训班、县处级领导干部进修班、县处级国家公务员任职培训班、县处级领导干部（自治区部委厅局机关）进修班、县处级党外领导干部培训班、人大干部岗位培训班、政协干部岗位培训班、纪检干部岗位培训班、宣传干部岗位培训班、政法干部岗位培训班、妇女干部培训班，党校师资培训班、地县档案局局长培训班等。根据自治区党委的安排，举办建设学习型党组织专题研修班，转变经济发展方式与经济结构调整专题研修班，推动新型工业化专题研修班、现代文化专题研修班、新疆反分裂斗争专题研修班，提高自主创新能力专题研修班、加快发展现代农牧业专题研修班等，共培训干部1900人。举办全区领导干部“城乡规划与服务型政府建设”专题研讨班，培训自治区党委、人大、政府、政协、兵团领导和各厅局、地州市主要负责人共1300人。

教学工作。加大中国特色社会主义理论体系，特别是科学发展观等重大战略思想的教学力度，同时增加马克思主义经典著作学习及辅导，开设现代文化引领、推进“三化”建设、新疆民族宗教历史演变和反分裂斗争等教学专题，加强公共管理、应急管理、行政效能和服务型政府建设等教学，每年更新教学专题1/3以上；调整班次设置，把常规班分为4大类，设计了20个教学模块，针对不同班次特点进行组合；推进自主选学工作，研究设置贴近党委、政府工作需要的课程，为学员提供200个选学讲座和视频课程；实行教学项目制管理和以课题研究带教学的办法，不断完善案例式、现场体验式、情景模拟等教学方法，组织学员讲坛和研讨交流活动，将学员的学习过程与研究问题结合起来，出思路，谈对策、提建议；每周举办高层次学术讲座和外请报告，邀请“两院”院士、自治区厅局领导和专家讲课30次；出版《新疆反分裂斗争教育读本》、《新疆干部应急管理读本》、《新疆发展现代农业干部读本》等干部学习培训教材，完成自治区党委政法委、统战部委托编写《新疆维护稳定干部教育读本》；与陕西、湖北行政学院，江西省委组织部培训中心、上海浦东新区党校、苏州大学等签订协议，建立教学培训基地，组织11个班次到井冈山、浦东、苏州大学等开展异地培训，到八路军驻疆办事处旧址、毛泽民故居、烈士陵园等开展现场教学，开展“重走解放军进军新疆路”的体验式教学；利用建在本校（院）的自治区反腐倡廉教育基地，接待前来参观学习的各级干部近3万人。

学科建设。巩固和深化马克思主义基本理论学科，重点发展体现新疆特色和校（院）特点的区域经济、民族宗教、党的建设及中共地方党史学科，支持公共管理、依法行政和应急管理学科。

科研工作。立项国家社科基金课项目4项、全国党校和国家行政学院课题6项和各类委托课题2项，结项国家社科基金课项目3项，有11篇论文入选各类研讨会，其中《中国共产党治疆方略的真实记录——读〈新疆工作文献选编〉的思考》入选“全国党史界纪念中国共产党成立90周年研讨会”；出版著作《固本强基——新疆农牧区加强基层党组织建设与建设社会主义新农村研究》、《兴边富民　造福新疆》、《新疆现代林果产业体系发展中的市场建设和创新研究》、《党在新疆执政为民的实践历史经验研究》4部，组织撰写“新疆党史大讲堂”专栏、“加强宣传思想文化工作大家谈”系列评述14篇在《新疆日报》等发表；举办全疆党校、行政学院理论研讨会和优秀科研成果评选活动，选派教授深入各地各单位宣讲，参加自治区组织的“一反两讲”、“保障和改善民生”、新疆“三史”教育和“学习贯彻自治区党代会精神”等大型宣讲4批次，听众达数十万人次。

学员管理。以党性教育为核心，建立和完善学员党支部（班委）工作制度、学员党性锻炼和学习考核办法、毕业鉴定制度；加强作风和学风建设，开展入学军训、革命传统教育、和谐班集体等活动；成立学员俱乐部，开展健康有益的文体活动。

队伍建设。聘请自治区有关部门领导、知名专家、企业家和劳动模范近50人任客座教授，建立全疆党校、行政学院骨干教师和专项课题档案；组织68人赴陕西、重庆等地参加培训，7人赴浙江大学等内地名校作访问学者；对22人进行课题研究和成果资助，15人参加教学创新评比；完成专业技术人员、事业管理人员和工勤人员在内的292名事业编制人员的首次岗位聘用工作，并按照相应类别等级岗位兑现工资。

机关党建。确定2011年为“改进作风、狠抓落实年”，制订《关于加强执行力建设的实施方案》；组织庆祝建党90周年系列活动，开展创先争优活动和“热爱伟大祖国、建设美好家园”主题教育；选举自治区第八次党代会代表，召开校（院）一届五次教职工代表大会；加强校（院）处突队、消防队的培训和管理，通过了乌鲁木齐市“平安单位”三年届满测评验收；以党总支为单位与前进西路社区的5个党小组结对子、签协议，开展共建活动，通过自治区社会治安综合治理达标检查和自治区级文明单位届满测评复验。

业务指导。召开全区党校校长和行政学院院长会议，承办全国行政学院教学工作研讨会，主办西北五省（区）及新疆生产建设兵团行政学院战略合作2011年年会暨专题研讨会；与自治区组织人事部门共同开展调研，研究推进县级党校和行政学院（校）改革、开展教学质量评估等方面的意见，组织地（州、市）党校常务副校长赴苏州大学和港澳考察培训。

【新疆生产建设兵团党校】 创建于1983年10月23日，与新疆生产建设兵团行政学院实行“一套人马、两块牌子”的办学模式；领导体制为校务委员会负责制，中共新疆生产建设兵团党委常委、组织部部长刘向松兼任校长，日常工作由常务副校长赵柳成主持；下设哲学教研部、经济学教研部、科学社会主义教研部、中共党史和党的建设教研部、经济管理教研部、文史教研部、法学教研部、兵团史教研部和行政学教研部等25个处级机构；现有教授10人、副教授24人、享受国务院政府特殊津贴专家1人、自治区有突出贡献中青年专家1人和兵团学术技术带头人1人。

2011年，举办常规主体班有培训二（甲）班、进修二（乙）班、进修二（丙）班、进修三班、处级公务员任职培训班、政委团长进修班、基层团委书记培训班、基层连队指导员培训班等15个，培训干部548人；举办专题研讨班有党的十七届五中全会和兵团党委六届六次全委（扩大）会议精神专题研讨班，机关党建工作专题研讨班，做好新形势下群众工作专题研讨班，加快推进新型工业化专题研讨班，社区党建工作专题研讨班，民族宗教工作专题研讨班，兵团干部教育培训暨校（院）长专题研讨班，新进兵团干部交流培训班，兵团组织部长学习“七一”讲话精神研讨班，中央和国家机关、中央企业第四批援疆干部专题培训班，社区建设与社区管理专题研讨班，妇女干部能力提升专题研讨班，兵团人大代表，政协委员专题研讨班，新任团场党委书记、副书记思想政治建设研讨班，兵团基层党支部书记加强和创新社会管理示范培训班，新任师党委书记、副书记思想政治建设研讨班，兵团2011年赴香港培训人员赴港前培训班等22个，培训干部2436人；承办各类对外培训班50个，培训8373人次。全年举办各类班次88期87个，培训干部11357人次，与前一年相比增长12.74%。

教学工作。把马克思主义经典著作的教育培训同马克思主义中国化理论成果的教育培训结合起来，以加强党的优良传统和中华民族传统美德教育为重点，抓好党性教育，把继承和弘扬党的优良传统作为一门必修课，围绕推进新疆及兵团跨越式发展和长治久安工作，及时把党的十七届五中、六中全会精神，胡锦涛同志“七一”重要讲话，中央新疆工作座谈会精神，自治区第八次党代会和兵团党委六届五次、六次全委（扩大）会精神以及兵团“十二五”规划作为培训的重要内容安排到教学计划中去；全年新开专题96个，其中62个专题采用案例式、情景模拟式和学员论坛等教学方法，实行现场教学各班次全覆盖，专题研讨班教学计划实行项目设置，在教学计划中设置“在线学习”的学时要求，转播700多个专题讲座；邀请中央党校和国家行政学院5位专家学者来党校（院）义务讲学；举办全校优秀教学奖评奖活动和兵团党（干）校系统第一届教学观摩比赛，3位教师应邀为兵团党委中心组讲课；组织部分主体班赴团场开展“三进三同三学”活动，实行每周一晚选听讲座菜单式教学后3位淘汰制度，共开设24个专题，累计讲授48次。

科研工作。申报国家社科基金课题29项，获准立项7项；组织申报兵团社科基金课题13项，立项4项，其中1项为兵团重大招标课题；申报全国党校系统重点课题6项，立项5项，获得社科基金经费140余万元；组织编写《兵团读本》，出版专著《构建和谐兵团研究》，在省级以上刊物公开发表文章50余篇，其中在核心期刊上发表文章5篇，参加各类研讨会获奖论文11篇，其中省部级奖3篇；组织召开“兵团纪念中国共产党成立90周年理论座谈会”和“兵团党委党校中心组及全体教师学习党的十七届六中全会座谈会”，开展兵团党校系统第八届优秀科研成果评奖活动，组织教师深入基层调研40多人次，提交调研报告12篇。

学员管理。坚持主体班实行席位卡制，建立学员考勤实名公示制，专题研讨班实行上下午学习考勤的实名公示，常规主体班个人签订《廉洁自律“六不”承诺书》，完善学员个人量化考核暂行办法和学员党支部工作考核评价实施意见；坚持组织各班的党性分析和主体班每学期一次党的知识测试，测试成绩张贴公布，每学期开展警示教育活动不少于2次，组织常规主体班开展读书交流会、红歌展唱和毕业联谊会、趣味运动会等。注重组织员思想道德建设，及时组织学习传达中央、自治区、兵团最新精神；实施评学、评教、评管理活动，开展党员示范岗活动，坚持组织员提前10分钟到岗、挂牌上岗、全程跟班制度。

队伍建设。公开招聘教师4人，招录

公务员1人，争取3名中央国家机关援疆干部来校工作；新任处级干部9名，调整处级干部2人，调整科级干部6人；选送4名教师赴团场挂职锻炼、2名教师赴兵团机关挂职锻炼，选派教职工赴“一校四院”进修培训30余人，赴上海、山东、浙江等省市学习培训10余人，赴复旦大学和武汉大学进修学习2人，参加西部之光访问学者项目1人，到中央党校挂职学习1人，赴加拿大、意大利、新西兰和新加坡进修、培训考察4人；出台并实施《兵团党委党校兵团行政学院事业人员津贴补贴发放实施办法》，稳步推进绩效考核工作。

机关党建。开展干部作风建设年活动，制定出台《干部作风建设年活动实施方案》，各部门围绕校委对作风建设方面提出的突出问题，进行自查自纠，提出整改措施，进行整改；完成团委换届选举，产生新一届团委班子；组织开展“唱响兵团精神”报告会、演讲会、主题实践活动、合唱比赛等活动9次，组织2次校处两级干部到农六师红旗农场和一零一团八连开展“三进三同”活动，组织有关精神文明建设基础知识考试和观看电影《杨善洲》，走访慰问五家渠市武装部的官兵，举办兵团党校系统首届文艺汇演，协办西北五省（自治区）和兵团行政学院系统首届书画巡展；通过兵团文明委的检查验收，被授予“兵团级文明单位”，被兵直党工委授予“先进基层党组织”。

信息化建设。承办“全国党校系统信息资源共建共享会议”；开通“新疆兵团干部在线学习平台”，实现注册用户2401人；开通中央党校VPN内网资源访问服务，完成（上海市委党校免费）安装调试“教务管理系统”软件，落实国家行政学院为兵团行政学院学员宿舍配备340台计算机项目；录制中央党校远程教学课程214讲，为主体班和研讨班播放远程课程、教育教学片28次，为校园网在线学习板块的视频点播栏目上传课程202讲；图书馆新采购图书3000余册，馆藏图书达18万册，编辑发行《教研参考》6期、《期刊目录索引》3期；出版发行《兵团党校学报》6期，被选为新疆维吾尔自治区期刊协会第二届会员代表大会理事单位；兵团出版社出版图书130种，90余万册，获哈尔滨第21届全国图书交易博览会“组织奖”。

后勤保障。修订完善各项财务管理制度，完成住宅区物业管理工作和基本建设维修项目近20项，公务用车安全行驶30万公里，投资58万元绿化美化校园，通过农六师五家渠市花园式单位验收工作。

【铁道部党校】 1955年经中央组织部、中央宣传部批准成立，1995年与北京铁道管理干部学院合并；实行校务委员会领导体制，校委会主任、校长由铁道部党组书记、部长兼任，日常工作由校委会副主任、常务副校长赵庆国主持；下设党建和基本理论教研部、经济学法学教研部、工运与基础学科教研部、管理学教研部、铁路企业管理教研部等24个处级机构；现有教授7人、副教授21人和铁道部拔尖人才2人。

2011年，举办铁路干部培训班次44个，其中主体班次18个，包括铁路局党政领导干部班、运输站段党政正职班、中青班、经营管理干部班、工程质量安全监督班、宣传舆情班、网络信息管理班、企业党支部书记班、工会主席班和各类专业技术管理人员班等，培训干部4534人；承办委培和联合办学等班次244个，培训学员26704人。

教学工作。加强培训项目策划、需求调研和教案设计，形成涵盖局级领导干部及后备干部、站段领导干部和工会、纪检监察、共青团干部等各级各类主体班次培训方案；重点开发转变铁路发展方式、铁路多元化经营、运输安全、服务品质、反腐倡廉建设等18个教学新专题，打造出科学发展观与和谐铁路建设、企业党建和文化工作、法律风险防范、经营发展战略、企业赢利能力提升等一批精品课；修订完善《任课教师准入制度》、《教学新专题开发管理办法》、《教师外出讲课管理规定》、《教学奖评选条例》等5项制度；派出9位骨干教师到11个铁路基层单位开展“送教上门”活动；初步建成铁路党校师资库、教学案例库、教学课件库和素质能力测试题库；制定《铁道部党校学员管理工作细则》，加强对组织员工作的过程管理和业绩量化考核。

科研工作。完成中组部和国家机关工委《着眼于密切党群关系，加强对群众教育引导》、《中央国家机关作风建设问题》课题和2项中央党校委托调研课题，《铁路系统领导班子建设》、《铁路职工职业道德体系》、《机关党组织作用》、《转变铁路发展方式》、《铁路企业经营机制顶层设计》等6项省部级软科学课题取得阶段性研究成果；组织撰写《胡锦涛总书记视察铁路重要指示精神解读》、《“七一”重要讲话精神解读》、《十七届六中全会〈决定〉精神解读》、《“以服务为宗旨，待旅客如亲人”理念解读》4个专版文章在《人民铁道》报刊发，10余篇宣传铁路科学发展的论文在人民网理论频道刊载；参加全国党校系统纪念建党90周年理论研讨会和“党的建设创新论坛”等学术交流；在铁道部机关纪念建党90周年反腐倡廉征文活动中有5篇论文获一等奖。全年共取得115项科研成果，其中省部级以上课题12项，公开发表学术论文52篇，内部决策资政成果31项，出版著作6部。

队伍建设。加强校委班子建设，推进整章建制和规范管理，修订完善《校务委员会决策“三重一大”事项暂行规定》，形成包括领导班子建设、教学科研、人事劳资、财务审计、行政管理、网络与信息资源、资产管理与基本建设、安全稳定、后勤保障和党群工作等10个方面的党校工作制度体系；招录引进高校博硕士毕业生7名，选送2名中青年骨干教师参加中央党校师资培训班学习，选派16名专业技术管理人员参加信息技术、财务管理、后勤服务等业务培训，对近年来新进党校工作的26名职工进行政治思想业务集中培训。

信息化建设。完成情景模拟教室、电子阅览室和多功能视听室兴建工程，建成190台计算机教室；校园网络电教系统改造、远程教学系统、数字资源建设、图书馆自动化管理及电子阅览室管理系统等5个信息化二期建设项目通过质量验收使用；推进OA办公系统和校园网站升级改造项目的功能优化设计；加快党校文库建设和铁路特色信息资源采集，初步形成具有铁路社科文献数字资源库。

机关党建工作。以纪念建党90周年、深入贯彻胡锦涛同志对铁路工作重要指示精神和铁道部党组决策部署为载体，深入开展“保安全、保质量、保稳定、促发展”主题创先争优活动。在保持“全国精神文明建设工作先进单位”、“中央国家机关文明单位”、“全国铁路文明单位”、“首都文明单位”荣誉称号的同时，12 月 20 日获“全国文明单位”称号。

业务指导工作。贯彻全国县级党校工作座谈会精神，制定《铁道部党校对铁路局（公司）党校业务指导办法》，深入全路 18 所党校调研指导；在全路党校系统开展学习贯彻“七一”讲话精神、纪念建党 90 周年和学习贯彻十七届六中全会精神，推动铁路科学发展等主题征文活动，召开全路党校系统科研成果交流会、铁路安全管理专题集体备课会；编辑刊发《铁路党校通讯》11 期，发稿 92 篇。

【广州市委党校】 创建于 1953 年 11 月，与广州行政学院实行“一套人马、两块牌子”的办学模式；领导体制为校务委员会负责制，中共广州市委常委、组织部部长方旋兼任校长，日常工作由常务副校长王永平主持；下设政治学与法学教研部、公共管理教研部、党史党建教研部、马克思主义研究室等 15 个处级机构，有分校 13 所；现有教授 8 人、副教授 22 人和市优秀专家 3 人。

2011 年，举办各类班次 34 个，培训干部 1919 人次。其中，举办常规主体班次 14 个，包括局级领导干部进修班、处级领导干部进修班、处级公务员任职培训班和一年制青年干部培训班等，培训干部 568 人；举办专题培训班有街（镇）党政主要领导加强社会管理轮训班和社区（村）党组织书记示范培训班等 7 个，培训干部 451 人；举办自主选学短训班 9 个，培训干部 395 人次；举办委托班次 4 个，包括全市组工干部培训班、加强和创新社会管理师资培训班等市委组织部的委托班，市教育局的委托班等，培训干部 505 人。

教学工作。把学习贯彻党的十七届五中、六中全会精神，加强和创新社会管理等重大决策部署以及广州建设国家中心城市和“率先加快转型升级，建设幸福广州”等重大战略任务纳入课程体系，全年课题更新率在 30% 以上；首次尝试学员定制选课，采用小组“导师”制的形式开展课题组研究式教学，采用“单元项目教学”、“异地项目教学”等形式组织学员前往广州新闻中心、市、区法院开展模拟教学；继续依托市情报告和专家论坛两个平台，邀请市领导和省内外专家学者来校作专题报告 30 余次。

学科建设。利用在本校设立的广州市党建重点研究基地、广州市情研究中心和科学发展观研究中心，围绕当前广州转型发展中的热点难点问题设立党建研究课题“执政党的领导方式研究”、“变革社会中的村级党组织”、“广州党建研究报告：两新组织党建工作专题调研”，编撰的《党建实用手册》等成果公开出版，广州市党建重点研究基地通过年度考核。

科研工作。全年获准立项全国党校系统调研课题 4 项、广东省社科规划项目 3 项、广东省党校系统课题 7 项、市社科规划项目 4 项、市社科招标课题 1 项和市社科联资助项目 1 项，结项国家社科基金项目 1 项、市社科规划项目 2 项，获“广州市社科规划项目招标成果奖”二等奖和三等奖各 1 项，获广东省党校（行政学院）系统第九届科研评奖一等奖 8 项、二等奖 8 项、三等奖 12 项和科研工作组织奖，2

人获优秀科研管理工作者奖；出版著作5部，发表论文192篇（章），撰文参加中央党校主办的全国党校系统纪念建党90周年理论研讨会，组织举办学习党的十七届六中全会精神理论研讨会和学术活动等。

队伍建设。重点开展忠诚于党的干部教育事业，爱岗敬业、无私奉献等思想教育，选派干部教师参加中央党校、国家行政学院及井冈山干部学院的进修培训，组织教研人员跟班到组与学员共同研讨学习专题，安排教师外出调研、观摩交流；全年公开招录教研人员3名和行政人员2名。

信息化建设。建立完善学员在线学习、在线考试和科研动态管理等项目，数字图书馆拥有数字资源1万G，精品数据库日均下载文献219篇章，自建特色数据库子库18个，其中“广州市情资料数据库”被中央党校《中国国情与地方志文库》收录为子库，并列为全国党校“三大文库”建设示范馆之一。

校园建设。教学楼建设项目主体工程已基本完成，进入机电安装、室内装饰装修阶段，维修26栋、27栋学员宿舍，改善学员住宿条件。

【武汉市委党校】 创建于1951年9月，与行政学院实行“一套人马、两块牌子”的办学模式；领导体制为校务委员会负责制，中共武汉市委副书记、市政法委书记胡曙光兼任校长，日常工作由常务副校长王观松主持；下设马克思主义基础教研部、行政管理教研部、经济管理教研室等21个处级机构；现有教授13人、副教授25人，新增享受市政府专项津贴人员1人。

2011年，举办主体班有市管干部进修班（3期）、中青年干部培训班、青年干部党性教育专题培训班、街乡领导干部培训班（2期）、郧西领导干部科学发展为主体专题研讨班、西藏自治区乃东县中青年干部培训班、武汉市党政领导干部自主选学文化发展与城市软实力模块课程培训班、处级公务员任职培训班（4期），新录用公务员培训班（2期）、科级公务员任职培训班（4期）及市审计局青年干部培训班等21个，培训干部1624人次；举办武汉基层干部科学发展专题培训班，面向全市市直机关的科级以下公务员和企事业单位的专业技术骨干，组织主题培训11期，培训干部1979人；举办“名家论坛”和市管干部社会化菜单式选学培训5讲，培训干部2350人次；举办市有关部门委托和外省市党校及培训机构来汉进行异地培训的班次21个，培训干部1404人次。

教学工作。坚持以中国特色社会主义理论体系为中心内容，把学习理论和增强党性修养贯穿于教学全过程，增设干部执行能力和作风建设、社会管理与建设等专题内容，全年教学新专题更新率为25%；组织全市13个城区党校和市委党校教学管理部门以及教研部门负责人，在常务副校长的带领下，到中央党校、国家行政学院、中国浦东干部学院、北京市委党校和上海市委党校考察学习；召开武汉城市圈党校系统2011年春季教研工作联席会议，开展第三届武汉城市圈党校系统教学优质精品专题评定工作，共申报教学专题32个，评定26个精品专题，专题入库率达到81.25%；建立高校师资库、党政领导干部和企业领导以及党校系统师资库和精品专题库。

科研工作。全年课题立项41项，结项

市级以上科研课题7项；出版著作1部，在省部级以上及核心刊物发表论文15篇；组织教研人员和学员完成调研报告42篇，其中4篇得到市委、市政府主要领导批示，《关于实施“武汉：中国科教文化之城”城市品质提升和形象宣传推广系列活动的思考和建议》在市委举行的“我为党代会献一策”活动中荣获“十佳建言”；组织全市党校系统相关人员参加湖北省党校系统第十二届优秀科研成果奖评选活动，推荐上报20项科研成果参加评选；开展第五届“两型社会”建设与武汉发展理论研讨会的征文、论文评审及论文集的组织工作，评出一等奖11篇、二等奖20篇和三等奖31篇，被武汉市科技局批准为武汉市“两型社会”建设软科学研究基地；召开全市党校系统“庆祝中国共产党建党90周年”理论研讨会，主办“全国部分城市基层党校转型与发展校长座谈会”，组织55名教研人员参加“建党90周年研讨会”、“全国博士后论坛”、“全国县级党校工作座谈会”等。

学员管理。与市委组织部联合颁发《关于学员请假的规定》，严格管理，校领导经常深入教学第一线主持重要教学活动，一线教学骨干教师积极发挥作用，依靠学员临时党支部（班委会）进行引导示范，调动自我教育、自我管理的积极性。

队伍建设。引进博士1名，招录3名参公管理人员，接收4名军转干部，提拔市管局级干部1名、市管局级非领导职务干部1名；制定《武汉市委党校博士论坛管理办法》，提供专项经费支持“博士论坛”的活动，常务副校长率领校博士考察团赴湖北省京山县开展“基层党校现状与出路”的专题调研；安排3名处级干部下基层挂职锻炼，选派10名教研人员赴英国伯明翰大学和格拉斯哥大学进行学术交流，选派1名青年教师参加美国斯坦福大学举办的师资培训班。

机关党建。组织推荐市第十二次党代会代表，召开第六届机关妇女代表大会，举办“经典著作教学与党建工作创新专题研修班”，组织全体教职工参观湖北省反腐倡廉教育基地——汉西监狱，结合“治庸问责”工作，开展警示活动；组织合唱队参加江汉地区“经典红歌·唱响江汉”职工团体歌咏比赛、市直机关庆祝建党90周年大会汇报演出和汉兴地区庆祝建党90周年大会汇报演出，组织教职工参加“全国党建知识竞赛”，开展“我为校庆献一计”、校庆60周年校徽和校歌征集、“责任在我心中、治庸从我做起”主题征文活动，举办“纪念中国共产党成立90周年、辛亥革命100周年和建校60周年及廉政书画摄影展览”，获“2009—2010年度最佳省级文明单位”，保持“2009—2010年度市级文明单位”荣誉称号，获“全市‘两型’机关3年创建先进单位”和“全市‘两型’机关建设示范单位”荣誉称号。

后勤服务。完成主体班、专家论坛、计划外办班及会议接待9405人次的后勤保障工作；建立综合治理和安全工作检查制度，通过市综合治理小组检查；完成学术报告厅的屋面防水、舞台地板改造、综合办公大楼的天棚改造以及大门的粉刷改造等。

【哈尔滨市委党校】 创建于1948年9月，与行政学院实行“一套人马、两块牌子”的办学模式；领导体制为校务委员会负责制，中共哈尔滨市委副书记及市委常委、组织部长先后兼任校长，日常工作由常务副校长姜宏主持；下设哲学教研部、经济学教研部、经济（工商）管理教研部、科社教研部、行政管理教研部、党史党建教研部和党风廉政教育教研部等25个处级机构；现有教授14人、副教授23人和市突出贡献中青年专家2人。

2011年，举办常规主体班：市管领导干部“北跃”、“南拓”、“中兴”、“强县”专题培训班、新任职市管领导干部提高能力培训项目班、优秀中青年干部推进新战略实施培训班、提升城市规划与建设管理水平培训班、新任职公务员处长提高能力培训班、新任职处级公务员提高能力培训班等，培训干部4893人；举办其他委托办班7期，培训干部1631人次。

教学工作。向全市131个单位发放培训需求调查问卷，根据培训需求，制定年度干部培训计划、培训菜单；将市委重大决策部署纳入主体班必修课程，更新专题86个，突出“重大理论现实问题”、“省情市情教育”、“公共管理”、“能力提升与党性教育”等培训；开展“三级备课、两级试讲”，推广行动学习法，强化经验分享和问题研究；邀请64位国内专家学者、项目建设牵头单位领导和一线“英模”为主体班授课84场次，组织13个班次学员到14个项目建设教学点开展现场教学；完善教学质量评估办法和指标体系，在中青班等班次进行试评；开展“教师上一线、理论下基层、服务大发展”活动，送教下基层213场次，培训27621人次；与市电视台、电台等媒体联合，诠释市委发展战略、纪念建党90周年、解读党的十七届六中全会，播发专题讲座57个。

学科建设。建立学科建设资助制度和专项经费制度，实施青年骨干教师培养计划，加强对各学科带头人和学科拔尖人才的培养，以教学为导向、科研为基础推动学科建设。

科研工作。全年获准立项全国党校系统调研课题4项、黑龙江省社科规划项目4项和市级课题6项，组织立项校级课题24项，获得国家和省部级（含省党校干校系统）科研奖励8项；发表理论文章109篇，其中《文化产业发展要培育品牌》和《发挥高科技对文化产业的引擎作用》发表在《光明日报》（2011年1月11日和7月3日），有33项调研报告被市委书记、市长等市领导批示。

学员管理。深入开展“爱读书、读好书、善读书”活动，把学风建设贯穿于学习全过程，定期组织举办学员论坛、调研课题成果交流会、读书心得交流会，开展对策问题联合攻关，为市委、市政府决策提供更多、更高质量的意见和建议；创新培训管理模式，收录1171名市管干部个人电话等信息，实现各种会议通知的网络化传输，全面摸底和整理了全市副处级以上公务员的任职培训情况。

队伍建设。组织教研室主任和教授收看“龙江发展讲坛”、参加市委中心组学习，选送13名教师到中央党校、国家行政学院、省委党校参加师资培训，选派8名教师到平房区和市委政研室挂职锻炼，组织32名教师送教到基层、30名教师参与媒体访谈，举办教学大奖赛，29名教师参赛，开展精品课评选，强化教师的品牌意识。

机关党建。开展创先争优，市委党校校务委员会获市委“党风廉政建设先进集体”称号；创建文明单位，获黑龙江省精神文明单位标兵称号；召开“纪念建党90周年暨‘坚持党校姓党、创新党校事业’”主题座谈会，开展“纪念建党90周年，学党史、报党恩、跟党走”系列主题活动；引资近100万元援建五常市红旗乡东胜村饮水工程，对口帮建整治庭院、街路等，获“哈尔滨市帮扶先进单位”称号。

【沈阳市委党校】 始建于1949年10月4日，与沈阳行政学院、沈阳市社会主义学院实行“一个班子、三块牌子”的办学模式；领导体制为校务委员会负责制，中共沈阳市委副书记苏宏章任校长，日常工作由常务副校长韩玉奇主持；下设哲学教研室、经济学教研室、政治学教研室、经济管理教研室、党史党建教研室、法学教研室、行政管理教研室、文史教研室等28个处级机构；现有教授16人、副教授42人。

2011年，举办常规主体班次47期，主要有市管干部进修班、市委中青年干部理论培训班、市直处长基本功培训班、公务员初任培训班、市直团委书记培训班、全市乡镇长培训班、全市村党组织书记培训班、市教科系统处级干部培训班、社区书记主任培训班、统战干部培训班等，培训干部5552人。

教学工作。开设“领导干部与政治信仰”、“强化忠诚意识，提高领导干部的忠诚度”、“领导干部敬畏观的几点思考”、“中国传统文化的人生境界”和“领导干部工作智慧研究”、“领导干部情商培养”教学专题和“加快实现沈阳建设国家中心城市目标”、“建设生态宜居之都，实现沈阳可持续发展”、“沈阳经济区战略一体化研究”、“推进大连全域城市化”系列专题，加强党性教育和智慧教育，开展以增强党性修养为主题的一次党课辅导、一次现场教学、一次增强党性的专题大讨论、一次专题组织生活会和一次党性教育体会交流；加强课堂讨论、社会调查、案例分析等研究式教学，组织学员到井冈山、延安等革命老区、辽宁警示教育基地、抚顺雷锋纪念馆等教学基地进行体验式教学；在沈阳经济区建设研修班（2期）培训中，尝试将学员在校培训、异地考察及本职岗位工作实践紧密结合，调动学员学习的主动性。

科研工作。全年立项27项，包括全国党校系统调研课题2项、中央社会主义学院课题1项、省社科联课题3项、省委党校系统课题2项、省社会主义学院课题2项、省行政学院系统课题11项、省行政管理协会委托课题1项、市委统战部课题1项和市委调研课题1项；结项课题23项，包括中央党校课题1项、省社科联课题2项、省党校系统课题2项、省行政学院协作课题5项、省社院课题2项、市科学技术局的课题1项和市社科联年度课题3项；获辽宁省党校系统科研组织奖、省社会主义学院系统的优秀科研组织奖和市统战系统理论研究的优秀科研组织奖；发表论文150篇，主编、参编著作、教材10余部，完成调研报告50余篇；重新修订《党校科研工作管理办法》，把党的基本理论和沈阳市改革发展中的重大问题作为科研的主攻方向，科研经费保持每年递增10%。

学员管理。将党校管理制度、班主任职责等印发在教学计划上，严格请假销假制度；配强班主任，班主任都是同级实职，全力服务和保障主体班次的教学；发挥班委会的作用，每期局长班和中青班都成立临时党支部，组成班委会，引导学员自主管理；校领导定期到局长班和中青班听课，参加班级组织的大项活动。

行政后勤。制定《财务管理规定》《财产清查制度》《支票管理规定》《会计票据传递流程》《财务人员岗位责任制》等，坚持综合治理工作“一把手”负责制，强化宣教和人防、物防、技防的有机结合，加强对物业公司的管理、学员楼管理、学员用餐和住宿等保障工作，被市、区公安局综治办评为“先进平安单位”。

【成都市委党校】 创建于1952年10月，2003年与成都行政学院合并，2005年与成都市社会主义学院合并，实行“一校两院”的办学模式；领导体制为校务委员会负责制，中共成都市委常委、组织部长朱志宏兼任校长，常务副校长郭建平主持日常工作；下设哲学教研部、科学社会主义教研部、经济管理教研部、党史党建教研部、公共管理教研部、领导科学教研部、法学教研部、文史教研部、统一战线理论教研部、现代科技教研部、发展战略研究所等30个处级机构；现有教授16人、副教授50人，有享受国务院政府特殊津贴专家2人、四川省政府特殊津贴专家3人、四川省学术和技术带头人和四川省有突出贡献专家各1人。

2011年，完成干部脱产培训12000余人次，干部网络培训10000余人次，全年共培训干部22000余人次。其中举办主体培训班186班次，培训处级以上干部5400余人次。常规主体班次主要有成都市高端产业与产业高端研究班、成都市促进生产要素在城乡之间自由流动研究班、成都市战略性新兴产业发展研究班、成都市文化创意产业发展研究班、成都市规范化服务型政府建设与提高行政效能研究班、提高领导干部处置公共突发事件与危机管理能力班、提高领导干部心理调适与压力管理机制研究班、成都市新型村级治理研究班、加快推进成都市经济区建设研究班、成都市社会建设研究班等20余个。

制定校院“十二五”发展规划，明确了今后五年的发展目标和工作思路；出台9个管理制度和办法，进一步健全校（院）各项工作运行机制。

教学工作。制定《关于进一步深化教学改革的意见》、《关于进一步加强教师理论联系实际工作的意见》；把成都“十二五”规划《纲要》、社会建设、生产要素自由流动等重要内容转化为教学专题，其中围绕成都市社会建设和社会管理及时开展干部培训的做法得到国务委员、国务院秘书长马凯的肯定；邀请成都市委书记、四大班子和部门领导，中央党校精品课名师、知名培训机构及著名高校的专家学者来校给教师和学员授课；聘请来自实践一线的干部参与教学，实行教师和实践者“双讲”教学模式；开展精品课程评选活动，建立精品专题库；心理调适实训室、影像案例教学室等功能性教室基本建成。

科研工作。全年获准立项省部级课题4项、市级课题3项、省党校系统调研课题38项，组织立项全市党校系统和校级课题112项，获得四川省政府优秀成果二、三等奖各1项和四川省党校系统优秀成果奖9项；制定《关于进一步深化校院科研改革的意见》，确定17个教学专题立项为校级研究课题，制定出台《校院科研精品成果和咨政活动奖励办法》，科研经费较上年翻一番，被市委、市政府采用的地方性科研课题视同国家级课题给予配套经费和奖励；选派教研人员参加市政协领导本年度重点调研工作，编写《四川省“十二五”经济社会发展战略丛书·成都卷》。

队伍建设。制定《关于进一步加强干部队伍建设的实施意见》，修订《校院目标绩效考核办法》。选派40名处级领导干部和骨干教师参加中央党校、国家行政学院、浦东干部学院、四川大学、西南财经大学、电子科技大学等干部院校和高校的各类专题培训，12名教师赴境外学习培训，5名教职工到区县挂职锻炼。

信息化建设。建立超星图书、网上报告厅、CNKI全文数据库和区县干部教育培训管理系统，承办中国浦东干部学院网络培训工作研讨会，与市委组织部联合完成中国浦东干部学院成都网络教学基地的组建工作；将成都市推进城乡一体化、试验区建设、世界生态田园城市建设作为培训教学的核心内容，并形成品牌专题课，对外培训4500人；利用“网络基地”和“成都市干部在线学习城”在线培训干部1万名。

【南京市委党校】 创建于1949年7月，与南京市行政学院实行“两块牌子，一套班子”的办学模式；领导体制为校务委员会负责制，中共南京市委副书记陈绍泽任校长，日常工作由常务副校长张丽主持；下设哲学教研部、科学社会主义教研部、经济学教研部、工商管理教研部、党史党建教研部、公共管理教研部和科学文化教研部等18个处级机构；现有教授10人、副教授16人和享受国务院政府特殊津贴专家2人。

2010年，共举办各类培训班60期。其中，举办常规主体班次31期，包括市管领导干部进修班和专题班、区县管正职领导干部、处级公务员任职培训班、中青年干部培训班、中青年女干部培训班等，培训干部2675人；计划外委托和联合办班32期，培训各类人员10540人次。

制定并颁布《中共南京市委党校　南京市行政学院2011—2015年发展规划》。

教学工作。有针对性地开设马克思主义经典著作导读和中国特色社会主义理论体系课程，及时把胡锦涛总书记“七一”重要讲话、十七届六中全会和市第十三次党代会精神推进课堂；走出校园开展重点宣讲、送教上门和智力支持，为全市“三争一创”实践活动提供服务；举办10个“三化一自主”专题班，精心设置了提升领导者素质与能力的教学单元，加大了研究式、案例式和情景模拟及异地教学分量；强化学员“实战”训练，在中青班首次开展学员上讲台活动，首次组织与区县党校签订《“后备干部上讲台”活动协议书》；注重教学品牌建设，“马克思列宁主义基本问题”专题课被评为全国党校系统首批精品课，并受到中央党校表彰；在全省党校系统第七届教学工作会议上，连续第五次获优秀教学组织奖。

科研工作。全年申报市级以上各类课题49项，获立项课题15项，包括国家社科基金课题1项，省社科基金课题2项，全国党校系统课题3项，南京市软科学课题2项、重点调研课题2项等，有7项课题通过结项；申报各级科研评奖成果200余项，获奖81项，包括省哲学社会科学优秀成果奖1项、市哲学社会科学优秀成果奖9项、市优秀调研成果奖4项、市社科决策咨询优秀成果奖31项、全市党校系统优秀科研成果奖23项、优秀调研决策咨询成果奖13项，其中“对南京政产学研深度合作创新模式的研究”调研报告，得到市委主要领导的批示；以庆祝建党90周年为契机，与市委组织部、宣传部、市社科联等单位联合举办了全市的理论研讨会，组织各级各类理论研讨会征文80余篇，入选69篇；发表科研成果209项，其中省级以上刊物发表150余项，核心期刊和重要内刊发表35项，有12项成果被人大《复印报刊资料》等全文转载。

队伍建设。引进重点学科教师2名，选送40名教师参加进修培训，4名青年教师参加高校单科进修，1名青年教师挂职锻炼；选拔聘任正处级干部11名、副处级干部7名，交流正、副处级干部4名；2人入选省“333”高层次人才培养工程，2人入选市“五个一批”人才，1人获市“有突出贡献中青年专家”称号；在今年全市老干部工作表彰大会上，获得了所设立的全部4个奖项。

机关党建。推进“执行力提升年”活动，严格执行“五个严禁”，被市级机关工委评为“先进基层党组织”、“建设学习型党组织工作先进单位”；认真落实党员干部“牵手行动”和领导干部“驻村调研”任务，基本建立常态机制；实施“健康工程”，组织开展慰问活动及文体活动，在全省党校系统纪念建党90周年今世缘杯文艺汇演中获得优胜奖；加大安全保卫和消防工作力度，严格落实保密、档案管理规定和校园管理应急措施，实现了全年校园安全无事故，被市委、市政府授予“全市经济政治文化社会建设（‘五五’普法）先进集体”称号，被白下区委、区政府评为“社会治安综合治理工作先进单位”。

【西安市委党校】 创建于1949年7月。1999年3月，西安市行政学院与市委党校合署办公，2008年10月，西安社会主义学院在市委党校恢复成立，目前实行“一校两院”的办学模式。领导体制为校务委员会负责制，中共西安市委副书记董军任校长，日常工作由常务副校长张长乐主持；下设哲学教研部、经济学教研部、党史党建教研部、管理学教研部、法学教研部、文化教研部、科社教研部、市情研究中心等24个处室；现有教授10人、副教授18人。

2011年，举办主体班次26期，包括部局（区县）级领导干部进修班、处级公务员培训班、青年干部培训班、乡镇（街道）党政领导干部培训班、党外领导干部培训班、无党派人士培训班等，培训干部1129人。

教学工作。结合不同班次的特点制定内容各有侧重的教学计划，开展依法行政、廉政教育、旧城改造等方面的现场教学活动；召开教学工作座谈会，开展青年教师专题试讲；实施专题资助制度、教学督导制度、教学评估制度，做好需求调研，把“教、学、研”有机统一，把问题研究贯穿培训工作始终。

科研工作。获准立项省部级课题9项，组织校级重点课题5项、青年课题3项、一般课题8项，有20余项科研成果获奖；

出版专著8部，公开发表学术论文60余篇，报送各类征文36篇；与西安市有关部门举办“世园会与西安经济社会发展系列研讨会”和“西安市纪念建党90周年理论座谈会”；修订《各级别课题资助管理办法》，出台《青年科研优秀成果奖励办法》。

学员管理。创新入学教育形式，严格学习纪律要求，突出学习考察主题，加强组织引导，激发学员研究现实问题的积极性；继续开展党性锻炼“六个一”活动，举办学员论坛、文艺联欢会、趣味运动会、拔河比赛等活动；定期召开班主任工作会议，不定期组织工作交流，办好《学员动态》。

人才强校。引进博士2名，举办中层干部提高管理水平专题班和专业技术人员继续教育培训班，实施骨干教师对年轻教师的“传、帮、带”，对9名任职期满的中层干部进行考核转正，完成第四轮全员聘任工作。

机关党建。全年组织10次校委中心组（扩大）学习会，开展最佳党日活动，召开庆祝建党90周年大会，表彰先进基层党组织、优秀共产党员和优秀党务工作者；举办校园文化论坛、文化大讲堂各2期，组织学习考察1次和校园读书交流会5次；举行庆祝建党90周年文艺汇演和春季教职工运动会，编辑出版《春风吹来花千树——党校校园文化建设论坛文萃》。

【长春市委党校】 创建于1952年8月，与长春市行政学院实行“一套机构、两块牌子”的办学模式；领导体制为校务委员会负责制，中共长春市委常委、组织部部长杨子明兼任校长，日常工作由常务副校长林姗主持；下设哲学教研部、经济学教研部、党史党建教研部、公共管理教研部、政治学教研部、法律教研部等25个处级机构；现有教授12人、副教授22人。

2011年，举办各类培训班次83个，培训干部6025人。其中，举办常规主体班次17个，培训干部1422人；新开设了长春市百名企业家进党校首期培训班、长春市纪工委书记培训班、选调生导师制互动咨询研讨班、城乡规划与管理专题培训班等，培训干部464人；举办《党校课程开发特训营》（4期），培训全国地市党校领导和教师180人；完成各级政府部门和事业单位委托培训25期，培训干部2400人次。此外，与吉林大学等10所高校合作举办大学生创业培训班59期，培训应届毕业生1469人；举办下岗失业人员创业培训班3期，培训人员90人。

教学工作。开设《共产党宣言》导读课，增设以应对社会危机为主的“社会管理”、以提高干部网络问政能力为主的“领导素养”等专题单元，着重分析解读国家战略规划的“长吉图”先导区建设，新课率达到88%以上；春季学期设置“十二五”规划建议解读专题，开设以纪念建党90周年为主题的教学单元，分为“信仰的力量”、“旗帜的力量”、“清廉的力量”、“团结的力量”、“震撼”共5个专题，其中《信仰的力量——中国共产党从苦难走向辉煌的内动力》入选首届“全国党校系统精品课”；秋季学期增加“办好中国的事情关键在党——学习胡锦涛‘七一’讲话精神”，把十七届六中全会精神融入到课程中；全年外请报告45场次，开展现场教学20次；与上年相比，新采用双讲式、自学+导读+研讨式、桌面推演式、选调生导师制互动咨询研讨汇报式等教学方式，新教学方式应用率在60%以上。

科研工作。全年立项课题37项，获得各级各类科研奖项85项，在纪念建党90周年征文评选中，提交的22篇论文全部获奖；出版著作4部，在省部级以上公开刊物发表论文75篇，其中在国家级期刊上发表论文12篇，特别是在《长春日报》上开辟专版，组织教师围绕“十二五规划建议”和“建党90周年”发表文章；参与市政府咨询委关于《长春品牌城市建设》、市政协关于《长春市社会管理创新问题》、九台市委宣传部《关于农民信仰问题》等调研。

队伍建设。引进人才6名，完成11名同志正处级领导岗位的竞聘上岗工作；制定出台《绩效考核实施办法》，建立健全行政和学术相结合的新机制，成立专家委员会；组织教研、行政管理人员47人赴上海复旦大学参加师资培训，选派6名教师分别赴朝阳区公安分局、长春市信访办等部门挂职锻炼。

校园建设。校新址一期工程开工，其主体工程完成封闭。

【济南市委党校】 创建于1949年7月，与济南市行政学院和济南市社会主义学院实行“一校两院”的办学模式；领导体制为党委负责制，中共山东省委常委、济南市委书记焉荣竹兼任校长，日常工作由党委书记、常务副校长李好臣主持；内设哲学教研部、科学社会主义教研部、经济学教研部、党史党建教研部、经济管理教研部、行政管理教研部和政法教研部等副局级部门21个、处级部门2个和分校1所；现有教授11人、副教授21人。

2011年，举办常规主体班次30期，包括市管领导干部进修班、中青年干部培训班、处级干部进修班、处级公务员任职培训班、济南市选派机关年轻干部到村任职培训班、文化创意产业干部进修班、选调生培训班、科级公务员培训班、全市社区党组织负责人培训班、经济强村（居）负责人进修班等，培训干部1384人；举办专题培训班和示范班有街道办事处“社区建设与管理”专题培训班、乡镇党政领导“转方式、调结构”专题培训班、乡镇（街道）党工委书记能力提升专题培训班、基层干部科学发展主题培训示范班、政法系统“发扬传统、坚定信念、执法为民”专题培训班等9期，培训干部414人；与福州市委党校共同举办福州市文化强市专题研究班，培训干部40人；与济南有关县区共同举办村两委成员培训班、人才工作创新研讨班、城郊社区书记（主任）培训班等5期，培训干部376人；受山东省委组织部和济南市委组织部委托，再次完成5期1000名新疆喀什干部培训考察活动的后勤保障任务。

校风建设。与市委组织部联合下发《进一步严肃干部培训纪律、加强学风建设的通知》，把所有班次都作为学风建设示范班，制定并实施“一诺二评三考四严”学员综合考核评价机制，所有主体班次到课率、出勤率均达到99%以上；实施双向承诺制推进教风建设，制定以“六坚持六严禁”为主要内容的“教师任课责任书”和以“六坚持六不准”为主要内容的“班主任承诺书”，要求所有任课教师和班主任都签订“教师任课责任书”、“班主任承诺书”，规范任课教师的授课行为，树立班主任的良好形象。

教学工作。设置行政管理、社会管理创新、突发事件风险管理、文化创意产业发展、领导能力提升等专题；突出教与学的双向互动，探索开展了桌面推演等教学方式；开设“领导干部讲坛”、“市直部门和县（市）区负责人讲坛”、“专家讲坛”和“学员论坛”，40 余名市领导和市直部门负责人来校作辅导报告，20 名中央党校、国家行政学院等院校的专家学者来校作专题报告。

科研工作。获准立项国家社科基金项目 1 项、全国党校系统调研课题 4 项、中央社会主义学院课题 2 项、山东省社科课题 3 项、山东省软科学课题 2 项和济南市社科课题 14 项，16 项课题通过结项，其中有 2 项济南市社科课题被鉴定为优秀等级，获得山东软科学优秀成果奖 5 项、济南市社科优秀成果一等奖 5 项（全市共 8 项）；《关于济南南部生态经济区保护与发展的议案》被济南市十四届人大四次会议确定为唯一议案；《构建综合联动的多元调解机制》发表在《人民日报》（2011 年 3 月 18 日），《在民生与发展互动中建设和谐济南》发表在《求是》（2011 年第 11 期），3 篇文章被《新华文摘》摘登，出版学术著作及论文集 9 部。

队伍建设。3 名教师被评为市级拔尖人才，2 名被评为青年学术技术带头人；实施“导师培养计划”，首批青年教师导师制培养计划共确定 13 名导师，指导 18 名青年教师；组织 53 名教师到中央党校进行师资专题培训 1 周，实行年轻教师到基层挂职锻炼制度，首批选派 5 名教师到乡镇、街道办事处挂实职锻炼。

机关党建。加强校园文化建设，形成“实事求是、忠诚于党，与时俱进、追求真理，勤奋敬业、严谨笃行，为人师表、团结和谐”的党校价值理念，并作为教职工思想行为准则；开展“深入基层，服务群众”主题活动和争创省级文明单位为目标的精神文明创建活动，被评为省级文明单位；编制 5 年发展规划，制定《“五大提升工程”实施方案》，实施教学科研、人才队伍、学风校风、制度机制、服务保障大提升工程，推动党校事业的科学发展。

【杭州市委党校】 始建于 1952 年 1 月，与杭州市社会主义学院、杭州行政学院和市委讲师团实行“四块牌子、一套班子”的办学模式；2008 年 10 月，6 个城区党校并入市委党校，萧山、余杭党校改为市委党校分校，在市区形成“一主两翼”办学新格局；领导体制为校务委员会负责制，中共杭州市委副书记王金财兼任校长，日常工作由常务副校长詹敏主持；下设政治学教研部、党史党建教研部、经济学教研部、工商管理教研部、行政管理教研部、法学教研部、社会学教研部、文化学教研部、市情研究所等 21 个处级机构；现有教授 7 人，副教授 26 人。

2011 年，举办计划内班次 85 个，包括市进修班、市中青班、市直机关处级干部班、区县（市）机关部门和乡镇（街道）党政正职班等，培训干部 7702 人；举办专题研讨班有统筹城乡发展专题研讨班、“党的建设”专题研讨班等，培训干部 68 人；受有关部门委托，举办交通建设工作研讨班、市总工会培训班、市教育系统党支部（支部）书记培训班、老干部党支部书记培训班等41期，培训干部3555人；外省市党校及培训机构来校进行异地培训的班次有重庆人事培训中心干部培训班、青岛胶南市委组织部中青年干部培训班等93个，培训干部4040人。

教学工作。完善课程体系建设，制订《教学专题（课程）开发生成实施办法》，编印《主体班次教学专题选编》；更新教学内容，招标课堂向社会敞开大门，全年通过试讲的专题课有35讲；强化互动研讨，推进协商式教学；全年外请领导、专家146人次讲授240课次，开展现场教学119期；开展全市党校系统精品课评选活动。

学科建设。浙江省委党校“社会管理创新与杭州发展”研究中心获准为第一批杭州市哲学社会科学重点研究基地，行政学被批准为浙江省社会科学“学科共建”共建学科。

科研工作。获准立项国家社科基金项目4项、省部级课题25项，组织立项课题22项，承担委托课题16项；完成国家社科基金项目2项、省部级课题22项；获各类优秀科研成果奖38项，其中获全国党校系统“纪念中国共产党成立90周年”理论研讨会优秀论文优秀奖1项、其他省级研讨会优秀论文奖项16项；承办浙江省社会学学会2011年学术年会。

队伍建设。引进博士2人，公开招录参公人员3人，安置转业军人1人，选拔教研、教辅部门的正职领导5人；获市“131”中青年人才资格12人，获“五个一批”人才1人，获杭州市成绩突出科技工作者称号1人；制定《首次名师梯队优秀人才评选工作方案》，全面启动评选工作；13人赴高校攻读学位深造，有40人访学、进修和参加培训，选派6名教师和3位行政干部挂职锻炼。

机关党建。召开校委会19次，校委会纪要均在OA网公布；组织中心组学习会，以总支为单位开展创建学习型组织、争当学习型个人活动，开展纪念建党90周年“读书·感悟·分享”活动，被评为杭州市“学习型机关”先进单位；开展结对帮扶活动、“送清凉”活动、“春风行动”爱心捐款活动，与西湖区东江嘴村的杭州爱心聋儿语训中心建立帮扶关系，送去1万元的慰问品。

信息化建设。校园网编发各类简讯411篇，新增网络调查及投票功能，新增“廉政教育”、“巾帼文明岗”等栏目；收录中央党校课程、及时上传专家学者录音资料；校图书馆完成新书加工3306册，上传市情数据35条、“学员文库”488篇和省委党校“省情库”1100篇。

后勤保障。承办全国党校系统第二次教务工作恳谈会、第十九届省会城市副省级城市党校校长座谈会等多次大型会议和活动；完善《中共杭州市委党校突发公共事件应急预案》，组织各类消防安全培训41场次，培训1363人。

【大连市委党校】 始建于1947年5月，与大连行政学院和大连社会主义学院实行“一校两院”的办学模式；领导体制为校务委员会负责制，中共大连市委副书记里景瑞兼任第一校长，日常工作由王元新校长主持；下设哲学教研部、科学社会主义教研部、经济学教研部、经济管理教研部、党史党建教研部、法学教研部、公共管理教研部、统战教研部、市情研究中心等22

个处级机构；现有教授10人、副教授22人和辽宁省第五批省级优秀专家1人。

2011年，举办各类班次119个，培训干部9800余人。其中，举办常规主体班次有市管干部进修班、正处级进修班、处级女干部培训班、公务员初任培训班、选调生培训班等62个，培训干部5600余人；受有关部门委托，举办大连高新园区2011年处级领导干部培训班、贵州省六盘水市扶贫系统干部培训班、东莞市财政局干部研修班等57个，培训干部4200人；完成15个班848人次农村基层干部的培训任务。

教学工作。配合市委组织部制定并出台《2010—2020年干部教育培训改革纲要》的实施意见，与市委组织部、统战部和市人力资源和社会保障局联合印发《“一校两院”教研基地建设管理办法》和《“一校两院”兼职教师聘用管理办法》；全年教学专题更新率53.5%，教学设计与教学组织的非常满意率87%，满意率100%，教师授课平均优秀率96.5%；“一校两院”大讲堂专门开设党史系列讲座14场，受众6000余人，面向全市开展社会理论宣讲212场，受众3万余人次。

科研工作。全年获准立项课题105项，比上年增长54.4%，其中校级课题立项62项，增长93.7%，组织7个课题组参与市政协“一号提案”相关子课题研究；结项课题68项，比上年增长13.7%；获市第十四届社会科学进步奖二等奖1项、三等奖3项；承办“全国党校系统纪念中国共产党成立90周年理论研讨会”，与辽宁师范大学等联合举办“辛亥革命与社会变迁——纪念辛亥革命100周年连台两地学术研讨会”；出版《宗教与社会发展相适应问题研究》、《当代中国农民阶级发展问题研究》专著2部，编写《大连市乡村干部培训讲义》、《大连市街道社区干部培训讲义》教材2部，在国家级报刊发表论文42篇、省级报刊发表论文113篇；完成《大连干部学刊》改版，刊发的《试论中国市场化改革的基本特征和经验》、《新时期农村干群关系基本情况分析》2篇文章被人大《复印报刊资料》（分别为2011年第6期、第11期）全文转载。

人才强校。按照《关于调整大连市委党校机构编制事项的批复》精神，设置综合管理机构和教研及辅助机构各12个，编制184人；明确教研及教辅部门正职为正处级领导职务，教研教辅部门与行政管理岗位人员可以交流，实施行政管理空缺领导岗位竞聘上岗，参与此轮行政岗位人事改革48人，完成事业单位岗位聘任53人；引进教研人员11名（博士5人）、行政管理人员3名；77人次参加脱产培训、师资进修、学历教育、访问学者、境外学习、挂职（实践）锻炼等，比上年增长17%。

对外合作与交流。接待蒙古国执政人民党干部访问团，由牙买加工党、特立尼达和多巴哥联合民族大会党及安提瓜和巴布达联合进步党组成的加勒比三国执政党干部访问团等外国代表团6团次52人次，接待俄罗斯科学院远东研究所所长、俄中友协会会长季塔连科·米·列院士等外国专家来校讲学5人次。

【青岛市委党校】 始建于1950年9月，与青岛行政学院实行“一套班子、两块牌子”的办学模式；领导体制为党委负责制，中共山东省委常委、青岛市委书记李群兼任校长，日常工作由校党委书记、常务副校长李玉珍主持；内设马克思主义教研部、经济学教研部、中共党史党建教研部、管理教研部、法学教研部、文史教研部、政治学教研部、科研部、现代科技教研部等18个副局级机构；现有教授14人、副教授27人、享受国务院政府特殊津贴专家1人和青岛市拔尖人才2人。

2011年，举办各类班次118期，培训干部8912人。其中，举办主体班次43期，主要有市管领导干部进修班、中青年干部培训班、理论宣传干部培训班、处级干部进修班、市管领导干部党风廉政建设培训班、纪检监察业务培训班、政法系统处级干部培训班、区市部门正职专题研讨班、工会干部培训班、优秀团干部培训班、女干部培训班、全市非公有制党工委书记培训班、全市蓝色经济区建设工作联络员培训班、市人大代表培训班、内蒙古阿拉善盟纪检监察干部综合业务培训班等，培训干部2880人。受有关部门委托，不定期举办计划外培训班75期，培训干部6032人。

教学工作。增加马克思主义经典著作导读等内容，开发新教学专题32个，年度更新率为40%；推广应用研讨式教学、体验式教学、案例教学、现场教学等教学方法，强化教研部和教师在现场教学中主导作用；坚持集体备课、专题试讲、竞争上课、教学评估等，教学评估优秀率达到93.90%；举办“专家论坛”17场、“领导论坛”87场、“学员论坛”43场，推荐12位优秀教师在青岛党建频道“党员大讲堂”栏目授课，选派教师校外宣讲300多场；新开辟现场教学基地6个，组织现场教学32次。

科研工作。全年获准立项国家社科基金课题3项、山东省社科规划课题3项、山东省专项规划课题1项、全国党校系统调研课题4项和省委委托重大课题1项，获得各类奖项11个；27项咨政成果获得副市级及以上领导批示进入决策，其中1项得到姜异康书记和姜大明省长批示，省委常委、市委书记李群批示7项；推进教研咨一体化建设，13项校级课题中有5项进入决策、3项进入课堂；发行《青岛发展参考》21期，其中有9期被市领导批示进入决策；出版著作6部，公开发表论文349篇，其中三类以上报纸、核心期刊61篇；出版《学报》正刊6期，纪念建党90周年增刊1期。

学员管理。实行领导责任制，建立示范班，签订《遵守培训纪律树立良好形象承诺书》，落实《青岛市干部教育培训“质量提升年”活动实施方案》；制定《关于加强主体班次（示范班）管理的意见》，修订完善廉洁自律承诺践诺制度、封闭式管理制度、测试考试制度、公示通报制度、反馈制度，严格请销假制度、课堂纪律和考勤制度等10项管理制度，学员出勤率、到课率达95%以上。

队伍建设。引进博士1名，招聘教辅人员1名，接收2名市考选人员；选派5位教师到机关和基层一线挂职锻炼，选派38名干部教师到中央党校、国家行政学院等机构和美国、意大利等境内外培训，安排7名教师在主体班次进行跟班学习，选派2名教师攻读博士。

机关党建。制定《关于学习宣传践行建设一流党校目标的实施意见》，组织党委理论学习中心组读书扩大会6次（山东电视台、青岛电视台《新闻》栏目分别报道此活动），开展党支部、党员“承诺、评诺、践诺”活动，上报理论研究文章11篇，实施党务公开，确定8大类36项公开事项，连续11年被评为“省级文明单位”。

信息化建设。制定《教学录播系统有关使用管理规定》；举办教师和班主任专题培训班，录制课程400余个，为47位教师的教学评估视频进行编辑和修复，刻录评估光盘76张；参与中央党校远程教学资源片征集活动，制作专题片6部，获得中央党校远程资源征集工作优秀组织奖，1部专题片获优秀讲座片奖；数字图书馆管理平台升级，共享、试用、链接各类数据库10余个，全校计算机安装“国家数字图书馆走进党校”优秀数字资源数据库软件程序，开展《每日财经》等专业资料推送服务和青岛市图书馆图书流动车服务。

后勤保障。完成新学员综合楼（学苑楼）建设工程、校园地下管网改造工程（水、气、强、弱电）和道路改造工程（铺设沥青罩面和路灯更换），制定《校园车辆管理细则》等规章制度，全年提供就餐服务197898人次、会议服务185场次和接待住宿50503人次，落实全市“节水型公共机构达标活动”，被评为“2011年青岛市首批节水型公共机构达标单位”。

业务指导。召开区市党校校长座谈会，举办全市党校系统师资培训班；组织区市党校常务副校长参加省委党校举办的县区级党校校长培训班，安排6名区市党校教师参加省委党校教师进修班学习培训；组织全市党校系统开展先进党校、优秀教师、先进工作者和优秀教学奖的评选表彰活动。

【深圳市委党校】 创建于1979年，与深圳行政学院、深圳社会主义学院、深圳经济管理学院和深圳中华文化学院实行“五块牌子、一套人马”的办学模式；领导体制为校务委员会负责制，2011年中共深圳市委常委、组织部部长戴北方担任校长，日常工作由常务副校长陈图深主持；下设哲学教研部、党史党建教研部、科学社会主义教研部、公共管理教研部（政府管理研究中心）、经济管理教研部、文史教研部、法学教研部、中国特色社会主义理论研究中心、政治经济学教研部、统一战线理论教研部等18个处级机构，有分校6所；现有教授17人、副教授19人、有博士生导师1人、享受市政府特殊津贴专家和中央组织部联系专家各1人。

2011年，举办各类培训班次119个，培训干部7699人。其中，举办常规主体班次有局级干部班、党群处级干部班、行政处级干部班、科级干部班、初任干部班等40个，培训干部2020人；举办自主选学班34个，培训干部3122人；“深圳干部在线学习平台”举办在线班级4个，培训干部665人；承办北京、上海、天津、湖北等有关单位的重点班次28个，培训干部1501人。6所分校共举办各类班次213个，培训学员36738人。

教学工作。开设中国特色社会主义理论体系、胡锦涛总书记“七一讲话”、十七届六中全会精神辅导、深圳转变经济发展方式、深圳社会建设和社会管理创新、深圳“十二五”规划、深圳质量等课程；加强精品课程和经典导读课程建设，成立6个经典导读课程开发小组，并配套一系列制度规定；启用媒体沟通、危机处理情景模拟实训室，开发4门情景模拟实训课程，安排16门新课试讲，组织评委集体评课；开设“一把手”讲座，32位“一把手”走上了党校的讲台；聘任7名高级顾问和39名特聘教授，确定腾讯、研祥等12家高新技术企业作为现场教学基地；成立教学督导和学员管理领导小组及办公室，由专人负责对主体班学员学习情况进行督促检查、跟踪管理、调研服务。

科研工作。共申报各级各类课题76项，获准立项15项，承接市各级各部门委托课题19项，获各类奖励的研究成果30余项；出版专著3部，发表学术论文108篇，其中在国家级刊物上发表文章7篇，与中央党校《学习时报》社联合举办纪念建党90周年理论座谈会，与市委宣传部、深圳特区报社联合举办《深圳十大观念座谈会》，举办2011年基层社会管理创新研讨会；获准成为深圳市博士后创新实践基地，是全市新批准的14家单位中唯一一家社科机构。

思想库建设。围绕深圳科学发展的重大问题开展研究，立项课题34项，聘任64位特聘研究员，配套制定特聘研究员管理制度、课题成果评审制度，每个课题都由市委党校专职教师和来自各个工作部门的特聘研究员共同参与，有29项课题取得成果；中标“深汕特别合作区十二五规划”课题，“我国东南沿海与特区联动战略”课题列入国家行政学院重大委托课题；以“推进教学、科研、决策咨询一体化”为题，组织召开建校以来首场新闻发布会，介绍了创新思想库。

队伍建设。招聘12名博士，《事业单位岗位设置方案》获得教师大会通过并正式实施；支持、鼓励青年教师参与教学科研，开展“先学先行”活动，设置中国特色社会主义理论体系、党性修养、弘扬“想干敢干快干会干”的特区精神、道德品行、岗位素质和能力训练5个模块，邀请中央党校、中央社会主义学院专家和深圳市领导作专题讲座；组织教师参加师资培训、出国（境）培训、基层挂职锻炼、岗位交流，安排新进教师到行政和教学科研管理部门挂职锻炼。

机关党建。围绕纪念建党90周年和深圳“大运之年”，开展重温入党誓词活动、举办理论座谈会、先进事迹报告会、党史知识竞赛、书画摄影比赛等系列活动，承担大学生运动会火炬传递等相关接待工作；在“双到”扶贫工作中，市委党校被吴川市委、市政府评为“双到”工作先进帮扶单位，并完成市委交办的湛江、河源290个村支书、驻村干部培训工作。

信息化建设。开发自主选学培训学员管理系统，建立学员培训电子档案，干部在线课程更新率达到46%；拍摄专题片5部，《春天的故事》、《大山深处的爱》荣获中组部全国党员电教片观摩交流最佳专题片“一等奖”、省委组织部党员电教片评比一等奖和优秀奖；深圳党员干部现代远程教育开播节目总数6444部，时长3275小时，网站发布及转载图文报道5000多条，学习视频近6000部，总访问量达38万人次。

行政后勤管理。财务管理进一步规范，获市财政委员会授予的“2010年度深圳市部门决算编审工作先进单位”称号；完成部分教职工政策性住房的申请和选房，开展“安全文明标兵小区”创建工作；全年接待国内外来宾76批916人次，膳食科被团市委授予“青年文明号”。

【厦门市委党校】 创建于1956年4月，与厦门市行政学院和厦门市社会主义学院实行“一套班子、三块牌子”的办学模式；领导体制为校务委员会负责制，中共厦门市委副书记、市纪委书记黄杰成兼任校长，日常工作由常务副校长陈二加主持；下设哲学教研部、政治学教研部、党史党建教研部、经济学教研部、公共管理教研部、统战理论教研部和法学教研部等16个处级机构；现有教授7人、副教授27人、享受国务院政府特殊津贴专家1人和市拔尖人才3人。

2011年，举办常规主体班次29期，主要有厅局级干部进修班、中青年干部培训班、处级干部进修班、军队师团职转业干部培训班、市属国有企业经营管理人员培训班、宣传干部培训班、省委组织部选调生培训班、省委组织部选聘生培训班、处级干部任职班、科级女干部培训班、民主党派骨干培训班、民营企业骨干培训班、少数民族代表人士培训班等，培训干部1561人；根据市委安排和受有关部门委托，不定期举办的各种短期专题研讨班、培训班和读书班5期，培训干部543人。

教学工作。以中国特色社会主义理论体系学习为主，围绕市委、市政府的中心工作，全面推进办班体系、课程体系、教材体系、师资体系建设，增加“十二五”规划、福建“海西”规划、厦门实施综合配套改革方案等培训内容，更新教学专题19个；组织按需施教专题15场，举办《领导讲坛》、《专家讲坛》、《学员论坛》共计35场，外请领导和专家举办专题讲座76场，开展现场教学33场、异地培训6次，组织社会宣讲54场。

科研工作。获准全国党校系统重点课题3项、中组部重点课题1项、全国社会主义学院系统调研课题2项、福建省党校系统课题8项和市社科课题6项；有1篇论文入选全国党校系统理论研讨会、2篇入选福建省理论研讨会、3篇入选福建省党校系统理论研讨会、6篇入选厦门市理论研讨会，获得省、市社科优秀成果奖励的研究成果7项；《厦门新城建设应注意“业”与“城”的平衡》等4期决策咨询成果报送市委、市政府，出版《厦门经济特区建设30年》等专著3本，组织召开全市党校系统决策咨询研讨会，提交决策咨询研究论文40余篇；制定《2011—2015年科研工作规划》，完善项目管理、科研激励、科研成果考核评价制度。

队伍建设。提出“大楼、大师、大气、大作为”的办学理念和目标要求，开展“培训者培训工程”，会同市委组织部组织全市党校系统教师到北京市委党校、天津市委党校学习培训，校领导带队，组织教研室主任赴山东省委党校、青岛市委党校围绕学科建设开展培训，邀请中央党校教授专家来校作“怎样当好党校教师”专题讲座。

信息化建设。与市委组织部、市公务员局、市信息产业局合作建成《厦门干部在线学习》网站，网站课件库有精选课程500学时，时事视频300学时，网上学习资料及报告4000篇，并且以每年增加上千个网上报告厅课程的规模发展，上网点击数达240万余人次，平均每年点击数为60万~70万人次。

后勤管理。建立以财务、基建、校产为主要管理职能的总务处，新组建以监管为主要职能的后勤服务中心，后勤服务中心主要承担对引进的两家社会化管理公司委托服务进行监管，重点对宾馆财务收支、服务质量、食品安全和物业保安、保洁、保修、保绿进行有效监管。

业务指导。组织全市党校系统教师召开“深化教学改革，加强精品课建设”教学研讨会，为区级党校编制“2011年课程题库”、协助聘请社会师资，组织区级党校教师参加市委党校组织的论坛讲坛活动、师资培训和教学观摩、师资研讨会等，配合省委党校开展对思明、集美、同安、海沧和湖里6所区级党校的办学质量规范化进行评估。

【宁波市委党校】 始建于1949年12月，与宁波市社会主义学院和行政学院实行“一校两院”的办学模式；领导体制为校务委员会负责制，中共宁波市委常委、组织部部长朱伟担任校长，日常工作由常务副校长励慧芳主持；下设哲学教研室、经济管理教研室、科学社会主义教研室、党史党建教研室、行政管理教研室等18个处级机构；现有教授10人、副教授26人和享受国务院政府特殊津贴专家1人。

2011年，举办常规主体班次17期，包括县局级干部执政能力专题研讨班、乡镇（街道）书记培训班、中青年干部培训班等，培训干部1246人；市委在党校举办专题研讨班18期，有工业转型升级与智慧城市建设专题研讨班、新任市管领导干部党性党风集中教育培训班、加快国际强港建设专题培训班、县局级领导干部素质专题培训等，培训干部3414人次；与市委宣传部、信访局等部门联合办班8期，培训干部868人次。此外，围绕全市实施“十二五”规划、推进“六个加快”发展战略、开展“创先争优”和“三思三创”活动，举办工业转型升级与智慧城市建设专题研讨班、加快国际强港建设专题培训班、文化体制改革和文化产业发展培训班等。

教学工作。开展需求调研，探索第三方调研，委托中青班学员以课题形式开展《基层干部培训需求与保障机制》调研；在课程开发和设计上尝试按照基本理论——基本方法——重点问题——能力素质——党性锻炼的逻辑结构展开各单元，强化各教学模块间和模块内课程体系设计的系统性和逻辑性；及时更新教学内容，新开设《深入解放思想，推进“三思三创”》、《建党九十年的历史经验》等新课39门；重点开展研讨式教学，在第十七期中青班围绕宁波发展方式的转型升级，安排研讨，学员评估优秀率为86.7%，开展立法听证会情景模拟教学，学员评估优秀率为77.6%，教师的教学优良率保持在95%以上；在浙江省委组织部、省人力资源和社会保障厅和省委党校（行政学院）首次联合对全省市级党校进行教学质量评估的活动中获第一名，并获“浙江省党校（行政学院）系统教学质量优秀单位”称号，《中青班干部教育和促进发展有机结合之路》获教学创新项目奖；参加中央党校举办的全国党校系统精品课评选活动，2名教师的课件获中央党校优秀资源片奖。

科研工作。获准立项全国党校系统调研课题5项、中央社会主义学院招标课题2项、浙江省社科规划课题5项、省社科联研究课题1项、省党校系统建党90周年重大课题1项、省党校系统第十三批规划课题12项、市社科规划课题4项、市政府发展研究中心课题4项、市重点资助调研课题1项等，获奖论文54篇；出版专著、编著10部，在中文核心期刊发表学术论文25篇，获得全省党校系统第三届优秀科研工作组织奖。

队伍建设。建立和完善《名师评选制度》、《精品课评选制度》和《集体备课制度》，开办“名师讲坛”，组织教师和行政管理人员出国学习考察、综合素质培训、师资培训、处级干部培训、挂职锻炼、业务培训、到农村担任指导员等62人次，选送1名教师到中国社会科学院做访问学者。

信息化建设。完成网络和安全系统、服务器和存储系统、电子阅览室、多媒体教室改造、安防监控系统、有线电视改造等项目的建设，完成校门户网站的改版升级工作；全年累计录制和转播中央党校远程卫星站课件120个共计500小时左右；面向全市实况转播中心课堂2次，录制专家讲座课件13次共计25小时，向中央党校报送课件7个共计6小时24分钟，向浙江省委党校报送课件38个共计63小时37分钟，被评为全国党校系统教学资源优秀组织奖、浙江省党校系统2011年度信息资源建设先进单位。

机关党建。出台《中共宁波市委党校校务委员会集体领导和分工负责制度实施办法（试行）》、《中共宁波市委党校全面推进廉政风险防控机制建设的实施方案》、《中共宁波市委党校内部审计督察制度》等；开展创先争优、“三思三创”、创建第七轮文明机关等主题教育活动，1个党支部、2名党员、1名党务工作者受到市直机关表彰，1名党员先进事迹被“中国宁波网”、“浙江在线”报道，并被推荐为“浙江省创先争优党员闪光言行之星”候选人；开展学习型组织建设，获“宁波市学习型党组织建设先进单位”称号。

大事记

1月5日 经中共西藏自治区党委研究决定，周阳光同志任西藏自治区委党校副校长。

1月6日 经请示中共青海省委同意，中共青海省委党校建校时间正式确定为1951年3月9日。

1月7日 中共云南省委在省委党校举行新提拔省管干部党风廉政建设履职能力培训班开班式。中共云南省委副书记、省委党校校长李纪恒出席并讲话。

1月10日 “北京市第2期区县局级领导干部一年制研修班”结业式在北京市委党校举行。中共中央政治局委员、北京市委书记刘淇出席并讲话，北京市委副书记、北京市委党校校长王安顺主持结业式。

1月13日 第二期江苏省管领导干部学习贯彻党的十七届五中全会、省委十一届九次全会精神轮训班在江苏省委党校举办。来自省级机关、市县、省属企事业单位的420名省管领导干部参加集中轮训。

1月14日 广东省委理论学习中心组第79期“广东学习论坛”报告会在省委党校举行。北京大学国家发展研究院院长周其仁作《当前经济形势与深化改革开放》专题报告。中共中央政治局委员、广东省委书记汪洋，省长黄华华等省委常委领导出席报告会。

1月14日 “新疆兵团干部在线学习平台”在新疆生产建设兵团党校举行开通仪式。

1月15日 中央党校副校长李书磊到广东省委党校考察指导工作。

1月21日 《中央党校援助新疆生产建设兵团党校方案》（中校函〔2011〕9号）出台并实施，从师资培训、教学、科研、队伍建设、信息化建设等6个方面对兵团党委党校进行援助，自2011年1月1日起实施，至2013年12月31日终止。

1月23—27日 中央党校常务副校长李景田一行4人到吉林省就贯彻落实《中国共产党党校工作条例》和全国党校工作会议精神情况进行调研。

2月11日 经中共福建省委研究决定，省委常委、组织部部长姜信治任省委党校校长。

2月14日 广州市委党校党史党建教研部主任尹德慈代表广州市出席“全国党的建设研究会第五次会员代表大会”，被聘为全国党建研究会特邀研究员。市委党校参与完成的调研报告《基层党组织生活与制度建设科学化研究》获得全国党建研究会2010年度课题调研优秀成果一等奖。

2月17日 中共哈尔滨市第12届委员会第80次常委会议决定：市委常委、组织部长杜松岩同志兼任市委党校校长。

2月26—28日 内蒙古盟市厅局主要领导干部专题研讨班在内蒙古自治区区委党校举办。中共内蒙古自治区党委书记胡春华出席并讲话。自治区四大班子领导出席开班式并听取专题讲座。开班式由自治区党委常委、组织部长李佳主持。来自全区各盟市厅局的129名学员参加培训。党校各部门负责人、全体教师出席开班仪式并听取专题讲座。

3月1日 中共中央政治局委员、上海市委书记俞正声以“怎样做好一个领导干部”为题为上海市委党校春季班学员作专题报告。第76期领导干部进修班、第41期中青年干部培训班等7个班次的学员，校处两级中心组成员、全体教师和区县、大口党校主要负责人参加。

3月2日 南亚八国（阿富汗、孟加拉、不丹、印度、马尔代夫、尼泊尔、巴基斯坦、斯里兰卡）政党干部考察团莅临广东省委党校考察调研。

3月3日 经国务院学位委员会第28次会议审议通过，辽宁省委党校政治学学科被批准增列为硕士学位授权一级学科。

3月3日 经国务院学位委员会第28次会议审议通过，吉林省委党校政治学学科为硕士学位授权一级学科点。

3月3日 国务院学位委员会〔2011〕8号文件《关于下达2010年审核增列的博士和硕士学位授权一级学科名单的通知》，增列湖南省委党校政治学、公共管理为硕士学位授权一级学科。

3月3日 国务院学位委员会印发《关于下达2010年审核增列的博士和硕士学位授权一级学科名单的通知》（学位〔2011〕8号），重庆市委党校新增政治学一级学科硕士点。

3月3日 国务院学位委员会第28次学位委员会审批通过四川省委党校应用经济学、政治学和马克思主义理论3个硕士学位授权一级学科。

3月8日 青岛市委党校举行2011年春季学期开学典礼。中共山东省委常委、青岛市委书记、市委党校校长李群出席开学典礼并作形势报告。

3月15日 吉林省委党校（院）2011年第一学期主体班次开学典礼在礼堂举行。中共吉林省委副书记、省政协主席、省委党校校长巴音朝鲁出席开学典礼并讲话。6个班次360余名学员参加了开学典礼，校（院）处级领导干部和全体教师也参加开学典礼。

3月16日 中共南京市委决定：王玉珍、吴抒、张岩同志任南京市委党校副校长、(行政学院副院长)。

3月17日 浙江省学位委员会下发《关于下达2010年审核增列的博士和硕士学位授权一级学科名单的通知》（浙学位〔2011〕1号），公布浙江省委党校的哲学、理论经济学、政治学、马克思主义理论、公共管理共5个硕士学位授权一级学科获得审批通过。

3月18日 山东省委党校举行2011年春季开学典礼暨新校启用仪式。中共山东省委书记、省人大常委会主任姜异康在开学典礼上讲话，并为省委党校新校揭牌。下午，姜异康书记到省委党校检查指导工作，实地察看新校的教学设施。

3月21日 哈尔滨市委党校举行2011年春季学期开学典礼。中共黑龙江省委常委、哈尔滨市委书记盖如垠作专题报告。

3月25—27日 中央党校常务副校长李景田在辽宁就加强县级党校建设问题进行调研。

3月26—29日 广西壮族自治区党委在自治区委党校举办全区厅级主要领导干部社会管理及其创新专题研讨班。中共广西自治区党委书记、自治区人大常委会主任郭声琨，自治区主席马飚、自治区党委副书记陈际瓦分别作专题报告。

3月27日 中央党校常务副校长李景田一行在沈阳市委党校召开“从实际出发办好县级党校”座谈会。

3月29日 天津市委党校“周恩来、邓颖超纪念馆党性教育基地”启动仪式在周恩来、邓颖超纪念馆举行。

3月30日 湖北省新形势下社会管理及其创新专题研讨班开班式在湖北省委党校举行。中共湖北省委书记、省人大常委会主任李鸿忠出席并讲话。随后，李鸿忠书记在党校调研，察看全省干部在线学习中心、学员党风廉政建设巡视室等

3月30日 根据国务院学位委员会〔2011〕8号文件《关于下达2010年审核增列的博士和硕士学位授权一级学科名单的通知》，广东省委党校新增理论经济学一级学科硕士学位授权点。

3月30日 中共新疆生产建设兵团党委常委、副司令员哈尼巴提·沙布开一行到兵团党校调研，并与校委成员座谈。

3月31日 浙江省委党校召开校委扩大会议，省委组织部副部长吴顺江到校宣布省委、省政府关于李为同志任省委党校副校长的决定。

4月6日 上海市学位委员会下发《关于下达2010年审核增列的博士和硕士学位授权一级学科名单的通知》（沪学位〔2011〕3号），上海市委党校获得政治学和马克思主义理论2个硕士学位授权一级学科点。

4月6日 中共杭州市委副书记、市长邵占维在杭州市委党校为学员作“关于‘十二五’发展的若干问题”的报告。

4月7日 第一期山东省领导干部学习十七届五中全会精神贯彻落实“十二五”规划纲要专题研讨班在省委党校举行开班式。中共山东省委书记、省人大常委会主任姜异康出席并讲话。

4月11日 湖北省委党校举行2011年第一期中青年干部培训班开班式。中共湖北省委书记、省人大常委会主任李鸿忠出席并讲话。

4月12—21日 中央党校副校长孙庆聚先后到江西、湖南调研县级党校建设情况。

4月19日 由海南省委组织部负责组织、省委党校承办的海南省2011年领导干部大会暨“旅游城市规划建设与经营管理”专题培训班第1期开班仪式在省政协常委会会议厅召开。中共海南省委书记、省人大常委会主任卫留成出席并讲话。

4月19—20日 福建省领导干部社会管理及其创新专题研讨班在省委党校举行开班式。中共福建省委书记、省人大常委会主任孙春兰出席并讲话。省级领导、各设区市党政主要领导和省直有关部门的220位主要负责人参加学习研讨。

4月20—24日 中央党校副校长张伯里率中央党校调研组到四川省乐山、眉山和成都市就县级党校建设情况进行专题调研。

4月29日 中共贵州省委常委会讨论决定：孙永春同志任中共贵州省委组织部部长、贵州省委党校校长（兼）。

5月4日 中共江西省委书记、省人大常委会主任苏荣出席江西省加强和创新社会管理、做好新形势下群众工作专题研讨班开班式。会前，苏荣视察了省委党校校园环境、学员餐厅和学术中心。

5月10日 中共湖北省委书记、省人大常委会主任李鸿忠在武汉东湖宾馆与湖北省委党校2011年第一期中青年干部培训班学员座谈。6月9日，李鸿忠书记再次

与本期学员座谈。

5月13日 中共哈尔滨市第12届委员会第83次常委会议决定：市委常委、组织部长凌振国兼任市委党校校长。

5月17日 四川省人民政府正式印发《关于贯彻落实〈行政学院工作条例〉的实施意见》（川府发〔2011〕13号）。

5月23日 中共浙江省委书记、省人大常委会主任赵洪祝到浙江省委党校作“中国共产党在浙江的奋斗历程和历史启示”的专题报告。

5月24日 广东省委理论学习中心组第81期“广东学习论坛”报告会在省委党校举行。中山大学政治和公共事务管理学院院长马俊作“美国进步时代改革及其启示”的专题报告。中共中央政治局委员、广东省委书记汪洋，省委副书记、省长黄华华等省委常委出席报告会。

5月26日 中共北京市委副书记、市长郭金龙到北京市委党校作“深入贯彻落实科学发展观，努力实现经济社会长期平稳较快发展”的专题报告。

5月26日 江苏银行高管人员培训基地揭牌暨2011年首期培训班开班典礼在江苏省委党校（行政学院）举行。

5月26—28日 第十九届全国省会城市副省级城市党校校长座谈会在杭州市委党校召开。来自31所省会城市、副省级城市党校的常务副校长及相关专家90人参加会议。

6月6日 中央党校常务副校长李景田考察重庆市委党校。

6月16—17日 由中央党校主办、大连市委协办的“全国党校系统纪念中国共产党成立90周年理论研讨会”在大连市委党校召开。中央党校常务副校长李景田作“中国特色社会主义的旗帜上鲜明地写着发展与公正”的主旨报告，中国社会科学院常务副院长、中国马克思主义研究基金会理事长王伟光，中共辽宁省委常委、大连市委书记夏德仁分别致辞。中央党校副校长陈宝生、李书磊、张伯里，市委副书记、市委党校第一校长里景瑞等出席。来自中央党校和全国省级党校、副省级党校的专家学者200余人参加研讨会。

6月24日 中共湖北省委书记、省人大常委会主任李鸿忠出席湖北省委党校2011年第一期中青年干部培训班结业式并讲话。

7月6日 青海省委党校建校60周年和省行政学院、省社会主义学院建院20周年纪念大会在省委党校召开。中共青海省委书记、省人大常委会主任强卫，省委副书记、省长骆惠宁分别发来贺信。省委副书记、省委党校校长王建军出席会议并讲话。中央党校副校长张伯里，国家行政学院副院长洪毅，中央社会主义学院党组副书记、副院长周宁出席会议并分别致辞。省委常委、宣传部部长吉狄马加，省委常委、统战部部长多杰热旦，省人大常委会副主任沈何，省政协副主席陈资全出席会议。副省长何挺主持会议。常务副校（院）长武伟生作主题报告。全国各省、自治区、直辖市、铁道部和新疆建设兵团党校及行政学院、社会主义学院发来贺信贺电。应邀参加主题论坛的专家学者，省直有关单位负责同志，各州市地委党校和大中型企业党校及省直机关分校常务副校长，在校主体班次学员，全体教职工和离退休老同志参加纪念大会。

7月11日 内蒙古党委办公厅、政府办公厅印发《内蒙古党校、内蒙古行政学院2011—2015年发展规划》。

7月17日 中央党校常务副校长李景田到山西省长治市委党校调研。

7月19日 首届“西部地区省级党校、行政学院业务指导工作交流会”在四川省委党校开幕。

7月25日 中央党校常务副校长李景田到广西区委党校考察并召开座谈会，随后到南宁市武鸣县，就加强基层党员干部培训、推动党校工作科学发展问题开展调查研究。

7月27日 广东省委理论学习中心组第82期“广东学习论坛”报告会在省委党校举行。全国人大内务司法委员会委员、中国人民大学刑事法律科学研究中心主任戴玉忠作“惩治渎职侵权犯罪的刑事法律制度和渎职侵权犯罪的预防问题”专题报告。广东省省长黄华华等省委常委出席报告会。

8月5日 中共湖北省委印发《关于研究省委党校（省行政学院）有关问题的会议纪要》，对党校工作进行部署。

8月17日 由上海市委党校（行政学院）与市政协、市委宣传部、市委统战部共同主办、市社会主义学院协办的第二期人民政协理论专题研讨班开班，上海市政协主席冯国勤出席开班式并讲话。

9月1日 内蒙古自治区委党校（行政学院）举行2011年秋季开学典礼。中共内蒙古自治区党委副书记、自治区政协主席、内蒙古党校校长任亚平出席并讲话。

9月1日 中共上海市委副书记、市长韩正为上海市委党校秋季班学员作“形势和任务”专题报告。第78期领导干部进修班、第42期中青年干部培训班等7个班次的学员，市委、市政府有关部门责任人，以及市委党校、上海行政学院中层以上干部、全体教师，区县党校（行政学院）和大口党校主要负责人参加。

9月1日 河南省委党校（行政学院）暨高校干部培训分部举行2011年秋季开学典礼。中共河南省委副书记、省政协主席、省委党校校长、行政学院院长叶冬松出席开学典礼，并以“深入学习贯彻胡锦涛总书记‘七一’重要讲话、大力推进中原经济区建设‘关键在做’”为题作动员报告。

9月2日 中共青岛市委决定（青委〔2011〕155号文件）：孙志强同志任中共青岛市委党校党委委员、副校长。

9月14日 经中共福建省委研究决定，对省委党校领导班子进行调整：陈雄同志任福建省委党校常务副校长。

9月15日 中共陕西省委书记、省人大常委会主任赵乐际到陕西省委党校为主体班学员作“学习胡锦涛总书记‘七一’重要讲话”辅导报告。

9月15日 中共南京市委、南京市人民政府发出《关于表彰全市经济政治文化社会建设（“五五”普法）有功单位、有功个人和先进集体、先进个人的决定》（宁委发〔2011〕48号），南京市委党校被授予先进集体称号。

9月17日 中央党校副校长李书磊一行到新疆开展县级党校建设情况调研。

9月18日 中央党校副校长李书磊赴新疆生产建设兵团农八师石河子市委党校考察调研教学培训和基本建设情况。

9月19日 中共江西省委决定，陈春明同志任江西省委党校（江西行政学院）

常务副校（院）长。

9月21日 天津市委党校“滨海新区实践教学基地”启动仪式在天津市东疆保税港区举行。

9月22日 全国铁路新闻舆论工作研讨班在铁道部党校举办。铁道部党组成员、副部长王志国出席并讲话。

9月28日 广东省委理论学习中心组第83期“广东学习论坛”报告会在省委党校举行。武汉大学质量发展战略研究院院长程虹教授作“质量在加快转变经济发展方式中的作用”专题报告。中共中央政治局委员、广东省委书记汪洋，省长黄华华等省委常委出席报告会。

10月12日 西藏自治区委党校建校50周年庆祝大会召开。第十届全国人大常委会副委员长热地题词，中共西藏自治区党委书记陈全国，自治区党委副书记、自治区主席白玛赤林分别发来贺信，自治区党委副书记、区党委党校校长郝鹏出席并讲话，中央党校副校长张伯里致辞。全国各省（市）党校发来贺电（信）。中央党校领导，区直有关单位领导、企事业单位领导，中央党校历任援藏干部，区党委党校军警民共建单位领导，各地（市）委党校常务副校长，区党委党校全体教职工和在校部分学员共计400余人参加庆祝大会。同日还举行校史展和文艺晚会。

10月13日 辽宁省委党校常务副校长于言良当选为中国共产党辽宁省第十一届委员会委员。

10月14—17日 吉林省新一届县（市、区）党委书记培训班在吉林省委党校（院）举办。中共吉林省委书记、省人大常委会主任孙政才作开班动员讲话。

10月18日 武汉市委党校主办的“全国部分城市基层党校转型与发展校长座谈会”在武昌区委党校召开。来自上海、广州、深圳、长沙、苏州、重庆、成都、厦门等城区党校和武汉市13个区级党校参加座谈会。

10月20日 由上海市委党校承办，浦东新区区委党校协办的“华东地区党校、行政学院信息化和图书馆科学发展合作会议”在上海市委党校召开。中央党校教育长徐伟新出席并讲话。华东地区省级和部分市级党校、行政学院，特邀单位内蒙古自治区区委党校、行政学院的领导和专家学者90人参加。

10月21日 缅甸中央执委吴登瑞率缅甸联邦巩固与发展党干部考察团到重庆市委党校交流座谈。

10月21—25日 华东地区省级党校常务副校长座谈会在浙江省委党校召开。

10月22—23日 全国党校系统后勤工作会议在浙江省委党校召开。

10月27日 中共甘肃省委副书记、省委党校校长欧阳坚到甘肃省委党校调研。

10月28日 湖南省委党校举行建校60周年庆祝大会。中共湖南省委书记、省人大常委会主任周强出席并讲话。中央党校校委委员贾高建、国家行政学院副院长韩康出席并致贺词。省委常委、省委组织部部长、省委党校校长黄建国主持庆祝大会。同日，举行新学员楼竣工剪彩仪式和新大门揭牌仪式。

11月1日 经中共内蒙古自治区党委研究决定，内蒙古自治区党委副书记李佳任内蒙古党校校长，孟根其其格任内蒙古自治区委党校副校长。

11月1日 党的十七届六中全会精神专题辅导报告会在黑龙江省委党校“龙江发展讲坛”举行，中央宣讲团成员、黑龙江省委书记吉炳轩作专题辅导报告。黑龙江省委副书记、省长王宪魁主持报告会，省委理论学习中心组成员，省直各单位、在哈尔滨直属高校省管干部、厅级后备干部在主会场参加报告会，各市地负责同志、厅级后备干部、各县市区负责同志在分会场参加报告会。

11月1日 广东省“三纪班”在省委党校举行，中共中央政治局委员、省委书记汪洋，省长黄华华、省委副书记朱明国、副省长肖志恒等为培训班作专题辅导报告。

11月2日 湖北省委党校2011年第二期中青年干部（政法系统）培训班开班式。中共湖北省委书记、省人大常委会主任李鸿忠出席并讲话。

11月4日 中共辽宁省委书记、省人大常委会主任王珉到辽宁省委党校与2011年选聘到村大学生村官进行座谈。王珉一行还听取党校工作汇报，参观了省委党校校史馆。

11月7日 中共西藏自治区党委书记陈全国到西藏自治区委党委党校调研和指导工作，考察了区党委党校学员宿舍、红色遗迹、情景模拟教室和教学科研综合楼，了解党校历史和基本情况，还到全区乡镇（街道）党委书记加强和创新社会管理培训班授课现场，详细了解学校教员、学员学习生活及工作情况。

11月9—10日 以越南共产党中央委员、胡志明国家政治行政学院院长谢玉讯为团长的代表团一行6人到湖南省委党校考察访问。

11月15—16日 新疆维吾尔自治区党委党校（院）在昌吉州委党校举行全疆党校系统百名骨干教师培养计划项目教学创新评比活动。本次活动是“全疆党校系统百名骨干教师培养计划”的一项重要内容。

11月18日 中共新疆维吾尔自治区党委副书记、新疆生产建设兵团党委书记、政委车俊等兵团领导到兵团党校与新任团场党委书记、副书记思想政治建设研讨班学员座谈。10位学员代表在座谈会上汇报团场的基本情况。车俊与学员就团场有关情况进行交流后讲话，并看望全体学员和教职工。

11月24日 上海市人大常委会主任刘云耕为上海市委党校第79期领导干部班、第42期党政机关正处级干部轮训班等班次学员作“关于坚持和完善人民代表大会制度的若干思考”报告。

11月24日 中共浙江省委常委、宁波市委书记王辉忠到宁波市委党校出席第十七期中青年干部培训班座谈会并讲话。

12月1—2日 中共中央组织部和中共中央党校主办、广西自治区委组织部和广西区委党校承办的全国县级党校工作座谈会在南宁召开。中央党校副校长陈宝生传达习近平、李源潮同志关于县级党校工作的重要批示并作会议总结。中央党校常务副校长李景田、中央组织部副部长王尔乘分别讲话，自治区党委书记、自治区人大常委会主任郭声琨致辞。自治区党委副书记危朝安出席会议并在大会上介绍广西县级党校工作经验。中央组织部干部教育局和中央党校有关直属单位负责同志，各省、自治区、直辖市、新疆生产建设兵团党委组织部分管干部教育的副部长、干部教育处处长，各省、自治区、直辖市、铁道部、新疆生产建设兵团和副省级城市党委党校常务副校长，业务指导工作处室的负责同志以及特邀代表等180多人参加会议。广西自治区各市、县（市、区）委党校常务副校长，区直工委党校常务副校长，南宁铁路局党校常务副校长，柳钢党委党校常务副校长等100多人列席会议。中共广西壮族自治区委员会、中共山东临沂市委、中共陕西省咸阳市委、中共河南省三门峡市委组织部、中共江苏省无锡市江阴市委党校、中共浙江金华市义乌市委、中共重庆市开县县委、中共新疆昌吉州呼图壁县委、中共广西都安县委等9个单位在会上作交流发言。与会代表还参观广西县级党校改革成果展，实地考察南宁市武鸣县委党校、武鸣县双桥镇下渌村培训基地。

12月12日 天津市委党校“滨海新区于家堡金融区实践教学基地”启动仪式在天津市于家堡金融区服务中心举行。

12月26日 内蒙古自治区政府下发《内蒙古自治区人民政府关于加强和改进新形势下行政学院工作的若干意见》。

12月27日 大连市乡村干部素质提升工程总结表彰暨街道社区干部培训工作启动会议在大连市委党校召开。中共辽宁省委常委、大连市委书记唐军出席并讲话。

教职工简况

序号	党校名称	在职人员总数（人）	教研人员（人）	教辅人员（人）	行政管理人员（人）	工勤技能人员（人）
1	北京市委党校	354	107	57	130	60
2	天津市委党校	404	166	45	122	71
3	河北省委党校	336	101	46	107	84
4	山西省委党校	403	119	43	167	74
5	内蒙古自治区委党校	284	88	42	86	68
6	辽宁省委党校	312	100	32	100	80
7	吉林省委党校	583	251	211	121	0
8	黑龙江省委党校	434	124	66	159	85
9	上海市委党校	348	91	40	127	90
10	江苏省委党校	518	168	136	143	71
11	浙江省委党校	358	107	46	155	50
12	安徽省委党校	287	83	35	98	71
13	福建省委党校	269	98	47	78	46
14	江西省委党校	434	115	82	146	91
15	山东省委党校	417	143	47	161	66
16	河南省委党校	420	118	28	161	113
17	湖北省委党校	277	75	24	152	26
18	湖南省委党校	507	118	41	207	141
19	广东省委党校	418	143	43	164	68
20	广西壮族自治区委党校	267	70	68	80	49
21	海南省委党校	216	63	23	86	44
22	重庆市委党校	354	106	78	92	78
23	四川省委党校	549	176	62	236	75
24	贵州省委党校	277	86	37	92	62
25	云南省委党校	389	108	59	116	106
26	西藏自治区委党校	154	45	20	54	35
27	陕西省委党校	489	122	115	186	66
28	甘肃省委党校	395	123	44	136	92
29	青海省委党校	324	73	51	149	51
30	宁夏回族自治区委党校	220	70	26	83	41
31	新疆维吾尔自治区委党校	451	116	42	178	115

续 表

序号	党校名称	在职人员总数（人）	教研人员（人）	教辅人员（人）	行政管理人员（人）	工勤技能人员（人）
32	新疆生产建设兵团党校	200	76	24	70	30
33	铁道部党校	288	48	65	80	95
34	广州市委党校	146	43	23	60	20
35	武汉市委党校	186	48	25	83	30
36	哈尔滨市委党校	191	64	13	84	30
37	沈阳市委党校	221	60	20	70	71
38	成都市委党校	237	61	1	129	46
39	南京市委党校	159	42	14	66	37
40	西安市委党校	160	57	19	64	20
41	长春市委党校	157	69	13	53	22
42	济南市委党校	163	62	6	83	12
43	杭州市委党校	166	37	47	70	12
44	大连市委党校	159	47	13	72	27
45	青岛市委党校	193	61	21	80	31
46	深圳市委党校	133	49	6	57	21
47	厦门市委党校	94	29	18	34	13
48	宁波市委党校	114	31	38	47	18

在职教授名单

北京市委党校（23人）

教　授：

袁吉富　梁　骏　侯且岸　张　军

张耀南　王志捷（回族）　赵　莉（女）

朱晓青　刘长龙　林　泉（女）

袁达毅　韩玉芳（女）　孟凡驰

李明伟　靳连芳（女）　董　武

鄯爱红（女）　吴　刚　鄂振辉（女）

金国坤　嘎日达（蒙古族）侯亚非（女）

研究员：

高寿仙

天津市委党校（28人）

教　授：

刘润忠　杨延浦　李亚东　王重高

杨升祥　何敬文　段志超（白族）

刘　竞（女）　王晓霞（女）

张维真　徐秀红（女）　王　尉（女）

蔡承荣（女）　张新华（女）

赵晓呼　贾锡萍（女）　刘书祥

郑海峰　齐冬梅（女）　康之国

杨　彧　徐　中　藏学英（女）

王慧军　张玉庆

研究员：

祝宝钟 李淑华（女） 张殿兴

河北省委党校（45人）

教 授：

陈春生 薛建中 郝建国 庞立平
穆瑞丽（女） 杨亚佳 陈秀梅（女）
王金池 王建政 李胜茹（女）
徐慈贤 王 卿 贾志刚 景 枫
李彦青 康桂芬（女） 欧阳景根
种坤霞（女） 程瑞山 刘晓辉（女）
赵文丁 王秀华（女） 李凤瑞
冷宣荣（女） 郭君铭 花永兰
王宇飞（女，满族） 付文明
宋迎军 李辉敏（女） 杜成功
李兰色 张 敏 张聚芹（女）
裴志宏 王锦栋 金志奇

研究员：

王晓海 唐凤朝 李聚山 朱立新

编 审：

孙英臣 胡鸣铎 于亚博 朱艳秋（女）

山西省委党校（19人）

教 授：

李廷荣 安 洪 赵公社 赵 诚
范俊彦 孙锋刚 高 飞 宋 军
郑延涛 郭玉兰（女） 贺建萍（女）
郭华红（女） 李 青（女）
郭 湧（女） 孙兴玲（女）
牛 芳（女）

研究员：

冯耀明 刘 宁（女） 王瑞娟（女）

内蒙古自治区委党校（27人）

教 授：

郭文祥 马桂英（女,蒙古族）
安静赜 徐贵恒（女）
巴根那（蒙古族）李香兰（女）
张德民（蒙古族）梁鲜桃（女）
丁玉才 李玉贵 杨東芳（女）
李 红（女） 杨 耀 孙 杰
兰 芳（女） 于连锐 李树林
马俊林 王有星 乌力更（蒙古族）
吉日嘎拉（蒙古族） 贾 清
毛 原（女） 薛建华

研究员：

赵常欣（女，蒙古族）

编 审：

王晓娟（女） 齐秀华（女）

辽宁省委党校（39人）

教 授：

胡延风 唐晓清 魏子扬 常 丽（女）
沈 伟 王桂泉 陈丽华（女）
姚黎君 储 霞（女） 李秀华（女）
周唯强 林海斌 李角奇（女）
郭化光 李 英（女） 荣宏庆
杨立新（女） 宋丽娟（女）
宫秀芬（女） 王 虹（女）
张 唯（女） 薛 巍（女）
李 玮（女） 黄 莉（女）
王晓非（女） 孙学敏 崔亚平（女）
宋延旭 王寷曈（女） 高中理
侯 琦（女） 王恩宝 冉鸿燕（女）
薛艳荣（女） 康瑞华（女）
胡亚莲（女） 潘立魁
杜福洲 陶 春（女）

吉林省委党校（55人）

教 授：

袁福珍（女） 宋文新（女）
张秀岩（女） 金盛红（女） 付建世
孙艳霜（女） 徐恩仲 贾云泉
赵连中 李振宇 邱信利 来丽梅（女）
丁卫平（女） 赫雅书（女）
耿洪彬 陶玉霞（女） 刘金福

郑吉萍（女） 魏芙蓉（女）
高立群（女） 苏向坤 杜凤英（女）
李 红（女） 蔡 跃 陆 琳（女）
赵艳荣（女） 李军国 徐秀霞（女）
闫 英（女） 蒙一丁（布依族）
迟建民 乔桂华（女） 马丽华（女）
顾明新 薛桂莲（女） 马冬梅（女）
王雪雁（女） 朱艳丽（女）
张延生 郭永学 宛福成 张柏英
赵连君 于延晓（女） 吴祖鲲
钟淑洁（女） 韩 松 张 力
赵亚杰（女） 高 静（女）
焦述英（女） 李大光 王英林
王玉华（女） 宋延君

黑龙江省委党校（58人）

教 授：

项武生 高原丽（女） 闫喜凤（女）
张聚昌 赫修贵 梁 謇（女）
王宪章 郭 毳（女） 韩健鹏
亓 利（女） 王 曼（女）
陈绍义 华 雷 王树春 孙艳春（女）
朴 林 王诚宏 秦慧杰（女）
麻秀荣（女，回族） 刘兰芬（女）
李 军 李素艳（女） 崔玉斌
刘瑞华（女） 韩丽杰（女）
于升云 陆静超（女） 丁志杰（女）
张书海 王 丽（女） 杨德军
杨志晨 梁 亮（女） 张 超
陈国君 侯慧娟（女） 许丽英（女）
杨 君 王冬梅（女） 杨玉荣（女）
李 辉（女） 马边防 于健慧（女）
逯洪秀（女） 董少辉 张宏光（女）
文治逯 杜爱萍（女，鄂温克族）
王奇英（女） 郭 明 温美荣（女）

研究员：

姜国忠 邵立民 张青松

编 审：

刘建明 刘晓英（女） 陈景云
朱永良

上海市委党校（31人）

教 授：

张春美（女） 陈胜云 黄力之
刘卫平 王建国 王志平 鞠立新
唐珏岚（女） 林世昌 徐根兴
庄荣盛 陈勇鸣 程竹汝 王公龙
刘宗洪 周敬青（女） 张忆军（女）
陈丽凤（女） 刘红凛 陈奇星
陈保中 罗 峰 陈尤文（女）
沈士光 郭庆松 毛军权 曾 峻
梅丽红（女） 陶柏康

研究员：

周耀虹（女） 李海生

江苏省委党校（59人）

教 授：

王庆五 桑学成 杨 明 胡志军
谈 镇 梁作民 李立峰 隋月娟（女）
孙月平 周俭初（女） 黄 红（女）
徐民华（女） 陶卫平 董连翔（女）
孙 铭 李继锋 汪汉忠 方建中
赵常林 王 平（女） 王 建（女）
徐泰玲（女） 莢莺敏（女）
邹 红（女） 刘 阳（女）
黄 菡（女） 凌 宁 李 阳（女）
胡宗仁 杜万松 冯必扬 王培智
扈海鹂（女） 倪洪兰（女）
尤 佳 布成良 孙 霞（女）
刘大生 黄瑞玲（女） 王新军（女）
刘万文 黄希惠（女） 杨夏鸣
王 英（女） 袁志田 吴 宏
刘 俊（女） 张舒屏 廖礼平（女）
周善乔 冯 治 钱一舟（女）
范 金 朱坚强 彭安玉 沈利华
王世谊 米寿江（回族） 张桂珍（女）

浙江省委党校（34 人）

教　授：
陆立军　吴锦良　郭祥才（回族）
董根洪　任玉秋（女）　何建华（女）
汪岩桥　李　一　李　炯（回族）
陈时兴　陈自芳　石婷婷（女）
方柏华　董　明（女）　董建萍（女）
郭亚丁　张静蓉（女）　何圣东
向新民　徐邦友　张志勇　孙　雄
曾小华　曹文彪　王祖强　王立军
李　涛　徐竹青（女）
研究员：
徐明华　胡　建　胡承槐　何显明
陈立旭　周　全（女）

安徽省委党校（16 人）

教　授：
李　浩　张克敏　祝国华　李昌龙（女）
高淮成（女）　李本和　郝欣富
张复俊　胡忠明　安　群（女）
周　焱（女）　华兴顺　罗　红
王星闽
编　审：
宋周尧
研究馆员：
杨肥生

福建省委党校（39 人）

教　授：
游龙波　刘大可　王宜新　陈世奎
林建华　林默彪　林　红（女）
何福平（女）　陈　新　杨小冬
曾行伟　田恒国（土家族）
高伯文　曹敏华　郭若平（回族）
郭为桂　李新生　李烈满　顾越利（女）
王海英（女）　史　策　蔡加福
郑冬梅（女）　周　青（女）
查英青（女）　郑少春（女）
王　岑（女）　林　怡（女）
叶志坚　张君良　周　玉（女）
程丽香（女）　林　星（女）
吴志澄　高飞乐　陈　耀
研究员：
陈明森
研究馆员：
阮孟禹　柳丹枫（女）

江西省委党校（27 人）

教　授：
赵兴良　王仕国　谭旭孙　吴海燕（女）
郭爱萍（女）　毛日清　吴晓敏
刘金东　罗惠兰（女）　黄毓哲（女）
魏春明　陈剑锋　陈洪生　魏星河（女）
周晓红（女）　程家健　李才平
胡长生　程爱娣（女）　张剑萍（女）
周　明　刘本锋
研究员：
黄世贤　江泰然　欧阳兵
编　审：
胡启南　郑百灵（女）

山东省委党校（38 人）

教　授：
王　敏（女）　王巧玲（女）
王申贺　王立新　王培芝（女）
丛颖超（女）　刘淑珍（女）
刘跃奎　孙建昌　成素英（女）
宋协娜（女）　张　杰　张友谊
张文珍（女）　张文彦（女）
张传鹤（女）　张春光（女）
张洪修　张勤书　李　剑　杨亚利
杨明清　杨　珍（女，回族）
迟树功　赵丽娜（女）　赵英奎
赵　泉（女）　袁永新　贾英健
章猷才　董风枝（女）　翟　霞（女）

裴传永
研究馆员：
王爱云（女） 王爱平 卢丽娜（女）
吴怡青（女） 张 旭

河南省委党校（25 人）

教 授：
杨 建 丁 素 于咏华（女）
廖富洲 田宪臣 张廷寅 赵新浩
樊怀洪 梁 丹（女） 涂永珍（女）
胡隆辉 汪俊英（女） 王爱英（女）
杜 爽 朱耀先（女） 刘玉忠
秦 健（女） 赵冰波 韩 华
赵士红 李国友 郭献功 康来云（女）
彭 迈（女） 蒋仁勇

湖北省委党校（24 人）

教 授：
方世荣 陶良虎 邹德文 于文俊
陶笑眉（女） 刘 丹（女）
任大立 陈家超 舒艾香（女）
徐仲韬 张继久 刘启明 叶翔凤（女）
李津燕（女） 罗 莉（女）
蔡 玲（女） 欧阳佳妮（女）
孙大敏 李又才 吴礼林 黄金桥
张秋实（女） 何正欣（女）
汪志强

湖南省委党校（75 人）

教 授：
徐晨光 袁 准 雷国珍 周正刚
邓 微 黄高荣 彭富国 周敏之
许顺富 吴传毅 卢 红 覃正爱
唐月娥（女） 林国标 谢维楚
易可君 黄湘燕（女） 戴 军
刘华清 杨正辉 戴安林 霍修勇
龚永爱 陈平其 肖 湘（女）
何隆德 谭运宏 龙志贵（苗族）
张建民 王学杰 彭益民（女）
唐琦玉 赵达军 吴厚庆 丁丽琼（女）
谢自强 傅端林（女） 吕灵华（女）
文秋林（女） 谢芬芳（女）
刘 丹（女） 胡 海 陈建新
周湘伟 段红柳（女） 陈建越（女）
张业菊（女） 何美荣（女）
袁望冬 匡跃辉（女） 曹山河
吴洁平（女） 艾理生 张飞燕（女）
唐娅辉（女） 肖万春 刘布光
王克修 洪 艳（女） 黄有泰
黄象品 胡新良 刘爱平（女）
艾医卫 陈曙光 陈远章
研究员：
张友良 刘强伦 吴焕新 刘剑康
谭桔华（女） 王习贤
詹花秀（女） 周育平
彭劲杰（研究员级高级工程师）

广东省委党校（63 人）

教 授：
郑楚宣 苟志效 谢林平 韩 锐
陈鸿宇 杨建伟 方 真 杨 劲
李绥州 周 峰 赵 祥 陈创生
吴灿新 佘正荣 詹颂生 杨 波（女）
余甫功 黄铁苗 王 冰（女）
傅尔林 岳芳敏（女） 张 卿
杨 平 谢仁寿 姚作为 唐晓阳
林子英（女） 王玉明 宋儒亮
廖成忠 吴军辉 杨丹娜（女）
陈江玲（女） 毕 德 林盛根
周建华（女） 邱世绪 汪晓红（女）
吴克辉 谢庆芳 王小萍（女）
张求会 管 华（女） 吕晓阳
黎旺星 蔡 兵 张海梅（女）
郑志国 张 艺 成 龙 袁友军
梁 荣 张 谨
研究员：

段华明　许桂灵（女）

编　审：

李　云（女）　武　晟　曾　慧（女）

刘锡桓　孙永怡（女）

研究馆员：

李　青　张丽红（女）　何炳祥

广西壮族自治区委党校（25 人）

教　授：

张　敦　陈林杰　唐秀玲（女）

卞　谦　宁　健　潘志清（女）

刘小兵　许进品（壮族）　黄　飚

贺先平　凌海金　马　宁　陶建平

卢尚纯（壮族）　甘安顺　张家寿

陈　华（女）　董友涛　赵禹骅

莫　龙

研究员：

何成学（侗族）　凌经球（壮族）

陈新建

编　审：

黄学权　任浩明

海南省委党校（11 人）

教　授：

王和平　包亚宁　葛韶峰　唐镇乐

王建国　林晓妹（女）　程良波

赵　丽（女）　王白娇（女）

研究员：

彭京宜　廖　逊

重庆市委党校（33 人）

教　授：

文国伟　何关银　王顺达　甘　强

李继樊（女）　卞　彬　钟　宜

胡大牛　黄远固　陈文权　陈建先

罗德刚　傅　琼（女）　颜如春（女）

谭兴中　谢　菊（女）　谭光定

杨　杰　宋爱苏　崔如波　吴晓渝（女）

李沛君（女）　周定溶（女）

秦文志　周学馨（女）　何　伟

王正宁（女）　杨顺湘　苏　伟

王　骏　张新华

研究馆员：

邓新民

编　审：

向　波

四川省委党校（46 人）

教　授：

郭　伟　周治滨　杨　颖　杨华书

孟德泉　吴少柏　周和风　杨静光

黄　辉　曾繁亮　付泽平　文大会

师　丽（女）　陈　钊　丁　英（女）

张星炜　杨继荣　王　科　付建民

邓　达　李禄俊　吴嘉蓉（女）

彭穗宁　王光华　裴泽庆　王友平

孙超英（女）　谢显弟　江世银

杨伟霖　徐　平　陈　煦（回族）

王卫平　罗振宇　朱恪钧　王　蓉（女）

江　渝　李延铸　赵　明　李　蜜（女）

孙　彪　王建华　王　卉（女）

周　立

研究员：

施文义

编　审：

李翔宇

贵州省委党校（28 人）

教　授：

韩卫东　陈　扬　汤正仁　吴巨平

邓献辉（苗族）　周感华

孔　玲（女，朝鲜族）

唐　皓（女，纳西族）

李向红（女）　陈建刚　陈　石

唐正繁　简智初（土家族）

胡晋源　张顺昌　赵晓芬（女）

漆明春　高林英（女）　刘旭友
张　犁（女）　伍小涛　邱中慧（女）
任继琼（女）　王爱平（女，黎族）
邸晶鑫（女）

研究员：

唐宗举

研究馆员：

贺洪明

编　审：

刘遗伦（黎族）

云南省委党校（32人）

教　授：

李卫宁　欧黎明　李　锐　缪家福
马金书（回族）　李晓南　洪昆辉
周龙弟　李　敏　溥德书（彝族）
綦长青　钱素华（女）　盛世兰（女）
张雷军（锡伯族）　赵晓彪
王　靖（回族）　李曼琳（女）
王丽华（女）　高　旗（女）
吴家骥　朱　红（女）　许青萍
杨庆东　李鹏飞　吉龙华　樊泳湄（女）
赵　玲（女，哈尼族）

研究员：

刘小龙

编　审：

高　云（回族）　杨宇白　刘兰凯（女）
杨文杰

西藏自治区委党校（8人）

教　授：

牛治富　普布次仁（藏族）　续文辉
杜　莉（女）　李　宏　潘建生（藏族）
赵　萍（女，藏族）　陈　丽（女，满族）

陕西省委党校（34人）

教　授：

薛引娥（女）　郑志飚　魏文章
李军民　辛　荣　曹　飞　魏长学（女）
查培轩　张　辉　钟卫国　康芳民（女）
刘旨贤　陈少康　李晓燕（女）
白　琳　罗凤琳（女）　毕远佞
闫　朦（女）　岳东峰　王彦军
柯淑娥（女）　马红光　冯　光
刘世明　李延长　卢飞鹰　傅小青（女）
吴晓民　范增录　康喜平（女）
侯建会　韩西平

编　审：

常黎峰　陈合营

甘肃省委党校（33人）

教　授：

李润强　李景铭　李君才　张秀英（女）
宋圭武　王克钧　张建君　王　渊
王晓平（女）　陈永胜　康　民
陈永恭　马雅伦（女，回族）
张嘉选　鲜静林　王继荣　武　劼（女）
张平军　曹建民　肖安鹿　吴晓军
杨光祖　刘永哲　李含琳　郭继强
魏奋子　朱　宁　曹　殊　徐秀玲（女）
王晋林　牛亚莉（女）

编　审：

张林祥

研究馆员：

鲜　鹏（回族）

青海省委党校（42人）

教　授：

陈永进　李广斌　薛红焰　朱宏才
梁代生　何启琳　石德生　高明森
马占彪（回族）　南补习　薛成有
张卫东　严维青　伍海峰　张玉良
马学勤（回族）　桑才让（藏族）
韩官却加（蒙古族）　苏多杰（女，藏族）
何　颖（女）　王　霞（女）
吴玉敏（女）　来　君（女）

李清源（女）　孙洲霞（女）
曹淑英（女）　费雅君（女）
王兰英（女）　袁志平（女）
杜敏学（女）　杨春英（女）
王亚玲（女）　鲁临琴（女）
沈秀丽（女）　严　琼（女）
关桂霞（女，满族）
马晓红（女，回族）
马桂芳（女，回族）

编　审：
王乃明　才旦多杰（藏族）
刘玉英（女）　罗菊芳（女）

宁夏回族自治区委党校（13 人）

教　授：
张　廉　宋建钢　李培文（女）
何银玲（女，回族）　杨旭东　王大力
巴　莎（女，满族）　翟桂荣（女）
潘　华（女）　柏建华（女）
周　玲（女）

研究员：
杨国林（回族）

研究馆员：
梁春阳

新疆维吾尔自治区委党校（17 人）

教　授：
丁守庆　高建龙
卫利·巴拉提（维吾尔族）
哈尔克木（回族）　曾庆忠
贺　萍（女）　段　良（女）　陈奇彪
阿不都沙拉木·吐尔逊（维吾尔族）
王玉岱　沈君立　程建江
热合木江·沙吾提（哈萨克族）

编　审：
姬肃林　黄　璜
阿不都克里木·马木提（维吾尔族）
艾海提·吐尼牙孜（译审，维吾尔族）

新疆生产建设兵团党校（10 人）

教　授：
赵柳成　强始学　李海江　王治强
王晓娟（女）　王小平
王新华（女）　卢玉文（女）
吴　珍（女）　田燕秋（女）

铁道部党校（7 人）

教　授：
巩联军（女）　徐信华　刘　刚
戴文宪　刘瑞全（女）　林　淼（女）
李　颖（女）

广州市委党校（9 人）

教　授：
李仁武　霍秀媚（女）　史浩林
朱殊洋　尹德慈　李三虎　敖带芽
温朝霞

研究馆员：
冯仿娅（女）

武汉市委党校（13 人）

教　授：
王观松　汪德明　袁超越　叶卫东
张绍春　涂克明　龙小康　刘建平
毛　敏（女）　柯燕凌（女）
王丽华（女）　徐学福　陈年安

哈尔滨市委党校（14 人）

教　授：
陶利波（女）　赵卓莉（女）
王双立（女）　胡永琴（女）
王秀琴（女）　卢琰华（女）
汪　波（女）　李天明（女）
崔　丹（女）　徐　荔（女）
刘松枝（女）　李桂芹（女）
赫鸿雁（女）　赵延民

沈阳市委党校（16 人）

教 授：

陈 静（女） 侯述佳 才秉性
盛 涛（女） 刘工力 王 雷
赵东阜 孙 政（女） 李 力（女）
刘继昌 杨秀英（女） 朱卫东
肖桂斌 邵桂花（女） 闫质杰（女）
徐 静（女）

成都市委党校（16 人）

教 授：

刘益飞 黄国华 李仁彬 谢育新
孙恪廉 孟大川 陈朝昇 王 凡
李友民 宁金和 梁光晨 张宏彬
邵 昱 路小昆 刘文杰 孙 鸣（女）

南京市委党校（10 人）

教 授：

刘喜发 王玉珍（女） 吴 抒
曾向阳 孙景坛 方辉振 赵小谛
邵建光 郝继明 郭榛树

西安市委党校（10 人）

教 授：

刘 琦 张德丽（女） 张王定
苏凤昌 张钧巨 周 丰 裴 蓓（女）
李清芳（女） 李俊岭 王琪玖

长春市委党校（12 人）

教 授：

李守衡 徐亚军（女）
蒋菊琴（女） 祁铁华 王 健
攸 笛 赵义河 于 平（女）
赵小娜（女） 刘淑英（女）
武绍春 于恒魁

济南市委党校（12 人）

教 授：

翟芳玲（女） 王济萍（女）
张吉清 冯 雷 孔祥敏 李金泉
王克群 张爱军（女） 吴学军
陈 可（女） 张 静（女）

研究馆员：

丛文娟（女）

杭州市委党校（7 人）

教 授：

胡序杭 吴思红 邵德兴 高国舫
孙铁民 朱明芬（女） 李宗开

大连市委党校（11 人）

教 授：

杨青山 于晓静（女） 刘振江
杨 虹（女） 郑雪梅（女）
解秀玲（女） 孙畅雪（女）
姚克利 张爱军（女） 张桂华（女）

研究馆员：

孙长怡

青岛市委党校（14 人）

教 授：

尹焕三 杜成君 李少莉（女）
陈洪泉 陈玉光 黄建明 赵立波
刘文俭 敬志伟 刘增禄 于忠珍（女）
程国有 刘小利（女） 王 义

深圳市委党校（22 人）

教 授：

朱兴有 余文烈 卞苏徽（女）
王连喜 傅小随 袁晓江 李永清
罗归国 林 祥 王 鑫 刘 琳（女）
孟 伟（女） 张岩鸿（女）
申 勇 范宏云 宋腊梅（女）
黄伊梅（女）

研究员：

谭 刚 熊哲文（白族） 李荣华
曾宇青（女）

编　审：

祝林浩

厦门市委党校（7 人）

教　授：

尤京文　石仑山　尹　彦（回族）

方和荣（女）　　周明伟　谢启标

李树毅

宁波市委党校（13 人）

教　授：

郑湘娟（女）　　陈鹏键　吴翔阳

乐承耀　任春晓（女）　　张雅静（女）

刘彦昌　胡国民　张荣昌　钱亚仙（女）

研究员：

梁一群　杨黎源　张永明

硕士学位学科、专业授权点

序号	党校名称	学科门类	一级学科	二级学科、专业
1	北京市委党校	哲 学	哲 学	马克思主义哲学
2	北京市委党校	哲 学	哲 学	中国哲学
3	北京市委党校	哲 学	哲 学	外国哲学
4	北京市委党校	哲 学	哲 学	逻辑学
5	北京市委党校	哲 学	哲 学	伦理学
6	北京市委党校	哲 学	哲 学	美学
7	北京市委党校	哲 学	哲 学	宗教学
8	北京市委党校	哲 学	哲 学	科学技术哲学
9	北京市委党校	经济学		国民经济学
10	北京市委党校	法 学	政治学	政治学理论
11	北京市委党校	法 学	政治学	中外政治制度
12	北京市委党校	法 学	政治学	科学社会主义与国际共产主义运动
13	北京市委党校	法 学	政治学	国际政治
14	北京市委党校	法 学	政治学	中共党史（含党的学说和党的建设）
15	北京市委党校	法 学	政治学	国际关系
16	北京市委党校	法 学	政治学	外交学
17	北京市委党校	法 学	马克思主义理论	马克思主义基本原理
18	北京市委党校	法 学	马克思主义理论	马克思主义发展史
19	北京市委党校	法 学	马克思主义理论	马克思主义中国化研究
20	北京市委党校	法 学	马克思主义理论	国外马克思主义研究
21	北京市委党校	法 学	马克思主义理论	思想政治教育
22	北京市委党校	法 学	马克思主义理论	中国近现代史基本问题研究
23	北京市委党校	法 学	社会学	社会学
24	北京市委党校	法 学	社会学	人口学
25	北京市委党校	法 学	社会学	人类学
26	北京市委党校	法 学	社会学	民俗学
27	北京市委党校	管理学		行政管理
28	辽宁省委党校	法 学		科学社会主义与国际共产主义运动
29	辽宁省委党校	法 学		中共党史（含党的学说和党的建设）
30	辽宁省委党校	法 学		马克思主义基本原理
31	辽宁省委党校	法 学		马克思主义中国化研究
32	吉林省委党校	哲 学		马克思主义哲学
33	吉林省委党校	经济学		政治经济学
34	吉林省委党校	法 学	政治学	中共党史（含党的学说和党的建设）

续 表

序号	党校名称	学科门类	一级学科	二级学科、专业
35	吉林省委党校	法　学	政治学	政治学概论
36	吉林省委党校	法　学	政治学	中外政治制度
37	吉林省委党校	法　学	政治学	科学社会主义
38	吉林省委党校	法　学	政治学	宪政与法治
39	吉林省委党校	法　学	政治学	政治社会学
40	黑龙江省委党校	经济学		政治经济学
41	黑龙江省委党校	经济学		区域经济学
42	黑龙江省委党校	法　学		科学社会主义与国际共产主义运动
43	黑龙江省委党校	法　学		中共党史（含党的学说与党的建设）
44	黑龙江省委党校	法　学		马克思主义中国化研究
45	黑龙江省委党校	管理学		行政管理
46	上海市委党校	哲　学		马克思主义哲学
47	上海市委党校	经济学		国民经济学
48	上海市委党校	法　学	政治学	政治学理论
49	上海市委党校	法　学	政治学	科学社会主义与国际共产主义运动
50	上海市委党校	法　学	政治学	中共党史（含党的学说和党的建设）
51	上海市委党校	法　学	马克思主义理论	马克思主义基本原理
52	上海市委党校	法　学	马克思主义理论	马克思主义中国化研究
53	江苏省委党校	哲　学		马克思主义哲学
54	江苏省委党校	经济学		政治经济学
55	江苏省委党校	经济学		世界经济
56	江苏省委党校	经济学		国民经济学
57	江苏省委党校	经济学		区域经济学
58	江苏省委党校	经济学		劳动经济学
59	江苏省委党校	法　学		科学社会主义与国际共产主义运动
60	江苏省委党校	法　学		中共党史（含党的学说与党的建设）
61	江苏省委党校	法　学		政治学理论
62	江苏省委党校	法　学		国际政治
63	江苏省委党校	法　学		社会学
64	江苏省委党校	法　学		宪法学与行政法学
65	江苏省委党校	管理学		企业管理
66	江苏省委党校	管理学		行政管理
67	浙江省委党校	哲　学	哲　学	马克思主义哲学
68	浙江省委党校	哲　学	哲　学	中国哲学
69	浙江省委党校	哲　学	哲　学	伦理学

续表

序号	党校名称	学科门类	一级学科	二级学科、专业
70	浙江省委党校	经济学		区域经济学
71	浙江省委党校	经济学	理论经济学	政治经济学
72	浙江省委党校	经济学	理论经济学	产业经济学
73	浙江省委党校	经济学	理论经济学	国际经济与金融
74	浙江省委党校	法　学	政治学	政治学理论
75	浙江省委党校	法　学	政治学	中共党史（含党的学说与党的建设）
76	浙江省委党校	法　学	政治学	科学社会主义与国际共产主义运动
77	浙江省委党校	法　学	马克思主义理论	马克思主义基本原理
78	浙江省委党校	法　学	马克思主义理论	马克思主义中国化研究
79	浙江省委党校	法　学	马克思主义理论	马克思主义社会学理论
80	浙江省委党校	管理学	公共管理	行政管理
81	浙江省委党校	管理学	公共管理	社会保障
82	浙江省委党校	管理学	公共管理	法治政府
83	山东省委党校	哲　学		马克思主义哲学
84	山东省委党校	经济学		政治经济学
85	山东省委党校	法　学	政治学	科学社会主义与国际共产主义运动
86	山东省委党校	法　学		中共党史（含党的学说与党的建设）
87	山东省委党校	法　学	马克思主义理论	马克思主义基本原理
88	山东省委党校	法　学		思想政治教育
89	湖北省委党校	经济学		政治经济学
90	湖北省委党校	法　学		宪法学与行政法学
91	湖北省委党校	法　学	政治学	科学社会主义与国际共产主义运动
92	湖北省委党校	法　学	政治学	中共党史（含党的学说和党的建设）
93	湖北省委党校	法　学		马克思主义基本原理
94	湖南省委党校	哲　学		马克思主义哲学
95	湖南省委党校	哲　学		科学技术哲学
96	湖南省委党校	经济学		政治经济学
97	湖南省委党校	法　学	政治学	科学社会主义与国际共产主义运动
98	湖南省委党校	法　学	政治学	中共党史（含党的学说和党的建设）
99	湖南省委党校	法　学	政治学	政治学理论
100	湖南省委党校	法　学	政治学	中外政治制度
101	湖南省委党校	法　学	政治学	国际政治
102	湖南省委党校	法　学	政治学	国际关系
103	湖南省委党校	法　学	政治学	外交学
104	湖南省委党校	法　学		思想政治教育

续 表

序号	党校名称	学科门类	一级学科	二级学科、专业
105	湖南省委党校	法　学		马克思主义基本原理
106	湖南省委党校	管理学	公共管理	行政管理
107	湖南省委党校	管理学	公共管理	社会医学与卫生事业管理
108	湖南省委党校	管理学	公共管理	教育经济与管理
109	湖南省委党校	管理学	公共管理	社会保障
110	湖南省委党校	管理学	公共管理	土地经济学
111	广东省委党校	哲　学		马克思主义哲学
112	广东省委党校	哲　学		伦理学
113	广东省委党校	经济学	理论经济学	政治经济学
114	广东省委党校	经济学	理论经济学	西方经济学
115	广东省委党校	经济学	理论经济学	人口、资源与环境经济学
116	广东省委党校	法　学		科学社会主义与国际共产主义运动
117	广东省委党校	法　学		中共党史（含党的学说与党的建设）
118	广东省委党校	法　学		马克思主义中国化研究
119	重庆市委党校	哲　学		马克思主义哲学
120	重庆市委党校	经济学		政治经济学
121	重庆市委党校	法　学		宪法学与行政法学
122	重庆市委党校	法　学	政治学	政治学理论
123	重庆市委党校	法　学	政治学	中外政治制度
124	重庆市委党校	法　学	政治学	科学社会主义与国际共产主义运动
125	重庆市委党校	法　学	政治学	中共党史（含党的学说与党的建设）
126	重庆市委党校	法　学	政治学	国际政治
127	重庆市委党校	法　学	政治学	国际关系
128	重庆市委党校	法　学	政治学	外交学
129	重庆市委党校	法　学		马克思主义中国化研究
130	重庆市委党校	管理学		行政管理
131	四川省委党校	哲　学		马克思主义哲学
132	四川省委党校	经济学		政治经济学
133	四川省委党校	经济学	应用经济学	区域经济学
134	四川省委党校	经济学	应用经济学	产业经济学
135	四川省委党校	经济学	应用经济学	金融学
136	四川省委党校	法　学	政治学	科学社会主义与国际共产主义运动
137	四川省委党校	法　学	政治学	中共党史（含党的学说与党的建设）
138	四川省委党校	法　学	政治学	政治学原理
139	四川省委党校	法　学	政治学	中外政治制度

续 表

序号	党校名称	学科门类	一级学科	二级学科、专业
140	四川省委党校	法　学	马克思主义理论	马克思主义基本原理
141	四川省委党校	法　学	马克思主义理论	马克思主义中国化研究
142	陕西省委党校	哲　学		马克思主义哲学
143	陕西省委党校	经济学		政治经济学
144	陕西省委党校	经济学	应用经济学	国民经济学
145	陕西省委党校	经济学	应用经济学	区域经济学
146	陕西省委党校	经济学	应用经济学	财政学
147	陕西省委党校	经济学	应用经济学	金融学
148	陕西省委党校	经济学	应用经济学	产业经济学
149	陕西省委党校	经济学	应用经济学	国际贸易学
150	陕西省委党校	经济学	应用经济学	劳动经济学
151	陕西省委党校	经济学	应用经济学	统计学
152	陕西省委党校	经济学	应用经济学	数量经济学
153	陕西省委党校	经济学	应用经济学	国防经济
154	陕西省委党校	法　学	政治学	科学社会主义与国际共产主义运动
155	陕西省委党校	法　学	政治学	中共党史（含党的学说与党的建设）
156	陕西省委党校	法　学	政治学	政治学理论
157	陕西省委党校	法　学	政治学	中外政治制度
158	陕西省委党校	法　学	政治学	国际政治
159	陕西省委党校	法　学	政治学	国际关系
160	陕西省委党校	法　学	政治学	外交学
161	陕西省委党校	法　学	马克思主义理论	马克思主义基本原理
162	陕西省委党校	法　学	马克思主义理论	马克思主义中国化研究
163	陕西省委党校	法　学	马克思主义理论	思想政治教育
164	陕西省委党校	法　学	马克思主义理论	马克思主义发展史
165	陕西省委党校	法　学	马克思主义理论	中国近现代史基本问题研究
166	陕西省委党校	法　学	马克思主义理论	国外马克思主义研究

立项国家社科基金项目情况

序号	批准号	项目类别	项目名称	负责人	工作单位
1	11BDJ035	一般	国外主流政党基层组织建设的经验教训及对我党的借鉴与启示	秦德占	北京市委党校
2	11BDJ037	一般	提升农村党员干部信息素质能力与推进农村党的基层组织信息化建设	李淑华	天津市委党校

续 表

序号	批准号	项目类别	项目名称	负责人	工作单位
3	11BZZ028	一般	我国政府决策专家咨询制度建设研究	张颖春	天津市委党校
4	11BKS032	一般	利益协调与社会主义和谐劳动关系研究	王俊杰	河北省委党校
5	11BZZ059	一般	我国公民网络政治参与的法律保障机制研究	杨福忠	河北省委党校
6	11CJY088	青年	中国地区间财政均等化与财政转移支付制度完善研究	刘　亮	河北省委党校
7	11CKS011	青年	马克思主义大众化的历史经验研究	田　辉	山西省委党校
8	11CZX027	青年	科学修辞战略研究	李洪强	山西省委党校
9	11FSS005	后期资助	意识形态、经济因素与冷战新边疆：美国第四点计划研究	谢　华	山西省委党校
10	11XDJ010	西部	信息化时代民族地区群众工作与社会矛盾化解机制问题研究	孙　杰	内蒙古自治区委党校
11	11XDJ007	西部	提高西部民族地区基层党组织建设科学化水平的研究	李　红	内蒙古自治区委党校
12	11XMZ024	西部	城市化进程中的蒙古族社会焦虑现象研究	乌力吉	内蒙古自治区委党校
13	11XZZ007	西部	西部地方政府创新的地区差异问题研究	庄虔友	内蒙古自治区委党校
14	11AZD039	重点	中国特色社会主义制度研究	曲明哲	辽宁省委党校
15	11BKS015	一般	马克思主义时代化重大问题研究	宋萌荣	辽宁省委党校
16	11BKS019	一般	马克思主义中国化的方法论研究	胡延风	辽宁省委党校
17	11BKS059	一般	社会思潮对干部队伍的影响及对策研究	李　英	辽宁省委党校
18	11BDJ021	一般	关于提高执政党的思想理论教育科学化水平研究	储　霞	辽宁省委党校
19	11CJL045	青年	辽宁港口群——东北腹地经济空间联动发展机理研究	董晓菲	辽宁省委党校
20	11BKS004	一般	马克思制度变迁理论范式微观诠释的探索	张聚昌	黑龙江省委党校
21	11BKS040	一般	“十二五”时期社会矛盾的复合型化解对策研究	刘建明	黑龙江省委党校
22	11BDJ003	一般	改革开放以来中国共产党领导政治体制改革的历史进程及基本经验研究	李　军	黑龙江省委党校
23	11BJY102	一般	东北地区现代化大农业低碳发展模式与对策研究	马边防	黑龙江省委党校

续 表

序号	批准号	项目类别	项目名称	负责人	工作单位
24	11BZZ045	一般	优化政府结构和推进大部门制改革对策研究	杨志晨	黑龙江省委党校
25	11CKS013	青年	破解当前我国信访制度困境的对策研究	孙元君	黑龙江省委党校
26	11AZD015	重点	构建中国主流价值文化的历史逻辑、横向参照及可行性研究	黄力之	上海市委党校
27	11BZZ057	一般	实施人才强国战略突出问题深化研究	郭庆松	上海市委党校
28	11BSH068	一般	城市流动人口家庭的社会服务需求研究	潘鸿雁	上海市委党校
29	11CZX066	青年	伪善的道德形而上学研究	王　强	上海市委党校
30	11CJL011	青年	低碳转型引致的经济减速问题及其对策研究	李　猛	上海市委党校
31	11CZZ012	青年	新时期提高党的执政能力建设研究	周建勇	上海市委党校
32	11CGL082	青年	公共服务需求的表达与整合机制建设：城市基层的实证研究	容　志	上海市委党校
33	11ADJ003	重点	贯彻党要管党、从严治党方针的难点及对策研究	桑学成	江苏省委党校
34	11BZZ040	一般	推进区域基本公共服务均等化策略研究	凌　宁	江苏省委党校
35	11BZS041	一般	美国外交文件中的南京暴行研究	杨夏鸣	江苏省委党校
36	11BGL106	一般	基于超限战视角的文化产业国际竞争战略研究	钱寿海	江苏省委党校
37	11BZX030	一般	科学规范与科研越轨行为的社会控制研究	盛华根	江苏省委党校
38	11CSH001	青年	孙中山符号与海峡两岸共同历史记忆研究	李　霞	江苏省委党校
39	11AZD024	重点	城镇化进程中的户籍制度改革	马力宏	浙江省委党校
40	11BKS006	一般	马克思的生态文明思想及其当代影响	胡　建	浙江省委党校
41	11CJL058	一般	战略性新兴产业培育的机制与路径研究	徐梦周	浙江省委党校
42	11BJY056	一般	区域碳交易市场制度构建与运行模式研究	李　炯	浙江省委党校

续 表

序号	批准号	项目类别	项目名称	负责人	工作单位
43	11BZZ050	一般	地方监察机关派驻机构的运行状况与制度完善研究	陈宏彩	浙江省委党校
44	11BZZ058	一般	网络群体性事件的应急管理体系研究	陶建钟	浙江省委党校
45	11CZZ025	一般	防范和化解群体性事件中暴力因素对策研究	王国勤	浙江省委党校
46	11BSH023	一般	组织形态与农村合作社发展研究	任　强	浙江省委党校
47	11BDJ032	一般	当代中国社会变迁与中国共产党社会基础的拓展研究	温敬元	福建省委党校
48	11CRK014	青年	两岸通婚的现状、趋势及其影响研究	祖群英	福建省委党校
49	11BDJ012	一般	中华苏维埃共和国的社会建设及基本经验	杨会清	江西省委党校
50	11BDJ028	一般	学习型党组织建设机制研究	李　剑	山东省委党校
51	11BZZ020	一般	信访问题统筹治理研究	宋协娜	山东省委党校
52	11BZS006	一般	中国历代官箴研究	裴传永	山东省委党校
53	11CJY061	青年	可持续发展背景下我国农业补贴社会绩效追踪研究	乔翠霞	山东省委党校
54	11CKS020	青年	国际金融危机演化与科学社会主义复兴问题研究	戚桂锋	山东省委党校
55	11CSH042	青年	中国转型期社会焦虑问题研究	王丽萍	山东省委党校
56	11CGL063	青年	中国合同能源管理发展对策研究	魏　东	山东省委党校
57	11BDJ033	一般	提高领导干部网络舆情工作科学化水平研究	薛瑞汉	河南省委党校
58	11BZZ013	一般	民本思想及其现代化研究	卢向国	河南省委党校
59	11BKS039	一般	“包容性增长”与化解当前社会利益矛盾研究	顾绍梅	河南省委党校
60	11AFX011	重点	应对气候变化的行政法问题研究	方世荣	湖北省委党校
61	11BJY024	一般	自主创新技术与标准相结合的产业化路径研究	邹德文	湖北省委党校
62	11CGL092	青年	网络群体性事件演变规律及智能仿真研究	徐　勇	湖北省委党校
63	11CDJ013	青年	中国共产党党员主体地位及其实现途径研究	郭群英	湖北省委党校
64	11CZZ007	青年	党的群众工作与基层民主建设的路径与机制研究	王海峰	湖南省委党校
65	11CSH029	青年	征地拆迁中社会矛盾化解机制研究	周爱民	湖南省委党校

续 表

序号	批准号	项目类别	项目名称	负责人	工作单位
66	11CKS016	青年	转型时期我国城乡文化融合的现实路径和制度创新研究	龙秀雄	湖南省委党校
67	11BKS011	一般	科学发展观视域下当代中国文化建设的矛盾分析及其对策研究	张　谨	广东省委党校
68	11BZX067	一般	中国改革开放的道德代价研究	吴灿新	广东省委党校
69	11CZZ032	青年	当代中国政府的行政派出组织研究	董　娟	广东省委党校
70	11BZZ006	一般	社会主义民主建设进程中宽容政治文化的培育研究	瞿　磊	广西壮族自治区委党校
71	11CRK021	青年	双向搜寻、匹配博弈与大学生就业研究	陆义敏	广西壮族自治区委党校
72	11CKS005	青年	党的十六大以来中国特色社会主义政治实践与经济发展关系研究	陆　昱	广西壮族自治区委党校
73	11XJY002	西部	实施新一轮西部大开发战略跟踪研究	凌经球	广西壮族自治区委党校
74	11XGL010	西部	创新文化走出去的内容、形式和途径	王春林	广西壮族自治区委党校
75	11XJL015	西部	增强西部自我发展能力的政策创新研究	罗晓梅	重庆市委党校
76	11XKS024	西部	科学发展观与中国模式创新研究	何关银	重庆市委党校
77	11XZX013	西部	毛泽东辩证法及其对构建和谐社会的理论价值研究	陈　剑	重庆市委党校
78	11XGJ012	西部	基于政治文化为视角的中国国家软实力建设研究	蒋英州	重庆市委党校
79	11BDJ024	一般	党的制度体系建设研究	王光华	四川省委党校
80	11CJY001	青年	培育西部民族地区特色优势产业集群和增强自我发展能力研究	唐昭霞	四川省委党校
81	11XMZ043	西部	四川省藏区牧民定居行动计划实施过程中的文化建设问题研究	彭大鹏	四川省委党校
82	11XMZ059	西部	西部民族地区内生增长能力的制度安排与路径选择	严　红	四川省委党校
83	11XZJ025	西部	宗教组织的网络传播及其规范研究	肖尧中	四川省委党校
84	11XZZ008	西部	发展中国家现代化进程中的社会稳定研究	付建明	四川省委党校
85	11FJL002	后期资助	预期理论在宏观经济中的应用	江世银	四川省委党校

续 表

序号	批准号	项目类别	项目名称	负责人	工作单位
86	11BZZ031	一般	民族地区族际政治互动与基层社会治理实证研究	赵　森	贵州省委党校
87	11XDJ005	西部	建国初期中国共产党民族工作研究	伍小涛	贵州省委党校
88	11XMZ067	西部	西部民族地区小城镇公共服务研究	陈海勇	贵州省委党校
89	11XTQ005	西部	西部地区农民信息需求特征及其影响因素研究	贺洪明	贵州省委党校
90	11BKS042	一般	工业化进程中珠江上游生态文明研究	邓　琳	云南省委党校
91	11BJY021	一般	欠发达地区承接产业转移研究	祁苑玲	云南省委党校
92	11XKS018	西部	边疆民族地区社会主义核心价值体系大众心理认同研究	粟　岚	云南省委党校
93	11XZZ010	西部	少数民族地区社会纠纷的特殊性与多元化解决机制研究	付明喜	云南省委党校
94	11XSH011	西部	边疆民族地区城市建设中传统文化再现的社会效应研究	马　黎	云南省委党校
95	11CSH066	青年	普惠型“新农保”试点跟踪与政策效果研究	陈娥英	陕西省委党校
96	11XDJ008	西部	党的理论建设的延安经验及启示研究	王诚安	陕西省委党校
97	11XFX008	西部	陕甘宁边区司法传统中的理性与经验研究	潘怀平	陕西省委党校
98	11XZX010	西部	中国革命道德传统的价值建构与实践转化研究	刘永青	陕西省委党校
99	11CSH008	青年	西北民族地区伊斯兰宗教组织与社会稳定研究	马桂芬	甘肃省委党校
100	11XTQ002	西部	欠发达地区农村基层图书馆建设研究	彭宝珍	甘肃省委党校
101	11XZX007	西部	战国法家的形成与演变研究	张林祥	甘肃省委党校
102	11XKS009	西部	中国特色社会主义按劳分配制度研究	魏长徵	甘肃省委党校
103	11XZS022	西部	唐宋时期敦煌大众教育研究	黑晓佛	甘肃省委党校
104	11AGL010	重点	高原高寒地区特大地震灾害应急处置能力研究	张　伟	青海省委党校
105	11BMZ003	一般	新一轮西部大开发中的法治建设研究	薛成有	青海省委党校
106	11XZZ003	一般	青藏地区维护社会政治稳定发展的民主基础及其政策研究	薛红焰	青海省委党校
107	11XMZ010	一般	西部民族地区经济结构调整与主体功能区战略研究	苏多杰	青海省委党校

续 表

序号	批准号	项目类别	项目名称	负责人	工作单位
108	11XKS019	一般	藏区社会主义和谐价值体系认同与构建研究	张玉良	青海省委党校
109	11XSH007	一般	转型时期西北农村社会结构变迁研究	石德生	青海省委党校
110	11XMZ004	西部	“十二五”时期经济社会发展与完善民族区域自治制度研究	张　廉	宁夏回族自治区委党校
111	11XZZ006	西部	西部民族地区构建维护社会稳定长效机制研究	宋建钢	宁夏回族自治区委党校
112	11XDJ006	西部	党的建设科学发展问题研究	王大力	宁夏回族自治区委党校
113	11XDJ012	西部	提高西部民族地区基层党组织维稳能力建设研究	刘文长	宁夏回族自治区委党校
114	11BZX042	一般	人类非物质文化遗产《玛纳斯》史诗哲学思想	托合提汗·司马义	新疆维吾尔自治区党校
115	11AMZ001	重点	兵团在新疆跨越式发展和长治久安中的特殊作用研究	王小平	新疆生产建设兵团党校
116	11CMZ024	青年	社会管理视角下的新疆南疆乡村社会变迁与社会稳定研究	白关峰	新疆生产建设兵团党校
117	11CMZ029	青年	现代化进程中新疆民族文化变迁研究	赵子芳	新疆生产建设兵团党校
118	11XJY005	西部	国家对口支援背景下的新疆承接产业转移问题研究	王晓娟	新疆生产建设兵团党校
119	11XDJ013	西部	中国共产党和平发展中国和巴基斯坦关系的历史经验研究（1951—2011）	惠　晶	新疆生产建设兵团党校
120	11XZJ020	西部	宗教人士和信教群众对新疆发展稳定的积极作用研究	闫韶华	新疆生产建设兵团党校
121	11XDJ014	西部	各军区生产建设兵团历史研究	罗利华	新疆生产建设兵团党校
122	11CSH057	青年	城市社区治理的组织体系和功能研究	刘玉东	南京市委党校
123	11CRK011	青年	我国新型农村社会养老保险试点跟踪研究	鞠正江	济南市委党校
124	11BJY086	一般	农村集体土地隐性市场实证调查及其规范对策研究	朱明芬	杭州市委党校
125	11BZZ019	一般	公共服务均等化背景下农民需求表达机制研究	邓念国	杭州市委党校

续表

序号	批准号	项目类别	项目名称	负责人	工作单位
126	11BSH071	一般	中国农村村级卫生服务模式转型研究	邵德兴	杭州市委党校
127	11CDJ016	青年	城市化背景下“村改居”社区党组织功能研究	陈　宇	杭州市委党校
128	11AKS005	重点	社会组织发展与和谐社会构建关系问题研究	王振海	青岛市委党校
129	11BZZ039	一般	事业单位管办分离机制创新与绩效评估研究	赵立波	青岛市委党校
130	11BJY074	一般	基于竞争力视角的我国制造业体系升级问题研究	胡　昱	青岛市委党校

结项国家社科基金项目情况

序号	结项证书号	项目名称	成果名称	鉴定等级	负责人	工作单位
1	20111239	改革完善党的领导方式与推进社会主义民主政治建设	改革完善党的领导方式与推进社会主义民主政治建设研究	良好	韩玉芳	北京市委党校
2	20110699	营造和谐的党群干群关系研究	党群和谐论	合格	姚　桓	北京市委党校
3	20110703	地方政府推进产业集群升级的机制与政策研究	地方政府推进集群升级的机制与政策研究	优秀	王晓霞	河北省委党校
4	20110804	农村基层党组织与农民专业合作组织关系研究	农村基层党组织与农民专业合作组织关系研究	合格	郝建国	河北省委党校
5	20110805	提高基层群众自治制度运行质量研究：村民自治的视角分析	提高基层群众自治制度运行质量研究：村民自治的视角	良好	程瑞山	河北省委党校
6	20110602	探求自主性：文化模式生成和转换中的意识能动性研究	文化模式生成和转换的意识条件分析	良好	崔　平	河北省委党校
7	20110224	中西部地区农村女性人口流动问题研究	中西部地区农村女性人口流动问题研究	良好	刘　宁	山西省委党校

续 表

序号	结项证书号	项目名称	成果名称	鉴定等级	负责人	工作单位
8	20110227	考试测评选任干部实践规范化研究	推动人事制度改革的理论武器	合格	马俊林	内蒙古自治区委党校
9	20110808	调整个人收入差距与促进社会公平研究	调整个人收入差距与促进社会公平研究	优秀	沈 伟	辽宁省委党校
10	20110182	加强马克思主义在意识形态领域的指导地位的方法和途径研究	加强马克思主义在意识形态领域的指导	优秀	王庆五	江苏省委党校
11	20110255	性别平等与和谐社会建设理论与实践研究	和合社会学论稿——性别平等和谐社会实践研究与理论创构	良好	张 枏	江苏省委党校
12	20110254	科学发展观的重要理论基础：马克思主义的生态思想研究	马克思主义的生态思想——科学发展观的重要理论基础研究	优秀	徐民华	江苏省委党校
13	20110714	中国伊斯兰教金陵学派研究	中国伊斯兰教金陵学派研究	良好	米寿江	江苏省委党校
14	20110711	治理民主与中国民主政治发展的路径选择——基于沿海地区地方政府创新实践的经验研究	治理民主的成长：基于地方政府创新实践的中国民主政治发展路径研究	良好	何显明	浙江省委党校
15	20110493	公共服务的基层政府供给能力研究：变量关系与政策选择	公共服务的基层政府供给能力的研究：机制构建和路径选择	良好	汪锦军	浙江省委党校
16	20110830	非传统威胁下中国公民海外安全分析	非传统威胁下中国公民海外安全分析	良好	李晓敏	浙江省委党校
17	20111114	区域性中心图书馆建设研究——省域社科文献信息中心建设研究	区域性中心图书馆建设研究——省域社科文献信息中心建设研究	合格	徐璞英	浙江省委党校

续 表

序号	结项证书号	项目名称	成果名称	鉴定等级	负责人	工作单位
18	20111110	沿海发达地区私营企业劳动关系和员工权益保障研究	沿海发达地区私营企业劳动关系和员工权益保障研究	合格	王祖强	浙江省委党校
19	20111382	非公有制企业党组织推动发展、促进和谐研究——温州非公有制企业党建的实践及启示	非公有制企业党组织推动发展、促进和谐研究——温州非公有制企业党建的实践及启示	合格	邱　巍	浙江省委党校
20	20111280	选人用人公信度的形成机理研究	选人用人公信度的形成机理研究	免于鉴定	李烈满	福建省委党校
21	20111131	我国社会阶层结构的变迁与党的执政基础研究	我国社会阶层结构的变迁与党的执政基础研究	优秀	游龙波	福建省委党校
22	20110060	贯彻落实科学发展观与加强党的执政能力建设问题研究	科学发展观与执政能力建设	免于鉴定	陈小林等	江西省委党校
23	20110055	十六大以来党的建设的体系与布局研究——对党的建设理论与实践创新的总体把握和考察	党的建设布局研究	优秀	商志晓	山东省委党校
24	20110054	创新型国家建设中的人力激励制度研究	创新型国家建设中的人力激励制度研究	良好	孔宪香	山东省委党校
25	20111409	“吏治腐败”与制度、体制创新问题研究	“吏治腐败”与制度、体制创新问题研究	优秀	郭学德	河南省委党校
26	20110970	转型期中国共产党社会整合机制研究	转型期中国共产党社会整合机制研究	良好	涂小雨	河南省委党校

续 表

序号	结项证书号	项目名称	成果名称	鉴定等级	负责人	工作单位
27	20110291	科学发展观的践行机制问题研究	构建科学发展观的践行机制体系	良好	覃正爱	湖南省委党校
28	20110289	着力提高公共政策执行力——湖南公共政策执行力的实证分析	湖南省公共政策执行力研究报告	合格	王学杰	湖南省委党校
29	20110351	直面生活本身——马克思人学存在论革命研究	直面生活本身——马克思人学存在论革命研究		陈曙光	湖南省委党校
30	20110420	实现从人治观念到法治观念的转变——湖南政府官员法律素质现状调查与实证分析	实现从人治观念到法治观念的转变——湖南政府官员法律素质现状调查与分析	良好	刘　丹	湖南省委党校
31	20110740	关于党执政面临的挑战和风险防御对策研究	中国共产党执政风险防范研究	合格	袁　准	湖南省委党校
32	20110754	中国共产党执政系统结构的优化与执政能力的提升	中国共产党执政系统结构的优化与执政能力的提升	良好	梁道刚	广东省委党校
33	20111307	发展我国劳动密集型产业的结构与政策——科学发展观中的劳动密集型产业结构研究	发展我国劳动密集型产业的结构与政策——科学发展观中的劳动密集型产业结构研究	良好	张　敦	广西壮族自治区委党校
34	20111316	构建城乡统筹基层党建新格局调查研究——以重庆市的实践与探索为例	重庆市构建城乡统筹基层党建新格局的调查与思考	优秀	王正宁	重庆市委党校
35	20110208	中国农村实用人才资源开发对策研究	中国农村实用人才资源开发	良好	陈文权	重庆市委党校
36	20110541	中国西部新农村治理模式研究	中国西部新农村治理模式研究	合格	谭兴中	重庆市委党校

续 表

序号	结项证书号	项目名称	成果名称	鉴定等级	负责人	工作单位
37	20111309	邓小平的时代观及其创新——改变中国和影响世界	邓小平的时代观及其创新——改变中国和影响世界	合格	吴嘉蓉	四川省委党校
38	20110090	西部地区民族文化“走出去”战略研究	西部地区民族文化“走出去”战略研究	合格	李　锐	云南省委党校
39	20110773	西部边疆民族地区团结稳定与和谐发展研究	西部边疆民族地区团结稳定与和谐发展研究	合格	刘小龙	云南省委党校
40	20111170	云南少数民族地区经济生态建设与民族生态文化传承创新研究	云南少数民族地区经济生态建设与民族生态文化传承创新研究	合格	盛世兰	云南省委党校
41	20111177	近代甘肃生态环境与社会变迁研究	近代甘肃生态环境与社会变迁研究	良好	吴晓军	甘肃省委党校
42	20110882	从牛李党争透视唐代中后期历史与文学关系	历史、社会与文学——牛李党争研究的新视野	良好	李润强	甘肃省委党校
43	20110883	西部农村公共产品供给问题的理论与对策研究	西部农村公共产品供给问题的理论与对策研究	合格	张平军	甘肃省委党校
44	20111013	从和谐图书馆到和谐社会——西部图书馆发展的机遇、挑战与对策研究	从和谐图书馆到和谐社会——西部图书馆发展的机遇、挑战与对策研究	合格	鲜　鹏	甘肃省委党校
45	20111179	甘肃陇南市灾后重建与人口迁移的现状和对策研究	甘肃陇南市灾后重建与人口迁移的现状和对策研究	优秀	李含琳	甘肃省委党校
46	20111185	青海构建和谐社会进程中体制创新问题研究	青海构建和谐社会进程中体制创新问题研究	良好	杨松义	青海省委党校
47	20111328	西部地区贫困与反贫困研究	新阶段西部农村反贫困问题研究	良好	王亚玲	青海省委党校
48	20110890	新疆伊斯兰教与现代社会	新疆伊斯兰教与现代社会	良好	束迪生	新疆维吾尔自治区党校

续 表

序号	结项证书号	项目名称	成果名称	鉴定等级	负责人	工作单位
49	20110891	兴边富民行动及其成效的调查研究	兴边富民行动及其成效的调查研究	优秀	杨引官	新疆维吾尔自治区党校
50	20110787	新疆现代林果业产业体系发展中的市场建设和创新研究	新疆现代林果业产业体系发展中的市场建设和创新研究	良好	周　斌	新疆维吾尔自治区党校
51	20111147	从马克思主义意识形态视角看科技自主创新道路的中国特色及其文化自觉	自主创新话语：从意识形态到创新文化	优秀	李三虎	广州市委党校
52	20110185	科学发展观视野下的民生需要研究	科学发展观视野下的民生需要研究	良好	陈洪泉	青岛市委党校
53	20110724	1917 年二月革命后列宁政治思想研究	1917 年二月革命后列宁政治思想研究——1917 年 4 月—1924 年 1 月的列宁	优秀	尹　彦	厦门市委党校
54	20110491	建立健全统筹城乡党建工作一体化新格局研究	建立健全统筹城乡党建工作一体化新格局研究	合格	陈鹏键	宁波市委党校
55	20110173	派系竞争与农村基层民主建设	派系竞争与农村基层民主建设	良好	孙琼欢	宁波市委党校

主办报刊简况

序号	报刊名称	国际标准刊号	国内统一刊号	主办单位	备 注
1	新视野	ISSN1006－0138	CN11－3257/D	北京市委党校等	中文核心期刊 CSSCI 来源期刊
2	北京行政学院学报	ISSN1008－7621	CN11－4054/D	北京行政学院	中文核心期刊 CSSCI 来源期刊
3	中共天津市委党校学报	ISSN1008－410X	CN12－1285/D	天津市委党校	
4	天津行政学院学报	ISSN1008－7168	CN12－1284/D	天津行政学院	
5	领导之友	ISSN1671－198X	CN13－1311/D	河北省委党校	

续 表

序号	报刊名称	国际标准刊号	国内统一刊号	主办单位	备 注
6	河北党校报		CN13－0831/(G)	河北省委党校	
7	中共山西省委党校学报	ISSN1009－1203	CN14－1237/D	山西省委党校等	
8	理论探索	ISSN1004－4175	CN14－1079/C	山西省委党校	CSSCI 来源期刊
9	山西党校报		CN14－0822/(G)	山西省委党校	
10	理论研究	ISSN1672－5573	CN15－1122/C	内蒙古自治区委党校	
11	党政干部学刊	ISSN1672－2426	CN21－1254/D	辽宁省委党校	
12	辽宁党校报		CN21－0843/(G)	辽宁省委党校	
13	长白学刊	ISSN1003－5478	CN22－1009/D	吉林省委党校	中文核心期刊
14	行政与法	ISSN1007－8207	CN22－1235/D	吉林省委党校	
15	吉林党校报		CN22－0836/G	吉林省委党校	
16	理论探讨	ISSN1000－8594	CN23－1013/D	黑龙江省委党校	中文核心期刊 CSSCI 来源期刊
17	党政论坛	ISSN1006－1754	CN31－1203/D	上海市委党校	中文核心期刊
18	党政论坛·干部文摘	ISSN1006－1754	CN31－1203/D	上海市委党校	中文核心期刊
19	上海行政学院学报	ISSN1009－3176	CN31－1815/C	上海行政学院	中文核心期刊 CSSCI 来源期刊
20	上海党校通讯		CN31－0832/(G)	上海市委党校	
21	唯实	ISSN1004－1605	CN32－1083/D	江苏省委党校	
22	江苏行政学院学报	ISSN1009－8860	CN32－1562/C	江苏省行政学院	中文核心期刊 CSSCI 来源期刊
23	江苏党校报		CN32－0867/G	江苏省委党校	
24	中共浙江省委党校学报	ISSN1007－9092	CN33－1010/D	浙江省委党校	CSSCI 扩展版来源期刊
25	理论建设	ISSN1007－4767	CN34－1136/D	安徽省委党校	
26	安徽党校报		CN34－0834/G	安徽省委党校	
27	中共福建省委党校学报	ISSN1008－4088	CN35－1198/C	福建省委党校	中文核心期刊
28	党史研究与教学	ISSN1003－708X	CN35－1059/A	福建省委党校	CSSCI 来源期刊
29	领导文萃	ISSN1005－720X	CN35－1168/D	福建省委党校	
30	求实	ISSN1007－8487	CN36－1003/D	江西省委党校	中文核心期刊 CSSCI 来源期刊

续 表

序号	报刊名称	国际标准刊号	国内统一刊号	主办单位	备 注
31	理论学刊	ISSN1002－3909	CN37－1059/D	山东省委党校	中文核心期刊
32	学习论坛	ISSN1003－7608	CN41－1023/D	河南省委党校等	
33	党政干部论坛	ISSN1003－837X	CN42－1099/D	湖北省委党校等	
34	湖北行政学院学报	ISSN1671－7155	CN42－1653/C	湖北省行政学院	中文核心期刊
35	干部教育报		CN42－0814/(G)	湖北省委党校等	
36	湖湘论坛	ISSN1004－3160	CN43－1160/D	湖南省委党校	
37	岭南学刊	ISSN1003－7462	CN44－1005/C	广东省委党校	RCCSE 中国核心学术期刊
38	广东行政学院学报	ISSN1008－4533	CN44－1447/D	广东行政学院	CSSCI 扩展版来源期刊
39	桂海论丛	ISSN1004－1494	CN45－1180/D	广西壮族自治区委党校	
40	新东方	ISSN1004－700X	CN46－1023/D	海南省委党校	
41	探索	ISSN1007－5194	CN50－1019/D	重庆市委党校	中文核心期刊 CSSCI 来源期刊
42	重庆行政	ISSN1008－4029	CN50－1031/C	重庆行政学院	
43	重庆党校报		CN50－0824/G	重庆市委党校	
44	理论与改革	ISSN1006－7426	CN51－1036/D	四川省委党校	CSSCI 来源期刊
45	中共四川省委党校学报	ISSN1008－5955	CN51－1540/D	四川省委党校	
46	四川行政学院学报	ISSN1008－6323	CN51－1537/D	四川行政学院	
47	四川党校报		CN51－0834/(G)	四川省委党校	
48	中共贵州省委党校学报	ISSN1009－5381	CN52－5023/D	贵州省委党校	
49	贵州干部教育		CN52－0808/(G)	贵州省委党校	
50	创造	ISSN1004－9797	CN53－1097/D	云南省委党校	
51	中共云南省委党校学报	ISSN1671－2994	CN53－1159/C	云南省委党校	
52	云南行政学院学报	ISSN1671－0681	CN53－1134/D	云南行政学院	CSSCI 扩展版来源期刊
53	西藏发展论坛	ISSN1673－2669	CN54－1047/C	西藏自治区委党校	

续 表

序号	报刊名称	国际标准刊号	国内统一刊号	主办单位	备 注
54	理论导刊	ISSN1002－7408	CN61－1003/C	陕西省委党校	CSSCI 扩展版来源期刊
55	陕西党校报		CN61－0841/(G)	陕西省委党校	
56	甘肃理论学刊	ISSN1003－4307	CN62－1002/D	甘肃省委党校	
57	攀登（汉文版为哲学社会科学理论）	ISSN1001－5647	CN63－1015/C	青海省委党校	
58	攀登(藏文版为民族政治理论类综合)	ISSN1005－2089	CN63－1015/C－G	青海省委党校	
59	党校教育		CN63－0801/(G)	青海省委党校	
60	宁夏党校学报	ISSN1008－2921	CN64－1034/D	宁夏回族自治区委党校	
61	宁夏党校报		CN64－0804/(G)	宁夏回族自治区委党校	
62	实事求是	ISSN1003－4641	CN65－1005/D	新疆维吾尔自治区委党校	
63	新疆党校报		CN65－0818/(G)	新疆维吾尔自治区委党校	
64	兵团党校学报	ISSN1009－0274	CN65－1199/D	新疆生产建设兵团党校	
65	理论学习与探索	ISSN1006－8279	CN11－3138/D	铁道部党校	
66	探求	ISSN1003－8744	CN44－1309/D	广州市委党校等	
67	长江论坛	ISSN1005－3980	CN42－1344/D	武汉市委党校等	
68	哈尔滨市委党校学报	ISSN1008－8520	CN23－1463/D	哈尔滨市委党校	
69	沈阳干部学刊	ISSN1672－5840	CN21－1499/D	沈阳市委党校	
70	中共成都市委党校学报	ISSN1008－679X	CN51－1541/D	成都市委党校	
71	中共南京市委党校学报	ISSN1672－1071	CN32－1783/D	南京市委党校等	
72	长春市委党校学报	ISSN1008－8466	CN22－1299/D	长春市委党校	

续 表

序号	报刊名称	国际标准刊号	国内统一刊号	主办单位	备 注
73	中共济南市委党校学报	ISSN1672－6359	CN37－1396/C	济南市委党校等	
74	中共杭州市委党校学报		CN33－1243/D	杭州市委党校等	
75	大连干部学刊	ISSN1671－6183	CN21－1409/D	大连市委党校	
76	中共青岛市委党校青岛行政学院学报	ISSN1008－3642	CN37－1293/D	青岛市委党校 青岛行政学院	
77	特区实践与理论	ISSN1673－5706	CN44－1629/D	深圳市委党校	
78	厦门特区党校学报	ISSN1673－5684	CN35－1207/C	厦门市委党校等	
79	中共宁波市委党校学报	ISSNI008－4479	CN33－1228/D	宁波市委党校	

大 事 记

中央党校大事记

1月17日 中央党校召开局以上干部大会。

1月17日 中央党校举行2011年迎新春茶话会。

1月17日 中央党校召开劳动合同制人员表彰大会。

1月18—19日 全国党校校长会议在中央党校召开。

1月20日 常务副校长李景田主持召开校委会议，听取校史展筹备小组以多媒体演示方式对展览内容的汇报。

1月21日 机关党委组织召开校直属单位党组织负责人会议，传达学习中央直属机关2011年党的工作会议讲话精神、中央直属机关工委2011年工作要点和中央直属机关2011年纪检工作会议精神。

1月24日 教务部、组织部举办中青年教师观摩研讨班。

1月25日 常务副校长李景田，校委委员、办公厅主任罗宗毅带领相关工作人员，赴吉林省调研，并出席吉林省县级党校常务副校长座谈会。

2月19日 省部级主要领导干部社会管理及其创新专题研讨班开班式在中央党校举行。中共中央总书记、国家主席、中央军委主席胡锦涛发表重要讲话。

2月23日 中共中央政治局常委、中央书记处书记、中央党校校长习近平在省部级主要领导干部社会管理及其创新专题研讨班结业式上作总结讲话。

2月24日 中央党校召开2011年第一次行政办公会。

3月1日 中央党校举行2011年春季学期开学典礼，中共中央政治局常委、中央书记处书记、中央党校校长习近平出席，并作了题为《关键在于落实》的重要讲话。

3月1日 “第37、38期全国高校哲学社会科学教学科研骨干研修班”在中央党校召开预备会。

3月16日 常务副校长李景田主持召开校委会议，讨论并原则同意科研部制定的《中央党校2011—2015年科研发展规划》。

3月18日 中央党校召开中国特色社会主义理论体系研究中心2010年度工作汇报会。

3月22日 中央党校机关党的工作会议召开。

3月24—27日 常务副校长李景田，校委委员、办公厅主任罗宗毅带领相关工作人员，出席辽宁省党校新建学员楼启用仪式，并就辽宁省加强县级党校建设的问题进行了调研。

3月26日 副校长李书磊参加2011年“共和国部长义务植树活动”。

3月27日 “第37、38期全国高校哲学社会科学骨干研修班”在中央党校举行结业式。

3月28—31日、4月6—10日 副校长陈宝生，校委委员、办公厅主任罗宗毅带领相关工作人员，分别赴陕西省和广西壮族自治区，就县级党校建设状况进行了调研。

3月30日 中央党校举行杨善洲同志先进事迹报告会。

4月1日 中共中央政治局常委、中央纪委书记贺国强在中央党校作反腐倡廉专题报告。

4月1日 “第39、40期哲学社会科学教学科研骨干研修班”在中央党校召开预备会。

4月1日 意大利经济和财政部长特雷蒙蒂来校访问，就“国际金融及货币体系改革”与部分教师、学员座谈。

4月2日 厄瓜多尔驻华大使雷昂纳多·阿里扎噶先生来校礼节性拜会常务副校长李景田，并就中厄两国及政党关系进行交流。

4月8日 古巴驻华大使卡洛斯·米格尔·佩雷拉一行来校访问，并就古巴经济发展现状、方向及政策作介绍。常务副校长李景田会见来宾。

4月8日 中央党校举行“走进春天”校园广场健身宣传活动。

4月9日 中央和国家机关司局级干部选学必修课程开班式在中央党校举行。

4月12—16日、17—21日 副校长孙庆聚带领相关工作人员，分别赴江西省、湖南省就县级党校建设状况进行调研。

4月20—24日 副校长张伯里带领相关工作人员，赴四川省围绕“建设什么样的县级党校，怎样建设县级党校”主题进行调研。

4月26日 由美国国务院助理国务卿迈克尔·波斯纳率领的中美人权对话美方代表团来中央党校访问，

4月26日 中央党校举行2011年庆“五一”乒乓球比赛活动。

4月27日 “第39、40期全国高校哲学社会科学教学科研骨干研修班”在中央党校举行结业式。

4月29日 中央党校举行2011年春季学期第一批进修班毕业典礼。中共中央政治局常委、中央书记处书记、中央党校校长习近平出席毕业典礼，并为学员颁发毕业证书。

4月29日 中央党校召开庆祝“五

一”表彰先进座谈会。

5月4日 校团委、校青年联合会举行中央党校第四届“十杰青年”、“青年岗位能手”表彰大会暨中央党校第二次青年论坛。

5月5日 常务副校长李景田、副校长陈宝生，深入中央党校社区调研，了解社区超市经营情况、社区餐厅装修情况；为新装开业的教职工食堂“丰益楼”揭牌，并同教职工共进午餐。

5月8—14日 常务副校长李景田率中共代表团访问古巴、委内瑞拉。

5月13日 中央党校举行春季学期第二批入学学员开学典礼。中共中央政治局常委、中央书记处书记、中央党校校长习近平出席，并作了题为《领导干部要重视学习马克思主义经典著作》的重要讲话。

5月17日 欧洲理事会主席范龙佩访问中央党校，与常务副校长李景田进行会晤，并以“变革和相互依存世界中的欧洲和中国”为题发表演讲。

5月19日 中央党校举行全国市地州盟党委党校常务副校长培训班（第1期）结业式。

5月20日 世界经济论坛（达沃斯论坛）创始人兼主席施瓦布来校访问，常务副校长李景田会见来宾。施瓦布以“国际合作的挑战”为题向进修部部分学员发表演讲。

5月23日 印度阿斯平研究所高级代表团来校访问，并就中印关系、地区形势及多边合作等问题交流了意见和看法。

5月23—27日 教育长兼培训部主任徐伟新带领相关工作人员，赴安徽省就县级党校建设的基本情况进行了调研。

5月24日 常务副校长李景田到中央直属机关分校检查指导工作。

5月25—28日 中央组织部在中央党校举办“国家特聘专家”专题培训班。来自国家“千人计划”入选者的海外高层次引入专家共340名参加培训班的学习。

5月26日 后勤服务部在大有北里举行社区名碑落成揭幕仪式。

5月31日 常务副校长李景田主持召开校委会议，讨论并原则同意教务部修改后的《中央党校2011—2015年学科建设规划》。

6月3日 中央党校举行中国特色社会主义理论体系高级研修班、研究专题进修班毕业典礼。常务副校长李景田出席并讲话。

6月11日 中央党校召开2011年度重点科研项目评审会议。

6月14日 常务副校长李景田主持召开校委会议，听取关于县级党校建设调研的情况汇报。

6月14日 校委委员、办公厅主任、校新闻发言人罗宗毅接受中国网访谈。

6月15日 中共党史教研部、校团委、校青年联合会联合主办中共党史青年论坛。

6月16—17日 全国党校系统纪念中国共产党成立90周年理论研讨会在大连市委党校召开。

6月17日 经全国哲学社会科学规划领导小组批准，2011年度国家社会科学基金项目评审结果正式公布。中央党校以获准立项20项、立项资助额330万元取得新的突破，标志着中央党校科研能力和学术水平迈上新台阶。

6月20日 中央党校举办“庆祝中国共产党成立90周年书画摄影艺术展”开幕式。

6月21日 中央党校举办“庆祝中国共产党成立90周年文艺汇演”。

6月21日 中共中央对外宣传办公室举行新闻发布会，副校长陈宝生应邀向中外媒体介绍中国共产党的干部教育和培训工作等方面的情况，并答记者问。

6月21日 进修部厅局级干部“党的执政经验和执政能力建设”专题研讨班的学员以“新媒体时代的执政能力建设”为题，与人民网网友在线交流。

6月22日 培训部举办2011级学员“庆祝建党90周年红色经典歌曲演唱会”。

6月23日 常务副校长李景田主持召开校委会议，讨论并原则同意组织部制定的《中央党校人才强校战略实施纲要（2011—2015）》、《中央党校2011—2015年教师队伍建设规划》、《中央党校2011—2015年行政干部教育培训规划》。

6月23日 后勤服务部举办“庆祝建党90周年暨技能比武颁奖晚会”。

6月24日 由中央党校、中央档案馆、国家档案局主办，中共北京西城区委员会协办的“纪念中国共产党成立90周年档案资料展”在中央党校展出。

6月25日 由中央党校研究生院主办、研究生会承办的“2011·全国社会科学研究生学术论坛”在中央党校举行。

6月28日 进修部学员联谊会举办“庆祝建党90周年学员歌唱比赛”。

6月29日 中央党校召开“纪念中国共产党成立90周年暨先进基层党组织、优秀共产党员、优秀党务工作者表彰大会”。

7月1—2日 中央组织部、中央宣传部、中央党校、中央党史研究室、中央文献研究室、教育部、中国社会科学院、解放军总政治部在京联合召开“纪念中国共产党成立90周年理论研讨会”。2日下午，中共中央政治局常委李长春出席会议并作重要讲话。

7月4日 中央党校召开机关党委扩大会议，专题座谈学习胡锦涛总书记“七一”重要讲话体会，研究部署进一步如何深入学习贯彻工作。

7月5日 常务副校长李景田主持召开校委会议，学习讨论胡锦涛总书记7月1日在庆祝中国共产党成立90周年大会上的重要讲话和习近平同志的有关重要批示精神。

7月5日 中央党校召开2011年第二次教学工作会议。

7月6日 中央党校召开校委理论学习中心组扩大会议，学习贯彻胡锦涛总书记“七一”重要讲话精神和习近平同志关于党校要抓好学习贯彻的重要批示精神。

7月12日 中共中央政治局委员、中央书记处书记、中央组织部部长李源潮与中央党校中青年干部培训班（第30期）学员座谈。

7月15日 中央党校举行2011年春季学期毕业典礼。中共中央政治局常委、中央书记处书记、中央党校校长习近平出席，并为学员颁发毕业证书。毕业典礼结束后，习近平参观了由中央档案馆、国家档案局和中央党校联合举办的“纪念中国共产党成立90周年档案资料展”。

7月16—20日 全国党校系统首届精品课评选活动在中央党校举行。

7 月 17 日 常务副校长李景田带领相关工作人员，赴山西省长治市委党校，就做好新形势下的党校工作，进一步发挥各级党校作用进行调研。

7 月 25 日 常务副校长李景田、司法部副部长陈训秋一行到广西壮族自治区委党校实地调研，并召开座谈会。

8 月 8 日 常务副校长李景田带领相关工作人员，赴广西壮族自治区武鸣县，就加强基层党员干部培训、推动党校科学发展问题进行了调研。

8 月 22 日 中央机构编制办公室正式批准中央党校函授学院更名为“中共中央党校干部教育学院”。

8 月 26 日 中央党校召开 2011 年第二次行政办公会。

8 月 30 日 中央党校召开节约型校园建筑节能监管平台验收会。

8 月 30 日 古共中央第一书记劳尔·卡斯特罗特使、古共中央书记处书记、国际关系部部长何塞·拉蒙·巴拉格尔来中央党校访问。

9 月 1 日 中央党校举行 2011 年秋季学期开学典礼。中共中央政治局常委、中央书记处书记、中央党校校长习近平出席，并作了题为《领导干部要读点历史》的重要讲话。

9 月 1 日 “第 41、42 期全国高校哲学社会科学教学科研骨干研修班”在中央党校召开预备会。

9 月 5 日 中央党校举行全国市地州盟党委党校常务副校长培训班（第 2 期）结业式。

9 月 7 日 中央党校通过远程教学网召开 2011 年全国党校系统远程教学电视会议。

9 月 8 日 中共中央政治局委员、中央书记处书记、中央组织部部长李源潮与中央党校县委书记任职培训班（第 2 期）学员座谈。

9 月 9 日 中央党校召开 2011 年教师节庆祝表彰大会。

9 月 9 日 中央党校举行县委书记任职培训班（第 2 期）结业式。

9 月 14 日 常务副校长李景田应世界经济论坛执行主席克劳斯·施瓦布邀请，在大连出席 2011 夏季达沃斯论坛。

9 月 16 日 中央直属机关在中央党校召开“义务植树 30 周年座谈会”。

9 月 18—25 日 副校长李书磊带领相关工作人员，到新疆维吾尔自治区就县级党校体制改革问题进行了调研。

9 月 22 日 2011 年第 1 批日本青年领导访华团来中央党校访问，并分经济、行政、环境三组与中青年干部培训班学员座谈。

9 月 26 日 中央党校主办、图书馆承办的“盛世辉煌——庆祝中国共产党成立 90 周年”国画展在档案馆开幕。

9 月 27 日 “第 41、42 期全国高校哲学社会科学骨干研修班”在中央党校举行结业式。

9 月 27 日 中央党校与西班牙对外贸易发展局在中央党校联合举办第九届“中西发展论坛”。

9 月 28 日 中央党校举行干部教育学院揭牌仪式。

10 月 19 日 中央党校召开副局级以上领导干部会议。

10 月 12 日 中央党校举行“党校系

统学员管理工作”暨“公司法人治理与企业党的建设”专题研讨班开班式。

10月21—29日 常务副校长李景田率代表团一行7人访问英国和意大利，并在意大利出席第二届中欧美学术论坛。

10月25日 中央党校召开理论工作者学习贯彻党的十七届六中全会精神座谈会。

10月27—29日 由中共中央党校、意大利阿斯平研究所和美国阿斯平研究所联合主办的2011中欧美学术论坛在意大利威尼斯举行。

11月2日 中共中央政治局常委李长春在中央党校作学习贯彻党的十七届六中全会精神的报告。

11月3日 中央党校举行2011年秋季学期第一批进修班毕业典礼。中共中央政治局常委、中央书记处书记、中央党校校长习近平出席，并为学员颁发毕业证书。

11月6—12日 越共中央委员、越南胡志明国家政治行政学院院长谢玉讯率代表团一行6人来华访问。11月12日上午，常务副校长李景田在广州出差期间会见代表团。

11月8日 按照海淀区人大代表换届选举工作的安排，中央党校选区选举工作领导小组组织选民进行投票。

11月8日 校防火委员会在研究生院举办灭火逃生演练和研究生院义务消防队成立仪式。

11月16日 中央党校举行秋季学期第二批入学学员开学典礼。中共中央政治局常委、中央书记处书记、中央党校校长习近平出席，并作了题为《谈谈调查研究》的重要讲话。

11月16日 中央党校召开新闻报道工作会议。

11月18日 中央党校财务行政管理局基建办工程处获“中共中央直属机关和中央国家机关事务工作先进集体”荣誉称号。

11月23日 中共中央政治局常委、中央书记处书记、中央党校校长习近平与中央党校进修班学员座谈。

11月25日 中共中央政治局委员、中央书记处书记、中央组织部部长李源潮与中央党校县委书记任职培训班（第3期）学员座谈。

11月25日 中央党校举行县委书记任职培训班（第3期）结业式。

12月1—2日 中央党校与中央组织部在广西南宁联合召开全国县级党校工作座谈会。

12月2日 中央党校举行厅局级干部中国特色社会主义理论体系研究专题进修班（第57期）毕业典礼。

12月6日 应中国人民对外友好协会安排，苏格兰首席部长亚历克斯·萨蒙德来中央党校访问，并以“不稳定时代的能源安全”为题发表演讲。

12月13日 进修部厅局级干部“新形势下党的群众工作”专题研讨班的学员以“新媒体时代党的群众工作”为题，与人民网网友在线交流。

12月15日 中央党校举行市地主要领导干部进修班（第5期）毕业典礼。

12月20日 中央党校召开部署出席党的十八大代表选举工作会议。

12月24日 “中国马克思主义研究基金会换届大会暨三届一次理事会议”在

中央党校召开。

12月26日 中央党校召开离退休干部工作领导小组会议。

12月28日 中共中央政治局委员、中央书记处书记、中央组织部部长李源潮与中央党校中青年干部培训班（第31期）学员座谈。

2012年1月13日 中央党校举行2011年秋季学期毕业典礼。中共中央政治局常委、中央书记处书记、中央党校校长习近平出席，并为学员颁发毕业证书。

附　录

2011年中央党校校发部分文件目录

中　校　发

文件号	标　　题
中校发〔2011〕1号	中共中央党校2011年工作要点
中校发〔2011〕2号	关于中央党校2011年招生工作的通知
中校发〔2011〕3号	中共中央党校2011—2015年科研发展规划
中校发〔2011〕4号	中央党校2011—2015年学科建设规划
中校发〔2011〕5号	中央党校党风廉政建设责任制实施办法

中　校　字

文件号	标　　题
中校字〔2011〕1号	关于中央党校2011年度重点科研项目立项的通知
中校字〔2011〕2号	关于中央党校分校2011年春季学期招生安排的意见
中校字〔2011〕3号	关于张伯里、徐伟新同志任职的请示
中校字〔2011〕4号	关于徐伟新、张伯里同志职务任免的备案报告
中校字〔2011〕5号	关于文史教研部语文教研室和外语教研室更名的通知
中校字〔2011〕6号	关于信息中心部分下设机构更名和编制调整的通知
中校字〔2011〕7号	关于校领导工作分工调整的通知
中校字〔2011〕8号	中央党校2011年春季学期学员入学有关事项的通知
中校字〔2011〕10号	关于中央党校2011年春季学期开学典礼活动安排的请示

续表

文件号	标题
中校字〔2011〕12号	关于印发《中央党校2011年预算方案》的通知
中校字〔2011〕14号	关于确定中央党校建校日问题的请示
中校字〔2011〕15号	关于中央党校2011年党校系统师资培训班招生工作的通知
中校字〔2011〕16号	关于中央党校2011年春季学期第一批进修班毕业典礼活动安排的请示
中校字〔2011〕18号	关于印发《中共中央党校校级科研项目2011年年度课题指南》的通知
中校字〔2011〕20号	关于中央党校2011年春季学期第一批进修班毕业典礼活动安排的补充请示
中校字〔2011〕21号	对政协十一届全国委员会第四次会议第1834号（政治法律类196）提案的答复
中校字〔2011〕22号	关于中央党校2011年春季学期第二批入学学员开学典礼活动安排的补充请示
中校字〔2011〕25号	关于函授学院两个下设机构编制调整的通知
中校字〔2011〕27号	关于中央党校2011年春季学期中国特色社会主义理论体系专题班毕业典礼活动安排的请示
中校字〔2011〕32号	关于调整数字图书馆系统和资源建设工作小组成员的通知
中校字〔2011〕33号	关于调整中央党校文库征集委员会小组成员的通知
中校字〔2011〕34号	关于调整《中国思想理论年鉴》编辑委员会小组成员的通知
中校字〔2011〕36号	关于印发《中央党校关于清理和规范庆典、研讨会、论坛活动工作的实施方案》的通知
中校字〔2011〕37号	关于中央党校2011年春季学期毕业典礼活动安排的请示
中校字〔2011〕40号	关于中共中央党校函授学院更名为中共中央党校干部教育学院的请示
中校字〔2011〕41号	关于中央党校分校2011年秋季学期招生安排的意见
中校字〔2011〕42号	关于美国乔治城大学代表团访华计划
中校字〔2011〕43号	关于认真学习贯彻胡锦涛同志《在庆祝中国共产党成立90周年大会上的讲话》的通知
中校字〔2011〕44号	中央党校2011年秋季学期学员入学有关事项的通知
中校字〔2011〕46号	关于中央党校2011年秋季学期开学典礼活动安排的请示
中校字〔2011〕47号	关于中共中央党校函授学院更名为中共中央党校干部教育学院的通知
中校字〔2011〕48号	关于表彰2011年“全国党校系统精品课”授课教师的决定
中校字〔2011〕49号	关于2011年我校遴选博士生指导教师结果的通知

续 表

文件号	标　　题
中校字〔2011〕50号	关于对获奖个人和单位进行表彰的决定
中校字〔2011〕51号	接待西班牙对外贸易发展局代表团来华访问计划
中校字〔2011〕52号	接待越南胡志明国家政治行政学院代表团访华计划
中校字〔2011〕56号	关于中央党校2011年秋季学期第一批进修班毕业典礼活动安排的请示
中校字〔2011〕58号	关于中央党校2011年秋季学期第二批进修班开学典礼活动安排的请示
中校字〔2011〕59号	接待莫解阵党中央党校代表团访华计划
中校字〔2011〕60号	关于中央党校2011年秋季学期第一批进修班毕业典礼活动方案的补充请示
中校字〔2011〕61号	关于印发《中共中央党校后勤管理服务办法（试行）》的通知
中校字〔2011〕62号	关于图书馆增设文化展览处及编制调整的通知
中校字〔2011〕63号	关于财务行政管理局财务部单独设立审计室的通知
中校字〔2011〕64号	关于报刊社下设机构变动的通知
中校字〔2011〕65号	关于公开刊发李长春同志重要讲话的请示
中校字〔2011〕66号	接待越南胡志明国家政治学院代表团访华计划
中校字〔2011〕68号	关于中央党校2011年秋季学期毕业典礼活动安排的请示

中　校　通

文件号	标　　题
中校通〔2011〕2号	关于徐伟新、张伯里同志职务任免的通知
中校通〔2011〕3号	转发中共中央《关于张伯里同志任职的通知》的通知
中校通〔2011〕4号	转发中共中央组织部《关于明确徐伟新同志职级的通知》的通知
中校通〔2011〕10号	关于成立校规范津贴补贴工作领导小组的通知
中校通〔2011〕12号	关于印发《关于在全校选拔3名正局级非领导职务干部的实施方案》的通知
中校通〔2011〕13号	关于印发《关于在全校选拔3名副巡视员的实施方案》的通知
中校通〔2011〕14号	关于印发《关于选拔教研部（所）副巡视员的意见（暂行）》的通知
中校通〔2011〕21号	关于印发《关于在部分单位内部差额选拔副局级干部人选工作的实施方案》的通知
中校通〔2011〕24号	关于印发《关于在全校选拔中共党史教研部副巡视员人选工作的实施方案》的通知
中校通〔2011〕26号	关于印发《关于部分副处级领导职位公开选拔的实施方案》的通知

续表

文件号	标　题
中校通〔2011〕27号	关于印发《中央党校人才强校战略实施纲要（2011—2015年)》的通知
中校通〔2011〕28号	关于印发《中央党校2011—2015年教师队伍建设规划》的通知
中校通〔2011〕29号	关于印发《中央党校2011—2015年行政干部教育培训规划》的通知
中校通〔2011〕30号	关于印发《关于评选2010—2011学年教学优秀奖、教学组织优秀集体奖的实施意见》等三个文件的通知
中校通〔2011〕33号	关于公布2010年局级干部年度考核等次的通知
中校通〔2011〕38号	关于印发《关于部分副局级领导职位竞争上岗的实施方案》的通知
中校通〔2011〕47号	关于印发《中央党校2011年年度考核工作安排》的通知
中校通〔2011〕54号	关于印发《关于中央党校副局级组织员选拔办法(暂行)》的通知

中　校　厅　字

文件号	标　题
中校厅字〔2011〕1号	关于中国马克思主义研究基金会“中央党校教学科研专项基金”2010年度研究生课程资助项目入选名单的通知
中校厅字〔2011〕2号	关于做好我校使用正版软件专项检查和集中采购工作的通知
中校厅字〔2011〕3号	关于调整学科建设专项基金资助奖励项目评审委员会及专家组成员名单的通知
中校厅字〔2011〕4号	关于调整教学讲题资助奖励项目评审专家组及评审委员会成员名单的通知
中校厅字〔2011〕5号	关于印发《中央党校人口和计划生育管理制度》的通知
中校厅字〔2011〕6号	关于印发《中央党校在校学生计划生育管理规定》的通知
中校厅字〔2011〕7号	全国党校系统纪念中国共产党成立90周年理论研讨会征文通知
中校厅字〔2011〕8号	关于提交学科建设规划和学科建设现状研究报告的通知
中校厅字〔2011〕9号	关于印发《中央党校2011年“马克思主义经典著作导读课”资助奖励项目实施办法》的通知
中校厅字〔2011〕10号	关于报送全国党校系统后勤工作会议经验材料的通知
中校厅字〔2011〕12号	关于开展全国党校系统精品课评选活动的通知
中校厅字〔2011〕13号	关于推荐全国党校系统精品课的通知
中校厅字〔2011〕14号	关于2011年度全国党校系统重点调研课题申报的通知
中校厅字〔2011〕15号	关于中国马克思主义研究基金会“中央党校教学科研专项基金”科研课题结项的通知

续 表

文件号	标　　题
中校厅字〔2011〕16 号	关于印发《中央党校 2011 年“小金库”专项治理工作实施方案》的通知
中校厅字〔2011〕17 号	关于成立中央党校规范公务用车专项治理工作领导小组的通知
中校厅字〔2011〕18 号	关于进一步加强中央党校分校教学视听资料管理的规定
中校厅字〔2011〕19 号	关于印发中国马克思主义研究基金会“中央党校教学科研专项基金”2010 年度教学讲题资助奖励项目结项通知
中校厅字〔2011〕20 号	关于印发中国马克思主义研究基金会“中央党校教学科研专项基金”2011 年度教学讲题资助奖励项目立项的通知
中校厅字〔2011〕21 号	关于印发中国马克思主义研究基金会“中央党校教学科研专项基金”2011 年度学科建设专项基金资助奖励项目立项的通知
中校厅字〔2011〕22 号	关于召开全国党校系统学位研究生工作座谈会的通知
中校厅字〔2011〕23 号	关于印发《中央党校 2011 年扶贫工作计划》的通知
中校厅字〔2011〕24 号	关于印发《中央党校公务用车专项治理工作实施方案》的通知
中校厅字〔2011〕26 号	关于印发 2011 年“马克思主义经典著作导读课”资助奖励项目立项的通知
中校厅字〔2011〕27 号	关于召开全国党校系统纪念中国共产党成立 90 周年理论研讨会的通知（发副省级城市以上党委党校）
中校厅字〔2011〕28 号	关于召开全国党校系统纪念中国共产党成立 90 周年理论研讨会的通知（发校内各直属单位）
中校厅字〔2011〕29 号	关于调整我校扶贫工作领导小组成员的通知
中校厅字〔2011〕30 号	关于中国马克思主义研究基金会“中央党校教学科研专项基金”2011 年度研究生课程资助项目入选名单进行公示的通知
中校厅字〔2011〕31 号	关于选派全国党校系统精品课评审专家的通知
中校厅字〔2011〕32 号	关于中国马克思主义研究基金会“中央党校教学科研专项基金”2011 年度研究生课程资助项目入选名单的通知
中校厅字〔2011〕33 号	关于印发中国马克思主义研究基金会“中央党校教学科研专项基金”2011 年度科研课题资助奖励项目入选名单的通知
中校厅字〔2011〕34 号	关于 2011 年度全国党校系统调研课题立项的通知
中校厅字〔2011〕35 号	关于召开全国党校系统远程教学电视会议的通知
中校厅字〔2011〕36 号	印发《关于召开全国党校系统第 15 次科学社会主义学科教学科研座谈会的通知》的通知
中校厅字〔2011〕37 号	关于召开全国党校系统后勤工作会议的通知
中校厅字〔2011〕38 号	关于调整我校职工住房委员会成员的通知
中校厅字〔2011〕39 号	关于成立职工住宅配售监督委员会的通知

续表

文件号	标　题
中校厅字〔2011〕40号	关于推迟召开全国党校系统后勤工作会议的通知
中校厅字〔2011〕41号	关于中国马克思主义研究基金会“中央党校教学科研专项基金”2010年学位研究生课程资助课题结项的通知
中校厅字〔2011〕44号	关于调整“马克思主义经典著作导读课”资助奖励项目评审专家组成员名单的通知
中校厅字〔2011〕45号	关于调整教学讲题资助奖励项目、学科建设专项基金资助奖励项目评审委员会成员、评审专家组成员名单的通知
中校厅字〔2011〕46号	关于调整中央党校离退休干部工作领导小组成员的通知
中校厅字〔2011〕47号	关于召开全国县级党校工作座谈会的通知
中校厅字〔2011〕48号	关于召开“‘中央党校三项基金’资助奖励工作座谈会”的通知
中校厅字〔2011〕49号	关于做好2012年度党报党刊订阅工作的通知
中校厅字〔2011〕50号	关于报送全国市县两级党校常务副校长信息的通知
中校厅字〔2011〕51号	关于印发《2011年“马克思主义经典著作导读课”资助奖励项目立项》的通知
中校厅字〔2011〕52号	关于印发《中央党校电视新闻报道工作管理办法（试行）》的通知
中校厅字〔2011〕53号	关于印发《中央党校网站信息发布管理办法（试行）》的通知
中校厅字〔2011〕54号	关于成立中央党校新闻报道工作小组的通知
中校厅字〔2011〕55号	关于中国马克思主义研究基金会“中央党校教学科研专项基金”科研课题结项的通知
中校厅字〔2011〕56号	关于认真贯彻落实校委关于进一步严肃有关政治、工作纪律规定和要求的通知

校　组　字

文件号	标　题
校组字〔2011〕25号	关于公布2010年年度考核确定为优秀等次人员名单的通知
校组字〔2011〕37号	关于在全校范围开展正处级组织员竞争性选拔工作的实施方案
校组字〔2011〕53号	关于举办中央党校第二期“八部一所”教研室主任、副主任培训班的通知
校组字〔2011〕62号	关于成立我校教研系列各中级专业技术职务任职资格评审委员会的通知
校组字〔2011〕65号	关于公布部分副局级领导职位竞争上岗组织考察对象名单的通知

校　科　字

文件号	标　　题
校科字〔2011〕1号	关于对科研部领导班子部分成员分工和部分处（室）负责人进行调整的通知
校科字〔2011〕2号	关于做好2011年度国家社会科学基金项目申报工作的通知
校科字〔2011〕3号	关于开展纪念中国共产党成立90周年理论研讨会论文征集与评奖工作的通知
校科字〔2011〕4号	中央党校一般、青年科研项目结项要求（试行）
校科字〔2011〕5号	关于做好2011年国家社科基金后期资助项目申报组织工作的通知
校科字〔2011〕6号	关于征集哲学社会科学重大基础理论研究选题的通知
校科字〔2011〕7号	关于做好2011年国家社科基金后期资助项目申报组织工作的通知
校科字〔2011〕8号	关于征集哲学社会科学重大基础理论研究选题的通知
校科字〔2011〕9号	关于征集2011年国家社科基金重大招标项目应用对策类选题的通知
校科字〔2011〕10号	关于2011年国家社科基金后期资助项目申报组织工作的补充通知
校科字〔2011〕12号	关于做好2011年国家社科基金中华学术外译项目申报工作的通知
校科字〔2011〕14号	关于做好2011年《国家哲学社会科学成果文库》申报工作的通知
校科字〔2011〕16号	关于拨付国家社科基金项目启动经费和反馈项目预算表的通知
校科字〔2011〕17号	全国党校系统纪念中国共产党成立90周年理论研讨会征文通知
校科字〔2011〕18号	关于聘任中央党校中国特色社会主义理论体系研究中心特约撰稿人的通知
校科字〔2011〕19号	关于设立2011年度校级重大科研项目及对2010年度校级重大科研项目进行中期检查的通知
校科字〔2011〕20号	关于做好2011年度国家社科基金项目通讯初评工作的通知
校科字〔2011〕22号	关于做好2011年《国家哲学社会科学成果文库》艺术学研究成果申报工作的通知
校科字〔2011〕23号	关于2010年度全国党校系统调研课题结项及成果内容和格式要求的通知
校科字〔2011〕24号	关于划拨2011年科研经费的通知

续表

文件号	标　题
校科字〔2011〕25 号	关于文化部文化科技司开展全国艺术科学专家库推荐评选工作的通知
校科字〔2011〕26 号	关于转发北京市社科联 2011 年重点决策咨询课题招标公告的通知
校科字〔2011〕27 号	关于做好 2011 年度校级重点、一般和青年科研项目申报工作的通知
校科字〔2011〕28 号	关于及时报送《成果要报》稿的通知
校科字〔2011〕29 号	关于转发《中央党校 2011 年“小金库”专项治理工作实施方案》的通知
校科字〔2011〕30 号	2011 年国家社科基金项目评审工作会议的通知
校科字〔2011〕31 号	关于召开全国党校系统纪念中国共产党成立 90 周年理论研讨会的通知
校科字〔2011〕33 号	关于申报 2010 年度基本科研津贴的通知
校科字〔2011〕34 号	关于对中央党校 2011 年度一般项目和青年项目拟立项名单进行公示的通知
校科字〔2011〕35 号	关于对中央党校 2011 年度重点科研项目拟立项名单进行公示的通知
校科字〔2011〕36 号	关于征求对《中央党校一般、青年科研项目结项要求》修改意见的通知
校科字〔2011〕37 号	中央国家机关 2011 年度国家社会科学基金项目立项情况的通报
校科字〔2011〕39 号	关于 2011 年度国家社会科学基金项目立项工作的通知
校科字〔2011〕41 号	关于 2011 年国家社会科学基金重大项目（第一批）招标工作的通知
校科字〔2011〕43 号	关于中央党校 2011 年度一般项目立项名单的通知
校科字〔2011〕44 号	关于召开中央国家机关 2011 年度国家社科基金项目培训会议的通知
校科字〔2011〕45 号	关于开展创先争优理论研讨征文活动的通知
校科字〔2011〕47 号	关于对 2005 年度以前立项项目和 2009 年以前暂缓结项的项目进行清理的通知
校科字〔2011〕48 号	关于对 2010 年重点项目和 2009 年重大项目转为重点项目进行中期检查工作的通知
校科字〔2011〕49 号	关于 2011 年国家社会科学基金重大项目（第二批）招标工作的通知
校科字〔2011〕51 号	关于召开科研评奖会议的通知

续 表

文件号	标　　题
校科字〔2011〕52 号	关于 2011 年度国家社会科学基金重大项目（第三批）招标工作的通知
校科字〔2011〕54 号	关于转发《民政部关于开展 2011 年度社会组织评估工作的通知》的通知
校科字〔2011〕55 号	关于召开国家哲学社会科学专题思想库建设调研会议的通知
校科字〔2011〕57 号	关于做好 2011 年下半年国家社科基金后期资助项目和中华学术外译项目申报组织工作的通知
校科字〔2011〕59 号	关于报送清理和规范庆典、研讨会、论坛活动工作相关统计表格的通知
校科字〔2011〕60 号	关于下发 2011 年度国家社科基金项目预算表和拨付项目启动经费的通知
校科字〔2011〕61 号	关于制定“中共中央党校校级科研项目 2012 年年度课题指南”征求意见的通知
校科字〔2011〕62 号	关于对在研国家社科基金项目进行 2011 年度检查的通知
校科字〔2011〕63 号	关于 2011 年度第一批国家社会科学基金重大招标项目立项工作的通知
校科字〔2011〕64 号	关于召开中央党校理论工作者学习贯彻党的十七届六中全会精神座谈会的通知
校科字〔2011〕65 号	关于 2011 年第二批国家社会科学基金重大招标项目立项工作的通知
校科字〔2011〕68 号	关于公开出版 2010 年度全国党校系统调研报告集的通知
校科字〔2011〕70 号	关于转发民政部《关于印发各类社会组织评估指标的通知》的通知
校科字〔2011〕71 号	关于制定“中共中央党校校级科研项目 2012 年年度课题指南”第二次征求意见的通知
校科字〔2011〕72 号	关于对 2002 年和 2003 年立项至今尚未结项的国家社科基金项目进行最后清理的通知
校科字〔2011〕73 号	关于做好国家社科基金项目成果出版信息收集工作的通知
校科字〔2011〕74 号	关于征集 2012 年度国家社科基金重大项目研究选题的通知
校科字〔2011〕75 号	关于 2012 年度国家社会科学基金第一批重大项目（文化类）招标工作的通知
校科字〔2011〕76 号	关于做好 2012 年度国家社科基金项目申报工作的通知
校科字〔2011〕77 号	关于对《中央党校重点科研津贴发放办法（试行）》（征求意见稿）征求意见的通知
校科字〔2011〕78 号	关于拨付国家社科基金项目启动经费和反馈项目预算表的通知

续表

文件号	标　题
校科字〔2011〕79号	关于做好国家社科基金重点资助期刊申报组织工作的通知

校　机　党　发

文件号	标　题
校机党发〔2011〕1号	关于授予仲平等10名同志第四届“中央党校十杰青年”、于朝霞等23名同志“中央党校青年岗位能手”称号的决定
校机党发〔2011〕2号	关于认真学习贯彻胡锦涛同志在中央纪律检查委员会第六次全体会议上重要讲话精神的通知
校机党发〔2011〕3号	中央党校机关党委2011年工作要点
校机党发〔2011〕4号	关于开展向杨善洲同志学习活动的通知
校机党发〔2011〕5号	关于举办纪念中国共产党成立90周年书画摄影艺术展览的通知
校机党发〔2011〕6号	关于开展纪念中国共产党成立90周年征文活动的通知
校机党发〔2011〕7号	关于向中直工委推荐全国先进典型的报告
校机党发〔2011〕8号	关于做好推荐中央直属机关先进基层党组织、优秀共产党员、优秀党务工作者工作的通知
校机党发〔2011〕9号	关于做好中央党校先进基层党组织、优秀共产党员、优秀党务工作者评选工作的通知
校机党发〔2011〕10号	关于在深入推进创先争优活动中开展党员公开承诺的通知
校机党发〔2011〕12号	关于表彰中央党校先进基层党组织、优秀共产党员、优秀党务工作者的决定
校机党发〔2011〕13号	在中央党校庆祝中国共产党成立90周年暨先进基层党组织、优秀共产党员、优秀党务工作者表彰大会上的讲话
校机党发〔2011〕14号	关于认真学习贯彻《习近平同志在接见中直机关先进基层党组织代表和优秀共产党员、优秀党务工作者时的讲话》的通知
校机党发〔2011〕15号	关于认真学习贯彻胡锦涛总书记在庆祝中国共产党成立90周年大会上的重要讲话精神的通知
校机党发〔2011〕18号	关于评选推荐2011年首都文明单位和中直机关2009—2011年度文明单位的通知
校机党发〔2011〕19号	关于在中央党校实施法制宣传教育第六个五年规划的意见
校机党发〔2011〕20号	关于开展“服务创优　文明争先”主题实践活动的意见
校机党发〔2011〕21号	关于认真学习贯彻党的十七届六中全会精神的通知
校机党发〔2011〕24号	关于2010、2011年度机关党组织目标管理责任制考核工作的通知

续表

文件号	标　　题
校机党发〔2011〕25 号	关于做好推荐出席党的十八大代表候选人预备人选工作的通知
校机党发〔2011〕26 号	关于推选出席中直机关党代表会议代表工作的通知
校机党发〔2011〕27 号	关于中央党校在推选工作中突发事件的应急预案
校机党发〔2011〕28 号	关于做好中央党校推荐出席党的十八大代表候选人预备人选工作的宣传方案
校机党发〔2011〕29 号	关于做好中央党校推荐出席党的十八大代表候选人预备人选工作的保密规定
校机党发〔2011〕30 号	关于印发党的十八大代表候选人预备人选初步人选征求意见名单的通知
校机党发〔2011〕31 号	关于印发党的十八大代表候选人预备人选初步人选第三次征求意见名单的通知

（办公厅供稿）

2011 年中央党校校发主要内部刊物目录

《党校信息》

期　　数	目　　录
第 1 期 （总第 380 期）	习近平出席我校 2010 年秋季学期毕业典礼并为学员颁发毕业证书 习近平看望慰问驻校武警 习近平看望慰问原校领导遗孀 我校召开今年第 1 次校委会议
第 2 期 （总第 381 期）	全国党校校长会议在我校召开 我校举行 2011 年迎新春茶话会 校委成员看望慰问部分离退休老同志 我校召开今年第 3 次校委会议 我校召开今年第 4 次校委会议

续表

期 数	目 录
第 3 期 （总第 382 期）	胡锦涛在省部级主要领导干部社会管理及其创新专题研讨班开班式上作重要讲话 习近平在省部级主要领导干部社会管理及其创新专题研讨班结业式上作总结讲话
第 4 期 （总第 383 期）	我校举行 2011 年春季学期开学典礼 我校召开今年第 5 次校委会议 我校召开今年第 6 次校委会议 我校召开今年第 1 次行政办公会
第 5 期 （总第 384 期）	杨善洲同志先进事迹报告会在我校举行 贺国强来校作反腐倡廉专题报告 我校召开中国特色社会主义理论体系研究中心 2010 年度工作汇报会 我校举办安全保卫保密工作培训班
第 6 期 （总第 385 期）	我校举行春季学期第一批进修班毕业典礼 我校举行春季学期第二批入学学员开学典礼 国家特聘专家专题培训班在我校举行 我校举办全国市地州盟党委党校常务副校长培训班（第 1 期） 进修部举行春季学期第二批入学学员迎新会
第 7 期 （总第 386 期）	全国党校系统纪念中国共产党成立 90 年理论研讨会在大连市委党校召开 我校举行中国特色社会主义理论体系专题班毕业典礼 副校长陈宝生出席新闻发布会介绍党的干部教育和培训工作
第 8 期 （总第 387 期）	我校举行 2011 年春季学期毕业典礼 李源潮与中青一班学员座谈 我校召开校委理论学习中心组扩大会议 我校在中央部门预算管理工作考核评比中获奖
第 9 期 （总第 388 期）	我校与中央有关部委联合召开纪念中国共产党成立 90 周年理论研讨会 我校召开今年第二次教学工作会议 校领导看望慰问驻校武警 我校国家社科基金项目申报立项工作取得新突破 我校住宅楼加装电梯试点工程开工
第 10 期 （总第 389 期）	我校举行 2011 年秋季学期开学典礼 我校召开今年第二次行政办公会

续表

期　　数	目　　录
第 11 期 （总第 390 期）	李源潮与我校第二期县委书记任职培训班学员座谈 我校举行第二期县委书记任职培训班结业式 我校召开 2011 年教师节庆祝表彰大会 我校职工住宅楼加装电梯工作领导小组召开第二次会议 我校召开 2011 年全国党校系统远程教学电视会议
第 12 期 （总第 391 期）	李景田等校领导看望学员并座谈 我校举办干部教育学院揭牌仪式 离退休干部局党委召开学习胡锦涛同志“七一”重要讲话精神座谈会
第 13 期 （总第 392 期）	我校召开传达十七届六中全会精神会议 我校召开理论工作者学习贯彻十七届六中全会精神座谈会
第 14 期 （总第 393 期）	李长春来我校作学习贯彻党的十七届六中全会精神报告 我校举行 2011 年秋季学期第一批进修班毕业典礼 全国党校系统后勤工作会议在浙江省委党校召开 我校举行“119 消防宣传日”系列活动 离退休干部局召开学习贯彻党的十七届六中全会精神动员会
第 15 期 （总第 394 期）	习近平出席我校秋季学期第二批进修班开学典礼并讲话 我校召开新闻报道工作会议 进修部举行秋季学期第二批入校学员迎新会
第 16 期 （总第 395 期）	习近平与我校进修班学员座谈 李源潮与我校县委书记任职培训班（第 3 期）学员座谈 我校举行县委书记任职培训班（第 3 期）结业式 我校举行中国特色社会主义理论体系研究专题进修班毕业典礼 我校财务行政管理局基建办工程处获“机关事务工作先进集体”光荣称号
第 17 期 （总第 396 期）	全国县级党校工作座谈会在南宁召开 河北省大名县在我校举办“书画、拓片、摄影展”
第 18 期 （总第 397 期）	我校召开会议传达贯彻中央经济工作会议精神 我校召开市地党政主要领导干部进修班（第 5 期）毕业典礼 副校长张伯里出席第 7 次中越两党理论研讨会并作大会发言 离退休干部局召开学习贯彻党的十七届六中全会精神座谈会

《校内通报》

期　数	目　录
第 1 期（总第 207 期）	李景田在中央党校 2010 年秋季学期毕业典礼上的讲话
第 2 期（总第 208 期）	李景田在全校局以上干部大会上的述职报告
第 3 期（总第 209 期）	李景田在 2011 年全国党校校长会议上的讲话 孙庆聚在 2011 年全国党校校长会议上的总结
第 4 期（总第 210 期）	李景田在杨善洲同志先进事迹报告会上的讲话
第 5 期（总第 211 期）	李景田在中央党校 2011 年春季学期第一批毕业典礼上的讲话
第 6 期（总第 212 期）	李景田在全国市地州盟党委党校常务副校长培训班（第 1 期）结业式上的总结讲话
第 7 期（总第 213 期）	李景田在中央党校“中国特色社会主义理论体系”高级研修班、专题进修班毕业典礼上的讲话
第 8 期（总第 214 期）	李景田在全国党校系统纪念中国共产党成立 90 周年理论研讨会的主旨报告
第 9 期（总第 215 期）	李景田在校委理论学习中心组扩大会议上的讲话
第 10 期（总第 216 期）	李景田在中央党校 2011 年春季学期毕业典礼上的讲话
第 11 期（总第 217 期）	李景田在县委书记任职培训班（第 2 期）结业式上的总结讲话
第 12 期（总第 218 期）	李景田在中央党校 2011 年秋季学期第一批进修班毕业典礼上的讲话
第 13 期（总第 219 期）	陈宝生在县委书记任职培训班（第 3 期）结业式的总结讲话
第 14 期（总第 220 期）	孙庆聚在厅局级干部中国特色社会主义理论体系研究专题进修班（第 57 期）毕业典礼上的讲话
第 15 期（总第 221 期）	李景田在全国县级党校工作座谈会上的讲话 陈宝生在全国县级党校工作座谈会上的总结讲话

《党校工作通讯》

期　　数	目　　录
第 1 期 （总第 659 期）	中共中央党校 2011 年工作要点 2010 年度《党校工作通讯》目录 2010 年度《党校工作通讯》刊稿情况统计表
第 2 期 （总第 660 期）	抓住机遇　发挥优势　开创党校事业发展新局面 （中央党校常务副校长　李景田）
第 3 期 （总第 661 期）	关键在落实 ——在中央党校 2011 年春季学期开学典礼上的讲话（习近平）
第 4 期 （总第 662 期）	推进“四名”、“双百”工程，创建省级“一流学府” （中共湖北省委党校常务副校长　马哲军）
第 5 期 （总第 663 期）	着力构建干部教育培训新格局，积极推进大规模培训任务落实 （中共大连市委党校校长　王元新） 不断深化教学改革，着力提升干部教育培训的科学化水平 （中共石家庄市委党校常务副校长　孙晋康）
第 6 期 （总第 664 期）	以评促建　整体推进县级党校发展 （中共湖南省委党校常务副校长　徐晨光） 用科学发展观践行基层党校的建设 （中共义乌市委党校）
第 7 期 （总第 665 期）	高度重视党校建设发展，积极推动党校创先争优 （中共济南市委常委、组织部部长　徐学武）
第 8 期 （总第 666 期）	在全国市地州盟党委党校常务副校长培训班（第 1 期）结业式上的总结讲话 （中央党校常务副校长　李景田）
第 9 期 （总第 667 期）	开展“创先争优”活动，大力推进一流党校全面建设 （中共青岛市委党校常务副校长　李玉珍） 送课下乡，流动课堂 （中共洛阳市委党校常务副校长　雷　清）
第 10 期 （总第 668 期）	“坚定理想信念、加强党性修养、弘扬优良作风”是中青年干部成长的有效载体 （中共泰安市委党校常务副校长　孙士杰）

续 表

期 数	目 录
第 11 期 （总第 669 期）	关于认真学习贯彻胡锦涛同志《在庆祝中国共产党成立 90 周年大会上的讲话》的通知 中央党校常务副校长李景田在学习贯彻胡锦涛同志“七一”重要讲话精神校委扩大会议上的讲话
第 12 期 （总第 670 期）	中国特色社会主义的旗帜上鲜明地写着发展与公正 ——在全国党校系统纪念中国共产党成立 90 周年理论研讨会上的主旨报告（中央党校常务副校长 李景田）
第 13 期 （总第 671 期）	领导干部要读点历史 ——在中央党校 2011 年秋季学期开学典礼上的讲话（习近平）
第 14 期 （总第 672 期）	创新干部培训模式和方法，不断提高教学立校的能力 （中共南京市委党校常务副校长 张 丽） 实施“五大提升工程”，推动党校科学发展 （中共济南市委党校党委书记、常务副校长 李好臣）
第 15 期 （总第 673 期）	坚持理论联系实际，增强培训针对性实效性 （中共上海市浦东新区党校常务副校长 陆沪根）
第 16 期 （总第 674 期）	准确定位，突出特色，以改革创新精神推动党校教学科研上新台阶 （中共哈尔滨市委党校常务副校长 姜 宏）
第 17 期 （总第 675 期）	积极探索精品课程建设途径，切实提高干部教育培训质量 （中共西安市委党校常务副校长 张长乐） 学习贯彻“七一”讲话精神，发挥党校主渠道作用 （中共温州市委党校常务副校长 张纯芳）
第 18 期 （总第 676 期）	贯彻落实科学发展观，推进党校事业科学发展 （中共杭州市委党校常务副校长 詹 敏）
第 19 期 （总第 677 期）	党校是党员领导干部廉政教育的主课堂 （中共长春市委党校常务副校长 林 姗） 坚持从严办学，加强“三项建设”，争创全区盟市一流党校 （中共通辽市委副秘书长、党校常务副校长 蔡 凯）
第 20 期 （总第 678 期）	着力提高领导干部能力素质 ——在省委党校、省行政学院 2011 年秋季开学典礼上的讲话（江苏省委副书记 省委组织部部长 省委党校校长 石泰峰）
第 21 期 （总第 679 期）	谈谈调查研究 ——在中央党校 2011 年秋季学期第二批入学学员开学典礼上的讲话（习近平）
第 22 期 （总第 680 期）	广西壮族自治区评估县级党校文件 湖南省评估县级党校文件

续表

期数	目录
第23期 （总第681期）	创新管理求突破，均衡发展创一流 （中共山西省寿光市委党校常务副校长　金树亮） 积极探索建设一流中心城区党校 （中共广州市海珠区委党校校长　雷兆阳）

（办公厅供稿）

中央党校主要报刊简介

《学习时报》

《学习时报》（http：//www. studytimes. com. cn）创刊于1999年9月，是国内外公开发行、全党唯一专门讲学习的报纸。创刊时江泽民同志为本报题写报名，胡锦涛同志为本报作《重视学习　善于学习》的发刊词。

《学习时报》以各级党政干部和广大知识分子为主要服务对象，具有鲜明的思想性和知识性，深切关注当代社会大变革中的重大理论与现实问题，以对这些热点、难点、焦点问题的深度分析和评论，为各级领导干部提供及时而有益的帮助；是中央宣传部指定重点转载的报刊之一。《学习时报》创刊十余年来，胡锦涛、习近平、曾庆红等中央领导同志分别接见本报工作人员并合影留念。习近平、胡锦涛、江泽民、曾庆红等中央领导同志曾多次将他们的文章或讲话稿授权《学习时报》首先发表。中央、国家部委和省市自治区领导400余人次欣然接受本报专访。本报大量文章被新华社、《新华文摘》、《人民日报》、《光明日报》、《经济日报》、中央电视台、中央人民广播电台以及其他新闻媒体转载、转播。

《学习时报》倡导“依托于读书，着眼于问题”的学习，努力推进学习型政党、学习型政府、学习型社会的创建。

《学习时报》面向国内外公开发行，对开12版，每周1期，全年出版50期。

（报刊社供稿）

《理论动态》

《理论动态》是粉碎“四人帮”以后全国创办最早的限级别发行的内部刊物。1978 年本刊第 60 期发表的《实践是检验真理的唯一标准》一文，作为《光明日报》特约评论员文章公开发表后，引发了全国性的具有历史意义的真理标准大讨论。

《理论动态》坚持以马克思列宁主义、毛泽东思想、邓小平理论和“三个代表”重要思想为指导，以对党政领导干部关注的深层次思想理论问题和现实问题的内部研讨为主题，反映中央党校教员和学员对重大现实理论问题的思考，反映领导干部在贯彻执行党的路线、方针和政策过程中遇到的矛盾、问题及解决对策，反映当前社会上重要的思想理论动态，为高中级领导干部深入学习理论、研究重大现实问题拓宽思路，为党委和政府决策提供参考。

《理论动态》集内部性、探索性、前瞻性于一体，发表的许多文章引起中央领导同志的重视和许多党政机关的关注，受到各级党政领导干部的欢迎和好评，经常被国内重要报刊转载。

《理论动态》在国内限级别发行。主要读者对象是：全国县级和相当县级以上的党政群领导机关、领导干部、理论宣传干部和企事业单位。

（报刊社供稿）

《中国党政干部论坛》

《中国党政干部论坛》（http：//dzlt. qikan. com）杂志是中共中央党校主办的、面向国内外公开发行的综合性思想理论月刊。其前身是创办于 1988 年的《党校论坛》，1994 年 7 月，为了适应新的形势需要，更名为《中国党政干部论坛》，时任党中央总书记的江泽民同志为其亲笔题写刊名。1994 年 9 月，时任中共中央党校校长的胡锦涛同志亲切会见本刊全体成员并发表重要讲话，勉励大家奋力开拓，把《中国党政干部论坛》办成一流的、高水平的思想理论刊物。2008 年 7 月，在《中国党政干部论坛》创刊 20 周年之际，中央党校校长习近平同志亲切接见编辑部全体同志并合影留念。

《中国党政干部论坛》主要面向全国党政干部和理论工作者，以“解疑释惑，切磋交流，探索创新”为主线，侧重回答党政干部思想理论上的疑难问题，及时反映党政干部在理论学习和实践探索中的鲜活经验，力求提供研究新情况、解决新问题的不同视角。

多年来，《中国党政干部论坛》牢牢把握正确的政治方向和舆论导向，特色鲜明，针对性强，文章转载率高，得到党政领导干部和社会各界的充分肯定，许多文章被国内或境外媒体转载或摘登，在国内外产生了较大影响。

（报刊社供稿）

《中共中央党校学报》

《中共中央党校学报》（http：//zkdx. qikan. com）是本校学术期刊，集思想性、学术性、探索性、权威性于一体，辟有与本校思想理论研究相关的哲学社会科学各主要学科等栏目，主要面向全国学术理论界、党校系统、高等院校、社会科学院所、军事院校的哲学社会科学工作者和党政部门政策研究人员及有理论兴趣的其他人士。

办刊主旨是推进马克思主义理论和马克思主义中国化研究，促进中国共产党的思想理论建设，繁荣发展哲学社会科学，为中国特色社会主义实践服务，为全党全国干部教育的教学和科研服务。提倡对时代发展中重大理论和现实问题做原创性学术研究，追求深邃的理论思想、高端的学术品位、扎实的原创成果和严格的学术规范。

本刊在全国各级党校的学报中发行量居于首位，同时位居全国高等院校和社会科学研究机构人文社会科学学报发行量的前列，社会影响不断扩大，被纳入中国人文社会科学核心期刊、全国中文核心期刊、中国政治类核心期刊、《中文社会科学引文索引》（CSSCI）、《中文核心期刊要目总览》、《中国人文社会科学引文数据库》、《中国学术期刊综合评价数据库》等多家权威评价体系，转载率位列全国人文社会科学期刊前茅。

（报刊社供稿）

《党政干部参考》

《党政干部参考》前身是《党政干部文摘》，由中共中央党校主管，中共中央党校图书馆主办，以宣传党的路线、方针、政策和反映现实中的重点、热点、难点问题为主要内容；以增强全国各级党政干部的理论水平、政策水平、自身素质为基本宗旨；以满足各级党政干部开阔视野、沟通信息、陶冶情操、增添情趣的需要为目的。注重理论性、思想性、可读性，使读者一刊在手，尽阅天下大事。

《党政干部参考》杂志站在党的理论建设的高度，深入研究和宣传马克思主义中国化最新发展成果、建设中国特色社会主义理论与实践；注重对社会主义文化建设的积极推动、对文化尤其是传统文化的传承与弘扬，使其真正成为读者资政修身的参考。

《党政干部参考》主要栏目：要论、学习与研究、高层言论、经济纵横、反腐倡廉、百家言、热点聚焦、观察与思考、环球瞭望、最新书摘、健康之友、文史苑。

（图书馆供稿）

《理论视野》

《理论视野》是由中共中央党校主管、中国马克思主义研究基金会主办，经国家新闻出版总署批准出版发行的综合性理论刊物。它作为中国马克思主义研究基金会的会刊，坚持和发展马克思主义的办刊宗旨，着重研究马列主义、毛泽东思想、邓小平理论和“三个代表”重要思想，探讨社会主义现代化建设中的重大现实问题和理论前沿问题。思想内容上坚持把理论性、现实性、科学性、学术性和前瞻性融为一体，真正把马克思主义的学术研究、理论宣传和应用探讨有机结合起来，与时俱进，注重在创新中坚持和发展马克思主义，努力体现当代国内外马克思主义研究的新水平。

《理论视野》主要栏目设置有：马克思列宁主义研究；毛泽东思想研究；邓小平理论研究；“三个代表”重要思想研究；经济、哲学、政法、党建研究；改革开放研究；专家访谈；学术探讨；调研报告；理论学习；国外马克思主义研究和流派评介；世界社会主义研究；当代资本主义研究；理论动态·时论摘要；等等。

《理论视野》坚持“双百”方针。提倡求实、创新的学术风格，鼓励解放思想、大胆探索，开展不同观点的讨论。

《理论视野》创立于1993年。十几年来，已建立一批作者队伍和广大的读者群，深受广大理论工作者和实际工作者的欢迎。一些重要文章在《报刊人大复印资料》、《新华文摘》、《社科文摘》等刊物上多有转载。本刊已加入中国学术期刊网（光盘版）。

（摘自校园网“党校报刊”专栏）

《科学社会主义》

《科学社会主义》是由中国科学社会主义学会主办的理论刊物。1983 年 10 月中国科学社会主义学会成立时办的《科学社会主义通讯》是它的前身。后更名为《科学社会主义》，公开发行，曾由中国工运学院承办。1991 年经新闻出版总署重新登记，改由中央党校马克思主义研究所承办，2001 年转由中央党校科学社会主义教研部承办。其宗旨是以马克思列宁主义为指导，贯彻理论联系实际的方针，宣传、研究科学社会主义理论和实践，探讨建设有中国特色的社会主义理论和实际问题，总结国际共产主义运动正反两方面的历史经验，评介当代中国和世界的各种思潮，为坚持和贯彻党在社会主义初级阶段的基本路线，巩固和加强社会主义思想阵地服务。坚持马克思主义的学风和文风，贯彻“百花齐放、百家争鸣”的方针。注重内容的科学性、现实性、创新性，注重理论性与政治性、学术性与知识性、严肃性与可读性相统一。

栏目有：专家访谈、社会热点、理论探讨、科学社会主义原著学习研究、社会主义改革开放，社会主义政治文明与民主政治建设、社会主义精神文明与思想文化建设、中国特色的社会主义实践、社会调查报告、国外社会主义思潮与流派、学术动态、新书评介等。

（摘自校园网“党校报刊”专栏）

《中共中央党校报告选》

《中共中央党校报告选》创刊于 1988 年，为中央党校教务部主办的国内发行刊物。20 多年来，本刊以高质量的高层报告和研究报告面向读者，服务社会，深受各级领导干部、广大理论宣传工作者和各类院校教学科研人员的欢迎，被誉为是“集权威性、理论性、政策性和实践性为一体的高层次刊物。”

栏目介绍：

①“形势与任务报告”（主要栏目）——刊登中央及国家各部委主要领导以及国内著名专家学者在中央党校为学员所作报告稿；

②“研究报告”——刊登中央党校省部班学员撰写的研究报告以及其他重要专题研究报告。

（摘自校园网“党校报刊”专栏）

《中共中央党校研究报告》

《中共中央党校研究报告》经2003年12月10日中央党校校委会讨论通过正式创办，并于2004年4月12日刊发首期。

《中共中央党校研究报告》的内容定位为，主要发表中央委托课题、国家课题、校级课题三方面的研究成果，教研人员和学员在公开刊物不宜发表的对中央决策有重要参考价值的学术成果；其质量定位，主要发表对中央决策、理论创新、党校教学和“三个文明建设”有益的优秀科研成果；其内容含量为每期2万字左右，不定期刊发。

《中共中央党校研究报告》立足于为中央党校教研人员深入研究党和国家全局的重大理论和现实问题提供一个新的载体，为各类课题项目研究成果的转化、利用提供一个新的平台，以期在推动中央党校科研为党和政府的决策服务、为理论创新服务、为党校教学服务和为“三个文明建设”服务方面，产生积极的作用。

（科研部供稿）

《思想理论内参》

为发挥中央党校理论研究优势，利用学员教员思想理论资源和研究成果，为中央决策服务、为教学科研服务，2000年9月，中央党校校委决定把《中央党校内参》改名为《思想理论内参》。经过9期试刊，《思想理论内参》于2001年1月25日正式创刊。

《思想理论内参》由中共中央党校主办，主要反映党和国家重大方针政策贯彻执行中的新情况和新问题，特别是对中央决策有重要参考价值的理论政策建议，对重大现实问题的理论思考与对策建议，有创新意义的思想理论观点，国内外新的学说观点与社会思潮评介，改革发展实践中带有探索试验性的不宜公开的研究报告；设置的主要栏目有：思想理论动态、理论政策建议、学员论坛、调研报告、外论评介等。

《思想理论内参》创刊11年来，始终坚持为中央决策服务、为党校教学和科研工作服务的根本宗旨，坚持“以立为主、重在建设”的办刊方针，鼓励广大学员和教研人员大胆探索，勇于创新，建有据之言，献务实之策，围绕党和国家面临的重大现实问题和思想理论问题，深入实际，调查研究，向中央反映有参考价值的思想动态和理论政策建议，得到中央领导同志和国家有关部门的关注和重视。

（研究室供稿）

中央党校主要网站简介

中共中央党校网站

http：//www. ccps. gov. cn（校外网）
http：//nw. ccps. gov. cn（校园网）

中国干部学习网

http：//www. ccln. gov. cn

中国干部学习网是2010年1月经以习近平同志为校长的中央党校校委批准成立，由中央党校主办、中央党校图书馆和数字图书馆承办，中国干部学习数字资源中心提供内容支持，旨在建设为干部的读书学习、提升能力、思想理论研究服务的三网融合新媒体云平台，推动马克思主义学习型、服务型、创新型政党建设和学习型社会建设。

（摘自中央党校中国干部学习网）

理 论 网

http：//www. cntheory. com

理论网是中共中央党校主办的综合性马克思主义理论研究与宣传的互联网平台，2007年10月开通。它以研究和宣传马克思主义中国化最新理论成果，中国共产党的基本理论、基本纲领和执政方略，改革开放中的重大理论和实践问题，当代经济、政治、文化、社会、生态文明领域的前沿理论问题为主要内容，立足于中央党校"是党委的重要部门，是培训轮训党员领导干部的主渠道，是党的哲学社会科学研究机构"的重要定位，依托中央党校传统媒体"一报三刊"（学习时报、中国党政干部论坛、理论动态、中共中央党校学报）的资源优势，打造国内外有影响的互联网理论宣传高地，坚定人民对中国特色社会主义的道路自信、理论自信和制度自信。

目标：根治实践沃土，推进理论创新；加强舆论引领，服务工作大局。理论网将以促进马克思主义中国化、时代化、大众化为己任，努力推进哲学社会科学创新，科学引领社会发展方向，努力成为广大领导干部、理论工作者、理论爱好者的网上信息交流与学习平台，致力于成为"中国特色社会主义的思想源"。

（摘自中央党校理论网）

中国求索网

http：//www. qiusuo. net. cn

中国求索网是由中共中央党校求索音像出版社主办，北京爱迪科森教育科技股份有限公司协办，以提供干部教育课程资源为主的中国最大的干部教育学习服务平台。

中国求索网主要致力于探索运用现代信息技术，实现求索音像出版社产品由主要生产传统光盘向提供网络视频课件的转变；全面整合党员教育、干部培训、形势教育、理论探索等学习资源，创新干部教育培训形式，在原有视频资源的基础上制作新的课程资源。为各省市地方党校、干教网、班级支部、宣传部、各高校、函授学院和培训中心等开展干部网络培训和在线学习提供数字光盘、网络课件资源等内容支持，以满足各地各部门党员干部学习教育之所需，为全国党政干部深入有效地进行理论学习提供支持，从而促进干部教育事业的发展。

（摘自中央党校中国求索网）

中央党校远程教学网

http：//www. ccps. gov. cn/zydxycjx

中央党校远程教学网是经国家信息产业部无线电管理局批准的“远程教学卫星通信专用网”，直接为全国党校系统教学、科研服务。

中央党校远程教学网1999年9月1日开通以来，受到中央领导同志和历届校委的重视和大力支持。胡锦涛同志在开通仪式上指出，这是党校建设中的一件大事，将会有力地促进干部教育事业的发展，希望继续努力，把这件事情办好。中央党校远程教学工作的开展，带动了全国党校系统信息化建设工作，为干部教育培训工作提供了新的平台。

中央党校远程教学网为双向卫星网，具有播出教学节目、召开电视会议、传输视频文件及图文信息等功能。目前用于全国党校系统内部的教学活动，包括中央党校“形势与任务”报告和主体班课程、中央党校函授学院的课程、农村党员干部教学课程及配合教学播发的参考资料，并定期召开电视会议。

中央党校远程教学网开通十余年来，在全国范围内建站近3000个，播出节目万余课时。双向交流会议和答疑为党校教学提供了新颖的教学形式。在那些地面网络还不发达、通讯手段相对落后的地方，远程教学网发挥了不可替代的作用。到目前为止，西部偏远山区、无地面网的地区，卫星网仍是当地教学的重要手段之一。在网络建设取得较好成效的基础上，中央党校远程教学网不断完善功能、丰富内容、提高质量，使远程教学网络在党校教学科研和全国党员干部教育工作中发挥更大作用。

中央党校远程教学网网络的建设、维护和课程播发由中央党校信息中心远程教学处统一管理，委托大有数字资源有限责任公司具体承办建站、维修等事项。

（摘自中央党校远程教学网）

全国党员干部现代远程教育网

http：//www. dygbjy. gov. cn

全国党员干部现代远程教育网是党员干部现代远程教育工作的重要组成部分，又称辅助教学中心网站（简称中心网站）。中心网站作为远程教育的门户网站，通过互联网辅助前端播出平台对用户实施远程教育。用户可以通过中心网站快速定位，进入相关网站和应用系统，进行信息查询和应用。

中心网站坚持以中国特色社会主义理论体系为指导，秉承“让党员干部受教育，使人民群众得实惠”的宗旨，力求从思想理论、文化、经济、法治、农业科技等各个方面对广大党员干部和群众进行全方位的思想教育和知识技能传授，从而最大限度发挥自身作用，切实为党员干部现代远程教育事业贡献力量。

随着近年来党员干部现代远程教育事业的不断发展和壮大，全国各省市区辅助教学网站相继建成投入使用。省级辅助教学网站主要通过互联网方式，根据本地区特点，对本省党员干部实施远程教育。省级辅助教学网站与中心网站建立信息交换机制，构建了优势互补、信息共享的辅助教学网络系统。

（摘自中央党校全国党员干部现代远程教育网）